国际传播论文集

(第十八辑)

主　编　胡邦胜

副主编　邢　博

中国国际广播出版社

编纂人员

主　编：胡邦胜

副主编：邢　博

编　委：（以姓氏笔画为序）

　　　　王姗姗　史　利　华春玫　李国喜　张霁苍
　　　　邵建光　林少文　金东光　周于文　赵　俏
　　　　赵建平　胡民伟　徐　军　唐　峰　涂龙德
　　　　傅　颖　窦小文

编　辑：（以姓氏笔画为序）

　　　　马　琳　关来顺　李　镇　肖红旗　张冬梅
　　　　林　凌　罗林平　周　雯　徐朝清　魏敏华

目 录

传播理论

坚持马克思主义新闻观　做好国际新闻评论　　　　　　　　　　　贾　亮　　2
加强新闻议题设置　提升央媒海外传播力　　　　　　　　　　　　赵远方　　6
第三方测评多语种国际传播节目项目浅析　　　　　　　　　　　　赵飞飞　 11
国际传播中以传统文化塑造中国国家形象研究　　　　　　　　　　肖丽林　 17
浅谈自媒体时代国际传播革新　　　　　　　　　　　　　　　　　彭少艾　 24
全媒体时代如何加强对东南亚地区传播
　　——以中国国际广播电台东南亚地区传播中心为例　　　　　　梁　爽　 30
论信息的二次编码与国际传播策略调试　　　　　　　　　　　　　卜卫军　 35
"一带一路"语境下中国国际广播电台对阿富汗的传播策略研究　　张　立　 40
国际文化传播的困境与传播模式转换　　　　　　　　　　　　　　于清凡　 45
新形势下如何加强对波兰传播　　　　　　　　　　　　　　　　　杨　晨　 51
媒介融合背景下对罗马尼亚传播创新策略探析　　　　　　　　　　张　雪　 56
"去中心化"时代与国际台克罗地亚语传播策略　　　　　　　　　贾　霁　 62
从"CRI土耳其"看加强海外媒体传播力的策略及方向　　　　　　汤剑昆　 67
国际台法语对非传播现状及优化策略研究　　　　　　　　　　　　何　滨　 75
关于加强对海外华人青少年价值观传播的思考　　　　　　　　　　陈雪丽　 82
浅析融媒体时代国际传播人才素质培养　　　　　　　　　　　　　覃　梅　 87
论议程设置在对外传播中的影响　　　　　　　　　　　　　　　　徐佳君　 93
大数据时代新闻报道方式的变革　　　　　　　　　　　　　　　　焦平平　 99
试析新闻类H5的传播特点及优化之道　　　　　　　　　　　　　郑　磊　104
新媒体背景下国际传播的变化：用户生产模式的崛起　　　　　　　龚万鹏　110
"一带一路"倡议中的国际传播能力建设　　　　　　　　　　　　顾　芳　119
论中俄媒体报道中的国家形象互视　　　　　　　　　　　　　　　刘　岩　125

品牌建设

关于环球资讯广播《环球教育》节目定位与内容传播的思考	樊 龙	132
浅谈越南语创客产品《故事会》的制作思考	卢倩桦	139
形式"本土化"、内容"国际化"		
——《罗拉红茶馆》品牌栏目打造的探索	李晶晶	144
让广播节目"既有中国、又有故事"		
——《闻歌识中国》系列广播节目经验思考	国 丹	149
浅谈如何做好对外广播中的晚间情感类节目		
——以国际台老挝语节目《晚安万象》为例	刘华丽	155

编播实践

论增强财经报道的中国话语权	刘轶瑶	161
以航天直播为例议融媒体时代传统广播如何突围	李 严	170
关于国际台对外经济报道的分析与建议	任 杰	178
试析新闻报道的个性化及个性塑造	时 冉	185
社交媒体时代怎样"讲好中国故事"	郑 林	191
国际台俄语对外报道中音频直播的分类及效果优化研究	徐延民	198
国际台斯瓦希里语部音乐节目"留声中国"的创意与实践	李 宏	204
媒体融合视角下对外传播中新闻报道策划的几点思考	郝 妍	210
浅析新媒体传播环境下编辑角色的定位	赵礼维	215
对外广播（音频）新闻的编辑方法及必要性分析	孟 群	220
谈新媒体时代无线电广播的守与攻	钱珊铭	225
浅议对外讲好时政题材故事的路径选择	蔡靖骉	233
以德语部脸书专页为例针对境外社交媒体推广策略的初步分析探讨	阎 蔚	238

媒体融合

浅谈媒体融合观念的变迁	韩春苗	246
国际台英语融媒体发展之道初探	李永敬	252

媒介融合背景下的国际新闻报道	赵新宇	258
浅谈对老挝传播中的微信公众号建设	何 斌	264
国际台印尼语社交媒体及对象国社交媒体比较	王 鑫	270
积极利用新媒体传播优势 提升国际台泰米尔语对印传播力		
——以国际台泰米尔语脸书账号运营实践为例	张同义	276
国内主流媒体葡语网站、社交媒体概况及新媒体传播策略研究	赵 焰	282
新媒体语境中汉语语言文化自媒体推广平台初探	孙牧宁	289
浅谈对日传播中社交媒体微视频的运用策略	王颖颖	295

语言研究与推广

汉语同越南语的语言差异对比和翻译研究	肖晶晶	302
全媒体时代的汉语国际推广新路径探析		
——以国际台意大利广播孔子课堂为例	高 飞	309
广播孔子学院可持续发展策略探析	李 岳	316
广播孔子学院的十年品牌之路与传播方法探析	步万祺	322
国际台印地语汉语教学类 App 可行性研究	王晓彬	327

翻译园地

国际传播应对"传而不通"挑战时的翻译策略	邓颖平	333
浅析汉语新词的日语翻译策略	谢 东	339
浅谈对泰报道编译策略	蔡建新	344
浅谈印尼语 Peribahasa 与汉语中熟语古文的互译	王伟光	352
试论非通用语种人名的翻译：以东南亚国家为例	张 弘	360
试论国际台德语广播新闻编译对策	李 崝	365
试议意大利语外宣翻译中的"法"与"律"		
——diritto 与 legge 的词义探究	刘 湃	374
汉阿习语互译刍议	鞠 政	380
浅谈对外广播稿的翻译和再创作	尹京辉	387
影视作品汉葡翻译研究	朱文隽	393
从《韦氏高阶英语学习词典》谈词典的翻译技巧	刘 彦	398

播音主持

试论对外广播节目中播音员如何实现向主持人的转变	盛晶晶	405
克服母语发音习惯　掌握日语发音技巧	刘睿琳	411
跨广播与新媒体双平台的主持人形象建设	段　纯	419
浅谈用外语做广播直播脱口秀的主持人需要具备的素质	刘华桢	424
浅析"南海之声"频率的主持人定位	高　楠	431

驻外记者

关于驻外记者做好突发事件报道的几点思考	王　潇	438
积极参与构筑国际话语权，讲好中国故事		
——新时期驻外记者工作方法与任务探究	毕　磊	443

海外落地

国际台海外落地项目传播效果评估标准探究	王瑞芬	450

影视天地

浅析新媒体时代中国纪录片的新发展	黄文华	457
浅谈如何发挥自身优势打造有竞争力的纪录片		
——以纪录片《龙象》为例	毕　玮	462
影视包装中动画制作的应用	高涛涛	467

受众研究

浅谈媒体融合大环境下国际台的受众工作	齐大壮	476
焦点小组访谈在国际传播受众研究中的应用	林　凌	481
注意力经济时代传统媒体如何吸引受众	王　君	488
媒体融合环境下国际台普什图语媒体受众互动效果分析及策略研究	陈　重	494

浅议国际传播过程中如何应对受众既有的"刻板印象"	陈 濛	501
数字化背景下传统媒体重塑用户关系策略	胡姝姝	508

他山之石

西方国际广播发展趋势和传播特点	赵 明	515
融媒时代美国主流媒体新闻生产研究	陈 枫	521
浅析日本媒体对华报道的变化及特点	刘 非	527
BBC、VOA在泰国的新媒体传播及启示	李晓萍	532
BBC豪萨语脸书专页议程设置研究	汪 渝	538
德国之声本土化战略浅析	陈 艳	546
从《明镜》涉华报道看德媒中国报道议题的转变	李 茜	551
德国DAB+数字广播竞争力分析	武诗韵	558
2016年荷兰主流纸媒涉华报道情况分析		
——以《电讯报》《新鹿特丹商报》为例	刘诗楠	565
波兰媒体现状浅析	钟 雷	572
试析日本政府如何影响大众媒体的新闻报道	朱曼君	580
尼泊尔外媒发展状况及传播经验	顾晨曦	586
非洲舆论中的中国形象：光与影并存		
——以肯尼亚《民族日报》2015年涉华报道为例	郭 聪	593
捷克媒体现状以及中国对捷传播策略	夏婵君	602
浅谈如何在对非传播中打破西方媒体塑造的刻板印象		
——从BBC纪录片《中国人来了》说起	王 蕾	609
浅析里约奥运会媒体传播的新趋势	郭 昊	616

技术研究

浅谈IT运维和运维自动化	田西勇	622
大数据在广电行业应用探讨	王 晟	627
大数据在广播行业的应用	覃 垚	634
信息安全等级保护制度及在广电行业的应用	陈 芳	639
数字音频广播信源编码技术发展趋势分析	毛 矛	644

论数字电视模式的新变化	关汉喆	649
迎接数字音频网络的新时代		
——浅谈 AOIP 技术在广播系统的应用	陈凤生	654
结合国际台外文网改版浅谈响应式网站的设计与制作	马文伦	662
网站前端优化研究	秦 磊	672
环球广播卫星传输覆盖系统带宽调整工程的实施	尤 苗	681
互联网 UI 设计与国际台传播工作的关系与应用	胡心宇	687
媒体云的基础设施		
——虚拟化平台技术分析	郭 磊	693
云计算网络安全技术研究	王 亢	700
广电云计算平台相关信息安全防护	耿 羽	706
广电机房配电监测系统的改造思路与案例浅析	樊 硕	713
国际台对内直播机房系统升级改造	李春雷	721
语音识别技术在国际台的应用构想	刘 蕾	726
阀控式密封铅酸蓄电池运行管理技术	张 钧	732
网络边界安全与防护	王 铮	738
谈媒体 APP 应用的安全管理	丁 健	744
广播音频信号相位反相浅析	于钦飞	749

其 他

论构建现代综合新型国际传媒体系的人才战略	邹妍艳	755
中国国际广播电台学会创建与发展初探	肖红旗	762
国际台驻海外机构非传媒业务规范管理初探	高 芳	769
新形势下规范国际台外事出访管理工作探讨	王 枫	774
中国国际广播电台的培训实践及思考	张晓羽	780
事业单位绩效工资改革的路径选择	黄光顺	785
广电媒体行业绩效审计初探	郭红淼	790
媒体融合发展中国际台出版事业内部控制框架与运行研究	李佳绮	795
关于"中华云"工程建设的认识和理解	俞海燕	801
从涉津巴布韦的假新闻看网络谣言的成因、危害和对策	刘 畅	811

传播理论

坚持马克思主义新闻观　做好国际新闻评论

贾　亮

在党的新闻舆论工作座谈会上，习近平将"连接中外、沟通世界"列为新的时代条件下，党的新闻舆论工作的职责和使命之一。而要承担起这个职责和使命，习近平提出"必须把政治方向摆在第一位，牢牢坚持党性原则，牢牢坚持马克思主义新闻观，牢牢坚持正确舆论导向，牢牢坚持正面宣传为主"。2015年5月，习近平就《人民日报》（海外版）创刊30周年做出重要批示，充分肯定《人民日报》（海外版）30年来取得的成就，希望《人民日报》（海外版）以创刊30年为起点，总结经验、发挥优势、锐意创新，用海外读者乐于接受的方式、易于理解的语言，讲述好中国故事，传播好中国声音，努力成为增信释疑、凝心聚力的桥梁纽带。这些讲话，为新时期中国媒体的海外传播指出了方向，也提出了更高要求。

评论是新闻诸体裁中观点性最强的一种，如果说消息通讯等以传播事实为主的体裁主要肩负着"讲好中国故事"的重任，那评论无疑肩负着向世界"表明中国立场"的重任。而要完成这一使命，向西方传媒学习国际新闻评论的经验教训是必要的，但更为重要的，是要牢牢坚持马克思主义新闻观，以马克思主义新闻观的经典理论和最新成果为指导。

一、有关"国际新闻评论"概念和指向的必要说明

任何定义都是为了方便信息的传播，都具有相对性和有限性。在新闻传播学领域，能得到广泛公认的定义少之又少，但"国际新闻评论"似乎是一个特例：毋庸置疑，它指的是针对国际新闻所配发的评论。只不过，只要仔细考察这一概念下的国际新闻评论实践，不难发现，其内涵远比这一简单的概念丰富。而对其内涵进行分析，不仅是马克思主义新闻观的内在之意，也能更好地发现国际新闻评论规律，更好地指导实践。

根据传播目的和指向的不同，"国际新闻评论"这一概念应当包括两种主要方式，一是针对国际上发生的新闻，以评论的方式向国内受众做出说明，使其更好地了解某一国际新闻发生的背景、意义等。不妨称之为"内向型"国际新闻评论，比较典型的当属《环球时报》的社论、社评等栏目以及《人民日报》国际版所刊登的一些国际新闻评论。英国脱欧公投、特朗普当选美国总统等国际重要新闻，都会成为其评论的对象。

二是针对一些国际新闻，从中国立场、利益和价值观出发，主动向国际传播的评论，其目的是为了让国际了解中国对这一问题的关切。不妨称之为"外向型"国际新闻评论，这其中包括《人民日报》（海外版）"望海楼"、中央电视台第四套、中国国际广播电台的

一些国际评论栏目。2017年2月6日"望海楼"发表《美日大谈"交易"岂能损害中国》的评论,就美国国防部长马蒂斯访问日本时重申美国承认日本对钓鱼岛的"施政权",《美日安保条约》第5条适用于钓鱼岛等美日同盟表态发表评论。文章称:"有必要提醒美日,美日同盟在3件事上怎么做都将是徒劳的。"

当然,上面所举媒体及其栏目仅具有相对意义,因为随着新媒体的发展,以及一些媒体的自身重要性,其对内评论也会产生对外传播实效,反之亦然。让国内受众"睁开眼看世界"是国际新闻评论的一大职能,只不过在当前国际舆论西强东弱的环境下,外向型的国际新闻评论才是中国媒体,尤其是具有对外传播职能的媒体机构需要做好的重点工作。

二、国际新闻评论需重点把握马克思主义新闻观中的几个原则

从历史上看,马克思主义创始人以及我们党的第一代领导人,都有参与指导新闻工作实践、并亲自撰写国际新闻评论的经历。马克思、恩格斯不仅长期为英国、美国等国家的新闻机构撰写稿件,而且还留下一些有关中国的论述。他们曾为《纽约每日论坛报》连续撰稿十余年,写下500多篇稿件,不少对国际新闻的评论都作为社论刊登。[1]毛泽东也写过《别了,司徒雷登》这样在国际国内都产生重要影响的国际新闻评论。

在全球媒体技术发展迅猛、媒体舆论格局发生重大变化、中国的经济实力和国际地位迅速提升的大背景下,做好国际新闻评论工作,我们需要从不断发展、与时俱进的马克思主义新闻观中汲取营养。结合国际新闻评论实际,具体而言,要把握以下几个原则。

其一,树立"世界交往"理念。远在现代意义上的世界和现代传播学形成之前,在当时报纸几乎是媒体代名词、国际新闻还无法完成大量迅速传播的十九世纪,马克思就站在全球高度,以超前的宏观视角研究人类物质和精神交往的种种现象。"物质的生产是如此,精神的生产也是如此。各民族的精神产品成了公共财产。民族的片面性和局限性日益成为不可能。"[2]这一论断放到现在也毫不过时,或者应该说现实正在逐步证明马克思的论断。

习近平提出的"人类命运共同体"理念,"中华民族为人类文明做出重要贡献、并应该做出更大贡献"等论述,从传播学意义上讲,是与马克思的"世界交往"理念一脉相承的,也是给中国声音对外传播提出的重要课题。国际新闻评论秉持"世界交往"理念,一方面要有"世界"意识。要从中华文明与世界其他文明都是人类共同财富的角度出发,抛弃"先进—落后"的二元文明分类方式,充分尊重不同文明的不同表现形式,不以一种文明为标准去衡量其他文明。另一方面,要准确理解"交往"内涵。从对外宣传到对外传播,正是对媒体认识从对立向"交往"的回归。要把握文明的相通性和差异性,找到中华文明的特质,找到不同文明之间的对接之道,将中华文明在世界文明中的地位、曾经和正在做出的贡献传递出去。

其二,牢记"存在决定意识"。这是唯物主义与唯心主义的本质区别。也就是说,评论的主观性虽强,但在国际新闻评论实践中,国际新闻是第一性的,评论是第二性的,国

际新闻评论的客观性、准确性都不能背离国际新闻的真实性。马克思说，"观念的东西不外是移入人的头脑并在人的头脑中改造过的物质的东西而已"。恩格斯也说，"物质不是精神的产物，而精神本身只是物质的最高产物"。这也决定了，在国际新闻评论工作中，选取评论对象时，要选择那些信息源和真实性可靠的国际新闻进行评论，而不能随便选择未经核实的报道来评论。

　　承认国际新闻事实对国际新闻评论的重要作用，并不是否认国际新闻评论员的主观能动性，更不是否认评论对于客观世界的改造作用。"正是由于报刊把物质斗争变成思想斗争，把血肉斗争变成精神斗争，把需要、欲望和经验的斗争变成理论、理智和形式的斗争，所以，报刊才成为文化和人民的精神教育的极其强大的杠杆。"相反，马克思主义新闻观的这一重要理念，决定了国际新闻评论员的国别、价值观、立场等都是影响国际新闻评论的重要因素。在涉及国家民族的形象和利益时，作为一名国际评论员，首先要意识到个人存在的特殊性。西方媒体的国际新闻评论员，虽然一直宣称公正客观、"普世价值"，但他们从来没有模糊自己的身份属性。他们首先选取符合自己价值观的新闻进行报道，然后在此基础上站在自己的立场上进行评论。

　　国际新闻事实除了作为评论对象，还能在国际新闻评论中发挥其他作用。马少华在其《新闻评论教程》中就提出，除了作为由头，还可以作为判断的对象和论据。③

　　其三，坚持媒体"有机运动理论"。马克思在谈到报道时说："一个报纸记者在极其忠实地报道他所听到的人民呼声时，根本就不必准备详尽无遗地论述和论证有关这种呼声的一切细节、原因和根源。撇开时间的损失和进行这项工作所需要的大量资金不说，一个报纸记者也只能把他自己视为一个复杂机体的一个小小的器官，他在这个机体里可以自由地为自己挑选一种职能。例如，一个人可以侧重于描写他从民众意见中获得的有关贫困状况的直接印象，另一个人作为历史学家则可以谈论这种状况产生的历史，沉着冷静的人可以谈论贫困状况本身，经济学家则可以谈论消除贫困的办法，而且这样一个问题还可以从各方面来解决：有时较多地着眼于地方范围，有时较多地着眼于同整个国家的关系，等等。这样，只要报刊生气勃勃地采取行动，全部事实就会被揭示出来。这是因为，虽然事实的整体最初只是以有时有意、有时无意地同时分别强调各种单个观点的形式显现出来的，但是归根到底，报刊的这种工作本身还是为它的工作人员准备了材料，让他把材料组成一个整体。这样，报刊就通过分工一步一步地掌握全部的事实，这里所采用的方式不是让某一个人去做全部的工作，而是由许多人分头去做一小部分工作。"④

　　应该说，有机运动理念是马克思主义新闻观的核心观点之一，它强调的是普遍联系、有机运动。对于马克思的这一经典论述，对于国际新闻评论，当有这样的解读：首先，对外传播是中国媒体有机运动职能的一个重要组成部分，国际新闻评论则是对外传播有机运动的关键一环。在中西方信息流严重不对称的情况下，如果中国的对外传播只停留在事实层面，却没有观点的传播，其效果不难想象。西方各大重要媒体的国际评论不仅是其重要的新闻产品，能在国际上产生重要的影响力，而且在国际新闻评论的生产上，也有成熟的运作机制。

其次，媒体有不同的分工，媒体内工作人员也有不同的分工，在全媒体时代，报纸杂志电视网络等各种媒体形态要有有机运动的意识，通过文字、声音、图像、视频等手段多方位展现国际新闻事实、配发国际新闻评论。对于国际新闻评论，不同的受众有不同的偏好，有的喜欢文字，有的喜欢听广播，我们的国际新闻评论要考虑受众的不同需求，量身定做不同的评论，尤其是在国际范围内有广泛影响，涉及中国核心利益的重大问题上，要协调同步，形成舆论强势。

再次，国际新闻评论员与受众应形成有机运动。一些国际新闻评论无法赢得受众，原因是多方面的，但无论如何，只要实现了二者的有机运动，就会解决这些问题。国际新闻评论员要了解自己从事的工作在对外传播中的独特价值，不能在重大国际新闻上失声，也不能乱发声，更不能跟着西方媒体舆论跑。

对于指导国际新闻评论，马克思主义新闻观中还有许多原理原则，需要在具体工作中结合实际具体运用。

(作者单位：中国国际广播电台博士后工作站)

注释：

① 陈力丹：《马克思主义新闻思想概论》，第14页，复旦大学出版社，2012年版。
② 《马克思恩格斯全集》中文版第4卷，第470页，人民出版社，1958年版。
③ 马少华：《新闻评论教程》，第49页，高等教育出版社，2007年第一版。
④ 《马克思恩格斯全集》第1卷，第358页，人民出版社，1995年版。在此需要说明的是，"报纸有机运动"和"报刊有机运动"两个概念在学界都有使用，按照翻译似乎报刊更为合适，但是笔者以为在这里马克思是针对报纸说的，而且其他刊物在有机运动上的作用显然没有报纸更具代表性，所以在本论文中统一使用"报纸有机运动"。

加强新闻议题设置　提升央媒海外传播力

赵远方

近年来，我国主流媒体的国际新闻报道以及海外传播能力快速发展。包括中国国际广播电台（以下简称国际台）在内的中央媒体加速推进在海外布局的工作：建立制作室和地区总站，增加记者站和驻外记者的数量。此外，各媒体还积极利用微博等新媒体形态开展国际传播，不但有效拓展了传播范围，全球影响力也大幅提升。不过，在看到进步的同时，也必须承认，中国媒体的传播力、引导力与发达国家的主要媒体相比依然存在着较大差距，在国际话语体系中地位不高，与我国日益上升的政治经济实力和国际地位不相匹配。

长期以来，西方国家主导着国际话语体系，西方文明、价值观和逻辑体系是国际话语体系的主流，欧美主要媒体掌控了传播的主渠道，高度垄断了全球媒体的主要信源。当美联社、路透社、法新社、《纽约时报》等西方主流媒体的新闻报道裹挟着西方意识形态充斥全球时，中国也就不断地被误读，甚至被"妖魔化"。对于这种"西强我弱"的国际传播格局，习近平总书记2016年2月19日在党的新闻舆论工作座谈会上指出，中国在国际上存在着信息流进流出的"逆差"、中国真实形象和西方主观印象的"反差"、软实力和硬实力的"落差"，一针见血地点出了中国在国际话语体系中的被动局面。

从央媒自身来看，我们议题设置能力不强，从而导致在很多时候被西方强势媒体"牵着鼻子走"。另外，很多稿件和节目内容说教色彩浓厚，空洞僵硬，缺乏讲故事的技巧。同时对新媒体的认识和利用还有待加强，传播模式也需要进一步创新。这些自身的不足，拖慢了央媒向海外拓展的步伐。鉴于此，我们更需要积极追踪国际社会热点，在报道中主动设置议题，坚持"中国立场、世界眼光、人类胸怀"的传播理念，更好地构建中国话语体系，让全世界都能听到、并听清中国声音。

一、议题设置力是话语权的核心

西方政治学学者有这么一个共识：在政治领域，最有权力的人，是那些能够设置议题的人。[①]同样的，在传播学领域，议题设置能力也影响着一个媒体、一个国家在国际话语体系中的地位，因为现代媒体通过议题设置不仅可以告诉大众"想什么"，甚至能够潜移默化地影响大众"怎么想"和"怎么做"。

关于议题设置，著名传播学教授李希光曾经说过，主流媒体尤其是党报，要学会成为新闻的"第一定义者"。因为它们天然掌握着权威的政府资源，尤其是在突发事件中，必须主动出击，在第一时间发出政府的声音。②所谓"第一定义者"的关键词是"第一"，当重大新闻事件发生时，哪家媒体在第一时间发声，它就占据了成为"第一定义者"的最有利位置。通过主动设置议题、大篇幅的集中式报道，媒体有能力同化公众舆论，并引导舆论按照设定的方向发展，进而影响公众的价值判断和立场观点。这就是媒体主动设置新闻议题所产生的巨大力量。在国际新闻报道中，如果我们的主流媒体，尤其是央媒丧失了议题设置的主导权，跟随西方媒体人云亦云，中国在国际话语体系中就很容易处于失语的危险状态，难以让世界听到中国声音和中国立场。

在实践中，有些新闻议题是自然形成的，比如地震、雪灾、事故等天灾人祸。更多的议题则是主动策划的。比如伊拉克战争爆发之前的所谓大规模杀伤性武器问题。直到现在，国际社会也没有发现伊拉克拥有大规模杀伤性武器的确凿证据，但当时美国操纵西方媒体持续炒作，铺天盖地的舆论宣传误导、欺骗民众，最终美国在民众的高支持率下悍然发动了伊拉克战争。

近年来，南海成为热点地区，美国又操作了一个所谓的南海航行自由的议题。南海航行自由从来不是问题，因为南海航道不仅安全，而且自由，每年穿行南海的船只超过10万艘。在美国炒作这个议题之前，没有任何国家对此提出过质疑。但美国设置了这个议题，以此混淆国际视听。当然，中国在议题设置上也有过成功的案例。最著名的例子是"人权"议题。很多人都记得，在20世纪80、90年代，"人权"这个词在中国非常敏感，以美国为首的西方国家经常借"人权"问题批评中国，而中国政府、媒体一度被这个议题捆住了手脚，感觉有理说不出。后来中央党校的一位学者提出了一个崭新的观点："在中国这样的发展中国家，人权首先是生存权和发展权。"这个议题设置一出来，顿时柳暗花明，彻底破解了中国乃至发展中国家在人权问题上的话语困境。

二、加强议题设置　提升海外传播力

要提升中国的国际话语权，构建中国话语体系，我们需要在议题设置方面做出更多的努力。那在国际传播中，我们该如何加强新闻议题设置，提升央媒的海外传播力呢？在我看来，我们必须做好以下三方面的工作。

1. 诠释自己，解读世界

当前，中国作为世界上最大的发展中国家，已经成为世界第二大经济体，我们的国际地位早已今非昔比，角色和任务也不再同于以往。除了在国内搞好政治、经济和社会建设，我们还需要面向世界讲中国故事、塑造中国形象、传播中国价值。面对当前错综复杂的国际形势和话语体系，中国的国际形象要从"他塑"过渡到"自塑"，我们要主动定位自我形象，把我们想说的和国际社会想了解的梳理清楚、传播到位，进而打造"于我有利"的国际角色、身份和责任。

在讲好中国故事的过程中，我们必须坚持"政治家办报"原则，强化以我为主的导向意识，遵循"于我有利、于我有用"的导向标准。在外宣工作中，要积极宣传中国的和平发展道路，寻找中国与对象国的利益共同点和最大公约数，主动设置体现中国价值观念、贴近国外受众文化风俗和表达习惯的议题，正确传播中国的政策理念，既要敢于"亮剑"，也要正视和主动回应国际社会的关切和疑虑。

同时，我们也要认识到，不是只有报道中国才能传播中国声音。在国际新闻报道中发出中国声音同样重要。我们要深入研究国际形势和地缘政治格局的变化，除了传播消息，告诉受众"发生了什么"，我们还应该对新闻事实进行透彻地分析，提供中国视角下的详尽解读和鲜明观点，让全球准确理解中国的立场主张。比如在叙利亚问题、朝核问题、反恐问题、南海问题上，我国政府都有一贯的立场和态度，这是我们报道的指南。另外，在涉华报道上，我们要坚决维护中国的国家利益和国家安全，不能不加分析地全盘采用西方媒体或境外撰稿人的说辞。

2016年年底，国际台新闻中心国际部在年终专稿系列中，策划了一组"重返现场"报道，让驻外记者重返当年国际大事的现场，用中国视角、中国眼光重新梳理这些大事件的前因后果、历史和现状。在这组报道中，像韩国济州岛中国游客被关"小黑屋"事件；英国脱欧对当地华人华商的影响；湄公河惨案之后，这条国际航道的兴衰变化，等等，都是去年很受关注的新闻热点。报道通过新媒体形式上线之后，引发受众的极大兴趣，阅读量短时间内过万，网友的点赞评论都很多，收到了良好的传播效果。

2. 先入为主，占领先机

天下武功，唯快不破。"快"是新闻时效性的基本要求，因为受众接受信息时总是"先入为主"。舆论引导同样追求时效性。时效越快的媒体，就越能借助"首发效应"，充分发挥"第一定义权"，用本媒体的态度和立场影响、引导公众的态度和立场。对议题设置来说，最理想的状态就是媒体在新闻事件发生之初就第一时间介入，密切跟踪事件的进展，并设置最贴切的议题，紧紧把握事件发展的脉络，不让舆论方向失去控制。

议题设置要占领先机，快捷准确的信息源必不可少。没有信息源，议题设置就是"无米之炊"，而真实、权威的信息源，则能为议题设置"锦上添花"。在过去很长一段时间里，中国媒体在国际新闻报道的时效上常常处于较为被动的局面，在重大国际新闻事件报道中不得不跟随西方媒体，就是因为信息源通常被西方媒体掌握。近年来，央媒加快了海外建站设点工作，驻外记者的数量和素质都有大幅提升，同时加强消息源建设，鼓励驻外记者多走多看，建立广泛的人际网络。此外，海外雇员的增加，也让央媒的消息渠道越发多元。这一系列措施使得央媒在国际新闻报道时效方面取得了长足进展。

在这方面，央媒里海外站点最多的新华社成绩较为突出。2016年7月12日，海牙国际法庭对菲律宾政府提起的所谓"南海仲裁案"做出最终判决。新华社海牙分社第一时间得到消息，迅速发稿，时效在全球各大媒体中位居第一。与此同时，新华社国内编辑部已经提前准备好的多篇评论性稿件，包括《十论南海仲裁案》《南海七日谈》《起底临时仲裁庭》《五评南海仲裁案》，以及《真相与谎言——南海仲裁案闹剧出笼始末》，也同时播发，打造出鲜明、强烈的舆论风向标。这一系列稿件随后被法新社、美联社、路透社、《纽约时报》等西方主流媒体转载和引用，成为以时效占得先机、实现突出传播效果的典型案例。

另外，要引导舆论，除了追求时效、占领先机，我们还需要名牌记者、名牌评论员、名牌栏目发挥引领作用。今天我们已经进入"速读时代"，能够让受众静下心来阅读或者收听10分钟以上的栏目就是好栏目。对国际台来说，轻松调频的"飞鱼秀"、环球资讯的"环球故事会"等一批深受受众欢迎、具有较高认知度的名牌栏目，就是"速读时代"的指路明灯，能够抓住受众、留住受众。环球资讯作为国内唯一一家以报道国际新闻资讯为主的频率，今后应该多打造几个名牌。具有一定知名度和影响力的名记者、名主持人、名评论员，将是环球资讯在市场竞争中脱颖而出的"杀手锏"。

3. 创新叙事，新型传播

在当前的网络社会，随着微博、微信、脸书等的普及，一定要善于运用新媒体，把我们的国际新闻报道推向更广泛的受众。加拿大著名传播学家麦克卢汉说过，"媒介总是以叠加的方式向前发展，新的媒介的出现并不代表旧媒介的消亡。"③国际台作为传统广播媒体与新媒体实现融合，就是要让广播在网络平台和手机平台上获得更大的发展空间。借助新媒体技术，让广播的音频内容通过文字、图片、视频实现"可视化"，弥补广播"耳过不留"、形象性差的缺点。同时，以网络和手机作为媒介，广播突破了时间、地域和不能选择的局限，可以随时随地在线收听或点播收听，从而让广播既"可听"，又"可看""可点播"。目前，环球资讯广播微博的粉丝数量已经突破了4000万，成为环球资讯传播中国价值和中国理念的重要平台。

同时，在报道方式上，我们要学习国际话语体系中通行的思维方式和表达习惯，采用故事性、趣味性的表达方式，让报道既富有中国特色，又能被国际社会理解和接受。不仅要采写富有中国特色的中国好故事，而且还要讲好，传播好，做到"讲好中国故事、弘扬中国精神、传播中国声音"。另外，要深刻理解议题和话题的区别，议题是宏观，是大树的根本，提纲挈领，话题则是大树的枝叶，更加具体形象，服务于议题的导向，阐述议题的内容。

在传播学中，有一个概念叫"移情劝服力"，通俗地讲，就是设身处地，将心比心。针对西方媒体熏陶、教化多年，而且可能对中国存在不少认识误区的海外受众群体，最忌讳的沟通方式就是"自说自话"，其结果只能是"对牛弹琴"，无法弥合分歧。正确的方式是先仔细了解海外受众的立场和观点，厘清他们的逻辑链条，然后换位思考，用他们的思维方式提出论据，进行论证，引导他们自己得出符合我方立场、观点的结论。当然，正确的沟通方式、传播手段并非一日之功，在这方面，中国媒体的海外本土化建设也许是一条捷径。

近年来，国际台的海外本土化建设取得了长足进展，调频台、制作室频频在海外落地，把生产、制作、传播都前移到对象国，根据当地的历史文化、风俗习惯，在报道语言、风格、内容等方面逐渐实现新闻产品的差异化、特色化。也就是说,"到什么山上唱什么歌",我们的新闻产品既可以是阳春白雪,也可以是下里巴人,唯一的宗旨就是塑造国家良好形象,提升国际话语权。

三、结语

当然,加强新闻议题设置能力,提升央媒海外传播力,扩大中国话语的国际影响力,是无法一蹴而就的。对于我们这些从事国际新闻报道的普通新闻工作者来说,我们唯有从自身做起,一方面加强政治素养和文化素养,既要学习我国的外交政策理念,又要熟悉世界历史和当代国际关系,在专业知识上要"精",在知识结构上则要"博"。另一方面,面对不断涌现出来的新技术、新业态,保持旺盛的求知欲和好奇心,随时补充完善各种知识,跟上时代的步伐,做一个"与时俱进"的新闻人。

(作者单位:中国国际广播电台新闻中心)

注释:

① 吴旭:《话语权争夺背后的传播力差距》,《对外传播》,2014年第5期。
② 周建国:《议题设置:今天的新闻应该是什么》,《新闻实践》,2008年第8期。
③ 张伟、张颖:《浅论媒介融合背景下的广播经营创新》,《中国广播》,2011年第5期。

参考文献:

1. 严文斌:《争夺国际话语权,要主动设置议题》,首届"中国新闻发言人论坛"主旨演讲,2016年11月5日。
2. 胡正荣、李继东:《如何构建中国话语权》,《光明日报》,2014年11月17日。
3. 严文斌:《中国国际形象的"自塑"与"他塑"》,《对外传播》,2016年第06期。

第三方测评多语种国际传播节目项目浅析

赵飞飞

近年来，中国国际广播电台（以下简称国际台）持续推进国际传播能力建设。作为国际传播能力建设的重要环节，国际台积极实施第三方测评多语种国际传播节目项目（以下简称第三方测评项目），与国内高等外语院校合作，结合专家评价、满意度打分和节目分析的方法，制定综合指标，建立合理流程，创新多语种多媒体国际传播节目监测模式。

本文在分析测评资料的基础上，总结第三方测评项目对于促进国际传播节目发展的积极意义，分析项目合理性，并展望项目发展前景。

一、第三方测评项目的积极作用

为了探讨第三方测评在国际传播能力建设工作中的作用，本文选取了30余份第三方测评资料作为资料梳理的分析样本，包括23种语言的日常抽查节目资料，以及6次重大直播测评资料。资料分析显示，第三方测评项目在综合深入展现节目发展趋势，推进节目创新等方面具有积极作用。

1. 综合深入展现传播理念和节目形态发展

传播理念清晰。国际传播工作是中国大外交的延伸环节，承载着树立"和谐世界""促进世界的和平、稳定和共同繁荣"等中国外交新理念的使命。当前国际传播节目遵循"中国立场、世界眼光、人类胸怀"的传播理念，遵守国际传播规则和对象国家法律，尊重对象国家和地区的媒体传播理念和目标受众价值观。测评结果显示，测评专家对外语节目舆论导向满意度高，认为节目健康积极，具有大台风范；对于节目传播定位比较满意，认为节目国际化和本土化方面逐渐加强，建议合理改进国际与区域新闻选题的比例。

节目形态融合。测评结果显示节目融合主要表现为多终端传播和多媒体表现形式。当前国际传播节目的重点传播终端已从对外短波广播转变为海外落地电台、网络广播和新媒体终端，样本中100%的节目在国际在线网站播出，56%的节目通过城市调频播出，仅37%的节目通过短波台播出。同时部分新闻资料第一时间采用图文或短视频形态直接通过移动端新媒体传播。多媒体化扩大了国际传媒触达受众的渠道，降低了由政策、技术、资金造成的对象国家和地区的传媒市场进入壁垒。短波广播、网络、社交媒体和调频的传播效果，在触达受众方面往往呈递进关系。因为不同媒体用户群收听习惯不同，所以节目侧重围绕效果显著的重点媒体平台制作节目，其他平台改编重点媒体平台传播的节目，作为传播和推广手段。

采编流程专业化。国际传播节目逐渐突破了原新闻播报加专题的节目编排形式，广泛借鉴专业化和类型化广播的编排方法。23种语言的样本节目中，包含新闻报道、音乐、聊天、访谈、专题等5种节目形式和12类内容题材，其中新闻、音乐、学汉语和旅游等4类题材以时长比例67%成为主要题材，情感、财经、文化、资讯、民生、信箱、故事、体育等是常用题材。节目语言更加生活化，增加了聊天、小栏目、片花等轻松元素。测评结果显示，外语专家对音频节目质量指标满意度高，对节目的创新性、信息量、语言规范、节目编排等指标比较满意。从节目采制流程分析，对比国内专业广播，国际传播节目成本相对较高，27小时的样本节目涉及超过90位翻译编辑主持人员参与节目制作，推测平均制作1小时节目需要3小时以上节目制作岗位人工，因此国际广播与国内广播在专业化发展道路上会存在必然的差异。

2. 测评结果是节目创新的重要参考

综合梳理第三方测评建议和意见，当前国际广播节目在创新节目格式、打造风格和用户互动等方面具有较大创新空间。

创新"环球杂志"格式。"环球杂志"可看作一种国际广播类型化节目格式，它借鉴有声专业杂志概念，可点播、可阅览，便于互动和再传播。它依托国际采编资源，内容定位在新闻、歌曲、经济、社会、体育、文化等领域，视角聚焦国际化、民生化和时尚化，编排注重国际、区域、中国、对象国等四类素材的比例和时段板块格式化。国际台通过加德满都FM92.4播出的尼泊尔语节目《经济世界》是"环球杂志"类节目雏形之一，包含新闻、国际金融、旅游经济、财经快报、地区热点、双边经济以及学汉语等板块，呼号和片花元素完整，节目编排获得第三方测评专家好评。鉴于主持人语调风格一贯性带来的收听舒适感，测评反馈对1小时以上的较大时段节目评价较高，其中每时段划分多个板块，每个板块策划独立的内容主题，播报方式突出现场连线、专家评论、当事人话语等多方观点和现场展现。另外，在新闻评论方面，反馈观点认为，梳理比较不同地区同类事件的叙事方式，比对此类事件的批评性报道具有更好的受众黏性。"学汉语"等教学节目，"轻松一刻"等小栏目，以及片花、公益广告、背景音乐和呼号等节目元素，能够有效缓解收听疲劳，强化节目层次感，有助于受众持续关注节目。

打造节目风格。第三方测评结果显示，对于广播节目，风格鲜明和口语化的主持风格获较多好评。对于新闻资讯节目来说，由于新闻价值主导了新闻资讯节目的受欢迎程度，受众对于此类节目主持人的语言表达方面更宽容，如国际台环球资讯广播的《老外看点》节目，是本土主持人和2—3位外籍嘉宾参与的中文聊天节目，定位于以不同国家的文化视角探讨社会新闻热点，虽然外籍嘉宾的中文发音并不标准，但是节目依然受到听众好评。对于娱乐文化类节目来说，受众对主持人表达和风格期望较高。向非洲播出的法语广播节目《谈天说地》，目标听众群定位于希望了解中国的高素质年轻人，主持人活泼新锐，更多地采用探讨的表达方式。日语大广播节目播出时间是19—20点，是工薪族下班路上或在外交际的时间，母亲在家做饭，孩子在家学习或玩耍的时间，主持人风格轻松活泼，符合节目播出时段的目标受众生活习惯。

加强媒体互动。测评结果认为，应从两个方面加强和改进媒体互动。其一，紧跟受众视角灵活调整题材和表达方式。如希伯来语采访陈光标等视频节目，契合犹太文化慈善价值观，通过以色列电视台、国际在线网站、中外社交媒体传播，收视率与点击率数据较高。印地语广播节目《行走中国》将每期内容按照中国地图制作了动态链接，实现点播收听，改进网络用户的浏览体验。国际传播节目需要加强受众调查，围绕受众需求和偏好及时调整节目编排。其二，在节目中充分与受众交流观点。比较国内广播，节目互动曾是国际传播节目的薄弱环节，当前国际传播节目互动渠道已从过去听众来信向社交媒体平台互动的转变。2016年国际台媒体传播效果数据显示，境内外社交媒体互动量（转发评论点赞量）达4927万，占比全台海内外160多个国家和地区的受众反馈（互动）总量5528万的89%。

二、第三方测评项目的合理性分析

国家新闻出版广电总局于2012年发布《关于建立广播电视节目综合评价体系的指导意见（试行）》，确认了"以品质评价节目为核心"的综合评价体系，以规避媒体自评和唯收听（视）率等两种极端评价方法的弊端，广电行业开始实施综合评价节目的行业规范。

国际台第三方测评项目参照《指导意见》的精神，结合国际传播业务实际，在可行性的前提下，制定了多语种多终端传播节目第三方监测方法，于2013年6月开始试行，并发布《中国国际广播电台多语种节目第三方测评工作管理办法（试行）》等规范文件和系列测评表。第三方测评项目由国际台总编室负责实施，2013至2016年度，先后邀请测评员超过600人次抽查了40多种语言的近100小时原创节目。总体看来，第三方测评项目通过建立外语测评专家数据库、形成综合测评方法、提供多维度测评结果数据等三个方面，确保第三方测评项目的合理性和可实施性。

1. 建立第三方多语种专家数据库

专家阅（听）评节目的形式，是广电行业多年来行之有效的节目评优方法。同时，《指导意见》强调节目评价要把群众评价、专家评价和市场检验统一起来，邀请各方代表构成"评委数据库"。国际台按照《指导意见》的要求，借鉴专家评优方法，邀请200多位由国内重点外语院校中青年外语骨干教师、在华外国留学生、媒体管理和从业者、媒体研究者，专家掌握的专业语言覆盖40多个语种，建立第三方多语种专家数据库。多语种测评专家的优势在于能够比较准确地把握我国舆论导向、了解对象国的法律规范、新闻价值观和媒体节目形态，视角贴近海外目标受众，同时在测评外语节目时无须翻译后再测评，提高了测评的准确度。总体看来，测评者既是专家也贴近受众，身份具有独立性、专业性和权威性。一直以来国际传播节目制作和传播复杂性造成了节目传播监测的困境，第三方测评项目虽然难以达到国内节目评价方法在节目分类细化和组织专业化方面的水平，但是填补了多语种多媒体国际传播节目播后监测方面存在的空白，完善了国际传播节目测评方法。

2. 结合满意度打分和节目分析方法

第三方测评项目结合定性测评和定量测评优势，采用请专家填报测评表的方法完成测评。专家按照《第三方节目测评表》设定的指标，独立对节目进行满意度打分，结合分值逐项指标分析节目优势和劣势，最后对给予定性评价和发展建议。《第三方节目测评表》针对重大报道、重要直播和日常传播节目分别建立不同的系列测评指标。日常传播节目测评表设置三个维度，即思想性、专业性和融合性，并细分为舆论规范、创新性、传播定位、信息量、主持风格、视听效果、节目编排、语言规范、媒体拓展、受众互动等10个指标。重大报道和重要直播测评表按照报道平台划分维度，如网络平台、社交平台等，并细分为引导力、规范性、信息量、针对性、互动质量等若干指标。在对节目进行分解打分评价后，测评表格式还要求专家对测评节目进行整体分析。在这个环节，部分测评专家会结合自身专业知识，比较其他媒体节目形态和传播优势，提出测评节目在技术和制播技巧方面存在的不足，并提出改进建议。

3. 测评流程具有可行性

第三方测评日常传播节目每一次抽查8—10种语言，覆盖全台的主要语言的多媒体传播节目，包含音频、文字、视频、图片等多种节目形态。测评搜集全流程信息，由节目部门上报《节目分析报告表》，标明节目覆盖地区、时段、制作团队、时长、内容介绍等标志信息，并开展节目内容分析，保存比较完备的资料。技术部门提供播出节目成品。测评专家独立开展测评，为了缩短测评周期和提高测评组织效率，第三方测评项目从2016年在微信公众平台注册并认证了"第三方测评团队"微信企业号，建立了"第三方测评团队"微群，完善了第三方测评专家的沟通平台。同时，利用微企在线程序中的表单功能，提倡专家通过在线填报系统完成测评程序，实现测评表回收汇总的自动化，这一改进使原需要5—10天的测评表发放、填报和回收统计流程，缩短到3—5天。最后，测评结果通过《反馈报告》《传播效果报告》等多平台发布，担负了抽查监听日常节目质量、检查节目制作水平、交流节目制播经验等多种功能。

4. 提供节目分析和研究的基础数据

第三方测评为日常播出节目填补了满意度评价数据，为跨语言节目分析提供了基础信息。例如，选取节目样本中同一频率的3档节目，使用各档节目质量评分、年度市场份额等数值测算节目竞争指数，与节目制作人力资源成本数据开展综合分析，制作频率节目竞争指数和平均人力成本的四象限图，为节目支持决策提供参考。从图中，可清晰地看到3档节目分别处于不同发展位置。处于右上象限的是潜力节目，竞争实力超过频率平均水平，拥有足够的人力资源，在支持政策上可继续扩大优势，挖掘节目经营潜力。处于左上象限的是实力节目，成本收益比高，频率可给予重点政策支持，借助频率力量加强推广，提升节目品牌效益。处于左下象限的是低成本节目，一般在收听率较低的广播时段播出，可改进制播流程、信息源和节目片花等节目元素，强化低成本优势。节目数据点如处于右下象限，将有可能是问题节目，使用较高人力成本，但影响力不足，有可能被频率淘汰。

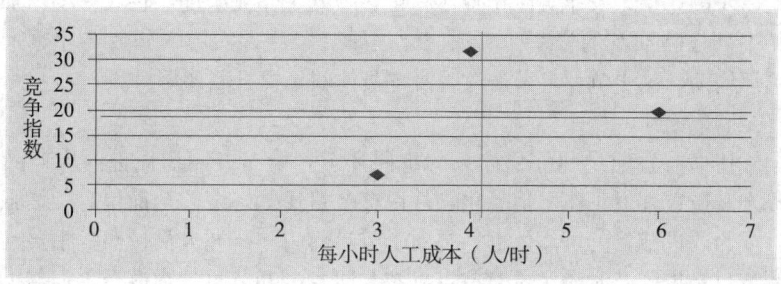

节目竞争力和成本分析四象限图

三、第三方测评项目的局限和发展前景

在国际传播力评估体系中，第三方测评结果作为一项测评指标，是传播效果数据指标的有益补充。这对第三方测评结果的战略导向性和准确性提出了更高的要求。在第三方测评项目试行过程中，节目部门认为测评指标应进一步增强贴近性和精细化，并对测评结果的跨语言比较存在很大疑虑。首先，测评专家参与规模不够，平均到每种语言的储备测评专家不足10位，每次仅有2—5位测评员参与测评，尤其当测评专家对节目意见观点冲突时，给节目团队造成困惑。其次，各种语言测评员构成单一，缺少播出对象国家和地区的母语测评员，国内语言和媒体专家囿于文化习惯和节目收听环境不同，对国外传播地区的媒体规范、受众偏好和节目形态的理解具有局限性。另外，结合广播伴随特性的特点，第三方测评无法测量节目处于全天候收听语境中的实际收听感受，受众媒体接触环境考虑不足。

为了破解项目局限，发挥项目对节目改进和产品创新方面的积极作用，第三方测评项目应通过开发系统管理软件，扩大测评员队伍，深化测评结果应用等，进一步提高测评项目实效。

1. 测评工作信息化

在分解传播战略到测评指标、协同国际测评员、提高测评流程时效和便捷化，以及流程和分析测评资料等方面，测评信息化具有其他工作手段难以比拟的优势，能够为第三方测评工作开启新的篇章。通过在移动终端填报测评表，测评表自动回收统计，测评专家库管理自动化，分类保存和查询测评结果等方面开发软件模块，实现节目用户反馈信息备案存储、流程模式化、过程数据自动统计等功能。

2. 扩大测评规模

总体来说，应用测评项目管理软件是在不投入大量人力资源的情况下扩大第三方测评规模的有效支撑平台。测评系统软件实现测评员报名、筛选、沟通、稿费测算等联络维护工作半自动化，简化测评员联络和管理流程，达到理想的测评员组织规模。实现节目抽选、分析，以及测评结果发布等工作半自动化，降低工作复杂度，较大幅度增加每种语言节目在一年中被检测抽查的概率。实现测评表设计、测评实施、分数统计等工作半自动化，缩短测评周期，减少测评环节，改善测评员体验，提升测评质量。

3. 深化反馈应用

作为国际传播能力建设和评估体系的重要环节，第三方测评促进内容产品的监测评估、品质提升和研究开发工作。信息化软件保存节目反馈，汇总全面信息，增强测评频度和针对性，成为改进节目的可靠依据，有助于节目部门和研究人员按照需求灵活查阅测评反馈，监测节目定位，及时淘汰过时节目形态，研发创新节目，为电台多层级、多方面的团队提供监控评估的全面和真实信息。

(作者单位：中国国际广播电台总编室)

参考文献：

秦敏：《构建广播电视节目立体评估体系刍议》，《科技传播》，2014年7月（下）。

国际传播中以传统文化塑造中国国家形象研究

肖丽林

一、引论

2017年新年伊始,中共中央办公厅和国务院办公厅联合发布了《关于实施中华优秀传统文化传承发展工程的意见》[①]。《意见》认为,"文化是民族的血脉,是人民的精神家园。文化自信是更基本、更深层、更持久的力量。中华文化独一无二的理念、智慧、气度、神韵,增添了中国人民和中华民族内心深处的自信和自豪"。并提出了"建设社会主义文化强国,增强国家文化软实力,实现中华民族伟大复兴的中国梦"的宏伟战略。《意见》进一步指出,"随着我国经济社会深刻变革、对外开放日益扩大、互联网技术和新媒体快速发展,各种思想文化交流交融交锋更加频繁,迫切需要深化对中华优秀传统文化重要性的认识,进一步增强文化自觉和文化自信;迫切需要深入挖掘中华优秀传统文化价值内涵,进一步激发中华优秀传统文化的生机与活力;迫切需要加强政策支持,着力构建中华优秀传统文化传承发展体系"。

当前,中国已成为GDP仅次于美国的世界经济第二大国,中国与世界上大多数发达国家有着密切的经济交往,也对大多数世界欠发达国家有经济援助,并在世界各地有资本输出,中国的经济发展大势已经能够对世界经济繁荣与否产生较大的影响,但同时,中国与世界各国的经济摩擦也不时发生。如今,一个国家的实力已不仅仅体现在经济上,还体现在国际交往中发出自己的声音,参与制定国际交往规则。但国际规则的制定,背后一定是支撑这种规则架构的文化价值观。中国需要争取得到与自身经济地位相一致的规则制定权,除了要继续熟悉当前居主流的西方文明,并积极融入世界规则体系之外,也应参与并成为国际规则制定的国家。

因此,基于传统文化的视角从事国际传播的工作,是要让中国的传统文化适应国际社会的需要,同时也是让世界读懂中国的桥梁和窗口[②]。

国家形象对外交政策的重要作用与功能历来就受到国际传播学者的关注。美国霍华德大学教授马力克的研究认为,一个国家在国际舞台上的权力很大一部分起源于国家自身形象设计的能力,因为它能够卓有成效地表达自身的军事、经济、政治和文化水平。

中国对外传播的任务包括两个重要方面,一是充分向国际社会宣传和展示中国的文化传统,有利于在国际交往规则中添加入中国元素;二是在中国对外经济活动中,形成中国自身的商业文明,化解国际经济交往中的摩擦和矛盾。

所谓传统文化，顾名思义是指数千年来，中国所累积的体现中国社会道德传统与价值观念，指导中国人民行为处事的文化总和。中国传统文化在长期的生产与生活中，经历了数千年的演化和转进，从而汇集成一种反映人群和风貌的民族文化，是民族历史上各种思想文化、观念形态的总体表征。中国传统文化的价值系统包括天人关系上的价值取向、群己关系上的价值取向、义利和理欲关系上的价值取向。从春秋战国开始，不同的时代，不同的学派对于这些传统价值取向有着不同的解释，综合而言，大体是在世界观方面，注重探究天人，强调天人合一，和谐共生，取法自然；在价值观方面，中国传统文化注重对"义利"关系的辨析，义在利先，趋利避害；在社会关系方面，注重"以礼化俗""以俗成礼"，与时俱进。

而在国际交往中，树立与自身传统文化密切相关的国家形象，能够成为国家对外交往的旗帜，这也是中国走向世界更广阔舞台的钥匙，并且可以极大推动中国经济发展，社会进步和文化繁荣。但是，"错误的国家形象和由于不平衡的和不公平的国际新闻流动所造成的国际间的误解，会影响各国政府、组织和人民的关系、理解和交流，甚至引起国际间的冲突"[③]，为此，世界上大多数的国家都在积极地塑造以自身文化传统为核心的国家形象。

二、国际传播中的国家形象塑造

西方社会所流传的中国国家形象，历经19世纪西方来华传教士建构，以及西方外交官、西方文人描述，逐渐形成了以西方人眼光看待中国传统文化的多元复杂文化心态，这其中包含了西方人对于"东方主义"思维模式下，将中西文化视为文化模式的冲突，具有一定西方文化霸权心态。这种来自于西方传统文化背景下塑造的中国国家形象，既不能体现中国的国家意志，也难以全面反映中国百多年来的沧桑巨变，更戴着有色眼镜过滤中国的文化传统。因此，需要以中国传统文化去塑造全新的中国国家形象。

国家形象的塑造有赖于建立对外传播的多元渠道，以及通过各种公共关系活动，从整体上展开。国际社会中，大多数发达国家比较重视通过举办各种官方或非官方的重大节事活动，举办政府与民众较为关注的全球性娱乐或政治事件（如奥运会、世界杯足球比赛、奥斯卡颁奖礼、国际高峰论坛等）来寻求国际目光的注视，以提升国家的国际声望，塑造美誉的国家形象。利用重大节事活动塑造国家形象，需要综合运用媒体功能，也对国家外交、国际商务人员的公共关系视野以及对国际规则的熟练度有较高的要求。

如何在国际传播中塑造国家形象，首先需要明确国家形象和国际交往规则，以及对不同的国际社会中受众文化的相互关系，这就要突出以传统文化为指导的价值体系构建，国家形象的首要任务就是体现自身的价值观，对于支撑国家形象的各种要素，都应该符合与这种价值体系的认证。

但在国际传播中，基于意识形态倾向的价值体系塑造的国家形象，与融入国际社会存在一定的落差。大体而言，当今国际社会的交往，不得不承认还是西方文化及价值观主导的规则体系。同时，由于新兴国家，比如印度、巴西等大批具有区域影响力的国家崛起，国际社会也开始进入多元价值体系共存，多元价值体系共同影响，相互交融的时代。

因此，在国际舞台上塑造国家形象，既要适应西方文化话语权主导下的国际规则，提升中国的国家地位，同时还需针对国际社会的各种政治、文化和经济角色的不同，依据中国文化价值体系的特点，选择不同的形象元素，传达出体现中国国家意志和文化传统的讯息。而在国际社会中，国家的政治形象基本上由文化传统所包含，因此在国际传播中，降低僵硬的意识形态诉求，代之以文化传统表达的价值体系，应该成为中国国家形象塑造的重要手段。当然，国家形象的塑造也不是抽象的，它不仅包括在不同的国际场合所要塑造的不同的具体形象，同时还包括国家对国际社会所要展示的反映中国文化传统与价值观的象征性形象。

从国际传播所要达到的目的而言，国家形象是与中国所要树立的外交身份，以及获取的国家利益有关，这就要求从国家战略目标的变化角度辩证地考察国家形象和外交政策、国际交流、经贸合作、对外投资等行为的互动。因此，国家形象既要因时，因不同的国际环境响应变化，但国家形象也是国家文化传统的表达，这种表达又是跨越时空，具有长时段的稳定性，不宜时常变动。

而且，由中国传统文化所表达的价值观，所要传达的诉求不是与当前盛行的国际规范，以及和不同国家的文化形态相冲突。而是要将这些国际规范，和不同国家的文化形态，体现在中国所要塑造的国家形象上。另一方面，国际社会之间的互动，也不一定完全取决于国际社会业已存在的规则与文化传统，它也在新兴国家的冲击下，不断地调适和改变。也就是说，塑造中国的国家形象，并不完全是单向地、线性式地向国际社会输出中国传统文化的元素，而是要考虑到国际社会的复杂性，以及不同国家自身的文化传统，并与之形成经常的交流，并在此交流过程中，形成被国际社会，以及不同国家所接受的国家形象。塑造国家形象是一项庞大的系统工程，不应该存在即时见效的功利主义思想，这应该是长期的接力工程。不仅是外交部门、经贸部门、涉外宣传等涉外部门的官方动作，更应该包括国民出境旅游、民间团体国际交流等各种民间交流行为，只有官民各方通力合作，才能塑造出与国际接轨的国家形象。

三、国家形象中传统文化的诉求

形象是某个宣传主体在受众中所展示的整体印象，是受众所接受的文化感染力，对传统文化形象的塑造可以快速在受众中建立先入为主的传播切入点。传统文化在长期的社会演变中，形成了优秀的道德观、价值观、行为观，以及对于社会交往的行为规范，都成为塑造国家形象的基本源泉。而国家的外交政策，国家行为、国民举止、企业责任，等等，则在国际传播中不自觉地投射出中国的国家形象。2004年，中国首次在韩国建立了以儒家文化创始人"孔子"为名的学院，正式在海外开始了以汉语教学为基础的中国传统文化推介与传播工作，截至2015年12月，中国已在134个国家和地区建立了500所孔子学院和1000个孔子课堂，成为汉语教学推广与中国文化传播的全球品牌和平台。

以孔子学院为契机，表明中国将传统文化的对外传播视为国家战略，也表明中国在对外传播中首选的传统文化形象是以"孔子"为标志的儒家学说。

孔子学说的核心是"仁学"和"礼学"，其相互关系又在于"克己复礼为仁"。"仁者爱人""己所不欲，勿施于人"。"仁"的基本内涵在于赋予人类生存的基础是"爱人"，爱所有的人，这可以看成是一种博爱，这比当代社会所提倡的"宽容"，有更高层次的指导意义。施行"仁"之道在于自身，而非外在监督和强制。孔子强调"仁"是发自内心，只有内心有爱，一心向"仁"，方可实现"仁"的境界。

当今世界面临着各种矛盾冲突与碰撞，在苏联解体之后，世界原以为旧的价值体系行将崩溃、新的价值观念需要重新建立，东西方阵营之间的冲突已经结束。但极端宗教组织兴起，恐怖主义势力得到发展，以美国为首的西方发达国家一旦经济陷于停滞，就出现贸易保护主义，仇视移民，等等。在此剧烈世界变化中，中国两千多年前的儒学创始人孔子所提出的"仁学"，对于当今"天下无道"（可以理解为天下没有一个共同的规律）的现实社会局面，以及东西方文化碰撞，各种宗教冲突，以及全球化所带来的原住民伦理崩坏等世界多种问题有着良好的解释，孔子所提出的"天下归仁"的理想，经由"仁义"所支撑的社会制度，"仁者爱人"的博爱精神，"为仁由己"的社会行为，可以成为国际交往的重要文化贡献。因此，在国际传播中，打造"仁学"形象是中国树立国家形象的重要内容。

孔子的礼学大体包括：

1. 法统观。孔子强调正名，做任何事情都应该有其内在的理由，要"名正言顺"，这与西方国家法制观念的"法源"的意义是相近的。法统观也强调"正统性"，在国际交往中不能以强凌弱，以国家的名义干预世界的事务，而应以国际合法组织的形式协调国际交往。如果否定了法统，就否定了国际交往的合法性。

2. 大一统观念。它包含了全球化的意思，要求参与国际交往的社会各个国家或国际组织，应该形成一个可以相互对话，有共同语言和交往规则的体系。

3. 开放性。中国礼治的等级制与亲疏关系并不是凝固的，而是开放的，任何人、任何事务都可以在一个相同或相似的评价标准内进行排比，以确定其等级秩序和亲疏关系，这是确定社会身价的主要依据。

4. 灵活性。"礼，时为大"《礼记·礼器》，礼治等级与亲疏关系排比的标准并不是一成不变的，而是随时代的变化，随时调整。

国际社会也是需要有各个国家以及国际组织所共同遵守的规范的，坏了规矩就容易导致区域战争，以及滋长恐怖主义行为。对于治理一个失范、失序、失德的社会，孔子所提出"克己复礼"，希望通过人人自我约束等方法，使"礼"的精神和部分规范得以复兴，将可以使国际社会弊端得以匡正。"礼"的精神内核，是社会伦理和道德规范，而不是主要指政治制度。想要实现一种上下有序、各安其分、互敬互让、天下和谐的理想社会状态。

在"礼"和"仁"的关系中,"礼"属于制度、规范的范畴,而"仁"是一种心理状态,是一种心境。虽二者都是人类行为的控制机制,但是对于个人来说,"礼"是外在的、社会性的,"仁"是内在的、个体性的。孔子站在他所处的时代环境强调"克己复礼为仁",虽落脚在"礼"上,但目的在归"仁",关键在"克己"。

四、国际传播中的国家形象传统文化表达

国际传播中的文化表达是一个互动的过程,鸦片战争以来,中国在初始打开国门,面对潮涌而入的西方列强,从魏源提出"师夷长技以制夷",到张之洞提出"中学为体,西学为用",一直到李大钊开始在中国传播马克思主义,这是一种单向的西方强势文化侵袭,并融入中国的过程,也就是通常所说的"西学东渐"的过程。西学东渐奠定了现代文化传播的基调与格局,也从另一个方向,提醒我们如何在国际传播中,实现"东学西渐"。

诚然,近年来在全球建设的孔子学院,在传播中国传统文化中,展示了不同形态、不同内涵的中国元素,使得国际社会以及多数国家能够接受以"孔子"为代表的中国国家形象和中国传统文化表达,但由孔子学院所担当的文化传播重任,无论是从国际传播的主体、传播的内容、方式,以及传播的效果等方面的依然会有许多不足。

在国际传播中,中国国家形象的传播渠道已经实现了全方位覆盖,包括了通过各种媒介、商贸活动、教育教学、艺术交流等途径,向国际传播。模式也从官方互访到民间团体交流,以及庞大的跨国旅游活动等不一而足。但是,新媒体的崛起瞬间暴露了中国对国际传播形式与传播渠道变化的应对不足,而这些新媒体的涌现,无不体现西方文化与价值观的运用。同时也一定程度地体现了中国文化竞争力的缺陷,也凸显了中国传统文化在跨文化传播中所面临的巨大挑战。新媒体的崛起和快速发展,不仅仅是媒体本身的变化,更是全球化所带来的生活方式的变化,这种生活方式的导引,依然能够看到背后是西方式文化传统的痕迹。

2016年美国总统选举,特朗普几乎是在美国所有主流媒体的指责声中,依靠推特的新媒体,逆袭当选为美国新一任总统,可见新媒体不仅仅是新的生活方式,同时也在重新铸造美国的政治游戏规则。而特朗普就任总统后,跟美国传统媒体的纠缠依然继续,特朗普成为30多年来首次缺席白宫新闻界酒会的总统,也是第一位以推特为主推送政府新闻的总统。因此,新媒体时代正在到来,受众、政治人物、传播渠道(包括传统媒体和新媒体)这三大主体,正在从不同层面三维、立体地参与国家形象塑造与宣传。

中国传统文化在国际传播中塑造国家形象应是一个长远的、全方位的规划:中国文化的自我完善,政府从法律、财政和教育方面给予有力支持,打通、拓宽媒介渠道以争取话语权,将经典文化纳入市场化运作、发展文化产业。

全球化趋势的加快，虽然以西方文化主导的国际社会正在被新兴的多元化世界文化所冲击，但要使得中国传统文化塑造的国家形象，在西方文化主导和多元文化崛起的现状中脱颖而出。

十八大以来，党中央提出构建以实现中国梦为目标的国家战略目标，在国际社会塑造良好的国家形象，塑造"仁者爱人""己所不欲，勿施于人"的礼治价值观。在国际传播中，将中国的自信、自强、团结和理性展现给世界，从而赢得国际社会更多的尊重、理解和支持，在多元文化兴起的世界赢得中国国家形象的一席之地。

"仁学"与"礼学"包含着坚持和平发展，以及建设和谐世界的理念，这是在国际传播中，用传统文化中的"包容""开放""以人为本"等内在诉求体现为行动，在国际社会塑造中国"发展、和平、合作"的正面国家形象。

语言与文字是文化传播的核心工具，当今国际传播以英语占据主流地位。近年来，随着中国经济的快速发展，国际社会对汉语的需求也在日益提升，中国也加大了对外汉语教育的力度。中国的传统文化与国家形象的塑造，很大程度上依赖于汉语使用的人群和地域范围。但是，汉语在全世界范围内普及，并非仅仅靠国家的政府行为，更多的是在市场化主导下，通过民间经贸往来和文化交流，扩展汉语疆界。

国家形象是一个国家物质基础和价值体系的综合体现，是一种客观实在，中国经济快速发展的同时，传统文化自身也在跟随着社会的发展而发生变化。但国家形象的塑造更多的是依靠每个国民在传统文化的熏陶下，日常的行为举止无不符合"仁"与"礼"的规范，这种规范浸透在国民的思维习惯和生活习惯，并成为中国生活方式的一个基础。

五、结语

国家形象的设计和外交政策之间的动态关系必须成为当代国际传播学以及国际关系研究中的重要组成部分。国家形象和外交政策之间的关系所体现的含义是，虽然每一个国家在某种程度上都有权力在其国内通过实施对国内传媒的控制来塑造其国家认同，但只有那些具有占主导地位的全球传媒优势的国家才有能力来影响它们的国家形象。一个国家通过使用传媒外交来对国际传媒施加的影响越大，它就越有更多的优势来实现其国家形象和有利的国家认同的一致化。

在国际传播中，以中国的传统文化为核心塑造国家形象，应该聚焦于孔子的仁学与礼学。"仁"为爱人，爱所有人，在国际交往中树立宽容大度，"己所不欲，毋加诸人"的形象与风范。"礼"为秩序，中国是国际秩序的积极维护与参与者，而非破坏者。

国家形象的塑造，不仅仅是国家行为，更多的是在市场化的趋势下，体现在每位国民的日常行为和生活习惯当中。

（作者单位：中国国际广播电台总编室）

注释：

① 中共中央办公厅、国务院办公厅印发《关于实施中华优秀传统文化传承发展工程的意见》，http：//www.gov.cn/zhengce/2017-01/25/content_5163472.htm。

② 黄清：中国国家形象宣传片的符号分析——基于 DIMT 模式，《中国传媒报告》，2012 年第 1 期。

③ 徐小鸽：国际新闻传播中的国家形象问题，《新闻与传播研究》，1996 年第 2 期。

浅谈自媒体时代国际传播革新

彭少艾

自媒体发展为中国的国际传播带来了机遇与挑战。本文结合作者自身对自媒体时代国际传播的认识以及在运营脸书（Facebook）专页时对内容和数据分析的经验，探讨如何能在全媒体时代通过内容及形式创新，更好地打造自己的媒体品牌。

一、研究背景和意义

自媒体发展为中国的国际传播带来了机遇与挑战。一方面打开了世界各国了解中国的通道，给我国国际传播提供更多、更方便的途径，提高了我国国际传播力的有效性。另一方面也对我国传统媒体提出了新的挑战。因为人们接受信息的途径更多样化，不再像以前一样只依赖于传统媒体。央媒是中国国际传播的主力军，必须要与时俱进，在内容和形式上不断创新，抓住当前的机遇并妥善运用，积极面对各种挑战，做好国际传播，提高我国的政治、经济、文化影响力，争取中国在全球事务中的话语权，塑造中国良好的形象，维护中国的利益。

中国央媒过去在国际传播中有成就也有不足。2013年9月12日，中国国际广播电台台长王庚年在《人民日报》发表文章《中国国际传播的现状和发展趋势》，他提道，"中国内容、国际表达"是当前中国国际传播的主要特点。目前，大多数中国媒体在国际发声，基本处在向国际社会介绍中国的阶段，或借外国人之口，从外国人的角度来介绍中国的社会、文化、政治、经济以及中国在国际事务上的态度等。近几年，中国媒体在国际传播上不断进取努力。根据中央电视台2016年11月18日数据：央视网脸书（Facebook）平台CCTV全球页账号粉丝数3911万，在国际主流媒体中位居首位。同时，国内许多央媒也在积极发声，在2016年也取得了一些很好的成绩。2016年在G20杭州峰会举办、奥运会中国运动员夺冠、神州十一号与天宫二号对接、纪念长征胜利80周年等中国国内重大新闻上，中国央媒都在国际平台上有计划地进行了充分宣传报道，并取得一定成绩，为树立中国良好国际形象起到了积极的作用。但是，在国际传播效果上仍有许多不足。2016年12月发布的《中央媒体海外网络传播力报告（2016）》计算评估出央媒海外传播力度：除了《人民日报》位居第一，中央电视台第二。排名前十的其余八家媒体传播力度不佳。说明当前我国在国际传播的道路上，还有很长的路要走。中国的央媒在社交媒体如脸书（Facebook）、推特（Twitter）等的发声力度和广度还需要提高。

自2014年起，中国国际广播电台东南亚中心泰语部也在脸书（Facebook）平台开设了名为美丽中国（Chinaface）的泰语专页。美丽中国（Chinaface）专页重点发布中国相关内容，目标受众大部分是泰国华人以及对中国感兴趣的泰国人。截至2016年2月，粉丝数达到180万，每月发帖数量约300个。通过三年的经营和探索，累积了一些建设社交媒体平台专页的经验。本文想结合作者自身对自媒体时代国际传播的认识以及在运营脸书（Facebook）专页时对内容和数据分析的经验，探讨如何能在全媒体时代通过内容及形式创新，更好地打造媒体品牌。

二、自媒体时代国际传播内容及形式革新

1. 在自媒体平台进行国际传播，要结合传播新特点表达中国价值观

首先，要正确把握自媒体时代国际传播新特点。自媒体时代，传播的特点是内容类别丰富多样，传播速度快，准入条件低。在自媒体时代，四面八方涌现出各种不同的声音，一定程度削弱了"主流媒体"的声音，人们不再接受被统一地告知对或错，而是从自己获得的全部资讯中，独立对事物做出判断。自媒体平台上，虽然有许多突出的个人媒体成功案例，但是总体来讲，个人的自媒体水平良莠不齐，可信度低，这就给了央媒发展的很大空间。中国央媒要顺应时代的发展，不能单纯地把传统媒体如报纸、广播、电视上的东西放到网上，而是要把内容用更生动的方法表述出来，并积极与受众互动。

要积极利用国际传播新特点进行传播。首先，在信息跨空间飞速传递的时代，要积极获取一手消息。在新闻发生的第一时间，要及时呈现事实并正确引导舆论。现在每个人的手机都是新闻发布的工具，如果新闻发生时我们发布消息落后于个人和其他媒体，那么一是新闻热度已经降低，二是不容易引导舆论。第二，在一些主流自媒体社交平台如脸书（Facebook）、推特（Twitter）等的传播主体可以是公司、组织、个人或媒体等。来自民间的声音往往更真实更具感染力。所以在自媒体平台上要保持央媒主导地位的同时，对民间力量给予重视，动员一切力量，有效利用中国在社交平台上的各个企业、留学生、学者、机构等各层面的广大力量，进行国际传播。

要在传播中积极体现中国价值观。王庚年在《中国国际传播的现状和发展趋势》中提道："全球内容、中国价值"是中国国际传播追求的新境界。他说："在国际传播中，深层次的、体现自身价值理念的报道将成为未来国际传播的核心竞争力。"体现中国价值观的前提是具有国际化视角——在报道世界新闻的时候，应致力于报道基于全球受众信息交流需要，站在全球受众视角的"全球新闻"。中国的价值观存在于方方面面，中国的媒体应该先把自身融入到全球信息传播当中去，做一个全球化媒体品牌，再谈中国价值观的体现；否则，如果在报道时局限于狭隘的民族国家视角，把自己从全球分裂出来，就在一定程度上失去了公信力和话语权。

2. 在自媒体平台进行国际传播，要把内容建设放在首位

自媒体时代，虽然传播形式和媒介都很多变，但是内容依然处在传播中最重要的位

置。之前大多数媒体可能还停留在注重形式这个"形"而忘记了内容这个"神",形神不统一,传播效果会大打折扣。自媒体有自己的特性,放在这些自媒体乃至社交网站上的贴文内容也应该根据自媒体特性进行调整,不应该在各个平台都生搬硬套同样的内容。

第一,文字新闻要以短新闻为主,尽量把重要内容放在前面并配图。因为人们现在习惯的浏览方式是上下滚动屏幕,人们的视线停在每个帖子上的时间只有短短几秒钟。如何在几秒钟之内通过草草地浏览就能让人抓住关键信息是关键。如果帖子有配图,那么用户会把注意力放在更吸引人的图片上,从而辨别自己是否想仔细阅读这条消息。而且现在消息传播速度快,种类繁多,尤其是时效性强的新闻,应以短消息为主,在尽量短的篇幅内叙述清楚事件的全部要素。

第二,传播内容应该角度独特、权威、真实、专业。央媒和个人媒体在自媒体上看问题的角度必定是不同的。个人媒体更多的是从个人、或民族、或地域等角度看待一件事。而前面提到央媒应该站在世界角度看新闻。采用适当语言风格和跨文化思维进行策划和设计,使传播内容与国际受众的需求相统一。当发布的消息涉及政治、经济、科技、法律法规等许多专业问题的时候,央媒通过访问专家或调研等方式,更能从专业和权威的角度来做出报道或解释。

第三,每一个媒体账号都应该多放自主创新的产品。目前中国几乎各大央媒都在海外各国设立了自己的记者站,并且建设有自己的新媒体团队。在新闻事件发生时,应该尽量利用海外记者站采集第一手消息,而不是转发国外媒体的消息。要积极创建自己的新媒体产品,现在部分国内媒体会搜罗微博或微信上热门的图片和视频,进行加工并转发到国外社交平台,失去了原创性,产生了部分重复的内容,不利于打造个性化的媒体品牌。

3. 在自媒体平台进行国际传播,要定期分析受众群和受众行为

在自媒体平台中,可以从专页、贴文以及付费广告推广数据看到许多信息,分析这些数据,可以帮助内容管理者更好地调整内容类别、发布时间、发布形式等。要以受众为导向,分析受众行为习惯,条件允许的情况下还可以开展大数据分析,进行受众定位,区分不同年龄、性别、语言、教育程度等方面受众的不同行为偏好、关注话题、活跃程度等情况,进而制定具有针对性的传播策略。

要根据数据分析来细化内容分类和受众分类。在自媒体国际传播中,不同的用户群会有不同的内容需求。这就要求内容发布和管理者要结合目标用户的特点,细化主题分类,将内容分别推送推广。例如,在对泰语专页美丽中国(Chinaface)做数据分析的时候我们发现,年龄在17—24岁之间的用户对娱乐、明星等话题很感兴趣,在发布这一类消息并进行付费广告推广时,我们会针对17—24岁的用户进行推广。反过来,在细分内容主题推送给受众的同时,也应该按要素细分受众,根据内容制定针对不同受众的传播战略。例如我们针对学中文泰语受众制作了系列视频节目,目标受众可能热爱中国文化、追中国明星、或参加了汉语水平等级考试,年龄上非常年轻化,往往都是学生,所以传播形式上多采用更活泼的短视频形式,传播语言更年轻化更贴近网络语言。

要根据数据分析来调整内容发布策略。例如在我们的数据分析中可以看到,大部分受众习惯在北京时间晚上 6 点—12 点之间上线,所以我们的一些精品内容会选择在用户在线最多的时刻进行发布。我们还发现,我们绝大部分用户来自曼谷,针对这一点,我们制作了北京 vs 曼谷双城故事图文产品,让我们的专页能更贴近曼谷的粉丝。

要根据数据分析来挑选合适的内容和语言进行发布。首先要选择合适的内容。例如我们在运营脸书(Facebook)专页的时候发现,一些正能量的贴文例如:环卫工人辛苦工作、军人不怕风吹日晒艰苦训练、人民群众积极帮助重症病人等,往往点赞数都非常高。而积极发布正能量贴文还有助于树立中国社会良好的国际形象,所以我们会在中国社会新闻的内容选择上向正能量新闻倾斜。自媒体上的国际传播无疑需要多样化和差异化语言,不能一直使用传统媒体播报新闻的单一口吻。在举办一些线上活动时,我们往往采用更为年轻化网络化的活泼的语言,更加亲近受众,吸引粉丝来参加活动。在 2016 年泰国国王去世时我们还请泰国专家专门赋诗一首来纪念和歌颂国王。

4. 在自媒体平台进行国际传播,要考虑到平台和浏览设备的特点

更多地发布微视频是自媒体平台的发展趋势。美国公共广播公司媒体博客网站(PBS MediaShift)发布的《社交媒体和移动端视频发展报告》中得出了这样的结论:社交媒体平台是数字视频的天下。这其中,首当其冲的是短视频。《报告》中提到,一项路透社的研究显示脸书(Facebook)上原生新闻视频的平均时长是 75 秒,56% 的新闻视频时长都在 60 秒以内。所以在制作视频时要尽量控制在 1 分钟以内并争取把具有吸引力的内容设置成视频封面。

自媒体平台注重互动性。积极地与目标受众和粉丝进行沟通和互动,往往能吸引更多粉丝前来关注。增强互动性的方式有很多种,比如举办一场晒图比赛、请用户分享故事、举办竞猜游戏、向用户征集创意,等等。例如我们在运营脸书(Facebook)平台时,曾经在国庆节期间举办过"我身边的中国元素"秀图大赛;在母亲节的时候请用户分享自己妈妈美丽的照片和故事;在新年的时候请用户分享自己的新年愿望,等等。

不同的浏览设备适应不同的内容形式。台式电脑适合阅读更多的文字和观看长视频节目,手机端需要更直接的感官冲击。《社交媒体和移动端视频发展报告》中提到:根据推特(Twitter)的数据,2015 年 90% 的推特(Twitter)视频都是在手机上观看的。对于脸书(Facebook)上的视频传播来说,含有字幕的视频观看时长将会延长 12%。如果用脸书(Facebook)手机软件浏览贴文就会发现,方形视频比横版视频所占版面大,而且视频滑进视线内是无声自动播放的。所以传统横版小字幕的视频在脸书(Facebook)这样的平台并不占优势,因为不全屏无法看清字幕,并且所占版面小,不足以吸引眼球。所以在脸书(Facebook),方形带大字幕,支持无声播放的视频最具优势。

利用自媒体平台自带功能进行内容形式创新。为了顺应自媒体视频化的潮流,现在各大公司都纷纷推出新功能。脸书(Facebook)公司就新上线了几款产品比如直播、文字视频化等。直播是近期比较流行的传播形式,因为直播最直击现场,而且在直播过程中可以

和用户直接进行互动。文字视频化更体现了自媒体视频的大潮流。此产品可以直接把文字通过添加音效、表情、背景等直接转化为动态视频并发布在脸书（Facebook）。这些社交媒体自身研发的产品如果好好利用，也可以拓宽中国的国际传播的内容形式。

三、整合多种传播渠道，打造媒体品牌，增强国际传播效果

在全球化时代，国家形象与国家的国际影响力息息相关。自媒体在其中有着重要的作用。但是自媒体形式变化快，用户年轻化，往往刚刚适应某一种形式或某一个平台，就又出现了更新的媒体形式和平台。但是国际传播的本质和目标不变，就是要提升中国软实力，让中国的声音更多地被世界人民倾听并接受，认同中国的价值观。所以增强国际传播效果是永恒的目标。

增强国际传播效果要整合多种传播渠道。除了网络自媒体平台，新媒体还有其他多种传播途径可以配合自媒体进行传播，从而增强国际传播效果。例如想要发布一篇跟中国文化相关的中篇文章，既可以发布在新闻网站上，也可以适当编辑配合图文发到社交平台，同时还能制作出广播节目，甚至配合一个视频节目。但是要注意在不同传播渠道转换的时候，要注意变化表达方式。同样，一个视频节目，剪成1分钟预告可以放在自媒体平台，可以分段放在视频网站，完整的视频还可以放在媒体自己的网站上。在社交媒体举办一个线上活动，也可以利用广播、电视、网站等其他资源进行宣传，把用户引流到社交媒体，增加活动参与度。整合多种传播渠道也是中国国家媒体从传统媒体转向传统媒体新媒体结合的优势，应该好好利用。

增强国际传播效果的同时要打造媒体品牌。2016年8月22日，2016媒体融合发展论坛在深圳开幕，王庚年做了题目为"融合于发展"的主旨演讲，他提到：在新媒体时代，品牌的意义更加重要。现在社交网络用户群庞大，如何利用社交网络传播中国国家形象，打造强势的、能够得到国际社会认可的媒体品牌，也是摆在中国央媒面前亟待解决的问题。就像王庚年台长说的：在新的传播环境下，品牌既决定发展，更关乎生存。品牌凝结着用户对媒体的认同和信赖。建立媒体品牌并非易事，品牌的建立与媒体公信力提升是相辅相成的关系，并不能分裂开来。无论是大到一个立体的媒体集团，还是小到某一个社交网站上的某一个账号，都可以算作一个品牌。在日常内容建设中，就要注重品牌概念，比如在原创图片上添加水印；在视频上标示品牌图标并制作系列片头片尾；在宣传语中重复提及品牌名称等，这样可以在用户接收信息的同时，加深品牌在用户心中的印象。

总而言之，在自媒体时代，中国的主流媒体在国际传播中改进的空间还很大，应当与时俱进，勇于创新，把握住时代赋予的机会，战胜挑战，努力成为先进的全球性媒体品牌。

（作者单位：中国国际广播电台泰语部）

参考文献：

1. 田智辉：《新媒体环境下的国际传播》，中国传媒大学出版社，2010年。
2. 沈苏儒：《对外传播的理论与实践》，五洲传播出版社，2004年。
3. 侯迎忠、郭光华：《对外报道策略与技巧》，中国传媒大学出版社，2008年。
4. 叶丹：《超媒体时代媒体的内容管理》，《新闻世界》，2010年第9期。
5. 张楠：《从WeChat海外推广看新媒体时代国际传播战略选择》，《今传媒》，2016年第6期。
6. 张柱：《"央视新闻"的新媒体战略及系列创新》，《中国记者》，2014年第10期。
7. 蔚力：《关于中国国际传播力中新媒体的应用》，《新闻传播》，2016年第10期。
8. 李盛楠：《央媒运用网络社交平台对外传播研究——以脸书（Facebook）中People's Daily为例》，《今传媒》，2016年第2期。
9. 黄鸿业：《国际传播视角下的社交媒体跨文化传播研究——以对泰汉语国际交流为例》，《新闻研究导刊》，2016年第15期。
10. 程曼丽：《国际传播研究的新问题、新理念》，《新闻与写作》，2016年第1期。
11. 王庚年：《中国国际传播的现状和发展趋势》，《人民日报》，2013年9月。
12. 刘滢：《新媒体对外传播的着力点与未来走向》，《青年记者》，2016年10月上。
13. 厉振羽、施明慎：《新媒体国际传播的创新探索与思考——以人民日报社为例》，《对外传播》，2016年第4期。
14. 李丹、郭书：《新媒体环境下国际传播特点分析》，《中国记者》，2014年7月。
15. 周翔、胡成志：《新媒体语境下新华网国际传播问题与对策分析》，《今传媒》，2016年第9期。
16. 李叶：《全球进入全媒体时代互联网商业模式正发生转型》，人民网，http://society.people.com.cn/GB/86800/16685820.html。
17. SimoneKovacs：《社交媒体和移动端视频发展报告》，美国公共广播公司媒体博客网站（PBS MediaShift），http://mt.sohu.com/it/d20170215/126368698_522898.shtml。

全媒体时代如何加强对东南亚地区传播
——以中国国际广播电台东南亚地区传播中心为例

梁 爽

在信息传播技术的推动下，媒体格局和舆论生态发生了深刻变化，新旧媒体之间日益融合互通，信息传播手段层出不穷，表现形式丰富多彩，传媒产业掀起新一轮的革命浪潮，我们迎来了全媒体时代。

传播力就是竞争力，在新的历史时期，提升国际传播能力有了新的时代特征。中国国际广播电台（以下简称国际台）作为中国对东南亚地区传播的一个重要阵地，肩负着提升我国在东南亚地区国际影响力和话语权的重任。全媒体时代，如何进行转型，实现全媒体融合发展，是国际台提升东南亚地区传播能力和竞争力的关键所在。

一、全媒体时代国际台面临的机遇和挑战

党的十七届六中全会明确提出了要加强国际传播能力建设，打造国际一流媒体，这为作为国家级外宣媒体机构的国际台指明了方向。中国—东盟自由贸易区的全面启动，"一带一路"倡议构想的提出并大力推进，将东南亚地区推向更为重要的战略合作伙伴地位，国家战略发展需要为国际台创造了机遇。党的十八大以来，党中央高度重视并大力扶持媒体融合发展，习近平总书记在全面深化改革领导小组第四次会议上发表的重要讲话中，对媒体融合的发展方向和战略目标进行了规划，媒体融合成为全面深化改革的重要内容之一，为国际台实现融合发展提供了难得的历史发展机遇。

在东南亚地区，网络媒体、社交媒体、手机媒体等新媒体非常受欢迎。根据《We Are Social：2015年亚太地区数字、社交、移动调查报告》显示，东南亚是全球网民和社交媒体最活跃的地区。面对广播主业的下滑以及新媒体冲击的双重挑战，国际台当务之急要进行转型发展。全媒体时代的到来，对外宣工作人员的新载体驾驭能力、媒体运作等方面提出了新的要求，这对于以学习对象国语言为主的队伍来说，更是一个强有力的挑战。媒体的融合发展是一项系统工程，需要雄厚的资金投入。国际台作为全额拨款事业单位，每年的宣传经费相对固定，如何利用有限的资金实现传播效果最大化是个难题也是关键点。全媒体的发展需要以强大的技术为支撑，从口头传播到数字化传播所经历的飞跃，印证了媒体发展的每一次质变，都是建立在技术创新的基础上。就国际台而言，在技术研发应用、升级维护等方面还很滞后。

二、国际台开展对东南亚地区传播的实践

国际台用越南语、老挝语、缅甸语、柬埔寨语、马来语、印度尼西亚语、菲律宾语、泰语等8种语言对东南亚地区10个国家进行传播。在新媒体发展与新旧媒体融合的过程中,国际台一直紧跟时代脚步,实现了由单一广播向多媒体传播的飞跃,传播能力有了显著提升。

1. 重视阵地建设,打造多媒体传播格局

全媒体时代的传播是以全媒体渠道进行内容的多渠道、多媒体、多平台发布,因此,渠道是进行全媒体传播的基本要素。国际台对东南亚地区的传播经历了单一广播时代、传统短波与互联网传播并行、侧重互联网发展、线上线下多媒体形态发展四个发展阶段。目前,国际台提出面向东南亚地区打造区域传媒集团,更加注重创新与开拓,逐渐形成了集广播、纸媒、网络、新媒体于一体的多媒体传播格局,并积极开展海外广播整频率落地、节目落地、节目租时落地以及边境广播落地,在渠道的建设和拓宽方面,取得了可喜的成绩,为全媒体传播目标的实现奠定了基础。

2. 开拓海外主战场,推进本土化建设

整频率落地和本土化是世界主要国际传播媒体走出去的基本手段和运作模式。短波广播因具有杂音大、信号不稳定、抗干扰弱等固有的弱点,在新媒体当道的今天,面对更大的困境。国际台根据中央关于增强国际传播能力建设总体部署,加快推进整频率落地,努力寻求突破。目前已在东南亚地区建立5个整频率电台,并积极与当地媒体寻求合作,实现节目落地和节目租时落地。

本土化,是指母国到其他国家或地区推广产品及服务或者宗教、文化而应遵循当地人们的需求与习惯的做法。本土化发展可以发挥地缘优势,近距离把握对象国受众的兴趣、习惯等,使传播内容更贴近实际、贴近生活、贴近当地受众,更符合对象国的舆论引导模式,从而提高传播效果。为了推进本土化制作,国际台设立了老挝万象节目制作室、曼谷节目制作室等4个节目制作室。其中,曼谷节目制作室于2011年对曼谷调频台进行改版后,实现了经营模式本土化、节目制作本土化和工作团队本土化,品牌和影响力显著提升。

3. 大力发展新媒体业务,推进新媒体建设

在东南亚地区,随着互联网技术的蓬勃发展和新型终端设备的普及,互联网、社交网络和智能手机等新媒体正在逐步成为当地人民获取信息的主要手段,发展新媒体业务势在必行。

开展新媒体业务,拓宽传播渠道。在调查当地受众媒体使用习惯的基础上,东南亚地区广播中心把目光瞄准在社交媒体上,于2014年4月启动了旨在利用网络社交媒体平台,开展媒体产品建设和新媒体传播的"吸铁石计划"。截至目前,全中心共开设了18个

Facebook专页、10个新浪微博账号、8个微信公众号。此外，老挝语部推出了万象调频台"CRI-FM93"APP，各语言部在苹果平台的播客（Podcast）客户端推出精品广播节目，将传统广播与手机新媒体相结合，满足了受众随时随地重复收听广播的需求，同时扭转了传统广播互动性差的劣势；马来语部推出掌上《中国穆斯林指南》APP，将PC媒体与移动媒体相连接，有利于受众及时便捷了解有关信息，扭转了PC媒体体积大携带不方便的劣势。新媒体业务的开展，不仅拓宽了传播渠道，扩大了受众覆盖面，还通过双向传播，增强与受众的交流与互动，极大提升了信息传播的有效性。

打造多媒体产品，推进新媒体建设。面对新媒体的异军突起，东南亚广播中心积极调整战略，通过启动"吸铁石计划"和"创客行动"，鼓励员工开拓创新，推进新媒体建设。活动中推出了马来语网络视频栏目《这里是北京》、老挝语实景体验式汉语教学系列短片《哥儿俩》等多媒体产品，并通过网站、Facebook、微信等多媒体渠道进行推广。这些创新性多媒体产品通过光、声、影、像、文字等表现手段的综合运用，实现了立体化传播，同时还增强了节目的互动性和用户的黏着性，提升了产品的品牌效应。此外，在推进新媒体建设的过程中，东南亚地区传播中心还重视效果传播和新媒体人才的培养，通过考核机制和奖惩机制，充分调动了员工的积极性和创造性。

4. 开展大文化综合传播，培育区域文化认同感

首先，中国与东南亚国家同处于中华文化圈，相似的文化背景为中国文化的交流和输出奠定了坚实的基础。其次，东南亚地区的多数主要民族都可以在我国的西南地区找到相同或相似的族源，民族同源为纽带的亲缘关系，使得他们在语言、生活习俗方面有着密切的天然联系。第三，东南亚是华人华侨聚集地，华人华侨不仅是中华文化的载体、传播者，更是中国与东南亚民间交往和文化交流的桥梁。此外，在新的历史时期，与东南亚各国的文化交流还是"一带一路"倡议的重要内容。综上，国际台在对东南亚地区开展文化传播中占据得天独厚的优势。鉴于此，国际台以文化交流和文化传播为切入点，实行大文化传播战略，努力实现区域文化认同。通过影视译制片的输出、报刊图书本土发行、多媒体产品的本土落地等文化传播手段，降低传播内容的政治敏感度，淡化受众的抵触心理，起到了"润物细无声"的作用。通过两次组织六小龄童访问越南，举办"东南亚十大新闻"评选活动、中外记者采访活动等文化交流活动，来增进两国人民情谊，促进相互了解。通过节目合办、平台合作，资源共享等媒体间的合作，借助各国主流媒体在当地的影响力和深厚的受众基础，迅速提高了国际台的知名度和美誉度。

三、加强对东南亚地区全媒体传播的思考

在转型与融合发展过程中，国际台东南亚地区广播中心在渠道铺设、受众互动、表现手段丰富、新媒体开拓等方面做了大量工作，取得了一定成效，但总体上看，其媒体融合发展仍处于探索阶段。主要表现为全媒体运营平台尚未搭建，符合新时代的全能型人才紧

缺，新旧媒体间还未实现深度融合，移动终端新媒体有待进一步开发利用。下面就上述 4 个方面进行探讨。

1. 全媒体运营平台的搭建

全媒体时代，国际台作为传统媒体的内容优势与渠道优势已不存在，迫切需要打破各个部门单打独斗的传统运作模式，将广播、报纸、电视、网络、移动终端等各个单独的媒体平台整合成跨平台全媒体运作平台，使不同属性的媒介间建立起相互渗透、协调合作的关系，实现各种媒介资源、生产要素的有效整合，实现信息内容、技术应用、平台终端、人才的共享融通，形成一体化的组织结构和传播体系，从而推动国际台实现深度融合发展。此外，全媒体运作平台的搭建，还有助于实现扁平化管理，有助于缓解国际台财政压力。

2. 跨媒体、全能型人才的培养

全媒体时代的到来，对外宣人才队伍提出了更高的要求。需要培养既懂新闻业务又精通对象国语言，既懂传统媒体又擅长新媒体技术应用，既懂新闻传播规律又深谙媒体发展规律，既懂传媒政策又熟悉市场运作的跨媒体、全能型人才。

推动职工转变思想意识。全媒体时代，媒体形态从单一型向全媒体型转变，信息从传播供应向整合供应转变，传播方式从单向传播向双向互动转变，表现手段也从单一性向多样化转变，不仅需要从业者熟悉不同媒体的特性，还要善于综合运用各种表现手段和媒介形态，传统媒体的运营思路在新时期已经不适应。因此，人才的培养首先要从观念的更新和思想的解放开始，推动全体职工迅速进行思维转换，与媒体融合发展同步转型升级。

吸纳复合型人才。人才紧缺是传统媒体在融合发展普遍面临的问题，亟须输入新鲜的血液。国际台作为外宣媒体单位，其特殊性质决定了人才要求具有一定的特殊性。首先外宣工作人员需要通晓对象国语言，然后才是业务能力要求。鉴于这种特殊性，建议与北京外国语大学、中国传媒大学等国家重点高校合作，定向培养"对象国语言＋"双学位人才。

建立人才培养长效机制。媒体的融合发展要求传播人才与时俱进，跟上时代发展脚步。因此，人才的培养要有目标，要分层级，更要兼具长效性。建议建立人才培养长效机制，并辅以绩效考核机制，充分调动员工的积极性和创造性，从而推动事业的不断创新发展。值得一提的是，全媒体人才的培养不能停留在媒体运用的技能层面，更要重视高层次经营管理人才的培养，这部分人才是推动全媒体事业向前发展最有力的支撑。

3. 媒体的融合发展

媒体的融合发展不是在原有传统媒体基础上叠加各种新媒体，更不是媒介内容的平台转移。这种简单的媒体叠加和信息重复发布，没有实现各种媒介资源、生产要素的有效整合，只是一个量变的过程，没有实现质变，无法满足当下受众个性化、多层次、多元化等的需求。媒体融合应是新旧媒体在内容、渠道、平台、经营、管理等方面深度融合，在此基础上生产出符合各种媒介形态特质的不同信息产品，再经过不同媒体平台进行传输和推介,实现立体传播,达到扩大影响的效果。此外,媒体的融合不仅局限在企业内部,跨媒体合作是媒体融合更深层次的意义。

4. 重视发展移动终端新媒体

随着智能移动终端和移动通信技术的发展,以手机媒体为代表的新兴媒体正逐渐成为国内、国际传播的重要力量。移动终端媒体的出现,满足了人们随时随地随心接收最新资讯、了解世界的愿望,也使国际传播变得更加便捷、频繁。根据 We Are Social 2015 年一季度的亚太地区报告,东南亚地区的手机用户数达到了 7.44 亿,渗透率 119%,此外,该地区很多网民都只使用手机上网。面对如此庞大的受众市场,国际台应重视发展以手机媒体为代表的移动终端媒体,通过着力开发移动 APP 软件,量身定制个性化、互动性强等符合移动终端媒体特性的传播产品,加强与当地通信运营商合作开发产品、推广节目等方式,迅速占领移动用户市场,以期在新一轮媒体竞争中抢占传播制高点。

(作者单位:中国国际广播电台东南亚中心编辑部)

参考文献:

1.《外宣期刊发展的必由之路》,宫喜祥,《对外传播论文选》。

2.《媒体融合发展是一场重大深刻变革》,付克友,成都商报电子版,2014 年 9 月 11 日。

3.《全媒体时代呼唤复合型人才》,史康宁,《青年记者》,2013 年第 30 期。

论信息的二次编码与国际传播策略调试

卜卫军

信息在传播过程中首先要经过传播者的编码，即将原始信息转换成外在形式的语言符号，同时，信息接收者，即受众凭借自身感知再对语言符号进行"解码"，从中获取信息，这是信息在传播过程的第一次编码。就国际传播而言，信息的编码则需要两次，第二次编码需要在初次编码的基础上将语言符号转换成外国受众可以理解、接受的其他语言符号，并根据其自身认知、文化背景，有时是意识形态背景解码符号获取信息。

在国际传播活动中，为了实现让信息准确无误地传达到受众的目的，二次编码往往不仅仅是语言翻译的过程，更是根据目标受众的特点将信息重新包装、打磨、二次加工的过程。鉴于国际传播具有跨文化、跨意识形态等特点，二次编码是为了让受众更好地理解信息，接收信息，因此，二次编码以传播效果为基本导向，需要根据对象国受众的特点有的放矢，做好文化上的对接。

如果说，翻译工作是通过技术手段进行浅层次的文本转换，那么，跨文化的信息交流、对接则是深层次的文本转换。为了能够实现转换过程的顺畅，使外国受众易于解码收到的符号，传播者的二次编码工作不仅仅涉及对文本加工的技巧，更涉及对国际通行体系的认知以及传播理念上的转变。

一、从我国的"高语境"向西方的"低语境"转换

美国学者爱德华·T. 霍尔（Edward Twitchell Hall Jr.）在 1976 年出版的《超越文化》(*Beyond Culture*) 一书中提出文化具有语境性，他认为："任何事物均可被赋予高、中、低语境的特征。高语境事物具有预先编排信息的特色，编排的信息处于接受者手里及背景中，仅有微小部分存于传递的信息中。低语境事物恰好相反，大部分信息必须处在传递的信息中，以便补充语境中丢失的部分。"[1] 东方文化中有众多高语境文化，代表国家有中国与日本，而以美国、欧洲国家为代表的文化则为低语境。

忽视不同文化之间语境的差异，常常成为中外沟通交流的突出障碍。例如，东方文化常常讲究含蓄，重要的信息常常隐藏在文本之中，而西方国家文化则喜欢开门见山，平铺直叙。我国文化讲究思想上的"领悟"，与西方国家语言上的"直白"的表述方式有着巨大差异，受者只有身临其境，在我国独特的语境中切身感受体会到一定的程度后，方可领悟到我国文化含蓄的精妙。由于历史原因，长久以来少有人能将古老、深奥的东方文明进行简单、清晰的归纳，通过西方国家民众能理解的词语、逻辑，通俗易懂地给予解读。事

实上，许多中国人谈及自身文化时也常常说不清、道不明，"只能意会，不能言传"，对那些对中国几乎一无所知的外国受众来讲，向他们讲述中国的文化背景、内涵几乎是"对牛弹琴"，难言传播效果。按照我国的文化传统，以抽象的概念和意义来反映事物本质在国内受众看起来没有什么不妥，显得极其"高大上"。然而，在西方国家受众看来，抽象的、讲道理的传播方式不仅没有说服力，而且容易招致反感，而以具体的事例来反映事物本质更具接近性、真实性，容易引起共鸣。语境的不同直接关系着海外受众对信息的理解程度，忽视语境的转换会不自知地加深西方世界对中国的不理解和不恰当的解读。外宣从业者在二次编码过程中应时刻注重不同语境的转换，避免表述不清，被西方国家媒体乘虚而入，在转载、引述时将本为正面的表述转换为负面，或让受众在不认知中产生更多的困惑。

有效的沟通应建立在"平等"的基础上，所谓平等指的是用对方能够理解的语言结构、逻辑思维方式表述。不少外国人形容中国时常常使用"神秘的东方世界"一语，按照一般理解，我国对自身博大精深的传统有着非常强大的文化自信，对此评价不以为然。然而，从另外一个层面理解，"神秘"意味着不理解、不认可，东方世界意味着偏远，非我同族的意思。在目前已是全球一体化，"地球村"概念的提出已超半个多世纪的语境下，这些词汇的普遍应用从侧面反映出外部世界对中国的不理解，值得我们警醒。另外，在信息的二次编码中，不少从业者常常忽略中外语境的差异，使用"博大精深""龙的传人"等与外部世界格格不入的词汇，以彰显自己与外界的不同。然而，在不少西方国家受众根深蒂固的观念中，"博大精深"意味着抽象，难以理解；"龙"在西方国家语境中更是意味着邪恶，在欧美国家公开发行的漫画作品中，龙常常象征着侵略者，例如，在"二战"期间，一些欧洲漫画作品将龙比喻为德国法西斯；美国在宣传品中将日本版图刻画成龙，寓意邪恶。因此，不少外宣工作者提出，在国际传播中应积极探索"龙"一词的精准翻译，避免使用被妖魔化的"dragon"一词。

除了文化背景的不同，我国与众多国家还有其他意义上的语境差异。我国注重集体主义，在报道中的主角常常作为一个群体而出现，在西方国家语境中，报道的主角常常以个体出现，个人主义是西方文化的一个重要特征，被理解为关于价值观念体系和人性的判断等。在西方国家受众眼中，缺乏个人主义的报道作品缺乏人情味，自然不易被理解。此外，大量政治词汇的应用在西方受众眼中有"洗脑"嫌疑，甚至被当地政府和社团误解为我国的外宣活动是意识形态入侵，不仅没有实现预想的传播效果，还由此产生了不必要的政治冲突，给对外交往带来阻隔。

二、转变传播观念，实现"硬内容"的"软传播"

在信息的二次编码中应注重传播内容与受众意识的统一，即在国际传播中少提不同，多提价值观相同的信息，在国际主流价值观的指引下"求同存异"。广告心理学的研究成功显示，发掘、创造传播者与受者之间的共同理念与价值，往往会取得更好的沟通效果。交流沟通中，双方只有意见趋同时才有继续的可能。在大众传播实践中，由于是"一对多"的传播模式，传播者应主动放低身段，采用与受众的思维习惯相一致的方式，以国际通行的用语编码我国的方方面面，做到在传播过程中的"内外有别"、"外外有别"，与受众建立起彼此的理解和信任，在共识的基础上传播。"以我为主"曾是对外传播的主要模式，这种直接的传播模式在战争或冷战中的狂热年代曾发挥过重要作用。然而在以和平发展为主流的现代，受众需求多元，信息来源广泛。忽略受众需求，突出以我为主，就容易造成自说自话的后果。所以，在信息的二次编码过程中应强化受众意识，充分考虑到受众的兴趣、接受心理和收受习惯，以他们能理解、接受的编码方式"软性"传播。"以受众为中心"的另一个特点是外宣媒体从本土化出发契合海外受众需求。国际传播的主战场已由一国国内转移到海外，任何一个国家的国际传播如果脱离海外主战场，就会处于被边缘化的境地。② 外宣"三贴近"是我国媒体国际传播的重要原则，本土化是推进外宣"三贴近"、增进传播实效的重要途径。向受众宣传好、阐释好现代化的中国，要从传播对象本土化的实际需求出发，做好与当地社会、文化、习俗的对接，通过本土化的话语体系和表达方式，借助本土化媒体的传播渠道，逐步实现在对象国本土采集、制作、发布与互动的国际传播体系。

另外，国际传播活动中的信息二次编码应强化全球意识，适应全球化思维。对于追求盈利的企业来说，全球意识就是企业从世界市场出发，对全球资源合理配置，降低成本，实现企业的效益增长和长远发展。对于外宣媒体而言，全球意识就是胸怀天下，树立全球视野，对外阐释好我国发展的深刻内涵和对世界福祉的重大意义。信息源于全球，服务于全球。外宣媒体应积极拓展视野，主动适应全球化，增强全球意识，树立开放的国际市场观念和国际规则意识。国际台"中国立场、世界眼光、人类胸怀"的发展理念，契合了我国打造人类命运共同体的外交理念，向海外受众明示我国在追求自身利益时兼顾他国合理关切，在谋求自身发展中促进共同发展的理念。"全球内容、中国价值"是国际台外宣的核心思想，是以"软性"报道内容捍卫国家利益、对外传递中国立场的重要平台。在传播内容上，不应局限于发生在某地某时某刻的中国新闻，应"站得更高，望得更远"，审视发生在我国的方方面面现象，结合世界形势，与受众换位思考，传播者有了更高、更深层次的理解以后，方能"眼高手低"，对应地找到合适的报道切入点，做好二次编码，以受众易于接受的方式进行有效传播，巧妙地做到"中国的立场，国际的表达"。

三、以二次编码提升传播技巧，强化传播效果

在国际传播实践中，跨文化、跨意识形态是传播者和受者之间难以逾越的鸿沟，对编码者与解码者的认知、理解提出了很高的要求，应尽量避免触及，在编码过程中与其强调不同国情、不同文化的差异，不如突出双方共通的事物。在诸多共通当中，人性最具感染

力，与晦涩难懂的数字、术语相比，有人物、有情节的故事对受众而言更具亲和力。"一千万人的死亡只是一项统计数字，而一个人的死亡却是一场悲剧。"细节决定成败，讲故事首先要注重细节化，借生动的细节反映现象在传播效果上可以更好地表现报道主题，让受众有种身临其境的感觉，更具感染力。此外，讲故事要注重人物化，人的存在可赋予报道生命力，信息更容易被受众所感知，以人的小可见事的大，增强说服力和感染力。不过，报道细节化和人物化的背后是媒体周密的策划与扎实、细致的采访，中国作为人口大国，案例比比皆是，缺的是策划"大脑"。二次编码中，应避免"见物不见人"的传播方式，树立人的主体地位，避免信息与充满感情色彩的人脱位，加强人本主义关怀，将视点落在与受众一样的普通民众身上，以其喜怒哀乐为情感纽带拉近与受众的距离，增添信息的接近性和人情味。在题材上，由宏观向微观倾斜。《华尔街日报》一位总编辑曾说过："二流的记者能把事情向专家说清楚，一流的记者则同时把事情向一个小学生讲明白。"[3]宏观领域的报道，一方面是无从下手，难以把握，容易言之无物；另一方面枯燥乏味，不够"抓"人，难与受众达成共识，形成共鸣。相比之下，从微观视角入手，如从一个利益相关者、一个企业、一个现象入手，既有新闻性也有趣味性，信息也更易于接受、理解。

另外，在西方国家受众看来，可信的信息通常存在正反两方面的声音，以示传播者的"客观公正"。事实上，任何议题都会牵涉到不同的利益诉求，产生多方面的不同意见。在二次编码过程中，从业者应注重运用平衡的传播技巧，在报道事物主要方面的同时兼顾其他方面，尤其是观点相左方面的意见。通过突出"主要方面"巧妙地表达倾向性，利用事实上已被编码者压制的相反意见给受众以"客观、全面"的印象，提高信息的可信度。平衡的报道手法在国际上已被广泛认可，已成为西方国家受众的收听收视习惯，使用该手法可以强化报道的被接受程度。"在微观层面上必须采取平衡策略，其中主要包括对外传播中不同意识形态的平衡、政治色彩和社会情感的平衡、不同文化的平衡、不同地域的平衡、不同地缘国家的平衡，不同声音的平衡（赞成和反对的声音、民间和官方的声音、明星和民众的声音、中国和国际的声音）、不同媒介选择的平衡等具体平衡手法。"[4]反映报道客观公正的另一个方式是多引用直接引语，借嘴说话。胡乔木同志曾说："我们人人都会发表有关的意见，新闻却是一种无形的意见，从文字上看去，说话的人，只要客观地、忠实地、朴素地叙述他所见所闻的事实。但因为每个叙述总是根据着一定的观点，接受事实的读者也就会接受叙述中的观点。"[5]无形的观点在报道中常常具有特殊价值和作用。在报道中使用直接引语，可以使报道更具现场感，增强报道的深度，提升信息的真实性和可听性，借采访对象的观点阐述媒体立场。

（作者单位：中国国际广播电台俄东中心编辑部）

注释：

① [美] Hall, E. T. 超越文化. 居延安等译. 上海：上海文化出版社，1998.

② 黄旦，严风华，倪娜. 全世界在观看——从传播学角度看"非典"报道.《新闻记者》2003 年第 6 期.
③ 财经新闻写作技巧, http：//www.cssyq.com/z/183213.html。
④ 董海涛. 全球化语境下我国对外传播中的平衡策略研究. 武汉大学，2012.
⑤ 杨雪燕，张娟. 90 年代美国大报上的中国形象.《外交学院学报》2003 年第 1 期.

"一带一路"语境下中国国际广播电台
对阿富汗的传播策略研究

张 立

2013年3月，习近平主席向世界提出了"一带一路"倡议，展现了中国新一轮经济发展转变的愿景与方向。阿富汗是最早对"一带一路"倡议表示欢迎的国家之一。阿富汗驻华大使贾楠·莫萨扎伊在接受记者采访时说，"我们的立场非常明确，支持'一带一路'合作倡议，支持亚投行的建成，阿富汗是'一带一路'的一部分。"阿富汗政商界及学界多位人士均表示，"一带一路"倡议顺应地区发展需要，符合阿中两国利益，能够促进阿中两国以及整个南亚地区的共同发展。时至今日，"一带一路"倡议仍受到阿富汗社会的广泛与高度关注。本文将结合当前阿富汗广播电台等媒体发展的现状，探讨"一带一路"语境下中国国际广播电台对阿富汗的传播策略，以及如何通过中国国际广播电台在阿富汗的传播，进一步为"一带一路"倡议发展营造良好的舆论氛围，从而进一步提升国际台在阿富汗的传播力和影响力。

一、当前阿富汗广播媒体和中国国际广播电台在阿富汗传播的现状分析

1. 阿富汗广播媒体业的发展

2001年，塔利班政权倒台、阿富汗伊斯兰共和国成立之后，为支持妇女权利，阿富汗政府签署了《阿富汗妇女基本权利宣言》，其中确认了男女两性的平等权利，国家和社会局势为之一转。随后在2004年举行的第一届民主选举中取消了歌舞禁令，阿富汗社会政治、经济、文化领域百废待兴，阿富汗人民追求新生活的思想开始萌芽，想要通过音乐节目传递和平信息，通过音乐让人们远离武器和战争，用歌声替换下手中的枪支。化干戈为玉帛、改良进步、和平发展的人文理念是和平的呼唤、民族传统的再现，甚至可以说是人性的回归。进入新世纪以后，阿富汗局势趋于平稳，着力进行经济的恢复与重建，欧美发达国家以及中国等发展中国家均给予阿富汗重建资金援助和技术支持。经济的发展促进了生产技术的提高，电子和通讯技术的发展和应用刺激了大众传媒的发展，截至2010年9月，阿富汗国内出现了约200家调频广播电台。

2. 中国国际广播电台在阿富汗的传播状况分析

从历史上看，无论是苏联或是美国对阿富汗的入侵，中国不仅没有参与苏、美两国的军事同盟，还坚决反对美国对阿富汗的永久占领。中国还不顾阿富汗的战争影响，投资阿

纳克铜矿，发展当地的基础设施建设，包括建设连接该地区到喀布尔的铁路、公路，还要建学校和医院。中石油集团公司还在阿富汗北部的阿姆河地区获得了一个油田开采项目，已经投资40亿美元。长久以来，诸多的利好事件，经过中国国际广播电台的全方位传播，迅速形成传播的优势叠加效应，阿富汗国内从顶层领导到普通百姓都很喜欢中国。

目前来看，我国对外传播的两个主要工具是音频广播和卫星电视，网络则成为对外传播一切形式的基础和伴随性工具。伴随节目境外落地的推广，在线广播的不断扩大和在对象国电视频道的建设，中国国际广播电台的国际影响力近年来有了显著提高。2010年，国际台在阿富汗坎大哈市的整频率落地调频广播FM102.2正式开播，同时在首都喀布尔的1小时租时广播也同步播出。2012年4月，国际台在喀布尔的落地调频扩展为整频率落地广播。这些变化在阿富汗听众中产生了巨大的影响，国际台普什图语部在阿富汗的知名度也有了很大提高。

中国国际广播电台在阿富汗对外传播中音频广播和新媒体传播已经处于并行，甚至并重发展的状态。的确，随着网络社交媒体的普及和阿富汗网民数量的不断增多，单一的广播媒体形式已经不能满足各领域受众的需要。为此，中国国际广播电台普什图语部在办好广播节目的同时，也更加重视新媒体网络平台的建设，于2013年3月28日在国际社交媒体Facebook上开设了自己的官方账号CRI Pashto，国际台普什图语官方专页pushtu.cri.cn也于同年4月2日正式上线。截至2017年上半年，普什图语部在Facebook上的用户总数已经超过了63万人次。随着无线短波节目质量的提高和音视频等在线传播力度的加大，阿富汗受众的反馈渠道随之增多，收到的回复也更加及时有时效。同时，受众与普什图语部员工之间互动更加频繁，比如Facebook上开设的《古缇念诗》栏目，在阿富汗网民中得到热烈回响，该栏目主持人的人气和受欢迎程度在阿富汗与日俱增，这样的传播态势日渐形成良性循环。

二、"一带一路"语境下中国国际广播电台在阿富汗传播力的提升

1. 中国国际广播电台在阿富汗传播策略

随着时代的变化和传播技术的飞速进步，国际传播也面临着一些新挑战。随着新媒体的兴起，传统媒体如何与新兴媒体的融合发展是目前普什图语部对阿富汗传播面临的挑战之一。我们需要做好"一带一路"的相关报道，在实施"一带一路"倡议的过程中，不断推进互联网与大广播的进一步融合，不断推出更多适合于多屏播出的丰富多彩的优秀视频节目。对于我们来说，网络媒体服务于"一带一路"倡议的力量还有待于进一步提升。

此外，我们可以与对象国本土媒体合作，实现国际台对阿传播的入境随俗。在国际文化传播的过程中，光靠中国媒体孤军深入是不行的，必须根据传播实际需求来找对象国当地的相应媒体建立紧密型的合作关系，这要从人员交流、信息交流开始，要结成真正的合作伙伴。现在经常会有阿富汗媒体工作者到中国来访问，这是第一步；第二步是要深化，

我们的记者要"走出去"。走出去不是派几个人到那儿去采访,而是我们普什图语部要跟阿富汗当地的媒体一起研究如何报道。我们能起什么作用呢?就是"送货上门",把我们想让阿富汗人了解的东西交给他们,阿富汗当地的不同媒体有不同的受众对象,我们要知道该把哪句话传达给哪一部分人,只有细分选题与受众的分众式传播才是扎实有效的。例如,塔利班有阿富汗塔利班和巴基斯坦塔利班的区别,而巴基斯坦塔利班又分为巴哈杜尔、哈卡尼和由外国人(阿拉伯人、乌兹别克人和少数维族人)组成的塔利班三个派系,这三个派系对美国、巴基斯坦、阿富汗和中国的态度和行为都不一样。因此,在报道塔利班相关新闻时,我们可以选择与阿富汗本国媒体合作,并且详细分析他国媒体关于塔利班的报道,采取复杂化和差别化的传播,事实清楚,避免由于报道不准确而产生误解。

2. 中国国际广播电台在阿富汗传播内容

我们可以充分开发具有中国特色的广播素材,由于普什图语广播的受众多为阿富汗、巴基斯坦等国的穆斯林,他们同样也十分关心中国国内穆斯林的生活现状,为此,在《中国穆斯林》《走进新疆》等针对性较强的专题栏目中,可以多采用讲故事的方式,生动地向对象地区听众介绍中国穆斯林特有的生活习俗和思想变化等。根据普什图语受众的具体喜好,尽可能做到差异化传播和精细化传播。

在全球一体化的今天,国与国之间的文化交流一定是双向的,一项旨在调查中国电影在"一带一路"地区传播效果的结果显示:受访者对中国国家形象普遍持积极肯定的态度,除了赞赏中国经济发展速度快,受访者更倾向于从文化层面来肯定中国的形象。调查共回收1800份有效问卷,涉及6个地区、46个国家、31种母语的人群。在观看中国电影后对中国国家形象的评价中,从高到低依次是"发展迅速的""友好的""文明的""和平的""科技发达的""古老的""先进的""环境美好的""经济发达的"。对于广播节目来说,我们的传播方法更为直观和系统。我们同样可以在节目里系统地讲述中国文化和历史,使听众听了以后对中国的灿烂文化和悠久历史有更加全面的认识,同时可以从理论上提高听众跨文化交际的意识和能力。比如,在2015年中阿建交60周年之际,《你好,中国》百集纪录片普什图语版通过喀布尔新闻电视台播出,整个作品以代表中国传统文化精髓的汉语词汇为核心,从不同的侧面反映出中国文化的博大精深,加深了阿富汗民众对中国和中华文化的了解,对两国民间的交流与合作起到了助推作用。

3. 中国国际广播电台在阿富汗传播手段

首先,要促进传统媒体与新兴媒体的深度融合。"一带一路"电视宣传有声有色,形成了声势。在我们对阿富汗传播的过程中,这一策略也可以进一步利用、强化。一是要做到内外联动。国内新闻的好素材、好故事、好典型,也可以在对外广播中使用,尽量多采用有利于"一带一路"对外宣传的题材。对"为什么提出'一带一路'""'一带一路'是什么""'一带一路'怎么建"等热点问题进行深入解读、解疑释惑、回应关切;紧扣网络热点提炼新闻要素,制作适合新媒体阅读的图解新闻,并在普什图语部的Facebook、微博、微信、国际在线普什图语网站等社交媒体平台与手机APP客户端进行推送,形成全方位、立体式、多角度、多平台、多屏幕宣传态势，吸引听众和网民的关注。此外，在广播里进行文化、经济、旅游和体育等专题报道的同时，在普什图语网站上配以相关图像和影音资料以加强传播效果，通过形象化的手段使受众对所听到的内容留下深刻印象。围绕着"一带一路"而展开的一系列报道，让我们感觉任重而道远，"一带一路"走多远，跟媒体的宣传能力有直接的关系。国际传播需要内容输出和媒体自我壮大，也让我们更加珍视"一带一路"建设而带来的宝贵机遇。

其次，合作建设数字丝绸之路，实现文化资源的共享。配合"一带一路"倡议，中国与阿富汗等"一带一路"沿线国家紧密合作，以互赠、交换等多种形式，为对方提供更多适合在当地播出的专题片和纪录片等，加大对中国当代社会、经济、文化和民生的传播，以新丝绸之路和21世纪海上丝绸之路为新的依托和起点，进一步为"一带一路"倡议营造良好的舆论氛围，这将进一步提升扩大中国国际广播电台在"一带一路"沿线国家的传播力和影响力。

较之以往的对外经济合作，"一带一路"建设不仅仅是为了多签些合同、多做些生意，也不是简单地加大对外开放，不是简单地搞些"油气管线外交"，更不是要建立以中国为中心的地区或国际秩序，它的要义在于"整合"与"提升"：整合各国发展的动力、强化自主发展的韧性、更新"现代化"的理念，努力形成一系列能适应中国内外环境新变化、新趋势的创新性思路和做法。促进中国自身相应变革，包括强化中国的政策传播能力和国家软实力。"一带一路"想要实现的除了道路、贸易、货币等方面的互联互通之外，还尤为强调政策沟通和人心相通的目标。中国国际广播电台普什图语部在做好对象国阿富汗地区大广播之余，还利用网站、Facebook、微博、微信等新媒体手段向阿富汗受众提供新闻、时事、经济、文化、体育、旅游、社会生活和汉语教学等综合信息服务，以响应中国国际广播电视网络台（CIBN）多语种、多类型、多终端为特色，涵盖多语种网站集群、多语种网络电台集群、多语种网络电视频道和多语种移动服务终端等新媒体业态的发展。相信在未来与更多阿富汗当地媒体多角度合作的前提下，中国国际广播电台普什图语部的国际影响力将更加有效提升。

（作者单位：中国国际广播电台普什图语部）

参考文献：

1. 田玉红：《融入"一带一路"大格局开辟国际传播新高地——中国国际广播电台"一带一路"传播实践与思考》，《新闻战线》，2017年第9期。
2. 张惠建：《乘"一带一路"东风，扬对外宣传之帆——融媒体背景下电视对外传播的广东实践》，《新闻战线》，2017年第9期。
3. 班闯：《"一带一路"下的广播发展机遇》，《中国广播电视学刊》，2016年第9期。

4. 耿英华、戴志强：《讲好"一带一路"故事的电视艺术策略》，《中国广播电视学刊》，2016年第8期。

5. 胡劲涛、杨文萌：《丝绸之路万里行：打造全媒体跨国文化活动》，《中国广播电视学刊》，2015年第3期。

6. 车南林、蔡尚伟：《"一带一路"上的中国广播电视媒体合作历程》，《西南民族大学学报（人文社会科学版）》，2016年第11期。

7. 席猛、何明星：《阿富汗媒体发展现状及中国媒体在阿传播状况》，《传媒》2016年第4期。

国际文化传播的困境与传播模式转换

于清凡

　　国际文化传播是一个充满生机和挑战的生态空间。传统与现代的交汇，东西方文化的碰撞，各种传播模式的呈现以及背后国家利益的角逐，既异彩纷呈，又咄咄逼人。由于各个国家之间文化传统、政治文化、价值观等方面的差异，不同国家在交流的过程中常常因为对文化理解的错误或因文化的排异性问题引发国家间文化传播和交流的困境，比如文化焦虑和文化冲突等问题。为了适应国际文化传播新趋势和消除文化传播中的文化敏感性、排异性的问题，我们必须建立符合中国国情的国际文化传播模式和话语体系。

一、国际文化传播的新趋势

　　伴随经济全球化的发展以及各种新型技术的出现，国际文化传播呈现的发展新趋势是：一方面发达国家和新兴国家文化交流、传播以及话语权的冲突越来越严重。另一方面，在经济全球化的影响下，文化传播的形式和介质实现多元化发展，且文化传播途径呈现私人化趋势。国际文化传播的新趋势具体体现在以下几方面：

　　1. 西方传媒占据国际文化传播的主体地位受到挑战

　　西方传媒以其强势依然占据国际文化传播主体地位，但其传播优势和影响力却日渐衰弱。与此同时，发展中国家和新兴国家开始在国际文化传播中发出自己的声音，获得一定的话语权。伴随发展中国家先后崛起，形成了群体性力量，开始在世界文化传播中占据一定的话语权，比如卡塔尔半岛电视台、韩流的崛起等。他们的议题设置以及民族精神和国家利益诉求的文化表达，已经形成了对西方传媒的博弈。

　　2. 国际文化传播呈多样化发展

　　现代人对文化的需求，已不满足于简单的文化信息的获取，转而追寻文化传播背后的内涵和个性化表达。因此，借助互联网技术、新兴媒体的发展以及国际文化传播良好平台的支持，国际文化传播的多样化发展已成咄咄逼人之势。其中，传播方式的多样化、传播立场的个性化、传播途径的碎片化更为突出。

　　3. 警惕逆全球化和排外主义思潮的影响

　　近几年，以美国为首的西方国家逆全球化、反精英化和反主流媒体的思潮愈演愈烈。英国脱欧，特朗普当选美国总统，都源于这种思潮的推动。这个不争的事实表明，国际主流媒体正在受到脸书、推特等非主流媒体的挑战。警惕冷战思维死灰复燃，避免对国际文化传播造成负面影响，乃是我们不可小觑的问题。

二、国际文化传播面临的困境

在我们充分肯定国际文化传播对人类文明进步发挥更大作用的同时，也不能忽视全球文化传播领域日益凸显的问题，如不同国家和地区文化传播的鸿沟不断拉大，现有的传播空间难以反映大多数国家和民族的意愿及利益。这是我们共同面临的困境。

1. 国际文化传播秩序的不平衡

西方发达国家凭借着雄厚的经济实力，运用强势的政治手段，极力扩大在国际文化传播领域的势力范围，通过文化输出，将西方国家的价值观、生活方式和意识形态渗透到其他国家，企图用潜移默化的手段，"润物细无声"的方式，消除他国赖以生存和发展的文化根基。在今后较长一段时间内，美欧日和亚非拉在国际文化传播中不对称、不平衡的局面将难以打破。

2. 传统文化的敏感性形成的国际文化传播的暗礁

由于历史原因，世界大河、草原、海洋三大文化发源地形成的传统文化，既有共性，也有独特的个性。共性化的文化交流比较通畅和易于接受，而个性化的交流则困难重重。究其原因，各个国家和地区原有文化对异国文化的敏感性，本能地产生误解、误读，难以对他国文化理念和价值观表示认同。分布在134个国家和地区的500多所孔子学院，有不少遭到当地文化精英和西方媒体的质疑，甚至被误认为是对本国文化传统的冒犯，就是一例。

3. 文化传播的排异性造成的文明冲突

如果说文化传播的敏感性来源于对本民族传统文化的迷恋和坚守，那么，由此而导致的对外来文化警觉乃至拒绝，便成为了文化传播的排异性。

在国际文化传播中，文化传播的排异性几乎无处不在。一方面，受文化差异的影响，在和异类文化交流中会出现本能性的排斥反应，由此产生自我文化和他人文化之间边界的分明。而在一般情况下，这种文化的敏感性越强，最后造成的异类文化在国际传播中不适应问题就越多。

国际文化传播中文化的敏感性和传播的排异性，是人类社会发展中文化交流的必然体现，这种文化冲突、争辩、讨论有利于促进各国文化突破性发展。为此，需要对现有的国际文化传播策略进行改变，为不同文化之间的交流、传播提供保证，减少因为文化的敏感性和传播的排异性带来的文化发展困境问题。

三、现阶段国际文化传播模式和转型

国际文化传播模式主要可以分为："进攻型""防御型""主动型""被动型"四种模式。

1. 进攻型国际文化传播模式

如果一个国家在经济、政治和文化传播等方面拥有良好的实力，为了在国际市场上塑造自己良好的形象，往往会呈现一种进攻型的态势，利用电视、广播、网络、通讯等来提升自己文化在国际社会上的影响力，彰显其文化传播威力。这种文化传播模式是一种带有进攻性的文化传播形式，其重要支撑是该国的文化经济实力和科技实力，借助各种媒体力量的传播和配合，来使自己在国际文化传播中占据主导性的地位。西方国家是进攻型国际文化传播模式的代表，其中最为典型的代表是美国。

2. 防御型国际文化传播模式

文化是影响一个国家国际地位和国家发展的重要因素，如果一个国家的经济、政治和综合实力较强，但文化发展基础弱，可能导致这个国家迫于选择防御型国际文化传播模式。防御型国际传播模式是指在国内政治形势的转变发展下，能够利用多种媒介进行文化的传播，最终提升国家的综合实力上升的模式。新兴国家的文化传播模式以防御型国际传播模式为代表，尤其是中国。经过30多年的改革开放，经济发展快速增长，中国的社会面貌也发生了相应的变化。但是由于我国的政治体制和西方意识形态不同，我国文化在和西方文化交流的过程中存在一些不相适应的地方，在彼此文化交流的过程中甚至会出现文化误读的现象发生，为此我国对外整体国家形象塑造和文化传播方面处于一种防御的状态。

3. 主动型国际文化传播模式

主动型的国际文化传播模式一般被应用在国家经济总体水平较高、工业化发展较为完善、技术较为先进的国家。这些国家如果对主动型国际文化传播模式应用的好，就会在国际社会上发出独属于自己的声音。实行主动型国际文化传播模式的国家要比实行进攻型国际文化传播模式的国家更容易得到世界范围内国家的认可。主动型国际文化传播模式国家的典型代表是韩国。在近几年的发展中，韩国恰当地应用自己的国际文化传播战略，努力在国际社会上提升自己的民族文化影响力，并在媒介的快速发展下借助媒介提升了自己文化在国际上的影响力。在韩国文化逐渐向世界范围内扩展的时候，在很大程度上减少了其他国家对韩国文化的抵触，提升了世界范围内国家对韩国文化的认可。

4. 被动型国际文化传播模式

采用被动型国际文化传播模式的国家一般是经济发展基础较为薄弱，受自身经济发展条件和社会、政治等方面的制约，这些国家的国际媒介力量较为薄弱，在面对西方强大国家的文化传播影响下，这些国家在国际文化传播中处于一种不利的地位，很难在文化传播上采取主动出击的方式。在向国际上传播自身文化、意识形态方面的能力较弱。比如阿拉伯国家所处媒体环境复杂，经济发展较为落后，政治体制不完善。他们在国际上的影响力不够，同时一些国家对该国的文化传播存在很大的偏见，导致这些国家很难在国际文化传播中占有自己的一席之地。

根据我国综合国力和文化诉求，变防御型国际文化传播模式为主动型国际文化传播模式,是势在必行的明智选择。

这种转型的选择,首先来自我们的文化自信。习近平总书记指出,文化自信是更基础、更广泛、更深厚的自信。这种自信是文化传播最坚强,最持久的力量源泉。"践行文化自信,要努力展示中华文化的独特魅力,要把跨越时空、超越国度、富有永恒魅力、具有当代价值的文化精神弘扬起来,把继承传统优秀文化又弘扬时代精神、立足本国又面向世界的当代中国文化创新成果传播出去。"中华民族是屹立世界的伟大民族,在其五千年的进展中,创造了无与伦比的华夏文明。儒、释、道三教,水墨丹青,琴棋书画,诗词歌赋,汉字的深邃与传神,江山的秀丽与雄伟,早已沉淀在民族的遗传基因中,并在世界范围内形成了广泛的影响,获得了应有的理解和尊重,具有普世价值。

文化自信不仅是我们选择主动型国际文化传播的强有力的支撑,更是我们奉献中国智慧的最好平台。中国文化的博大精深在于"求同存异""和而不同",追求的是"百家争鸣""百花齐放"。我们的主动型国际文化传播模式区别于进攻型国际文化传播模式重要之处就在于我们不搞对抗,只搞对接,承担"连接中外,沟通世界"的伟大使命。

文化自信是建立在文化觉醒的基础上。这种宝贵的觉醒来自对当代文明冲突的醒悟和对中华民族文化再生能力的体认。中西文化既有共相也有异相、相对又相关的格局,给予我们清醒,也赋予了我们包容的心态。文化觉醒推动我们担当国际文化传播的重任,闯出一条符合中国国情,又适应国际文化传播格局的新路。

由防御型国际文化传播模式转向主动型国际文化传播模式,不是一个姿态,而是一个行动。我们必须与时俱进,迎接这个艰巨的挑战,做出符合一个大国文化根基和综合国力的战略转移!

四、我国国际文化传播战略的制定

国际文化传播战略的制定需要根据我国在国际地位上的变化来调整,推动从"防御型国际传播模式"向"主动型国际传播模式"转换,在国际文化传播交流中占据自己的主动地位,提升我国文化媒介的影响力,在国际上营造我国和平发展的文化传播形象。

我国对外文化传播的策略制定,应该从以下几方面入手谋篇布局:

1. 顶层设计,品牌创新

顶层设计是指运用系统论的方法,从全局角度对文化传播策略设立的各方面层次、要素统筹规划,用于集中有效资源,高效快速地达到目标和实施战略的确立。它不是"摸着石头过河",而是"谋篇布局"。

顶层设计必须参考的因素:全球视野,本土元素,目标受众,品牌创立和规范化的落实。以期减少盲目性,增加科学性。

顶层设计的成果和效应必须体现在文化品牌的设置和创新上,让文化传播回归文化的本性和功能,淡化官方色彩、意识形态色彩和政治色彩,以利于文化的沟通。

2. 注重议题设置，讲好中国故事

议题的设置是文化传播战略的具体体现，一个成功的议题设置必须包括当代题材、主流价值和百姓故事三大要素。只有围绕着讲好中国故事这个当代的大命题，我们的国际文化传播才能行之有效，不辱使命。

国产电视剧《媳妇的美好时代》译制成斯瓦希里语在中非播出后，反响热烈。据中国国际广播电台提供的情况，坦桑尼亚国家电视台重播三次，90%的民众收看，极大提升了中国在坦桑尼亚的声誉，也为习近平主席的访问做了成功的文化铺垫。同时，也让我们见证了文化传播的正能量。

3. 践行传播日常生活化的软传播

软传播是指相对于强势性硬传播而言的文化传播形式。它是我国采取主动型国际文化传播模式的必然选择。旨在国际文化传播中寻求"重叠共识"，既贴近中国发展的实际和中国国情，又要具备国际视野，通晓国际规则。践行文化软传播，关键是将一些明显意识形态和官方语言进行软化处理，注重文化传播的情感表达和亲和力，避免强加于人，不做救世主，不当教师爷，拒绝冷漠无情。我们相信以平等、自信和大爱为核心的文化软传播，必定能推动国际文化传播生动活泼局面的形成。

4. 拓展民间文化交流渠道，提升文化的影响力

国际上任何一种传播说到底都是文化的传播。其中，各国各民族之间的民间文化交流是最具影响力和亲和力的交流，也最容易获得认可和接受。在具体的国际文化传播实践中，我们要发挥民间文化交流的引领作用，通过报刊、图书、影视、游戏、娱乐网站以及旅游等传播活动，提升我们文化传播的国际影响力，赢得更广泛更深刻的关注。

为此，在国际文化传播的过程中，我们需要树立一种文化自觉和角色自觉的意识，在文化国际化传播的过程中进行换位思考，在尊重不同文化的同时，积极研究最新的国际文化传播规律，掌握国际上文化传播的技巧，从而创建多种国际文化传播方式，减少因为不同文化国际交流和传播中的敏感性和排异性问题，在潜移默化中促进各国不同优秀文化的传播交流，推动我国从文化传播大国向文化传播强国迈进。

文化是一种精神力量，是一个民族的灵魂和血脉。美国著名思想家、文学家艾默生曾说："有如语言之批评家，望远镜之天文学家，文化就是指一切给精神以力量的东西。"我们要运用文化的力量，通过国际传播，实现不同文化、观念、认知的对接，实现国际文化传播的共建共享。

（作者单位：中国国际广播电台新闻中心）

参考文献：

1. 刘轶：《文化国际传播能力的困境与突围》，《上海文化》，2014年第4期。

2. 蔡月飞：《中国武术国际传播的文化困境与理念转换》,《成都体育学院学报》,2014年第11期。

3. 蒙象飞：《中国国家形象建构中文化符号的运用与传播》,上海外国语大学,2014年。

4. 曾嘉：《我军形象国际传播中文化认同的困境》,《军事记者》,2012年第8期。

5. 李雯婷：《道家文化在中国文化国际传播中的作用——以孔子学院为例》,《牡丹江大学学报》,2012年第12期。

6.《习近平主持中央政治局集体学习时强调提高软实力,实现中国梦》,《人民日报》（海外版）2014年1月1日。

7. 祝凯：《论中华武术国际传播中的武术文化传承》,北京体育大学,2010年。

新形势下如何加强对波兰传播

杨 晨

2016年6月，习近平主席成功访问波兰，标志着中波两国关系发展进入了一个新的历史时期。中国国际广播电台（以下简称国际台）拥有丰富的媒体资源，在对波兰传播中国立场和讲述中国故事中取得了明显成效。在中国与中东欧国家的"16＋1合作"和"一带一路"倡议的新形势下，对波兰传播具有更加重要的现实意义，同时也对国际台对波兰传播的具体实践提出了更高的要求。

一、加强对波兰传播的重要性

1. 符合两国国家利益

波兰地处欧洲中部，西邻德国，东接乌克兰，是连接中国和欧洲大陆的重要陆地交通枢纽，也是中国提出的"一带一路"倡议上重要的沿线国家。波兰也是中东欧地区人口、面积、经济总量最大的国家和欧盟重要的成员国。无论是中国与中东欧国家的"16＋1合作"还是"一带一路"建设，波兰都是不可或缺的重要力量。在历史上，波兰是第一批承认中华人民共和国成立的国家之一。2016年6月习主席访问波兰期间，两国将中波关系提升为全面战略伙伴关系。波兰还是第一个加入亚投行的中东欧国家，也是中东欧地区唯一的亚投行创始国。因此，加深两国人民的了解符合两国国家利益。

2. 经济文化交往的需要

随着中国国际地位的提高和文化软实力的提升，中国文化和中国元素在世界舞台占有越来越重要的地位，在波兰也不例外。目前在波兰有5家孔子学院，越来越多的波兰年轻人对汉语和中国文化感兴趣，两国文化界人士在文学、音乐、戏剧、体育、展览等领域有着广泛的合作。同时，中波两国企业之间经贸合作往来日益密切，波兰是中国在中东欧的最大贸易伙伴，中国则是波兰第三大进口来源国和亚洲地区最大贸易伙伴。两国企业在矿产、机械、电子产品、农产品等领域合作密切。两国在经济和文化领域的合作，覆盖了中国和波兰两国民众生活的方方面面，因此两国民众有着迫切的需求加深相互了解。

3. 扭转对华错误印象

波兰和中国的历史关系也经历过一段特殊的时期。东欧剧变后，投身西方的波兰出于国家安全利益的需要，对外政策总是支持西方的价值观和意识形态立场。也曾对我国内政进行非议，尤其是在少数民族自由、人权等问题上，对于中波关系曾产生不良影响。近年来由于两国关系的改善和各领域合作的加强，这些刺耳的声音较少发出。但我国还是应该加大在这些问题上的话语权，利用当前两国关系改善的大好时机，积极主动地传递出中国立场，发出中国声音，加深两国人民的友情。

二、国际台对波兰传播现状

国际台对波兰传播任务主要由波兰语部具体负责实施。目前，国际台波兰语部对波兰的传播平台主要有以下7个。

1. 广播

国际台波兰语广播于1968年8月开播，广播的主要对象是波兰本土的波兰人以及在境外使用波兰语的波兰侨民。广播的主要内容是向波兰受众介绍中国重要的时政、经济和文化社会信息，中波之间重要的交流合作，以及中国媒体对于国际热点事件的观点。目前使用短波对波兰播出，每天播出时间1小时，在当地播出时间为晚上9点或10点（根据波兰冬令时和夏令时的不同时差有变）。主要面向对中国怀有深厚感情的波兰忠实听众。

2. 网站

国际在线波兰文网 polish.cri.cn 于2003年10月开通，每天在网上发布新闻和专题节目，定期更新网络视频和音频节目。网站分别开辟了时政新闻、文化、旅游、经济、社会、学汉语等栏目。网站主要面向对中国感兴趣，并希望了解各类中国服务信息的波兰网民。

3. 驻波兰记者站

国际台于2006年12月在波兰华沙设立记者站，常驻记者1—2名。前方记者主要负责在当地采写稿件，向国内发中文新闻和专题，并与国际台环球资讯广播直播连线。作为波兰语部在波兰的唯一驻外机构，也负责在当地开展媒体联络等公关业务。目前已在华沙成立了波兰语广播海外受众俱乐部，在克拉科夫成立了波兰网友俱乐部。

4. 海外社交媒体

波兰语部 Facebook 账户"中国国际广播电台波兰语部"开设于2012年年底，主要发布反映中国当代社会热点的新闻、图片、视频、汉语教学以及和对象国相关的自采报道等内容，以讲述中国故事、展示中国文化等软性报道为主。目前波兰语部 Facebook 账户的关注人数超过2.8万（截至2017年5月底前），网友对主页的专业性非常认可，到目前为止点评分数达到4.4（满分5分）。

5. 国内社交媒体

波兰语部微博账号"琥珀—波兰语广播"开设于2012年，目前粉丝数为2.1万，发帖近1000多篇。微信公众号"琥珀—CRI波兰语广播"开设于2014年，目前订阅用户数为972，发文200多篇（截至2017年5月底前）。国内社交媒体账号主要面向对波兰感兴趣的国内受众，做好国内外宣，同时也面对在中国工作生活的波兰人，加深两国人民友谊。主要内容以波兰语部日常自采的精品内容为主，编辑风格轻松活泼，适合新媒体发布。

6. 平面媒体

波兰语部中波双语杂志《琥珀》，创刊于2013年，前身为波兰语杂志《看中国》。目前为电子版内容，在网站和APP可以阅读，每期共52页，全年发行4期。《琥珀》杂志的中文和波兰文内容各占35%和65%。中文面向中国读者，以介绍波兰和欧洲信息为主；波文面向波兰读者，以介绍中国资讯为主。

《琥珀》杂志曾经作为中波直航飞机上的机上刊物发行，定位为服务于高端人群的机上读物，涉及时政、财经、社会、文化、旅游、娱乐、双边等多方面，全面介绍中国和波兰乃至亚洲和欧洲的最新经济和社会发展动态。2016年6月习近平主席访问波兰期间，波兰语部精心制作的《琥珀》杂志特刊再次登上波航往返于北京—华沙的班机，搭建中波友谊合作之桥。

7. 影视译制、图书出版及媒体活动

近年来，波兰语部先后翻译出版了《汉语波兰语分类词典》、波兰文版《中国百科》。在国内先后翻译编纂了《每日汉语（波兰语版）》《波兰文化立法》《汉语800字》等，并译制波兰电视剧《伦敦人》和《名流家族》等。

波兰语部还在波兰组织开展了多项大规模的文化活动和媒体合作，如"中国西藏文化周""中华武术之旅"，在国内举办"媒体双行线""波兰国家周"等采访报道和地面活动。

三、我国其他媒体对波兰传播情况

目前，除中国国际广播电台外，我国主要媒体如新华社、《人民日报》、中央电视台等均在波兰设有记者站，其他媒体遇重大事件也会向波兰派出记者采访报道。

1. 新华社

新华社从20世纪50年代开始在波兰设记者站，目前常驻记者2—3名，当地短期雇员多名。主要负责向国内播发波兰当地的重要新闻，如总统大选并进行深度解读分析。报道内容包括中英文文字、图片以及视频短片。

2. 《人民日报》

《人民日报》在波兰设有常驻记者站，从20世纪60年代开始，中间有过中断，1993或1995年重新恢复。记者1人，主要向国内发布关于波兰和捷克、斯洛伐克、匈牙利、保加利亚、罗马尼亚6国的相关信息。

3. 中央电视台

中央电视台新闻频道国际新闻部于2011年年底在波兰开设记者站，常驻记者1—2名，当地雇员1—2名。中方记者负责采写、出镜和剪辑，外方雇员负责拍摄。主要内容为波兰当地重要政治、文化、经济新闻和中波双边合作报道。目前，中央电视台综合、中文国际、英语新闻、纪录（中，英）5个频道通过不同的卫星在波兰落地播出。

4. 使用对象国语言对波兰传播的媒体

值得注意的是，目前在波兰当地使用波兰语向波兰受众传播的中国媒体只有中国国际

广播电台一家。新华社、《人民日报》和中央电视台在当地的驻外机构都是采集收纳当地的资讯和舆情以中文形式向国内受众传发，或者在当地使用英语向波兰受众传播，或者用中文向当地华人华侨传播，没有专门为波兰受众制作的波兰语传播内容。

四、如何加强对波兰传播

目前我国的国家形象和话语权在海外有了很大的提高，但是仍旧与我国的大国地位不太相符，尤其是提出"一带一路"倡议后，对沿线国家的国际传播应该树立新的思路，其中包括波兰在内的中东欧国家。目前，无论是在对波传播思路，还是传播手段以及经营机制等方面，我们都还存在较大的提升空间。现提出以下对策与建议供参考。

1. 紧扣"一带一路"主题，服务国家外交战略

国际传播不能闭门造车，要充分把握时代发展的脉搏和国家发展的大战略，顺应中波两国之间合作关系的走向，顺势而为。

波兰是"一带一路"沿线上的重要国家，应把对波兰传播的内容同"一带一路"建设挂钩，紧密结合，在报道内容和手法上大胆创新，结合"一带一路"倡议，开拓各项传播内容。

中国和波兰之间目前已经开通了多条快速货物班列——"中欧班列"，以其中的"蓉欧快铁"为例。装载着中国电子产品等类别的货物，从中国成都出发，经过欧亚大陆，一直抵达波兰的罗兹，之后进入欧洲市场。国际台可以以此班列为报道对象，同波兰媒体展开合作，共同报道这些连接中国和波兰的陆上贸易纽带，展现"一带一路"倡议下，快捷的物流贸易如何造福于中波民众。

2. 加强本土化方针

本土化是国际传播工作的根本战略，要想加强国际台在波兰的传播力，贯彻本土化方针是前提。

第一，必须加大内容生产和制作上的本土化。即在制作节目时，根据对象国受众的习惯和喜好，把握当地主流价值观和流行思潮，尊重当地历史和文化习俗以及宗教信仰。了解当地的流行话题和社会热点，融合当地的资讯，不是自说自话。在此基础上，节目制作的主要办公地点应该设立在对象国，这样才能有利于本土化的内容生产。国内作为大后方，主要负责中国新闻的对外传播。

第二，人才的本土化。为了对象国受众接受传播内容时更加便捷，感到亲切，应该多使用本地人才。从本土人才的视角制作节目，中方工作人员则从全局把握节目走向和主题。同时，应切实改变对波传播一线人员只能坐在国内办公室闭门造车的现状，应经常派出国内人员赴波兰实习提高，亲身了解波兰受众最需要的信息。

第三，本土化运营。包括多与当地主流媒体合作，不要为了合作而合作，仅仅满足于和一些在当地没有影响力的媒体的合作。

3. 打造媒体品牌，优化节目内容

媒体需要拿得出、打得响的媒体品牌，而品牌的核心竞争力就是节目内容。加强对波兰传播效果，打造过硬的节目内容是根本。

国内的受众往往一说起纪录片，马上就会想到《舌尖上的中国》。我们今后要努力做到，一说起面向波兰的中国外宣媒体，能够想到一两个叫得出名、有影响力的国际台栏目和节目。

波兰语部近年来做了一些深度报道，比如《波兰"哈尔滨人"忆抗战》、《中波交流的使者——卜弥格》、"中国西藏文化周"等活动，虽然说有了一些影响，但还是没有进入当地主流受众的视线。今后应该树立一系列的媒体内容品牌，形成拳头产品，打造影响力。并培养自己媒体的名记者、名翻译、名播音和名评论员。

4. 多媒体融合，多平台互动

在当今的国际传播新形势下，加强对波兰的传播，在传播手段上应该大力发展互联网和社交媒体，同时继续巩固传统广播媒体优势。波兰的网络基础比较好，适合在网上进行国际传播，所以要继续做好波兰文国际在线网站，并以此为基础，开展社交媒体互动传播。

同时，大部分波兰民众仍有根深蒂固的收听广播的传统，播客等网络收听平台目前也比较流行。广播同网络等传播形式相比，有着得天独厚的不受空间限制的优势，走路、开车、休闲时都能听。所以波兰语广播优势不能丢，但是广播节目如何做到在新媒体时代既能让波兰受众喜爱，又能融入波兰受众生活，则又是与前述加强节目和人才本土化密不可分的。

5. 集中国际传播资源

目前我国在波兰的国际传播资源过于分散，且各家机构之间缺乏合作，有些传播内容有重合。国际台波兰语部是唯一集中了大量中波双语人才，且同时进行对波兰外宣和对国内宣传波兰的机构。作为专门从事国际传播的机构，在该领域具有丰富的传播经验，最了解对象国国情，以及拥有最丰富的小语种和传播双料人才。所以应该发挥国际台在对波传播中的龙头作用，整合其他单位在波兰的传播力量，发挥各自所长，集中优势力量，在对波传播的具体实践中，发出中国媒体在海外的最响亮声音。

(作者单位：中国国际广播电台波兰语部)

媒介融合背景下对罗马尼亚传播创新策略探析

张 雪

2014年2月，中央网络安全和信息化领导小组第四次会议审议通过了《关于推动传统媒体和新兴媒体融合发展的指导意见》，媒体融合上升为国家战略。作为国家级媒体的中国国际广播电台（以下简称国际台）已成为涵盖广播媒体、视频媒体、网络媒体、平面媒体和影视译制等业务集群的全媒体集团，中华网的上线和CIBN互联网电视的推出，更是国际台在媒体产业化方面的有益尝试。本文旨在梳理当前互联网发展趋势，分析作为国际台65种外语广播之一的罗马尼亚语广播现状，并提出对罗马尼亚融合传播创新策略。

一、现阶段互联网发展特点简析

"媒介融合"（Media Convergence）的概念由美国教授伊契尔·索勒·普尔（Ithiel De Sola Pool）于1983年在《自由的科技》（Technologies of Freedom）一书中提出。中国人民大学新闻学教授喻国明认为，媒介融合是指报刊、广播电视、互联网所依赖的技术越来越趋同，以信息技术为中介，以卫星、电缆、计算机技术等为传输手段，数字技术改变了获得数据、现象和语言三种基本信息的时间、空间及成本，各种信息在同一个平台上得到了整合，不同形式的媒介彼此之间的互换性与互联性得到了加强，媒介一体化的趋势日趋明显。[①]基于上述对于媒介融合的基本定义，笔者认为现阶段的互联网发展具有如下特点。

1. 技术发展推动媒介融合，移动互联网成为题中应有之义

从全球范围来看，一股以美国为起点和中心、以技术创新为依托的互联网热潮在过去二十多年给世界各地人们的生活带来了深刻变革，加速推动着信息传播和获取方式的改变。近年来，4G移动互联网的蓬勃发展使得即时社交行为成为可能，微博、微信等社交媒体大行其道，基于高速固网和移动网络的大数据、云服务、物联网等进入人们的视野。国际数据公司（IDC）最新研究报告显示，2016年全球互联网用户人数达到32亿人，其中移动互联网用户约为20亿，占全球网民的62%。由此可见，移动互联网已经成为信息传播的主要平台，赢得移动互联网用户就是赢得了当下的主流用户。

2. 中国有望主导互联网发展，全球网民结构发生变化

中国互联网发展初期深受美国影响，但如今，中国在互联网领域已经开始后来居上并有超越美国的可能。不仅中国的互联网公司具有基于本土市场的创新表现，中国的通信技术也在全球得以推广，由中国主导的TD-LTE技术被国际电信联盟（ITU）宣布为4G国际标准，而中国主导推动的Polar码被国际移动通信标准化组织（3GPP）采纳为5G eMBB

（增强移动宽带）控制信道标准方案，中国的技术创新活力正不断释放，在互联网虚拟世界的话语权正在增加。互联网实验室、互联网与社会研究中心主任方兴东认为，如果说上一个30亿网民主要来自发达国家，以高收入、高学历、高科技素养为主，那么下一个30亿网民则以普罗大众为主，他们的学历、收入和科技素养都偏低。由此可见，在发达国家互联网用户几近饱和的情况下，互联网的未来在于以中国为代表的发展中国家，在于更加多元化的互联网用户。

为了在这一轮互联网发展中抢占先机，中国将"互联网＋"战略写入了2016年的政府工作报告，而媒介融合也应放在全球互联网发展的大格局中，在中国建设互联网强国的战略框架内讨论才能凸显其重要性。

二、国际台对罗马尼亚传播现状及创新传播策略探析

国际台罗马尼亚语广播开播于1968年8月30日，目前通过在线网站、移动终端、无线广播和平面媒体对罗马尼亚和摩尔多瓦共和国传播，覆盖人口约2400万，其中90％以上为罗马尼亚受众。

"国际在线"罗马尼亚语网站（网址：http://romanian.cri.cn/）2002年5月上线，是罗马尼亚语广播最主要的传播平台。罗马尼亚语广播新浪微博账号"罗播汇"于2012年10月31日开通，目前粉丝数308个，共发布微博1186条；境外社交媒体"脸书"（Facebook）账号"中国国际广播电台罗马尼亚语"（Cri Romanian）和"中国国际广播电台中国印象"（CRI Chinese Impression）于2012年12月1日开通，前者为主要发帖平台，目前粉丝数23108个，月平均浏览量约6万次。此外，罗马尼亚语广播还拥有推广中国美食的移动端应用"中国味儿"。在无线广播方面，罗马尼亚语广播拥有以前卫音乐和文化为主要内容、覆盖超过300万城市人口的城市调频台塔讷娜娜（Radio Tanănana），1小时中波广播节目和两套半个小时短波广播节目，覆盖罗马尼亚全境。罗马尼亚语季刊《桥》于2003年8月创刊，目前在罗马尼亚印刷和发行，每期印数5000册。

笔者认为，罗马尼亚语广播当前应以在线传播为主，从创新传播理念、开拓传播平台、创新传播内容、引进先进技术等方面推进融合传播，提升传播效果。

1. 创新传播理念，提升品牌价值

"向世界报道中国、向中国报道世界"是国际台的办台宗旨之一，但在以往的国际传播中我们往往更重视前者而忽视了后者。以罗马尼亚语广播为例，我们更注重中国的历史文化、社会发展成就的国际推广，更重视对外传播平台建设，而较为忽视在中国推广罗马尼亚文化，对内传播内容和渠道不足导致国内优质受众的缺失，这种受众资源的不对等降低了国际台在与罗马尼亚媒体合作中的优势，进而影响了对外传播效果。罗马尼亚语广播应进一步创新传播理念，建立有效的对内传播平台，打造中罗双向传播媒体品牌。

2. 创新在线传播平台，形成融合传播矩阵

首先，开发罗马尼亚语新闻客户端。针对智能手机和平板电脑用户的新闻客户端拥有

实时新闻更新和分类内容订阅的功能，早已成为国内外传媒机构在移动互联网上的主要传播平台。罗马尼亚国家统计研究所（Institutul Național de Statistică）数据显示，截至2016年，罗马尼亚移动互联网活跃用户数量和固网活跃用户的比例是3∶1。超过90%的罗马尼亚人只使用免费客户端，而最受欢迎的移动客户端分别是社交网站、资讯类客户端和游戏娱乐类客户端。罗马尼亚语广播应进行充分的受众市场调研，推出适合罗马尼亚人移动阅读习惯的、具有内容特色的新闻客户端，上传至"苹果应用商店"（APP Store）和"谷歌市场"（Google Play）供用户免费下载。

其次，开设针对国内用户的微信公众号。微信是国内用户最多的移动终端社交媒体应用，如今月活跃用户超过7亿，而微信公众号被媒体机构认为是传播优质内容的利器。拥有数百万粉丝的《人民日报》海外版下设微信公众号之一的"侠客岛"和《参考消息》微信公众号"参考消息"均创造了传统媒体在新媒体舆论场上的不俗成绩。国际台很多外语广播也开设了微信公众号，而罗马尼亚语广播也应利用这一重要传播平台发出独特的声音，与现有境内外社交媒体账号互为呼应。

再次，优化"国际在线"罗马尼亚语网站。网站上线十多年来一直使用原始模板，页面内容以文字为主，图片区、视频区比例较小，图片展现不佳，视频播放不畅。网站应以优化用户体验为核心进行改版，采用可以搭载更多图片和文字的大面积块状菜单和媒体机构网站采用较多的通用导航栏等网页样式，大幅增加高清图片、高清视频，适当减少文字比例，嵌入社交媒体和新闻客户端链接以实现平台间的互相推广，增强与受众的互动性。

通过优化现有平台和开拓新的渠道，形成包括官网、新闻客户端、境内外社交媒体等在内的更加完善的新媒体传播矩阵，各平台互为补充，对内传播和对外传播相互促进。

3. 创新传播内容，形成传播合力

移动互联网时代，传播平台对于传播内容的决定作用更加明显。笔者认为，罗马尼亚语广播应以移动互联网思维打造面向罗马尼亚主流受众和年轻受众，以及国内优质受众的双向传播战略，以文化娱乐类软性咨询为主要传播内容，以社交媒体传播为重要平台，切实提升传播效果。

首先，以影视互译和自制内容为核心打造品牌视频内容。罗马尼亚国家电信管理和规范局（Autoritatea Na ională pentru Administrare i Reglementare în Comunica ii）2016年数据显示，罗马尼亚手机用户更喜欢观看在线内容，尤其是视频内容，而60%年龄在16—24岁的年轻观众通过智能手机收看电视节目和其他视频。数据分析机构 Mercury Research 发布的2016年"罗马尼亚电视消费指数"显示，最受罗马尼亚观众欢迎的高清电视节目是电影和电视剧（65%），高清电视新闻（54%）和高清纪录片（53%）。大数据分析公司易观智库调查显示，中国网络视频活跃用户2016年接近3.5亿，主要集中在综合视频、短视频、垂直视频和视频直播方面。

国产优秀影视剧译制是近年来国际台对外传播工作的重点，多部中国电视剧通过国际台翻译、配音并在国外播出。此外，拥有完整产业链的CIBN互联网电视在2017年将主要在中外合拍影视剧、"一带一路"纪录片、国际传播三个方面打造特色内容，这也为外国优秀影视作品向国内家庭智能电视、手机和平板电脑等移动终端推送提供了契机。国际台罗马尼亚语广播应提高品牌意识，加强国产影视剧译制，打造自制视频品牌，根据各传播平台特点向境内外受众推送。国际台和罗马尼亚电视公司（Societatea Română de Televiziune）、罗马尼亚广播公司（Societatea Română de Radiodifuziune）等公共媒体机构以及B1TV和LOOK TV等私营电视台通过人员交流、协助拍摄和节目播出等形式保持着长期的友好合作关系。罗马尼亚电视公司和罗马尼亚广播公司作为该国唯一的公共电视台和电台，拥有覆盖全国的综合性频道和专业频道，市场占有率较高，传播内容相对于商业电视台具有更高的公信力和权威性，近年来将业务重点转向互联网平台，在脸书网、YouTube等社交媒体上影响力较强。罗马尼亚电视公司曾经引进过中国电视剧《三国》和国际台拍摄的纪录片《寻梦中国》等，取得了较高收视率；而罗马尼亚广播公司主打文化和音乐频道，其对于国内外重要文化和音乐活动的直播节目及其主办的罗马尼亚高迪亚姆斯国际图书与教育展得到受众好评，市场占有率正逐年上升。中国和罗马尼亚两国电影界近年来交往密切，两国从2014年开始互办电影节，罗马尼亚国家电影中心主任在2016年11月访华期间曾表达了与中方合作拍片和在罗马尼亚开设中国电影频道的愿望。我国电影产业体量大，但精品较少，而罗马尼亚电影注重文化多样性，多为风格鲜明的小众影片，"罗马尼亚新浪潮"已经作为一种现象载入电影史册，近十年来罗马尼亚电影在欧洲著名电影节屡屡获奖，与中国电影具有极大的互补性，存在合作空间。国际台应继续丰富与罗主流媒体和相关机构的合作内涵，以"中国剧场"等国际台影视剧品牌项目为契机，有计划、有步骤地通过媒体合作伙伴译制反映我国历史文化和社会发展的影视剧、纪录片和国际台自主策划拍摄的、针对性较强的优秀视听产品；本着互利共赢的理念，共享优质内容和渠道，引进罗马尼亚高质量影视剧，在国际台对内传播平台播出，例如在CIBN互联网电视的"CIBN文艺影院"推出"罗马尼亚新浪潮"电影专区，译介罗马尼亚新一代导演和获奖影片；积极探索与罗马尼亚合作方建立长期合作机制，在条件成熟时尝试联合摄制，甚至是联合网络直播，实现线上内容和线下活动的良性互动。

其次，培育境内受众，深耕境外社交媒体。罗马尼亚跨媒体视听办公室（Biroul Român de Audit Transmedia）数据显示，脸书网以超过800万用户继续领跑罗马尼亚社交媒体市场，97%的罗马尼亚网民有"脸书"账号，83%年龄在14—49岁的罗马尼亚城市居民每天登录"脸书"。罗马尼亚语广播"脸书"账号发布的关于中国自然风光、大熊猫、传统和现代建筑的图片和视频的浏览量都较高，是吸引罗马尼亚网民的优质内容。今后应进一步提高该账号在对罗马尼亚传播中的地位，加强针对这一平台特点的研究，精心策划，推送针对性强的中国文化、健康、旅游、美食、中罗双边交流等文化性和趣味性较高的自制和译制内容，主要以高清图片和适合受众碎片化阅读习惯的短视频形式呈现。罗马尼亚语新闻客户端应成为有关中国的资讯、图片、特色短视频的集成平台，新闻应保持中立、客观的报道角度，减少宣传色彩，在保持媒体属性的同时，依托国际台，成为生活、旅游、文化等智能服务信息的提供平台。罗马尼亚目前有 300 余万博客用户，其中大部分是视频分享网站 YouTube 用户。罗马尼亚社交媒体调查机构 Zelist Monitor 对 2016 年 YouTube 上最受欢迎的罗马尼亚视频博主的一项调查显示，最受欢迎的内容是有关博主生活和音乐的视频。在 YouTube 上排名前 100 位的罗马尼亚视频博客共有 600 余万次播放量，每周新增近 20 万粉丝。此类博主，即俗称的"网红"，在虚拟世界拥有强大的号召力，利用其在社交媒体上庞大的粉丝群体进行定向营销将会产生事半功倍的传播效果。北京旅游委曾在 2016 年通过全球创意活动"长城英雄"（The Great Wall Hero）邀请美国和西班牙的超级"网红"到司马台长城旅游。"网红"们将自己在长城上拍摄的照片和视频以网络日志的形式发表在社交媒体上，其中西班牙"网红"团发表的每篇博客"点赞"量都超过 10 万。活动主办方、受邀"网红"和网民都是活动的受益者。罗马尼亚语广播也应借鉴此类经验，遴选符合国际台传播要求的罗马尼亚视频博主、知名媒体人、自媒体达人、明星等网络红人，邀请他们来华参加线下活动，并以图片、视频和网络视频直播等形式记录活动过程，从而达到推广中国文化和中国形象的目的。

在利用境外社交媒体推广中国文化的同时，利用境内社交媒体聚拢国内优质用户和年轻用户。罗马尼亚语广播新浪微博账号应以罗马尼亚及中罗双边的文化及泛娱乐内容为主，以高清图片和短视频形式呈现罗马尼亚历史、文化、社会发展状况，利用国人熟知的罗马尼亚元素和流行文化针对年轻受众进行推广。微信公众号在经过了流量红利期之后也成为公认的传播垂直内容的利器，罗马尼亚语广播应联合中国社会科学院俄罗斯、东欧、中亚研究所等国内智库机构和罗马尼亚中国汉学家、中国问题专家等，针对国内中高端用户推送深度分析、独家观点等垂直内容，提高用户黏性，扩大媒体影响力。

4. 引入创新技术，创新管理模式

《人民日报》的"中央厨房"项目已于 2016 年正式上线，项目包括传播效果评估系统、可视化产品制作工具、新媒体内容发布管理系统等 6 大功能模块，为融合传播提供技术支持。美国有线电视新闻网（CNN）自 2013 年起实行"移动先行，数字第一"的新媒体发展战略，其官网历经数次移动化改版，新闻客户端也多次升级，传播效果显著提高。国际台罗马尼亚语广播应借鉴国内外著名媒体机构的先进经验，引入"大数据"等新的数据统计方式和对大数据进行处理的云储存、云计算等云产品，全面提高信息的采集、处理和发布能力，提升传播效果评估准确度，为国际传播事业提供强有力的技术支持。此外，还应以移动互联网为出发点，以针对不同平台的不同媒体产品为核心，对传播内容的产生方式、人员分工、资源调度进行彻底改革，引进具有新媒体素养的人才，加强视频项目的策划力和执行力。

三、结语

中国和罗马尼亚的双边关系可以用一句罗马尼亚谚语概括：水逝石留。无论罗马尼亚国内和其所在地区的形势如何变幻，两国政府和民间交往一直保持着友好的基调。对于中国与中东欧合作机制和"一带一路"倡议，罗马尼亚都积极响应，作为欧盟成员国和巴尔干地区重要国家，在中欧关系及中国—中东欧关系中发挥着积极作用。国际台罗马尼亚语广播应利用两国关系发展的最好时期，以2017年"中国—中东欧国家媒体年"活动为契机，加强内容和平台建设，深入推进媒体转型，进一步提升国际台在罗马尼亚的品牌认知度和中国文化在罗马尼亚的影响力。

（作者单位：中国国际广播电台罗马尼亚语部）

注释：

① 百度百科：媒介融合，http://baike.baidu.com/link?url＝CYIycNaKlsZNzySZwAAQDd72Ogjo1FJaYH4gXMIYrSMS8ilTvOYWa2IfcLN8g1L4rRykH05xt8sw9AUBTsM4kdXZO5R7UZ3eKNYL-fTlPyEfj1gKsBbfyMoB3qNesGcY。

参考文献：

1. 方兴东、胡智峰：《媒介融合与互联网强国：互联网改变中国》，《现代传播》，2015年第1期。
2. 黄旦、李暄：《从业态转向社会形态：媒介融合再理解》，《现代传播》，2016年第1期。

"去中心化"时代与国际台克罗地亚语传播策略

贾霁

在Web2.0时代,多点对多点的"去中心化"的传播方式解构了原有的单向传播的社会结构,社会结构正逐渐向多元的双向传播转变。"去中心化"作为Web2.0时代的核心理念之一,正进一步改变文化传播的方式,使其由高度集中控制向分布集中控制转变,集中的少数精英阶层在网络文化中的中心角色迅速被分散的广大网民代替。本文将剖析Web2.0时代背景下的"去中心化"传播,讨论其对国际台克罗地亚语传播产生了怎样的影响,以及如何利用好该趋势进行克罗地亚语的传播。

一、Web2.0时代

Web2.0是由蒂姆·奥莱利于2004年3月提出的,是一个相对于Web1.0的新时代,指的是一个利用Web的平台,由用户主导而生成内容的互联网产品模式,为了区别传统由网站雇员主导生成内容而定义为第二代互联网,即Web2.0。它是网络运用的新时代,网络成为了新的平台,其内容则因每位使用者的参与而产生,参与所产生的个人化内容,借由人与人(P2P)的分享,形成了Web2.0的世界。

最早体现Web2.0技术的便是博客。每个参与者都可以拥有自己的专栏,针对时事、文化、经济等各领域发表自己的看法,利用文字、图片、链接及其他形式发布在自己的页面上。这使每个参与者不再被动地单向接收信息,单纯地扮演被传播的对象,而是成为了传播的主体。在这之后社会化媒体逐渐兴起壮大,从原来的以网站、内容为中心,转而侧重于以人与人之间的关联为中心,网络上的每一个节点所承载的不单单是信息,而是以具体的自然人为节点,从而形成新型的互联网形态,其中最具代表性的有脸书(Facebook)、人人网等。

Web2.0具有一些显著的特征,例如开放、共享,用户创造及分享内容,以人为中心,信息聚合,强调集体智慧和分享主义等,而其中非常重要的一个,便是"去中心化"。Web2.0为其提供了前所未有的技术支持。

二、"去中心化"

作为Web2.0核心理念之一的"去中心化",并非意味着中心和社会阶层的完全消失,而是由高度集中控制向分布集中控制转变,变得更加个体化、多元化,原有的中心意义被大大弱化或完全转向。

（1）文化传播方式进一步改变，由高度集中控制向分布集中控制转变。在Web2.0时代，文化的发展不再是一个受到少数精英所把持的、有限的、定向的过程，再普通的人，只要通过网络，都可以发出自己的声音。在Web2.0时代，多点对多点的传播取代了点对面的传播。门户网站是信息发布的平台，但不再是交流的中心，人们通过许多新兴的媒介平台直接进行多点对多点的互动沟通，每个人都可以发布自己的意见和想法，不同的思维碰撞出火花，可谓是一个"百花齐放"的时代。

其中最具代表性的案例便是维基百科。维基百科是一个"多语言""内容自由""免费""任何人都能参与"的，以建立一个完整、准确、中立的多语言网络百科全书为目的的协作计划。它以人人贡献，人人编辑为宗旨，人们可以自主地浏览、创建和更改其页面上的文本内容，自愿地选择匿名或者实名方式编辑或添加内容。其内容包括历史、社会、文化、科学等各个方面，人们也可以随时找到更改以前的版本，进行比对。贯穿于整个网民参与实践过程的是自由平等的理念，每个参与者的自主性都得到了尊重，它代表的是网民以自发参与、自我组织、自我体验的新媒介观。

以往作品是否能够出现在读者面前，一般要经过编审的环节，作品一旦被拒绝就宣告了失败。但现在我们有了第二个选择，即把作品上传到个人博客，或者近年来受到热捧的博客的衍生品微博，通过寥寥数百字，随时随地发布自己的想法和心情，时效性高。国内有微博、微信，国外有脸书（Facebook）、推特（Twitter）等。通过这样的平台，普通人同样可以拥有广泛的读者群。

（2）文化表达进一步多元化扩展，个体成为网络文化的真正核心。Web2.0时代个性化更加明显。它以展示个体为中心，以个人网页为节点，淋漓尽致地将用户的个性化和价值观表现了出来，这改变了以往用户作为被动的"倾听者"和"接收者"的角色，而逐渐转变为"倾听者"与"讲述者"并存的双重角色。用户可以创建和分享"我"的内容，其中比较有代表性的就是"荔枝电台"和"喜马拉雅电台"。只需要在移动端上下载一个客户端，你无需是著名主播，无需是学术权威，只要有想法，就可以在客户端上创建自己的电台，录制属于自己的电台节目，并且可以在各大社交媒体上进行分享，无论什么内容，无论怎样的形式，只要有勇气，就可以打造属于自己的电台，甚至可以通过这种方式成为著名网络主播。

今天，中国一批以"自媒体"为标签的作者们正玩得风生水起，他们无需依附于任何的媒体组织，其影响力日益扩大。最具代表性的恐怕要数"罗辑思维"，它已成为目前中国影响力最大的互联网知识社群，包括微信公众订阅号、知识类脱口秀视频及音频、会员体系、微商城、百度贴吧、微信群等具体互动形式。它的口号是"有种、有料、有趣"，倡导独立、理性的思考，推崇自由主义与互联网思维，凝聚爱智求真、积极上进、自由阳光、人格健全的年轻人，我们可以清楚地看到普通人正逐步成为传播的主体，传统媒体力量已无法再垄断市场。究其背后的原因，在于传播的技术门槛和成本都被去中心化网络极大地削弱。

创建与分享是Web2.0时代网民积极参与文化构建的表现,"去中心化"极大地促进了网络文化个体化、多元化的转变。

三、Web2.0时代下"去中心化"传播对国际台克语传播的影响

1. 广播等传统传播形态的影响力减弱

以往对克罗地亚地区的传播仅仅局限于国际在线克文网、广播以及杂志,然而近年来我们发现以上几种传播方式,尤其是广播的影响力正逐步减弱,受众不再满足于被动地接收信息,而是积极地想成为其中的参与者。举例来说,一期克语广播节目一天的收听量可能仅有几十,但在克语部官方脸书(Facebook)账号上仅一条状态的点赞、回复和转发量可能在短短几分钟之内就超过了一千,很明显受众更倾向于亲自参与到传播过程中。

同时,我们可以通过受众的评论和转发情况进行总结,从而了解他们的兴趣所在和阅读倾向,进而有针对性地发布及推送内容,做到有的放矢。例如近期我们观察到,在内容方面,关于熊猫、功夫、中国传统文化的内容更受欢迎,同时在形式方面,以视频、图片流形式发布的内容也会获得较多的关注,相比较之下,图少、文字多、题材生硬的内容则易受到冷落。

2. 传统媒体发布者的权力逐渐削弱

在过去,传统媒体作为信息发布者拥有绝对的权力,就像是一个舞台,发布者在上面演,下面坐着观众,演员在演什么,观众不关心,观众的想法是什么,演员也无从知晓,上下分明。而在"去中心化"的时代,舞台已不复存在,取而代之的是一个广场,所有人都可以自由发言,沟通交流。每个人都可以自由发布信息内容。同一个内容,普通人所呈现的内容甚至可以比拥有专业团队的媒体机构所呈现的更受欢迎,所谓"高手在民间",他们的力量不容小觑。反观传统媒体机构,作为发布者的权力正在被逐渐削弱,改革迫在眉睫。

3. 新媒体的兴起

目前国际台克罗地亚语部总共拥有10个传播平台,分别为广播、杂志、网站、脸书(Facebook)、YouTube、播客(Podcast)、手机APP、微博、微信以及荔枝电台。前七种形态面向克罗地亚地区传播,后三者则面向中国地区传播。除去以往的广播、杂志及网站三种形式,短短两年内,国际台克语部先后开设了其余七种传播形态,对中克两国受众来说,他们更希望拥有主体与客体双重身份。与克文网每天几百的点击相比,克语部脸书(Facebook)的官方账号粉丝近2万,微博粉丝量达到1600,微信粉丝数达到1000,中克两国粉丝在这些平台上的互动性明显更高,虽然就数字而言并不大,但依然能够体现新媒体较传统媒体的传播力之强,传统媒体平台显然后劲不足。

可以说新兴媒介平台不仅仅是一个资源聚合平台,同时也是一个关系转换平台,以脸

书（Facebook）为例，截止到2016年第三季度，其月活跃用户直逼20亿，日活跃用户数已达11亿，如此庞大的一个客户群，不仅可以单向传播信息，更多的则是互动及双向传播，用户不仅可以交流信息，更可以将其作为一个平台，开展更多其他业务。这已经不仅仅是一个社交媒体网站，更是一个集合了多种服务的多功能平台。

针对新媒体近年来的迅猛发展，国际台克语部也开展了一系列活动，例如针对中国受众的"我眼中的克罗地亚"，即邀请他们分享带有克罗地亚元素的照片，附上一句话，并从中挑选优秀作品寄出奖品，同时将这些作品制作成明信片发放给克罗地亚受众，让他们了解到中国人眼中的克罗地亚，从而为两国受众沟通交流搭起了一座桥梁。再比如在世界杯、欧洲杯、奥运会等期间也开展了一系列的线上线下活动，例如球赛结果有奖竞猜，既面向克罗地亚受众，也面向中国受众，不仅能聚合一定数量的球迷成为我们的用户群，更可以为中克两国民众搭建一个交流互动的平台。

四、"去中心化"趋势下国际台克语传播策略

1. 转变"中心化"思想

传统媒体机构已不再是传播的中心，我们首先必须转变"中心化"思想，甚至我们可以发展受众作为我们的"公民记者"，让人人都参与其中，如今"自媒体"和"公民记者"已成为主流新闻媒体和专业新闻工作者队伍的重要补充，在传播活动中发挥着日益重要的作用。而且更重要的是，它代表着一种新型的传播方式，正日益深刻地影响着媒体的演进方式。

2. 增强受众主体性

所有传播活动都将围绕受众的主体性展开，改变以往只有我们媒体才能作为传播主体的观念，重视受众在新闻传播中的主体地位和主导作用，而不是大众媒介的依附者，真正实现从"传播者本位"到"受众本位"的转变。根据受众的需要进行传播，设计活动。

3. 运用好新媒体

从现在国际台克语部拥有的众多新媒体平台也可以看出，新媒体传播是媒体发展的重要趋势，目前克语部通过新媒体平台进行的传播效果良好，而无论是国外的脸书（Facebook）、推特（Twitter）等还是国内的微博、微信，它们已成为现阶段人们交流的主要方式。我们在了解新媒体传播形态的同时，要重点分析目前新媒体传播的形式及其发展趋势，做到掌握新媒体传播的主要形态和发展动向，为提高新媒体的发展质量提供有力支持。

4. 使社交平台"更聪明"

社交平台给媒体带来的实用价值有以下几点：（1）受众和趋势分析；（2）内容分析与策划；（3）分析自身和竞争对手。而对于国际台克语部来说，主要集中于前两点。在社交媒体出现之前，传统媒体机构所报道的内容基本是社会公众事件和对于未来的预测，在对

社交媒体出现后，这种情况得以改善，热点话题排行榜、阅读量排行榜等都是话题的来源，编辑再也不用绞尽脑汁去预测，而是通过合理的数据分析得出结论。同时，读者粉丝的认可度、独立访问量、转发量也让社交媒体成为衡量成效的重要工具。不同类型的内容会引发不同的行为，例如在社交媒体上，有趣的、小众的内容会吸引更多人点赞，而互动性的内容则会有更多的引发分享。

5. 充分结合线下活动和移动视频直播

开展丰富多彩的线下活动是扩大传统广播媒体受众群和影响力的重要手段，但考虑到客观上中克两国地理上存在的距离，邀请克罗地亚受众来到中国参加活动并不方便；同时由于广播媒体无法播出画面，更是给展示线下活动增添了相当大的难度。所以笔者建议将线下活动和移动视频直播充分结合起来，通过视频直播将线下活动展现给克罗地亚受众，缩小地理上的距离。

在 3G 和 4G 技术快速发展，且即将迎来 5G 时代的背景下，移动视频直播呈现了爆发式增长，它将有利于弥补传统广播媒体无画面的缺点。同时利用广大的互联网受众群，可以极大地扩充传统广播媒体的受众范围，与此同时，传统广播媒体优质的制作团队将有助于提高移动视频直播的质量，形成一个良性循环，从而达到积极的传播效果。

五、结语

综上所述，"去中心化"时代对传统媒体机构产生了巨大的影响，改革迫在眉睫。但尽管如此，媒体不会死，传播也不会死，死去的只是一个陈旧、老化的躯壳，对传统媒体的"传统"做出改变，它们将会更加强大。

（作者单位：中国国际广播电台克罗地亚语部）

参考文献：

1. 高宪春：《论 Web2.0 时代"去中心化"对网络文化的影响》，《济宁学院学报》，2011 年第 32 卷第 4 期。

2. 徐溢蔓：《新媒体传播的发展趋势分析》，《新闻传播》，2014 年第 9 期。

从"CRI 土耳其"看加强
海外媒体传播力的策略及方向

汤剑昆

"CRI 土耳其"是中国国际广播电台在海外设立的本土化媒体平台，融合了广播、电视、网站和新媒体，其主要目标是增进对象国受众对中国的了解，消除偏见，推广和弘扬中国文化。从运行传播效果上看，"CRI 土耳其"融媒体在一定程度上明显强化了涉华内容报道力度，并广泛影响着土耳其本土报道活动。本文通过介绍"CRI 土耳其"在海外建设发展情况，分析和探讨加强海外媒体传播力的策略及方向。

一、土耳其媒体环境概况

1. 商业媒体占据主导的多元市场结构

土耳其国家广播电视机构是目前土耳其唯一具有官方背景的公共媒体，经营和管理着10余套电视频道和电台。20世纪80年代，土耳其开始出现私营广播电台和电视台。1993年，土耳其宪法第133条修订案出台，土耳其私营媒体开始迅速发展，企业、政党和实业家开始创办私营媒体。[1] 截至2014年，土耳其共有私营电视频道423套，私营电台1059家，各类期刊5000余种。[2]

目前，土耳其领先的商业媒体品牌主要集中在多安集团、多吾什集团、吉内尔集团和土库瓦兹集团等几家综合性媒体旗下。2015年，土耳其媒体服务业总收入约25亿美元，上述四家媒体集团占据了其中的43%，"僧多粥少"的局面导致土耳其媒体行业竞争十分激烈，单纯依靠媒体的商业运作已经无法维持媒体的良性运转。一项针对土耳其40家主要媒体开展的调查结果显示，三分之二以上的土耳其媒体集团隶属于建筑、能源、矿业和旅游等行业公司，而这些公司通常与政府关系密切。[3]

2. 新媒体发展势头迅猛

土耳其总人口7900万，2017年，其网络普及率达到总人口的60%。其中，活跃社交媒体用户4800万，4200万土耳其人使用手机登录社交媒体网站。统计结果显示，在土耳其，优图是使用频率最高的社交媒体平台，使用频率紧随其后的是Instagram和推特。统计结果同时显示，2013年，数字媒体的服务收入份额占全部服务业份额的9.05%，2015年，这一比例提升至22.3%。[4]

3. 受西方媒体影响大，对华报道偏见多

西方媒体不仅向土耳其输出了资本，也带去了媒体品牌和节目运行模式。土耳其四大媒体集团均与跨国媒体集团保持合作。西方媒体凭借其雄厚的媒体资源和强大的品牌影响力，在土耳其媒体市场迅速占据重要的一席之地，甚至跻身当地主流媒体的行列。2016年，土耳其新闻频道受欢迎程度调查结果显示，土耳其"福克斯电视台"当年的收视率高居新闻电视频道榜首，其传播力可见一斑。

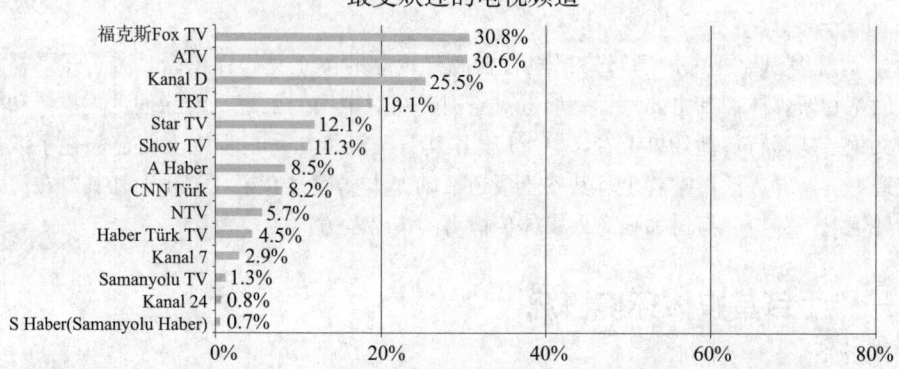

德国马歇尔基金会公布的2016年土耳其最受欢迎的新闻频道排行榜

值得注意的是，受西方媒体的影响，土耳其媒体在涉及中国问题的报道中往往沿袭西方媒体长期以来对中国报道的两大特点：涉华报道总量有限，涉华负面报道比例高。2015年，土耳其METROPOLL战略和社会研究中心针对"中国形象"展开的调查报告结果显示，超过57.6%的受调查民众表示，很难从本土媒体上看到涉华报道。土耳其媒体一旦出现涉华新闻事件往往是与宗教、民族和人权等敏感话题相关，而且经常出现大量失准、失衡甚至是失实的歪曲报道，甚至会在土耳其国内煽动针对中国的敌对情绪。例如，2015年土耳其斋月期间，土耳其媒体关于"新疆宗教自由受到打压""穆斯林群众受到迫害"等不实报道，就曾一度引发土耳其民众的反华游行，影响两国正常双边交流。⑤

2015年，土耳其战略和社会研究中心发布的《中国形象调查报告》

		频率	百分比（%）
1	经济竞争	568	27.5
2	新疆维吾尔人的生存状态	451	21.9
3	土耳其中资公司和中国游客的形象	282	13.7
4	中国的区域和宗教政策	259	12.5
5	其他	30	1.5
6	不知道	474	23.0
	Total	2064	100

根据土耳其战略和社会研究中心 2015 年发布的《中国形象调查报告》，在涉及"中土关系发展中最大障碍"的议题中，有 21.9% 的受访民众认为是"中国新疆地区维吾尔族人的生存状态"；12.5% 的受访者认为是"中国的民族和宗教政策"。

二、"CRI 土耳其"抓住发展机遇　抢滩土耳其媒体市场

"CRI 土耳其"是中国国际广播电台在土耳其创立的重要媒体平台，集合了广播、新闻网站、视频以及移动端新媒体在内的综合全媒体形态。2010 年至 2016 年，从土耳其语广播节目在土耳其调频电台落地播出，到互联网、移动客户端和视频新闻业务迅速发展，"CRI 土耳其"在"百家争鸣、竞争日趋白热化"的媒体大环境下，创造并保持了稳定的受众群，同时在众多媒体中脱颖而出。

"CRI 土耳其"调频广播以新闻性节目为主，覆盖土耳其大部分城市，全天 24 小时播出，是土耳其最重要的全国性电台之一；其新闻网站融合电视杂志、网络电台和网络电视台等功能，24 小时持续更新，日均发稿量超过 100 条，每月平均 70 条原创新闻被其他媒体转载；"CRI 土耳其"官方脸书和推特下设 11 个公共账号，形成社交媒体矩阵，截至 2016 年年底，固定用户数量超过 60 万。此外，CRI 土耳其 FM、CRI 熊猫、"中华浏览器"和"熊猫" OTT 互联网电视等目前也已经组成了完整的移动传播平台，拥有固定用户 50 万。

1		milliyet	2.267.297	6	SSSBBL777	54.062
2		vasipsahin	1.650.738	7	UniBogazici	33.904
3		TC_istanbul	312.073	8	aytunbilgin	28.566
4		CRI_Turkish	304.728	9	anketdunya	22.941
5		prayapos	61.712	10	KaanSariaydin	22.534

CRI 土耳其推特账户活跃度排名位列前茅

三、"CRI 土耳其"海外传播的内容策略

1. 新闻时效性强，争抢舆论制高点

制高点原本是军事术语，在传播学中对这一概念进行了借用和引申。掌握制高点，指

的是在各种舆论交锋或对抗中把握舆论形成的总体情况和发展态势，抓住舆论引导的主攻目标和关键环节，在内容、时机、位置、角度等方面抢占优势，争取主动，掌控局势，压制负面舆论传播空间。⑥"CRI 土耳其"在广播、互联网和新媒体等平台的发展主要采用了即时播出的手段，力求在新闻第一落点上获得突破。其中，调频广播节目每天累计直播时间超过 15 小时，内容形式包括整点新闻、新闻直播连线和现场嘉宾访谈等；互联网新闻网站保持 24 小时内容更新，社交媒体账户也保证活跃度，即时发布各类突发新闻。

2. 主动策划选题　掌握新闻主导权

在"CRI 土耳其"媒体平台的报道中，首发性报道内容的比例不断增加。针对土耳其获取中国新闻缺口巨大的现实情况，"CRI 土耳其"在本土化发展战略中更加注重联系实际。例如，在"南海争端"等相关报道中，"CRI 土耳其"将中国一直坚持通过和平与对话的手段解决领土争端的事实呈现给受众，以抵消西方舆论指鹿为马、混淆视听的报道对受众的影响。

3. 讲述"中国故事"，立足对象国语言和视角

法国后现代学者福柯说："话语即权力。"长期以来，国际传播话语体系始终由西方主导，发达国家同时兼具全球话语主产地和传播渠道主控者的角色。在这样的背景下，旨在加强国际传播能力建设、推动中华文化走向世界的"CRI 土耳其"品牌，明确自身加强话语体系建设目标，旨在打造融通中外的新概念、新表述。在构建话语体系建设的过程中，全球化叙事策略与多元本土文化的融合尤为重要。

在对外传播的过程中，传播主体要依据对象国受众群体的文化差异，将自身的新闻价值标准置于本土意识中考量，使之与受众发生互动。"CRI 土耳其"媒体平台在土耳其传播过程中，注重跨越不同的社会制度、价值体系以及生活方式，在选取报道的切入视角和方式、阐述观点、表述风格等方面不断去适应土耳其受众的接受心理和接受习惯。

例如，"土耳其对华贸易逆差问题"一直以来都是被土耳其舆论重点关注的话题，"CRI 土耳其"用土耳其人的视角就此展开调查性报道，通过援引土耳其官方公布的数据、采访土耳其行业专家，辩证地看待贸易逆差这一问题，这也是在土耳其国内第一次针对"中国制造"话题进行系统和深入的报道，有助于消除土耳其国内对于中国产品的片面看法，同时也是"CRI 土耳其"用"对象国话语"讲述"中国故事"的有益实践。

4. 把握报道平衡性原则

平衡报道是西方媒体常用的报道方式。如果受众一开始就倾向于反对传播者的观点，那么把正反两面的意见都提出来就比只讲一面之词更加有效。⑦举例来说，"CRI 土耳其"早间新闻节目《今日头条》是一档新闻访谈节目，邀请专家学者就土耳其国内舆论关注的热点话题展开谈论，而兼顾观点的平衡性一直是这档访谈节目策划的主旨。在一期针对土耳其叙利亚政策的访谈节目中，受邀嘉宾土耳其正义与发展党议员麦赫迈特·麦廷内尔表达支持对叙利亚进行"干预"，另一位受邀媒体人江·阿塔科勒则认为，"军事干涉"会导致土耳其深陷战争泥潭。双方在节目中观点激烈交锋的内容被多家土耳其媒体广泛转载，

引发土耳其国内舆论对于叙利亚政策的反思。

5. 善于发挥"意见领袖"作用

西方公众对于所愿意接收的信息源排序依次是：专家、媒体、政府。⑧统计显示，"CRI 土耳其"广播节目平均每个月通过其媒体平台采访 100 名土耳其政经领域专家、社会精英。采访名单上包括土耳其大国民议会副议长阿赫迈德·阿依登、土耳其塞班基大学亚洲研究中心教授阿尔塔伊·阿特勒等。随着海外媒体建设的发展，"CRI 土耳其"在土耳其社会的知名度也在不断提升，旨在以一种更加开放包容、真诚自信的视角对土耳其受众传播信息和塑造自身形象。

四、"CRI 土耳其"传播效果分析

本文选取部分涉华、国际热点话题实例，论述"CRI 土耳其"在内容传播中进行议程设置、把握报道平衡性、使用对象国语言讲述"中国故事"的实践，浅析"CRI 土耳其"在对象国的舆论传播效果。

1. 涉疆报道

美国传播学者恩特曼指出，如果受众对某一事件或议题并不熟悉，他们将依赖于新闻媒体以获得对事件或议题的理解，并且新闻叙述的性质往往会影响受众的理解。⑨由于土耳其受众缺乏直接接触新疆的渠道，因此对新疆问题的理解在很大程度上依赖于本国主流媒体的传播，因此获取信息唯一渠道发生偏差，受众自身构建的信息体系也势必发生偏差。

在土耳其媒体系统数据库中，以"新疆""维吾尔""中国""斋月""宗教""东突"等关键词进行搜索，搜索时间设定为 2016 年 6 月 1 日至 2017 年 6 月 30 日，得到报道体裁不同的有效数据样本 3796 篇。

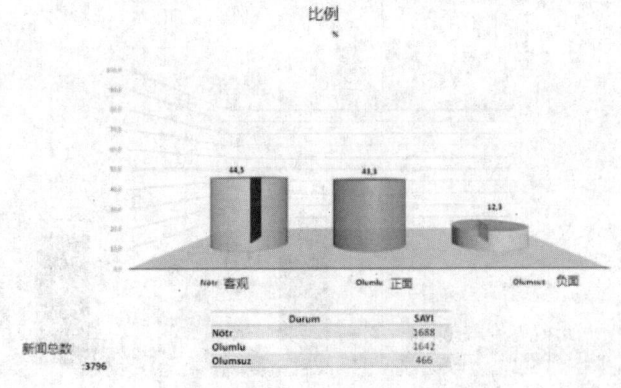

土耳其媒体的涉疆报道分析

该期间，土耳其媒体上共出现涉疆报道 3796 条次（包括重复引用），负面报道 466 条次，占全部涉华新闻总条数的 12.3%。同一时期内，"CRI 土耳其"对中国穆斯林的斋月生活进行了大量即时报道，各媒体平台重点关注了新疆在宗教、民生、经济发展、文化保护和丝绸之路等方面取得的最新成就等，共发稿 64 篇，被引用总数为 400 条，网络总点击率达 500 万次。由于"CRI 土耳其"在涉疆报道时通过议程设置，加强报道的细节性和完整性，其受众可信度得到大幅提升，亦在一定程度上压缩了土耳其舆论中不实涉疆报道的比例。

2."南海问题"

在菲律宾单方面将"南海问题"诉诸国际仲裁法庭后，南海争端日趋升温，土耳其媒体也热衷于关注南海日趋升级的紧张态势。在土耳其媒体系统数据库中，设定搜索时间为 2016 年 2 月至 2016 年 4 月，以"南海""仲裁""中国"等为关键词，共搜索出涉及南海新闻 192 条，其中负面新闻比例为 30%。同一时期，"CRI 土耳其"通过媒体平台平均每月发布涉南海新闻 5 篇，其中《国际仲裁法庭的权与利》《中国的南海主权观》《中国大使强调通过双边和平谈判的方式解决南海争端》等分析性报道被包括土耳其《共和国报》在内的数 10 家土耳其主流媒体转载。

从传播效果来看，"CRI 土耳其"媒体平台发布的内容获得了土耳其政界、商界论的广泛关注。土耳其爱国党主席多吾·佩林切克表示，中国没有义务遵从有关南海争议的仲裁，外部势力干预南海地区"非常危险"。与此同时，很多土耳其媒体在涉及南海问题时开始注重考虑报道的平衡性，在报道中亦援引中方表态，避免报道出现"一边倒"的舆论观点。

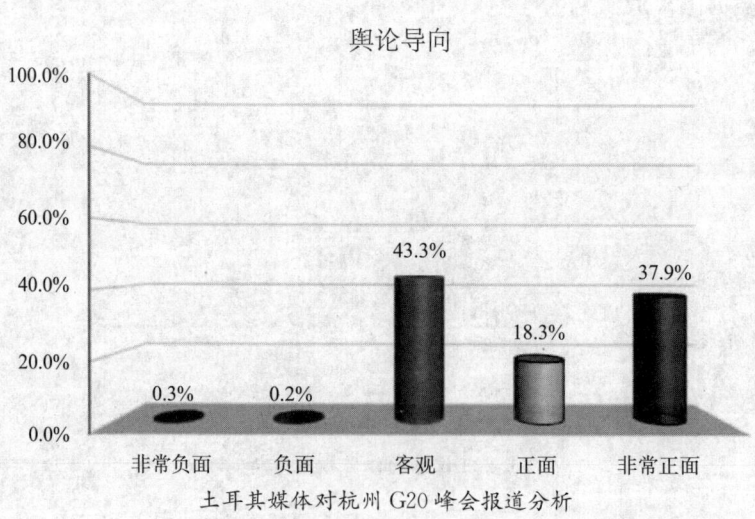

土耳其媒体对杭州 G20 峰会报道分析

3. 杭州 G20 峰会报道

在土耳其媒体系统数据库中，设定搜索时间为 2016 年 9 月 3 日至 9 月 6 日，以"中国""经济""G20"等作为关键词在土耳其媒体上搜索出涉及杭州峰会报道 2018 条，其中负面新闻占 0.5％。同一时期段，"CRI 土耳其"共发布杭州峰会报道 8 篇，在土耳其媒体中被转载引用 230 次。统计结果显示，土耳其发行量排名前 20 位的媒体均引用了"CRI 土耳其"有关杭州峰会的报道，其覆盖受众范围达 3400 万。

从统计数据来看，"CRI 土耳其"有关杭州峰会的报道内容取得了良好的传播效果，一方面与土耳其媒体对于这一重大国际性新闻事件的重视度有关，另一方面"CRI 土耳其"媒体平台的新闻源发挥了重要作用，有效满足了本土媒体对这一新闻事件的内容需求。

五、"CRI 土耳其"未来海外传播的一些建议

1. 继续深入推进媒体内容建设

在全球化的今天，对于媒体发展而言，优质的内容才能够赢得更多受众的认同。今后，"CRI 土耳其"一方面要继续坚持对外传播媒体的历史性使命；另一方面要有强烈的受众意识，注重加强研究和分析受众的心理变化以及对传播内容的需求，以使传播的节目和文化产品被受众所理解和接受。

2. 努力提高传播公信力

根据传播心理学中的"首发效应"，首先进入人们记忆的信息具有先导性和稳定性，此后要改变这个信息，需要花费 7 倍的努力。对于打造媒体内容品牌而言，抢占舆论制高点、得到受众关注至关重要。

议程设置是大众传播媒介影响社会的重要方式，这种思想最早由李普曼在《舆论》一书中率先提出。大众传媒往往不能决定人们对某种事情或者意见的看法，但可以通过提供信息和安排相关的议题来有效地左右人们关注哪些事实和意见及他们谈论的先后顺序。[10]今后涉及敏感话题报道时，"CRI 土耳其"还应利用其媒体资源积极策划，通过传递不同的声音，增进国际社会对中国的客观认识，平衡负面舆论。通过设置议题，实现在不同团体之间展开对话。

3. 继续秉承本土化发展战略

对外传播媒体的主战场在海外。本土化平台、本土化内容是构建话语体系的基础。为了最大限度降低对外传播中因文化差异和冲突而导致的"文化折扣"，更需要重视本土文化的差异性，根据对象国平台、对象国语言环境和对象国受众的兴趣所在，制定有针对性的传播内容。"CRI 土耳其"为了实现全球化话语与本土化元素的融合，今后要继续在实践中更有效地尝试通过"世界话语"来讲述"中国故事"。

4. 顺应媒体发展潮流，加强资源整合和平台建设

"CRI 土耳其"在未来应继续遵循传播规律，满足受众的需求，并不断扩大受众群体。

"CRI 土耳其"今后有待探索形成一条包括生产、研发、配套服务等在内的完整海外传播产业链，更有效地塑造自身的品牌推广并实现品牌增值。

（作者单位：中国国际广播电台土耳其语部）

注释：

① 郭长刚，刘义：《土耳其白皮书》，社会科学文献出版社，2014 年版。

② 土耳其广播电视最高委员会 2015 年公布数据。

③ http：//bianet.org/bianet/ifade-ozgurlugu/180051-turkiye-de-medya-kimin-elinde，2017 年 1 月 10 日访问。

④ http：//www.dijitalajanslar.com/internet-ve-sosyal-medya-kullanici-istatistikleri-2017/，2017 年 1 月 20 日访问。

⑤ http：//news.xinhuanet.com/world/2015-07/06/c_127989266.htm，2017 年 2 月 7 日访问。

⑥ 胡孝汉：《占领制高点对新形势下提高舆论引导能力的思考》，《中国记者》，2009 年第 9 期。

⑦ 郭庆光：《传播学教程》，中国人民大学出版社，2011 年版。

⑧ [美] 洛厄里、德弗勒：《大众传播学研究的里程碑》，刘海龙等译，中国人民大学出版社，2009 年版。

⑨ Entman, R.M：Framing：Towards Clarification of Afractured Paradigm, Journal Of Communication, 1993, 43（4）.

⑩ [美] 马克斯韦尔·麦库姆斯：《议程设置大众媒介与舆论》，郭镇之，徐培喜译，北京大学出版社，2008 年版。

国际台法语对非传播现状及优化策略研究

何 滨

中国国际广播电台（以下简称国际台）法语广播于1958年6月5日开播，由此开启国际台法语对非传播进程。半个多世纪以来，国际台法语对非传播砥砺前行，不断开拓新局面。特别是过去十年，乘着加强国际传播能力建设的东风，国际台法语广播从传统的单一短波广播媒介发展为集短波广播、调频广播、网络、移动在线、社交媒体等多媒体手段于一体的现代媒体。与此同时，环顾全球，新的传播手段层出不穷，传播方式不断丰富。基于此背景，优化法语对非传播策略成为新时期国际台提升国际传播力建设的应有之义。本文尝试通过对国际台法语对非传播现状进行梳理，总结经验，分析其面临的机遇与挑战，从而提出一些优化策略，以供参考。

一、国际台法语对非传播现状与措施

目前，国际台法语主要通过短波、调频、传统网络、移动网络、社交媒体等方式对非进行传播。

1. 短波广播

国际台法语现在每天通过短波播出的节目时长为两个小时，包括新闻性节目20分钟，专题类节目90分钟和学中文10分钟。国际台法语短波广播主要面向国际台尚未拥有调频电台的法语非洲国家的受众，为其提供有关中国的资讯。鉴于短波广播的触达率相对较弱，其已非国际台法语对非传播的主要播出渠道。

2. 调频广播

2007年，国际台在尼日尔首都尼亚美建立的调频FM106正式开播。这是国际台在法语非洲国家拥有的首家调频电台。目前，国际台在尼日尔、塞内加尔、中非共和国、刚果（布）、毛里塔尼亚、布隆迪、科摩罗和吉布提8个法语非洲国家拥有调频电台。调频广播成为国际台法语对非广播的主要播出渠道。

法语部以在海外调频节目制作方面积累的一些经验和对听众的调研为基础，借鉴英国广播公司（BBC）在非洲法语地区播出节目的成功做法，形成新的节目模式，采用专业化制作的片花，整体包装风格更加轻松、自然，更具可听性。节目由资讯、音乐、专题（访谈和采访）和汉语教学四大主体构成。为更好满足法语非洲受众对国际报道的需求，增加了两档资讯节目《法语国家和地区新闻》和《今日非洲》。同时，为切实提高新闻传播时效和信息量，法语部实施对象国工时制，实现全天24小时新闻滚动。

3. 国际在线法文网

国际在线法文网1999年年底正式开通，拥有5个精品频道，约50个专栏，包括文字、图片、音频和视频多种手段，已经成为法语网民了解中国和其他法语国家和地区资讯的重要网站之一。截至2015年11月，法文网总页面浏览量达到160万，独立用户数75万[①]。其中20%的用户为法语非洲网民。由此可见，法文网已成为国际台法语对非传播的重要渠道。

法文网设有网络电台，网民在首页的网络电台版块中点击专题栏目，就能收听该专题最新一期节目。网络电台为国际台未拥有调频电台的法语非洲国家的受众收听国际台法语广播提供了极大便利，提升了法语对非广播的触达率。

法文网还推出网络视频学中文教材，生动的画面、清晰的音质、灵活的操作吸引了众多法语非洲听众网友的关注，成为法语非洲网民学习中文的重要平台。

4. 法语移动国际在线

2011年9月29日，法语移动国际在线正式启动。法语移动在线网站旨在向全球的法语受众，尤其是对中国感兴趣的移动互联网用户，提供快速、简练、实用、有趣的时政、文化、体育、财经等资讯以及汉语教学等多媒体产品。

随着通讯基础设施的改善、无线上网技术的普及和上网费用的下降，移动互联网已成为非洲年轻人获取信息的新宠。法语移动国际在线因应了这种趋势，成为国际台法语对非传播的新渠道。数据显示，访问该平台的非洲青年用户正在不断增加。

5. 社交网络平台

近年来，社交网络在全球方兴未艾，在移动互联网渗透度较高的法语非洲国家亦是如此。年轻人逐渐成为脸书（Facebook）、推特（Twitter）等社交平台的拥趸。法语部顺应潮流推出脸书专页，利用海外社交网络平台对非洲年轻人进行传播。截至2017年2月，法语部脸书专页的粉丝数突破百万大关，其中，近55%为非洲用户。在社交网络时代，海外社交网络平台正成为国际台法语对非传播的优先方向。

二、国际台法语对非传播经验与瓶颈

1. 国际台法语对非传播经验

（1）加强海外调频落地，提升传播效果

2007年10月，国际台与尼日尔RM电台合作，在尼首都尼亚美建立整频率落地电台。以后，国际台相继在刚果（布）、塞内加尔、中非共和国、毛里塔尼亚、布隆迪、科摩罗和吉布提等非洲法语国家开通调频台，播出法语节目。截至2014年，法语部每天累计播出调频落地节目251小时[②]。

调频广播的开播结束了国际台法语仅依靠短波对非传播的历史。调频广播便捷的收听方式提升了国际台法语广播的触达率，带来了短波广播时代所无法触达的受众群体，极大改善了法语对非传播的效果。

（2）建立海外制作室，提升本土化制作水平

国际台塞内加尔达喀尔制作室2015年7月27日正式开始本土化节目制作与播出。所制作的节目覆盖国际台在塞内加尔的四个调频电台所在城市及其周边地区。

制作室整个采编团队主要由塞内加尔当地雇员构成，国际台派人员参与制作室管理和节目制作，实现人才本土化和管理本土化。达喀尔制作室主要关注当地及中国重要新闻和信息。制作室的节目根据当地受众的喜好及当地惯用的节目形式进行策划和编排。节目制作更加注重当地民众所关注的社会热点问题，使受众有亲切感。此外，制作室在节目中邀请当地有一定知名度的人士作为嘉宾参与其中，增强节目的互动性。通过这些融入当地元素，实现节目内容生产的本土化。

（3）借助人文交流活动，扩大媒体影响力

2011年7月，法语部与中国驻塞内加尔大使馆等机构合作举办"2011中国文化聚焦——塞内加尔大学生感知中国行暨中塞青年文化交流活动"，旨在促进中非文化交流。我驻塞使馆和法语部为此在塞举办了隆重的启动仪式，在当地掀起了"中国热"。

该活动收到了以下几个传播效果：一是极大地提升了法语部在塞内加尔四个整频率节目的影响力；二是西非地区著名高校——达喀尔高等工商管理学院正式向国际台提交意向书，希望与国际台合作创办广播孔子课堂；三是围绕举办此次活动，法语部不仅制作了大量的音视频节目，同时在策划组织跨国文化交流活动、对外统筹联络两国使馆和两国媒体及社会资源、独立开展媒体宣传、建立在非洲地区首家法语听众俱乐部等方面取得了显著效果并积累了宝贵经验。

（4）重视受众联系工作，提升节目制作质量

国际台历来重视受众联系工作，在法语非洲国家有28个听众俱乐部。法语部设有专门负责受众联系工作的团队，负责收集受众反馈、开展受众联系工作。在法语部节目生产规模不断扩大的背景下，加强听众联系工作能够检验工作效果，增强节目的互动性。法语部指定专人对有代表性的听众来信进行回复，把听众的意见和建议反馈到各个相关节目制作人，以便对节目进行完善，提升节目制作质量。

2. 国际台法语对非传播的瓶颈

进入新世纪以来，国际台法语对非传播在播出渠道、内容生产等方面都获得了跨越式的发展。与此同时，国际台法语对非传播亦面临一些瓶颈。比如，人才短缺问题亟待解决。目前，法语部有记者、编辑、播音员等各类专业人员40余名，包括5名来自法国、非洲的外籍员工。但相较于法语部每天的调频落地节目量及网络、社交平台等多媒体业务，人才缺口依然很大。有限的人力资源使得国际台法语对非传播难以进行精细传播，从而在一定程度上阻碍了其传播效果。此外，资金、技术等因素亦为国际台法语对非传播发展的掣肘因素。由于缺乏相应的资金支持，法语部无法针对法语非洲国家进行专业化的受众调查。专业的受众数据分析的缺位，一定程度上阻碍了法语对非传播策略的及时调整。

三、国际台法语对非传播面临的机遇与挑战

1. 国际台法语对非传播面临的机遇

（1）非洲传播市场发展不充分，为国际台法语对非传播提供了广阔空间

"非洲与欧美等发达国家的传播市场相比，就好比一块尚待开垦的土地，百业待兴，需求旺盛"[3]。由于贫困和电力缺乏等原因，非洲许多国家都以广播作为主要信息来源。在撒哈拉以南的法语非洲国家，本国广播媒体发展水平普遍不高，媒体的报道力、传播力及影响力都相当有限。根据2012年《CRI/CIBN海外分台受众市场研究》，尼日尔首都尼亚美仅有十多家调频电台。

与此同时，"随着经济的增长，非洲市场新闻需求越来越旺盛，对中国新闻的需求也日益增多"[4]。"非洲当地的媒体难以向中国派出记者，也大多直接从西方的媒体中引用关于中国的看法、观点或者新闻"[5]。非洲本土媒体供给有限，为国际台法语对非传播提供了广阔的空间。国际台法语广播可根据对象国家受众的需求为其提供视角与西方媒体不同的国际新闻和中国新闻，以此扩大自身的媒体影响力，与西方媒体争夺对非的话语权。

（2）西方媒体"妖魔化"报道非洲，给国际台法语对非传播带来新机遇

长期以来，"西方媒体中的非洲一直是一副战乱、饥荒、失败国家的面貌"[6]，"很少正面报道非洲国家在经济社会建设等方面所取得的成就"[7]。这样的报道基调引起了非洲各界的不满。在2010年的泛非媒体会议上，"非洲媒体行动"主席特雷弗指出，长久以来，有关非洲的新闻大多来自西方，但他们的报道不能被大多数非洲人接受[8]。

西方媒体"妖魔化"报道非洲，给国际台法语对非传播带来机遇。国际台法语广播秉承"世界眼光、中国立场、人类胸怀"的理念，对非洲国家抱有同情，在报道上更倾向于用一种发展、积极的眼光看待问题。这是国际台相较于西方媒体的竞争优势。国际台可以凭借更为客观的非洲报道赢得非洲人民的认同感，从而扩大自身在非洲的影响力。

（3）移动互联网和社交平台发展，为国际台法语对非传播开辟新天地

国际电信联盟（ITU）2016年发布的数据显示，非洲移动宽带使用覆盖率从2011年的8.3%上升到2015年的40.9%[9]，非洲成为在线移动宽带用户发展最快的区域。随着网络渗透率和手机普及率的上升，非洲网民使用网络社交媒体的数量迅速增长。"非洲成为Facebook、Twitter用户增加最快的地区之一。在非洲Facebook、Twitter等网络社交平台被广泛用于社会现象讨论，迅速演变为重要的信息传播途径"[10]。

网络社交平台在非洲地区的广泛应用，为国际台法语对非传播开辟了一片崭新的天地。借助社交媒体平台，国际台法语广播可以突破调频广播的瓶颈，以更经济的成本、更便捷的方式，实现对非洲对象国家的有效覆盖。

2. 国际台法语对非传播面临的挑战

虽然新时期国际台法语对非传播面临着难得的发展机遇，也不可避免地面临着巨大的

挑战。

  首先,"西强我弱"的非洲传播格局是国际台法语扩大对非传播影响力的巨大挑战。西方媒体在很多非洲国家占据主导地位,中国媒体在非洲的国际话语权相对较小。以法语国际广播为例,英国广播公司、美国之音(VOA)、法国国际广播电台(RFI)等西方媒体深耕法语非洲多年,有着强大的传播网络和各种资源优势,并在大多数法语非洲国家实现本土化节目制作播出。其在法语非洲国家的调频台的影响力远远超过当地广播媒体,成为当地民众获取资讯的主流媒体。而在非洲媒介市场中,国际台是新来者。"从影响力来看,国际台在非洲各国的调频台与当地广播媒体及英法等西方媒体相比仍有差距,尚未完全达到进非洲主流的既定目标。"[11]与此同时,西方发达国家不断加大对非洲国家的渗透和控制力度。西方媒体凭借其在资金技术方面的优势,加大在非洲的内容采集和编播力量,强化节目内容的贴近性和本土化。这些无疑加大了国际台法语扩大对非传播影响力的难度。

  其次,文化背景差异是国际台法语提升对非传播效果亟须应对的挑战。由于长期受欧洲殖民统治,法语非洲国家对西方的文化和思维方式更熟悉,也更习惯。然而,用西方人的思维方式来进行国际传播一直是国际台的弱项。"英国、法国作为以前在非洲的殖民大国,在语言、文化和制度观念上对非洲国家有深厚的影响,占据信息传播的传统性优势"。[12]因此,如何跨越文化背景差异引起的传播障碍以实现对非传播的效果,是国际台法语对非传播过程中亟须应对的挑战。

  最后,自身本土化建设能力是国际台法语对非传播深入发展的现实挑战。当前,国际台法语对非传播的本土化能力亟待提升。从上文所述可以看出,国际台仅在8个法语非洲国家设有调频台,相较于法语非洲国家的总数,其调频台覆盖范围仍然极为有限。此外,已有调频台的本土化建设有待改善。目前,实现本土化节目制作播出的只有塞内加尔的4个调频台。其他调频台的内容生产仍然依靠法语部在北京制作。

四、新时期国际台法语优化对非传播策略

  综上所述,新时期国际台法语对非广播既面临发展机遇又面临重大挑战,应在总结自身发展经验和借鉴其他国际广播媒体经验的基础上,对其传播策略进行优化。具体建议如下。

  1. 推进本土化

  虽然非洲国家互联网渗透率在逐年提高,2015年达到28.6%,但仍远低于世界平均水平的48.6%,尤其在以法语为官方语言的21个非洲国家中,仅有8个国家的互联网渗透率超过10%[13]。在这些国家,"传统广播至今仍是非常流行的收听方式"[14]。

  因此,新时期国际台法语对非传播必须继续推进本土化战略,开辟对非传统广播新天地。首先是播出渠道的本土化,在条件允许的情况下,实现对更多法语非洲国家的调频覆盖,实现播出渠道本土化。其次是内容生产本土化,如果条件允许,通过在当地建设制作

室，实现已有调频台的内生生产和人才建设本地化。最后是内容本土化，在节目的内容、语言、传播风格等方面贴近当地需求，充实本土化元素，通过提供当地的新闻来争取受众。

在内容本土化方面，西方国际广播机构的经验值得借鉴。BBC在非洲的法语节目，话题基本都与非洲大陆有关，对非洲的重大活动进行特别报道。法国国际广播电台是制作和播出非洲专栏节目最多的国际电台，主要涉及"非洲时事""非洲音乐""非洲足球"，非常符合非洲受众的需求特点。美国之音在刚果培训市民记者收集信息，构建动态的"草根"信息网[15]。

2. 立足"一国一策"

法语非洲国家为数众多，虽然法语是其官方语言或通用语之一，但各国的差异性很大。新时期国际台法语对非传播必须立足"一国一策"战略。要根据不同国家的实际情况和受众喜好生产制作节目，推出根据不同国家和地区市场进行细分的、真正有影响力的栏目和频道，实现精准传播。

3. 强化受众调研

新时期国际台法语对非传播必须强化对非洲受众的心理和收听习惯的研究。如可能，委托调查公司进行专业化受众调查研究。"通过受众调查来把握所做项目的影响力，为未来对非传播策略、方法和政策提供参考"[16]。此外，可充分利用新技术手段开展受众工作。比如，通过网络社交平台，建立受众"朋友圈"，加强与受众的互动，了解受众的需求，拉近与受众的距离。

4. 借助社交媒体

"西强我弱"的传播市场格局短时期内不会改变。BBC、VOA和RFI等西方国际广播媒体在传统广播上具有优势，但社交媒体的兴起在一定程度上消解了这种优势，新时期国际台法语对非传播可以借助海外社交媒体平台，争夺新的受众群体，以此扩大媒体影响力。

（作者单位：中国国际广播电台法语部）

注释：

① 数据来源于：《法语部2015年工作总结》。
② 数据来源于：《2014年度节目制播时数统计表》。
③ 臧具林、卜伟才主编：《中国广播电视"走出去"战略研究》，中国国际广播出版社，2014年6月版。
④ 刘滢、周瑜：《非洲：中国媒体国际传播的重要突破口》，《中国记者》，2012年第10期。

⑤ 李安山：《媒体在中非关系中的作用》，《对外传播》，2012年第7期。

⑥ 蒋生元：《非洲人喜欢"小新闻"——谈加强对非传播的策略和方法》，《对外传播》，2012年第7期。

⑦ 龙小农：《超越"非洲范式"：重构中国对非外交传播战略》，《现代传播》，2011年第4期。

⑧ 刘滢、周瑜：《非洲：中国媒体国际传播的重要突破口》，《中国记者》，2012年第10期。

⑨ 数据来源于ITU：http://www.itu.int/en/ITU-D/Statistics/Pages/definitions/regions.aspx.html。

⑩ 龙小农、易茜：《非洲网络媒体格局及其发展趋势分析》，《传媒：MEDIA》，2014年1月（上）。

⑪ 闫成胜：《中国广播媒体对非洲传播能力现状分析》，《中国广播电视学刊》，2015年第7期。

⑫ 朱振明：《反思中国对非洲的国际传播》，《青年记者》，2008年6月中。

⑬ 数据来源于互联网统计：http://www.internetworldstats.com/stats1.htm。

⑭ 龙小农、赵婧姝：《BBC对非洲广播节目设置及传播策略分析》，《中国广播》，2013年第8期。

⑮ 臧具林、卜伟才主编：《中国广播电视"走出去"战略研究》，中国国际广播出版社，2014年6月版。

⑯ 龙小农、赵婧姝：《BBC对非洲广播节目设置及传播策略分析》，《中国广播》，2013年第8期。

关于加强对海外华人青少年价值观传播的思考

陈雪丽

20世纪80年代以后，出国留学、经商和定居的华侨华人数量不断增加，到目前海外华侨华人的总人数已超过6000万，中国国际移民群体成为了世界上最大的海外移民群体。大多数海外华侨华人日夜忙碌，与子女间交流时间相对较少，导致子女过早地进入社会，他们所接触和耳濡目染的是西方价值观，中国的传统道德观和价值观于他们而言是相对模糊的。如何加强对海外华人青少年的价值观传播，是一个值得思考与探讨的话题。

一、海外华侨华人传播概况

华侨华人生活在语言和风俗习惯等与中国完全不同的异国他乡，除了家庭内部交流和华人群体之间的沟通交流外，帮助他们接触中国文化和巩固中国传统道德观的主要途径有两个，分别是：海外华文媒体的华文传播和媒体、华侨华人社团和侨办等参与组织的各类与中华传统文化相关的社会活动。

1. 海外华文媒体的华文传播

海外华文媒体是在中国大陆和台湾、香港、澳门地区以外创办发行的华文媒介，包括报纸、杂志、广播、电视、网站、社交媒体等媒体形式，它们在传播中华传统文化和价值观方面发挥着重要作用。目前，海外华侨华人在亚洲、欧洲、美洲、大洋洲和非洲等地区刊行大量报纸，并在多个国家创建了华文网站。除此之外，近年来中国国内的媒体也在落实中央关于加强国际传播能力建设的部署，或在海外独立创办媒体，或以参股、并购、投资的方式创办新闻出版、广播影视等文化传播机构，全面扩大了中国新闻信息产品和中华文化在海外的传播影响力。随着微博、微信等社交媒体在海外华侨华人群体中的普及和使用，海外华侨华人与祖国同胞交流信息的渠道也变得更加畅通。

鉴于青少年是伴随互联网成长的一代人，他们接触信息的方式较之上一代人有较大的不同。因此，虽然海外华文媒体尤其是传统的报纸、广电媒体在传播中国传统文化和价值观方面发挥着重要作用，但是其是否能够对正处于价值观形成期的青少年产生影响，以及在多大程度上对青少年有所影响，需要进一步调查与思考。唯有如此，才能够使海外华文媒体传播的信息真正对海外华人青少年价值观的形成发挥作用。

2. 媒体、华侨华人社团、侨办等组织的社会活动

国内及华侨华人媒体、华侨华人社团、国务院侨务办公室等经常会组织一些社会活动，邀请当地的华侨华人参加，以各种形式帮助海外华人尤其是华人青少年增进对祖国文

化和价值观的了解。例如，在中国的传统新年到来之际，海外华侨华人社团一般会组织华侨华人庆新春晚会等活动，该类活动一般会更加注重体现中国的传统文化色彩，除了向当地外国人展示中华传统文化的魅力，更是向在海外出生或成长的青少年传播中国传统文化，让他们对中国的传统文化和推崇的价值观念形成更加直观的认识。又如，国务院侨务办公室和中国海外交流协会组织的海外华裔青少年"中国寻根之旅"夏（冬）令营在帮助海外华裔青少年学习中文、了解中国国情和中国文化方面发挥着重要作用，为华裔青少年提供机会让他们亲眼目睹、亲身感受中华文化的博大精深。

相对于海外华文媒体的信息传播而言，通过组织相关活动帮助海外华人青少年了解中国文化和价值观的方式更加形象直观。然而，在覆盖面上，该类活动对海外华人青少年的覆盖面可能并不及海外华文媒体。因此，若能将两者结合起来，对海外华人青少年的价值观传播或许能够产生更好的效果。

二、加强对海外华人青少年价值观传播的必要性

价值观是个体以自己的需要为基础而形成的、对客体的重要性做出判断时所持的内在尺度，是个体关于客体的价值的观点和看法的观念系统的总和，它对个体或群体的行为具有指导作用。人的思维习惯、思维风格和心理素质会随着所处社会环境而改变，对于出生或成长于海外的华人青少年而言，西方社会价值观的多元化等难免会对其价值观产生影响，从而削弱他们心目中的中国传统道德准则和价值观念。因此，有必要加强对海外华人青少年的价值观传播。

1. 海外华人青少年数量大、问题多

目前，海外华侨华人的总人数已超过6000万，中国国际移民群体已经成为世界上最大的海外移民群体。这其中既有父辈在国外留学、经商、定居，其在海外出生成长的青少年；又有大量在青少年期远赴国外求学与打工的青少年。

对于前一类青少年而言，他们大多是与父母生活在一个小家庭圈子内，周围的亲戚朋友较少，父母在外忙碌工作的同时，往往忽略了对他们的传统文化教育以及与他们的充分交流，导致这些青少年过早地进入社会，接受当地社会风俗及文化观念的熏陶，而缺乏了解中国传统道德观念的机会。

关于在青少年期远赴国外求学与打工的青少年，有两种类型。一类是，随着中国经济水平的提高和家长对孩子教育重视程度的提高，越来越多家长将正处于初中或高中阶段的孩子送到国外求学，这些青少年远离父母到国外求学期间往往是寄住在当地人家中，缺少与父母的交流并更多地受到当地人影响，长期以来对中国价值观念的认识会逐渐变淡；另一类是，一些国内经济较差地区的辍学青少年通过中介远赴国外打工，这些青少年承受着经济方面的压力，在国外要面对繁重的工作和单调的生活，而且这个青少年群体在闲暇时间较少与在国外正式工作或学习的华人群体交流，有一种主动将自己与他人隔离或疏远的

倾向，长时间缺少与他人的交流对他们形成正确价值观会造成负面影响。

2. 价值观是社会环境的产物

人是环境中的人，环境对人的生存与发展具有强大的同化作用。因此，人的价值观具有强烈的社会依从性，不同的社会文化以及成长和教育环境会产生不同的价值倾向。

对于个体价值观的形成而言，其所处环境的经济条件、政治条件、文化条件甚至自然条件都会在人的成长过程中留下深刻的印记。海外华人青少年所处的社会环境、学校环境和家庭环境与国内青少年都有较大不同，他们与来自不同文化背景的人相处，耳濡目染的文化更为多元化，所接触到的媒介信息基本上也是以来自国外媒体的居多。因此，海外华人青少年更容易受到所在国的影响，从而削弱他们对中华传统价值观念的理解。

3. 青少年正处于价值观的形成期

青少年时期是形成、确立价值观的关键时期。这一时期的青少年在生理发展、认知发展和社会性发展等方面都表现出非常大的变化，处于不断成长的过渡阶段。他们对外界事物的分辨能力弱，容易受到误导，因此也更需要被正确引导。

在海外环境中生活的华人青少年群体，往往更多的是通过学校和社会上的各种途径学习所处社会环境中的道德、准则和规范，进而内化为自己的品德，形成完整的人格。该群体对中国价值观念的学习，除了家庭小环境的影响外，大部分内容都是从各类媒体获得的，为了防止西方媒体对他们的价值观形成冲击，海外华文媒体应该努力成为该群体了解中国价值观念的重要认知学习途径。

三、加强对海外华人青少年价值观传播的方法

当前媒体融合不断加速，青少年的媒介使用情况有了新特征，而且海外华人青少年的构成日益多元化。因此，有必要在充分考察已有华文媒体传播情况、海外华人青少年价值观状况的基础上，制定对海外华人青少年展开价值观传播的策略。

1. 考察已有华文媒体的传播情况

媒体在对海外华人青少年开展价值观传播之前，首先应该对已有海外华文媒体的传播情况形成全面的了解和把握。

当前海外的华文媒体按照创办主体划分主要有三类，分别是海外媒体机构的对华传播部门、海外华人创办的华文媒体和中国国内媒体创办的向海外华人进行传播的媒体。其中，海外媒体机构的对华传播部门在传播内容方面涉及影响海外华人青少年价值观的内容可能更多，表现得也更为明显；海外华人创办的华文媒体传播的内容综合性和服务性较强，其中专门针对青少年群体的内容可能较少；中国国内媒体创办的向海外华人传播的媒体数量还相对较少，对海外华人青少年具有一定影响。此外，按照媒体类型划分，还可以将海外华文媒体划分为报刊、广播、电视、网站等类型。随着网络的快速发展，国内的微博、微信也被越来越多的海外华人青少年使用。

只有通过对目前已有华文媒体的相关情况进行全面、细致的研究,了解目前华文媒体在传播平台、传播内容等方面的特点,才能找出目前华文媒体存在的不足,进而再有针对性地开展传播。

2. 了解海外华人青少年的价值观状况

除了对已有海外华文媒体的传播情况有所了解之外,开展对海外华人青少年的价值观传播之前,还要对传播对象即海外华人青少年已有价值观状况和他们的媒介使用习惯等进行调查研究。

随着中国移民海外人数的增多,海外华人青少年群体的构成也日渐多元化,大致可以划分为三类。其一,是改革开放之初或在此之前到海外经商、留学或定居的早期移民的后代,这类青少年在海外出生、成长,从小就生活在海外环境中,他们对中国文化和价值观念缺乏直接的了解,其了解程度也完全取决于所处的家庭环境,在媒体接触方面他们对西方媒体的使用较多。其二,是在中国成长到青少年期之后赴海外留学的青少年群体,该群体中既有初中生、高中生等年龄较小的青少年,又有大学生等思想较为成熟的青少年,既有准备在海外学习、工作并留居海外的青少年,也有准备在国外进修一段时间便回到国内的青少年。其三,是一些经济较不发达地区辍学后赴海外打工的青少年,这类青少年大多承受着经济方面的压力,平时工作强度较大,闲暇时间与其他华人群体的交流较少。后两类青少年出国前对中国的价值观念有了一定了解,他们对中国媒体的使用较之第一类群体要相对频繁。

只有对各类青少年群体在海外所处的家庭和社会环境、他们的价值观状况,以及他们的媒体使用状况等形成全面的了解,才能在传播内容的设计、传播平台的选择上更有针对性,进而有效地开展对该群体的价值观传播。

3. 制定对海外华人青少年传播的策略

在对海外华文媒体和海外华人青少年价值观有了清晰的了解之后,才能制定出对海外华人青少年价值观行之有效的传播策略,增强传播的实效性。

上文简要提及了海外华人青少年的三种类型和可供他们使用的媒体类型,不同背景的海外华人青少年都有其所属群体共有的特征,他们使用媒体的方式也极为相似。其中,第一类青少年群体即早期移民的后代,他们出生并成长于海外,其对外语的掌握程度往往好于中文,甚至有些华人青少年只会听说汉语却不能准确读写汉字,那么对该群体的传播就不可能依靠报纸,而要制作声音或视频类节目对其传播。后两类华人青少年虽然在汉字的拼读方面不存在问题,但是他们的媒介使用习惯也并不完全相同,以第三类外出打工的华人青少年为例,他们的文化程度较低,在海外的生活条件较差,一般租住在当地人家中,过着打工的单调生活。他们一般不会选择读报纸,也没有便利的条件看电视或玩电脑,对这一群体的传播最有效的平台就是手机,因此在手机微博或微信客户端传播的内容对他们的到达率可能会更高。

由此可见,即使是海外华人青少年这样一个看起来同质性很强的群体,仍包含具有不同特征的多类更加细化的群体。因此，若想对海外华人青少年群体展开具有实效的传播，需要对该群体加以细分并由此选择适合的传播平台、采用能够被该群体接受的节目类型来进行传播。

四、避免陷入的误区

鉴于海外华人青少年所处的环境及其媒体接触习惯，对海外华人青少年开展价值观传播并非易事，需要考虑到方方面面的问题。作为国内媒体，想要在海外华人群体中产生影响，并进而对该群体的价值观形成和塑造发挥作用，应避免陷入以下两个方面的误区。

第一，将对国内青少年传播时采用的传播语言、传播内容等稍加修改便向海外华人青少年传播。海外华人青少年所处的社会环境与国内有很大不同，他们接受新事物的思维方式也随着所处环境有所改变。因此，国内媒体对海外华人青少年开展价值观传播的团队必须适应传播对象的思维，而不能使用对国内青少年进行传播时的思路或方式对他们进行传播。做到这一点，需要对海外华人青少年进行传播的团队经常性地到其传播对象所处的社会环境中进行考察调研，实地了解其传播对象的特征及对传播内容的需求，以增强传播效果。

第二，使用新闻宣传式的方法单向对华人青少年传播，不注重与该群体的双向互动和沟通。自我知觉理论认为，在现实传播中，对青少年价值观塑造的传播应更加强调情感层面的认同，任何高尚的、积极的价值观念和道德观念只有当进入个体经验和习惯领域时，才能更为自然地发挥作用。因此，国内媒体若想对海外华人青少年价值观产生更为直接有效的影响，利用线下的方式在所在国开办丰富的社会文化活动，邀请华人青少年参加，并与他们进行交流和沟通，可能会比仅仅单向通过媒体传播效果要好很多。

（作者单位：中国国际广播电台博士后工作站）

参考文献：

1. 博源：《谨防华人子女价值观移位》，《人民日报》（海外版），2014年6月2日。
2. 程曼丽：《重新认识海外华人与华媒》，《社会科学报》，2016年12月17日。
3. 李红、雷开春：《论学校德育中的价值观澄清问题》，《宁波大学学报（教育科学版）》，1999年第4期。
4. 王振存：《青少年价值观教育的问题及对策》，《教育科学研究》，2010年第2期。
5. 辛志勇、姜琨：《论青少年的价值观教育》，《人民教育》，2005年第18期。
6. 许燕、王砾瑟：《北京和香港大学生价值观的比较研究》，《心理学探新》，2001年第4期。

浅析融媒体时代国际传播人才素质培养

覃 梅

随着网络新媒体技术的飞速发展,人们的生活方式发生了根本性转变,新闻业从内容生产到内容的呈现以及受众消费方式等多方面都在经历着深刻的变革。这对新闻从业人员,尤其是从事国际传播事业的人来说,全媒体背景下面临着越来越多的机遇与挑战。

一、融媒体时代的国际传播事业机遇与挑战并存

1. 新媒体的广泛运用为扩大中国国际话语权提供了契机

互联网和移动互联网的发展使新媒体大行其道,我国的传播生态正在发生深刻变化。2016年2月19日,习近平总书记在党的新闻舆论工作座谈会上发表重要讲话,他强调:要推动融合发展,主动借助新媒体传播优势。2016年3月5日,李克强总理也在政府工作报告中明确指出:促进传统媒体与新兴媒体融合发展。同时,国家对于国际传播事业愈加重视,给新媒体发展提供了政策支持和资金保障。因此,国际传播媒体应该抓住机遇,扩大中国在国际传播中的主动权。

当前,西方媒体普遍受到经济危机和新媒体的双重冲击,有些甚至陷入了严重的困难,出现了裁员和倒闭的情况。反观中国,我国正在加快实施对外传播策略,国际传播有良好的经济基础保障。同时,正在兴起中的新媒体成为了当今信息传播的重要渠道,承载了我国对外传播的重要职责。我们越来越深刻地认识到要抓住新机遇、打造新型跨文化传播语境,扩大中国在国际上的话语权。

2. 旧的国际舆论格局依然存在,中国国际传播面临很多挑战

不可否认的是,国际主流媒体如BBC、CNN在国际传播中具有很强的影响力,在很大程度上享有国际话语权。全世界每天传播的国际新闻中,96%的新闻由美联社、路透社、塔斯社、法新社和合众国际社等5大通讯社发布,而其中仅有10%—30%的新闻用来报道发展中国家。[1]中国主流媒体在世界国际传播体系中依然处于较边缘的位置,国际传播力不强、新闻话语权不强。"西强我弱"的国际舆论态势并没有发生实质性的改变。

中国主流媒体正积极建设新媒体平台,但总的来看,在传播范围、传播效果等各方面都还有很大的发展空间。比如,作为新媒体最重要的环节之一,"与受众互动"既有利于提升品牌,又能增加受众黏度,所以国际主流媒体非常注重受众体验,受众黏度很高,受众反馈率也高,做到了双向传播。但相比之下,中国的新媒体平台依然以媒体单向发布内容为主,受众反馈量虽然有所提升,但总体活跃程度不高,而且很少有受众共同参与内容

建设。

目前，我国正实施的"一带一路"倡议给当前的国际传播提出了新的要求。"一带一路"沿线涉及40多个语种，60多个国家，40多亿人口。针对不同国家、不同语言、不同文化、不同宗教的受众，要尽可能地做到差异化传播和精细化传播。"一带一路"建设需要一个精细、复杂而且具有差异化的一国一策的国际传播战略。②

二、当前国际传播人才建设存在的问题

习近平在2016年2月19日党的新闻舆论工作座谈会专门提到："媒体竞争关键是人才竞争，媒体优势核心是人才优势。要加快培养造就一支政治坚定、业务精湛、作风优良、党和人民放心的新闻舆论工作队伍。"传媒行业是一个智慧密集型产业，人才竞争是一切竞争之本。过去，传统主流媒体培养了很多政治素质过硬、业务能力强的国际传播工作者，但随着传播格局的重大变革，一些媒体单位又存在用人机制不灵活，不能紧跟市场，缺乏培养、选拔和激励机制等问题，国际传播人才建设上存在很多问题。

1. 新媒体传播人才供不应求

蓬勃发展的新媒体技术需要有大量与之相匹配的人才，国际传播领域的新媒体发展更是需要既懂国际新闻传播特点又能把握新媒体发展趋势的复合型人才。但近些年，新媒体专业人才的需求越来越强烈，现有的人才远远供不应求。在市场经济条件下，以市场配置人才为主的机制使得人才的竞争、流动成为必然，但由于对外传播机构的机制、待遇等问题，很难吸引新媒体人才加入到国际传播领域，很多单位出现高水平人才匮乏、新技术专业人员的短缺等问题。人才短缺与新媒体蓬勃发展之间的矛盾必然影响新技术在国际传播事业中的运用，不利于我国以最佳状态参与到国际传播的竞争中去。

2. 传统媒体人才不适用

融媒体时代对传统对外传播人才在各方面提出了更高的专业要求，原有的人员需要改变固有思维、学习新的技术、新的生产方法，通过转型适应媒体融合发展的新形势、新要求。但这个过程需要传统工作思维的转换、工作重点的转移、工作内容的更新，甚至是工作语言风格都要有全新的改变等。因此，对传统的新闻人来说，无疑有很多挑战和诸多不适应：很多传统对外传播人才有过硬的政治素质、熟练的外语技能、很强调新闻业务能力，但因为不能把握新媒体传播特点和规律，不能及时转型而在竞争中丧失了原有的优势，或者在新技术面前感到力不从心。

3. 传统媒体机构人才结构不合理，人员流失严重

传统媒体里，很多人还停留在传统媒体业务里，没有及时转型提高新媒体业务的能力，造成了新媒体业务人才越来越缺乏和传统业务人员剩余之间的矛盾，需要大幅度调整。另外，新媒体的发展给传统媒体的冲击、体制与待遇等问题造成了近年来对外传播单位骨干人才流失严重，有些单位出现了明显断层、高水平人才匮乏等问题。随着全球化时

代的到来，我国国际传播事业对人才的需求增加，造成了需求与人才供给之间的差距日益加大。

三、融媒体时代国际传播人才的素质需求

近些年，如何提升我国媒体国际传播能力一直都是热点，国际传播人才的培养是我国国际传播能力建设的重要环节。如何在信息传播全球化的时代传播中国，让世界更快更准确地了解中国，进一步树立中国良好的国际形象，关键在于完善国际传播人才培养机制、培养具有积极面对全球化与数字化挑战的国际传播人才。

1. 国际传播人才应具有新闻工作者的基本素质

首先，思想政治素质是新闻工作者的"生命线"，对于国际传播工作者更是如此。因为缺乏政治素质的新闻工作就会丧失灵魂，所以，要牢记新闻事业是党和人民的事业，坚持马克思主义新闻观的灵魂和核心，忠于党、忠于人民，营造积极健康的思想舆论氛围。

其次，作为新闻工作者，要重视职业道德修养。将新闻职业道德的理念渗透到新闻生产的每一个环节中去，更好地为社会和人民发声，发挥媒体在传播社会正能量中的重要责任。严格遵照新闻的客观、真实性原则，有新闻工作者的责任担当，对于新闻真实性要多方求证，提高媒体的辨识力，维护国家媒体的公信力和影响力。

再次，作为国际传播工作者，要具有国际视野。积极营造有利于我国的国际舆论环境，站在中国立场解读国际事务，牢牢掌握宣传的主动权、发挥言论与观点的优势，引导民众正确地认识和评价国际动态。③洞悉乱象、把脉大局，在面对复杂的国际形势时，及时输出中国的观察视角，发出中国的声音。

最后，具有团队合作精神。未来媒体发展更加强调协同工作。每个人既要清楚整个团队的目标和方向，也要明确自己在团队里的定位，在自己擅长的领域把工作做好，善于沟通、互相助力，这样的传播团队才有在竞争中取胜的可能。

2. 培养国际传播人才过硬的业务能力

（1）外语能力和新闻业务能力

剖开技术的外壳，我们可以看到：各类新媒体报道中，有较大影响力、能被广泛转载的依然是有着优质内容的报道。无论新传播技术如何发展、如何改变新闻报道方式，"内容为王"的理念一直都要坚持，内容一直是媒体报道的核心价值。

新媒体环境对国际传播人员有了新要求，要生产优质内容必将新闻传播、外语、中外文化、新媒体应用技术等相关知识融会贯通。必须提高编辑的采编技能，建立在融媒体环境下工作的全新思维方式和工作方法。比如选题上积极挖掘和传播具有普世意义的价值观，努力发掘国际社会普遍关心或者全人类共同利益相关的主题；跨文化传播要发挥外语优势，注重价值观的差异，了解跨文化传播特点，克服"文化折扣"；注意内容编排和语言表达习惯上的中外差异，在新闻稿件的写作和栏目策划中充分考虑受众。

（2）综合运用多媒体的能力

新传播体系的建立需要新传播技术的推动，但不意味着融媒体时代的新闻人一定要成为"全才"。但当一些新的技术已经成为当代人的基本技能时，新闻人当然也应该掌握，而且，作为新闻人，应该针对当下新闻发展趋势有所侧重发展。

新媒体要求技术及研发人员有敏锐的行业洞察力及快速掌握新技术的能力，而且要保持对新技术、新技能的密切关注，能灵活地将新技术运用到媒体生产环节中去。新媒体编辑人员应该能灵活掌握新媒体平台的写作手法，遵守新媒体传播规律，有"融媒体"的意识，有将多平台、多媒介的内容合理整合的能力。此外，融媒体时代的新闻人才还应具有的创新能力和学习能力，不断更新知识结构，以应对新媒体快速发展的要求。

（3）大数据分析能力

社会网络的迅速发展和现实世界的快速网络化，两者交互影响，最终指向海量数据的持续生成和繁杂数据的不断出现。④未来国际新闻人才需要具有做好各种大数据分析的能力。

首先，利用网络大数据精准定位用户、分析用户构成、兴趣、关注点、需求等，用数据分析指导内容生产，将以前"粗放型"的主动发布变成"精细型"产品定位，并将推送定制内容相结合。其次，未来的国际传播人才培养不仅需要具有运用文字讲故事的能力（Word smithing），更需要具备运用数据讲故事的能力（Number crunching），即精通数据收集、数据分析、数据挖掘、数据可视化的数据素养和能力。⑤最后，利用互联网数据进行管理。每个新媒体平台都有相关的数据管理后台，可以根据受众浏览数据，进行科学的人员安排及工作决策，还可以根据大数据对编辑的工作量进行管理和考核。

（4）与用户互动的能力

外宣媒体要壮大，要拥有国际影响力和公信力，它必须尊重行业发展的现实土壤，找到自身发展面临的核心挑战。它必须努力跳出中国人的思维方式，变"以说者为导向"为"以受众为导向"。⑥在新媒体环境下，国际传播业务中受众工作本身的外延、内涵、方式和特点等都不同于传统媒体，它与业务策划、内容设计及营销活动的联系日益紧密。在目前以国际受众为中心的业务构架下，许多受众元素已经被纳入节目内容里，内容制作和受众工作已经不可分开。

首先，在新媒体时代抓住受众，策划好的新媒体产品，关键在人，以人为本，充分考虑受众的需求，比如在策划上如能考虑吸引受众的广泛关注，引发频繁的转发，传播效果就会非常明显。其次，掌握新媒体环境下的传播特点，在内容发布后，实时与受众互动，始终保持与受众的联系，维护和增强受众黏度。最后，借助新媒体，打造交流平台。比如在Facebook上就某些热门话题建立群组，实现图片、文字、视频和音频的共享，在交流平台上网友们可以互相留言、评论等，增加媒体和受众，以及受众之间的互动。

四、融媒体背景下国际传播人才的培养

未来新型的国际传播媒体,将具有整合大量数据信息的能力、有巨大规模而且非常活跃的受众群,这些都需要先进技术和优秀人才的保障。所以,要成为真正有竞争力的主流媒体,必须建立一支具有互联网思维、掌握新媒体生产及传播方式、融合了技术开发、内容采编、产品设计等多方面人才的队伍。我国必须着眼实际,制定人才战略,既要依靠"事业留人、待遇留人、感情留人",又要加快培养进程,培养复合型专门化的国际传播人才。

1. 创新管理机制,建立科学的选拔、管理和激励机制

传统媒体应该打破论资排辈、大胆起用新人、创新用人机制,建立科学的适合多媒体平台的考核体系,提升国际传播人才的竞争意识和危机意识,促进人才主动学习进步,不断提高自身素质。从制度上鼓励创新、鼓励原创、鼓励整合,鼓励编辑用心,建立适应互联网传播趋势的管理机制和有效的激励机制,同时,要给予充分的鼓励人才创新的政策保障和经费保障。

2. 加强相关的培养计划

传统国际传播机构从业人员内部现有人员对媒体有较深的认知度,更熟知国际传媒发展战略,同时也有较高的忠诚度,对团队协作更有利。但很多传统新闻人在新媒体业务方面的经验、技术、运营积累及储备都相当有限,因此要对现有国际传播人员进行全方位的培训。一方面,可以通过培训提高新媒体技能,加快转型进程,满足工作需求,以适应时代的挑战和要求;另一方面,可以通过培训,掌握新媒体行业的先进技能,保持创新能力,从而在竞争中保持优势。总的来看,要培养具有"受众本位"理念、具有一定内容制作能力、熟练掌握多种媒介技能的新闻传播人才;培养懂技术、把握市场动态、了解用户心理的产品设计人才;培养高级别的、创新商业模式的经营管理人才等。通过自主培养,推动传统媒体向新媒体的战略转型。

3. 引进高层次人才战略与服务外包相结合

国际传播媒体应该广泛吸引具有"互联网思维"的人才,从传播对象国引进高层次懂新媒体的优秀人才,这对大力发展新媒体传播战略是非常有益的。同时,建立科学而健全的国外人才准入机制,激励国外人才的工作生活保障机制,更好地吸引受众国人才为我们所用。其次,可以依靠外部优秀的专业化技术团队承接策划、设计新媒体技术类项目,从而将产品迅速推向市场,同时媒体本身可以专注于内容核心业务。传统媒体可以将引进人才与服务外包两种方式相结合,快速整合资源与人才,为组建自己的团队、推出基于自己的新媒体产品积累经验,借助新媒体之势完成对传统媒体的改造和升级,为创新传播业态、建立新型传播体系与集群而谋篇布局。

站在新的历史起点上,国际传播媒体需要适应时代的变革,推进媒体融合,实现战略

转型,建立一支有传统新闻素质底蕴,又兼有"互联网基因"的有中国特色的国际传播队伍,为打造国际一流媒体奠定坚实的人才基础。

(作者单位:中国国际广播电台英语中心)

注释:

① 张志新:《增强中国新闻的国际传播力》,《军事记者》,2013年第5期。

② 李希光:《"一带一路"的国家传播战略》,《环球视野》,2015年4月11日。

③ 高晓虹、赵希婧:《国际新闻传播后备人才的几点思考》,《现代传播》,2011年第7期。

④ 钟瑛、张恒山:《大数据的缘起、冲击及其应对》,《现代传播》,2013年第7期。

⑤ 相德宝:《新媒体时代国际传播人才创新培养的目标和路径》,《对外传播》,2015年第11期。

⑥ 程云杰:《外宣媒体的国际公信力建设》,《第三届对外传播理论研讨会论文》,2013年。

论议程设置在对外传播中的影响

徐佳君

本文尝试运用议程设置理论，通过剖析我国对外传播中议程设置的发展状况，阐述其在当前国际环境和我国对外传播发展中所面临的问题与挑战。以实例分析议程设置理论在对外广播节目中对受众的影响和需要注意的问题，提出加强我国对外传播中运用议程设置的必要性，强调其在我国对外传播发展中的重要意义。

一、传播学中经典理论"议程设置"

探讨当前我国对外传播节目中的议程设置问题，需要首先了解议程设置理论的概念及议程设置理论在中国的发展现状。

1. 传统的"议程设置"理论

议程设置作为一种假设想法最早出现于美国新闻工作者和社会评论家沃尔特·李普曼于1922年出版的一本名为《舆论学》的著作中。所谓议程设置在最早的假设性想法之中用通俗的语言来说就是看见媒介所反映的现实，而这些反映便是构成我们大脑中现实图像的基础。李普曼还认为世界和媒体提供的信息图像是不完整或者是扭曲的。如何将世界所反映的事实表达完整，需要什么样的步骤，这就为议程设置理论的诞生提供了条件。

1968年的美国总统选举中，麦考姆斯首次检验了李普曼的理论。这次实验证实了李普曼的假设：在一天当中，大众媒介通过对新闻的选择和发布，直接影响着大众对当天重点新闻的选择。也就是说大众对新闻的选择有一大部分是依靠大众媒介的。那么大众传媒在这里就扮演了一个非常重要的角色——为公众设置"议程"。这种"议程"也影响着大众对世界事物的判断。但是一次两次的实验并不能证明什么，为了进一步证实"议程"的作用，麦考姆斯于1972年针对1968年的总统竞选统计数据又做了一次实验，这次实验正式提出议程设置理论，并提出媒体的议程设置可以影响大众的关注度和议程的观点。

2. 我国对外传播中议程设置的现状

随着中国日益走向现代化，媒介引导受众的方式也发生着一系列的变化。在很多书中"舆论导向"作为媒介宣传的一种重要手段和方式，在日新月异、信息高速发展的今天，引导的方式和方向也在发生着些许的变化。"舆论导向"是一种主观的追求，而我们所提到的"议程设置"是一种受众反映的客观效果。在二者之间，存在着是否一致的问题。在中国，很多人认为，中国媒介的议程来自政府的决策，那么，在信息公开化的今天，中国也有了新的发展和变化。除了政府的政治议程，中国媒介的议程又多了许多其他的来源。

尤其在对外广播中，议程设置也有了新的发展变化。

"美国《华尔街日报》报道称：新华社一直在加强其在海外的影响力，并且最近开办了一个全球性的英文电视台。这些举措是中国政府采取的更大努力的一部分，目的是通过挑战西方媒体的主宰地位和表达中国对不同事件的看法来提升自身的软实力。"我国的对外传播媒体运用议程设置理论，有选择地突出、连续地报道某一问题，收到了较好的劝服效果。如《人民日报》（海外版）、中国国际广播电台和中央电视台海外中心等新闻媒体一如既往地对我国重大新闻事件、突发新闻报道、重视宗教、弘扬传统文化进行报道，取得了一些成绩。但是，我国的新闻传播媒介在这方面的教训也不少。例如，有时为了炒新闻而集中、大篇幅地报道某一新闻事件或是忽略了"公众的议事日程中不能超过 5—7 个议题的建议，使受众在众多的日程当中忽略很多媒介认为非常重要的议题"，等等。

二、"议程设置"在我国对外传播中的影响

1. 引导海外正确舆论方向

当媒介议程设置有了一定的发展，在受众中取得了一定的成效之后，媒介开始通过议程设置来进行选择性报道的时候，它能够直接影响受众对事件或现实事件的认知角度。在很多涉及中国立场的重大事件中，比如钓鱼岛事件、南海争端等的报道和评论中，西方媒体主动设置议程，操纵国际舆论走向，对中国造成负面影响。

虽然西方媒体在宣传过程中，总是标榜客观、真实、公正、独立的新闻立场，但是由于各国受意识形态、现实利益、文化差异等各方面因素的影响，在涉及中国的新闻报道中，有时候会比较片面，甚至是报道负面消息比较多，或是对于中国发展的成就与贡献一带而过或充耳不闻。"由于对外传播面向的是国外的受众，这也就决定了我们的对外报道是带有解释性的。"面对这样的情况，传递全面的信息、解释歪曲的事实、为受众确立正确的观点就显得尤为重要。

在新闻报道中，我们不能总是转述其他媒体的观点、借用别人的图片来当作自己获得的信息。在新闻事件发生时，作为独立的个体我们掌握不到一手的资料，显得像是其他媒体的传声筒和扬声器，显现不出当新闻发生时"我在"的真实感。尤其在重大国际新闻报道中，要在坚持实事求是的前提下，以"我"为主，客观、公正、真实地进行报道。努力运用能够体现中国立场的事实、角度和语言加以报道和评论，"在报道评论事关我国国家主权安全等核心利益问题时，要旗帜鲜明地宣示中国主张，切实维护国家利益。"

不断发展的我国对外广播事业一直在重大国内外事件的报道中积极争取发出自己的声音，积极地争取国际话语权。"国际话语权是对国际事务、国际事件的定义权，是对各种国际标准和游戏规则的制定权，是对国际关系是非曲直的评判权和度量权，是对国际议程的动员权。掌握了国际话语权，就可以利用话语权优势按照自己的意愿定义国际事务，制定国际规则并对国际事务的是非曲直按照自己的利益逻辑做出解释和评判，从而赢得国际

道义制高点。"以中国立场、世界眼光、人类胸怀为传播理念的对外广播事业,在传播中华文化精髓,加强海内外受众对中华文化认同感和凝聚力,用实际行动提高中国国际传播力和竞争力方面取得了丰硕成果,同时我们不得不承认,西方主流媒体在国际传播议程设置和先锋报道中仍然占据着重要的位置,中国的对外传播在与西方较量时仍有巨大差距。因此,加强媒体议程设置,打造中国自己的媒体品牌,构建引领世界话语权的现代、综合、新型媒体是我们当前的要务。

2. 促进海外受众产生共鸣

在中国的对外传播事业中,海外华侨华人是非常重要的一个组成部分。海外华侨华人作为"公共外交"非常重要的载体,在我国公共外交、对外传播的过程中发挥着独特的作用。海外华侨华人心系祖(籍)国,割不断的亲情、乡情,让他们时刻关注着祖国的发展与进步。广泛开展民间交往,搭建起沟通媒介与海外华人华侨之间的桥梁,从而做好信息与文化的交流、增进友谊、共同发展。正是在此基础之上,海外华侨华人在我国的对外传播中起着举足轻重的作用。在信息技术迅猛发展的今天,面对多极化发展的世界,当重大新闻事件发生时,也许会引起他们的关注,也许会涉及相关的利益,也许会引起他们的共鸣。这就需要媒介积极主动地设置相关议程,在涉及海外华侨华人的报道中灵活把握话语权,实现对于这一群体更为有效的对外传播,而合理、正确的议程设置对于受众有着延伸和补充的影响。

《直播中国》是中国国际广播电台华语中心中文环球节目部制作的一档新闻类直播节目,主要面向海外华人华侨播出,以中国视角,解读中国最新新闻事件,播报中国各地资讯,介绍海外华人社区新近动态。节目的针对性、贴近性和亲切感收获了众多海外听友的喜爱。

以 2012 年为例。为了展现广大华人华侨对祖国的关切,中国国际广播电台首次联合全球知名华文媒体,发起评选"2012 全球华媒华人关注的十大中国新闻"活动,希冀呈现全球华人心系国运,福佑中华的拳拳之心。《直播中国》团队承担了"海外华人华媒关注的十大中国新闻评选"活动的主要运作。节目组首先挑选出一年来海外受众在网络上讨论和发布的热门话题,如中共高层完成新老交替;中国健儿在伦敦奥运上再创佳绩;中国作家莫言荣获诺贝尔文学奖;天宫对接,航母出海;反腐肃贪,建设民生,等等。可以说,华夏大地的每一个动作都引来世界的目光,更是 4500 万全球华人华侨心之所系。经过近半个月的网络投票,最终节目组评选出了"神九"飞天首次对接、"蛟龙"下海创新纪录、首艘航母交接入列、歼-15 战机展开训练、十八大胜利召开等十条中国新闻。自 2013 年 1 月 1 日起,中国国际广播电台在《直播中国》广播节目中,播出所评选出的十大新闻,并请参与评选的全球华文媒体评论员进行点评解读,展现全球华人对中国新闻的视角与观点。当公众把某一事件发布在网络上,引起广大网友的关注时,同样也会引起媒体的广泛关注,进而做一系列跟踪式的报道。比如,在这次网络受众的评选中,网络受众关注度很高的中国首位参与飞船实验操作工作的女航天员刘洋、"神九"、"蛟龙"号、中国第一艘航空母舰"辽宁舰"的探秘等话题,都是受众在网络上关注的焦点。节目组连线海外华媒作点评,凭借国际台特有的优势独家揭秘解读,制作了多期专题节目,并在元旦期间播出,不仅丰富了节目内容而且得到各方好评。网络信息毕竟分布零散,而传统媒体将网络上的信息加以概括和分析,进行集中、系统地报道,对节目本身进行了延伸和补充,同时也制造更大的社会效应,产生更好的效果。

在繁忙的日常节目之外,《直播中国》节目还注重受众市场和稿源开拓,与澳大利亚墨尔本 3CW 中波台、加拿大温哥华华侨之声中波台、南非华人传媒集团等多家海外媒体开展深度合作,此前曾制作了"海外华人新春喜福会"等节目。通过海外受众的积极参选和 30 多家海外媒体反馈,真正感受到了海外听友对于节目的喜爱。也正由于这么多年的不断积累,《直播中国》节目拥有了大量忠实的海外收听群体并拥有自己的海外听友俱乐部。这种长期的、积极的、主动地为受众设置"议事日程"才使节目的受众层次不断地提高、听友数量不断地增加、影响的范围得以不断地扩大。

三、外宣中媒介为公众设置"议事日程"需要注意的问题

向中国介绍世界、向世界介绍中国、向世界报道世界是中国国际广播电台的办台宗旨。紧紧围绕这一目标,以开放型思维、坚定态度,合理构架节目板块、精心挑选节目内容,客观、真实地向世界介绍中国的真实情况。在媒介为公众设置"议事日程"中,我们还是需要注意一些问题:

1. 客观平衡、积极主动

经过 30 多年的发展,中国的各项事业取得了长足的发展。无论是政治、经济还是人文领域,取得的成绩有目共睹,这也是中国现在最真实的情况。在对外报道中,我们需要把握主流现实,把真实的中国介绍给世界。在报道中,以积极主动为主,报道各个领域取得的辉煌成绩。同时对于海外关注高的话题,在策划、报道过程中需要努力做到客观、准确、平衡报道,不偏不倚。

西方媒体经常会用自己的强势话语权来抨击中国社会,误导很多不了解事件真相的广大受众。这其中涉及一些敏感话题,比如:人权、腐败、台湾、宗教等问题。作为外宣媒体,如果不积极主动地纠正西方媒体错误的报道,不仅让不知情的受众信以为真,还会丧失作为外宣媒体的价值。与其逃避,还不如从容面对,迎接挑战。把敏感话题公开化,据理力争,消除西方媒体的恶意炒作的机会。

2. 从单一的媒介视角向受众和媒介相结合的角度转变

在任何一个传播过程中,受众一定会在其中起作用,受众能影响传播的效果。作为大众传播效果研究的重要内容——"议程设置"的研究,应该也必须正视受众在由媒介议程转变为公众议程中的作用。

清华大学新闻与传播学院刘建明教授针对这一现象情况曾经提出了两个问题:"一、媒

介的新闻报道即使非常突出，在任何时候、任何情况下都能引起受众议论吗？二、即使媒介的议程'在告诉读者怎样想这点上大多不怎么成功，但在告诉读者想什么方面却异常有效'是真的吗？"回答这个问题的时候，大家都产生了疑问。"模棱两可"可能是稍稍满意的回答。1993年麦考姆斯和肖在议程设置研究的基础上提出了"议程设置是一个过程，它既能影响人们思考些什么问题，也能影响人们怎样思考"。

一方面，如果媒介一直在传播过程中，强调议程设置，就会使得媒介在传播过程中走弯路，甚至走向极端。无论是对媒介还是对这种议程设置来说，都是不应该出现的。另一方面，过分地强调议程设置，从而忽略了受众的感知和存在，会使得媒介在传播的过程中难以把握真实的传播效果，可能会出现预设的议程设置效果估计很高，而受众收到的实际效果却很差的情况。"特别是在政治和重大问题的舆论引导中可能会因此而出现传播的失衡和混乱。"所以在媒介的议程设置中要避免这种情况的发生。相应的办法就是媒介议程设置在研究过程中充分考虑到受众，把研究的重心从单一的媒介视角转变成受众和媒介相结合的角度上来，更多一点地来关注公众社会关系和公众本身，使得议程设置研究的范围更大。虽然经过不断地发展，媒介议程设置已经把受众作为重要的研究对象了，也考虑到了其他很多因素，但没有真正地面对受众对议程设置效果的影响。要想改变这种境况，只能不断地完善媒介的议程设置并转变原有固定的观念。同时，"要充分发挥每一种宣传工具的作用，使对外宣传工作有声有色，同我国的国际地位和国际影响相适应。"

四、结语

议程设置能力的高低对于传播信息和引导国际舆论有着重要的影响。当媒体的议程设置能力越强的时候，受众对于媒介所传递的信息信任度更大、关注度就越高，反之亦然。

当今世界，无论是发达国家还是发展中国家都在极力"推销"本国意识和文化，希望将本国意识和文化渗透到他国之中，从而拥有国际社会的"话语权"，确立自己的国际形象。但要向社会与文化状况完全不同的外国"推销"我们自己，就不能简单地只顾自身意愿而无视受众的需要，而且应该首先考虑适应驻在国受众的特定需要。在新媒体环境下，受众作为议程设置的主体对节目有着补充和延伸的影响。根据海外受众不同的类型、不同的收听习惯、不同的地域特点，设置节目内容和形式。作为对外传播媒体，只有继续坚持议程设置理论，加大力度让节目适应驻在国受众的需要，发挥潜移默化而又广泛、深远的影响，才能真正完成自身意识和文化传播的使命。

（作者单位：中国国际广播电台新闻中心）

参考文献：

1. 王庚年：《中国广播电视"走出去"方略研究》，中国国际广播出版社，2011年版，第 28 页。

  2. 何国平：《中国对外报道思想研究》，中国传媒大学出版社，2009 年版，第 150 页。

  3. 王晨：《提升中国国际新闻报道的全球影响力》，《光明日报》，2012 年 12 月 9 日第 8 版。

  4. 王庚年：《国际舆论传播新格局研究》，中国国际广播出版社，2013 年版，第 57 页。

  5. 刘建明：《对"议程设置"论的修正—关于传播学未来向的个案研究》，《国际新闻界》，2000 年第 2 期。

  6. 郭镇之：《关于大众传播的议程设置功能》，《国际新闻界》，1997 年第 3 期。

  7.［美］维纳·赛弗林，詹姆士·唐加德：《传播理论：起源、方法与应用》，郭镇之译，华夏出版社，1999 年版。

  8. 甘险峰：《中国对外新闻传播史》，福建人民出版社，2004 年版，第 145 页。

大数据时代新闻报道方式的变革

焦平平

随着网络技术的日臻完善以及信息传输技术的快速发展，人们获取信息的渠道越来越多，低成本和便捷的获取方式使信息爆发海量增长，形成一个庞大的数据包，"大数据"时代悄然来临。在"大数据"时代，数据的意义已经不仅仅是数据本身，而是透过这些立体交叉的数据看到事物发展的规律和本质。数据革命很快就影响到各行各业的变革，以信息资源为原始生产资料的新闻媒体更是受到了前所未有的冲击。大数据催生了"数据新闻"的诞生，大数据从新闻的信息来源、生产方式、呈现结果等多个方面对传统新闻报道的方式产生了深刻影响，使得传统新闻报道的形式和结构均发生了深刻变革。许多媒体行业在大数据的冲击和互联网的影响下，开始利用大数据独特的资源挖掘方式探索新的道路。对于新闻报道而言，大数据的真正意义在于利用海量的数据资源对新闻报道进行更深层次的加工和生产，使新闻报道更加客观、更加全面、更加丰富。

一、大数据对新闻报道的影响

大数据的发展，使新闻报道不再仅仅局限于5个"W"和1个"H"的事件描述，而是要透过庞大的信息量，分析归纳某一热点事件背后的社会现象或者社会规律。如今，大数据已广泛作用于当今的新闻报道之中，并且改变着传统意义上的新闻报道方式。

1. 信息来源的结构性改变

"大数据"是建立在高速发达的"互联网时代"之上的一个全新时代。一方面，相比较于原来的碎片化数据信息，大数据最大特点就是信息资源的海量，海量的数据来源于互联网，所以互联网催生了大数据的诞生和发展；另一方面，大数据又为互联网资源整合提供科学方法和技术支撑。大数据时代，数字化的记录、传输、存储技术使数据的发生和采集几乎可以同步发生，但是大数据的价值并不仅仅在于掌握海量信息资产的数据库，更主要的是使这些数据在特定方面增值，实现意义最大化。

随着大数据迅猛发展，信息资源的来源已经发生了结构性变化，互联网使人们对数据的敏感度增强，大大提高了资源采集、输出、分析、整合的效率。同时，互联网基于空间交互的特性，使数据获取种类变得越来越多样化，获取速度也越来越快捷。在新闻报道中，"大数据"并不仅仅指数字，也包括文本、视频、图片、音频等其他类型的信息，这些丰富的信息种类构成了新闻生产过程中的资源总和，在互联网和大数据的影响下，信息资源的来源也就愈加多样丰富。

2. 新闻产出的方式性改变

大数据时代的到来，使得传统新闻报道的形式和结构均发生了深刻变革。许多媒体行业在大数据冲击下，开始利用大数据独特的资源挖掘方式探索新的发展道路。对于新闻报道而言，对信息产品的进一步加工逐步变为新闻的主要生产活动，充分利用海量数据对信息资源进行优势整合，从"中国制造"变成"中国创造"，对新闻报道进行更深层次的生产活动输出，使新闻报道更加客观、更加全面、更加有趣。数据新闻使新闻工作者从传统媒体时代的争先报道第一手新闻，转变为向广大受众阐释事件发生的前因后果和走势发展，通过搜集、筛选、整合等方式深度挖掘数据背后的意义，向受众展示数据与社会、数据与个人之间的复杂关系，以简单明了、客观公正的报道方式带动受众对事件的关注与参与，创造出全新的新闻报道方式。

3. 新闻报道的可视化改变

可视化是指利用计算机图形学和图像处理技术，将数据转换成图形或图像在屏幕上显示出来，并进行交互处理的理论、方法和技术。在新闻报道中，"可视化"强调的是数据新闻报道的最终呈现方式，就是将大数据信息进行系统的整合分析之后，客观、全面地输出具有可视化思考的新闻。可视化新闻报道方式使新闻报道能够基于大数据的大量资源，以及科学系统的挖掘方法，形象化地将新闻事件生动呈现给受众。

4. 传播手段的多媒体化改变

随着社交媒体、各类 APP 应用开发，数据新闻报道方式在传播手段方面也更加多样化。传统新闻报道主要是通过纸媒、广播、电视等平台进行传播，随着互联网的普及，网络传播已经渐渐成为主流。数据新闻能够很好地整合多种媒体，进行交叉传播。例如近年来，中国国际广播电台主动把握时代脉搏，自觉遵循媒体发展规律，积极推进多媒体融合、全媒体发展，开办了中国国际广播电视网络台，拓展了数字电视频道和互联网电视、手机广播电视等媒体业态，增加了国际在线语种规模并开办网络电台，建设了中华网外文网站，打造了多语种 APP 和多语种社交媒体业务，发展了海外综合传播项目，启动了新型全媒体融合平台（中华云）建设，形成了涵盖 PC 端、移动端、TV 端的新兴媒体方阵和六大业务集群。

二、传统新闻报道与数据新闻报道

数据新闻指通过数据、图表等可视化方式，加入少量说明性文字，向广大受众展示抽象数据背后隐藏的新闻事实。它与传统新闻报道不同的是，新闻采编人员要具备高度敏锐的数据意识，从纷繁复杂的数据当中发掘有价值的新闻素材，并对数据进行分析处理，最后利用技术手段、以易于理解的方式呈现给受众客观、准确、全面的报道。

1. 传统新闻报道的特点

形式固化。"倒金字塔"结构是传统新闻报道消息写作中最常用的一种结构方式，通常先重要内容后次要内容，多用于事件性新闻。"倒金字塔"新闻结构方便受众最先了解新闻事件中最重要的一部分，符合新闻"快"的特性。但是另一方面，该结构形式固化，导致新闻报道"头重脚轻"。比如在一些会议新闻的报道中，经常会出现"据了解""为了××"等乏善可陈的句式。形式固化导致报道缺乏活力，长此以往，新闻报道生命力将受到严峻考验。

资源有限。传统新闻报道的新闻资源获取方式多为人工获取，这种新闻获取方式费力耗时。大多数新闻是由一线记者亲自赶往事发地采编，新闻资源局限于时间和空间上的阻碍，新闻事件往往得不到跟进，我们经常会看到一些"有头无尾"的新闻报道。另一方面，我们也经常会看到"记者从××处获悉""××处"的新闻源导致新闻报道真假难辨，新闻事件模棱两可。

片面化和表象化。资源的局限性导致新闻事件没有办法在第一时间呈现给受众。不可否认的是，网络媒体的发展已经逐渐克服了新闻报道时效性问题，但是新闻报道的深度和广度仍然无法与时效性同步，比如"标题党"的出现，凭借新闻标题的夸张程度来吸引人们的新闻注意力，使新闻报道的严谨性大打折扣。

2. 数据新闻报道的特点

新闻来源的丰富性。数据新闻的数据来源伴随移动网络的高度发展以及人机交互的特性，使新闻来源不再受空间和时间约束而产生海量数据，这些数据来源非常丰富多元。另一方面，大数据时代，人们获取新闻来源的方式也不仅仅局限于传统媒体的采集与生产，每一个受众都变成了新闻的发生者和传播者，还包括社交网络、移动终端、物联网等多个平台的各种形态的数据。

传播方式的多样化。大数据时代信息传播方式的多样化直接决定了新闻报道方式的深度、广度以及传播效果，直接影响到个人和群体对社会现状的认知程度。新闻报道要发挥自身媒体优势和独特资源，迎合受众日趋多样化的选择和需求，充分利用互联网、智能手机、PC终端等多种高科技技术，运用可视化的报道方式将新闻事件从多个维度呈现给受众，积极利用大数据的庞大资源，创新传播方式，打造多样化的报道方式。

信息传播的互动化。大数据背景下的新闻报道强调利用大数据资源完成对受众需求和行为的直观呈现和深度分析，通过建立互动机制实现新闻的精准化传播。由于网络媒体的发展，使受众不再置身事外，受众在自主选择新闻的同时，也在进行媒介信息的参与和反馈，表达自身对新闻事件的认知。媒体可以根据受众互动反馈的数据，利用技术手段分析受众对政治、社会、经济、文化等多方面事件做出的反应，挖掘受众关心的热点话题和最易于接受的传播方式，从而客观具体地改革新闻报道内容的权重。

受众分析的多元化。大数据时代，虽然各类数据已成为新闻报道的重要资源，这并不能理解为媒体对新闻报道只是将数据简单罗列，而是通过大数据为受众呈现更为精准的信息表达和数据分析，透过数据的表象进行更深层次的社会热点事件剖析。多样化的数据资源，为不同社会阶层的人们关注到不同的信息需求提供了技术支撑。因此数据新闻就要根据受众的信息需求，着重提升新闻报道的通俗化和大众化，适应受众多元多样的需求。

报道的客观性。在传统的新闻报道中，由"人"对新闻事件解读完成的新闻报道常常带有强烈主观色彩。大数据基于庞大的样本资源，以及科学的研究方法和数据挖掘技术，使新闻报道内容基于客观的数据分析、量化的佐证资料，这就从根本上提升了新闻报道的客观性、科学性和真实性。

三、数据新闻的变革方向

1. 综合人才的大量需求

随着数字技术的发展，在数据新闻的报道中，具备收集数据、理解数据、传播数据的能力是对新闻采编人员专业技能提出的新要求。普利策新闻奖的得主史蒂夫·多依格认为："每一位新闻记者应该好好利用数据新闻学，好好学习如何取得数据和运用像 Excel 等工具软体，就能改善任何领域的新闻报道。他们既是资料新闻学家，又同时是编辑。"新闻采编人员不仅仅是面对面地去获取数据，更重要的是要掌握分析数据和挖掘数据的能力，因此大数据时代对高素质人才的需求越来越大，对综合人才的培养也越来越迫切。

2. 数据资源的优化整合

大数据的发展使资源在无限的空间和时间内交互传播，传播过程中难免鱼目混珠，多渠道的数据来源也使数据资源的安全性以及可靠性受到威胁，利用高科技手段对数据资源进行重组整合就成了目前最急迫的问题。重组整合并不仅仅意味着对原有数据的简单拆分和分门别类，而是利用多元化的技术手段对数据内容的深度剖析和过滤。将大数据用好管好、优化筛选，并在数据与人和业务的关联性中发现价值，必然是未来各类数据新闻发展的重要方向。

3. 信息资源的安全把控

数据库在拥有庞大数据源的同时，数据资源的安全问题也成为隐患。信息传播的过程本身就是一个数据资源集中"泄露"的过程，信息资源的交叉多重展现，使资源的灵活程度更高，但是如何把控好信息资源不被泄露是数据新闻的当务之急。在新闻报道中，数据资源牵扯到的是广大受众群体的隐私信息，尤其是报道中对个人信息的虚拟化处理，每一个信息的泄露都有可能造成大批量"人肉搜索"，新闻报道的最终目的是报道客观事实，并非口诛笔伐，因此把控好信息资源的安全也成为数据新闻发展的新挑战。

大数据既是海水也是火焰，从变化中我们可以看到大数据的确带给新闻报道更大的延伸空间，数据新闻对高科技综合人才的需求非常迫切，专业技术支撑是数据新闻的基础。如何做好新闻资源的优势整合，换句话说就是如何在庞大的数据库中快速无误地筛选出有效信息，成为亟待解决的问题。同时，数据新闻依托着庞大的数据库，在资源共享的过程中信息安全如何把控也成为数据新闻面临的一大挑战。

我们生活在一个互联网高速发展的时代，也生活在一个信息爆炸的时代。大数据从科学、系统的角度改变着人们生活思考的方式,也影响着各行各业未来的发展态势,数据必然成为未来生活的核心。作为新闻媒体行业,大量的文字、图片、视频、语言构成了新闻领域特有的数据库。传统的新闻报道模式也在发生着翻天覆地的变化,信息采集已经不仅仅只是数据的堆砌,量化数据、优化资源的大数据特性使新闻报道从单纯的单向传播到相互交叉,受众从新闻报道中获取的资源也越来越丰富,同时感官上的冲击也越来越强大,受众对新闻数据的获取也从被动接受到主动吸收,数据新闻必然成为新闻行业变革的大方向。

(作者单位:中国国际广播电台办公室综合处)

试析新闻类 H5 的传播特点及优化之道[①]

郑 磊

　　H5 是指第 5 代 HTML（超文本标记语言），也是指用 H5 语言制作的一切数字产品。如今 H5 借由微信、微博等移动社交平台，走入公众的视野。H5 最开始只是运用于广告、公司形象宣传、推广等商业领域，如今，由于我国媒体融合进程的加快以及移动互联网的迅速发展，H5 被越来越多地运用在新闻报道领域。本文将结合中国国际广播电台以及其他一些商业化网络媒体在 H5 制作方面的一些案例来探讨新闻类 H5 的传播特点及分类，并在总结其发展中出现的问题的基础上探索 H5 的优化之道。

一、新闻类 H5 的传播特点

　　作为移动互联网时代的一种新闻呈现方式，新闻类 H5 有以下传播特点：

　　1. 短小精悍，信息量大

　　H5 一般由几个或十几个万维网页面组成，受众通过翻页浏览的形式来获取新闻信息。不同于电脑端有着较大的页面，H5 主要是通过手机端传播，虽然篇幅有限，但并不妨碍传达丰富的信息。方寸之间，见天地精华，H5 里的信息都是从大量的新闻素材中经过高度浓缩、精心梳理出来的核心信息，在这个快节奏的"碎片化阅读"时代里，能有助于受众在繁忙之中了解有效的信息。

　　2. 多符号多元素运用，形成传播合力

　　在新闻类 H5 里，巴掌大的范围内汇集了多种传播符号，文字、图片、表格、视频、音频，甚至颜色、字体、字号、版式设计都能富含信息，表达寓意，有的 H5 甚至还采用了动画、漫画、3D 等形式。其实，这些符号和元素并不唯 H5 独有，但在有限的物理空间集纳如此多的传播符号和元素，唯有 H5。

　　3. 易于受众接受，传播效果好

　　新闻类 H5 上述的短小精悍、信息量大、传播符号丰富等特点，使得 H5 颇具有亲和力和表现力，能迅速拉近与受众的距离，受众往往会在无形当中获取和接受信息，从而实现传播预期。一些 H5 还设计了与受众互动的环节，受众甚至可以参与新闻进程，如腾讯新闻在马航 MH370 失联一周年推出的 H5《失落的飞机》，就设计了让受众"拖动地图、点击地标虚线找飞机"的环节，受众拖到的相关地点，就会动态显示出该地点当时搜索的情况。很多 H5 受众还可以点赞，也可以通过分享、转发不断地进行扩散，把信息传递给更多人，受众如果觉得好，还可以直接收藏保留。据统计，传播量大的新闻类 H5 的阅读量能达到十万多,甚至百万。

二、新闻类 H5 的分类

结合目前的一些新闻类 H5 的案例和实践,新闻类 H5 可试分为以下几类:

1. 重大新闻事件类

近年来的重大的国际国内新闻事件,H5 都有所呈现。中国国际广播电台在 2017 年伊始推出的 H5《重返现场——在这里重新发现新闻》,追踪和中国人密切相关的新闻后续,关注当年的新闻人物的最新动向,同时也聚焦重大国际事件;网易新闻有关习奥会的 H5《习近平和奥巴马是这样夜游中南海的》;腾讯新闻和澎湃新闻在纪念中国人民抗日战争暨世界反法西斯战争胜利 70 周年大阅兵前夕分别推出的《阅兵指南》和《阅兵有多赞?扬基带您提前看》,以及腾讯新闻在马航 MH370 失联一周年推出的《失落的飞机》,等等,都是重大国内国际题材的 H5 报道。

2. 重大方针政策解读类

新闻媒体尤其是中央媒体,担负着宣传和传播党和政府的重大方针和政策的任务。这些方针、政策往往高屋建瓴,有的不太容易理解,因此需要媒体联系实际进行深入浅出的解读。近年来,很多媒体都运用了 H5 来解读相关政策,实践证明效果不错。这里面值得一提的是中国国际广播电台 2016 年两会期间推出的 H5 产品《[有人@我]你有一个来自李克强的红包》,对李克强总理所做的政府工作报告进行解读。该 H5 采取了总理给大家发红包的形式,从教育、医保、减负、就业等方面来进行形象化的解读。该 H5 一经推出,就广受欢迎,阅读量超过百万。新加坡《联合早报》的一位记者在其朋友圈看到有人分享这个 H5,为此,他还专门发文评论:"小小的红包里头没有钱,却展示了中国政府与民众沟通讲解政策的技巧与诚意。……在现代社会,哪个领导人都要懂得用创新方式与民众沟通,到哪儿都一样"。[②]

3. 新闻背景类

新闻背景是新闻报道不可或缺的部分。由于新闻背景信息量大、内容纷繁芜杂,如何传递新闻背景信息一直是新闻报道的难点。近年来,一些新闻媒体进行了可贵的探索,并进行了成功的尝试。如中国国际广播电台在二十国集团(G20)杭州峰会期间推出的 H5《新白娘子传奇》(下文将进行详细分析),创意来源于民间传说《白蛇传》,借用故事中的戏剧冲突,让受众在不知不觉中了解了 G20 峰会的主要议题、在中国举办峰会的重要意义、会议的安保以及筹备进展等诸多背景信息。腾讯新闻制作的 H5《纪委你好,干得漂亮!十八大以来全国落马官员案例汇总》集纳了各地科级及科级以上落马的官员信息,受众可以根据自己兴趣,按照自己的居住地和外地两个选项进行选择,了解相关信息。这种方式能使人感觉更加震撼和警醒,比单纯的列表更具吸引力。

4. 新闻人物类

新闻人物依附于新闻事件而存在,新闻人物是新闻事件的核心,全方位多角度聚焦一个新闻人物，能更清楚地揭示新闻事件的本质。H5 的这种多符号的传播特性正好有助于把新闻人物塑造得有血有肉。腾讯新闻在 2016 年 4 月缅甸新政府成立之际推出了 H5 产品《昂山素季：完美囚徒的涅槃之旅》，从家庭出身、教育背景、人生经历、兴趣爱好以及性格特征等方面，讲述了在新政府担任国务资政兼外长的缅甸民盟领导人昂山素季波澜壮阔的一生，受众借此能够深刻理解曾经历经多年军政府独裁统治的缅甸成立第一个真正意义上的民选政府的重要性。

5. 新闻游戏类

新闻游戏类 H5 借用了商业广告的做法，受众可以在娱乐的同时，在轻松的氛围下参与新闻事件的进程。腾讯新闻在 2014 年亚太经合组织领导人非正式会议（APEC）期间制作了 H5《APEC 元首服装秀》，让受众为与会的各国元首设计服装。这个新闻游戏选择了美国总统奥巴马、俄罗斯总统普京、加拿大总理哈珀和马来西亚总理纳吉布四位元首，设计了多种中国特色的服装，包括龙袍、汉服、中山、秋裤和大衣等。受众可以自己为领导人选择服装，能实时看到领导人穿上这些服装的效果。很明显，制作者既设计了龙袍这样高大上的服饰，也不忘秋裤这样下里巴人的民间服饰，是为了幽他一默，可以想象贵为美国总统的奥巴马穿上秋裤是一个什么滑稽的效果。受众在参与游戏的同时也接受了这个 H5 要传递的信息：APEC 的服饰文化也是 APEC 峰会的一个重要组成部分。每年的 APEC 峰会，主办方都会为与会的各国元首设计一套具有本国民族特色和文化特点的服装，以体现 APEC 峰会的包容性。需要说明的是，由于技术制作难度较大，新闻游戏类的 H5 目前还不是很多，但随着媒体融合的发展以及人们对 H5 特性认识的进一步深入，可以预见这种形式的 H5 会逐渐多起来。

三、新闻类 H5 目前存在的问题

H5 从 2014 年发端，到被运用到新闻报道中来也就是近两年来的事，目前，H5 还处在一个不断完善的发展过程中。从当前新闻类 H5 的实践来看，主要的问题如下：

1. 传播符号单一，缺乏创意

正如前文所述，H5 是集合了文字、图片、图表、音频、视频等诸多传播符号和传播手段，这些传播符号综合起来形成合力，从而传递有效信息，达到预期的传播效果。但从目前新闻类 H5 的实践来看，一些媒体往往只选择了一种或两种传播符号，要不就是单纯的文字，要不就是照片的集合，简单的图文、单纯的翻页，表现方式过于简单，PPT 化趋向比较明显，这样的 H5 平淡如水，信息量不大，传播效果可想而知。近年来网上还出现了所谓的 H5 模板，只需要从中添加相关素材就能制作成一个 H5，这满足了制作力量和技术手段不足的媒体制作 H5 的需要，但这种制作方式往往千篇一律，如流水线上生产的产品一样，缺乏个性而活力不足。导致以上现象的根本原因是缺乏创意。创意是 H5 的灵魂和核心。

2. 缺乏H5意识，新闻采访中H5缺位

新闻类H5归根结底还是为了传播新闻信息。由于商业网站没有新闻采访权，他们制作的H5一般就是在整合各种既有新闻信息的基础上，进行新闻资源的二次开发，实现信息的增值。而对于具有新闻采访权的主流媒体和新闻网站来说，更多的鲜活的新闻信息还是通过实地采访而来。随着媒体融合进程的深入，全媒体思维和能力是融媒体时代对新闻工作者提出的新要求，鉴此，培养H5意识当然也是题中之意，这就要求媒体在策划阶段、在采访阶段、在制作阶段都得贯穿H5意识。然而，在实践中，尤其是在新闻采访中，一些记者还是没有转变观念，或者是惯性所然，依然按照传统采访的模式来采集素材；由于缺乏对H5特性的深入了解，导致记者在采访中没有考虑到H5的要求，了解到的新闻事件或人物不全面不具体，信息量不大，缺乏有冲击力的图片或有代表性的音频、视频等，给制作H5带来难度。

缺乏H5意识的另外一个表现就是媒体尤其是媒体负责人没有充分认识到包括H5在内新媒体的传播特点以及其重要性，与此一脉相承的是专门的制作力量缺位、技术保障跟不上。

3. 缺乏自身推广，到达率不足

H5所在的微信、微博等传播平台往往更新迅速，一不留神，H5瞬间就会淹没在互联网巨大的信息洪流中，再加上一些媒体缺乏H5推广意识，导致一些优秀H5产品知晓范围有限，认知度不足，限制了其传播效果的发挥。

美国著名传播学者施拉姆曾在20世纪50年代就影响受众对大众传播节目选择的决定性因素提出了一个选择或然率公式：选择的或然率=报偿的保证/费力的程度。③意为受众在接触某个媒体的费力程度越小，选择这个媒体的可能性就更高。目前有些H5，一打开页面，首先出现的不是H5的全部，而是一个或几个精华页面，受众如要看全貌，要通过点击屏幕下面的"阅读原文"。也许，制作者的出发点良好，要把选择权交到受众手里，想先让受众了解核心信息，再来决定是否进一步点击。但很明显，受众点击"阅读原文"，无疑增加了选择这个媒体的费力程度。另外有些H5容量大，但由于网速问题，不容易打开，这无形中也增加了受众选择的难度，而在这个生活节奏越来越快、信息泛滥、阅读越来越碎片化的时代里，受众不见得就有时间和精力去进行下一步的点击和等待打开。因此，这样的H5往往就达不到其预期的传播效果。

四、新闻类H5的优化之道

随着媒体融合的进一步深入，可以预见新闻类H5会进入一个快速发展的阶段。新闻类H5要取得良性发展，需要从以下几个方面进行优化：

1. 加强创意，发挥其核心作用

创意是H5的核心和灵魂，之所以把创意摆在如此重要的位置，是因为不论传播符号

有多么丰富，传播理念有多么先进，如果没有一个好的创意把这些传播符号充分运用发挥合力，制作出的 H5 产品只能是"中不溜"，信息量有限，传播效果也不明显。

说到创意，它不是一两天就能培养出来，它的培养和一个人的知识水平、认识程度以及思维方式的深度和广度密切相关。因此，学习其他媒体在制作 H5 方面的成功创意和实践不失为一个培养创意思维的好方法。中国国际广播电台在 G20 杭州峰会推出的《新白娘子传奇 G20 穿越篇》就是一个创意成功的例子。该 H5 创意来源于多年前热播的电视剧《新白娘子传奇》，该电视剧取材于中国四大民间传说之一的《白蛇传》，而故事的发生地西湖所在的杭州正是此次 G20 峰会的主办地，该 H5 以这个故事的情节为蓝本，采用目前流行的"穿越"体，让剧中的四位主要人物：白娘子、小青、许仙、法海回到现在，四个人各有关注点：白娘子如同一个游客，从她的视角来感受杭州的新变化以及筹备进展；小青的身份是一位志愿者，她来介绍志愿者的工作；许仙的身份是一个药业集团的老板，他来参加二十国集团工商界峰会（G20）；而法海的角色是负责安保，从他的口中介绍了此次峰会采用的安保措施以及安保新技术，等等。这四人也用起了由"大宋移动"提供服务的手机，还通过微信聊天。有趣的是，该 H5 还根据剧中的核心矛盾：白娘子和法海的冲突以及人物的性格特征来设计台词。看以下一段对话：

白娘子：相公，听说杭州要开 G20 峰会了，听说很好玩，我们一起去玩耍吧！

法海：要去便去，表秀恩爱。

小青：臭和尚，和你有什么关系？

法海：反正女施主去哪，贫僧也去哪。

如此巧妙的创意，如此形象的传播方式，如此幽默的语言，传播效果可想而知！

2. 加强核心信息的梳理，文字描述、评论兼顾

H5 虽然融多种传播符号于一体，但最核心的还是文字。文字最直观、最能表情达意，但由于篇幅所限，新闻事件及相关的背景信息，H5 不能全部容纳，只能做到有所为有所不为，通过对信息的精选和梳理，突出关键信息，去除冗余信息。中国国际广播电台推出的年终 H5 报道《重返现场——在这里重新发现新闻》选择了全球范围内的十个新闻事件或新闻人物进行回访。看看里面的部分文字表述：

专访朱婷：里约奥运会结束后，中国女排主攻手朱婷赴土耳其伊斯坦布尔打球。异国他乡，人生地不熟，语言也不通……困难不少。记者邬凡专访朱婷，她说目前已经适应了在土耳其的比赛和生活。

重返法国恐怖袭击现场：2016 年先后遭遇 3 次大规模恐怖袭击，是欧洲反恐形势最严峻的国家。记者薛超重访巴黎恐袭发生地，感受到恐袭阴影下的法国人难忘伤痛，但依然乐观前行。

探访德国难民营：2016 年，来自中东和非洲的难民不断奔向欧洲大陆，德国是接收难民最多的欧洲国家。记者阮佳闻探访了慕尼黑的一个难民营。难民们表示前途迷茫，不知道下一站在哪里。

上述文字言简意赅，既介绍了采访的时间地点，描述了新闻人物的状态，也高度浓缩了采访的精华信息，如朱婷适应了新生活、恐袭后法国人的乐观、赴德难民感到前途迷茫。

再看腾讯新闻的 H5 产品《昂山素季：完美囚徒的涅槃之旅》的文字运用。正所谓文无定法，除了用简短的文字来描述昂山素季动荡的人生经历外，该 H5 还别出心裁地在最后一个页面使用了诗句来对昂山素季进行评论：绝代有佳人，幽居在空谷，丹心图报国，青史胜封侯。

当然，在发挥文字的核心作用的同时，其他的传播符号和呈现方式也不能忽视，它们应该和文字相辅相成，有机综合使用。这并不是说所有的符号都得同时运用到一个 H5 里，还得视事件的重要性、素材的多少以及技术的可行性等因素来灵活运用。

3. 采用新技术，将创意变成现实

从 WEB1.0 到 2.0 到 3.0，互联网迅速的发展得益于技术的突飞猛进，在移动互联网时代诞生的 H5 更是离不开技术的保障，创意的巧妙还要取决于技术上是否能把创意变成现实。近年来，H5 广告上运用的一些新技术，如 LBS（基于位置服务）、重力感应、双屏互动以及动画和 3D 等技术也运用到了新闻类 H5 中，以 LBS 技术应用为例，上文提到的《失落的飞机》中"拖动地图，点击地标虚线找飞机"环节、《纪委你好，干得漂亮！十八大以来全国落马官员案例汇总》中受众点击按钮，就能自动定位自己的位置，随后就马上显示该地区落马官员的情况等，都运用了 LBS 技术。这种设计缩短了与受众的心理距离，增强了受众的参与性。

此外，还需注重 H5 的推广，提高其转发率和打开率。H5 的推广渠道非常丰富：微信朋友圈、微信公众号、微信群、微博、QQ 群以及线下推广等都能使用，其最终目的就是使得 H5 能无阻碍地直接到达受众，实现从入耳入眼到入心的传播效果。

（作者单位：中国国际广播电台新闻中心）

注释：

① 本文系 2016 年度国家新闻出版广电总局广播影视部级社科研究项目《推进融合发展　打造新型主流媒体研究》阶段性成果，课题编号：GDT1605。

②《联合早报网：李克强总理微信发红包》，http://news.sina.com.cn/c/2016-03-10/doc-ifxqaser9105715.shtml。

③［美］威尔伯·施拉姆，威廉·波特：《传播学概论》，陈亮等译，新华出版社，1984 年版。

新媒体背景下国际传播的变化：
用户生产模式的崛起

龚万鹏

近年来飞速发展的新媒体，已成为越来越重要的全球传播载体。其具有的高度参与性和互动性，在技术上给受众提供了最大限度的信息平等机会，每一个网民都能方便快捷地参与讨论，由信息的被动接受者转变为主动传播者。在当前媒体融合的形势下，利用新媒体平台来进行国际传播已成为时代发展的必然趋势。

一、传统国际传播面临的新媒体冲击

通常情况下，"专业化的内容生产方式"是传统国际传播的典型标志之一，也是现代意义上的国际传播与早期传教士等进行国际传播的重要区别。"业界普遍认为，新闻业属于不断增强专业化的行业，因此，新闻业的从业者需要作为专业的传播者来研究"。[①]

"在传统意义上，国际新闻的工作范畴是专业性的，内容主要包括新闻素材的采集、编辑、包装和扩散，需要从业者具有特定的专业技能，遵循新闻伦理和行业规范。没有专业的学习和训练，这些技能不可能获得，并成为新闻行业的从业标准。所以，新闻业内人士往往用'专业'或者'业余'来分析评论国际新闻作品，前者代表了肯定，后者就是否定。总的来说，从事国际新闻传播工作，一方面需要高度的专业能力，掌握这些能力需要专门的训练；另一方面，新闻机构需要遵守行业标准和职业道德，能够组织专业的新闻从业活动。"[②]

但是，在新媒体环境下，内容生产模式正在发生显著的转变。如果观察一下"脸书"，会发现，他们没有记者，也没有消息来源，因此，连"脸书"也不承认自己是新闻媒体。但是每天从"脸书"获得他们感兴趣新闻的人，比全美国十几家顶尖报纸的读者加起来的总数还多。根据皮尤研究中心的一项调查，"Facebook（脸书）在社交网络领域遥遥领先，覆盖了67%的美国成年人。由于2/3的Facebook用户会通过该网站看新闻，这意味着美国有44%的成年人都会通过Facebook获取新闻。"[③]

对于传统媒体而言，内容优势是最主要的核心竞争力，也就是所谓的"内容为王"。内容是决定发行量和收视率等受众注意力评估指标高低的基础，而后者又决定了国际传播效果的高低。很多传统媒体认为正是自己的内容资源托起了互联网的繁荣，"当前因为没有严格的知识产权保护制度，导致大多数网络媒体几乎完全免费地占有传统媒体的劳动成果。对于网络新闻，网民喜欢它的原因除了方便快捷之外，更多是因为可以免费阅读或收看。在某种意义上，网络媒体通过其技术上的优势，侵占了传统媒体的权益"。④

二、新媒体环境下国际传播的特征

如果我们假设所有的传统媒体全部拒绝向互联网提供内容，会不会对网络国际传播的发展造成严重的影响？会不会降低互联网对传统国际传播模式带来的冲击？答案是否定的，因为对于新媒体而言，用户生产内容的模式已经崛起，很大程度上弥补了专业化内容生产能力的不足，并体现出自己的独特魅力。

2004年，全球互联网业刚走出"寒冬"，美国欧雷力媒体公司首次提出Web2.0的概念。⑤"用户"获得前所未有的地位，这些网络媒体的经营者开始学习"信任"，将编辑、发布内容的权力逐步赋予"用户"。美国新闻研究所媒体中心2003年7月以在线出版的形式发布的研究报告《自媒体：受众如何形塑未来的新闻和信息》，在美国科技专栏作家丹·吉尔默为报告写的前言中，他预测自媒体，也就是用户来生产内容的模式将越来越普遍。"今后，我们必须面对的挑战是：我们的用户懂的比我们要多。不管新闻机构如何反感，用户生产内容早已成为趋势……假如，以前的美国新闻业可以看作是媒体对用户的演讲，那么现在的新闻业已经成为用户间的对话和讨论。"⑥

这种"用户生产，用户享有"（by the people, for the people）的草根式内容生产模式给传统的自上而下的专业化内容生产模式带来了很大的挑战。丹·吉尔默宣告："新闻业的全新时代正将开启，这个时代里新闻业将不再是人们所熟知的传统新闻业。媒体学者认为，到2021年，公众将产出一半的新闻内容，这是传统大众媒体必须接受和习惯的事实。"⑦

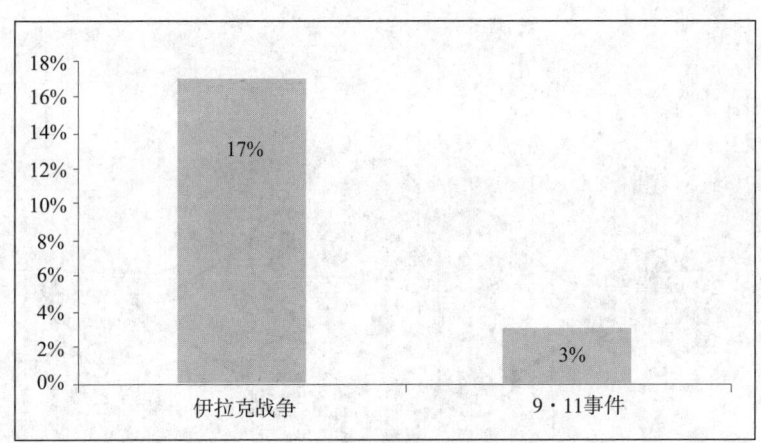

美国公众两次突发事件初期主要通过网络了解信息的比例

根据美国著名互联网调查机构皮尤网络发布的数据，在美国"9·11事件"中，很多规模较大的传统媒体的新闻网站产生了严重的拥挤，用户开始转向自己做新闻的方式进行传播（do-it-yourself-journalism），利用个人所拍摄的图片、记录的目击过程和评论等内容，通过论坛、社交媒体等方式表达自己的困惑、恐惧和愤怒。在伊拉克战争开始的最初数天内，17%的美国公众主要通过互联网了解战争信息，比"9·11事件"高出了5倍左右。⑧伊拉克战争的信息传播初步展示了新媒体环境下的国际传播模式特征。

三、新媒体国际传播的媒介分析

1. 用户生产、用户分享

平台着重打造用户主导型的自媒体发展模式，为普通人提供信息发布、集纳、分享、传播的个人空间，以此将信息的生产流通主动权给予大众。这一模式加快了受众生产、受众分享的"去媒体化"机制的形成，也使得国际传播不再是过去由少数专业人士掌控的自上而下的"广播"（broadcast）过程，慢慢发展成受众即传播者、传播者即受众的多元交叉"互播"（intercast）过程。⑨在这一过程中，记者、编辑、受众的角色是可互为取代的，他们之间的关系更类似于伙伴与伙伴（peer to peer），或者说是一个紧密联系的社群组织。

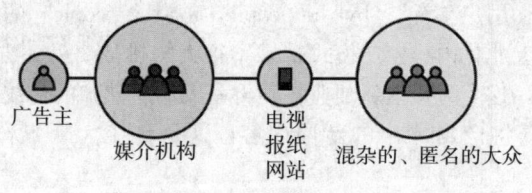

传统国际传播的"广播"过程

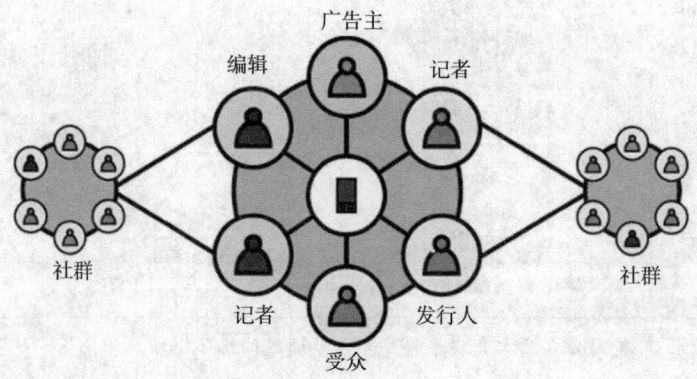

新媒体国际传播的"互播"过程

2012年，脸书宣布以10亿美元收购了知名的图片分享社交网站Instagram。Instagram为用户提供手机拍摄图片的共享服务，它不仅具有拍照功能，还融入了多种的社会化功能，包括修饰照片、一键式发布分享、好友关系的建立等。买下Instagram不久，脸书即进行数据整合，包括允许用户在聊天和分享的过程中，直接添加来自用户Instagram个人相册中的照片。

由于受众掌控媒体的内容发布机制，因此，自媒体的"受众的数量与其产出的内容是呈正比的，而且，当受众数和内容量达到一定程度时，两者的增长速度会逐渐趋缓"。[10] 2016年6月，法国尼斯发生汽车撞击人群事件，事件发生十多分钟后，现场的目击者就在Instagram发布了现场照片。

新媒体平台利用受众产出的模式，可以实现快速扩张，在某种意义上，其内容产品的竞争力并不亚于传统媒体。"在新媒体时代，信息公开、知识共享、个人智慧已成为关键词。放眼全球，凡是经营成功的互联网企业，基本上的经营模式都是以'受众主导内容'为基础。无论是最初的博客，还是现在最流行的直播，这些互联网产品都基于信息的民主化，驱动普罗大众的创造力，来实现营收的增长"。[11]

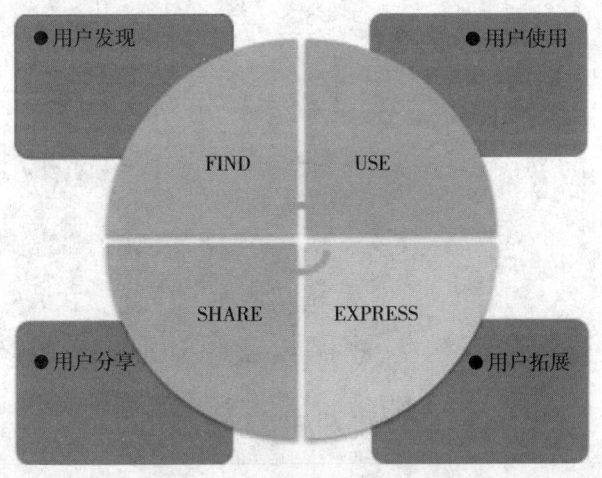

新媒体环境的国际传播内容生产模式

2. 自组织、自修正

诺贝尔经济学得主弗里德曼曾经乐观地说，自组织是市场的精髓，"语言的结构复杂且在持续变化发展，但秩序却井然不乱，这并不是有任何政府和机构在指挥它。没有人决定什么词该用到语言里，文法应该是什么样，哪些词应该是形容词，哪些词应该是名词。"但是，我们看到最终仍然产生了语法，人们最常用的词汇更容易保存下来，太个性化的词汇慢慢消失了。自组织成为了核心，受众与受众之间、受众创造的内容与内容之间、受众组成的群组与群组之间，均是以不同的自组织方式建立的。总而言之，受众产出内容就是通过自组织的模式，使得受众、群体、内容和应用能活跃起来，[12] 并在反复迭代中不断趋于优化，持续地进行调整和演化。用户生产内容的模式意味着新媒体平台在个性、开放、多元、互动、低门槛方面迈出了更大的步伐，将互联网的主导权赋予了每个受众，"如果你想说话，你就能够说话，你想说什么内容的话，你就能说什么内容的话，你可以任意时间说任意你想说的话"。[13]

自媒体发布的零门槛和自由选择内容的权力，让普通民众的参与热情高涨。"所有人都能够在网络拥有一个个人空间——随意倾吐自己想表达的一切，就如同在自己家一样。更重要的是，这个家不需要花钱购买，只要有时间和精力，你随时都能拿到打开家门的钥匙"。[14] "专业组织的制度化的、专业团队把关式的生产扩展为具有自组织特色的随机的、自我把关式的生产。用户生产内容的目的，也往往不在于内容本身，而在于以内容为纽带、为媒体，延伸自己在网络社会中的社群关系。"

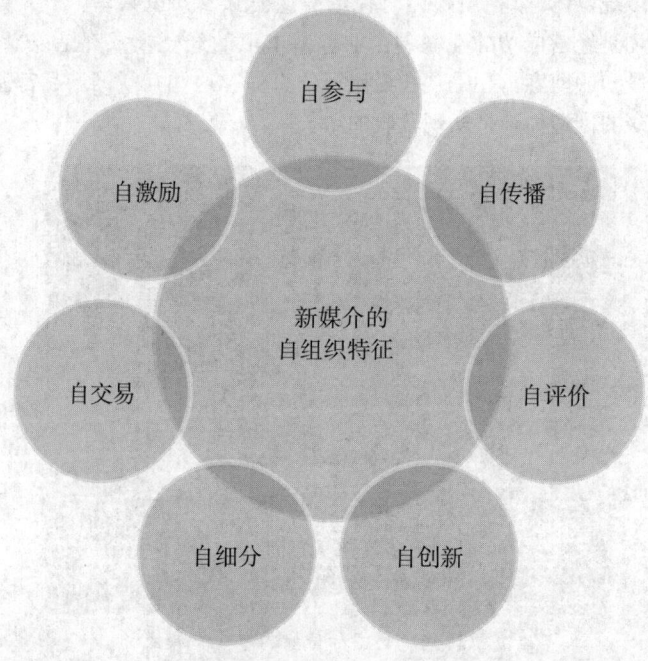

新媒体国际传播的自组织特征

3. 社群化、部落化

1967年，哈佛大学社会心理学教授斯坦利·米尔格兰姆招募了一批志愿者，从中随机挑出了300多人，让他们每个寄一封信。信的最终收件人，是一位他们都不认识、也不知道地址的波士顿股票经纪人。米尔格兰姆请志愿者们把信寄给他们认为最有可能与那位经纪人建立联系的亲友，而且要求每一个转寄信的人都回发一封信给米尔格兰姆本人。让人惊讶的是，最后60多封信寄到了股票经纪人手中，这些信经过的转寄人的数字平均只有5个。所以说，陌生人之间建立联系的最远距离是6个人。按照这个实验的结果，米尔格兰姆提出了著名的"六度分隔"理论。⑮按照这一理论,在人际网络中,想要认识任何一位陌生人,中间最多只要通过6个朋友,就能够达到目的。

"六度分隔"理论说明社会性网络的各个结点是完全有可能链接起来,发挥非常强大的作用,形成各种各样的社群,甚至是世界性的社会性网络。和"六度分隔"理论密切关联的概念是"150法则",即人们通常保持紧密联系的人数最多一般为150人。发源自欧洲的"赫特兄弟会"是一个农业互助组织,当组织人数超过150人,他们就会把组织分为两个,然后各自发展。"管理社交关系一个分界点就是150人……这个数字是大家普遍认为的自己能够保持社交关系的人数的最大值。"⑯

而博客、脸书、推特等社交平台正在体现"六度分隔"理论,实现以社群化、精确化为特征的互联网发展新模式,他们一方面推动互联网的受众行为更为趋向"参与"和"互动",另一方面,可以使得具有相同爱好或者有合作关系的用户,互相之间建立起某种经常性的联系,形成各式各样的网络虚拟群体,每个"网络世界"所具有的身份、符号象征更不相同。

艾米·金·凯姆在《网络社区建设》(Community Building on the Web)中运用马斯洛的需求层次理论分析了互联网社群参与者的目标和需求,"人们参与社会活动的动机,在于对某一群体归属感的获得,在于通过贡献而建立自我尊重(self-esteem)并获得外界的承认,在于为创造自我意识以及自我实现而学习新技术、寻觅新机会"。⑰社群化和部落化特性通过自我满足和实现自尊的机制将用户有效地整合和凝聚起来,形成自我激励和评价系统,推动新媒体平台的迅速发展。

网络社群国际传播的需求层次分析

需求层次	用户参与网络社群进行国际传播的具体需求
物质需求	网络系统的可使用和可接近性;参与社群时拥有并维持一个虚拟身份的能力。
安全需求	免于黑客以及其他个人的攻击;拥有一个游戏领地的感觉;维持个人隐私的能力。
社会性需求	在网络社群和细分网络社群群众的归属感。
实现自尊	为这个社群做出贡献,并为社群的其他参与者认可。
自我满足	在社群中能够扮演一个角色,并发展自身的技能,发现新的机会和资源。

4. 免费与开源

维基百科在短短的几年时间里就收录了50万个条目,迄今已有237年历史的《大不列颠百科全书》才收录了8万个条目。这个网络百科全书向任何人开放,人们可以对其内容进行编辑和修改，同样也是免费的，全世界有100万志愿者不断为它添砖加瓦，从中不断获得成就感。[18]而且维基百科遵循自由文档许可协议，坚持开源策略，用户必须保证自己允许公众对你提供的内容具有可接近和可使用的权利，包括自由获得、自由复制、自由修改，甚至自由销售的权利。

新媒体平台，虽然不是全部，通过免费和开源策略营造了一种可接近、可拥有、可使用的共有平台概念，培养了用户忠诚度和黏度，在这种策略下，媒体和用户之间的关系不再被割裂开来，用户将新媒体平台视为"我们的领地""自己的家园"。"在这里，流通的是信誉、表达方式、气氛或简单的念头；在这里，业余者和专业人士间不存在对抗，双方互惠互助；大公司也并不剥削免费劳力，它们也提供工具让大众表达自己的声音。"[19]

四、新媒体国际传播的媒介规制

1. 知识产权问题

在网络媒体的冲击下，传统国际媒体陷入了前所未有的困境。近年来，美国多家报业集团公司相继提出破产保护申请，其中包括《洛杉矶时报》《芝加哥论坛报》等知名报业集团。所以，美国一些报业巨头猛烈抨击网络媒体和互联网搜索巨头谷歌等网站侵犯报纸版权，获取不正当的利益。无独有偶，2014年，《今日头条》新闻客户端也曾遭《新京报》《楚天都市报》等国内多家知名纸媒起诉，指责其不经允许抓取纸媒内容，涉嫌侵犯内容版权。虽然此事不了了之，但有消息称，部分媒体要联合向《今日头条》收取巨额版权费。

2. 虚假新闻问题

2016年11月9日，美国共和党总统候选人唐纳德·特朗普击败民主党总统候选人希拉里·克林顿，当选美国第58届总统。很快，美国各大媒体纷纷刊文，指责脸书上泛滥的假新闻影响了选民判断，认为脸书是帮助特朗普获胜的"帮凶"。甚至连前总统奥巴马也对网络假新闻予以表态，认为假新闻将会威胁美国的民主选举、市场经济等根本制度，他说，"如果仅仅进行重复的攻击，或者一遍又一遍说着彻头彻尾的谎言，那么只要是在像脸书这样的社交媒体上，只要人们可以看见，慢慢地其他人就开始相信这是真的。"

当然，没有人能确切计算出脸书上的假新闻在此次美国大选中到底产生了多大、多重要的影响。但事实已经表明，假新闻已经给新媒体传播带来了巨大的负面影响，成为各国都必须面对的一个问题。

五、结论

新媒体时代的国际传播日益数字化、智能化和网络化，这突出了专业内容生产与新媒体平台融合的重要性。这一阶段国际传播的特点是用户生产用户分享、用户体验日益受到重视，在内容的分发和选择上也将日益体现技术的人性化。但是，新媒体上的国际传播也面临着知识产权保护、虚假新闻等问题。总之，新媒体时代对传统的国际传播提出了不少新的挑战，要求媒体集团尽快适应当前媒介市场的快速变化，不断实现技术的突破融合，以及观念与机制的转变。

(作者单位：中国国际广播电台新闻中心)

注释：

① 陆晔、潘忠党：《成名的想象：社会转型过程中新闻从业者的专业主义话语建构》，《新闻学研究》，2002年第4期。

② 陆晔、潘忠党：《成名的想象：社会转型过程中新闻从业者的专业主义话语建构》，《新闻学研究》，2002年第4期。

③ 《美国社交新闻阅读习惯报告》，腾讯科技，http://tech.qq.com/a/20160527/045957.htm。

④ 《浅谈汽车网络媒体的发展趋势》，广告日报报业集团大洋网汽车频道主编刘磊在第四届中国主流汽车网络媒体高层论坛上的发言。

⑤ 2004年3月，欧雷利媒体公司（OReilly Media Inc.）负责在线出版及研究的副总裁Dale Dougherty在公司的一次筹备会上偶然提出了Web2.0一词，该公司主席兼CEO提姆·奥莱理（Tim OReilly）立刻被这一说法所吸引，并召集公司相关人员用大脑风暴的方式进行探讨，进一步完善之。在欧雷利媒体极力推动下，全球第一次Web2.0大会于2004年10月在美国旧金山召开。从此，Web2.0这一概念以不可思议的速度在全球传播开来。胡坤：《Web2.0：真实的谎言》，《电子商务世界》，2006年第3期。

⑥ 《We Media—How audience are shaping the future of news and information》Chris Willis Shayne Bowman The Media Center at American Press Institute July 2003.

⑦ 苏克军、赵彬：《我们即媒体》，《读书》，2007年第3期。

⑧ 《We Media—How audience are shaping the future of news and information》Chris Willis Shayne Bowman The Media Center at American Press Institute July 2003.

⑨ 苏克军、赵彬：《我们即媒体》，《读书》，2007年第3期。

⑩ 《WEB2.0时代的新搜索》，雅虎网页搜索总监张勤在2006艾瑞新搜索年会上的主题发言。

⑪ 吕云：《民众智慧成就互联网奇迹》，《广州日报》，2006年10月22日。

⑫ 成江东：《Web2.0的综合研究》，《电子商务》，2006年9月。

⑬ 赵曙光：《浮华背后的博客"钱景"》，《广州日报》，2006年5月10日。

⑭ 李宽宽：《张静君：博客商业化是必然趋势》，《南方都市报》，2004年12月3日。

⑮ 百度百科关于"六度分隔"的解释，http://baike.baidu.com/view/514217.htm。

⑯ 百度百科关于"六度分隔"的解释，http：//baike.baidu.com/view/514217.htm。
⑰ 顾彬：《受众渴望"揭示真相"　草根媒体迅速崛起》，《青年记者》，2006年第7期。
⑱ 吕云：《民众智慧成就互联网奇迹》，《广州日报》，2006年10月22日。
⑲ 吕云：《民众智慧成就互联网奇迹》，《广州日报》，2006年10月22日。

"一带一路"倡议中的国际传播能力建设

顾 芳

2016年12月25日,习近平总书记主持召开了中央全面深化改革领导小组第三十次会议。据新华社报道:"会议指出,软力量是'一带一路'建设的重要助推器。要加强总体谋划和统筹协调,坚持陆海统筹、内外统筹、政企统筹,加强理论研究和话语体系建设,推进舆论宣传和舆论引导工作,加强国际传播能力建设,为'一带一路'建设提供有力理论支撑、舆论支持、文化条件。"[1]作为中国国际传播从业者,我们应该认真学习中央指示精神,充分认识国际传播在实现"一带一路"倡议中的重要作用,并努力落实在工作实践中去。

一、国际传播在"一带一路"倡议中的历史使命

2015年3月28日,国务院发布《推动共建丝绸之路经济带和21世纪海上丝绸之路的愿景与行动》,具有深远历史意义的"一带一路"倡议构想正式推出。"一带一路"从世界第二大经济体中国起航,跨越太平洋、印度洋,穿行欧亚非三大洲,直通发达的欧洲经济圈。"一带一路"的实施将惠及全球30亿以上人口,不仅仅对中国经济可持续发展具有重要的意义,也为世界经济发展提供了新的支撑点。

"一带一路"倡议构想提出后在国际上赢得了广泛支持。外交部长王毅2016年12月在国际形势与中国外交研讨会上表示:"今年,习近平主席总结了'一带一路'倡议提出以来取得的进展,提出中国愿同沿线国家携手打造'绿色、健康、智力、和平'四大指向的丝绸之路,明确了'一带一路'建设的大方向,描绘了共建'丝绸之路'的新愿景,得到国际社会普遍响应。迄今为止已有100多个国家和国际组织表达了积极支持和参与的态度,我国已同40个国家和国际组织签署共建'一带一路'合作协议。"[2]在短短两年的时间内"一带一路"得到如此多的国家积极响应,充分说明了这一倡议顺应历史潮流、符合世界人民心愿。

"一带一路"倡议构想涉及如此巨大的地理空间、关系到如此庞大的全球人口,其实现难度可想而知。我们要看到"一带一路"得到沿线各国人民支持的积极一面,更要看到实现"一带一路"的巨大困难。"一带一路"空间内,不仅仅有丰富多彩的文化和悠久的历史,更有激烈的文化冲突、宗教矛盾、民族差异、领土争端和安全风险。朝核问题、南海问题、印巴矛盾、阿富汗问题、西亚北非局势、中东问题、难民潮、恐怖袭击等诸多热点都集中在"一带一路"区域内。我们对此应有充分认识。

在得到国际社会广泛支持的同时,"一带一路"也受到一些国际质疑。质疑者有的对"一带一路"持悲观态度,认为这一愿景看上去很美好,实践起来却是一个不可能完成的任务。质疑者中不乏别有用心的人,他们宣扬"一带一路"是中国为寻求经济发展新的支撑点而提出的,本质上是要为中国自身发展谋利益。有人甚至认为中国推出"一带一路"的目的是为了实现对世界经济上的控制和政治上的霸权。例如,日本舆论对"一带一路"的认知具有一定的代表性。日本阪南大学教授洪诗鸿认为,总体上日本政府和媒体对"一带一路"持怀疑态度,主要以唱衰为主。政治上,认为"一带一路"具有巨大的国际地缘政治风险;经济上,认为"一带一路"难以实施且经济效果值得怀疑。日本舆论总体上认为"一带一路"对中国而言地缘政治上的意义更大些。③无论是国际上的"怀疑论"还是"别有用心论",都是实现"一带一路"美好愿景的思想障碍,需要我们通过舆论宣传予以澄清,这对我们的国际传播能力提出了新的挑战。

加强国际传播能力建设,发挥中国文化软实力作用,促进民心相通,夯实政策沟通、设施互联、贸易畅通、资金融通的基础,解惑释疑,为"一带一路"建设提供有力理论支撑、舆论支持、文化条件,这是我们国际传播工作者的在"一带一路"伟大构想中的历史使命。

二、文化软实力与国际传播能力

"一带一路"建设中,文化软实力的作用不容小看。近年来,我国十分重视发挥文化软实力的作用。习近平主席在中共中央政治局第十二次集体学习时指出:"提高国家文化软实力,要努力提高国际话语权,加强国际传播能力建设,精心构建对外话语体系,发挥好新兴媒体作用,增强对外话语的创造力、感召力、公信力,讲好中国故事,传播好中国声音,阐释好中国特色"。习主席的指示为我们如何加强国际传播能力指出了明确的方向。

我国有丰富的文化资源和悠久的文化传统,但是要将这些资源转化为软实力,必须通过国际传播。可以说国际传播是文化软实力的载体。应该看到,目前我国在国际传播能力建设方面依然处于弱势地位,国际传播西强我弱的态势没有得到根本改变。随着经济全球化,西方文化和西方价值观凭借其占优势的国际传播能力迅速向广大发展中国家渗透,西方媒体凭借其在国际传播中的强势地位极力推动信息的单向流动,制造歪曲我国家形象的国际舆论。随着中国经济的不断发展,随着"一带一路"构想的推出,"中国'威胁'论"成为西方媒体在国际传播中歪曲我形象的新的话题。由于我们传播能力不足,尚难以在国际上真正树立起爱好和平、合作共赢的中国形象。在"一带一路"涉及的众多国家中,真正能够认清"一带一路"重要意义、诚心诚意与中国一起共建"一带一路"的国家还不够多。这就需要我们通过国际传播不断宣传"一带一路"合作共赢的宗旨,争取最广大的民心支持。

著名学者、英国威斯敏斯特大学传播学教授柯林·斯帕克斯对中国如何加强国际传播能力建设提出了中肯的建议。他认为，中国的海外传播很多时候目标受众不清晰，传播者常常不知道自己在同谁讲、在讲给谁听，定位上的这种模糊性让海外传播实效大打折扣。他建议中国应当更多地采取国际化的表达方式，运用国际受众容易理解和接受的传播规则，培育独立于目前占主导地位的西方媒体之外的、具有国际公信力的传播媒体。④前英国广播公司广播部高级编辑德博拉·沃格尔认为，目前国际社会对中国文化的误解颇多，"文化偏见"的力量依然强大。可喜的是，随着中国经济实力的日益加强，中国同世界的交流更加频繁，世界对中国的印象也正在逐步改变。因为归根结底，一个国家的政治、文化影响力和她在国际上的话语权通常是紧随其经济实力而来的。⑤我国现在已经成为世界上第二大经济体，在全球经济发展中具有举足轻重的作用，这为我们加强文化软实力的国际传播提供了前所未有的有利条件。中国国际广播电台是我对外传播的"国家队"，如何加强自身能力建设、提高国际传播能力，以实际行动践行习总书记提出的"讲好中国故事，传播好中国声音，阐释好中国特色"的要求，成为摆放在全体国际广播人面前的一个重要课题。在如何用中国声音生动诠释中国故事，而非是空洞的说教和灌输，让国外受众轻松自然接受并理解中国立场、中国观点方面，我们还有很长的路要走。

三、努力构建强有力的现代国际传播体系

面对强势的西方传播体系，我们应整合各种资源，在"一带一路"建设中发挥社会主义制度的优势，建立强大的中华文化和中国价值观的传播体系。

国际传播属于传播学范畴，需要遵循传播学的基本规律。传播本身是一种信息流动。传播的实现包括传播主体、传播内容、传播手段、传播受体等多个环节，最后还要对传播效果进行检验。我国有庞大的传播专业队伍，有丰富的传播内容，但是我们的传播手段还不够丰富，尤其是现代传播手段还有待不断加强。我们对传播受体的分析不够，难以做到对不同受体进行有针对性的传播。此外，我们对传播效果的评估还不能做到准确客观，对建立有效的传播效果评估体系需要给予更多的重视。针对不足之处，我们应该在以下几方面进行更多的努力。

1. 进一步加强传播队伍建设

人的因素是最重要的。提高传播能力首先要注重提高传播从业人员素质，打造一流的国际传播团队。这支队伍应该政治立场坚定、传播业务精通；应对国家有关"一带一路"的各项政策有深刻领会；应了解"一带一路"沿线对象国国情；应能熟练运用对象国语言；应能够熟练运用新媒体手段，具有开拓新媒体传播渠道的能力。现在我国各大媒体在很多国家设立有记者站，前方记者不仅仅有报道当地新闻的任务，更应该成为传播中国声音、讲好中国故事的宣传员。在"一带一路"国家中，应增加我媒体的存在感，整合各种媒体资源。加强媒体对外交流，加强与国外媒体的合作。应该着力在传播对象国里培养一批了解中国、对我友好的有影响力的媒体和媒体人。应注意结交当地各种自媒体和网络大

V朋友，引导其友好客观地报道中国、宣传中国，用当地人之口讲述中国故事。

2. 改进传播手段，尤其注意发挥新媒体的作用

2016年美国总统选举结果是新媒体传播能力战胜传统媒体的有力证明。新媒体覆盖广泛、传播迅速、受众现场感和参与感强、影响力大。可以说，谁掌握了新媒体，谁就占据了传播的主动权。我们必须要重视向新媒体倾斜，加快传统媒体与新媒体的融合和转变。现在我国主要对外传播媒体大多有了脸谱和推特账号，很多涉外单位注册了微信公众号和微博账号，在优兔（YouTube）等著名视频网站上也上传了大量介绍中国文化的作品。据介绍，"新华社从2015年3月起，加强在推特、脸谱、优兔等国际知名社交媒体上的新闻报道工作，开设统一官方账号，截至2017年5月，总粉丝量已超过3000万。此外还向区域性重要社交媒体拓展，已开设法、西、俄、阿、葡、日、缅、越、泰等15个语种的30多个账号"。⑥网络直播、互动平台、实时交流已经成为我们对外传播的重要形式。应该说我们在利用新媒体进行国际传播方面已经取得了很大进展，同时我们更应该看到依然有很多不足，如信息更新不及时、对突发事件反应慢、对重大新闻报道不够及时、新闻报道依然存在一定程度的八股腔、传播内容生动活泼不够，等等。在新闻采编、翻译制作和审查播出等各个环节上都有改进的余地。

3. 加强阵地建设

近年来，我国加大了对外传播投入，加快中国媒体的全球布局，不断增加传播时间。在扩大我国际传播阵地和传播受众面方面取得了可喜的成绩。据资料介绍，中央电视台"成为全球唯一一个每天用6种联合国工作语言不间断对外传播的电视媒体，其节目已经在171个国家和地区落地，拥有3.14亿海外用户"。⑦作为中国国际传播的重要国家队，中国国际广播电台以"整频率落地工程、节目本土化制作机构、英语环球广播工程、华语环球广播工程、多语种环球广播工程、新媒体业务建设、国际传播技术支撑系统建设"七大工程为主体，在努力构建现代国际传播体系方面取得了积极进展。"截至2016年年底，中国国际广播电台在全球拥有101家海外整频率播出电台，每天播出近3000小时节目，覆盖50多个国家的首都或主要城市约5亿人口；在海外建有包括地区总站、驻外记者站、节目制作室、广播孔子课堂近百个机构和4115个听众俱乐部，用母语覆盖全球98%以上的受众；2016年全台累计用户量达2.6亿，受众反馈（互动）总量达5530万；开设社交媒体账号228个，粉丝总数8117万；媒体日均阅听量约2600万。"⑧除了传统媒体的扩张，我国际传播在网络媒体的空间也在不断加大。中央电视台成立了中国网络电视台（CNTV），新华社中国新华新闻电视网创办了CNC6，旨在打造"全球点播台"。值得注意的是，在扩大阵地的同时，必须改变传统的思维方式，尤其是所谓"内外有别"的思维方式。在互联网时代，以互联网为载体的新媒体已经打破了"内宣"和"外宣"的藩篱。从世界任何地点都可以方便地进入到我国国内网络，看到国内的各类新闻。通过网络可以从手机上收看国内几乎所有电视台节目、收听到国内各个电台的播音。各类视频网站已经成为国际传播的重要方式。国际传播与国内传播结合日益紧密，无法完全剥离。传播的全球

化、社会化、网络化趋势越来越明显。传统媒体的主流地位正在受到挑战。甚至自媒体、包括单位和个人的自媒体正在进入传播的主渠道。我国国际传播的阵地建设必须应对这种新的挑战。

4. 加强对受众的研究

"一带一路"多元文化和多种价值观共存是不可改变的客观现实。跨文化传播是"一带一路"国际传播的显著特点。多元文化群体是"一带一路"国际传播的受众特点。这一群体中有众多民族，使用多种语言，信奉不同宗教。这一特点要求我们在国际传播中加强对特定受众的研究，尽可能地进行精准传播。在传播中，我们要注意尊重"一带一路"沿途众多国家和民族的文化多样性，妥善处理不同价值观所导致的文化冲突。通过传播的信息影响受众，而不是通过传播将信息强加于人，这才符合传播的客观规律，即信息的流动。

加强与当地受众的联系是受众研究的必要手段，也是完成传播过程中最后环节——传播效果评估的重要途径。通过受众反馈，我们可以对传播效果进行更准确的评估，不断改进传播工作。中国国际广播电台在这方面有得天独厚的优势。在"一带一路"沿线的许多国家中，广播是当地民众接受信息传播的最广泛渠道。很多电视、纸质媒体传播不到的地方，很多互联网尚未普及、新媒体触角还难以伸到的地方，广播成为走进当地民众最便捷的手段。多语种广播节目通过无线电波把我们与当地受众紧密连接在一起。在"一带一路"的国际传播中，我们需要更加重视这座空中桥梁建设，密切与当地受众的联系，扶植并积极支持当地听众俱乐部活动，让这些听众俱乐部成为我们研究当地受众特点的信息员、检查传播效果的评审员。

5. 加大国际传播本土化的力度

针对"一带一路"不同国家社会制度、历史发展、种族文化、宗教信仰的多元化特点，推进本土化的对外传播形式创新。传播学中有一项接近化原则，即事实与受众的心理距离越近，越具有信息传播价值。本土化可以大大拉近中国与当地受众的心理距离，在当地制作节目可以加大与当地社会的融入度，更能为当地民众所接受。在本土化过程中，当地语言发挥着不可替代的重要作用。中国国际广播电台正在努力利用其多语种优势，借用当地媒体和受众力量，大力推进节目制作和播出的本土化进程。今后，我们应该在加大小语种人才培养力度、争取扩大驻外媒体工作者数量、提高新闻翻译质量和速度、加大当地语言网页建设、扩大节目译制交流范围和提高新媒体当地化程度方面多下工夫，以进一步加大我国际传播本土化程度、提升我国际传播能力。

（作者单位：中国国际广播电台保加利亚语部）

注释：

① 新华网 2016 年 12 月 5 日《习近平主持召开中央全面深化改革领导小组第三十次会

议》，http：//news.xinhuanet.com/politics/2016-12/05/c_1120058658.htm。

② 新浪网 2016 年 12 月 3 日《王毅：2016 年共建"一带一路"取得新突破》，http://news.sina.com.cn/o/2016-12-03/doc-ifxyhwvy0565003.shtml。

③ 凤凰国际智库 2015 年 12 月 27 日，http：//pit.ifeng.com/a/20151227/46850823_0.shtml。

④ 新华社新闻研究所《"中国媒体国际传播能力建设战略研究"课题研究动态》。

⑤ 新华社新闻研究所《"中国媒体国际传播能力建设战略研究"课题研究动态》。

⑥ 蔡名照：《加强国际传播能力建设 讲好中国故事 传递中国声音》，《求是》，2015 年第 23 期。新华网 2017 年 6 月 8 日《蔡名照：互联网时代主流媒体依然具有强大生机和活力》，http：//news.xinhuanet.com/world/2017-06/08/c_129628190.htm。

⑦ 北京大学出版社，《中华文化"走出去"年度研究报告（2015 年卷）》，第 304 页。

⑧ 中国国际广播电台网站《关于 CRI》，http：//www.cri.com.cn/about。

论中俄媒体报道中的国家形象互视

刘 岩

"国家形象指的是国际社会公众和国内社会公众对国家机器、国家行为、国家的各项活动及其成果所给予的总的评价和认定。国家形象是一个综合体,是一个国家综合实力的体现。"[1]作为一个国家软实力的重要组成要素,国家形象对于提高一国的国际地位和影响力至关重要。中国与俄罗斯互为最大的近邻,是全面战略协作伙伴关系。中俄关系的健康稳定发展,不仅有利于地区,也有利于世界。近年来,中俄两国均非常重视对对方国家的报道,正面报道数量大幅增加。双方均十分重视通过媒体传播塑造良好的国家形象,以赢得对方更多的信任与认同,建立长期友好的双边关系。

一、中国媒体报道中的俄罗斯形象

近年来,俄罗斯在中国的形象总体良好,中国人对俄罗斯的好感不断呈现上升趋势,根据中国零点研究咨询集团的调查数据显示,对俄罗斯抱有好感的人数1999年占受访者的55.7%,2016年增长到71%。中国民众对中俄关系的重要性、信赖度及良好发展前景的预期三方面,均在对各双边关系的评价中居于最高水平。[2]

有数据显示,中国媒体近20年来对俄罗斯进行了大量的正面报道,中国民众几乎每天都可以在媒体上看到有关中俄合作、中俄友好的各类信息。中国主流报刊的涉俄报道均以正面和中立为主,鲜有负面报道,基本遵循一个共同原则:"对于有利于俄罗斯国家、政府和人民形象的消息,会根据它的新闻价值进行适量报道,而对于有关俄罗斯的负面消息,中国媒介通常处理得比较低调"[3]。

概括来看,中国媒体报道中的俄罗斯形象主要从政治、经贸、文化三个维度上体现:

1. 政治大国与国际盟友

在中国媒体涉俄报道中,时政类报道比例最高,而且均以正面报道为主。报道的主题围绕中俄关系、中俄国际合作、俄罗斯内政外交展开。在谈及中俄双边关系时,中国媒体秉承《中俄睦邻友好合作条约》确立的"世代友好、永不为敌"的理念,主要报道中俄之间政治互信不断加深、经贸合作日益扩大、人员和文化往来日益频繁以及国际磋商与合作机制日趋成熟。媒体提供的大量关于两国在涉及主权、领土完整、国家安全等重大问题上相互支持的信息,释放出中俄全面战略协作伙伴关系达到历史最好时期的信号。比如,中国最具权威性的报纸《人民日报》在2016年7月18日发表中国外交部部长王毅的署名文章,纪念《中俄睦邻友好合作条约》签署15周年。文章中称:"中方基于中俄建立新型国家关系的成功实践,进而提出构建以合作共赢为核心的新型国际关系的外交理念,即各国要以命运共同体为处理国际关系的共同目标,以共同利益为处理国际关系的重要基础,以共赢为处理国际关系的基本原则,以合作为处理国际关系的主要方式,建立平等相待、互商互谅的安全格局,谋求开放创新、包容互惠的发展前景,促进和而不同、兼收并蓄的文明交流。中方的这一外交理念契合时代发展潮流,是新的历史条件下对《中俄睦邻友好合作条约》宗旨和精神的丰富、发展和创新,是中方对促进21世纪国际关系健康稳定发展的又一重要贡献。"④除了充分正面报道中俄双边关系,中国媒体还重视报道两国在国际领域的战略合作,如两国在联合国等国际性组织相互支持与合作外,在上合组织、APEC以及在朝核问题、伊朗问题、叙利亚问题等一系列国际重大问题上均保持一致立场,等等。此外,中国媒体也十分关注对俄罗斯内政外交的报道,如俄罗斯总统和杜马选举、俄罗斯总统国情咨文、俄总统年度记者会,以及俄国内反腐、民生等话题,都是中国媒体关注的热点话题,而且多是正面或中立报道。中国主流媒体的大量涉俄政治类报道正面塑造出俄罗斯国家的政治形象,使我国民众对俄罗斯的内政外交有较为清楚的认识,对中俄在国际舞台上的相互协作和中俄关系的未来发展充满信心。

2. 能源大国与贸易伙伴

中国媒体报道的另一着力点,是俄罗斯作为能源大国的国际地位,以及中俄贸易具有的发展空间和潜力。2016年,中国媒体仅对中俄能源合作的相关报道就多达近7万条。正处在飞速发展时期的中国对能源有着巨大需求,而俄罗斯恰恰是全球最大的能源出口国,同时,俄罗斯也需要中国的新技术、需要中国的资金和投资,中俄贸易的互惠互利性显而易见。例如,在2016年5月28日新华网的报道中对中俄能源合作高度赞扬:"从曾经的'犹抱琵琶半遮面'到如今的'说得多,做得更多',中俄能源合作大步向前,全面开花,集中体现了两国全面战略协作伙伴关系。"⑤

据统计,经济类报道是中国主流媒体涉俄报道的第二大议题,"能源合作的前景""两国市场容量大、产业结构互补性强、合作机制完善、投资环境日趋完善"⑥是中国传媒向大众传递出的经济类主旋律。中国媒体勾勒出的俄罗斯经济形象,无疑是一个积极务实而又强劲的贸易合作伙伴,给中国民众留下深刻印象。

3. 文化大国与历史友好

苏联文学曾经影响了中国几代人。俄罗斯文化大国的形象从20世纪50年代的中苏蜜月时期就已经形成。近年来,俄罗斯文化再次被中国媒体广为传播:中俄文化交流项目不断增加;俄罗斯芭蕾在中国各地巡演,风靡全中国;俄罗斯电影在中国获得了可观的票房收入;俄罗斯电视剧在网上越来越受到中国年轻人的热捧;俄罗斯总统普京的个人魅力被多家中国媒体充分展示。

综上,中国媒体对俄罗斯的相关报道整体上讲,中国人对俄罗斯的认知度与认同度都比较高。由于中国媒体的大量正面报道,俄罗斯一直以"政治上的紧密盟友、经济上的可靠伙伴"形象而存在于中国人的印象中,"中俄友好"深入人心。中国老一辈人由于20世纪50年代形成的苏联情结，对俄罗斯的印象和态度更趋友好。而青年一代与他们相比，其认知显得更加成熟和理性。他们对俄罗斯不陌生，甚至有比较全面的客观认识，对俄罗斯的民族定位、民族性格都有比较正确的了解。他们喜爱俄罗斯文化，但也不盲目跟风崇拜。他们不抵触与俄罗斯人的近距离接触。

中国媒体报道中的俄罗斯，正面报道占主要部分，但也有一些涉及俄罗斯国内社会问题的报道，主要涉及的议题为：俄罗斯国内的民族主义情绪，以及由此给中国人带来的危害和伤害，还有俄罗斯人的酗酒问题、昂贵的生活消费问题、俄罗斯基础设施陈旧引起的事故，等等。比如《人民日报》曾撰文指出"莫斯科切尔基佐夫"市场的爆炸案共造成11人死亡50多人受伤，死伤者主要是来自中亚、中国和越南的外国人，令人震惊的是，3名不满20岁的嫌犯在被捕后供认，作案动机竟然是因为市场里有太多他们"强烈厌恶的亚洲人"。[7]

二、俄罗斯媒体报道中的中国形象

中国主流媒体几乎每天都有涉俄报道，而且以正面和中立为主，鲜有负面报道。而俄罗斯媒体的涉华报道在其报道总量中占比比较小，这与中国媒体对俄罗斯的大量报道形成反差。这也印证了俄罗斯著名学者亚·弗·卢金关于"中国在俄罗斯媒体里被相当低估"的说法。[8]当然，我们也看到，近年来，随着中俄两国互办"国家年""语言年""旅游年""青年交流年""媒体交流年"等主题年活动的开展，俄罗斯媒体对中国的关注和报道量是逐年攀升的，但与两国关系的紧密度相比，仍有很大提升空间。

俄罗斯媒体对中国形象的报道也主要体现从政治、经济和文化三个维度上体现，但褒贬参半。

1. 良好的政治形象——相互信任的战略合作伙伴

中俄全面战略协作伙伴关系确立了中俄关系的战略性质，符合两国和两国人民的根本利益，符合时代发展潮流。所以对中国作为俄罗斯重要政治伙伴这一点，俄罗斯主流媒体对中俄关系定位的报道一直以来是一致和十分肯定的。

俄罗斯对一些中国敏感问题的立场也相当明晰，这在俄罗斯主流媒体报道中不时可见。比如在台湾问题的报道上，俄罗斯主流报刊是绝对支持"一个中国"政策的，这与俄罗斯政府的立场一致。媒体认为，俄罗斯在台湾问题上的立场对于中国而言是至关重要的，这一联合的立场50年来从未改变过。[9]

但是，由于俄罗斯媒体私有化程度较高，一些私有媒体不时有反华论调出现，比如批评俄罗斯与中国走得太近会影响俄罗斯与西方的关系，等等。而且，经常出现有关"中国威胁"的负面议题报道，主要涉及中国资源威胁和中国移民扩张两方面。

（1）中国资源威胁论

2002年3月13日，《消息报》发表文章称"中国很快将控制西伯利亚的资源"，并呼吁相关部门制定"针对中国的西伯利亚资源利用政策"。2006年9月13日,俄罗斯《独立报》发表文章说,到2015年中国本身及其南亚和东南亚的周边国家将急剧增加对水的需求,中国是这一地区的水源国,中国未来将利用这些跨境水资源作为有效工具制约亚洲。

近年来,中国的水资源开发成了俄罗斯主流报刊关注的焦点。2005年年底发生的松花江水污染事件一直牵动着中俄两国的神经,俄罗斯媒体对此事给予了高度的关注,头条新闻纷纷是《在哈巴罗夫斯克,人们正在等待中国苯的到来》《哈巴罗夫斯克市民抢购饮用水》,等等,中国"威胁"论也增加了一项新的内容——中国水威胁。

(2) 中国移民扩张论

中俄唇齿相依的地理特征,加上历史与现实的原因,使得"中国人口扩张威胁"的报道时常出现在俄罗斯媒体上。俄罗斯主流报刊片面扩大中国移民的数量,歪曲中国人的形象,将十几万中国人说成几百万甚至上千万人,"中国人非法偷渡""中国人大量移民对俄罗斯国家安全造成威胁"的字眼屡见不鲜。

《独立报》在2001年的一篇报道中称:"根据权威专家的估计,到2010年,在俄罗斯的中国人数量将达到800万到1000万人。如果这一预测是正确的,那么中国人将成为继俄罗斯人之后的俄罗斯第二大民族""中国人的大量涌入,不仅会同化当地的土著居民,迟早会使中国目前的领土主张变为现实"。[10]

2. 经济形象——中国经济是个神话

总体上说,俄罗斯媒体对中国经济主要持积极赞扬的报道:"中国实行改革开放政策以来,经济实现了快速增长,成为世界经济中一股强劲的力量""今天的中国正展示其在经济增长速度、吸引外资和引进西方技术经验等方面所取得的惊人成就""对于俄罗斯而言,中国是其在亚太地区实现经济一体化的重要桥梁"。[11]

中俄贸易也被视为中俄关系的薄弱环节。中国和俄罗斯互为邻国,两国经济互补性强,开展经贸合作潜力巨大,但贸易额一直较低。俄罗斯主流媒体认为,中俄间仍存在贸易结构不合理的现象。比如2002年12月,俄罗斯政府决定出售所持有的"斯拉夫石油"75%的股份,以偿还外债。但中国石油总公司决定参加拍卖股票的消息一经传出,便引起了俄罗斯媒体的一股"反华浪潮",《独立报》最先站了出来,撰文称:如果说俄罗斯石油对西方公司是财源滚滚的话,那么对中国则是战略利益……当我们向一个强大的经济竞争对手敞开大门时,不仅要考虑其经济影响,还要考虑到迈出这一步所带来的政治后果。斯拉夫石油转让给中国石油总公司后,新的工作岗位上将见不到俄罗斯公民的身影……我们不能创造这样的先例,否则会给俄罗斯的经济带来灾难性的后果。[12]

3. 社会文化形象——神秘的历史与复杂的现实

正如《消息报》指出的那样,中国文化永远是一个吸引俄罗斯人的神秘世界。[13]在社会类题材的报道中,俄罗斯主流报刊对中国的灾难事故、移民扩张和法律秩序等负面问题的报道最多,其中灾难事故包括矿难、空难、交通事故、爆炸、自然灾害等。此外,有关中国国民间活动、人口、环境和宗教等问题也有所涉及,但都以消极的负面报道为主。可以说，中国的形象危机突出表现在社会形象方面。

比如，2003年中国发生的"非典"一度让周边国家十分紧张，俄罗斯主流报刊对此也十分关注。《独立报》先后发表《抗击非典，各有妙招》和《咳嗽和伤风者将被枪决》等文章，指出"中国政府抗击非典的措施让人感到失望"。《消息报》除实时关注"非典"病例感染人数外，还先后发表了《北京围困》《北京市民开始大规模宰杀猫狗》《中国公民被限制入境》等报道，故意渲染中国所面临的恐慌局面。

三、结论

综上所述，随着中俄全面战略协作伙伴关系确立以及两国各个领域交流的不断扩大和深化，中国在俄罗斯形象的认知和认同都在不断加深，并且朝着不断改善的方向行进。分析上述俄罗斯媒体报道的相关数据，可以得出结论：俄罗斯人对中国的总体印象是比较好的。他们普遍认同中国的价值观，赞赏中国的经济发展，肯定中国的政治制度，中国的和平外交政策和中俄关系的重要性。但是，俄罗斯人对中国人和中国社会生活中一些具体现象依旧褒贬参半。俄罗斯媒体对中国的报道基本是客观公正的，对中国的发展以及取得的成就持肯定态度。但是由于国家性质和文化背景的差异，受到传统新闻价值观的影响，个别报道也是有失偏颇的，总而言之是正面形象。这说明中俄两国在精神层面并不排斥，基本处于同一个价值体系中，彼此能够相互理解和接受，互惠互利。

(作者单位：中国国际广播电台俄语部)

注释：

① 周鸿铎：《文化传播学通论》，中国纺织出版社，2005年，第187页。
② 零点研究咨询集团：《中国人眼中的世界·2016》报告，http：//www.horizon-china.com/page/4192。
③ 柯惠新、郑春丽、吴彦：《中国媒体中的俄罗斯国家形象》，《现代传播》，2007年第5期(总第148期)，第34页。
④《人民日报》2016年7月18日21版：《世纪条约引领中俄关系发展新航程——纪念〈中俄睦邻友好合作条约〉签署十五周年》。
⑤ 新华网：《综述：中俄全面能源合作伙伴关系日益加强》，http：//news.xinhuanet.com/2016-05/28/c_1118947236.htm。
⑥ 人民日报：《中俄双边贸易加速发展》，2007年11月3日。
⑦ 人民日报：《警惕"民族情绪"》，2006年8月29日。
⑧ [俄] 亚·弗·卢金：《俄国熊看中国龙——17-20世纪中国在俄罗斯的形象》，刘卓

星等译，重庆出版社，2007年版，第34页。

⑨《联合的界限》,《独立报》,2002年3月6日。

⑩《是的，我们是亚洲人……》,《独立报》,2002年8月6日。

⑪《中俄签订新条约》,《独立报》,2001年7月14日。

⑫《中国"威胁"——出售斯拉夫石油公司可能让国家付出惨重代价》,《独立报》,2002年12月16日。

⑬《中国人来了》,《消息报》,2005年12月12日。

品牌建设

关于环球资讯广播《环球教育》
节目定位与内容传播的思考

樊 龙

近年来,我国经济发展突飞猛进。我国的教育体制,也在发生着可喜的变化,在这个时代的大环境下成长起来的当代家长,在文化素养及教育理念上,都需要有新鲜的营养注入。因此,一档发掘、吸收、推广、普及世界各国先进教育理念的节目符合国家发展战略和时代发展需求,意义深远。

中国国际广播电台作为国家级中央媒体平台,理应为加快中国特色新型智库建设建言献策。环球资讯广播的《环球教育》节目基于这样的平台,就更应该在这一层面上做一个承载着理论与实践相结合的空中桥梁,承担起国家台的媒体责任。因此,节目定位准确合理,同时内容传播上还要与之相匹配,这样便能更直接、有效地进行教育内容的传播。

一、《环球教育》线上节目的内容分布现状

本文以《环球教育》节目 2016 年(以下涉及的节目均为 2016 年播出日期)全年的节目为对象对其内容的选择和类型进行了梳理,主要分为国内和国外两大类,其中国外方面包括纯留学信息与服务和国外典型性现象分析。

我们把节目主题为不涉及留学信息与服务,且对我国教育事业有着普适性意义的教育问题,归为国内教育问题。如,1 月 14 日的"老人干涉父母教育孩子怎么办",5 月 2 日的"如何对孩子进行有效的安全教育"等;把涉及国外,如"申请美国名校 GPA 低还有救么""加拿大留学各省大比拼:哪个适合你"等直接服务于准备出国留学的学生和家长朋友的主题节目,归为纯留学服务类;把涉及国外,如"美国小孩为什么自信,值得中国家长反思""国外学校的实践课是怎样的"等对我国教育发展有借鉴和启示的具有典型意义的主题,归为国外教育典型性现象。其所占比值如下:

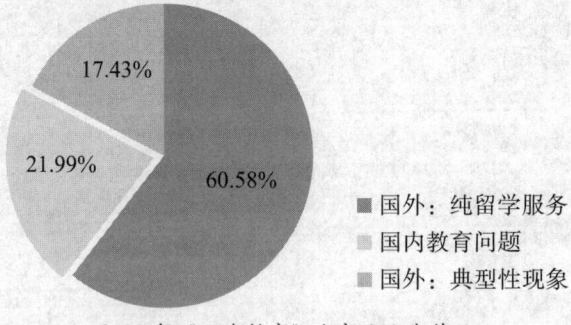

2016 年《环球教育》全部 241 期节目

2016年12个月共366天，双休日105天，春节等节假日节目调整20天，共241期节目。全部节目可分为两部分，第一部分国内教育问题共53期，第二部分国外教育问题共188期。其中，国外教育问题又分为两类，一是纯留学服务类，二是国外教育典型性现象，分别为146期、42期。

由此可见，《环球教育》节目以留学服务信息为主体，占全年节目的60.58％，国外教育典型性现象的问题分析占全年节目的17.43％，国内教育问题占比21.99％。

其中，146期的纯留学信息与服务节目中，介绍美国58期，加拿大31期，英国23期，澳大利亚12期，德国5期，韩国4期，荷兰3期，新西兰3期，新加坡2期，匈牙利1期，意大利1期，俄罗斯1期，爱尔兰1期，丹麦1期。占比如下图：

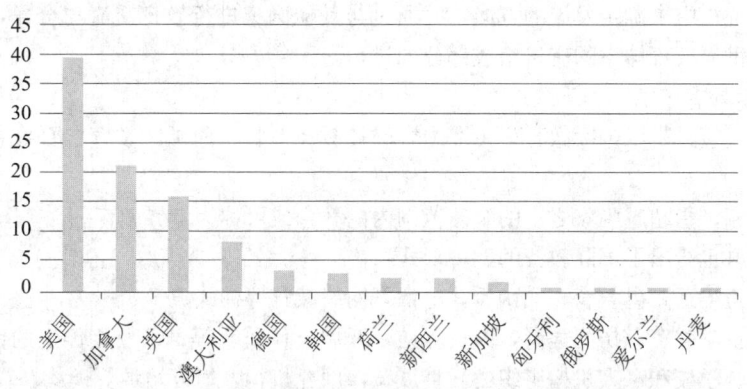

146期纯留学服务节目各国分布

由此可见，现阶段的《环球教育》节目是一档以留学信息与服务为主，以推广普及教育方式方法及相关理念为辅的教育节目，在中央级媒体平台上，其社会价值还有进一步提升的空间，同时对国内教育的价值导向性还可以更加明确，内容的选择与传播上也可以进一步探讨。

二、教育节目国际化与国际教育节目的关系

中国高等教育学会会长、教育部原副部长周远清曾说过：我们的教育既是国际化的，又是中国化的，既要有国际视野，又要有自己特色的教育体系，这就是"国际视野，中国道路"。

经济的发展与融合，决定着国家综合国力的提升与加强，与此同时，文化软实力方面也是不可或缺的一项，直接决定着人才的培养与竞争。不断加强与世界其他国家间，尤其是教育发达国家的教育合作与交流，才能更好地优化本国教育体系，逐渐融入教育国际化的潮流。

因此，微观关注国际教育，还是通过关注国际教育以更好地服务国内教育？这就要想

想节目的初衷是什么，也就是为什么而出发？当然，这也是一个亟待讨论的媒体视野和媒体责任的定位问题。

1. 教育节目国际化

教育节目国际化，不是把普通严肃的教育节目做成"洋气"的样态，加入外语的学习和表达或者出国的指南与服务，而是把教育节目的内容与世界各国的先进教育理念相结合，以实现节目本身在本国教育领域的导向价值。

教育节目国际化，主要依托教育国际化的时代趋势。

教育国际化，简单来说，就是用国际视野来把握和发展本国教育。

张乐天主编的《教育学》一书中指出，教育国际化是一个国家将本国教育置于世界教育发展的系统之中来确定发展的方向，并通过与其他国家进行教育交流与合作，从而使本国教育成为世界教育体系的有机组成部分的过程。

2. 国际教育节目

国际教育节目是以国际教育为传播内容的社教类节目，而国际教育在百度百科上的定义如下：

国际教育，指超越国家之上的全球范围内的教育或可称为世界教育。

百度百科也给出了国际教育的四种形式：

（1）即跨境远距离教育，如函授，电话，网络教育等模式。

（2）即留学教育，访问学者，人员互访，开展合作研究等；以及相伴生的留学市场服务，如政府、学校和私人机构组织的教育展览，中介机构，境外培训等模式。

（3）即在目标国设立分校或分部，与当地学校结对子，合作办学，给当地学校授权等模式。

（4）即教师和培训师跨境讲学等。

由这四种形式可以看出，这里的"国际教育"准确的表述应该是国与国之间的教育交流与合作。这或许可以作为国际教育的狭义概念。作者看来，前文所说的把"超越国家之上的全球范围内的教育，称为世界教育"倒是更为贴切，就是把教育放在了全世界的范围框架下的统称，是一个大概念。对于国际教育的科学定义有待学者的深入研究，百度百科的表述暂可当作国际教育的广义概念。

因此，国际教育节目就应该是以各国之间的教育交流与合作为核心的服务节目或者讲座节目等。《环球教育》按上述总结的2016年全年的节目内容比例来看，正是一档国际教育节目，主要服务于出国留学的家长和学生朋友们。

3. 二者的区别：它们的本质不同，各自的传播内容也不同

教育节目国际化，是教育节目的改革方向和发展趋势。一方面，国家在经济全球化、贸易自由化的大背景下，对教育思想和教育制度方面进行改革，推动教育的国际化。另一方面，教育节目也应该顺势而为，放眼全世界各国的教育，吸收各国先进的教育理念、实践经验，尤其对孩子的习惯培养、学校教育、家庭教育、职业教育等方面，推动我国各阶

段各层级教育发展，整体改变我们国家的教育环境、改善我国的教育体系，助力我国的教育事业向着更成熟、更先进的方向迈进。

国际教育节目，是为了让本国有意接受国际教育的对象更快、更直接地获取该领域跨国交流与合作的政策更新和信息发布，了解不同国家的文化特色及教育背景，培养其国际化视野，提升本国的人才竞争力。

教育节目国际化，其传播内容是世界教育的改革与发展。国际教育节目的传播内容则是国与国之间的教育合作。

而世界教育与国际教育是一个包含与被包含的关系。国际教育是局部，它是世界教育的一个组成部分，主要包括基础教育国际学校（初、中等教育）、高等教育阶段留学教育、高校跨国办学、国际间大学生交流学习（如夏令营）……这只是学历教育中的一个分支，不能代表全世界的教育体系和教育范畴，我们要放眼全球，用世界眼光来看待我国的教育问题，这才真正符合国际台"中国立场、世界眼光、人类胸怀"的传播理念。

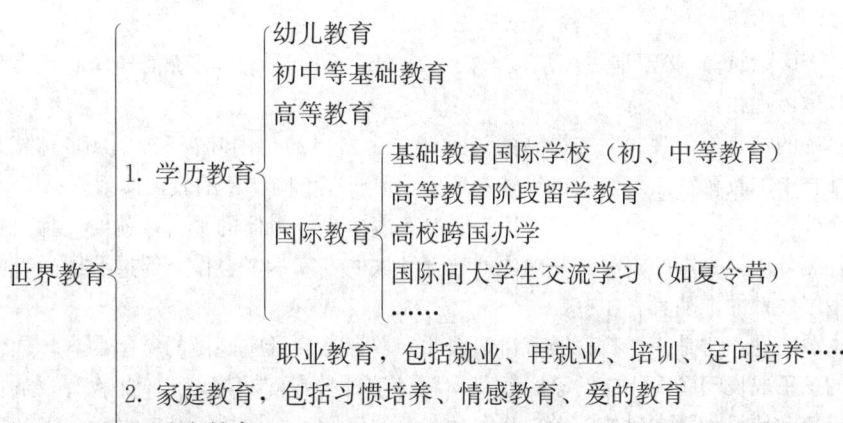

教育的简要分类

环球教育，并不等于国际教育。环球，即全球的意思，意指世界所有国家。这与环球资讯广播的"环球"是一个概念，泛指全世界各国的资讯，并不单单局限于某一种资讯。因此，既然世界教育指区别于某个国家个体的全球范围的教育，即对世界上所有国家的教育的统称，那么，节目的中心点就应该更多地放在世界各国的教育发展上，不论发展先进的还是发展缓慢滞后的，都是值得相互借鉴的，这样才能更好地实现服务国内教育的最终目标。世界各国的文化共同发展，才是当今世界教育的大方向，即《环球教育》节目的传播主体内容，而非单纯地趋向于国际教育留学服务类节目。

三、明确节目定位，准确划分受众

节目内容的选择与传播，不仅取决于媒体平台的视野和责任，还要考虑其节目定位、功能及其受众群体。

1. 《环球教育》节目定位

对节目进行定位，要先从教育活动的功能着手，即功效和职能，也就是解决"教育干什么"的问题。

（1）最首要功能：促进个体发展，包括个体的社会化和个性化。

（2）最基础功能：影响社会人才体系的变化以及经济发展。

（3）社会功能：为国家的发展培养人才，服务于国家的政治、经济发展。

（4）最深远功能：影响文化发展。教育不仅要传递文化，还要满足文化本身的延续和更新。

因此，《环球教育》必须是一档从以上四个功能着手、具有鲜明价值导向的社会教育类节目。具体体现在：

（1）明确的核心价值观。上文提到的周远清先生指出的"国际视野，中国道路"，其实就是要结合中国教育特点、借鉴世界教育理念，形成有中国特色的教育体系。

（2）充分发挥国家台的舆论导向作用。既然有着中央级媒体的平台，就要发挥出央媒的价值来，充分用好央媒的资源，与国内外教育领域的专家学者合作，促进我国教育的发展，争做中国教育的推动者。

（3）本源问题：这是一档教育类节目。因此，教育类节目应该做的基本内容，如各阶段各层级的孩子成长问题，相应的家庭教育问题、学校教育问题等，《环球教育》节目都应该有所设置和传播，并在讨论中发现我国教育上的问题，在比较中学习世界各国的成功经验，以促进本国教育的优化、提升和发展，实现教育节目的国际化。

2. 节目受众

俗话说，"活到老，学到老"。说的就是，教育是不分年龄、不分阶段、永无止境的。在上文的世界教育范围中已经提到，世界教育领域早已有"终身教育"的概念，而且，环球资讯是国际台的对内频率，覆盖着国内多个城市，所以，《环球教育》节目应面对各阶段各层级有教育需求的受众，站在中国的立场，以国际视角，来中和各国教育的成功经验，取得真经，为己所用，推动国内教育领域的完善与发展。因此，从节目内容传播的角度来考虑，节目受众的关注点应该在于：（1）孩子的教育和未来；（2）本国的教育发展；（3）自身的成长与发展；（4）世界各国的优势教育。其中，既有学生、家长，又有学校、教师，既有在职人士、为人父母，又有未就业人口，甚至农民、工人。

落地30个城市的环球资讯广播，对于各地方台来讲，其影响力已经远超地方媒体平台，虽然不是全国的所有人都能听到，但至少要做到，努力让所有听到节目的人，能在其人生成长的不同阶段各自有所收获、有所成长、有所改变。

四、《环球教育》节目应具备的特点

一档节目的成功与否，在节目自身定位、内容传播之外，还要看最终的传播效果。而对于教育节目而言，其传播效果在于节目本身及其内容的特点是否具有实用性和可听性。

1. 知识性

这是实用性在节目内容传播上的最直接体现，是教育节目最主要的社会功能之一，包括对正确教育理念的普及、指导等方面。有限的时间里尽量少说受众知道或可轻易知道的信息，尽量普及受众应知但不知的知识，即专业性功能，忌追求高深、卖弄知识。

2. 贴近性

与受众相关，是一档节目内容传播的根本要求，在取材上就要做到受众想听、能听、爱听，即有需求、听得懂、有意思，这就要求在内容的选择与传播上必须以听众的需求为主导，同样突出实用性。

3. 权威性

在央媒的背景下，必须做到发布的信息准确、及时，还要有前瞻性，在地方台能听到的，就尽量不要大片重复，不要嚼人家剩下的，多在内容和叙事上下工夫，尽量发掘独到的视角，打开某一特定的视界，拿到独家的采访和资料，做到有高度，有深度，有温度，切忌高高在上。

4. 娱乐性

在全民娱乐的大环境下，无论从表达上，还是主题的确定上，包括嘉宾的选择上，都要与轻松、明朗挂钩，感性和理性兼具，同时还要带入些许的时尚元素，如，话题由音乐、电影或其他具有时效性的热点引出，便于调动听众的兴奋点，使其迅速参与进来，受邀嘉宾方面也要善于调侃、娱乐，且主次分寸拿捏得当，如春节期间播出的《中国诗词大会》节目请到的康震老师，风趣、幽默，将深奥晦涩的古诗词洒脱自如地诠释出来。

5. 引导性

对于整体国情，对于社会背景，对于教育本身，包括世界各国的教育形式及其特点，都需要有一个正确、清晰、简单明了的解读和引导。要让大家认可某种教育理念，或者每一次的教育政策发布、改革措施，都得先让人理解，而不是简单地说教，更不能盲目地站在受众的对立面上发号施令，要看清国内外的整体环境、各组合要素间的内在联系，有的放矢，从而回到具体问题具体分析的理性发展上来。

6. 对比性

这是基于引导性特点而来的操作办法，即从国内和国外的不同观点表达中进行国际比较，听听来自不同国家的嘉宾们给出不同的对待方法，促进多方观念的融合，以便更好地服务于我国的教育发展。这也是教育节目国际化的实现手段之一。

总体来说，一档多元、系统而好听的教育节目，要做到：普及高于受众的知识性，提升节目主题的贴近性，树立央媒平台的权威性，增强与时俱进的娱乐性，强化社会文明的引导性，同时，弱化以往较为局限的服务性。

因此，教育节目，在定位和内容准确对位的同时，也可以轻松加愉快。

开拓、融合、丰富、发展，这才是我们中国文化与教育的前进方向，而非全盘西化。《环球教育》节目的初衷，理应是让中国的家长、孩子以及我们的教育事业一点点变好，通过发展教育而获得文明，并使之发展延续。所以，我们在节目形式上向外，要把人们的目光拉向大千世界，但与此同时，真实的力量在向内，因为我们要在成长中获得幸福。

这正是教育节目向着国际化发展的内在驱动力，也是教育节目国际化的必要性之所在。环球资讯广播的《环球教育》作为国家级广播节目，就应该依托国家媒体平台的国内专家资源、国际驻站记者资源，在实现"多媒体融合、全媒体发展"进程中做到虽放眼于世界教育，但始终服务于国内教育发展的有效传播。

（作者单位：中国国际广播电台新闻中心）

参考文献：

1. 中国教育科学研究院国际比较教育研究中心著：《世界教育发展报告2012》，教育科学出版社，2013年。

2. 中国教育科学研究院国际比较教育研究中心著：《世界教育发展报告2013》，教育科学出版社，2016年。

3. 张乐天主编：《教育学》，高等教育出版社，2012年。

4. 毕淑芝、王义高主编：《当今世界教育思潮》，北京人民教育出版社，1999年。

浅谈越南语创客产品《故事会》的制作思考

卢倩桦

2015年，为继续推进新媒体建设，中国国际广播电台（以下简称国际台）东南亚地区广播中心启动了新媒体建设项目"创客行动"，通过加强中心统筹和指挥力度，建立新媒体团队运行机制，鼓励创新，发掘团队创造力，深化各语种新媒体产品建设。为此，2016年，越南语创客产品《故事会》应运而生。该节目是通过国际台越南语部脸书的官方主页与"学中国普通话"主页同步发布，同时使用国际台与北部湾之声合办的微信公众号《中越交流圈》进行推送。截至2017年1月底，《故事会》已累计上线27期节目，总播放次数与互动量均达到预设水平，初步形成了节目的制作与传播模式。作为越南语创客产品《故事会》的主要负责人，作者在节目策划、运营和制作过程中，不断探索和思考如何将这款创客产品做得更好，本文将就此进行初步的探讨。

一、从产品角度看"新媒体"内容生产

首先，"新媒体"是区别于报刊、广播、电视等传统媒体的媒体形态。一般认为，新媒体是基于互联网技术和数字化存储技术的媒体形态。随着互联网技术、数字技术的不断发展，特别是近十年来由苹果、谷歌等科技企业拉开的移动互联网大幕，使新媒体早已不局限于过往所说的互联网，甚至是当今风头正劲的移动互联网也无法完全概括"新媒体"这一概念。正是由于技术手段的飞速发展和生产能力的不断升级换代，才使得"新媒体"无法像过去的报刊、广播、电视等传统媒体一样形成公认的定义。因此，"新媒体"所涵盖的事物范畴是不断变化的。特别是在媒体融合的大背景下，今天的一线媒体从业人员，在从事新闻传播工作时，思路大可不必拘泥于某种具体的媒体形态，就像以手机等移动终端为代表的移动互联网以极速的发展态势盖过了以个人计算机（PC）为载体的互联网一样，未来这种由载体或传播手段去划分媒体形态的方法，意义会越来越小。

其次，今天乃至未来"新媒体"的信息传播手段，并未超出传统媒体的表现范畴。有别于诉诸文字和图像的报刊、诉诸声音的广播、诉诸声音和视频的电视，"新媒体"采用的信息传播手段包括了以上的全部，甚至风头正劲的虚拟现实技术（VR）、增强现实技术（AR），其表现手段依然无法超越语言文字、静态图像、声音和视频，只是借助更先进的技术承载了更多的信息。因此，今天的一线媒体从业人员，应在专精于某一种信息传播手段的基础上，全面掌握各种信息传播手段在业务上的运用，才能更好地顺应媒体发展的趋势，做出更有效的传播。

再次，在技术进步和生产力高速发展的当下，如今及未来的受众将不再满足于传统的、单向的、"你播我听"的信息传播模式，而是越来越会以自身的需求为出发点，主动寻找满足自身迫切需求的媒体内容。甚至受众已不再满足于简单的互动，而需要通过媒体内容背后关联的"服务"才能产生对媒体内容的持续关注。

综上所述，今天的"新媒体"背景下的内容生产，应不拘泥于仅满足传统单一媒体内容生产的要求，要注重多类别信息传播手段的融合，注重不同媒体间的可迁移性，同时从思维模式上突破传统媒体的格局，吸取实体产品或服务产品的设计、制造、运营的经验，进行内容的策划与制作。一线媒体从业人员应用做"产品"的眼光去看待新媒体内容生产。

二、解读《故事会》

1. 制作背景和目的

中国和越南是山水相连的邻邦，都属于东方文化体系，在长期的历史交往中，两国文化互相影响、互相融合。可以肯定地说，中越两国拥有相似的文化背景和价值观，这为对越南传播工作带来了天然的便利条件。但是，从近十年的实践来看，虽然友好与合作是两国关系发展的主流，并为两国人民带来了切实利益，但也存在着一些不确定的因素，如：纷争时期造成的隔阂、南海问题等。如何通过有效的对越传播，从而平缓不利于中越两国关系发展的不良态势，这对从事对越传播工作者而言是亟待提出解决方案的任务。

国际台的对越广播已有近七十年的历史，在越南国内培养了一大批忠实听众，这是几代越南语部工作人员共同努力的结果。但是，随着时代发展的变迁，近年来，广播这一传统媒体形态日趋式微，听众年龄结构断层的趋势逐渐显露，传统的广播节目对越南的年轻人吸引力逐渐被更多的可替代品分散。

在文化传播中，正所谓"得年轻人者得天下"，因此，《故事会》正是在这样的背景下，应运而生。《故事会》酝酿之初，就是瞄准了以 80 后为代表的越南青年群体及其儿女们。《故事会》希望通过为幼儿讲故事，吸引年轻的越南父母，影响越南下一代，通过对人性共通道理的介绍，逐渐拉近越南受众对中国文化的认同感。

2. 产品解读

《故事会》节目是填补国际台对外少儿节目的空白，目标为越南婴幼儿音、视频市场，核心特性是对外少儿节目，目标受众为越南 3 至 12 岁的儿童及其家长，力图打造一档吸引儿童独立观看、或由儿童家长陪伴儿童共同观看的新媒体产品。

《故事会》播出周期固定，每周播出一期，时长约 4 分钟。主要内容：一是用讲故事的方式为越南受众讲述中国经典儿童故事，配以由该故事改编的动画片剪辑视频；二是对现代中国精品动画作品进行再创作，将其故事浓缩制作为广播剧，配以精彩画面剪辑。节目整体风格轻松，适合儿童独立观看，或由儿童家长陪伴观看。特别需要指出的是，针对中国影视作品广泛流传的越南，《故事会》节目视频使用的经典动画片，能够引起已为人父、为人母的80后一代受众的怀旧感，使他们对节目产生强烈的认同感。因此，通过对节目内容的精心设计，使受众达到共同的价值认同，从而对越南年轻人及其下一代产生积极的影响。

3. 生产流程

《故事会》的生产周期为三至四天。其中创意策划为一至两天，主要集中在故事的选择和配合动画片画面对故事进行文字编辑；制作时间为两至三天，包括翻译、配音、压混、特技音效处理和视频剪辑制作等。

除了每周的常规播出之外，在节目播出的第二天将发布本期故事全文的中越文对照、第三天将发布该故事配套的《听故事、学中文》等周边衍生产品，做到生产内容利用的最大化。

4. 发布渠道和效果

目前，《故事会》主要在国际台越南语部 Facebook 官方主页和"学中国普通话"主页发布，同时利用国际台与北部湾之声合办的微信公众号《中越交流圈》进行同步推送。每期节目的自然到达量与互动量均达到预设水平，推送后效果更佳，留言互动效果良好，初步形成了节目的制作与传播模式。

三、制作经验小结

作为一档对越南少儿受众播出的节目，《故事会》表现形式上是"语音＋动画"的模式，其动画元素主要是以原始素材为基础进行的二次创作，而真正起到有效信息的传递作用，主要还是语音元素。究其原因，一方面是由于节目本身是面向越南受众的，需要使用其本土的语言；另一方面，也是为了更好地做到产品本身多平台迁移——除了以视频节目传播外，还可以在周边衍生产品，在"听故事、学中文"等节目中使用，从而达到发挥产品的多元价值。

因此，《故事会》的节目创作，可以简要概括为"附以动画表现形式的广播剧"。在创作时，可以吸取广播剧与动画片双方的经验，从而达到更好的表现效果。

1. 翻译技巧

翻译是制作《故事会》节目的最重要的环节之一，要努力做到剧本"绘声绘色""原汁原味"，必须在三方面下工夫：一要有扎实的外语功底；二要有厚实的中文基础和丰富的生活阅历；三要有一定的艺术表演功底，即"懂戏"。了解动画片的特性规律，尽量使用形象、生动的少儿用语，只有这样才能忠实于故事本身的原貌，做到达意传情。

2. 创作技巧

作为《故事会》的主要信息传递元素，语音在产品中处于核心地位。节目的定位为既是"附以动画表现形式的广播剧"，同时也是一部完整的"动画短片"。因此，在进行配音时必须要借鉴动画片中语音的表现手法。

在动画作品中，语音起到叙事、交代情节、刻画人物性格、揭示人物内心世界、论证推理和增强现实感等作用，同时他还担负着角色之间以及角色与观众之间交流的沟通使命[1]。《故事会》目前选取的原始素材，如《三个和尚》《画龙点睛》等动画短片，都是通过多名角色之间发生戏剧冲突的形式来展开故事情节和揭示故事主旨的，这些角色的性格、兴趣和气质都需要通过语音进行表现。而仅靠对话或旁白中的文字，是无法完全表现出故事中不同角色与人物的心理活动，因此需要充分调动音色、音调、力度、节奏等声音元素，配合文字才能实现这一目的。

3. 配音技巧

为了配合节目的动画元素，《故事会》的配音相比一般的广播剧要显得夸张许多，声音的变化幅度也很大，对配音者的声音的表现力和驾驭能力要求较高。

首先，通过声线的变化调整来适应角色的身份和特点。例如在《故事会》之《井底之蛙》中，小青蛙的愚笨性情和大海龟的长者身份，在由同一人来配音时，是通过调整配音声线来切合角色形象的；其次，需要充分调动配音者内心的情感，才能在短时间的节目内更加充分的塑造与之对应的卡通形象。这就要求配音者在配音时需要充分理解故事的内涵与角色之间的关系；再者，在人力资源足够充分的前提下，还应注意角色对位，即"男对男、女对女、老人对老人、小孩对小孩"，这样才能准确地表现角色、展开故事情节。

此外，要注意故事中人物的生活细节、语言习惯及小动作，如：叹气、呼吸、停顿、喘气等细微的情绪变化都要力图表达出来，这样一个活生生的动画人物形象就会出现了，不仅能达到"声似"，而且能达到"神似"的境界。

四、未来发展规划

《故事会》节目自2016年8月上线以来，已形成了较为完善的生产模式。作者对这款新媒体产品的未来抱有较高的期望。

1. 拓展选材范围，多视角展示东方文化

目前，《故事会》的内容取材：一是用讲故事的方式为越南受众讲述中国经典儿童故事，配以由该故事改编的动画片，以视频产品呈现；二是对现代中国精品动画作品进行再次创作，将其故事浓缩制作为广播剧，以音频产品呈现。展望未来，《故事会》还将尝试在现有的内容选材范围基础上，拓展选材范围，如选取欧美国家制作的东方故事视频产品作为节目创意基础，在保证我国对外传播立场的大原则下，以更多的视角展示中国文化，给受众更为多元的选择，丰富节目内容。

2. 尝试商业合作，助力中国"ACG"国际化

改革开放以来，特别是近20年的经济高速发展，当前我国处于经济发展的新常态，"调结构、促转型"成为推动经济发展的新动力。在这一背景下，文化产业得到了空前的

发展，动画（Animation）、漫画（Comic）、游戏（Game）等领域（以下简称"ACG"）涌现出越来越多优秀的本土企业，创造了很多极具中国文化底蕴的产品，如：风靡华人圈的智力卡牌桌游《三国杀》产品等，以及由此衍生的网络游戏、手机游戏、网络剧等。类比于美国通过电影、美剧、美漫等方式对外输出美国文化价值观，已经成为世界第二大经济体的中国在原创动画、漫画、游戏等领域也可以积极向海外发展，在创造经济价值的同时，向外输出中国的文化价值观。

以《故事会》为基础，未来可以尝试与优秀本土运营商进行商业合作，发展出针对不同年龄层次的产品，形成更为完整的产品线，推进中国的"ACG"国际化。

3. 加强节目互动效果，策划自主新媒体活动

从中国国内互联网创业趋势来看，在互联网特别是移动互联网普及之后，仅仅依靠基于互联网的线上互动模式已无法充分满足用户需求，因此，可尝试充分调动受众的参与度，从而达到"线上"+"线下"多元发展。基于此，未来《故事会》在条件成熟时，可以尝试邀请受众自己录制故事，传给制作团队，进行后期音效和配画面制作，从而达到吸引受众参与；此外，还可邀请越南著名人物，如：著名演员、高级官员等录制故事，制作成音频节目播出。

(作者单位：中国国际广播电台越南语部)

注释：

① 徐威：《电视节目声音与制作》，中国广播电视出版社，2005年1月。

形式"本土化"、内容"国际化"
——《罗拉红茶馆》品牌栏目打造的探索

李晶晶

中国国际广播电台(简称国际台)西班牙语部墨西哥落地节目《罗拉红茶馆》(西译 Café y té,即《咖啡与茶》)是一档以展现跨国文化的碰撞与交融为主题的精品栏目。该栏目 2010 年 11 月在墨西哥蒂华纳 AM1470 频道开播,是国际台西班牙语落地广播最"长寿"的节目之一,一直深受墨西哥蒂华纳以及美国圣地亚哥当地听众的喜爱,在通过网络和移动平台收听节目的听众中也获得了良好的反响。该栏目中播出的节目还曾多次在中国国际广播新闻奖的评选中获奖。

与传统的短波广播节目不同,《罗拉红茶馆》从一开始就是面向落地频道和网络平台量身打造。为了获得受众的共鸣,创作团队在节目策划和制作的过程中注重形式的"本土化"和内容的"国际化",努力将这档节目办得既有深度又富于趣味性,既照顾到西语受众的文化传统、思维方式和欣赏习惯,又兼顾国际台的宣传精神和宣传策略。

一、精准定位

1. 找准空档定位

明确的定位是栏目品牌建设的基本要素之一,其中"空档定位",即寻找现有市场上一些为受众欢迎但又未开发的领域,填补媒体市场上的空白,是栏目品牌建设常用的定位策略。[①]《罗拉红茶馆》栏目从筹备之初就找准了比较文化这个切入点,通过探讨文化间的相似性和差异性,展现不同文化的相互碰撞和相互融合,潜移默化间帮助外国听众了解中国的悠久历史、灿烂文化以及令人惊叹的当代发展成就。

相比有着固定听众群体的短波广播,以调频和中波为播出方式的落地节目以及以网络为平台的网络广播直接面临着本土广播和其他国家西班牙语广播的竞争。如何找到精准的节目定位,抓住落地地区听众的耳朵,是打造落地节目品牌栏目最重要的环节。然而一直以来,国际台西班牙语对外广播节目,无论是短波节目还是落地节目,大多局限于单方面地介绍中国的历史、文化和建设成就,一些节目从内容到形式流于单向灌输甚至说教,难以引起对象国听众的共鸣。

鲁迅先生曾经指出:"意者欲扬宗邦之真大,首在审己,亦必知人"。[②]一个国家,一个文明,首先要审视自身,然后要了解他人,这样才能产生深刻自觉。在对外宣传和对外交流的过程中,知己知彼,求同存异才能达到良好的沟通和传播效果。而广播作为一种大众媒体，只有从听众群体熟悉的选题入手才能避免曲高和寡，唱独角戏，做无效传播。《罗拉红茶馆》的主创团队参考了专家和听众的意见，结合团队自身的特点，确立了探讨东西方文化的差异与共性，着力体现"包容共存、彼此尊重、个性让世界更美好"这个节目主题，内容上选取各国媒体，尤其是受年轻受众追捧的社交媒体上热门的文化和社会话题，风格上坚持轻松欢快的节奏、亲切幽默的主持、丰富充实的采访等特点，从一开播就受到广大听众的好评，成为最受听众喜爱的落地节目之一。

2. 明确受众主体

明确"为什么人做节目"和"他们喜欢什么样的节目"这两个问题是做出广大听众喜爱的广播节目的基础。

以探讨东西方文化和社会问题的异同点、展现中外文化的碰撞和交融为主题，主要面向18到45岁受过良好教育的都市年轻人、对中国文化感兴趣的外国人、女性听众，这是《罗拉红茶馆》最初的节目定位。这个定位综合考虑了节目播出的平台、时段、墨西哥当地听众的收听习惯以及节目团队自身的构成特点等因素。尽管节目组的人员经过了多次调整，节目的内容、形式、风格始终围绕着这个定位展开，同时通过市场调研和听众反馈不断进行调整，因而在节目播出的6年时间里一直保持着统一风格和稳定的水准。

二、打造鲜明的节目特色

《罗拉红茶馆》栏目的总策划和中方主持人罗拉（即本文作者李晶晶）及其团队努力将这档节目办得既有深度又富于趣味性，贴合墨西哥本地听众的收听习惯。从前期策划开始，节目组听取了大量墨西哥当地听众、墨西哥媒体同仁以及曾经在墨西哥生活过的中方人士的意见和建议，在节目结构、选题、节奏、音乐、片花等各方面精心设计，反复推敲。

1. 主持风格

作为一档轻松的谈话类节目，《罗拉红茶馆》始终坚持由一名中方主持人和一名西语国家母语主持人共同主持，主持风格亲切自然，轻松幽默，注重主持人之间、主持人与听众之间的互动。作为栏目的主要策划、撰稿人和主持人，李晶晶在脚本的文字上注意迎合广播节目的特点，把握雅俗共赏、深入浅出的尺度；在主持技巧方面参照墨西哥本地FM调频广播的语速和节奏，但同时又不失鲜明的个人特色。节目开播的几年中逐渐拥有了大批忠实粉丝，而节目的主持人也成为他们通过电波交流的朋友。

为了加强节目的可听性和可信性，节目中穿插大量现场采访，采访对象既有中国的官员、专家和普通民众，又有在中国工作、学习的外国朋友，也有落地对象地区当地的学者和听众。通过他们的现身说法，结合主持人画龙点睛的评论，为受众生动地展示了中国的历史、文化、发展成就，探讨东西方文化的差异与共性，配合"包容共存、彼此尊重、个性让世界更美好"的栏目主题。

2. 音乐的选择

在蒂华纳落地广播的筹备阶段，西班牙语部曾经多次组织国内外广播和外宣方面的专家召开研讨会、座谈会以及节目试听会，与会专家对于《罗拉红茶馆》节目的定位、内容、风格做出了很高的评价，同时也提出了一些修改意见。比如，按照以往制作短波节目的习惯，试播出的节目采用一段对话接一段音乐的简单拼接形式。而根据墨西哥专家的意见，墨西哥当地的广播节目基本采取全程垫乐的形式。综合了专家意见和听众反馈，节目组将节目的形式设定为4分钟左右全程垫乐的谈话（采访部分除外），中间穿插一到两首歌曲。

在垫乐的选择上节目组听了大量的墨西哥广播节目，结合本栏目的内容和特点，没有选择快节奏的拉丁音乐，而是选择类似咖啡馆背景音乐的爵士和布鲁斯风格的音乐，每一段的垫乐风格统一但旋律不同。音乐资料从专门提供免费背景音乐的曲库中选取，避免了版权的问题。在歌曲的选择上，由于版权问题落地节目无法使用占据当地电台歌曲排行榜的欧美和拉丁流行乐，节目组决定以中国内地和港台的流行乐为主，兼顾歌词内容、节奏、歌曲长度、男女声等因素，力求音乐风格与节目内容和谐统一。听众反馈显示，音乐的选择也是听众喜爱这档节目的因素之一。

三、内容为王

为了引起受众的共鸣，《罗拉红茶馆》在节目策划和制作过程中注重形式的"本土化"和内容的"国际化"，既照顾到落地地区受众的文化传统、思维方式和欣赏习惯，又兼顾国际台的宣传精神和宣传策略。在选题上注意规避过于中国化的，当地听众难以理解的题材，注意避免触及当地的文化禁忌，尊重当地的宗教信仰和传统习俗。节目组还从与听众的互动中选取他们感兴趣的题目进行有针对性的采访和讨论。除了独立采访，撰稿人也在节目中有选择地使用台内通稿中提供的信息、素材和音响，但在脚本的创作过程中注意打破传统对外广播节目的条条框框，使节目不仅在内容和形式上符合当地受众的收听习惯，而且在逻辑和表述上贴近本土听众的思维方式。

1. 注重受众调研

从前期筹备的专家"会诊"和听众摸底，到节目播出过程中的各种调研和互动，《罗拉红茶馆》一直把国家的外宣任务以及听众的关注点和兴趣点作为节目内容的两个指导方向。节目组经常通过电子邮件、脸书等平台向听众征集他们感兴趣的话题。

2012年10月至2013年3月期间，西班牙语部通过网页、电子邮件、社交媒体以及拉美部分国家街头问卷的形式进行名为"西语国家中国国家形象"的问卷调查，收到来自23个国家和地区的广播听众和网络听众的反馈。在回答关于"听到'中国'您首先想到什么？"这个问题的时候，统计结果显示82%的人希望了解中国"悠久的文化"；61%选择"长城"；59%的受访者选择"经济实力"。其他选项的比例依次为："中国制造"，57%；

"中国菜"，56%；"中文"，56%；"幅员辽阔"，54%；"贸易"，45%；"中医"，44%；"共产主义"，38%；"毛泽东"，37%；"龙"，36%；"军事实力"，35%；"熊猫"，32%；"'文革'"，31%；"改革开放"，29%；"功夫"，27%；"京剧"，25%；"姚明"，18%。受访者自己补充的项目包括："高速发展""热情善良的人民""旅行""风景""道教""佛教""民族多样性""气候问题""中央集权""经济发展不平衡"等。（参见笔者发表在《国际传播论文集》第十四辑中的论文《"西语国家中国国家形象"问卷调查及抽样访问结果分析》）。这个调查的结果成为《罗拉红茶馆》设置话题的一个重要指导。

而根据环球舆情调查中心 2014 年、2015 年在全球 20 个代表性国家中所作的关于中国国家形象公众意见调查提供的相关数据，在"对于中国，外国公众更愿意了解什么"这个选项中，文化风俗、"中国制造"产品、当代中国人的生活分别占据前三位。这也正是《罗拉红茶馆》节目自开播以来集中探讨的领域。

2. 围绕比较文化这个切入点

选题是谈话类节目成功的关键。在确定了比较文化这一切入点以后，《罗拉红茶馆》的主创人员不断开拓思路，力图用"世界眼光"讲述中国故事。我们的许多选题，比如《中餐在国外》《不同文化的审美观》《各国退休制度初探》《中国节、外国节》《中国人的婚恋观》《生肖与星座》等都引起落地国以及网络听众的极大兴趣和积极反馈。

节目话题主要包括几大类：

（1）文化类比

比如，《方桌与圆桌——中西餐饮文化谈》《生肖与星座》《中国节、外国节》《各国国花》《城市与地标》《世界各国如何庆祝新年》《不同文化的审美观》等。

（2）东西方共同关注的社会话题

比如，《早教》《沉重的书包》《各国退休制度初探》《年轻人为什么"逃离"大都市》《买房还是租房》《白领亚健康》《推特与微博：社交网络如何改变年轻人的生活》《大学生就业》《现代人的彼得潘情结》《丁宠族》《谁来掌控家庭财政大权》等。

（3）文化交流

比如，《中餐在国外》《中国人熟知的外国人》《外国人最熟悉的中国人》《汉语能力测试》《红酒在中国》《我为足球狂》《北京有个"小西甲"》《海外中医热》《留学生在中国》《中国游客在海外》等。

（4）外国听众感兴趣的中国话题

比如，《中国人的婚恋观》《中国人的家庭观》《中国人的教育观》《踢毽子与广场舞——中国人独特的锻炼方式》《食疗与中医养生》《蜚声国际的中国导演》等。

节目中不是简单罗列各国相似或相异的文化现象和社会现象，而是通过官方数据、媒体报道、网络留言和采访等探讨这些现象背后的文化背景和不同的思维方式与处事方式，让听众在"同"中体会全球化背景下中国开放包容的心态和当代年轻人的国际化视角；从"异"中感受不同文化的独特魅力，以及中华民族的文化自尊和在传承传统文化方面做出的努力。

四、加强互动，顺应新媒体要求

《罗拉红茶馆》从开播之初的每周一期，每期两小时（中间插入两个时长为5分钟的新闻版块），逐步调整为每天一期，每期55分钟。在通过落地平台播出的同时，该档节目还同步上传网络电台、Podcast，并通过脸书等社交网络进行推介。

为了顺应网络媒体的要求，节目组在上传节目的时候一直坚持将近一小时的节目经过切割、删减，编辑成数个不超过10分钟的小版块。这对节目脚本的撰写提出了较高的要求，既要保持每期节目的逻辑通顺、内容完整、节奏统一，又要使每个小版块可以独立成篇、言之有物。作为栏目的主要负责人，笔者参考了墨西哥当地调频电台以及国内音乐台、交通台等兄弟媒体的节目模式，经过反复摸索并征集听众意见，最终确立了一套成熟的节目框架。从大纲、脚本到录制、剪辑实现规范化，避免了由于人员变动造成的节目风格变化。

随着西班牙语部脸书账号的粉丝数量不断攀升，节目团队与新媒体团队密切配合，通过互动问答等形式得到网络和移动终端听众的积极反馈，同时从与听众的互动中获取新的创作灵感。

（作者单位：中国国际广播电台西班牙语部）

注释：

① 王庚年主编：《媒体品牌战略研究》，中国国际广播出版社，2013年1月版，第139页。

② 林非主编：《鲁迅著作全编》第1卷，中国社会科学出版社，1999年版，第38页。

参考文献：

1. 王树人主编：《中西文化比较与会通研究》，复旦大学出版社，2014年3月版。
2. 吴瑛：《文化对外传播：理论与战略》，上海交通大学出版社，2009年9月版。

让广播节目"既有中国、又有故事"
——《闻歌识中国》系列广播节目经验思考

国 丹

2015年国际台葡语部自主策划的系列广播节目——《闻歌识中国》荣获中国新闻奖一等奖，该系列节目是主创团队在认真研究对象受众需求的基础上，精准选题、精心策划、精良制作的一次有益尝试，本文结合《闻歌识中国》系列的成功经验，就如何进一步加强广播节目对外传播力，提升跨文化传播效果进行探讨。

一、《闻歌识中国》系列节目的有益经验

1. 传统题材、全新表达

中国传统民族文化深受广大外国受众喜爱，文化类节目也一直是我们对外宣传的一个重要内容，然而，我们在各种节目中已经无数次地介绍中国文化，节目的形式单调陈旧，总是采用几种固定的模式：或是一位播音员念诵稿件，或是两位主持人对播聊天，或是邀请专家学者讲解再后期翻译。形式上没有突破，即便内容再好，也难以引发受众的兴趣。因此，要让外国受众，特别是年轻一代受众接受中国的传统文化，传播形式必须有所创新，"旧酒要用新瓶装"。此外，越是宏大的题目，越要通过微小的切口来展示，这样有助于消除距离感，增加趣味性。

主创们前后想了"作家笔下的中国""电影里的中国"等几个切入点，最后确定用音乐来做引子——"闻歌识中国"，因为音乐最能引发共鸣，拉近距离，也最能发挥广播的优势。《闻歌识中国》系列一共包括5期节目，分别介绍了北京、贵州、内蒙古、西藏、广西五个地方的传统民族文化。每期节目均以一首当地的民歌引出，继而带领听众走进此民歌的发源地，探访当地百姓生活，介绍中国不同地方的风土人情和文化特色。

除了用音乐作切入点，《闻歌识中国》系列另一个形式上的创新就是大量实地采访。主创们走进当地人家里，通过记录当地人真实的劳动场景和生活状态，记录当地人淳朴的语言，展现原汁原味的地域文化。比如《前门情思大碗茶》走访了前门大街的老字号商铺、茶馆，到"老北京"居民家里做客，与喝大碗茶的顾客聊天，与外国友人聊天。《敖包相会》去了呼伦贝尔草原，走访牧民的蒙古包，参与放牧、转场，介绍当地的特色食品，参加那达慕大会，参加敖包祭祀。《山歌好比春江水》去了漓江上的小渔村，跟随当地老渔民夜晚捕鱼，看他们训练鱼鹰，给游客表演等。采访并不是机械的提问和回答，而是轻松地聊天、拉家常，目的是去掉宣传味儿，让受众在如听故事一般的过程中，自然而

然地浸润在文化氛围中,感受中国传统文化的独特魅力。

2. 精耕细作、声音魅力

广播人都知道,只有音响丰富,节目才好听,才能让听众不打瞌睡。《闻歌识中国》系列每一期节目在短短8分钟的时间里,包含了大量第一手现场采制的音响。不仅有被采访者的说话音响,还大量使用现场的环境音。比如《前门情思大碗茶》这期,有卖大碗茶的声音、有吆喝声、铛铛车的声音、地铁报站、茶馆里放的京剧声等。《敖包相会》有草原上的风声、羊群的叫声、那达慕赛马的音响等。《山歌好比春江水》这期的音响也是特别丰富,有鱼鹰的叫声、打鱼现场的音响、老渔民唱的山歌,等等。

主创们在众多采访音响中精心挑选出最有代表性的音响片段用在节目当中,且十分注意音响的质量,比如,前门地区环境嘈杂,为了录到清晰的铛铛车音响,记者来回跟着铛铛车走了很多趟,音响录了十几遍。在内蒙古,记者为了录到羊群的叫声,不惜追着羊群跑出很远……在制作节目时,对音响的处理尽可能细腻,外语配音中间适当停顿,让音响出一点儿,再继续配音,音响再出一点儿,配音再继续。有的地方音响太短,索性就不配音,而是在音响结束后由主持人解释一下。这些环境音响运用在节目中起到了烘托气氛、增强现场感的作用,让听众听起来觉得真实,有画面感。

另外,既然是"闻歌识中国",那么音乐的选用也是至关重要的。每一期节目的民歌在开头、中间和结尾各出现一次,每一次出现选用的是同一首歌的不同版本,这样节目可以更具变化。在结尾主持人的话语结束之后,音乐继续播放,渐渐变弱,直至完全没有声音。让音乐在听众的脑海中多停留一会儿,给人回味的空间。另外,节目中还根据内容选取适当的背景配乐,目的也是为了让节目不枯燥,更好听。总之,《闻歌识中国》系列采用各种广播手段,最大限度地发挥广播的优势,展现声音符号的魅力,给受众留下美好的收听感受。

3. 寻求共鸣、贴近受众

我们认为,《闻歌识中国》系列能够得到受众的认可,一个重要原因是成功地在中华文化和外国受众之间架起了一座桥,引发受众共鸣。具体来说,共鸣体现在以下两个方面:

其一是激发情感共鸣,让受众愿意听。

首先,《闻歌识中国》系列选用音乐作为切入点,节目一开始就讨得听众喜欢。葡语国家的民众都非常热爱音乐,葡语国家也有各自著名的音乐曲风,如巴西有热烈奔放的桑巴和安静灵动的波萨诺瓦,葡萄牙则有深沉的灵魂之音法多。因此,用音乐来表达传统文化可以很容易地被受众接受。

其次,《闻歌识中国》注意激发受众的情感共鸣。共鸣不是消除差异,而是加深相互理解。《闻歌识中国》虽然展现的是中华民族传统文化,具有特殊性、差异性,但在节目中传递了对家乡的热爱,对大自然的热爱,对幸福生活的向往,这些都是人类共通的情感。受众在听完了整个节目之后,能够感受到虽然与中国远隔重洋,虽然从未去过中国,但是作为生活在同一个星球上的人类，大家可以心灵相通，可以成为朋友，不同的文化之间可以进行交流，相互理解。

其二是使用通俗易懂的语言，让受众听得懂。

长久以来，中国文化的跨文化传播效果不尽如人意，中西方文化内涵的巨大差异是一个重要原因，二者在交流时容易出现难以逾越的传播障碍。美国学者爱德华·霍尔曾用高语境和低语境文化区分东西方文化的不同，中国文化是典型的高语境文化，它在表达自身时喜欢追求意境，喜欢言外之意，喜欢"言有尽而意无穷"。西方低语境文化环境中的外国受众听不明白，自然就会产生抵触感。

《闻歌识中国》系列在呈现中华民族的优秀文化时，注意避免高语境问题，采用白描的方式，尽可能多用老百姓生活的真实音响，多用被采访者的原话，保留他们朴实的语言，主持人旁白解释的话较少。节目把受众带到中国的一块土地上，把这里的社会风貌和居民生活状态原原本本呈现给受众，让受众自己去感受其中的传统文化。另外，在外文稿的翻译过程中，注重贴近葡语的表达习惯，多用短句，多用简单的句式，让外国人听得懂。

二、广播节目新思路

习近平主席曾在多个场合对新闻媒体提出了"讲好中国故事"的要求。在2013年8月19日召开的全国宣传思想工作会议上，习主席发表重要讲话，要求新闻媒体"精心做好对外宣传工作，创新对外宣传方式，着力打造融通中外的新概念新范畴新表述，讲好中国故事，传播好中国声音。"2015年5月，习主席就《人民日报》海外版创刊30周年作出重要批示，要求"用海外读者乐于接受的方式、易于理解的语言，讲述好中国故事，传播好中国声音，努力成为增信释疑、凝心聚力的桥梁纽带。"

"讲好中国故事"对于我国的国际传播事业意义重大。长期以来，我国的国际传播一直存在两大问题，一是有故事，没中国。话语权掌握在西方媒体手中，中国形象被任意歪曲，中国观点不被世界了解。二是有中国，没故事。宣传味道过浓，或表达守法陈旧，难以引起国际共鸣，导致国外受众抵触。因此，既要有中国，又要有故事，是我们国际传播的最终目标。

笔者曾代表《闻歌识中国》主创团队参加了"中国新闻奖"获奖者经验交流会，会上诸位同行和专家评委在谈到国际传播的发展方向时，围绕如何"讲好中国故事"提出了很多有价值的观点和建议。比如，中国人民大学新闻学院教授匡文波表示，国际传播类作品应具备"短、实、新、雅"四个特征。四川大学文学与新闻学院教授蔡尚伟提出广播节目要符合"价值要大、切口要小、死守规范、活讲故事"十六字原则。笔者在总结《闻歌识中国》成功经验的基础上，对未来广播节目的改进进行了深入思考。笔者认为，要想在国际传播的战场上抢得主动权，做到"既有中国，又有故事"，可从以下几个方向努力：

1. 媒体人要"懂中国"

中国正处于经济发展的转型期，中央的内政外交政策不断调整，中国社会也在时时刻刻发生着变化，新闻媒体每天都面对着层出不穷的新名词、新政策、新问题：供给侧改革、大众创业、"一带一路"、亚投行成立、中国制造2025、南海问题、放开二胎、应对老龄化……这些新知识需要媒体人时时更新知识储备。

同时，中华民族灿烂悠久的历史文化也有太多太多的东西需要学习，要想给受众全面介绍，媒体人自身必须先透彻了解。《闻歌识中国》在策划每期节目之前主创都上网搜集大量资料，比如前门地区的历史、北京的知名"老字号"、敖包文化、草原游牧民族的生活等。记者事先学习了背景知识，在采访中能问得深入细致，才能做出生动的节目。

因此，媒体人需要不断扩充知识面，要做"杂家"，只有自己"懂中国"，才能给外国人"讲中国"。当我们对中国问题有了深入的认识，在宣传报道中，把中国问题用通俗易懂的话给外国受众讲明白，用丰富的事例、史料进行论证，用真实的故事去打动受众，这样，我们的报道就能够让人信服，而不再是喊几句空洞的宣传口号，我们在和西方媒体的博弈中也就自然而然地有了自信和底气。

2. 媒体人要"知外国"

做国际传播在"懂中国"的基础上要"知外国"，所谓知己知彼，百战不殆。在做节目之前，应对对象国受众进行深入研究，熟知受众的文化环境、社会状况、风俗习惯、心理习惯、语言习惯等，知道受众当下关心的话题，了解他们心中对中国的印象，他们渴望了解中国哪些方面等。这些情况了解了，我们就知道了什么样的中国故事听众会喜欢，做节目有的放矢，在满足受众需求的同时，提升传播效果。此外，媒体人还需了解对象国家主流媒体的情况，了解对象国媒体的立场，其涉华报道的态度，对于国际热点事件的态度。对于对象国媒体发布的不利中国形象的报道，我们应及时回击。对于对象国媒体关于世界热点事件的不正确立场，我们也应积极发声，让世界了解中国观点。

《闻歌识中国》系列节目在策划之前，主创们进行了受众调查，了解到葡萄牙媒体对中国的报道主要集中在中国的经济、人权、环境等方面，且负面报道占大多数，葡萄牙听众渴望了解中国社会的真实面貌，还特别向往中华民族五千年的历史文化。《闻歌识中国》符合受众对节目的期待，因此，得到了广大听众的认可。

3. 用有意思的讲法讲故事

在"懂中国"和"知外国"的基础上，我们需要在节目的内容和形式上下工夫，讲有意思的故事，用有意思的讲法来讲故事。无论是对外传播还是对内传播，都要想办法让节目不枯燥、有意思，"硬"题要"软"做，"大"题要"小"做。

越是宏大的主题，越要找小切口，越是严肃深奥的话题，越要从与受众的生活息息相关、常见的、易懂的事例入手。从小切口引入，从讲故事开始，逐渐上升到理论层面。如果一上来就讲道理，说理论，只会让听众要么睡着，要么换台。

目前，国际台很多优秀广播节目都已采用小切口来展示宏大主题或严肃话题。如，英语中心记者在去年"两会"期间采写的稿件——《供给侧改革助力中国经济向消费主导型转型》，讲的是中国供给侧改革这样很"重"的题目，但节目的一开始却讲的一个中国家庭日常消费的故事。笔者在"两会"期间采写的稿件——《全国政协委员助推医养结合发展　让亿万中国人老有所养、老有所医》，介绍政协制度推动解决中国老龄化问题，也采取了由小见大的写法。节目先从身边的一家养老院说起，再介绍中国的老龄化整体情况，继而说到"两会"上政协委员就老龄化问题提出的建议，政府的回应及收到的成效，最终体现政协制度在应对老龄化问题上发挥的作用。

笔者认为，还有很多题材都可以尝试用这种方法来做节目。比如，要介绍中国的"互联网＋"政策，可以从小区里的互联网生活谈起。要介绍中国古代的传统文化，可以从某个正在举行的展览活动谈起。要介绍中国创新发展、工业升级，可以从新推出的某一款高科技产品说起，等等。

4. 用工匠精神做节目

工匠精神是现在各行各业大力提倡的工作精神。在笔者看来，工匠精神指的是一种踏实认真、精益求精的工作态度。优秀的广播节目，特别是一些专题类的节目，需要经过细细地打磨才会打动听众，从采访到写稿再到制作，每一个环节都需要工匠精神。

采访要精心策划选题，认真设计采访问题，在采访中要有"打破砂锅问到底"的精神，遇到采访不顺利的时候不要轻易放弃，要有耐心，别急着出成果。有些采访对象需要记者花时间相处，等到彼此真正熟悉起来才能毫无顾忌地畅谈。稿件的撰写要细细推敲，用心设计稿件的结构，要头尾呼应，选择最佳的讲故事方式，用最生动的语言，在最合适的地方添加音响，而不只是流水账般的音响堆砌。在制作上亦要精益求精，播音要力求声音清晰流利，语速语感和稿件风格一致。为了烘托效果，适当使用音效和配乐，音量要不大不小，让听众听着舒服。

对于对外传播的节目，我还特别想强调外文翻译的重要性。同样的中文，可以有很多种译法，而不同的翻译直接影响听故事的效果。准确通顺只是翻译要达到的第一层境界。中文里很多成语谚语、诗词古文会对外国受众的理解造成困扰，直译固然可以，但若能将中文的成语谚语在外语中找到对应的表达，巧妙转化为受众的语言体系而不改中文原意，这才是更高明的翻译。在翻译时，不能仅满足于翻出原文意思，还要将原文的风格、感情色彩、修辞等都在译文中体现出来，这也需要精雕细琢。

三、结语

总之，我们做每一期广播节目都应按照"既有中国、又有故事"的要求，用心策划、精心制作，同时，节目制作者不断扩大知识面，更新知识储备，加深对中国问题的了解，同时加深对对象受众、对象媒体的了解。从这两个方面努力，一定可以做出质量高、影响力广的广播节目,达到提升国际传播力的目的。

(作者单位:中国国际广播电台葡萄牙语部)

参考文献:

1. [美]爱德华·霍尔:《超越文化》,何道宽译,北京大学出版社,2010年11月1日。

2. 王义桅:《讲好中国故事是时代使命》,人民网—人民日报海外版,2016年9月28日。

浅谈如何做好对外广播中的晚间情感类节目
——以国际台老挝语节目《晚安万象》为例

刘华丽

中国国际广播电台（以下简称国际台）老挝语部制作播出的《晚安万象》是一档颇受老挝听众喜爱的晚间情感类节目，至今已有10年的历史。自2006年开播以来，这档节目收到了大量的受众反馈，取得了良好的传播效果。许多受众认为，《晚安万象》具有丰富的文化内涵和浪漫的艺术气息，是一档贴近受众、可听性强的节目。

从传播实践来看，制作对外广播晚间情感类节目是国际台老挝语部一次有益的尝试。多年来，经过编创者的不懈努力，《晚安万象》节目越办越好，越来越受欢迎，已经成为一档成功的对老传播品牌。从传播效果来看，《晚安万象》节目极具时代性、贴近性和参与性等特点，能够基本满足老挝受众相关的心理需求，进而对其产生直接影响。笔者认为，在对外广播节目中开办晚间情感类节目的情况并不多见，因而《晚安万象》成功与否，都值得总结和梳理。

对于疲惫了一天的受众来说，其渴望的是放松的"心灵触媒"[1]。所以，如何为对象国（老挝）听众营造一个具有较强亲和力、主题健康向上、氛围轻松浪漫的听觉空间——做好对外广播中的一档晚间情感类节目，这是摆在对老传播工作者面前的一个课题。

相对其他类别节目而言，广播情感类节目在时代性、贴近性、新鲜性和满足感上发挥着更明显的作用。这是由于广播情感类节目属于广播文化，这种文化凭借声音的魅力趋向于激起听众强烈的情绪情感的效果[2]。它与广播新闻截然不同，相比之下它几乎没有时效性。它关注的是直接作用于心灵的感性话题，围绕人们的日常生活环境，以满足受众的精神层面需求作为选题的出发点和落脚点。广播情感类的节目大多数安排在晚间播出。相对于更为开放的电视而言，广播节目为受众提供了一个更为私密的、能满足听众情感和精神需求的聆听和倾诉的时间和空间。特别是对于忙碌劳累了一天的听众来说，可以在静谧的夜晚找回自我和得到心灵抚慰。

一、选题的确定

大众传播学中的"使用与满足理论"认为，受众接触使用传媒的目的是为了满足自己的需要。在信息化的社会里，在人际交往日益让位于与媒体的"交流"时，受者就更加需要从媒体信息中寻找自己认知及态度和情感表现的参照物[3]。在现实生活中，很多人因为周围环境的约束和个人原因的限制，很难随心所欲地表达或者宣泄情感。当在节目中听到某一个人的经历或者故事与自己的心路历程刚好契合，就很容易在情感上产生共鸣，并且从中寻找到精神参照和安慰，从而缓解心理上的压力。

因此，一个节目或者栏目对受众有没有吸引力在于有没有好的选题。通常来说，任何广播节目的原始素材都离不开现实生活，生活在不断变化，节目的选题也要随着生活的变化不断推陈出新，才能更贴近受众、贴近时代的特点。要为情感类节目注入持久的生命力，就要善于观察和体悟生活，从受众的角度出发，不断地从现实生活中捕捉和发现可以引起受众关注和引发心理认同感的选题。

作为一档对老广播的情感类节目，《晚安万象》以有情感诉求的浪漫中青年听众为主要受众群体，笔者通过各种媒体方式与老挝不同民族和阶层的听众进行交流，了解他们的生活情感状态和主观感受，以现实的话题为切入点进一步选择符合当期的主题，如《人生若只如初见》《谁是你随时可以说话的人》《愿得一心人》……这里用《最好闻的味道》这一期做一个剖析，其主题选择源于一位曾经在中国留学的老挝学生，她给我们留言中说在中国的日子里，她只用一个牌子的洗发水，毕业回国之后再也没有用过那款洗发水，但每次闻到类似香味的瞬间，就马上想到了中国——这个近十年她未再走进却不曾远离的国度。

此外，由于播出时间是当地晚间 11—12 点，笔者通常在节目即将结束时用启发式的提问给听众留下互动话题，或用人生励志小故事、心灵鸡汤文章为依托，或用隽永精致的小诗短文串联，配以治愈系音乐，以及主持人特有的温暖亲切的语言，同时借助手机短信、邮箱、微信公众号等多种类媒体，而听众可以留言感悟人生，也可以讲述自己的故事抒发情感。又如在《最好闻的味道》这一期节目中留给听众的问题："每个人感觉到温馨的香味都是不一样的，因为闻见的不只是味道，还有如潮水涌来的回忆和依恋。你们喜欢什么样的味道呢？而且又不只是味道而已。"节目播出后，笔者收到了听众的留言和短信，从这些信息中继续提炼可以在节目中聊的话题，从而形成选题与受众互动的良性循环，保持节目的持久生命力。

二、音乐的选择

音乐作为听觉艺术，在特征属性上与广播不谋而合，两者的融合是心灵的最佳陪伴。选择合适的、优美动听的音乐烘托出来的晚间情感节目，可兼具温馨、亲切，又有艺术气息的特点。

在《晚安万象》节目策划之初，笔者和节目团队对收听群体做了一个分析，即在午夜时分选择收听广播的人，大多还没有浓浓的睡意，他们或是在寻找一个放松的方式，或是在寻找心灵的慰藉。在这个时候，《晚安万象》借助轻柔舒缓的背景音乐契合了锁定这档节目或愿为一档节目而停留的听众的需求，为他们提供了家一般的温暖和归属感。此外，每当主持人分享完一段抚慰心灵的文字后，节目中还会播出事先经过精心编排的与内容相呼应的主题歌曲，即所播放的每首歌曲都有其意义所在。更为重要的是，在每首主题歌曲的播放过程中，主持人都会加入自己对歌曲的赏析和点评，使单纯的歌曲与故事深度有机融合，从而赋予了歌曲新的寓意和内涵，使其可以直达人心。比如，在探讨"为什么我们对越亲的人越没耐心"为主题的节目中，主题音乐选用了筷子兄弟的《父亲》，王若琳的《亲密爱人》、莫文蔚的《宝贝》等具有亲情寓意的歌曲。这些与文字内容相互交融的主题音乐，既增强了《晚安万象》节目的可听性，同时也激发了听众内心深处的记忆，给予听众心灵更深的慰藉，使其内心变得更加饱满和丰盈。

有了上述美好的情感体验后，绝大多数听众对即将播出的节目内容和主题歌曲充满了期待和好奇，如果这时突然传来一首恰如心境的背景音乐或是主题歌曲时，个人的情感随着节目的深入得到了回应和满足。这也可以用来解释听众来信中的问题——"为什么在听广播节目的时候，明明听到一首激起内心波澜的音乐或歌曲，而节目过后再去找来单独听却又总感觉缺了点什么？"可见，主持人根据节目的主题对音乐和歌曲的精心选择，以及其个性化的理解、体会和分享都对听众具有强烈的导向作用。在其引导听众鉴赏和品味的过程中，逐步影响着受众的心理变化，从而达到纾解听众的心理压力，最终让他们放松心情、深入感知生活中的美。

三、片花的妙用

片花，是指节目开始时宣传节目的艺术广告，对于广播节目来说一般插播在节目中间或结尾的部分，起到装点、美化和宣传节目的作用。好的片花可以有效地提升节目的品位，更好地将节目的特色和定位展示给受众，成为该节目一个不可或缺的部分。

这些具有文学气息、文艺感十足的片花是增加晚间情感类节目的魅力元素之一。比如《晚安万象》一期节目中选用徐志摩诗集中的一句话制作成了片花："人的一生中，至少该有那么一次，会为了某一个人而忘了自己，不求结果，不求同行，不求曾经拥有，甚至不求她爱我，只求在我最好的年华里遇到那个人。"这句看似人人都熟知而灵动的文字，在与内容和配乐结合后，随着电波带有情感地传到听众的心里让听众感受到温情和浪漫。

当前，人们对生活的需求不仅仅停留在物质层面上，而开始对精神与情感层面提出更高的要求，真正有生命力的广播节目不仅能够吸引听众的关注，更应是其情感的容器。《晚安万象》节目的片花虽看似简单，却聚焦于快节奏时代下都市人内心的脆弱点，特别是现代生活中所缺少的纯粹的爱情、友情和亲情，翻译之后更唯美更易于让老挝听众所接受，从而增强了节目与受众之间在情感上的联结，达到了很好的共鸣效果。

四、主持的魅力

广播主持人的魅力，是凝聚于主持人对听众的吸引力，也就是把听众留在收音机前的吸引力[①]。主持人的话风、应变的能力以及内涵与人格修养形成了其独特的魅力。听众会因为关注某个主持人的风格而长期追随一档节目,由此可见,主持人成为打造节目品牌,特别是其巩固拓展节目听众的关键因素之一。而对于老挝广播的情感类节目主持人来说,清晰标准的吐字发音、流畅的语言表达、良好的中老两国文化修养和对节目的把控能力是必不可少的基本素质。

首先是清晰标准的发音和对老挝语的把握。对于老挝听众来说,发音标准、语言流畅的主持人更能引起特别的关注。在节目开始前主持人要认真备稿,做到"稿在心中",但并不是一字不漏、一板一眼地在节目中背诵文稿,而是能把稿件内容转化为自己的语言在节目中自然地说出来,通过自己的情感去感染听众,甚至可以打破常规地临时加入一些突发的想法,从而营造出一种与受众面对面聊天谈心的亲切感。针对《晚安万象》这档晚间节目,由于其录播的大部分时间不在午夜,因此当节目录制时,主持人的语音语调要与夜晚宁静宽广的氛围相契合,做到自然放松的感觉,这就要求主持人对老挝语有较强的把握能力。

其次是大量丰富的阅读和对生活的感悟。随着社会的发展和文化水平的提高,老挝听众已经由最初对节目的好奇和简单的聆听,转变为希望从节目中获取心灵的慰藉、解决问题的办法,甚至想从主持人的独白中获取新的理念和启发。比如在关于婚姻和爱情这一话题的节目中,如果总是来来回回在表层迂回,对听众提出的问题,只能给出好或不好、对或错、可以或不可以的简单回答,节目的可听性和品位就会大打折扣,不可避免地陷入肤浅、甚至乏味的死循环,更加无法满足听众对节目的深层次需求。还有的人认为,广播节目源于生活而高于生活,情感类节目主持人应该是"师长"。笔者认为,在客观因素不可立即改变的情况下,主持人阅历的欠缺可以通过潜心阅读来弥补。通过阅读可以增加自己的文化底蕴,通过阅读可以丰富自己对人生的感悟,同时引导自己在寻常的生活中发现美、感悟美,并自然地融入到节目主持中。因此,主持人的个人阅历以及对待事物的看法和态度,可以潜移默化地引导甚至重新塑造听众的人生观、价值观和世界观。

第三是要共情和接纳。听众在锁定节目的那一刻开始都是满怀期待和信任的,他们希望通过收听节目放松身心、慰藉心灵。主持人要以共情为前提,放平姿态、真诚平等地接纳每一位不同身份、不同境遇的听众,聆听他们或喜或悲的倾诉,并给予暖心的回复。好的情感类节目主持人应该是信息的传播者和情感的疏导者,通过节目与听众建立感情联系,善解人意地满足听众的情感诉求。

俗话说"台上一分钟,台下十年功",主持人的修为是一个功夫在台下的工作,只有不断地加强基本功的训练,增强对各方面知识的学习和储备,才能源源不断地给节目注入新的活力,也才能游刃有余地把控节目的节奏和播出效果。

五、稿件的翻译

对做好一档对老广播的晚间情感类节目而言,除了主题、音乐、逻辑、主持人这四个重要的构成要素外⑤,还有一个不可忽视的要素——稿件翻译。相比新闻稿件翻译用词的正式和严谨,情感类节目的用词更具口语化和艺术性。笔者认为,此类稿件要做到"信、达、雅",让老挝听众喜闻乐见,翻译人员首先应该认真负责、一丝不苟地加强自身翻译能力的训练,要勤查字典和资料,反复研读稿件,弄懂原文要表达的本意,翻译之后要反复斟酌、修改措辞不当的地方,并做好记录;其次,翻译人员还要经常浏览老挝的网站,阅读老文报纸和杂志,尤其是报刊上的广告和杂志上的软文。通过第一手的阅读,一方面积累老挝语的口语和日常习惯用语,同时增强对老文的语感和表达的理解;再次,要多了解老挝的风俗文化,避免只按字面意思的翻译和中文表达方式的影响,尽可能贴近老挝听众的思维习惯。只有深入体会中老两国的文化习惯和差异,才能在翻译的用词和表达上找到契合点,确保翻译出准确而顺畅的译文,将原文的文化信息进行有效的传播。

(作者单位:中国国际广播电台东南亚中心老挝语部)

注释:

① 栾轶玫:《最后的"心灵触媒"——广播晚间节目分析》,《中国记者》,2002年第10期。

②③ 刘京林:《大众传播心理学——从现代心理学视角看大众传播》,北京广播学院出版社,1999年。

④ 刘京林:《新闻心理学》,中国传媒大学出版社,2007年第4版。

⑤ 申启武、安治民:《从〈神州夜航〉看广播情感类的运作模式》,《中国广播》,2009年第7期。

编播实践

论增强财经报道的中国话语权

刘轶瑶

财经类新闻信息在当今全球新闻资讯的流通过程中成为主流,全球对财经和泛财经资讯的需求持续增长。随着中国成为世界第二大经济体,中国被视为是全球经济发展的"高地",中国经济走势、中外经贸合作、涉华财经资讯也成为全球媒体追踪的焦点。但在专业的财经资讯领域,中国媒体的传播能力和国际话语权与中国的经济实力尚不匹配,许多重要信息、数据、趋势研判等,仍要依赖外电外刊尤其是西方专业财经媒体。甚至在报道一些事关中国企业利益的国际合作时,由于国内信息供应链尚需理顺、反应速度有待提升,新闻源、重要节点、统计数字等往往也需参考外媒。

要把中国的发展优势和综合实力转化为话语优势,就需要在国际资讯供给中掌握主动,满足国际社会对中国财经资讯的旺盛需求,提供"中国出品"的专业财经资讯,进而传达中国和平发展、推动建立新型国际关系的声音和共商、共谋、共建、共享、共赢理念。在这一过程中,中国媒体应进一步提供新闻资讯服务,强化专业报道领域的程序设置权和议题引领权;同时借鉴西方财经媒体的成功经验,依托媒体影响力,开发排行榜、指数、数据库等公共产品,在国际贸易、金融等领域掌握排名权和评价权。

一、涉华国际财经大事件激增 诠释好中国经济实力

根据 IMF 的测算,对亚洲而言,中国经济增长 1 个百分点,将带动亚洲经济增长 0.3 个百分点。中国城镇化率每增加 1 个百分点,大约能带来 7 万亿元的市场需求。去年中国经济增长对世界经济增长的贡献率为 27.8%,超过美国;对亚洲经济增长的贡献率则超过 50%。同时,中国城镇化发展释放的巨大投资和进口消费需求,将为世界各国提供广阔的市场;而中国产业结构的调整和升级,也将使全球产业结构更加优化。

数据背后、媒体面前,是在全球资本流动、跨国产能合作、跨国企业并购、国际金融贸易中,一个又一个中国扮演主角的新闻事件。以 2016 年 5 月为例,据不完全统计,一个月来,仅中国国际广播电台驻外记者从海外各地发回的涉华财经类报道就近 40 篇——可以说,几乎每天,全球的主要财经资讯里,都有中国"唱主角"的焦点事件。

——积极评价有之:国际货币基金组织和世界银行的年会上,中国经济企稳成亮点;惠誉用"稳定"定性中国主权评级;全球四大会计师事务所之一的毕马威最新报告认为,中国金融科技投资创新高,与全球趋势反向而行、逆向上扬。

——负面新闻有之:阿里巴巴加入国际反假联盟一个月后便被暂停会员资格;美国对

进口自中国的冷轧扁钢最终进口税率提高至 522%；印度将向中国无缝钢管征收为期 6 个月的反倾销税；中铁承建的委内瑞拉高铁项目被曝荒废。

——企业动作有之：支付宝将进军欧洲市场；工行标准银行买入巴克莱在伦敦的金库；AC 米兰宣布同中国财团签署排他性协议；中海运土耳其公司把握"一带一路"倡议机遇取得显著发展；河北钢铁集团收购塞尔维亚唯一钢厂，将打造中东欧最具竞争力钢铁企业；中国企业全资收购英国老牌俱乐部阿斯顿维拉。

——政府行为有之：澳大利亚组建最大贸易代表团访华；波兰举行中国—欧洲经济合作论坛；巴基斯坦至中国"信息高速公路"开工；印度推出十五年发展远景规划，目标 GDP10 万亿美元追赶中国；委内瑞拉已同中国达成新的石油换贷款协议。

这些资讯经过全球媒体的报道，中国已经被视为是国际财富博弈场的主要"玩家"之一。而深度融入全球经济和国际事务，也被海外媒体视为是如今中国的"新国策"。

与此同时，上述财经资讯，尤其是敏感、复杂甚至负面新闻事件中，来源于中国直接当事方的权威解读、澄清实证甚至深度分析却并不容易获取。一些源于西方媒体的报道因已被预设了立场，其在国内社交媒体上的后续传播走势也有越走越偏之势。

最典型的例子，就是"中铁承建的委内瑞拉高铁项目被曝荒废"的报道，这一消息来源于美联社，实为美联社在报道当前委内瑞拉经济不景气时的"炒冷饭"之举。然而，报道经由美联社发布时已经被赋予了"唱衰"中拉合作的天然因子，发布后又迅速在国内传播，不少社交媒体都跟进质疑中国在委投资与合作的前景，并将委内瑞拉高铁停工事件与中国高铁在沙特、墨西哥遇挫并列，称巨额资金将打水漂。

但事实上，不少高质量中国企业已经在拉美国家深深扎根。近年来，中拉贸易额、中国对拉美的投资额都呈现井喷式增长。这种日趋紧密的经济联系是中国以积极的姿态、卓有成效的方式回应拉美国家发展需求的最好例证。

在这样的背景下，面对这一新闻热点，中方承建企业、对外贸易主管部门、高铁"走出去"主管部门应与中国媒体一道，敢于及时回应，把中国的立场、观点、政策、效果在第一时间以最有效的方式传播给国际主流受众群体和广大国内受众。确保中国媒体以数据、实例等丰富内容撰写制作的报道转化为真实可信的"中国声音"，在国际舆论场中有市场、有用户。

西方媒体报道某一孤立财经事件时，质疑中国国际合作的初衷、指责中国企业行为失范等情况并不鲜见。针对外媒对中国经济发展的各种猜测和疑虑，及时给予专业反馈，进行答疑解惑，主动澄清分析，才能形成与中国经济实力相匹配的中国媒体声音。这需要信息链上的新闻当事方、新闻相关方都转换思维、勇于发声；需要从事国际传播的媒体以极强的责任心和专业水准来组织报道；更需要打造既懂专业财经、又懂国际传播的专业化队伍，从顶层设计到微观采写，精准发力，以求实效。

二、财经资讯折射价值取向　强化"中国声音"有效把握舆论导向

中国是全球第二大经济体，也是全球第一大贸易国、第一大出口国、第二大进口国、第二大吸收外资国、第三大对外投资国、第一大外汇储备国……同时，中国是联合国安理会常任理事国，并身处全球核俱乐部。各种排名体现的是当前中国的综合实力。

不过，正如美国国际经济研究所副所长马库思·诺兰德所言，受攻击是国家强大的"副产品"；也如莫斯科友谊大学教授巴尔巴施所说，"中国的烦恼源于中国的崛起"。

一些国际组织纷纷抛出经济复苏领域的"中国责任论"，就是伴随中国强大而来的"副产品"之一。中国媒体往往在援引金融、经贸领域国际组织的观点、立场时，慑于专业、慑于权威，失去判断力和甄别力，沦为西方的传声筒和扩音器。

例如，世界银行2016年度发布"全球经济展望"报告，不仅预测全球经济将保持2.9%的增长率，低于上年6月预测的3.3%，还预言主要的新兴经济体2016年的乏力表现将拖累全球经济增长。发布当天，包括行长金墉、副行长、首席经济学家考什克·巴苏和世行发展预测局局长阿伊汗·高斯在内的多名世行权威人士，均围绕新兴经济体的乏力表现将如何"拖累"全球经济进行了详细论述。

国内不少媒体，在报道世行这一最重要的年度报告时，都原封不动引用了相关表述，直接采取"拿来主义"，却并未意识到，将全球经济不景气的责任归咎于包括中国在内的新兴经济体，这恰恰是美国和西方在全球金融危机后运用得最多、也最容易起到麻痹作用的"推卸责任法"。

在人民币纳入特别提款权货币篮子的报道过程中，也有一些媒体，在援引境外媒体、欧美机构、欧美政治家和经济学家的观点时，未能有效甄别出其向我施压、要求我开放金融市场的言论。

此类值得警惕的观点还有：

——经济合作与发展组织（Organization for Economic Co-operation and Development，简称OECD）：中国等新兴市场的转型导致世界贸易急剧放缓，有可能拖累全球经济复苏。

——国际货币基金组织（IMF）：中国须"兑现国际承诺"进行更大力度的经济改革，开放金融市场，接受国际金融规则。

——国际金融协会（Institute of International Finance，简称IIF）：中国吸引外资能力下降，资本收支赤字额扩大。

而西方媒体中，以实时报道和深度分析为主要业务的布隆伯格、金融时报、华尔街日报、经济学人杂志以及CNBC等专业财经媒体的对华报道虽侧重数据，看似较为客观，但实际上，价值判断、欧美利益都暗藏在其看似专业、客观、中立的预测、分析和研判中。例如，中国的经济的"新常态"，西方媒体像达成共识一般为其贴上了"经济下行"的标签；对于"一带一路"合作倡议，西方媒体也常常把它与马歇尔计划做比较、与产能输出

相挂钩。为了维护既有的、西方主导的国际金融体系和全球治理体系，在西方媒体的报道中，"TPP围堵中国论""中国放弃亚投行一票否决权包藏更大野心"等匪夷所思的论调也甚嚣尘上。

财经资讯的专业性强、抽象性强，但正确的舆论引导决不能让位。财经报道中的导向意识，既体现在要把符合中央精神的中国经济权威之声、准确之意向国际社会传播好，更体现在对境外专业财经资讯、"老道"观点言论的甄别与把握上。这就要求财经报道从业者，在知识储备、动态追踪、宏观研究和经验积累上不断提高自身专业水平。

三、国际传播需有全球视野　大国媒体应保持理性心态和适宜语态

要想取得理想的国际传播效果，中国媒体还必须要有全球化的视野、理性的心态和得体的语态。

在国际财经资讯的获取和报道中，中国媒体既要避免在报道大国和发达国家时缺乏底气，又不能在介绍小国和经济欠发达国家时趾高气扬。否则将影响我们理性看待世界、报道世界，对内会形成误导，对外则将损害媒体形象、传播效果甚至国家形象。

2015年4月，越南宣布放弃2019年亚运会主办权。不少中国媒体以"缺钱""差钱"作为报道重点，以调侃戏谑、落井下石的心态来分析越南的决定。

事实上，越南放弃举办亚运会既有资金投入方面的考虑，又有会后体育设施能否充分利用的论证；既有国会听证制度，又有民意调查机制。由于近八成越南民众反对，越南政府才做出弃办的决定。

而因为国内民众反对而放弃举办大型赛事的情况，也并非只发生在越南。2022年冬奥会，挪威、瑞典、波兰和乌克兰就先后放弃申办。

再比如，2014年的巴西世界杯之前，不少中国媒体盲目跟随西方媒体的角度和议题，聚焦巴西治安状况差、贩毒抢劫等犯罪现象多等。

其实回想一下，西方国家对发展中国家的抹黑似乎是"习惯性"的——北京奥运会前，我国也饱受西方媒体的负面舆论之苦，其对拉萨"3.14"事件的大肆渲染伤人至今。"己所不欲、勿施于人"的古训，应体现在中国的国际传播理念中和对越南、巴西等国的报道实践中。

从语态上分析，经济报道、财经资讯容易沦为数字堆砌、概念叠加、生硬枯燥的报道，容易直、硬、透、露。

国际传播则必须要从境外受众的信息接收习惯出发，把文件式、概念式、政策类的语言转化为生活式的语言，把结论式的表达转化为探讨式、交流式的表达；同时，多讲事实、多讲故事、多讲普通人的生活，淡化宏大叙事、政治性叙事和口号式语言。

"现实中国"与"历史中国"的关联也应在国际传播中得到重视。财经领域的许多报道主体——从费改税到"一带一路"，无一不与中国的历史密切相关。而许多境外受众喜

欢中国正是源于倾慕中国的历史与文化，关注中国正是源于好奇中国的发展能带来怎样的机会。因此，介绍中国这个文明古国的经济现状，尤其应注重向历史拓展话语权，把中国特色、国人心态、现实矛盾、历史传承等介绍好、介绍透，确保国际社会了解进而理解中国的"特"因何而来、缘何持续。

四、满足境外涉华财经资讯需求　中国媒体可升级专业领域评价权

随着中国国际影响力的不断增大，海外受众和境外媒体对中国财经资讯的需求急遽增加。中国媒体在向国际社会提供专业财经资讯时，更要注意到，当前中国财经资讯的特点在于形态上的综合性与内容上的广泛性。中国媒体可从以下几方面入手，满足境外对涉华财经资讯的旺盛需求，通过高质量的资讯产品和高水平的资讯服务，让中国媒体在国际传播界成为强有力的"资讯提供方"。

（一）依靠新传播技术　提供中国本土财经信息服务

从资讯形态上看，境外受众和媒体需要的并非是单一的中国股市信息、楼市价格、政府政策、经济数据，更需要来自中国国内对复杂而特殊的中国经济政策和中国经济走势敏锐而理性的分析。

从资讯内容上看，当前中国的医疗、教育、社保、住房、大学生就业、反腐败、财政支出、食品安全等问题，深挖都是财经问题、背后都有不同阶层的利益诉求，这种多元性更需要在传播中予以平衡报道，而新闻的张力和感染力也将从中而来。

在现实操作层面，这种关联度更广的资讯梳理，可以理解为依靠新传播技术，提供中国本土财经信息服务。例如运用先进的数据分析、存储、交换、压缩、技术、传输技术，实现对海量数据的及时采集、处理与推送需求。

而国际金融信息服务的发展历史上，不乏中国媒体可资借鉴的案例，例如成立于1981年的彭博新闻社（Bloomberg News），现已成为世界上最大的财经资讯公司。彭博崛起的背后，是20世纪90年代信息技术、通讯技术和互联网技术在美国的出现和扩散的大背景，它在信息经济时代将新闻、数据、分析工具、多媒体报告和"直通式"处理系统"史无前例"地整合于单一终端，并通过互联网向用户实时提供财经资讯和分析结论，大大改善了证券交易的运行模式，并据此成功超越行业巨头汤森路透。

当前的中国媒体，正处在国际传播技术革故鼎新的新周期，应主动研究受众和用户需求，把脉APP、FACEBOOK、TWITTER等移动终端和社交媒体的特点，利用大数据分析的精准性，提供多样化的财经信息产品和多种类型的财经资讯服务。

（二）具备国际视角　在国际坐标中分析中国经济

在国际传播过程中，中国媒体尤其要把中国经济放在世界经济、国际局势的整体坐标中去分析和解读。应把中国GDP增速的起伏、人民币汇率的变化、经济结构的调整、中国股市的波动等"显性"经济现象和重要经济数据，放在世界经济、全球局势的整体坐标

中去分析、解读甚至比对，而不应一味着眼国内、忽略外部环境的影响和作用、忽略中国经济只是世界经济一环的现实。

例如，中国GDP增速的调整，是在全球经济复苏缓慢、新兴经济体整体增长乏力的国际大趋势下发生的。全球经济增速、欧美主要国家的经济增速等，都应作为中国的参照物。例如：

——根据国际货币基金组织的测算，2016年的全球经济增速为3%；

——欧洲经济强国、高端制造业大国、抗风险能力极强的德国去年的经济增速仅为2%，且德国央行6的月度报告明确表示，德国经济增速可能在第二季大幅放缓；

——在很多欧美经济研究者看来，3.5%以上的增速都属于中高速增长。

放在这样的坐标轴上比对，6.5%的中国经济增速，"不言自明"即可说明中国经济依然保持强劲增长。数据对比后，中国经济对世界经济的贡献和拉动作用显而易见。中国媒体在进行国际传播中，应具有这样的国际视野，而不应仅拘泥于数据的起伏、统计方式的变更等"国内因素"。

再比如，在报道人民币汇率的调整和变化时，一些国际因素应为中国媒体重视并利用。例如，从2014年年中开始，美元进入升值周期的影响。2014年下半年到2015年年底，在很短的时间之内，美元指数上涨幅度非常大，从80最高升到100，涨幅有25%。正是由于美元指数出现了急剧的拉升，过去一年多，面临资本流出压力的不止是中国。马来西亚、韩国、巴西、俄罗斯、沙特阿拉伯等新兴经济体，都面临着资本流出和汇率贬值的问题。欧元和日元相对美元也贬值很多。

同理，在分析和报道中国当前经济现象、经济数据时，中国国内各领域政策、中国周边安全局势的现状等，都应共同构成"观测坐标"中的因素。

（三）把握传播时机　强化财经资讯国际传播的"预期引导"

这里所指的传播时机和预期引导，包括两方面，一方面是分析类资讯发布的时机，另一方面是资讯服务提供的时机。

1. 重要经济数据发布应提前预热　以占领舆论先机

"前瞻性指引"的作用不仅体现在政策领域，更体现在传播领域。在国际财经传播领域，美联储是否加息的新闻传播，因"预期引导"做得好，权威媒体的相关报道甚至成为国际资本市场的"风向标"。

与美国媒体惯于在政策出台前进行"预期引导"、推出大量前瞻性分析相反，我国媒体以往一直习惯在数据或政策发布后才进行集中报道。这一做法，在如今的传播生态中，往往错失先机，亟待革新。

中国的重要经济数据，一直是外界、外媒猜测的重点。中国媒体应在数据发布前与外媒抢夺话语阵地，通过与权威部门的沟通，按照统一部署，将"于我有利"的前瞻性分析、预判充分释放，为数据发布提供良好的舆论空间与回旋余地。

2. 提供专业资讯服务　引导国际媒体和受众关注中国核心政策和动向

资讯服务，其实是资讯产品的向导和线索。财经资讯因其专业性强、重要性高，甚至带有涉密性，更需要有效引导、系统梳理、合理进行程序预设和发布，帮助资讯客户及时关注、了解中国宏观经济形势及资本市场变化情况。

与欧美大通讯社和专业财经媒体相比，中国媒体目前的资讯服务能力、信息引导能力颇弱。在这方面甚至意识不强、观念不到位、重视不足。这在很大程度上导致欧美专业财经媒体掌握全球甚至中国财经信息发布节奏，甚至导致了不少中国媒体还需借助外媒了解中国信息发布动向的"被动"局面。

而其实，资讯服务并非难事，《华尔街日报》最受肯定的资讯服务产品是"一周重要财经数据和事件"，以周为单位进行发布（见附件）。不仅提前预报发布的是什么数据或即将发生的是什么财经大事件以及发布时间、发布地点等基础性元素，还同时预报国际社会对数据的预期，提供数据的前值，并以"五星"为最高值对数据重要性进行评估和分析。这种为全球媒体和业内人士提供的资讯服务，既专业又简便，且实用性极强，可作为中国媒体参考的样本。

（四）打造排行榜和指数体系　将媒体影响力转变为排名权和评价权

纵观国际财经信息服务发展的历程，19世纪英国国力日盛，伦敦成为全球金融中心后诞生了路透；20世纪美国引领全球经济发展，纽约崛起成为国际金融中心催生了彭博。金融信息服务的发展进程，与国家经济实力的增长密不可分，二者相伴相生，互为倚重。

21世纪的今天，中国已经发展成为世界第二大经济体，在全球经济、金融格局深刻变革的大趋势下、在国家全面深化改革、扩大开放的大格局中，全球对华财经信息和服务的需求更加旺盛。同时，人民币国际化进程的稳步推进，金砖国家新开发银行、亚洲基础设施投资银行的设立，以及上海国际金融中心建设的良好前景，又为中国国际金融话语权的进一步增强提供了经济基础。因此，强大的本土财经信息服务体系、中国专业的财经国际媒体呼之欲出。

当前，中国财经信息服务已初具产业规模。第一，目前已经产生了一批具有代表性并且能够在本土与国际同行展开竞争的企业，比如国有的新华08和一批民营企业，包括万得资讯、大智慧、大公国际、同花顺、金融界、东方财富等。第二，产品线不断丰富，目前基本形成了以金融信息服务终端产品、财经网站、交易软件等为主的服务产品库。第三，财经信息服务用户日渐成熟。随着金融产品种类的丰富、金融交易日趋复杂，用户对金融信息服务专业品质的要求日渐上升，用户自身的理性、洞见、成熟度日益上升，付费用户的规模正在扩大。

而由于行业集中度不断提高，相关各信息机构和媒体平台随着行业发展，在经营规模、行业地位、市场优势、品牌影响力等方面出现分化，业内兼并与收购不时发生。零散而分散的财经媒体、财经信息机构亟待形成合力，打造出与中国当前国际经济影响力相称的、具有切实国际影响力的中国财经信息发布和服务机构。

未来，中国媒体也可研究西方专业财经媒体的成功经验，打造具有较强公信力和较大参与度的排行榜和指数评价体系。《财富》500强、美国《商业周刊》排行榜、《福布斯》

排行榜、《华尔街日报》下属的道琼斯公司创办的道琼斯指数、英国股市的伦敦"金融时报指数"等都是可资借鉴的成功经验和运作模式。有影响力的中国媒体也应考虑,当自身不再仅仅是美联社、路透社等西方媒体的用户,而成为国际专业财经资讯的内容提供方之后,如何继续提升资讯服务能力,将数据开发成产品、将媒体影响力真正转变为排名权和评价权,推出属于中国、影响世界的"新华指数"或"CRI排行榜"。

(作者单位:中国国际广播电台新闻中心)

附件:《华尔街日报》最受肯定的资讯服务产品"一周重要财经数据和事件"截图

下周重要财经数据和事件

时间	地区	数据名称	预期	前值	重要性
星期一 04/17/2017					
10:00	中国	一季度GDP同比	6.80%	6.80%	***
10:00	中国	3月社会消费品零售总额同比	9.70%	10.90%	***
10:00	中国	3月社会消费品零售总额(今年迄今)同比	9.60%	9.50%	***
10:00	中国	3月城镇固定资产投资(今年迄今)同比	8.80%	8.90%	***
10:00	中国	3月规模以上工业增加值同比	6.30%	6.00%	***
10:00	中国	3月规模以上工业增加值(今年迄今)同比	6.30%	6.30%	***
14:15	日本	日本央行行长黑田东彦在信托协会年会上发表讲话。			***
20:30	美国	4月纽约联储制造业指数	15	16.4	***
星期二 04/18/2017					
9:30	澳大利亚	澳联储公布4月货币政策会议记录。			**
18:40	美国	强生(JNJ)公布财报。			**
19:30	美国	高盛(GS)公布财报。			***
20:30	美国	3月新屋开工	1253K	1288K	***
20:30	美国	3月营建许可	1250K	1213K	***
21:00	美国	美国堪萨斯城联储主席乔治于巴德学院利维经济研究院发表演说。			***
21:15	美国	3月工业产出环比	0.50%	0.00%	***
美股盘后	美国	雅虎(YHOO)公布财报。			**
星期三 04/19/2017					
2:30	美国	世界银行行长金墉参加一项讨论会。			***
4:00	美国	IBM公司(IBM)公布财报。			**
4:30	美国	4月14日当周API原油库存(万桶)			***
17:00	欧元区	3月CPI同比终值	1.50%	1.50%	***
17:00	俄罗斯	俄罗斯总理梅德韦杰夫于下议院发表演说。			***
19:00	美国	摩根士丹利(MS)公布财报。			***
22:30	美国	4月14日当周EIA原油库存(桶)		-2166K	***
美股盘前	美国	贝莱德(BLK)公布财报。			***
星期四 04/20/2017					

时间	国家	事件	前值	预期	重要性
0:00	德国	二十国集团(G20)财政部长与央行行长会议，至21日。			★★★
0:00	法国	法国大选总统候选人第三轮电视辩论。			★★
0:30	美国	美联储波士顿联储主席Eric Rosengren发表讲话。			★★★
2:00	美国	美联储公布褐皮书。			★★★
6:30	美国	日本财务大臣麻生太郎于哥伦比亚大学一项活动中发表演说。			★★
6:45	新西兰	一季度CPI季率比	0.80%	0.40%	★★
14:00	德国	3月PPI环比	0.20%	0.20%	★★
14:00	德国	3月PPI同比	3.20%	3.10%	★★
20:30	美国	4月15日当周首次申请失业救济人数		234K	★★★
20:30	美国	4月费城联储制造业指数	25	32.8	★★
23:00	美国	德国财政部长朔伊布勒于卡耐基国际和平基金会发表演说。			★★
美股盘前	美国	黑石集团(BX)发布财报。			★★★
星期五 04/21/2017					
8:30	日本	4月制造业PMI初值		52.4	★★
15:00	法国	4月制造业PMI初值	53.1	53.3	★★★
15:30	德国	4月制造业PMI初值	58	58.3	★★★
16:00	欧元区	4月制造业PMI初值	56	56.2	★★★
19:00	美国	欧洲央行行长德拉基与耶委尔德参加世界银行与IMF 2017年春季会议，至22日。			★★★
20:00	美国	国际货币基金组织(IMF)亚太部门举行新闻简报会。			★★
20:30	加拿大	3月CPI环比	0.40%	0.20%	★★★
21:30	美国	美国明尼阿波利斯联储主席、2017年FOMC票委卡什卡里(Neel Kashkari)参与项活动的问答环节。			★★★
21:45	美国	4月Markit制造业PMI初值	53.8	53.3	★★
22:00	美国	3月成屋销售总数年化	5.60M	5.48M	★★★
星期六 04/22/2017					
1:00	美国	当周石油钻井总数(口)(至0421)		683	★★★
星期日 04/23/2017					
0:00	法国	法国大选举行首轮投票，11名总统候选人当中得票率超过50%者可直接当选。如果在首轮投票中所有候选人得票率都未超过50%，那么届时得票率较高的前两位候选人将进入次轮角逐。			★★★
待定	中国	海军节。首艘国产航母或于今日下水。			★★★

参考文献：

1.《国际广播影视》，中国国际广播学会，2016年第9期。

2. 徐秀军：《从中国视角看未来世界经济秩序》，《国际政治科学》，清华大学出版社，2016年第1卷。

3. 梁智勇：《全球化背景下通讯社在金融交易服务平台的博弈》，复旦大学，2009年。

以航天直播为例议融媒体时代传统广播如何突围

李 严

直播，作为一种播出形式在广播节目中并不少见。那么什么是"直播"？中国广播电视学会曾经给直播节目下过一个定义：直播"指广播、电视利用电子信号把新闻现场的声音或图像直接发送并同步播出的节目形式。它在传播新闻事件发展变化的同时把记者的现场报道、播音员或主持人的现场描述或背景介绍同步传输给受众，集报道新闻、提供知识、分析事态于一体"。

该界定虽然把广播媒体与电视媒体的直播综合在同一概念中阐述，但其中还是明确指出直播报道是一个综合体，它融合了多种元素于一身。

直播报道大体有两种类型，主要包括突发性直播，即针对重大突发事件进行的直播，其特点是事件发生的时间、发展的趋势、最终产生的结果及影响等均不可预料。比如，2008年汶川大地震，2001年美国"9·11"恐怖袭击等；另一类则是可预判性直播，其特点是可以提前预知，并进行事前的准备，该类直播主要包括重要会议、重要活动、重大历史事件等。比如，每年的全国两会、奥运会等。航天直播就属于第二类可预判性直播。

2016年是新中国航天事业创建60周年，这一年我国的航天领域异彩纷呈，在短短12个月的时间里，我国航天发射次数超过20次，其中既包括了实践十号卫星、量子卫星、高分三号卫星、长征七号、长征五号运载火箭的发射，也包括天宫二号空间实验室、神舟十一号载人飞船等载人航天工程项目的成功发射。面对这些航天重大事件，作为传统广播媒体如何做好航天直播，是广播人应该研究和探索的问题。

应该看到，与其他媒体相比，传统广播传播介质单一，要想在竞争日趋激烈的当下突出重围，除了文案精细准确，声音元素运用得当之外，巧妙运用新媒体弥补自身短板也是必不可少的。以下笔者将从文案撰写、声音元素的运用，以及与新媒体融合等方面进行详细阐释。

一、文案力求精细化

直播文案，或称直播大纲就像是直播的剧本，它是直播的根本依据，也是直播的灵魂所在。没有直播大纲，参与直播的记者、主持人、专家、导播就无从下手。有了直播文案才能把直播中的各个部分，各种元素有机地串联起来。由于文案对于直播来说非常重要，尤其是可预判性直播更是如此，所以直播团队要在前期将文案准备得尽量翔实一些。

虽然航天直播属于可预判性直播，但是与重大会议、体育赛事等不同，它具有自身的特殊性。航天科技是高精尖的领域，飞行器的发射、返回等任务有着严密的程序，一般都是以分秒来计算的。所以在撰写文案时确定关键时间节点十分重要。但是按照有关规定，从发射前20分钟开始，广播、电视、网络等媒体才可以进行现场直播，而且发射的具体时间在发射前也是严格保密的，相关部门不会向任何媒体透露具体情况。如果对重要环节的时间点判断失误，就可能导致直播内容与新闻事实无法对应的情况发生，使直播处于被动。所以，文案撰写者必须拥有足够的航天知识储备和经验积累，要做到对发射的全过程心中有数。

例如，2016年9月，在接到天宫二号空间实验室发射直播报道任务后，中国国际广播电台环球资讯直播团队针对直播文案进行了大量的前期准备工作。在撰写直播文案时，笔者提前查阅了大量专业资料，深入了解飞行器的各大任务系统，并对2013年天宫一号飞行器从发射至入轨的全程进行了详细梳理，在掌握天宫系列飞行器发射的重要流程后，还向航天专业人士请教各流程所需时间，以期在直播文案中尽可能准确地预测火箭点火起飞后，星箭分离、二级火箭分离、整流罩分离、入轨等一系列重要步骤的时间节点。随着发射的日期临近，不断发布的官方确切消息进一步证实直播团队事前预测的关键时间节点与天宫二号实际时间节点相吻合。这些重要时间节点的确定，不但使得直播文案达到分钟级的精细化程度，也为直播的顺利进行奠定了基础。

二、专家点评深入浅出

作为直播，节目中播出的大部分内容应该是从新闻事件现场发来的报道，而直播间内的专家则要在有限的时间内对一些听众不太了解的问题进行简明的解释和点评。因此在选择专家时，除了专业背景外，还要有其他更加细致的考量。

因航天新闻有明显的特殊性，专业性强，术语繁多，与受众关联度低。一般听众在收听过程中都会有些许不明白的地方，此时就需要直播间里的专家进行解释。这就要求专家既要有深厚的专业积淀，又要有丰富的科普经验，就是要化繁为简，用普通听众能听懂的语言把复杂的航天知识解释清楚。

比如，2016年10月17日神舟十一号载人飞船发射直播中，环球资讯直播间邀请的专家，对即将在太空上演的天宫二号与神十一交会对接的难度有一个形象的描述。专家在直播中说"天宫二号与神舟十一号交会对接，就是两个8吨多的'大家伙'在每秒7.9公里左右的飞行速度下，完美地对接在一起，而这个速度是子弹的8倍，这个过程难度之大无异于在太空中'穿针引线'。"

专家的寥寥数语，就把这个高难度的太空任务生动地展现在了听众眼前。当听众在对科技术语一头雾水的时候，一个个形象化的比喻使复杂变得简单，而且能够激起听众的好奇心，吸引他们的注意力。此外，在专家解释和点评的过程中，切记用术语解释术语，这样不但无助于听众了解新闻事件，反而会增加跳转率。

三、记者直连张弛有度

在直播节目中，与身处现场的记者连线是直播中必不可少的环节。由于听众无法亲临新闻现场，广播又没有画面传输，因此被派往现场的记者就成为听众的眼睛和耳朵。

对于航天直播，媒体往往会选派多名记者到发射现场。每个记者都有自身的长处与特点。如何用其所长，如何安排他们的出场顺序，也是直播团队要仔细斟酌的问题。

在天宫二号与神舟十一号载人飞船的发射直播中，中国国际广播电台环球资讯向发射场和北京飞控中心派驻了多位记者。后方直播团队根据每位记者的报道特点和其平时报道的语态习惯，详细制定了记者在现场的值守位置。将平时语速稍快，声音洪亮，且擅长场景描述的记者安排在距发射塔架 1500 米远的露天观测席上；将有长期航天报道经验的记者安排在前方显示控制大厅内，以便随时用大众化的语言向受众介绍监视屏幕上显示的飞行状态。在北京飞控中心也安排专人值守，当火箭发射后，记者可以在这里实时报道火箭和飞船的一系列专业数据。

在安排记者连线顺序上更是要精心策划。当火箭点火后，导播首先接通了身在露天观测点记者的电话。该记者以激昂的语态，感性的语言介绍火箭刺破苍穹的历史性时刻，之后连线发射场控制大厅的记者，请该记者用通俗易懂的语言向广大听众介绍大厅屏幕上的数据以及大厅内科技人员紧张忙碌的场景。

此后，接入另一位资深记者，请他进一步介绍火箭在发射升空后至成功入轨前所要经历的多个重要环节。随着各位记者们一系列连线的展开，一步步把直播节目从直观的感性层面向专业的理性层面推进。这种精心的设计使直播节目更有层次感，也满足了不同受众的需求。

四、国际视角解读中国航天

我国早期的航天报道多是从自我宣传的角度来报道航天大事件，随着我国航天事业不断地向载人航天、探月等前沿领域迈进，中国航天越来越受到国际社会的广泛关注。那么世界如何看待和评价中国航天，也成为广大受众期待了解的兴趣点。为此，一些有条件的媒体纷纷尝试在直播中引入驻外记者的声音。

例如，早在 2005 年 10 月神舟六号载人飞船发射、返回期间，中央人民广播电台在其大型直播节目《再探苍穹》中就已经把目光投向国际社会。他们先是连线驻美国记者，请他介绍了美国社会各界高度关注神舟六号凯旋的情况。记者介绍说，美联社、哥伦比亚广播公司等一些美国主流媒体，都在第一时间报道了神舟六号发射升空的情况，他们称人类对太空的探索越多，那么人类对太空的理解就越多。中国只有不断地探索，才能不断地获得成功。之后，导播又接通了驻港、澳、台记者的电话，现场播报了港澳同胞、台湾同胞热烈庆贺神舟六号成功返回的激动情景。随着多位记者的介绍，整个直播间成了信息总汇的枢纽。通过全球连线，受众深深感到传播使地球变小，信息传递使人类的距离变近。

此外，2016年9月和10月，中国国际广播电台环球资讯广播在直播天宫二号和神舟十一号载人飞船发射过程中也都加入了国际元素，直播间实时连线派驻在美国、日本、印度等国的驻外记者，请他们介绍海外专家学者、官员以及普通民众对中国航天的评价，同时也从客观的角度对中国航天的成果给予了公正的报道。

听众从这些驻外记者的报道中了解了中国航天的实力与水平，这不仅增加了国人的自豪感，也使直播形式更加丰富多彩，更加充满魅力。

五、运用环境音突出现场感

广播的传播介质只有声音，一般情况下，为了保证播出效果，节目会力求传播的声音清晰、无杂音。但是在某些特定情况下，适当运用周围的环境音，可以有效弥补广播报道中没有画面和文字的缺憾，更好的烘托现场的气氛，增加报道现场感。

比如，2016年6月25日晚，长征七号运载火箭在我国海南文昌航天发射中心发射升空，火箭点火后，中央人民广播电台中国之声马上接通了值守在发射场室外观测点记者的电话。伴随着震耳欲聋的巨响，记者向听众大声地介绍火箭在夜空中徐徐上升的场景。其间，火箭发动机的巨大轰鸣声与记者激动的报道声交织在一起，给人一种身临其境的感觉。这种环境音的运用很好地烘托了发射现场的热烈气氛，同时也把自豪感与自信心通过电波传递给了听众。

再比如，中国国际广播电台环球资讯广播在直播天宫二号空间实验室发射时也同样巧妙运用了现场环境音以突出现场感。2016年9月15日，载有天宫二号的火箭发射进入倒计时读秒阶段，此时导播将国际声切入直播间，随后听众可以清晰地听到指挥大厅里的一道道口令，一声声回答，这无疑提升了直播的感染力，吸引了受众的关注。

除了读秒、发射等关键口令，此次直播还巧妙运用飞行控制大厅内的其他音响。比如，在前期与记者的沟通中后方得知，在现场连线记者时，现场控制大厅内将有技术人员对火箭及飞行器发回数据的实时播报。一般情况下，为了收听效果更加清晰，广播在播出时都会尽可能避免杂音的出现，但是在此次直播中，为了收听效果更加真实，直播团队大胆决定将这种环境音连同记者的声音一同切进直播间，让受众在收听节目时仿佛置身现场；此外，指挥大厅里各系统之间现场联络的呼叫声，指挥显示大厅内科技人员对飞行器每一个重要动作的指令播报等多种声音元素都实时切进直播间，这些貌似零碎的现场音响与直播间内主持人、专家的解说有机地融为一体，给听众一种身临其境的感觉。

六、声音短片提升直播趣味性

航天直播主要以火箭、卫星、航天器的发射或回收等作为报道的主题，这类新闻十分专业，因此在直播节目中应对一些相关背景和航天知识进行简要的解释说明，而仅仅凭借主持人读稿子，或是让专家用三言两语解释清楚显然并非易事。所以很多媒体在直播过程中会插入一些事先准备的短片。短片是直播中重要的辅助手段，不但可以作为航天知识、背景的补充，也可以弥补一些直播间内无法体现的内容。

作为广播媒体，在直播中通过声音短片的形式来展现背景和解释相关内容，既丰富声音的多样性，也让直播更加生动活泼，使节目锦上添花。

比如，2016年9月我国发射的天宫二号空间实验室不仅要和神舟十一号载人飞船对接，还对我国未来空间站的建设起着重要作用，环球资讯直播团队把这些背景资料录制成一个声音短片，配以轻松的乐曲，在直播的前半部分播出，让听众既了解到我国载人航天发展的总体规划，也突现出天宫二号的重要作用。

除了介绍背景资料，一般情况下，火箭或卫星发射时都会搭载一些科研设备。这些都是值得报道的亮点，如何介绍这些高精尖的专业设备，也是要认真思考的问题。在天宫二号直播中，环球资讯直播团队选取了几个有效载荷作为关注重点。比如，通过反复推敲，编辑们把天宫二号上搭载的用来给飞行器交会对接拍照的照相机形象地比喻为"太空摄影师"，把天宫二号与神舟十一号飞船的对接比喻成一场"太空婚礼"，这样形象的比喻拉近了神秘的航天科技与百姓的距离。

再比如，2016年11月18日，环球资讯在神舟十一号返回地球的直播中利用声音短片来介绍实验设备——冷原子钟。编辑巧妙地将该设备比喻成"定时神针"。在短短几十秒的介绍中，将冷原子钟约3000万年才有可能误差1秒的超高精度讲述给听众。该短片既把平时高端冷艳的航天设备介绍得清楚明白，也增加了节目的趣味性。

七、关注中国航天幕后英雄

每一项重大科技成果的背后都少不了一大批科技人员的努力，每一次成功发射的背后也都有航天人默默地奉献与坚守。这些幕后英雄是航天报道中最容易被忽略的群体。作为新闻工作者，报道不仅要关注"事"，还应该报道"人"。在这方面，中国国际广播电台环球资讯广播的直播就是个很好的典范。

2016年9月15日天宫二号发射当天正值中国传统的中秋节，这本应是一个阖家团聚的日子，然而却有一大批航天工作者废寝忘食地奋战在发射一线，这些默默奉献的科技工作者为我国航天事业的发展与腾飞发挥了不可替代的作用。在这样一个特殊的日子，有必要让广大听众了解这些幕后英雄。

本着航天报道不但要易懂，更应该接地气，有温度的原则，在前期策划中，直播团队请记者采访那些发射前依旧在一线忙碌的科技人员。在直播中，主持人向记者询问，时值中秋佳节，一线的科技人员都在做什么，他们现在的心情如何？记者介绍说："今天是中秋节，这些工作人员在火箭发射前的最后阶段依然非常忙碌，就在刚才我在尽量不打搅他们工作的情况下,询问了几名工作人员,他们表示,虽然今天是中秋节,但是发射任务是第一位的,他们没有时间考虑过节的事儿,而且在航天人看来,在过年或过节的时候执行发射任务也是很常见的事情。在这里我们向广大的航天科技工作者道一声中秋快乐!正是由于他们的默默奉献才有中国航天事业今天的成就。"此外,在直播结束时,主持人也不忘对广大航天人和特派发射现场的各路记者道一声中秋快乐。

在一个多小时的直播过程中,虽然对科技人员的介绍篇幅不是很长,但是记者的报道足以突出了航天科技人员兢兢业业、无私忘我的精神,这样的小设计也让航天直播更加有温度,更能打动人。

八、传统广播与微直播共同发力

众所周知,传统广播的传播介质只有声音,虽然可以把声音的魅力做到极致,但是没有图片、文字、视频的配合,也必然失去一部分受众。但是随着新媒体不断地发展壮大,传统广播的这种劣势已经可以通过与新媒体融合加以弥补。

目前,中国国际广播电台环球资讯拥有官方微博、微信公号、APP等多个新媒体平台出口。而通过新媒体平台直播航天发射进展,将航天事件碎片化、通俗化、无时差地呈现给受众,这不仅给广大受众带来了全新的视听体验,也丰富了航天事件的传播方式,优化了传播效能,这种直播创新和突破,更是对传统媒体直播的有力补充。

比如,在2016年9月13日,天宫二号空间实验室发射之前的两天,环球资讯官方微博连续发布了数十条记者在酒泉卫星发射中心捕捉到的各类信息。其中既有运载火箭、天宫二号发射前夕的每一步重要动作,也包括记者在发射中心内采访获得的所见所闻所感所想。这种揭秘式的预热报道很大程度上激发了受众的好奇心和求知欲,也为发射当晚的直播积累了人气。

2016年9月15日天宫二号发射当晚,在环球资讯广播直播的同时,环球资讯官方微直播也同时进行。记者用镜头和文字记录了火箭升空的每一个激动人心的瞬间。从一轮明月下整装待发的运载火箭,到宣布天宫二号发射成功,当晚的相关微博赢得了受众数千的点赞和好评。这种传统广播与微博直播同步进行的模式为受众带来了一种全新的体验,可以让受众在伴随收听的同时,通过微直播更加直观地了解发射现场的情况。

据统计,环球资讯官方微博在2016年9月15日天宫二号空间实验室发射升空的过程中发布18条微博,共吸引阅读量354万次。而在从9月13日至15日发射的三天时间里,有关天宫二号的微博阅读量更是突破了千万次,传播效果可谓惊人。

一般情况下,传统媒体往往会围绕航天事件设置特别节目和直播节目,主题宏大、较为严肃。直播间内也会有多个主持人同台围绕科技术语、专家、发射中心、连线记者,进行密集的长时间的线性的信息传播,节目基调有浓厚的官方色彩。而微博分享和传播的内容,其文字简洁,图片、视频直观,其文本风格多数较为轻松活泼,这种不经意的轻松、亲切的传播内容使传播更加易于接受。

可以说，环球资讯这种传统广播与新媒体直播并行的模式，不仅形成了报道合力，更提升了大众理解科学的效率。

此外，目前，环球资讯官方 APP——环球资讯 PLUS 在技术上已经实现了将传统广播嵌入到新媒体发布平台中，受众可以在同一界面既收听实时的广播，同时还可以观看前方新媒体记者发布在平台上的图片、文字和视频。这种将传统广播与新媒体有机融合的创新，能够满足不同需求的受众，未来也将在直播中实现传统广播与新媒体直播的无缝对接。

九、微博助力广播弥补互动短板

无论是广播直播还是新媒体直播，它们的目的都是把信息传递给受众，而随着新媒体的不断发展与演进，在新媒体时代，此前的单向传播已经不能满足受众的需要，取而代之的是双向传播。双向传播指存在着反馈和互动机制的传播活动。

与新媒体相比，传统媒体比如广播，在对航天事件直播的过程中，由于其专业的特殊性，时间的精确性，以及播出安全等因素，使得该直播形成了一个较为封闭的空间，即固定的主持人，熟悉的专家和连线记者，他们按文稿进行直播，以确保直播顺利完成。而受众也只能按节目提供的内容线性地被动地接收，在这一过程中互动与参与性不尽如人意。

而新媒体中微直播的出现则弥补了传统广播的这一缺失。微直播的传播是一种直播加实时互动的模式，它打破了传统媒体不利于及时沟通交流的机制，更好地满足了用户点对点的人际传播需求。群体传播在其中得到很好的体现，而大众传播在这里被弱化。

2016年10月17日早晨，环球资讯官方微博陆续发布了多条神舟十一号载人飞船发射升空的消息。短时间内不但阅读量高达几百万，网友的评论也刷出了数百条之多。其中除了对中国航天的祝福外，更多的网友表达了希望进一步了解"神十一"的需求。其中有网友提问："'神十一'飞船内有三个座位，为什么却只搭载两名航天员？"有网友提问："为什么此次任务没有女航天员？"还有网友提问："'神十一'的内部结构和'神十'飞船有什么不一样？"等这些问题都表达了网友对中国航天的关注，同时这些问题体现了受众的需求，也为媒体制作的产品指明了具体方向。

应该看到，微博带给受众自主的互动体验，媒体可以从中获得受众偏好与需求，精准定位传播对象，从而得到更多用户的青睐。

十、结语

航天直播是一项系统的工程，具有精细化程度高，专业性强等特点。在以人为本，受众至上的今天，如何撰写直播文案，如何调动多元化的声音元素，如何运用新媒体的优势提高航天直播的亲和力与感染力,这是广播人需要考虑的问题。随着我国航天事业不断地发展壮大,广播媒体未来会制作更多的航天直播节目,只有通盘考量,精心策划,周密安排,将广播的诸多传统元素与新媒体的特色有机地融为一体,才能合奏出一曲美妙的中国飞天曲。

(作者单位：中国国际广播电台新闻中心)

参考文献：

1. 黄牧：《如何发挥主持人在"特别直播"中的作用》,《视听纵横》,2016年第2期。
2. 曹仁义：《新闻现场直播创优》,《中国广播电视学刊》,2005年第8期。
3. 孙崇峰、王宁：《刺破青天锷未残——神舟六号发射段直播随感》,《中国广播》,2006年第1期。
4. 刘毅：《平民化视角人文性关怀——从央视"神六"直播看媒体对科技新闻的报道》,《中国电视》,2006年第2期。
5. 肖平、韩瑞斌：《彰显广播的魅力和影响——神舟六号载人航天飞行宣传报道回顾》,《军事记者》,2006年第1期。

关于国际台对外经济报道的分析与建议

任 杰

当前,中国已经成长为世界第二大经济体、全球最主要的货物贸易国和外资吸收国之一。2016年,中国对世界经济增长贡献率达到33.2%[①]。在全球经济增速放缓、贸易投资保护主义抬头的情况下,中国的经济主张备受国际社会期待。与此同时,中国正处在深化改革开放的关键阶段,包括供给侧结构性改革在内的重大经济政策影响超乎国界。因此,对媒体而言,讲好中国故事,传播好中国声音,经济新闻报道是至关重要的环节。作为中国最主要的外宣媒体之一,近年来,中国国际广播电台(以下简称国际台)不断加大经济新闻采访报道力度。国际台核心中文资讯采编机构新闻中心国内部2017年1月编发的稿件中,经济题材比重占70%以上。

目前,国际台中文经济报道大致涉及如下方向:重要会议和宏观经济政策解读(如中央经济工作会议、国务院常务会议、供给侧结构性改革、国家发展和改革委员会等经济主管部门政策发布等)、重大经济事件和经济行为(如杭州G20峰会、上海自贸区成立、亚投行揭牌、达沃斯论坛、央行加息/降息等)、国内例行经济数据发布(如国家统计局各项月度数据、中国外汇储备变动情况、海关进出口数据等)、民生经济(如房地产市场过热和调控、网约车新政、"双十一"购物狂欢)、市场动态(人民币升/贬值、中国股市异常波动等)、配合性和前瞻性报道(如高访活动前夕对双/多边经贸往来的分析、重大经济活动与事件的预热报道等)。诸例存在报道角度和报道方式差异。如何选取适合对外传播的题材和角度,很有必要进行探讨和研究。笔者结合国际台中文经济新闻报道的文本进行分析,以提出针对性的建议。

一、经济政策解读宜"化大为小"选好切入点

当今,国内外大事件,背后都离不开经济因素驱动,以至于存在"重大事件经济化"之说。另一方面,经济政策普遍专业性较强,话语表达较为抽象,又涉及大量数据。如果希望依靠堆砌概念进行大而化之的宣传,就把国家的经济政策方针讲透、讲深,是不现实的。

比如,作为中国形成惯例的重要公共政策,中央"一号文件"是每年开年观测中国经济动向的"风向标"。2017年的"中央一号"文件聚焦"农业领域供给侧结构性改革",政策表述包括:优化产品产业结构、推行绿色生产方式、拓展农业产业价值链、强化科技创新驱动、加大农村改革力度等方面。从这些政策措施中筛选出适合对外传播的新闻点,考

验着记者的眼光。

对于对中国国情不甚熟悉的国外受众来说，中国农业发展的现状是什么？农民的地位和境遇是怎样的？对他们来说是至关重要的信息点。下面的这篇报道，从培育新型农民的角度对"一号文件"进行解读，使国外受众易于理解，无疑是比较好的切入点。

《录音报道》：2020年中国新型职业农民将超2000万　破解农业"后继无人"难题

中共中央国务院近日正式发布2017年"中央一号"文件，文件提出要深入推进农业供给侧结构性改革，加快培育农村发展新动能，并以提高农民收入为目标。中央一号文件系列指导政策的出台，为多年来一直备受关注的"职业农民"发展之路带来了新的机遇。请听本台记者带来的报道：

今年，在北京市通州区经营着上百亩农场的赵文广迎来了他从中学教师转行到"职业农民"的第十个年头。目前他的农场里主要种植红星苹果和从欧洲引进的高端水果"不老莓"，经过两年多的培育，农场小有规模，效益不错。在赵文广看来，目前投身农业、尤其是走职业化的道路，无论是从产量和质量都有自己的优势和良好的前景……

经过多年的稳定发展，像赵文广这样有技术、懂经营的新型职业农民群体正在不断壮大，农业问题专家、中国社科院教授李国祥认为，新型职业农民切中了中国农业农村持续发展的关键问题，将有效解决中国农业生产"后继无人"的隐患：

（音响：李国祥）

"我们国家随着大量农村劳动力转移到城镇从事非农产业，现在在农村中主要是以留守老人和妇女为主，这样就带来一个现实问题，谁来种地。解决这个问题，从中央顶层设计视角来看，就是培养培育新型的职业农民，让有知识、年轻、有技术、会管理、懂经营，这样的人来投身农业。"

…………

如果从完善报道的角度考虑，不妨还可以沿着"农民问题"的思路继续延展。比如，可以在相关的系列报道中涉及部分中国农民在当前经济社会发展中的尴尬境遇，城镇化加速推进带来的农村"被掏空"的状况，以及一部分农业种植条件较好地区开展的土地使用权流转和大规划产业化种植等情况。笔者认为，选择一个合适的视角，将其说深说透，胜于面面俱到、浅尝辄止。而对于类似中国推进制造业、现代服务业发展等比较重要的经济政策来说，也可以尝试这样的报道思路。

二、经济事件报道应做到内外有别

横看成岭侧成峰。新闻事件是"多棱镜"，媒体总会选择与自身定位相符的角度倾注笔墨。当前，国际台媒体业务集群多样，对经济新闻等硬新闻而言，播出平台既有国内落地平台栏目（环球资讯广播《第一资讯》）、针对海外华人和调频台的资讯节目（《直播中国》），也有传统的多语种对外广播渠道。

渠道的多样性扩展了记者施展才华的空间，但也给记者的业务实践带来挑战。从实际情况来看，记者往往囿于精力和时间所限，对于同一经济事件的报道"一稿多用"，缺乏报道角度的"再开发"和差异化处理。来看下稿：

《录音报道》：万科股权之争再生变　华润集团让出所有股份　深圳地铁集团接盘

12日晚间（2017年1月12日，笔者注），深圳地铁集团与华润集团签订万科股份受让协议，准备受让华润及其子公司所持有的万科A股份，约占总股份15.31%。深铁同时明确表态支持万科管理层。股权转让完成后，深铁将成为万科第二大股东，万科管理层话语权大幅提升。

万科的股权之争已经一年多了，这期间，宝能系、华润、恒大、安邦、深铁等各大股东或者潜在股东逐个粉墨登场，在"万科股权"这个舞台上演着扑朔迷离的资本大戏。

在此次接盘之前，万科曾有意通过增资扩股引入深铁，但遭到华润的反对。华润不希望稀释自己大股东的地位，也不愿意再投入资金扩大占比。有分析人士认为，有可能是地方政府部门在此次股权转让中扮演了重要角色。……

对广大的普通投资者来说，万科由谁来控股其实并不重要，万科的股价才最重要。根据公告，万科将于今天（1月13日）开市时复牌。财经评论员刘刚表示：

（音响：刘）

"这样的进展对万科的市场稳定、市值稳定都有着积极的作用，对万科的影响应该是一个股价走稳的态势。"

在中国资本市场2016年的风起云涌中，万科股权之争，无论从搅动"市场神经"之深、持续时间之久，还是从剧情反转之剧烈的角度看，都堪称标志事件之一。中国证券市场监管规范的缺失，造成"宝能系""恒大系""安邦系"等外部资金在二级市场上竞相大肆收购万科A股股票，以争夺这家在中国地产业名声显赫、但因公司治理架构原因而股权分散的上市公司的控股权。这张"多米诺骨牌"的倒下，还引发了多家上市公司接连被"举牌"，以至于某些上市公司高管在失去公司控股权的情况下以集体辞职的方式进行抗议的事件。在这一连串相互关联的市场事件中，"宝能系""恒大系"等几大收购方通过具有争议性的保险产品募集巨量市场资金开展股权收购行为，被业内人士视为踩踏了金融市场监管的"红线"。鉴于该事件的标本意义，很多境外媒体，特别是财经媒体都对此进行了追踪报道。

万科重要股东——华润集团决定出让其所持万科股份的事件，是整个万科股权之争的一个重要时间节点。而国际台记者的这篇报道，无疑是站在"对内角度"展开的，更多地是把笔墨放在交易协议的粗略分析以及对万科股价的潜在影响上，笔者看来，这并没有触及到核心问题，特别是没能回应国际市场对中国金融市场这一标志性事件的关切。

那么，合适的对外传播角度是什么？我们不妨来看看香港《南华早报》就此的一篇报道[2]。该报道以《中国华润决定向深圳地铁出让所持15%万科股份》为标题，笔者将选用段落译成中文，方便读者参考：

华润控股同意向国有背景的深圳地铁集团出售其全资拥有中国万科股权，这预示着，万科高管层与公司主要股东之间的"拉锯战"即将结束。

万科在星期四交易结束后向香港联交所表示，深圳地铁将从华润购买其所持的万科的全部15.31%的股权……虽然市场预期恒大继续增加股权，但由于中国证券监督管理机构的干预，其主要股东对公司控制权的争取立即"冷却"。

中国证监会主席刘士余上个月在北京发表演讲时，严厉谴责用不合规资金进行杠杆收购的举动为"野蛮人"、"劫匪"、"食尸鬼"。官方做出批评后，恒大控股总裁夏海钧随即表态，该公司"无意也不会"成为万科的控股股东。

随着中国保险监管机构暂停宝能旗下前海人寿的"万能险"销售以及禁止恒大人寿投资股票市场，这两大势力对万科控制权的争夺告一段落……"我们对万科的前景继续保持乐观，"摩根大通分析师Ryan Li表示，这笔交易将"支持万科管理层的连续性"。

笔者认为，以该例子为样本，可以为国际台内外有别地做好经济报道提供一些启示：

(1) 对具有代表性意义的经济新闻事件来说，很大程度上，国际社会的期待与国内受众的关注存在交集，如果对外新闻价值开掘到位，可以兼顾对内、对外双方面的传播需求。但若以对内报道的思路应付对外报道，则会南辕北辙。表面看，万科股权之争是一起涉及上市公司股权争夺的经济事件，但从更大的视野观察，它实则暴露出中国资本市场乱象背后的制度"短板"和完善金融治理的迫切性。比如，资本市场交易法规缺失、保险行业监管滞后等。相比于万科股价遭"爆炒"、"宝能系"是何来历、收购大战的细枝末节和剧情反转、万科高管的公开表态等国内财经媒体热衷炒作的新闻点，该事件对外报道的侧重点在于分析中国资本市场乱象背后的症结和官方的政策表态等。中央政府对经济金融政策的定调是防范金融市场的异常波动，守住不发生系统性、区域性金融风险的底线。这要求记者要吃透国家政策，走出"只见树木不见森林"的误区，将事件进展放置在国家政策的背景下进行分析解读。

(2) 外部市场和国际财经媒体对中国政府经济金融政策的"风吹草动"非常敏感。在他们看来，当下，中国潜在积聚的金融风险比较明显，他们非常在意某个经济事件是否会成为触发中国官方调整或收紧政策的"导火索"。那么，针对国际社会关切，国际台的经济新闻报道就应更加注重对调整后的金融经济政策和行业监管动向的阐释和解读。

（3）转换报道视角，以国外的经验为借鉴。以此事为例，西方资本市场经历了数百年的发展历程，中国当下资本市场建设和发展过程中暴露的问题，西方国家或多或少都有前车之鉴。比如，西方国家对保险资金在资本市场的股权收购行为是如何规范的？兴风作浪的"野蛮人"是否存在？上市公司的股权治理该如何完善？国际台的经济新闻报道恰恰可以从自身的优势资源出发，做得比国内其他媒体更深、也更好一些。

三、扩充信息源更具说服力

从现状来看，国际台中文经济新闻报道的信息源，多为各类新闻发布会（主要是国家发改委、商务部、工信部等经济主管部门）。这类发布会，经常只有单一信息源介绍情况，尽管多为重要政府官员，但从新闻报道的角度看，单一信息源并不符合通常意义上的均衡、客观的原则。请看以下报道：

《中国时事》：中国前三季度 GDP 增速 6.9% 2009 年来首次破"七"

中国国家统计局 19 日（2015 年 10 月 19 日，笔者注）公布的数据显示，今年前三季度，中国国内生产总值（GDP）同比增长 6.9%，低于全年增长目标，这也是自 2009 年以来 GDP 首次跌破 7%。

国家统计局新闻发言人盛来运分析指出，国际、国内双层因素相互叠加，加大了三季度经济下行的压力……盛来运表示，虽然前三季度经济增速有所回落，但是中国经济总体平稳的基本面并没有发生改变：

（音响二 盛）

"首先，经济运行仍在合理区间。第二方面，产业结构是在继续优化的，产业结构的调整也是在继续推进的。另外，转型升级的势头也非常好。所以，以上情况说明，在经济的新常态下，增速换挡、结构优化、动力转换，都在有序地推进，这也说明调整符合规律，转型符合方向，发展符合预期。"

有这样一种担忧，中国经济增速一旦回落到 7% 以下，未来一段时间是否会成为一种常态？对于增速预期，盛来运并没有直接表态。但他强调，虽然短期来看，下行压力仍然很大，但中国经济仍然会继续保持总体稳定运行态势：

（音响三 盛）

"中国经济的运行受这三种力量的支配，即下行压力、支撑力，还有新动力。支撑力，首先是新型城镇化和新型工业化跟新技术结合会创造出新的增长动力……"

在中国经济进入"新常态"的情况下，西方国家有关中国经济增速将显著下滑，甚至出现"硬着陆"的论调此起彼伏。作为官方媒体，我们必须旗帜鲜明地对外传递有关中国发展的积极讯息。这篇报道主要展现了官方对于中国2015年前三季度经济数据的披露和解读，以权威声音定调中国经济"稳中向好"的形势，同时直面中国发展所面临的问题和挑战。针对中国经济增速破"七"这个关键新闻点，如果能采访几位中外经济学者，就官方没有明确表态的"经济增速回落是否将成为新常态"，如何评估中国经济转型升级的机遇风险等问题进行分析，报道会显得更为平衡和丰满，也会更加具有说服力。

四、在比较中展现数字的价值

经济新闻报道离不开处理数字。很多新闻教科书都讲过类似的话：单纯的数字没有意义，只有在对比中，才能彰显数字的价值。

面对大量频繁发布的经济数据，如何避免让受众陷入"数字游戏"而不知所云，首先要求记者是专业的观察者，能够吃透数据的含义，剔除无效数字，筛选关键数据，并在时间坐标下挖掘出数字的意义。

国家统计局发布2017年1月居民消费价格指数后，国际台相关报道的导语是：

中国国家统计局14日公布1月份居民消费价格指数（CPI）和工业生产者出厂价格指数（PPI）数据。数据显示，CPI环比上涨1.0%，同比上涨2.5%；PPI环比上涨0.8%，同比上涨6.9%，符合市场预期。专家认为，未来中国不存在通货膨胀压力，货币政策仍需维持稳健中性，财政政策要更加积极。

而《人民日报》相关报道的导语和行文如下：

标题：CPI与PPI同比涨幅均创近年新高市场形势好转 通胀压力不明显
国家统计局14日发布的2017年1月份全国居民消费价格指数（CPI）和工业生产者出厂价格指数（PPI）数据显示，CPI同比上涨2.5%，涨幅创下2014年6月以来的新高；PPI环同比上涨6.9%，1月份PPI涨幅也创下2011年9月以来的最高水平。
……
交通银行金融研究中心报告预测，5、6月份CPI同比仍有走高可能，但下半年随着翘尾及新涨价因素的回调又会重新回落，全年通胀压力并不明显。

处理和筛选数字是经济报道写作的基本功。相比之下，同一数据解读，《人民日报》的处理和分析更有针对性。CPI和PPI作为两大重要的经济价格指标，需要在较长的时间线下观察，才能捕捉到趋势性的变化。受众或许记不清楚某个数字的含义，但"2014年6月以来的新高"和"2011年9月以来的最高水平"这种说法，能够在对比中很直观地说明中国经济的运行态势。

五、加大经济新闻人物的访谈报道力度

广播媒体的鲜明特征是可听性强。如果把广播新闻经济报道比作平面展示,那么,人物访谈则可以理解为纵深式呈现。它可以避免干巴巴的说教,从人物的讲述和境遇起伏中折射国家的经济冷暖。例如,此前沸沸扬扬的"玻璃大王"曹德旺赴美投资建厂一事中,一些媒体通过专访方式,请当事人出来回应质疑,避免了断章取义的炒作。目前,国际台的中文经济报道比较缺乏就热点问题对知名经济人物的面对面专访。而这恰恰是 BBC、德国之声等对外广播媒体经常使用的报道方式。这可能与目前的新闻节目中缺乏相应的板块设置有关系。

在资讯发达的当今,记者获得音响资源素材的途径更为多元。如果直接采访当事人有难度,可以在尊重出处的情况下,通过资源整合完成报道。

由于篇幅所限,更多细节问题不能一一展开。综上所述,笔者认为,做好针对国外受众的中国经济新闻报道,首要是做好新闻策划和新闻价值判断,要善于借助舆情调研分析,掌握国际社会对中国经济的关注重点,调整和完善我们的报道角度,提高报道针对性。中文新闻采编部门有必要举行定期的业务探讨会,并加强与各对外传播部门的业务互动,构建良好的业务探讨和纠错机制。此外,还需要处理好一些技术性问题。比如,善用国外专家和智库资源发声,增加报道的影响力和说服力;在社交媒体上发布 H5、漫画等新媒体产品,通俗易懂地分析解读经济事件和政策。

(作者单位:中国国际广播电台新闻中心)

注释:

① 数字来自中国国家统计局网站:http://data.stats.gov.cn/。
② 原文参见:http://www.scmp.com/business/article/2061548/vanke-trading-suspended-report-suggests-lead-shareholder-china-resources。

试析新闻报道的个性化及个性塑造

时 舟

　　纵观十几年来新闻报道的发展演变，新闻报道打破内容同质化，追求差异化表达无疑是媒体演进的标志性特点之一。而当下的移动互联时代对媒体开展个性化新闻报道提出了比以往更为迫切的要求。一方面，信息量"井喷"、信息传播速度大大提升，"抢独家""抢时效"已不再是媒体竞争的主要手段。与之相对，能否以个性化的视角和表达吸引目标受众，成为媒体竞争的决胜法宝；另一方面，面对铺天盖地的信息，受众对个性化新闻产品的需求比以往任何时候都更为强烈。媒体应该在新闻报道个性化方面下工夫，以此扩大自己的受众"朋友圈"，提升竞争力。

一、新闻报道个性化释义

　　目前对新闻报道个性化的研究日渐增多，但学术界对于新闻报道个性化尚未有明确定义。有观点认为，所谓个性化，"就是记者观察事物的视角和写作手法具有鲜明的个性。"[1]也有观点认为，个性化是指突破常规报道思路的新闻报道方式。综合来看，观点多将个性化归纳在记者报道写作这一"微观"层面。但笔者认为，新闻报道的个性化应该涵盖从报道写作、栏目风格到媒体定位等新闻生产的全链条，不仅指新闻报道独特的视角、个性化的写作风格，也指媒体差异化定位等多个维度层面，本文也将在此基础上进行探讨。

二、新闻报道个性化的背景

　　1. 激烈的竞争：媒体必须寻求个性化

　　根据清华大学传媒经济与管理研究中心发布的《中国传媒产业发展报告》，截至2013年，中国报纸总类1821种，电视台数量166家，广播电台数量2207家。[2]（详见下页表格）根据这份报告，虽然报刊种类、广播和电视台的数量近年来有所下降，但PC互联网与移动互联网数量高速增长，对传统媒体形成巨大冲击。有数据显示，如今全球互联网流量每日可以累计达到10亿GB，这意味着每天产生的信息量能够刻满近2亿张DVD光盘。

2009—2014年传媒主要细分行业形态数据③

项目 \ 年份	2009	2010	2011	2012	2013	2014
报纸种类(种)	1937	1939	1928	1918	1821	—
期刊种类(种)	9851	9884	9849	9867	9941	—
出版社数量(家)	580	581	580	580	583	—
音像制品出版单位(家)	380	374	369	369	383	—
电子出版物出版单位(家)	250	251	268	268	287	—
广播电台数量(家)	251	227	213	169	153	—
电视台数量(家)	272	247	197	183	166	—
广播电视台数量(家)	2087	2120	2170	2185	2207	—
电影院数量(家)	1687	2000	2800	3000	3903	4918
电影银幕数量(块)	4723	6256	9286	13118	18195	23592
广告经营单位数量(家)	168852	243445	296507	377778	445365	543690
手机用户数量(万户)	75000	85900	98625	111215.5	122911.3	128609.3
固定电话用户数(万户)	32375	29438	28179	27815.3	26698.5	24943
WWW站点数量(万个)	323.2	190.8	230.0	268.1	320.2	335.0
域名数量(万个)	1681.8	865.7	774.8	1341.2	1844.1	2060.1
网民总人数(万人)	38400	45730	51310	56400	61758	64900
手机上网人数(万人)	23344	30273	35558	41997	50006	55700

数据来源：根据国家新闻出版广电总局、国家工商总局、CNNIC公布数据整理而成。

与信息量呈现"井喷"之势相对的是，新闻资源再难被一家媒体所垄断，获取"独家新闻"变得越来越不可能，新闻资源在最短时间内即可成为共享资源。媒体之间竞争的第一落点已经不在于争抢独家，甚至争抢首发，而是差异化的报道视角。因此，媒体更应该在细分读者市场、提倡新闻报道窄众化方面下工夫，以个性化定位树立在新闻报道竞争中的新优势。

2. 移动互联时代：新闻报道必须个性化

移动互联时代的到来带来了传播的新变化。一个突出的特点就是人人可以成为传播者，传播被赋予更多社交属性。目前全球有15亿用户在使用社交媒体Facebook和Twitter。在我国，以微信为代表的社交媒体发展惊人。2014年7月，微信官方公布的数据显示，微信用户数接近4亿，微信公众号为580万个，日增长为1.5万个。真可谓"无社交，不传播"。④在这种新变化下，新闻媒体的信源地位理论上与个人是平等的，新闻报道的传播效果往往依赖于受众在"朋友圈"等社交媒体的再传播，而能够"引爆"社交媒体的新闻报道必定有独特的视角、独到的分析、个性化的语言表达。这就要求媒体在新闻报道个性化上下工夫。

其次，移动互联时代，"场景"的意义大大强化。"场景"一词最初是指影视拍摄中的场面，后来渐渐被包括传播学在内的社会科学所运用。移动场景指的是人们活动中不断遭遇的环境，是一个"变量"。对于每一个特定用户来说，移动场景意味着快速切换的时空，而每一种场景会带来不同的需求。⑤在此情况下，媒体提供千篇一律的新闻报道已经不能够满足受众带有鲜明个性的、多样化的需求，而需要通过新闻报道的个性化，为受众量身定制新闻产品。比如同样是美国总统大选结果出炉的新闻，在办公室的场景下，受众可能更愿意了解谁当选、选票情况等；而在咖啡厅、卧室等场景，则可能更倾向于了解选举背后的小故事、美国的选举制度等。因此，为了适应受众在不同场景下对信息的需求，新闻报道需要做到为处在不同时空下的受众提供满足其诉求的、个性化的信息及服务。

3. 受众求异心理：内容供给必须个性化

根据马斯洛的需求层次理论，人的需求从低层次的生理上的需求、安全上的需求，到高层次的情感和归属的需求、自我实现的需求，在物质方面没有得到极大满足的情况下，人们的需求停留在相对初级的阶段，因此，在这一阶段受众对新闻传播要求不高，仅仅通过新闻报道满足对信息的需求就够了。而面对数量不断增加的媒体，面对众多的新闻产品，这时受众已经不再满足于单纯获取信息和知识，而更倾向选择那些符合阅读爱好和习惯的新闻产品，甚至会从新闻阅读中获取某种自我定位的满足，比如"爱思考""观点犀利"，等等。为了满足受众的这种心理，媒体不仅要打破同质化新闻，更要进行内容供给侧改革，让记者尝试独特表达，倡导个性化新闻报道。

三、新闻报道个性化的争议

谈及新闻报道的个性化，不少人可能会担心个性化会影响到新闻的客观真实性。我们知道，新闻的真实性是新闻报道的底线，那么能否在坚守这一底线的同时，做好新闻的个性化报道呢？

首先要明确，个性化新闻报道是指在尊重新闻客观事实的基础上，报道视角、报道风格和报道语言的个性化，并非以扭曲新闻事实来追求所谓的"个性化"。至于新闻报道的倾向性，不同的媒体、不同的记者在新闻报道中都会有自己的视角，在素材的选择上有自己的倾向，在语言的表达上有自身的风格，也会或多或少地加入了自己的观点和情感。这种源于新闻事实发生的情感不但不会影响新闻的客观真实性，反而会让人感到更加真实。比如在报道地震、抗洪等重大自然灾害新闻时，记者都会有情感的流露，这并不影响新闻的客观真实性报道。此外，整体来看，个性化可以使新闻报道更加多元化，对新闻事实的呈现更加多维度，有助于保障新闻客观真实性。比如，前不久媒体对"罗一笑事件"的集中报道中，有媒体关注捐赠显示的社会爱心；有媒体关注罗一笑父亲罗尔的募捐行为是否合理；有媒体侧重刚刚施行的慈善法是否对个人募捐有约束；有媒体则反思媒体本身在这一事件中的表现……诸多个性化的报道反而为受众还原了更多事实。

四、塑造新闻报道个性的途径

1. 打造鲜明的自身定位是个性化新闻报道的前提

塑造新闻报道的个性，媒体必须首先打造鲜明的自身定位，并明确目标受众，进而为开展个性化新闻报道提供指引。以界面新闻为例，"只服务于独立思考的人群"是界面新闻的定位。有了这一鲜明的定位，界面新闻的个性化特征相对明显：在新闻选题上注重中产阶层关注的时政、经济类报道，新闻报道注重原创注重对数据和资料的分析思考。反之，这些个性化的特征又可以强化界面的定位，从而增强目标受众的黏性。

如果说在移动互联时代到来之前，报纸、广播、电视等传统媒体受限于发布渠道，往往难以细分受众市场，多以"统一面孔"示人，难以进行个性化传播。而移动互联时代则为媒体开展个性化新闻报道提供了重要契机。随着传统媒体纷纷进军新媒体领域，开设微信、微博官方账号及客户端，子媒体矩阵随之形成，为窄众化传播奠定了基础，也为塑造新闻报道的个性化提供了重要前提。以当下市场占有率较高的微信公众号"侠客岛""团结湖参考"为例。两者分别为人民日报海外版和北京青年报开设的微信公众号，但却与人民日报海外版和北京青年报有着截然不同的媒体定位。"侠客岛"以"拆解时政迷局"为己任，直接锁定关心时政大事的目标受众。"团结湖参考"则以创新派时评号自居。两者都一改母媒体"大而全"的定位，以"小而美"跻身新媒体红海。"侠客岛"的主要负责人陈振凯谈到传统媒体如何办好微信公众号时，表示首先的第一关即"确定底色和特色问题"。他说，人民日报社有29种报刊、44家网站、31个客户端、114个微博和142个微信，所有媒体子品牌都是"一把尺子一个标准"，必须坚持底色，底色上面画树也好，画花也好，那是特色。底色是保障，特色是关键，只有坚持底色才能活，只有坚持特色才能活得更精彩。⑥

另外，与媒体的法人公众号相比，子媒体的话语空间相对宽松，也为媒体开展个性化新闻报道提供了宽松的环境。以中国青年报开设的微信公众号"海运仓内参"为例，中国青年报评论部成员王钟透露，与发表在中国青年报的内容相比，公众号内容的审核宽松许多，编委也会注意新媒体本身的发展规律。⑦

2. 注重观点和分析是个性化新闻报道的关键

首先，个性化最大的特点就是差异化、人无我有。但正如前文所述，随着信息过剩时代的到来，开展个性化新闻报道很难在新闻事实上抢独家，而事实之外的观点和分析解读却大有文章可做，正所谓"一百个人心中有一百个哈姆雷特"，基于同样的事实可以产生大量个性化的观点。"侠客岛"曾提出"只关心95℃以上的新闻"。对于热点新闻而言，要在新闻事实层面占有独家资料，做到个性化几乎没有可能，但是这并不影响"侠客岛"报道的个性化魅力，其秘诀就在于注重对热点新闻事实进行分析解读，提供独到的见解。

其次，新闻报道中的观点和分析具有很强的报道者个人化因素。独到的观点、深度的分析往往能够把记者的个人魅力融入到报道中，赋予报道抑或理性、抑或犀利、抑或深刻、抑或有趣的个性化特征，大大提升报道的吸引力。因此，要敢于让记者亮出观点，鼓励记者采用独特的报道视角，多进行分析点评。

运用观点和分析来塑造新闻报道的个性一要注重观点的深度，思人所未思、见人所未见。这不仅需要长时间的观察，更需要深入的思考。以当下热门的反腐话题为例，"团结湖参考"《什么职务最危险？政协副主席》这篇文章，就是从数十名不同级别的政协副主席落马背后,看到了本轮反腐着力于清理腐败呆账这个规律。⑧二要注重对新闻素材的"深加工",善于把握多个新闻事件背后的复杂联系。比如,2016年年终发生了几件舆论关注的大事:外交方面中国与圣多美和普林西比恢复外交关系;奥巴马签署2017财年国防授权法案,大幅提升美台军事交流级别。军事方面,中国海军辽宁舰编队首次驶出"第一岛链",进入西北太平洋。在一般人看来这就是几起孤立的事件,而"侠客岛"在《最近中美之间几件大事,必须结合起来看》却把这几个新闻事件联系起来,从而分析台湾问题可能的走向,以及中国应该如何应对,为读者提供了差异化的观察视角。

3. 形成个性化的语言文字风格是个性化新闻报道的保障

语言文字是新闻报道的直接载体。新媒体时代,受众的接收习惯更为多样化与个性化,这就对新闻语言文字的个性化提出更高要求。一篇优秀的新闻报道绝不能老生常谈、陈腐而缺乏活力,而应该在明确媒体定位的前提下,逐步形成与之相适应的个性化语言文字风格。一些带有媒体鲜明风格的报道,甚至仅仅通过阅读文字就能够分辨出自哪家媒体的报道。

"侠客岛"的语言风格与传统党报语言相去甚远,其主创人员承认这种风格为其带来了一种"红利"。"侠客岛"的独特文风主要体现在以下两个方面:(1)注重趣味性、幽默;(2)注重互动性。⑨"团结湖参考"则提倡一种尽量使用口语的文风。在"团结湖参考"内部有个说法,叫"有趣比思想更重要"。时评文章确实要表达某种思想,但思想不会在移动互联领域自己行走,它需要翅膀,这个翅膀就是"有趣"。用轻松、诙谐的语言写时评,用幽默的语气谈论政经大事,这是很少有人做过的尝试,也需要很高的政策水平和修辞技巧。不少读者在后台留言说,"我今天早晨又是看团参的文章笑醒的"。严肃的内容能够让读者会心地发笑,自然就比一本正经的文章更具亲和力与感染力。⑩这些风格相对稳定的语言风格成为"侠客岛"和"团结湖参考"重要的"身份标签"。

个性化的语言文字风格并非记者"闭门造车"的结果,而是要通过关注收听率、阅读量、转载率等,不断把脉受众需求,逐渐形成受众喜闻乐见的个性化报道风格。再者,个性化的语言文字风格一旦形成,不要轻易改变,以增加辨识度,增强目标受众黏性。

4. 依托新媒体技术为个性化新闻报道提供技术支撑

移动互联时代提升了对个性化新闻报道的需求,同时也为个性化新闻报道提供了技术支撑。随着技术的不断完善,未来媒体要能够根据不同场景为用户量身定制个性化的内容,即实现场景化传播,而这必须依赖新媒体技术。罗伯特·斯考伯和谢尔·伊斯雷尔在《即将到来的场景时代》一书中提出的。场景时代的来临依赖于五种科技力量的发展,并称之为"场景五力",分别是移动设备、社交媒体、大数据、传感器和定位系统。⑪比如,大数据可以收集用户的关注新闻的时间、喜好等并作出分析,从而为个性化服务提供保障。再比如,定位系统可以根据受众所处的地区和方位来判断其所需要的资讯内容,从而实现精准推送。如今已经有不少场景传播的实践应用,比如虾米音乐等,可以根据用户不同时空下的行为、心理状况选择合适的音乐,分为运动、工作、阅读、聚会、开车,等等。但是在新闻报道领域，类似利用新媒体技术进行的个性化新闻报道推送的实践还比较少，这也意味着媒体在这方面大有可为。

五、结语

在注重个人魅力的移动互联时代，新闻报道的个性化已经成为媒体无法回避的问题。尤其对于传统媒体而言，顺应媒体融合大势，加强新闻报道的个性化，是实现"弯道超车"，抢占移动互联时代舆论高地的重要手段。当然，新闻报道无定式，个性化的新闻报道更没有套路可循。古语讲"工夫在诗外"，报道者必须不断增加生活积累，加强文化积淀，提升个人学识水平和表达能力，方是塑造新闻报道个性的根本之道。

（作者单位：中国国际广播电台新闻中心时政部）

注释：

① 郭云河：《个性化是增强报道感染力的前提》，《新闻传播》，2010年第6期。
②《2015中国传媒产业发展大趋势》，清华大学传媒经济与管理研究中心，http：//www.cssn.cn/dybg/dyba_wh/201506/t20150615_2035014_6.shtml。
③《2015中国传媒产业发展大趋势》，清华大学传媒经济与管理研究中心，http：//www.cssn.cn/dybg/dyba_wh/201506/t20150615_2035014_6.shtml。
④ 刘瑞生：《微信等网络新应用的安全影响及治理对策》，《信息安全与通信保密》，2014年第9期。
⑤ 彭兰：《场景：移动时代媒体的新要素》，《新闻记者》，2015年第3期。
⑥ 高方：《微信公众号时政表达中的尺度、热度、态度》，《传媒》，2015年第18期。
⑦ 叶铁桥、贾宸琰、王宇澄、魏晓涵：《传统媒体时政类公众号是怎么玩的》，《青年记者》，2015年3月（下）。
⑧ 蔡方华：《以"小而美"跻身新媒体红海——"团结湖参考"的转型之路》，《新闻与写作》，2015年第7期。
⑨ 刘少华、申孟哲：《"侠客岛"的新媒体实践》，《青年记者》，2015年3月（下）。
⑩ 蔡方华：《以"小而美"跻身新媒体红海——"团结湖参考"的转型之路》，《新闻与写作》，2015年第7期。
⑪ [美] 罗伯特·斯考伯、谢尔·伊斯雷尔：《即将到来的场景时代》，赵乾坤、周宝曜译，北京联合出版公司出版，2014年版，第71页。

社交媒体时代怎样"讲好中国故事"

郑　林

　　互联网在经过半个世纪的发展之后，终于在21世纪迎来了产业化大繁荣的时代。在Web2.0交互式的互联网络得到广泛应用之后，社交媒体出现了井喷式的发展。如今，以Facebook、WhatsApp、Instagram、YouTube、百度贴吧、微博和微信为代表的各类社交媒体，已经在全球拥有超过30亿的注册用户。如此庞大的用户数量，意味着社交媒体已经迅速成为一个重要的媒体手段，其覆盖能力也在不断挑战传统媒体。可以毫不夸张地说，世界已经进入了一个社交媒体的时代。

　　在这个社交媒体时代，信息传播出现了双向互动，内容生产出现了个性化定制，受众偏好出现了差异化需求，沟通的方式出现了实时同步。这些特点，都足以让我们重新思考如何"讲好中国故事"这个重要的课题。在掌握社交媒体的特点、现状和发展之后，不断改进对外传播的技巧，选择不同的社交媒体平台，使用不同的社交媒体语言，用个性化的内容产品，讲好中国故事，从而提升中国在海外的形象，是每一个外宣工作者要做的必要的功课。

一、社交媒体及其发展

　　社交媒体，就是指一种基于计算机的，利用现实虚拟的网络和社群，让人们彼此之间制造和分享信息、意见、见解、经验和观点的技术手段。社交媒体有四个主要特点：基于Web2.0互联网技术；大批网民自发贡献、提取、创造并传播新闻资讯；有专门的社交机构提供了社交媒体平台或终端的服务；社交媒体推动了网络社区的建设，构建了一个又一个的"泛社交圈"[①]。

　　因此，从早期的BBS论坛，到后来的个人空间，博客，到现在的微博、微信、脸书、互动百科，甚至淘宝天猫亚马逊，都属于社交媒体的范畴。在其短短十几年的发展过程当中，社交媒体出现了以下几个特点。

　　1. 普及化

　　如今，互联网成为继水、电和煤气之后，人们生活当中有一个必不可少的基本设施。加之电脑、平板电脑和智能手机的迅速发展，基于网络的社交媒体开始呈现出普及化的趋势。据不完全统计，社交媒体平台的数量已经超过上百家。全球最大的社交媒体平台Facebook在2016年第三季度，其平均每月的活跃用户数量达到了17.9亿。这个数量几乎超过了全球人口的四分之一。社交媒体已经成为人们获得信息的一个重要组成部分，很多时候甚至成了较为重要的信息渠道。

2. 互动化

相比于传统媒体的单向线性传播，社交媒体的最大特点，就是用户与用户之间，用户与平台之间的互动，也就是用户创造内容（Users Generated Contents）。在很多情况下，信息和新闻是由用户之间的互动来创造的，且这种互动是实时的。作为社交媒体的用户，人们不仅希望看到关于某一个事件的信息，还更期待通过这样一个事件与自己的同龄人、同事、家人，以及社群进行互动和沟通。这种互动和沟通，让人们有更多的参与感，也反映了一个独特的社群对某个事件的观点表达。这种独特的参与式互动信息，也是传统的广播、电视和报纸媒体无法实现的。

3. 多元化

可以毫不夸张地说，全球目前有数百个社交媒体。只要粗粗一算，就会发现，我们每个人都不同程度地是很多社交媒体的用户。每天我们都会用微信与朋友同事聊天谈工作，下了班会刷一轮微博，逛一逛淘宝天猫，去某个论坛上看看娱乐八卦的新闻，上优酷看看有趣的视频，去同城网上看看有没有合适租房信息，去大众点评上看看有没有合适的馆子适合周末聚会。可以说，我们每个人都被覆盖在一张多元化的社交媒体网络当中。这种多元化，其实是对全球受众的一次再分类。在抛开人种、国籍、文化和信仰之后，同一个社交媒体平台把兴趣爱好、消费能力、生活理念、政治观点等相似的人群聚合在一起，形成了全新的亚文化群体和兴趣小组，从而创造出了更为多元的细分市场。

4. 个性化

正是因为有了这些亚文化群体和兴趣小组，让个性化的原创内容有了蓬勃发展的土壤。甚至可以说，社交媒体时代，个性化的内容是一个社交媒体成功的关键要素之一。如今的互联网一代，不愿意再接受大众商品（Mass product），而喜欢标新立异，喜欢展现自己与众不同的一面。这就对内容生产者提出了新的要求。对于外宣工作者来说，通过不同的社交媒体平台，讲不一样的中国故事，符合不同人群的个性化需求，但最终实现同一个传播目标，将是工作中的新常态。

5. 可视化

随着人类生活节奏的加快，人们的阅读习惯也出现了不断碎片化和简单化的发展趋势。在此过程中，社交媒体最为突出的变化，就是朝着可视化方向发展。从最早的纯文字BBS，到读图时代，再到现在VR技术不断进步，我们发现图片和视频的受欢迎程度，已经远远超过了文字。人类接收信息的意愿，从文字逐步转变到图片，不论这是一种进化，抑或一种退步，都需要媒体人顺应社交媒体上信息传播的发展变化。

6. 移动化

随着技术手段的不断拓展，无线网络和4G网络的发展，网络流量费用的降低，配合移动终端的蓬勃发展和智能手机的普及，让互联网在近年来朝着移动端发展的趋势越来越明显。其中一个有趣的现象就是，在东南亚一些不太发达的国家，人们的经济实力不足以购买台式电脑或笔记本，却能够买得起一部平价智能手机，从而移动端接入互联网，在这些国家的互联网接入率当中占据了非常大的比重。

7. 大数据化

社交媒体一个非常独特也是非常重要的功能，就是其背后的大数据支持。Facebook的成功，就在于其基于大数据之上的精准营销。目前，很多社交媒体平台都能够提供一定的数据资料，以供内容发布者参考，从而及时地调整内容产品的定位，以迎合更多的目标受众。因此，学会解读和分析这些大数据，是外宣工作者必须要学习的一门新功课。

二、为什么要选择社交媒体讲中国故事

如何"讲好中国故事"，是近年来放在每个外宣工作者面前的一个重要课题。社交媒体，可以说是"讲中国故事"的最经济实用，也是最直接有效的媒介手段。这不仅与社交媒体本身的特点有关，还与中国故事的特点有很大关联。

1. 传统媒体的垄断地位被打破

传统的外宣媒体，就是广播、电视和报纸。由于在对象国传播存在落地限制，因此最为常用的外宣手段，就是无线广播。无线广播作为外宣机器，在很长一段时间里扮演了非常重要的角色。社交媒体的兴起，一下子打破了传统媒体需要落地的条件限制。现在通过社交媒体，传播内容可以直接有效地到达对象国受众，它将传统媒体无论是在覆盖能力还是在落地条件上的垄断地位统统打破，成为中国外宣工作的一个重要排头兵。

社交媒体迅速发展的势头，以及其不断突破的普及率和覆盖率，使之成为一个重要的媒体平台。但是对于外宣工作者来说，传播的对象没有变，传播的内容本质，也没有变。发生改变的，只是传播的手段和渠道。既然需要以最有效迅速的方式覆盖到对象国受众，尤其是年轻一代的受众，那么外宣工作者必须学习借助社交媒体这一逐渐庞大起来的媒体渠道来讲好中国故事。

2. 社交媒体的话语权地位不断显现

社交媒体的互动化、多元化和个性化，让其具备了非常强大的话题制造功能，这是传统媒体无法做到的。这种话题制造功能，不仅仅在于引爆一个新闻热点，更在于持续地跟进、发酵和社群讨论功能。这种独特的话题制造功能，对于"讲好中国故事"有着很大的推动作用。

话题制造者可以用很小的投入，就实现这个故事的高量级曝光和社会参与。通过转发和分享，一个好的故事可以通过每个读者的个人社交网络扩散出去，在经过多次传播之后，有时候甚至还会形成新的热点。相比传统媒体只有一次性的曝光点而言，在社交媒体上的投入，无论从投入产出比例上，还是从效果上的，都是非常显著的。

这种话题制造的独特功能，赋予了社交媒体一定的舆论话语权。也就是说，当今世界的舆论话语权，已经出现了百花齐放的景象。除了广播电视报纸等这些传统媒体之外，自

媒体也可以通过社交媒体平台发声。只要故事足够精彩，就会有人愿意为他们的故事买单。这样，社交媒体已经能够从一定程度上挑战传统媒体的话语权垄断地位。

唐纳德·特朗普之所以能在竞选资金和民意调查一路落后希拉里的情况下，赢得美国大选的胜利，重要原因之一，是其选择了正确的社交媒体公关策略。用相对比较小的投入，以特朗普本人极具个性化的内容发布，在社交平台上拥有了大量的粉丝，并因此获得了一定的话语权主导，从而能够跟人气和资金实力超过自己的希拉里比拼。最后让人大跌眼镜的结果，也正是向世人说明了一个现实，那就是社交媒体平台已经完全具备了挑战传统媒体话语权的强大实力。

3. 对象国民众的媒介素养变化

对于外宣工作者来说，对象国民众的媒介素养，是"讲好中国故事"过程中很重要的一个环节。假设，对象国民众当中有大部分是通过广播接收到信息和资讯，但我们却在大力发展对对象国的电视节目落地，可想而知最后的传播结果会是什么样子。因此，讲故事的人，一定要清楚地知道自己的受众是谁，他们都在哪里，才能决定要讲什么故事，怎么讲故事。

仅以老挝为例，全老挝人口约为680万。早在2012年，老挝就成为了继新加坡之后东盟国家当中最早开通4G信号的国家。这为基于移动端的社交媒体发展提供了坚实的基础。从此，社交媒体在老挝得到了迅猛的发展。到了2014年，老挝使用社交媒体的人数已经超过55万，其中有53万人使用Facebook，达到总人口的10%。其中，43%的社交媒体用户，是18岁到24岁的青年人。此外，随着社交媒体的蓬勃发展，老挝政府对社交媒体的态度，也发生了很大的转变。不久前，老挝政府开设了一个支持老挝总理通伦·西苏里官方Facebook账号，短时间内就积累了6.5万粉丝，单帖的平均互动量都在2.8万以上。②这样的成绩，对于老挝这个互联网接入率只有不到20%的国家来说，可以说社交媒体已经成为人们上网的必备选项了。

了解了老挝受众的这些用户习惯和媒介素养的特点，从事对老传播的新闻工作者就可以自然而然地得出一个结论：在当前这个社交媒体在老挝的飞速发展期，谁抢占了社交媒体的先机，谁就抢占了未来的舆论高地，谁在社交媒体上讲的故事好，谁就能吸引到下一代年轻人的注意。可想而知，这是一个多么重要的舆论场。

4. 中国故事的特点

中国故事本身的复杂性和多样性，就是社交媒体能够采用的非常好的素材。中国不缺好的故事，缺的是发现好故事的和讲故事的人。外宣工作，如果仅仅依靠外宣媒体自身的力量，在面对庞大的受众群体时，在目前看来是不够的。尤其是小语种对象国。试问，整个中国，会说流利老挝语的播音员能有几个？但社交媒体一个显著的强项，就是可以通过用户自身创造内容。也就是说，我们一下子发现了广大网友都是可以讲中国故事的。留学生，华人华侨，对象国自媒体，旅游爱好者，可以统统调动起来，为在对象国讲述中国故事服务。中国故事的内容瓶颈，一下子变成了一片蓝海。

三、用社交媒体讲好中国故事的技巧

既然要通过社交媒体，向对象国受众讲中国故事，就必须要学会并熟悉运用社交媒体的语言和手段，用他们喜欢听的叙事方式来介绍当代中国。中国那么大，不缺好的故事，但如何把这些故事讲出来，讲得好，让人听得进去，听得下去以及听得舒心，就需要很高的技巧水平。

1. 社交平台差异化

要针对不同的人群，不同的受众习惯选择不同的社交媒体平台。可以这样说，选择对了社交媒体平台，也就选择对了舆论阵地。以老挝为例，老挝年轻人90%以上都使用Facebook作为其网络社交工具，在这种情况下要吸引老挝年轻人来听中国的故事，就首要选择Facebook作为主要宣传平台。但是，如果我们同时还想吸引老挝的华裔族群，那么就要考虑是不是有中文的社交平台可以使用。比如微信和微博的平台，也能够覆盖到这部分人群。但是这个情况到了美国或者欧洲，就是完全不同的情况了。尽管Facebook依然是欧美最大的社交媒体平台，但是如果要走高端路线，影响较为成熟的精英群体，也许众多政客扎堆使用的Twitter更符合精英定位；如果想要影响职场白领，以职场社交为主的LinkedIn，就应该成为为这部分人群量身定制的讲故事阵地。

2. 产品内容的差异化

内容终是一个媒体赖以生存的核心竞争力。就算渠道选择得再好，平台选择的再正确，没有内容，一切都是空谈。讲好中国故事，关键在于"故事"，在于寻找到一个与目标受众需求相契合的故事。这就需要做好内容的差异化选择。

首先，不同的社交媒体，用不同的叙事语言。例如Facebook可以以图文链接的形式，发布一篇比较长的文章；但是Twitter一般都是言简意赅的一两句话，传达关键信息；而在Instagram上就需要以图片叙事为主。另外学会使用关键字，让重点信息通过用户的搜索出现，也是非常重要的。这些应用于不同平台上的差异化内容，就需要专业的新闻编辑，针对同一个故事，编辑出不同的格式和文本，才能更好地促进内容的传播。

其次，不同的受众，也需要不同的内容语言。不同的年龄、族群、性别、社会地位、职业，甚至星座血型，都要细分出不同的受众需求。这在讲好中国故事的过程中显得特别重要。一般来说，内容越贴近一个细分群体，就越能取得好的效果。例如，人们大多喜欢看同龄人的故事，那么针对不同的年龄群体，就要用不同年龄段的故事来吸引不同年龄群体的人，才会产生最大的共鸣。而对于性别群体，就要注意一个故事的性别取向，不能有性别歧视的因素，否则就会取悦了一部分受众，却流失了更多的另一部分。

3. 产品呈现的差异化

产品呈现的差异化，讲的是在合适的时机，选择合适的叙事手法和产品包装。

首先，很多新闻内容在发布的时机选择上，需要选择对象国受众最能够接受的时间点。正如电视广告通常都是晚饭后时间为黄金时间一样，社交媒体也有几个集中的时间段，是比较吸引流量的。对很多年轻人开说，晚上入睡前、早上起床时，以及通勤时间，都会是一个比较集中参与网络社交的时间段。例如在入睡前发布一些暖心的故事，在通勤时间发布一些正能量的中国故事，都会是比较不错的时机。

其次，时机的选择还在于紧跟对象国国内新闻的热点，才能引来比较大的社交媒体流量。比如，在老挝的泼水节期间，就可以发布一些中国南方泼水节的小故事，贴近老挝受众，就会在老挝的社交媒体上取得好的效果。而泰国国王驾崩期间，泰语新闻显然不能太欢乐，否则就无法得到泰国网友的分享和转发。

再次，发布的形式也非常讲求差异化。例如到底是发图文报道，还是纯文字报道，还是纯图片报道，一次发几张图片最为合适；是选择视频报道，还是音频加图片，或者文字加视频。都需要在对社交媒体平台和受众特点进行分析之后，采取差异化的发布。有时候，甚至在图片大小、视频格式，以及文字格式上，都需要做精心的编辑。例如，发展中国家的网速较慢，如果用纯图片报道的方式，就需要考虑受众在手机端打开图片所需要的等待时间。如果等待时间过长，很多人可能就没有耐心读下去，这同样会造成好的内容没有得到有效传播。有时候我们觉得内容非常好，但就是没有人看，最后发现是因为视频太大，读者下载不了无法阅读。这些细节，对于决定受众覆盖率有非常大的影响，是内容的有机组成部分，而不是可有可无的。

4. 中国故事的差异化

为什么现在的外宣工作讲究讲故事，而不是讲道理？这是因为，故事这种叙事手法，是对象国受众喜闻乐见的。那么讲中国故事，内容抓手就在"中国"二字。什么样的故事，对象国的受众会喜欢听喜欢看，这同样需要差异化的选题。老挝民众感兴趣的故事，美国民众未必感兴趣，中国人自己喜欢听的故事，外国人未必听懂。所以，要从受众的喜好程度、教育程度，以及文化背景等多个方面去寻找中国故事的选题。

四、小结

社交媒体虽然是近年来比较新的一种媒体平台，但已经成为具有普遍代表性，能挑战传统媒体，制造社会话题并影响舆论导向的一个重要媒体阵地。我国的对外传播事业，也不能仅仅局限于单向的传播模式，而应该充分利用并全面拥抱社交媒体。

对于"讲好中国故事"这个课题来说，社交媒体能够为我们带来独特的后发优势，与西方国家的传统垄断媒体再次站在同一个起跑线上开展话语权竞争。因此，做好社交媒体上的中国故事报道，用社交媒体的语言讲好中国故事是十分必要也是十分重要的。在这个过程中，只要能够掌握社交媒体的特点，充分运用这些能够为我所用的差异化技巧，就一定能够在对象国受众当中进一步立足，用生动形象和感人的中国故事，打动尽可能多的受众，提升中国的国际形象，提高中华文化的接受度。

(作者单位：中国国际广播电台老挝语部)

注释：

① 乔纳森·A·奥巴，史蒂芬·S·怀尔德曼：《社交媒体的定义和管理挑战：特殊事件的介绍》，《电信政策》，第39期，第745—750页，2015年7月。

② 匿名专栏作家：《老挝时报》网站，2016年11月2日，http://www.laotiantimes.com/2016/11/02/social-media-enhanced-lao-governments-legitimacy/。

国际台俄语对外报道中音频直播的分类及效果优化研究

徐延民

音频直播是对外报道的重要传播形式。由于受众无法对现场活动或者现场发生的事件有直观的认识，需要通过播音员的播报和现场国际声来了解，因此，播音员如何更好地传达现场情况是保障对外报道效果最重要的因素。《广播电视词典》将直播定义为"广播电视节目的后期合成、播出同时进行的播出方式"[1]。在该定义的基础上，音频直播可以定义为"随着现场事件的发生、发展进程同时制作，并通过广播、网络等平台播出音频节目"。对外音频直播可以让国外受众第一时间了解我国政治、经济、文化、外交领域的大事件，在对外报道中具有重要的作用和意义。

播音员是指"广播电台（站）和电视台从事播音工作的专业人员。在话筒前、镜头前按照文字稿进行有声语言的创作活动。一般应具备音质优美的嗓音、吐字清晰的标准普通话和熟练的播音技巧。同时要有较高的政治和文化素养、高尚的职业道德和较高的语言艺术修养"[2]。广播电视媒体通过播音员的播报，将信息传递给受众，完成传播行为。对外报道是一种跨国、跨地区、跨文化的国际传播行为，具有很强的政治性，在实际操作中应具有区别于对内报道的方法与技巧。参与对外报道音频直播的播音员，不仅要具备播音员的基本素质，还应具有过硬的政治素养和综合的知识储备，并能够熟练地用外语将新闻事件传达给外国受众。

笔者近年来多次以播音员及导播的身份参与国际台俄语音频直播报道工作。本文以国际台对俄传播业务工作为基础，对俄语音频直播的类型进行梳理，对俄语音频直播播音员应具备的素质进行总结，从而进一步探讨应如何优化对俄直播报道效果。

一、俄语报道中音频直播的类型及主要特点

国际台俄语广播创建于1954年，对大型活动和事件进行音频直播开始于2001年。2001年至今，俄语广播部通过对外广播和国际在线俄文网进行了40余场音频直播报道，向俄语国家受众介绍我国经济社会发展成就和对外交流情况。根据报道内容、场合、形式的不同，俄语报道中的音频直播可分为以下几类：

1. 重要会议和论坛的直播报道

包括对每年召开的全国人民代表大会开幕式的直播，对中国共产党全国代表大会的直播，对上合组织、亚信会议、亚太经合组织等国际组织定期会议的直播，对欧亚经济论

坛、博鳌亚洲论坛等国际论坛的直播。

中国共产党全国代表大会和全国人民代表大会是中国人民政治生活中最重要的事件，而一些具有较高影响力的国际会议是我国国家领导人非常重视的"向世界传递中国声音、表达中国主张"的舞台。这一类直播报道的核心内容是我国国家领导人在会议或论坛上进行的主旨发言，以及主旨发言中传递出来的中国国家发展战略、中国政府对一系列国内外问题的主张等。进行这一类直播报道前，播音员需对会议（论坛）召开的背景、主题、可能产生的国内国际影响等进行全方位的了解和梳理，确定报道重点，把握报道尺度。在直播过程中，播音员应注意外语表达的准确性，使受众正确了解会议的主要内容和中国政府的政策主张，以期达到对外答疑解惑的效果。

2. 重要活动和大事件的直播报道

近年来的此类直播包括对中国人民抗日战争暨世界反法西斯战争胜利70周年庆典活动的直播、对上海世博会开幕的直播、对载人"神舟"系列航天飞船发射过程的直播等。此类活动往往持续时间较长，程序较复杂，并存在着较大的不确定性。参与此类直播报道的播音员要进行充分的前期准备，结合活动（事件）的流程，设计完备的直播方案。尽量预计活动（事件）过程中的每一个环节可能出现的问题，并做好预案。

对于此类活动（事件），播音员需要在直播过程中做到全程同步报道，对每一个环节都要进行准确的介绍，这对播音员的临场应变能力有很高的要求。例如，在对中国人民抗日战争暨世界反法西斯战争胜利70周年庆典活动的直播报道中，播音员在介绍阅兵过程中的每一个方队时，必须要在时间安排方面处理得当。要在一个阅兵方队通过主席台前的短短几分钟的时间里，对该方队进行精炼扼要的介绍。时间上，不宜过长或过短，应保证在下一个阅兵方队到达主席台之前结束。就这样，环环紧扣，节奏适宜，才能确保受众得到良好的收听体验，对活动（事件）有身临其境的认识。

此外，很多活动和事件本身具有高度的不确定性，播音员在音频直播过程中要做好随时面临各种突发情况的心理准备，并通过话筒将现场情况真实准确地传达给受众。例如，对神舟六号载人飞船发射过程的直播报道中，从飞船准备起飞、点火发射，到火箭抛弃逃逸塔、与助推器分离，再到火箭一二级分离、整流罩脱落、进入预定轨道等，这一系列的飞船发射过程播音员都要有充分了解和准备，并根据实时画面在直播过程中对受众进行说明。载人飞船的发射作为人类航天科技的一种探索和尝试，是不能确保百分之百的成功率的。播音员要做好可能发射不成功或在某一个环节出现失误的预案。只有这样，在飞船升空的过程中一旦出现不可预测的问题，才有充分的心理准备和节目素材储备进行应对。

3. 高访和重要双多边交流的直播报道

包括对中国和俄语国家领导人互访，以及近年来系列中俄主题年活动的开幕式和闭幕式等的直播。

新世纪以来，中俄关系不断深化，两国领导人互访频繁，两国各领域交流活跃。特别是从2006年开始，中俄两国陆续互办了国家年、语言年、旅游年、青年年和媒体年等一系列主题年活动。做好中俄两国领导人互访及上述主题年活动的直播报道，对于进一步加深俄罗斯民众对中国的了解、增进中俄两国人民的交流、巩固两国交往的社会基础具有重要意义。此类直播要求播音员深入掌握中俄关系近年来的发展脉络和现阶段的发展水平，了解两国各领域交流情况，以背景介绍、数据分析、嘉宾点评、记者连线等形式丰富直播报道内容。

4. 访谈类音频直播

为了丰富直播报道的形式和内容，增强报道的权威性和可听性，我们常常会邀请一些专家、学者参与到直播报道中。这时，播音员的角色里又添加了"主持人"的功能。播音员需在直播过程中与嘉宾进行有效互动，合理设置议题，巧妙引导嘉宾。2013年国家主席习近平访问哈萨克斯坦共和国，并在纳扎尔巴耶夫大学发表演讲。正是在这次演讲过程中，习主席首次提出了共同建设"丝绸之路经济带"的倡议。在对这次演讲进行直播的过程中，国际台俄语广播部邀请到了哈萨克斯坦共和国驻华使馆商务参赞库阿内什·阿曼泰作为访谈嘉宾。嘉宾从驻华外交官的独特视角对中国政府共同建设"丝绸之路经济带"的倡议进行评价和展望，丰富了直播形式，提升了传播实效。

二、俄语报道中音频直播对播音员素质的要求

在音频直播中，播音员发挥着主导作用。承担着传递现场声音、连线场外记者、引导嘉宾点评、穿插背景资料的任务。为了全面把控直播过程，播音员必须具有全方位的素质。而在对外直播报道中，对播音员的素质又有着更高的要求。

1. 优秀的语言素质

作为一名外语播音员，不仅应该具备播音员应该有的声音条件和语言表达能力，还需要具有良好的中外文互译和外语播音水平。在中国的俄语圈内，不乏俄语水平较高、对俄罗斯问题和国情研究透彻的专家学者。他们可以和俄罗斯人用俄语进行无障碍的交流和沟通，但是他们的俄语发音却可能千差万别。一名优秀的外语播音员，除了要进行基本的外语学习之外，还必须对俄语语音学、语言逻辑学、句法学、播音学进行专门研究和训练。国际台的每一名外语播音员，从入台的第一天起，就开始接受各类播音培训，并在日常工作中进行着大量的播音训练。在通过每个部门的资深播音员以及外籍播音员考核以后，才有机会走上播音岗位。

2. 过硬的政治素养

从广义范畴来讲，外宣是国家外交的一部分。对外报道应与党和国家的方针政策主张保持绝对的一致。直播报道因其特殊的传播形式，任何微小的差错和纰漏都没有修正的余地和机会。这就要求播音员具有过硬的政治素养。

为培养过硬的政治素养，要求直播播音员在日常工作中坚持学习党和国家的政策方针、领导人的重要讲话、国家外交战略、中国政府对国际热点问题的态度立场等。

3. 综合的知识储备

综合的知识储备是对播音员和主持人的基本要求。对于外语播音员来说，需要掌握对象国家的国情，明悉中国与对象国家关系发展的历史和现状，了解对象国受众的收听习惯。

不论什么类型的直播报道，播音员都难以做到掌握所有的信息，在直播之前针对直播的内容进行充分准备是非常必要的。再高的外语水平，再强的综合知识，如果没有充分准备，直播中都会出现瑕疵，我想所有参与过对外直播报道的人员对此都深有同感。

4. 良好的心理素质

对于每一个外语播音员来说，从录播间走向直播台都需要一个长时间的训练和学习的过程。录播中，如果播错了，或者由于不熟练而产生了停顿、重复，可以重新录制。而在直播过程中，所有表达错误都会随着电波传到受众的耳朵里。

心理素质是在遗传基础之上，在教育与环境影响下，经过主体实践训练所形成的性格品质与心理能力的综合体现。其中的心理能力包括认知能力、心理适应能力与内在动力。对内制约着主体的心理健康状况，对外与其他素质一起共同影响主体的行为表现。在直播报道中，心理素质不好极易产生错误。心理素质差的播音员常常会在不自觉的情况下，播出错误的内容。在选择直播播音员的过程中，我们曾经碰到过这样的情况：一些录播节目中的资深播音员，由于没有参与直播的经历和经验，直播前心理压力极大，无法完成直播任务，不得不临时更换播音员。有一些播音员虽然坐在了直播台前，但是直播过程中，失误较多，直播效果不理想。心理素质并非完全由先天决定，大多数播音员都可以通过后天的训练以及模拟直播等来提高心理素质，达到直播的要求。

5. 机敏的应变能力

直播过程中的突发情况有很多种，包括所直播活动的时间变化、流程调整、发言内容改变，以及现场国际声信号中断等。每一次重大活动直播前国际台相关部门都会针对直播中可能出现的技术故障进行直播演练。这种演练更多是为了应对技术层面的突发情况而安排的，对于内容层面上的突发情况，就需要由播音员在直播现场即兴应对了。临场应变能力和心理素质有密切联系。心理素质好的播音员，在应对突发情况时会更沉着，处变不惊。例如，在每年进行的全国人民代表大会开幕式直播中，播音员通常会在开幕式当天早上拿到了政府工作报告的外文版本，并在直播中对总理发言进行同传播报。2015年3月5日第十二届全国人民代表大会第三次会议开幕当天恰逢元宵节，李克强总理在作政府工作报告的过程中停顿下来，说："今天是元宵佳节，在这里向各位代表和委员致以节日问候，并且预祝全国人民幸福安康！"虽然是很简短的一句话，但是，是属于政府工作报告以外的内容，这就需要播音员有良好的临场应变能力，能够及时准确地同声传译总理对大家的节日祝福。

三、俄语报道中音频直播的效果优化建议

总结多年的俄语音频直播报道实践，本文作者认为，可以通过以下几个方式优化音频效果。

1. 充分的播前准备是一切直播报道的基础

直播这种报道方式时效性强，传播效果好，深受受众喜爱。然而，做好直播却并非易事。直播一旦开始，不管遇到什么样的特殊情况，直播都要进行下去。这就要求我们对直播有充分的准备，宁可准备的内容没有时间播出，也不能允许因直播活动时间推迟、流程改变而发生"无话可说""无内容可播"的情况。

2013年3月刚刚当选的中国国家主席习近平访问俄罗斯。国际台俄语广播部对习主席出席"俄罗斯的中国旅游年"开幕式进行了音频直播报道。根据外交部提供的出访活动安排，开幕式计划于北京时间3月22日23点开始。基于此，我台将直播报道时间定为3月22日22点30分至开幕式结束，预计直播时长一小时左右。考虑到中国国家主席习近平和俄罗斯联邦总统普京将于"俄罗斯的中国旅游年"开幕式前进行闭门会谈，俄语广播部预计到开幕式会有所推迟。直播前播音员准备了大量节目素材，包括专家点评中俄关系发展成果、"中国的俄罗斯旅游年"相关活动回顾等。我们还邀请了俄罗斯驻华记者作为评论员参与直播报道。结果，习主席和普京总统的闭门会谈时间远超计划，旅游年开幕式最终于北京时间3月23日凌晨0点45分才开始。在开幕式开始前的这一段直播时间里，直播间里的播音员面临着巨大的压力。最后，播音员依靠丰富的临场经验，充分调动外籍评论员，合理设置话题，穿插音频素材，很好地应对了所直播活动比原计划推迟1小时45分钟开始的特殊情况，保证了直播的流畅和成功。这虽然是一个较罕见的案例，但是足以说明一个事实，即，直播过程中一切突发情况都有可能发生，充分的播前准备是应对突发情况的法宝。

2. 丰富的直播形式有助于提升报道效果

国际台俄语广播部在十余年的音频直播报道实践中，不断创新报道形式，丰富报道元素，从最初的男女播音员照着稿件以对播的形式将所直播的活动从头到尾"读"下来，到播音员播报与嘉宾访谈、记者连线、受众反馈相结合的多元化直播。例如，在对2012年上合组织北京峰会的直播报道中，我们插入了直播前制作完成的对上合组织成员国领导人的访谈，通过上海组织成员国领导人对本次峰会的展望和期待来提高直播报道的可听性；在对中国人民抗日战争暨世界反法西斯战争胜利70周年庆典活动的直播报道中，我们多次连线正在阅兵式现场进行采访的我台记者，请他对现场情况进行介绍，极大地增强了节目的带入感；在一些直播中，我们还多次邀请了对象国驻华外交官、上合组织及"一带一路"问题研究专家、俄罗斯主流媒体记者等加入到直播活动中，使受众能够在直播报道中听到"多角度""有深度"的评论。

3. 有效的互动越来越成为直播报道的重要组成部分

在社交媒体快速发展的今天，在直播中加强与受众的互动、将受众的建议和问题带入到直播里去，是丰富直播报道内容和形式的非常好的手段。例如，近年来，每年的全国人民代表大会召开前夕，我们都会通过对象国主流社交媒体进行受众调研，了解受众对于中国两会的关注点，并在直播中对于这些关注点给予重点解读。这样的互动式直播报道引起了受众的共鸣，提升了传播实效。

四、结论

音频直播是国际台俄语报道中的一种常见传播形式。互联网技术的发展为传统媒体带来压力的同时，也为音频直播提供了更广阔的平台。近年来，依托于互联网平台的音频直播取得了飞速的发展。做好音频直播报道是利用新媒体平台提升对外传播时效的重要课题之一。我们应该在对外报道中加强播音员培养，打造一支做得好直播的播音员队伍。在此基础上，丰富直播内容，创新直播形式，推动直播报道常态化，不断提升对外报道时效。

（作者单位：中国国际广播电台俄语部）

注释：

① 赵玉明、王福顺：《广播电视辞典》，中国传媒大学出版社，1999年，第25页。
② 甘惜分：《新闻学大辞典》，河南人民出版社，1993年，第239页。

国际台斯瓦希里语部音乐节目"留声中国"的创意与实践

李 宏

"讲好中国故事"是当前国际传播的一项重要任务。习近平总书记2013年8月19日在全国宣传思想工作会议上强调,"要精心做好对外宣传工作,创新对外宣传方式,着力打造融通中外的新概念新范畴新表述,讲好中国故事,传播好中国声音。"这为我们对外传播媒体从业人员指明了新的方向。

"讲好中国故事"要求我们用生动易懂的方式向受众介绍中国的文化和社会的变迁,这已成为构建与传播国家形象的重要途径。中国国际广播电台斯瓦希里语部自1961年9月1日开播以来,始终秉承国际台"向世界介绍中国,向中国介绍世界,向世界报道世界,增进中国人民与世界人民之间的了解与友谊"的办台宗旨,为东非对象国听众制作优秀的节目,讲述好听的故事。50多年来,斯语部广播节目不断追求创新,力争用更新更好的节目向听众展现中国风采。

2015年年底,斯语部全新打造的中国音乐节目"Santuri za Kichina(留声中国)"是一档通过音乐讲述中国故事的文艺节目。在一年多的节目创作实践中,笔者逐渐摸索并总结出了一些经验。如何用更新更好的方式做节目,成为笔者时刻关注并研究的重要课题。希望通过音乐这种轻松新颖的方式,讲好中国故事,传播好中国声音。

一、肩负使命 文化传播重责任

2014年10月15日,习近平总书记主持召开文艺工作座谈会,并发表重要讲话。习近平总书记指出,增强文化自觉和文化自信,是坚定道路自信、理论自信、制度自信的题中应有之义。文艺创作不仅要有当代生活的底蕴,而且要有文化传统的血脉。要坚守中华文化立场、传承中华文化基因、展现中华审美风范。这些重要论断站在全球文化软实力竞争的制高点上,视野开阔,论断精准,具有很强的现实针对性,值得文艺工作者认真学习、深刻领悟、自觉遵循。

国际台斯瓦希里语部中国音乐节目"留声中国"作为一档全新的面向东非对象国听众介绍中国音乐文化的文艺类节目,肩负着传承和弘扬中国悠久历史文化,介绍中国流行音乐发展的职责和使命。节目以东非国家斯瓦希里语听众为受众群,每期围绕一个音乐主题展开,时长30分钟。节目以轻松活泼的形式向对象国听众播放和介绍不同类型的中国音乐。在推荐中国歌曲,解释歌词含义的同时,以音乐为载体介绍音乐背后蕴含的中国文化，通过音乐讲述中国故事，进一步增进听众对中国的了解。

中国国际广播电台台长王庚年指出，国际台的传播理念，集中概括为"中国立场、世界眼光、人类胸怀"。"中国立场"讲价值，强调在报道中体现"中国价值"和"共同价值"。"世界眼光"讲视野，强调以开放、包容、亲和的姿态，通过国外受众熟悉和接受的方式，赢得国际社会对中国的理解和认同。"人类胸怀"讲责任，强调站在人类命运共同体的高度，在报道中体现人文关怀、表达媒体关切。

"留声中国"节目切实践行上述宗旨和理念，借助母语传播的独特优势，自然拉近了与听众的心理距离，有效跨越了文化障碍，扩大了节目传播效果，便于向世界介绍中国文化，也利于听众接收信息，了解中国故事。在一年多的时间里，节目收到多份来自听友的好评反馈，努力做到了坚守中国文化立场和传统，展现中华审美风范，做听众想听的节目，通过音乐讲好中国故事，传播好中国声音。

二、心有受众　节目创作讲真情

做一期好的节目，要做到心有受众，想听众之所想，用真心表真情。"人民"即"听众"，是我们广播节目创作的重要出发点和落脚点。"坚持以人民为中心的创作导向"，同样适用于国际传播节目。

在文艺工作座谈会上的重要讲话中，习近平总书记深刻阐述了文艺与人民的关系，重申文艺创作的人民取向，定位文艺发展的人民坐标，强调坚持以人民为中心的创作导向。以人民为中心，就是要把满足人民精神文化需求作为文艺工作的出发点和落脚点，把人民作为文艺表现的主体，把人民作为文艺审美的鉴赏家和评判者，把为人民服务作为文艺工作者的天职。这既与马克思主义文艺观一脉相承，又具有丰富的时代内涵。

非洲人民热情开朗，能歌善舞，对音乐、体育等尤为喜爱和关注。当地听众希望通过更轻松活泼的方式了解中国，音乐便是一种喜闻乐见的传播载体。"留声中国"节目根据东非地区听众所需，用符合他们喜好和更易接受的方式介绍中国文化，讲述中国故事。

随着我国"一带一路"倡议的深入推进，更多中国企业走向世界，久居海外的众多华人同样成为了节目受众。他们希望在广播里听到来自祖国母语的问候，并及时了解最新的流行音乐资讯，感受家的气息。因此，"留声中国"节目也为当地华人敞开了大门，通过熟悉的旋律为他们带来家的温暖。

习近平总书记在文艺工作座谈会上强调，"优秀文艺作品是思想性和艺术性的有机统一"。什么样的作品能称之为优秀作品？习近平总书记指出，优秀作品应该有筋骨、有道德、有温度，应该追求思想精深、艺术精湛、制作精良，应该不拘于一格、不形于一态、不定于一尊。这既为衡量检验一部文艺作品、考量评价一位作家艺术家提供了标准，也为创作生产优秀作品提供了重要原则。

中国音乐节目"留声中国"作为一档对外传播的文艺节目，有义务向国外受众介绍中国文化，讲述中国故事。但如何用音乐的方式做到心有受众，实现文化传播，达到思想性和艺术性的有机统一，成为该节目一直以来探索研究的重要课题。

针对中国音乐与非洲传统音乐在风格上的显著不同，节目力求用"有趣"的方式吸引非洲听众，使其更容易接受中国音乐。因此，每期节目以一个"音乐主题"贯穿始终，节目中的所有音乐都与该主题相关，在介绍歌曲含义的同时，穿插讲述与之相关的中国文化知识和歌曲背后的故事。具体说来，可以从以下几个方面出发，发掘节目创作角度。

1. 借助中国古典文学中的经典意象作为音乐主题切入点

中国古典文学是中华文化之艺术瑰宝。一些经典的文学意象不仅深受文人喜爱，也在我国流行歌曲中加以广泛应用。因此，可用这些经典文学意象作为音乐主题创作节目。

例如，在以"月光"为主题的节目中，通过梅艳芳的歌曲《床前明月光》介绍了我国伟大诗人李白和他的经典作品《静夜思》，也讲述了"月光"与"思乡"之间的关联；在"食物"主题节目里，运用王菲的歌曲《红豆》介绍了中国人喜爱用"红豆"表达相思之情，通过林俊杰的歌曲《豆浆油条》讲述"以物言志"在文学中的应用，通过中国经典早餐豆浆油条的搭配，比喻一对恋人的亲密无间；在"春天"主题节目中通过"旭日阳刚"的歌曲《等待春天》，向听众阐述了"春天"在中国文化中代表着新的生机和希望。

2. 借助歌名介绍中国传统文化

中国流行音乐深深植根于中华文化沃土，一些歌名就可体现中国文化，这为节目又提供了一个创作思路，更利于开门见山，向海外受众讲述中国故事。

例如，在"玫瑰"主题节目中，在解释邰正宵的歌曲《九百九十九朵玫瑰》歌词大意的同时，介绍了汉字"九"的读音同"久"，因此中国人喜欢用数字"九"比喻"长长久久"和对爱情的美好期望；在"灯"这期主题节目中，通过梁静茹的歌曲《天灯》向听众介绍了"孔明灯"的历史和它所承载的人们对于美好生活的向往；在"春节"主题节目中通过王力宏的歌曲《十二生肖》，简要介绍了我国"天干地支"纪年法和十二生肖纪年的由来，在音乐中让听众了解了我国传统纪年文化和生肖文化；在以"七月"为主题的节目中，用林子祥的歌曲《七月初七》介绍了中国的"七夕"情人节。

此外，一些中国歌曲以城市等地名命名，这为节目创作又提供了一条思路，可将有代表性的城市或地域作为音乐主题，介绍中国的大好河山。例如，2015年12月14日，作为"留声中国"节目的开篇之作，节目以"北京"为音乐主题介绍了关于中国首都的歌曲，如张伯宏的《北京土著》、蔡国庆的《北京的桥》、汪峰的《北京北京》、信乐团的《北京一夜》等，在音乐中向听众简要介绍了"北京"这座历史悠久的城市，并讲述了"北漂"一族的酸甜苦辣，展现了人们为美好生活而努力奋斗的精神风貌；在"江南"主题节目中，通过林俊杰的《江南》、周杰伦的《青花瓷》、江珊的《梦里水乡》、邓丽君的《在水一方》等歌曲，介绍了我国江南地区如画的美景。

3. 结合特殊节日进行音乐节目创作

好的节目是紧跟群众、紧跟时代的节目，自然不能放过特殊节日为节目创作带来的

"契机"。通过这些节日，为听众送去节日祝福，更加贴近受众心理，利于听众接受，因而可以更好地用音乐讲述中国故事，彰显节日背后蕴含的文化。

作为中国音乐节目，"春节"自然成为了节目主题的首选。但如何使"春节"节目不落俗套，有新意，重要的一点是需要从歌曲本身挖掘其背后蕴藏的中国文化。例如，在2016年猴年春节前夕，节目以"春节"为主题，不仅为听众播放了春节经典歌曲，并从这些歌曲入手，讲述了春节在中国人心目中的重要地位和人们为欢度春节所做的准备。节目中介绍了中国"天干地支"纪年法和十二生肖的相关知识，教听众学习了拜年吉祥话"恭喜发财""万事如意"等。在短短30分钟时间里，节目用丰富的内容讲述了中国故事，烘托出了浓浓的节日氛围。

在2017年元旦和春节到来前，节目以"送给在外游子的歌"为主题为海外华人送上了祝福，希望通过暖心的歌曲为漂泊在外无法与家人团聚的人们送去真诚的祝愿，让他们感受到家的温暖，也让外国听众感知了中国人对于"家"的重视。2016年2月26日，在国际台内罗毕FM91.9调频台开播十周年暨斯瓦希里语早间节目正式开始直播之际，节目结合这一重要的纪念日，以"生日"为主题向听众送去了关于"生日"的歌曲，借以表达对国际台海外调频台的祝贺和对听众的感谢。

此外，可将著名歌手或音乐人作为节目创作思路，通过展示该歌手的音乐作品，讲述他们的音乐故事，传播正能量。

"追求真善美是文艺的永恒价值"。习近平总书记指出，我们要通过文艺作品传递真善美，传递向上向善的价值观，引导人们增强道德判断力和道德荣誉感，向往和追求讲道德、尊道德、守道德的生活。运用上述方法，对外传播节目同样可以通过音乐的方式用一颗真心向受众讲述中国故事，传递人间真情，做好中华优秀传统文化的对外传播工作。

三、与时俱进　开拓思路求创新

习近平总书记指出，创新是文艺的生命，要把创新精神贯穿文艺创作生产全过程，增强文艺原创能力。唯有创新，才能精品纷呈，才能挺立于世界文艺发展前沿，永葆文艺的生机与活力。

为了向国外受众介绍更多的中国好音乐，讲述更多的中国好故事，中国音乐节目的创作必须与时俱进，开拓思路，追求创新。习近平总书记指出，文艺创作是观念和手段相结合、内容和形式相融合的深度创新，是各种艺术要素和技术要素的集成，是胸怀和创意的对接。推动文艺创新，需要从根本上做起，从多方面入手，提倡体裁、题材、形式、手段充分发展，推动观念、内容、风格、流派切磋互鉴，才能不断推出富有艺术创造力的优秀作品。对于中国音乐对外传播节目而言，节目应从内容和形式两大方面进行创新，在继承的基础上实现创造性转化和创新性发展，力求为国外听众奉上更好听的节目。

内容方面，音乐节目已不仅仅局限于单纯地放音乐和介绍歌曲。作为我国对外传播节目，应巧妙地在节目中穿插介绍中国文化。例如，可在节目中灵活加入"中国音乐常识"等内容，每期节目用 5 分钟左右的时间介绍中国音乐知识，如中国传统乐器、著名音乐家、著名歌手、经典民歌等，既避免了节目内容的单调，又让听众在音乐节目中有所收获。

形式方面，可尝试与听众互动，了解听众真正需要什么，想听什么，根据听众的需求和喜好，及时对节目作出调整，避免因循守旧。同时，可邀请外国专家和听众走进节目，学唱中国歌，聊一聊他们耳中的中国音乐，以外国人的视角看中国音乐，从中碰撞出中外音乐的火花，达到文化交流的目的。

值得注意的是，在互联网和新媒体等推动下，文艺创作形态快速变化、载体不断更新。网络文艺呈现爆发式增长，数量空前增多，规模急剧扩大，成为受众面广、关注度高、社会影响巨大的文艺新领域。因此，运用互联网和新媒体等方式推动文艺节目创新势在必行。可将中国音乐节目与互联网媒体相对接，通过网络扩大受众范围，弥补广播媒体瞬时性的弊端，运用多种新媒体渠道，更大地发挥广播节目的价值。例如开设中国音乐节目网页专栏，在 Facebook 等社交平台做节目推介等，并与网友在线交流。目前，"留声中国"节目已在"国际在线"斯瓦希里语网页上线（http：//swahili.cri.cn/141/2016/06/08/Zt1s154070.htm），既丰富了网页内容，又扩大了节目影响力。

例如，2017 年母亲节之际，"留声中国"节目在内容和形式上大胆创新，首次将中国文学注入音乐节目。节目邀请了华语节目主持人和斯瓦希里语外籍专家，她们以母亲的身份用中斯双语为听众朗读了我国作家刘瑜写给女儿的信《愿你慢慢长大（节选）》，以真实的情感表达母亲对子女的爱。配合音乐主题，用中外双语朗读我国优秀文学作品，在对外传播音乐节目中可谓一种创新。这期节目通过中斯双语朗读中国文学作品，不仅进一步升华了"母亲节"音乐主题，而且用新颖的方式向国外听众介绍了中国文化。节目内容和形式的创新依托于"以情动人"的节目总基调，每首歌、每句话都倾注着母亲与子女间深厚的爱。因而，使节目跳出了常规对外传播音乐节目单纯放歌、介绍歌曲的传统模式，运用真情实感使节目达到了更好的传播效果，使节目更具可听性。此外，本期节目还上传到了国际在线斯瓦希里语主页"留声中国"专题页面（http：//swahili.cri.cn/181/2017/05/14/1s163772.htm），并将中斯双语《愿你慢慢长大（节选）》朗读版音频在斯语部 Facebook 公众号中进行了推介，起到了良好的传播效果。

"求木之长者，必固其根本；欲流之远者，必浚其泉源。"（魏徵）习近平总书记指出，中华优秀传统文化是中华民族的精神命脉，是涵养社会主义核心价值观的重要源泉，也是我们在世界文化激荡中站稳脚跟的坚实根基，是中国文艺的"根"和"魂"。中国文艺要获取更加绵长深厚的发展动力，要在世界各民族文化软实力的竞争中脱颖而出，形成独具魅力的精神标识，必须要坚守中华文化立场，自豪地礼敬中华优秀传统，坚定不移地在创作中贯注中华文化的强健血脉，讲好中国故事、表达中国价值、传承中华文化。中国音乐节目作为我国对外传播节目队伍中的一员，对于讲好中国故事，传播好中国声音，责任重大。我们相信，若做到心有受众，真诚发声，开拓创新，便可为我国对外传播事业添砖加瓦，让中国的声音更加响亮。

（作者单位：中国国际广播电台斯瓦希里语部）

参考文献：

1. 中共中央宣传部：《习近平总书记在文艺工作座谈会上的重要讲话学习读本》，学习出版社，2015年版。
2. 王庚年：《艰难困苦　玉汝于成——国际台国际传播十年探索实践回顾》，《国际传播》，2016年第2期。

媒体融合视角下对外传播中
新闻报道策划的几点思考

郝 妍

近年来,以互联网为载体的媒体融合发展迅猛,已经成为对外传播中不可或缺的新模式。媒体融合既是目前的显著特征,也将是未来发展趋势。目前来看,媒体融合已经深深影响了对外传播的发展,一方面它成为了对外传播的活动平台,为对外传播提供了丰富的技术支持;另一方面,它本身就是对外传播活动的一部分,潜移默化地改变着传统对外传播的面貌。媒体融合不仅仅是解决媒体发展形态的问题,在经济社会发展的大背景下,它更与我国社会转型和国家发展战略相结合,凸显其承载的内容意义。

21世纪国家之间的竞争已经从硬实力竞争上升到软实力竞争。对外传播为展示国家软实力提供了潜力巨大的舆论平台,成为塑造国家软实力的重要手段。新闻报道策划是一种视角新、立意高、开拓深、介入及时的战役性、系列性、话题性并能形成新闻强势的新闻报道的谋划和组织过程。[①]实践证明,经过精心策划,新闻报道质量明显提高,对外传播力大大增强,已成为提高对外传播的重要方法,为新闻事业的发展注入了生机和活力。媒体融合对构建媒体新闻报道在对外传播过程中时效性、传播效果以及影响力方面都产生了深刻的影响,既是严峻挑战,又带来发展思考。本文试图提供新闻报道策划几点思考,助力对外传播发展。

一、媒体融合视角下,对外传播中新闻报道策划面临的内外实境

从国际舆论格局看,西方话语仍居强势地位。西方发达国家凭借雄厚的传媒资源和遍布全球的传播网络引导国际舆论的走向,世界上每天传播的国际新闻大多来自西方的主要通讯社,他们在中国的周边国家也分布有众多分支机构,已成为世界上很多国家传媒业的主要信息来源。尤其是互联网的兴起后,西方传媒再度凭借媒体融合迅速发展,意图打破国家主权种种约束,实现信息自由流动,对他国受众进行文化以及意识形态的渗透,以期重建世界舆论格局,从而达到其掌握世界舆论的目的。

从国内情况看,长久以来,我们的思维模式受计划经济的影响,反映到新闻领域里则是缺乏生机与活力。虽然历经改革开放,市场经济发展,社会全方位国际一体化,但是计划经济条件下形成的思维定式还在延续,甚至还影响着一代人的思维。改革开放以来,随着中国社会经济翻天覆地的变化,我国的对外传播能力迅速提升,尤其是对外传播中新闻报道在数量、规模和质量上都有了很大改善,对外传播不再局限于政府和国际政治领域,

进而扩展到社会、经济以及文化等各个领域，迎来我国对外传播发展的春天。虽然我国大力发展对外传播媒体，加大对外宣传力度颇有成效，但从总体上看，中国传媒在国际格局中仍居于弱势地位。更重要的是，在互联网、云计算、大数据等互联网技术的支撑下，现代传媒体系正朝着日益复杂化、社交化、移动化方向发展，推动了媒体融合加速发展，在很大程度上冲击了传统对外传播的传播方式，也对内容生产提出了更高的要求。

二、媒体融合视角下，对外传播中新闻报道策划存在问题

近几年，以互联网为基础的媒体融合在对外传播中的作用与日俱增，西方各国政府和媒体纷纷搭上了媒体融合的时代快车从而增强其对外传播的影响力。相较而言，我国开展对外传播活动起步较晚，新闻报道策划能力有待提高，对国际主流社会的影响力存在上升空间，对外传播新闻报道策划存在如下问题。

（1）新闻报道策划过程中存在策划理念"片面"与"单一"的现象。媒体融合视角下，对外传播过程中新闻报道策划议程设置的局限性有所显现。在对外传播中，我国媒体的新闻报道主要以政治、经济、社会等内容为主，反映我们社会生活现状的新闻报道和重大突发新闻报道相对较少，难免给人造成"政治味""说教味"较浓的刻板印象。

（2）受原有的策划思维的影响，缺乏对传播对象国、受众心理和接受习惯等方面细致的调查与研究。对外传播过程中，我国的新闻报道策划，缺乏根据传播地区和对象国加以细化的研究。对西方主要发达国家、有共同诉求的国家、发展中国家等社会经济状况等特点了解不够全面细致，新闻报道策划的定位过于宽泛。对外传播中缺乏对国外受众心理特点和信息接收习惯的细化研究，这在一定程度上影响了我国对外传播的效果，使得新闻报道的吸引力在不同文化理念的公众面前有所减弱。

（3）新闻报道策划的重要性认识不足，常规机制与创新机制有待提高。新闻报道策划是一种创造性的智力活动，谋求新闻资源的最优配置，赋予新闻报道新的生命力，从而在竞争激烈的对外传播中形成较大的影响力。在对外传播中，我们对新闻报道策划的重要性认识不足，容易使新闻报道在对外传播中按部就班。常规的新闻报道缺乏创新机制，而面对重大的新闻报道，常规机制局限性有所显现，延误了对外传播的最好时机。

三、媒体融合视角下，对外传播中新闻报道策划的应有思维

媒体融合视角下，对外传播新闻报道策划存在一些问题，但是我们同时也清醒地意识到无论是传统视角下的新闻报道策划还是媒体融合视角下进行的新闻报道策划，其研究的基本问题是不会有变化的，媒体融合其实质是新兴媒体和传统媒体的优势互补和战略重组。而新闻报道策划作为一种创造性的智力劳动，能够符合媒体融合发展的时代要求、满足受众的心理需求，因此，在对外传播的新闻报道策划中，我们应充分发挥创造性思维的

魅力，在对外传播中使我们的新闻报道取得最佳效果。

1. 规律性

新闻报道策划过程中应遵循新闻传播规律，以"用事实说话"的方式来规划对外传播中的新闻报道。要真实、客观、公正地向世界说明真实的中国，加强不同文化国家之间的交流，使受众对发展变化的中国有感同身受的理解，这关乎对外传播中新闻报道策划应秉持的基本原则与应担负的主要责任。面对纷繁复杂的世界，新闻报道策划一方面要关注中国经济社会发展的成就，另一方面也要展现现实存在的问题。新闻报道中应真实、客观、公正，尤其是敢于直面存在的问题和困难，是做好新闻报道策划的应有之义。在对外传播中，策划是新闻报道的重要前提，是影响新闻媒体生存与发展的有利引导。媒体融合视角下，在强调技术引领和驱动的同时，要始终把新闻策划摆在突出的位置，以策划赢得新闻报道的发展优势。

2. 战略性

放眼当今世界，国与国之间的竞争激烈化，新闻报道策划要站在战略的高度，以理性的思考和智慧的眼光从更高层次和更深远的意义上看待和衡量新闻报道。在对外传播新闻报道策划中，要积极围绕国家利益来设置议程，包括涉及国家长远的根本战略利益和眼前的具体利益的问题，国际关注的涉华问题，国际热点问题，国内的一些突发性群体事件等。这既是我们要关注的问题，也是国外受众关注的话题。涉及中国的事务，中国拥有丰富的信息资源，占有先天的有利条件，可以抢占先机，先发制人。[②] 而对于国际上的热点问题，我们要及时跟进深入研究，表明中国的立场，体现世界眼光。这样不仅在多元的思想环境和国际舆论中提供清晰的价值判断，也极大地增强新闻报道的权威性和公信力，成为媒体融合视角下对外传播中新闻报道策划影响力延伸和拓展的重要支撑和保障。

3. 服务性

受媒体融合发展的影响，传播者与受众的关系也发生了变化，由之前的单一、单向的传播变为双向、互动的沟通，传统对外传播的新闻报道的各种内容，在媒体融合的背景下显得微不足道。因此，要在策划中注重服务性，认真研究国外受众心理特点和接受习惯，贴近中国和世界发展的实际，注重新闻报道的内容生产，增强新闻报道的实效性。同时，还需加强与受众间的互动交流，吸引受众关注度，提高受众参与度。利用新媒体传播方式，借助受众喜闻乐见的方式和语言开展策划，提高对外传播中新闻报道的质量。

4. 创新性

创新是一切策划者生存和发展的源泉，也是一个不断摆脱守旧思维桎梏的过程，是策划最终实现的推动力。在媒体融合视角下，我们应创新传播内容，在对外传播竞争激烈的今天，不仅重大报道，日常报道中的每一篇稿件也应该纳入策划的范围，形成强势的新闻报道。社会的变化是丰富多彩、千变万化的，人们的创造活动也是必须保持一种常变常新的，才能适应客观现实，并创造出灵活多样地反映客观现实的方式来。同时，媒体融合带来了更新更强的技术支持，对外传播中新闻报道策划更不可以固守传统思维，而应主动加快媒体融合节奏，利用好先进的传播方式、发达的信息技术，创新对外传播中新闻报道策划，搭上技术发展的时代快车。

四、媒体融合视角下，做好新闻报道策划的具体措施

新媒体融合为我国对外传播提供了强大的平台，我们要借力媒体融合的时代发展提前策划，制作出符合媒体融合要求、吸引受众的新闻报道。只有这样，才能够真正让新闻报道策划在对外传播中发挥出其优势作用，对此我们不能临时抱佛脚，应作好应有的准备。在媒体融合的今天，要想做好对外传播，做好新闻报道策划显得尤为重要。

1. 做好常规新闻报道策划，及时记录"中国进行时"

对外传播中，做好常规新闻报道策划，要熟知国家的大政方针，时刻掌握国际动态，对发生的新闻事件第一时间做出准确判断，遵循新闻事件的轻重缓急，按照预定计划和既定目标有条不紊地开展新闻报道。新闻报道策划要以经济、政治、文化、社会生活中涉及中国发展现状的议题出发，向世界展示真实、客观、全面的中国。同时，还要借助新媒体、新技术及时了解受众的互动反馈，适时调整新闻报道方向，及时记录发展变化的中国。

2. 做好突发性事件报道策划，准确传递"中国声音"

突发性事件大多为受众关注，具有较高的新闻价值，是新闻报道策划的关注点。对外传播中，突发事件新闻报道策划要秉承"大事发生我在现场"的理念，即要迅速启动突发事件快速反应应急机制，同时，也要在平时积累研究相应新闻事件的背景资料，及时而又专业地做好突发事件报道。事实证明，在突发事件的对外报道中，"主动发声"的效果远超预期，因此，我们要提高策划设置议题的能力，赢得舆论引导主动权。同时，应利用媒体融合提供的各种网络平台，做好后续报道策划，对新闻事件进行全面解读，去伪存真、由表及里，使受众了解新闻事件真相，继续发挥新闻报道策划在对外传播中的舆论导向作用。

3. 做好新闻专题报道策划，深入讲述"中国故事"

对外传播中，应运用广视角、大容量、深层次、多手法的报道形式，对新闻专题展开策划。经过独具匠心的策划，很多没有思考周全的专题可以体现新意，可以给人带来启迪和思考。新闻专题策划，我们要深入挖掘某个新闻事实或某些新闻现象，使碎片化的信息得到梳理，做出趋势性的前瞻解读、发现新闻动态的厚度。利用媒体融合的平台，持续不断地跟进新闻事件进程，在点点滴滴中平实而有力地讲述中国故事。

4. 做好特定节日的报道的策划，全面展示中国"软实力"

节日、假日、纪念日等一些特定日是对外传播中不可缺少的部分，也是凸显对外传播策划水平的重要方面。体现我国悠久历史、灿烂文化的文化产品具有贴近性，使新闻报道在内容和形式上与受众的生活现实及其思想感情拉近距离，产生文化吸引力。做好文化策

划，增强人文领域的互动交流，充分利用媒体融合的重要平台，以文化为纽带，让世界更加了解中国，全面展示中国软实力。

5. 做好融合互联网报道策划，力求展现中国"新角度"

根据媒体融合特点，多策划和生产一些新鲜及时、短小精悍、吸引力强的新闻信息，在对外传播的新闻报道中拔得头筹。利用媒体融合时机加速自身发展，新闻报道策划要注重多样化的展示、多介质的推送，通过文字、图片、声音以及画面等多媒体手段，实现新闻报道内容的升级融合，使新闻报道在对外传播中动起来、活起来。

展现自我，放眼世界，服务受众，新闻报道策划是一种高智力的思维活动，贯穿在新闻报道的活动的始终，在对外传播中发挥着引导作用。尤其是在媒体融合的视角下，我们应抓住新一轮技术革命的机遇，重视新闻报道策划，在对外传播中全面设计和规划新闻报道，加强分层设计，做好量体裁衣，提高新闻报道在对外传播中的影响力。

（作者单位：中国国际广播电台意大利语部）

注释：

① 赵振宇：《正确认识和实施新闻报道策划》，《当代传播》，2006年第6期。
② 姚旭：《跨界融合，全面提升中国传媒的国际传播力》，《阴山学刊》，2011年第5期。

参考文献：

1. 赵振宇：《新闻报道策划》，武汉大学出版社，2015年11月1日。
2. 强荧、戴丽娜：《新闻传播学理论前沿：在媒体融合的视域下》，上海社会科学院出版社，2016年6月1日。

浅析新媒体传播环境下编辑角色的定位

赵礼维

随着媒体的融合，新旧媒体间的彼此联系更加密切，传统媒体正逐步开发或增加自身在新媒体平台上的业务，新媒体终端的变化引起传播结构、传播方式、受众市场等发生着重大变化，对传媒行业的生存以及发展提出了更多的要求。

习近平同志强调，要加快传统媒体和新兴媒体融合发展，充分运用新技术新应用创新媒体传播方式，占领信息传播制高点。在"全民互联"时代的环境下，媒体市场的竞争进一步加剧，受众需求变得更加丰富，新旧媒体间传播模式融合的脚步不断提速，此外还逐步显示出更强的全媒体传播形态特征。对影响着媒体时代高度、发展速率和发展水平的编辑来说，怎样改变传统思维模式，让自己在短时间内满足新媒体传播特点需求，从而在新媒体传播环境下做出适当定位无疑显得愈发迫切。

一、新媒体传播的特点

新媒体的出现虽然以网络为代表，但发展至今已不仅仅局限于网络这种单一形式。随着时代的不断发展，数字化媒体不断更新，新媒体是一个不断变化的概念。数字杂志、数字电影、移动电视、触摸媒体等，都可以称为新媒体。新媒体具有天生的灵活性，它可以不受时间、空间的限制，任意传播，而这些恰恰是传统媒体所无法相比的。总的说来，与传统媒体相比，新媒体传播有以下几个特点。

1. 信息容量更大

与传统媒体相比，新媒体显著特征就是信息量巨大，对同一事件的报道，在新媒体端呈现的信息量是传统媒体所无法企及的。不仅如此，新媒体还可以运用各种图文声像组合来对事件进行报道，加上超链接的应用，可以让受众了解更多与此相关的信息，对同一事件的信息量大大增加。虽然新媒体上也会有虚假不实的信息，但是这些不实的信息也会通过新媒体自身过滤出来，进而去伪存真。

2. 传播速度更快、时效性更强、互动性更高

就传播速率而言，报纸出台最新消息以天为单位，严重缺乏时效性。广播稍纵即逝，视觉上没有真实的画面感。电视声画兼具，然而播出时间受到了很大的约束。三大媒体对受众进行传播形式枯燥，使得信息和受众无法实现即时的交流和反馈。此外，传统媒体由于受出版周期和审核制度的影响，等到信息呈现在媒体终端的时候，新闻显而易见已变成了过去式，而相同的信息则在新媒体端早已呈现。

新媒体的传播速度及强时效性不受时、空的影响。新媒体的交互性还让受众在获取信息的基础之上能够尽快发布信息，受众能够随手拍、随时传，人人都可以发挥传播的作用，一系列事件变得公开化，活动实时化。这种多层面的即时传播，使得受众可以及时了解最新的信息，其强大开放性还能够使受众能够公平的根据互联网共享信息，同时消息方便传播，简单一个智能手机就可以做到这所有的工作。

就传播方式而言，传统媒体一般立足于传播者的层面，受众仅仅可以简单被动接收传播者为了传播的信息。如此的单方面的传播方式让受众选择权降低，在传播关系中隶属于从属关系，因此与观众的互动很少，无法真正了解受众的真实感受和需求。新媒体拥有数以亿计的受众，他们通过新媒体在获取信息的基础之上还会带来新的信息，评论和转发还会让受众同时具有编辑信息与产生信息的作用，这是因为转发及评论的信息量和评论数可以使信息要么被更多人看到、关注，进而引起广泛的传播，抑或消失在广袤的信息海洋之中。

3. 受众群体更广泛

和传统媒体比较起来，新媒体借助互联网完成了突飞猛进的发展，所以新媒体端的受众群体大部分集中在网络群体，同时由网络群体逐步发展到别的群体。此外，新媒体在不断增加其覆盖面的基础之上，其受众群体的阶层也出现了很大的变化，不断增强了受众群体数量，让新媒体被越来越多人所认可。以微博、微信为典型的新媒体模式，一方面彻底对沟通模式做出了改变，此外它还给不同阶层提供了很多帮助，这种帮助让媒体受众群体可以在充分考虑应用优势的前提下不断进行延伸。

4. 热点事件传播的社会影响力巨大

新媒体信息传播的波及范围广，让以网络、移动端等渠道传播的核心话题可以在极短时间内引发群体性关注，甚至形成持续性不间断发酵。同时大部分借助于受众的威慑力，从而产生了涉及范围颇广的裸曝力。这种高曝光、持续性的舆论关注往往使得地域间的个案信息能在极短的时间内传遍大江南北，引爆网络，扩展为全国高关注度事件。

在新媒体发展开始时，主要涉及传播社会热点问题、引用网络中一系列言论媒介的运行模式、转载报纸等传统媒体，同时研讨其改善模式。随着近些年来新媒体的飞速发展，网络言论媒介和网民数目上涨的结构已发生了翻天覆地的变化。网络舆论依据和传统媒体的交流和融合，显示出了更多促进事件变化的作用。而在大部分热点事件发展过程中，网络舆论都表现出了潜在的功能，网络媒体"倒灌"传统媒体的问题时常出现。网络媒体的"爆料"一般情况下可以导致传统媒体的即时反应，从容应对大面积的舆论议论，"和颐酒店事件""八达岭野生动物园老虎伤人事件"等社会热点事件都在一夜之间引爆网络进而引发全国性持续关注。新媒体对热点事件的传播作用是其他媒体所无法达到的，因此也使媒体的舆论生态环境面临全新的挑战。

二、新媒体传播环境下编辑角色定位的再思考

新媒体的出现和发展，重构了传统媒体从业者特别是编辑的思维，简单点说，新媒体尽管是对传播模式与传播形态做出的调整与改善，然而深入点讲，实际上是对传播理念的一种创新。传统媒体与新媒体融合后呈现了更为贴近受众生活化的发展趋势，编辑思维的高度决定了媒体传播的广度，编辑为此更应主动顺应新媒体发展，对自身定位进行再思考：

1. 增强学习化思维，建立跨媒体意识

"媒介杂交所产生的新能量，可以和原子裂变和聚变释放无限的核能相比较"。[1]基于传统媒体与新媒体持续融合的背景，编辑应该增强不学无以立身的使命感，做到勤于思考、善于总结，对工作与学习的关系进行明确的诠释，不以"业务多，学不进"为借口，通过工作与生活两方面的学习化的思维，勤于涉猎，多多学习所有与工作有关的技能，不断夯实编辑基础满足新媒体传播实践需求，持续增强与改善自身修养。

传统媒体编辑需要同时拥有新媒体编辑的作用，产生融媒体工作意识。要想实现受众多样化需求，编辑应从简单的文字工作者逐步过渡到了解与熟悉采编、录音等知识技能的复合型人才，可以高效使用一系列媒体尤其是新媒体，进而实现信息在多媒体平台的发布和数据融合。

2. 具备必要的整合技能，加强新闻的权威性、特色化解读

近些年来，大数据的运用越来越普及，为此，编辑应具备必要的大数据时代新闻整合技能。新媒体的发展带来了大数据。大数据时代最大的转变就是针对事件不仅对因果关系存在渴求，而且关注事物间的相互联系。大数据的发展运用，使得人们对专业媒体的组织整合、诠释信息的能力大大增强。大数据就是"将一些零散、有意义或看似无意义的内容通过某种方式重新编排组合在一起，形成系统化的整体"。[2]具体来说，新媒体编辑应具备更加敏锐的新闻意识，以受众的需求出发，从新媒体数据库的海量信息中，提取相关热点事件的新闻素材和资料，采用集成、编排、深加工等编辑手法，围绕单条新闻、单个话题、单个事件的相关新闻或多篇报道进行编排、组合，并通过思考、组织进行新闻的深加工，通过媒体渠道发送到受众那里，进而提升原有内容的价值，或创造新的价值。

此外，新媒体端的新闻来源广、信息量大，且相互间借鉴程度极高，并且其中还存在虚假、媚俗等不良信息。面对真假难辨的泛滥信息，光凭受众本身很难辨别其中的真假，用户在短时间内也很难在浩如烟海的信息中准确提取对自身有价值的信息。这就要求传统媒体的编辑应该凭借自身长期形成的品牌效应，用专业化的精神和技巧对新闻进行筛选、加工，为受众提供来源可靠、传播规范且具有权威性、独家特色的信息解读。

3. 改变过去单向传播意识，提高互动传播意识

随着新媒体突飞猛进的发展，使得传统信息传播的生态条件和编辑与受众间的联系方

式变得更加多样化。在新媒体传播方式的环境下，受众不仅能够获得自身认为有价值的信息，同时也能够即时沟通意见并进行辩论，还可以即时反馈信息，以细胞分裂的模式来传播信息。所有人在当今新媒体时代下都扮演着记者的角色，因此所有人都有发声的权利，他们结合自身价值识别，对部分事实与现象进行筛选与编辑，同时把其传播出去，与这方面有关的关注和评论也随之让更多受众接收到。需要强调的一个方面是，新媒体为受众提供了充足的发布信息和表达观点的空间，这或多或少地促进了信息公开、透明，并在一定程度上有利于社会民主化进程的发展。但是，信息较快的传播速度同时也导致个人隐私暴露与网络暴力问题的层出不穷。因此专业编辑首先需要高效使用新媒体平台提供的条件，进一步为受众带来知情权服务，其次还需确保舆论的正确性，保持长久以来建立的媒体品牌和公信力，坚持主流意识，安抚受众情绪，把受众引向事情发展的正确方向。

新媒体裂变式发展，信息传播变得更加分众化，基于这种状况，假使编辑不能满足受众阅读新闻的需求，在很大程度上会降低自身媒体品牌的影响力。因此编辑应改变过去单向传播意识，考虑到受众的需求，与受众进行及时互动，综合运用网络留言、移动端互动、直播互动等多种方式与受众进行及时交流。此外，编辑还应具备较高的大局意识，对于交流互动中部分受众存在的不正确目的和心态，做到正确引导舆论，提高舆论监督能力，发挥互动的正面作用。

4. 强化受众理念，增强社会化思维

在快节奏的海量信息的新媒体时代，人们更青睐于浅阅读。由于种种原因，受众不会把所有信息都浏览很长时间，要想吸引受众则需要第一时间体现出每条信息的标题或导语亮点。所以，编辑设立新闻事件的标题和导语的能力就显得十分重要。编辑要做到精编受众关注关心的信息，把其做得精致和强势。

人们生活质量不断提升的同时，受众对短视频表示更多的关注，此外也让视频新闻变成了主流，视频可以刺激受众视觉，为其带来强烈的带入感，编辑应成为剪辑视频的能手，让新闻信息的文字内涵与视频信息交流互相作用、互相促进，从而实现受众在视觉层面的需求。

此外，随着移动端新媒体的发展，媒体间相互竞争势必更加激烈。编辑需要在不断完善与提升自己的过程中，拥有社会化思维模式，由社会化层面进行策划选题、定位受众人群等，并对媒体的长远发展有所思考、有所见解，既要坚持精益求精的精神，还要具备广阔的事业以及高度的职业道德等社会思想观念，推动自己编辑业务整体能力，进而成为受到受众所追捧的媒体。

三、结语

习近平同志强调，要着力打造一批形态多样、手段先进、具有竞争力的新型主流媒体，建成几家拥有强大实力和传播力、公信力、影响力的新型媒体集团。

从全媒体到融媒体，不管是微博、官媒，抑或微信、自媒，新媒体的产生给传统媒体带来了很大的挑战：无论是观念、范式，还是形态和规则，新媒体对传统的传播方式和舆论生态都起着决定性的作用。新媒体开创了一个时代——移动互联的时代，它使得新闻生产者与受众变得更加紧密，缩短了二者的距离。传统媒体与新媒体的融合已是大势所趋，为此，编辑需要在新媒体传播情况下，进行二次定位，变成信息的创造者、舆论的引导者和知识的管理者。

(作者单位：中国国际广播电台东北亚中亚中心)

注释：

① [加拿大] 马歇尔·麦克卢汉著，何道宽译：《理解媒介：论人的延伸》，商务印书馆，2000年。
② 詹新惠：《新媒体编辑》，中国人民大学出版社，2013年。

参考文献：

1. 吴嘉睿：《数字化转型下期刊编辑职能的变与不变》，《编辑学刊》，2014年。
2. 赵昕：《新媒体传播对新闻编辑功能的消解与建构》，《西部广播电视》，2013年。
3. 刘钊：《试析融媒体视域下的传播特质和编辑思维的重构》，《中南民族大学学报》，2015年2月。
4. 肖娜：《谈新媒体时代新闻编辑的媒介素养》，《编辑之友》，2014年9月。
5. 卢鑫：《新媒体技术发展对编辑职能的消解与重构》，《东南传播》，2013年5月。

对外广播（音频）新闻的编辑方法及必要性分析

孟 群

科技飞速发展的今天，随着智能移动终端的发展，新兴媒体大量涌现，传统媒体受到很大的冲击。广大受众的心态和要求也随之发生了变化。在这一形势下，作为国际广播这一传统媒体的新闻编辑翻译工作者，有必要适应发展，转变既有思维，站在受众的角度进行新闻编辑翻译，发挥广播媒体的优势，留住老听众，扩展新听众，使国际广播新闻更加为听众所喜闻乐"听"，从而在新老媒体的激烈竞争中立于不败之地。

广播新闻或者音频新闻的重要特点是通过声音传递信息，是伴随式媒体。对于忙碌的现代人来说，可以边工作（运动、休闲）边收听。另一方面，声音转瞬即逝，和报纸或网络媒体不同，不能反复阅读。因此广播或音频新闻对内容的通俗易懂，语义的连贯流畅要求更高。同时，对外广播由于以外国受众为主，受众整体上对中国的情况了解不足，对相关报道所涉及的背景知识和舆论环境知之甚少。为了使新闻更加明白好懂，有必要对相关的背景知识作适当的说明。

基于上述情况，本文拟从一些案例出发，从理顺逻辑线索，突出新闻主题，解释关键名词三个视角，对音频新闻的编辑方法进行分析，以期对发挥广播媒体的优势，展现广播媒体的特点贡献绵薄之力。

对外新闻稿件进行编辑的目的是：提炼新闻重点，整理逻辑线索，突出中心内容；针对外国听众的收听习惯，适当增删内容，对新名词，流行词汇做出深入浅出的解释，使新闻更加通俗易懂。通过对新闻的适当编辑来发挥广播媒体的优势，突出展现广播媒体的特点，力图在新老媒体的竞争中占据一席之地。

一、使新闻内容逻辑线索更加顺畅

案例1 纠正稿件中的差错。

国际台文稿处理系统[①] 2016年3月6日稿件"徐绍史：'十三五'中国还需脱贫5575万人"一文中，国家发展改革委员会主任徐绍史在回答记者提问时说："2015年中央经济工作会议期间，全国贫困人口是7017万，经过一年精准扶贫，脱贫人数达到1442万"。

2015年的中央经济会议召开于2015年12月18日至21日，到发稿时间的2016年3月6日还不足3个月，与"经过一年精准扶贫"中"一年"的说法相矛盾。徐绍史打算说的应该是2014年的中央经济工作会议，即2014年12月9日至11日召开的会议。"一年"指的是从这次会议召开之后到徐绍祖讲话的一年时间。按照原文翻译显然会给听众造成困扰,纠结在时间问题上,忽略了新闻的重点内容即扶贫问题。因此略去"2015年"的说法,改说"上一年度",即把原文改为:"上一年度中央经济工作会议期间,全国贫困人口是7017万,经过一年精准扶贫,脱贫人数达到1442万"。这样内容更加符合逻辑,不会造成歧义。

在新闻发布会上相关人士回答记者的提问时即席发言,内容不会太严谨。如上述例子,时间显然不符合实际情况。对于类似问题,如果不加以注意会给听众造成困扰,以致忽略了新闻的重点内容。经过再编辑,在不改变新闻原意的基础上,内容重点更加突出,逻辑更加顺畅。

案例2 调整顺序使内容更加顺畅易懂。

国际台终端[②]2016年3月17日稿件"美国宣布对朝鲜新的制裁措施"一文的开头一段如下:"美国白宫的一份新闻公告说,总统奥巴马当天发布行政令,旨在冻结朝鲜政府和朝鲜劳动党资产,禁止与朝鲜的特定交易。美国财政部随后发布新闻公告,对朝鲜17个政府官员和机构以及20艘船只实施制裁。新制裁针对朝鲜的能源、矿业、金融服务和交通业,禁止对朝鲜的商品、服务、技术出口以及在朝鲜进行新的投资。白宫的新闻公告说,美国将继续对朝鲜施压,令其付出'代价',直至朝鲜最终履行国际责任和义务。"

这一段里有两个主体,一是白宫的新闻公告,二是美国财政部新闻公告。4个句子的顺序是第一、四句说白宫新闻公告,第二三句说美国财政部公告。其中,财政部公告的内容夹在白宫公告的中间,内容零散不连贯。把句子调整成如下顺序,内容更加连贯易懂:"美国白宫的一份新闻公告说,总统奥巴马当天发布行政令,旨在冻结朝鲜政府和朝鲜劳动党资产,禁止与朝鲜的特定交易。白宫的新闻公告说,美国将继续对朝鲜施压,令其付出'代价',直至朝鲜最终履行国际责任和义务。美国财政部随后发布新闻公告,对朝鲜17个政府官员和机构以及20艘船只实施制裁。新制裁针对朝鲜的能源、矿业、金融服务和交通业,禁止对朝鲜的商品、服务、技术出口以及在朝鲜进行新的投资。"

前两句说白宫的行政令,后两句以财政部的公告为依据对白宫的行政令加以针对性的解释。对于收听新闻的受众,调整顺序以后内容更加连贯易懂。这样调整对于通过网络或纸媒阅读新闻的受众,可能意义不是那么重要,但是站在用耳朵接收信息的受众立场上,调整顺序后的逻辑线索顺畅,内容更加容易理解。

二、充实新闻第一段的内容,突出新闻主题

广播与平面媒体不同,新闻开头没有标题,而是直接进入正文。在新闻第一段突出重点,才能更好地吸引听众的注意,使新闻更好懂。

案例3 国际台文稿处理系统2016年3月1日稿件"王毅:中国与东盟关系潜力更大、空间更广、前景更好"。文章第一段内容如下:"新华社消息:2月29日,外交部长王毅在京同新加坡外长维文举行会谈并共同会见记者"。

这一段的内容比较简单，只提到双方的会谈，谈了什么内容没有提及，不能在新闻的开头就突出新闻的重点，抓住听众的注意力，因此可以将题目内容扩充进来。扩充后的第一段内容如下："2月29日，外交部长王毅在北京同新加坡外长维文举行会谈并共同会见记者，王外长表示中国与东盟关系潜力更大、空间更广、前景更好。"

这样的开头，准确地概括了新闻的中心内容，重点得到了突出。

案例4 2016年5月20日台湾地区新一届领导人蔡英文宣誓就职。她是否承认"九二共识"，各国特别是美国在这个时间节点上对于"一个中国"立场的态度，成为舆论关注的焦点。

5月20日到来前夕，王毅外长应邀与美国国务卿克里举行了电话会谈。国际台文稿终端2016年5月17日发稿"王毅同美国国务卿克里通电话"。标题内容比较笼统，没有涉及谈话的核心内容。原文首段"中国外交部长王毅5月16日应约同美国国务卿克里通电话。王毅表示，中美即将举行新一轮中美战略与经济对话、中美人文交流高层磋商，并就筹备二十国集团领导人杭州峰会密切沟通协调。希望双方继续聚焦合作，妥处分歧，保持中美关系健康稳定发展势头。"

这一段内容面面俱到，但是重点不突出。对于这个时间节点舆论所关心的美国对台湾问题的态度，没有提及。为了新闻内容更能契合听众的关切，翻译此文时把出现在原文第3段的顺序调整到首段，即"中国外交部长王毅5月16日应约同美国国务卿克里通电话。克里表示，美国在台湾问题上的立场没有改变，也不会改变，不支持台'独'"。

案例3和案例4的新闻同属于会谈类的新闻。此类新闻的基本套路是，首先介绍谁与谁会见，然后中方说了什么，外方说了什么。每一篇都是这样的顺序，重点不突出，希望得到受众关注的焦点不明确。因此把会谈的关键内容提前到首段，鲜明地表明会谈在当下最值得注意的焦点。

案例5 国际台新闻终端2016年3月17日新闻稿"世界知识产权组织：中国创新成效显现国际地位显著提升"，开头的一段如下："16日，世界知识产权组织在其日内瓦总部发布报告，（对2015年专利、商标和工业品外观设计的全球知识产权申请状况进行了全面统计和分析。）数据显示，在全球经济和知识产权申请整体表现平淡的大背景下，中国在专利和商标国际申请注册方面继续保持强劲增长势头。"

从题目和下文可以看出，新闻的中心内容是中国在知识产权申请方面取得了世界瞩目的成绩。但是原文的第一段内容过长，主题不鲜明，只是在段落的最后一句话才提到中国的成绩。这样的内容，焦点模糊，难以抓住听众的注意力。改为更加短小直接的说法：在全球经济和知识产权申请整体表现平淡的大背景下，中国在专利和商标国际申请注册方面继续保持强劲增长势头。迅速表明新闻的中心内容，鲜明果断地宣传我国的成就。

案例6 国际台文稿处理系统2016年5月18日新闻"习近平对人口与计划生育工作作出重要指示 李克强作出批示"中，首段内容如下"中国计划生育协会第八次全国会员代表大会暨先进表彰会18日在京召开，中共中央总书记、国家主席、中央军委主席习近平作出重要指示,向大会的召开表示热烈祝贺,向受到表彰的先进集体和个人表示崇高敬意,向广大计生协会员、志愿者、工作者表示衷心问候。"

首段内容里没有涉及新闻标题所指的"习主席重要指示"。如果说"习主席重要指示"这个词给听众带来了好奇感,这个好奇感直到第一段结束也没有得到答案。参照原文可以看到,"习主席重要指示"的核心内容出现在新闻第二段的末尾,即"计划生育基本国策必须长期坚持"。

我国先后放开了双独二孩和单独二孩,计划生育政策是否会发生变化成为世界关注的焦点。为此,此次计划生育协会大会上,习主席发出重要指示:"人口问题始终是我国面临的全局性、长期性、战略性问题。在未来相当长时期内,我国人口众多的基本国情不会根本改变,人口对经济社会发展的压力不会根本改变,人口与资源环境的紧张关系不会根本改变,计划生育基本国策必须长期坚持。"

这篇新闻如果把核心内容放到文章开头,效果就得以突出。即把文章开头改为"中国计划生育协会第八次全国会员代表大会暨先进表彰会18日在京召开,中共中央总书记、国家主席、中央军委主席习近平作出重要指示,他指出计划生育基本国策必须长期坚持",这样编辑之后,新闻中心内容更加突出,能够更好地抓住听众的好奇点。

以上4个例文说明,在首段内容中鲜明地表达新闻的焦点之所在,迅速抓住听众的兴趣点,加深印象,这样的编辑能够突出广播新闻的特点,十分必要。

三、对关键名词进行必要解释,使之通俗易懂

案例7 2016年3月1日的稿件"李克强会见美国总统特别代表、财政部长雅各布·卢"中,李总理向外国来宾介绍中国的经济情况说到"通过简政放权、双创等改革,进一步放宽市场准入,营造公平竞争的市场环境"。

"双创"一词,来源于李克强总理2014年9月在夏季达沃斯论坛上公开发出的"大众创业、万众创新"号召。2015年6月4日的国务院常务会议后,"双创"再度吸引了人们的注意。该次会议决定鼓励地方设立创业基金,对办公用房、网络等给予优惠;对小微企业、孵化机构等给予税收支持;创新融资方式;取消妨碍人才自由流动、自由组合的户籍、学历等限制,为创业创新创造条件;大力发展营销、财务等第三方服务,加强知识产权保护,打造信息、技术等共享平台。"双创",简单地说就是中国政府为鼓励中小企业的创新创业而实施的一系列改革措施。

美国财长雅各布·卢为出席2月26日在上海举行的20国财长会议③到访中国。他在财长会议上向记者强调,中国需坚持改革目标。李总理在向他介绍中国的经济情况时,回应美方的这一关切,明确了中方坚持改革的立场。正是在这段话里,总理提到了"双创"一词。"双创"是这段话里重要内容。如上所述,仅仅两个字的"双创"包含了丰富的内容,必须加以解释。但是篇幅所限,根据上下文的语境,"双创"可以解释为:双创就是

"大众创业、万众创新",是中国政府为鼓励中小企业的创新创业而实施的一系列改革措施。中国作为世界第二大经济体,经济政策会对世界经济带来巨大影响,是世界各国关注的焦点。对于李总理介绍中国的经济状况这样的重要内容,停留在字面上不加仔细说明,听众难以理解。稍作针对性的说明就能使内容通俗易懂。这样的说明是必要和有效的。

案例8 国际台文稿终端2016年4月19日新闻"王毅与俄罗斯外长拉夫罗夫举行会谈"。此次中俄两国外长的会谈是在朝鲜不顾国际舆论的反对接连试射导弹,国际社会要对朝鲜实施制裁的大背景下进行的,中俄两国的态度受到广泛的关注。会见中王毅外长就朝鲜问题指出:"中俄要共同推动朝鲜半岛无核化,维护半岛和平稳定,维护地区战略平衡,中方愿与俄方就并行推进半岛无核化和停和机制转换谈判保持密切沟通。"

这段话中的"停和机制转换"是新闻的重点,也是难点。"停"是指抗美援朝时期签订的"停战"协定,"和"是指"和平"协定。"停和机制转换"即将停战协定转换为和平协定。如果是停战协定,则朝鲜半岛再开战事,无需联合国通过。将半岛停战机制转换为和平机制,将从根本上解决朝鲜的后顾之忧,也会使东北亚得以实现长治久安。④

由此可见,王外长讲话的重点在于,中方愿意为实现朝鲜半岛的长治久安与俄方保持密切沟通。原文经过这样的编辑之后,中方的立场和目标简单明了地揭示了出来。即使没有充分的背景知识的听众也可以轻松地了解这篇新闻的重点了。

综上所述,中文新闻稿翻译成广播(音频)用外文稿时,基于广播是通过声音传播的伴随式媒体,受众以外国人为主的特点,要求外文稿更加好懂,重点更加鲜明。为此可以通过整理原新闻的逻辑线索使之更加顺畅;加强新闻首段的内容,鲜明地提出新闻的主要内容;简明扼要地解释重要的专有名词等办法对新闻进行再编辑。这样的编辑是非常重要和必要的。借助这些方法使听众在短时间内迅速掌握所要传达的内容。突出广播(音频)新闻的优势,在新媒体蓬勃发展的今天确保广播新闻占有一席之地。

(作者单位:中国国际广播电台日语部)

注释:

①② http://172.100.100.24/。

③ http://finance.ifeng.com/a/20160226/14238016_0.shtml。

④ http://wenku.baidu.com/link?url=8VaYFYtYcVZTqGm1ZOezdjM1Wer4rChGnjH4m_5TIRIJ9tSAF3CyA2egtG3pEjTEC0pRK6jI-mixykpoaqcaiiT6mC8IhRD2lulKFoCb3Wm。

谈新媒体时代无线电广播的守与攻

钱珊铭

在 2017 年 2 月 13 日第六个"世界广播日"到来之际，笔者受邀接受了联合国电台的采访，讲述了作为一名来自中国的国际广播媒体从业人员如何看待新媒体时代无线电广播的处境，广播报道内容制作上需要抓住的重点，以及传统广播媒体从业人员的修养，等等。借助这一契机，笔者想结合自己的工作实例，系统地论述新媒体时代无线电广播需要坚守的阵地以及需要作出的方向性改变。

本文将通过梳理"世界广播日"自 2012 年设立以来历年的发展来论述无线电广播在当今世界范围内的作用；结合自己作为中国国际广播电台驻联合国站记者的报道经验来集中谈广播报道和广播节目制作的要点；同时也将结合联合国电台等传统广播电台进行改革的实例谈无线电广播在新媒体时代发展的新契机。

一、无线电广播在当今世界依然重要

无线电广播的首次亮相是在 20 世纪 20 年代初的美国。经历了一个世纪的发展，无线电广播在今天仍被认为是世界范围内覆盖面最广，受众最多的大众媒体。根据联合国教科文组织的数据统计，全球目前共有超过 44000 个电台。[①]基于低成本、沟通功能强大等优势，无线电广播在互联网和其他新媒体平台蓬勃发展的今天，依然在信息传播中扮演着重要的角色。进入 21 世纪之后，无线电广播仍然被认为是最有活力、最具反应力和吸引力的媒介，因为它与时俱进，并提供新的互动和参与方式。当社交媒体和受众的碎片化可能让人们置身于媒体泡沫中时，广播电台占据着独一无二的地位，将社区民众聚集在一起，并促成推动变革的积极对话。通过倾听听众的声音并回答他们的关切，广播电台提供了应对人们共同面临的挑战所需的多样化观点和声音。[②]

为了彰显无线电广播在促进教育、言论自由与公众辩论以及自然灾害中传播重大讯息等方面所具有的载体功能，2011 年，联合国教科文组织在第 36 届大会上宣布，将次年起的每年 2 月 13 日定为"世界广播日"。"世界广播日"也被称作"世界无线电日"。

2017 年，"世界广播日"进入了第六个年头。过去几年，"世界广播日"涵盖的主题包括性别平等和妇女赋权、青年、紧急和灾害时期的无线电广播等。今年，联合国教科文组织将这些主题全部纳入了公众参与之中，将 2017 年的主题定为：广播就是你们！通过设立这一主题，教科文组织致力于鼓励世界各地的广播电台，包括公共广播电台、社区电台和私营电台不断提升办台质量，与业界、听众以及一般公众保持持续对话。希望广播电除了信息传播和娱乐的功能之外,能够具备创造伟大节目的条件。找到创造性的方式促进表达自由、处理当今社会小至地方社区,大至全球范围的关键问题。

联合国教科文组织总干事伊琳娜·博科娃女士在2017年"世界广播日"的致辞中说:"我们所置身的时代,信息的分享和获取方式正在发生一场革命。在这场深刻变革中,无线电广播展示了前所未有的活力、魅力和意义。这就是教科文组织在世界广播日要发出的讯息……在'真相'概念备受质疑的时代,媒体和信息素养从未像今天这样成为建立对信息和知识之信任的关键。无线电广播是一座灯塔,照亮为本地问题寻求创新解决办法的道路,并继续促进人权、性别平等、对话及和平。值此世界无线电日,教科文组织呼吁每一个人都要重视无线电广播促进对话和倾听的强大作用,从而共同应对人类面临的挑战。"③

二、新媒体时代无线电广播的处境

在各大传统媒体竞相转型适应新媒体潮流发展的时期,各媒体所表现出来的同质性越来越强,要明确区分各媒体形态间的绝对差异已变得不易。身处变革潮流中的传统无线电广播能明确自身发展所具备的优劣势,对借助新媒体平台和技术作出结构性调整,突破生存压力取得新的发展至关重要。

1. 传统无线电广播仍具有的优势

首先,无线电广播仍然是世界范围内覆盖面最广的大众媒体。由于无线电广播信号覆盖面广,收听所需设备简便,收听方式简单,且对受众的文化要求程度不高,所以尤其在一些落后偏远的地区以及边缘群体中也能起到较好的传播效果。而这些地区往往是网络、电视、报纸都很难以全面覆盖的。联合国教科文组织曾在2012年的统计中指出,广播是世界上普及程度最高的大众媒体,全球95%的人口都可以接收到广播信号。④

其次,传统广播提供了真实信息共享的平台。广播节目经过采集、梳理、编排,系统地为受众提供及时有效可靠的信息。广播节目在日常播出过程中的信息传播量是相当大的,并且具有强大的沟通能力,可以灵活地接受受众参与和互动,也可以随时插播各类突发事件。直至今日,广播在战争频发的地区,在重大灾难发生时以及在减灾过程中都发挥着战略性作用。国际电联在2016年"世界无线电日"之际发表的一份媒体公告中说,当其他通信手段遭到破坏时,无线电广播依然是连接受灾民众的最有效工具。地面无线电广播业者可在危机情况下向不知所措且士气低落的民众有效提供及时、相关和实用的信息。在很难通达且应急救援人员可能需要花几天或几周才能到达受影响社区的情况下,广播信息极为有益。⑤

第三,广播的伴随性特征是战胜新媒体传播方式的一大利器。广播作为一种听觉传播媒体,其伴随性特征意味着受众获取信息的时间成本较低。听众在收听广播时可以伴随其他活动,例如开车、坐车、跑步、做家务等。对现代人来说,节约时间成本获得信息,是广播节目的一大优势。

2. 传统无线电广播的新忧旧患

无线电广播在传统媒体大行其道的时代就具有致命的硬伤。首先是我们经常提到的广播作为线性传播媒体在传播效果上的局限性，信息稍纵即逝，"消失在空中"。其次是广播传播的信息在接受上的被动性，甚至无法像电视、纸媒等传统媒体一样吸引主动收视或阅读。

相比新媒体平台的传播，无线电广播在传播上的局限性则更加明显。首先跟其他传统媒体一样，在预设的时段播出、出版，无法及时呈现节目播出时段之外的新闻事件，曾经最占优势的所谓时效性大打折扣。其次，无线电广播相比新媒体平台来说，传播方式单一，传播效果相对较差，无法对新闻事件提供视像综合报道，所以在具备新媒体条件的受众当中已不再是获取信息的首选。即使在部分热爱广播的忠实受众群体中，无线电广播也逐渐被数字广播所替代。

三、新媒体时代传统无线电广播应坚守的阵地

2016年2月19日，中国国家主席习近平到人民日报社、新华社、中央电视台等中央主流媒体调研并发表重要讲话。习近平在讲话中强调，在媒体融合发展过程中，内容永远是根本，融合发展必须坚持内容为王，以内容优势赢得发展优势。内容是满足受众需求的"第一指标"，技术与渠道都是为了方便内容到达受众，但受众是否接受内容则取决于内容能否满足受众需求。因此，在媒体融合发展中，仍要注重对内容生产的投入，注重内容生产的创新，致力于打造精品内容，致力于提供不可替代的专业信息，致力于生产适合不同终端传播、不同用户需求的个性化新闻产品。融合发展时代的内容生产，既要有意思，更要有意义。⑥

1. 广播记者采集制作报道时应抓住的重点

在新媒体时代，无线电广播这一传统媒体体现节目价值的核心要素仍然是内容。作为中国国际广播电台驻联合国站的首席记者，我将结合本站对联合国相关议题的日常报道来谈广播记者在内容制作上应该重视的要点。

首先，广播报道还是应该抓住时效性。在传统媒体播出平台上，广播新闻的即时性是最高的，传播速度快于电视和纸媒。在对联合国秘书长相关活动，联合国大会、安理会、经社理事会等联合国主要机构相关活动进行流程性报道的过程中，时效性始终都是本站广播报道紧紧抓住的要素之一。例如联合国相关机构在美东时间下午举行的一些会议，甚至傍晚时分达成的一些协议，几小时后就已经在北京时间早7点中国国际广播电台环球资讯广播《第一资讯》栏目及英语环球广播《新闻纵贯线》等早间新闻栏目中播出。相关报道包括带有原声音响的录音报道、录音新闻，也包括制作时长更短的及时消息，以及和新闻事件同步"零时差"的现场直播连线等。我们的听众在上班路上就可以通过伴随收听的方式及时获取相关信息。

其次，广播报道应重视深度性和延展力。与新媒体平台相比，广播在传播时效和传播效果上的优势都大打折扣，所以广播报道在内容制作上必须有更系统、精良的设计。除了对新闻事件力争及时有效地呈现，广播报道还应该注重深度性和延展力，包括对新闻事件进行综述或评论，对重要事件进行多方面、多角度的立体性报道，以及相关后续报道等。结合本站工作的实例，2017年2月初在对以色列通过定居点合法化法案这一新闻事件进行报道时，通过本台《第一资讯》栏目组的协调安排，耶路撒冷记者从以色列前方发回的相关报道与联合国站发回的联合国方面相关表态的新闻报道结合在了一起，使得对该新闻事件的报道体现了立体性。这种播报形式和立体的呈现是我们的受众所喜爱的。另一个例子是本站在联合国前任秘书长潘基文离任、新任秘书长古特雷斯到任期间发回的一些报道梳理了前任秘书长任内在具体领域的贡献、与中国的交集、包括离任时感人的瞬间等，也包括新任秘书长的个人经历，参加多轮公开竞选期间提出的理念、就任后对联合国进行机构改革的举措等。部分报道采取新闻事实结合新闻评论的方式，从具体的人、具体的事作为切入点进行报道，并辅之以各方观点和评价，收听效果比较理想。

第三，广播报道应重视趣味性。在新媒体百花齐放的时代，小至单个的广播报道，大至一档节目、一个栏目，甚至一个广播频率要吸引受众的注意并保持一定的受众黏度，都需要依靠具有创意和价值的内容。以本站的报道为例，对于联合国相关议题的报道一般来说都属于严肃新闻的范畴，所以抓住受众的兴趣点对相关议题进行拓展，或是直接抓住一些有趣的新闻点进行报道十分必要。2017年2月初，中国青年代表团来到联合国总部参加经社理事会第六届青年论坛，代表团成员中包括国内大热的少年偶像组合TFBOYS成员王源，因此在国内的受众当中引起了不小的关注和轰动。本站积极与该代表团进行协调，并联合部分中国驻联合国的主流媒体在第一天会议结束后对这些青少年代表进行了专访，本台《第一资讯》栏目早间新闻在几小时后就播出了有代表们原声的录音报道，随之也燃爆了发布在环球资讯广播微博平台的相关采访照片和活动简介，仅一天转载量就超万了。这次报道充分体现了选题趣味性的重要性。同时，这也是一次传统广播报道和新媒体报道形式的有效结合，寻找了有趣味性的切入点，带动更多的受众，尤其是青少年受众，来关心甚至参与联合国的相关议题和项目。

第四，广播报道应重视制作技巧以增加节目的可听性。广播作为听觉传播的媒体，其报道在制作上应注意篇幅精炼，音响丰富。以广播新闻报道为例，首先应掌握好报道的节奏感，一般的新闻报道控制在2—3分钟，陈述事实，引用音响，辅以综述等，在听众失去兴趣换台之前抓住他们的耳朵。在广播报道中大量运用现场音，包括受访者的音响，采访现场的环境音响，以及在后期制作中适当加入的音乐等，以增强新闻报道的现场感和立体感，提高新闻的可信度和可听度。同时，广播报道使用的语言也应该尽量口语化，句式简洁，易于理解和记忆。

2. 广播节目制作过程中的着力点

首先，广播栏目的准确定位起着指导性作用。以广播新闻栏目为例，新闻栏目作为每个广播电台的核心力量,在议题的设置上,内容的方向性把握上往往都取决于这个电台的定位。例如,联合国电台的新闻栏目主要致力于播报与联合国相关的新闻。中国国际广播电台作为中国向全世界广播的国家电台,各档新闻栏目在定位上多服务于"向世界介绍中国,向中国介绍世界,向世界报道世界,增进中国人民与世界人民之间的了解和友谊"这一宏观的办台宗旨。此外,新闻栏目的框架性设计对每一期新闻节目的播出效果也有着直接的影响。如果把单个的广播报道比作棋子,那么如何下好每一盘棋则是节目编辑部在一定的栏目定位上作出的具体部署。以本台环球资讯广播为例,该平台专设了约稿人,针对播出的各档新闻节目进行合理的议题设置,并基于此对各站记者进行相关约稿,以把握各新闻节目的方向性。

其次,优秀的节目编排能够更好地传递信息,并且极大地增强节目的可听性。以中国国际广播电台英语环球广播《新闻纵贯线》栏目为例,这一新闻栏目版块划分清晰,包括时政热点新闻版块、财经版块、体育版块和娱乐版块。第一版块中包括多种形式的报道,有不同记者发回的录音报道、录音新闻,新闻主持人读的短消息,与前方记者的连线,有时还针对部分重要议题与嘉宾进行的简短的直播连线等。收听效果较好,有些听众甚至成了某些特定版块的粉丝。

3. 公共广播电台应承担的社会责任

新媒体时代,大众的兴趣点和信息接收呈现出碎片化的特点。传统的公共广播电台应该坚持新闻核心价值,承担起应有的社会责任,加强公信力建设。在内容设置上不能一味追逐热点,只报点击量高的事件,也有义务向公众报道一些趣味性没那么强,但却具有重要意义的新闻事件。例如,中国国际广播电台就一直比较重视作为公共广播电台的社会责任,承担起义务向广大受众报道国内外大事件、影响世界格局和人类命运的事件、决议、动议。本站与联合国议题相关的许多报道都属于这个范畴。此外,在假新闻层出不穷的今天,公共广播电台增强调查性报道的能力,适时发布权威信息,打击谣言,也是十分必要的。在新媒体的浪潮中,不管是一个媒体,还是一类媒体,能坚持自己的核心价值观和追求,也正是自己的魅力所在,吸引力所在。

四、新媒体时代无线电广播探索转型之路

新媒体时代的广播业正迎来发展的战略机遇期,这其中挑战与机遇并存,具有伴随性、互动性、社群属性的广播节目与移动互联网有着高度融合的可能性。⑦传统无线电广播在新媒体时代面临的挑战和机遇是密不可分的。新媒体的发展对包括广播在内的传统媒体虽然造成了巨大的冲击,但也提供了新的生机。

1. 无线电广播借助新媒体发展积极拓展传播渠道

新媒体的发展弥补了无线电广播自身发展的缺陷,并给传统无线电广播提供了新的平台。随着互联网技术,特别是移动终端的发展,许多传统广播节目被上传到了网络,得到

更广泛、更持久的传播，弥补了线性传播的缺陷。同时，在传统广播电台之外出现了一系列新的数字广播收听形式，例如网络电台、手机新闻客户端、依托于微信、微博等新媒体平台运营的自媒体电台等。这些新的收听形式在传播时效性、多样性、互动性上都比传统的无线电广播强，但同时也在很大程度上成了无线电广播的延伸和补充。此外，数字化的普及使得广播的听众不再受到地域的限制或收听质量的影响，等等。

2016年"世界广播日"之际，时任联合国新闻部新闻媒体司司长江华在接受联合国电台采访时表示，新媒体时代，传统广播并不会消亡。"互联网时代给广播提供了更多的平台，而并不是说广播从此就没有必要生存下去了。现在大家的收听习惯变了，可能很少有人坐在收音机旁一直这样听，但很多开车的人还是在以传统的方式听。年轻人则是通过互联网等各种各样的渠道收听广播、获取信息。只要你要获取信息，就还是要有人做广播。所以我觉得很多人说在互联网时代广播就没有必要存在了、电视没有必要存在了，实际上互联网给这些老的媒体提供了更多的平台。"⑧

2. 无线电广播借助新媒体技术精准定位受众

新媒体时代，受众的收听习惯已经发生了改变，由被动收听到主动选择。这时候传统广播更需要精准把握受众的兴趣所在，在数字环境下细化受众。由于广播的制作过程相对简单，制作成本也相对较低，广播节目根据受众需求及时调整方向和内容的灵活性比较大。而新媒体技术手段的发展为传统无线广播进一步瞄准目标受众提供了重要的支持。例如，一些广播电台的节目制作人选择运用大数据掌握受众的需求以准确定位，设计出颇具独特性的节目。

2017年"世界广播日"之际，上海广播电视台东方广播中心在2017世界广播日的主页分享了该台利用新媒体技术精准定位受众的经验。文章介绍说，上海广播电视台东方广播中心在"新传播、新广播——拥抱移动互联"的媒体融合战略指导下，于2014年底推出了一款名为阿基米德的音频社交产品客户端。通过对阿基米德App上用户行为的数据收集与分析，更深入地认识听众的需求，更加准确地了解"谁在听、何时听、听什么"；更加精准地生产广播节目内容，解决"为谁做、怎么做、做什么"的问题；更加有效地评估广播节目质量，科学地分析用户黏性、人群结构、收听习惯以及满意度。⑨

3. 新媒体技术的进步反推无线电广播节目内容的革新

新媒体技术的进步也推动甚至迫使传统广播节目对内容和生产方式等作出革命性的调整。当前，新媒体技术手段在采访、编辑、传播中发挥着越来越重要的作用，极大拓宽了新闻报道的方式方法，促进新闻内容的生产，也丰富了新闻的表现形式。与此同时，大数据、云计算等技术被运用到全媒体采编平台之中，移动直播、H5应用等技术在采编制作环节也被普遍采用。⑩

笔者在对2017年"世界广播日"进行报道的过程中采访了联合国电台的新闻制作人黄莉玲。黄莉玲介绍说，成立于1946年2月13日的联合国电台在新媒体环境下也在积极参与改革以提高联合国新闻的传播效力。改革的侧重点之一就是根据新媒体的发展规律调整新闻内容的制作方式。"联合国电台传统地存在了几十年了，但是现在我们发现受众的需求在变化，对多媒体资讯的要求越来越多。所以我们现在正处在改革的过程当中，改革的方向就是把这些多媒体的资源整合为不同语言的具体制作单位，然后通过不同的语言制作多媒体的节目。每一个语言制作单位都会有不同的多媒体制作人才，但这是一个比较复杂的过程，也是一个长期的过程。现在我们正处在这个过渡的过程当中。"目前，联合国已将联合国电台的运营和其他平台整合在一起，成为联合国新闻。

五、结语

在信息爆炸，碎片化堆积，假新闻横行的今天，无线电广播应发挥作为传统媒体的核心功能，对信息进行第一手的采集、甄别、客观中立的报道，并致力于提升自身的传播力和公信力。同时利用新媒体蓬勃发展的契机，为无线电广播的发展注入新的活力，争取新的突破。

（作者单位：中国国际广播电台驻联合国记者站）

注释：

① 张立：《联合国庆祝世界广播日：广播就是你们！》，联合国电台官网，2017年2月10日，http://www.unmultimedia.org/radio/chinese/archives/277468/#.WLclc9IrKM8。

②《电台就是你》，2017年2月13日世界无线电日官方主页，http://www.diamundialradio.org/zh-hans/news/diantaijiushini。

③《联合国教科文组织总干事伊琳娜·博科娃女士世界广播日致辞》，2017年2月13日，http://www.diamundialradio.org/zh-hans/news/lianheguojiaokewenzuzhizongganshiyilinna-bokewanushi-shijieguangborizhici-2017nian2yue13ri。

④《世界广播日：教科文组织强调广播的强大传播载体功能》，2012年2月10日，http://www.un.org/chinese/News/story.asp?NewsID=17197。

⑤ 李茂奇：《世界无线电日：国际电联重申在紧急情况下做出有效且迅速响应的承诺》，2016年2月12日，http://www.unmultimedia.org/radio/chinese/archives/251634/#.WLcpldIrKM9。

⑥ 崔士鑫：《我国融媒体发展走在世界前列》，《人民日报》，2017年2月19日。

⑦ 孙向彤：《改变，从拥抱移动互联开始》，2017年2月13日世界无线电日官方主页，http://www.diamundialradio.org/zh-hans/news/gaibian-congyongbaoyidonghuliankaishi。

⑧ 黄莉玲：《联合国电台成立七十周年：联合国新闻部新闻媒体司司长江华谈个人广播生涯及联合国电台事业发展》，2016年2月12日，http://www.unmultimedia.org/radio/chinese/archives/251687/#.WLcsdtIrKM9。

⑨ 孙向彤：《改变，从拥抱移动互联开始》，2017 年 2 月 13 日世界无线电日官方主页，http：//www.diamundialradio.org/zh-hans/news/gaibian-congyongbaoyidonghuliankaishi。

⑩ 崔士鑫：《我国融媒体发展走在世界前列》，《人民日报》，2017 年 2 月 19 日。

浅议对外讲好时政题材故事的路径选择

蔡靖骉

对外传播当中，如何跨越国家、文化、民族、历史、宗教、种族的鸿沟，用一国的理念、观点、价值去影响另一国的受众，使得他们理解、认同和接受我们所进行的表达，从而实现对外传播实际效果的最大化？学会讲故事，无疑是一个行之有效的方式。

比起其他形式，大多数人更善于理解叙事，叙事可以向广大读者传递清晰的信息，读者也对叙事青睐有加。当我们读到的是故事，而非罗列的事实时，我们会记得更加准确。[1]这就是故事的魅力。正因如此，我们在进行对外传播时，尤其是时政类新闻的对外报道中，更要努力挖掘新闻背后的故事，创新传播方式，让时政新闻有力度的同时更有温度，也更有人情味。

一、讲故事——时政报道对外传播的优选路径

"会议没有不隆重的，讲话没有不重要的，领导没有不重视的，看望没有不亲切的，完成没有不圆满的，成就没有不巨大的……"这是一段时期以来，大多数人给时政报道贴上的标签，也从一个侧面反映出受众对于时政新闻八股化和套路化的不满。甚至有一部分人认为，枯燥无趣、说教意味浓厚的时政报道鲜有市场。事实果真如此吗？

实际上，有关中国的时政类新闻一直是国际舆论关注的焦点。随着中国国力的增强以及在国际事务中越来越发挥主动性和创造性，国际社会前所未有地关注中国，希望听到更多来自中国的声音，这一点我们从每年报名参加全国两会新闻报道的西方媒体数量上就可以窥见一斑。但是，面对旺盛的需求，新闻供给的这一端却存在问题。我们在进行时政类新闻题材的对外传播时，过多的官话套话，板着脸孔说教的话语习惯，使得我们的报道难以引起海外受众的共鸣，对外传播的实际效果并不理想。这也就是为什么在西方话语体系中，有关中国的时政领域报道长期被西方媒体所主导的原因之一。

在重构国际话语体系的过程中，改进并增强话语力，学会自我表达，讲好中国故事，至关重要。好的故事是不分国界的。影响是一种过程，而不是一个事件。传统的影响模式是线性的，重点在于先得到力量，然后再去运用它，到最后不是强化力量就是丧失力量。故事则偏重于一种力量循环的模式，强调影响是一个不断循环的过程，开始就是结束，而结束则是另一个开始。[2]

故事，能够拉近传播者与受众之间的心理距离，产生认同感和亲近感，带来真实的心理体验。这一点，习近平总书记有着清醒而深刻的认识。细数党的十八大以来习近平总书

记关于如何做好外宣工作的讲话,"讲好中国故事",增强国际话语权等理念一直贯穿其中。2013年8月在全国宣传思想工作会议上,习近平总书记强调要精心做好对外宣传工作,创新对外宣传方式,着力打造融通中外的新概念新范畴新表述,讲好中国故事,传播好中国声音。同年12月,习近平总书记在主持中共中央政治局第十二次集体学习时表示,要努力提高国际话语权,加强国际传播能力建设,精心构建对外话语体系,增强对外话语的创造力、感召力、公信力,讲好中国故事,传播好中国声音。2016年2月19日在党的新闻舆论工作座谈会上,习近平总书记强调,要加强国际传播能力建设,增强国际话语权,集中讲好中国故事。自此,讲好中国故事,传播好中国声音,作为新时期中国外宣工作的重大命题被摆在了每一位外宣人的面前。

我们在进行对外宣传报道时,尤其是时政类新闻的对外传播中,更要学会讲故事,挖掘时政报道中的中国好故事,改变受众对于时政报道的惯性思维,增强传播实效,让时政领域的硬新闻变得鲜活起来,生动起来,成为当下时政报道对外传播的优选路径。

二、怎样挖掘时政报道中的中国故事

有的时候,好的故事并不都是显而易见的,它需要我们根据经验、阅历、学识去判断,去挖掘。我们来看看"讲故事高手"习近平总书记是怎么做的。"讲好中国故事",习近平总书记是倡导者,更是践行者。十八大以来习近平总书记的历次出访,每到一国所进行的公开演讲当中,都能挖掘出很多温暖人心的细节和故事,这既拉近了中外民众的心理距离,也向世界形象地传递出中国观点和中国态度。2013年6月,习近平总书记在墨西哥演讲时,引用孔子的"己所不欲,勿施于人"传递中国外交的义利观,他还以米卢带领中国足球闯进世界杯和墨西哥跳水队在中国教练指导下拿下好成绩的事例,形象生动地诠释了两国友好关系的密切程度。习近平总书记的身体力行,对我们做好对外传播工作起到示范的作用,并有着极其重要的启示。作为对外宣传的一线工作人员,我们没有理由不去细心挖掘出好的故事,讲好中国故事并传递好中国声音。

事实上,在时政报道的新闻现场,只要做足了功课耐心挖掘,人的故事和有故事的人无处不在。湖南衡阳贿选案、辽宁贿选案的先后披露,令国际舆论对中国的政治生态高度关注,而眼下正在中国各地陆续进行的县乡两级人大换届选举更是成为焦点中的焦点,备受瞩目。中国国际广播新闻奖2017年度宣传人大、政协制度好新闻奖一等奖作品——《小岗,大选》,就是以具有政治标签意味的安徽省小岗村为切口,通过挖掘换届选举现场台前幕后的人物及故事,窥探中国当下这一最为重大政治活动的全貌。创作者通过讲故事的方式,以客观平实的记录风格,将一个晦涩专业甚至敏感的重大政治题材予以朴实化且具人情味的表达,既做到了导向正确、主题鲜明,同时又契合国际舆论的关切,用事实说话,以故事引人,以娓娓道来的纪录片式语风还原出中国式大选的最真实场景。此外,在人物选取上,突出故事性和代表性,通过一个个鲜活人物的平民视角,建构出选举日前后的小岗村政治场景，并以客观朴实的记录风格描述其中发生的故事，突出宏大政治叙事的人文表达。

在当前纷繁复杂的国际传播格局中，我们每一位从事外宣工作的媒体人，都要牢记习近平总书记的指示，不辜负他的殷切期望，以高度的新闻敏感和专业的新闻价值判断力，发现并挖掘新闻现场背后的故事，以故事化的视角和表述去塑造中国形象。一方面，我们要围绕国际社会的重大关切积极主动地表达中国观点，阐明中国立场。另一方面，我们也要积极研究国际话语的表达习惯，寻求中国受众与海外受众需求及利益的契合点，以国际化的视角，进行中国故事的人文表达，传播好中国价值。细心的人会发现，其实从十八大以来，时政新闻已经或正在发生着变化，内容更接地气儿，语风更平易近人，形式更生动有趣，传播中也更加注重受众的心理体验和实际感受。

三、怎样讲好时政报道中的中国故事

1. 主动设置议题回应热点

2016年2月19日，习近平总书记在党的新闻舆论工作座谈会上要求新闻舆论工作者"要善于设置议题，让该热的热起来，该冷的冷下去，该说的说到位。"

大千世界，众说纷纭。面对真假难辨的国际舆论热点，我们该如何澄清谬误，明辨是非。"失语就会失权"，不敢设置议题，就是放弃话语权；不善于设置议题，不能让该热的热起来、该冷的冷下去、该说的说到位，就难以担起舆论引导的重任。

2016年9月，中国主场外交年度最大的盛事在杭州亮相，围绕G20杭州峰会的报道可谓大大小小，层出不穷。G20前夕，有关杭州的网络热点新闻不在少数，但是有一条关于杭州G20安保的调侃引起了海内外舆论的高度关注。焦点之下，真相究竟如何？记者进行了实地探访和求证，用事实对网络上言过其实的言论进行了反驳，还原了杭州安保的真实状况，并通过外交部发言人的表态阐明了杭州安保升级的缘由。事实证明，这一针对热点事件的议题设置取得了很好的传播效果，这篇名为《探秘G20杭州安保：地铁安检究竟捏不捏丸子头？》的图文报道被凤凰、搜狐等多家主流网站纷纷转载，点击量可观。无论从哪个角度看，这都是一篇优秀的时政类报道。选题上，该报道切中网络热点事件，通过探访求证的方式，在网络上设置议题，再造热点，回应舆论关切；立意上，记者牢记党的新闻舆论工作的职责和使命，"澄清谬误、明辨是非"，用新闻事实说话，回击网络上的不实言论，在互联网新闻的战场上，有效发挥了正面报道的积极作用。

实践证明，讲好中国故事的重点和难点在于，如何让国外受众摆脱思维定势，跳出西方媒体的舆论陷阱，对中国人讲述的中国故事产生兴趣，并进而认同其中的价值观。实际上，国外受众在关注中国时，其兴趣点往往是以问题意识为导向的。因此，中国人讲好中国故事要善于抢占舆论制高点，不回避问题和疑问，主动发声回应热点、焦点，并以国际舆论普遍接受的习惯和方式去讲述中国的人和事。

我们在对外报道中要以更加积极主动的姿态参与到国际舆论的热点中去，争取议题设置权和话语主导权。对于负面舆论和不实报道，要进一步增强政治敏锐性，站在维护国家核心利益的高度，主动回应，讲清事实，还原真相。

2. 放大少见甚至罕见的细节

新闻价值是选择和衡量新闻事实的客观标准，即事实本身所具有的足以构成新闻的种种特殊素质的总和。素质的级数越高，价值就越大。③在构成新闻价值的诸多素质中，越是非常态的，少见甚至罕见的新闻事实，新闻价值也就越大。这一标准对于时政新闻报道更是如此。由于看惯了千篇一律，听惯了官话套话，受众对于时政领域少见甚至罕见的新闻信息就愈发渴求。

想必大家一定还对新闻联播里曾经出现过的一个"光屁股小孩"的镜头记忆犹新。2013年2月，中共中央政治局常委、时任国务院副总理的李克强在内蒙古看望棚户区居民，在与户主交谈时，身后炕上光屁股睡觉的小孩突然从被窝里钻出来，先是躲进炕头的衣柜里，随后又爬出柜子钻进被窝。这个真实自然的瞬间恰巧被镜头捕捉，并被展示出来。一时间，转发无数，好评如潮。由于其时恰逢十八大召开后，中国新一届国家领导机构换届前夕，国际社会对有关中国高层领导人的动向十分关注，而在被外界视为中国政治风向标的新闻联播里出现这样一个罕见镜头也引起了舆论的热议。表面上看，这只是一个小概率事件，纯属意外，但深究一下不难看出，这一细节的大胆使用，既打破了时政新闻的惯常表现手法，也映射出中国政治的进步，一个宏大的政治命题就在这微小而有趣的镜头中完美地呈现了出来。

2017年年初，习近平总书记和往年一样，踏上了新春访贫问苦的行程。在张北县小二台镇的贫困村，他走访了3户困难群众家庭。在群众徐万家，习近平总书记看到桌上摆的年货食品，笑着问，"这叫'开口笑'吧？能分享一下么？"他随手拿起一块，津津有味地品尝了一下。出门路上，习近平总书记还继续亲切地与大家闲聊："你们家炸的那个，挺好吃的。"并愉快地聊起自己"爱吃那个炸排叉。现在一般过节，我自己买点炸排叉吃，还有江米条。"这段自然而然、看似家长里短的亲切攀谈，在官方新闻报道体系中并不常见，实际上则向外界传递出习近平总书记亲民务实的政治作风以及他身上所弘扬的中国共产党"从群众中来，到群众中去"的优良传统。同时也为国际社会了解中国政治生态，了解中国共产党心系群众一心为民的执政理念提供了生动的故事样本。

3. 通俗化的表达

新闻传播要做到通俗化，这是由受众的广泛性决定的。我们面对的受众来自天南海北，层次千差万别，只有做到新闻的通俗化表达，才能达到传播的最大化。时政新闻要想实现传播效果的最大化，就必须褪去晦涩的专业外衣，以通俗化的语言和表达形式，将最核心的内涵要义传递出去。

每两个月举行一次的全国人大常委会例会，由于涉及多部事关国计民生的法律案而备受关注。然而，曾几何时，由于过于专业化的报道模式，使得这一领域的新闻传播效果并不令人满意。如何打通传播的瓶颈，实现专业内容的通俗化表达，以吸引更多受众？近段时期以来，中央媒体进行了卓有成效的尝试。2016年6月，民法总则草案首次提交审议，标志着中共十八届四中全会提出的编纂民法典迈出实质性的关键第一步。对于这一被誉为社会生活百科全书、并且和我们每一个人都息息相关的重要法律案，新华社新媒体报道进行了最大化的传播，提炼出"孩子6岁才能打酱油？qq币被盗法律管不管？"等诸多通俗化的解读，使得这一庞大专业的法律案一下子就引起了公众的极大兴趣和关注。事实上，通俗化的报道，已经成为中央级媒体在进行时政报道时的重点方向。隶属于人民日报海外版编辑部的微信公众号"学习小组"，更是善于将习近平总书记治国理政的思想和实践予以通俗化的表达和提炼，而为人们所喜闻乐见。

通俗化的表达，除了内容和语言上的通俗化之外，形式上的通俗化也很重要。2016年两会伊始，一个名为"李克强总理给你发了一个红包！"的微信即刷爆了朋友圈，如同玩微信红包一样，受众的体验十分有趣，可以试手气点击领红包，每次打开都出现不同的"红包内容"，涉及当年政府工作报告中一项项有关民生福祉与经济发展的政策红利。这个由中国国际广播电台新闻中心出品的新媒体产品，以红包这一通俗的表现形式，最大化地释放出时政新闻与普通受众沟通的诚意，将宏大的政治题材表现得有声有色。

四、结语

时势造英雄。在国际舆论场有关话语权的争夺战中，从事时政报道的中国外宣工作者更应该迎难而上，主动而为，肩负起讲好中国故事的历史使命，撸起袖子大胆创新，勇于变革，围绕新形势、新变化，更有效地服务党和国家的工作大局，以全新的内容建构和表达形式作为完善话语体系建设的着力点，在对外传播的实践中将以习近平同志为核心的党中央治国理政的新理念、新成就阐释好，解读好。

（作者单位：中国国际广播电台新闻中心）

注释：

① [美] 捷克·哈特著，叶青、曾轶峰译：《故事技巧：叙事性非虚构文学写作指南》，中国人民大学出版社，2012年。

② [美] 安妮特·西蒙斯著，吕国燕译：《说故事的力量》，化学工业出版社，2009年。

③ 余家宏：《新闻学词典》，浙江人民出版社，1988年。

以德语部脸书专页为例针对境外社交媒体推广策略的初步分析探讨

阎 蔚

一、前言

在互联网、移动互联网的大环境下，传统媒体形态发生了重大改变，社交媒体和移动媒体愈发成为重要的传播平台。尤其是境外社交媒体平台，已渐渐成为我国媒体对外传播的重要阵地。据初步统计，目前全台65种语言的境外社交媒体集群粉丝总量已达千万级，其互动量占全台受众反馈（互动）总量相当大的份额。这主要得益于各语言脸书（Facebook）账号粉丝量和互动量的快速增长。因此，要实现将国际台打造成为一个多媒体融合、全媒体发展的国际一流传媒集团的目标，必须全面提升各语言脸书专页的海外传播效果。

国际台德语部主要承担对德国、奥地利、瑞士等德语国家和地区的对外传播任务。面对全新的对外传播格局，国际台德语部成立了新媒体制作团队，而脸书专页的运营管理是其工作的重要组成部分。本文将就德语部的脸书专页的运营管理和实际效果、脸书自带系统大数据以及脸书的海外推广策略进行初步的探讨和分析。

二、脸书平台新闻传播和专项海外推广的必要性

独立民调机构——美国皮尤研究中心（Pew Research Center）2016年的一项调查显示，在2004名受访者中，有36%的时间直接前往新闻机构的网站阅读新闻，还有35%的时间通过社交媒体获取新闻。[①]这说明，在欧美国家，社交媒体几乎与新闻机构的官方网站一样，成为人们获取新闻信息的最主要渠道。此外，根据该项调查，18至49岁的人群在社交媒体上获取新闻所花费的时间占总时间花费的近90%。这表明，欧美国家的年轻人越来越依赖社交媒体获取新闻信息。另据国外最新统计数据，脸书目前全球用户约14亿人，全球70%以上的网络用户都登录过脸书。虽然面临竞争，但脸书目前仍称得上是全球社交媒体的"龙头老大"。综上所述，我国新闻机构通过社交媒体、特别是通过脸书平台进行对外传播，对于扩大受众覆盖量、提升传播效果，重要性不言而喻。此外，相关研究早已表明，运用社交媒体进行品牌价值传播已成为品牌营销的有效途径。因此，通过脸书平台进行新闻传播对于提升CRI品牌的国际知名度和受众认可度同样具有重要意义。

德语部脸书专页（CRI German）创建于2012年初，从2015年12月底开始组建专门的团队，进行专项海外推广。脸书系统统计数据显示，经过近一年的运营推广，截至2016年12月6日，CRI German的粉丝数（主页赞）从创建之初的"零起步"增长到近68万。除了主页赞之外，作为衡量脸书贴文传播效果重要指标的贴文覆盖量和互动量（点赞、心情、评论、转发）与账号创建之初相比也取得了大幅增长。由此可见，组建专门团队对脸书专页进行管理运营，同时进行专项海外推广是实现有效传播、精准传播，大幅提升传播效果的重要手段。

三、脸书的付费推广策略和整体推广策略

1. 脸书付费推广模式

在脸书进行海外专项推广，即付费推广，首先得确定营销目标。具体说就是，我们希望用户在看到"广告"时去做什么？脸书为其用户提供了三个维度的营销目标（推广模式），具体为知名度、考量度和转化，每个模式的广告投放方式和推广侧重有所不同。其中，知名度包含提升包括品牌知名度和覆盖人数两个指标；考量度包含提升流量、参与互动、应用安装量、视频观看量等指标；转化主要指转化量指标，即吸引更多用户使用网站、脸书应用或移动应用。

作为新闻机构，互动量是衡量其社交媒体传播效果的最重要指标。根据本台作为国家级国际传播新闻机构的业务特点，各语种脸书专页在选择推广模式时，应首要选择考量度指标之下的参与互动模式，具体内容包括获得更多贴文互动、主页赞和活动响应等。

在确定了推广目标之后，需要在相应的广告组里通过响应选项设置单日预算、起始日期、投放时段、受众信息（地区、年龄、兴趣等）、竞价金额和计费方式等关键信息。接下来，将对此做一个较为详细的策略分析。这里需要指出的是，出价类型推荐设置为oCPM（自动优化千次展示付费）。通过对德语部脸书专页付费推广的观察，oCPM这一出价类型的效果要优于CPM（Cost Per Mille，按千次展示付费）和CPC（Cost Per Click，按点击付费）。此外还需指出，不应频繁修改广告预算和出价。因为当预算或出价改变时，脸书的广告系统核心算法需要一定时间去学习最优化出价，所以该时间段内的出价并非最优。

2. 制定优化付费推送策略

利用脸书系统大数据，制定合理化目标任务，优化推送策略。脸书付费推广有国别和地区差异。具体说就是，有的国家地区粉丝花费高，有的国家地区粉丝花费低；发达国家粉丝花费高，发展中国家粉丝花费低；各国各地区的转化率（推送到达和主页点赞之间的比例）不一。应该认识到，社交媒体的特征之一，就是国界的淡化和全球化。同时也必须看到，脸书是一个商业广告平台，在此平台上的付费推广属于商业行为，这就需要遵循商业规律，追求同等花费前提下的推广效果（粉丝数）合理性最大化。应该指出的是，仅把

眼光局限在"对象语言国家"而忽视甚至排斥其他国家和地区的做法和单纯追求粉丝数量而不分国家地区重点主次的做法一样，都是有失偏颇，不可取的。具体情况请看图1：

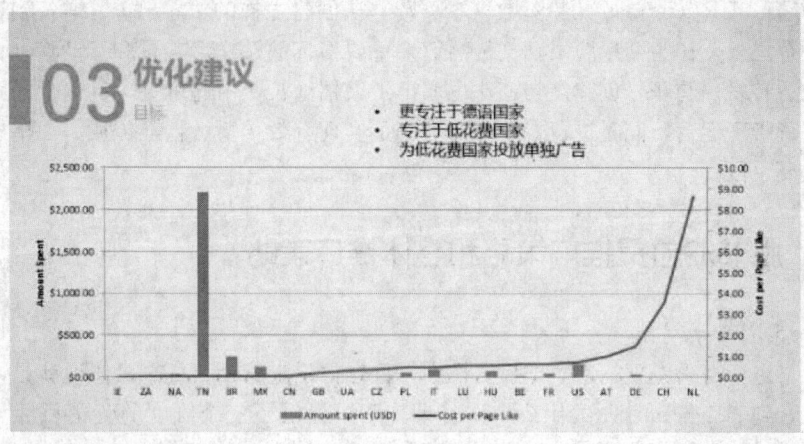

图 1

从图1中可以直观地看到世界不同国家和地区脸书粉丝"每赞花费（Cost per Like）"的具体情况。很明显，作为德语部脸书的主要对象国家和地区，德国、瑞士、奥地利的"每赞花费"要明显高于其他国家和地区，甚至同为发达国家的美、法等国。如果把有限的推广经费完全投入这三个国家，所产生的实际效果并不一定理想。

根据以上情况，应结合脸书系统大数据提供的平均"每赞花费"和整体项目推广资金状况，确定本部门合理的目标任务，力求在德语区粉丝数增长的基础上，粉丝总数也取得

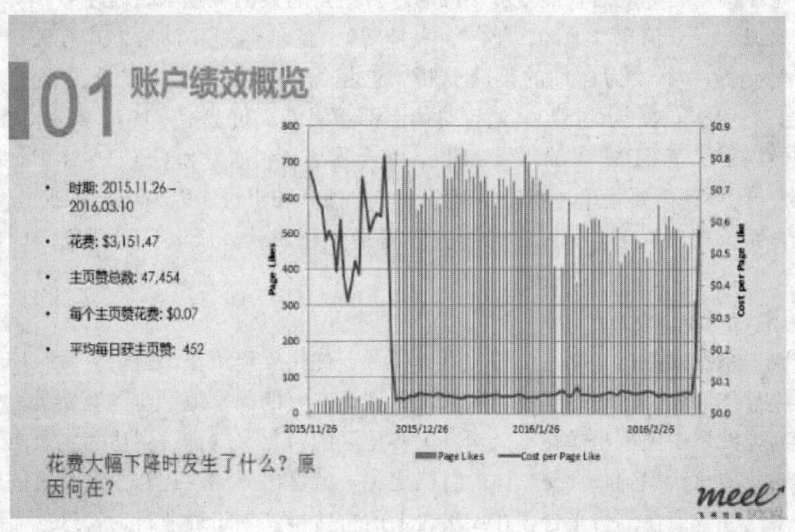

图 2

相应增长，实现总体平衡增长。可供参考的具体策略是，首先大体测算出现有资金投入在不同地区可带来的增长，再确定新增粉丝结构的合理比例，最终确定一定时间段内的合理增长目标。根据该目标比例，在不同国家地区同时投放广告：在欧洲传统德语区的资金投入占资金总量的大部分，欧洲其他德语区次之，同时少量兼顾非洲、美洲等地的发展中德语国家。这里需要注意的是，两个广告中的国家地区应避免重复，以避免在 oCPM 模式下两个广告产生自身竞争。

图 2 是 2015 年 11 月 26 日至 2016 年 3 月 10 日期间，德语部脸书专页账户绩效概览。由图可见，从 2015 年 12 月开始，德语部脸书专页的主页赞（Page Likes）取得了大幅提升，而相应的每个主页赞花费（Cost per Page Like）则大幅下降。这正是德语部启动脸书付费推广并改进推送策略的时间节点。由此可见，上述推送策略对于迅速增加粉丝数，优化资金使用，提高投入产出比具有明显效果。

3. 制定境外推广的整体策略

境外社交媒体的推广，从一开始就应制定整体策略，避免盲目行为，做到有的放矢，在不用的阶段采取不同的策略和措施。从启动脸书专项海外推广项目之日起，德语部的总体策略是，合理的数量增长，积极的结构调整，稳定的自身增长。研究表明，社交媒体在其粉丝数量达到一定量级之后，会对受众产生更大吸引、带动和引导作用。举一个很简单的例子：一个百万粉丝级别的大 V 和一个几千粉丝的小号，受众会倾向于选择谁加粉？谁的内容会对受众更具影响力和说服力从而产生更好的传播效果？在"德语国家地区为主，适当兼顾其他"的大原则下，当粉丝数量达到预期目标之后（德语部设置的是 50 万），进一步投入更大精力和物力进行粉丝结构调整，把绝大部分推广经费投向主要德语国家和地区，力求使粉丝结构进一步完善，使西方主要德语国家地区（德国、瑞士、奥地利）的粉丝取得较大增长，从而进一步提高传播的针对性和有效性。德语部 CRI German 脸书专页现已完成了第一阶段目标，目前正处于第二阶段。接下来的第三步，主要考虑一旦没有后继海外推广经费支持的情况下，德语部脸书能够实现"自我造血"功能，即，依靠自身的规模、内容和口碑，保持现有用户的黏度并继续对潜在用户产生吸引力，继续把粉丝数维持在一个相对较高的水平。

4. 通过改进帖文质量和单贴付费推送提升整体推送效果

（1）改进帖文质量

对于传播和营销，有人说"渠道为王"，但笔者认为，在媒体传播中更应该遵循"内容为王""产品为王"的原则。没有吸引人的内容，说提升传播效果就成了无缘之木、无水之鱼。在改进帖文质量方面，德语部主要从转帖和原创两个方面入手。

转帖。

互动性是社交媒体一大特征，积极转帖可以增粉并提高覆盖量。根据这一情况，德语部脸书目前每天发帖 8—10 条，发帖频率为间隔 1.5—2 小时，原创和转发比例为 6:4。转发主要为人民日报、CCTV、中国日报、英文国际在线等国内主流媒体的英文脸书账号，内容以风光摄影、动植物、社交媒体热点事件、重大发布为主，形式以图文为主。

原创。

原创内容生产方面，分为链接国际在线德文网、图文帖和视频帖。研究发现，社交网络营销中不超过100字的短帖更吸引人，图像比文字更吸引人，成功品牌发布于脸书上的帖子90%以上均包含图片。结合德语部脸书的数据统计，图文帖（简短文字＋图片）的覆盖量和互动量明显偏高。因此我们将图文帖和视频帖作为原创重点。内容仍以国内的风光摄影、动植物、社交媒体热点事件、重大发布为主，注重从境内外社交媒体找寻有价值的线索，注重"精、新、特"原则，注重对象国家地区的关联性。

（2）以帖文互动为目的的单贴付费推送

仅主页赞（粉丝数）这一单项指标，并不足以说明传播的有效性。只注重主页赞，则对整体传播效果的评估有"跑偏"之嫌。如前文所述，包括覆盖量、点赞、分享和评论在内的帖文互动量同样是有效传播、精准传播的重要指标，有研究认为互动量指标应比粉丝数获得更大的重视。以帖文互动为目的的单贴付费推送，正是提升互动量的有效手段。下面以德语部脸书在2017年1月15日至19日习近平主席瑞士之行期间的帖文推广措施为例，对此做进一步的分析探讨。

系统统计数据显示，德语部脸书在习访期间总计发帖34条，对其中20条进行了单贴付费推送。数据汇总后，所有帖文的总覆盖量达到约138万，互动总量（赞、心情、评论、分享）达约7万，均创德语部脸书开设以来的峰值。可以说，通过上述措施，德语部极好地配合了高访在境外社交媒体的配合报道，在世界发出了中国强音。这其中，互动表现最好的4条帖文见下表：

帖文	覆盖量	赞	分享	评论
（习主席出访）习近平出席瑞士联邦委员会全体委员集体举行的迎接仪式并致辞	188252	5877	36	34
（习主席出访）习近平在日内瓦万国宫发表演讲	134848	1.1万	119	78
（习主席出访）习近平会见世界经济论坛主席施瓦布	173191	6840	39	27
（习主席出访）习近平同瑞士联邦主席洛伊特哈德茶叙	130697	8319	28	26

对帖文进行内容分析，可以发现，德语部针对高访特别安排了大夜班，所有帖文都由值班人员在第一时间翻译并在脸书上发布；同时，由于和前方随团记者通过微信随时保持紧密联系，能在第一时间获得领导人相关图片，保证了所有帖文都是"图片＋文字"的更

为吸引人的形式。以上做法，确保了脸书帖文的独家性和时效性；此外，由于瑞士是德语国家，帖文自然具有高关联性。而对付费推广设置进行分析，可以看到，所有单个帖文的推广费用为6—50美金，主要集中在20美金，推广时间为24小时，多数从帖文发布10分钟之后开始推送，推广地区设置为瑞士、德国、奥地利、比利时、中国、埃及、芬兰、法国、英国、意大利、卢森堡、挪威、瑞典、土耳其、乌克兰、美国、南非、突尼斯等18个国家，受众年龄设置为13—65+岁。这既兼顾了德语国家地区，同时也兼顾了西方主要发达国家和个别"高增长"的发展中国家。笔者认为，在重大外宣事件的境外社交媒体报道中，帖文的独家性、时效性和关联性，以及合理的推广设置，是取得良好传播效果的前提。

（3）其他技术性优化措施

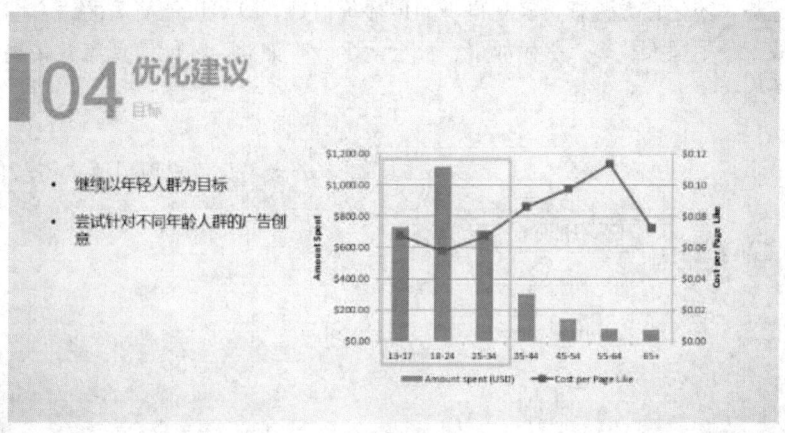

图3

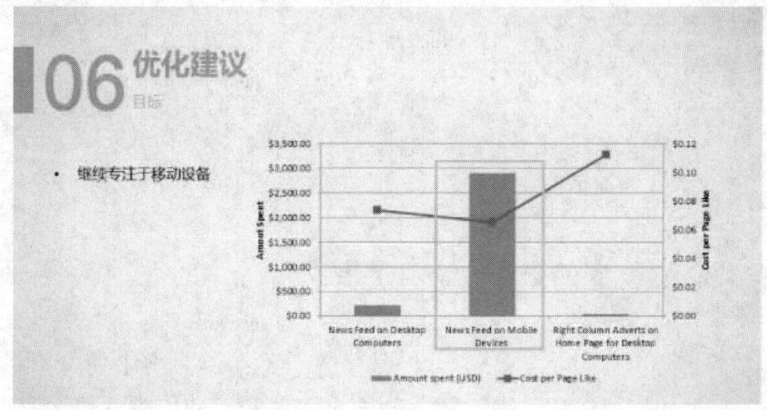

图4

由图3和图4可以清楚地看到，德语部脸书粉丝主要为13—34岁的年轻人，主要使用移动终端。根据粉丝年龄结构和移动设备特点，还可以进行如下技术性优化措施，包括：

创建与 CRI German 相关的突出年轻时尚和广播特性的封面照片；添加更多里程碑事件（Milestones）；添加奖品（Awards）；在粉丝更为活跃的时段（6—9 GMT）集中发布帖文；尽可能详细地设置目标人群的人口统计细分（Demopraphic Segmentation），问更多来自粉丝的问题；优化推送事件生命周期（准备 3 组不同的图片和推送文字，以 3 个月为周期更换），等。

四、结束语

社交媒体已经成为本台国际传播的新平台。要充分研究社交媒体特点，准确把握其发展规律和趋势，淡化官方色彩，确立自身的传播价值观，以尽可能简洁的语言图文并茂地讲述中国故事、中国人故事、平民故事、社会故事。唯如此，才能实现有效传播、精准传播，提升传播效果。

（作者单位：中国国际广播电台德语部）

参考文献：

http：//www.199it.com/archives/563529.html。

媒体融合

浅谈媒体融合观念的变迁

韩春苗

媒体融合虽然是近年来提出的新概念,但它的雏形却产生很早。广播、电视的诞生都带来了与旧有纸媒的冲突,而在这一冲突的过程中,为了竞争的需要,不同媒介之间又彼此学习、相互借鉴,这是媒体融合的初级阶段。有了互联网之后,新媒体与传统媒体的冲突与交融让媒体融合进入新的发展阶段。今天,随着移动技术的突飞猛进,媒体融合继续向更高的层次迈进,直指人类实现信息传播理想境界的梦想。

一、媒体的竞合观

竞合,即在竞争中合作。很多博弈并不只是竞争,而是在竞争中融入了合作。只有既敢于竞争又善于合作,才能在这个时代中胜出。因此,竞合的核心逻辑是共赢性。

在传播领域,从报纸问世到互联网出现的三百多年中,报纸、广播、电视三大传统媒体间的关系也可以用"竞合"来概括。由于三种媒体形态具有清晰的界限,且都具有自身无法克服的缺点,使得"竞合"成为可能。这也成为媒体"融合"的初级形态。

1. 报纸、广播、电视的竞合发展

当两个以上的媒体形态出现,就有了媒体融合观念的萌芽。从广播诞生的那天起,媒体融合便出现了第一个可行性条件。随着"二战"以后电视的发展,三大传统媒体形态共存于世。三者之间构成了媒体融合的第一个阶段——竞合发展。

报纸曾经主宰了世界的大众传播事业长达三个世纪。"二战"期间,广播迅速颠覆了报纸的垄断地位,电视的出现让它同报纸一样迅速沦落为"旧"媒介。"二战"结束后,美国几大广播网在保留电台的同时,全部进入电视领域。电视声画一体,文字、声音、图像无所不包,带来空前的视听享受,对信息基本能做到接近真实的还原。但是,与很多观察家预测的不同,报纸、广播并未"走上穷途末路",而是在短暂的"敌进我退"后发展为"敌我拉锯"。

被压制时间最长的报纸从广播和电视的夹缝中撕出一片自己的生存空间。报纸的优势在于深度报道,能以文字给读者冷静思考的余地,而且读者可以反复阅读。尽管电视也能设立深度报道栏目,但在新闻挖掘上总不如报纸文字表现得深刻、精炼且有说服力。因此,面对广播电视的冲击,报纸向独家报道、深度报道、解释性新闻、评述性新闻方向深度发展,在变化中获得了新的生机。

广播也在电视的猛烈冲击之下,通过转型找到了用武之地。广播电台大力开发音乐频

道这种易听不宜看的内容，有效地发挥出广播特色。广播还发挥成本低廉、流程便捷的优势，向小型化、地方化、专业化转变，累计细分市场保留了庞大的听众数量。相比之下，电视投资成本高昂，过于细分的市场难以保证经济效益，只能望洋兴叹。汽车普及以后，广播迎来了更大的生存空间，以汽车驾乘人员为目标受众的交通台由此兴盛起来。

三大媒体各自找到立足之地、开展竞争的同时，也开始相互补充、学习借鉴。电视新闻评论中的本台评论、本台评论员文章、本台短评等形态都是借鉴自报刊评论文章体裁和广播评论节目形态。其中，以凤凰卫视推出的《有报天天读》为开端，一股新闻节目读报风劲吹我国电视荧屏。报纸也在向它的两个后辈借鉴，增强了更具视觉冲击力的手法，将图片作为版面设计的中心元素，走向色彩化、形象化。除了业务方面，三大媒介在所有权、组织结构等层面也相互渗透，最终呈现出三大传统媒介"你中有我，我中有你"的局面。

2. 媒体竞合的历史规律

在每一次新媒介出现并充分证明其优越性后，旧媒介就不得不面临着被冲击和淘汰的命运。常见的观点有两种：一种是旧媒介完全被新媒介取代；另一种是旧媒介退于边缘位置，新媒介成为主宰。然而两种观点最终都不攻自破——广播没能取代报纸，电视也没能取代广播，三大媒体形成了三足鼎立的局面。

同自然生态一样，媒体生态进化的过程很大程度上就是优胜劣汰的过程，是不同媒介间生态位竞争、重叠、调整或者消亡的过程。[①]"生态位"是生态学的一个重要概念，是指一个种群在生态系统中，在时间、空间上所占据的位置及其与相关种群之间的功能关系与作用。生态位的重叠是媒体竞争的缘起。当同一种资源或同一目标受众群体被两种或者更多的媒介所覆盖时，就会因为生态位的重叠而不可避免地出现竞争。媒介谋取生存与发展的关键是认清与其他媒介的生态资源重叠情况，并调整自身的生态位，以求存活和发展。

从这个角度看，我们不把新旧媒介的冲突看成是一种排挤，相反，新旧媒介获得了本该属于自己的地位，只是在新媒介出现之前，这个空白被旧媒介暂时填补而已。在报纸统治的时代，人们对视听的需求早已存在，只是无法被满足。广播电视出现后，这些需求自然地从被报纸勉强替代的市场空间中流出，而真正属于报纸的文字优势也不会被取代。正因为报纸、广播、电视各具有无法替代的独特优势，通过调整自身生态位，窄化但更加精准地利用现有的媒介生态资源，成功地实现了共存。

三大旧媒体既竞争对立，又合作互补的观念，构成了媒体的竞合观。这时并没有出现媒体融合的概念，但却是未来媒体融合的预演。之所以称其为竞合而非融合，关键原因在于一个基本前提，即媒介形态之间的界限依然清晰，我们能准确地根据信息传输终端判断出它来自哪种媒介。这种合作竞争是一种高层次的竞争，并不以消灭竞争为目的，而是从自身发展的角度找准自己的生态位空间，改变对资源的使用方式，降低与其他媒介的生态重叠，促使媒介间的关系发生新的调整，从单纯的对抗竞争走向一定程度的合作。

二、媒体的整合观

20世纪互联网的诞生对人类传播史产生了空前的影响。在网络面前,所有的旧媒体都有了一个无奈的称呼——传统媒体。这个称呼隐藏着的深意是——人们公认,互联网是在本质上与过去所有媒体截然不同的颠覆性形态。在新旧媒体共存的阶段,原本清晰的媒体边界由于互联网的出现开始变得模糊,我们将这一媒体间协调重组的阶段称为媒体的整合。

1. 互联网与传统媒体的整合发展

与传统媒体不同的是,互联网高度依赖技术的发展,因此它的力量是逐步显现的。在电脑发展初期,使用者要掌握复杂的DOS操作系统,硬件的价格高昂且性能低劣,网络视频画质糟糕,远谈不上视听享受,多媒体运用仅仅停留在美好的想象里。虽然互联网发展速度逐年增快,但尚不足以立刻颠覆传统媒体。

在这一阶段,似乎互联网同传统媒体依然由竞合关系来支撑,但是,越来越多的现象超出了竞合观所能解释的范围,关键的一点是媒体的边界出现了模糊。

第一,大量网络媒体诞生于传统媒体母体之中。网络媒体最初发展借助了传统媒体的影响力,如新华网、人民网、央视网、国际在线等新闻网站的母体分别是通讯社、报纸、电视、广播,完全借助了传统媒体的品牌效应。它们通过报纸、电视、广播内容的大规模网上整合,使得母体的传播力极大拓展。新浪、搜狐、网易等门户网站作为一股新锐力量登上历史舞台,创造了以综合平台聚合多元信息的崭新模式,而这些信息几乎全部依赖于传统媒体的内容。

第二,媒体终端形态的区别趋于模糊。用户上网收听收看广播电视频道、阅读报纸网络版的过程,是一个网络使用过程,但又不能否定这一过程与传统的广播、电视、报纸的联系。在全世界范围内,传统媒体大多实现了数字化,广电网络自身也成为一种互联网的接入方式。各种接收终端之间出现大量叠加,同一信息在更广的渠道和更多的领域延伸,跨越多个屏幕,呈现出多元的视听效果。

第三,媒体的传播主体大大拓宽。论坛、博客、微博等社交工具的诞生,使得"自媒体"的概念应运而生,任何个人和组织都可以成为信息发布者,而这些信息被媒体捕捉并整合后,又会进入报纸、广播、电视等传统媒体,形成循环。网络赋予了受众自由发表言论,甚至转变为传播主体的平台。

总之,原来各具功能的不同媒体形态,都在接受着网络媒体的渗透和侵蚀。媒体发展史上前两次新旧媒体竞合的经验已经明显不再适用。尽管学界有相当一部分观点将这种状态冠之以"媒体融合"之名,但笔者认为,这种状态仅仅是媒体竞合与媒体融合的中间状态,媒体之间的边界虽然融化,但并没有消失,在逻辑上并没有达到融合的范畴。

2. 媒体整合的历史规律

互联网的诞生是媒体融合的必要前提,但互联网与传统媒体的合作并非都可以称为

"融合"。从互联网诞生之初到智能手机兴起这个阶段，传统媒体与互联网以一种特殊的关系共存。根据前文媒体生态位的理论，网络大大侵蚀了传统媒体的生态空间，传统媒体面对这种生态位的重叠，却无法像上一轮媒体竞合一样进行窄化和调整。同时，传统媒体自身又在进行着"网络化生存"的历史进程，同网络的边界越来越模糊不清，彼此合为一体的趋势越来越明显。但是，尽管双方一退一进，却始终无法完全取代，也无法完全共存，更无法完全相融。媒体整合观描述的正是这一特殊的时间跨度，它是媒体竞合与媒体融合之间的过渡阶段。

之所以出现这样的现象，客观原因是网络技术尚不成熟，但最主要的原因是人们始终将互联网视为获取信息的工具，冠以其"新媒体"或者"第四媒体"的称号，与传统媒体列为平行对等的关系。互联网的这一角色贯穿在媒体整合时代之中，大致可以分为三个阶段。第一个阶段是信息"堆砌"。这一阶段涌现了大量的门户网站，比如中国的搜狐、网易、腾讯、新浪四大门户，以及国外的美国在线、雅虎、亚马逊等。这些网站提供大量的新闻资讯、图片、电子邮件服务。第二个阶段是信息"搜索"。在这一阶段，互联网使得信息极大丰富甚至泛滥，信息过剩，而注意力稀缺。谷歌、百度等搜索引擎公司应运而生。第三个阶段是信息"交互"。由用户主导生成内容的Web2.0诞生，"交互""个性化"成为这一阶段的关键词，著名的社交网站Facebook也随之诞生。但是，互联网依然还只是纯粹的工具，始终没有脱离信息处理这一功能。

因此，媒体的整合观也是一个探索互联网本质的阶段性过程，是真正达到媒体融合观之前的积累。当人们真正看到它的全貌，意识到它对传统媒体乃至当今社会的作用并非修补而是颠覆时，真正的"融合"也就随之到来。

三、媒体的融合观

既然媒体整合是一个过渡进程，那么它的归宿必然是将媒体的边界消解直至融合。这种媒体融合并非简单意义上的信息堆叠，也不是对传统媒体的修修补补，而是人与信息之间关系的升华，是一次"人的重启"。

1. 智能手机与多终端的融合发展

如果说媒体整合时代的领军者是"第四媒体"网络，那么手机则作为"第五媒体"扛起了媒体融合时代的大旗。随着手机体积越来越轻薄，模拟信号转为数字信号，字典、收音机、MP3、阅读器、游戏等附件不断开发，手机视频、手机阅读、手机上网等媒体功能不断加入，似乎越来越难以定位手机的性质。那么手机究竟是什么？可以说，智能手机是目前所有传播方式中最复杂、最先进的一种，最鲜明地预示着媒体融合的未来。

第一，智能手机的本质是电脑。2007年iPhone问世，这在互联网的发展史上可谓是石破天惊的一件大事。长期垄断手机行业的诺基亚、摩托罗拉之所以在同苹果的较量中迅速衰落，正是因为双方对手机本质认识的不同。诺基亚对智能手机的理解是，一个附加了上网功能的通话设备；而苹果对智能手机的理解是，一个带有通话功能的电脑。因此，诺基亚与苹果的竞争远非公司与公司之间的竞争，而是电信网与互联网之间的竞争，是工业时代与互联网时代的竞争。智能手机突破了通信的范畴，它的血统是电脑，是移动互联网，这是它能在媒体融合格局中占据巅峰的先决条件。

第二，智能手机真正将终端普及到个人。手机早已超越 PC 成为第一大上网终端，互联网用户向移动端迁徙已成定局。各大媒体、网站纷纷将原有 PC 端业务向移动端延伸，甚至首先开发移动版本，再向 PC 推广。与传统的桌面互联网即有线互联网相比，移动互联网并非是简单的载体的改变，它具备普及性、泛在性、集成性、私密性、本地性等诸多特点，不仅颠覆了媒体的生态格局，甚至颠覆了餐饮、金融、零售、通信等传统行业。最重要的是，它可以与每个用户贴身相伴，造就了一人一媒体、所有人向所有人传播的新局面，这预示着未来的信号，即信息终端将无处不在。

第三，智能手机表明了未来终端的面貌。手机集中体现了媒体终端融合和功能突破的无限可能性，成为报纸、广播、电视、网络所有媒介统一的平台。电脑本身原也是全媒介、全信息终端，但它代替不了广播的伴随性和报纸的携带性，传统媒体依然有存续的基础。但是智能手机，特别是具备了 4G 功能的智能手机则宣告了传统的、单一的媒体终端继续存在的希望渺茫。4G 手机让用户进入了全新的自由世界，信息服务无处不在。技术的飞速发展甚至能初步实现终端穿戴在身上、植入人类身体、连入神经系统，科学进步很可能会以梦幻般的方式消除人与信息之间的任何距离。

在这个以智能手机或者移动设备为终端，以移动互联网为传输手段的时代，媒体边界消失，不分你我，真正迈入了媒体融合的时代。

2. 媒体融合的时代特征

媒体融合是一个动态的发展过程。尽管有很多学术论文试图为其找到一个准确的定义，但始终没有定论。这是因为媒体融合背后关联的是人类发展的宏大趋势，是重构了人与人、人与社会、人与自然、人与机器的重要力量。静止的定义必然是片面的，随着实践的发展将无法自圆其说。正如媒体融合观念引入之初，业界公认美国坦帕新闻中心为媒体融合的先锋，但如今看来，当时所谓的"融合"不过是三种不同形态的媒体在同一屋檐下协作，完全没有跳出媒体整合的逻辑范围，远不是我们今天认同的媒体融合的模样。因此，我们不做定义上的精准界定，却可以对媒体融合的特征进行一些粗浅的概括。

媒体融合从根源来说，是人类追求信息传播理想境界的过程。这是任何单一媒体形态都满足不了的，是人类发展的宏大趋势。从信息传播的角度来看，在媒体竞合阶段，传统媒体仅在战术层面上往来互动，形态上依然泾渭分明，呈现出"你是你，我是我，但你中有我，我中也有你"的景象。在媒体整合阶段，同一家传媒机构拥有不同的媒体形态，在网络的作用下实现资源共享、开发与整合，各媒体平台协同运作，弥补传统媒体与新媒体各自的先天不足，形成"你我统一，协同作战"的局面。在媒体全面融合阶段，媒体之间的界线消解，形态上殊途同归，都汇流到一个空前的数字媒体平台中，达到"你不是你，我不是我，你就是我，我就是你"的完美状态。在媒体融合的格局中，报社、电台、电视台等媒体机构名称将只具有象征意义，通过渠道垄断产生的媒体权威彻底消解。由于单一媒体不再独占信息的传播渠道，因此信息流通的制约将不复存在。所有的信息都能以最佳的表现形式来呈现，用户也可以选择适合自己的信息内容表达方式。

从人的角度来看，麦克卢汉的著名观点"媒介是人的延伸"在媒体融合时代得到了最好的映射。人体就是一个完整的信息系统，作为个体的人拥有信息感知能力、信息存储能力、信息处理能力、信息输出能力，这些能力完整地融合在一起，无法切割。而媒体融合就是在人体外部再现了人体系统，达到一个从传输到终端融为一体的信息处理的完美境界。媒体融合就像是人体信息系统的体外模拟过程，人与媒体之间的距离不断消弭，物联网的出现又使人、信息、物品随时随身地连接，构成"人、物、时间、位置"的联通网络。中国传统文化中的天人合一、万物相容正是对这种理想传播状态的终极概括。

(作者单位：中国国际广播电台总编室)

注释：

① 邵培仁：《媒介生态学》，中国传媒大学出版社，2008年，第72页。

国际台英语融媒体发展之道初探

李永敬

英语是对外传播的主要语种。在各家媒体大力发展融媒体建设的今天，中国国际广播电台（以下简称国际台）英语中心可发挥语言优势，形成有效对外传播。本文试图从平台建设、发展策略、内容定位、外籍人才使用等几个方面探讨英语中心的媒体融合发展之道，以期为新时期国际台英语媒体平台建设献计献策。

一、以海外社交媒体带动各媒体平台深度融合

2016 年以前，英语中心的平台以传统广播和网站为主。2016 年下半年到 2017 年初，这一局面发生了重要变化。在国际台大力支持下，借助中华云项目，英语新闻客户端"China Plus"于 2016 年 8 月上线，年底前下载量突破 10 万。2017 年 2 月，"China Plus News"脸书账号粉丝突破 600 万，"China Plus News"推特账号粉丝数也打破了长期停滞不前的局面，突破 3 万。国际台英语外宣"两微一端"的新格局初步形成并取得实效，海外社交媒体开始在英语外宣中发挥重要作用。

1. 着力打造国际台英语媒体融合的基础平台

"China Plus"英语新闻客户端和英文网是英语中心为移动及互联网受众打造的两个基础平台。2016 年 8 月，英语中心面向海外受众推出的"China Plus"在各大应用商店上线。2017 年 2 月，经过改造升级的新版英文网也正式上线。新版英文网能自动适配移动端、电脑及其他不同尺寸的屏幕，实现一稿在网站和客户端两个平台同时发布，稿件还可更方便地推荐到脸书和推特，使客户端、网站和海外社交媒体等平台达到深度融合和互为促进，移动用户阅读体验大大改善。这两个基础平台的推出，标志着国际台英语媒体迈出了向新型融合媒体转型的重要一步。

在此之前，中国一些外宣媒体已经推出了各自的英语新闻客户端，有的甚至已经具有一定的影响力。作为后起之秀，"China Plus"只有扬长避短，发挥特色优势，通过做出与众不同的产品来赢得受众。上线半年来，英语中心在这个客户端尝试了一些外宣新思路，收到了良好的传播效果，值得进一步总结和推广。

第一，精准定位，做小做精。"China Plus"面向全球希望了解中国的英语使用者，选择做小而精，不求大而全，只做与中国相关的热点新闻，以避免与其他媒体同质化竞争。"China Plus"每天精选十几条最能反映中国社会当天动态及海外与中国相关的热点新闻，另加几组当天最具冲击力的图片和几个最流行的短视频，帮助海外受众把握中国社会的

脉搏。

第二,"China Plus"提供英语广播节目在线收听、学汉语服务,以增加黏着度。

第三,"China Plus"重视用户体验,努力优化用户浏览、定制、收藏新闻及互动等方面的功能。

目前,"China Plus"客户端下载量已超过10万,90%以上为海外用户,在谷歌应用商店用户评分达4.2(满分为5分)。

2. 依托海外社交媒体进一步打造英语媒体品牌

为打造国际台英语媒体国际品牌,英语中心此前分别在脸书和推特上注册了"China Plus News"账号,以期借力打造国际台英语媒体的国际品牌,实现相关内容的二次传播。实践证明,这种做法是明智而有效的。

截至2017年2月,英语中心脸书主账号"China Plus News"粉丝数突破600万,在境外社交媒体发展中迈上了一个重要的台阶。根据脸书公司提供的数据,2016年"China Plus News"脸书账号的总触达人数剔除重复后为1.2亿人,占脸书全球18亿用户的6.6%;2016年"China Plus News"脸书账号的总阅读人次为8亿,占全球媒体脸书账号阅读总人次1957亿的0.4%。这些数据表明,国际台在全球最重要的社交媒体平台已开始占有一席之地。

"China Plus News"脸书账号以报道软新闻为主,包括传播路桥建设、感人故事、流行视频、美丽中国等内容,力争呈现出一个正面、乐观且积极向上的中国国家形象。在报道硬新闻及领导人新闻时,力争能抓住新闻中最吸引人的点。2016年"China Plus News"视频总量与上一年相比增长了200%,很多视频的触达人数达到百万以上,对粉丝的增长起到了重要的推动作用。

而英语中心推特官方账号"China Plus News"起步较晚,2016年年初只有几千粉丝,但经过优化内容并适当推广,到2017年2月粉丝数突破3万,预计到2017年年底粉丝数有望突破20万,届时与"China Plus"客户端、"China Plus News"脸书账号互相呼应,成为英语外宣"两微一端"的重要一环。

总体而言,国际台英语媒体的几个平台各有特色,推特以硬新闻为主,脸书以软新闻为主,客户端和网站则以热点为主,软硬都有,三者互相配合形成合力。

值得一提的是,英语脸书汉语教学账号"Learn Chinese"粉丝数在2017年2月达到190多万,成为脸书汉语教学领域粉丝数量最多的账号。除固定栏目外,"Learn Chinese"还不断创新传播方式,通过热词、谚语、成语等图文和视频积极参与时事热点报道。诸如2016年两会的"中国十大热词"系列、庆祝中国共产党建党95周年的"跟领导人学汉语"系列,以及就南海问题所做的"中国成语"和"中国人今天热议啥"都取得了良好的传播效果。

3. 加强传统广播内容建设及与新媒体平台的融合

广播是国际台的特色,即使受到新媒体的冲击,它仍然具有其独特的地位。为使其适应新时代的要求，更好地服务于对外传播，建议从以下几方面进行调整。

其一，继续强化广播特色，提高可听性。广播的特色是说，不是写，我们一些节目文字占比较大，编辑写得累，听众听得也未必轻松。让广播回归本色，充分利用主持人、新闻当事人、专家等，减少写的成分，加强连线、专访等，提高节目的可听性及传播效果。

其二，作为外宣媒体，我们不仅仅是播报中国相关新闻，还要传播中国的声音和观点，这就需要加强新闻深度分析和评论，争取让对象国受众了解、理解中国的立场，为中国对外交往创造有利的舆论氛围。

其三，培养自己的评论员走出去接受国际媒体的采访，利用别人的平台传播中国的声音。国际媒体包括西方国家一些很有影响力的电视网，经常需要能清楚、理性表达中国观点的专家上节目参与讨论，英语中心已经有少量资深的编辑记者参与其中，今后可有意识、有计划地培养年轻一代评论员队伍。

其四，加强传统广播与新媒体平台的有机深度融合。这种融合不仅仅是将广播节目搬上新媒体平台，而是充分考虑新媒体特点，将优秀的广播节目重新包装，使其能适应不同新媒体平台的特点，为受众乐于接受；与此同时，新媒体平台受众反馈也可以指导广播内容的选择；有些音频栏目不一定在广播平台首播，可以在新媒体平台首播，甚至专门为新媒体平台打造。

二、先易后难力争地区突破

在国际台英语融媒体发展战略方面，考虑到主要英语国家媒体高度发达的现实及国际台获得支持的力度，可遵循周边及亚非国家优先的方针，先易后难，充分利用制作室的力量，协同北京总部共同建设统一的融媒体平台，争取在一些亚非国家首先取得突破，获得一定影响力，在积累了经验和力量后，适时选择性地向美欧国家渗透。

1. 力争率先在亚非国家取得突破

美国、英国等英语国家媒体高度发达，其内容制作水平、平台影响力、经营经验等都处于全球领先水平；在新媒体发展上也占据了先机，新闻客户端产品在十年前已经非常成熟，在全球最有影响力的社交媒体平台脸书及推特等中也占据了主导地位。以中国媒体目前的内容生产能力和媒体运营水平，即使获得国家巨额资金和政策支持，短期内也很难在美英等国取得突破性进展。

具体到国际台，英语融媒体平台想在美英等国迅速全面突破不太现实，但在亚非国家，特别是在周边国家则有非常好的发展前景。

一方面，亚非国家受众对中国认同度比较高，很多人赞赏中国的发展成就，希望借鉴中国的发展经验，这为国际台英语融媒体在这些国家的发展提供了良好的基础。在"China Plus News"脸书账号上，亚非国家粉丝对中国基础设施建设表现了异常浓厚的兴趣，特别是高铁、高速公路、大桥建设，而且留言大多非常积极正面，在惊叹工程奇迹的同时，也希望本国政府能向中国学习。例如2017年2月国际台英语脸书发布了一条铺轨机在高架桥墩上铺设铁轨的视频，播放次数达到21万。另一条关于拉萨环城路的帖子点赞人数达到9200，在加纳农业部工作的当克赫留言希望加纳能学习中国的经验。

另一方面，亚非一些国家在媒体技术和媒体发展上还不太成熟，中国媒体一些新媒体产品包括客户端和社交媒体等在这些国家更容易取得突破。例如，"China Plus"英语新闻客户端目前10万的下载中，绝大部分来自亚非国家。"China Plus News"脸书粉丝中亚非国家也占了多数，其中仅缅甸就有50多万粉丝，印度、尼泊尔粉丝都在40万以上，阿尔及利亚、埃及粉丝也都在20万以上。

2. 英语融媒体建设应以我为主

融媒体平台建设需要有长期、稳定的投入，客户端产品还需要不断进行升级换代，需要强有力的技术团队，这些条件国际台在对象国的合作伙伴或制作室都很难满足，发展新媒体产品往往难以持续。另外，合作伙伴不稳定也影响产品的长期发展，各国合作伙伴各自为战、分散发展也很难集中优势。

而北京总部在发展融媒体产品方面则得到了持续支持，国际台通过中华云等项目得到了资金和技术支持，满足了最重要的条件。另外客户端及社交媒体等新媒体平台与传统广播不同，不需要当地频率，不需要对象国主管部门的批准，完全可以由北京总部主导发展。而对象国合作伙伴或制作室则可以发挥自己的本土优势，为英语新媒体平台提供与中国相关内容或对象国内容，使平台更贴近当地受众。

以"China Plus"客户端为例，北京总部对其定位及长期发展目标明确，又获得台里资金和技术支持，对象国合作伙伴及制作室在内容方面有本地化的优势，两者结合使客户端更容易获得长期稳定的发展。条件成熟时还可在客户端推出对象国或对象地区专门频道，增加对当地受众的吸引力。目前国际台在伦敦和南非的合作伙伴已开始每天固定向"China Plus"提供稿件。

3. 利用社交媒体在西方国家实现局部突破

优先争取在亚非国家扩大国际台英语融媒体的影响力，并不意味着放弃美欧等发达国家。虽然在广播、电视、报纸等传统平台上国际台很难在发达国家成为主流，但在融媒体，特别是社交媒体平台上，国际台仍具有与西方媒体竞争的实力。

以脸书为例，据statista.com数据，有超过2亿美国人在使用脸书，在2016年美国大选中，脸书由于其庞大的触角及精准的定向被广泛利用，大选后很多人认为脸书影响了大选结果，称2016年大选为"脸书大选"，其影响力可见一斑。如果能利用脸书吸引美国受众，其效果不可低估。

目前，英语"China Plus News"脸书账号粉丝已突破600万，但其粉丝大部分来自亚非及拉美国家，在美国粉丝很少。这很大程度上是我们目前的定位所致，我们的内容主要针对周边及亚非国家，在推广上也主要针对这些国家。

英语中心目前在脸书内容生产和推广方面已经积累了丰富的经验。未来可以发展面向美国受众的脸书账号,其内容可以聚焦中美交往、中国和美国文化、旅游等。进一步还可以建设一个专门针对美国受众的社交媒体集群。与传统媒体相比,投入小,传播效果却可能更显著。

三、真正落实"以受众为核心"的原则

"以受众为核心"并不是什么新概念,但真正落实并非易事。在当今信息大爆炸的时代,受众每天都会接收到海量的信息,但他们只有时间看到其中很小一部分。如果一个媒体的新闻信息被受众拒绝,那就是无效传播。这就要求我们从选题到角度,从标题到内容,从导语到音响,从图片到排版的各个细节,充分考虑受众特点,以期取得实际效果。

以选题为例,如果只注重自己想宣传什么,而较少考虑受众到底需要什么,就会产生一些貌似重要但又比较空泛的选题,例如"中国要求各地提高就业率""中国与某国表示将加强合作"等,这些很难引起受众的兴趣。相比较而言,"中国人热衷于在英国买房""某名演员因吸毒被抓"等具体内容可能更容易引起关注。

有些新闻可能有实质内容,但重要新闻点埋藏在稿子里,标题经常使用套话。常见的"中德建立全方位战略合作伙伴关系""中国南非将双边关系提升为全面战略伙伴关系"等标题,让很多外国人感到茫然。这种情况下聚焦具体合作项目更能突显双方关系的重要性,也有利于受众理解。

"以受众为核心"在新闻实践中并不是那么抽象,难以实现。一条新闻只要做到能让不了解中国国情的外国人看懂,看懂后还能喜欢或留下印象,那我们就离受众不太远了。

四、合理充分发挥外籍人才的作用

要想真正打动外国受众,做有效外宣,就必须了解外国受众,了解他们的思维方式和文化,用他们的话语体系做外宣。就这一点来说,没有人比来自对象国的外籍人才更了解他们本国的受众。因此,要想真正做好外宣,应尝试将外籍专业人才引入外宣媒体管理层。这方面,国际台英语融媒体发展可以先行先试。

外宣媒体由于对外国受众及其话语体系了解不够,传播效果有时会有悖于初衷。而外籍专业人才则能够以他们熟悉的本国的思维及话语方式来进行传播,更易于让外国受众理解。

实际上外宣媒体面临的不仅仅是文字表述问题,而是需要真正用对象国的话语体系去做外宣。这不是聘请几个外籍审稿人就能解决的问题,需要将外籍专业人才引入管理层,让他们在平台发展、节目运行、内容选择和文字表述方面有更多的发言权。BBC在这方面是一个很好的例子,它的很多外语部门(包括中文部)的负责人都来自对象国。

当然,将外籍人员引入管理层也会面临一些挑战,比如如何在用好专长的同时做到对

人员的管理不失控。这就需要在引入外籍人才时把好第一关,选择对中国没有偏见的专业人士。同时需要形成制度,加强日常管理,在放手让他们发挥的同时做好管控,避免可能出现的风险。

(作者单位:中国国际广播电台英语中心)

媒介融合背景下的国际新闻报道

赵新宇

进入21世纪后，全球化迅猛发展，国家间的经贸政治联系愈发紧密，国际竞争加剧，技术突飞猛进。计算机技术、互联网、移动终端的日新月异让世界各地的人们通过技术实现互联，获取新闻资讯的渠道不再局限于报纸、广播和电视。互联网甚至可以让人们实时了解远在地球另一端的新闻事件的发展进程。新闻媒体跨界发展、融合发展已成为不可逆转的趋势，"媒介融合"成为媒体发展的主要特征，也对国际新闻报道产生了深远影响。

一、媒介融合与国际新闻的定义

媒介融合的概念提出于20世纪80年代的美国。其定义可简单归结为将属于不同类型的媒介结合在一起。美国新闻学会媒介研究中心主任安德鲁·纳齐森（Andrew Nachison）将"融合媒介"定义为"印刷的、音频的、视频的、互动性数字媒体组织之间的战略的、操作的、文化的联盟"，他强调"媒介融合"更多是指各个媒介之间的合作和联盟。[①]

传媒学专家喻国明教授认为："媒介融合是指报刊、广播电视、互联网所依赖的技术越来越趋同，以信息技术为中介，以卫星、电缆、计算机技术等为传输手段，数字技术改变了获得数据、现象和语言三种基本信息的时间、空间及成本，各种信息在同一个平台上得到了整合，不同形式的媒介彼此之间的互换性与互联性得到了加强，媒介一体化的趋势日趋明显。"[②]

媒介融合首先是技术上的融合。随着新媒体的出现，传统媒体在原有的传播形式基础上增加了互联网数字传播方式，传统的纸媒开发了网站和移动客户端，传统的电视台播出节目实现数字化并"积极上网"，以流媒体技术通过高速的宽带或4G移动互联网实现直播或者内容的点播。媒介融合也是内容的融合，同一主题的内容采用多种媒体手段加工处理，适合不同媒介平台使用，或是形成一个全新的多媒体产品，运用于数字化终端，这大大提高了内容的使用效率，也让受众能够根据喜好主动选择媒介终端。可以说，各类传统媒体在"媒介融合"的推动下跨界发展，效率大大提升，信息的传播也变得更直观、立体和丰富。

西方国家的新闻媒体最早尝试将媒介融合应用到新闻报道中。2000年，美国媒介综合集团在佛罗里达州坦帕市建造了一座名为"坦帕新闻中心"的传媒大厦，将旗下《坦帕论坛报》、网站坦帕湾在线（Tampa Bay Online）、电视台WFLA-TV的编辑部门集中起来运行。集团设立"多媒体新闻总编辑"，使纸媒、电视和网站三类媒介的新闻采编实现联动，这一尝试取得了成功,被传媒界称为"坦帕经验"。一个新的新闻名词"融合新闻"(convergence journalism)也随之产生。美国南加州大学安利伯格传播学院教授拉里·普里奥尔(Larry Pryor)指出:"融合新闻发生在新闻编辑部中,新闻从业人员一起工作,为多种媒体的平台生产多样化的新闻产品,并以互动性的内容服务大众,通常是以一周七日、每日24小时的周期运行。"[3]

国际新闻是指"相对于传统意义上纯粹的国内新闻而言的新闻,主要是把本国以外发生的,或者在本国发生同时又与其他国家有关联的,或者本国以外其他地方发生但与本国有着密切联系的时事变动,准确地传达给受众的新闻。国际新闻的事实客体包括:发生在国外的涉内新闻、发生在国内的涉外新闻和发生在国外的其他新闻事件等。"[4] 在我国,从事国际新闻报道主要指我国新闻机构对发生在中国以外的新闻进行的报道。

二、"融媒时代"国际新闻的新特点

"融媒时代"的到来对国际新闻报道产生了深远的影响。

1. 国际新闻的采集更加灵活、方便和快捷

在互联网技术蓬勃发展前,传统的国际新闻采集主要依靠大型国际通讯社提供的新闻稿以及新闻机构派出的驻外记者采访完成,国际新闻的来源比较单一。而互联网使得人们获取国际新闻的渠道猛增,读者不仅可以通过访问新闻发生地的地方新闻网站获取新闻资讯,还可以通过社交媒体,如推特、脸书等,看到新闻事件当事人或者现场目击者的即时报道。

西方发达国家媒体合作更加直接,渠道多样化。例如,英国的《独立报》与法国的法兰西24新闻台和中东的半岛电视台英文频道展开合作:《独立报》可以在它的新闻网站上使用这两家电视台的新闻视频素材。这种合作取得了双赢的结果:一方面《独立报》获得了丰富的国际新闻视频资源,另一方面两家电视媒体透过《独立报》将新闻触角深入英国本土。

国际新闻采集的多样化与便捷直接导致了西方媒体实体驻外机构和人员不断减少。根据美国一家研究机构的统计,美国报纸驻外记者数量2010年较2003年减少了20%以上。[5] 西方发达国家的新闻机构近年来在报道重大新闻事件时更多的是直接由总部派出记者或报道团队前往新闻发生地,常驻记者在重大突发新闻的报道中,特别是在后续报道中的重要性降低。美国一些研究者认为,"就海地地震报道而言,从美国本土'空降'记者到现场,与从海地首都派出记者效果是一样的"[6]

2. 采访设备的数字化、小型化和互联网化使得记者的工作效率更高,独立性更强

"背包记者"已经成为新闻记者队伍的新时尚。一个不大的背包完全可以装下笔记本电脑、摄像机、照相机、录音笔等所有小型数字化采访器材,"单兵作战"的记者可以完成过去一个团队才能完成的工作,这也进一步推动了新闻机构驻外人员的缩减。"单兵作

战"也对驻外记者提出了更高的要求，记者的工作强度更大。驻外记者必须能够熟练使用不同的采访器材，完成文字、图片和音视频稿件。往日新闻机构着力培养的优秀"多面手"记者成为今天对国际新闻记者的基本要求。

3. 单一媒介形式编发向"多媒体化"生产和多平台传播转变

美国有线电视新闻网（CNN）在完成节目制作播出的全面数字化后，通过内部组织结构的改造，实现了"全媒体"、多平台的新闻制作播出流程。CNN 各个频道及网站曾经都有独立的节目制作部门，内部架构调整后，建立了一个统一的素材管理平台，集中接收并处理来自世界各地的新闻素材，其产品供 CNN 各频道和网站编辑选用。CNN 记者的职能也发生转变，打破网站记者和电视记者的界限，既为网站写稿，又做出镜记者。这种"中央厨房"式的组织结构和平台共享、记者共享的工作方式提高了传播效率，也节省了人力财力。

在播发平台上，CNN 致力于网络建设、移动视频及其他数字化平台的开发，通过资源互补及整合，抢占新的传播阵地。1995 年，CNN 创建了自己的网站 http：//www.cnn.com，开始积极推进电视与互联网的融合。CNN 网站在某种程度上是其进行媒介融合的试验场，既容纳了传统的视频、音频广播等媒体形式，也容纳了桌面新闻（Desktop Alert）、播客、互动新闻（iReport）等新媒体形式。此后，CNN 还着力加强与社交媒体的合作，在 2009 年美国总统奥巴马就职仪式的报道中与脸书合作，将 CNN 的视频内容嵌入脸书中，受众可以通过脸书即时与就职仪式报道互动，取得了成功，进一步拓展了 CNN 制作内容的播发渠道。

4. "公民记者""众包新闻"成为国际新闻报道的新兴力量

"公民记者"和"众包新闻"现在已经广为人知。这些"公民记者"或是为专业媒体机构提供素材或者内容，或是自己依托网络平台，设立"自媒体"账户，向社会提供自己所熟悉的领域的新闻。维基百科是"众包"（Crowdsourcing）新闻的一种，因内容广泛，网民参与度高，人力成本低，深受媒体与网民欢迎。自 2001 年出现至今，维基百科仅英文网页总量就达到 4156 万页，英文文章 534 万篇[①]。几乎所有重大的国际新闻事件都可以在这里找到解释和对事态发展的持续更新，如美国大选、叙利亚危机、伊斯兰国崛起等。

西方国家一些非媒体机构也开始介入国际新闻报道。美国霍普金斯大学创办的"国际报道项目"，已经资助数百位新闻工作者远赴国外采访，美国几乎所有的主流媒体都登载过这个项目资助完成的国际新闻作品。

三、关于中国国际新闻报道的思考

中国国际新闻报道的发展经历了由小到大、由弱变强的过程。进入新世纪，中国国际新闻报道进入加速发展期，从事国际新闻报道的主要中央媒体在新闻的时效性、自采率、现场到达率等指标上提升明显，利用新媒体平台加强国际传播力建设效果显著。实力较强的地方媒体和网络媒体已经向新闻多发国家和地区派出自己的常驻或突发事件特派记者。目前，以中央媒体为主导，地方媒体、网络媒体百花齐放的国际新闻报道格局已经形成。

必须承认，我们与发达国家主要媒体还存在较大的差距，"西强我弱"的局面仍未根本改观。这与中国日益上升的国际地位并不匹配。我们要以媒介融合发展为契机，迎头赶上。可以在以下几个方面改进中国的国际新闻报道。

1. 加强人才培养与储备，打造一支符合融合发展要求、国际化的高素质新闻报道队伍

西方的主要新闻机构已经发展成熟，目前为了适应媒介融合的新业态出现减少驻外机构和派出人员的趋势。与之不同的是，中国对国际新闻的报道依然处于上升期。在这一背景下，中国媒体的驻外机构人员数量近些年来不降反升。为了赶超西方主流媒体，在扩大国际新闻报道队伍的同时，更要注重国际新闻采编人员的政治素质、业务素质培养。要将一批政治上能够严格把关、对国际问题有一定研究、精通外语、掌握多种媒体技能的新闻工作者充实到国际新闻采编的第一线。

国际新闻采编人员首先要有坚定正确的政治方向，有大局意识。习近平总书记在谈到新闻工作者政治责任时曾指出，"要坚持正确政治方向，同党中央保持高度一致，坚持马克思主义新闻观，坚守党和人民立场，坚持中国特色社会主义，做政治坚定的新闻工作者"⑧。这是对全体新闻工作者的要求。具体到国际新闻报道上，新闻采编人员就是要正确把握中国在重大国际问题上的原则立场，要有定力，不要跟着西方媒体人云亦云。新闻报道无小事，要善于分辨虚假新闻。随着社交媒体等新媒体形式的出现，大量自媒体成为新闻资讯传播的重要渠道，假新闻、夸大之词屡屡出现，特别是国际新闻，核实起来很困难。合格的新闻工作者能通过比较多个新闻来源进行判断，即时辨识真伪。这个辨别能力需要长期培养，需要正确的政治导向做后盾。

国际新闻工作者要有"融合报道"的意识，在组织策划报道时就要设计好采访方案，兼顾多种媒体报道形式的需要。记者在采访时尽量采取多种媒体手段采集素材。在后期编辑稿件时，也要考虑多平台发稿的可能性。

对"一专多能型"与"专家型"记者的培养并重。现代媒体融合环境下，"一专多能型"记者更适应媒介融合发展的需要，但随着各媒体间的竞争日趋激烈，越来越多的新闻报道走"短平快"路线，出现记者采访不深入，知识积累不丰富的弊端。因此，也需要培养一批"专家型"的记者，长期跟踪国际热点问题，具备独到的见解和深入分析的能力。

中国国际新闻报道队伍应该是一支国际化的新闻报道队伍。目前，新华社、中央电视台、中国国际广播电台在总部都聘用了外籍人士做一线播出或语言专家的工作。在新华社和中央电视台驻外分社、记者站也有当地雇员配合工作。这是一条很好的经验，可以充分利用外籍专家的语言优势和当地雇员人头熟、交际能力强的优势扩大新闻素材来源，提升中国国际新闻报道的水平。

2. 加强议题设置能力建设

西方主流媒体的"强大"除了表现在国际新闻报道的内容丰富、分析深入外，还表现在它的议题设置能力非常"强大"。西方主流媒体善于针对国际热点设置议题，从而掌握报道的主动权，引领报道方向。中国国际新闻报道很多情况下是跟着西方媒体设定的议题跑，被动地报道新闻。随着中国国力的增长，国际新闻报道队伍的不断壮大，我们要抓住"媒介融合"时代传播能力大大加强的有利时机，精心策划安排，尝试主动设置议题，推出体现我价值观念、符合国内外受众思维习惯的报道，进一步提升中国国际新闻报道的全球影响力。国务院新闻办公室副主任郭卫民在第17届国际新闻论坛年会上指出："要扩大报道视野，全方位加大对国际事务的报道，进一步加大对发展中国家的报道力度。要注重改变一些传统观念和做法，敢于'亮剑'，善于发声。"⑨这也是中国和平与发展的外交大战略的需要。

3. 加强编辑部内部的深度合作，实现真正的融合报道

"媒介融合"时代，几乎所有媒体都在努力尝试媒介融合发展。成功的经验与失败的教训皆有之。许多媒体简单地将传统媒体和新媒体编辑的办公桌摆在一起，文字、音视频和新媒体的采编人员领到任务后还是按照以前的工作方式工作，缺乏沟通与合作。结果只能是流于形式的假"融合"。真正的融合发展是要实现采编部门"心灵"上的真正融合，要打破旧有的采编模式，让不同媒体平台的编辑记者在报道的全过程中充分沟通，就各自的报道方案和进展深入合作。总编辑根据不同媒体平台的需求指挥报道。必要的话，设立专职的媒介融合编辑督促报道任务的分配与完成。这种深入合作的方式曾在10多年前"坦帕经验"中得到应用。在社交媒体、移动终端等新媒体大行其道的今天，对于媒介融合依然具有借鉴作用。具体到国际新闻报道，在做好编辑部门全面深度合作的同时，更要做好编辑部与驻外记者站之间的沟通，要有专门的编辑与一线记者沟通选题和报道方式，协助记者解决报道中的各种困难，保证不同媒介形式的稿件能够符合不同媒介平台的编辑需要，有利于多次利用和深加工。

综上所述，融媒时代已经到来，它为国际新闻报道既带来了挑战，也提供了机遇。随着中国国家实力的提升，中国媒体对于国际新闻报道的投入增加，人员素质的不断提高，中国国际新闻采编人员只要塌下心来，认真改进工作，充分实现"心理融合"，中国国际新闻报道就一定会实现长足发展，彻底扭转"西强我弱"的局面。

（作者单位：中国国际广播电台驻美国记者站）

注释：

① Andrew Nachison, Good business or good journalism? Lessons from the bleeding edge, A presentation to the World Editors' Forum, Hong Kong, June 5, 2001.

② 喻国明：《传媒经济学教程》，中国人民大学出版社，2009 年版。

③ 蔡雯：《新闻报道在数字时代的创新策略》，《新闻与写作》，2008 年 5 月刊。

④ 赵霄翔：《浅谈软新闻在国际新闻中的作用及重要性》，《决策探索》（下半月），2014 年 1 月刊。

⑤⑥ 刘笑盈：《"融媒时代"国际新闻的新特征》，《新闻战线》，2015 年 11 月刊。

⑦《维基百科：统计》，https：//en.wikipedia.org/wiki/Wikipedia：Statistics#General（最新登录于 2017 年 3 月 1 日）。

⑧《习近平，"做党和人民信赖的新闻工作者"》，新华网，http：//news.xinhuanet.com/politics/2016-11/07/c_1119867107.htm。

⑨ 郭卫民：《抓住历史机遇，推动国际新闻报道迈上新台阶》，第十七届中国国际新闻论坛年会，2015 年 12 月 12 日。

浅谈对老挝传播中的微信公众号建设

何 斌

中国国际广播电台对老挝广播开播至今已经60年了。60年来,对老挝传播手段发生了巨大的变革,传播范围极大拓宽,传播内容不断丰富,传播受众不断增加,对老挝传播的媒介从最初的单一广播转变为当前传统广播与新媒体相结合的多平台传播。在众多新媒体平台中,微信以其简单的使用方法和强大的功能赢得了众多的粉丝,日益成为最受欢迎的社交类媒体之一。而微信公众平台作为微信的扩展功能模块,在信息传播中具有互动性强、受众多、传播高效的特点,成为对老挝媒体传播的重要平台。笔者结合工作实践,试析微信公众号在对老挝传播中的作用与面临的困难,希望促进其良性发展,为中老文化交流贡献力量。

一、对老挝传播微信公众号发展的背景

1. 中国老挝政治、经贸关系的不断升级赋予媒体传播新的使命和任务

中老两国山水相连,两国人民世代和睦相处。中国和老挝同为社会主义国家,理想信念相通,发展道路相近,前途命运相关,为中老关系发展奠定了重要的政治根基。半个多世纪以来,中老关系不断巩固和发展,双方建立了高度互信互助互惠的全面战略合作伙伴关系。在两党两国历届领导人精心培育和大力推动下,中老传统友谊经受住了时代变迁和国际风云变幻的考验,历久弥坚,成为共同的宝贵财富。2016年5月3日,中国国家主席习近平在北京同老挝国家主席本扬会谈时强调,要拓展中老全面战略合作的广度和深度,对接发展战略,推动务实合作,做好"一带一路"倡议同老挝"变陆锁国为陆联国"战略、中国"十三五"规划和老挝"八五"规划的有效对接;要加强人文交流,发展民心相通工程。在促进中老合作、加强人文交流、发展民心相通过程中,媒体在舆论引导、文化传播与交流方面将发挥更大作用。

2. 新媒体的发展为对老挝传播提供了新媒介,开辟了新渠道

近年来,随着互联网和社交媒体的迅速发展,媒体传播进入"互联网+"时代,新媒体的重要性日益凸显。其中,凭借月活跃数量超过8亿的微信用户群,微信公众平台成为当前最具竞争力的新媒体传播平台之一。基于微信诞生的微信公众平台,将微信以"点对点"的人际传播为主、单纯的社交通信工具扩展为大众传播的平台。通过微信公众平台上注册的微信公众号将信息以群发的形式推送到每一个订阅者的手机上,订阅者阅读之后通过转发到好友、微信群、朋友圈的形式对微信公众号内容进行传播,当内容传播到第二批

微信用户时，第二批用户以相同的方式处理该公众号内容，以此类推，最终形成了微信公众号内容的全部传播过程。因此，微信公众平台将大众传播和人际传播有效地结合于一体，实现了双重传播效果。具有"深社交、精传播、强关系"的微信公众号集大众传播、人际传播、媒体营销等多种功能于一体，是传统媒体尤其外宣传统媒体进行媒体融合的天然试验场，为传统媒体向新媒体转型开辟了有效的通道。因此，建设对老挝传播微信公众平台符合媒体传播的整体趋势，也有利于开辟对老挝传播的新阵地，在更大范围内吸引受众。

二、涉老微信公众号现状

笔者通过搜狗微信公众平台搜索引擎，共搜得173个与老挝有关的微信公众账号，通过观察现有的涉老微信公众号可以看到：

（1）现阶段涉老微信公众号总体活跃度不高，在搜索所得的173个涉老微信公众号中保持持续更新的不超过10个。如下表所示。

活跃度较高、保持持续更新的涉老微信公众号

微信公众号	语言	月发文（篇）	平均阅读	账号主体
CRI悦生活	中老双语	129	304	官方
XinHua老挝要闻	中文	104	490	官方
老挝资讯网	中文	183	852	企业
老挝快讯	中文	172	476	企业
老挝那些事儿	中文	86	325	个人
老挝测绘与地图通	中文	42	75	企业
老挝磨丁经济特区	中文	10	402	官方
希望视觉摄影	中文	10	1293	个人

（2）现阶段绝大多数涉老微信公众号采用单一中文传播，其目标受众主要是在老挝的华人华侨以及从事与老挝相关产业的中国人；长期采用中老双语发布信息资讯的只有"CRI悦生活"一家，其目标受众兼顾了汉语受众与老挝语受众。

（3）具有官方背景的涉老微信公众号数量较少，其中账号主体为官方媒体的有中国国际广播电台的"CRI悦生活"与新华社的"XinHua老挝要闻"；具有政府机构背景的微信公众号有"老挝中国文化中心""老挝磨丁经济特区""上海青志在老挝"等；此外90%以上的涉老微信公众号主体均为企业或个人，是以营利为主要目的的运营公众号，其主要内容包括：老挝特产宣传销售、投资经商信息、老挝旅游服务、老挝生活信息等。

鉴于目前大多数涉老微信公众号采用中文传播，其受众大多为中国人，究其本质还是归属于"内宣"范畴，而本文意在探寻对老传播"外宣"微信公众平台的建设，所以接下来笔者将着重探讨采用中老双语传播的"CRI悦生活"微信公众号的发展。

三、"CRI悦生活"概况

"CRI悦生活"创建于2014年10月，定位为以中国国际广播电台老挝语部为依托，打造集资讯发布、生活服务、语言学习为一体的中老双语互动平台。两年多来，"CRI悦生活"保持不间断每日更新，订阅人数稳步增长。

目前，"CRI悦生活"采用"微信＋新闻""微信＋语言教学""微信＋旅游""微信＋文学"等模式，以原创、编译中老双语热点新闻资讯为基础，同时发布国际台老挝语部自主创新的新媒体产品，其中包括实景汉语教学视频栏目《哥儿俩》、新媒体中老双语教学栏目《中老双语会》、中老诗歌文学交流互动栏目《为你读诗》、介绍老挝美景美食的生活服务类视频栏目《乐在老挝》等，共同形成了"CRI悦生活"的特色品牌。

1. "CRI悦生活"发展过程中的经验

（1）紧跟社会热点，打造有特色的权威外宣平台

"CRI悦生活"每天紧跟中国和老挝的社会热点事件，合理策划和编辑平台上的内容。一方面，中老社会热点事件是用户普遍关注的焦点，可以引发用户的阅读兴趣，带来更多的阅读和转发量；另一方面，社会热点也是媒体需要关注和报道的方向，更是借以发表观点、影响舆论走向、树立舆论权威、提升媒体话语权和传播影响力的契机。

（2）贯彻贴近性原则，紧密联系受众生活，打造有效的信息服务平台

"CRI悦生活"积极贯彻对老传播"走出去""本土化"等指示精神，利用CRI万象调频台的本土化优势，广泛调研受众偏好，了解受众需求，密切关注与受众生活息息相关的资讯，大力创新开发新媒体产品。如：在"CRI悦生活"微信公众平台上，不仅有《哥儿俩》《中老双语会》等帮助中国和老挝受众提高外语水平的语言教学类栏目，也有为广大市民、游客介绍旅游生活资讯的《乐在老挝》，还有解读老挝法律法规的《看法》栏目，高度契合中老政治、经贸、文化和旅游等联系日益密切的总趋势，为受众提供了便捷有效的信息服务平台。

（3）高度重视微信用户在信息传播中的主体地位，打造活跃的互动平台

与传统媒体和读者的互动不同，微信公众号可以即时地、直接地和用户进行交流，用户的问题、见解、评论都可以即时与账号运营者进行沟通，形成"点对点"的双向沟通机制。因此，"CRI悦生活"关注与每一位活跃用户的交流互动，每天定时在微信公众号后台对受众提出的有关学习生活方面的问题、对于微信公众号发展相关的意见和建议做出解答和回复，并充分发挥微信用户在传播中的主体地位，建立起媒体与受众之间一对一的沟通桥梁，与用户建立朋友一样的关系，拉近了媒体与用户的距离；鼓励用户通过"CRI悦

生活"微信公众平台发表内容健康积极、具有一定相关性的原创稿件，分享自身在中老两国跨文化交流中的亲身感受。此外，在微信公众号上还定期发布中老诗歌文学专栏《为你读诗》，吸引了许多对中老诗歌文学感兴趣的中老受众踊跃参与。通过微信公众号的发布与用户的自发分享传播，形成中老文学文化交流的良好氛围，为中国文化"走出去"和跨文化交流发挥了积极作用。

2. 微信公众号建设面临的问题

在两年多的发展中，"CRI悦生活"积累了一定的用户基础，在一定程度上形成了自身的品牌效应，但是在运营中，也遇到了一些问题。

（1）老挝受众的社交媒体使用偏好，使得微信公众号订阅用户累积难度大

目前在老挝社会中，应用最广泛的社交媒体网站是Facebook，而最常见、应用最广泛的即时通讯软件为Whatsapp和Line，使用微信的老挝受众仍在少数。而由于微信公众平台的限制，并不能像纸媒那样通过大范围寄送样刊，或是发送免费版来吸引用户的注意，只能通过种子用户的转发和推荐来逐渐获得关注。所以，在微信公众号发展过程中，老挝受众订阅人数累积难度较大。

（2）双语稿件在翻译时可能出现翻译不到位导致传播信息出现偏差的情况

中国文化"走出去"是国家战略，翻译作为对外传播的一种方式一直是我国对外宣传的重要手段。在中老双语微信公众号的发展过程中，翻译文本是否达到对象国的语言要求、文本内容是否符合对象国主流意识形态，是保证对老传播效果的基础。然而随着社会不断发展变迁，汉语和老挝语也始终处于不断变化发展的进程中，对于翻译人员语言技能的更新提出了更高的要求。但同时不可避免的情况是，新媒体的运营团队日益年轻化，在保证微信公众号发展生机活力的同时，在语言翻译、文化差异把握等方面难免有所欠缺，这也是微信公众号运营者必须严肃思考和妥善解决的问题。

（3）"一套班子，两个平台"

在"CRI悦生活"微信公众平台的运营过程中，人员都来自于传统广播媒体，通常是完成传统广播媒体工作后，利用空余时间完成公众号资讯的编辑发布。而公众号发布的大部分内容都来自传统媒体自身的原创，是传统媒体和新闻网站内容在微信公众号的延伸。因此难免出现微信公众平台与传统媒体新闻网站风格和内容同质化，运营人员纠结于传统媒体与新媒体的夹缝中，无法真正体现出新媒体平台的特色和优势。

四、关于进一步发展"CRI悦生活"对老挝传播的思考

通过分析和总结"CRI悦生活"对老挝传播近年运营中的经验和问题，笔者有以下几点思考。

1. 要在提升订阅数上下工夫，要借助各种机会、各个平台推广微信公众号

高订阅量是高阅读量和点赞量的基础。只有更多的人订阅，才能有更多的人去阅读、

点赞，才能使公众号内容有更大的机会在朋友圈和微信群中传播。目前中国国际广播电台老挝语部拥有无线广播、调频广播、新闻网站、杂志纸媒、境外社交网站等多种媒体平台资源，可以充分利用各平台进行推广，达到自我宣传、提高受众认知度和辨识度的效果；同时，通过各种线上线下活动，吸引潜在用户，通过点对点的人际传播快速提升公众号订阅人数。

2. 微信公众号要把对外传播和对内传播统筹起来

现阶段，"CRI悦生活"的订阅者仍然以中国用户为主。对一群讲中文的用户进行外文传播并非没有意义，因为社交媒体要靠人际传播，国内懂老挝语的人群是连接老挝受众的重要纽带。通过对国内订阅用户兴趣和习惯的了解，可以将经验用于对老挝受众的传播。但是要注意对中文和外文、中国内容和外国内容进行平衡，不能因片面追求中国订阅人数而忽略了媒体"外宣"的本质。

3. 外宣传统媒体的微信公众号要想得到可持续的成长，就要认清不足，突破现有思想束缚，不断创新并积累经验，探索出有效的新媒体运营道路

在此，不仅要求实现内容的创新，避免新媒体与传统媒体的同质化，还要求运营者思想创新并不断提高新媒体运营能力，接受新媒体运营相关知识技能培训，强化新媒体发展理念，实现微信公众平台运营团队专业化水平的逐步提高，做好硬件和软件的匹配，充分发挥微信公众号的特点和优势。

4. 将跨文化传播的理念贯彻到微信公众号建设中

除了规定动作中的信息发布功能之外，还应充分考虑老挝的社会、人文和环境因素，尤其要注意对象国社会价值的取向及文化发展的态势，注意规避文化差异可能造成的传播副作用，在运作中不断摸索老挝新媒体受众的兴趣，尝试在其感兴趣的形式和主题上多做文章。最终在完成外宣任务的同时实现媒体自身品牌发展，并取得良好的社会赞誉，营造融洽和谐的传播氛围。

（作者单位：中国国际广播电台老挝语部）

参考文献：

1. 刘扬、刘慧：《对外传播媒体微信公众号发展状况初探》，《对外传播》，2015年第7期。

2. 周谨平、汪少文：《基于大学校园微信平台的国学双语传播推广研究》，《湖北成人教育学院学报》，2016年第3期。

3. 欧阳友权：《微信文学的存在方式与功能取向》，《江海学刊》，2015年第1期。

4. 郭蓉：《微信公众平台：校园文化传播的新媒介》，《今传媒》，2014年第6期。

5. 单波、王金礼：《跨文化传播的文化伦理》，《新闻与传播研究》，第12卷第1期。

6. 方兴东等：《微信传播机制与治理问题研究》，《现代传播》，2013年第6期。

7. 刘澄子：《外宣传统媒体微信公众平台建设与运营策略浅析——基于外宣传统媒体微信公众平台订阅号的观察》，《新闻研究导刊》，第6卷第12期。

8. 鲍晓英：《中国文化"走出去"之译介模式探索——中国外文局副局长兼总编辑黄友义访谈录》，《中国翻译》，2013年第5期。

9. 范颖、吴越：《青年用户微信公众平台的使用动机与行为研究》，《现代传播》，2016年第4期。

国际台印尼语社交媒体及对象国社交媒体比较

王 鑫

在印尼，社交媒体已经成为很多人生活中非常重要的组成部分。信息的交流与获取，有不少都是在社交媒体上完成的。尤其在年轻人当中，社交媒体开始逐渐取代传统媒体，成为他们获得信息的首要或必要选择。

社交媒体是一种新兴的媒体形态，我们有必要对其进行研究分析。印尼是东南亚人口大国，其社交媒体具有很多东南亚国家普遍存在的共通点，又有很多独具国别特征的不同之处。只有在了解印尼社交媒体的现状和发展趋势之后，我们才能够真正了解当地民众在社交媒体上的使用习惯和选择偏好，真正在社交媒体的建设上有的放矢，面向我们的目标受众，打好社交媒体上的攻坚战。

一、印尼社交媒体使用情况

印尼是世界上第四人口大国，总人口达到2.59亿，成为各个社交媒体争夺用户的重要战场。目前印尼国内使用互联网的活跃人口比例并不高，仅占总人口的34%。但是无论从增长势头，还是从社交媒体的使用情况来看，在未来基于移动端的社交媒体将成为网络信息交流的主要方式。①

1. 人口特点与地区分布

首先，印尼的互联网社交媒体在东南亚国家当中占据相当大的人口比重。截至2016年，整个东南亚的互联网用户达到2.54亿人，其中印尼的互联网活跃用户数就达到了0.88亿，占三分之一强。更重要的是，在互联网接入基础之上，整个东南亚1.86亿社交媒体活跃用户当中，有0.79亿来自印尼。在印尼有34%的人口活跃使用互联网，30%的人口活跃使用社交媒体。使用互联网的人，基本上都会使用社交媒体。从增长率来看，互联网的活跃使用人数在一年里增加了15%，而社交媒体的活跃使用人数同比增加了10%。

这意味着印尼无论在互联网接入还是在社交媒体使用上，不仅远远高于东南亚平均水平，还以其迅猛的增长势头和庞大的人口红利，成为各个社交媒体平台在东南亚乃至整个发展中国家中争夺的重要市场。

其次，从性别和年龄组成来看，39岁以下的中青年人可以说是社交媒体的生力军。这些人当中尤其以十几岁的年轻人最为活跃。此外，男性的社交媒体使用率普遍要高于女性，只有在13—19岁的年轻人当中，男女两性的使用程度是相当的。这基本与印尼目前的人口年龄结构相吻合。只有28.2岁的全国平均年龄，意味着青年人群是印尼社交媒体市场的主要目标群体。

最后，从地区分布来看。社交媒体的使用情况与各个地区的人口密度和经济发展程度相匹配。对于一个有着17000多座岛屿的国家来说，要实现网络的全覆盖，实属不易。从互联网的使用情况来看，经济最发达、人口最多的雅加达地区，网络和社交媒体的使用率最高。而相对偏远的岛屿，由于受到经济和地缘的影响，使用网络和社交媒体的人口比例也较低。社交媒体使用率最高的三个岛屿分别是爪哇岛、苏门答腊岛和加里曼丹岛。

2. 各类社交媒体在印尼的应用

社交媒体存在广义和狭义之分。在印尼，人们使用社交媒体的目的，主要是与家人、朋友和同事进行沟通、交流和分享信息。因此，即时通信软件在印尼有非常大的市场。BBM、Facebook Messenger 以及 Whatsapp 之类的即时通信应用，开始逐渐取代手机短信，成为人们相互之间信息沟通的工具。这部分基于互联网络的即时通信应用，虽然不能被称作完全意义上的社交媒体，但也组成广义社交媒体的一部分，毕竟这些应用软件帮助人们交换并分享了信息，具有一定的媒介作用。

在基于Web2.0技术而建立起来的社群和信息分享的新媒体平台上，Facebook在印尼可谓是一家独大。印尼的社交媒体使用者当中，至少有八成以上是经常使用Facebook的。不过，近年来不少其他社交媒体平台的增长也颇为迅速，其中不乏中国的社交媒体平台。这也给国际台印尼语的社交媒体建设提供了独特的机遇。

首先，Facebook在印尼的统治地位没有发生改变。在一项针对印尼社交媒体的使用情况调查当中，有84.6%的人称自己使用过Facebook，紧随其后的Instagram和推特则分别只有66.7%和28%，差距是很明显的。如果加上Facebook自带的Facebook Messenger即时通信应用，可以说Facebook在印尼占据了90%以上的市场份额。

其次，印尼社交媒体也进入了差异化的发展阶段。一部分特色社交媒体开始崭露头角，在一些领域甚至开始与Facebook分庭抗礼。例如，尽管Instagram的市场份额依然小于Facebook，但双方的差距在不断缩小。由于Instagram支持一键转发多个社交媒体平台，并以精美的图片为交流特色，在内容议题的选择上对时政等敏感话题相对弱化，因此格外受到女性群体的青睐。有数据也显示，印尼女性群体对Instagram的使用频率，开始出现赶超Facebook的趋势。此外，在职场社交领域，领英（LinkedIn）在中青年精英网民当中的受欢迎程度不断增加，其市场份额也从2016年第一季度的5.6%增加到了第三季度的7%，值得关注。不过，一度火爆的推特却出现了一定程度上的市场萎缩，这当然与推特在全球市场上的表现也是一致的。

最后，微信的崛起。2013年是微信在印尼迅速发展的一年。2013年年初，腾讯与印尼最大的媒体公司Global Mediacom联合组建了一家合资公司，开始推广微信在印尼的本土化应用。由于有着华裔群体的天然联系，微信在华人群体中的覆盖率较高。此外，由腾讯推出的音乐产品JOOX也已经成为深受印尼年轻人喜爱的流媒体音乐平台。随着该产品进一步推出文字、视频和直播业务，其在印尼的社交媒体市场中具有非常大的潜力。

二、印尼社交媒体的未来趋势

印尼社交媒体未来的发展，既有全球社交媒体发展的共性，也有印尼的国家特色，只有掌握了这些特点和趋势，才能让国际台印尼语社交媒体在知己知彼当中赢得更多的受众和口碑。

1. 科技革新带来的社交媒体大发展时代正在到来

在印尼政府的大力支持下，早在 2011 年，印尼就已经实现了对全国各个地区的网络 3G 信号全覆盖。这为基于互联网的社交媒体应用奠定了良好的基础。此外，随着智能手机的普及，移动端的接入越来越多，买不起电脑的人群也完全可以通过平价的智能手机，参与社交媒体的交流分享。尤其是年轻人群体非常热衷于买手机和换手机。印尼全国 2.59 亿人口，却有 3.26 亿人次的手机接入量。这意味着平均每人拥有 1.26 个手机或手机号。这让基于移动端的互联网社交媒体有了很大的用户基础和设备基础。现阶段，在印尼的社交媒体普及率尚较低的情况下，未来还有占总人口近三分之二的市场有待开发，可以说是社交媒体的一片蓝海。

2. 印尼年轻的人口结构，让社交媒体有更多的发展优势

从人口构成来看，印尼是一个非常年轻的国家，平均年龄只有 28.2 岁。此外，印尼的青壮年人口当中，男性人口要略微高于女性人口。健康年轻的人口和性别构成，将为印尼未来经济发展带来持续的人口红利。这些人口红利，也将给主要目标人群为 40 岁以下中青年群体的社交媒体，带来持续而可靠的受众市场。这为各个社交媒体平台在印尼确立自己独特的产品定位，以及内容提供者在社交媒体平台的选择上，提供了参考。

3. 未来的挑战在于内容创新和文化契合

不过，机遇之中也存在不小的挑战。这种挑战主要来自内容的创新和文化的融合。首先，在一个全球开放的互联网当中，如何通过本土化的内容和形式来吸引印尼本地的流量，真正实现社交媒体的本土化运作，是很多社交媒体平台面临的一大挑战。其次，印尼是一个多民族多信仰的岛屿国家，每个地区、每个族裔、每一种信仰，都对资讯有不同的关注点。如何利用好社交媒体的融合优势，在同一个平台上满足不同人群的不同信息需求，这需要下很大的工夫。尤其对于华文社交媒体来说，如何走出华裔族群，覆盖到主流人群，满足其社交需要，是很有挑战性的问题。

三、国际台印尼语社交媒体的现状

目前，国际台印尼语社交媒体共有五个账号，分别是一个微博账号，一个微信公众号，以及三个 Facebook 专页。每一个账号，都有鲜明的受众定位。

1. 三个 Facebook 专页

由于 Facebook 在印尼的覆盖面最广，因此国际台印尼语在 Facebook 内容上下了很大

工夫。针对印尼社交媒体使用者主要是年轻人的特点，印尼语的三个Facebook专页进行了不同定位。用不同的内容，去覆盖尽可能广的受众市场，目前，印尼语Facebook的粉丝总数已经达到了44万人。

其中，CRI印尼语的主账号以新闻为主，为网友提供最新的中国资讯以及印尼本土的政治、经济、社会和文化信息；"Lentera身边"这个主页，主打轻松幽默休闲的生活方式，为受众提供有趣好玩和新鲜的生活内容；而"Blitz Asia"则以时尚为主，为年轻人介绍亚洲的电影、明星、音乐等时尚资讯。

2. 微信公众号和微博账号

"CRI印尼Indonesia"微信公众号主要针对双语受众。由于微信在印尼的华裔群体当中使用较多，使用印尼语和中文双语的微信公众号也吸引了数千粉丝。此外，"CRI印尼"微博账号主要是中文，目标受众是希望了解印尼的中国受众。

3. 受众习惯

目前，国际台印尼语社交媒体的主要受众是印尼的中青年群体。在对三个Facebook账号的受众年龄进行分析后发现，12—18岁的青年人占15%，19—35岁的中青年占38%，36—50岁的人群占27%。在这些受众当中，经济较为发达，互联网接入率较高的爪哇岛占据了近一半的流量。此外，值得注意的是，有将近五分之四的受众是通过移动终端接收内容。这对于将来在内容选择上如何符合移动端的收看习惯，有很大的参考价值。

四、国际台印尼语社交媒体未来的发展思考

在对印尼社交媒体的现状和发展趋势有了一个初步的认识之后，我们可以更加有效地推动国际台印尼语社交媒体的发展。根据受众的偏好和收听收看习惯，每个社交媒体产品都要有精准的受众定位，通过内容创新和形式创新，在真正意义上触达主流人群，从而实现在印尼的国际传播能力的新突破。

1. 坚持原创与形式创新

内容，在任何一个时代都是一个稀缺资源。内容的深度和广度，决定了一个媒体传播能力的深度和广度。对于社交媒体产品来说，作为传播核心的内容是不变的，变化的只是渠道、形式和包装。原创的内容，如何结合社交媒体的互动式传播特点，如何契合短平快的社群分享模式，如何精准地满足不同受众的需求，是需要解决的关键问题。

国际台印尼语作为向印尼受众介绍中国的平台，一方面要坚持在内容上推陈出新，不断创造出有影响力、有深度，并适合社交媒体受众群体的内容产品；另一方面，要做好包装与形式创新。这种形式创新，需要在方方面面都考虑社交媒体受众的偏好，例如语言如何符合印尼年轻人的网络用语习惯，图片如何适配移动终端，视频如何满足3G的流量限制，等等。例如，《鑫话题》这个原创视频产品，在印尼网友当中已经积累了一定的受众群体和品牌影响力。未来需要探讨的，就是如何增加频次，如何满足多终端的适配，如何

进行规模化的制作，以及如何利用这个品牌，与印尼主流社交媒体平台实现内容和形式上的契合。

2. 找准定位

在原创内容的基础上，各个社交媒体产品应该有明确而精准的定位。这种定位，不是制作者随便想一想就可以得出结论，而是需要依靠大数据的支撑。现在大部分的社交媒体平台都会为内容发布者提供非常强大的数据分析报告。内容提供者可以根据这些报告，来了解自己的受众"在哪里、都是谁，以及他们想看什么，什么时候看"等这些以往传统广播和电视媒体需要依赖于第三方机构的复杂调研也不一定能够得到的精准数据。根据这些数据，内容发布者能够进一步调整内容定位，从而实现最为精准的传播。也就是说，这种内容的定位不是一成不变的，是互动的，可以适时调整的。这也是国际台印尼语未来需要对其系列社交媒体产品进行产品定位时需要精准考虑的。

3. 找好平台

目前，国际台印尼语的社交媒体产品，基本都是在最为主流的社交媒体平台上发布。这固然与印尼现有的社交媒体格局有很大的关系，但是，我们也应该看到其他社交媒体不断发展的步伐，例如 Instagram、推特以及职场社交的领英，都在印尼具有一定的市场占有率，甚至在某些领域超过了 Facebook 的覆盖能力。随着网络基础设施的不断发展，音乐类、视频类甚至直播类的社交媒体，也在不断萌芽之中。这些分众社交媒体平台也是国际台印尼语未来需要拓展的平台。

4. 融入主流

融入主流这四个字，是对外传播当中老生常谈的话题，但往往在具体操作当中，却遇到很多困难。国际台印尼语作为以印尼语为主要传播语言的外国媒体，融入印尼本地主流社会有一定的优势，但也存在一些限制。对于曾经的广播来说，外国广播容易被贴上标签，不利于在主流社会的推广。而到了社交媒体时代，大家都在同一个起跑线上，年轻群体也较少贴标签的喜好，而更多地只关注内容本身。同时，国际台印尼语作为当地社交媒体的内容发布者和参与者，必须要学会使用当地的网络语言，贴近印尼年轻人的生活，满足他们对本地资讯的需求，才能更好地参与话题讨论。这也是未来在内容生产过程中，需要不断本土化的原因所在。

总而言之，印尼当前的社交媒体使用率还不高，对于这样一个人口大国来说，社交媒体未来在印尼有很大的发展空间，尤其能够迅速地在年轻人当中开拓出一片全新的市场。这将是我们提高对印尼传播能力的一个重要渠道。因此，我们需要在内容创造、产品创新、精准定位和平台选择上做好功课，从而实现进一步融入印尼主流社会的传播目标。

（作者单位：中国国际广播电台印尼语部）

注释：

① 本文中的部分数据来源于《我们是社交的（We Are Social）》2016年报告，网址为：http：//wearesocial.com/uk/special-reports/digital-in-2016。以及《2016年第三季度印尼社交媒体趋势报告 Indonesia Social Media Trend Q3 2016 Report》，网址为：https：//blog.jakpat.net/indonesia-social-media-trend-q3-2016-free-report/。

积极利用新媒体传播优势
提升国际台泰米尔语对印传播力
——以国际台泰米尔语脸书账号运营实践为例

张同义

2016年2月19日，习近平总书记在党的新闻舆论工作座谈会上指出，随着形势发展，党的新闻舆论工作必须创新理念、内容、体裁、形式、方法、手段、业态、体制、机制，增强针对性和实效性。要适应分众化、差异化传播趋势，加快构建舆论引导新格局。要推动融合发展，主动借助新媒体传播优势。要抓住时机、把握节奏、讲究策略，从时度效着力，体现时度效要求。要加强国际传播能力建设，增强国际话语权，集中讲好中国故事，同时优化战略布局，着力打造具有较强国际影响的外宣旗舰媒体。[①]

发挥新媒体传播优势加强媒体传播力建设是外宣工作中的一门"必修课"。相比传统媒体，以社交媒体为代表的新媒体有高效、及时、覆盖人群广等明显的平台优势，对讲好中国故事、提升对外传播效果有着非常积极的意义。尤其是以脸书、推特为代表的国际社交媒体，具有全球布局、用户数量庞大的平台优势。这些社交媒体平台是中国国际广播电台（以下简称国际台）开展外宣的重要阵地之一，是讲好中国故事、塑造中国形象、发出中国声音的一个公共舞台。本文将结合国际台泰米尔语脸书账号运营实践，探讨如何善用、巧用社交媒体提升国际台对印传播力。

一、新媒体发展现状与趋势

关于新闻客户端、移动直播、无人机拍摄、虚拟现实、短视频等媒体技术实践的话题最近显得格外抢眼，日新月异的各种互联网技术对广大媒体从业者来说更是目不暇接。伴随当前移动互联网、大数据、云计算等信息技术的快速发展，传统媒体与新媒体融合趋势日渐明显，以社交媒体为代表的新媒体发展如日中天。因社交媒体独特的高"连接"率，相比传统媒体而言有着所向披靡的传播效率。"美国总统特朗普推特治国"正是个人或机构利用社交媒体提升传播力的经典案例。在新媒体发展势不可挡的趋势下，我们在思考如何建立自己的新媒体的同时，还要学习如何善用别人的平台为自身服务。尤其作为外宣媒体人，需要更加深入地思考如何整合第三方媒体平台，实现提升传播力的目标。

1. 印度传统媒体应用新媒体现状

国际台泰米尔语部传统广播受众和新媒体用户主要集中在印度、斯里兰卡、马来西亚、新加坡、美国、南非、中东等国家和地区，其中对印广播在国际台对外传播中有着重要的意义。本文重点以印度传统媒体的社交媒体运用作为研究对象，展开分析和探讨。以下是印度国内泰米尔语主流媒体开展社交媒体运营的简要统计表。

媒体名称	主要新媒体账号开设情况（社交媒体、视频网站、官方APP）					脸书账号主页粉丝量（万）
	脸书	推特	谷歌＋	优兔	客户端	
Dinamalar	有	有	有	有	有	195
Dinamani	有	有	有	无	有	14
Thehindu	有	有	有	无	有	504
Dailythanthi	有	有	有	有	有	282
Dinakaran	有	有	无	有	有	363
Vikatan	有	有	有	无	有	207
Puthiyathalaimurai	有	有	无	无	有	240
Oneindia-tamil	有	有	有	有	有	156
BBC-tamil	有	有	有	无	无	98

从上表可以看出社交媒体已经是印度报纸、电视等传统媒体的必争之地，尤其是以脸书为代表的社交媒体，是新闻媒体重点运营的平台，借助社交媒体提升自身媒体的知名度和影响力是印度媒体的共同发展趋势。以印度泰米尔纳德邦本地报纸"Dinakaran"为例，其脸书主页已经积累300多万的粉丝，通过脸书主页运营有效地实现了线上和线下互动传播，是传统媒体利用社交媒体实现融媒体传播值得学习的案例。同时，分析表格中的数据还可以发现，国际台泰米尔语在利用社交媒体提升传播效果方面还有非常大的上升空间和机会。

2. 利用社交媒体开展对印传播的必要性

根据印度移动与互联网协会发布的2016年《印度互联网报告》，截至2016年12月，印度互联网用户已经达到了4.32亿，预计到2017年6月互联网用户人数将达到4.65亿。在印度互联网用户数量快速增长的同时，印度智能手机销量也在高速增长，为移动新媒体市场创造了巨大的发展机会。

中国和印度是邻国，也是世界上拥有最多人口的两个大国，因此增进两国人民的相互了解和理解具有重要意义。但事实上，过去和现在印度民众对中国社会都非常缺乏了解，在认识上存在信息鸿沟。印度泰米尔语主流媒体涉华报道重点集中在中印边界问题上，而且涉华报道中负面消息偏多。在此背景下，提升我国媒体对印传播力显得尤为重要。根据印度新媒体的发展现状可以看到，积极利用社交媒体传播优势提升传播力是泰米尔语对印传播中的重点工作之一。社交媒体凭借强大的连接能力，为对印传播尤其是讲好中国故事、塑造中国形象、增强中印人民友好关系创造了巨大的舞台。主动发挥社交媒体优势，提升传播效果大有可为。

二、利用社交媒体提升对印传播力的若干实践与总结

社交媒体工作不是简单地发帖、发图、发视频。真正运营好一个社交媒体账号，获得百万、千万量级的粉丝并非一件易事，需要在实践中不断总结运营经验。只有持之以恒地创新才有传播效果可言。以下是笔者在国际台泰米尔语部脸书账号运营实践中的若干心得。

1. 制定社交媒体工作规划

无论是传统媒体还是新媒体，确定工作目标和具体执行计划是成功的第一步。只有在传播目标上做到有的放矢，日常运营中做到有章可循，才可能达到预期的传播效果。要想做好社交媒体的工作，达到传播效果，第一步需要对"战略"和"战术"做认真周详的思考：社交媒体账号的总体定位是什么？面对的主要受众是谁？平台上发布哪些主要内容？一定时期内目标粉丝量是多少？围绕这些关键问题确定社交媒体发展计划，制定详细的工作流程，社交媒体的日常运营才能做到有的放矢，事半功倍。

2. 培养"社交媒体"思维方式和习惯

相比传统的社区 BBS、即时通信服务，无论是中国的微博还是脸书等国际社交媒体，信息组织和功能设计都高度体现了"社交"功能，强调人与人的互动、信息的分享。开放式的信息组织结构和粉丝关系让信息传播速度更快、传播范围更广。如果说互联网让地球变平了，社交媒体则让地球变小了，尤其在移动互联网下的社交媒体中，信息显示"裂变爆炸"般的传播力。因此，要做好社交媒体运营首先需要切换思维，培养"社交媒体"思维方式和思维习惯，要深入研究如何充分发挥转发、分享、粉丝评论、点赞等功能。这些普通的功能按钮，恰恰体现出社交媒体的核心价值，善用、巧用、创新应用这些功能往往能获得意想不到的传播效果。

3. 深入分析社交媒体用户

社交媒体网站有着上亿量级的注册用户，对粉丝和潜在受众的分析和研究是社交媒体账户运营工作中最基础也是非常重要的一部分。通过借助社交媒体提供的各种分析工具，运营者要对受众做一个全面的分析和了解。对社交媒体中受众的男女比例、年龄阶段、教育程度、阅读高峰时间、感兴趣的话题、宗教信仰、对中国的了解程度、主要的上网工具等信息深入研究，有了可靠、真实的数据支持，对"帖子给谁看？粉丝喜欢看什么？"等问题的答案自然心中有数，在传播效果上也能事半功倍。

4. 做好媒体内容和产品的定位

一个优秀的社交媒体运营者必须是一个优秀的文案编辑者。"内容为王"这句话是老话，但能做到内容为王却不是容易的事儿。注意力经济时代，内容是获取注意力的重中之重。但今天的内容已不局限于文章，一段文字、一张图片、一个短视频都可以成为好的内容。优质内容是媒体的立身之本。这个原则放在社交媒体运营上更是如此。即使对账户运

营的工作目标、执行流程制定了周详的规划，对受众做了全面深入的分析了解，如果没有优质内容的支撑，仍无法实现一个账户的可持续运营，更谈不上传播力的提升。假设一个社交媒体工作者只是当搬运工，简单将传统媒体的素材、网站发布的内容直接迁移到社交媒体上，其结果就是阅读量低、无点赞、无评论、无互动，更严重的后果是让受众失去兴趣，从而掉粉。可以说社交媒体运营"成也内容、败也内容"。那什么内容才算是"优质的社交媒体内容"呢？通过研究笔者发现，好的内容大概有以下几类：一是与受众生活高度相关的内容，这类内容通常能获得广泛的关注。例如，泰米尔语部在脸书中策划了"在北京过庞格尔节日"的选题，推出相关图片、小视频等独家特色内容，帖子阅读量轻松过10万，评论、转发量、点赞量都纷纷创下账号开通以来的新纪录。二是与社交媒体平台上热点相关的内容。分析社交媒体某一时段集中出现的"热点内容"，策划相关内容或话题都会有不错的效果。三是趣味性的多媒体内容。例如，在外国人印象中功夫是中国文化的一个符号，是很多受众感兴趣的内容，据此策划一个中国功夫的系列图片或小视频是讨巧的办法，同时还传播了中国文化。在内容策划时需要一提的是，国际台作为严肃的外宣媒体，不能为了单纯追求粉丝增长、点赞数量，放弃应该遵守的职业准则。笔者认为国际台"向世界介绍中国，向中国介绍世界，向世界报道世界，增进中国人民与世界人民之间的了解和友谊"这一宗旨可以很好地指导社交媒体的内容定位。

5. 善于使用社交媒体语言和规则

前面已经强调了社交媒体运营必须转化传统媒体的思维，在实际工作中，社交语言恰到好处的应用正是这种思维具体的体现。国际台肩负着传统广播外宣任务，在严肃的新闻广播稿件中语言表达往往很严肃、严谨。如果我们在社交网站发布非时政新闻内容时直接照搬广播语言体系，往往达不到预期效果。在实际工作中，我们要研究适合社交媒体传播的语法法则，比如根据内容适当使用一些网络流行词，善用@、#等符号，适当使用问句以增加留言互动。表达同样的意思，讲述同样的故事，如果巧用、善用社交语言，可以大大提升传播效果。

6. 适度推广可以快速提升传播效果

社交媒体账号初期运营中，账号的粉丝量通常是通过内容分享慢慢积累而来，当到达一定阶段后会遇到粉丝数量增长的瓶颈。在这种情况下，如果有引发粉丝广泛关注和点赞的好帖时，我们建议可以对帖子进行一定程度的付费推广。好帖推广的好处主要表现在两个方面：一是提升帖子的传播效果，二是带来粉丝的大幅增长，这是更重要的。高质量的好帖、好文推广会形成一个良性循环，让更多的人发现账号，也会让之后发布的内容得到更多的关注。

7. 社交媒体运营需要不断学习新技能

社交媒体是个变化飞快的行业，许多今天还在盛行的方法也许明天就过时了，因此你必须与时俱进，及时调整自己的知识结构，对于新工具、新功能和搜索规则的变化了如指掌。社交媒体本身就是大熔炉，是新媒体技术的练兵场，昨天还是图片为主的内容，今天可能是短视频，明天可能是直播、VR等新手段。为了让目标受众获得优质的内容、良好的阅读体验，在社交媒体运营中我们永远是学习者。

8. 社交媒体对印传播的经验小结

虽然以脸书为代表的社交媒体在印度取得了长足的发展，并占有一席之地。但是，以报纸、广播、电视为主的传统媒体在舆论控制力和媒体影响力方面仍然有着绝对的优势。因此，印度社交媒体用户关于中国的认识很大程度上受传统媒体的舆论影响。笔者在过去一年多时间的社交媒体运营实践中发现，对印新媒体传播有以下三点值得关注：第一，针对印度社交媒体男性用户、年轻用户比例较高的特点，社交媒体传播中关于中国社会发展的内容比例可以适当增加，以增进年轻受众对中国的客观了解，减少偏见。第二，在中印经贸往来大幅增加的大背景下，在社交媒体内容上可以增加更多实用服务类资讯，通过有效满足受众需求达到保持用户黏着度的目标。第三，开展社交媒体对印传播时，应当积极关注印度主流媒体社交媒体账号运营中涉华报道的内容，要对其中负面不实报道作出及时的回应。

三、创新社交媒体与其他新媒体平台的融合传播

近些年社交媒体可谓是新媒体发展的最佳代表、最佳实践，但社交媒体并不能取代其他新媒体。事实上，国际台在讲好中国故事、做好对外传播上可以积极利用的媒体平台的选项是很多的。除了社交媒体以外，以下几类新媒体的发展非常值得关注。如果创新地利用这些新兴媒体平台，在助力提升国际传播力上同样会有事半功倍的效果。在未来泰米尔语对印传播工作中应在社交媒体和其他新兴媒体创新融合上做积极的探索和有益的尝试。

1. 与网络直播、问答社区等媒体内容生产源头的融合

媒介形式、传播形态持续演变，要求外宣媒体通过深度融合占据制高点。特别是移动应用、社交媒体已成为主要信息入口的背景下，如何有效开展新媒体的舆论引导和加强媒体融合传播都是新的挑战，同时也是我们面临的机会。比如最近两年网络直播、问答社区等成为舆论生成传播重要源头。尤其网络直播、问答社区中"网红""大V"们的影响力让人惊叹。面对传播形态的深刻变化，只有创新推进媒体深度融合，才能牢牢掌握舆论主导权。以泰米尔语重点传播对象国印度为例，当前网络直播是其方兴未艾的产业，直播市场上有 live me、mi live 和 bigo live 三家主要的直播 APP，除此以外社交巨头如脸书、推特也纷纷推出直播功能。无论独立的移动直播 APP，还是像 facebook live 这样的社交媒体提供的直播服务，都是我们讲好中国故事的好工具。我们的重点工作是思考如何创新性地实现社交媒体高效传播和直播的有效融合，从而提升对印传播的影响力。

2. 与"今日头条"等聚合类平台的推广合作

在社交媒体蓬勃发展的同时，类似中国"今日头条"的新媒体公司也获得越来越多的关注。"今日头条"模式的出现是这个信息爆炸时代的必然产物。面对海量信息，用户的

注意力明显不够用。此时，基于数据分析进行的定向推送和偏好匹配平台成为市场的创新者，"完美"地解决了用户的注意力问题。在大数据和"人工智能"算法的协作下，在基于受众的内容分发和推送上这类新媒体公司具有明显的技术优势。利用技术优势和快速积累庞大用户，"今日头条"们的平台优势越发明显，聚合力越来越强，影响力也越来越大。目前印度的新闻聚合平台大致有 Hotoday、Dailyhunt、Newsdog、UC News、NewsRepublic、Inshorts 等。为了触达更多的受众群体，以前可以借助与门户网站、搜索引擎等合作的方式增加阅读量，提升媒体内容传播力，但随着"今日头条"等聚合类平台爆发式发展，未来与这类平台的合作将是提高传播力的捷径。相比媒体机构自己运营的 APP，聚合类平台 APP 的明显优势是拥有百万、千万量级的用户资源。因此，积极开展与印度版的"今日头条"们在内容分发上的合作，实现传播途径的融合也是对印新媒体传播中值得期待的尝试。

3. 新媒体矩阵传播，获得最大传播效果

美国最热门的短视频媒体 NowThis 是尝试矩阵传播和媒体融合的值得关注和学习的案例。这个"小而精"的新媒体公司在发挥新媒体传播矩阵的营运方式上可以说做到了极致。在其官方的网站上只有 facebook、twitter、snapchat、tumblr、instagram、vine、youtube 的导航链接，用户可以直接跳转到自己喜欢的平台上去。这个新媒体公司通过社交媒体矩阵布局，将社交媒体的作用发挥得淋漓尽致，同时还减少网站运营的支出，将精力主要集中到内容制作上，最大限度地提升自身的媒体品牌和影响力。这种新媒体的运营方式同时也体现了内容为王，对国际台小语言的新媒体传播是很好的启示，也是值得学习的。

四、结语

虽然开展对印传播工作中充满各种挑战，困难重重，但是新媒体技术和印度互联网的快速发展为国际台泰米尔语对印传播开辟了新的传播空间、新的机遇。我们相信主动借助社交媒体传播优势，国际台泰米尔语对印传播在讲好中国故事、塑造中国形象、增加中印人民相互了解和友谊中一定会发挥更大的作用。

（作者单位：中国国际广播电台泰米尔语部）

注释：

①《人民日报》，2016 年 2 月 20 日，第一版。

国内主流媒体葡语网站、社交媒体概况及新媒体传播策略研究

赵 焰

中国与葡语国家拥有全球17%的经济总量和22%的人口，在资金、技术、资源、市场等方面各有所长。近些年来，中国同葡语国家的经济文化交往不断加深，高层互动频繁。尽管葡萄牙仍受债务问题的影响，巴西陷入政治经济危机，但随着"一带一路"建设的推进和金砖国家机制不断巩固，中国同葡语国家的联系将愈加紧密。

据葡萄牙财经资讯网站"Dinheiro Vivo"报道，2016年11月中国和葡语国家进出口额为77.39亿美元，环比增长21.63%。其中，中国从葡语国家进口48.22亿美元，向葡语国家出口29.17亿美元。2016年1月至11月，中国与葡语国家进出口商品总值832.30亿美元。八个葡语国家中，巴西与中国贸易往来位列第一，安哥拉居第二，葡萄牙排名第三。目前，葡语国家在中国设立近千家企业，中国企业在葡语国家承包工程合同总额也超过900亿美元。双方在农业、环保、运输、通信、金融等领域的合作成果颇丰。2016年10月，中国—葡语国家经贸合作论坛第五届部长级会议在澳门举行，会上双方签署了多个产能合作项目协议。

与经济上的"亲密"形成对比的是葡语国家民众对中国相对陌生，他们的认知主要来源于本国或西方媒体的报道，形成了一定的刻板印象。鉴于此，加强同葡语国家的文化交流，通过互联网等新媒体，多渠道进行有效的对外传播势在必行。

一、主要葡语国家互联网等新媒体使用状况

巴西和葡萄牙拥有庞大的网民群体，互联网已融入生活的方方面面。截至2016年7月，葡萄牙约有570万网民。近19年里，该国网民数量增长十多倍，从1997年占人口总量的6.3%提升至67%，在青少年中网络普及率达到100%。[1]上网方式也越来越多样化，除了台式机和笔记本电脑外，许多葡萄牙网友选择用手机和平板电脑畅游网络。此外，有近500万葡萄牙网民有阅读网络新闻、浏览视频网站和博客的习惯。

葡萄牙IDC公司的调查数据显示，该国的社交媒体平台用户数量在近七年的时间里增长了3倍多，从17.1%增加到54.8%。[2]其中，有78.1%的用户使用软件收发信息和观看视频，64.4%的人在社交平台上聊天，另有61.5%的网民通过平台分享的链接获取新闻消息。网民群体中，15至24岁的青少年日均社交平台登录时间达到122分钟，女性网友的使用时间为92分钟，多于男性网友的81分钟。

巴西是一个网络大国，截至 2013 年 10 月该国共有 1.05 亿网民，数量位居世界第五位。2015 年，巴西超越日本，成为世界上拥有网民数量第四大国家。其中，38％的人每天都上网浏览信息、收发邮件、购物或登录社交媒体，网络活跃用户数量更是达到了 5720 万人次。

在巴西，互联网的普及程度与居民的年龄、收入及受教育程度息息相关。拥有中等收入和受过高等教育的精英阶层每周的上网时间更多，青年人则是新媒体和社交媒体的忠实"拥趸"。巴西 2015 年底发布的《媒介使用习惯研究报告》显示，65％的 25 岁以下的巴西青年人有每天上网的习惯，不过 65 岁以上的老年人这一比例下降到 4％。受访者中家庭月收入在最低水平（724 雷亚尔）以下的，有 20％的人每周至少上网一次；而月收入达到最低工资 5 倍甚至以上水平（3620 雷亚尔或更多）时，每周上网的比例增加到 76％。上网途径方面，71％的受访者使用台式电脑或笔记本电脑，66％的人偏爱用手机，另有 7％的人选择用平板电脑来上网冲浪。

综合以上数据可以发现，互联网和新兴社交媒体对巴西和葡萄牙等葡语国家的影响力不容小觑，且这种趋势会愈发显著。因此，通过网站和社交媒体平台将信息整合包装并有效地传播是外宣工作者应当关注的问题。

二、国内主流媒体葡语网站及其社交媒体概况

目前，国内有三家主流媒体开设了葡萄牙语网站，分别是中国国际广播电台的国际在线葡文网、人民网葡文页面和新华网葡文页面。以下分别对三家葡语网站及其社交媒体进行梳理。

1. 国际在线葡文网及其社交媒体概况

国际台葡语广播于 1960 年 4 月 15 日正式开播，听众涵盖巴西、葡萄牙、莫桑比克、安哥拉、佛得角、几内亚比绍、圣多美和普林西比。目前，除短波广播外，还实现了在葡萄牙里斯本和巴西里约热内卢的整调频落地。进入互联网时代，葡语网站 CRIpor（http://portuguese.cri.cn）应运而生，并于 1999 年 12 月 20 日正式上线，每天更新中国及主要葡语国家新闻、重点话题评论文章、文化、经济、娱乐、体育、旅游、美食等方面的资讯和图片。此外，网友还可以通过网站收听国际台的葡语广播节目、欣赏中国流行音乐和民乐、参与汉语互动学习等。自 2008 年开始，国际台葡语部开始制作小视频并定期在网上更新，受到网友的欢迎和积极响应。每逢重大政治经济活动，网站会进行葡语同步直播，充分发挥了门户网站的传播作用和影响力。

根据网友的建议和使用习惯，国际在线葡语网站共历经了三次改版，内容更加丰富新颖、页面更加简洁精致，并增加了留言板和社交媒体平台登录口，以加强同国内外网友的交流互动。随着移动网络用户的不断攀升和积极发展趋势，国际台葡语部于 2014 年推出手机版页面（http://portuguese.cri.cn/other/iphone），每天更新 12 篇国内和国际重大消

息，每周推出经济、娱乐和体育方面的盘点报道。2015年4月，国际台下设的中华网葡语页面上线（http://portuguese.china.com），内容与国际在线葡文网类似。根据规划，国际在线葡文页面将重点推荐音视频节目，中华网则主要以文字内容为主，精准定位形成互补。

新媒体社交平台方面，国内以微博和微信公众号为主，海外则侧重脸书的推送和互动。目前，葡语部微博账号"CRI葡萄牙语"有18619个粉丝，发出了9004条微博，并保持每天近10条的更新频次，内容涉及国内重要新闻、葡语国家发展和文体类资讯，以及中国同葡语国家的交流合作等。微信公众号于2014年1月开始推送，有粉丝7600人，保持每周更新一至两次的更新频率。国外社交平台方面，葡语部脸书账号的关注者有25万，每天更新8条讯息，内容涉及中国的社会、经济、科技创新类新闻，以及文化、风景和美食组图等。

2. 人民网葡文页面及其社交媒体概况

人民网葡文版（http://portuguese.people.com.cn/index.html）依托《人民日报》和人民网的信息资源与优势，于2015年1月正式上线，成为继国际在线葡文网之后国内第二家主流媒体开设的葡语资讯综合网络平台。

网站每日更新20篇以上的新闻消息或评论，以及经济、文化、军事、旅游等方面的组图，手机版页面同步运营。社交平台方面，于2016年4月开设了微信公众号"人民网葡文版"，每周更新两至三次，内容以时政、葡语国家风土人情和中国与葡语国家交流合作为主，账号现有粉丝1900人。此外，人民网也重视脸书和推特等国际社交媒体平台的使用。截至2月中旬，在推特上共计发布了4778条推文，有1.17万个关注者。

3. 新华网葡文页面概况

新华社的葡萄牙语部成立于2004年，负责将每日国内重要的时政新闻翻译成葡语，并在文稿系统发布。随着中国同葡语国家的交往日益密切，尤其是2016年里约奥运会的成功举办，新华网于2016年8月推出葡萄牙语门户网站（http://portuguese.xinhuanet.com/index.htm），旨在增进葡文受众对中国经济和社会发展状况的了解，拉近与他们的距离。

新华网葡文页面（包含手机版）使用文字、图片、视频、H5轻应用等多媒体手段，向葡语国家网民提供经济、社会、政治、体育、文化、科技等领域的新闻资讯服务。网站每日更新15条以上的国内外重大消息，以政治和经济新闻为主。

三、三家主流媒体葡文网站的对比

作为国内较权威和具有话语权的三家主流媒体，新华网、人民网和国际在线下设的葡文页面有相同之处，也各具特色。本文将对三家葡文网站的特点进行简要的归纳和分析。

1. 网站点击量和最受关注的话题

国际在线葡文网是三个网站中"资历"最老的，多年来一直保持着国内葡语网站的垄断地位。数据显示，从 2012 年至 2017 年 2 月 CRIpor 页面的总点击量为 5,822,861，具体情况如下表所示。

年份	网站点击量
2012	1,300,708
2013	1,590,263
2014	1,417,050
2015	908,952
2016	543,145
2017	62,743

通过对比可以发现，浏览量在 2013 年达到峰值，自 2015 年开始出现逐步下滑。一方面，这同受众的使用习惯和其他同类网站数量增多有关。另一方面，随着新媒体的发展和信息时代的影响，单一的文字图片和音视频已经不能吸引网民的注意，集合了交友、资讯、沟通等功能的社交媒体平台成为"新宠"。此外，碎片化的阅读习惯使得许多人不再拿出整块时间来浏览新闻时事，而是通过手机客户端的新闻推送来了解世界。

内容方面，娱乐、旅游、美食、电影和文化等版块的组图和新闻报道更受到国外网友的青睐。例如，"网络评选出的 20 个最美丽的中国女演员""2016 年中国十大佳片""中国人的饮食习惯""世界上十个最值得观光的景点""身体健康的十条建议"等文章都有很高的点击量。从网民分布情况来看，35.6% 的巴西网友于近期登录了国际在线葡文网，其次人数较多的是安哥拉和葡萄牙网民。

人民网葡文版于 2015 年上线，影响力也在逐渐扩大。数据显示，2016 年至 2017 年网站的总点击量达到 366885，日均浏览量为 999.69。同国际在线葡文网的情况大致相同，人民网葡语版点击量较高的文章也主要集中在电影、旅游、休闲、娱乐、文化领域，例如"2015 年的十佳中国电影"和"2016 年中国最畅销的十个汽车品牌"等。另外，中国同葡语国家关系、中国制造等话题也引起了网民的关注。

新华网葡文版于 2016 年 8 月上线，由于运营时间未满一年，此处略去点击量的统计数据。作为国家通讯社下属的门户网站，新华网葡文页面更偏重于时政和经济类新闻资讯，风格偏严肃。根据网站统计，2 月份点击量居前五名的报道依次是视频节目"习近平主席的 154 天出访日历"、新闻消息"习近平新年贺词鼓舞人心""中国将深化农业领域改革""中国推进老年人智能健康管理模式""中国发布第一个土地开发战略计划"。

2. 三家葡文网站相似之处

国际在线葡文网、人民网葡文版和新华网葡文版作为主流媒体门户网站，代表着中国立场，传递着中国声音。因此，政府的执政理念、方针政策、外交态度、政治活动、社会经济发展、军事科技动态以及对国际重大事件的表态都是日常新闻报道的重点。其次，三家网站的日常新闻报道均以图文为主，配合部分音视频节目。每逢重要政治经济事件或文体活动，如两会、党代会、领导人出访、"一带一路"倡议实施、国庆阅兵、周年纪念、G20峰会、奥运会等，三家葡文网都会推出专栏，归纳整理相关内容或请专家对话题进行解读，方便网友的阅读与了解。

3. 三家网站的不同之处

从页面外观来看，人民网葡文版和新华网葡文版较为简洁明快，国际在线葡文网首页内容更为丰富，滚动条下拉幅度更大。栏目设置方面，CRIpor首页顶端的栏目设置包括在线广播、经济、文化、娱乐、互动、音乐、视频、学汉语和中国百科等。人民网葡文版首页顶端栏目有动态、国内消息、国际新闻、经济、观点、社会、科技与军事、葡语国家资讯等。新华网首页栏目包括国内消息、国际新闻、葡语国家资讯、经济、体育和其他信息。

三家网站页面都是三栏式分布，其中新华网葡文版页面以绿色为主色调，网站显著位置是高清大图（包括领导人出访、重大活动以及社会文化和自然风景图），重点推介和主要新闻单独列出，以小图配新闻标题的形式出现，页面右侧是点击量前五的新闻报道、观点评论和视频节目。整个页面给人感觉简练大方，沉稳有余而活泼不足。人民网葡文版以白色和红色为主色调，首页显著位置也配图片，但清晰程度和图片尺寸低于新华网；滚动条自上而下分别是国内新闻、图片集、国际新闻和文体科技类新闻，中间栏是新闻标题配有导语，左栏是相关消息的配图，右边栏是点击量最多的新闻排行、社交平台公众号推荐和往期专题回顾等。网站风格简洁且内容丰富，兼顾了政治性和趣味性，有一定的可读性。与前两者相比，国际在线葡文网除了文字和图片报道外，自主策划拍摄的视频更多，网友还可以通过网站收听国际台的葡语广播节目、学习日常汉语交流和浏览葡文电子杂志《听众之友》，这些都是网站的特色和亮点。网站也存在不足之处，例如图片清晰度和尺寸不及以上两个网站，文字标题字号小且排列较为紧密，阅读体验稍逊另外两个网站。

新闻来源方面，新华网葡文版主要依托新华社的强大信息来源；人民网葡文页面大多选取新华社、中新社、中国网、《人民日报》、《中国日报》、国际在线等官方媒体发布的中文和英文稿件进行编译；国际在线葡文网则主要选用新华社、中新社和国际台自采的中文稿件。

从稿件体裁来看，新华网葡文版的稿件字数较多，偏向于通讯和深度报道；人民网葡文版的报道体裁大致相同，国内新闻以评论文章和深度报道为主，国外事件主要采用消息体；国际在线葡文网侧重于消息，每篇报道字数少而精，周一至周五会推出一篇时政或社会发展相关的特别报道。

四、国内媒体葡文网站及社交媒体发展策略的思考

三家葡文网站各具特点、各有所长，尽管存在竞争，但更多的是相互合作交流和互通有无的关系。为了进一步扩大影响力，更好地将中国声音传递到葡语国家，应在以下几点

做出改进和调整。

1. 满足受众的喜好

全媒体时代的信息传播有以下特点：媒介平台多元化、形式创新多样化、信息介质多维化和发布策略多边化。面对这些变化，中国主流媒体应当在传播策略方面做出调整来扩大影响力，冲出西方媒体的"合围"。首先，应明确网站的定位和目标受众。通过翔实的受众调研来确定他们的喜好和阅读习惯，并以此对网站的设置和内容进行相应的调整。网页风格和编排需考虑受众的文化背景和信息需求，并适当参考对象国主流媒体网站的设置特点。内容方面，增加文化、娱乐休闲、旅游、音乐、电影、体育和美食等方面的报道比例，淡化新闻传播的"政治性"和"宣传性"。采用多样化的报道形式，保证在图文报道的同时，提高音视频节目的数量和质量。此外，通过电子邮件和其他社交平台加强同受众的沟通交流，听取他们的意见和建议。

2. 快速和精准的报道

新华网、人民网和国际在线作为中国主流媒体的门户网，拥有巨大的影响力和权威性。我们应当借助传播平台的品牌优势，用最客观、快速和精准的报道，吸引受众的关注。充分利用网络媒体的优势，对新闻素材进行深度和广度的挖掘，及时更新信息和数据，并对事件背景和发展趋势进行梳理和深度分析。

3. 运用社交媒体争取年轻受众

智能手机时代，社交媒体是年轻人获取信息和交流思想的主要平台，其作用和影响力甚至超过了传统媒体。如何利用推特、脸书和优兔等国际社交媒体进行有效的国际传播是一个值得研究的话题。

巴西拥有庞大的社交媒体使用人群，脸书、推特和 Instagram 等平台的用户人数仅次于美国，位列世界第二位。《福布斯》杂志评价巴西为"社交媒体的未来"。[3] 目前，巴西每月约有 9900 万的社交媒体活跃用户，其中 8900 万使用手机终端登录。同时，葡萄牙的社交媒体使用人数也在逐年上升。由此可见，利用国际社交媒体扩大传播影响力是事半功倍的方法，应当继续坚持下去。

除了在脸书和推特等平台上发布新闻概要和详文网址外，可建立新闻标签，以便于网友搜索相关信息。另外，风格轻松诙谐的图说或漫画往往能够取得比文字报道更理想的传播效果，有助于提高阅读量和转发量。

4. 全面开发媒体网站功能

信息服务时代，全方位开发媒体网站的功能是必要的。除了发挥新闻媒介的作用，可尝试提供更多细化的信息服务，如北京、上海、广州等大城市的天气状况、旅游和住宿指南、留学和工作信息，等等。在线音乐试听、答题活动、学习汉语等小版块也能引起受众的兴趣，从而提高点击率和浏览时间。此外，应建立完备的资料库，为网站的进一步发展提供支持。

5. 推进本土化和资源整合

积极加强同葡语国家主流媒体的合作与交流，利用他们的影响力为我们做宣传。尝试和对象国媒体一起策划一些专题活动或问卷调查，邀请重要嘉宾参与网站直播或视频节目互动，加强对舆情的把握。此外，应当加强与当地视频网站合作，播出一些关于中国文化的视频短片或纪录片，同时在我们的网站上推出对方的视频节目，取得"双赢"。

另外，三家主流媒体网站也应当加强协作，整合我国对外传播现有的资源，实现人力、物力、财力和技术手段的优化组合，形成强大的"规模效应"和"品牌效应"。

（作者单位：中国国际广播电台葡萄牙语部）

注释：

① http：//www.briefing.pt/fibra/37223-portugal-regista-5-7-milhoes-de-internautas.html。

② http：//observador.pt/2016/06/29/uso-das-redes-sociais-em-portugal-triplicou-em-sete-anos-mas-empresas-utilizam-nas-pouco/。

③ http：//news.xinhuanet.com/world/2014-02/11/c_126112955.htm/。

新媒体语境中汉语语言文化自媒体推广平台初探

孙牧宁

近年来，以互联网为代表的新媒体技术的运用给人类社会带来了巨大的变革，传统意义上的受众逐渐向内容制作者转变。受众研究领域的许多成果已经表明，受众不再是被动地接受信息，也开始用不同的手段创建媒体内容并通过各种社交软件与他人共享，形成自己的传播渠道。①这种通过用户自制并发布的方式产生的内容被称为"用户自创内容"，这种受者变成传者的新兴媒体形式被称为"自媒体"。这一变革也影响了中国汉语语言文化推广工作。

新媒体语境中，除传统语言推广机构外，每一个语言爱好者都有可能在媒体平台上建立有影响力的自媒体账号，这给汉语语言文化推广工作带来了新的机遇与挑战。在新媒体语境中，汉语国际推广战场变得更加广阔，对手更趋向多样化。这种多样化，是平台多样化、发布者多样化和用户多样化带来的。

同时，在新媒体语境中，新平台的建立也带来了用户爆发式增长以及平台与用户间互动性增强。基于用户转发、点赞来积攒流量与口碑的产品代表着互联网的未来，也代表着语言推广类产品的未来。

一、新媒体语境中汉语语言文化推广的开端

技术是人类文化发展和社会变迁的基本和关键的推动力。人类进入20世纪以来，随着科技进步，以互联网、移动通讯设备等为代表的新兴传播媒体不断发展壮大，并出现了"新媒体"这一概念。

"新媒体"这一概念出现于20世纪60年代末。1967年，美国哥伦比亚广播电视网技术研究所所长戈尔德马克在一份商品开发计划书中首次提出了"新媒介"一词。自此激发起"新媒介"用语在发达国家迅速流行。这给整个人类的生活，特别是对信息源的选择和接纳都带来了巨大的变化。其中，继报刊、广播、电视等传统媒体后出现的"第四媒体"互联网以其交互式、数字化、大容量等特点在大众传播格局中占据一席之地，它的出现也使媒体的影响力由区域转向全球，从信息封锁转为信息共享，国际传播的内容越来越多样，渗透力越来越强，扩散面越来越广。可以说，以互联网为代表的新媒体在一定程度上规避了传统媒体的传播缺陷。同时，新媒体的出现促使各国的语言文化推广变得更加丰富也更加复杂。

受经济发展水平和整体国力影响，发达国家在国际传播及语言文化推广中的地位大大

高于发展中国家，美、英等英语国家输出的价值观念及文化产品在全世界占据了传播的绝对主流地位。目前，英语是60多个国家的官方语言，70%—80%的学术出版物用英语出版。而语言的强势往往意味着文化传播能力和文化影响力的强大。为改变现实中英语的霸权地位，一些国家开始积极实施自己国家的语言传播战略，推广本国语言成为各国对外文化交流的重要形式和组成部分。各国都把语言输出作为国家战略，以此传播本国文化及价值观，使本国的文化在世界多元文化格局中占据重要的地位，以此提升国家形象，加强本国的软实力。为更加柔性地推广本国语言，世界主要国家均设立了代表性语言文化推广机构，它们担负着具体实施文化外交的重任。如英国的英国文化委员会、法国的法语联盟、德国的歌德学院、西班牙的塞万提斯学院等，中国的孔子学院也应运而生。

经过多年的探索，孔子学院在取得诸多成就的同时，也暴露出了一些问题。其开展的传统汉语语言文化教学目前面临着学生分散、师资不足、教材匮乏等严峻问题，以传统面授形式为主的实体课堂教学很难在短期内解决上述问题。由于新媒体传播具有超越时空限制以及交互性强等优势，任何语言在互联网以及移动通讯设备等新媒体传播平台上都有机会占据自己的空间。因此，随着新技术的发展，中国语言文化推广工作者不断思考，如何有效利用新媒体这一传统媒体"非敌非友"的竞争对手来解决上述问题。

二、新媒体语境中汉语语言文化自媒体推广教学平台范例分析

通过不断地思考和实践，一些汉语语言文化推广工作者借助自身优势，利用手中掌握的平台和资源打造出属于自己的汉语推广自媒体平台，取得了一些突破和进展。

笔者以国际在线开发的"伴语私塾"脸书账号为例，对其在2016年某三个月间的专页后台数据进行分析，探究汉语语言推广自媒体平台的传播形态，归纳汉语教学类内容在自媒体平台的传播规律。

1. 用户分析

截至调研当月，该汉语推广专页共累积关注者90846名。关注者主要来自于东南亚和南亚国家，使用的语言主要是英语。关注者年龄以18—24岁为主，男性关注者占总关注者人数的69%。而帖子读者的人群与关注者人群稍有不同。阅读帖子的女性比例较关注者总数中的女性比例有所上升，且年龄以18—34岁为主。

通过对"伴语私塾"关注者人群的分析得知，在性别方面，男性关注者所占比例更大，对帖子内容的关注度更高，互动性也更强。而这些关注者主要来自于东南亚和南亚地区，这也和国际在线受众群体的地区分布高度吻合。

这一调研结果说明：首先，媒体在自媒体上的影响力和在现实世界中的影响力是息息相关的。正是因为国际在线在上述地区受众间长期积累的口碑和传播力量，才使得"伴语私塾"这一基于脸书平台的专页在这些地区中获得了良好反响。其次，"伴语私塾"所推广的汉语学习内容往往基于时政新闻和科技信息，因此对男性具有更强的吸引力。这一方

面说明其已成功抓住目标受众,另一方面也说明由于推介内容及目标受众单一带来了不足。可见,在进一步的发展中,"伴语私塾"脸书专页应更关注女性用户体验,更全面地将在上述地区的传播潜力转化为现实生活中的影响力。

2. 热帖分析

调研显示,在2016年的一个月间,"伴语私塾"脸书的粉丝数从3万多人增长至9万人,也是粉丝增幅最高的时期。因此,笔者着重对这段时间内该专页中的热帖进行分析。从而得出,"伴语私塾"脸书专页所发布的帖子内容主要可分为三类,分别是汉语教学类、活动推广类和内容宣传类。

"汉语教学类"帖子包括对中国时政、科教等新闻的中英文对译以及对汉语词汇的讲解,"活动推广类"帖子会针对国际在线组织的一些线上、线下学习汉语的互动活动进行宣传推广,"内容宣传类"帖子主要是对平台自己开发的部分汉语教学产品的介绍。尽管与活动推广和内容宣传相比,汉语教学帖的影响力并不强,但正是因为有大量汉语教学帖的推出,才成就了"伴语私塾"这一品牌,也才会有更多受众关注其举办的活动及推广的内容。

经过对该专页的内容研究可以得出,通过发布新闻时事、中国趣闻、中国风光等内容进行教学的汉语教学内容帖是"伴语私塾"脸书平台的基干,但单纯地进行语言教学并非建立这一平台的目的。"伴语私塾"通过发布汉语学习帖,传播中国新闻及文化知识,潜移默化地在受众心中提高了中国的形象,而正是这种对中国和中国文化的向往促使这些受众乐于参加其在脸书上发布的活动。可见,传播手段、传播能力及传播效果通过脸书平台得到了有效的结合,这也是新媒体语境中汉语语言文化推广工作乐于使用社交媒体平台的原因。接下来,应结合受众需求,进一步研究如何在这一平台上安排各类帖子的比例,调整帖子的内容。

三、"伴语私塾"与其他脸书汉语推广平台的对比研究

除"伴语私塾"外,脸书上还存在着其他用户数量可观的汉语推广平台。其中,既有官方背景的汉语推广机构,也有语言爱好者基于自身兴趣创立的分享平台。可见,在自媒体平台上,竞争是多元化的,而内容的建设是平台成功的保障。

笔者通过对比研究,试图了解这些平台建设的先进经验,从而改进自身的不足。

1. "学汉字"脸书平台

"学汉字"是脸书上目前用户数量最多的汉语推广类平台,用户数量超过27万人。它的形式是通过教授受众学习书写汉字来进行汉语语言文化推广。由于汉字书写本身具有趣味性和美学意义,"学汉字"这一平台最大范围地吸引了海外汉语学习者的兴趣。"学汉字"的汉字学习帖为最大范围地照顾受众的学习需要,同时涵盖了简体中文和繁体中文,覆盖了有不同兴趣或使用习惯的人群,实现了传播效果的最大化。

"学汉字"平台的最大优势来自于其内容建设。这种内容建设能力不仅显示在帖子的内容上，也显示在对平台本身的定位上。"学汉字"不仅是帖子的推广平台，也是"学汉字"手机应用的下载平台。而将虚拟世界的粉丝转化为现实中的用户，也是脸书一直推崇的专业建设模式。"学汉字"正是实践了这一模式，将王牌内容与王牌平台相结合，成就了目前影响力最大的汉语学习脸书平台。

2. "当当普通话"脸书平台

"当当普通话"是一个粉丝分享类的脸书汉语学习专页，其简介是"以外国人的角度教授汉语"。虽然用户只有3万多人，但用户黏性非常强。除活泼的页面风格外，它的另一特点是其丰富的自制汉语学习视频。视频分享是当下互联网最为流行的分享方式，自媒体平台鼓励用户使用视频进行分享，所以这类帖子的到达率往往相当高。

3. "伴语私塾"与其他脸书汉语推广平台的对比

"学汉字"和"当当普通话"代表着自媒体平台上两类主流推广专页，前者基于机构本身强大的内容生产能力，后者充分利用了自媒体平台自身传播优势。"伴语私塾"和"学汉字"平台相比，尚未自主开发应用，因此将自媒体平台上的粉丝成功引导为自身产品的用户尚有难度。与"当当普通话"平台相比，"伴语私塾"依赖后台编辑采写的内容过多，而对自媒体平台自身互动性优势的利用尚不充分，显得缺乏对自媒体平台的理解，稍显呆板。

因此，尽管有可观的用户群，但通过与脸书平台上具有代表性的汉语推广平台相比，"伴语私塾"目前尚不成熟。

四、新媒体语境中汉语语言文化推广平台的发展基础

许多中国自主开发的脸书平台存在的问题也是所有汉语推广机构，甚至全世界语言文化推广机构所有的通病。虽然在平台搭建和维护方面，各汉语语言文化推广平台现阶段表现得较为落后，但考虑到新媒体市场所具有的广阔发展前景和对受众所具有的吸引力，可以说新媒体语境中汉语语言文化推广具有光明的未来。

1. 政策支持

习近平总书记曾在讲话中提出："谁牵住了科技创新这个牛鼻子，谁就能占领先机，赢得优势。""坚持创新发展，必须把创新摆在国家发展全局的核心位置，不断推进理论创新、制度创新、科技创新、文化创新等各方面创新，让创新贯穿党和国家一切工作，让创新在全社会蔚然成风。"可见，新媒体这一科技创新的产物已成为文化产业的新业态，也是国家政策扶持的重点。在这一背景下，2015年3月的中国政府报告中首次提出了"互联网＋"行动计划，即利用互联网这一新兴平台和相关技术，创造互联网与工业、金融、教育等行业相结合的新型发展方式。新媒体语境中的汉语国际推广即利用"互联网＋教育"这一形式进行教学手段、方法、内容上的创新。可见，将业已成熟的汉语推广项目新媒体

化是目前最简便易行的创新方式，这也是符合国家政策和发展方向的。

2. 与用户习惯吻合

在全世界范围内，互联网已成为用户获取信息的第一选择。伴随用户使用习惯从个人电脑端转向移动端的大趋势，用户习惯于通过简单的、用户体验良好的手机应用程序或社交平台来获取自己感兴趣的资讯。当用户已习惯通过自主搜索的方式从海量信息库中选择免费或付费的应用时，对现有的汉语推广产品进行适当的新媒体化，是符合目前形势下主流用户使用习惯的。此外，我们可以预见，在庞大的互联网用户群中，有很多我们的潜在传播对象，他们是语言爱好者、中国文化爱好者、对华友好人士。因此，互联网发展思路拥有巨大的群众基础和传播潜力。

3. 市场成熟，技术完善

近年来，由于欧美等发达国家新媒体用户数量基本已达饱和，新媒体发展重心正在逐步向亚洲转移。目前，中国已成为世界新媒体用户第一大国，是全球最大且仍具巨大潜力的新媒体市场。技术储备、人才储备以及市场潜力均跻身世界前列。在整个开发市场竞争日趋激烈的情况下，汉语推广新媒体项目注定能获得更完善的技术支持，从而实现用户体验的最优化，很多成熟的互联网技术也可以直接导入现有的传统汉语文化推广项目，为传统语言教学注入新媒体的活力。

五、结语

传统媒体与自媒体平台最显著的区别在于互动。与传统媒体的线性传播不同，在自媒体平台上掌握了话语权的主体，能够作为圆心，将所要表达的内容不断扩散给受众，而对其传播的话题感兴趣的受众会进一步成为传播者的"粉丝"，从而加强传播的力量。

因此，在新媒体语境中，只有当传播者掌握了受众感兴趣的话题，并按照受众的思考方式设计传播内容时，才有可能成功地将内容传播出去，同时增强自身影响力。因此，在设计今后汉语语言文化推广工作思路时，我们也应该由此入手，以内容为主体，充分利用自媒体的互动性等传播特点，在针对特定人群设计内容的基础上不断丰富，最终达到影响广泛人群的传播效果。

（作者单位：中国国际广播电台马来语部）

注释：

[1] 池见星：《论新媒体时代传者与受者的身份趋同——用户自创内容（UGC）研究路径探析》，《东南学术》，2009年第4期。

参考文献：

1. 王庚年：《新媒体国际传播研究》，中国国际广播出版社，2012年版。
2. 郑世珏、张萍：《对外汉语可视化教学方法论》，清华大学出版社，2013年版。
3. 许德宝：《美国科技与中文教学——2012》，中国社会科学出版社，2012年版。
4. 马为公、罗青：《新媒体传播》，中国传媒大学出版社，2011年版。
5. 陈军：《新媒体传播中的文化构建》，《新闻与传播研究》，2010年第5期。
6. 蔡骐、肖芃：《新媒体传播的文化考量与商业价值》，《湖南师范大学社会科学学报》，2012年第3期。

浅谈对日传播中社交媒体微视频的运用策略

王颖颖

近年来，随着网络视频覆盖面的不断扩大，通过移动客户端 APP 观看微视频逐渐成为很多人的习惯，包括中国国际广播电台（以下简称国际台）在内的许多传统媒体也大举进军移动互联网微视频领域。移动社交微视频作为一种具有颠覆性意义的传播方式，成为媒体结构中的一个重要组成部分，且已经广泛渗透到生活的各个层面，影响并改变着人们的生活状态和交流方式，其传播规模和速度也推动着网络"微"传播时代不断发展。

目前日本政府对外国包括社交媒体在内的新媒体进入基本没有政策限制。因此结合国际台对外传播的特点，短平快的社交媒体微视频是对外传播手段的一个有益补充，特别是在对日传播平台受限的情况下，甚至可以成为对日传播的突破口和机遇。只要坚持合理利用并发展，最终将为对外传播的发展提供有力的支撑。

一、社交媒体微视频的特点

1. 定义

移动社交媒体是社交媒体在移动互联网时代的新形式，主要指在移动终端上使用的社交媒体应用。例如 Facebook、Twitter、微信等。移动社交视频功能是一个新兴的应用，还处于探索发展的阶段。目前对移动社交媒体微视频的定义也有多种，尚未出现一个权威的定义。部分专业人士认为以社交媒体移动终端为载体进行拍摄与制作视频短片，并且能够通过手机平台上传、下载和观看的叫做移动社交视频。[①] 目前国内对微视频概念的界定主要有以下两种：一种是优酷网总裁古永锵给出的解释："微视频是指短则 30 秒，长则不超过 20 分钟，内容广泛，视频形态多样，涵盖小电影、记录短片、DV 短片、广告片段等。可以通过多种视频终端摄录或播放的视频短片的统称。'短、快、精'、大众参与性、随时随地随意性是微视频的最大特点。"[②] 另一种是第一视频网的 CEO 杨炼金对于微视频的解释，即"微视频是指播放时长介于 3—5 分钟的视频，适合多种终端使用"[③]。

2. 类型

社交媒体的微视频按照传播源的不同可以分为以下三类：一是来自外界的影像，通过社交媒体进行传播，被称为"转发影像"；二是来自传播者自己拍摄的影像，拍摄完成后留存、编辑并传播，被称为"暂缓传播影像"；三是传播者即拍即传的影像，即所谓的"即时传播影像"。第三种类型在个体传播者中更为多见，在日语社交账号上运用更多的是前两者。

3. 传播效果要素

（1）受众数量（粉丝数）和质量。

社交媒体自身受众数量（粉丝）的多少是影响视频转播量的重要因素。即使在日语脸书粉丝90万的情况下，最受欢迎的微视频的触达人数大约在12.2万。因此粉丝数好比传播效果的基数。有了受众数量，就要考虑受众质量这个因素，质量高意味着点赞和留言，即互动量大。这两点都是考察账户传播效果的重要因素。

（2）内容和话题设置。

社交媒体微视频的内容以及话题的设置也是影响转发量的关键。通过对国际台日语部社交账号粉丝的分析，娱乐、搞笑类相关内容的转发量很高。移动社交媒体的人群中80后、90后、00后受众比例较大，日本的情况与此基本一致。能够引起大家共鸣的内容比较受欢迎。同时，轻松搞笑的视频、小动物类的治愈系视频也是点赞和转发量较高的一类。从内容出发就可以进行主动的话题设置，通过对国内、国际的热点话题进行设置，出现相关话题围观，提高传播效果。

（3）发布时间点。

视频发布时间点的选择也是决定其转发量大小的关键。如果不能第一时间被受众看到，转发量相对就很低。所以要选择合适的时间发布，视频就可以在第一时间被转发。对移动社交网络黏度比较高的人群，对其内容关注的时间呈现了一定的规律性，早上9点左右，中午11点左右，下午4点和晚上9点。对于这一点可以利用社交媒体发布排期等功能来实现。

二、日本社交媒体和社交媒体微视频的发展

1. 发展现状

日本总务省于2012年对社交媒体的使用情况进行了调查，发现SNS的利用率由2011年的37.9%上升到62.6%。其中mixi的用户有所减少，脸书、Twitter则呈现出用户不断增加的趋势。

各社交媒体的市场占有率如下图所示。

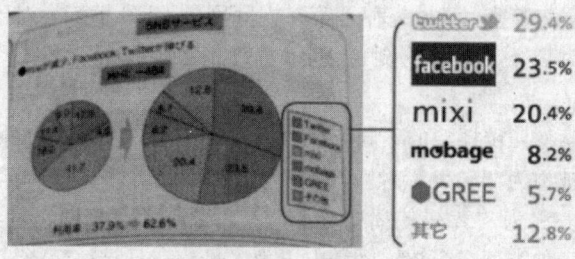

（图片来源：日本总务省《关于情报通信产业·服务动向·国际比较的调查研究》，2012年）

2011年1月,《纽约时报》的报道显示日本脸书的用户数不到200万,占日本网民总数不到2%。当时的报道称,日本用户对脸书兴趣不大,因为脸书没有针对日语进行优化,同时日本用户也不太愿意使用真名并提供其他信息。而2011年3月日本大地震的爆发,大大加速了脸书在日本的普及,其实名社交的优点在地震中被充分发挥。

2012年9月,脸书在日本的每月活跃用户数达到1500万,超过日本本土的社交网络巨头mixi。2013年8月,脸书日本部总经理岩下敦在接受《日本财经新闻》的采访时透露,脸书目前在日本拥有2100万MAU(每月活跃用户),也就是说六分之一的日本人都在用脸书。并且在这2100万MAU中,有1800万来自移动设备(即占总MAU的86%,而全球的平均比例为71%)。另外,日本72%的移动脸书用户每天都登录,这也比全球平均数据的57%高很多。①

具体到社交微视频,截至2015年4月在脸书上视频每天的浏览量是40亿次,这个数字到2015年11月就增长到了80亿次。而从这些视频的浏览数据中可以看到,很多受众是在未打开喇叭的状态下收看视频的(脸书默认视频是在关闭音量状态下播放的)。在日文雅虎上搜索一下"脸书""人气视频"等关键词,不难看到很多例如NewsWhip这样的公司发布的脸书视频人气排行榜,新闻类、体育类和料理类的视频居多。这也为我们的视频策划和制作提供了参数。

2. 问题和机遇

日本传统媒体对发展新媒体缺乏动力。首先,为了维护传统广播电视的既有受众市场格局,保护传统广播电视媒体的影响力,避免同质内容线上线下竞争,日本政府限制公共广播电视机构NHK开办在线内容服务。私营电视台也由于国内严格的版权管理体系,而对包括社交视频在内的网络视频业务没有太大的积极性。虽然在社交媒体广泛流行的时代背景下,日本国内的报社、广播和电视等传统媒体也逐渐开始利用社交媒体,比如创建Twitter账户或者脸书的公共主页等,但由于传统媒体的势力强大,所以在新媒体方面的传播影响力有限,而这也恰恰是我们的机遇所在。目前国际台日语账号在脸书上的所有日文媒体账号中粉丝数排名第一。

而另一方面以视频见长的YouTube在日本的受欢迎程度近几年急剧增长。因为在YouTube上可以观看到海量免费的视频,包括一些很受欢迎的日本综艺节目。2012年11月,随着YouTube推出"原创频道"计划,日本电视网等13家本土合作商开始为YouTube提供原创视频内容。2011年,美国Hulu登陆日本市场,已获得50多家影视内容伙伴,提供1000多部电影和12万集电视剧的付费点播。

三、CRI日语社交媒体微视频的发展情况

1. 整体概况

日语部自2014年开设脸书账号以来,不断思考与摸索如何利用境外社交媒体平台进

行有效的传播，并且能够扩大外宣传播力和影响力。2015年6月，日语部正式开始推广境外社交媒体平台，其中主要平台为脸书。通过不断地摸索与总结，我们发现微视频是最受粉丝欢迎的，同时也是吸粉的利器。目前日语脸书账号平均每月推出7—10个原创微视频，内容包括娱乐、北京表情、广播节目的视频化介绍等。遇到重大报道活动和策划时还会推出相应的视频动画。其中，2016年4月配合"我是樱花播报员"制作的1分半微视频"感谢，长野！"单条阅读量达12.2万次。

2. 直播式微视频

直播式微视频，顾名思义就是直播形式的录播视频。一般以记者或者拍摄者的视角来展示所听所见。这类视频的制作主要是根据选题，一般会选取受众接触不到的地点、事件来制作。

以2016年"两会"期间的特别策划报道为例。"两会"期间，日语脸书账号推出上会记者微视频系列"小白跑两会"，共14集。上会记者小白通过自己的视角，用手机记录下他在"两会"的所见所感，每一集都不超过1分钟，基本没有后期太多地编辑，配音也是记者的同期声。这些视频从制作来说算不上精致，但是简洁生动，拍到的画面因为是受众想看的画面，满足了受众的需求，受到网友好评。合计浏览量近40万，其中第3集单集浏览量超过5万次。

3. 动画系列微视频

相对于直播式微视频的短平快，动画系列微视频则是经过精心策划打磨的产品。这类型的视频往往是配合一些重大报道事件，按照平台受众的特点制作的内容重大，但表现形式新颖独特的作品。例如"两会"期间，策划的"2分钟读懂两会"动画视频在短短的2分钟内，介绍了人大和政协的地位以及职能。通过活泼生动的动画人物和浅显易懂的语言、字幕解释了人大代表和政协委员的区别、构成以及议案和提案的区别等。微视频"一个提案的旅程"把提案拟人化，通过它的旅程讲述政协委员提出提案的过程，通过这一过程浅显易懂地说明了政治协商制度的内容。这两个动画视频的浏览量分别达到了1.6万次和3.2万次。中国共产党建党95周年，日语部策划了"挑战CPC知识问答"和"一个党员是如何炼成的"两个动画微视频。前者是用知识问答的形式，向受众展示中国共产党的发展历程，让他们明白为什么"没有共产党就没有新中国"。后者模仿超级玛丽通关的形式，让海外受众轻松地了解了加入中国共产党的过程。阅读量分别为2.3万次和1.8万次。

4. 30秒微视频

考虑到目前日语的对外传播有广播、网站和社交媒体等多个平台，为集合这几个平台的受众，我们在脸书上推出了30秒微视频进行广播节目的预告，吸引网友点击广播主页，从而成为广播的听众。这一做法的效果立竿见影，推出微视频后的单帖阅读量和观众互动率平均增加了5倍，这同时给国际在线日文网的其他平台和专题都带来了点击量。这也印证了依据平台特点和用户使用习惯打造内容的重要性。另外，30秒视频具有制作和人力成本较低、易于长期持续制作、发现问题易于修改、容易尝试各类新点子等优势，在脸书上反响较好。每帖平均阅读量上万，相较之前的图文宣传，阅读量增加近5倍，点赞量增加近3倍，听众来信中也多有提及这一视频，说明部分听众是在观看视频之后收听了大广播。在互动方面，我们也会将受众感兴趣的东西融入节目制作中，增加受众黏着力。

内容方面，以传递中国文化和生活魅力、介绍国际台和推广广播节目为原则，主要分为几个系列：

（1）介绍中国文化系列。广播节目中有一个栏目是《二十四节气时代》，介绍日本民众有所耳闻但并不太了解的各个节气。配合这一栏目，策划了春节时分"挑战嗑瓜子"、春分时节"挑战竖鸡蛋"、柳絮时节"挑战抓柳絮"等趣味性微视频。

（2）挑战系列，即在30秒内进行一项挑战游戏，挑战成功，随后进行节目介绍。因为视频较短，所以画面的跃动也是抓人眼球的一大要素。同时在挑战中，我们也尽量加入对中国以及国际台的一些知识的介绍。比如在《乒乓球大赛》中，挑战者在30秒内不间断传球颠球，然后来预告节目内容，同时在画面中展示了国际台的健身房；在《地铁找人大作战》中，我们首次采用双机位，追踪两个主持人，其中一个藏在一处，另一个找，在找的过程中展现了北京地铁早高峰的风貌；在《北京"独特"的夏季美食》中，挑战30秒内吃各种小吃，介绍北京独特的小吃，等等。挑战系列在Facebook上的反响是所有系列里最热烈的，平均点赞量最高。

（3）结合广播节目系列。这一系列的内容跟当期的广播节目，以及近期新推出的广播节目内容连接较紧密，旨在让大家在观看节目的同时，对广播节目内容有更直观的了解，进一步增加受众对广播节目的兴趣。介绍中国文化《绕口令》的节目时，30秒节目视频即让两位主持人不能出错地分别连续说几个中文和日文的绕口令，以此引出节目内容；介绍中文讲座《汉语日本行》时，微视频中主持人穿着民族服饰对节目进行介绍等。

5. 配合话题设置的微视频

在社交媒体上策划某个活动、话题，引起话题围观，在话题不断炒热的同时推出视频，让视频给话题加把火，同时前期的铺垫也带热了视频，既提升了活动的影响力，又增加了视频的点击率，实现双赢。

例如，日语部每年3月—4月策划的"我是樱花播报员"活动，2016年是第三届，主推脸书平台。通过在脸书平台上征集网友拍摄的樱花照片、视频等，再从中挑选出有代表性的发布到日语的脸书公号上，实现良性互动。"我是樱花播报员"在1个月的时间里，收到来自日本的听众、网友投稿640余篇，国内听众、网友投稿350余篇。我们从中挑选出50多篇发布在脸书平台，阅读量达到50万，点赞超2万次。

在这样一个良好的互动氛围下，日语部将每年日语部员工赏樱的画面制作成1分半的短视频，内容非常简单，镜头扫过站在樱花树下的每一位员工的脸，最后大家集体说"谢谢"，就这样一个1分半的小视频单条阅读量达到12.2万次。另一方面借"樱花播报员"，日语脸书账号从活动前的35万突破至42万。

四、结语

　　在社交媒体领域，以影像为主的视频内容或将超越文字和图片，成为主流的社交方式，尤其是微视频。随着移动互联网信息环境的发展，视频的传输迅速普及。可以预见，随着智能终端的进一步普及，社会化媒体对人们社交方式的进一步改变，微视频将有可能再次掀起一场社交媒体革命。微视频同样丰富了新闻传播的表意语言，也给专业新闻机构和从业者在新媒体平台参与新闻报道提供了更多的可能。

（作者单位：中国国际广播电台日语部）

注释：

① 吴小坤、吴信训：《美国新媒体产业》，中国国际广播出版社，2012年版。
② 常俪：《媒介依赖视角下手机网民媒介接触时间研究》，2013年。
③ [美] 理查德·舒斯特曼：《实用主义美学：生活之美，艺术之思》，彭锋译，商务印书馆，2002年版。
④ 数据来源于Gamelook的报道，http：//www.gamelook.com.cn/2013/08/126808。

语言研究与推广

汉语同越南语的语言差异对比和翻译研究

肖晶晶

中国和越南山水相连，文化相通。自古以来，中越两国在语言的保存和发展上发生了很多变化。汉语和越南语在语言上既有相似之处，又有差异，原因是中国和越南都是多民族、多语言、多文字国家。据统计，中国有 56 个民族，使用 61 种主要语言和 24 种文字；越南有 54 个民族，使用 60 种语言，24 个少数民族拥有自己的文字。因此，我们认为汉语和越南语都属于多方言语言。越南目前使用的官方语言是越南语，是一种拉丁化的越南文字。

随着越南的革新开放与对外发展，想了解越南的政治经济文化内容，就需要将越南语准确地翻译成各国语言。中国作为邻国，在政治经济文化各个领域和越南都有深入的交流合作，所以中越语言互译成为中越交流合作的基础。探析中越两种语言的差异对从事中越语言翻译工作的译者有非常重要的作用。本文试图将汉语和越南语进行差异对比并对中越互译进行研究，为从事中越互译工作者更加准确、到位地进行翻译工作提供参考，为中越友好合作打下坚实的基础。

一、汉语和越南语在语音上的异同

掌握好汉语与越南语在语音上的异同，有助于译者清晰准确地从事口译工作。下面就具体分析一下汉语语音与越南语语音的发音规律及两者的异同。

（一）汉语和越南语在语音上的相同点

1. 音节清晰，单音节词占比较高

汉语语音和越南语语音的相同之处在于音节清晰，在最基本的汉语和越南语语音中，单音节词占比较高，双音节词在发音上也是区分鲜明。比如：在汉语中"家（jiā），门（mén），去（qù），坐（zuò），吃（chī）"，在越南语中分别读作"nhà, cửa, đi, ngồi, ăn"。此外，双音节和多音节词也都具备发音清晰、相互对应的特点。比如："文（wén）学（xué），方（fāng）向（xiàng），虽（suī）然（rán），社（shè）会（huì）主（zhǔ）义（yì）"，在越南语中分别读作"văn học, phương hướng, tuy nhiên, chủ nghĩa xã hội"。

2. 汉语和越南语都具有丰富的音调

汉语和越南语都有多个声调，抑扬顿挫，声调的细微变化所传达的文字意思完全不同。汉语普通话中有四个声调和一个轻声，即阴平（第一声），如 lā；阳平第二声，如 lá；上声（第三声），如 lǎ；去声（第四声），如 là；轻声，如 la。相比汉语普通话中的声调，越南语普通话中有六个声调：平声（ngang），如 lang；玄声（huyền），如 làng；问声（hỏi），如 lảng；跌声（ngã），如 lãng；锐声（sắc），如 láng；重声（nặng），如 lạng。

3. 元音的优势明显

在一个汉语和越南语的音节中，可以没有辅音，但必须有单元音或双元音构成。如：
阿（ā）a，安（ān）an，爱（ài）ái，暗（àn）ám，奥（ào）áo。

4. 没有双辅音

在现代汉语和越南语中都没有双辅音（一些西方外来语音译除外），但是越南语的辅音中有双字母构成单辅音，如：辅音"ng""nh""ngh""ph"。

5. 音节和语素基本一致

语素是语言中语音和语义的最小结合体。一个单词可以由一个语素组成，也可以由两个或两个以上语素组成。比如，汉语中，"文"读作"wén"，"学"读作"xué"，"文学"读作"wén xué"，同样越南语也是对应的，"文"读成"văn"，"学"读成"học"，"文学"读成"văn học"。类似的词语还有许多，由于音节和语素的遥相呼应，使得母语为汉语的译者在学习掌握越南语时比别的国家更容易。

（二）汉语和越南语在语音上的差异

1. 越南语音节的构成和组合能力远超汉语

谈到音节数量和组合能力，越南语远超过汉语。据统计，越南语中音节的组合能力可以达到18000个，而汉语中只能组合成4000个。现代越南语中的实际音节数量约5000个，根据《现代汉语词典》第5版"音节表"则汉语中有1336个音节。因此，越南语的语音比汉语更加丰富多样。

2. 声调的差异

之前我们谈到，越南语有六个声调，汉语有四个声调和一个轻声，所以越南人在讲汉语时相对于中国人的越南语发音要容易很多，相比之下，中国人讲越南语会发音不准或混淆几个音调。

值得注意的是，汉语中的轻声和越南语中的平声都没有声调符号，但是越南语中的平声发音和汉语中的一声相近；此外，汉语中的三声和越南语中的问声相近；四声与玄声相近，但是越南语中不光有上扬或下抑，还有发音急缓之分，这也是译者在越南语口译发音时的难点。比如，汉语普通话的音调只有四声，而越南语有玄声和重声，这使得中国人在说越南语发音时会出现虽然音调准确，但是发音不准的情况。

3. 辅音字母造成口译发音难点

越南语有23个辅音，汉语有22个辅音，但是辅音字母相同而发音不同、清浊辅音差别不大等因素会使中国人造成发音混淆，或者发音不准确。如：越南语中的"đ"为浊辅音，中国人容易发音成"t"，越南语中的"kh"，"h"发音差别不大，一个有摩擦一个没有摩擦，中国人容易发音不准确。此外，越南语中存在的尾辅音"t""c""p""nh"，在口译时都是发音难点。

此外，中国北方人的儿化音会在发音时形成自然卷舌，这也是中国北方人在讲越南语时发音最容易出现的问题，因为越南语中基本不存在卷舌音。

4. 元音的差异

越南语音位系统中共有 13 个元音，而现代汉语音位系统中有 10 个元音。越南语中有 6 个元音在汉语中没有，分别是"ă, â, ê, ô, u', o'"，而汉语中"ü"和卷舌音"er"越南语中没有，这些元音的差异以及元音中唇形、舌位变化都是中越互译时发音难点。

小结：越南语语音是学好越南语的重点和难点，也是口译的基本功。译者要在今后的工作中更加注重对越南语的发音规律的摸索，有针对性避免自己在发音上的缺陷，做到精准发声。

二、汉语和越南语在词汇上的异同

（一）汉语和越南语的语素对比

作为语言形成的最小语义单位，汉语语素与越南语语素具有高度的相似性，各个语素结合形成合成词或固定词组。所以汉语与越语在造词方式上基本相同。

在实词语素中，汉语单音节语素中的"天、地、人、书、白、说"，越语对应的是"trời, đất, người, sách, trắng, nói"；汉语双音节语素中"山（水），研（究），伟（大）"，越语对应的是"sơn (thuỷ), nghiên (cứu), vĩ (đại)"。这表明，在实词语素中，汉语和越南语都是通过单、双、多音节语素形成词汇、词组。

在虚词语素中，汉语中虚词"的、了、是、不、啊"，越南语对应的是"của, rồi, vâng, không, ạ"；然而汉语中表示人称代词的"你、我、她"，越南语无法完全对应，需要根据说话对象的远近亲疏来判断称呼词语。这表明，在虚词语素中，汉语和越南语不都是一一对应的。

（二）越语中特有的"汉越词"

随着中国与东亚、东南亚地区各民族之间的历史战争、社会演变及文化流传，汉语逐渐渗透到中国邻邦国家并随着时间的推移不断发展和变化，于是汉语成为邻邦国家语言重要影响因素之一，这包括中国的周边国家越南、韩国、日本。以上这三个国家虽然现在用的语言是三种完全不同的语言，也不属于同语系，但是共同之处都是深受汉语的影响。北属时期（指越南历史上被中国统治的时期）之后的越南，由于受汉语文化的影响，其社会生活与思想文化和中国十分相似。越南人现在使用的越南语，虽然是拉丁文字，但是在哲学、政治、经济、技术领域对汉语的借用却是显而易见的。

公元 10 世纪初期，越南脱离了中国封建王朝统治，成为独立的国家，"汉越词"从汉语中剥离出来，成为越南语的一部分。"汉越词"为丰富越南语词汇库做出了贡献。到了 20 世纪，使用"汉越词"的需求不断增多，为了广泛使用，于是越南改用"国语字"即一种拼音文字来代替难书写的汉字。如今，如果越南人想使用一个新的术语，就会沿袭使用

"汉越词"的习惯，如："共和""发展""民主"。

据统计，"汉越词"占到越南语词汇总量的60%—70%，而在政治、经济、科技、法律领域则高达70%—80%。①这些"汉越词"大部分都是与天地万物、日常用品及与军队、经济文化有关的名词，如"冬đông、花hoa、雪tuyết、军quân、铁thiết"，或是表达心理状态、万物形状、动作行为等的动词及形容词，如"心tâm、交giao、祝chúc、生sinh、传truyền、强mạnh、治trị"等。

（三）汉语中特有的"多音字"

现代汉语中会出现多音字，即一个字有两种甚至三种读音，每个读音代表的意义不同，在特定的语言环境中读音发生变化，表达不同含义，这是汉语中特有的。比如："重"有两个读音，当读作zhòng时，表示重量大、程度深等意思，如重力、重伤等；当读作chóng时，表示再一次、反复等，如重新、重来等。而越南文是拉丁文字，不可能出现多音的情况，所以经常会出现越语的一个读音对应汉语多个同音字，这使得在越译汉时出现不知道对应的汉字是哪个的情况。如在翻译越南人名"Nguyễn Ngọc Hà"时，越文中的"Hà"对应的常用姓名汉字有"河"和"霞"，译者需要参考更多的性别信息才能最后确定此人名叫阮玉河还是阮玉霞。

小结：在汉语与越南语词汇对比研究中，我们发现由于历史原因，两种语言的语素构成基本相同，越南语词汇中借用汉语的词汇现象比较普遍，"汉越词"的出现使中越两国语言具有很多同源性，相比第三国译者，中越两国译者在互译中占有很大的优势。

值得注意的是，很多"汉越词"虽然还保留着汉语词的本义，但也有不少"汉越词"跟汉语词的意义、用法、感情色彩等都有所不同。两种语言中看似相对应的词语，在感情色彩、语体色彩、使用场合等方面的差别都会给汉越互译造成影响。只有了解越南语词汇与汉语词汇在词义、用法方面的异同，才能更全面、更准确地做好汉越互译工作。

三、汉语和越南语在语法及句式上的异同

句子是语言运用的基本单位，它由词、词组（短语）构成，能表达一个完整的意思，如告诉别人一件事，提出一个问题，表示要求或者制止，表示某种感慨，表示对一段话的延续或省略。②汉语中，句子的组成部分包括主语、谓语、宾语、定语、状语、补语六种，越南语也是一样。然而，这几种基本成分在句子当中的位置有相同之处也有不同之处，主要可以从两个方面进行比较。

（一）汉语和越南语句子成分及顺序的相同点

首先，汉语、越南语句子成分相同，都具备主谓宾定状补六大类。主语、谓语、宾语这几种基本成分在汉语句子中的位置与在越南语句子中的位置相同，都是主语在前，谓语跟后，宾语位于动词之后。③如：我是记者（Tôi là phóng viên）；我们学习越南语（Chúng tôi học tiếng Việt）。

从这两个例子来看，按照语序规则，汉语和越南语都符合这样的规律：主语在前，谓语跟后，宾语（补语）位于动词之后。

（二）汉语和越南语句子成分次序的不同点

汉语和越南语的不同，最突出的要数状语与定语在句中的位置和变化。译者在汉越互译时，要弄清楚句子成分及次序，特别是状语和定语部分的层次及顺序，避免翻译时出现语法错误、句意混乱、翻译不准等问题。

1. 状语的位置

汉语中，状语是句子的重要修饰成分。状语是谓语里的另一个附加成分，它附加在谓语中心语的前面，从情况、时间、处所、方式、条件、对象、肯定、否定、范围和程度等方面对谓语中心进行修饰或限制。[④]在不同的语言中"状语"有不同的作用。中文状语是动词或形容词前面的连带成分，用来修饰、限制动词或形容词，表示动作的状态、方式、时间、处所或程度等。

越南语状语是句子的附加成分，可以确定时间、地点、原因、程度、目的等，修饰句中的谓语动词。状语可以回答的问题有"在哪里？为什么？怎么样？干什么？"等，如：Ngày xưa, chùa này có một ông sư.（很久以前，这座寺庙有一位和尚。）

越南语状语类型与汉语类似，包括时间状语、地点状语、原因状语、目的状语、方式状语等。一些表示时间，程度的状语通常放在中心语之前，单音节副词作状语时一般放在谓语之前，这与汉语相似。如："sẽ đi（将去），sắp mưa（快要下雨），vẫn ướt（还湿）"。但是，当遇到音节副词"lắm""mãi""ngay"等副词时，则放在谓语后，如"mệt lắm（很累），khóc mãi（一直哭），về ngay（马上回）"，这是汉语与越南语不一致的地方。

此外，与汉语不同的是，表示方位的副词"trước""sau"可以和名词、动词及各类词组结合，却不能直接跟谓词或谓词性词组结合，后者需要在前面加"khi"。如：Trước khi（在……之前），sau khi（在……之后）。

试比较以下几组：

春节之前（Trước ngày Tết Nguyên Đán），看病之前（Trước khi khám bệnh），一周以后（Sau một tuần），结婚之后（Sau khi đám cưới）。

越南语中，常常用"một cách"来引出状语，相当于汉语中的"……地"。由"một cách"引导的状语通常位于它所修饰的谓词之后或谓语动词之后，绝大多数都由两个音节以上的形容词或形容词性词组构成，由其他词类或词组构成的数量较少。如：Chúng tôi sẽ giải quyết vấn đề này một cách cẩn thận.（我们将谨慎地解决这个问题。）

越南语中的状语跟汉语中的状语排列顺序具有不一致性，例子中的状语排列顺序是：越语由"một cách"引导的状语成分放在主要谓语动词之后，而汉语中的带"地"的状语却放在主要谓语动词之前。[⑤]

2. 定语的位置

汉语中，定语是用来修饰、限定、说明名词或代词的品质与特征的。主要有形容词，此外还有名词、代词、数词、介词短语、动词不定式（短语）、分词、定语从句或相当于形容词的词、短语或句子都可以作定语。定语和中心语之间是修饰和被修饰、限制和被限制的关系。[6]

在汉语中，中心语与定语二者之间有的需要用结构助词"的"，"的"是定语的标志，同越南语中的"của"。如：我（tôi）的（của）家（nhà），越文译为：nhà của tôi. 这时，你会发现这句话中的主语"我"和宾语"家"位置发生了变化，这就是越南语定语后置的特点，由于句子中宾语"家"是中心语，"我的"是用来修饰和限制中心语"家"的，所以放在了中心语的后面。因此，定语后置成为越南语语法中与汉语差异最大的特点。

根据这个特点，我们来看看折叠多层定语排列的情况，这个就像搭积木一样，多层定语从远到近的顺序一般是：

(a) 表领属关系（谁的）；(b) 表示时间、处所（什么时候、什么地方）；(c) 表指代或数量（多少）；(d) 表动词性词语、主谓短语（怎样的）；(e) 表形容词性短语（什么样的）；(f) 表性质、类别或范围（什么）。下面我们通过举例分析一下汉语和越南语在多层定语排列上的差异。

汉语：他（a）家乡的（b）一位（c）非常有名望的（d）老（e）先生（中心语）。

越南语：Một (c) ông（中心语）già (e) rất có tiếng (d) của quê hương (b) anh ấy (a).

汉语：一条（c）联通世界的（d）合作（e）之路（中心语）。

越南语：Một (c)con đường（中心语）hợp tác (e) kết nối với thế giới (d).

通过上面例子可以看出，汉语、越南语中的多层定语的位置有几个特点：

① 汉语中有的定语带"的"，有的定语不带"的"，越南语也相同。

②汉语的中心语在多层定语之后，越南语的中心语在多层定语之前，但是表示数量的定语却在中心语之前。

③汉语中多层定语的顺序按照由远到近逐个递加在中心语前，越南语中多层定语的顺序，除了表示数量的定语，其余定语是由近到远排列在中心语后面。综上，只有译者在看到长句子时分析透彻每个定语的功能和排列顺序，才能准确地翻译多层定语句子。这种逻辑清晰的分析方法无论是对中国人学好越南语，还是对越南人学好汉语，都有很大的帮助。

小结：通过对比研究汉语与越南语在语法及句式上的异同，我们了解了句子成分的类型以及两种语言状语、定语在句中的差异。只要把握好这些不同点和相同点，就能对学习、研究这两门语言带来明显的帮助。

四、结语

综上所述，通过汉语与越南语在语音、词汇、语法及句子上的异同对比分析，可以让译者更清楚地了解汉语与越南语两种语言的翻译难点，从而更好地进行日后的口笔译及相关语言学研究工作。

（作者单位：中国国际广播电台越南语部）

注释：

① 维基百科：《汉越词》；杜氏清玄：《现代越南语中的汉语借词》，《东南亚纵横》，2004 年第 5 期。
② 互动百科：《句子的概念》。
③ 张惠鲜：《汉语与越南语句子成分对比研究》，《现代语文（语言研究版）》，2013 年第 5 期。
④ 百度百科：《状语的概念》。
⑤ 张惠鲜：《汉语与越南语句子成分对比研究》，《现代语文（语言研究版）》，2013 年第 5 期。
⑥ 百度百科：《定语的概念》。

参考文献：

1. 黄敏中、傅成劼：《实用越南语语法》，北京大学出版社，1997 年版。
2. 《汉语水平词汇与汉字等级大纲》，经济科学出版社，2001 年版。
3. 《现代汉语词典》第 5 版，商务印书馆，2005 年版。
4. Đỗ Thị Kim Liên：《Ngữ pháp tiếng Việt》, Nhà Xuất bản Giáo dục, năm 1999.（杜氏金莲：《越南语语法》，教育出版社，1999 年版。）
5. 丁氏碧娥：《中越修饰语异同之研究》，福建师范大学硕士学位论文，2005 年。
6. 张惠鲜：《汉语与越南语句子成分对比研究》，《现代语文（语言研究版）》，2013 年第 5 期。

全媒体时代的汉语国际推广新路径探析
——以国际台意大利广播孔子课堂为例

高 飞

自"新媒体"这一概念于20世纪60年代末出现以来,随着人类在科学技术方面的不断探索,传统媒体与新媒体之间日益交融互通,信息传播手段和方式不断更迭升级,报纸、杂志、广播、电视、网络、手机等各类传播媒介令人目不暇接,也为国际传播提供了根据不同需求而细分受众的可能性,从而有助于实现对受众的全面覆盖,达到最佳传播效果。这种综合运用文、图、声、光、电等多种表现形式来全方位、立体地展示传播内容,同时通过文字、声像、网络、通信等传播手段来传输内容的新传播形态就叫做"全媒体"。

本文将以中国国际广播电台意大利广播孔子课堂(以下简称意大利课堂)为例,以对该课堂实施调研的结果为基础,探索国家级传媒机构在全媒体时代针对外国受众开展汉语推广的新路径。

一、全媒体时代对外文化传播的特点

从本质上来讲,对外文化传播是不同地区、不同国家、不同种族间文化的交流和互相影响。出于文化外交的目的,任何国家都需要将本民族的语言、价值观、思维方式、生活方式对别国进行传播,以促进互相交流和理解。孔子课堂便是为顺应国家对外文化传播的需求而设立的。在全媒体时代,随着新媒介形态的出现,对外文化传播的内涵和外延都有了很大变化。

(一)文化传播途径日趋立体化

在全媒体时代,随着新技术的不断演进,文化传播的途径从此前的平面化日趋立体化,通过各种形式的组合,将传播渠道进一步延展开来,使得文化传播突破了原有的界限,能够在不同的时间、空间内进行。如利用互联网、智能手机等渠道,突破了地域、人员和精力的限制,随时随地向外国公众传达信息,也使得传播的区域更加开阔。这些信息中夹杂的文化形态也得以通过立体化的传播,有效地传达给目标受众。

(二)文化传播主体更加广泛

互联网传播具有去中心化的特点,这使得全媒体时代信息传播的主体发生了变化,对外传播的主角由传统媒体时代屈指可数的几家大型媒体转变为海量"草根",自媒体已成为重要的传播主体之一。借助新媒体的优势,大量普通人可以借助微博、微信、社交网络等媒体发声,这也使文化传播的可能性得到了极大的增强。只要拥有相应的移动终端,人人都能成为文化的传播者，文化传播的内容也相应地更加丰富。

（三）文化传播形式更加多元

微博、社交网络、手机应用等新媒体传播平台中所包含的虚拟信息元素使得文化传播的形式和内容更加生动。利用制作视频、编写歌曲、制作网络课件等丰富多彩的形式，借助简单的设备进行发布、传播，使得文化传播的形式更加多元，也进一步吸引受众与发布者进行互动，加强文化传播的广度和深度。

二、意大利广播孔子课堂在全媒体时代的探索和尝试

（一）意大利课堂基本情况调研及分析

国际台自1960年开始正式用意大利语对外广播。2002年，国际台意大利文网站正式对外发布。意大利课堂于2009年9月正式在意大利首都罗马启动，现合作方为意中基金会。本文以2015年课堂数据为基础进行分析。

1. 学员基本情况

（1）学员数量及变化趋势

该课堂共有注册学员（指基本固定参加每期汉语教学活动的学员）250人，非注册学员（指除注册学员外，积极参加课堂文化活动，课堂掌握其基本资料的其他学员）约1250人，学员总量约为1500人。

据统计，意大利课堂学员数量自开课起一直呈增长状态。其中注册学员数量在2010—2014年，以每年大约10%的速度递增。而2014年至2015年，注册学员的增幅达到了85%；非注册学员由2010年的500人左右，2015年已上升至1250人。

（2）年龄、受教育程度及职业分布

课堂学员中，6—16岁的未成年人占4%，17—22岁的青年人占27%，23—40岁的中青年人占67%，41—65岁的中老年人占7%。该课堂学员受教育程度良好，全部学员均接受过水平不等的教育。成年学员中，有多达86%的学员接受过大学本科及以上的高等教育。学员身份主要以公司职员、涉华事务公务员及在校学生为主。

（3）汉语学习经历及动机

该课堂90%以上学员均自学或在语言学校简单学习过汉语；其中系统学习过汉语的学员占10%左右，大部分为高等院校汉语相关专业的学生，还有一部分公务员，如税务官和警察，因日常工作与旅居当地华人有关，意大利政府资助他们到孔子课堂短期培训。大部分学员学习语言的动机都不止一种。其中，100%的学员都是因为喜欢和向往中国文化而报名学习。可见，意大利孔子课堂学员接触中国文化主要以兴趣和知识为导向。

由此可见，该课堂大部分学员都曾接触过简单的汉语，在对汉语及中国文化有一定了解且感兴趣的基础上，选择在意大利课堂报名继续学习。这一点可作为课程选择和设置的依据，可在开设汉语入门课程的同时，加大中、高阶课程的比例，组织与中国文化相关的

兴趣活动。

2. 常规教学活动情况

由于合作方并非教学机构，受到场地、师资等限制，课堂更侧重于发挥媒体特色，对外传播中国文化。除与其他院校合作开课外，本身不开展常规教学。取而代之的是，课堂开发了口语俱乐部等一系列汉语学习品牌项目，让学员在轻松的氛围中学习更加实用的口语。针对公务员群体，课堂则上门教学。截至2015年年底，相关活动正不断成熟和壮大，口语俱乐部活动范围已扩展到意大利全境。

3. 文化活动及来华访问情况

除口语俱乐部之外，课堂定期举办有关中国文化的讲座和兴趣教学课。此外，课堂每年还挑选、推荐学员，积极参与由国际台举办的夏令营等来华文化体验项目。

美中不足的是，该课堂学员申请国家汉办来华奖学金及参加国家汉办组织的知识竞赛较少，这主要是由于该课堂在实体课堂汉语教学方面比较薄弱，长期以口语俱乐部的形式活动，学员需求不同于亚非国家，汉语水平达到参赛或获得国家汉办奖学金标准的学员数量较少。

（二）意大利广播孔子课堂基础性新媒体教学尝试

1. 远程视频教学

远程视频教学是利用互联网技术而开展的基础性新媒体教学，具有开放性、实时性、交互性、可控性及经济性等特点。具体形式为主办方在国内场地架设相关设备，邀请来自高校的专业对外汉语教师开设讲座，通过远程视频传输设备将画面和声音传至位于罗马的意大利课堂教室，供当地学员实时学习，并与国内场地的教师互动。考虑到实体课堂教学在时间和空间上的局限性，意大利课堂自2010年以来，开始探索采用远程视频技术向海外学员授课。至2015年年底，该活动已连续开展了五届，在意大利汉语学习者中有着很高的声誉。

2. 制作"汉语桥"中文比赛投票官方网站

"汉语桥"中文比赛是由国家汉办主办的知名品牌活动，以中文演讲、辩论、才艺表演等形式，考察外籍参赛者的汉语语言水平和对中国文化的理解能力。从2010年国际台意大利语部承建相关投票网站建设后，"汉语桥"中文比赛影响力逐步扩大，参与互动的意大利网友人数逐渐超过200万，大赛的报名人数也成倍增长。这一尝试在给网站带来流量的同时，也吸引了更多意大利人对"汉语桥"赛事的关注和参与，扩大了影响力。

3. 制作"学汉语"网页

意大利课堂的汉语教学是利用新媒体进行线上、线下互动的。在罗马拥有实体广播孔子课堂的同时，国际台意大利语部还在国际在线意大利文网站上开发、制作了"学汉语"网页。实体课堂中方负责人会定期统计学员们的需求，国际台意大利语部按此需求收集素材、上传内容。这一网页的开发大大缓解了罗马当地汉语教材短缺的问题。

4. 搭建脸书社交平台

意大利课堂自2014年起通过外方合作方注册了脸书专页，目前好友数量已达4000余名。该专页内容主要包括对意大利课堂文化活动的宣传推广、两国留学生来华或赴意留学信息、汉语教学以及一些有关两国的新闻等。

三、全媒体时代意大利广播孔子课堂的转变

（一）发展思路由模式化向灵活化转变

截至 2015 年，意大利共有 11 家孔子学院及 3 家孔子课堂。由于合作方性质所限，意大利广播孔子课堂无固定教学地点，因此常规汉语教学并非其优势所在。在近几年的探索中，课堂开拓思路与其他学校展开合作，共同开办汉语班，并定期互赠学习用书。这一举措发挥了国际台意大利课堂在媒体资源和小语种人才方面的优势，规避了课堂无固定教学地点的缺陷，借助他者之力，在全意范围内提升了双方知名度，增加了课堂生源，是一种双赢的合作模式。此外，课堂利用中方主办单位为国家媒体的特点，集中自身在人脉、媒体资源及人才方面的优势，积极组织或参与了大量文化活动，吸引了非注册学员的关注，使得非注册学员数量在 6 年内涨幅达到 150%。

（二）教学手段逐步从单一向多元转变

在传统媒体时代，广播孔子课堂的教学手段局限于实体课堂授课，利用纸质教材、录音磁带等教授学员。由于汉语本身的复杂性及多元性，传统及较为刻板的教学方式难以令外国学员深刻理解。而互联网上的硬件资源和软件资源具有海量丰富的特点，利用这些资源进行汉语教学，对学生创造性思维的培养具有重要作用。在全媒体时代，课堂逐步采用音频、视频、网络互动等手段并重的综合多媒体方法进行教学，突破了时间和空间的界限，实现了全方位的伴随式传播。在这些尝试中，意大利课堂抓住了自我推广的机会，将大量对中国文化感兴趣的人聚集在了一起，其中有部分非注册学员在通过网络、手机等新媒体渠道参与课堂活动后，注册成为实体课堂学员，定期参加课堂组织的线下汉语教学活动，实现了由非注册学员向注册学员的转化，进一步提升了注册学员的人数，这也是课堂在 2014 年后注册学员数量激增的原因之一。

（三）师资力量从传统汉语教师逐步向新媒体人才转变

截至 2016 年年底，国际台已陆续向 14 家海外实体广播孔子课堂外派 30 余名汉语教师，这些教师均为经国际台各语言部选拔的小语种人才，具备较高的外语水平，在参加岗前培训后，也掌握了一定的对外汉语教学技巧。他们到任后，凭借语言和资源优势，协同外方负责人共同对课堂实施有效管理。但在以往派驻的教师中，往往存在教师年龄偏大、多媒体教学及新媒体制作能力欠佳等问题。

近年来，由于广播孔子课堂在教学手段等方面逐步向全媒体转变，新派驻教师中不乏颇具新媒体制作、推广经验的年轻人才。他们通过国际台语言部门的培养，掌握了新媒体知识，并具备独立创作、制作播客、视频节目，甚至独立制作网页的能力。这些对汉语国际推广及文化外交有思考、有经验的新媒体人才切实提高了国际台的汉语推广效率，并在

当地颇受学员欢迎，其制作的节目也有一部分取得了良好的经济效益，为课堂可持续发展提供了资金保障。

四、全媒体时代意大利广播孔子课堂未来发展规划与优化途径

（一）实现实体课堂教学和文化推广活动的全媒体化

在全媒体时代，虽然各种传播手段和方式层出不穷，仍有大量课堂学员习惯于通过实体课堂进行学习。这是由于实体课堂拥有一些其他媒体传播无法比拟的优势，如教师面授课程能更直观地为学员答疑解惑；学员在教室听课有助于其互相激励和帮助以巩固知识，等等。而意大利课堂利用自身的媒体优势和听众资源，以文化活动为支点进行推广也不失为一个上乘的策略。在课堂未来的发展中，在实体课堂教学和文化活动中加入新媒体手段并逐步加强其所占比重，将有效提升汉语推广的效率和质量，同时进一步提升学员兴趣。

（二）建立远程视频课程影音分享平台

根据中国网络经济研究机构艾瑞公司提供的监测数据，2010 年中国网络视频用户量达到 2.84 亿，截至 2014 年已达到 4.33 亿人。可见，网络视频用户量已在一定程度上分散了传统媒体市场的受众。因此，在全媒体时代，与传统媒体相比，利用网络媒体进行汉语推广既能抓住特定用户，又能节约成本，达到事半功倍的效果。

意大利课堂开发的远程教学课程虽然深受学员欢迎，但每期都能准时在上课地点参与学习的学员毕竟只占少数，且"一过性"的课堂教学使学员无法通过重复收看来巩固知识点。在今后的发展规划中，课堂可将远程视频课程上载到优兔、播客等公共播出平台，借助一些可以长期保存音、视频的声音、影像技术，使网络上的大量潜在受众通过免费收看或付费下载的方式，随时随地参与教学、回看课程。这种形式的网络教学颠覆了顺时收看的惯性，使用户在收视上更加灵活自由。

虽然远程视频教学可以实现师生面对面互动，达到优于音频或视频的传播效果，但远程视频课程转瞬即逝，且前期组织时花费的时间及人力成本高昂，一年举办一次的频率也远远不能形成良好的传播效果。只有将之品牌化，在互联网上实现即时可视化、可听化，才能更好地发挥新媒体技术的优势，让意大利课堂远程视频教学活动从一次普通的教学活动衍生为一个新媒体品牌。

（三）开发"汉语桥"比赛手机应用

在全媒体时代中，伴随着"第四媒体"互联网的普及，人们对信息越来越要求"短、精、快"，这也为手机应用软件等新兴媒体提供了占据信息市场的商机。如今，大多数语言爱好者很难空出整块时间参与实体课堂的系统学习或在汉语比赛中角逐，只能在碎片化的空余时间里接受碎片化的信息。而手机这一伴随式的传播终端，能突破地域限制实现全方位漫游，使用户随时随地通过网络进行学习。因此，借势开发意大利"汉语桥"比赛手机应用迫在眉睫。

通过意大利课堂的长期推广，"汉语桥"中文大赛已在意大利中文爱好者间形成了良好的品牌效应。该比赛是中国文化的传播活动，如果只通过吸引网友在官方网站上投票的形式来推广，参与度过于松散，且难以持续激发投票者的兴趣。课堂可以尝试与国家汉办，即"汉语桥"比赛组织方合作开发意大利语版"汉语桥"比赛手机应用。网友通过该应用可以欣赏往期比赛视频、为选手投票、报名参赛并与主办方互动，同时可在其中适当植入意大利课堂招生信息。同时，运用大数据分析的技术，结合用户的性别、年龄、职业、经常点击的内容推测出用户的偏向性和习惯，从而为用户推送有针对性的汉语学习内容。

这是一种国家汉办和国际台双赢的模式，既进一步扩大了"汉语桥"品牌的知名度，也帮助意大利课堂积累了用户，扩大了手机应用范围。

（四）继续加大课堂脸书推广力度

在互联网时代，网络交流正日渐以交互性和社会性为导向；网络所提供的服务内容常常是通过创建一个可视的、交互的网页来充分挖掘网络效应。"第二代互联网"的日趋活跃使得"社交媒体"在传播中的作用和影响力凸显。社交媒体通过文本、图像、音乐和视频等不同形式，使用户借助网络平台彼此分享意见、见解、经验和观点。目前，脸书已成为全球最大、最繁忙的社交网站，其即时性、开放性、互动性等优势，也给汉语国际推广模式变革带来了契机。与效率较低的面授课程相比，在脸书上注册广播孔子课堂账号，以便捷、轻松、柔和的方式潜移默化地影响汉语爱好者并传播中国文化，已成为广播孔子课堂提高汉语推广实效的新方向。

因此，在意大利课堂新媒体项目的建设中，一个有影响力的脸书账号是最不可或缺的。意大利课堂进行任何形式的新媒体尝试，无论是凝聚学员，将线下活动影响力转移到线上，还是通过线上宣传为线下活动增强影响力，都离不开脸书这一枢纽。脸书既汇集了粉丝，又代表着课堂的自身形象。

意大利课堂脸书专页现有4000余名好友，但其本身系依托课堂外方合作方注册，并非课堂专用账号。其好友数量虽是国际台广播孔子课堂脸书中最多的，但和意大利6000多万的人口数相比微乎其微。因此，及时注册课堂专属的脸书账号，并通过更多的线上活动吸引粉丝是一种成本小而产出高的有效手段。同时，在进行线下活动时，课堂教师应加强推广社交媒体的意识，主动邀请线下活动的参与者加入课堂脸书大家庭，把线下转瞬即逝的粉丝热情凝固到一个有影响力的持久平台上。

（五）开发基于社交媒体的互动型、即时型公开课

随着社交媒体平台的日益拓宽和技术的不断发展，在微博、微信等社交媒体上，出现了网络直播、微信公开课等新型传播形式。在技术方面，这类平台虽然仍基于早已成熟的音、视频技术，但这类传播形式的开发和普及确是全媒体时代的创新之举。目前，"沪江网校""百词斩"等各类传统外语教学网校已经开始利用使用微博、微信或各类直播平台开设网络课程。这类新型公开课往往通过自身运营的微信公众号或微博官方账户发布课程

预告，报名者支付学费后将加入教学微信群，以每天或每周的频率在微信群中收听、收看教学直播，并随时向老师提问；或通过直播平台免费或付费收看即时型的直播视频课程，利用弹幕向老师提问互动。这类新型公开课解决了传统教学中部分学员与教师互动机会有限、参与度不强等问题，使得每位学员均有提问交流的机会，实现了差异化教学，并为网校和社交媒体平台带来经济效益。

意大利课堂可借鉴这类传统网校的经验，在各直播平台上以免费直播为基础，开展汉语教学或播出课堂文化活动，吸引感兴趣的受众加入到付费微信课程或视频课程中。在传播中国文化的同时，为课堂带来经济收益，提高社会效益。

五、结语

目前，一个最大的遗憾就是中国尚无任何自媒体平台像脸书一样具备全球化影响力。因此，在强调借助全媒体的力量进行汉语推广的同时，我们不能忽视的是，只有掌握在自己手中的平台，才能最大化地实现对外传播，甚至文化外交的目的。因此，全媒体时代的广播孔子课堂乃至汉语国际推广，其未来的发展方向首先是建立有影响力的平台。就现阶段而言，微信等平台在海外拥有可观的用户数量，也许在未来，这类平台也能具备全球的影响力，成为中国在全媒体时代进行汉语及文化对外推广的载体，而新兴的网络直播等手段也能进一步丰富广播孔子课堂的传播形式，拓宽广播孔子课堂的发展思路。

（作者单位：中国国际广播电台国际合作交流中心）

参考文献：

1. 张延成：《国际汉语教学网络资源与技术》，湖北教育出版社，2012年版。
2. 李盛兵、吴坚：《汉语高效率国际推广研究》，科学出版社，2012年版。
3. 陈钰瑶：《"互联网+"下的中国传媒业》，《现代经济信息》，2015年第14期。
4. 郑华：《新公共外交内涵对中国公共外交的启示》，《世界经济与政治》，2011年第4期。
5. 王庚年：《新媒体国际传播研究》，中国国际广播出版社，2012年版。
6. 冀媛、李雨芊：《意大利广播孔子课堂2014、2015年度工作总结》，2015年。

广播孔子学院可持续发展策略探析

李 岳

语言是传播本国文化和价值观的载体。美国著名思想家拉尔夫·沃尔多·埃莫森说,"语言是历史的档案"。[①]因此,在世界范围内推广本国语言自然成为各国对外文化交流的重要形式和组成部分。

中国国际广播电台（以下简称国际台）作为我国对外传播的主要媒体,在汉语国际推广方面具有独特的媒体优势,肩负着重要的媒体责任。2007年国际台与孔子学院总部联合创建广播孔子学院,下设广播孔子课堂,成为海外汉语教学和中华文化传播的生力军。

本文将从秉承广播孔子学院可持续发展的理念、拓宽广播孔子学院汉语国际推广渠道和拓展跨文化交流活动模式三个方面对广播孔子学院可持续发展的策略进行探析,以促进广播孔子学院未来发展,继而丰富国际传播的内容和形式。

一、秉承"四个结合"理念,推动广播孔子学院可持续发展

从广播孔子学院建立之日起,国际台始终在探索一条既符合一般规律,又能发挥自身独特优势的汉语国际推广和文化传播道路。"四个结合"的发展理念是广播孔子学院未来发展的指路灯,即办课堂与办媒体相结合,课堂教学与参与广播节目相结合,培养人与使用人相结合,文化传播与友谊传播相结合。

（一）办课堂与办媒体相结合

广播孔子课堂的可持续发展是国际台媒体业务完善的有机组成部分。国际台从广播、报纸、电视等传统媒体形态,进入了以网络广播、网络电视、手机广播、手机电视为依托的新媒体业务格局。传统媒体和新兴媒体在发展道路上进行了优势互补、新旧融合的尝试。而广播孔子课堂的发展也是建立在传统媒体和新兴媒体业务不断开发增强的基础之上。新兴媒体的发展活力、技术优势对课堂教学有巨大的助益。课堂的发展依托媒体的不断革新,而媒体的发展也离不开广播孔子课堂的有益补充。广播孔子课堂作为海外传播发展模式的一种新方式,规模不断增大,影响日趋提升,对国际台建设现代综合新型的国际传媒,全面提升国际传播力,具有重要意义。

（二）课堂教学与参与广播节目相结合

课堂教学的内容不仅依托国家汉办的教学纲要及教材,还充分利用国际台的媒体资源优势,将无线广播、落地调频电台、"国际在线"网络汉语教学节目作为课堂教学的有益补充。国际台汉语教学节目利用音视频的传播优势,使学员更容易记忆、学习,理解汉

字、汉语语法和会话等语言内容。课堂教学中的有趣实例，以及优秀学员学习汉语的心得、心路历程同样也是国际台制作贴近受众、贴近生活节目的生动素材。广播孔子课堂学员学习汉语、来华交流访问的节目不仅受众爱听，也扩大了广播孔子课堂在对象国的影响力，可以达到一举两得，一石二鸟的作用。

（三）培养人与使用人相结合

人才的使用和培养是事业发展的核心。重使用而轻培养，会造成人才队伍的萎缩，发展后劲匮乏；重培养轻使用，则会造成人才的浪费，难以为事业发展提供有效的支持与保证。国际台与国家汉办定期开办小语种海外汉语教师培训班，成为培养人才的有力之举。国际台拟外派海外汉语教师通过培训获得资格证书，提高了汉语教学能力，有利于海外赴任工作的顺利完成，也使外派教师可以学以致用，有的放矢。

（四）文化传播与友谊传播相结合

传媒不仅具有传统意义上的信息功能、教育功能、娱乐功能、广告功能，还具有文化传播的功能。随着信息社会的来临，世界上各个国家相互联系、相互依存更加紧密。媒体应成为跨文化传播与交流的桥梁，传承友谊，促进相互了解。广播孔子课堂在传授汉语的同时，也传播了中国文化。学员在学习汉语的同时，感受中国文化，加深了对中国的理解，在潜移默化中加深了彼此之间的友谊。

"四个结合"的可持续发展理念为广播孔子学院汉语国际推广体系的发展提出了理论基础和实践检验的标准，也是国际台规范广播孔子学院管理，加强广播孔子课堂的业务指导，实现对广播孔子学院可持续运行发展的行为准则。

二、拓宽汉语国际推广渠道，赋予广播孔子学院更多使命

广播孔子学院的优势在于拥有现代化的传播技术手段和多种传播平台与渠道，在于新型国际传媒的职责，在于几十年来积累的听众资源和国际影响力。完善和拓宽全方位、多样化的汉语国际推广渠道，将是广播孔子学院可持续发展的举措。

（一）加强国际在线和中华网的传播力

加强国际在线和中华网的传播力，将为汉语教学与文化传播提供强有力的传播渠道。受众可以在任何国家、任何时间收听、收看多语种的汉语音视频教学节目。视听互动、资源共享、语种集合为语言教学推广提供服务。多语种教学——"用你的母语学汉语"是广播孔子学院建立的特色和优势，国际在线和中华网涵盖的语种范围将超过任何一个语言教学媒体网络支持的语种数目。

利用媒体优势，加强汉语国际推广和中国文化的传播力。对外传播和汉语国际推广的有效结合，发挥了国际台作为对外传播媒体的优势，使汉语国际推广的渠道日益丰富。

（二）发展落地调频台的传播优势

落地调频台具有声音清晰、音质优良、信号稳定、调试容易、收听方便等诸多优势。

通过落地调频台播出《学汉语》节目,可以使学习者清楚地收听到教师的讲解、发音,这是短波广播无法比拟的。节目境外落地充分发挥了调频广播以及多种新技术的优点,弥补了短波广播信号不稳定的缺陷,不仅在传统短波广泛覆盖的基础上增强了覆盖密度,还扩大了国际广播的收听人口范围,开拓了国际广播的新领域,增加了受众群。

落地调频节目在语言、内容、形式、风格、收听方式等方面具有更为贴近当地听众的需求、习惯和心理等特点,但在节目风格上又区别于当地电台,因而受到听众的喜爱。广播《学汉语》节目内容精彩,有别于普通的汉语教材。借助落地电台播出,发挥其广播教材的特点,收听效果自然好于传统短波广播,不仅成为落地电台的拳头产品,而且有效提升了教汉语节目的收听率。

(三) 完善社交媒体和网络汉语教学交流平台的建设

近年来,社交媒体如雨后春笋般迅猛发展,爆发出炫目的能量。在社交媒体上加强汉语推广成为未来发展的新模式。同时,借助于网络,在线学习语言也是传统媒体无法比拟的。因此,完善社交媒体和网络汉语教学交流平台的建设,将是汉语国际推广的有效渠道。在完善社交媒体和网络汉语教学交流平台的建设中,应遵循以下原则。

1. 互动原则

互动原则表现在教师与学生之间、学生与学生之间的互动。教师和学生的互动除了在线答疑、视频授课等外,教师还可以根据学生的学习反馈,及时调整补充完善课程的内容、设计和教授方法。

网络学习是一种群体性学习。通过网络学习汉语的人彼此之间的学习心得交流可以使他们学习到他人之长,补己之短。学习者之间的小组讨论、在线交谈、真实互动是合作式学习的一种体验。这对于学习者之间协同解决学习上的困惑与知识上的疑点大有帮助。

2. 多媒体教学原则

多媒体的诞生对于学习者来说不啻于一场学习方式的革命。文字、图片、动画、音频和视频等媒体形式在网络学习中各尽其能。根据科学研究人员所做的调查,人类主要通过三种方式感知外部世界、学习知识,即触觉、视觉和听觉。

(1) 触觉学习者:当他们能亲身运动、体验和实验时,会学得更好;

(2) 视觉学习者:当他们看到学习内容以图像的形式出现时,他们会学得更好;

(3) 听觉学习者:通过音乐、谈话的声音而学得更好。[②]

利用社交媒体和网络汉语教学,学习者可以通过动手操作、看、听来感知学习的内容,刺激自己的触觉、视觉和听觉。

三、拓展跨文化交流活动模式

自主策划跨文化交流活动是国际台发展汉语国际推广事业的重要方法,也是广播孔子学院传播中国文化的新思路与新模式。国际台利用自身的媒体优势,开拓有特色的跨文化交流活动，使汉语和中国文化更生动、更立体地传播到国外去，这对于汉语国际推广产生了巨大的推动作用。自主策划跨文化交流活动分为"请进来"和"走出去"两个方面。

（一）"请进来"活动：以广播孔子学院春（秋、冬）令营为例

国际台在国家汉办的大力支持下，从2013年至2016年连续四年分别在北京、厦门、云南、西安、泉州等地举办广播孔子学院春（秋、冬）令营活动。每年邀请10余家课堂的20余名优秀外国学员来华进行为期10天的短期访问交流，在北京语言文化大学和孔子学院南方培训基地厦门大学学习汉语知识、国画、武术、茶艺等中国传统文化体验课程，并参观访问了上述城市，感受中国各地民俗风情。自主策划跨文化交流"请进来"活动具有三个特点：

（1）扩大了广播孔子学院在对象国的影响力，吸引越来越多的外国人学习汉语。国际台从当地的广播孔子课堂邀请汉语学习的优秀学员来华进修访问，对于从未来过中国的外国人来说是十分向往的，中国文明古国的魅力极具感召力。归国后这些学员会将自己在中国的所看、所听、所学向身边周围的家人、学员、朋友讲述，这不仅提高了广播孔子学院在当地的知名度和影响力，也吸引更多的外国人走进广播孔子课堂学习汉语。

（2）活动的内容丰富，寓教于乐，受到学员的喜爱，增加了学习汉语的兴趣和热情。汉语对于外国人来说是一门不易掌握的语言，但中国文化、历史和名胜古迹对于他们来说又充满了新鲜感和神秘感。通过在中国实地参访，将对他们学习汉语产生积极的促进作用。

（3）创建品牌，以此提升国际台的海外传播力。广播孔子学院春（秋、冬）令营活动已经连续举办了四年，随着这一活动在对象国的知名度不断提升，也逐渐形成品牌效应，越来越多的外国人了解了广播孔子学院，进而也增进了国际台的海外传播力。

（二）"走出去"活动：以《你好，中国》为例

2010年是中俄"语言年"，其间，国际台策划实施的大型多媒体跨文化系列项目《你好，中国》（第一季）全媒体、多角度强势登陆俄罗斯国家级电视、广播、平面与网络主流媒体，高频次、大范围地呈现给俄罗斯广大受众。《你好，中国》（第一季）选取了100个代表中国传统文化精髓的汉语词汇，针对每一个词汇进行解读，从不同侧面展现中国文化的博大精深。围绕这100个词汇，制作100集电视系列片、100集广播教学节目、由100节课文组成的纸质教材以及集纳了以上三种产品的《你好，中国》官方网站 crinihaochina.com。

2013年俄罗斯"中国旅游年"期间推出《你好，中国》（第二季），制作了100集中国名胜古迹视频片，每集时长10分钟。展现了中国古老文明与秀丽风光。2014—2015年《你好，中国》（第三季）推出了50集微电影，每集介绍一位中国青年代表人物，以梦想、创业、生活、时尚、青年与世界五大板块，展示了当代中国青年如何实现自己的"中国梦"。

从加强汉语国际推广和对外文化传播角度看，《你好，中国》项目具有三个特点：

（1）通过增强对外文化传播实效，促进汉语国际推广。长期以来，我国的对外传播一直面临"制作容易落地难"的"瓶颈"，而《你好，中国》多媒体节目通过借力俄罗斯国家级媒体，大范围、高频次、全媒体地呈现在俄罗斯普通民众面前，实现了有效传播，与此同时，也促进了汉语国际推广，可谓事半功倍。

（2）深入研究受众需求，寻找最佳角度，降低国外受众对中国文化产品输出的排斥心理，使之在潜移默化中了解学习了汉语。寻求用外国受众喜闻乐见的方式，在深入研究外国受众心理的基础上，进行更有针对性的文化解读，只有这样才更容易被国外受众接受。《你好，中国》注重"本土化"，以俄罗斯人的思维方式解读中国文化，这是其深受俄罗斯各界好评的根本原因。

时任俄罗斯联邦委员会（议会上院）主席米罗诺夫对《你好，中国》（第一季）的评价是：它为那些不懂中文的俄罗斯人开设了"汉语课"，《你好，中国》的独特之处在于，即使是那些对中国毫无了解的俄罗斯人，也完全可以理解《你好，中国》的内容。

（3）着眼长远，创建品牌，建立对外文化传播的长效机制。《你好，中国》自主策划跨文化交流活动已经连续举办了三季。一方面应当不断扩充《你好，中国》（第一季）的内容，将更多的汉语经典词汇吸纳到《你好，中国》的目录中来；另一方面，应当将《你好，中国》在俄罗斯的推广模式复制到其他国家，使其成为面向全球各国推广中国文化的品牌产品，在更长的时间内，面向更多国家长期推广，实现传播效益最大化，让中国文化真正走向世界，让越来越多的人了解、学习汉语语言知识。

《你好，中国》项目不仅是推广中国文化的范例，同时也是中俄两国媒体合作的一个范例。《你好，中国》通过多媒体手段，让俄罗斯民众更了解中国的历史和文化，必将进一步加强两国人民的理解和友谊。

四、结语

国际台不断加快推进广播孔子学院的建设，以多种手段开展汉语教学和文化交流，使以推广中国文化为核心、以教授汉语为内容的对外传播形式常规化、制度化。

国际台广播孔子学院未来的发展将按照稳步发展、扩大数量、提高质量、规范管理的方针，充分发挥"用母语学汉语"优势，为世界人民的交流架设起更多双向沟通的语言之桥，这将提升中国媒体的国际传播能力，促进构建舆论传播新格局。

（作者单位：中国国际广播电台俄语部）

注释：

① [美]拉里 A. 萨默瓦，理查德 E. 波特：《文化模式与传播方式：跨文化交流文

集》，麻争旗等译，北京广播学院出版社，2003：17。

② ［美］珍妮特·沃斯，［新西兰］戈登·德莱顿：《学习的革命》，顾瑞荣等译，上海三联书店，1998：105。

广播孔子学院的十年品牌之路与传播方法探析

步万祺

随着中国经济的发展和国际影响力的提高，汉语及汉文化传播不断升温，"中国风""汉语热"已成为当代中国"走出去"的重要符号。为了满足世界各国与中国进行多方位交流合作的需要，帮助各国人民学习汉语、了解中国文化，国际台审时度势，主动适应经济发展新常态，把握品牌发展新机遇，适时推出了广播孔子学院项目。项目以推广中国传统文化和现代文明为目标，打造媒体教育新品牌，努力成为连接中国与世界的文化桥梁。

一、广播孔子学院的品牌建立

广播在语言教学尤其是对外汉语教学中的应用已经有几十年的历史，早在1962年北京广播电台（1978年5月定名为中国国际广播电台，简称国际台）就在日语广播中开设了"汉语讲座"，这是我国在对外广播中开设汉语教学节目的开始，可见国际台对外汉语教学的广播模式距今已经有了50余年的经验和运作基础。伴随汉语热的发展，海外汉语教学以兴盛的势头发展于世界各地。遍布五大洲的孔子学院是汉语国际推广的知名品牌和重要载体。近年来，在国家汉办/孔子学院总部的领导下，孔子学院建设各方面都取得了重要进展。继网络孔子学院之后，数字广播作为近年媒体汇流后发展迅速的新媒体之一，也加入了汉语国际推广的行列。

2007年12月6日，由国际台与孔子学院总部共同创建的广播孔子学院诞生，标志着汉语国际推广在推广渠道和办学形式多元化方面又向前迈进了一步。到目前为止，国际台已在海外建立了14家广播孔子学院。同时，借助无线广播、在线广播等方式，用48种外语向世界各地的学员教授汉语、传播中华文化，既突破了时空限制，拓展了办学空间，又满足了不同学习环境下的汉语学习者的学习需求，成为汉语国际推广事业发展的又一大方向。

品牌定位是品牌营销战略的基石，对于一个新创立的广播媒体品牌来说，要突出别具一格的品牌形象，需要通过传统媒体、网络、公关活动等多媒体手段有步骤推进，根据市场环境和受众结构的变化不断深化调整。广播孔子学院建立之初，以国际台母品牌为依托，将打造汉文化项目作为切入点。借助国际台特有的多语种优势和媒体资源，把办课堂与办媒体相结合，课堂教学与节目制作相结合，培养人与使用人相结合，文化传播与友谊传播相结合，在广播孔子课堂建设、师资派出、教材开发、项目推进等各方面进行积极尝试，形成线上播出、线下互动、节目周边产品一条龙式的整体经营概念，努力实现文化产品的品牌效应。

二、利用优势资源进行品牌发展

（一）抓时机抢热点利用媒介优势

在电台品牌形象逐步提升确立的同时，媒体经营也从单一的广告营销转向多元化经营的发展道路。曾几何时，广播是主流强势媒体，但随着技术革新，广播先后经过电视、平面媒体以及网络等新媒体的冲击，一度出现"广播消亡"的声音。在国际传播现代化发展的今天，媒体从传统走向现代，从平面走向立体，从单一走向全媒体，成为打造成功传媒品牌的重要战略目标。作为海外文化传播项目，广播孔子学院立足中国文化发展前沿，借助国际台的全媒体传播手段，运用多年积累的多语种对外汉语教学经验，确立了以母语传播为特色、以媒体传播为优势、以传播中国文化为重点、以内容建设为突破的汉语国际推广理念，致力于打造中国"软实力"传播最亮品牌。

（二）打造最受欢迎的教学类产品

目前在汉语国际教育和推广中，有个亟待解决的问题就是"汉语难学"。汉语被视作世界上最难学的语言之一，其中有多方面原因，包括汉语的声调问题、汉字的意合问题等。要想真正在世界上推广汉语，传播中国文化，必须将外国人学习汉语的困难降到最低，换言之，将汉语以一种最简单、便捷的方式供外国人学习，是摆在汉推工作者面前的课题。另外，对外汉语教学的媒介选择，也十分重要。比如，在海外城市调频广播中推广汉语有意想不到的效果。

国际台有着多年对外汉语教学的经验和方法，能够结合时代发展情况调整教学手段，更新汉推教材，逐步解决学汉语难的问题。在教学实践中，"用母语学汉语"的方法和《每日汉语》《实景汉语》的教材发挥了显著作用。

（三）通过多种途径提高品牌知名度

媒体品牌的知名度是指受众对媒体的认知和了解程度。广播品牌的知名度对受众有一定的引导作用。提高媒体品牌的知名度有多种途径和手段。需要结合项目自身特点、受众范围等因素，选择合适的手段和方法。提升品牌知名度不能是单一的，要打好"组合拳"。

（1）线上线下开展媒体外交。一个成功的线下活动可以一举多得，在短时间内聚集受众群体，使用户与媒体实现"亲密接触"，达到事半功倍的效果。广播孔子学院线上实时播出汉语教学类节目，线下组织汉语夏令营活动和文化培训班。目前广播孔子学院已经有超过2万名注册学员在接受汉语教学和文化培训，3万多人次参加了丰富多彩的文化推广活动。2013—2016年，在国家汉办的支持下，国际台牵头组织了四届广播孔子课堂的冬令营和夏令营活动，受到了海外学员的热烈欢迎，成为国际台汉语推广的常态化项目。各落地国孔子学院成功组织多次中国文化系列活动，搭建促学习增友谊的交流平台，扩大孔子课堂的国际影响力。国际台蒙古国育才广播孔子课堂已连续举办八届"东方之韵"校园歌曲大赛，每届活动都有来自乌兰巴托等地 20 余所中小学的百余名选手参赛，蒙古国 TV8 电视台、蒙古国《消息报》等多家当地媒体进行全程报道。"中国历史文化演讲作文比赛"也吸引蒙古国各地学生以流利的汉语畅谈梦想、汉语情缘和中华历史感悟。

（2）搭平台全媒体立体化发展。全媒体时代的到来给传统广播带来了挑战，同时也带来了新的发展机遇。融媒体、自媒体、流媒体等诸多新元素不断涌现，媒介融合已是大势所趋。从单向传播，到我们不断认识到点对点传播的重要性和生命力，大众传媒在继承传统媒介传播方式的同时更应该受到启发，将传统单向传播的发展思路扩展到互动双向传播，扩展多媒体互动传播的维度。为了在海外全面介绍中国，扩大国际台海外知名度影响力，广播孔子学院不仅开发了《每日汉语》《实景汉语》等深受学员喜爱的多语种教材，还搭建了无线广播、网络传播、互联网电视、IPTV 等多媒体、多终端汉语教学平台，利用多语种多媒体优势，陆续开发制作了周边图书、手机客户端等产品，形成系列化、立体化的产品架构。

（3）创品牌打造大型文化项目。一个优秀的节目品牌要靠一档精品栏目作为支撑，增加对受众吸引力。广播孔子学院承办了《你好，中国》大型文化推广项目，此项目由国家新闻出版广电总局主办，国际台、高等教育出版社联合策划实施，内容包括社会科学、文学艺术、文化教育、自然科学等多个学科和领域的教学。符合时代要求，内容深入浅出，阐释准确科学，向国外受众全面介绍了中国各个领域。《你好，中国》在境外播出后，受众反馈效果良好，并分别于 2012 年和 2013 年获得第四届"中华优秀出版物奖""优秀音像出版奖"，第三届"中国出版政府音像提名奖"，实现了文化产品的品牌效应。从 2010 年至今，《你好，中国》已完成英、俄、法、阿拉伯等 29 个语种的译制和多媒体化，并在海外 13 个主流电视媒体播出。国际台广播孔子学院获得"最佳国家级项目品牌奖""优秀广播孔子课堂奖"等奖项。

三、关于品牌推广工作和传播方法的几点思考

（一）突出重点的品牌规划理念

"互动"是随着现代电子计算机科技的发展而产生的。受众收听广播本身就是一种积极主动的认知活动，而且随着时代的进步，人们崇尚自主、渴望参与的主体意识日益增强，媒体所传播的信息与受众在时空和心理上的距离也在明显拉近，这就更加激发了受众的参与欲。互动的形式多种多样，要根据需要来设计、运用。

与自媒体不同，广播孔子学院的自建媒体属于交流工具，在传播内容、传播对象、传播目的等方面与普通大众的自媒体传播有着明显的区别。构建大型汉语多媒体传播平台，广播孔子学院必须摒弃"大而全"的发展思路，面广不精只能归于平庸，无法突出个性化发展优势。在整体品牌形象树立上，应把"互动交流"作为一个关键词，贯穿整个项目打造的始终。线上学习，线下互动，举办多场听众见面会、研讨会，协助各国使馆举办"汉

语桥"竞赛等互动活动,加强同受众之间的往来,增加汉文化的传播力。同时,充分利用网络和手机等平台的社交功能,实现广播音频为主导,图文视频增彩,网络交流辅助的设计思路,突出重点着力打造《你好,中国》大型多媒体文化项目,为将来汉语调频节目落地打下品牌基础。

(二)扩充国际渠道,打造文化传播拳头产品,强化汉语教学效果

随着我国国际地位提升,媒体"走出去"力度加大,为汉语推广插上了翅膀。海外推广模式不仅需要通过投放广告、加强海外媒体宣传等常规手段进行市场推广,还应该充分利用各种覆盖面广、影响力大的品牌项目获得国际市场认同,扩大孔子学院的国际影响力。在品牌国际传播过程中,不但要做出整体统筹规划,更要因地制宜充分考虑落地国受众倾向,结合当地热点加强传播力度和节目影响力。《你好,中国》大型多媒体文化项目就是一个很好的例子。

《你好,中国》始于 2010 年。国际台为配合俄罗斯"汉语年",制作了百集俄语版多媒体产品《你好,中国》,在俄推广中国语言文化,用户可通过观看视频、临摹汉字、学说汉语等方式,体验中国文化,并与系统后台实现互动,从而树立《你好,中国》在移动互联网的新品牌形象,也使国际台的媒体母品牌更为驰名。在俄罗斯成功播出取得良好的外宣效果后,国际台对《你好,中国》的传播形态和品种做了精心策划,利用多语种、多媒体优势,陆续开发制作图书、手机客户端等多语种、多媒体系列产品,形成一套特色鲜明而又独立高效的产品架构。截至 2016 年底,《你好,中国》15 个语种电视片先后在美国、法国、德国、保加利亚、土耳其、埃及、巴基斯坦、越南、阿富汗等国家实现境外播出,有效突破了以往我国文化外宣产品"质量高却无播出平台""制作容易落地难"的瓶颈,有效拓展了我国对外文化传播的渠道和品牌知名度。

《你好,中国》项目创办至今,得到了当地主流社会的广泛关注和好评,已成为国际台全面发展海外事业、深入推进国际传播能力建设的重要支点之一,是知名的汉语教学和中华文化推广品牌。2013 年 5 月,李克强总理访问巴基斯坦期间,巴国家电视台特意将《你好,中国》乌尔都语版电视片作为特别节目滚动播出。2013 年 11 月,《你好,中国》德文版电视片在德国北威州电视台播出,受到德国受众广泛关注。2015 年,《你好,中国》普什图语版电视片在阿富汗开播,对促进中阿两国的交流与合作及两国媒体合作发挥了重要作用。

作为主流对外传播媒体,还应该继续开发具有媒体传播特色的汉语推广产品,结合融合传播技术,更好地为海外广播孔子课堂服务,同时提升国际传播的媒体品牌。

(三)充分利用新兴媒体,深度融合传播手段

在新媒体发展的当下,广播孔子学院要结合自身特点,在海外逐步实现从以纸质教材面授为主向多媒体网络等多样化教学的转变。比如,巴基斯坦广播孔子课堂实现了与国际台总部的网络对接,成功举办远程视频讲座。国内"葡语在线"网站则建立和对象国孔子学院网站的互设链接,开辟出中国葡萄牙语专业学生与葡语国家中文学生的交流平台,实

现远程互学互助。此外，广播孔子学院还将课堂嵌入到国际台媒体融合重点建设项目"China"系列移动客户端产品中，多语种移动新闻客户端"China news"、移动音频客户端"China radio"和视频客户端"China TV"各档节目之间都会定时穿插中华文化课堂，从而提高了受众知识获取的多样性和便利性。

四、结语

经过十年不懈努力，国际台广播孔子学院汉语国际推广已取得了规模化、突破性的成果，为树立我国良好国际形象，增进各国对我国的理解和信任起到了积极的作用，国际台的汉推品牌已经形成。国际台广播孔子学院得到了当地主流社会的广泛认可和高度重视，已成为国际台全面发展海外事业、深入推进国际传播能力建设的重要支点之一。尽管如此，我们仍需做更多的功课，努力开创品牌、提升品牌、传承品牌、搭建汉语国际推广融媒体平台，为实现国际传播本土化、特色化、品牌化发展做出更大成绩。

(作者单位：中国国际广播电台国际合作交流中心)

国际台印地语汉语教学类 App 可行性研究

王晓彬

随着智能手机的普及，手机的功能也越来越强大。为完善手机原始系统的不足与个性化，手机 App 这个词语开始频繁地出现在广大移动网民的视线中。App 是英文单词 Application 的简称，是指安装在智能手机上的第三方应用程序，统称"移动应用"，也称"移动客户端"。随着移动互联网的快速崛起，手机 App 也越来越流行。

中国国际广播电台（简称国际台）印地语广播于 1959 年 3 月 15 日开播，经过近 60 年的发展，已形成集短波广播、网站、视频、杂志、社交平台等于一体的媒体形态。面对移动互联网发展的新趋势，印地语广播部有必要紧跟潮流，打造媒体品牌，打开新媒体传播领域的新天地，从而实现我国对印度国际传播的新突破。

本文将结合印度移动互联网发展现状，以及目前印度出现的"汉语热"，对印地语汉语教学类 App 的可行性进行分析研究。

一、印度移动互联网发展现状

印度是南亚次大陆最大的国家，也是世界上发展最快的国家之一。美国最大风险投资基金 KPCB 近期发布的《互联网趋势》报告显示，目前全球互联网用户已达 30 亿。其中，印度互联网用户数达到 2.77 亿，并以整体 33% 和移动互联网 55% 的年增长率快速发展着。印度已超过美国成为全球第二大互联网市场，仅次于中国。

从互联网发展历程来看，中国、美国等成熟市场的互联网用户都是慢慢地从个人电脑转向笔记本电脑，再转向智能手机和平板电脑。与此不同，由于国内基础设施薄弱，印度互联网发展则是跨越了个人电脑阶段，直接进入移动互联网时代。根据印度互联网和移动联盟的数据，全国 60% 的互联网用户只使用移动端，智能手机成为接入网络的第一设备。

另一方面，印度的网络渗透率，即上网人口在全国人口中所占的比重仅为 25%，仍有巨大的发展空间。随着印度用户收入增长、智能手机价格下降、流量资费下调、3G 和 4G 技术的不断普及，印度三级以下城市及乡村将成为智能手机和移动互联网新一轮的主要增长力量。印度工商业联合会预计，到 2020 年印度网民数量将增长至 6 亿人。

印度虽然互联网基础设施薄弱，但发展潜力巨大。正是由于基础薄弱，才给了印度弯道超车的可能。印度已经进入互联网发展拐点，爆炸式的网络增长就在眼前。

二、印度 App 市场发展情况

印度移动互联网用户众多，移动应用市场同样发展迅速。全球知名市场调研机构——移动应用和数字内容时代数据分析行业领导者 App Annie 于 2017 年 1 月发布的《全球移动应用市场 2016 年回顾》报告显示，2016 年全球移动应用市场发展迅速，印度市场超过美国成为 Google Play 软件商店 App 下载量全球第一。

由于苹果手机在印度的市场份额占比不高，仅为 3％左右，该报告中涉及印度的数据和排名多以安卓 Google Play 为参考。数据显示，2015 年 Google Play 印度的 App 下载量为 35 亿次，到 2016 年该数字上升到了 60 亿次，印度手机 App 的下载量呈现直线上升的趋势。随着智能手机价格持续走低、移动互联网普及率不断上升，2016 年印度 App 市场得以快速增长。报告指出，智能手机目前在印度市场的普及率只有 30％，以印度市场的体量和潜力，印度移动应用市场在 2016 年急速上涨只是个开始。未来几年，印度手机应用的下载量将以每年 26％的速度上涨，预计到 2020 年达到 200 亿次。

在使用时长方面，全球手机用户在手机应用上花费的时间均有所增长，但印度手机用户花在 App 上的时间增长最为明显。2016 年，印度手机用户在 App 上共花费 1500 亿小时，位列全球第一。智能手机用户群体规模的不断扩大和手机用户对智能手机的依赖性增大是印度用户使用 App 时间延长的主要原因。

由此看来，印度市场强大的发展潜力将为 App 市场今后几年的发展提供有力保障。未来，印度有望成为全球最大的手机应用市场。

三、印度"汉语热"

随着我国综合国力的不断提升，中国在国际上的影响力越来越大，汉语也越来越受到全球人士的重视。近年来，全球掀起学习汉语的热潮，"汉语热"已成为全球语言交际系统中的一种普遍现象，汉语的国际传播能力令人惊讶。为推动汉语加快走向世界，提升中国语言文化影响力，截至 2016 年底，我国已在全球 140 个国家建立了 511 所孔子学院和 1073 个中小学孔子课堂，各类学员 210 万人。

印度是中国重要的邻国之一，两国之间仅隔着喜马拉雅山脉。近年来中印关系，特别是两国经贸联系和文化交流日益密切。随着中资企业不断出海印度，"汉语热"在印度开始升温，但孔子学院在印度的发展并不顺利。2005 年 4 月，中印两国签署关于建立孔子学院的协议，确定北京大学负责在印度尼赫鲁大学设立孔子学院及随后的师资和教学工作。正式建成后，中国教育部将向该学院免费提供一套多媒体语音教学设备和 5 万美元的启动资金。然而，由于程序上的分歧，尼赫鲁大学孔子学院至今没能正式挂牌。此后，2009 年 4 月，中国郑州大学与印度南部泰米尔纳德邦的韦洛尔科技大学本想合建的孔子学院以

"中国语言中心"的名字成立,不仅规模较预计的孔子学院要小很多,名字也是印度内政部为了避免政治矛盾而采取的变通之计,严重制约了其进一步发展。经过近10年的共同努力,2013年7月,由中国天津理工大学与印度孟买大学合作筹办的印度第一家孔子学院最终落地,提供汉语面授等课程,为增进两国人民之间的友谊和相互理解发挥了重要作用。

然而与印度民众学习汉语的大量需求相比,目前印度汉语教学力度还远远不够。由于印度政府一定程度上的限制,不少印度民众无法满足学习汉语的愿望,也缺乏学习汉语语言的文化氛围与文化环境。

四、印地语汉语教学类 App 开发前景

目前,印度约有 12.5 亿人口,其中只有 10%—20% 的印度人会说英语,也就是说约有 10 亿人口使用本地语言。印度现有网络用户中使用本地语言的用户约为 1.5 亿左右,而且数量正在急速增长。预计不久的将来,使用本地语言的印度网民数量很快将超过英语网民。2015 年 11 月初,印度电子信息技术部发布政策,强制要求所有在印度的手机厂商自 2017 年 7 月 1 日起在其产品中至少增加一种印度本地语言,以清除民众使用智能手机的语言障碍,进而进一步促进智能手机在印度的普及。印度政府也计划在 2019 年将无线网络覆盖到印度城乡地区并邀请大型互联网公司参与网络建设。为此,印度政府启动了名为"数字乡村"的项目,计划耗资 620 亿美元,在农村地区新建 1050 个 WIFI 热点,为当地居民免费提供网络服务。

鉴于印度移动互联网的快速发展,以及印度民众学习汉语的巨大需求,开发印地语汉语教学类 App 势在必行。国际台台长王庚年在《媒体品牌战略研究》中表示,对任何品牌来说,定位都是其规划战略的核心内容,品牌经营的首要任务就是品牌定位。其中的空当定位就是要寻找为许多消费者所重视的,但尚未被开发的市场空间。任何产品都不可能占领同类产品的全部市场,也不可能拥有同类产品的所有竞争优势。市场中机会无限,善于寻找和发现市场空当,是品牌定位成功的一种重要选择。纵观目前的全球移动应用市场,暂时还没有使用印地语教授汉语的 App,开发印地语汉语教学类 App 将填补这一领域的空白,在用户中塑造一个独特的、符合用户需求的形象,从而让学汉语 App 在用户心中占据一个有利的位置。据心理学研究,第一个进入消费者大脑的品牌所占据的长期市场份额通常是第二品牌的两倍,第三品牌的三倍,而且这个比例不会轻易改变。媒体产品要么成为某个领域的"第一",要么拥有独一无二的特性,只有这样才能脱颖而出,被用户所接受。印地语汉语教学类 App 刚好符合这一特点,因此具有可持续发展的市场前景。

五、印地语汉语教学 App 设计策略

全球知名硬盘厂商西部数据公司调查显示,印度智能手机用户的手机存储空间普遍不

足，虽然手机App下载量很高，但卸载量也不低。如何设计制作适合印度用户的App产品，使其能够长时间保存在用户手机中，并保证用户经常使用该款手机应用，是一个值得思考的问题。本部分将在印度用户手机特征、App使用习惯及文化背景的基础上给予简要分析。

（1）虽然智能手机的内存最高已经达到256GB，但印度的智能手机内存大多在16GB左右甚至更少，因为这类手机价格更为便宜，更易被印度消费者所接受。西部数据公司调查显示，33%的受访者每天都会遇到手机内存不足的情况，60%的受访者每周会碰到这个烦恼，人们不得不经常删除手机里的应用、视频和图片等内容。手机内存小导致设备无法容纳过多的应用程序。据统计，大多数印度用户使用的智能手机只能承载不到20个App。鉴于印度许多智能手机没有大型App稳定、快速运行所需要的内存能力，因此，印地语汉语教学App开发时必须考虑到这一问题，将App占用空间大小尽量控制在30MB以下。同时，App需要拥有无须登录即可清除缓存的功能，方便用户使用。

（2）随着印度政府不断加大无线网络建设力度，印度3G和4G业务快速普及。但对印度用户来说，上网套餐和流量费用仍是一笔不小的开销。2016年第二季度，印度手机网络用户平均每人每月上网资费为104.1卢比，约为10.6元人民币。据公开资料，2015年，印度人均GDP为1582美元，即印度每人每月收入约为893.14元人民币。对比人均收入，印度上网资费依旧较高。因此，印度人使用手机时常常关闭移动数据连接，只有在想要查看新闻或信息的时候才会打开。尽管印度政府正在努力推出费用低廉的联网服务，但就目前来看，印地语汉语教学App在开发时，需要注意设置内容可下载到本地的功能，方便用户无须上网即可随时查看，减少联网产生的费用。

（3）茄子快传是诞生于中国本土市场的文件传输类软件，成功出海印度后，成为印度App市场工具类排名第一的手机应用。茄子快传基于其1.5亿印度用户使用数据发布的《印度移动互联网观察报告》显示，印度App留存率在工作日很高、周末却非常低。因为印度网民更喜欢与家人、朋友共度闲暇时光，而不是盯着移动设备。从用户使用App的时间来看，印度网民从当地时间上午10：30开始活跃，之后随着时间的推移活跃人数不断上涨，而上网的高峰时段出现在17：30到22：30，从时间点看为工作后的闲暇时段。过了22：30网上活跃人数锐减，即熬夜上网的人不多，印度网民作息更为规律。因此，印地语汉语教学App在内容更新时应遵循用户使用习惯，合理安排更新时间，确保用户每次打开App都能看到最新的内容，提高用户留存率。

（4）标志是媒体品牌视觉识别系统的核心要素，具有象征功能和识别功能，是品牌形象和文化的浓缩。印地语汉语教学App应该重视标志的形式、造型和颜色设计，使其易于识别，具有视觉上的冲击力和感染力。对印度人来说，在宗教和文化中，颜色承担着重要的角色，蕴涵着非常深刻的寓意，有着超越意义上的装饰价值。印度的艺术家以神祇及其着装的颜色来表征其品性，宗教仪式中主要使用红、藏红、叶绿、面粉白等颜色。其中红色在印度人心中具有极其重要的地位，无论是典礼、节日，还是宗教活动等重要场合，都会出现红色元素。藏红色是纯洁的标志；绿色是自然的象征；白色作为七色的混合，不同程度地象征了每一种颜色的品性，代表了纯粹、整洁、和平和睿智。

因此，印地语汉语教学 App 在标志设计时应该尊重印度用户的喜好，选取易于接受的颜色和样式。作为中国国际广播电台子媒体品牌，印地语汉语教学 App 在名称上也应体现国际化属性和定位，中文名称与印地语名称更要相得益彰，印地语名称要简洁、清晰、易记，能被印度用户理解和接受。

另外，据统计，大约 80% 的印度人倾向于使用安卓智能手机，因为相比苹果手机，安卓智能手机售价更加便宜。相较于脸书、推特等社交网络所导入的流量，从谷歌市场链接导入的装机量排名第一，谷歌市场链接是用户获取 App 的重要途径。对于印地语汉语教学 App 来说，上线发布时在脸书粉丝页进行推广的同时，还应重视谷歌市场的推广，从而获得更多装机量，扩大影响力，提升品牌价值。

六、结语

在印度移动互联网快速发展、手机用户数量持续增加、学习汉语的热情不断升温的背景下，开发印地语汉语教学类 App 有着较为广泛的潜在用户群体和可持续发展性。只要在尊重用户使用习惯、加强用户行为分析的基础上，完善 App 内容设置，注重互动交流，提升用户体验，加强定向推广，盘活用户资源，就一定能不断提升 App 装机量和用户留存率，保持用户活跃度，提高知名度，树立品牌，进一步提升媒体竞争力。

（作者单位：中国国际广播电台印地语部）

参考文献：

1. 王庚年：《媒体品牌战略研究》，中国国际广播出版社，2013 年版。
2. 薛可、余明阳：《媒体品牌》，上海交通大学出版社，2009 年版。

翻译园地

国际传播应对"传而不通"挑战时的翻译策略

邓颖平

随着信息技术的发展，信息传播的渠道更加便捷和多元化。每个人仅需要一台智能手机和互联网就能接收到海量信息。处在这样一个时代，致力于国际传播的媒体，如中国国际广播电台（以下简称国际台）是幸运的，因为它借助手机平台，与受众的距离缩短到只有"一屏之隔"；信息抵达受众的速度也在加快，分散在世界各地的听众通过手机上的一个应用程序就能实时收听国际台的节目。庆幸之余，我们也要反思一种现象，那就是"传而不通"。

本文将国际传播限定为一个国家的媒体向另一个国家的受众传递信息的过程。在这一信息传递过程中翻译是必不可少的"工序"。本文将立足国际台的国际传播实践，特别是与翻译有关的业务，探讨国际传播媒体应采取何种翻译策略，来应对"传而不通"的挑战。

一、什么是"传而不通"

在英语和法语里，communication 一词常见的中文译法是"传播"。communication 源于拉丁语 communicare，意为"分享"。无论是在英语还是法语的现代词义中，communication 不仅指传递信息的一系列行为和结果，还包括了传递信息的方式、技术和途径。因此联系上下文译成中文时，也可以译成"传通""交流""沟通"等。

本文提出的"传而不通"指的是在全球化的今天，传播手段发生了日新月异的变化，信息呈几何级增长，人们获取信息的方法越来越多，越来越便捷，然而这些积极的变化并没有消除不同国家、不同文化族群的人之间的误解，冲突甚至比以往任何时候更多。法国传播学家吴尔敦将这种现象定义为"无法传播"（incommunication）。"无论是个人、社会，还是夫妻、家庭成员之间，乃至当下的世界化进程，大家都在寻求与他者传播沟通，寻求与他者建立联系、交换意见和彼此理解的途径。可我们经常遇到的情况却是事与愿违。要么，对方不在相应的位置，要么不应答或根本不听，要么唱反调或扬长而去。"[①] 就"无法传播"问题，吴尔敦还写过一本书，书名就是《信息不等于传播》[②]，法语书名为 *informer n'est pas communiquer*，可以直译为"传递信息不等于沟通"，或者更简洁一些，"传不等于通"。

在吴尔敦的著作里，我们可以读到不少知名媒体在国际传播过程中遭遇"传而不通"的案例，如美国有线电视新闻网（CNN）。"我们曾经有点天真地认为（这在美国尤甚），国际新闻或许有助于相互理解。但人们很快就发现了国际新闻带来的相反效果……国际新闻不是在促进不同观点的交流，而是在扩大分歧，加剧误解，对于美国并没有（透过CNN的国际新闻）将其自由、信息和民主的观念强加给世界其他国家的说法，世界各地日益增多的电视观众心里也越来越有数。"③

自诞生之日起，CNN凭借英语在国际传播中的霸主地位一直被奉为"榜样"。然而这一形象在21世纪初开始逐步瓦解。正如吴尔敦分析的那样，CNN的报道并不是纯粹的新闻报道，夹杂的"私货"一旦被识破，就会陷入"传而不通"的境地。中国受众比较熟悉的例子是2008年北京奥运会前夕，CNN抹黑中国的报道遭遇中国受众的抵制。法国受众比较难忘的是CNN在2005年年底巴黎郊区骚乱之际夸大其词，将巴黎郊区和巴黎混为一谈的低劣报道。正是因为不堪忍受英语媒体如此丑化法国却又掌握着话语权，法国总统希拉克下令启动了法国外宣媒体法国24小时电视台（France 24）的筹备。一年后，也就是2006年12月，该电视台正式开播，用法语和英语（后开播了阿拉伯语频道），以法国的视角报道新闻并向世界传播法国价值观。有趣的是，法国报界送给这家电视台的别名就是"法式CNN"（CNN à la française）。

二、"传而不通"在国际传播中的成因分析

任何一家媒体生产和传播信息时都希望信息能吸引受众，并且被受众准确地接受和理解。"传而不通"这种费力不讨好的局面是所有媒体人最不愿意看到的。显然我们亟须找到"传而不通"的成因。下面笔者结合国际台，特别是笔者所在的法语部的国际传播实践进行分析。

从业态环境看，任何一家从事国际传播的媒体都面临着激烈的竞争。国际台法语部制作的法语广播在非洲多个城市"落地"，如尼日尔首都尼亚美、刚果共和国首都布拉柴维尔、中非首都班吉，当地听众只需要一台普通收音机或者车载收音机就能清楚地听到我们的节目。这一点也得到了2016年8月在我部实习的刚果（布）国家电台记者奥本贝（Mesmin Obambe）的证实。这位来自非洲的同行非常羡慕国际台的工作环境，特别是有中央空调的直播机房。他说："在这里播报新闻，肯定不会汗流浃背。"虽然没有实地考察过刚果（布）国家电台，但是根据奥本贝的描述，结合两国的经济发展水平，我们可以肯定国际台在办公环境、传播技术等"硬件"上完胜刚果（布）国家电台。然而面对刚果（布）的听众，国际台的法语广播节目是否同样具有优势呢？谦虚的非洲同行从来没有给过我们正面的回答。除此之外，国际台还面临着国际同行的竞争。在非洲法语国家，法国国际广播电台（以下简称法广）的收听率一直很高。维基百科（法语）介绍法广说："非洲听众占比最高，2010年60%的法广听众在非洲。"④近十年来，法国政府对其国际传播机构，如法广、法国24小时电视台、法国国家电视台集团下属的对外频道进行了多次业务整合。在一些地区收缩了业务，如撤掉了德语业务和中文广播，但是非洲始终被视为重点

区域，这与法国殖民非洲的历史和宗主国的"家长心态"不无关系。面临来自本土和外部的竞争者，国际台目前完成了第一步——通过购买、租用当地调频台，让受众能听得到、听得清中国的声音。下一步就是传通，让受众听进去。但传通并非易事，常常会"传而不通"。

究其原因，传播主体（媒体）和传播对象（受众）的差异是导致"传而不通"的重要因素。我们经常提到"地球村""全球一体化"的概念，但是几十亿受众并不是"铁板一块"，并不是一群同质化的"村民"，而是有着几十亿个身份的个体。吴尔敦用了这样一句话来概括："如果说信息是世界性的，那么接收者本人却从未是世界性的。"⑤限于人手不足、没有当地雇员等客观原因，国际台法语部目前在绝大多数非洲法语国家只能提供一套节目。西非的塞内加尔除外，国际台在当地设有节目制作室，雇用当地采编播人员制作和播出节目。虽然与北京本部相比，塞内加尔与其他非洲法语国家距离更近，文化差异更小，但是我们也不能将这套节目推送给其他非洲法语国家的受众，因为一场塞内加尔听众高度关注的足球比赛未必能吸引中非受众。当然，在制作节目时，我们并不是没有受众意识，并不是没有意识到中国人和非洲这些法语国家受众的文化差异、经济发展水平的差异。因此我们越来越少在节目里讲与一年四季有关的话题，因为在非洲大部分地区，一年只有旱季和雨季两个季节，全年最低气温都不会低于15摄氏度。对着这样的受众，大讲特讲冬季防滑的技巧或者秋冬季易患抑郁症，显然费力不讨好。除非某位听众在冬季来中国北方或者欧美地区旅游，否则他一定不会在这类节目上浪费时间。同理，在翻译一篇有关中国旅游的稿件时，我们也会根据受众对中国的了解程度进行编译，补充一些地理、文化、饮食等实用信息，删减一些历史方面的介绍和华丽的辞藻。

三、面对"传而不通"的挑战，国际传播应采取的翻译策略

在中国，无论是国际台这样以广播为特色的国际传播媒体，还是纸媒《中国与非洲》杂志，抑或实力雄厚的中央电视台主导的中国国际电视台（CGTN），在日常工作中，翻译是绕不开的一道工序。无论你雇用多少外籍员工，无论你多大程度地提高自采率，文本的翻译在所难免，区别只是翻译量的大小。翻译也可以直接影响媒体的国际传播效果。下面笔者将结合国际台和兄弟单位的国际传播实践，提出一些应对"传而不通"的翻译策略。

1. 受众友好型策略

在写作本文前，笔者阅读了一些翻译界前辈和传播领域的研究人员关于受众意识的文章。这些文章充分论证了受众在传播中的地位以及他们对传播效果的"话语权"或者"一票否决权"。在这些文章中，北京周报社李雅芳社长的《如何实现国际传播中的"无障碍"阅读》⑥给笔者留下了深刻印象。文章列举了一些翻译实例，对比了不同版本的官方文件的翻译文本并分析了传播效果。例如该社主导的《2015年政府工作报告》简写版就是"对长达70多页的报告进行了'结构性调整'，大刀阔斧做减法，去除冗余信息，让巨型文件瘦

身。但同时，在词、句、段这些微观单元中，补充有助于读者理解文章内容的背景信息，适度做加法"。参与简写版翻译的澳大利亚悉尼大学中国研究中心的主任布朗（Kerry Brown）认为，这个版本"将成为外国读者理解中国政府施政重点的'无障碍'的阅读材料"。

近年来，国际台也对人大开幕式上总理的政府工作报告进行多语种的音视频直播。笔者作为主持人参与过 2011 年人大开幕式的法语直播工作。备稿时，笔者就产生了一种疑虑——受众该如何"消化"信息量如此之大的文本？倘若受众是中国问题专家，他听这种类似于"同声传译"的广播节目，还是会有不小的收获的，同时也节省了时间，因为广播是伴随式的媒体，受众可以边听广播，边做其他的事情。然而普通受众呢？也许我们应该先问问他们需要什么样的节目。

在我国的国际传播媒体中活跃着大量的外籍员工。大多数时候，他们都扮演着"改稿专家"的角色，因为他们有母语的优势。其实，他们可以为我们提供受众的视角，使我们的传播变成"受众友好型"，而不是仅仅作为翻译文本的"纠错员"。习近平主席 2015 年 5 月在《人民日报海外版》创刊 30 周年批示中指出，用海外读者乐于接受的方式、易于理解的语言，讲述好中国故事，传播好中国声音。这一重要批示的核心就是受众和效果。这也应该成为国际传播媒体调整翻译策略的动力和方向。

2. 翻译人员前置策略

2015 年 6 月，全国政协委员、中国外文局原副局长黄友义在"第四届全国对外传播理论研讨会"上指出："一个令翻译人员困惑，但是暂时又无法改变的事实就是，送到翻译手里的材料在中文写作阶段往往缺少对外针对性研究，中国特色突出，国际交流因素不够。"[7]面对这一现状，黄友义指出："翻译人员应该承担起更大的对外文化沟通的责任。"具体来说就是将翻译变成一个普及中国文化背景知识、发扬中国语言风格和解疑释惑的机会。笔者对此观点完全认同。在国际台和外文局旗下的兄弟单位的日常工作中，我们也在做另外一种尝试——翻译人员前置。

在国际台的各个语言部，大多数中国员工既可以坐在办公室对着电脑做文本翻译，也可以拿起采访机，直接用采访对象的母语进行采访，当然也有不少场合是中外文混合的采访。这类采访产生的新闻成品往往是记者直接用播出对象国语言撰写的，省掉了文本翻译的工序。翻译人员前置既缩短了节目的生产周期，也改善了传播效果，因为懂对象国语言的记者比不懂对象国语言的记者更接近受众，更了解对象国媒体常用的新闻写作手法。

在国际台法语部近 60 年的发展历程中，广播节目中由本部门记者采访的内容不断增加，比重越来越大，这一方面得益于中国和以法国为代表的法语国家的交流日益频繁，另一方面是因为法语对象国相对分散。法语不仅在欧洲被一些发达国家广泛使用，还在北美被加拿大的魁北克人使用，在非洲更是有 21 个国家的官方语言是法语。虽然法语部只能提供一套节目给不同国家的受众，但是在节目内容上，我们做到了多元化，例如我们经常在节目中介绍非洲法语国家的人在中国学习、工作和创业的故事，这类节目就比较容易引起受众的共鸣。另外，为了提升法语水平，不少法语部员工都有阅读法国新闻网站、收听收看法国媒体节目的好习惯。长期的"法式熏陶"使他们获得了另一种新闻写作和节目制作的习惯，使他们制作的法语新闻产品更有传播力。2016 年，为了大力发展以 Facebook 为代表的新媒体业务，法语部将刚刚从国外记者站卸任的精兵强将投入到这一业务团队。

3. 精品策略

互联网时代，各类媒体之间的竞争日趋激烈。吴尔敦认为，很多媒体都陷入了对速度的过分崇拜，过于强调信息传播的时效却牺牲了实效，因为受众不买账。"为什么要那么快？谁可以吸收掉？甚至连记者本人都做不到。"⑧因此，不论是市场化运作的媒体，还是靠公共财政支持的媒体，都应该以提供优质内容为己任。吴尔敦对传播的反思就是提醒我们不要天真地以为每天为受众提供平庸的信息就可以坐等"质变"的发生和"威信"的到来。媒体必须稳定地输出精品内容，才能应对来自内部和外部的挑战。

目前，国际台的海外布局已经基本完成，可以让海外听众听得见、听得清国际台所代表的中国声音，接下来要做的就是推精品、树威信。这是一个"摸着石头过河"的过程，可喜的是，国际台没有将探索和尝试局限在广播这个"老本行"里，而是发掘出了影视剧译制这一新领域。国内受众比较熟悉的就是国际台斯瓦希里语部译制的《媳妇的美好时代》在肯尼亚、坦桑尼亚热播的案例。从 2012 年开始，法语部也陆续将《媳妇的美好时代》《杜拉拉升职记》等中国影视剧译制成法语，并在加蓬、塞内加尔等非洲法语国家播出。考虑到这些电视剧主要投放到非洲，法语部没有从法国聘请配音演员，而是从塞内加尔聘请了十多位演员来北京进行配音工作，因为塞内加尔人说法语既没有明显的非洲口音，也没有"巴黎腔"，比较容易被其他非洲法语国家受众接受。目前在法语部工作的塞内加尔人玛朵（Madeleine Thiam）就是这批配音演员当中的佼佼者。她告诉笔者，塞内加尔的电视观众以女性为主，她们最喜欢的就是家庭题材和女性题材的影视剧。另外，毛豆豆和杜拉拉所代表的中国女性以及她们在情感、家庭和事业上面临的挑战很容易引起共鸣，因此这些电视剧在塞内加尔的播出效果非常好，而且提升了国际台的收听率和知名度，因为精品节目容易被人们记住，并且会被"二次传播"，在传统媒体和新媒体反复传播并获得延伸和拓展，进而产生更为广泛而深刻的影响。

另外，值得注意的是，精品策略早已运用在了我国领导人的重要出访活动中，例如国家领导人在对象国的重要报纸上发表署名文章，通过合作等方式在当地电视媒体上播放中国形象宣传片和特别节目。当然这也可以视为"精准传播"。不论哪种提法，出发点都是"把好钢用在刀刃上"，落脚点都是传播效果。

四、结语

作为肩负着国际传播重任的翻译人员和新闻从业人员，我们一直接受着"异的考验"，异国语言、异国文化、异国思维等，还经常陷入"一仆二主"的尴尬境地：到底是对原文忠诚还是让受众更易于理解？在国际传播领域，我们面临的挑战越来越多，同时我们的工具也越来越多。因此，我们必须认真分析研究，找到恰当有效的策略，才能在国际传播实践中获得更佳的效果。

（作者单位：中国国际广播电台法语部）

注释：

① 多米尼克·吴尔敦：《拯救传播》，刘昶、盖莲香译，中国传媒大学出版社，2012年版。

② 多米尼克·吴尔敦：《信息不等于传播》，宋嘉宁译，中国传媒大学出版社，2012年版。

③ 多米尼克·吴尔敦：《拯救传播》，刘昶、盖莲香译，中国传媒大学出版社，2012年版。

④ https：//fr.wikipedia.org/wiki/Radio_France_internationale#cite_note-Dossier-Presse2014-110，受众部分的介绍大量引用了法国国际广播电台官网上的年度报告、新闻稿。

⑤ 多米尼克·吴尔敦：《拯救传播》，刘昶、盖莲香译，中国传媒大学出版社，2012年版。

⑥ 李雅芳：《如何实现国际传播中的"无障碍"阅读》，《中国翻译》，2015年第5期。

⑦ 黄友义：《中国站到了国际舞台中央，我们如何翻译》，《中国翻译》，2015年第5期。

⑧ 多米尼克·吴尔敦：《信息不等于传播》，宋嘉宁译，中国传媒大学出版社，2012年版。

浅析汉语新词的日语翻译策略

谢 东

改革开放以来，中国的经济飞速发展，社会急剧变化。随着新技术、新理念、新现象的涌现，新词也不断产生。特别是随着互联网的普及，人们的行为方式和思维方式越来越受到互联网的影响，很多网络用语已经不局限于网络而见诸各大公共媒体。笔者从2015年开始从事对日广播中的汉语新词以及流行语的翻译和介绍，在此分享几点自己在翻译过程中的一些体会。

翻译是为了使对象受众更好地理解词的意思。译者需要熟悉母语和非母语者双方的语言文化和思维方式，只有这样才能更好地传递一个词的意思。首先我们来归类一下时下汉语新词的来源，这有助于我们找到更贴切的翻译。近期翻译中接触到的汉语新词从语源来看大致可分为以下三类。

一、来源于英语或世界共通的词

例如："供给侧"（英文：supply-side 日文：サプライサイド）、"云计算"（英文：cloud computing 日文：クラウドコンピューティング）、"众筹"（英文：crowdfunding 日文：クラウドファンディング）、"跨界"（英文：cross-over 日文：クロスオーバー）、"点赞"（英文：like 日文：いいね）等。这类词在日本通常都源于对英语的音译，借助英语就可以找到对应的日语，只要词义和使用范围没有特别不同都可以直接使用。在这类词当中"点赞"应该算是特例。"点赞"的前身为社交网站facebook中的"Like"按钮。相应的日文翻译为"いいね"，这个按钮在汉语中被翻译成"赞"，取"赞同""赞赏"之意，主要表达一种认同感。"点赞"是一个动宾结构短语，"点"是动词，取触碰之意。因此，"点赞"即为触碰"赞"这个按钮，通过网络对他人所发表的内容给予拥护与支持。但是，其前身facebook中的"like"和相应的日文"いいね"都特指在社交媒体上的"赞"。而在汉语当中的使用范围更为广泛，报纸和广播电视等大众媒体甚至官方的讲话当中都使用过。因此，"点赞"这个词的翻译在不同的语境下需要有相应的变化。例如中国国家主席习近平的2015年新年致辞当中就有这样一句话："我要为我们伟大的人民点赞。"这里的"点赞"如果直译成"いいね"既无法体现其赞赏之意，在文章当中又显得很突兀。所以，在日文版的习主席新年讲话中，这句话被翻译成"私はわれわれの偉大な人民を讚えたいと思っている"或"偉大な人民を讚えなければならないと私は思っている"。在这个语境下，"点赞"词义已经被扩展了，这样结合上下文的翻译更能传达句子的本意。

二、源于日语，其中很多来源于日本的 ACG（动漫游戏）文化

现代汉语中有一些词源于日语，比如"黄金周"。20世纪90年代以来，日本 ACG（动漫游戏）文化受到中国年轻一代的追捧。由于初期很多作品并非正版引进，翻译的水平也参差不齐，很多相关词翻译得并不尽如人意，一些爱好者甚至在不甚了解原意的情况下就直接拿来使用。例如"萌""颜值""秒杀"等。这类词在汉语当中的词义和使用范围与日语原词相比都有些微妙的变化。

"黄金周"的说法来源于日语的"ゴールデンウィーク"。"ゴールデンウィーク"（Golden Week）是个"和制英语"，特指每年4月末至5月初的一个节假日比较集中的时间段。但是，汉语当中的"黄金周"是指连续休息7天的长假，并不特指是哪个7天长假。所以，如果把"黄金周"直接翻译成"ゴールデンウィーク"就会被日本受众误以为是日本的4月末至5月初的长假。为消除这种误解，需要避开"ゴールデンウィーク"这个词，而直接揭示本义，翻译成"大型連休"或沿用日语中的习惯说法，直接译为"七連休"。

再比如"秒杀"这个词，在日语中指在格斗比赛当中以压倒性的优势在短时间内取胜。之后被中国的游戏玩家在对抗性游戏当中引用，瞬间或几下击败对手就称作"秒杀"。而"秒杀"在汉语当中有两种比较普遍的用法：一是指被比较的两者中，有一方具有压倒性的优势。比如"广场舞大爷秒杀不锻炼的年轻人"，这里的"秒杀"可以直译为"秒殺"。虽然在这个语境下用"秒殺"会令日本受众感觉有些异样，但不会影响对词义的理解。再加上原句用"秒杀"这个词本身也是为了吸人眼球，这样的翻译也会达到类似的效果。"秒杀"还被广泛应用于网络竞拍，即网络卖家推出一些超低价格的商品，所有买家在同一时间在网上抢购。由于商品价格低廉，往往一上架就被抢购一空，有时只用一秒钟。基于以上原因，当我们把指网络竞拍的"秒杀"翻译回日语的时候，如果原封不动地使用"秒殺"，受众就比较费解，而应翻译成"即完売"或者"タイムセール"。

"颜值"来源于日语的"顔面偏差值"。"偏差值"是个数学用语，日本为衡量学生的学习能力引进了"学力偏差值"的概念。但"顔面偏差值"更倾向于是一种网络娱乐性的说法，其应用范围不像在汉语中那样广泛。汉语中的"颜值"除了人的相貌以外，还被用在一切对外观的表述上。例如《云南游：口碑如何赶上颜值》《拼颜值 比福利 社区老年食堂在杭走俏》，这样的标题并不少见。在这样的语境下，如果把"颜值"直接翻译成"顔面偏差值"，难免让日本人一头雾水。所以，我们不能看到"颜值"就翻译成"顔面偏差值"，而是要看其所处的语境。同样是"颜值"，如果是用于人可译为"ルックス"，用于车的外观则可直接用日文汉字译为"外観"，以上新闻标题中的"颜值"则可意译为"景色""環境"，更一目了然。大众媒体上的新闻报道的翻译一定要避免使用"顔面偏差值"这个词，因为日本的大众媒体在遣词造句上是有一定规范的，稍不注意就会被指为歧视。

三、原产于中国的新词

这类词是我们日常翻译中最常见的，也是本文要着重要分析的。这类词依据它们的来源可以分为以下几类。

1. 中国社会特有的新思维新政策

随着改革开放的不断深化，新技术支撑下的新观点新思路不断涌现，人们的认识也在不断提高，在内政外交方面也出现了一些新的治国理念和政策方针。比如"新常态""一带一路""全面二孩""互联网＋"等。

"新常态"作为一个特指中国经济目前状况的专用词，是使用日文汉字直接表述为"新常態"，还是基于英文翻译的"new normal"以片假名表述为"ニューノーマル"，当初还是有两种意见的。"ニューノーマル"在日文当中的解释是指2007年到2008年的世界金融危机以及之后2008年到2012年的经济衰退后的金融业的状态。这显然与我们要表述的"新常态"是不同的。但是单纯以日文汉字"新常態"来表述，可能会令完全不了解中国经济情况的人感到突兀，想不到与经济有关。最终采用了"新常態（ニューノーマル）"的形式，这样既表明了词义又强调了它是中国的"新常态"。

"一带一路"也是这种情况。这个词是中国原创，不存在误解的问题。但是"一带一路"本身就是省略的说法，无论以日文汉字表述为"一帯一路"还是基于英语翻译成"ワンベルトワンロード"都无法传达其实际内容。于是采用了以日文汉字加说明的形式，翻译成"一帯一路（シルクロード経済帯と21世紀海上シルクロード）"。当"一带一路"被广为熟知以后，括号中的解释就可以省略了。

"全面二孩"是"全面实施一对夫妇可生育两个孩子政策"的省略说法。这个翻译参考了"独生子女政策（一人っ子政策）"译为"二人子政策"。这样翻译并非取巧，因为"一人っ子政策"在日本也算是家喻户晓了，这样翻译体现了两者之间的关系，更容易理解。

"互联网＋"的翻译参考了英语翻译，因为互联网的日语"インターネット"就是英语的音译，而"＋（plus）"的表述也是世界通用的，日本受众对此也早有了解，所以翻译成"インターネットプラス"很容易理解。"互联网＋"这个词是我们特有的，但这种组词形式是来自于英语的。

2. 新的社会现象

这部分词在近期出现不少，很多是日本社会没有的，或不具有广泛议论的话题性。比如"空巢老人"这个词，用日文汉字直译会产生歧义。因为日语当中"空き巢"这个词除了有空房子的意思之外，还有入室盗窃的意思。另外，日语当中的"老人"略有不尊重之意，作为中性词翻译成"高齢者"更为妥当。还有一点需要考虑的是文化背景。在日本，儿女长大离开父母是正常的。部分家庭还延续着长子继承家业的习俗，但也不一定住在一

起。由于社会保障制度的健全，老人在经济上也是基本可以自足的。基于以上考虑，"空巢老人"的翻译需要采取"日文汉字＋片假名中文读音＋解释"的形式，即"空巢老人（コンチャオラオレン）子どもが傍にいない一人または夫婦のみで生活する高齢者"。之所以用日文汉字＋片假名中文读音的形式是为了既区别于日文的"空き巣"，又强调这是中国特有的话题。

3. 方言、特有说法以及特定领域的词汇

由于人口的流动和互联网的普及，不同地域不同领域的文化得以相互交融，方言或特定行业当中的很多词汇和说法得以广泛使用。翻译这类词，要先期了解词的来源以及词义的变化，翻译时一定要注意语境，否则就不能准确地传达词义。

"范儿"，这个词原本是戏曲行话，也写作"份儿"。在北京方言当中是"劲头""派头"的意思。现代汉语中"范儿"常被用于形容风格和个人品位等。要准确翻译这个词，必须要在其所处的语境下翻译。比如说一个人有"范儿"，那就是有"劲头"、有"派头"，对应的日语是"風格"（注：日语的"風格"与汉语"风格"的意思不尽相同）。或者"物腰"；用于时尚可译为"スタイル"；说一个人有明星范儿可以用"オーラ"。

"红包"文化出自中国人礼尚往来的人际关系，体现和谐相处的友好情谊。细分起来，"红包"可分为过年时长辈给晚辈的"压岁钱"、婚礼等庆典上的"礼金"、回馈他人辛劳的"红包"，还有部分工业发达地区在年后开工发的"开工红包"……在日本也有长辈给晚辈发"压岁钱"的习俗，称作"お年玉"，庆典婚礼等的礼金称作"祝儀"，回馈他人辛劳的叫作"謝礼金"。但是在日本文化中没有"开工红包"和"微信红包"。在这个词的翻译上，要根据语境区别对待。是"压岁钱"就要翻译成"お年玉"，是"礼金"就要翻译成"祝儀"或"謝礼金"。对于日本文化中没有的"红包"这个词，为突出中国特色可以把它当作专有名词采取"音译＋说明"的形式译为"紅包（ホンバオ　赤い封筒に入れて人にあげるお金）"。

4. 网络、游戏或某影视作品

这部分词的词义只有中国人或者部分中国人才能懂。对于大多数中国人来说也是新词。它们来自于某些社交平台、网络游戏或电影电视作品。

比如网购一族经常会遇到的一个词"白菜价"。这个词如果直接翻译成"白菜価格"就会产生歧义。白菜在北方人的印象当中是一种价廉物美的常见蔬菜。因此，"白菜价"意为非常便宜实惠的价格。但是，如果直译的话，日本受众是无法理解这一层意思的。其原因很简单，就是白菜在日本并不便宜。作为翻译者如果不了解本国和对象国的国情，其翻译就无法达到翻译中的"达"这个境界。"白菜价"即为"平价"，译为"てごろな価格"或"安い価格"更加贴切。

再比如 2016 年十大流行语之一的"吃瓜群众"。这个词在中国属于逐渐进入大众视野的词。作为中国人，即便对词义了解不深也大致知道在什么场合怎么用。但是，要翻译一个词，不能想当然。"吃瓜群众"当然不能直译成"瓜を食べる人たち"。这个词来源于网络论坛,在论坛当中有人发帖讨论问题,后面往往有一堆人排队跟帖,或发表意见,或不着边际地闲扯。在这里不发言只围观的网民被称作"吃瓜群众"。为什么是"吃瓜"呢?其实这里的"瓜"是指"瓜子",一边嗑瓜子一边看热闹,比喻这部分人事不关己高高挂起或不明就里的状态。这与汉语中原有的"围观""看热闹"词义接近,在日语中也有相近的表述,即"野次馬"。但是,"野次馬"除了围观还有起哄的意思,所以可以翻译成"野次馬見物をする人"更为贴切。

新词的出现是社会变革的结果。新词出现得越多说明社会变化越剧烈。新词不是凭空出现的,其背后一定有其出现的缘由。新词的生命力各有不同,有些新词过不了多久就会成为历史,而有些新词会被更广泛地使用。随着使用范围的扩大,词义也会发生变化。在翻译新词的时候,要探究其出现的社会文化背景、在哪些人群以及在何种语境下被使用、对象国有没有相同或相近社会文化背景和语境等,之后再着手翻译。随着一个新词的广泛使用,当其词义发生变化时要及时加以补充和修改。

日语是使用汉字的语言。中日对译中最容易出错或最容易被忽略的是使用相同汉字的词。相同的汉字在汉语和日语中的词义的内涵、外延或应用范围很多是不同的。在新词的翻译当中,如果遇到日语中有由相同汉字构成的词时,一定要慎之又慎,不能拿来就用,以避免产生歧义。如果是中国特有的情况,"日文汉字加注片假名中文读音"不失为一个讨巧的译法。而这也是当代日本翻译界在翻译中国固有名词时常用的翻译方法,我们也不妨借鉴一下。

(作者单位:中国国际广播电台日语广播部)

浅谈对泰报道编译策略

蔡建新

目前,我们的对泰报道材料除小部分是直接用外文撰写外,大部分是由懂泰语的工作人员将国内主要通讯社及国际台记者采写或编发的中文报道翻译成泰文。有些人认为,中泰文之间的转换就是把中文稿件逐词逐句地译成泰文。其实不然。对外传播是一种跨语言跨文化的交际活动,翻译人员应在了解受众所在国家的政治制度、宗教信仰、文化传统、价值观念、社会心理、风俗习惯、语言习惯等的基础上,根据对象国受众的阅读习惯和语言逻辑,对中文稿件进行恰当的编译,使之容易为受众所接受,这样的对外报道才能适应对外传播的需要。

笔者认为,所谓编译是指编译人员在透彻理解中文稿件中所讲述的事件、传递的信息、描写的场景和表达的观点的基础上,用规范的、受众熟悉且喜闻乐见的对象国语言表达上述内容的过程。编译有时需要对原文内容进行删减或重新调整顺序,有时需要添加背景材料或作解释性说明,有时需要重新建立符合受众阅读习惯的语言逻辑,有时甚至需要对全文进行改写。编译应以表达原文意思为主,不能脱离原文,任意发挥,更不能胡编乱译,而是要取舍合理,内容要准确到位。编译人员既是编者,同时又是译者,这两者是有机结合在一起的,不能截然分开。笔者认为,对外报道编译策略主要包括以下三个方面。

一、选择恰当的表达

对外传播要看对象,要考虑以什么样的语言形式传递信息才能为受众所理解、接受,达到交流的目的。中泰两国人民有不同的文化背景、价值观念及思维模式,审美观、语言逻辑也不尽相同,具有不同的语言表述方式。在新闻报道中,使用中泰两种语言表达同一意思,往往有各自的习惯表述方式。编译人员应尽可能使用受众熟悉的表述方式,使报道语言更贴近受众。语言表述主要可以从词汇和修辞两方面进行分析。

1. 词汇

词汇是人们对事物的抽象认识,但在汉语思维中,很多认识是通过意象来实现的,许多抽象的道理是通过文学性的表达和惟妙惟肖的意象给人以深刻的启迪的,因此,汉语中很多词具有鲜明的形象色彩。如在汉语中,用"马不停蹄"来比喻不停顿地做某事,用"煮熟的鸭子飞了"比喻有把握到手的东西意外失去了,用"风风雨雨"来比喻重重的艰难困苦,用"另起炉灶"比喻重新做或独立另做。在新闻报道中,作者往往通过使用这类带有鲜明形象色彩的词来增加报道的可读性和吸引力。编译人员在译此类词时,要考虑其形象、比喻义和文章的风格。在具体的语境中，有些词直译为外文后，意思依然清楚，能传达出其确切的含义，且符合受众阅读习惯。这主要是因为，虽然中泰两种语言有各自不同的文化背景，但由于有人类共同的认知基础，因此，一些具有鲜明形象色彩的词在中泰两种语言中具有基本相同的比喻义，对于这类词，可采用直译的方法。

例1. 法国担心，在双方磋商中面临中方的巨大压力，弄不好会把20亿美元的售台武器合同给搅黄了，让<u>煮熟的鸭子飞了</u>。

句中画线部分词的比喻义是受众容易理解的，直译为泰文后，意思依然清楚，且与中文意思完全一致，因此可以采用直译的方法。该句可译为：

ฝรั่งเศสเกรงว่าเวลาหารือจะถูกกดดันอย่างหนักจนอาจทำให้การขายอาวุธที่มีมูลค่าสูงถึง2000กว่าล้านเหรียญสหรัฐหลุดมือทำให้ "เป็ดที่ต้มสุกแล้วบินหนีไป"

笔者对上述例句中带有形象色彩的词采用了直译法，保留了词的形象色彩和结构特色，符合泰语法规范，且容易为受众所理解，译文和中文的意思完全一致。

然而，中文中还有相当一部分具有鲜明形象色彩的词，其比喻义并不为泰国受众所熟悉。如果把这类词直译成泰文，不仅无法准确传达该词在原文中的意思，受众很难理解，有时还可能引起误解。在这种情况下，就只能采用释义的方法对此类词的词义进行清晰化处理，译出其确切的含义，以使受众能够清晰准确地了解报道的内容。

例2. 香港漫长过渡期中的日日夜夜、<u>风风雨雨</u>，都浓缩在这个历史性时刻。

句中画线的词"风风雨雨"通常用来比喻重重的艰难困苦，然而，该词在泰语中并没有与此相同或近似的比喻义，如果把"风风雨雨"直译为"ลมลมฝนฝน"，大部分受众会觉得莫明其妙。在这种情况下，翻译时有必要对该词进行清晰化处理，舍弃其所包含的形象。这样才能扫清受众接收信息的障碍，便于受众理解原文内容。该句可译为：

คืนวันอันยาวนานและปัญหาอุปสรรคต่างๆที่เกิดในช่วงเปลี่ยนผ่านก็มาอยู่ที่นาทีแห่งประวัติศาสตร์นี้（香港漫长过渡期中的日日夜夜和重重艰难困苦，都浓缩在这个历史性时刻。）

2. 修辞

修辞是在具体的语境中，恰当运用语言材料，选择合适的表达方式，以获得理想表达效果的一种言语活动。比喻和比拟是对外报道中常见的两种修辞方式。由于人类具有一些相同或相似的思维方式，面对一些共同的自然规律和自然现象，不同语言中的一些比喻或比拟用法是可以相互理解的，中泰两种语言也不例外。当遇到可以相互理解的比喻或比拟时，通常可以采用直译的方法，以求得形神兼备效果，同时，也有利于促进不同文化之间的交流，不仅如此，还可以带给受众新鲜的语言感受。因此，如果句子的喻体和本体之间的联系是受众很容易理解的，就可以使用直译的方法。例如：

例3. 美国不应成为<u>南海的危险礁石</u>。

一段时间以来，美国在南海的所作所为对地区和平与稳定产生严重的负面影响。该句把美国比喻为对航行构成严重威胁的危险礁石，十分贴切，受众很容易理解句子中本体和喻体之间的联系，因此，该句可直译为：

สหรัฐฯไม่ควรเป็นเหมือนกองหินโสโครกที่อันตรายในทะเลจีนใต้

又如：

例 4. 中德政府磋商已成为推动两国关系发展的<u>超级发动机</u>。

该句把中德两国政府磋商机制比喻为"超级发动机"，这在泰语中也有相类似的用法，因此，可直译为：

กลไกการเจรจาระหว่างเจ้าหน้าที่รัฐบาลทั้งสองประเทศเปรียบเสมือนเครื่องมือชั้นดีในการขับเคลื่อนการพัฒนาความสัมพันธ์ระหว่างสองประเทศ

当然，由于中泰两国在历史传统、语言文化、生活习俗和地理气候等方面存在较大差异，中文中一些比喻、比拟等修辞用法在泰语中无法找到相应的表达，在这种情况下，则可直接译出句子的意思，使受众能够顺利地理解报道的内容。

例 5. 美副总统候选人辩论，希拉里和特朗普"<u>躺枪</u>"。

这个句子运用了比喻的修辞手法，但在泰语中并没有相应的表达，如果采用直译法，不仅会使大部分受众感到难于理解，甚至可能造成误解，因此，翻译该句子时应直接译出其意，可译为：

ผู้สมัครชิงตำแหน่งรองประธานาธิบดีสหรัฐฯจากพรรคเดโมแครตและพรรครีพับลิกันโต้วาทีต่างฝ่ายต่างโจมตีผู้สมัครชิงตำแหน่งประธานาธิบดีสหรัฐฯของอีกฝ่ายคือนางฮิลลารี คลินตันและนายโดนัลด์ ทรัมป์อย่างดุเดือด（美副总统候选人辩论，相互攻击对方党派的总统候选人希拉里和特朗普）

又如：

例 6. 云南省委书记参观阿里巴巴总部时说，当今时代，如果不懂互联网，就<u>不能赢得这场没有硝烟的战争</u>。

该句采用暗喻手法，把"激烈的竞争"暗喻为"没有硝烟的战争"，如果直译该句，可能给受众造成一种中国人好战的印象，喜欢把战争拿来作比喻。为了避免不必要的误解，这句话应直接译出其意思，可译为：

เลขาธิการคณะกรรมการพรรคคอมมิวนิสต์มณฑลยูนนานกล่าวขณะเยี่ยมชมสำนักงานใหญ่ของบริษัทอาลีบาบาว่าในยุคปัจจุบันท่ามกลางการแข่งขันอย่างดุเดือดหากไม่มีความรู้ด้านอินเตอร์เน็ตก็จะไม่ประสบความสำเร็จ（云南省委书记参观阿里巴巴总部时说，当今时代，如果不懂互联网，就不能在激烈的竞争中取得成功。）

二、增删相关信息

1. 删除冗余的信息

　　一些采编人员用对内宣传的思路、方式采写对外报道，他们很少考虑国外受众的信息期待，提供了一些受众并不需要的信息。遇到这种情况，编译人员有必要对这样的内容进行删减。

例 7. 近日，"<u>丝绸之路·敦煌国际时尚秀</u>"在敦煌鸣沙山下的月牙泉畔"走起"，来自 17 个国家的模特身披时尚的华衣，演绎<u>丝绸之路</u>沿线各国的"时尚风情"。"<u>丝绸之</u>

路·敦煌国际时尚秀"由甘肃省文化博览局、中共甘肃省委宣传部、甘肃省文化厅主办，中贸集团整合国内外优质时尚资源，联袂伊时尚（北京）国际文化传媒有限公司承办，是首届丝绸之路（敦煌）国际文化博览会的分项活动之一，将参演文博会闭幕式。

这篇报道在导语中一一列举了主办、承办单位的名称，无非是为了表明活动的规模大，规格高，但外国受众对这些单位并不了解。笔者认为，对于这样的文章，编译人员有必要认真考虑受众的关注点，对原文进行简化处理，突出受众感兴趣的内容。可译为：

เมื่อเร็วๆนี้มีการจัดงานแฟชั่นโชว์นานาชาติ"เส้นทางสายไหม"ที่ริมทะเลสาบเย่ว์หยาฉวนตีนเขาหมิงซาซัน เมืองตุนหวงภาคตะวันตกเฉียงเหนือของจีน นางแบบจาก17ชาติเส้นทางสายไหมเดินแฟชั่นในงานซึ่งเป็นส่วนหนึ่งของงานมหกรรมวัฒนธรรมนานาชาติ"เส้นทางสายไหม"เมืองตุนหวงซึ่งจัดขึ้นเป็นครั้งแรก

译文删除了5家主办和承办单位的名称，删除这些内容后，报道的主题丝毫不受影响，行文则显得简明、流畅。

另外，在一些对外报道中，有时会出现一些类似向受众普及基础知识或帮受众得出某种结论的内容。如一篇题为《泰国争夺中国高消费游客市场》报道是这样写的：

例8. 中国游客是世界上很多国家都在争取的消费群体，泰国国家旅游局也在19日启动了一项针对中国和东盟市场的活动，泰国旅游机构负责人表示，中国是泰国主要的游客来源国，希望今年中国赴泰国旅游的人数能够突破1000万。

中国游客每年给泰国等旅游目的国家带来大量的旅游收入，这在泰国是众所周知的事情。正是为了吸引更多的中国游客到泰国旅游，泰国旅游局才举办了一系列针对中国旅游市场的活动。在报道中专门提醒受众"中国游客是世界上很多国家都在争取的消费群体"不仅完全没有必要，而且还有可能使某些受众产生反感情绪。为此，笔者认为，可删除报道导语中画线部分，只报道新闻事实，让受众通过了解新闻事实自己得出相应的结论，这样显得朴素客观，言简意赅，报道的内容更容易为受众所接受。该句可译为：

วันที่19เมษายนนี้ การท่องเที่ยวแห่งประเทศไทย（ททท.）จัดกิจกรรมโปรโมทการท่องเที่ยวที่กรุงเทพฯเพื่อเชิญชวนชาวจีนและนักท่องเที่ยวจากกลุ่มประเทศอาเซียนไปเที่ยวไทย ผู้ว่าการการท่องเที่ยวแห่งประเทศไทย（ททท.）กล่าวในงานครั้งนี้ว่าจีนเป็นตลาดเป้าหมายการท่องเที่ยวที่สำคัญของไทยหวังว่าชาวจีนที่เดินทางมาเที่ยวประเทศไทยในปีนี้จะไม่ต่ำกว่า10ล้านคน

2．添加缺失的材料

在一些对外新闻报道中，经常出现一些中国特有的概括性词语，这些词语十分简洁，抽象性高，有时词的内涵远远超出字面意思，其内涵远非三言两语就能解释清楚；如果按字面意思逐字译为对象国语言，又很难把正确的意思表达出来，受众无法理解报道所要表达的意思。遇到这种情况，编译者应进行适当阐释，把那些被省略或隐藏的信息翻译出来，避免造成信息真空现象。

例9.《中共中央关于制定国民经济和社会发展第十三个五年规划的建议》强调，实行最严格的水资源管理制度，以水定产、以水定城，建设节水型社会。

"以水定城"四个字除了指根据水资源、水环境决定城市规模外,还指根据水资源、水环境优化发展布局。因此,这里诠释为"根据水资源实际状况决定城市规模及城市发展布局"才到位,然后才能在目标语中寻找一个近似的说法,使其既能让受众看懂,又能准确表达该提法的意思。该句可译为:

กำหนดผังเมืองและขนาดของเมืองตามสภาพและปริมาณของทรัพยากรน้ำที่มีอยู่

上述这个例子,就是把高度概括性词语所包含的内容充分表达出来,使报道内容通俗易懂。

在对外报道中,往往还涉及大量有关政治、经济、文化、社会等各方面的专门术语,很多术语在对象语言中很难找到相应的表达,编译者需根据原文意思,加上对相关领域知识的了解,对术语做出专业的处理,补充相关的信息材料,以提高对外报道的清晰度,这是增加对外报道吸引力的关键之一。

例10. 中美关系不是,也不应成为"零和游戏"。

这句话中出现了专门术语"零和游戏",编译的时候应对这一概念进行清晰化处理,使之通俗易懂。上述句子可译为:

ความสัมพันธ์ระหว่างจีนสหรัฐฯไม่ใช่และไม่ควรเป็นความสัมพันธ์ที่ต้องมีผู้แพ้ผู้ชนะ(中美关系不是,也不应成为一方赢,另一方必输的关系。)

又如:

例11. 中国外交部长王毅强调"双轨思路"是解决南海问题最为现实、可行的办法。

这句话中的"双轨思路"是当前谈到南海问题时经常使用的一个外交术语,对于"双轨思路"这个术语的具体内涵,大部分受众未必清楚,因此在编译的时候,有必要把"双轨思路"的具体内容完整地表达出来。上述句子可译为:

นายหวังอี้รัฐมนตรีว่าการกระทรวงการต่างประเทศจีนกล่าวว่าจีนสนับสนุนการแก้ปัญหาทะเลจีนใต้ด้วยสองแนวทางควบคู่กันไปคือแนวทางที่จีนพูดคุยเจรจากับคู่ขัดแย้งในทะเลจีนใต้โดยตรงควบคู่ไปกับแนวทางที่จีนและกลุ่มประเทศอาเซียนร่วมรักษาสันติภาพ เสถียรภาพในทะเลจีนใต้เพราะเห็นว่าแนวทางนี้สอดคล้องกับความเป็นจริงและปฏิบัติได้(中国外交部长王毅强调,解决南海问题最为现实、可行的办法是实行"双轨思路",即:南沙有关争议由直接当事国通过协商谈判妥善解决,南海地区和平稳定由中国和东盟国家携手共同维护。)

除此之外,增加背景信息在对外报道中特别重要,这主要是因为外国受众对中国的情况了解不多,因此,对中国特定的历史事件、地理名称、人物等需添加相应的背景资料,使受众对相关的概念有一个清晰的认识,帮助受众理解报道的内容。

例12. 本届沙雕节共展出"郑和宝船""悉尼歌剧院"等50多个作品。

这是一篇有关海上丝绸之路报道中的一句话。有不少受众可能对郑和这个中国历史人物并不熟悉,因此,有必要在译文中添加有关郑和的背景资料,使报道的主题更突出,受众更容易理解报道的内容。该句可译为:

งานก่อกองทรายครั้งนี้มีการก่อกองทรายเป็นรูปทรงต่างๆกว่า50ชิ้น เช่น กองเรือของเจิ้งเหอ และโรงอุปรากรซิดนีย์เป็น

ต้น เจิ้งเหอเป็นนักเดินเรือ นักการทูต และผู้นำของเรือบุกเบิกเส้นทางสายไหมทางทะเลในสมัยราชวงศ์หมิงของจีน（本届沙雕节共展出"郑和宝船""悉尼歌剧院"等 50 多个作品。郑和是中国明代航海家、外交家、海上丝绸之路的开拓者。）

三、重新进行改写

  我们的新闻写作方式和对象国有很大不同，如果严格按照中文逐字逐句翻译，外文稿件中将出现大量不符合对象国受众阅读习惯的语句。因此，在有些时候，我们可以完全打破原文的束缚，根据受众的思维方式、阅读习惯，重新拟定标题，重新组织调整文章内容。这种编译方式虽然抛开了原文的形式，但准确地传递了原文的信息和思想内容，符合对外报道传播规律。

  1. 重新拟定标题

  中泰两国语言文化背景和新闻写作传统不同，两国新闻标题的表现形式存在很大差异，各具特色。但也有一些相同之处，如，好的标题应尽可能简短，做到言简意赅，要有高度的概括性，意思明确，使受众能够一下子就了解报道的重点。这样的标题往往能够吸引受众对报道的关注，产生进一步了解详细内容的兴趣。

  然而，我们有些对外报道的标题缺乏特色，非常笼统，有的甚至必须把文章读完才能了解报道的主要内容。例如：

  例 13. 奥运八年间

  这是一篇纪念中国"全民健身日"报道的标题，报道讲述了在过去 8 年时间里，即从 2008 年 8 月 8 日北京主办奥运会至今，中国政府推出一系列政策措施，积极推动全民健身活动，全面提升人民健康水平。然而，标题非常笼统，没有准确概括报道的内容，受众只有在读完全文之后，才知道报道的重点内容，因此，有必要对该标题进行改写。该报道标题可改写为：

จีนเร่งส่งเสริมการออกกำลังกายของประชาชน（中国政府积极推动全民健身活动）

  还有一些报道的标题追求面面俱到，十分冗长。例如：

  例 14. 中国将促进消费品工业增品种提品质创品牌满足民众消费升级需求

  这是一篇有关国务院常务会议的报道，这次会议的主要内容是：部署促进消费品工业增品种、提品质、创品牌，以满足民众消费升级需求。原文作者为了使标题能覆盖会议的主要内容，使用了上述标题，一共 29 个字，面面俱到，十分冗长，因此，有必要对该标题进行改写。可改为：

จีนสนับสนุนการผลิตสินค้าแบรนด์เนม（中国推动企业创名牌产品）

  经修改压缩后的标题简短、明确，且突出了报道的重点。

  2. 重新改写原文

  除了改写标题，有时候，编译人员还有必要对原文进行改写。这主要是因为撰稿人不熟悉中泰文化差异,对受众心理及阅读习惯知之不多,按照对内报道的习惯采写报道。因此,有必要对原文进行改写。

改写的时候,可以重新安排报道的结构,但要特别注意原文词句的深层含义,同时要理顺译文的内在逻辑。改写不能改变原作的主旨,也不能歪曲原作者的意图。例如,一篇标题为《杭州城管组建G20女子巡逻队》的报道,原文是这样写的:

例15. 近日,清一色的装备、整齐的步伐,统一墨镜着装,杭州西湖景区行政执法局G20女子巡逻队在西湖白堤断桥景区巡逻。据了解,这批抢眼的女队员是西湖景区执法局的G20女子巡逻队,是为服务G20而特别成立的应急管理服务队。队员平均年龄24岁,平均身高1米68,平均学历本科,平均英语水平四级,这是一支高海拔高颜值高素质的城管协管队伍。21人的巡逻队分成4个小分队,每次巡逻都要走10多公里。女子巡逻队的主要任务是倡导文明,服务游客。

这篇报道的写法多处不符合对象语言同类报道的风格特点,有些描述,如"高海拔高颜值""统一墨镜着装""平均英语水平四级"等,在我们看来似乎是很自然的,但从外国受众角度看却显得有些滑稽可笑。可作如下改写:

เมื่อเร็วๆนี้เมืองหางโจวประเทศจีนจัดชุดลาดตระเวนหญิงเพื่อการประชุมกลุ่มจี20ที่จะจัดขึ้นในเร็วๆนี้ ชุดลาดตระเวนดังกล่าวประกอบด้วยสมาชิก21คนทุกคนติดอุปกรณ์สื่อสารที่ทันสมัยอายุเฉลี่ย24ปีสูง1.68เมตรจบปริญญาตรีและพูดภาษาอังกฤษได้คล่องทุกคน หน้าที่หลักคือลาดตระเวนบริเวณทะเลสาบซีหูซึ่งเป็นสถานที่ท่องเที่ยวหลักของเมืองหางโจวเพื่อให้บริการผู้ร่วมประชุมกลุ่มประเทศจี20รวมทั้งนักท่องเที่ยวจีนและต่างประเทศ(近日,杭州组建了一支女子巡逻队,以迎接即将在那里举行的G20峰会。这支巡逻队由21名队员组成,每名队员都配备先进的通讯设备。她们平均年龄24岁,平均身高1米68,本科学历以上,每个人都能够用英语进行交流。巡逻队的主要任务是,在杭州的主要景区西湖周边巡逻,向G20峰会参会人员和中外游客提供各种便利服务。)

从外文稿可以看出,编译人员突出了原文的主要信息,合乎对象国同类文体的语言逻辑,行文流畅,简明扼要,少了一些不必要的感情色彩描写,多了一些客观具体的叙述,基本符合泰语同类报道的风格特点,以及受众的阅读习惯。

综上所述,笔者认为,对外报道应彻底抛弃机械地进行逐字逐句翻译的观念。对外报道编译人员应从跨文化传播的角度出发,尽可能多地了解受众,时刻不忘按对象国受众的思维习惯对报道进行编译,对原文进行适当的加工,这样才能使我们的报道更容易被受众所接受、理解和喜爱。

(作者单位:中国国际广播电台泰语部)

参考文献:

1. 杨平主编:《对话世界》,外文出版社,2014年版。

2. 沈苏儒:《对外传播的理论与实践》,五洲传播出版社,2004年版。
3. 吴波、朱健平主编:《新闻翻译:理论与实践》,浙江大学出版社,2011年版。
4. 王大来:《翻译中的文化缺省研究》,中央编译出版社,2012年版。
5. 申小龙主编:《现代汉语》,上海外语教育出版社,2013年版。

浅谈印尼语 Peribahasa 与汉语中熟语古文的互译

王伟光

一、引言

语言是人类不可或缺的交流工具。不同国家、民族、人民间的交往需要规范和良好的语言作为媒介。中国和印尼两国都拥有悠久的历史和深厚的语言文化积淀。近年来，两国在各领域的交往日益密切，而汉语与印尼语的互译，是两国增进彼此关系和相互理解必须重视的问题。

汉语是中华民族文化的重要标志。几千年来，中国历史文献浩如烟海，文献中的典故、成语丰富多彩。几个汉字，可以表达一篇文章、一个故事的内容。以简洁的词语，将含义丰富深远的内容鲜明生动地表现出来，在汉语中我们称之为熟语。汉语中的熟语用词固定、语义结合紧密、语音和谐，是语言中独立运用的词汇单位，它包括成语、谚语、歇后语和惯用语。

和汉语一样，在印尼语的书面语和口语中有大量常用语或者惯用语，这些语句约定俗成，并广泛流行，简练而形象化，大多数是劳动人民创造出来的，它反映人民生活经验和愿望，在印尼语中这类语句统称为 Peribahasa。印尼语中的 Peribahasa 也包括习惯用语、譬喻、格言、谚语等。由于千百年来两国人民的密切交往，以及相近的生活习惯，使得汉语中的熟语与印尼语中的 Peribahasa 不仅语言形式相近，内容也非常相似。印尼语译者有必要对两国语言文化特别是汉语熟语与印尼语 Peribahasa 进行比较与研究，将二者的特点理解透彻，融会贯通，在日常双语互译工作中加以使用，收到画龙点睛之效。

二、Peribahasa 的日常翻译

1. Peribahasa 简介

Peribahasa 是一种特别的语言形式，它有自己的语境之美，由于使用的语句通俗易懂并且包含了与价值观、生活观、行为准则和规范相关的社会文化因素，具有普遍的意义，所以不论是在口语还是书面语里，印尼人都愿意使用 Peribahasa 来达到某种语言效果。印尼文学作品中常常有大量 Peribahasa 出现，用来恰到好处地体现作者的情感与思想。

很多印尼语学习者将 Peribahasa 简单理解为谚语，其实 Peribahasa 的范围很广，它是用来描述人们的意图、情景或者表达人们的行为动作以及人们自身的词语或者语句。[①]包括

习惯用语、譬喻和格言谚语，另外还有口号、俏皮话等也属于 Peribahasa。

2. Peribahasa 的特点

（1）结构固定。即句中要素的顺序不能随意变动，在各个要素中间不能加入别的词或者别的要素。

（2）无法替换。即不能使用别的词来代替句中意思相近的词。如果句中的词被替换，则意思也会随之发生改变。

（3）不可分割。即整句应被视为一个整体，其中任何一个词都无法解释整句的含义。

（4）具有深层含义。即从 Peribahasa 的字面意思中，我们应该读懂它深层次的含义。

举例：

Ada air ada ikan（Di mana pun orang akan berusaha pasti ada rezeki）

有水就有鱼（只要努力总会有回报——天道酬勤）

Air jernih ikannya jinak（Negeri yang aman dan makmur sekalipun terhadap pendatang）

水清则鱼驯（只要国家繁荣安康，外族入侵都不怕——国泰民安）

Anjing menggonggong khafilah berlalu（Tidak peduli dengan isu atau sindiran dari orang lain）

商旅匆匆，犬吠不闻（对无关紧要的事不予理睬，不理睬周围人们的讽刺挖苦——充耳不闻）

Asam di gunung garam di laut bertemu dalam satu belanga（Jodoh seseorang bisa saja berasal dari tempat yang jauh）

山醋和海盐在锅里相见（相爱的人远隔千里也会遇见——有缘千里来相会）

Bagai kacang lupa kulitnya（Orang yang dahulunya miskin setelah menjadi kaya lupa akan asal usulnya）

豆子忘了还有壳（骄傲忘本——穷人乍富、腆胸迭肚）

Dimana bumi dipijak di situ langit dijunjung（Haruslah mengikuti/menghormati adat istiadat di tempat tinggal kita）

踩着什么地，顶着什么天（应该尊重当地的习俗——入乡随俗，入国问禁）

Hilang tak tentu rimbanya, mati tak tentu kuburnya（Hilang, lenyap tak berbekas）

消失不知所踪，死去葬无定所（消失得无影无踪——杳无音讯）

Tak ada gading yang tidak retak（Tak ada pekerjaan yang memiliki hasil sempurna）

没有不带裂痕的象牙（没有十全十美的事——金无足赤，人无完人）

3. Peribahasa 的分类及印尼译汉实例分析

Peribahasa 一般分为三大类：Ungkapan（习惯用语）、Perumpamaan（譬喻）、Pepatah（格言、谚语）。

（1）Ungkapan（习惯用语）

Ungkapan（习惯用语）是具有特定意义的短语、词组，其含义无法由组成词组的某个词来单独表达。

举例：

Buah tangan（Artinya oleh-oleh）

手的果实（礼物）

例句：Ibu membawa buah tangan setelah pulang dari liburannya di Bali.

妈妈从巴厘岛旅游回来带了礼物。

Panjang tangan（Artinya suka mencuri）

手长（爱偷东西，手不干净）

例句：Hati-hati terhadapnya, ia terkenal si panjang tangan.

小心点儿他，他可是出了名的手不干净。

Mendapat kopi pahit（Artinya sesuatu yang menyakitkan）

得到苦咖啡（挨批评，挨剋）

例句：Pagi ini aku mendapat kopi pahit dari ayah.

今天早上我挨了爸爸一顿剋。

（2）Perumpamaan（譬喻）

Perumpamaan（譬喻）是由简洁而优美的词语组成的比喻式短语，根据事物之间的相似点把某一事物比作另一事物，把抽象的事物变得具体，把深奥的道理变得浅显。这一类的 peribahasa 特点是以 bagai（像）、ibarat（正如）、laksana（犹如）、bagaikan（好像）、seperti（就像）和 umpama（好比）来开头。

举例：

Bagai duri dalam daging（Sesuatu yang menyakitkan hati）

好比是肉中刺（令人心痛的事，让人不愉快的事，在汉语中相同意义的成语为：眼中钉肉中刺。）

例句：Fidel Castro, Penggemar "Baseball" yang Jadi Duri dalam Daging bagi AS.②

菲德尔·卡斯特罗，一个被美国视为眼中钉的棒球迷。

Seperti api dalam sekam（Perbuatan jahat yang tidak keliahatan, Suatu rasa dendam yang tersembunyi.）

就像是谷糠里燃烧的火（隐蔽的恶行，暗藏的危险，后患无穷，在汉语中有意思相同的成语：积薪厝火。）

例句："Dalam kondisi seperti ini situasi Papua seperti api dalam sekam, setiap saat bisa muncul dan berkobar," kata Anggota Komisi III DPR RI Sufmi Dasco saat di hubungi, Rabu 30 Maret 2016.③

印尼国会第三委员会委员达斯科在3月30日接受记者采访时表示："眼下巴布亚的局势好比是积薪厝火，危机四伏，随时都能爆发。"

Bagaikan air dengan minyak（Dua hal yang tidak bisa dipersatukan）

犹如水和油（两种事物无法统一，在汉语中有一个意思相近的成语：水火不容。）

例句："Hubungan antara saya dengan Raiola bagaikan minyak dan air." urai Ferguson dalam buku tersebut.

"我与博格巴的经纪人拉依奥拉水火不容。"曼联教练弗格森在书中写道。④

（3）Pepatah（格言、谚语）

Pepatah（格言、谚语），是广泛流传于民间的言简意赅的短语，含有劝诫和教育意义。

举例：

Tong kosong nyaring bunyinya. (Hal ini diumpamakan bagi seseorang yang banyak berbicara tapi ternyata miskin ilmu.)

空桶响声大。（没有水的空桶，敲起来咣咣响，盛满水的桶再去敲就没那么大声。用来比喻一些人不懂装懂，自吹自擂。汉语的谚语中有意思相近的一句：满瓶子不响，半瓶子咣当。）

例句：Target PSM Juara Ibarat Tong Kosong Nyaring Bunyinya.⑤

"目标夺冠"，望加锡 PSM 足球队在吹牛。

Karena nila setitik rusak susu sebelanga (Satu kesalahan kecil namun berdampak sangat luas bahkan hingga dapat merusak keseluruhan.)

一滴蓝靛坏了一锅奶（一个小错误就能延误全局。汉语中的一句俗语几乎与之相同：一粒老鼠屎坏了一锅粥。）

例句：Pepatah yang menyatakan karena nila setitik, rusak susu sebelanga mungkin dapat diterapkan pada kasus Citilink. Karena ulah pilot setitik, jajaran direksi maskapai kena getahnya.

俗话说一粒老鼠屎坏了一锅粥，Citilink 航空这次事件，就是因为机长的失职，而连累整个航空公司蒙羞。⑥

Hancur badan dikandung tanah, budi baik terkenang juga. (Budi yang tidak dapat dilupakan orang.)

人死化作土，恩德传千秋。（恩德不会被人忘怀。别人对我有恩德，不应该忘怀。在汉语的古文中有一句话可以很好地诠释它：滴水之恩当涌泉相报。）

例句："Hancur badan dikandung tanah, budi baik dikenang juga". Artinya, budi pekerti dan amal kebaikan akan dikenang meski seseorang sudah meninggal dunia. Peribahasa ini mengingatkan kita kepada tokoh besar agama Islam yaitu Nabi Muhammad SAW yang telah wafat sebelumnya namun tetap dikenang sebagai sosok berbudi pekerti yang luar biasa.

"滴水之恩当涌泉相报。"意思是，别人对我有恩德，永远不应该被忘怀。这句话提醒我们，虽然伊斯兰教的伟大先知穆罕默德已不在世，但是他的丰功伟绩我们要永记心间。⑦

从以上印尼译汉实例分析中可以看出，Peribahasa 是千百年来印尼人民在日常生活中总结归纳的语言精华。由于印尼语 Peribahasa 和汉语熟语形成过程非常相似，在实际翻译中，通过对 Peribahasa 的深入领会，以及对汉语的充分了解，我们可以从博大精深的汉语词汇中合理选用意思相同或相近的成语、谚语以及古文来丰富我们的译文，使文章妙笔生花。

三、汉译印尼语中 Peribahasa 的实际应用

　　汉语中的熟语及古文语句言简意赅，含义深刻，是人们喜爱运用的语言材料之一，在汉译印尼的外宣翻译工作中，对汉语中的成语、谚语、古语的翻译是我们不可忽视的问题。近年来这类词汇不仅在国内新闻中频频出现，在外交辞令、国家领导人讲话、多边高级会谈等国际外交领域也经常会看到。《平易近人——习近平的语言力量》一书指出，习近平主席的语言风格之一，就是经常引用一些典籍中的古语来阐述他的治国理念。如 2012 年 12 月 5 日，在同外国专家代表座谈中，习主席引用了《论语》的"三人行，必有我师焉"以及 2014 年 6 月 28 日，在和平共处五项原则发表 60 周年大会上，习近平讲话中出现了《论语》中的"和为贵"，等等。

　　对熟语及古文的翻译，是印尼语译者们不能忽视的问题。实事求是地讲，对这类词汇的翻译，我们并没有达到驾轻就熟的境界。由于翻译任务重、时间紧迫，以及自身汉语水平的局限，译者们通常只能保证在吃透原文意思的基础上，力求译文表达意思完整，但是在遣词造句上，往往没有进行过多的斟酌。而且由于熟语、古文的自身特点，字面意思背后往往有引申含义。如果按照字面意思翻译后再加上注解，就会事倍功半，造成译文冗长繁琐，如果译者恰巧是为大会发言者或者给领导人讲话做同声传译，不仅耽误宝贵的时间，无法保证与讲话者步调一致，更不能达到预期的传播效果，让受众产生疑惑。那么如何对汉语中的熟语和古语进行恰当的翻译，不但将原文意思准确完整地表达出来，还能体现对象国语言的特色，不失文学色彩呢？这就需要我们在平时工作中不断学习研究，总结经验，在日积月累中提高自己的翻译水平。

　　以下笔者以 2013 年习近平主席出访印尼时在国会发表的题为《携手建设中国—东盟命运共同体》重要演讲以及对应翻译作为例文。习主席在演讲中引用了诸多格言名句，当时做同声传译的是中国国际广播电台印尼语部首席翻译金锋，他在翻译时并不是将中文的古文熟语一概用印尼语直译，也不是随便找一个印尼语 Peribahasa 来替代，而是针对每个不同的问题寻找相应的翻译方法。他的出色翻译赢得了现场嘉宾阵阵掌声。

　　1. 有对应的 Peribahasa

　　——这是两国人民友好交往的生动例证，是对"海内存知己，天涯若比邻"的真实诠释。

　　Ini adalah bukti hubungan persahabatan rakyat kedua negara dan bukti dari pepatah kuno yaitu "Jauh di mata dekat di hati".

　　"海内存知己，天涯若比邻"出自初唐诗人王勃的《送杜少府之任蜀州》。诗人设想别

后：只要我们声息相通，即使远隔天涯，也犹如近在咫尺。道出了诚挚的友谊可以超越时空界限的哲理，因而成为脍炙人口的千古名句。Jauh di mata dekat di hati 是一句Peribahasa，意思是身虽远，心相近。用这句印尼人民口口相传的话来解释"海内存知己，天涯若比邻"这句古诗的含义，十分贴近印尼人民的语言习惯。

——印度尼西亚人民常讲："金钱易得，朋友难求。"我们两国人民的真挚情谊，就是这种千金难求的宝贵财富。

Ada peribahasa Indonesia yang berbunyi："Uang mudah dicari, sahabat sulit didapat". Persahabatan tulus antara rakyat kedua negara bagaikan harta benda yang sangat berharga dan langka.

Uang mudah dicari, sahabat sulit didapat 意思就是"金钱易得，朋友难求"。在讲话中习主席用印尼的 Peribahasa 来诠释两国人民的友情，一下子就拉近了印尼人民与中国人民的距离。

——这样的故事，在两国人民友好交往中数不胜数，充分印证了中国和印尼都有的一句成语，叫做"患难与共"。

Cerita seperti ini tidak terhitung jumlahnya dalam sejarah hubungan persahabatan rakyat kedua negara. Ini sepenuhnya membuktikan sebuah pepatah di Tiongkok maupun di Indonesia, yaitu "Berat sama dipikul, ringan sama dijinjing."

"Berat sama dipikul, ringan sama dijinjing" 的意思是重同挑，轻同提。完全符合"患难与共"这个成语，也就是习主席讲话中的中国和印尼都有的一句成语。

2. 无对应的 Peribahasa

——"计利当计天下利。"中国愿在平等互利的基础上，扩大对东盟国家开放，使自身发展更好惠及东盟国家。

"Segala tujuan yang diterapkan hendaknya mempertimbangkan kepentingan dari semua pihak." Di atas dasar sama derajat dan saling menguntungkan, Tiongkok bersedia memperluas sikap keterbukaan terhadap negara-negara ASEAN agar perkembangannya dapat mendatangkan lebih banyak keuntungan pada negara-negara ASEAN.

"计利当计天下利。"此句出自国民党元老于右任题赠蒋经国的一副对联。习主席在这里引用这句话表达了坚持正确义利观之意，即不是从个别国家的利益出发，而是从整个世界的利益出发想问题、办事情。⑧这句话的字面意思就已经能表达习主席讲话的原意，所以在这里翻译时我们可以将这句话直译出来，即 Segala tujuan yang diterapkan hendaknya mempertimbangkan kepentingan dari semua pihak.

——"合抱之木，生于毫末；九层之台，起于累土"。保持中国—东盟友谊之树常青，必须夯实双方关系的社会土壤。

Ada pepatah berbunyi "Pohon yang besarnya sepelukan, tumbuh dari benih yang kecil saja. Menara setinggi sembilan tingkat, dibangun mulai dari seonggok tanah." Untuk mempertahankan kelangsungan pohon persahabatan Tiongkok-ASEAN，tanah sosial hubungan bilateral harus diperkokoh.

"合抱之木，生于毫末；九层之台，起于累土"，这句话出自春秋·楚·李耳《老子》第64章。粗壮的大树，从树苗长起；九层高台，从一筐土开始堆积。比喻欲成大事，须从基础做起。这句古文的意思其实和印尼语中的一句Peribahasa意思相似，即Sedikit sedikit lama lama menjadi bukit。点点滴滴，汇聚成山。但是下文中，习主席将中国—东盟友谊比喻成常青树，将夯实双方关系基础比作夯实土壤，如果用印尼语的"汇聚成山"，那么后面的常青树就无法表达出来，因此不能简单地将印尼语中的Peribahasa套用在此处，而是要将原文意思翻译出来，并按照Peribahasa中Pepatah（格言）对仗的格式对语序重新排列。即：Pohon yang besarnya sepelukan, tumbuh dari benih yang kecil saja. Menara setinggi sembilan tingkat, dibangun mulai dari seonggok tanah.

——"海纳百川，有容乃大。"在漫长历史进程中，中国和东盟国家人民创造了丰富多彩、享誉世界的辉煌文明。

Pepatah Tiongkok yang berbunyi："Orang yang toleransi besar bagaikan laut menampung air." Dalam proses sejarah yang panjang, rakyat Tiongkok dan negara-negara ASEAN telah menciptakan peradaban yang gemilang dan kaya sehingga terkenal di seluruh dunia.

"海纳百川，有容乃大"。这八个字出自民族英雄林则徐的一副自勉联。寓意要像大海能容纳无数江河水一样胸襟宽广，以容纳和融合来形成超常大气。Orang yang toleransi besar bagaikan laut menampung air，意思是胸襟宽广的人就像海纳百川，这句话在翻译时采用Peribahasa中Perumpamaan（譬喻）的bagaikan（好像）句式。

四、结语

综上所述，不论是汉译印尼还是印尼译汉，译者对翻译质量的追求应是精益求精、永无止境的。作为一名译者，我们要为两国文化沟通尽到自己应尽的职责，为两国人民增进彼此的了解铺平道路。那么掌握了印尼语Peribahasa的语言风格以及内涵，我们就能够将Peribahasa熟练运用到汉语熟语及古文的汉译印尼的翻译中去，让译文达到信、达、雅的境界，让中国的声音实实在在地传播到印尼人民的心里。

（作者单位：中国国际广播电台印尼语部）

注释：

① 《印尼语大字典》（1994）Kamus Umum Bahasa Indonesia susunan Badudu-Zain (1994).

②《菲德尔·卡斯特罗,一个被美国视为眼中钉的棒球迷》,《罗盘报》2016年11月26日国际版消息,http：//internasional. kompas. com/read/2016/11/26/16054871/fidel. castro. penggemar. baseball. yang. jadi. duri. dalam. daging. bagi. as？page＝all。

③《印尼大行动党：巴布亚问题暗藏危机》,Viva新闻网2016年3月30日时政版消息,http：//politik. news. viva. co. id/news/read/754020-gerindra-masalah-papua-seperti-api-dalam-sekam。

④《后悔博格巴回尤文图斯,弗格森怪罪经纪人》,球类资讯网2016年10月29日英国版消息,http：//www. sumberbola. com/lepaskan-pogba-dengan-gratis-ke-juventus-ferguson-salahkan-mino-raiola/。

⑤《目标夺冠,望加锡足球队在吹牛》,人民网2017年1月3日足球版消息,http：//bola. rakyatku. com/read/33712/2017/01/03/target-psm-juara-ibarat-tong-kosong-nyaring-bunyinya-。

⑥《机长的失职让Citilink航空蒙羞》,voxpops网2016年12月31日消息,http：//voxpops. id/karena-pilot-setitik-rusak-citilink-sebelanga/。

⑦〈Makna Dibalik Perayaan Maulid Nabi〉《我们庆祝先知穆罕默德诞辰的意义》,Latiffah Hanum.《每日分析报》,2016年12月16日,http：//harian. analisadaily. com/mimbar-islam/news/makna-dibalik-perayaan-maulid-nabi/287140/2016/12/16。

⑧人民日报评论部：《习近平用典》,人民日报出版社,2015年版。

试论非通用语种人名的翻译：以东南亚国家为例

张 弘

特朗普当选美国总统后，关于他的名字应该译成"特朗普"还是"川普"引发了中国翻译界的争论。很多人认为"川普"的发音更接近于英语中 Trump 的发音，而且美国大选时为华人选民准备的选票上也把 Trump 翻译成"川普"，所以沿用"川普"这一被美国当地华人社会普遍接受的译法比较恰当。在我国，负责国外人名翻译标准化的单位是按周恩来总理指示成立的新华社译名室。为保证英文人名翻译的统一性和权威性，新华社译名室出版过《英语姓名译名手册》和《世界人名翻译大辞典》，Trump 的中文译名就是根据这两部著作被确定为"特朗普"。英语国家的人名翻译统一尚有依据可查，但是在非通用语种，很多语言并不使用拉丁字母，即使同样使用拉丁字母的，发音规则也有不同，涉及的人名翻译，不宜用英语发音规则硬套。

以东南亚国家为例，马来西亚、印度尼西亚、文莱、菲律宾、越南的文字拼写使用的虽是拉丁字母，但是发音规则各不相同。柬埔寨、老挝、缅甸和泰国则拥有自己独特的文字。在东南亚国家，华文媒体比较发达，本国知名人士的人名早已有长期使用的中文译名。中国翻译界往往只有当该国知名人士担任要职或者成为新闻人物时才会对他们予以关注，而在确定这些人名的译名时，宜参考对象国约定俗成的译法，不可生搬硬套中国标准。人名翻译有"音译为主、名从主人、约定俗成"等原则，但是最重要的还是统一。而目前东南亚各国的人名翻译，中国国内使用的译名和东南亚各国华文媒体普遍使用的译名存在不一致的情况，极易造成混淆。

一、音译为主

音译为主是国外人名翻译的一般规律。在东南亚有很多国家的文字使用的是拉丁字母，但是却拥有自己的发音规则，在翻译人名时切忌用英语和其他语种的发音规则套用。以马来西亚现总理纳吉布为例，其马来名为 Najib，虽然马来语使用拉丁文拼写，但是发音规则却不尽相同，字母"b"放在单词的结尾不发音。所以马来西亚华文媒体普遍使用的译名为纳吉。然而在我国，Najib 被翻译成"纳吉布"。Najib 总理本人曾经在采访中向笔者表示，不知道为什么他的名字在中国被加上了一个"布"的发音。其实原因在于新华社对于马来西亚人名的翻译规则有一套自己的理解。马来西亚很多马来裔穆斯林的名字来源于阿拉伯语，新华社在翻译这些人名时，通常会寻求其他伊斯兰文化背景国家的人名翻译以取得一致，而不是按照马来语的发音。例如 Abdullah 会按照阿拉伯习惯译为"阿卜杜拉",而不是"阿都拉";Ahmed 会翻译为"艾哈迈德"而不是"阿末";Najib 则按照阿拉伯语习惯翻译为"纳吉布"而不是"纳吉"。

  这样的翻译看起来有一定道理,但是忽略了语言发展规律。各种语言中都存在着大量的外来语,大部分外来语往往会按当地语言的发音规则被赋予本土化的发音。例如我国新疆维吾尔族很多人的名字中出现的"买买提"。"买买提"同样是源自于阿拉伯语中的 Mahmoud,但是我们并不会为了追求和其他伊斯兰文化背景的人名翻译一致而将其翻译成"穆罕默德"。同样的道理,Najib 虽然源自阿拉伯语,但是在翻译时还是应该根据马来语的发音来翻译。这样才是尊重音译为主的原则。

  当然,也有一些东南亚国家的人名翻译,新华社版比当地华文媒体翻译得更为准确妥当。比如缅甸领导人 Aung San Suu Kyi,很多东南亚华文媒体将其翻译成"昂山淑枝"或者"昂山淑姬"。而新华社译名室给出的标准译名是"昂山素季"。笔者曾经认为这几个译名发音上没有太大区别,但是东南亚华文媒体使用的"淑"或者"淑姬"似乎更贴近人物形象。经咨询缅甸语研究专家后了解到,缅甸语中根本没有"淑"这个发音,所以"昂山素季"的翻译比较符合音译为主的原则。

二、名从主人

  当事人有中文名的要尊重其本人的意愿,这就是人名翻译中的"名从主人"原则。还是以马来西亚总理纳吉布为例,马来西亚和新加坡的华文媒体翻译的"纳吉"比较符合马来语发音,而且中文含义也比较吉利,取"接纳吉祥"之意,可以说做到了信、达、雅。每逢春节,马来西亚总理府都会发布总理向华人拜年的电子贺卡,"新春纳吉"是出现频率较高的祝福语,既表达了祝福,又把总理的名字巧妙地融合进去了。应当看出,"纳吉"这个中文名翻译得到了马来西亚总理本人的认可,而他对于我国国内为何会使用"纳吉布"的译法感到不解。所以按照"名从主人"的原则,Najib 还是翻译成"纳吉"比较妥当。新加坡《联合早报》曾经发表过一篇相关的署名文章,题目旗帜鲜明:《名从主人——马来西亚首相的华文名字是纳吉》。另外,一些国家的官员或者商人,由于经常接触中国事务,往往会有自己选定的中文译名。像印度尼西亚前驻华大使 Imron Cotan,他的名片上就注明了中文名"易慕龙",符合印尼语发音又非常中国化,我们当然没有必要再去为他翻译一个其他的中文译名。

  还有一种情况是在东南亚有很多华人,他们往往有当地文字的名字,同时也有依据家族传承所取的中文名。像这种情况就不能按照音译而应使用本人的真实姓名。比如说在印度尼西亚,以前因为政治原因,华文被禁止,所有华人被要求取印尼语名字。但是在华人圈内部,中文名依然被保留使用。举个例子,正在竞选连任印尼雅加达省省长的华裔政治家钟万学,他的印尼名为 Basuki Tjahaja Purnama。在勿里洞地区,印尼名字里姓 Purnama 的通常就是钟姓华人。所以在翻译他的名字的时候,我们不能简单按发音译为"巴素吉·

塔哈佳·布尔纳玛",而应该使用"钟万学"这个中文名。值得注意的是,在东南亚一些地区,华人和当地土著相貌差别不大,名字也没有太大区别,在翻译时需先确认其是否是华人和拥有中文名。

除了印尼等国家情况特殊以外,其他东南亚国家的华人大多从名字上还是能一眼就分辨出来的。东南亚华人名字一般都是三个字,每个字有一个发音相近的单词相对应。比如说马来西亚交通部部长廖中莱,他的马来名就是 Liow Tiong Lai。但是在马来西亚,华人的中文名所对应的马来语单词并不是固定的,因为这些华人有些来自福建,有些来自广东,其马来名往往对应的是中文名在方言中的发音。这也造成了有些华人从马来名看明明是同一个字,其实看中文名却并不是同姓。比如马来西亚前旅游部部长黄燕燕,她的马来名是 Ng Yen Yen。但是 Ng 对应于粤语和客家话的吴、伍两个姓,还有闽南语的黄、阮两个姓。因此在翻译马来西亚华人姓名的时候也需要仔细考证,不能够想当然地套用发音规律。如实在无法确认,退而求其次的办法是在译名后加括号备注音译。

当然,译名要考虑主人的意愿,主人也不能任性地把自己的名字随意改来改去。例如新华社译名室主任李学军在《为啥 Trump 译成特朗普而非川普》一文中提到,2003 年柬埔寨首相洪森宣布将其中文名字更名为"云升"。尽管洪森首相不是中国人,但他希望自己有个更好的中文译名,而改名"云升"正是他听从身边华人朋友的建议,认为比"洪森"的寓意好。为此,柬埔寨通过中国外交部致函新华社,表示"希望新华社今后对首相的改名予以理解"。然而洪森改名之后,麻烦却接踵而至。华文媒体亮出"云升"这个名字后,许多读者就不断打电话询问柬埔寨是不是换了新首相。一些柬埔寨华人则抱怨说,大家已经叫惯了"洪森"这个名字,忽然改称"云升",觉得很别扭。更要命的是在政府部门颁布一些具有法律效力的文件中,两个名字竟然同时存在,一些法律上的麻烦就不可避免。结果不到一年,新华社便收到外交部来函,通知恢复洪森的原中文译名。

三、约定俗成

约定俗成原则是指在尚未有权威部门发布标准译名前,已经有被广泛使用的译名的,宜直接采用。在东南亚国家,很多政治人物在进入国家领导层之前很难获得国内翻译界的重视,然而当地华文媒体往往早就有关于这些人的报道,所以在确定东南亚国家人名翻译,特别是政治人物人名翻译时,宜参考当地华文媒体。比如菲律宾新总统 Duterte,菲律宾当地的华文媒体在其任职达沃市市长的 20 多年时间内对其有大量报道,其名字一般被翻译成"杜蒂特"。而在他当选菲律宾新总统后,新华社译名室给出的标准译名却是"杜特尔特",显然没有考虑到当地华文媒体约定俗成的译名。

还有一些东南亚国家有专门的机构来确定人名的中文译名。例如新加坡华文媒介统一译名委员会(Translation Standardisation Committee for the Chinese Media,Singapore)负责华文媒体译名的标准化。公众可通过联合早报网免费浏览内容。而马来西亚对于非华族或非华语名词的翻译由马来西亚华语规范理事会负责。对于这种由某国权威机构发布的本国人名中文翻译，笔者认为应当对相关机构的专业性和权威性给予尊重，除了个别确实存在异议的可以通过和对方沟通协商取得一致以外，新华社译名室在确定国内统一使用的译名时大部分可以直接采用，没必要自成体系。然而实际状况却是新华社译名室发布的马来西亚主要政府领导人的名字的翻译几乎没有一个是和马来西亚当地使用的译名一致的。马来西亚前总理、政治强人马哈蒂尔在马来西亚国内的译名是马哈迪，现总理纳吉布在马来西亚国内的译名是纳吉，反对党领导人安瓦尔在马来西亚国内的译名是安华。以原马来西亚副总理，现马来西亚反对党土著团结党主席为例，此人目前在马来西亚国内也算焦点人物，然而使用他的中国标准译名"慕希丁"在百度图片里进行搜索，只能得到区区16个结果。而同样在百度图片中用马来西亚本土译名"慕尤丁"进行搜索，却有280多个结果。中国译名和马来西亚本土的译名哪个使用更为广泛，不是一目了然吗？在这样的情况下，我们一定要把"慕尤丁"改为"慕希丁"意义何在呢？

四、译名统一避免混乱和混淆

新华社译名室主任李学军说过，在译名问题上，译名室多年来取得的一点共识就是：译名的对错有时候并不重要，译名统一、避免引起报道混乱和使读者混淆才是最重要的。对此笔者深表赞同。由于中国国际广播电台工作的特殊性，笔者每天要接触大量外名，很多外名往往是在国内还没有标准译名的，因此笔者和同事们往往会借鉴东南亚各国华文媒体使用的译名。比如前文提到的菲律宾总统Duterte，新华社译名室是在其当选总统的当天，也就是2016年5月10日才发布的标准译名"杜特尔特"。但是菲律宾语部的同事早在2015年年中就已经关注菲律宾总统候选人的相关情况，并撰写了多篇评论文章，对Duterte的译名采用了当地媒体广泛使用的"杜蒂特"。在5月10日之后，菲律宾语部同事撰写的稿件中也只好使用"杜特尔特"的标准译名，而"杜蒂特"的译名在菲律宾华文媒体中继续被使用，这难免会引起报道混乱和让读者混淆。

而笔者在与马来西亚朋友交流时，涉及知名人物，与马来族的朋友用马来语沟通没有问题，反而是与华人朋友交流时，需要停下来想一下这个人的名字在马来西亚华人圈被翻译成什么，或者有时候就直接说马来语更为方便，不会造成混淆。这个问题在笔者与马来西亚的华文媒体进行直播连线时表现得尤为突出。在其他表述上双方没有任何差异，唯独涉及人名，笔者不得不被迫打断思路稍作停顿来想一想应该用哪个译名，有时候还会脱口而出我们国内的译名，造成一段话中对同一个人的人名出现两种不同的翻译，确实会让听众产生混淆。

在信息化时代，资讯的传播变得十分方便快捷，然而中文的使用在世界范围内还存在较大限制，让世界很难清楚地聆听来自中国的声音。好在有太阳升起的地方就有华人。遍及世界各地的华人和华文媒体成为世界了解中国的一扇窗户。大到中国立场，小到娱乐体育资讯，借助网络的便捷，能够很快地从国内传达到海外华人圈和华文媒体，再通过他们传递给当地其他受众。然而信息传递中涉及人物这一关键信息时，却有可能因为翻译的不同而造成误会，成为信息传播的障碍，得不偿失。

造成外国人名翻译国内外不一致的原因在于，新华社译名室一个部门要负责全世界所有外名的翻译审定工作，确实力有不逮。比较可行的方案是译名室主抓英语、法语等通用语外名的翻译审定工作，而把非通用语外名的翻译工作外包给其他具备相关能力的单位，译名室只负责审定工作。目前从全国范围来看，有能力承担非通用语外名翻译工作的主要包括开设非通用语专业的大专院校、外文局以及中国国际广播电台这样的专业对外传播机构。相比较而言，中国国际广播电台的语种最为齐全，目前拥有65种语言的广播。每个语种拥有大概20名长期学习使用该语言的专业人士，包括来自该母语地区的外籍员工，日常的工作也能第一时间接触到对象国地区的外名，能够对外名的翻译进行及时、深入的探讨。作为一家对外传播媒体，中国国际广播电台也和对象国的媒体，包括华文媒体以至政府部门保持着长期的合作和交流，因此能够及时关注对象国对相关人物译名的使用，并且和对方进行沟通交流，以确定合适的译名。

（作者单位：中国国际广播电台马来语部）

试论国际台德语广播新闻编译对策

李 靖

中国的德语对外广播始于1961年,每天向德语区报道中国的最新动态。节目形式包括新闻、时事评论、专稿、音乐及访谈等,涉及政治、经济、文化、科教等各个领域。结合互联网在线平台,德语广播的传播效果显著,覆盖人群与日俱增。

跟随时代脚步,德语节目也多次改版。不过,新闻时事板块却经久不衰。因为只有通过新闻,听众才能全面、迅速地了解中国。新闻撰写和编译时有个"铁律"——成稿必须听上去"很德国",即符合德语受众的思维及收听方式。这样的新闻能让播音员备稿更顺畅,诵读更流畅,听者更酣畅,最终潜移默化地传播中国声音和观点。

笔者结合十多年的翻译经验,参照德语新闻的一般标准和中文新闻(即源语言)的实际情况,总结了德语广播新闻的编译规则与对策,希望能对业界同行及德语爱好者有所帮助,为我国对外广播事业添砖加瓦。

一、什么是好的德语新闻

1. 一般要求

除了具备我们所熟知的5W+1H(何人/何事/何时/何地/何故/如何)要素外,新闻应具备以下原则[①]:

● 体现对立观点(Gegenüberstellung sich widersprechender Standpunkte)
正反双方的观点,新闻中都应不偏不倚地体现。

● 可靠的消息来源(Stützung von Aussagen durch glaubwürdige Quellen)
尽量从权威渠道或专业人士那里获得新闻,这样能增加报道的可信度。

● 与引述观点保持距离(Abgrenzung von eigenen und fremden Aussagen)
为了和受访者的观点保持距离,应采用直接引语(direkte Rede)或间接引语(indirekte Rede)。广播中的直接引语通常是这样的:"某人的原话是……"(XY sagte wörtlich, ...),也可以采用同期声(即录音新闻);间接引语则使用第一虚拟语气(Konjunktiv I)。

● 倒金字塔结构(Prinzip der umgekehrten Pyramide)
最重要的信息放在新闻最前面,接下来是较为重要的信息。类似背景知识的信息放在金字塔底,即新闻最末。

● 区分新闻和评论(Trennung von Nachrichten und Kommentaren)

评论多是有倾向性的。新闻要尽量保持中立来介绍事实，不可混杂评论。

除了上述原则外，德语新闻还应当用词简单、句子紧凑、语序简明。

2. 广播新闻的特殊要求

广播以声音为媒介，线性传播，听众无法重复收听。广播也被称为伴随式媒体，听众只分配小部分注意力，边听边做其他事。因此，广播新闻的语言必须比平面媒体更加简单明确，突出重点。为此，奥地利广播电视台总结了七个规则。

(1) 不要出现套嵌句型（Keine Schachtelsätze）

用一个句子讲一个意思。把从句套嵌进来（eingeschobene Nebensätze）会使句型变得复杂，影响理解。举例如下：

套嵌句型：Demnach wurde die Islamische Turkestan-Partei, die 1989 im Westen Chinas gegründet worden sei und als separatistische Terrororganisation gelte, im Juli 2016 von der britischen Regierung verboten.（名单显示，英国政府于2016年7月将突厥斯坦伊斯兰党——一个1989年在中国西部成立的恐怖和分裂组织——列入恐怖主义黑名单。）

非套嵌句型：Demnach wurde die Islamische Turkestan-Partei im Juli 2016 von der britischen Regierung verboten. Sie sei 1989 im Westen Chinas gegründet worden und gelte als separatistische Terrororganisation.（名单显示，英国政府于2016年7月将突厥斯坦伊斯兰党列入恐怖主义黑名单。该党1989年成立于中国西部，是一个恐怖和分裂组织。）

(2) 少用形容词或副词（Wenige Adjektive und Adverbien）

只在必需的地方使用形容词或副词。用多了甚至会起反作用。

(3) 不要出现虚词（Keine Füllwörter）

避免使用没有实际意义的虚词。

如中文新闻中常出现的"已经"（bereits）在翻译时应省去。原因是：德语的"haben＋第二分词"表示过去式（即中文的"已经"），bereits是多余的。例如：中国政府已派出工作组······ China hat ~~bereits~~ ein Arbeitsteam nach ... verschickt.

此外，"总体上"（im Allgemeinen）等，也没有实际意义，应省略。如：

中国经济总体向好。Die chinesische Wirtschaftslage wird ~~im Allgemeinen~~ positiv bewertet.

(4) 多用主动式，少用被动式（Aktiv statt Passiv）

主动式显得活泼生动。只有当动作主体不重要或不清楚动作主体时，才用被动式。例如：

主动式：Die Türkei **hat** den Luftwaffenstützpunkt infolge des gescheiterten Putsches geschlossen. 土耳其在军事政变未遂后关闭了空军基地。

Das sechste China-Europa-Forum **hat** am Montag im chinesischen Haikou stattgefunden. 第六届中欧论坛周一在海口举行。

不强调动作主体时，使用被动式，如：

Der Rechtsstaatlichkeitsdialog zwischen China und Deutschland **wurde** im Jahr 2000 **etabliert**. 中德法治国家对话机制建立于2000年。

In Baton Rouge **waren** sechs Polizisten aus einem Hinterhalt **beschossen worden**. 六名警察在巴吞鲁日遭枪手偷袭。（枪手身份不明）

（5）具体优于抽象

抽象概念虽然概括性强，但听上去缺乏生动性。能说出具体概念时就避免用抽象概念。

中国航天计划：在2030年实现整体跃升，跻身航天强国之列，以航天梦助力中国梦。

美国航天计划：到21世纪30年代中期，将人类送到火星轨道，并让他们安全返回地球。

（6）切忌堆砌名词

连续使用名词（包括动词名词化）会使句子难以理解。尽量用动词描述发生的事件。

（7）慎用名词近义词

使用近义词是为了避免重复。广播中可使用动词、形容词的近义词，但为避免指代不清，应少用名词的近义词。

美元走势：Dollarkurs，不要同时使用Dollarkurs/US-Währung/Greenback

奥地利：Österreich，不要同时使用Österreich/Donauland/Alpenrepublik

二、中文新闻的编译对策

新华社新闻研究所顾问文有仁指出："我国新闻界对所谓的'新华体'，即新华社新闻报道的文体，有不少议论。所谓的'新华体'，实际上是我国新闻界在长期新闻实践中形成的一种有中国特色的共同的新闻写作体式……"[②]

国际台德语广播的新闻大多数出自新华社，即使来自其他通讯社或是自采稿件，都难免受到新华体的影响。由于国情不同，德语受众无法体会中国语境下的"新华体"。因此，在德文编译时不但要遵循上文介绍的通用原则，更要按照受众的收听习惯和思维方式，对中文新闻进行语言加工和重新组织。

现结合中文新闻各组成部分的特点，逐一阐述编译对策：

1. 电头部分

中文新闻的电头标准格式为新闻社名称/发稿地点/发稿日期/记者姓名。如：

中新社新加坡7月18日电（记者　张三　王五）

而德语新闻的电头只有发稿地点（多为事件发生地）。因此，电头部分的处理方式是删除。至于时间和新闻社名称，多移至正文部分交代。

2. 导语部分

导语是新闻内容的提炼，起着引导主体部分的作用。它决定了消息的方向，也体现了编辑部希望传达的声音。

编译导语的对策有：

（1）权衡侧重点。

处理中文新闻时，译者需要考虑是事件本身重要，还是事件传递出的信息更重要。比如下面一则消息：

专家：南海仲裁对地区稳定造成不利影响

（电头，略）南海问题与区域合作发展高端智库学术研讨会 18 日在新加坡举行。针对南海仲裁案仲裁庭日前做出的所谓仲裁，中国社科院中国边疆所助理研究员吴昊在此间接受中新社记者采访表示，南海仲裁肯定会对本地区稳定造成不利影响……

该消息的叙述符合中国人的阅读习惯，即先交代事情的由头（研讨会），再叙述与会者的观点。但德国听众很难对一个非本土的研讨会提起兴趣，更何况该会议名称又很冗长。考虑消息内容主要是专家对南海仲裁的看法，因此要重新设定导语，即专家观点："南海仲裁会对地区稳定造成不利影响"。接下来再交代人物及场合。

具体改写如下：

Chinas Experte kritisiert Schiedsentscheid über Südchinesisches Meer（中国专家批评南海仲裁）

Singapur（新加坡）

Der von Den Haag getroffene Schiedsentscheid hat negative Folgen für die regionale Stabilität. Dies erklärte Wu Hao vom Grenz-Forschungsinstitut der Chinesischen Akademie der Sozialwissenschaften am Montag.（在海牙做出的南海仲裁将对地区稳定带来消极影响。来自中国社科院边疆所的吴昊周一做出上述表示。）

Auf dem hochrangigen Symposium verschiedener Denkfabriken über die Kontroverse und regionale Zusammenarbeit im Südchinesischen Meer in Singapur sagte er, …（在新加坡举行的南海问题与区域合作发展高端智库学术研讨会上，他说……）

这样处理后，消息更突出了中国观点，听众一开始就掌握了核心内容，从而有兴趣继续听。

（2）使用直陈式。

导语不能使用虚拟语气，即使是引述某个表态。如：

"Bei einer Operation gegen die Initiatoren des Putschversuchs in der Türkei **sind** bislang 6.000 Menschen festgenommen worden. Es **war** der umfangreichste Putschversuch in der türkischen Geschichte. Dies gab der türkische Justizminister XY am Sonntag bekannt."

这同德语学习者的普遍认识是有出入的。因为语法书都会指出"新闻中的引述内容必须为第一虚拟式，以此保持与信息发布者的距离"。所以这里应作为例外而牢记。

（3）长句拆分＋语序调整。

将长导语拆分为多个短句，并适当更改语序（即主谓宾顺序）。例如：

中国人民对外友好协会和德国汉斯·赛德尔基金会 18 日在北京共同举办了主题为"中国与欧盟——建设性互动"的报告交流会。

按照德语新闻表达习惯，拆分为以下两句：

Ein Forum mit dem Thema „Die EU und China – Konstruktiver Umgang miteinander" hat am Montag in Beijing stattgefunden.（主题为"中国与欧盟——建设性互动"的报告交流会于周一在北京召开。）

Organisiert wurde das Forum von der Gesellschaft des Chinesischen Volkes für Freundschaft mit dem Ausland und der Hans-Seidel-Stiftung Deutschlands.（该论坛是由中国人民对外友好协会和德国汉斯·赛德尔基金会举办的。）

通过长句拆分并把报告交流会改为主语，突出了重点内容。

（4）语态调整。

前文提到，德语新闻应多用主动态，使语言变得更生动。而汉语中恰好主动态更为常见，这多少降低了编译的难度。但实际工作中，仍然存在要将主动态转为被动态的情况。如：

正在土耳其伊斯坦布尔举行的第 40 届联合国教科文组织世界遗产委员会会议（世界遗产大会）17 日把中国湖北神农架列入世界遗产名录。

神农架是导语中的核心，将其作为主语，同时改为被动式：

Das Waldgebiet Shennongjia in der chinesischen Provinz Hubei ist in die Liste des UNESCO-Weltkulturerbes aufgenommen worden.

这是同类新闻的标准译法。当然也可以采用更为精炼的主动式表述：Das Waldgebiet Shennongjia in China ist nun Weltkulturerbe. 省略的内容可以在之后补充。

3. 主体部分

从新闻发生地区来看，新闻分为国内新闻和国际新闻。驻外记者在编写国际新闻时多参考当地新闻的叙述模式，所以这样的稿件回译到德语时，叙述框架改动不大。另外，译者还可以上国外网站搜索相关表述。下文重点探讨国内新闻。

导语的编译策略同样适用于主体部分。除此之外，主体部分的翻译对策还有：

（1）调整段落结构。

调整不符合金字塔原则的新闻。如新华社一则消息《中央出台意见深化投融资体制改革》，导语之后先概述了中央意见，第二段肯定了十八大以来的工作成绩，第三段指出了存在的问题。而最后一段才是投融资改革的重点内容。

笔者认为，编译时应将最后一段内容提前至导语后边。如篇幅允许，可将第二三段内容放在最后，作为背景资料。

（2）改写"排比句"。

和汉语不同，德语新闻中很少出现两个以上的并列分句。在处理"排比句"时，应将语意相近的分句合并为新句子，并用连词将各句有机联系。如：

容克表示，欧方愿同中方加强伙伴关系，对接好发展战略，用好互联互通平台，推进创新合作，加快双边投资协定谈判进程。

根据内在联系，可将"加强伙伴关系"同"对接发展战略"组合为一句；将"利用互联互通平台"同"推进创新合作"组合为一句；最后把"加快谈判进程"单独列为一句。试译如下：

Laut Juncker will die EU die Partnerschaft mit China verstärken und die Entwicklungsstrategie mit der von China koordinieren. Beide Seiten sollten die Kontaktplattformen ausnutzen und die Zusammenarbeit im Bereich Innovation ausbauen. Nicht zuletzt sollten die Verhandlungen über das bilaterale Investitionsabkommen beschleunigt werden.

另外，往往还用到"um zu…"句型改写"排比句"：

各方应加强团结协作，共同应对挑战，推动亚欧对话与合作迈向新台阶。

可将"加强协作"和"共同应对挑战"合并为主句，把"推动迈向新台阶"转译为行动目的：

Alle Seiten sollten sich angesichts der neuen Herausforderungen stärker koordinieren, um die Dialoge und Kooperation zwischen Asien und Europa auf ein neues Niveau zu bringen.

再如：

会议强调，要坚持适度扩大总需求，继续实施积极的财政政策和稳健的货币政策。要引导货币信贷和社会融资合理增长，着力疏通货币政策传导渠道。要有效防范和化解金融风险隐患，保持人民币汇率在合理均衡水平上基本稳定。要持续深化财税、金融等重点领域改革。要采取正确方略和有效办法推进五大重点任务。要坚持引导市场预期，提高政策质量和透明度。要发挥改善民生、推动经济发展的积极作用。（内容有删节）

此类稿件的排比句以"要"字开头。可以对应"sollte/sollten 或 müsse/müssten"。翻译时可以主动式（反身动词）与被动式相结合，也可以通过 auffordern/drängen + zu 的结构来替代；句与句之间用 Es gelte…/zugleich/nicht zuletzt/schließlich 等连词连接。总之要尽一切可能使语言显得轻巧灵活。由于广播时间的限制，或许还是应提炼出听众最关心的内容，其他一笔带过。

（3）避免堆砌名词。

德语新闻忌讳堆砌名词，应尽量用动词代替名词或动名词。如：

Diese Diskussionen haben für die Vertiefung des bilateralen Vertrauens und die Vermeidung einer Eskalation der Situation eineäußerst wichtige Rolle gespielt. 讨论对深化双边互信和避免紧张局势升级起到至关重要的作用。

改写为：

Die Diskussionen tragen enorm dazu bei, das bilaterale Vertrauen zu vertiefen und die Eskalation der Situation zu vermeiden. 通过讨论可以极大加深双边互信、避免局势紧张。

Eine Umbildung oder Abschaffung der ineffizienten Unternehmen auf dem Markt muss beschleunigt werden. 必须加快市场上低效率企业的重组或清退。

改写为：

Ineffiziente Unternehmen müssen beschleunigt umgebildet oder abgeschafft werden. 低效率企业必须加快重组或清退。

（4）其他内容的处理。

● 数字

德语新闻中，1 至 12 用德文表示，而不直接用阿拉伯数字。如"两人"不是 2 Menschen，而是 zwei Menschen。13 以上的数字则用阿拉伯数字。

除财经消息外，数字最多保留小数点后一位。如：

农作物受灾面积 5460.66 千公顷，受灾人口 6074.67 万人，经济损失约 1469.80 亿元

应四舍五入简化为：5，5 Millionen Hektar，61 Millionen Menschen，147 Milliarden Yuan

● 标点符号

百分号％：需用德语 Prozent 表示，如 2％需译为 zwei Prozent。

数字中的点和逗号：

超过三位的数字，从右往左每隔三位需加圆点"."，用来标志千位、百万位等。如 2.300，6.123.000。

汉语中的小数由整数部分、小数部分和小数点组成。而德文中逗号取代了小数点。因此汉语中的 3.14 译为 3，14。

● 单位

应将中国的度量衡转化为欧洲单位，方便对象国受众理解。如货币单位（人民币/欧元）、面积单位（亩/公顷）、电度单位（度/千瓦时或兆瓦时）等。

● 缩写

德语中有许多缩写，如 bsp./z. B./u. a. 等，也包括上文提到的数词 Mio./Mrd.、单位℃/ha 等。但在新闻中，通常只缩写国家或机构名称，如 die USA，die UNO。其他缩写均要恢复。

4. 标题部分

德语广播并不诵读标题，理论上无须撰写标题。但在实际工作中，网络发布时每条新闻都配有标题。因此有必要探讨一下标题的编译。

标题应浓缩新闻内容，迅速吸引受众注意力。编译对策有：

（1）通读全文，高度提炼。

德国的纸媒新闻的主标题不超过 40 个字符，副标题不超过 80 个。网络平台上发布的新闻的标题原则上更短。

我国新闻标题的优点是结构完整，内容严谨，看懂标题就了解了新闻内容。但缺点是标题过长，信息量大。如：

《大陆旅行团在台遭遇汽车爆燃事件 26 人全部罹难》

《吴胜利会见美国海军作战部长　就南海问题深入交换意见》

在翻译这两个标题时，需首先通读全文，再自行提炼出题目：

26 Tote bei Busunglück in Taiwan（33 字符）《台湾客车失事 26 人死》

Marinekommandeur betont Chinas Willen zur Verteidigung von Südchinesischem Meer（80 字符）《海军司令强调中国保卫南海的决心》

笔者认为，修改后的第一个标题已包含灾难新闻的基本要素：在哪儿（台湾）、何事（客车车祸）、程度（26 人死亡）。至于乘客构成和发生时间，完全可以通过正文了解。

而第二个标题不再是对原标题的简单删减，而是对正文的概括。首先用"海军司令"一词代替具体姓名，消除受众的陌生感。其次，用具体的谈话内容（保卫南海）代替"交换意见"，使新闻显得更有内容。

（2）变人名为头衔。

在标题中，如出现习近平、李克强等领导人姓名时，建议改写为"Chinas Staatspräsident"（中国国家主席）或"Chinas Premierminister/Ministerpräsident"（中国总理）。出现多国领导人姓名时用政要（Spitzenpolitiker/≠Staatsoberhäupter）代替。

（3）巧用冒号。

冒号可代替动词谓语，也可以起到分割小标题（类似于破折号）的作用。通常冒号左边为主体，右边为表态或事件内容。如：

Iran：Keine offiziellen Verhandlungen mit Saudi-Arabien

Darmstadt：Fast 30 Frauen melden sexuelle Übergriffe

Armenien-Resolution：Türkei ruft Botschafter aus Berlin zurück

（4）省略。

德文标题中多省略冠词和助动词，如：

~~Elf Tote~~ nach Bombenangriff in Istanbul ＝

~~Es gibt~~ elf Tote nach einem Bombenangriff in Istanbul

Einfluss von Renminbi auf Kurse asiatischer Währungen immer stärker ＝

~~Der~~ Einfluss von ~~dem~~ Renminbi auf Kurse asiatischer Währungen wird immer stärker.

USA und Indien wollen Zusammenarbeit verstärken ＝

~~Die~~ USA und Indien wollen ~~ihre~~ Zusammenarbeit verstärken

注意一个例外情况是，Ausland 前的冠词不可省略：

China will technologische Kooperation mit **dem** Ausland fördern

三、结语

国内新闻受到汉语及新华社惯用表达方式的影响，无论在形式上还是内容上都同德语新闻差别很大，而过多的修辞手法又增添了不必要的感情色彩。译者要在不影响新闻原意的基础上，按照德文表达习惯和广播特点进行再加工。只有符合对象国受众收听习惯和思维方式的新闻，才有可能吸引受众的注意力，达到对外广播所期待的传播效果。

(作者单位：中国国际广播电台德语部)

注释：

① 摘自德文维基百科。
② 文有仁：《漫议"新华体"》，《新闻爱好者》，2001年第5期。

试议意大利语外宣翻译中的"法"与"律"
——diritto 与 legge 的词义探究

刘 湃

在意大利语的法学词汇中，通常有两个词用来表示"法"的意思，即 diritto 与 legge。由于两词意思相近且有重合之处，部分译者在翻译涉及汉语"法"字的不同内容时容易将两词混淆。如在翻译《中华人民共和国食品安全法》时，要用 Legge della sicurezza alimentare della Repubblica Popolare Cinese，这里的"法"字译为 legge，在翻译国际法时要用 Diritto internazionale，这里的"法"字则译为 diritto。两种情况表述的同样是汉语"法"字，但意思却不尽相同。通过观察，笔者发现汉语中除了"法"字，没有特定的两个词来分别表示 diritto 与 legge。就产生这一现象的原因，笔者参照中国法学史，对汉语中由"律"到"法"的演变过程进行了探究，同时结合意大利语中 diritto 与 legge 的词义比较，试图探究两词在用于翻译汉语"法"字时的规律。考虑到我国法律体系受到了《罗马法》的重要影响，以及法学研究近年来取得的丰硕成果，特别是在 2017 年 3 月 15 日，第十二届全国人民代表大会第五次会议表决通过了《中华人民共和国民法总则》草案，民法典编纂进程迈出了实质性的一步，笔者认为，在这一背景下研究这一翻译课题，对如何向意大利受众讲好法律领域的中国故事具有特定意义。希望本文能够起到抛砖引玉的作用，开启更多意大利语翻译者对这一课题的思考。

一、legge 与 diritto 的词义比较

1. legge 与 diritto 的区别与联系

我们首先从意大利语的角度来搞清 legge 与 diritto 的词义。在意大利权威词典《加尔赞蒂现代意大利语词典》[①]中，legge 有以下意思：

（1）Regola o insieme di regole stabilite per organizzare la vita e garantire l'ordine sociale，意为"法则，规律"。

（2）Ogni atto dello stato che fissa regole di condotta vincolanti per la generalità dei cittadini，意为"法，法律"。例如：gli articoli di una legge 法律条文；promulgare una legge，颁布一部法律；abrogare una legge，废除一部法律。

（3）L'ordinamento giuridico di uno stato，意为"法制"。例如，la legge francese 法国的法制。

（4）La scienza del diritto；giurisprudenza，意为"法学"。例如，studiare la legge 学

法律。

（5）Regola fondamentale di una disciplina, di un' arte, 意为"（学科，艺术的）基本规则"。例如：le leggi della pittura 绘画守则。引申义：norma che regola un rapporto, delle relazioni, una pratica, 意为"规律"。例如：la legge del mercato 市场规律。

（6）Norma costante che regola fatti o fenomeni naturali, 意为"定律"。例如：la legge di gravità, 引力定律。

Diritto 则有以下意思：

（1）Il complesso delle leggi che regolano i rapporti sociali e il cui rispetto ha carattere di obbligatorietà per tutti i cittadini, a seconda della sfera a cui le leggi si riferiscono 意为"法，法律"。例如：diritto pubblico 公法；diritto privato 私法；diritto penale 刑法；diritto civile 民法；diritto processuale 诉讼法；diritto del lavoro 劳动法。

（2）La scienza che studia le leggi; giurisprudenza 意为"法学"。如：professore di diritto 法学教授。

（3）Facoltà legittima di fare o non fare qualcosa, di avere o non avere 意为"合法权利"。如：diritto di voto 选举权；diritto di proprietà 产权；riconoscere un diritto 确认权利；violare un diritto 侵犯权利。

（4）Facoltà fondata su norme morali o consuetudinarie 意为"正当的要求"。如：diritto d'anzianità 因资历而享受的权利；il diritto del più forte 强者操纵一切的权利。

（5）Compenso dovuto a privati o a enti pubblici come correspettivo di un servizio offerto 报酬，酬劳，如：diritti di segreteria 秘书处工作人员的报酬。

不难发现，legge 与 diritto 都可以表示"法"与"法律"的意思，但具体含义有所不同。

首先，legge 更加强调一部具体的法律。

例句："Ho detto alla Cancelliera Merkel che loro decidono per quello che li riguarda e noi decidiamo con le nostre leggi".②

这是意大利总理真蒂洛尼在回应德国就菲亚特运用微软软件谎报尾气排放事件向美国政府施压时所作出的表态，例句意思为"在这一问题上，我向德国总理默克尔提出，德国负责制定与德国相关的决策，而意大利则用本国法律解决本国事宜"。

注意在这句话中 legge 用了复数形式 leggi，强调与菲亚特这一事件相关的不同法律，这其中可包括环保方面的法律，也可以包括汽车相关法律等，这里的 leggi 所指的都是具体的成文法。

而 diritto 则更加强调在某一范围内法律的总称，如我们所熟知的《罗马法》——Diritto romano，这里的"法"就用 diritto，因为《罗马法》并非只是一部法律，而是古罗马在共和国和帝国时期所颁布的所有法律的统称"il complesso delle leggi emanate in Roma antica nell'età repubblicana e imperiale"。③

同理，我们在最开始提到的国际法，其定义为"适用主权国家之间以及其他具有国际人格的实体之间的法律规则的总体"，故也需用 Diritto internazionale。

通过比较不难看出，diritto 所指代的范围比 legge 要宽泛得多，legge 是 diritto 的组成部分之一，两者是局部与总体的关系，如下图。

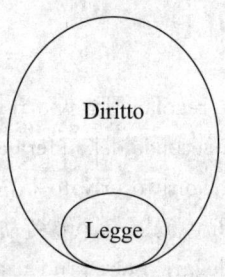

2. legge 与 diritto 的拉丁文对应词——lex 与 ius

意大利法律体系属大陆法系，大陆法系是以《罗马法》为基础而形成和发展起来的一个完整的法律体系的总称，它起源于古罗马时期形成的以拉丁文撰写的《罗马法》，其后在欧洲中世纪后期（约 12 至 15 世纪），《罗马法》在欧洲大陆再度受到重视。到了 18 世纪，欧洲大陆的许多国家都颁布了以《罗马法》为基础的法典，尝试列出各种法律分支的规范，并沿用至今。

在法律体系沿用《罗马法》的基础上，大陆法系国家的法律相关用词也受到《罗马法》中的古拉丁语词汇影响，很多词基本上都是由古拉丁语演变而来。就本文所谈意大利语中的 diritto 与 legge 来说，两个词对应的古拉丁语单词分别为 ius 与 lex，ius 在拉丁语中主要指公民的权利，lex 主要指某一部法律。无独有偶，这一现象在其他大陆法系国家的语言中也存在，如在法国所讲的法语中，ius 演变为 droit，lex 演变为 loi；在德国所讲的德语中，ius 演变为 recht，lex 演变为 derecho。可见，在大陆法系国家的语言中，一般都会存在与 ius 和 lex 相对应的两个不同的单词。

二、汉语中"法"和"律"与 diritto 和 legge 的对应关系

1. 汉语中没有专门词汇分别对应 diritto 与 legge

在明确了意大利语 diritto 与 legge 的区别与联系和两词大陆法系背景中的拉丁语根源后，我们再来看一下中国法律体系与大陆法系的关系。

从历史角度来看，民国之前，我国有一套独立的成文法法律体系，即中华法系，民国时期，由于中华法系体现出的一定落后性以及西方国家的影响，我国选择了大陆法系。在 1949 年之后，中国法律的发展主要表现为移植苏联的法律理念和法律模式，而苏联法律恰恰保留了自俄罗斯帝国以来所一直传承的大陆法系特征，因此，新中国对大陆法系的继承

主要表现为通过模仿苏联法律而实现。因此，可以说新中国的社会主义法律体系受到了大陆法系的重要影响。[4]

由此看来，根据上一节所得出的结论，在汉语中也应该有词语专门对应拉丁语中的 ius 和 lex，而通过拉丁语与意大利语的对应关系，我们同样可以提出这样一个命题：在汉语中也应该有两个词语分别对应 legge 和 diritto。然而，就如本文开头所提到的，实际的情况是：legge 和 diritto 在汉语中的翻译都为"法"或"法律"，这一现象也为汉语"法"字在翻译成意大利语时造成了一定的障碍。

2. diritto 更偏"法"，legge 更偏"律"

为探究这一现象的成因，我们还是要回到中国法学的历史进程中。从中国古代至清末时期，中国的古汉语中表示法律条文和成文法时其实最常用的词语并非"法"字，而是"律"字，而在表示法律之学问时，古时也一般使用"律学"一词，而不用"法学"一词[5]，有现代学者甚至因此提出了"中国封建社会只有律家律学律治而无法家法学法治"的观点。[6]除此之外，"律"字还有"规则，规范"的意思。而古时的"法"字，则一般表示为"人的权利与义务，规范人的行为，一切规范及原则的总称"[7]。可见，"律"字意思更接近拉丁语中的 lex，即意大利语中的 legge，而"法"字则更偏"ius"义，即意大利语中的 diritto。古时的"法"与"律"两个字也因意思不同而一般不会连用或混用。因此，在这种情况下，我们找到了一组能够与 diritto 和 legge 分别对应的汉语词，即"法"与"律"。

造成现代汉语中"法""律"连用和混用现象的原因，主要是日本对中国法律体系的影响。日本在中国之前通过对法国和德国法律体系的模仿，首先完成了对大陆法系的继承，在翻译法语中的 loi（拉丁语 lex）时，日本法学家借用了汉字"法"，而在翻译 droit（拉丁语 ius）时，则借用了汉字"法律"。[8]而在19世纪晚期，由于语言的相近性，中国法学家在翻译大陆法系文献时，优先选择了日本法律文献的翻译，这就造成了"律"字逐渐被"法"和"法律"取代，进而造成了"法"与"律"两个字在现代中国法学中的用法混淆。

三、在意大利语外宣翻译中分清"法"与"律"的概念

1. 在现代翻译中引入古语"律"的概念

虽然在现代法学用词中已经没有了"律"字单独使用的情况，但笔者认为，考虑到古语的"法"更接近 diritto，古语的"律"更接近 legge 的情况，译者在翻译与"法"字相关的内容时，可以考虑引入古语"律"字的概念，从而建立 diritto＝古语"法"，legge＝古语"律"这样的一组公式。这一公式可以有效帮助译者从汉语的角度区分"法"字所指代的意思究竟更偏古语的"法"字还是"律"字，从而以 diritto 和 legge 来"对症下药"。

比如，我们现在所说的某一部具体的法，如《食品安全法》《公司法》，这些"法",

实际上的意思更偏汉语"律"的意思，因此这里分别翻译为 Legge della sicurezza alimentare 和 Legge della società。

2. 意大利语外宣翻译举例：依"法"治国的"法"用 diritto 还是 legge

运用以上的方法，我们来看一个比较重要的外宣翻译实例：依法治国。依法治国是发展社会主义市场经济的客观需要，是国家民主法治进步的重要标志，也是"四个全面"战略布局的重要组成部分，在意大利语外宣翻译中的出现频率颇高，笔者认为，有必要把这个词条提出来作为实例进行讨论。

对于依"法"治国中的"法"字，究竟更偏"法"还是"律"？应该翻译成 diritto 还是 legge？据笔者观察，大部分译者偏向于将词条翻译成 Governare in base alla legge，这里的 legge 用单数，笔者认为大多数译者很可能是以依法治国的英文版官方翻译 rule the country by law 为参考。然而，笔者认为，由于英美法系的用词不同于大陆法系，英语中也面临 law 既可表示 ius 也可表示 lex 的情况，因此在翻译这一法学词条时，参照英文的翻译版本并非最佳解决方案。

让我们从词条本身的意思入手。依法治国是依照体现人民意志和社会发展规律的法律治理国家，而不是依照个人意志、主张治理国家；要求国家的政治、经济、社会各方面的活动通通依照法律进行，而不受任何个人意志的干预、阻碍或破坏。简言之，依法治国就是依照宪法和法律来治理国家。

解释中有两个地方值得注意：
（1）"体现人民意志和社会发展规律的"法律
（2）"依照宪法和法律"来治理国家

可以看出，依法治国在强调法治的同时，还突出了人民的意志，可理解为强调按照人民的权利制定法律治理国家，除法治外，还含有民主的意义。同时，依法治国还体现了人人守法的义务，这里显然更偏向于古语"法"的意思；同时，这里所指的"法"，包括宪法和其他法律，从包含关系来说，简单地译为特指某一部法律的单数"legge"也显然欠妥。因此，笔者认为"依法治国"应该翻译为：governare in base al diritto。

四、小结

通过对意大利语 diritto 与 legge 的词义比较，对现代汉语有"法"无"律"和"法""律"连用现象的原因探究，以及"diritto＝法，legge＝律"这一公式的建立，笔者希望本文能够为意大利语翻译者在翻译汉语词"法"时提供更加明确的参考。同时据观察，在这一课题的研究方面，目前只有部分研究中国法律的意大利法学家和研究《罗马法》的中国法学家在探究现代汉语中有"法"无"律"现象，而从意大利语翻译角度所做的研究工作却寥寥无几。考虑到这一课题在意大利语外宣翻译中的重要性，笔者希望能够有更多翻译家加入到研究中来，将中国的法律发展情况更加准确地介绍给意大利受众。

(作者单位:中国国际广播电台意大利语部)

注释:

① *Dizionario moderno italiano*,Garzanti Editore s. p. a 2000 年出版;张世华:《加尔赞蒂现代意大利语词典》意汉双解版,上海外语教育出版社,2011 年 9 月第 1 版。以下词条中的中文翻译均出自此书。
② 意大利《共和国报》,2017 年 1 月 19 日。
③ *Dizionario moderno italiano*,Garzanti Editores. p. a,2000 年版。
④ 焦应达:《大陆法系对新中国法的影响——具体考察从苏联到中国的路径》,《内蒙古师大学报》,2010 年第 2 期。
⑤ 何勤华:《中国法学史》,法律出版社,2006 年版。
⑥ 钱剑夫:《中国封建社会只有律家律学律治而无法家法学法治说》,《学术月刊》,1979 年第 2 期。
⑦ 马建忠:《法律探源》,19 世纪末出版,被认为是迄今为止唯一一部未受日本法律概念影响的近代法理学著作。
⑧ 俞江:《"法律":语词一元化与概念无意义?——以〈法律探源〉中的"法"、"律"分立结构为立场》,《政法论坛》,2009 年第 5 期。

汉阿习语互译刍议

鞠 政

习语,是指人民群众长期沿袭使用、形式相对固定的词组或短语,它具有含义精辟、音节优美、音律协调、耐人寻味等特点,其表现形式或含蓄幽默,或严肃典雅,言简意赅,形象生动,妙趣横生,给人一种美的享受。习语通常包括成语、俗语、格言、谚语、俚语、歇后语、行话等。习语语言是文化的载体,习语又是语言的精华,它带有浓厚的民族色彩和鲜明的文化内涵。汉语和阿拉伯语都是历史文化积淀十分厚重的语言,都拥有丰富的习语。在汉阿互译时,如何正确翻译习语是个十分重要的问题。

一、汉语、阿拉伯语习语互译实例

1. 完全对应

笔者经过归纳总结发现,有些汉阿习语可以直译。举例如下:

阿语习语	汉语习语
يد وحدها لا تصفق	孤掌难鸣
جارك القريب ولا اخوك البعيد	远亲不如近邻
العين بالعين والسين بالسن	以眼还眼,以牙还牙
الوقت من الذهب	一寸光阴一寸金
زهرة واحدة لا تصنع الربيع	一花独放不是春
رمي عصفورين بحجر واحد	一石二鸟
يَصْطَادُ فِي المَاء المَاكِر	浑水摸鱼
عصفور باليد خير من 10 على الشجرة	十鸟在林不如一鸟在手
الجار قبل الدار	安家先择邻(卜宅卜邻)
اضرب الحديد ما دام سخن	趁热打铁
اضحك للدنيا تضحك لك	你对生活笑,生活也会对你笑

2. 借用

汉阿语言中有一些形象表达,采用较为类似的形象或比喻,表达的喻义也颇为相同,遇到这种情况，就可以借现成的习语来翻译。

(1) 阿译汉

阿语习语	汉语直译	相对应的汉语习语
الطيور على اشكالها تقع	鸟儿根据样子站在一起	物以类聚，人以群分
من القلب للقلب رسول	心与心之间有使者	心有灵犀一点通
آخر الحياة الموت	活到最后总要死	人固有一死
لكل عالم هفوة	任何世界都有差错	智者千虑，必有一失
لك الحياة احرص على الموت توهب	人不惧死则有生路	置之死地而后生
العذر عند كرام الناس مقبول	君子接受别人道歉	大人不计小人过
بلا اخ من طلب اخا بلا عيب بقى	谁要寻找完美无缺的朋友，最后只能落得孤身一人	水至清则无鱼，人至察则无徒
من طلب عظيما خاطر بعظيم	谁想成大业，就要吃大苦	吃得苦中苦，方为人上人
التجربة اكبر برهان	实践是最好的证明	实践出真知
تحت جلد الضأن قلب الذئب	羊皮下面藏着狼心	披着羊皮的狼
تربت يداك	穷得双手捧土	一贫如洗
اضرب الكبير يتعلم الصغير	打大的，小的便能吸取教训	杀鸡给猴看
يدك منك وان كانت شلاء	你的手即使瘫了，也总归是你的	敝帚自珍
يد تشج واخرى منك تأسوذ	你一只手打破了我的头，另一手又来安慰我	打一巴掌给颗甜枣吃

(2) 汉译阿

汉语习语	阿语译文	阿语译文的汉语直译
知足常乐	القناعة كنز لا يفنى	满足是无穷尽的宝藏
大海捞针	التفتيش عن ابرة في كومة قش	在干草堆里寻找一根针
沧海一粟	شعرة من جمل	骆驼的一根头发
如坐针毡	كانه على جمر	像在火炭上一样

3. 直译：有些汉语习语，虽然阿语里没有这样的表达方式，但直接翻译就能很好地表达清楚意思，不会引起歧义

汉语习语	阿语习语
众志成城	الارادة الجماعية سور حصين
志大才疏	الهمة عظيمة والقدرة ضئيلة
玉不琢不成器	اليشم لا يكون تحفة ان لم يصقل
初生牛犊不怕虎	العجل الوليد لا يخاف النمور
欲壑难填	الجشع هاوية لا تشبع
远水解不了近渴	الماء البعيد لا يطفى العطش اللاهب
眼中钉，肉中刺	قذى في العين وشوكة في الحلق
疾风知劲草，路遥知马力	من طول السفر تعرف قوة الشعب من شدة الريح وتختبر قوة الجواد
对牛弹琴	عزف العود للبقرة
百花齐放，百家争鸣	دع مائة زهرة تتفتح ومائة مدرسة فكرية تتبارى
纸老虎	نمور من ورق
树大招风	الاشجار الضخمة تتحمل وطأة هبوب الرياح
因噎废食	يرفض الاكل خوفا من ان يغص
仇人相见，分外眼红	حين يلتقي الاعداء تلتهب عيونهم

4. 意译：与借用的翻译方式不同的是，有的阿语习语在汉语中没有相对应的形象表达，直译后的译文读者不易明白，这种情况可以采用意译的办法来处理

阿语习语	汉语直译	汉语意译
أسمع جعجعة و لا أرى طحناً	只听磨盘响，不见面粉出	光说不干
جَعَلَ القِطَّ حَارِسًا عَلَي الكِرَار	让猫做食品仓库的卫士	开门揖盗
أَشْأَمُ مِنْ رَغيفِ الحَوْلاءِ	比赫拉的大饼还晦气	不祥之物
يُلجَمُ الفَارُ في بَيْتِه	他家的老鼠都戴上了笼头	一毛不拔
كَأَنَّ ألسِنَتَهُمْ رَبِطَتْ يَأوْتَاد	好像舌头被拴在木桩上	默不作声
أجْناوُهَا أَبْناوُهَا	建房者亦是拆房者	自食其果
صيحَةٌ في وَاد	山谷里的呼叫声	叫天天不应，叫地地不灵
زَادَ في الطِنْبُور نَغْمَة	给冬不拉加上一个音阶	画蛇添足
وَبَر تَصْنَعُ في عَامَيْن كُرزًا مَنْ	她两年织一条毛口袋	磨磨蹭蹭

续表

جَاءَ بِقُرنَيْ حِمَار	他带着毛驴的双角来了	招摇撞骗
أسأل من فلحس	比法勒哈斯的要求还多	得寸进尺
صَرَحٌ مِنَ الوَرَق	纸糊的大厦	海市蜃楼
صَرَدَ السِّهْمُ صَرْدًا	箭射穿了靶子	锐不可当
سبق السيف العذل	宝剑走在了责备的前面	木已成舟
المتعذر اعيا بالقرى	托辞者不愿款待来客，所以说话结巴	吝啬者借口多
اعذر عجب	阿吉布，请你原谅	爱莫能助
قد صرح المحض عن الزبد	泡沫消失，露出纯奶	水落石出

二、汉阿习语所反映的文化差异

朱光潜先生在《谈翻译》一文中说："外国文学最难了解和翻译的第一是联想的意义……""它带有特殊的情感氛围，甚深广而微妙，在字典中无从找出，对文学却极要紧。如果我们不熟悉一国的人情风俗和文化历史背景，对于文字的这种意义就茫然，尤其是在翻译时这种字义最不易应付。"英国文化人类学家爱德华·泰勒在《原始文化》（1871）一书中，首次把文化作为一个概念提了出来，并表述为："包括知识、信仰、艺术、道德、法律、风俗以及其作社会上习得的能力与习惯。"可见文化的覆盖面之广。语言作为文化的一个组成部分，反映一个民族丰富多彩的文化现象。汉阿习语所反映的文化差异主要表现在以下几个方面。

1. 生存环境的差异

习语的产生与人们的劳动和生活密切相关。汉民族是以农耕起家的，汉族在亚洲大陆生活繁衍，人们的生活离不开土地。例如比喻花钱浪费，大手大脚，汉语叫"挥金如土"。历代农民在长年累月的农业生产劳作中，经过反复的实践验证，摸索出了农业生产上的种种规律，然后把这些都浓缩到简短的语句中去，也由此创造了丰富的农业谚语。《中国谚语资料》编辑的四万多条谚语，其中农谚占了五分之一。我们可以看到许多关于农业生产的谚语："稻花要雨，麦花要风""浅水插秧，寸水返青""高粱开花连天旱，坐在家里吃好饭"，等等。农业生产领域是产生谚语肥沃的土壤。

而阿拉伯半岛大部分为沙漠地形，缺水少雨，极为干旱，只有极少数的动物和植物能在这里生存。因此，骆驼、枣椰树等一些耐旱且能适应沙漠环境的动植物与阿拉伯人的生活密不可分。这些顽强生存在沙漠里的生命被阿拉伯人赋予了特殊的感情，也被频繁使用于各种惯用语、俗语当中。骆驼是最能适应沙漠环境的动物之一，被称为"沙漠之舟"。

阿拉伯人往往以骑骆驼者的形象出现在历史舞台上,数目众多的阿拉伯谚语都与骆驼相关。比如"兔子窝里出了骆驼",类似于汉语中"鸡窝里出了金凤凰",但两种表述分别体现了游牧文化和农耕文化的特色;又如"比骆驼钻针眼还难"这一表达,与汉语"难于上青天"的意思类似;再如"找不到青草,得到一片枣椰树叶也不错",用来比喻聊胜于无,这一表述方式也体现了异域文化特色和异国情调。

2. 饮食习惯差异

汉语饮食谚语数量多、种类庞杂。这是由于中国幅员辽阔、历史悠久,各地的风俗文化、气候、生活习惯等千差万别,从而形成中华饮食文化多样性,表现在习语上也是丰富多彩的。比如:"冬吃萝卜夏吃姜""酒逢知己千杯少""饭后百步走,活到九十九",等等。

阿拉伯人独特的生活环境和生活方式则造就了他们对食物的选择与偏爱,在很多时候,牛、羊、骆驼的奶或奶制品加上几颗椰枣或大饼就是游牧的阿拉伯人的一顿正餐。奶、奶酪等食物在历史上曾经是阿拉伯人日常生活中最基本的食物之一,是不可或缺的。阿拉伯谚语中存在着大量与奶有关的表述。如:最后的剩奶也被挤光了(山穷水尽)、如同奶油和蜂蜜混在一起(相得益彰)、最好的食物是椰枣加油脂(美味佳肴)、他得到了乌鸦嘴里的椰枣(称心如意)等。

3. 宗教信仰方面

与宗教信仰有关的习语也大量地出现在汉阿语言中。佛教传入中国已近两千年,人们相信有"佛祖"在左右着人世间的一切,与此有关的习语很多,如"借花献佛""闲时不烧香,临时抱佛脚"等。文学作品《茶馆》中有一段话:"三爷,你说得对!可是呀,这兵荒马乱的年月,能有个事儿做也就得念佛!"阿拉伯语译文中直译了"念佛"(تصلي البوذا),并通过脚注对"佛"作出解释:غوتاما بوذا: مؤسس الديانة البوذية(佛教创始人释迦牟尼)。

在阿拉伯国家,人们信奉伊斯兰教,信仰独一的真主是绝对的天条,真主主宰着世界万物,无所不在,无所不能。这一信仰根深蒂固地存在于广大穆斯林的心中,规范着他们的言行举止,自然也渗透到了阿拉伯谚语当中。如阿文著作《الشعلة الزرقاء》(《蓝色火焰》)中有一段话:"如果说在一天之内,我收到你一封来信,就如同登上了山巅,那今天我一下收到你三封来信,这又让我怎么形容呢?这是我抛弃一切尘事的日子,我要尽情地在'有高柱的伊莱姆'乐园中徜徉。"译者对"有高柱的伊莱姆"作了直译:ارم ذات العماد,随后又添加注释:"出现在《古兰经》'黎明章'中,据说是座华美的乐园。"再如阿文著作《السكرية》(《糖罐》)中的一段话:"到处都是警察,我们还算什么文明国家?回到家里也一样,老婆正等着跟你算账;在部里有司局长、科处长;就是入了土,也有两位天使拿着棍子在等着你,跟你算账!""两位天使拿着棍子在等你"一说含有一个伊斯兰教信仰常识,伊斯兰教认为有两位天使,一位记载人的善行,一位记载人的恶行,待人死后两位天使便和他进行清算。需要在译文后加一个必要的脚注。

下表是阿语中一些与宗教有关的习语,汉语译文如下。

阿语习语	汉语直译	相对应的汉语习语
استر ما ستر الله	要庇护真主所庇护之物	得饶人处且饶人
الابعد من ضاق عنه اتاح الله له	谁现在的境遇不佳，真主便会使他的将来顺利	风水轮流转
جدع الله مسامعه	愿主割掉他的耳朵	不得好死
الوقاء من الله بمكان	守约的人在真主处有一席之地	忠信之人，必有天佑

4. 历史典故型

汉阿两种语言中还有大量出自历史典故的习语，这些习语结构简单，意义深远，不能单从字面意义去理解和翻译，如"东施效颦""名落孙山""叶公好龙"，等等。例如《毛泽东选集》里的一段话："嘴里天天说'唤起民众'，民众起来了又害怕得要死，这和'叶公好龙'有什么两样？"译文直译了成语"叶公好龙"（ولع الامير شه بالتنين），为了让阿拉伯读者理解其意，又照译了原文附带的注释：

ملاحظة: ذكر ليو شيانغ (77-6 ق.م) الذي عاش في عهد اسرة هان في كتابه ((شين شيو)) القصة التالية:

كان الامير شه مولعا بالتنين، فكان يزين بيته وما فيه من اثاث وادوات بنقوش ورسوم من التنانين. فلما سمع تنين حقيقي بولعه هذا وزاره في بيته استطير لبه روعا. وقد اتضح من ذلك ان الامير شه لم يكن مولعا بالتنين.

（注释：汉朝时期的刘向在他的著作《新序》中写了这样一个故事：叶公子高好龙，钩以写龙，凿以写龙，屋室雕文以写龙。于是天龙闻而下之……叶公见之，弃而还走，失其魂魄，五色无主。是叶公非好龙也……）

而阿语典故习语多来自《古兰经》和传说故事。以上文中提到的几个阿语习语为例。

例句1：أَشْأَمُ مِنْ رَغِيفِ الحَوْلاءِ （比赫拉的大饼还晦气）

传说赫拉是一个卖大饼的女人。一次，她头顶大饼外出叫卖，有一个男人从她头上拿走了一张大饼。赫拉便同那个男人理论，围观的人由此斗殴起来，导致千余人丧生。

例句2：أسأل من فلحس （比法勒哈斯的要求还多）

法勒哈斯是某部落的一位贵族。一日，他向军中索箭，当人给他送来之后，他又为其妻要，别人给他送来之后，他又为他的骆驼要。

例句3：سبق السيف العذل （宝剑走在了责备的前面）

据说从前有个叫达巴的人到麦加去朝觐，遇到杀害自己儿子苏阿达的凶手，便拔剑刺死了仇人。这时别人责备他在禁月杀人，他便说了这句话。另说，苏阿达为人慷慨，结交义士。他为了考验朋友，便宰了一只羊，包起来藏在帐篷的角落，然后把朋友分别找来，佯称自己杀了人，请他们帮助，但均遭拒绝。最后他请来一位名叫胡赛姆的朋友，后者听罢，慨然应允，说："除去你身边这个小孩以外，还有人知道此事吗？"苏阿达回答说没有，胡赛姆便抽出佩剑当场将侍童刺死。苏阿达大惊道："我是想考验你，你怎能这样做呢？"说罢，他走到角落，揭去死羊的包布，告之以实情。胡赛姆听后说道："宝剑走在了责备的前面。"意为：你说得太晚了（木已成舟）。

例句4：المتعذر اعيا بالقرى（托辞者不愿款待来客，所以说话结巴）

阿拉伯人以好客著称，认为待客时主人咳嗽、清嗓子和口吃是假借托辞的吝啬鬼。

例句5：اعذر عجب（阿吉布，请你原谅）

阿吉布的哥哥在军中负责分配食物，阿吉布要他多给自己一些。其兄在夜间走进厨房，说道："我现在开始敲刀背，如大伙没反应，我就给你拿点，反之，我就无能为力。"他刚敲起刀背，军中士兵便都喊了起来。于是，他便只好请兄弟谅解。

三、结语

习语是认识对象国文化最便捷的切入点之一，是最贴近对象国受众生活的语言素材，也是了解受众认知方式、审美标准与价值取向的最直接途径。中阿文化的特点存在和映射于汉阿习语当中。把汉阿习语和中阿文化结合起来进行研究，可以更好地理解中阿文化，加深对中阿文化深层内涵与本质的了解，也可以更加贴切地在翻译工作中运用汉阿习语。

（作者单位：中国国际广播电台阿拉伯语部）

参考文献：

1. http：//www.xuexila.com/yanyu/1805322.html。
2. http：//baike.baidu.com/link?url=J8zQIr_XT9_7aA0Tv03RAeGQyIDMvfp86tILEGz2Fq5SvdXlwcPqOPNSrVWugbwZpEbOg9zTkzQE7qMLGWhMcS8g1TqXvwA1xJmwbKp_Xzu。
3. https：//wenku.baidu.com/view/a58dce9b1711cc7930b71678.html。
4. http：//www.sipwps.com/ktwz/ShowArticle.asp?ArticleID=5321。
5. 薛庆国：《阿拉伯语汉语互译教程》，上海外语教育出版社，2014年1版。

浅谈对外广播稿的翻译和再创作

尹京辉

  中国国际广播电台是中国的国家级对外广播电台，外语广播是它的特色。新闻中心是国际台核心发稿部门，承担着为全台四十三种语言广播提供新闻和专题通稿的任务。通稿经语言部工作人员翻译成外语后供外语广播使用。通稿是写给中国人看的，而广播节目的最终受众是外国人。如果忽略了受众对象，把写给中国人看的稿子原封不动地翻译成外文，势必会造成听众在理解上的障碍。因为语言是文化的载体，通稿中涉及的中国的社会制度、文化、风俗习惯等方面的内容，外国受众理解起来会有一定难度。这就需要各语言部编辑对有可能出现的理解障碍了然于胸，并在翻译中努力克服这些障碍。因此，语言部编辑不应当满足于充当一个简单的翻译机器，而应努力成为优秀的跨文化传播者。用对象国受众熟悉的语言风格和喜闻乐见的形式向他们介绍一个真实的中国，讲好中国故事是我们义不容辞的责任。本文以德语为例，就对外广播稿的翻译和再创作做一探讨。

一、心中时刻装着受众，树立服务意识

  国际台德语广播的受众主要来自德国。中德两国历史文化和社会制度差异很大。除了那些来过中国或对中国特别感兴趣的人以外，绝大多数德国人对中国知之甚少。比如，"中国第五代导演"这个中国几乎人人皆知的概念，对德国人就需要解释一番。因为他们不清楚这个代际的划分是从中华人民共和国成立以后还是从中国电影起步以后开始的。由此看来，许多对中国人来说不成问题的问题对外国人来说就有可能是理解上的拦路虎。所以，我们在翻译稿件时必须照顾到国外听众的接受能力，从一个外国人的角度来审视原文，多做释疑解惑的工作。

  1. 中国地名

  假如一篇中译德的文章里，出现大大小小若干中国地名，听众一定会一头雾水。以一篇反映农村脱贫的通稿为例："傅汝辉是龙岩市上杭县古田镇五龙村的贫困户"。短短一句话中就出现了市、县、镇、村四个行政单位的名称。如果一字不漏地翻译成德语是这样的：Fu Ruhui ist Landwirt im Dorf Wulong in der Gemeinde Gutian im Kreis Shanghang im Vorort der Stadt Longyan.

  同一句话，德译文一般要比汉语原文长出不少。上面就是一个很明显的例子。汉语不到一行的句子，翻译成德语竟长达一行半。这显然过于累赘，对广播听众来说无疑增加了理解的难度。因此，有必要做做减法。可以省略上述句子里的县、镇名称，只保留一头

一尾两个行政单位。

然而，并非所有的地名都需要做减法。多数情况下还需要做加法。除了北京、上海这两个特大城市以外，中国省份和城市的名称对多数德国人来说是很陌生的。不妨换位思考一下，多数中国人可能从没听说过吕贝克和明斯特这两个德国城市，但如果改写成"德国北部港口城市吕贝克"和"德国西北部著名大学城明斯特"，听众就可能对其有个大致的了解。

同理，我们在翻译中国地名时，也可以做加法。比如"福建省"可以翻译成"中国东南沿海省份福建"，"甘肃省"可以翻译成"中国西北内陆省份甘肃"，"海南省"可以翻译成"中国最南部岛屿省份海南"，"天津市"可以翻译成"中国北部港口城市天津"，"上海市"可以翻译成"中国东部大都市上海"，等等。

2. 中国所特有的事物

中德两国国情、历史文化、风俗习惯差别都很大，有些事物是中国所特有的，德国没有。比如，"四合院""影壁""十二生肖"这些有浓郁中国特色的词语，翻译这些词语必须加注德国人才能明白。有音译加注和意译加注两种方法。

例1. "户口"

中国是世界上少数实行严格户籍制度的国家。世界上许多国家和地区，包括德国，都普遍实行居住和迁徙自由。因此，将"户口"这个有中国特色的词语翻译成德语时也必须做相应的解释，否则德国人理解不了。可以采用音译加注的方法：Der Hukou ist eine Art Meldebescheinigung beim Einwohnermeldeamt.

例2. "一卡通"

中国的"一卡通"是一种多功能电子支付手段，除了乘坐公交、地铁使用以外，还可以打电话、超市交款、打车付费，等等。然而，以科技先进著称的德国却没有类似的东西，因此，在翻译"一卡通"这个词时必须加注。"All-in-one-card"，die sehr vielfältig einsetzbar ist，就不失为一种贴切的译法。

例3. "挂号"

挂号看病对中国人来说是司空见惯的事，德国的医疗卫生体系和中国不同。德国人都有自己的家庭医生，小病一般都去看家庭医生。家庭医生解决不了的问题才会被转诊到大型综合性医院。转诊需提前预约，即："Termin machen"。因此，病人在大医院门口排长队挂号的情景在德国是见不到的。德语里也没有"挂号"这个词。那么"挂号"这个词怎么翻呢？可采用意译加注的方法："Eine Nummer ziehen"，und somit einen Arzttermin vereinbaren.

例4. "变脸"

大部分中国人都知道"变脸"是川剧的一项绝活。但是，对德国人来说，连川剧都没听说过，更不用提"变脸"是怎么回事了。因此，必须加注才能让他们明白。可采用意译法，即"Maskenwechsel"，后面再附上说明性的词语：Maskenwechsel，eine Besonderheitder Sichuan-Oper.（变脸是川剧的一大特色。）

3. 带数字的归纳性词语

使用带数字的归纳性词语是汉语一种独特的表达习惯。因为这类词语概括性太强，仅从字面翻译无法传递其背后的含义，因此，许多情况下必须加注。带数字词语的翻译有些是可直译的，有些则不可直译。

（1）可直译

例1．"一国两制"（ein Land，zwei Systeme）

例2．"三个代表"（drei Vertretungen 或 dreifache Vertretung）

例3 "双引擎"（die zwei Motoren）

这类词虽然直译过去字面意思能理解，但做一些补充说明更好。比如"三个代表"代表哪三方面的内容？"双引擎"指哪两个方面？

（2）不可直译，可用意译和加注的方法

例1．"四个全面"

和第一类不同，"四个全面"无法直译。因此，译者首先自己必须弄清楚，"四个全面"究竟包含哪几方面的内容。"四个全面"是习近平总书记2014年12月提出的，即全面建成小康社会、全面深化改革、全面推进依法治国和全面从严治党。可以归纳为四项行动，因此翻译成：die Vier Umfassenden Handlungen.

例2．"一带一路"

"一带一路"是"丝绸之路经济带"和"二十一世纪海上丝绸之路"的简称。直译不好理解。可以处理成"关于两个丝绸之路的倡议"：Die Seidenstraßen-Initiative.

4. 补充必要的背景信息

以上谈到的是对词语的补充，有些情况下还需要对文章内容做适当的补充。

例如录音报道：《为二孩妈妈的健康保驾护航》。这篇专稿介绍了江苏省妇幼保健院整合医疗资源，应对二胎生育潮的到来以及新出现的各种临床医学难题所做的工作。文章开头这样写道：

"据江苏省妇幼保健院产科主任孙丽洲教授介绍，中国家庭对孩子的高度重视导致当前中国的剖宫产率非常高。"

中国父母对子女的宠爱在世界范围内也是少见的。这和中国长期以来实行的独生子女政策有很大关系。独生子女抚养教育上的任何失误对一个中国家庭来说都是不可挽回的损失。文中这句话中国人很容易理解，因为很多中国家庭都是独生子女家庭，父母感同身受。德国情况则不同。生育一个孩子的德国家庭很少，德国父母对孩子的宠爱程度也就相应地低一些。因此德国人不能理解中国父母为什么会把孩子看得这么重。如果在文章开头增加一句背景说明"由于中国多年来实行独生子女政策，孩子在家庭中占据了非常重要的位置"就变得更好理解了。

二、努力克服文化差异

翻译者作为跨文化传播者还应当注意克服两个民族在文化和习俗方面的差异,使自己的译文不仅仅停留在让对方听懂的水平上,还应该追求地道的外语表达。

西方人与人之间交往称呼很简单,朋友或家庭成员之间,喜欢直呼其名。或者称呼爸爸、妈妈、爷爷、奶奶。陌生人之间则一律称某某先生、某某女士。

中国人这方面则复杂得多。对待不同的人有不一样的称呼:晚辈对长辈称爷爷、奶奶、叔叔、阿姨。工作关系中称呼对方的职位,如张经理、李主任。学生对老师称呼某老师。对长辈和上级直呼其名被认为是非常不礼貌的事,只有同辈之间才能直呼其名。

中国人为了表示亲近,友好,经常让孩子叫比自己年纪大的陌生人"阿姨""叔叔""奶奶""爷爷",甚至成人之间也使用这称呼表示尊敬。

例如:"家住北京月坛社区的王大爷今年已经 87 岁了。"

在中文语境里,王大爷是民间对陌生长辈的尊称,显得很亲切,拉近了彼此的距离。如果照搬到德文语境里则显得非常不合时宜。因为德国人十分重视保护私人空间,人际关系中注意彼此保持适当的距离。陌生人之间不会使用如此亲密的称呼。此处,"王大爷"如果直译成"Opa Wang",显然不是地道的德语表达方式。正确的译法是"Herr Wang",即王先生。因为"Opa"(爷爷)在德国是家庭成员之间的称呼,不用于称呼陌生人。

类似的情况还有对老师的称呼。中国人习惯称"某老师",而德国人不说"Lehrer X"而代之以"某女士",或"某先生"。

熟悉并掌握这些中外文化差异,有助于我们准确地将汉语转化为地道的外语。

三、规避常识性错误

一个优秀的跨文化传播者一方面要尽可能掌握更多的对象国背景知识,另一方面更要熟知本民族文化,还应当博览群书,拓宽自己的知识面,尤其应当避免犯一些常识性的错误。以下以文化类专稿为例,分析几个常见的翻译错误。

例1. 京剧演员

汉语"演员"这个词是对从事表演的各个艺术门类从业者的统称。比如"话剧演员""歌剧演员""舞蹈演员""相声演员",等等。而在德语里对各个艺术门类的从业者都有单独的称呼。舞蹈演员称"Tänzer",歌剧演员称"Sänger",杂技演员称"Akrobat",魔术演员称"Zauberer",电影、话剧演员称"Schauspieler"。因此,在翻译时要根据上下文选用合适的德语词,避免乱用。

那么"京剧演员"这个词翻译成德语怎么说呢?众所周知,京剧是一门综合性艺术形式。唱、念、做、打是京剧演员的基本功。唱功只是其中的一个方面,若翻译成"Sänger

意思显然不够全面。京剧演员集西方的话剧、哑剧、舞蹈和杂技演员的才能于一身。因此，"Darsteller"（演员，或表演艺术家）才是最恰如其分的说法。

例 2. 中国传统节日

众所周知，中国的传统节日是以农历日期计算的。这一常识在翻译时却往往容易被忽略。以"元宵节"为例。我们知道，元宵节在农历的正月十五。译者常犯的一个想当然错误就是把农历的正月当成了公历的 1 月。比如翻译成"Das Laternenfest fällt auf den 15. Januar."正确的译法应当是：Das Laternenfest fällt auf den 15. Tag des ersten Monats nach dem chinesischen Mondkalender（元宵节在农历第一个月的第十五天）。

例 3 "春联"和"对联"混用

除了规避常识性错误外，在翻译中还应当对细节问题引起足够的重视，使自己的译文经得起推敲。比如，"春联"和"对联"在中文里是有细微的差别的两个词，容易被混淆。春联是对联的一种，在春节时张贴，故名春联。"对联"翻成德语是"Spruchbände"。那么"春联"就应当是：Spruchbände zum Frühlingsfest（春节时贴的对联）。

四、专业术语的处理

德国广播稿写作的原则之一就是讲求用词通俗易懂，避免使用专业名词和术语。这个原则同样适用于对外广播稿的翻译和写作。然而，由于我们所翻译的通稿涉及各个领域，话题五花八门，偶尔出现一些专业名词和术语不可避免。翻译这些专业名词应当本着严谨认真的态度，仔细查阅工具书或寻求专业人士的帮助。译者必须首先自己弄懂这个词的意思，然后再用尽可能通俗易懂的话转达给听众。切忌望文生义，更不能简单地照搬外语专业名词。

例如翻译"微胶囊"这个药学专业词汇，就很容易犯想当然的错误。此处"微"不能翻译成"klein"（小）或"Mini"（迷你）。因为"微胶囊"指的是"肉眼看不见的胶囊"。因此，"unsichtbare Kapsel"才是确切的译法。

"胶木电器"也是一个难懂的专业名词。胶木电器是用胶木、尼龙、塑料、橡胶、陶瓷等绝缘材料作为基体构成的电器的统称。"胶木"德语叫"Bakelit"。如果简单处理成 elektrische Haushaltsgeräte aus Bakelit 估计多数德国人都听不懂。改写成 elektrische Haushaltsgeräte aus vollsynthetisch hergestellten Kunststoffen 以后就变得更口语化，也更通俗易懂了。

五、深入理解原文

好的翻译作品建立在译者对原文有深刻理解的基础之上，而不是外文词和中文词的简单替换。以中国俗语："龙生龙，凤生凤，老鼠生的儿子会打洞"为例。这里的"会"如果翻译成 können（能够，会）这个词就不十分确切。因为这句话背后的寓意是子女与父母有很多相似之处，遗传基因的力量十分强大。因此，翻译成"天生会打洞"，或"遗传了打洞的能力"才能更好地表达原文的意思。

六、注意汉德文风差异

德意志民族是一个理性的民族，行事严谨，语言简洁、质朴、平实。德国人写文章习惯用数字和事实说话，行文追求准确，逻辑推理严密。政论性文章中尽量避免情绪渲染，夸张的形容词和程度副词使用尤为谨慎。因此，我们在文风和修辞上也应当贴近受众，尊重他们的阅读和收听习惯，这样，我们的广播才能让对方更容易接受，从而达到理想的传播效果。

中国的会议的报道经常见到"发表了重要讲话"或"发表了热情洋溢的讲话"之类的字样。这类典型的中式修辞翻译成德语时应尽量弱化处理，翻译成"发表了讲话"就可以了。因为德国听众所关心的是事实性的东西。"重要"和"热情洋溢"这种中文套话在德文语境里是没有的。

另一个常见的中文表述"举世瞩目的成就"也是一个夸张性很强的说法。翻译成"augenfällige Erfolge"（令人瞩目的成就）便足矣。如果把"世界"一词也翻译出来就贻笑大方了。总而言之，中译德要注意语言简洁，平实。"很""十分""非常""极其""格外"这类夸张的程度副词要慎用。

综上所述，对外广播稿的翻译是一个复杂的再创作过程，是对从业者外语水平、知识面和服务意识的综合性检验。只有树立为受众服务意识，在实践中不断提升自己的外语水平和综合素质，才能把对外传播工作做好。

（作者单位：中国国际广播电台德语部）

影视作品汉葡翻译研究

朱文隽

　　文化"走出去"战略是近年来我国关于文化发展最突出的主题之一。文化"走出去"的目的是与其他文化的民族互相了解、共生共存、彼此尊重。经过三十多年经济的飞速发展，中国已向世界展示了一个全新的经济形象。然而，一个屹立于世界的中国应是一个经济与文化的结合体。文化"走出去"的形式多样，影视作品的输出是一条重要途径。随着我国影视创作水平的不断提高，影视作品已成为展现中国文化要素和中国人生活及思维方式的重要载体，影视作品翻译的质量好坏也直接决定了这一文化输出方式能否成功。本文旨在从汉语葡萄牙语翻译的角度出发，对影视作品翻译的类型、特点和策略进行分析。

一、影视翻译的类型

　　影视作品的翻译主要有字幕翻译和配音翻译两种类型。字幕翻译是指在保留影视作品原声的基础上，在屏幕下方将台词用字幕的方式显示出来。字幕和画面需要高度配合，一般情况下，字幕出现在声音之后约四分之一秒，因为人脑需要一定的时间先去处理声音信息。由于对白往往是不间断的，字幕出现在屏幕上的时间也很有限。

　　配音翻译则是在台词翻译的基础上进行同期声配音，其台词翻译受到视频和音频的双重限制，需要从时间和空间两个方面体现其一致性：翻译后的台词必须与演员的原话语时间一致，同时，汉语和外语翻译句末词语的口型也需要大致一致。相较字幕翻译，这种翻译类型成本高，耗费的时间也较多。

二、影视翻译的特点

　　不同于文学翻译或专业领域翻译，影视作品翻译更注重其瞬时性、综合性、口语性和通俗性。[1]因此需要注意以下几点。

　　1. 口语化

　　与文学作品不同的是，影视作品的语言形式多以角色的日常生活对白为主，口语性很强。一般来说，翻译强调的原则是"信、达、雅"，但在影视翻译领域，翻译要诀则可归纳为"合、达、简"。[2]具体说来，就是翻译合乎剧情图像，言辞通达，简明扼要。影视作品中的对白往往依人物的性格、教育水平、社会地位等有所不同，在翻译的过程中，也需要根据不同的语言习惯进行相应的调整。例如在电影《日照好人》中出现的台词："赶紧走，这小子！"这句话是由一位农民说的，"这小子"带有一定的歧视和攻击性，所以翻译成葡萄牙语时可用："Vá rápido, babaca."在葡萄牙语中，尤其是在巴西葡萄牙语中，babaca一词除了十分口语化以外，在称呼某人时带有一定的歧视和攻击的含义，故用在此处符合人物特点。

2. 简明性

影视剧中的人物对白转瞬即逝，不可反复，因此影视片翻译需配合这一特点。如果是字幕翻译，文字不能过长，要留给观众足够的扫视时间；如果是同期声配音，那么翻译不仅需要意思准确，还需配合演员口型，所以译者要尽量使用简洁、生动、直接，同时又能反映人物性格特点的译入语。比如在电视剧《媳妇的美好时代》中有一句："这个，这个颜色特别成熟，我可能怕我太年轻，压不住。"此句后半句"我可能怕我太年轻，压不住"可简明译成"Eu sou muito jovem para usar isso"，意思是"我太年轻，不适合用这个"。此处的"压不住"所要表达的意思即为"不适合"，如果生硬地翻译出来，反而阻碍外国观众对此句的理解。

3. 清晰性

观众看得懂、听得明白才能更好地欣赏影视作品。因此，影视翻译需以清晰明了为要务。译者为此在翻译时需注意根据中外文化特点进行必要的演绎、删减甚至是创造，以减轻因跨文化因素产生的文化交流负荷。例如电视剧《媳妇的美好时代》中余洪水对王盛红说："哎呀，咱们两家啊，马上成亲家了。"在葡语国家中，人们不强调"亲家"这一概念，结婚后的夫妻仍可直呼对方父母的姓名。因此，此处无须再解释"亲家"概念，而可将这句话译为"Em breve vamos ser da mesma família"，即"我们马上就是一家人了"，清楚明了，通俗易懂。

4. 文化因素的作用

将影视作品从一种语言转换为另一种语言不单单是文字符号的转换，还包括文化和思想的转达。因此，在将我国的影视作品介绍给外国观众时，需要根据外国的文化特点进行适当的演绎、增删或者创造。比如在电影《日照好人》中有一句："你爹小气了大半辈子。"这句话可以直接译为"Fui mesquinho quase em toda vida"。但在巴西，人们常使用mão de vaca（直译为"牛脚"）形容一个人小气，所以此句若翻译为"Fui mão de vaca quase em toda vida"，观众便会理解这句中文台词。

5. 强调语境

语境即指说话时所处的状况和状态。翻译家刘宓庆曾提出：语境是语言使用也就是观念化指称运作的现实化，脱离任何语境的意义，如果不是辞典中的义项，就是某种缥缈凌空。[3]影视翻译应做到让观众不仅可以听到语言对白，还可以"感受"到语境，并产生共鸣。

三、影视翻译策略

影视作品翻译受到时间限制，采用相应的翻译策略来合理安排信息量就显得尤为重要。一般情况下，影视作品中的人物对白比较简短，可采用直译。除了直译，还有以下方法运用在影视作品翻译中。

1. 意译

相对直译，意译是指根据原文的大意来翻译，不作逐字逐句的翻译。在影视翻译中，因为要将人物对白在有限的空间和时间中表述清楚，需要经常使用意译的方法。如电视剧《媳妇的美好时代》剧名的翻译，如果采用直译的方法会显得生硬，国外观众也有可能会感到困惑，不解其意，所以可根据该剧内容将剧名译为 Doudou e Suas Duas Sogras（豆豆和她的两个婆婆）更为合适。该电视剧中，还有一句对白是："会做儿媳妇都两边传好话。""两边传好话"实际指的是儿媳妇明白如何处理好自己父母和公婆之间的关系，所以此句可以翻译成"As boas noras sabem trabalhar as relações"，意为"会做儿媳妇知道如何搞好关系"。这样的译文简单明了，符合葡语观众的语言习惯，同时准确地表达了意思。《媳妇的美好时代》中有一句对白是："（她）就是有点直，顺毛驴。你只要好好地顺着她，没事儿。"这句话非常口语化，同时还包含"顺毛驴"这样的谚语，而"顺毛驴"和"你只要好好地顺着她"实际上表达的是同一个意思，所以在翻译时可不必重复，按照句子大意可译为"Ela só diz o que lhe vem à cabeça. Desde que lhe digas sim a tudo, fica satisfeita"，即"（她）想到什么就说什么。你只要对她所说的一切都说'是'，她就满意了"。

中国人在日常对话中会经常使用谚语或是成语，碰到这样的情况，直译显然是行不通的。比如电视剧《媳妇的美好时代》中的一句台词"哪有马勺不碰锅帮的呀?!"这句话实际上是一个比喻，意思是"总会有磕磕碰碰，产生矛盾的时候"。因此，翻译时可选择将这句话的含义表达明白，如："Na vida familiar, há sempre divergências."意思是"家庭生活中，难免有分歧"。当然，也有一些谚语或成语在外文中能够找到与中文完全相同的说法，如中国人在口语中常说的"一个巴掌拍不响"，在葡萄牙语中即能找到完全与之对应的说法："Uma mão não bate palmas sozinha."这就需要译者在平时多注意学习、积累和搜集外文的谚语或成语，并与中文进行比较，这样在翻译中遇到这类情况时才能做到游刃有余，保证译文"原汁原味"。比如，电视剧《媳妇的美好时代》中，曹心梅对余味说："到时候你爸那么大岁数了，哪天，啪，腿一蹬，她占便宜，占太大了。"这句话中，"腿一蹬"指的是"去世、撒手人寰"的意思，而在葡萄牙语中，也有很多形容这一情况的比较隐晦的说法，所以这句话可译为"O teu pai não vai para novo, um dia bate as botas e quem fica com tudo é a outra"。葡萄牙语中，bater as botas 即意为"翘辫子、去世"。这句话的译文中，如果直接用"去世"的葡萄牙语 morrer 也能准确表达意思，但是显然没有 bater as botas 生动。又比如，电影《日照好人》中的"三伏天你让我睡被子上?!""三伏天"意为"盛夏",在葡萄牙语中有完全与之对应的说法,即"pino do verão",使用此短语可收到翻译准确无误的效果。

还有一种情况,即中文中同样的说法出现在不同语境中时,外文的翻译会有所差别,需要根据实际情况灵活掌握。如电影《梅兰芳》中的一句台词:"爷爷在乎的是外人本来就瞧不起咱们梨园行。"此句中的"梨园行"特指中国戏剧从业人员,所以这句话可翻译成"O vovô se importa com o fato de que os estranhos menosprezam os atores da ópera de Beijing",即"爷爷在乎的是外人本来就瞧不起咱们京剧演员"。而该电影中还有一句对白是:"大伯要你早日离开梨园行。"这里的"梨园行"应理解为京剧界,故在翻译中需要调整为"O tio pede que você se afaste do teatro",即"大伯要你早日离开(京剧)剧场"。

2. 缩减

缩减是为了强调语境效果,利用"减""缩""述"等变通手段,采用摘译、缩译、译述的变译方法,对原文本进行综合取舍,采用浓缩型的语言,传达源语重要和主要的内容。①由于影视剧字幕或是配音文字不能过长,还有可能需要配合演员口型,所以缩减的译法在影视剧翻译中运用得尤为广泛。譬如,电影《梅兰芳》中出现的"十三爷您吉祥!十三爷您硬朗!"实际都是问候语和奉承话,可翻译为"Viva o Sr. Shisanyan!"即"十三爷万岁"。"吉祥"和"硬朗"有"祝心情愉快、身体健康"之意,利用缩减法,将这两句恭敬的修辞改为问候语,简单明了。

3. 扩充

汉语的特点是较为含蓄,很多情况下用简练的词语即能表达十分深远的含义,涉及诗词歌赋或是中国传统文化的部分,需对译文加以扩充、阐述,方能使外国观众理解其中内涵。如果仅按照字面意思进行翻译,很有可能会造成观众不解。比如,电影《梅兰芳》中十三燕的"黄马褂",翻译时需要将此黄马褂是皇帝御赐的意思表达出来,否则观众无法理解其重要性,因此,"黄马褂"的译文可为"traje amarelo, presente da casa real",即"皇家所赐黄马褂"。又比如,电视剧《媳妇的美好时代》中有一句话是:"这当媳妇吧,要会忍。"此句完全可以按照字面意思直译为"As noras têm que saber aguentar",但是考虑到演员在说此句台词时语速较慢,时间较长,配音的译文可在此基础上进行扩充,变为"As noras têm que engolir sapos, têm que aguentar"。葡萄牙语中,"engolir sapos"(吞下蛤蟆)是一个俗语,意为"忍耐",因此,用在此处不但适合时间长度,更重要的是让译文变得生活鲜活,更加贴近葡语国家观众。

对于带有诗词歌赋或是古文的对白翻译,扩充法的运用尤其重要。如电影《梅兰芳》里出现的京剧剧目《一缕麻》中有一句台词为"我病得昏昏沉沉的,头上可哪儿来的一缕麻呢?"此句中出现的"一缕麻"指的是治丧用的一缕麻线,翻译的时候需将"治丧"的意思表达出来,否则外国观众有可能不明白"一缕麻"的含义。所以,此句可采用扩充法,翻译为"Estou tão doente que me sinto tonta. Mas de onde vem essa faixa de cânhamo para o luto na minha cabeça?"。"Faixa de cânhamo para o luto",意为"治丧用的一缕麻"。

需要注意的是，扩充法在字幕翻译中因为不受时间的过多限制可大量应用，但在配音翻译中，受时间和口型等因素的影响，需要谨慎使用这一技巧。

四、结语

当今社会，尽管社交媒体的兴盛令人们获取的信息越来越"碎片化"，但影视剧仍不失为国外受众了解中国社会和文化的重要途径。2012年，由中国国际广播电台译制的《媳妇的美好时代》葡文字幕版在莫桑比克国家电视台播出，在当地受到广泛好评，传播效果显著。该剧随后被制作成葡文配音版，用以在其他非洲葡语国家推广。可见，一部好的影视作品是不分国界的。然而，要想使外国观众能够很好地了解影视剧中所要表达的内容和内涵，需要实现两种语言在影视台词上的完美转换，这对译者提出了较高的要求。除了需要拥有扎实的语言基本功，还需要牢记影视剧台词的语言特点，掌握影视剧翻译的各种技巧，充分发挥主观能动性进行创造性劳动。同时，还不可忽视文化差异会对观众理解相关内容造成的影响。总之，影视翻译虽然面对的是静态的字幕，但翻译的目的是配合于动态的、可视的语境。要满足观众的需要，令观众产生共鸣，做到这一点，也就达到了促进不同语言、不同民族间文化交流的目的。

（作者单位：中国国际广播电台葡萄牙语部）

注释：

① 张春柏：《影视翻译初探》，《中国翻译》，1998年第2期。
② 张婷：《汉译英电影字幕翻译》，《山东省农业管理干部学院学报》，2011年第4期。
③ 刘宓庆：《翻译教学——务实与理论》，中国对外翻译出版社，2007年版。
④ 叶苗：《应用翻译语用观研究》，上海交通大学出版社，2009年版。

从《韦氏高阶英语学习词典》谈词典的翻译技巧

刘 彦

《韦氏高阶英语学习词典》(*Merriam-Webster's Advanced Learner's English Dictionary*)是美国最老牌、最有影响力的针对母语非英语人士量身定制的英语学习工具书。在美国和中国市场有不少以"韦氏"命名的词典，但它们都只是以韦氏标准编撰的同类词典，《韦氏高阶英语学习词典》才是正宗的、业内人士经常提到的"韦氏词典"。

该词典收录10万单词词条（含3000核心词汇）；16万例句；22000个习语、词组及常用短语；12000个用法标注、注释和段落，作者是来自各个领域的专家、学者，因此具有极高的权威性，被誉为"美式英语的圣经"。

自从韦氏在中国市场授权，2009年10月首发原版《韦氏高阶英语学习词典》以来，该词典的中英对照版的出版工作就被提上了议事日程。作为有幸参与编纂工作的特约专家之一，笔者亲历了该词典的翻译、校对、审稿、定稿等环节，每每不禁感慨：要编纂一本权威的词典，实在是太庞大、太艰辛的工程！经过七年多的努力，中英对照版终于要和大家见面了。

在这个备受煎熬的过程中，笔者积累了很多宝贵的经验，也深深感受到翻译是一门精益求精、永无止境的学问。词典中的很多例句，英语原文都不超过10个单词，乍一看觉得很容易对付，但实际翻译起来相当棘手，需要多方面的综合能力。笔者选取了五个相当具有代表性的案例，分析初稿和终稿之间的差别，希望对广大英语学习者及翻译从业人员提供一些启示和帮助。

案例1：＊abusive 词条中的一个例子：people in *abusive* relationships

- an *abusive* parent
- protecting wives from *abusive* husbands
- people in *abusive* relationships

原文只有四个单词，想用简洁程度相当的中文翻译出来，意思还要覆盖到关键概念包含的各种情形，几乎不可能。进入审校环节前的最后一版翻译为：处于虐待关系中的人。

这个版本的优点主要有两个：（1）relationship 这个词翻译得很到位。relationship 就是"关系"，没有明确的限制。很多人把 relationship 和"恋情"画上等号，其实是错的。和家人的关系，和朋友的关系，和上司、下属、同事、同学的关系，都可以用 relationship 这个词。而事实上，这些关系也都有可能达到 abusive 的程度。原文 people in abusive relationships

没有更多的背景铺垫，所以只能理解为"关系"，而非"恋情"。(2) 译文的长度还行，跟原文比较匹配。

当然，这个版本的缺点也很明显，主要在于"虐待"这个词。词典的翻译不同于其他文学作品的翻译，必须在意思层面和原文保持一致，不能有任何拔高或降低。"虐待"恰恰就是把 abusive 拔高了，因为中文里的"虐待"比英文里的 abusive 要更严重一些。打个比方，校园里常见的欺凌事件（如受欢迎的学生排挤不受欢迎的学生，把饮料倒在后者身上等），完全可以用 abusive 来描述，但用"虐待"还是过了一些。虽然没有明文规定，但中文里的"虐待"至少得达到暴力的程度（包括语言暴力、精神暴力），而不是普通的往身上倒饮料之类的"欺凌"。

最终将译文改为：处于凌虐关系中的人。这样既保持了长度合适的优点，也修复了"虐待"不够精准的缺点。审校过程中还有人建议这样翻译：在精神或肉体上处于凌虐或被凌虐关系中的人。这个版本虽然滴水不漏、面面俱到，但显然太啰嗦了。只要不具体指明精神或肉体，就是两者都包含。同理，不指明凌虐还是被凌虐，也是两者都包含。"凌虐关系"足以覆盖所有的可能情形。

翻译跟包装设计、新闻写稿一样，说到底都是一种旨在服务他人的工作。实践证明，最简单的工作方法往往最有效。懂得删繁就简，就能用最少的时间、最少的资源、最少的人力，做最有效率的工作。所以，KISS 原则（keep it simple and stupid，"简单就是美"）在翻译领域也是适用的。

案例 2：＊badass 词条中的一个例子：He acted tough and thought of himself as a *badass*.

— **badass** *noun*, plural **badasses**

[count]

■ He acted tough and thought of himself as a *badass*.

这是针对 badass 的名词用法给出的例句，但 badass 词条只对它的形容词用法作了详细介绍。既然没有特殊说明，可以认定 badass 的名词意思和形容词意思一致，唯一的区别在于词性。

那么问题来了：上面给出了形容词的两种意思：(1) 挑衅闹事的，强悍危险的；(2) 技艺精湛的，令人印象深刻。一贬一褒，对应的名词自然也有两种意思。这个例句指的是哪一种呢？

进入审校环节前的最后一版翻译为：他出手狠毒，把自己想成是一个坏蛋。

很显然，这样的翻译是按第一种意思理解的：挑衅闹事的，强悍危险的。换成名词，就是具有这些特性的人，也就是"坏蛋"。这种理解再正常不过了，毕竟例句里的 acted tough 和第一种意思里的 tough and dangerous 都出现了 tough 这个关键词，似乎例句就是专门按照定义来打造的。

但如果真的这样翻译了,轻则有失偏颇,重则误人子弟。翻译从来不只是把原始文本的每个词换成另一种语言表达出来的机械过程。必须做到结合相关文化背景,把不那么明显、但对正确理解原文至关重要的潜台词也表达出来,翻译才能真正起到沟通的桥梁作用。

由于笔者长期密切关注美国流行文化和语言走势,所以非常肯定在现代英语中,badass 基本成了"强大人物"的同义词,也就是"令人印象深刻的人",而非"坏蛋"。换言之,例句对应的其实是 badass 的褒义用法。

最终将译文改为:他表现得很强硬,把自己当成一名大佬。这个版本的前半句也在审校过程中作了较大变动,原因在于:"出手狠毒"太具体,已经明确限定了性质:这是涉及打打杀杀的武力事件。但原文的 acted tough 其实很模糊,可以是打打杀杀,也可以只是动动嘴皮子,装样子吓人。既然原文只有一句话,没有更多的背景说明,在翻译时就不能加上自己的假想,把原文的范围缩小。

此外,后半句把 badass 翻成"大佬",一来更符合整句话流露出来的江湖气息,二来避开了一些这样涉及敏感脏字的表达方式。虽说词典无须刻意避开脏字,而且某些词条本身就是敏感脏字(如 cunt、fuck,等等),但词条翻译的另一不成文原则是:原文和译文的粗俗度应保持一致。badass 在英语里不算脏字,所以翻成中文,也就不应该出现脏字。

案例 3:* dally 词条中的一个例子:He's been *dallying* [=*toying*] with the idea of running for office.

> **dally with** [phrasal verb]
>
> **1 dally with (something)**: to do or think about (something) in a way that is not serious
>
> > • He's been *dallying* [=*toying*] with the idea of running for office.

有了中括号里的补充说明,我们可以确定 dally with something 就是 toy with something 的意思,所以这个例句应该不难翻译。

进入审校环节前的最后一版翻译为:他一直没把竞选的事放在心上。

这个版本看起来似乎理所当然:toy with something 按字面理解就是玩玩而已,如果对竞选持玩玩而已的态度,那自然就是没把竞选的事放在心上。dally with(something)的定义似乎也印证了这一点:不那么认真地做或考虑某事。

但问题恰巧就出在这里。虽然按原文逐字翻译在大多数情况下是可靠的做法,但有时,更重要的是正确判断原文的重点,以确保译文和原文在大方向上的一致性。

原文 dally with the idea of running for office 的重点其实在于"有竞选这个想法"(肯定),而不是"不认真考虑竞选这个想法"(否定)。这里的 dally with 确实有"玩玩"的成分,也就是 not committed to the idea,但 not committed to the idea 不等于否决了这个想法,

正确的解读是：not committed to it，but is interested in it（肯定）。可见，大方向是"肯定"，因此译文的基调也必然是"肯定"。

最终将译文改为：他一直在考虑要不要参与竞选。这样一来，整句话的基调就从前一版的"否定"变成了现在的"肯定"，和原文的大方向保持一致。而且"一直在考虑"也如实反映了"只是有兴趣，并没有到全情投入、死心塌地的地步"这一点，符合 dally/toy with 的字面意思。

案例4：* forget 词条中的一个例子：He's a *forgotten* man in the world of politics.

3 a [+ object] *or* **forget about** : to stop thinking or caring about (someone)

- He was once a famous actor, but now most people have *forgotten* (*about*) him.
- You shouldn't *forget* (*about*) your old friends.
- He's now a *forgotten* hero.
- He's a *forgotten* man in the world of politics.

从定义来看，这里的 forgotten 应该翻成"被遗忘的"，跟字面意思一样，没有什么疑问。但这个例句并没有那么简单，它涉及翻译过程中经常会碰到的两种情况：（1）译文的意思正确，但不符合译文所使用语言的正常行文或说话风格；（2）译文的意思正确，也符合译文所使用语言的正常行文或说话风格，但跟原文的架构无法对应。

进入审校环节前，编辑保留了两个不同的翻译版本：（a）他是被遗忘的政界人士。(b) 他已被政界遗忘。这两个版本正好对应了上面提到的两种情况：a 属于第一类，意思是对的，但听起来别扭，因为没人会在正常情况下这样说中文；b 属于第二类，意思是对的，话也足够顺口、顺耳，但跟原文的架构无法对应。刨去一切修饰，只留下最简单的主谓宾，原文可缩略为：He's a man. 所以，只有翻译成"他是（什么样的）人"才能跟原文的架构对应。b 显然不符合这一点。如果 b 跟原文的架构一致，那原文就应该是：He has been forgotten by/in the world of politics.

经过多番讨论，依然没有更好的第三个版本出现，所以最后需要在 a 和 b 中选一个定稿。这无疑是一个让很多翻译从业人员感到困惑的问题：是选择向原文语言的风格靠拢，还是选择向译文语言的风格靠拢？前者相对更"忠于原文"，但未必容易让受众理解；后者相对更容易让受众理解，但多少有些"二次创作"的成分，没有那么"忠于原文"。

个人觉得，还是选择向译文语言的风格靠拢比较好。说到底，翻译是为了让不懂原文语言的受众借助译文读懂原文。只有向译文语言的风格靠拢了，译文才能真正让受众明白。确实，在这个过程中，可能会改变句子的架构，无法做到跟原文对应，但这不是核心问题。只要没有改变原文的意思，没有增加或减少原文的感情色彩，从总体上来看就依旧算"忠于原文"，小小的"二次创作"是可以接受的。

如果选择向原文语言的风格靠拢，导致译文跟受众平时的语言习惯格格不入，必定会影响其理解。一旦理解不了，或理解有误，翻译就失去了意义，最多只剩下"忠于原文"这种没有实际价值的"优点"了，实乃得不偿失。所以，最终选择了 b，将译文定为：他已被政界遗忘。

案例 5： * **Lordy** 词条中的一个例子：*Lordy, that girl can sing!*

> **Lordy** /ˈloəd/ 🔊 *interjection*　　　　　　　　　　　Save ☆
>
> **Learner's definition of LORDY**
>
> *informal*
>
> — used to make a statement or question more forceful or to express surprise
>
> ▪ *Lordy*, that girl can sing!
> ▪ *Lordy* it's hot today.

很明显，Lordy 源自有宗教色彩的名词 Lord（所以 L 大写），这也在不经意之间给翻译增加了难度。果不其然，进入审校环节前，编辑保留了两个不同的翻译版本：(a) 主啊，那女孩会唱歌！(b) 主啊，那女孩真能唱！

这两个版本不约而同地把 Lordy 翻成"主啊"，很显然没有跳出 Lord 的框框。虽然 Lord 最普遍的翻译是"主"，有时根据上下文也可翻成"上帝"或"耶稣"，但 Lordy 的定义已经清楚注明：这是一个 informal interjection（非正式用语的感叹词），主要用来加强语气或表达意外情绪。换言之，它已经褪去了原有的宗教色彩。所以，翻译成"主啊"是不恰当的。

基督教源于西方，在中国的影响力相对较小，因此绝大多数国人在表示感叹时，脱口而出的都是"天啊""我的天啊"，或者相对诙谐一些的"苍天啊"，而不是"主啊""上帝啊""耶稣啊"这类基督教色彩浓厚的话。有鉴于此，结合前文提到的翻译长度要适宜的原则，最后把 Lordy 的中文定为"天啊"。

至于后半句 that girl can sing，到底是"那女孩会唱歌"还是"那女孩真能唱"呢？这就涉及翻译过程中经常用到的另外一项技能——逻辑推理。如果是"那女孩会唱歌"，按"天啊"的逻辑倒推回去，说明那女孩应该是不会唱歌的（只有这样，她会唱才惊人）。但在日常生活中，一般人都是会唱歌的，只是好坏程度不同而已。谁完全不会唱歌？哑巴。但原文并没有任何提及哑巴的地方，所以逻辑推理不成立。

再来看"那女孩真能唱"。按"天啊"的逻辑倒推回去，说明那女孩唱功了得，令人叹为观止。在日常生活中，这种情形的出现几率还是很高的，不像哑巴那样需要作特别说明。所以尽管原文没有更多的背景交代，逻辑推理依旧成立。

为了更好地配合"天啊"的语气程度，最终将例句的译文改为：天啊，那女孩太能唱了！

结　语

翻译难，词典的翻译难上加难。即使是寥寥数语的简短例句，在实际翻译过程中也需要反复推敲：译文是否精准地体现了原文的所有要点？是否符合 KISS 原则？是否结合了相关的文化背景，做到与时俱进？是否翻译出了潜台词，和原文的大方向保持一致？是否符合译文受众平时的语言习惯和说话方式？如果有不止一种可行的译文，逻辑是否都经得起推敲？只有综合考虑这些因素，根据实际情况作出最合适的选择，才是对词典使用者真正负责的态度。

（作者单位：中国国际广播电台英语中心）

参考文献：

1. *Merriam-Webster's Advanced Learner's English Dictionary* 官方网站 abusive 词条，http：//www.learnersdictionary.com/definition/abusive。

2. *Merriam-Webster's Advanced Learner's English Dictionary* 官方网站 badass 词条，http：//www.learnersdictionary.com/definition/badass。

3. *Merriam-Webster's Advanced Learner's English Dictionary* 官方网站 dally 词条，http：//www.learnersdictionary.com/definition/dally。

4. *Merriam-Webster's Advanced Learner's English Dictionary* 官方网站 forget 词条，http：//www.learnersdictionary.com/definition/forget。

5. *Merriam-Webster's Advanced Learner's English Dictionary* 官方网站 Lordy 词条，http：//www.learnersdictionary.com/definition/lordy。

6. 罗军、范冬阳：《电视频道品牌营销与整体包装》，中国广播电视出版社，2003年10月版。

7. 周沫：《工作就是解决问题》，中国华侨出版社，2011年6月版。

播音主持

试论对外广播节目中播音员如何实现向主持人的转变

盛晶晶

2016年5月底,中国国际广播电台(以下简称国际台)俄语广播节目在俄罗斯西伯利亚广播电台的调频频率和该台网站上同步亮相。这是建台75年以来国际台在俄罗斯境内实现的第一个调频落地项目,具有里程碑式的意义。自此,国际台俄语广播节目又增添了一个有效的对象国播出平台。

为了使节目更能为俄罗斯本土听众所接受,俄语部编播人员根据调频广播的特点对节目内容和形式进行了精心策划和设计。根据俄方反馈,我们的节目在当地取得了比较好的收听效果。然而同时也应该看到,我们制作的俄语调频节目与俄罗斯本土调频节目有着较大的差距,无论是节目形式还是节目内容都存在不足,有待改进。笔者认为,目前亟须改进和提高的主要是节目主持人的播报风格和能力。具体来说就是我们的主持人只"播"不"想",也就是依然沉浸在播音员的角色之中,照本宣科的现象仍旧普遍存在,并没有起到真正意义上主持人的作用。本文正是基于这一现象,探讨在对外广播节目中播音员如何实现向主持人的转变,以提升对外广播节目的整体质量,改善国际传播的效果。

一、播音员与主持人的概念、区别和联系

在探讨播音员向主持人转变的问题之前有必要弄清播音员和主持人的概念和定义。在实际生活中人们常常把播音员与主持人混为一谈。因为二者的确有很多共通之处。播音与主持都是指以自身为传播者的身份,以有声语言为手段在广播电视(现在也包括网络媒体)的各类节目中直接面向受众传播信息的新闻实践活动,是一种通过传播媒介进行的有声语言的创作。然而,从专业层面我们必须分清播音员和主持人这两个概念。

1. 概念定义

按照字面来理解,"播音"就是"播出声音"的意思。这个词语最初源于广播媒体出现时。播音员是用有声语言及副语言上镜出声,驾驭节目进程的人。[1] 播音员在播报稿件时需要字正腔圆,运用规范性、标准化的语言。其主要职责在于运用声音对编辑、记者的稿件进行二次创作,一般不对稿件进行改动。可见播音员自由发挥的空间很小。

"主持"一词在汉语中最初的解释是"掌管"之意。我国学者对于主持人的定义有多种。笔者比较倾向于以下这种:节目主持人是在广播电视中,以个体行为出现,代表着群体观念,用有声语言、形态来操作和把握节目进程,直接、平等地进行大众传播活动的

人。[2]主持人在录制节目过程中不会低头读稿,而是以亲自参与撰写的节目提纲为基础,运用口语化、个性鲜明的语言与场内场外的受众形成互动。因此,主持人在传播活动中享有充分的自由来即兴发挥,以突出个性。

2. 角色承担

只有具备良好的嗓音条件(电视播音员还需具备一定的外形条件),且经过一段时间的专业训练的人员才能成长为合格的播音员,因此播音员职业门槛较高。

理论上讲,没有了嗓音条件和外形条件的苛刻要求,只要具备良好的语言组织能力和对节目现场的掌控能力的任何人都可承担主持人的角色,如播音员、记者、编辑、专家、学者,甚至是观众等。因此对主持人的选择条件比较开放。

3. 相互关系

总体上看,无论是播音还是主持,都是运用有声语言和副语言,通过广播、电视等媒介进行的传播信息的创造性活动。由于播音员在语言运用、声音和外形条件等方面具有的天然优势,因此很多优秀的主持人都是脱胎于播音员的。这也为播音员向主持人转变提供了便利性和可能性。

二、播音员向主持人转变的必然性

当今世界,在信息、通讯及网络技术大发展的情况下各种媒介实现深度融合,形成了最为崭新的传播形态,即我们常提及的"全媒体"。全媒体是在具备文字、图形、图像、动画、声音和视频等各种媒体表现手段基础之上进行不同媒介形态(纸媒、电视媒体、广播媒体、网络媒体、手机媒体等)之间的融合,产生质变后形成的一种新的传播形态。全媒体通过提供多种方式和多种层次的传播形态来满足受众的细分需求,使得受众获得更及时、更多角度、更多听觉和视觉满足的媒体体验。[3]很显然,在全媒体环境下,所有传统媒体都面临着新媒体的崛起带来的严峻挑战。媒体传播形态和传播内容的变化以及受众主动性的大大增强都迫使广播电视等传统媒体的播音员要做出改变,即向主持人方向转变。

1. 媒体形态和平台多元化要求播音员向主持人转变

如今,无论是传统媒体还是新媒体都在积极开发新的媒体平台,通过多媒体的形式发布信息。以广播为例,广播节目接收的终端早已不再局限于收音机,而是扩展、延伸到网络,电台APP、手机微电台等。全媒体下的广播突破了传统概念中声音转瞬即逝的限制,实现了随时随地地反复播出。由于突破了时空的限制,广播节目对听众注意力的争夺也不再局限于某个时间段或某个地区。作为广播节目"名片"的播音员无法继续高枕无忧,如果不求突破,不放下身段,不播出特色,那么必将在众多平台争夺听众的激烈竞争中遭遇失败。

2. 传播内容多样化、海量化和专业化要求播音员向主持人转变

媒体形态和平台多元化必然带来传播内容的多样化、信息的海量化和专业化。全媒体

环境下，综合性的传播内容已经无法讨好所有的受众，各种专业化的传播内容不断涌现。比如，广播领域细分出了交通广播、体育广播、文艺广播、音乐广播、生活广播、旅游广播、法制广播、宗教广播，等等。甚至以美容、宠物、赛车、探险为内容的更加小众的专业广播频道也占有一席之地。鉴于传播内容越来越细化和专业化，传统广播节目中"不变"的播音风格很难应付"万变"的节目内容。为了适应这一变化，播音员必须向主持人转变，不仅要贴近自己主持的栏目内容风格，更要多积累相应领域的专业术语和知识，以实现专业化主持。

  3. 受众的主动选择性和参与性要求播音员向主持人转变

  媒体形态多元化，传播内容多样化为受众带来了海量的选择。人们可以根据自己的兴趣爱好、实际需求随意挑选和消费媒介内容。如今，任何一个广播媒体或节目已经很难抓住大部分听众。无论是移动终端还是传统广播的听众变得越来越"挑剔"，越来越分众化。缺乏个性、没有明确定位的播音员必然失掉大批听众的喜爱。相比之下，个性突出、风格定位明确的主持人及其节目反而会受到某一听众群体的持续关注。与此同时，随着自媒体的出现，部分听众已经不满足于扮演"听者"，更有可能变成信息的传播者，参与节目的主持、制作和播出。这也在一定程度上加剧了节目主持人之间的竞争。

三、对外广播节目中播音员如何实现向主持人的真正转变

  今天，包括中国在内的很多国家的对外广播都发生了巨大变化：宣传味儿被大大淡化，传播内容丰富化，传播途径多元化，传播技术现代化……对外广播的短波时代已经远去，取而代之的是以网络、数字技术为依托的无国界、无时差的全天候传播。身处全媒体的大环境下，对外广播的播音员同样面临着转变，即向主持人转型。与母语播音员相比，外语播音员向外语主持人转变的难度更大，因为首先需要跨越语言的障碍。

  1. 存在的问题

  对外广播节目中播音员要实现向主持人的转变，必须认清目前存在的两个问题。第一个问题是，播音员对转变成主持人的必要性认识不足，墨守成规。一部分人认为，对外广播以宣传为目的，内容最为重要，形式相对严肃，不需要创新和个性。任何没有落实在纸头上的内容都可能产生导向上的错误，因此按照事前准备好的稿件老老实实播报才是最稳妥的方法。

  第二个问题，现有的大部分对外广播播音员虽然具备良好的嗓音条件和发音优势，但是缺乏主持人应具备的综合素质。本文第一部分已经提到了播音员和主持人的概念和区别。主持人是广播节目的主导，应亲自参与稿件的撰写，并在此基础上运用口语化、个性鲜明的语言与场内场外的受众形成互动。事实上，目前我们对外广播的播音员对节目制作的流程参与度较低，也缺乏运用外语思考问题的能力和即兴表达的能力，从而难以对节目进行整体的驾驭。

2. 转变的方法

（1）增强思想上的认识

播音员实现向主持人真正转变的第一步就是思想上的转变，即认识到这种转变的必然性和迫切性。如果说，外语播音员曾经是对外广播的"名片"，那么外语主持人就是今天对外广播的"灵魂"。主持人在很大程度上决定了节目的风格和水准。优秀的主持人能够与自己的节目融为一体，吸引听众，留住听众。缺少高水平主持人的节目自然无法抓住听众的心，最终导致传播效果大打折扣。因此播音员应该深刻认识到主持人作为节目"灵魂"的重要作用，及时认清对外广播发展的最新趋势，与时俱进，对自己提出更高的要求，争取尽快转型为合格的主持人，以满足全媒体环境下各类听众不断增强的收听需要，通过多元化的平台向世界各个角落的人们讲好中国故事。

（2）加强能力上的培养

实现播音员向主持人的转变，关键是要加强对现有外语播音员综合能力的培养，即语言表达能力、采编能力和创新能力的培养。

①提升外语口语表达水平

与西方国家对外广播机构大量聘用母语播音员和主持人情况不同，我国的对外广播机构（主要指国际台）中的母语播音员比例较小，大部分广播节目由我们自己培养的非母语播音员来承担。如果说，传统的外语播音员只需具备一定的外语水平和播音水平就能够播报稿件的话，那么外语主持人则需要在此基础上具备很强的口语表达水平才可以胜任。而对于非母语的人来说，外语口头表达能力差是普遍的瓶颈。

口语表达能力的提升不是一朝一夕的事情，它需要长时间的积累和锻炼。笔者作为俄语节目主持人的实践经验证明，非母语的对外广播主持人可以通过以下几个方法提高口语水平：第一，在工作过程中和工作之余都要积极主动地与外国专家或友人进行口语交流。学习外语的人都知道，口语与书面语不同的是，其表达方式更多地取决于具体情境，形式灵活多变，很多用法在书本上是学不到的。因此只有在工作生活中不断地活学活用，我们才能尽量多地掌握各种生动的口语表达方式。第二，多听多看外语广播电视节目。这个方法主要是通过原汁原味的外语氛围培养语感，了解到对象国最新的语言发展趋势，同时有助于我们掌握更丰富更地道的媒体主持人的习惯用语。第三，强化翻译训练。这里的翻译包括笔译和口译两方面。实践证明，扎实的笔译能力是口语表达的重要基础，而经常性的口译实践则更能直接提升我们的口语表达水平和即兴反应能力。因此对外广播节目主持人应该尽量多地参与到翻译工作和实践中。

②锻炼外语采访、写作和节目制作的能力

传统的对外广播播音员一般只参与节目的录制这一个环节，即负责把记者或编辑的稿件通过自己的声音播送出去即可。而正如笔者已经提到的，主持人与播音员最大的不同就是积极参与节目制作的各个环节。在相对固定的节目中，主持人应具备采、写、编、播等多种业务能力。因为节目的策划、采访、稿件撰写（翻译）等环节可以很好地锻炼主持人独立思考和看问题的能力，提高主持人与他人交流和组织语言的能力。只有亲身经历过节目的前期准备，主持人在节目录制过程中才有可能拥有更多的自信，投入更多的真情实感，从而更加自如地把握节目的走向和节奏，最终使得播出的节目更具可听性，富有感染力。

例如，2016年8月底杭州G20峰会召开前夕，笔者策划了一档特别节目《我的杭州》。为此分别找到了生活在杭州的年轻人、老年人和到过杭州的外国人，通过他们自己的故事来讲述杭州的变迁。在采访过程中我们了解到不同采访对象眼中的杭州，真切体会到他们各自对杭州的热爱。正是有了第一手的资料和亲身感受，笔者在节目稿件的写作和翻译过程中几乎是一气呵成，之后在节目录制时笔者作为主持人更是调动了自己的真情实感，以稿件为基础，用口语化的语言向听众讲述了这三组主人公的生动故事。在后期节目制作过程中，笔者特意挑选了委婉悠扬的江南水乡旋律作为背景乐。在音乐的伴奏下，主持人的话语犹如电视节目中的画外音与采访对象的音响相得益彰，从而为听众勾勒出一幅古典与现代交织着的杭州的美好画卷。节目播出后果然得到了对象国受众的好评。

③培养创新能力

我们传统的对外广播之所以传播效果一直不够理想，除了播出渠道的限制，更主要的在于创新性思维不足，节目内容和形式都缺乏新意。鉴于创新才能发展的道理，作为节目制作主体的主持人可以从以下三个方面培养自身的创新能力。

第一，不断积累知识。除了外语、播音和新闻业务的学习，主持人还必须不断地汲取广泛的社会知识和最新的科学知识。缺乏知识储备的人是很难创新的，因此知识学得越多、学得越活，个人的创新能力才有可能越强。知识丰富的主持人能够给节目带来新意、深度和趣味性。勤读书、多看报以及经常与不同领域的人进行交流是主持人学习积累知识的有效途径。第二，借鉴他人经验。正所谓"他山之石，可以攻玉"。学习其他国家对外传播的先进经验，有利于开拓全媒体环境下国际传播的新思路。对外广播主持人可以到各自对象国媒体进行考察或实习，只要用心总会有所收获和启发。笔者曾经到《俄罗斯报》[①]的国际项目部参观学习。虽然纸质媒体与广播媒体有着很大的差别，但是如何赢得海外受众的关注却是共同的追求。《俄罗斯报》打破单一媒体传播的多媒体传播理念和成功的落地经验值得我们研究和借鉴。第三，热爱生活。新闻传播是对人的传播，根本上讲述的是人的生活。所以关注生活本身的人才具有创新的动力和灵感。懂得生活、享受生活的主持人善于把源于生活的灵感和想法不断运用到节目创新之中。只有那些富于创意、内容丰富的节目才能抓住受众的心灵，最终取得良好的传播效果。

(作者单位：中国国际广播电台俄语部)

注释：

① 张颂：《中国播音学》，北京广播学院出版社，2003年版。
② 俞虹：《节目主持人通论》（修订版），中国广播电视出版社，2004年版。
③ 罗鑫：《什么是"全媒体"》，《中国记者》，2010年第3期。
④ *Russian Newspaper* 或者 *Rossiyskaya Gazeta*（rg.ru）俄罗斯政府机关报刊，是俄罗斯最具权威的报刊，也是该国各种法律文件生效后唯一有权刊载的媒体，于1990年11月11日创刊，在俄罗斯全境及独联体国家发行。2007年启动的《焦点新闻外的俄罗斯》国际传媒项目（Russia Beyond The Headlines，RBTH）是《俄罗斯报》旗下的重要国际项目之一，负责在世界范围内用不同语言发布与俄罗斯有关的新闻和报道。

克服母语发音习惯　掌握日语发音技巧

刘睿琳

　　人们常说，外语学习始于发音。在入门阶段，打好语音基础无疑是今后学习的一个良好的开端。而练就一口流利、纯正的外语口语，也被很多人视为是外语学习的最高境界。无论在哪个国家，一般来说，播音员的发音都被认为是最标准的，具有一定权威性。很多外语学习爱好者都会以播音员的发音作为自己外语口语练习的范本。作为我国唯一的对外广播电台，国际台的外语广播肩负着传播中国、报道世界的重任。不过，大多数外语播音员的母语并非对象国语言。如何克服母语发音习惯的影响，真正把外语说得不带母语痕迹？先天的语言天赋自然会锦上添花，但真正靠的还是工作中日复一日的勤学苦练、经验积累。只有练就一口标准的外语，才能胜任外语播音的工作。

　　作为一名日语是非母语的外国人，光靠学习书本上的知识，恐怕很难说出一口流利、纯正的日语。"纯正"通常包含两个方面：一是语言运用上的纯正；二是发音上的纯正。要做到第一个纯正，需要有语言环境和语法的系统学习。很多人也许会认为，提高日语水平必须多跟日本人对话。这固然没错，但仅仅对了一半。提高日语水平的确需要语言环境的熏陶，但好的语言环境或许对提高听力和口语的流畅程度有益，却不一定能够保证发音的标准。由于汉语和日语所属的语系不同，发音时面部肌肉的运用、口腔的位置也有所不同。要想做到第二个纯正，即日语的发音纯正，必须经历一番特殊的训练，努力剔除汉语发音习惯的影响，适应日语的发音习惯。过去，国际台日语部的许多老播音员都是归国华侨，他们倡导和坚持的一套发音练习已成为日语部的一项传统。笔者根据自己在国际台日语部工作15年来的日语播音经验，从前辈们的指导和自己长期的实践积累中总结出几点日语发音技巧，愿与有志提高日语口语水平的朋友们交流分享、共同探讨。

一、日语发音练习热身操

　　发音是身体的协调运动，在正式的发音练习之前，使用腹式呼吸把身体活动开，有助于刺激身体各部位与腹腔和发声器官的协调性。腹式呼吸是一种令腹压增加，横膈膜下降，使空气直接进入腹部，从而让横膈膜上下移动的呼吸方式。用此方法呼吸，肚子会膨胀，若把手放在肚脐上，能感觉到手上下升降。在呼气时，横膈膜会比平时有所上升，有助于进行较大气息量的深度呼吸。这里为大家介绍一套简单有效的腹式呼吸发音练习热身操。如下图所示。

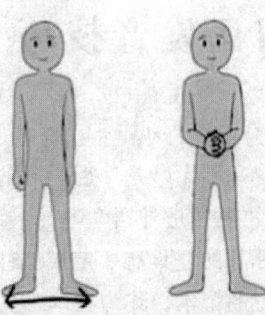
双脚与肩同宽、分开站立
双手自然交叉于腹部前方

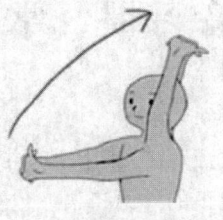
手心朝外慢慢举过头顶
一边举一边用鼻子吸气
双手举到头顶时屏息5秒

双手分开
从身体两侧慢慢垂落
一边用嘴慢慢呼气

1. 双脚与肩同宽、分开站立，双手自然交叉于腹部前方；
2. 手心朝外，慢慢举过头顶，举手的过程中经鼻腔慢慢吸气，当手到达头顶时，屏住呼吸，静止5秒；
3. 双手分开，从身体两侧慢慢垂落，在此过程中经口腔慢慢呼气；
4. 以上动作重复3次为1组，反复练习3组。注意吸气和呼气的速度要与举手和垂手的动作节奏保持一致。

二、日语发音练习口型操

通常日语的发音练习是在热身操结束后，以腹式呼吸为基础进行日语五十音口型操练习。配合腹式呼吸进行发音口型操练习，能够调动更多的身体部位参与呼吸与发音运动，横膈膜与两肋上下伸展扩张的范围和张力增大，吸入的气息量更多。不仅有助于胸腔、横膈膜及腹部肌肉控制气息的能力得到锻炼，还能借小腹的收缩力为气息均衡地呼出提供帮助，形成对声音的支持力量，促进气息运用的平衡和声音状态的平稳，使播音发声更加持久、稳定。练习方法如下。

1. 第一遍以长音方式做发音练习，注意每一个音节的准确饱满和气息的持续；
2. 第二遍以短促、有节奏的方式做发音练习，注意气息的停顿和节奏的控制；
3. 第三遍是没有停顿的连贯朗读，注意每一个音节变换时的口型变化，感受每一行、每一段假名发音部位的变化。

```
お こ そ と の ほ も よ ろ を ご ぞ ど ぼ ぽ
あ か さ た な は ま や ら わ が ざ だ ば ぱ
```

(日语五十音口型操)

三、十大关键音的发音技巧和规律

总的来说，和汉语相比，日语的发音位置更偏于离喉、嗓较远的口腔前部。因此，要想日语发音清晰准确，就必须把气息送到口腔前部，再把音节轻轻送出口腔。日语每个单词由多个音节组成，相同意思的一句话，日语音节数量会比汉语多出大约1.5倍。加之日语语速较快，各个音节发音时的口型变化不明显，要想在高语速中克服汉语作为母语发音习惯的影响，保持口齿清晰，就必须了解日语特有的发音习惯及其与汉语的区别，从而掌握技巧，提高日语发音的准确性。以下十大关键音是笔者在国际台日语部工作多年来感受到中国人说日语时出错率比较高、比较容易被纠错的发音。掌握这十大关键音的发音技巧和规律，或许对日语口语的提高有所帮助。

1. あ段假名：日语中"あ"段假名的发音与汉语的"啊（a）"音相比，发音位置靠近口唇前方，口型偏扁圆，注意不要从嗓子或喉部深处发音。

例：あ、か、さ、た、な、は、ま、や、ら、わ

お母さん、真っ赤なカーテン

特别值得注意的是，"あ段假名＋拨音ん"的发音更接近汉语拼音中的前鼻音"an"，

而不是后鼻音"ang"。日语中的拨音"ん"在很多时候都接近汉语中的前鼻音，而非后鼻音。

  例：茶碗（ちゃ<u>わん</u>）、饅頭（<u>まん</u>じゅう）
    案内（<u>あん</u>ない）します。勘弁（<u>かん</u>べん）してください。感（<u>かん</u>）じられます。

  除非是"拨音ん＋鼻浊音"时，才会有近似汉语后鼻音的发音方式。
  如：考（<u>かん</u>が）えておきます。

  2. う段假名：和汉语相比，日语发音的口唇形是比较扁平的。所以日语中"う"段假名的发音需特别注意口唇不要凸起发出撮嘴音。练习时应多加注意体会区分日语"う"段假名中"う、く、す、つ、ぬ、ふ、む、ゆ、る、ぐ、ず、づ"与汉语中"乌、哭、怒、木、有"等"u"音节发音的不同。

  例：空気（<u>く</u>うき）、ク―ラ―、ゆっく<u>り</u>、醤油（しょ<u>う</u>ゆ）
    瑠璃（<u>る</u>り）、ム―ド、<u>ぬ</u>るいおかゆ

  3. た行假名&だ行假名：汉语中送气音与不送气音的区别，较之日语的清音和浊音略有不同。日语发音部位靠近唇齿，相对汉语而言，口型变化和气息的推送都比较轻。因此，日语中的所谓"送气音"与"不送气音"的区别有些时候并不那么明显。受到汉语发音习惯的影响，中国人说日语时发音气息较重，往往会将清音发成浊音，需特别留意。比如日语假名"た"的发音，不要发成浊音"だ"。气息的推送也不要过于强烈，发成近似汉语的"踏（ta）"之类的音。"て"与"で"、"と"与"ど"亦是同理。

  例：わ<u>た</u>し、ま<u>た</u>、<u>た</u>だいま、大抵（<u>た</u>いてい）、大体（<u>だ</u>いだい）
    分かりまし<u>た</u>。言いまし<u>た</u>。変わりまし<u>た</u>。答えまし<u>た</u>。

    徹底的（<u>て</u>っ<u>て</u>い<u>て</u>き）、地下鉄（ちか<u>て</u>つ）、大抵（<u>た</u>い<u>て</u>い）
    書い<u>て</u>、帰っ<u>て</u>、言っ<u>て</u>ください、～につい<u>て</u>、に対し<u>て</u>

    独特（<u>ど</u>く<u>と</u>く）、道徳（<u>ど</u>う<u>と</u>く）、<u>と</u>う<u>と</u>う、砂糖（さ<u>と</u>う）、離島（り<u>と</u>う）
    ～<u>と</u>いうことです。～<u>と</u>言います。～<u>と</u>述べました。～<u>と</u>思います。～<u>と</u>考えます。

  4. な行假名&ら行假名：注意齿龈鼻音"n"和齿龈边音"l"的区别。两者发音部位相近，故容易混淆。但要注意"な"行假名发"n"音时，口腔是被舌头完全封闭的，气流从鼻腔通过。而"ら"行假名发"l"音时，只是用舌头的前端轻轻接触齿龈中部，口腔

414

并没有完全封闭，气流从口腔通过。
例：奈良（<u>な</u>ら）、生鱈（<u>な</u>また<u>ら</u>）、離乳食（<u>り</u>にゅうしょく）
野良猫（<u>の</u>らねこ）、<u>ノ</u>イローゼ

5. や行假名＋拨音ん：这里需要注意"や"和"よ"的区别。因为汉语中没有"やん"这个音，很多人受汉语习惯的影响，容易将"やん"和"よん"混淆。
例：やん、ゆん、よん
読<u>ん</u>でください。雨がや<u>ん</u>だ。悩<u>ん</u>でいます。

6. え段假名＋拨音ん：受到汉语拼音"en"的影响，很多人在发日语"え段假名＋拨音ん"时，会吞掉日语中母音"え"的音节。这种倾向比较普遍，需特别留意。
例：え、け、せ、て、ね、へ、め、れ、ぜ、で
えん、けん、せん、てん、ねん、へん、めん、れん、ぜん、でん
この件について、私はぜんぜんわかりません。
鉛筆（<u>えん</u>ぴつ）、万年筆（まん<u>ねん</u>ひつ）、永遠（<u>えいえん</u>）、喧嘩（<u>けん</u>か）
事件（じ<u>けん</u>）、先生（<u>せんせい</u>）、すみません、わかりません
天気（<u>てん</u>き）、伝統（<u>でん</u>とう）、家電製品（か<u>でん</u>せいひん）
少年（しょう<u>ねん</u>）、友好年（ゆうこう<u>ねん</u>）、一年生（いち<u>ねん</u>せい）
変化（<u>へん</u>か）、変（<u>へん</u>）な人、ラー<u>メン</u>、面目（<u>めん</u>ぼく）
練習（<u>れん</u>しゅう）、一連（いち<u>れん</u>）、連絡（<u>れん</u>らく）
全然（<u>ぜんぜん</u>）、全部（<u>ぜん</u>ぶ）、発展（はっ<u>てん</u>）、展示会（<u>てん</u>じかい）

7. 促音っ：因为汉语中没有类似促音的短暂停顿爆破音，因此促音练习是日语发音和播音练习中必须特别加强的环节。
例：発展（は<u>っ</u>てん）、ゆ<u>っ</u>くり、は<u>っ</u>きり、思い切<u>っ</u>て、お<u>っ</u>しゃ<u>っ</u>てください

8. 长音：单独发长音时，一般不会有太大问题。但是当遇到"长音＋长音"的复合单词时，前一个长音往往会被忽略。特别是表示日期、数字等的单词，还有一些外来语，在日语播音中尤其需要注意这一点。
例：東欧諸国（とうおうしょこく）、敬老の日（けいろうのひ）
友好交流（ゆうこうこうりゅう）、活動中（かつどうちゅう）
行動計画（こうどうけいかく）、営業中止（えいぎょうちゅうし）
革命運動（かくめいうんどう）、ニューノーマル、ニュージーランド

9. 母音无声化：所谓母音无声化，是指只发出日语的"子音"，即汉语中所说的辅音

或声母的音节，而与其相拼的日语"母音"，或者叫元音、韵母的音节不再发音的特殊规律。这是由于日语发音部位靠近口腔前方，其唇齿音的特点所决定的特有的发音规律。主要出现在"い段"和"う段"假名。

例：規格（き<u>か</u>く）、書き込み（<u>か</u>き<u>こ</u>み）、格差（<u>か</u>くさ）、学生（が<u>く</u>せい）
　　仕方（<u>し</u>かた）、資金（<u>し</u>きん）、スペシャル、断ち切る（た<u>ち</u>きる）
　　使う（<u>つ</u>かう）、光（<u>ひ</u>かり）、引き続き（<u>ひ</u>き<u>つ</u>づき）、不十分（<u>ふ</u>じゅうぶん）

更有甚者，母音无声化不仅仅表现为元音的无声，还进一步演化为促音音节。例如下面这几个特例，在日语播音中尤其需要注意。

例：三角形（さんか<u>く</u>けい）→さんかっけい
　　暖かい（あ<u>た</u>たかい）→あったかい
　　旅客機（りょか<u>く</u>き）→りょかっき

10. 鼻浊音：鼻浊音是日语特有的一种发音变化方式。虽然现在很多日本年轻人不会发鼻浊音，也不再刻意发鼻浊音，但对于日语播音员来说，掌握鼻浊音这一标准日语的传统发音技巧却是基本的职业要求。那么，怎么发出鼻浊音？虽然在闽南语的部分音节中会有近似鼻浊音的发音出现，但是在汉语普通话中并没有鼻浊音。不用说中国人，就连很多日本人也苦于不知如何发好鼻浊音。曾在国际台日语部工作过的一位日本广播协会（NHK）的资深播音员给出了这样一个小技巧，即用日语的"拨音ん＋が行假名"，在"が"行假名的发音前，轻轻发一个拨音"ん"，然后慢慢将二者连贯混合，感受发音部位在鼻腔引发的共鸣，自然带出鼻浊音。大家可以依此方法进行练习。

例：んが、んぎ、んぐ、んげ、んご
　　映画、メガネ、佐賀、手紙、国々、四月、課外授業
　　午後、リンゴ、国語、日本語、文学、音楽、子会社

关于什么时候发鼻浊音，什么时候不发鼻浊音，几乎没有哪本日语语法书中有过详细介绍。但根据日语口语的发音规律，大致可以总结区分如下：

（1）需要发鼻浊音的情况：
a. 助词"が"在句中。例：私が～行きます。/誰がいますか。
b. 数词"五（ご）"在成语、人名等固有名词中出现时。例：七五調、七五三、為五郎、小五郎
c. 大多数复合名词中的"が"行假名。例：株式会社、小学校、中学校、口車、小切手

此时也有例外的情况，如"学校""銀行""議員"即使在其所构成的复合名词中也不发鼻浊音。

例：専門 学校 、高等 学校 、音楽 学校 、料理 学校 、美容 学校
　　日本 銀行 、世界 銀行 、住友 銀行

参議院 議員 、衆議院 議員

（2）不发鼻浊音的情况：

a. 句首的"が"行假名。例：学校へ行きます。/会社を辞めます。

b. 数字"五（ご）"在作为数词使用时。例：五十五、一万五百

此时也有例外的情况，表示中秋节的"十五夜"中的"五（ご）"就需要发鼻浊音。

c. 大多数外来语中的浊音。例：プログラム、エネルギー、消しゴム、窓ガラス、イギリス

外来语中也有一些特例是习惯发鼻浊音的。如：キング　イギリス人

d. 接续词后的"が"行假名。例：お元気、お行儀、朝ご飯

e. 拟声词、拟态词中的"が"行假名。例：ギリギリ、ぐずぐず、ガサガサ、ゴトゴト

四、日语语感的养成与提高

　　语言学习是一个模仿的过程，"听"和"说"都属于口语范畴。具备了一定的发音技巧、语音、语法和词汇知识后，语感的培养尤为重要。语言交流是思想的表达，通过各种途径收听日语广播，收看日语节目，多听别人讲日语，大量接触日语语言环境，努力做到"三多"，即多听、多理解、多开口，对于语感的养成是非常重要的。

　　首先，要克服害羞、胆怯的心理，要有敢于开口的勇气。有的人虽然具备了一定的语法知识，却不敢开口，想说又怕说错了惹人笑话，这是学外语的大忌。外语学习要有不怕"丢脸"的精神，对于提高外语水平来说，"厚脸皮"也是一条捷径。母语表达尚有说错的时候，外语学习更不必因为害怕说错而三缄其口。在外语练习中，要努力做到胆大心细、不怕犯错、善于总结并勇于改正。只有这样，才能不断提高。

　　其次，能听懂、能理解，并不意味着一定能使用。语言是用来进行思想、信息、情感交流的工具，而外语并不是语音、词汇、短语、句子的简单重复或句型的机械式拼凑，其他文化知识的学习积累必不可少。多了解对象国的社会文化和风俗习惯对于提高语言表达的得体性至关重要。虽说一般人都能原谅非母语国家的外国人说本国语言时所犯的语音语调等方面的小错误，但作为一名国家电台的播音员，如果表达不得体，违反了对象国听众的交际常识、准则或礼仪，就有可能引起他们的误解和不悦，影响国家形象。

　　最后，提高外语水平的方法多种多样，既可借鉴他人的成功经验，也可在学习中摸索出适合于自己的行之有效的方法。听录音、看日剧都是很好的方法。自己做个小辞典，及时整理记录平时容易出错的语音语调，睡觉前或休息时经常翻一翻，加深记忆。有机会就多开口和别人交流，如果没有合适的练习对象，也可以自己跟自己说，自己给自己营造一个语言环境。设想一个特定的情景和人物，模拟直播练习或高声朗读，加深感官刺激。

　　总之，作为一名外语播音员，提高外语水平绝不是一件简单的事，掌握了方法和技

巧，自身的努力必不可少。外语练习不是纸上谈兵，要把它当成一种习惯、一种乐趣，并长此以往、持之以恒地坚持下去。

（作者单位：中国国际广播电台日语部）

参考文献：

1. 刘东升：《浅析新闻播音中如何巧用播音技巧》，《新闻研究导刊》，2015年第6期。
2. 谢为集：《日语的发音与声调》，北京大学出版社，2006年版。

跨广播与新媒体双平台的主持人形象建设

段 纯

当今世界移动互联网发展风生水起，传统媒体想获得更大的生存空间，必须和新型媒体更紧密地结合。转型、革新、拥抱新媒体是每个传统媒体求生存谋发展的必经之路。谁能在转型期成功胜出，谁就将提前进入蓝海，在日趋激烈的新媒体竞争市场中争得先机。而在新媒体融合的环境下，广播节目主持人作为曾经的话匣子背后的那个神秘的声音主体，也将逐渐走向更广阔的传播平台。广播节目主持人形象的建设迈向了新的时代。

从论坛、微博，到目前影响力最大的微信公众号，很多广播节目主持人都尝试过用互联网新媒体作为传统节目的补充，主持人的平台比之前有了很大拓展。但是，有些人往往会走入误区，采用与传统媒体同样的方式和手段经营新平台上呈现的主持人形象，使得互联网新媒体变成了简单的广播文字版、图文版或者纯粹的互动平台。有的主持人在广播节目中面目模糊，在新媒体平台上也缺乏个性；有的主持人在广播节目中特色鲜明，却难以平移到新媒体平台上变成有影响力的大V，难以让新媒体发挥巨大作用。对媒体的融合产生无力感，使得很多主持人的新媒体平台流于平淡，变成了食之无味弃之可惜的鸡肋。

广播媒体追求与新媒体融合形成全媒体，这已经成为全球传媒业万众瞩目的焦点和追求的目标。全媒体拥有众多优势，它综合运用多种传播技术手段，打通各种传播渠道终端，调动人类的全部感官，可实现传播覆盖的最大化，实现最佳状态的传播效果，有利于实现规模经济效益，弥补单一媒体形态在传播和经营上的不足。

新媒体平台上的广播主持人，应该突破广播限制，成为全媒体主持人，主持人形象应该更加丰满、更具个性，发挥与广播中截然不同的作用。[1]本文将以全媒体运营的理念，结合实际案例分析主持人如何利用广播与新媒体两个平台加强对主持人形象的建设，实现效果的最大化。

一、广播和新媒体相互导流受众　扩大影响力

广播节目的主持人形象建立在播出节目品质和知名度的基础上。要想把这一形象转化到新媒体，首先要产生新媒体的追随者，第一批新媒体受众的基础也来源于广播节目。主持人首先需要宣传节目的微信、微博或APP等互联网产品。对于任何一个新媒体平台，用户的重要性都是至高无上。而无论广播节目样态为直播或录播，在传统媒体上拥有的话语权即资源，凭借资源就可以吸引用户。在当今时代，传统媒体依然有相当大的号召力和公信度，通过公众资源增加主持人的曝光率和影响力，是第一步。

中国国际广播电台《环球故事会》是一个播出多年、在广播受众中有一定影响力的节目，主持人段纯的公众账号"段纯说"开创两年多已经拥有粉丝超过 20 万人。主持人在节目中口播公众号添加方式，每天一小时节目中播出一到两次，2016 年第四季度粉丝增加近 3 万。

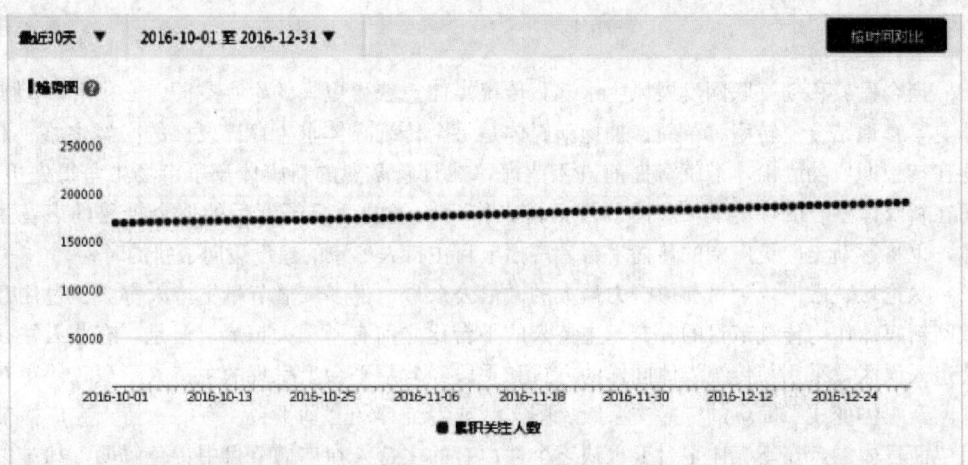

此外，最直接的"圈粉"方式就是通过节目内容互动，让希望获取更多信息的听众成为互联网产品的用户。北京交通广播《新闻晚知道》栏目采用先互动后回复信息的方式增加粉丝。举例如下：2016 年 6 月 30 日主持人播报当日民生新闻《女子怒极撞墙，墙毁屋塌》，听众在微信公众号下方回复关键词"墙"，即可收到自动回复的新闻现场图片。听众在好奇心驱使之下会主动添加成为新粉丝，同时增加现有粉丝活跃度，并能弥补广播有声无画的劣势，可谓一举三得。所费人工成本寥寥，性价比极高。

但是，把广播听众变为主持人新媒体粉丝，这仅仅是打造"全媒体"主持人形象的开始。如何把这些受众留在新媒体增加黏性，需要主持人或团队各显神通，加强对新媒体传播规律的掌握。"融合"是广播与新媒体的关键词，美国新闻学会媒介研究中心主任安德烈认为："融合媒介就是印刷的、音频的、视频的、互动性数字媒体组织之间的战略的、操作的、文化的联盟。"因此，在新媒体中主持人不再是"只闻其声"的播音员，而是可见的、可互动的主持人；其传播不再是单向传播，甚至不是双向传播，而是一对一、一对多、多对多的传播。形成网络的互动平台，主持人可以加强与受众的参与黏性。更重要的是，经过长期稳定的经营，互联网的新媒体受众也可反哺广播平台，发挥互联网端短、平、快的传播优势，为传统媒体带来更多听众。新媒体端的传播和广播传播追求的是差异化，而不是让互联网成为广播节目的翻版。把两者作为不同内容的不同展示区域，主动引导听众转为互联网受众，再把互联网受众导流回广播节目中，增强主持人及广播节目的影响力。

二、在新媒体中丰富广播主持人个性特点　助力主持人形象品牌建设

广播节目几乎没有造星工程，受制于节目传播方式和低成本运作特点，往往采取小规模的小作坊方式，难以生产具有巨大影响力的主持人形象。但是新媒体平台上，广播主持人单一、扁平的形象通过互联网放大，为更多不听广播的人所熟知，使得广播节目主持人通过电波传出的声音具备更大的辐射范围和感染力，这使广播节目主持人的造星工程变得可行。

"造星"是打造"大V"的过程，主持人需要挖掘广播节目外的个性特色，全面展示能力。比如在广播节目中，主持人甲的嗓音出众、播报流畅，节目很受欢迎，是不是就意味着他把这个形象移植到互联网平台上就可以了呢？当然不是。

主持人形象建设，首先需在网络上推出与广播节目差异化的产品，可以是音频、视频、或文字、图片。这些产品可以与节目紧密相关，也可以略有关联，甚至完全无关。在这个平台上，主持人甲的形象得到丰富：他热爱运动、喜欢旅游、热衷传统文化。通过网络展示他对世界的见解。这些形象建设工作，是没有办法在广播节目中全部呈现的。

新媒体平台上的主持人形象建设与很多自媒体一样，是逐渐贴标签的过程。属于个性色彩的标签越多，受众对主持人了解越充分，黏性越高。

广播节目是大众传播，新媒体却有着强烈的个性特征。随着媒体融合速度的加快，拥有个性特征的主持人形象将更突出。因此，主持人的打造也要向"以收听率为核心的关注度，以粉丝量为核心的忠诚度，以经营效益为核心的收益度，以信息价值为核心的二次传播度，以知识产权（IP）运营为核心的系列化程度"[2]方向发展。

广播主持人面临着生存压力，新媒体平台上的主持人也同样。主持人及其团队展示出的个人形象，不仅是原来节目的丰富版，也是增强版。在贴标签的过程中，不断试错，找到与主持人形象、节目形象、传播方式最契合的标签并强烈放大。要将主持人品牌塑造放在首位，无论是语言风格、选题策划、图文配合，都需围绕主持人品牌塑造展开。

这也意味着不是所有广播节目主持人都能成功登陆新媒体平台。在媒体融合的过程中，必然会发现：某些主持人可以高质量完成节目，却不能经营好新媒体平台上的个人形象，无法完成广播中的"我"与新媒体上的"我"相融合。有人掉队，是任何转型都难以避免的问题。但个别上岸好过全军覆没，主持人新媒体形象建设势在必行。

三、通过线上线下活动实现粉丝经济和主持人明星化

新媒体与传统媒体相融合，传播方式由单向传播变成多向传播。不再是主持人单向输出内容，而是和受众互为"小伙伴"，产生密切互动。因此，应该利用双平台举办落地活动，进一步扩大主持人影响力，丰富广播节目线下互动。

2015年中国国际广播电台举行环球资讯广播主持人段纯的个人评书专场演出,在广播中介绍演出、设置悬念并在微信端送票给听众。使得只听日常节目不添加新媒体平台产品的听众产生好奇心理:"主持人会说评书吗?"继而添加公众号成为粉丝,并固化为忠实用户。主持人也增加了"会说评书"的标签。这一标签,给主持人增加了独特的个性色彩,不仅吸引了对传统文化感兴趣的粉丝,还吸引了以往并不关注评书的年轻人回归传统艺术形式。当月新媒体平台用户数量和广播收听率双增,演出门票销售量超过85%。

　　另外,应当围绕主持人打造周边产业链,也就是人们最关注的,也是最难实现的"粉丝变现"。广播主持人新媒体品牌的变现途径目前还在探索阶段,既百花齐放,也良莠不齐。有主持人在微信公众号开微店卖面膜和保健品,有主持人通过为受众推荐美食赚取推荐费,有主持人直接出售家乡土特产。在如今网络消费热的大环境下,各种购物需求确实都存在且需要被满足,这种尝试并非坏事。但草根网红卖保健品、卖面膜可以瞬间实现粉丝变现,广播主持人也卖面膜则与草根网红和微商无异。草根网红可以不顾自己的形象推销三无产品欺骗消费者,但电台主持人不行。电台主持人在网络上也应该是积极的,正面的。因此卖没营养的产品并不是品牌建设,而是自毁长城。好的广播主持人不易,好的主持人有巨大的新媒体平台影响力更难。这样的主持人更应该爱惜羽毛、谨慎尝试,要寻找与节目内容和所传播的价值观密切关联的变现方式。通过为粉丝提供服务,实现粉丝变现和个人形象双赢,而不是此消彼长。

　　这样摸着石头过河的尝试正在进行。比如中国国际广播电台某外语主持人,在全球化盛行、大都市人爱学外语的大环境下,开办了外语口语教学公众号,用自己的智慧和劳动为粉丝提供服务和信息,这就是主持人资源网络最大化的有益尝试。因为经常教小朋友学外语,她成为很多家长心中的好老师,她推荐的幼儿单词卡在微店中销售一空,这就是粉丝对主持人的付费回报。另一位主持人在微店里出售自己录制播出的英文原版小说,同样收获大量粉丝买单。这虽然是初级的尝试,但却有启示意义:广播主持人应该以何种方式盈利,盈利点在哪里,这很关键。进一步考虑,如果卖单词卡的主持人不单纯卖成品,而是通过自己的教学经验为粉丝推出定制产品,效果一定更好。并可以连续开发产品,形成链条,挖掘新盈利点。同时,主持人形象也从简单播报者变成了英语教学者、服务提供者。消费者自然会为收获的服务付费。

　　以北京电台文艺广播《吃喝玩乐大搜索》节目为例:"吃喝玩乐大搜索"公众号虽只有9万粉丝,但节目依托在美食界的影响力,研发了一系列定价不贵、味道不差的产品。比如与知名企业合作生产定制茶叶,能带来长期、稳定且大量的创收,完美解决了绩效增量的问题。还利用主持人长期在北京探访美食的积累,以节目组名义研发特制肉酱食品,三个星期销售超6000份。这样的广播主持人已从原来的内容提供者变为全链条商品提供者,广播主持人形象也从原来的美食介绍者变为美食生产者。

　　新媒体运营会与电子商务产生"化学反应",这是不争的事实。同时,可精确监测到的营销数据也更具说服力。这样的监测比广播节目单纯的"收听率""市场份额"更细化、更有针对性,主持人可以借助这些监测数据精细地调整其在广播节目、新媒体平台上的形象经营,从迎合市场到引导市场,形成真正的品牌,最终树立主持人、广播节目、新媒体平台三位一体的系统、有机的品牌形象,实现主持人品牌效应最大化、节目宣传效果最大化、营销收益最大化。

四、结语

广播是典型的传统媒体,依靠快速准确传播内容建立公信力、影响力;而新媒体平台传播的大多是碎片化信息。主持人要跨这两个平台实现传播手段的融合、节目效果的融合和个人形象的融合,就要深刻认识这两个平台在传播内容、传播手段和传播效果方面的不同。在新媒体平台,受众不仅接收信息,同样也关注信息背后呈现的价值观念。跨两个平台建设好主持人形象,不仅能使主持人形象丰满完善,还能延长其职业生命力、增强影响力、增加附加值。在人人都是自媒体、人人皆可直播的时代,更有效地传播信息,传播正确的价值观,给受众提供优质的服务内容,这才能适应时代潮流,建设更优秀的主持人队伍。

(作者单位:中国国际广播电台新闻中心)

注释:

① 黎斌:《电视融合变革曲》,中国国际广播出版社,2011年版。
② 彭波:《新媒体环境下电视栏目主持人品牌价值研究》,《今传媒》,2016年第10期。

浅谈用外语做广播直播
脱口秀的主持人需要具备的素质

刘华桢

中国国际广播电台法语广播部于 2015 年 12 月 21 日开播了每天两小时的常态化直播节目《直播天下》，每周一到周五北京时间 15 点至 17 点播出，直播节目通过国际台在非洲的 13 个调频台覆盖非洲主要法语国家（塞内加尔、尼日尔、刚果（布）、中非共和国、布隆迪、科摩罗、吉布提等），实现了法语部对外广播的历史性突破，改革了法语部的节目生产方式和播出形态。同时，直播节目也通过法文网及新开发的客户端@RCI 发布，并可以通过法语部脸书页面与网友互动，受众群体得到进一步扩大。《直播天下》节目采用的是活泼轻松的脱口秀形式，受到听众的广泛欢迎，但也对节目主持人提出了更高的要求。下面笔者就结合此节目谈谈用外语做广播直播脱口秀的主持人应具备哪些素质。

一、目的语语言水平是做好外语直播脱口秀节目的基础

正如一个中文电台主持人其中文水平必然过硬一样，用外语做直播脱口秀的主持人必须有很高的外语水平。国际台的外语人才不可谓不多，但是对于中国人来说，真正能用非母语的目的语做直播脱口秀节目的人才却很少。究其原因，外语水平不高所造成的"技术壁垒"是中方主持人必须克服的第一道障碍。

作为一名合格的外语主持人，外语能力必须全面，听说读写样样精通。尤其是听力与口语，务求尽量向母语者水平靠拢。法语部目前的脱口秀节目中，主持人的搭档及节目嘉宾常以母语为法语者居多，非母语的中方主持人要在同母语者的对话中掌握对话节奏，掌握对话的主动权是非常困难的一件事。

1. 正确理解是前提

对话方的语速快是一大挑战。首先，母语者的语速普遍高于后天习得者，这毋庸多言；其次，脱口秀节目中出现辩论场面是家常便饭，而在积极的辩论中，人们会不自觉地加快语速，这也对非母语主持人提出了更高的要求；最后，有些嘉宾并非职业广播人，对于直播间，特别是话筒可能会有天然的恐惧，而人在紧张的时候就更容易语速加快。这些复杂情况主持人都必须能够应对。

克服了语速的挑战之后，主持人还必须对对象国语言中的口语表达及俗语应用有尽可能多的了解。在脱口秀节目中，当聊天气氛非常热烈、谈话参与者情绪高涨的时候，口语、俗语，甚至网络用语会在不知不觉中被大量使用，这就要求主持人必须对相关知识有

足够的了解,才能够使谈话顺畅地进行下去。

倘若节目嘉宾是个爱玩文字游戏的人,或是喜欢引经据典的人,那么对中方主持人的要求就更高了:不仅语言能力本身必须过硬,还得博闻强识,并有余力去玩"脑筋急转弯"。

此外,其他谈话参与者的讲话习惯也可能造成理解障碍,例如吐字不清、音量偏小、地区口音浓重,这些都会增加主持人的理解难度,影响节目效果。

2. 遭遇理解困难时的处置建议

那么,要是万一遭遇理解障碍呢?具体情况需要具体分析。

(1) 没理解的部分不重要,不影响对对方表达的整体意思的理解,那么应该抓住主要矛盾,放过次要矛盾,努力使谈话顺畅地进行下去,不能卡在一个地方张口结舌。

(2) 主持人没理解的部分可能听众也无法理解。一种可能是对方思路没理顺,表达不清。这时可以追问,让对方做更明白的表达,在帮助听众理解的同时也为自己争取更多的反应时间。另一种可能则是对方用了一个特殊的表达,那么不妨让对方解释一下,也许碰巧会为节目增加一些趣味性。笔者最常搭档的外籍主持曾在法国电台工作过,是非常专业的主持人,语言风格生动活泼,因此和他的"交锋"中出现的有趣表达也特别多。举一个例子:笔者的搭档曾在节目中用过"tu veux pas cent balles et un Mars"这个表达,直译为"你想要一百颗子弹和一颗火星吗",简直不知所云。但研究这个表达的来历就会知道,"cent balles"此处对应的是一百法郎,而"Mars"则指的是一种法国很常见的巧克力威化品牌,而合起来这个表达的意思是"你还想要什么?"[①],如果用时下中文流行语来讲就是"你咋不上天呢?"从这个表达的来历就可以看出,这其实是一个20世纪八九十年代在法国一度流行的俗语,如今的法国90后都未必了解,那么我们的受众也许同样听不懂。于是笔者顺理成章地要求他做出解释,并在明白来龙去脉之后顺带取笑一下他的"过时流行语",表示自己"还年轻,别叫我老奶奶的表达把我带坏了"。于是,一个小小的"没听懂"危机顺利化解,同时活跃了节目气氛。

(3) 没理解,但是不方便问。这种情况就只能动用智慧,根据前后的对话内容去猜一猜,并作出恰当反应。笔者某次在《学中文》板块中提到了"continent"(大陆)这个词,笔者的搭档便问,是"des continents"(复数大陆)还是"un continent"(单数大陆),其中单数的"un continent"还可以理解为发音完全相同的另一个词"incontinent",意为"大小便失禁"。搭档其实是玩了个文字游戏。笔者因与搭档非常熟悉,结合他的表情和肢体语言意识到此处有一个文字游戏,但毕竟才疏学浅,当时并不知道"incontinent"这个词,于是说了一句百搭的话:"中文不区分单复数,所以你也不用担心这个了。"顺便鼓励一下受众学习中文。这样的临场反应当然不完美,但在节目中遇到此种情况也不可能停下来去查字典,只好先想办法使谈话进行下去,过后再补上这一课了。这只是一种救场的做法,而提高语言水平,扩大词汇量才是正途。

3. 恰当表达是关键

在脱口秀节目中,听懂对方的意思只是第一步,更重要的是把自己的意思以恰当的方式表达出来。依笔者之浅见，非母语主持人应从以下几个方面提升自己。

（1）提高语速

上文提到过谈话中要适应母语谈话者的语速，事实上，自己表达的时候也必须跟上对方的语速。试想，脱口秀的参与双方，一个连贯流畅、妙语连珠，另一个磕磕绊绊、吭吭哧哧，那么受众的收听体验想必也不会愉悦。因此，要想增强节目的可听性，必须苦练口语，令自己的语速与搭档或嘉宾相匹配。

（2）在不影响节目流畅度的前提下尽量减少口误

外语学习者在口语表达中容易有的一个习惯是，边说边考虑自己说出的句子语法是否正确，特别是在法语中，时态、变位、性数配合都是需要考虑的因素。如果不留意这些要素，就可能在口语表达中犯很多错误，影响受众的收听体验，因此语言基本功的锻炼再怎么强调都不为过。但是另一方面，如果过于注重自己讲出的句子是否符合语法规范，甚至于讲话之前需要长时间酝酿打腹稿，或者一句话说出之后发现语法不正确，就匆忙更正，那么就会大大影响节目的流畅度。

事实上，脱口秀中有大量的即兴表达，难免出现口误，即便对于母语者来说也是一样。而有些口误是不会影响理解的，甚至听者也许都注意不到。因此，在实际操作中，精力分配的优先级必须弄清楚：第一，最重要的是确保对对方的话及时作出反应，不使谈话中断；第二，努力让自己的思维速度远高于语速，这样便可以从容地边说边想，边想边说，哪怕一句话开头时还没想好要说什么，说出三四个词之后就已经有了应对之策；第三，在保证谈话流畅进行的前提下，应注意尽量少犯语法错误，提升语言质量。但同时要注意的是，如果口误会造成严重误会，意思完全相反，甚至涉及口径问题，那么即便牺牲节目流畅度也必须立即予以更正。

（3）使语言贴近受众

为数众多的外语学习者都曾遇到的尴尬局面是，聊起政治经济可以海阔天空，谈起家长里短却立时词穷。说起欧盟机构能让母语谈话者佩服得五体投地，却不知道抹布或者甜菜根怎么说。我们讲出来的外语似乎总让对方觉得是在同一个老学究进行正式谈话，而缺少一些生活气息。对于从未在对象国长期生活学习工作过的人，这种现象尤其突出。在脱口秀节目中偏偏要不得正襟危坐的学究范儿，而应该用受众喜闻乐见的日常用语、俗语，甚至网络热词来表达。这就要求非母语主持人时刻保持学无止境的心态，不断提高自己的语言水平，并力求贴近对象国受众实际，保持旺盛的求知欲和好奇心。

（4）打造个人风格

在语言水平足以应付日常工作所需的时候，打造出鲜明的个性风格就成了对主持人更进一步的要求。脱口秀是非常容易展示个人风格的平台，也只有聊出风格才能避免节目流于俗套。笔者在生活中是一个喜欢开玩笑、喜欢说俏皮话的人，在节目中便也努力用外语演绎本色自我。恰巧笔者的搭档也非常爱开玩笑，这样两人的风格就很统一，搭档起来也十分默契。

例如，某次节目中我们讲的一个故事中提到了"faucon"（鹰），而"faux cons"与这个词发音完全相同，意为"假的傻瓜"。因此对于"你是否见过鹰"这个问题，笔者给出的回答是"假的傻瓜我没见过，真的傻瓜倒是见过一大堆"，搭档立即明白了这个文字游戏，并委屈地问"为什么你说这话的时候用异样的眼光看着我？"于是两人大笑，节目的气氛也就自然而然活跃起来。

每个人都有自己的风格，有人成熟稳重，有人春风化雨，有人插科打诨，只要打造出自己鲜明的风格，并令自己的风格与节目契合就是应提倡的做法。

4. 遭遇表达困难时的处置建议

作为一名非母语主持人，就算持续学习，不断提升自己，就算提前非常仔细地做好案头工作，也终归会遇到临场想表达却不会说的情况。此时考验的就是临危不乱的定力和灵活应变的临场反应能力了。曾有一种说法：美国西部的农民平均只会 800 个英文单词。此处不讨论这种说法是否确切，美国农民当然也不需要去做电台主播，但这不妨碍我们从中得到启示，那就是，只要活学活用，词汇量的欠缺是可以弥补的。沟通的秘诀在于交流的双方能够彼此理解。假如某人在某个领域钻研得很深，懂得很多该领域的专业术语，而谈话的另一方并不长于此，那么这人用很多专业术语与对方交流，这样的交流效果就不会好。广播的受众定位是普通大众，用平实的语言去讲述大众的故事就很好，某领域的专业词汇掌握不足在笔者看来并不是什么大问题。利用自己已掌握的词汇去灵活地表达自己的意思才是便捷的解决方案。

当然，这并不是说扩充词汇量就不重要，掌握大量词汇当然是最好的，无论聊什么话题都能信手拈来。这也应该是每一位外语主持人孜孜以求的长远目标。

二、脱口秀主持人应具备的其他素质

过硬的外语水平对于用外语做脱口秀的主持人来说只是基础，是必要条件，而非充分条件。正如不是每个中国人都可以成为中文电台的主持人一样，用外语做主持也不是只会外语就够了。脱口秀主持人还必须具备很多其他方面的素质。

1. 过硬的政治素养

新闻工作者担负着以科学的理论武装人，以正确的舆论引导人，以高尚的精神塑造人，以优秀的作品鼓舞人的重任。[2]因此，过硬的政治素养是主持人担此重任的保障，对于身处国际传播一线的外语主持人来说就更是如此。如何在使节目流畅进行的同时正确把握导向，这是极大的挑战。

（1）自己的政治立场要稳。平时必须重视理论学习，提升自身政治素养。不仅在大是大非面前立场明确，在谈话的细节中更要保持高度的敏感。脱口秀节目中一定要注意把握尺度，既不能缩手缩脚，也不能因此思想松懈。

（2）在此基础上还必须仔细研究对象国语言中对一些敏感词汇的处理，这样才能用恰当的字眼去表述恰当的内容。例如，法语中 islamique 与 islamiste 两个词就必须注意区分，前者指的是"与伊斯兰教相关的"，而后者原意是"忠于伊斯兰教义的"，但在当今大环境下，该词越来越多地与"伊斯兰激进主义"联系起来，而逐渐偏离了原意。这样一来，在实际使用中就必须非常小心，谨慎选择用词，避免误会。

（3）要注重与外籍搭档的配合。节目之外的私下交流中应注意用合适的方式提高外籍搭档的政治敏感度，帮助他们了解我国的政策、立场、口径。

（4）在日常直播的过程中，需时刻保持高度的精神集中。一旦聊得过于天马行空有触碰底线的苗头，就必须及时把缰绳往回牵。同时需注意不能生硬打断，而应该用圆滑的方式，不露痕迹地化解危机。

（5）保证正确的宣传口径并非不能批评或禁止不同声音。对于不良社会现象该批判要批判，但应注意评论全面客观，必须坚持巩固壮大主流思想舆论，弘扬主旋律，传播正能量，同时把握好时、度、效，增强吸引力和感染力。③

2. 互动中把握话语权

如何在与母语者的高语速对话中掌握谈话的主动权，也是非常考验主持功力的。

在脱口秀节目中，既要给其他谈话参与者充分表达意见的空间，又不能被其他人牵着鼻子走。中方主持人必须从头至尾牢牢把握话语权，按照预先设定的节目进程自然地引领谈话的方向。这一方面必须有过硬的外语水平作为支撑；另一方面仅有外语水平又是远远不够的，必须多参加相关培训，多自学多积累，锻炼自己的主持能力。

3. 内外兼修，不断提升自己

上文花了很多笔墨强调了外语水平的重要性，但须知外语只是工具，是载体，而脱口秀节目中所要表达的内容则是与主持人的综合素质密切相关的。广博而深厚的科学文化知识是主持人必备的基本素质。任何一个主持人都很难做到上知天文下知地理，但主持人应该在精通几门知识的前提下也涉猎各个领域，努力使自己成为"杂家"。

中央电视台为了进行电视节目主持人职业素质评价指标体系研究，曾进行过一次主持人、电视台领导及专家三种问卷调查，由他们选出主持人的 10 项重要职业素质，其中排在首位的就是知识水平，可见知识水平对主持人的重要性。④脱口秀节目从某种角度来讲，也是主持人将自己的知识见解分享给受众的过程，而在大量的信息输出的过程中，我们经常会感到自己知识的匮乏，必须不断进行补充。在信息大爆炸的时代，一个节目主持人必须不断增强自身对信息的敏感度，要能够捕捉到具有重要价值的信息，不断扩充自己的知识储备。⑤

诚然，每期节目之前主持人都必须做功课，可以在编辑的协助下查找资料准备内容，但毕竟脱口秀节目不可能原文读稿，而且搭档主持或嘉宾也不可能完全按照预设的内容去聊，所以相当大一部分内容都需要主持人临场发挥。这样一来，要做出有内容有观点有质量的节目，就要求主持人有深厚的积淀，真正做到胸有丘壑，厚积薄发。

4. 保持与对象国信息同步

脱口秀节目的话题常常来源于社会热点，这就要求主持人必须密切跟踪时政，不仅要跟踪本国时政，同时还要关注对象国时政。笔者这里说的"时政"不单指政治经济领域的"硬新闻"，同时也指包括各领域的社会热点在内的"软新闻"。只有真正做到与时俱进，才能在其他谈话者谈及的时候正确理解其中的指向，进而做出恰当的回应。

这里再举一个简单的例子："mais allô quoi!"这句话在法语中并没有实际意义，如果仅看字面简直不知所云。事实上，这个短句是三年前法国一个电视真人秀节目女主角娜比拉·贝纳提亚（Nabilla Benattia）的口头禅，因此红极一时，常被用于表示"非常无语"的感受。而现在因其已过气，这个短句又被赋予了一丝嘲讽的意味。这其中的微妙之处，只有与对象国保持信息同步才能准确把握。

5. 苦练沟通技巧

主持的本质是沟通，脱口秀节目对沟通技巧的要求就更高了。主持人与临时受邀的嘉宾之间也许没有太多默契，但我们又需要嘉宾能够放得开，知无不言，言无不尽。这种"交浅言深"的情况对于主持人和嘉宾双方都是挑战。用风趣活泼的话拉近自己与嘉宾之间的距离，扫除初识时的拘束感和防卫心理，⑥让不习惯广播环境的嘉宾尽快放松下来，才能把一场陌生人之间的谈话变成一期气氛活跃、充满观点碰撞的脱口秀节目。

6. 灵活应变的能力

应变能力是指应付突发事件的能力，它是一个人的知识、智慧、性格和心理素质的综合体现。以上所有对基本功的强调和对百科知识的积淀最后都需要主持人在合适的时机展现出来。脱口秀节目主持人在主持中常常会碰到某些意想不到的情况，无论是设备出现故障，还是嘉宾所带来的不确定因素，这都需要主持人临危不乱，面对突发状况第一时间懂得变通，随机应变，灵活处理。有时候，良好的应变能力也能使节目更加出彩。

三、结语

综上所述，用非母语做直播脱口秀节目对于主持人来说是非常大的挑战。要胜任这项工作必须"活到老，学到老"，保持旺盛的求知欲和好奇心，不断提高自己的外语水平，不断充实自己，丰富内涵，并密切跟踪国内外大事，同时也不能忽视对主持技巧的锻炼，只有这样直播脱口秀节目才能越做越好。

（作者单位：中国国际广播电台法语部）

注释：

①《Wiktionary 对此表达的解释》，https：//fr.wiktionary.org/wiki/cent_balles_et_un_Mars。

②《江泽民同志在全国宣传思想工作会议上的讲话》，《党建》，1994年（Z1）期。

③《习近平总书记在全国宣传思想工作会议上的讲话》，2013年8月19日。
④ 李殿云：《主持人的职业素质》，《中国广播电视学刊》，1997年第5期。
⑤ 王茹君：《广播社教直播主持人应具备的素质》，《通讯世界》，2014年12月。
⑥ 李小文：《说好难说的话》，光明日报出版社，2010年版。

参考文献：

仲梓源：《电视新闻播音主持教程》，中国传媒大学出版社，2008年版。

浅析"南海之声"频率的主持人定位

高 楠

一、引言

"南海之声"是国家广电总局 2012 年年底批准成立的中国国际广播电台外宣广播频率,该频率于 2013 年 4 月 9 日正式开播。目前,"南海之声"采用汉语普通话、英语、越南语、马来语、菲律宾语和印尼语六种语言,通过调频、中波和短波三种方式广播,节目内容包括国际资讯、音乐、文化等,节目覆盖菲律宾、越南、印尼、马来西亚、新加坡等南海周边国家、我国海南省本岛以及南海海域。预计"南海之声"广播将覆盖海外人口 4.5 亿人,国内人口 50 万人左右。

"南海之声"频率一方面利用广播手段培养我国边境地区民众的国家意识,另一方面,面向南海上的渔民、驻岛工作人员、驻地部队、海上钻井平台工作人员以及各国来往船只、商旅人士等受众播报时事新闻,播放中文歌曲,介绍中国发展情况,同时提供天气预报、台风海啸预警等服务信息,在宣示国家主权的同时,有效提升我国核心价值观的影响力与辐射力,增强中华民族的自信心与凝聚力。

目前,"南海之声"致力于打造三个平台:一是打造传递中国政府致力于与周边国家友好共处,合作共赢,增进彼此情谊的沟通平台;二是打造建设"平安南海"的灾害预警平台,为在南海海域作业的中外渔民有效送达新闻资讯、气象信息等重要资讯,提升海洋气象预警信息的触达率;三是打造海洋气象、维权执法、灾难救援等海洋管理执法部门加强沟通与信息共享的平台。同时,通过内容建设、渠道建设等来提高频率的传播力和影响力,着力打造成具有特色的南海区域综合传媒。

成功的、具有品牌影响力的广播频率,离不开主持人这一重要元素。实际上,主持人就像频率的窗口,受众通过这个窗口了解频率,如果窗口的作用达到了效果,即拥有准确的主持人定位,那么就在很大程度上可以帮助频率的品牌塑造。因此,准确的主持人定位是塑造频率品牌的一个重要手段,同时,频率品牌的塑造也需要主持人的契合,二者是不可分割的。

有鉴于此,作为全新的外宣媒体,只有明确"南海之声"主持人的定位,才能逐步扩大频率影响力,树立频率品牌,从而增强中国同周边国家友好往来的社会和民意基础,这也对我国外交事业有着重要的支持作用。

二、"南海之声"频率的环境分析

明确频率主持人的定位,首先要了解频率所处的环境。"南海之声"当前所处的环境纷繁复杂,具体分析如下。

1. 政治外交环境

多年以来,中国和一些南海周边国家在南海问题上存在争端。近几年,个别声索国出于自身利益的考量,与一些国家里应外合,煽动炒作南海问题,使原本能够成为和平、合作的海域,再度纷争频现。

不仅如此,个别国家还在非法侵占的岛礁上建设了机场、电讯等基础设施,并借助地缘优势加强广播覆盖,其广播内容很大部分涉及南海争端,对华针对性极强。相较之下,我国在南海区域却一直没有大功率的发射台进行有针对性的有效覆盖,存在着巨大的海上覆盖盲区。

因此,"南海之声"的开播,填补了我国在南海地区的传播空白,起到宣示我国国家主权,配合我国周边外交战略,传递中国政府致力于与周边国家尤其是南海周边国家友好相处、合作共赢的政策主张,传播中国价值观,最终提升在南海周边地区的影响力的作用。

2. 经济环境

"经济发展环境是直接影响和制约媒体品牌传播的关键性要素,也是媒体品牌传播的实现性因素。"[1]

良好的经济发展状况能够推动媒体迅速扩张,使媒体地位不断提高。而如果没有雄厚的经济基础,媒体的发展只是空谈。

"南海之声"目前落地的区域海南省位于我国最南端,是仅次于台湾岛的全国第二大岛。1988年,海南省成为我国第五个经济特区,因此,在多年的发展中获得了许多政府支持,旅游业和房地产行业一直是当地较为重要的经济支柱。2010年1月4日,国务院发布《关于推进海南国际旅游岛建设发展的若干意见》(以下简称《意见》)。《意见》指出我国将在2020年把海南初步建成世界一流海岛休闲度假旅游胜地。这一战略的发布为海南的经济发展打开了更广阔的发展空间。伴随着海南经济的快速发展,传媒产业市场化程度也越来越高,同时也迎来了新的发展契机。

当前,海南处于经济发展上升期,人民生活水平不断提高,拥有汽车的家庭也越来越多。由此而来,广播成了最大的受益者。这些都为"南海之声"的发展提供了良好的环境与新的发展机遇。

3. 社会文化环境

"社会文化环境是指一个国家、地区和民族长期流传而形成的文化氛围,它是一种复杂的总体,包括知识、信仰、艺术、道德、法律、风俗和任何人作为一名社会成员获得的所有能力和习惯。"[②] 社会文化深刻地影响着人们的价值观、消费观念、工作观念和生活观念等。大众媒体存在于具有一定的文化背景的社会中，因此受特定的社会文化环境的影响。

"南海之声"作为面向南海区域的专属广播媒体，目前以海南为中心，未来还将覆盖我国的广东、广西，同时辐射南海周边的国家和地区。目前，在"南海之声"的落地区域海南，社会环境有如下特点。

首先，该地海洋等资源较为丰富，受众文化程度普遍较低，民众生活安逸、舒适。这种渔民、农民混合型特点的生活方式是现今当地地域性生活的状态。

其次，由于沿海的地理属性，当地人民对关于南海周边的黄岩岛、西沙群岛、越南、菲律宾等地的相关信息极为关注。另外，由于渔民较多，常年出海，因此对海上情况十分了解。

最后，在本地人群之中，除了渔民、农民等人群之外，公务员、教师、医生等也是重要的受众人群。这部分人群受教育程度较高，视野开阔，有一定的文化基础，对高端的文化较为渴望。另外，海南作为旅游城市，有着良好的气候条件和生活环境，因此许多国外和我国其他地区的民众也纷纷到海南生活、旅游。这部分人群也是"南海之声"受众中较为高端的一部分群体。

以上环境分析可以作为"南海之声"主持人确立定位的依据。

三、"南海之声"频率的主持人定位

"主持人定位"是一个综合概念，它要求主持人所表现出来的风格、角色必须与频率、栏目的性质、风格相契合。主持人是媒体的代言人，通过主持活动，达到媒体传播的预期效果。基于以上分析可以看出，"南海之声"这一广播媒体，肩负国家主权维护、文化传播、受众信息服务等责任，因此"南海之声"频率的主持人应当体现出是国家主权的维护者、南海知识的传播者、沿海居民的服务者以及中国文化的传播者。

1. 国家主权的维护者

中共中央总书记、国家主席习近平于 2013 年 10 月在周边外交工作座谈会上发表重要讲话时强调，"做好周边外交工作，是实现'两个一百年'奋斗目标、实现中华民族伟大复兴的中国梦的需要。要着力维护周边和平稳定大局，维护周边和平稳定是周边外交的重要目标。要着力加强对周边国家的宣传工作、公共外交、民间外交、人文交流，巩固和扩大我国同周边国家关系长远发展的社会和民意基础。广交朋友，广结善缘，把中国梦同周边各国人民过上美好生活的愿望、同地区发展前景对接起来，让命运共同体意识在周边国家落地生根。"[③]

媒体传播在一定程度上会受到来自国家或地区的政治法律环境等因素的影响。而对外传播媒体还会受到国际政治局势以及国家之间外交关系的影响。作为覆盖南海区域的多语种的综合区域媒体,"南海之声"是服务于国家外交大局的重要外宣媒体,因此更受到南海周边外交关系的影响。

因此,"南海之声"的主持人,在参与节目传播的过程中,应该更好地配合我国周边外交战略,传递中国政府致力于与周边国家尤其是南海周边国家友好相处、合作共赢的政策主张,维护我国在南海的主权,为把南海建设成为和平与和谐之海,为国家的发展提供强有力的舆论支持。

2. 南海知识的传播者

长期以来,一些南海周边国家借助地缘优势加强广播覆盖,传播的内容具有很强的对华针对性。而我国在"南海之声"开播之前,在南海区域却没有一座大功率的发射台进行有针对性的传播覆盖。无论是南海周边的其他国家,还是我国沿海各城市的居民,都对南海的历史、文化了解很少。因此,作为"南海之声"的主持人,应该从自身做起,不但要掌握与南海相关的各种知识,也要将这些内容通过节目传递给南海周边的国内外受众,使大家能够客观、清晰地认识南海问题。

3. 沿海居民的服务者

在当今互联网飞速发展的时代,信息已经成为与物质、能量并重的维持人类社会生存和发展的三大要素之一。个人生活离不开信息。人们已经习惯了根据天气预报增减衣服,根据路况信息选择道路,参考网上信息做各种决定。社会系统更离不开信息,社会越发达,分工越精细,越需要信息系统持续运作。因此,面对这样的信息环境,主持人首先要知道受众需求、社会焦点、生活热点、百姓冷暖。也就是说,主持人需要为受众梳理信息、精简信息、传递信息,使信息有节、有序、有趣地呈现在受众面前。

一项针对"南海之声"受众收听习惯的调查发现,新闻资讯类广播节目以 55% 的比率成为听众最为关注的节目类型,其次是大众娱乐、音乐类节目。而其他类型节目则处于辅助性传播地位。

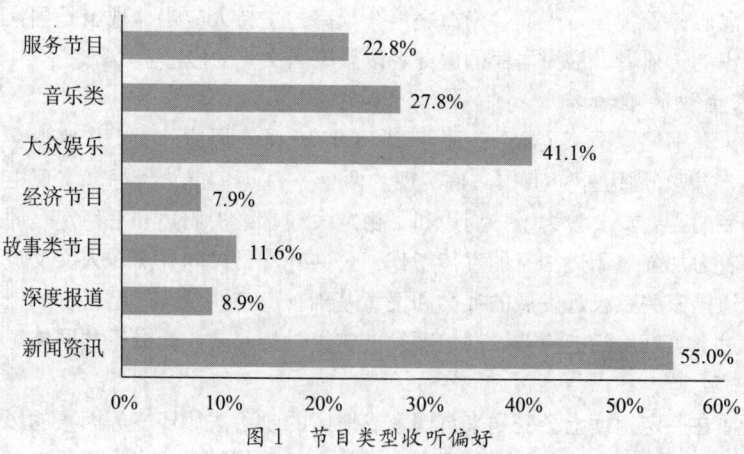

图 1 节目类型收听偏好

从对服务类节目题材偏好的调查可以看出，本地交通信息的需求占据了主导地位，天气预报信息的需求位居第二；另外，当前，在南海周边的国家和地区中，海上渔民人数众多，因此对于气象和渔业等信息的需求十分强烈，包括渔民在内的大部分民众极其关注广播中诸如台风等沿海地区自然灾害的最新讯息。但是目前该区域媒体提供权威、详细的海洋信息内容并不多。

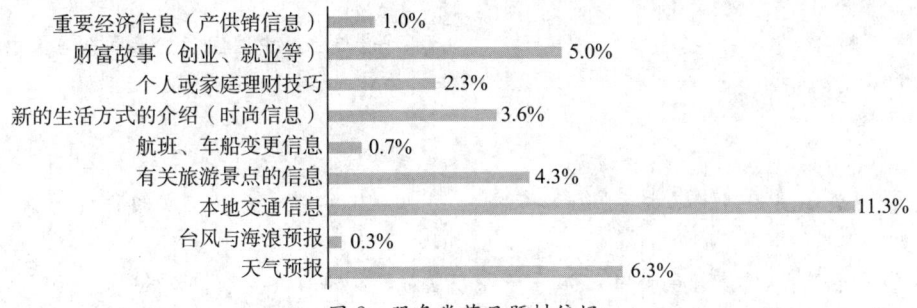

图2　服务类节目题材偏好

由此可见，"南海之声"的主持人应化身"信息的使者"，在节目中为南海周边的居民提供新闻信息、气象海洋服务信息、娱乐信息等，也可以通过现在发达的新媒体手段（微信、微博等）为受众提供各类方便、快捷的信息。除此以外，还可以为当地受众多介绍其他国家或地区的社会制度、地方管理的经验等内容，通过海外华人的视角，讲述中外差异和生活感受，从而使受众获得社会发展和生活经验，拓展视野。

4. 中国文化的传播者

目前在南海周边国家和地区，广播媒体的内容除了本地信息之外，就是对华针对性极强的、涉及南海争端的相关内容，这对于我国的内政外交及社会稳定极其不利。为此，"南海之声"要根据差异化的原则，通过先进的外宣理念和做法，契合受众的需求，深入受众内心。与此同时，由于当前中国整体实力增强，在南海周边地区的影响力与日俱增，所以，南海周边国家和地区对中国文化、生活、历史和音乐的内容需求也越来越大。

因此，"南海之声"作为国际化区域媒体和重要的外宣媒体，应该在传播中国文化、树立中国形象方面发挥重要的作用，这样才能在传播过程中，潜移默化地影响南海周边国家和地区。"南海之声"的主持人，也应该积极创作推出体现中国文化和价值观的节目内容，体现品牌文化，并将自身定位为国际化、区域化、富有人文特色的形象，体现自身文化特色，将中国文化传播出去，满足当地受众需求，同时提升我国在南海周边的软实力。

四、结论

任何一个媒体都希望准确定位，在受众心目中形成良好的品牌形象，使其产生依赖感和忠诚度，这其中就包括主持人的成功定位。

基于以上分析，笔者认为，"南海之声"的主持人应该定位为：国家主权的维护者、南海知识的传播者、沿海居民的服务者以及中国文化的传播者。正是通过以上的定位和具体举措，"南海之声"的主持人才能在认清当前媒体环境之后，逐步吸引受众群体并使其产生忠诚度，从而建立自己的品牌，产生影响力和传播力，在传播中国文化和宣示我国在南海的主权方面发挥重要的作用。

(作者单位：中国国际广播电台华语中心)

注释：

① 王庚年主编：《媒体品牌战略研究》，中国国际广播出版社，2013年1月版，第6页。
② 朱春阳：《传媒营销管理》，南方日报出版社，2004年1月版，第56页。
③ 《习近平在周边外交工作座谈会上的重要讲话》。

驻外记者

关于驻外记者做好突发事件报道的几点思考

王 潇

新媒体时代，突发事件易在极短时间内迅速成为焦点和热点，产生巨大的新闻价值，成为新闻媒体争夺的高地。笔者在澳大利亚驻外工作期间，对马航 MH370 事件、悉尼林德咖啡馆人质事件等震惊中外的重大突发事件进行了全程报道，深感做好突发事件报道对记者认识和实践两个层面都有较高的要求，从一定程度上看，能否准确、及时报道突发事件反映了记者乃至新闻机构的整体实力和综合素质。

一、突发事件的新闻价值

突发事件，是指突然发生，造成或者可能造成严重社会危害，需要采取应急处置措施予以应对的自然灾害、事故灾难、公共卫生事件和社会安全事件。[①]重大突发事件具有很高的新闻价值，主要表现在影响力、接近性、及时性、显要性、冲突性等方面。

（1）影响力。影响力是衡量突发事件新闻价值最重要的指标。突发事件往往对社会运行和人们的生产生活造成非常重要的影响，易在短时间内迅速成为焦点，并随着事件进展持续吸引公众注意力。如马航 MH370 事件，因其事发突然，机上 239 名人员来自 15 个国家和地区，涉及几十个家庭，加之失踪原因不明，事发后迅速占据全球各大媒体头条，牵动了整个世界，成为全球关注的重大突发事件。

（2）接近性。接近性指新闻与受众的接近程度，包括地理、利益和心理等方面的接近，其中以利益接近最为重要。通常重大突发事件因为关系到民众切身利益，甚至会引起一定程度的恐慌。比如，2011 年 3 月 11 日，日本强震致使福岛核电站发生泄漏，辐射性物质还顺风飘到中国、俄罗斯等地。核辐射不仅给电站周边的民众正常生活蒙上了阴影，甚至使周边邻国产生担忧。

（3）及时性。及时性指新闻事件的新近发生和及时传播。新闻事件的发生与传播的时差越小，新闻价值越大；时差越大，新闻价值越小。媒体对突发事件的响应速度直接影响媒体的利益和影响力，所以许多媒体都在提升及时性和响应速度上下工夫。在突发事件报道的及时性方面，以 BBC、CNN 等为代表的欧美主流媒体处于领先地位，一定程度上反映了当前国际上传媒之间实力及影响力的对比情况。

（4）显著性。显著性指新闻事件的参与者及其业绩的知名程度。新闻事件的参与者的地位和业绩越显著，新闻价值越大；反之，新闻价值越小。一般来看，围绕知名人物发生的事件能够吸引广泛的关注，具有较高的新闻价值。2017 年 2 月 13 日，金正男在马来西亚遇刺身亡，立即成为全球媒体报道焦点。金正男是朝鲜现任领导人金正恩兄长，也曾被已故朝鲜领导人指定为接班人，背景显赫，加之朝鲜特立独行的形象和围绕权力斗争发生的种种隐秘联系，金正男的动向历来为外界高度关注，他的突然死亡谜团更是成为各大媒体争相报道猜测的焦点。

（5）冲突性。冲突本质上是观点和利益不可调和的产物，它们打破了现状，并且富有戏剧性，能够紧紧抓住受众的注意力，往往具有较高的新闻价值。2004年美军在伊拉克的"虐囚门"事件，让美国国防部颜面尽失。哥伦比亚广播公司刊登美军虐待伊拉克囚犯的照片是本次事件引发全球瞩目的开端。哥伦比亚广播公司的报道深刻揭示了多重矛盾和冲突，置于冲突之中的力量包括：美军、囚犯、反战人士、人权组织、伊拉克民众等。

二、突发新闻报道的原则

新闻报道有原则，突发事件报道对原则的把握要求更高。如果缺乏对突发事件新闻原则报道的清醒认识，会严重影响媒体的声誉，甚至对国家形象产生影响。综合来看，突发事件报道应该掌握以下几方面原则。

（1）时效性原则。时效性是新闻最重要的要素之一。《纽约时报》前副主编罗伯特·斯特说："如果第二次世界大战之前，新闻界普遍认为，最没有生命力的东西莫过于昨天的报纸的话，那么今天的看法就是：最没有生命力的东西莫过于几小时以前发生的新闻。"在突发事件报道中，时效性尤为重要。特别是在新媒体时代，谁能在报道的及时性上领先一步，谁就掌握了对某一突发事件的话语主动权。

（2）客观性原则。一个事件能成为新闻，首要条件就是客观性。只有对重大突发事件进行客观、公正的报道，给受众呈现真实、可靠、全面的信息，才能树立媒体的权威性和公信力。新闻记者在遵循客观报道的前提下，可以把自己对突发事件的判断和认识巧妙隐匿于字里行间，也可以用目击、亲身感受、直接叙述的方法传递新闻，这样更易引发受众共鸣，达到更强烈的传播目的。

（3）人文原则。"所谓人文关乎的是社会文明、人伦、秩序、教化，涉及人对自然、社会以及自身的探索与思考。"②注重人文关怀是新闻工作者所必须具备的素养。突发事件报道尤其是灾难性事件报道，最重要的原则之一就是体现人文关怀，要始终把对人的关注放在中心。要通过报道帮助受害者获得希望，坚定信心。从这个角度看，新闻工作本身就是一种人道主义的事业。

三、突发事件报道的几个要点

突发事件发于偶然，演进发展迅速，极易成为关注焦点，成为新形势下各类新闻机构争夺受众和市场的制高点。做好突发事件报道，特别是对于驻国外记者来说，需要从以下几方面着眼。

1. 未雨绸缪、有备无患

突发事件报道短时发力背后体现着真功夫，需要做大量细致扎实的工作。一方面，突发事件报道往往涉及多个环节、多个部门甚至是多个单位。驻外记者要在梳理总结的基础上，努力使报道工作流程化、模板化、标准化，使各种要素有机组合、各方力量密切配合、各个流程紧密衔接。另一方面，要加强学习培训。突发事件报道工作对记者综合业务能力提出较高要求，从事突发事件报道工作的往往也是业务骨干。驻外记者应该经常参与实战化模拟演练，不断提高业务能力和水平。此外，要及时配备最新的采编设备，利用科技力量提升工作效益。突发事件报道对驻外记者的耐力、毅力、勇气等提出全方位的挑战和考验，因此做好心理与身体准备同样非常重要。

2. 第一时间、第一现场

当前，新媒体和自媒体对于突发事件的爆料往往比传统媒体要快得多，但是这并不意味着传统媒体没有了用武之地。相反，网上资讯纷繁复杂，公众需要记者发挥身处一线的优势，尽可能了解更多事实和细节。

以马航MH370客机搜寻工作的报道为例，笔者认为"第一落点"能否做实，关键在于能不能第一时间走进事件发生的中心。

2014年3月8日，从马来西亚吉隆坡起飞的马航MH370航班在飞往北京的途中失联，200多名机组人员及乘客生死不明。消息一经披露立即成为全球媒体的头条，全世界都在关注飞机的去向。

3月17日，马来西亚政府基于失联飞机的飞行数据分析推测飞机可能飞向南印度洋，澳大利亚随即宣布主导在南印度洋的搜寻工作。笔者作为时任驻澳大利亚记者在最短的时间赶赴搜寻指挥现场珀斯，并开始现场报道。报道过程中，笔者有两点体会尤为深刻。

首先，面对突发事件，在报道中充分发挥驻外记者的前方优势，要努力凸显第一现场。笔者驻守在各国搜救飞机起降的皮尔斯空军基地，第一时间获取到搜寻的最新发现，发回的直播连线中常常伴有现场嘈杂的声音，音质也许不一定理想，但是确实真实反映现场的情况。比如，在一次搜寻的新闻发布会后，笔者同后方做直播节目的新闻连线。但是由于新闻发布会的位置是在停机坪，而下一个架次的搜救飞机需要起飞，记者被工作人员要求立即离开，只好边撤离边连线，其间还夹杂着工作人员的催促和笔者走路的声音。如果追求广播节目的清晰和音质，这不是一篇佳作，但是作为突发事件前方记者的报道，听众感受到的是现场的真实情况，收听效果反而更好。

其次，要将触角延伸至四面八方，第一时间获取关键信息。第一现场是信息集散地，但并不意味着信息可以唾手可得，独家消息更是各家媒体争夺的重点资源。如何获取信息源挖掘新闻，需要驻外记者主动出击，广交朋友。在报道马航MH370客机的报道中，笔者利用使领馆资源和同行信息，成功获得登上美军搜救船采访的机会，并专访中国搜救团发言人，采写到了生动的现场报道。

3. 拓展深度、持续追踪

在突发新闻报道中，传统媒体没有办法快过新媒体，但是可以扬长避短，将重点放在"第二落点"上，通过前方记者与后方编辑部的沟通策划，做出深度报道。

以马航MH370报道为例，笔者并不满足于更新实时消息，通报每日的搜寻进展，还着手挖掘幕后故事，从两个方面入手，做出特色。

第一个方面，笔者关注澳大利亚当地人对于失联客机搜寻的态度。澳大利亚政府主导在南印度洋的搜寻工作花费是巨大的，听众是否会好奇澳民众对政府此举的态度？笔者通过采访自发前来悼念失踪乘客的当地民众，表现出在悲剧发生之时，人们跨越民族国家的界限相互慰藉的人道主义情怀。

第二个方面，笔者关注澳大利亚华人华侨对于失联客机搜寻的态度。MH370上的乘客超过半数是中国人，这不仅牵动着国内听众的心，也引起当地华人华侨的极大关注。笔者通过采访当地华人华侨，表达了华人华侨在危难关头团结一致，互帮互助的深厚情谊。

突发事件往往发生在瞬间，让人猝不及防，但它持续进展，其成因、新闻价值和影响，在事件的不断发展中逐渐清晰，要满足公众对信息更深层次的需求，需要我们进行持续追踪报道。

以悉尼林德咖啡馆人质事件报道为例，2014年12月15日，澳大利亚悉尼发生震惊中外的咖啡馆人质劫持事件。一名阿拉伯裔男子劫持二十多名人质，并打出疑似恐怖组织伊斯兰国的标语。经过长达17个小时的对峙，警方发起强攻，行动造成枪手和一名人质死亡，3人重伤。

笔者全程报道了这起突发事件，实时更新事态发展的最新消息，并挖掘新闻背后的故事，形成第二落点。笔者注意到，人质事件发生后，澳大利亚出现一定程度的排外情绪，认为恐怖事件和海外移民有关，尤其是来自于中东国家的移民，这对澳大利亚的国家安全造成威胁。笔者采访了澳当地人发起的"与你同行"活动，他们用与穆斯林移民一同出行的行动化解恐怖主义试图在人民心中形成的恐怖和仇恨阴影，引发听众的思考。

4. 融合传播、共同发声

近年来，新媒体发展迅猛，微博、微信、客户端不断改变着报道形态，拓宽了新闻的渠道。面对新媒体的冲击，传统媒体必须增强与受众的交流沟通，不断开辟传播的新渠道，扩大报道影响力。

笔者在多年的新闻实践中切实感受到，社交网络对于传播突发事件现场声音、影像等具有显著的优势。以悉尼林德咖啡馆人质事件悼念活动为例，笔者除了发回采写的录音报道之外，还在微博、微信等新媒体客户端发布了大量的现场图片，事发地马丁广场铺满前来悼念的民众摆放的鲜花和礼物，图片极具震撼力，在微博和微信上获得大量点赞和转发，起到了很好的传播效果。

当然，媒体融合报道对记者提出了更高的要求，即必须掌握从采访、拍摄到网络推送等各项技能，做全能记者，只有掌握了这些新手段，才能在媒体融合的新形势下胜出。

5. 多方联动、形成合力

突发事件报道是一个综合性、系统性工程，需要集各方资源形成有效的合力。一方面要前后方形成合力。驻外记者在报道一线往往单兵作战，但始终要牢记报道工作是组织行为，在选题、报道计划等方面密切与后方沟通，有效完成报道任务。另一方面要密切与媒体同行的协作。一个记者的知识面、能量、精力总是有限的，组织稿件的能力也是相对弱的，只有与中国驻当地记者之间、与国外媒体同行之间，互通有无，相互补充，协同作战，才会产生复合效应。此外，还要拓宽人脉关系网络。记者的调查能力、报道能力在很大程度上取决于人脉网的密度和广度。做好突发事件报道，必须在建网、用网上下工夫。这方面，要密切与中国驻外使领馆、当地华人华侨之间的联络，更重要的是要拓展驻在国当地人朋友圈，打造灵敏的信息网络触角。

四、结语

突发事件报道是当前媒体竞争的高地和综合实力的写照。作为一名驻外新闻记者，要深刻认识到突发事件报道的重大新闻价值，精准理解突发事件报道原则，娴熟把握突发事件报道要点，在实践中不断提升能力水平，产出集实效性、生动性、深刻性为一体的高水平新闻作品。

(作者单位：中国国际广播电台英语中心)

注释：

①《中华人民共和国突发事件应对法》，2007年。
②李小娟：《浅析〈鹖冠子〉的人文关怀》，《西南农业大学学报（社会科学版）》，2012年第8期。

参考文献：

彭朝垂：《获奖消息赏析》，人民日报出版社，2001年版。

积极参与构筑国际话语权，讲好中国故事
——新时期驻外记者工作方法与任务探究

毕 磊

自 20 世纪 80 年代我国广电系统对外派驻记者以来，涌现出一大批优秀的驻外记者，他们向世界介绍中国、向中国介绍世界、向世界报道世界，为提升我国的国际影响力、塑造中国形象发挥了重要作用。时代变迁，中国在全球的影响力已经远非三十多年前能比，也对我国驻外记者如何做好报道工作提出了新的挑战。本文将围绕驻外记者的工作方法，阐述新时期驻外记者应该如何迎接新挑战，在向中国介绍世界的同时，积极参与构筑国际话语权，讲好中国故事，争取民心相通。

一、新时期对外传播的新特点——提高中国的国际话语权

随着中国的崛起，为配合中国"走出去"以及"一带一路"的建设需要，同时响应习近平总书记的号召，加强对外传播能力的建设，驻外记者的队伍已日渐壮大，且日渐年轻化。国际传播的蓬勃发展对驻外记者新闻采编能力的要求也日渐提高，特别是针对驻外记者的思维方式和采访方式都有更高的要求。国际传播的任务主要是妥善应对各方的质疑和舆论挑战，为经济发展创造和平、稳定、健康的外部环境；以"硬实力"带动"软实力"的输出；在冷战后西方国家主导下形成的国际关系体系中提高中国的国际话语权、增加中国因素的重要性和必要性日益凸显。

如何让国际传播更有效、更真实、更具说服力，核心是提高中国的国际话语权，我们的驻外记者面临着更大的挑战。要提高话语权，就需要改革僵化的报道方式，要用驻在国社会听得懂的话、鲜活生动地说出我们要传达的内容，比如，要宣传"一带一路"倡议，除了对我们的基本政策主张原则进行宣传报道外，还要结合驻在国的实际，找到某个具体的项目，通过项目实施给当地社会增加就业发展经济带来的好处，来印证我们所倡导的构建人类命运共同体、与世界共享发展机遇的理念。当然，新时期的对外传播不仅仅是为了抢占舆论高地，还要为普通民众服务，为他们提供有关中国的全面、客观、公正的信息，提高他们在当地社会的能见度和对中国的全面了解。

二、作为驻外记者要及时变通融入，切忌固守原有报道流程

越是传播业发达的地区，被采访对象应对媒体的经验越充足，在面对记者的时候，就

越能自如地讲出自己的观点和立场,言论的自由度和语言表述内容的宽泛程度都处于较高的水平。同时,东方人比较含蓄,西方人自我表达的意愿更强烈。较之中国被采访者应对媒体时相对中规中矩的回答方式,西方人在受访时要更有媒体经验,回答问题的角度更灵活。因此在进行采访的过程中,应因地制宜地采取适合的采访策略。

1. 对普通百姓进行的常规采访和街头采访

对普通人群进行采访时,应根据采访对象所处的媒体大环境、应对媒体的经验和敏感度采取有针对性的提问方式。例如街头采访时,针对社会类新闻或突发事件等问题,"是不是特别好?""是不是起到了积极作用?"之类在国内采访的时候比较常见的主观先行、立场引导等采访技巧,在驻外采访的时候应该避免使用。在西方街采时经常遇到路人有一些批判性的看法,对待外媒的态度也多样化,还有些对社会主义国家有偏见,回答问题时会挑战中国主流的政治思维。所以采访时不宜先入为主地导入自己的观点,这样容易引起对方的反感。

2. 采访政治人物和媒体明星

面对长期与媒体打交道的政治人物和媒体明星类人群,有时我们的驻外记者还不如采访对象媒体经验丰富。在这种情况下,记者更应注意采访策略的调整。

首先,应适当加快采访节奏,切忌铺陈太多,直接抛出核心问题,鼓励对方将正反两面的观点表述全面。这样可以提高采访对象谈话中的有效信息量,使得采访内容丰富,素材可采用度也因此提高。

其次,在适当的时候要提出一些有挑战性的问题,比如在民族文化和个性等方面,切忌刻意回避有争议的话题。有时也可以寻找被采访对象言谈中的问题或逻辑漏洞进行针锋相对的辩论。在采访西方政客和媒体精英的时候要善于利用反问句,反问例子,也可以针对性地准备问题来挑战对方。例如央视驻北美记者王冠在《今日俄罗斯》节目中面对关于南海问题的挑战性的问题,不断利用对方的逻辑漏洞反诘,把问题抛回给对方,从而得到更有冲击力、更激烈的回应。

3. 采访还应体验和融入

在驻外记者工作中,为了了解事情始末,确保报道准确翔实,除了主要的采访手段之外,观察和交流也有不可忽视的作用。作为驻外记者,有时对驻在地社会情况了解不是很全面,尤其是在体育、文艺或习俗类的软性新闻方面有所欠缺,更有一些浅层次的新闻资料,比如对社会文化的观察了解,都需要通过和当地人的交流或亲身体验进行全面地理解和掌握。唱歌、喝酒、参加狂欢节跳舞都是体验方式,融入生活、融入语言环境,是获得报道资料的最直接有效的方式。许多习俗的成因和传承通常与多种因素密切相关,这些因素包括一个国家的历史、人文、气候甚至与邻国的关系,只有置身其中才能获得全面信息。有些信息看似零散实则丰富全面,有助于了解当地的社会环境和民族性格,而这些都是作为驻站记者必备的知识储备。

三、用当地的思维方式捕捉鲜活新闻与讲好中国故事的契合点

1. 以当地媒体的角色代入讲好中国故事

习近平总书记指出,讲中国故事是时代命题,讲好中国故事是时代使命。"中国故事"的概念内容非常广泛,几乎所有关于中国的报道都可以归结为中国故事,那么作为站在面对世界展示中国最前沿战线的驻外记者,"讲好"中国故事的方法,就是做好关于中国的外宣工作的方法,需要我们不断地探索。

新闻故事"符合绝大多数人的喜好,容易与受众形成情感互动,以致达到共鸣,而且连续性的新闻故事能更好地维持受众接受信息的积极性,进而将这种积极的情绪转移到相应的媒体上,有利于媒体培养受众的情感忠诚度"[1]。

讲好中国故事的关键就是讲好中国发展故事及其背后的发展理念,做好"三位一体"——自塑、他塑、共塑。首先,要把握报道原则,把握住我们主要的政策主张、紧跟国内形势,吃透各个文件讲话倡议战略的精神,以此为基础挑选对外宣传重点。其次,要找准切入点,我国的政策主张有很多,对每个国家要各有侧重,不能大而全,每个国家的经济建设和政治体制都不尽相同,即使面对相同的政策主张,各个国家的解读和关注点也有很大差别。做好宣传报道的关键就是站在驻在国的角度思考,以当地媒体的角色代入,有针对性地进行报道。最后,报道方式要鲜活生动,要使用当地人听得懂便于理解的方式,除了介绍概念还要结合实例以及当地的现实情况,避免纯填鸭式报道,将对象国根本不关心的东西内容一笔带过。

下面以中欧班列针对波兰受众系列报道为例浅谈对外报道中如何以当地媒体角色代入。班列是指按照固定车次、线路、班期和全程运行时刻开行,往来于中国与欧洲以及"一带一路"沿线各国的集装箱国际铁路联运班列。中国媒体的报道角度主要侧重在"一带一路"倡议下,中欧班列的规模逐年壮大,班列数量和线路越发多样,途经诸多中国城市,出口各地特色商品的价格优势、时效性优势、提高资金周转率,铁运正成为越来越多高附加值产品出口的首选,逐渐扩大涉及进出口报关代理、国外清关、国外派送等服务。而以波兰媒体角色代入,报道思路就应着重笔墨于在"一带一路"的诸多对外倡议中,针对波兰政治、经济、文化的具体措施有哪些;在从中国发往中欧的多趟列车中,具体哪班列车将途经波兰的主要城市、出口什么商品、与波兰的哪些行业息息相关等。而对路段其他国家、地区简要带过,用大篇幅讲解政策落实到波兰之后带来的实际效益,比如以波兰苹果为例,解读波兰通过中欧专列运往中国的产品在中国的反响和销路问题。

2. 驻外记者到达现场有利于触达真相

突发事件产生时,有驻外记者出现在第一现场报道并发出自己的声音是驻外记者站的意义所在。驻外记者站在信息获取的内容和渠道方面是不及当地媒体的,但新闻事件突发时,驻外记者的及时出现就是驻外媒体存在的价值。驻外记者要获取第一现场新闻素材,

将新闻通过其独到的视角传播出来,并具有其独立的新闻观点,这是保证新闻新鲜度的重要方式。反之,一条新闻百家用,或只靠编译获取新闻是绝不可取的。

比如,章公六全祖师像一直供奉在福建大田县阳春村林氏宗祠普照堂,直到1995年被盗。2014年10月1日起,这尊肉身佛像就在匈牙利自然科学博物馆展出,但一直不为人知。2015年2月下旬,西方一些英文媒体对其进行报道后开始引起人们关注。最初我国网络媒体出现的这则报道取自对英文媒体报道的编译,文中对这尊坐佛的描述极其模糊,佛像的名字"柳泉大师"也是直接从英文翻译所得,直至我国驻外记者前赴匈牙利进行实地采访,从我国记者拍摄的画面中显示,佛像为坐姿,目光柔和,从一旁展示的蒲团上可以看出"六合"二字,而之前英文媒体报道时却将蒲团形容为"a piece of cloth"(一块布片)。我国驻外记者发回系列报道后,村民发现这尊宝像极其疑似福建省三明市大田县吴山乡阳春村1995年被盗的"章公六全祖师"宝像。从而展开了认证、交涉、寻回的后续事件。

以匈牙利展出六全祖师佛像事件为例,只有中国记者才能分辨出蒲团以及上面的汉字是有意义的,而外国记者就只觉得那是"一块写了汉字的布"。不在第一时间到达现场,仅凭当地记者报道,就不可能掌握真相。

建立本国的报道立场和视角,只有本国的驻外记者去到事发现场,才能清晰地知道事件的始末。在这种极具中国特色的"中国故事"领域里,驻外记者更应发挥其作为优秀新闻人的特质,追求新闻独立性与真实性,为国内外的受众呈现出更真实、更完整的中国形象。

四、主动参与当地媒体中国议题设置,影响中国话题讨论,构筑国际话语权

1. 与当地媒体和媒体同行交朋友

驻外记者在驻在国的消息来源一般是通过订购当地通讯社电讯稿、看电视、听广播,以及关注脸书等当地流行的社交媒体得来。因而相较当地媒体信息滞后,这时就体现出与媒体和媒体同行建立起良好关系的重要性。

通常需要获取的最基本但是最有效的线索就是"去哪""找谁"。2012年欧洲杯波兰主题曲《Koko Euro》是由八位波兰大妈演唱的,引起了国内民众的好奇,当时国内某央媒驻波兰记者通过官方路径多番寻找无果后,请当地的媒体朋友帮忙,几分钟之后就联系上了采访对象。

而在诸如撞车、龙卷风、恐怖袭击等大型突发情况发生时,当地记者的信息必然更为及时畅通,我们的驻外记者无论在新闻进展还是关键人物的出现等方面基本很难获得第一手材料。在部分情况下,因新闻突发事件的发展方向不容易掌握,抵达事件现场却并没有可用的新闻点,此时在获取最新情况且有效跟进方面也都需要当地媒体同行的帮忙。

2. 积极向当地媒体同行取经

当地媒体同行因为先天优势，对本国问题的了解相对全面和深入，我们的驻外记者应多与他们研讨。一个国家民族性格的成因，战争背后的隐情，党争的历史遗留问题以及宗教对事件的影响等方面都需要驻外记者深入、多角度地了解，有时媒体同行私下的看法和想法也会提供事件常规的、文化政治类观点上的帮助，社会类新闻和重大突发事件的背后必定存在诱发的多种原因，只有对背景体系了解得清楚、详尽，才能溯本追源，做好贯通始末的报道，而避免产生不必要的误会和报道失误。

3. 主动参与中国议题设置，构筑国际话语权

2016年2月19日，习近平总书记在党的新闻舆论工作座谈会上指出，要加强国际传播能力建设，增强国际话语权，集中讲好中国故事。新的传播竞争需要我们的驻外记者利用身处驻在国的优势，积极主动参与当地媒体有关中国的话题讨论，现身说法，直接参与构筑国际话语权。

在媒体融合的新形势下，公众媒体仍然是当今国际关系发展中极为流行的、公开的重要信息通道。研究驻在国国情、文化习俗、历史背景，成为集记者、新闻评论员、国际问题专家多方面素质于一身的驻外记者，并在与驻在地媒体的交往过程中，利用当地的公众媒介，包括传播媒体、互联网和出版物等多种话语平台作为入口，让世界通过这些平台了解中国的真实国情和对国际事务的意见，是国际台驻外记者所肩负的新责任。

五、结语

在新时代、新形势下，如何更好地提升国际传播能力，以实现增强国际话语权、讲好中国故事的目的，是每一个新闻人特别是驻外新闻人的责任与义务。驻外记者应深入全面了解驻在国，加强与驻在国媒体的密切合作与交流，更好地为两国之间的互相理解贡献力量。在这个极具挑战的环境中，驻外记者们必须全方位提升自己的新闻采编能力，因地制宜地设置有效的采访方式，更及时、迅速、真实、客观、独到、专业地传播本国与驻在国的时事资讯。

同时务必提高公关能力，积极参与当地媒体的中国议题设置，影响其关于中国的报道话题，主动构筑国际话语权。以当地媒体和公众能接受的方式听我们的驻外记者讲述中国故事。

（作者单位：中国国际广播电台波兰语部）

注释：

① 柯杨：《新闻故事化潜藏的危机——莫斯科人质危机报道方式浅析》，《新闻记者》，

2002 年第 12 期。

参考文献：

1. 冯韬：《受众：改变西方媒体对中国形象负面影响的因素》,《湖北社会科学》,2015 年第 5 期。
2. 梁凯音：《论国际话语权与中国拓展国际话语权的新思路》,《当代世界与社会主义》,2009 年第 3 期（双月刊）。

海外落地

国际台海外落地项目传播效果评估标准探究

王瑞芬

通过十年的努力探索，截至 2016 年年底，国际台通过自建、租时等形式在全球共拥有 100 家左右落地播出的城市电台，仅次于英国 BBC，位于世界第二位；覆盖 50 多个国家的首都或主要城市超过 5 亿人口，全球化覆盖程度大大提高；每天用 47 种语言播出 3000 小时落地节目，实现精准化本土传播。多数海外落地城市电台已逐步成为当地主流媒体，影响高端受众、主流舆论和国际事件走向的能力进一步增强。

同时，本土化节目制作量进一步提升，每天本土化节目制作量达到 305 小时；本土化制作节目语种更加齐全，有 22 个语种节目实现本土化制作，特别是加大了蒙古、巴基斯坦、缅甸、土耳其等重点国家的小语种节目制作，本土化员工队伍规模达 400 人，当地雇员占 95%。节目制作室全年采访对象国国家元首、政府首脑、外国使节等高端人群 200 余人。像泰国曼谷调频台等部分城市电台已逐步实现广告收入，本土运营能力明显增强。

2016 年，国际台国际传播能力建设进入第十个年头，已经形成广覆盖、全媒体、本土化、综合化的媒体传播集群，在国际台海外布局不断升级优化的同时，传播效果评估、品牌推广和节目制作等方面相对薄弱。国际台海外落地电台与新闻集团、BBC、CNN 等全球化发展几十年的西方媒体相比，媒体知名度还相对较低，品牌影响力还无法与之相提并论。

如何提升国传项目的影响力，真正将海外媒体做成当地主流媒体，除了科学优化布局、增加投入，更需要设计一套有针对性的传播效果评估指标，建立一个多元化的传播效果评估体系。本文基于对国际台海外城市电台长期管理的实践总结，着眼于目前国际台海外传播项目的特点，主要讨论如何对海外城市电台科学分类分级，实事求是建立有针对性的评估标准。

一、效果评估的必要性

国际传播是指"跨越国界的大众传播，即主要依靠大众传播媒介进行的跨越国界的信息传播"[1]。其目的是"信息接受国了解信息输出国，培养其友善态度和合作愿望，并创造一个有利于信息输出国的国际舆论环境，取得最高程度的国际支持和合作"[2]。传播效果评估是探究传播活动对人们态度与行为的影响，并探寻利用大众传播手段和传播技巧更好地达到说服受众的目的。

尽管现在中国的经济发展举世瞩目，但国际舆论格局并未改变。据统计，世界上每天传播的国际新闻80%来自西方媒体。国际传播成为维护国家利益、影响国际秩序的重要手段。

国际传播从属性上讲是跨文化传播，需要多样化和差异化的语言、内容和渠道，注重受众反馈与互动。③研究国际传播效果，探寻对不同国家、不同民族、不同政治经济背景、不同文化价值的传播技巧、传播手段，充分尊重受众的文化习俗、价值观念、认知习惯等，不断优化议题设置和内容形态，以影响对象国受众的行为和态度，从而达到为信息输出国营造良好的国际舆论环境之预期。

简而言之，传播效果评估之所以重要，是基于传播末端的受众需求分析，从而调整传播理念、传播手段，实现有的放矢、精准传播，最终实现于我有利的国际舆论环境。

二、分级分类确定海外项目性质

目前，国际台在全球共拥有100家左右海外落地电台，遍布全球，受所在国政治、经济、与我国的外交关系等因素影响，每家电台的建设和运营方式、当地媒体政策、市场环境、传播受众都不一样。从运营模式、节目生产方式、效果监测等角度，可以将海外项目分为三大类。

第一类，经援、自建项目。此类项目，根据建设背景，分为经援和自建两类。经援是在商务部的支持下，主要集中在非洲，通过经济援助当地广播电视台，我国获得一部分播出资源，播出国际台的对象语言节目，例如柬埔寨、刚果（布）、坦桑尼亚、利比里亚、瓦努阿图、萨摩亚等项目。自建项目，是国际台在当地租用场地，自己购买设备、发射塔等基础设备，建设广播电台的硬件设施，播出国际台的节目。自建项目主要分布在亚洲、非洲、大洋洲等欠发达地区。这一类电台播出的节目完全由国际台对应语言部门制作成品节目，打包通过卫星或公共网络传送到当地电台播出，前方没有国际台派出人员。第二类，与当地国家台直接签署协议项目。此类项目，合作方是当地国家级广播电台，国际台租用国家台时段，播出本土化制作及对应语言部门制作的节目。如：租用巴基斯坦国家台时段，播出由国际台自建的巴基斯坦节目制作室和国际台总部乌尔都语部制作的节目；孟加拉项目，租用孟加拉国家台时段，播出国际台孟加拉语部制作的节目，尚无节目制作室。第三类，市场化运作项目。在国际台无法直接进入的国家和地区，需要通过当地的媒体公司运营，根据当地媒体市场价格租用广播频率，节目由国际台和前方制作团队共同制作。国际台总部对应语言部（中央厨房）提供成品节目或节目素材，通过卫星或公共网络传送到前方，前方有公司化运作的节目制作团队将中央厨房的节目素材本土化包装后播出。此类项目，大量节目主要通过前方制作团队采集制作，本土化程度高，部分地区有国际台驻外机构或台派人员。

但每个国家的媒体政策管控及媒体市场环境不同，同为市场化运作的项目，需要进一步细分为商业类和公益类，商业类电台一般可采用通行指标评估，而在美国、加拿大、澳大利亚、新西兰开办的华语台则多为公益类媒体，无法套用商业台标准。1. 可标准化评估的传播项目：在欧洲以及亚洲、非洲市场化程度较高的国家，国际台租用当地商业电台的时段，播出当地母语或官方语种节目，受众为当地国民，此类电台自然会被纳入当地第三方媒体数据调查公司调查范围，故商业化运营的项目可直接从调查公司购买传播效果数据。如土耳其、泰国、葡萄牙、西班牙等项目。2. 须要特殊对待的美国、加拿大、澳大利亚、新西兰四国项目（简称"美加澳新"项目）：在美国、加拿大、澳大利亚、新西兰四国，主流媒体均为商业运营，已经瓜分了所有最好的广播频率资源，外来媒体只能租用当地的多元文化台或只针对某一族裔的社区台。国际台属于最晚进入上述四国的外国媒体，只能通过当地合作伙伴租用非商业类的多元文化台时段，播出语种主要为华语或双语（华语为主，英语为辅）。如美国旧金山、美国休斯敦、加拿大温哥华、澳大利亚墨尔本等项目。这些电台在申请执照时已经明确规定了是商业类还是公益类，并对播出语种、时数、节目来源做出了明确的限制，其受众和传播效果自然也就受到了限制。美加澳新的多元文化和社区台多由少数族裔媒体、社团和宗教团体运营，被定位在公益类或者公共服务媒体，起着"精神脐带"和"沟通桥梁"①的作用，既传播祖国或祖籍国的信息，抚慰移民们的怀旧思乡情绪，满足精神生活的需要，又要提供居住国的各种信息，是当地政府与移民群体交流沟通的最重要渠道。此类非营利媒体还可以申请政府或某些基金会的资助，均不在独立的第三方媒体数据调查公司的目标范围内。此类项目要获得和商业台一样的传统标准的传播效果数据不切实际，需要专门委托调查公司有针对性地收集效果数据，费用高、时间长，非一般电台所能承受。迄今为止，自己出资请专业公司做收听率调查的只有美国多元文化集团一家，该公司所辖40多个频率分布于美国各地，为了商业化经营，不得已才花费30多万美元对全部频率做了一次独立的收听率调查。

针对以上项目类别细分，效果评估务必要有所区别，采取不同的对策、标准，一套统一的传播效果评估指标无法适应不同国别、不同种族、不同文化背景的国际传播现状。

三、现行效果评估指标的局限性

目前，根据上级管理部门的效果评估要求，对国际台海外项目效果评估的指标体系主要包含传播力、公信力、影响力三大指标，大指标向下还有细分的测评点，具体如下。

（一）传播力

传播力指标主要衡量媒体的基础建设质量、内容生产能力、覆盖和发布能力，下设测评点包含传播平台及接收终端的技术参数（如发射功率等）、有效覆盖范围及人数、有效传播时段、日节目播出总量、本土节目制作量等。

（二）公信力

公信力指标主要衡量媒体及媒体传播内容在海外的认知、认可和赞誉程度，下设测评点包含权威性、认可度、议题设置水平、品牌影响、媒体活动、驻外使领馆评价、国际机构人士评价等定性指标。

（三）影响力

影响力指标主要衡量媒体在海外传播和运营的客观效果，下设测评点包含收听（视）率、受众反馈数量、受众市场份额、转引率、营业收入等定量指标。

上述三个大指标所构成的现行评估指标基于国内广播市场制定，具体到国际台的海外项目评估，存在两个明显的矛盾。

首先，该标准适用于市场化程度较高的商业类电台的效果评估，市场化程度较低的非洲、亚洲项目无法适用；其次，该标准针对主流商业化广播媒体，针对公益类的少数族裔多元文化台和社区台无法适用。

在国际台海外项目评估实践中，总会遇到项目实际效果和评估标准的矛盾，有些项目用现行评估标准评测，拿出的数据很没有说服力，似乎这些项目没有存在的必要。但放在更大的背景下，这些看似没什么传播效果的项目却发挥着至关重要的作用。例如，国际台原本在悉尼租用的华人社区台 Radio 2000，停播华语节目后不久，中国驻当地总领馆即反馈，反华势力趁机在当地开办了 3 个频率，原 Radio 2000 的华语受众大量流失。Radio 2000 华语听众俱乐部成员 18 万，占悉尼地区华人三成多。但该台不在当地调查公司的目标范围内，无法提供标准的收听率。

因此，面对这种矛盾，国际台的海外项目评估需要打破现行的评估标准体系，建立一套从实际出发、真正定位准确、抓住每个海外项目核心测评要点的评估标准。

四、效果评估标准根据项目实际分类设计

对外传播的效果评估，不仅要考察个体的、直接的、当下的效果，还要考虑到与社会政治、经济、文化等宏观要素紧密联系的长远的、动态的效果。[⑤]根据国际台海外项目分类，效果评估应"因地制宜"，抓住要点，而非泛泛而评。

第一类，经援、自建项目。此类项目多集中在非洲、亚洲等不发达地区，是帮助项目所在国经济文化发展的一种国家行为，是为我国营造和平稳定的国际环境、维护我国国家利益和提高我国国际地位为战略目标的。此类项目国际台没有台派人员，是后方制作节目传送到前方，前方只实现播出。因此，除了"传播力"的一些客观指标，"公信力""影响力"评判指标无从谈起。如果套用现行评估标准，此类项目似乎谈不上什么传播效果，但却承载了国家外交战略的重要任务，其存在本身就是传播效果的重要指标。例如，萨摩亚、汤加项目，其战略意义在于，当我国远航舰队往返南极时，在两国停靠，添加补给。因此，此类项目仅适用"传播力"指标。

第二类，与当地国家台直接签署协议项目。此类项目数量不多，也是集中在亚洲、非洲等不发达地区。因外方合作方是国家台，本身就是主流强势媒体，且这些国家均是与中国友好的国家，因此传播效果毋庸置疑。但这类国家的媒体市场化程度低，没有独立的调

查公司，很难获得基于"公信力""影响力"评判标准的调查数据，也不适用现行评估标准。故此类项目适用"传播力"的评估标准，并重点考评"公信力"中的"品牌影响、媒体活动、驻外使领馆评价、国际机构人士评价"等定性效果评估。

第三类，市场化运作项目。这类项目又细分为两类，若租用当地主流电台则可使用现行的传播效果评估标准，如欧洲、亚洲、非洲部分媒体市场化程度较高的商业类电台，可直接购买第三方数据获得传播效果反馈。

对于"美加澳新"项目，租用多元文化台及社区台，无法进入当地主流媒体体系，不会自动进入独立第三方媒体数据调查公司的调查范围。此类项目要获得传播效果数据需要专门委托调查公司收集效果数据。除需要专门的经费支持外，还需要对评估标准进行专门设计。现行评估指标中的"传播力"无需多议，均属于客观指标，适用所有项目，重点是如何评测公益类电台的"公信力""影响力"。

首先，"公信力""影响力"评测的范围应限定在国际台租用电台覆盖的华人华侨社区。多元文化台放在当地所有的电台范围内测评收听率没有意义，和主流媒体比，多元文化台的收听率必然很低，遑论"公信力""影响力"。将之放在华人华侨社区和特定族裔范围内，符合此类项目的受众传播目标，也能真实反映在同类电台中的传播效果，效果评估才有实际意义。其次，考虑此类项目的真正意义，须评估其与反华舆论抗衡的能力。"美加澳新"项目很大程度上是抗衡这些国家的反华舆论，事实上，反华势力在美加澳新的传播能量不可小觑，如果没有积极正面客观的声音，华人华侨就会收听反华势力的电台。守住这块舆论阵地，政治意义重大。2016年反华势力在美国新开15个调频台，在澳大利亚悉尼新开3个调频台，就是有力的反证。再次，要评估当地政要在该台发声的情况。美加澳新等国均为移民国家，为推动多元文化融合，政府和国会有支持此类多元文化台的专门政策和专项资金。虽然不是主流媒体，如果是较有影响的多元文化台，也会进入当地政要的视野，在竞选或一些其他重要政治事件发生时，当地政要会出现在有影响力的多元文化台发声，以赢得选票或推行自己的政治主张。

针对"美加澳新"项目具体而言，可制定以下指标：

在覆盖范围内同类电台中的收听率；在当地媒体市场的同业竞争情况，例如，该台在当地同类电台中的排名，该台的听众俱乐部成员人数，线下活动的规模、直播节目互动参与人数等；与同类媒体相比，广告数量/运营情况；当地商家针对特定族裔投放的广告数量，公益广告数量等；一个竞选周期内当地民选官员借助该台拜票/宣讲政治主张的次数等。

五、结语

对媒体传播效果进行定性和定量评估，一定要先确定该媒体的属性分类，是经援媒体、商业媒体，还是公益媒体。没有定性的分类，没搞明白媒体开办的目的和承担的任务，而是套用一个标准，则等同于瞎子摸象。

毋庸置疑，商业媒体则用通行的商业媒体评估方法，所谓的独立第三方调查是基本手段。但是国际台在海外运营的国传项目，其中有相当一部分均为国家投入的经援媒体和公益性媒体。对经援和公益性媒体则不能也无法套用对商业性媒体的评估方法。

总之，对于海外项目的传播效果评估，切不可用一个标准一刀切套用所有项目。应切实考虑到各类项目的特性，本着科学务实的精神，实事求是，另辟蹊径，为国传项目设立一套更为科学、可行的效果评估指标，才能获得真实的传播效果，才能指导国际台海外传播项目健康发展。

(作者单位：中国国际广播电台国际合作交流中心)

注释：

①⑤ 程曼丽、王维佳：《对外传播及其效果研究》，北京大学出版社，2011年。
② 张长明：《让世界了解中国——电视对外传播40年》，海洋出版社，1999年。
③ 胡邦胜：《国际传播认识论及其实践意义》，《国际传播》，2017年第1期。
④ 李大玖：《海外华文媒体的地位与作用》，中国社会科学网，http://www.cssn.cn/xwcbx/201401/t20140116_944995.shtml。

影视天地

浅析新媒体时代中国纪录片的新发展

黄文华

  2016年，一部《我在故宫修文物》的纪录片在网络上走红成为热点话题。这个讲述故宫珍贵文物修复故事的纪录片此前在中央电视台纪录频道首播时反响平平，却在网络上意外走红，更吸引了大批80后、90后的追捧者，可见纪录片在新媒体领域的传播优势不可小觑。

  国际传播是通过大众传播媒介进行的跨民族、疆界和国家的信息传播，是推动、实现跨文化交流的重要方式。近几年来我国积极参与国际新秩序的建立，全面提升国际竞争力。提高国际传播能力，讲好中国故事，已经上升为国家的文化战略。"纪录片以影像媒介的纪实性、客观性和真实性容易获得不同文化背景下受众的理解和认同。纪录片作为最国际化、最具文化品格和最具有传播力的文化产品，也是向世界展现中国文化、传播中华文明不可或缺的重要文本"。近年来，我国纪录片市场出现了繁荣景象，越来越多优秀的纪录片走出去，进入海外市场，以真实的影像传递中华民族的优秀文化，以客观的纪录讲述当今中国和平发展的故事。随着传统媒体与新兴媒体融合发展的战略布局，纪录片产业将快速融入到新的媒介形态中。新媒体给纪录片带来了新的发展机遇，纪录片的繁荣也将为国际传播事业发挥更大影响。

一、新媒体与传统媒体融合加速了纪录片的发展

  长久以来，纪录片作为精英文化在某种程度上是"曲高和寡"的，特别是在国内，纪录片的生产主要是以各级电视台为主，自拍自播。但由于纪录片的拍摄周期长、制作成本高、各电视台的投入又有限，导致纪录片产量低，形成不了规模效应；其次中国纪录片往往偏重历史和文化题材，成了高雅的小众文化，仅满足了部分受众的需求；加上视野较封闭，讲述故事的能力弱，导致国际化程度不高，影响力低。纪录片作为大众传媒的形态和展示中国发展进步的重要文化传播载体，只有面向大众才能实现它的审美和社会价值；只有"走出去"才能发挥传播中国文化，展示中国形象的作用。近年来，随着国家新闻出版广电总局加大对国内纪录片产业的政策性扶持，以中央电视台纪录片频道（CCTV-9）和各省市卫视频道的纪录片栏目的开播为标志，国内优秀纪录片开始不断涌现，像《舌尖上的中国》《故宫》《超级工程》《春晚》《我在故宫修文物》等一些高品质的国产原创纪录片让广大受众感受到了纪录片的魅力。特别是《舌尖上的中国》这样具有较高影像品质和文化品位的美食纪录片，一经播出就引发了巨大的社会效应，成为一时网络上关注最多的话

题，而且还快速传播到国外，向世界很好地展示了中国的传统文化和美食。

分析以上作品如此成功的原因，除了自身的高品质外，更得益于新媒体传播快、交互性强的优势。优秀的纪录片往往有着记录社会发展、设置大众议题、参与社会讨论的特质，如果好的纪录片仅在电视台单一渠道播出，势必局限了众多年轻的"手机一族"的观看，传播效果将会受到很大的局限。新媒体颠覆传统媒体的信息传播模式，受众观看纪录片不再受时空的限制和平台的限制，可以随时随地观看，同时还能进行在线评论和转发分享。根据中国互联网络信息中心（CNNIC）近期发布的《第38次中国互联网络发展状况统计报告》，截至2016年6月，我国网络视频用户规模达5.14亿，其中手机用户达到了4.4亿。在全球化时代，互联网将世界上所有的国家和地区连接起来，只要能连接上网，世界上任何人都能获取任何疆域的信息。互联网改变了传播空间和时间，使文化交流和国际传播的形态更加丰富和多元。纪录片不再是电视台的专利，中宣部、新华社、中国国际广播电台等国家媒体机构也开始组织拍摄纪录片，众多民营公司和新媒体机构更是抢滩纪录片市场，爱奇艺、腾讯、优酷、搜狐等视频网站纷纷开设纪录片频道，同时加大了自制原创纪录片的力度。新的媒介催生了新的形态，近年来出现了大量适合网络传播的新媒体纪录片、微纪录片等。纪录片不再只是高投入大制作，门槛的降低，使纪录片周期更短、成本更低，题材更丰富，让很多纪录片的制作者重拾信心。

中国国际广播电台作为国家重要外宣媒体，顺应媒体发展趋势，已从单一的传统广播成为现代综合的新型国际传播机构。国际台目前拥有65个传播语种，在海外有100余家合作机构，探索确立了"多媒体融合、全媒体发展"的业务格局。近年来国际台发力新媒体视频业务建设，积极探索中国纪录片国际化传播的有效方法，创作了不少优秀的纪录片作品。比如百集旅游纪录片《你好，中国》《你好，俄罗斯》，365集文献纪录片《抗战史上的今天》、纪录长片《跨越七十年的感恩之旅》等。新媒体微纪录片更是每年呈几何数增长，《寻梦中国》《南非人在中国》《龙象共舞》《国人素描》《夜幕冰城》《歌者伟华》《丝路上的我们》等均在国内外获得良好口碑，大部分入选广电总局优秀国产纪录片名单。其中《寻梦中国》获中国网络视听大会一等奖，《夜幕冰城》获北京国际微电影节最佳纪录片奖、入围阿斯特拉电影节并进入展映单元，《丝路上的我们》荣获"2016全国网络视听作品优秀国际传播节目奖"、入围2016年美国亚洲丝绸银幕电影节，《南非人在中国》获得"2015年全国网络视听大会纪录片类二等奖"。纪录片的真实客观表达容易获得不同文化背景下受众的理解和认同，是传递中国文化，展示中华民族形象和记录社会发展变化的重要载体。《你好，中国》在俄罗斯开播仅一周，就在俄罗斯普通民众中掀起了"中国热"。《重走丝绸之路》在伊朗国家电视台国际频道等多个台播出，受到伊朗声像组织官员和专家学者的一致肯定及观众的好评。《国人素描》，通过海外平台传播，获得海外受众等认同，他们纷纷表示更希望通过中国普通百姓的故事了解中国的社会、人文、经济等环境。国际台抓住了新媒体发展的机遇，秉承中国故事国际表达的理念，以多语种的人才优势、独特的视角以及丰富的内容，创作出的纪录片均取得了良好的传播效果，为国际传播事业发挥着积极的作用。

二、渠道多元拓展了纪录片传播空间

丹麦学者延森认为传播活动可分为三种不同的维度：第一，人的身体，面对面的交流；第二，以模拟信号传输为特征的大众传播；第三，数字技术，它催生了一对一、一对多以及多对多的网络文化交流与传播，他认为数字技术，不仅具有大众传媒的特征，个人计算机、手机和其他便携设备成为互联网络的终端后，传播再次拥有了人际传播中的互动和多元化的交流模式和特征。

《我在故宫修文物》短短几天，网站的点击量接近 200 万，弹幕数超过 6 万条，说明很多人同时在线参与评论和实时互动。微信公众号和微博的"病毒"式传播使得《我在故宫修文物》赢得了更多的好评，重新引起传统媒体的关注。"数字媒介不仅增加了信息之间的交互性，也增加了传播者之间围绕着信息的内涵和外延的交互性，以及传播平台和传播系统之间的交互性"。根据 eMarketer 的最新数据，2017 年全球网络视频观众数量将增长 8.2%，超过 62% 的网民将收看网络视频。据统计，《舌尖上的中国》在中国有超过三分之二人是通过网络、手机电视、微博等新媒体了解并观看，国外的受众也是先在网络上看到，并在社交媒体上分享。卫报上网友的评论："还没在英国播出，但是这部制作精美的系列片《舌尖上的中国》让我们的那些美食节目黯然失色"。一位叫 Oliver Thring 网友说："节目看上去很棒。希望 BBC 能播一播，可以很好地了解中国"。现在，纪录片的传播已经不再依赖传统电视台，也不再受到体量和时段的限制，互联网使受众只要按鼠标或手指一点，便可以在世界上任何地方观看并和任何人交流分享。

渠道多元拓展了纪录片的国际传播空间。国际台的纪录片《国人素描》在 Facebook、YouTube 等海外平台播出后，网友纷纷表示更希望通过中国普通百姓的故事了解中国的社会、人文、经济等环境。《南非人在中国》在优酷、土豆、YouTube 等国内外新媒体平台和北京卫视、BON（蓝海电视）、英国 Propeller（普罗派乐电视）、南非 ETV 电视台等国内外电视平台播出，受到广泛好评，曾被 BBC、中央电视台、北京卫视纪实频道、《南华早报》等国内外主流媒体采访报道。在世界反法西斯战争暨中国抗日战争胜利 70 周年之际，中国国际广播电台联合国家档案局，策划推出 365 集大型历史文献纪录片《抗战史上的今天》，以真实的历史影像、图片、档案为切入点和叙事载体，"以史料为依据、用事实说话"，打造了一部经得起历史检验的中国人民抗日战争影像史志。各大媒体纷纷报道后，百度搜索《抗战史上的今天》相关结果为 844000 个。该片被翻译成 20 种语言文字，通过国际台的多文种网站向海外播出，上传到 Facebook（脸书）、Twitter（推特）海外社交平台，仅一个月总观看量达 22362 万。从 Facebook 和 Twitter 用户的统计分析来看，主要收视人群来源于美国、加拿大、澳大利亚、日本、英国等地。《抗战史上的今天》通过讲好抗战故事，来讲好中国故事，客观、立体、全方位、多角度地反映中国在世界反法西斯战争中的贡献。

三、"互联网+"改变了纪录片的生态

"互联网+"就是把构建在信息通信技术上的互联网平台与传统产业跨界融合，形成一个由产品、业务和模式构成，动态的、自我进化的连接一切的新生态。

目前从接收终端看，多屏趋势明显，手机端与智能电视多点发力。一方面，网络视频用户不断向手机端迁移。另一方面，随着智能电视的普及，越来越多的中国网民使用电视上网，且呈逐年上升趋势，这为视频用户的增长开拓了新的空间。未来，VR设备也将成为视频厂商争夺的另一个硬件入口。

"互联网+"改变了媒体的格局，也改变了纪录片的生态链，很多主流视频网站开辟了纪录片栏目，目的是构建海量的优质片库来打造一个开放的平台，以优质的内容吸引用户，同时根据用户的习惯，生产创作多类型纪录片满足不同层次的用户需求。"互联网+"纪录片就是要打造和占领新兴渠道和聚合平台，构建立体的传播网络。

"互联网+"时代，新的技术和功能拓展了纪录片产业发展的新思路，"变成一种可以和很多诉求相结合的开放性平台，因跨界、融合创造了很多新的商业模式。"优质内容将推动用户付费习惯进一步养成，高品质的纪录片将作为稀缺资源成为增值消费潜力较大的一个增长空间。未来基于大数据对会员用户的深度运营和需求挖掘，能探索出更多的增值消费方式，丰富各视频平台收入来源。同时，平台通过入口连接更多的纪录片用户，使用户和纪录片创作者的交流和互动变得简单和直接。纪录片创作者可以通过用户的评论来了解用户的欣赏习惯，对作品的创意和故事的表达进行调整。

2014年，在国家新闻出版广电总局的推动和支持下，多家机构联合发起成立了"纪录中国"产业服务平台，依托中国纪录片网，整合行业资源，积极展开"'互联网+'纪录片"的尝试与探索。2016年10月，由中国国际广播电台和"纪录中国"理事会倡议，国内多家纪录片影视机构联合发起组建"一带一路"纪录片全媒体国际传播平台，旨在广泛整合优秀国产纪录片向"一带一路"沿线国家推送，同时吸收国外优秀纪录片，探索在"一带一路"沿线国家中实现中外文化交流与创新合作。该平台依托CIBN互联网电视，以纪录片为核心内容，通过多媒体手段，集纳国内和"一带一路"沿线国家纪录片资源和播出渠道，促进中国与相关国家纪录片行业片源共享、节目互换、业务交流和人才培养等方面合作，同时搭建一个资源汇聚、开放多元的纪录片数据库，建立纪录片与互联网融合的平台。充分利用大数据和交互功能，建设可存储、可检索、可发布的数据库，为优秀纪录片导演和优秀纪录片作品提供规模化、多样化的内容展示平台；为版权方和购买方提供信息互通渠道、增进交流、促成线上纪录片版权自由交易。

由上海广播电视台、广东广播电视台、泉州广播电视台联合制作的纪录片《海上丝绸之路》成为"一带一路"纪录片全媒体国际传播平台启动后上线的第一部作品。该片以沿

线各国的经贸往来、文化交流为出发点，以现实中鲜活的人物故事为主体内容，展示中国历史文化和当代精神风貌，经国际台多语种译制后将在土耳其最大私营新闻电视台 NTV，坦桑尼亚和肯尼亚国家电视台，埃及广电联盟，伊朗声像组织，以色列 10 频道，阿富汗喀布尔新闻电视台，缅甸 skynet TV 等"一带一路"沿线国家陆续播出。目前，纪录片的创作、生产和运营正在走国际化和专业化道路，"一带一路"纪录片全媒体国际传播平台是国际台积极适应"互联网＋"的模式，大力推进媒体的深度融合，充分发挥国际台多语种、多终端、全媒体的优势和新媒体平台的价值，给国内纪录片"走出去"提供更多的空间和渠道，真正成为连接中外文化的桥梁。

当前，互联网正加速重构媒体格局和生态。路透社向全球发布的《2016 年新闻、媒体、技术预测》报告预测，未来五年在线视频量将增长 14 倍，也就是说视频是未来的方向。无论将来如何发展，优质内容依然是媒体的立身之本，纪录片作为高品质的内容形态会越来越受到用户的青睐。5G、人工智能、可穿戴设备等新媒体技术的不断演进，信息载体、传播渠道更新迭代越来越快，均为纪录片的生产和传播提供了更好的条件。"讲好中国故事，传播好中国声音"，中国纪录片应抓住新媒体发展的态势，遵循传播规律、创新内容表达、丰富呈现形式，真实记录中国的发展进程，展示好中国形象，将会迎来进一步的发展繁荣，在国际传播的事业上呈现旺盛的生命力。

（作者单位：中国国际广播电台采集制作中心）

参考文献：

1. 高峰、赵建国：《纪录片下的中国》，清华大学出版社，2013 年。
2. 延森：《媒介融合：网络传播、大众传播和人际传播的三重维度》，复旦大学出版社，2015 年。
3. 张同道：《中国纪录片发展研究报告》，中国广播影视出版社，2016 年。

浅谈如何发挥自身优势打造有竞争力的纪录片
——以纪录片《龙象》为例

毕 玮

近年来，国家大力提倡发展文化事业，纪录片作为文化事业中一个不可或缺的部分，也迎来了新的发展机遇。特别是在中央电视台纪录片频道开播以后，纪录片开始引起受众越来越广泛的关注。从大的趋势来看，中国媒体已经迎来了纪录片的春天。随着纪录片不断增强的国际传播作用，中国国际广播电台（简称国际台）的各个语言部门也开始挑战纪录片的拍摄制作。本文将以南亚中心印地语部原创的系列纪录短片《龙象》为例，来具体阐述如何发挥国际台自身优势来打造有竞争力的纪录片。

一、纪录片对于外宣工作的重要性

首先，我们必须要明确国际台为何要尝试纪录片的拍摄制作？究其原因，并不是为了追赶潮流，而是因为纪录片的创作与对外传播对于弘扬中国传统文化、加强国际交流、增强国家的影响力，有着不可忽视的重要作用。国际台作为政府的喉舌，其宗旨就是"向世界介绍中国，向中国介绍世界，向世界报道世界，增进中国人民与世界人民之间的了解和友谊"，那么，创作出在国际上具有影响力的纪录片，便可以使我们在外宣工作中锦上添花。

国际台制作纪录片《龙象》的初衷就是为了增进中印两国人民之间的相互了解和友谊，在两国间搭建起一座文化传播的桥梁。文化传播是指发生在特定时空范围内，人们的精神追求、行为模式的交流、互动过程，这既包括特定族群、社会内部，也包括不同族群、社会之间发生的文化互动现象。[①]文化传播之所以能够实现，依赖着传播者与接收者对文化具有相似的理解，达成认同，形成文化共享性；并且必须经由一定的传播媒介。

中国和印度同为文明古国，有着相同的东方文化底蕴，现今又同为正在崛起的发展中人口大国。因此，在两国之间进行文化传播很容易达成理解和认同。而且通过纪录片的形式进行传播，能够使受众更容易接受和相信。因为纪录片就是通过拍摄现实生活中真实存在的事物，真实人物、真实空间、真实环境，并通过一系列的后期筛选和加工，来构建一个完整的世界，并把观众完全带进这样一个全新的体验当中。如果一部影片被打上了纪录片的标签，那么就证明这部影片是真实可信的，因为真实就是纪录片的生命！

二、纪录片《龙象》简介

既然我们要以《龙象》为例来阐释如何发挥国际台自身优势来打造有竞争力的纪录片，那么，我们首先来介绍一下何谓《龙象》？"龙"指的是中国，而"象"指的就是全世界人口第二大国印度。"龙象共舞"是为中国和印度友好与合作而提出的一个理念。这不仅是中印两国和平发展的必然选择，也是这两个占世界人口差不多三分之一的大国对亚洲乃至世界和平做出的重大贡献。

《龙象》第一季和第二季均由国际台南亚中心印地语部、采集制作中心制作部、国际台驻印度站记者及印度拍摄团队共同摄制而成。《龙象》每一季共三集，每集分别选取在中国生活的印度人和在印度生活的中国人为拍摄对象，通过两方双城的故事来讲述中国人的"中国梦"，印度人的"印度梦"，以及被拍摄对象为促进中印两国友好交流做出的突出贡献。该纪录片被制作成了中印双语版本，在两国的电视台、网络媒体、社交网站同步推出，反响热烈！

《龙象》第一季荣获中国国际广播新闻奖一等奖，并入选广电总局2015年第一批优秀国产纪录片目录；在中广协会纪录片工作委员会举办的第九届"纪录·中国"创优评选活动中荣获社会新闻类三等奖；《龙象》第二季荣获国际台"十大新媒体产品"奖以及中国国际广播新闻奖二等奖。《龙象》不仅是国际台对现实题材纪录片创作的一次成功实践，也是创新中华文化对外传播方式的一次积极探索。下面，我们就从纪录片《龙象》整个的策划拍摄制作过程来探讨一下国际台应该如何发挥自身的优势来打造有竞争力的纪录片。

三、纪录片的策划

一部优秀的纪录片离不开编导的精心策划，这种策划的理念会贯穿在纪录片整个创作过程当中。而前期的策划则显得尤为重要，包括选题的确定、实地调研、文案的撰写，等等。如果把一部纪录片的摄制比作一栋正在建设中的大楼，那么前期的策划工作就好像这栋大楼的地基。如果地基没有打牢，那么即使大楼建成了，也达不到安全居住的标准。同理，策划简陋的纪录片也无法吸引受众的收视热情，无法达到预期的效果。因此，前期策划是一部纪录片成功与否的关键，在纪录片的制作过程中起到了举足轻重的作用。

国际台如果想要制作出有特色的优秀纪录片，那么一定要善于发挥自身的优势，特别是利用好本台多语种人才和专家的资源优势。在《龙象》的策划过程中，语言部记者和外籍专家就起到了十分重要的作用。印地语部注重创新合作模式，与台内多个相关部门积极沟通，合力策划，并逐渐摸索出这样一种纪录片的创作模式：在前期策划中，由语言部门确定主题，然后语言部门和制作部门合作策划、撰写文案。在合作过程中，语言部门和制作部门相得益彰，根据本部门特点发挥各自的优势。其中，语言部门的优势在于了解对象国的国情特点、受众的喜好和收听收看习惯、当地的文化和风俗禁忌，有相关外籍专家和专业的语言人才。而且，语言部记者经过长期与对象国的交往，在相关的采访和出访活动中积累了大量的人脉关系。因此，在寻找拍摄对象上，也具有很大的优势，由语言部门首先确定纪录片的主题和大致内容，以及负责搜集涉及对象国的相关资料。而制作部门的编导则依靠长期以来对纪录片的策划以及文案撰写的丰富经验，将语言部的想法和搜集的资料进行整合，从而形成一个完美的拍摄文案。经过双方部门的策划和探讨，纪录片《龙象》才得以通过最丰富的手段表现出来。

四、纪录片的拍摄

纪录片的拍摄实际上是一种艺术创作，它要求拍摄主体突出，能够产生一定的美学意义。这就需要摄像师运用拍摄技巧对画面中的被摄体进行取舍。只有视觉艺术丰富的画面，才能够引发观者的形象思维，从而使作品的主题得以升华。因此，在纪录片的拍摄过程中，国际台制作部门的优势就突显出来了。制作部对视频拍摄和制作有专业的团队，积累了丰富的经验和具有一定的拍摄水平。

虽然纪录片的魅力，在于它的"真实"，但是这种真实又融入了编导对人生、对社会的思考。对一个优秀纪录片的摄像师来讲，不在于拍摄的画面构图多么精美，画面颜色多么艳丽，更重要的是摄像师一定要具有编导意识，了解编导的意图，熟悉片子的基本内容和基本风格，创造性地进行拍摄。就编导与摄像间的默契程度来讲，国际台也具有相对优势。国际台采集制作中心制作部的团队成员相对固定，编导和摄影师长期同在一个办公环境当中，有着丰富的合作经验，彼此间已形成默契。而这种默契也在《龙象》的拍摄过程中得以充分的体现。

对于国际台来讲，由于纪录片的拍摄还属于初试阶段，没有形成一定的规模和固定的经费支持，因此，利用台内的拍摄团队可以大大地缩减项目经费的支出。下面，我们就来比较一下外包给拍摄团队与台内制作间的费用差距。以拍摄地为北京、制作5分钟左右的微纪录片为例，外部拍摄团队的报价约为3万元至4万元人民币不等（内含：策划、导演、摄像、灯光、剪辑、音乐、音效、包装、设备等）。但是，如果是台内制作部进行拍摄制作的话，除了解决团队成员在拍摄过程中必须要花费的交通费、工作餐和一些外借设备的租赁费以外，就没有其他额外的费用了。相较之下，在经费有限的情况下，国际台能够拥有一支自己的拍摄制作团队，确实是一笔巨大的财富。

此外，在拍摄过程中，语言部记者也起到了沟通和翻译的功能。由语言部负责外联、随行翻译和后勤服务，为制作部门的拍摄提供了大力的协助。值得一提的是，在《龙象》的拍摄中，印地语部首次尝试与驻印度记者站合作，由驻站记者在当地雇用专业拍摄人员，让其按照国内既定的拍摄文案进行视频素材的拍摄和搜集，寄回的视频素材均达到了令人满意的拍摄效果。

五、纪录片的剪辑制作

在纪录片的剪辑制作方面，国际台最大的优势同样是拥有多语种人才和外籍专家。由于国际台拍摄的纪录片主要是针对国外受众，其主要职能也是为外宣服务。那么，视频节目在剪辑完成后再翻译制作成对象国语言版本就是一项必不可少的工作。特别是那些优秀的适合在全球范围内传播的视频产品，在中文成品制作完成后，如果被翻译成多国语言在对象国同时发布，不但能够扩大该作品的国际影响力，同时这也是对中华优秀文化走向世界以及对国际台知名品牌的推广起到了不可忽视的作用。

纪录片《龙象》通过讲述中印两国普通民众的日常故事向大家展现中印文化的交融。其目的是让更多的中国人和印度人了解彼此的文化和生活，从而增进两国人民间的感情。由于这部纪录片主要针对的是中国和印度的广大受众，因此，在后期制作时将成片译制成了中印双语版本，并在适当的时机在两国媒体同时发布，达到了非常好的宣传效果。

实际上，通过对视频节目印地语版的翻译制作，也为语言部人才提供了更加广阔的发展空间。由于印地语部的工作人员都是传统的采编播人才，没有视频制作经验，因此这项工作对于他们来讲可谓是从零学起。在纪录片后期合成的过程中，语言部人员边学边做，获得了很大的成长进步空间。印地语部也通过这部系列纪录片的摄制培养了一批相关人才。

当然，外籍专家的作用也是不容小觑的。纪录片《龙象》的所有印地语解说词都是由印地语部的一位外籍专家来录制的，该专家曾经在印度主流电视台担任播音主持工作，不论是音色还是播音方式都有着专业水准，为纪录片的印地语版本增色不少。

六、纪录片的发布、推广和落地

作为具有信息发布权的国家媒体，国际台在纪录片的发布和推广上具有先天的优势。同时，各个语言部门也都有相应的网络播出平台和社交媒体账号，以及与对象国媒体合作的方法和渠道，这些都为扩大纪录片的播出面和影响力提供了便利条件。以《龙象》为例，该纪录片曾在中国数字电视频道《环球奇观》（覆盖用户数 7000 万）和印度新德里两家有线电视台 DEN Movies 和 SITI M4U（覆盖用户数 2520 万）播放，荣登国内主流视频网站"爱奇艺"和"优酷"纪录片专题首页推荐，并在"国际在线"的中文网和印地文网、"中华网"的中文网和印地文网、脸书、推特和微信等社交媒体上同步推送，达到了很好的传播效果。

这里需要特别强调的一点是：在纪录片的发布、推广和落地工作中，选择一个正确的时间节点能够起到事半功倍的作用。2014 年，习近平主席出访印度期间，《龙象》第一季首度登场。2015 年，印度总理莫迪访华期间，该纪录片成功落地，在印度有线电视台播放。2016年，在印度召开金砖峰会期间，《龙象》第二季新鲜出炉，在中印两国的电视台及网络和社交媒体同步推送。之所以会选择这些时间节点，是因为只有在此期间，中印两国人民才会格外关注来自对方国家的信息，从而为这部纪录片提供了广阔的传播空间。

此外，印地语部还注重开发《龙象》系列片的附属产品。将该系列片的内容编辑成文字稿件，并配发相关图片在"国际在线"中文网刊发后，被各大网络媒体转载。同时，印地语部将该系列片制作成录音报道形式发布于媒资平台，不仅在本部门的广播节目中得以体现，也为台内更多的部门提供了灵活使用的机会。除此以外，每一季的《龙象》系列片还被制作成精美光盘，作为礼物赠送给中印政府官员、媒体及友好人士等。

七、结语

由此可见，不论是从纪录片的前期策划、中期制作，还是后期推广来看，国际台都完全有能力发挥自身优势，集合语言部门和制作部门的优秀力量，创作出具有竞争力的纪录片品牌产品，让外界看到国际台的视频制作能力。同时，纪录片的拍摄制作也符合国际台视频事业发展的方向，因此可以说这是一种卓有成效、值得推广的纪录片生产方式。

（作者单位：中国国际广播电台印地语部）

注释：

① 吴瑛：《文化对外传播：理论与战略》，上海交通大学出版社，2009年。

参考文献：

1. 肖希茜：《中国纪录片对外文化传播策略研究》，《新闻世界》，2012年第12期。
2. 马得志：《关于纪录片的故事性的一些看法》，2012年。
3. 乔柱子、朱虹：《拍摄纪录片的要点》，《新闻知识》，2012年第9期。

影视包装中动画制作的应用

高涛涛

现在国际交流越来越广泛，交流方式也是多种多样，其中电视是其主要交流方式。影视包装是电视媒体自身发展的需要，是电视节目、栏目、频道成熟稳定的一个标志。而视频制作中的包装，是为了让受众在视频欣赏中进一步了解音视频节目内容，是电视节目品牌形象设计与策划的重要组成部分，好的包装让视频整体赏心悦目，是既服务于节目本身又相对独立的辅助性创作。

多语种视频节目制作和传播是国际台的优势所在，在这样的大环境下能接触到丰富多彩的语言文化和人文特色。各个语言部门都有不同的特色需要用不同的方式来表达，所以制作适合的视频节目包装对传统的影视包装来说是一个挑战。而新型的动画制作应用是影视包装中更新颖、有活力的一种形式。高效地将动画制作应用于影视包装的视频节目中，是目前影视包装所期盼的有效方式，接下来将介绍在影视包装过程中动画应用的一些技巧与心得。

一、影视包装的创意

影视包装的创意是决定影视包装作品的表现内容和表现手段的"点子""主意""想法"，在影视包装中，都要设置高潮或合理安排兴奋点，以达到吸引观众的目的，这是影视包装的关键所在，好的创意才能彰显独特的个性。

1. 创意的深度在于被包装视频的题目拟定

影视包装可定义为：对电视节目整体形象进行一种外在形式要素的规范和强化，这些外在的形式要素包括语言、音响、音乐、音效、图像（固定画面、活动画面、动画）、颜色等。一个包装的制作过程包括调研、定位与策划、总体设计、分项设计和执行。调研包括对观看视频的观众的研究，视频内容分析，同类相似节目包装的比较；定位与策划包括寻找包装的突破口，提取设计的核心理念；总体设计是寻找合适的设计思路进行总体结构，如果偏离了定位和核心理念设计，即使包装最终效果再好，也是不合适的；分项设计是在总体设计的基础上，加强设计的细节，避免对总体设计的偏离；执行是最终包装制作的完成过程。

2. 视频包装制作讲究五大极致

一般的影视包装不论效果完美与否，在制作时应该注意到要尽可能做到五点极致，五点极致包括极真、极美、极简、极繁、极精。极真即细节决定成败，极美即美轮美奂，极简即大音稀声，大象无形，极繁即视觉盛宴，极精即最精良的制作，最精美的效果。如果仔细观看一些包装，例如新闻联播开头的包装，做得很是简洁大方，每个元素都设计的特别细致，讲究真实的元素也会尽量贴近实物，简洁到不会存在有不相关的画面，看上去简单但是细节相当考究，制作过程繁琐，细细品味，都是精心设计，百看不厌。

二、他山之石，寻找传统视频包装的突破口

传统的视频包装一般会使用 AE 等制作软件进行视频包装制作，制作周期相对较短，虽然可选的样式花样繁多，但是一般只是颜色、运动方式、添加的元素增减等小的改动，想做出有自己特色的很难。这个时候动画制作的应用就成了传统视频包装的突破口。

1. 选取除影视艺术之外的其他艺术表现形式

包装的整体过程也是动画运动规律的一种表现形式，动画的进一步添加合成使影视包装更富有艺术气息，吸引观众的眼球，令人印象深刻，二维动画和三维动画，不论哪一种，最终融入到包装里需要简约又繁琐，具有可行度，才可能有意外收获。好的动画添加会准确适度，做不好则会过犹不及，丰富多彩的动画形式使得包装风格多元化，所以在日常制作中需要更多的尝试，用心去做，只有心与心的碰撞，才能找回我们最初的感动。

2. 动画的表现形式

二维动画是指在平面上的画面，纯手绘或者二维软件制作完成后利用纸张、照片或计算机屏幕的显示，无论画面的立体感有多强，终究只是在二维空间上模拟真实的三维空间效果。而三维动画，有 360 度全方位的视角，利用三维软件制作出仿真的立体效果，调整三维空间的视点，能够看到不同的内容。二维动画是三维动画的制作基础，二维与三维动画的区别主要在于它们采用不同的方法获得动画中的景物运动效果。在台内给各个语种节目制作包装的时候，很少会用到三维动画，毕竟三维动画制作需要一定的制作周期，需要耗费的时间很长，如果效果不理想，二维可以很好地修改制作，三维则会很费时间和精力。制作动画的时候不仅前期设计人物和场景、运动方式等，后期的运动规律等也需要较高的审美素养，以及较强的视觉感受和视觉表现能力，要掌握动画的基本原理结构和基础理论，并能在实践中融会贯通，掌握动画的各种表现语言和表现技巧，有较强的专业设计能力和创造能力，当然也需要熟练运用计算机进行专业的辅助设计和创作，比如二维软件的 FLASH、ANIMO、RETAS PRO、USANIMATION 等，三维软件的 3DMAX, MAYA、LIGHTWAVE 等，大多数时候 PHOTOSHOP 的使用次数也很多。

三、包装中二维动画实际应用的具体操作

"德、意、葡语节目开播 55 周年"视频片的制作包装是要求独立的抠像人物，在虚拟的背景下，做出看电视、阅读、上网、开车等一些动画效果。虽然 AE 应用的一些模板效

果可以做出相应的一些效果,但是风格并不统一,内容也不是很贴切,通过动画与包装的联合制作,最终解决了实际制作中所遇到的难题。

1. 二维动画的前期工作

如图1所示,"德、意、葡语节目开播55周年"的包装制作中,就应用到了二维动画。除去脚本和分镜头,设定人物为两个,处在虚拟的各种场景做相关于的看视频,杂志,浏览手机App,游历风景的动作。画面里的人物是独立的个体,在蓝屏背景下拍摄两个人物预先设定好的各自的动作,并虚拟表演出来,然后后期进行抠像,变成单独的图层,而后找到与人物相关的场景,大小与颜色等都是有一定的比例联系的,类似于PS的图层,遵循透视的两个基本要素,即地平线(HL)和消失点(VP)。地平线是观看者的眼睛高度,观众的水平线决定画面的地平线,消失点是观看者的视点与地平线之间通过某物体顶点(或地点)延伸到地平线的某个位置时的焦点。画面上集中于消失点的直线被视为透视线,图1里的地平线为沙发的底座部分,消失点是墙上钟表的中心点,之后会有背景、人物、前景等多层次的叠加做出预想的效果。前期工作准备完毕进入下一阶段。

图1

图2

2. 动画运动原理

将上述内容准备好，接下来就是二维动画制作，一般二维动画人物在制作动画前都会有正面、侧面、45度角、背面的多角度人物静态比例图，有了多角度的人物进行拆分关节，单个进行轴向转动，打点，也就是做关键帧，而后详细的作动画设置。所以上面图1里，墙体、地面，人物两边的桌子，沙发等每个物件都是单独的图层，可以单独做各自的动画。

图2里每个物体，包括人物刚开始运动，从上面做掉落的动作，是分不同时间，区别间隔时间大概十几帧——进行动画的。动画制作的好坏和物体运动时间的把握有很大关系，时间掌握在动画创作中似乎是不可捉摸的，但它是影片成败的重要因素。时间对动画制作来说是可塑的，既可压缩，也可扩张。控制和处理时间在造成特殊效果和气氛方面存在着无穷的可能性。动画虽然和电影一样都是一秒24格的速度播放影像的，但是动画表现的时间是由人的思想来控制的，这个区别在人眼中是很难觉察到的，动画的时间单位是格，不管这个动作是什么样的快慢节奏，都必须按照每秒24格来计算。多以在制作这个包装的动画运动节奏上，是按照24格的规律，进行时间的控制的，这样是为了不使人眼看物体感觉动的太突兀。在物体从上向下降落时，做了模糊的处理，这种处理手法在制作动画的观念里用来表现物体运动的速度。从动画制作的是否符合人的思维逻辑上考虑，物体在降落到一定点上，会有震动或者反弹的动作，还会加上灰尘的飞起效果。

另外物体在运动时会受到各种反作用力的影响和制约，使其运动状态发生各种各样的变化，比如有压扁，拉伸等惯性变形，所以要制作中还原物体运动的变化。在图1里物体向下降落，会根据人对物体重量的估量，做出物体落地时不同的反应效果，人落在沙发上，由于沙发有弹性，人落下来时会稍微颠两下，桌子会左右摇晃，比起无细节动画直接掉落下来，这样做就不会显得生硬，效果很自然。

3. 包装与动画的结合

动画制作完成，下一阶段动画需要和包装衔接上，这个时候，除了包装部分的制作效果要与动画效果协调以外，两者之间的转场也变得尤为重要了。如图3到图5的过程，会出现图3两边和动画部分不论颜色、大小、形态等很搭又很相似的转场元素，两边从无到有从左右两边拉过来遮住图3的动画场景，再出现图5的包装部分，图4是两者之间的变化效果，当然包装很难会和动画相一致，尽量的在某些方面让它们靠近。颜色方面，图3很明显的动画场景的背景物体和转场两边竖条色块，在色相的纯度和明度都很接近，不会让人感觉很生硬，虽然色彩彼此跳跃性很大，但感觉都很柔和，很卡通化的色彩效果，和主要的两个人物放在一起，也不会觉得怪怪的，反而觉得很和谐，这样来说颜色方面就可以通过了。还有就是运动方式，包装这样运动也是偏向卡通的，传统的包装形式放在这就不太合适，所以尽量做一般的平移、旋转、放大缩小的动画效果。除去衔接的部分，动画与包装是相互联系，相互服务的，比如图3两个人物在看杂志，这是动画制作的虚拟场景，下一个场景，图5里需要展示人物手里杂志的一些具体内容，也就是包装制作的部分。通过转场让观看者认为出现的杂志内容就是人物手里看着的杂志，好的包装制作在转场之后，能直接展现杂志内容，看上去过度的很自然，和前面的画面没有跳跃性，视觉上有连贯性，这就说明了动画与包装两者结合是成功的。

图 3

图 4

图 5

当然也可以在同一场景内同时出现包装和动画，如图6所示，两个人物在旅途中开车时变换的动态背景效果是包装制作的部分，人物开着的汽车是动画制作的效果。包装有时候会比动画制作更节省时间和精力，只需要找到合适的制作样式进行修改制作，制作效果也是很令人满意的。图6的汽车方向盘会根据开车的女演员手部动作进行旋转，整个车辆会有上下晃动模拟开车的运动画面，背景也会跟着动画运动规律向后运动，包装和动画部分两者合在一起很好地完成了预期任务。如果单靠包装制作，这种卡通效果做起来不会这么富有创造性，多少是呆板的。同样的如果只有动画，也不会在短时间内完成繁重的工作，一些动态，绚丽的效果动画做起来相当耗费时间和人力，所以在这次"德、意、葡语节目开播55周年"的包装制作创作中，运用了动画和包装的融合制作，也是对包装单一形式的一种小的突破和成效，就最终效果个人还是比较满意的，希望下次能再次利用和有所提高。

图6

四、包装中三维动画实际应用的具体操作

环球资讯2013年的宣传片的制作，要求来自全球多个国家的驻外记者的视频画面，随着地球转动到相应的国家，对应国家的记者用对话框弹出的形式出现，接着讲一段话再弹回去，转动地球接下一个人物。当然用AE模板制作形式也可以表现，但是一般的包装形式只是做出地球运动的大概效果，虽然效果很绚丽，让人看着眼花缭乱，但是地球转动的方式没有这次包装所需要的表现形式，所以应用三维动画，单独做出了需求方需要的特定运动形式的地球。

1. 三维动画制作的特点

三维空间是指由长度、宽度和高度（在几何学中为X轴、Y轴和Z轴）三个要素所组成的立体空间。三维制作是基于对二维动画的了解，建立在以电脑上大量进行后期加工制作的动画表现方式之一，通过给物体建模、做动画、虚拟摄影机的运动和其他动画参数的调整，最后按要求为模型附上特定的材质，并打上灯光。当这一切完成后就可以让计算机自动运算，生成最后的画面。

　　三维动画技术模拟真实物体的方式使其成为一个有用的工具。由于其精确性、真实性和无限的可操作性，被广泛应用于医学、教育、军事、娱乐等诸多领域。在影视广告制作方面，这项新技术能够给人耳目一新的感觉，因此受到了众多客户的欢迎。三维动画可以用于广告和电影电视剧的特效制作（如爆炸、烟雾、下雨、光效等）、特技（撞车、变形、虚幻场景或角色）、广告产品展示、片头飞字、等等。三维动画制作是一件艺术和技术紧密结合的工作。在制作过程中，一方面要在技术上充分实现要求的创意，另一方面，还要在画面色调、构图、明暗、镜头设计组接、节奏把握等方面进行艺术的再创造。与平面设计相比，三维动画多了时间和空间的概念，它需要借鉴二维动画的一些法则，但更多是要按影视艺术的规律来进行创作。三维动画前期也是需要二维物体作为参考的，例如图7的地球在三维软件里，需要整个世界地图的图片为参考，作为贴图覆盖在三维软件做出来的球状物体上，依照二维图片标示的具体各个国家区域的位置用三维软件框选出来，并拉伸出比球形物高一块的部分，这样在地球进行旋转的时候就会看到立体的效果。

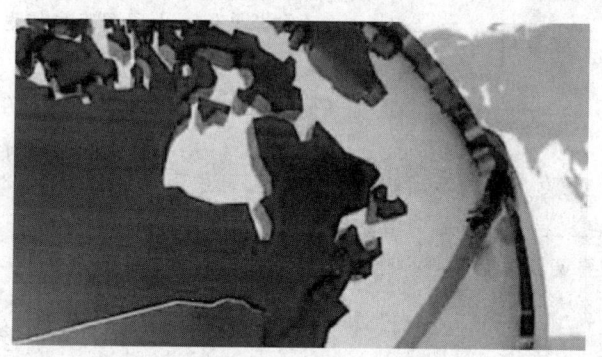

图7

2. 三维与包装融合制作

　　除去二维包装，在实际的工作中也会遇到需要应用三维动画的时候，相对于实拍的场景，三维动画的特点有：能够完成实拍不能完成的镜头，制作不受天气季节等因素的影响，对制作人员的技术要求比较高，可塑性较强，在质量上相比实拍成本的过高可通过三维动画的制作降低成本，能够对所表现的产品起到美化的作用，但是制作的周期相对较长。如图7所示，如果运用二维动画的话达不到这种全方位立体的表现效果，正如字面意义上的二维，也是就人眼正视的平面的效果，而三维是横着，竖着加空间立面的效果，使用三维制作效果会更富有冲击力。在这次制作中，应用三维软件模拟出玻璃效果的块状地球的样子，竖立着进行自身转动，转动到一个地方，会加深单独区域颜色，有明显的亮点标示具体地点，然后结合包装做出来的记者的视频放在相对立的另外一侧，视频结束收回，地球再次转动演示下一个视频。如果单用视频包装制作可能会稍微逊色，而影视包装和三维效果的融合，很好地展示了所表达的内容，锦上添花，使节目增加了整体的美感。

五、结语

　　由于整个包装过程涉及的软件步骤繁多，所以讲解的细节没有很多。在具体的日常工作中，如何应用动画提高包装的工作效率？飞速发展的新技术能给我们一些启示。现在大家的思维都很发散，技术也发展很快，我们在工作中进行创新，更多的将新创意应用到工作中，我认为影视包装和动画本身就有一定的联系，它们相辅相成，互相联系，各自利用自身长处更好地为我们解决了制作上的难题，但这些应用相对还是比较少，如何把它们更好、更多的利用起来也是日后工作中可以探索的课题。也许在未来，任何一个语种的新创想都可以利用更多的技术实现，突破束缚，不再局限在单一的制作中，所以需要转变观念，保持奋发图强、一往无前的进取创新精神，总结经验，继续上路，才能挑战未来，创造更好的作品。

（作者单位：中国国际广播电台采集制作中心）

参考文献：

1. 李昇、周进：《数字影视后期制作高级教程》，中国青年出版社，2001年8月。
2. 李桐鹏：《电视包装艺术》，《哈尔滨职业技术学院学报》，2007年第1期。
3. ［英］哈罗德·威特克等著、陈士宏等译：《动画的时间掌握》，中国电影出版社，2012年7月。

受众研究

浅谈媒体融合大环境下国际台的受众工作

齐大壮

当今世界传媒体系中,"媒体融合"已经成为了最热门的词汇。基于互联网的发展,众多传统媒体和新兴媒体都产生了质的改变,而融合成为这些媒体发展的必然方向。与此相适应,受众工作作为各个媒体的必要工作内容,也将在此背景下发生必要变革。中国国际广播电台是中国对外宣传的重要窗口,也是世界上重要的国际传播集团。媒体融合已经成为了国际台发展的重要指导思路之一,所以国际台的受众工作也将随传播事业的发展而转型。

一、媒体融合及其发展趋势

"媒体融合"是国际传媒大整合之下的新作业模式。简单地说,就是把各种媒介机构的采编资源有效结合起来,实现资源共享,集中处理,从而衍生出多种不同类型的信息产品,然后向受众进行传播。这种新型整合作业模式已逐渐被国际传媒业追捧,媒体融合已成为当前传媒业的最佳选择。

"媒体融合"(media convergence)最早由美国麻省理工学院教授尼古拉斯·尼葛洛庞蒂提出。美国马萨诸塞州理工大学教授浦尔认为,媒介融合是指各种媒介呈现多功能一体化的趋势。从狭义的角度讲,媒体融合指将不同的媒介形态"融合"在一起,形成一种新的媒介形态,如新闻博客、电子杂志,等等;广义的"媒介融合"概念涵盖范围更广,不仅涉及一切媒介及其相关要素的结合,还包括组织结构、传播手段、媒介功能、所有权等要素的融合。综上所述,"媒体融合"是信息传输通道的多元化下的新作业模式,即将传统媒体如电视台、电台、报纸杂志等与互联网、智能手机终端等新兴媒体传播通道有效结合起来,通过共享资源,综合处理,从而衍生出不同形式的信息产品,然后通过不同的平台向受众传播。媒体融合不仅仅是信息采集渠道和传播通道的多元化,更重要的是媒体工作人员可以根据多媒体的原始素材综合整理、提炼、加工,通过不同媒介传播的特点,迅捷传达信息,表现事件背后的真实,还原新闻的全貌,从而提升新闻报道的质量和深度。

在此背景下,国际台也在大力推进媒体融合工作,建设新型媒体融合大平台。通过媒体融合,努力打造以大数据、云计算为技术基础的多语种综合服务媒体平台。国际台从单一的对外广播机构,逐渐转型成为现代综合新型国际传播机构。

二、媒体融合环境下传统受众工作的改变

媒体融合说得具体化一些就是"互联网＋媒体",就是在社会信息传播领域形成的以互联网为基础设施和实现工具的新的传媒形态。随着媒体融合的发展,也就是媒体以互联网为媒介进行的融合,国际台的受众工作也在发生着重大改变。

1. 媒体融合的发展带来受众群的改变

在 2003 年,国际在线的各个语种网站上线之后,中国国际广播电台开始了互联网＋传统广播同时发展的"两条腿走路"模式,网络发展已经被提到了和广播发展同等重要的位置。在之后的一段时间内,网络用户数量开始迅速增加,以笔者所在捷克语部受众比重为例,在不到一年的时间里,网络用户数量就超过了听众数量。而随着网络的普及,网络受众和广播听众的融合也在加速,媒体融合也带来了大规模的各个媒介受众群的融合。

当前,互联网已经成为现实世界的一种基础性的联通方式,社会信息传播系统越来越依靠互联网,特别是移动互联网来实现和进行。以中国为例,目前网民数量为 7.1 亿,互联网普及率达 51.7%,超过全球平均水平 3.1%。人们的生活与互联网紧密相连,互联网已成为社会的基础连接。

在国际在线的各个语种网站上,网络受众同样可以点击收听各个语种的广播节目,可以说这就是最早的媒体融合的探索,之后各个语种相继推出了手机版网页、手机 APP 客户端、社交媒体公共账号等服务,受众从传统的广播听众,发展到了包括广播听众、网络受众、移动端网络受众、手机 APP 用户、社交媒体公共账号订阅用户等。这些受众和用户可能独立存在于某一个范围内,也可能在每个范围内都有他的身影,然而随着媒体融合的发展,各个范围内受众的融合也在加剧。

2. 移动互联网终端的发展带来受众阅读收听习惯的改变

据中国互联网络信息中心(CNNIC)《第 38 次中国互联网络发展状况统计报告》显示,截至 2016 年 6 月,我国手机网民规模达 6.56 亿,占中国人口的二分之一。网民中使用手机上网的人群占比由 2015 年年底的 90.1% 提升至 92.5%,仅通过手机上网的网民占比达 24.5%,网民上网设备进一步向移动端集中。数据还表明,移动新闻用户达到 5.18 亿,占网民总数的 73%。这表明,网络用户终端已经开始大规模向移动端发展。中央领导同志在前不久关于深化媒体融合的讲话中也提出,要确立移动媒体优先的发展战略。

以笔者所在的捷克语部为例,受众最早的与国际台联系的装置是收音机,之后随着互联网的飞速发展和网络的兴起,用电脑在网络上浏览捷克语部网站和在网站上收听广播节目的用户逐渐代替了收音机用户,而随着智能手机和移动终端的发展,越来越多的用户开始利用手机浏览网页,用手机 APP 等工具收听捷克语的广播和收看视频节目。根据最新统计,通过手机和移动设备浏览捷克语部网站和收听捷克语广播的人数已经占到了受众总人数的 64%。由于智能手机和移动终端操作简便,携带方便,即使在旅途中,受众依然可以

浏览网页或收听广播节目，这使得通过移动网络收听广播的受众比例大大增加。

现在，国际台的受众已经不再按时坐在收音机前，等待着我们的呼号响起，而是可以在各个时段，在电脑前，或是怀揣着智能手机在世界的各个角落收听、收看我们的节目，浏览我们发布的消息。随着电子设备应用技术的发展，通过技术手段，受众也可以选择自己喜欢的节目来收听或收看，跳过自己不感兴趣的内容，直接收听自己喜欢的内容。技术的发展让媒体变得更加人性化，反之受众的需求也在随着这些技术的发展而变得更加具体和个性化。

3. 社交媒体吸引更多受众，让受众工作发生质的改变

我们现在说的受众工作在以前被称为"听众联络工作"，最初的形式就是与广播听众通过邮寄信件和寄送 QSL 卡来进行联络。这种联络方式周期长，工作繁琐，且费用高昂。由于国际台大部分外语听众都在国外，在联络过程中用寄送信件的方式需要非常长的时间，而且国际邮寄信件的费用高昂，十分不经济。如果来信多的情况下，负责听众工作的同事要花很长的时间来阅读信件并回信，费时费力。自从有了网络之后，网络邮件将这一工作简化了很多，纸质来信的数量也随着电子邮件的逐渐增多而逐渐减少。

随着社交媒体的兴起，受众工作者与受众间的联络发生了重大改变：

社交媒体同样具有移动属性。大多数社交媒体都有移动端的 APP，即受众工作者和受众间可以随时随地通过手机和移动设备进行方便地交流。

社交媒体也具有信息发布功能。通过社交媒体，受众工作者同样可以进行信息的发布。可以说，社交媒体不仅仅是受众工作者与受众联络的工具，同样可以作为信息源进行信息的发布。因此社交媒体对于我们传统新闻媒体来说不仅是联络受众的工具，而更加是一个新兴的信息发布平台和传播工具，有时其传播作用和效果甚至超过了传统媒体和网站。

社交媒体可以形成受众间的交流平台。社交媒体用户，这里说的是我们社交媒体公共账号的关注者，也就是"粉丝"，他们与以往的受众有很大的不同。以往的网络受众和广播听众都是与国际台单线联系，他们之间除了在有限的听众俱乐部外不发生任何联系。社交媒体也可以称为社交网络，它是通过一个网络来呈现的，所以在粉丝，即受众间也能够形成交流。受众能通过关注国际台各个部门的社交媒体公共账号相识，同时能够对我们发布的信息进行评论和交流，形成网状互动，这样对于我们发布的信息也就会形成更多的互动。

社交媒体对于新闻的二次传播具有重要意义。由于社交媒体都具有转发功能，对于我们在网络上发布的信息，特别是直接在社交媒体上发布的信息我们的受众都可以进行转发，即与自己的朋友进行分享。这就形成了对我们的信息的二次传播，他们的朋友如果再对该信息进行分享就形成了网状的发散式多次传播，这样形成的传播效果甚至要好于传统新闻网站。

社交媒体在发展受众方面具有独特优势。关注我们社交媒体公共账号的粉丝可以通过

在公众号上的宣传很容易地被发展为广播听众和网站受众。粉丝的朋友们可以通过他们继续发展成为我们公众号的粉丝，这样使受众的数量迅速增长。

社交媒体可以简便迅速的进行统计和问卷调查。社交媒体公众号一般都具有完备的统计功能，而每天通过移动终端和电脑观看社交媒体账号已经成为了当代人的习惯，所以调查问卷等很容易在社交媒体上发布，而且参与方便，只要进行简单的操作即可参与。相比之前的纸质调查问卷和电子邮件方式的调查问卷在操作性和参与度上都有着很大的优势。

三、媒体融合环境下的受众工作技巧

在媒体融合的大环境下，传播方式和受众工作都面临着诸多变化，这就需要我们顺应时代发展，做到与时俱进，科学发展。在受众工作方面我们也应当对受众工作发生的变化及时做出应对，让受众工作更好地为传播服务，增加受众群数量，提高传播质量。

1. 利用新技术手段，做好受众的统计工作

对于受众工作来说，统计是十分重要的，根据统计结果才能更好地制定传播的侧重点、传播的策略和传播的方法，通过统计才能够让传播工作做到有的放矢。

首先，做好对各个媒体平台人数的统计。准确统计出各个媒体平台，例如广播听众、网络受众、移动端受众、社交媒体粉丝等的数量，才能更好地平衡在各个媒体平台上投入的工作量多少。如果某个媒体平台的受众数量偏少，那么在这个平台上投入大量的人力物力是没有多大意义的，选择受众数量居多数的平台，受众群有发展潜力的平台，能让传播工作变得更加有效果，受众数量增加的速度也会变快。以笔者所在的捷克语部为例，网络受众和社交媒体粉丝是目前的受众大户，广播听众数量增长缓慢，即使有也是多来自网络收听方式，所以部门将传播重点放在了网络和社交媒体上，受众数量增长取得了相当好的效果，增长速度一直处于历史高位。而移动端用户数量在4G网络和智能手机逐渐普及以后处于高速发展阶段，在未来有着更加良好的发展潜力。

其次，做好受众年龄层次、性别、教育程度的统计。做好这方面的统计有助于锁定我们的用户群。我们的传播目标受众是在对象国社会中的主导群体，这样才能让我们的宣传具有最好的传播效果。统计好这部分人在我们受众当中所占有的比例是相当重要的，如果比例过低，则说明我们的传播内容或形式需要调整。

第三，做好发布信息的反馈数量统计。在各个媒体平台发布的信息都可以得到反馈量、阅读量或阅听量。通过这些统计，不仅可以了解到各个媒体平台的传播效果，也可以了解各条信息的传播效果。通过对效果的分析，我们可以制定传播策略，将工作重心放在效果较好的平台，同时加大传播反馈量、阅读和阅听量较大信息类别的生产力度。

第四，做好有效传播数量的统计。这里的有效传播主要指的是对于信息进行了真正的收听收看，而不是简单地点击或者播放。例如一个网络消息的打开时间仅有2秒，一个视频或者音频的收看或收听时间仅有数秒，这都不能算做有效传播的数量。因为受众可能对

内容并不感兴趣，或者是操作失误，把这一部分数量剥离出来，我们才能够了解到真正的传播效果。

2. 在各个媒体平台上对受众宣传所有的传播平台

在各个媒体平台上，我们可以为自己其他的媒体平台做宣传。例如，在广播中宣传我们的网站，让听众同时成为网民，或者在社交媒体公共账号中宣传广播，让粉丝也变为听众。通过这样的手段，让受众存在于各个媒体平台中。这样做的目的不仅仅是加强传播效果，同样可以在某个媒体平台失去活力的时候，能够不失去我们的受众。比如，在传统广播逐渐失去活力的今天，一些听众如果对固定时段的广播已经失去了兴趣，但仍可能会通过网络或是社交媒体账号等新的形式继续作为我们的受众。

3. 利用新媒体手段增加与受众的互动

互动是调动受众持续关注兴趣的重要手段。如今用纸质回信与受众联络的方式已经相当落伍，且效率低下。邮件群发是简单的新媒体手段，而增加对受众网络留言的回复，或者是受众对社交媒体账号发布信息的评论的回复都是简便迅速的互动方法。同时，这些回复也会被其他受众看到，省去了逐一回复的麻烦，既提高了效率，且容易在受众间形成讨论，增加互动效果。

4. 在全媒体平台组织受众活动，通过新媒体手段回收参与内容

我们可以在本部门所有的媒体平台发布例如有奖竞猜、知识竞赛或者受众调查等活动，通过比较简便的方式，如电子邮件或者社交媒体公共账号来收集受众参与的信件，或者其他形式的参与内容，提高活动效率。甚至连奖品也可以电子化，传统奖品寄送等都需要很长一段周期，且国际邮寄费用昂贵，很多时候邮寄费用甚至高过了奖品本身，而比如电话卡或者其他形式的电子卡券类奖品则不存在这样的问题，极大地降低了成本。

5. 在媒体融合的环境下，探索新的受众工作手段和传播形式的结合

随着媒体融合的发展，受众工作也在和传播工作进行着融合，这就需要我们关注新技术的发展，创新更多的工作形式。例如，一些部门组织受众参与有奖活动，让受众将自己拍摄的主题视频、图片或者音频发给国际台，受众工作者则将这些多媒体内容经过筛选发布在自己的各个媒体平台。这样做不仅丰富了传播的内容，增加了传播的互动性，同时可调动受众的积极性和参与度，是一举多得的受众工作与传播工作相结合的范例。

综上所述，在媒体融合的环境下，国际台的受众工作者面临着诸多新的变化与挑战，也迎来更多的工作变革和机遇。我们应当努力顺应时代发展，通过各种手段做好受众工作，为我们的传播事业作出更大贡献。

(作者单位：中国国际广播电台捷克语部)

焦点小组访谈在国际传播受众研究中的应用

林 凌

定量分析法、焦点小组访谈、深度访谈是当今学界和业界在研究国际传播受众时的通行方法。其中,问卷调查属于定量分析法,有助于了解受众规模、媒介接触、到达率等方面的情况;焦点小组访谈和深度访谈则属于定性研究方法,侧重于考察受众的媒介选择、使用习惯背后的原因以及对传播的态度,等等,从而为提升传播能力提供参考。本文着力于探讨在跨文化背景下如何运用焦点小组访谈对特定的国际传播受众群体进行研究。

一、焦点小组访谈概述

焦点小组访谈作为社会学研究方法,起源于20世纪50年代,由美国哥伦比亚大学社会系教授罗伯特·金·默顿(Merton, R.K)和他的同事开创,而后被传播学、营销学、心理学、人类学、管理学等多学科广泛应用。综合各学科观点,焦点小组访谈是一种圆桌会议:研究者预先设计好访谈提要,在限定的时间内,组织一定数量的被访者就几个主题进行自由讨论;主持人在访谈过程中起到引导作用,鼓励被访者分享看法和观点,而不是强迫后者参与投票或达成共识,从而通过讨论获取资料和信息。访谈的时间通常控制在1小时到1.5小时,每组的参与人员在10人左右。

从心理学和社会学角度而言,群体动力论是开展焦点小组访谈的理论基础,即在民主的氛围下,被访者的情绪比较愉悦,思维也更活跃。组织者可以从中观察到受访者观点的相互作用。与同样数量的人作单独陈诉时相比,观点交锋能够激发更多信息的提供,更多的观点得以呈现,其中有很多观点可能在组织者意料之外。

与大规模问卷调查相比,焦点小组访谈的受访者的人数较少,研究者出于特定的研究目的,寻找特定的访谈对象群体——受访者往往在工作、生活、学习等方面与访谈主题有特定联系,他们对被访谈话题有较多的了解、有一定的兴趣或研究,或有相关的生活经历;与一对一的深度访谈相比,焦点小组访谈的受访者又明显较多,小组讨论所激发的灵感有助于产生协同效应,从而扩展研究的广度。

就国际传播领域而言,对有代表性的受众群体开展焦点小组访谈,有利于了解和理解受众对于传播主体的看法以及形成这种看法的原因。传播主体和受众之间存在着动态关系,表现为双方的观点、态度、动机,等等。通过焦点小组访谈,传播主体能够对受众的兴趣点、思维习惯和行为模式等进行动态考察。

需要指出的是,由于焦点小组是由很小的、非随机性的典型抽样人群构成的,所以不宜把讨论的结果简单直接地推广应用到整个受众群,而应将结果作为进一步开展研究的参考。目前普遍运用的方法是,先进行问卷调查,再联系受访者,通过焦点小组访谈对问卷中涉及的问题进行深入探讨以进一步挖掘信息,并验证定性研究与定量研究的结果是否相吻合。在对访谈中的一些内容不够明确时,还需要对受访者进行追访。

二、焦点小组访谈在国际传播受众研究中的必要性和可行性

受众研究一直是传播学的重要领域,但学界的研究结论和传播实践的结合目前还不够紧密,而且和定量研究相比,定性研究的比重还显得偏少;而以传媒机构为代表的业界,更多地也是进行问卷调查这样的定量研究,调研内容往往以封闭式的选择题为主,结论主要运用在节目的改版、栏目的设置、主持人的选用等具体问题的解决上。

上述研究在受众规模、媒介接触等的资料搜集和分析方面具有优势,但结论一般停留在经验性的描述和总结上,结合其他因素或变量进行深度分析的比较少,因而难以上升成为可以指导国际传播实践的理论。这里固然有研究者本身的问题,但定量研究本身互动性不足、缺乏深入探讨的空间等局限也是制约研究向纵深发展的症结所在。因此有必要引入包括焦点小组访谈在内的定性研究。

(一)焦点小组访谈针对性强,有助于解读受众心理

焦点小组访谈有助于迅速了解受众对传播主体的印象,诊断传播中的潜在问题;在收集受众媒介使用行为和模式、满意度等一般性背景信息的基础上,形成传媒影响力来源的研究假设。而与定量研究结合起来时,焦点小组访谈能够部分解释并阐述定量研究的结果。当问卷调查反映出受众对传播呈现普遍一致态度,如大比例的被调查者反映节目内容枯燥、不符合该时段接收需求、互动性差、等等,焦点小组访谈能够了解受访者做出上述判断的成因:除了传播本身,是"人"本身的因素——职业、年龄、受教育程度、习惯等的作用力大,还是社会环境、文化传统等外部因素的影响力更大。

焦点小组访谈在一些国家的传播实践中已经得到了应用,如根据访谈中了解到的受众心理需求,有针对性地进行节目研发。例如,在英国,受众研究已经是标准化的节目创意研发和投标流程中的必经环节。制作方在深入解读受众时会通过中介公司组建焦点小组,以精挑细选的受众代表为对象进行核心问题的直接分析确认。①

(二)焦点小组访谈互动性强,有助于收集不易发掘的受众反馈

受众对传播主体传递的信息,其内心的反应有时是下意识的、不易察觉的,其自身往往会予以忽略,也就不会反馈给传播主体。传播主体通过组织焦点小组访谈,和受众进行面对面的交流,有助于直接获知受众的感受。相比作为问卷调查中的答题者,这个时候的受众可以展现自身的更多侧面,访谈的组织者可以有更立体的依据来判断被访者的意图,而不是仅仅从一些抽象的数字或者关键词中推导出结论。"焦点小组访谈法最显著的特点就是群体间的互动,而通过这种互动得出的数据和参考资料往往是其他数据收集方法所无

法实现的"②，这点也是焦点小组访谈最被推崇的功能之一。

例如，美国报业协会曾针对报纸广告大幅下降的情况，通过组织焦点小组访谈，对美国多个城市进行了跨平台使用报纸的调查，意外地发现美国报纸的忠实读者并没有减少，而是转移了平台。报纸的公信力、深度和聚合功能，是受众喜欢报纸的理由，也是报纸的核心竞争力。美国报业根据这一发现，进而探索新的内容策略和商业模式，通过新闻产品的数字化、互动化和社区化来盈利。③

（三）国际传播媒体在开展海外焦点小组访谈方面拥有优势

从事国际传播的媒体通过长期的采访报道、媒体合作、公共外交等所积累的资源为焦点小组访谈的实施奠定了基础。特别是与相关国家的政府、智库、企业、知名人士等的交往，使相关媒体对当地国情、社情、民意有了初步的了解，而传播实践的需要也使得访谈显得更加有的放矢。另外，媒体与受众业已建立的联系有益于拉近访谈双方心理距离。例如，截至2016年8月，中国国际广播电台已经在海外拥有4100多家受众俱乐部。俱乐部活动本身就包括座谈，如果能以焦点小组的形式开展，将为受众研究留下宝贵的一手资料。

三、焦点小组访谈在国际传播受众研究中的实施

（一）适合开展焦点小组访谈的选题

鉴于焦点小组访谈的调研内容上的多层次性，其比较适合对受众行为的动机开展深入研究，探索国际传播、外交关系、文化差异等因素对受众的态度和行为的作用机制，验证传播策略的有效性，从而为国际传播的中长期规划提供参考。以下几个方面可以作为国际传播受众研究中开展焦点小组访谈的选题方向。

1. 受众对传播主体的信赖度

信赖度是一国公众对他国认知和评价的最核心部分，是综合了群体的历史记忆、个人对该国的认知与好感度、对该国未来战略意图的评价等之后所做出的判断。一般而言，国家间的信任基础可以概括为同质性、可预测性、可信性、良好的意图，等等。④可以说，信赖度是国际传播取得效果的基础。因此，有必要作为焦点小组访谈的常选课题。例如，研究受众对中国快速发展的态度和认知、哪些因素影响了对象国公众对中国与该国关系的看法、社交媒体平台的使用习惯及各平台对受众感知中国形象的影响，等等。

2. 激发和挖掘受众兴趣点的有效途径

多年的国际传播实践积累了一定规模的受众群和传播经验，在此前提下，如何进一步扩大传播主体和客体之间的观点交集、减少受众因话题熟悉度提高而导致的"审美疲劳"，在激烈的国际传播竞争中独树一帜从而在"注意力经济"时代赢得先机，这些问题的解决需要深入的互动交流提供支撑。例如，"讲好中国故事"是当前中国国际传播的重要路径。而根据中国外文局的相关调查，中国最为海外受众所认可、熟悉度最高的是传统文化。但

是,"讲好中国故事"不能仅仅停留在对过去的追忆和重复。传统题材是今人的间接知识,对其复现需要呈现当代的人文视点与审美体验。⑤针对传统文化这样广受海外受众欢迎的话题,中国的国际传播业者如何选择合适的语境、符号、载体,将传播推向更深层次,值得研究。

3. 热点事件对国家形象的影响机制

国家形象的建构分为"自塑"和"他塑"两个侧面:对传播主体而言,对国家形象的建构是有规划、有策略、有步骤的"自塑",而受众一方对该国形象有自身的主观评价,并且常常还会对传播主体建构的形象进行"二次加工",这就是国家形象的"他塑"。在"他塑"过程中,热点事件是重要因素,有时会对传播主体历时长久构建起的形象产生负面影响,而这种影响并不是通过短期的危机公关就能消除的。因此,有必要研究热点事件对国家形象的影响机制:影响如何发生、发酵、延续、消失或固化。在这个机制中,受众是否具备公共理性是国家形象稳定性的关键变量。当受众的知识储备不足、从众心理强烈而又面临重要议题的巨大冲击时,极易产生公共理性缺失的现象。通过焦点小组访谈,可以发现受众是否具备与异质文化合作的公共理性,进而愿意分享自己真实的见解,并倾听和接受他人的意见。这些都是定量研究难以做到的。

(二)焦点小组访谈组织者应具备的素质

美国学者大卫·E.莫里森在《寻找方法——焦点小组和大众传播研究的发展》一书中指出,市场研究公司比大学更适合定量研究,因为公司分工明确,形成"工厂化"的规模生产。定性研究因为需要更多"人"的因素,所以更适合大学里面高知识的学者主持。⑥虽然这种把两种性质的研究简单划分为适合两种群体开展的观点有待商榷,但在国际传播领域组织焦点小组访谈,对组织者的能力确实提出了较高的要求。

进行焦点小组访谈需要一个主持人,有时还需为主持人配备助手。主持人可以由从事国际传播的机构自己派出,也可以委托第三方调研机构派员担任。主持人应非常了解所调研的话题,从而敏锐捕捉到讨论中的重点。在邀请第三方调研公司协助调研时,国际传播机构最好派出本机构人员从旁监督或参与。具体来说,主持人的能力至少应包括以下方面:

1. 跨文化交流能力

主持人首先不能把自己视为讨论的中心,而应把自身放在与受访者持平的位置,以相互尊重、相互信任的心态进行交流,这是跨文化交流的基本素质,也是与生活在异质文化背景下的人成功交往的前提。了解受众的文化背景、熟练运用相关背景下人际交往的技巧,这些都是主持人应该掌握的能力。

2. 组织和现场把控能力

主持人要做的是从受访者的讨论中收集观点,而非抒发自我意识,创造友好、非批判性的气氛是主持人的职责所在。在请受访者进行自我介绍后,主持人需引导受访者从一般性问题过渡到具体问题进行讨论,例如,先探讨对中国电影的印象,再探讨为什么功夫电影曾经是深受海外受众欢迎的电影类型。这种渐进式的讨论路径有利于受访者打开思路。在讨论进程中,主持人要把控讨论节奏,适时缩小或扩大讨论范围。例如对"中国制造"的印象,存在"物美价廉"和"质量堪忧"这两种不同印象,受访者均能对其观点举出其根据,且争执不下时,主持人可以巧妙地转入下一问题的探讨,以免耽误讨论时间。再比如,当受访者因为表达能力的局限或者某些顾虑,对某个问题仅作概括性、抽象的评述时,主持人可以通过口头或肢体语言对其表示鼓励。最后,主持人要总结讨论结果,并向受访者征询他们认为重要、却没有被讨论的主题,从而发现一些没有在讨论中出现的有价值的信息。

3. 后续研究能力

主持人不仅是焦点小组访谈程序上的组织者,在对访谈产生的信息进行定性研究时,主持人应是分析的完成者。特别是当人们被问及信仰、态度和价值观等时,他们的反应是分析的重点。

(三)受访者的选择和分组

焦点小组访谈的性质要求被访者应具备较强的表达意愿和能力,思维较活跃,熟练运用各种信息传播渠道,从而熟悉国内外动态。在对有明显分歧的话题进行访谈时,还需要被访者具有较好的理性分析能力,从而能够客观反映社会舆论倾向。另外,从中国国家形象的建设和传播出发,在一国开展焦点小组访谈之初可以先选择学者、企业家、业内代表人物等在人群中有意见影响力的被访者,他们同时也是跨文化传播中比较容易沟通的对象。具体可以从以下方面着手寻找访谈对象:

(1)根据受教育程度、职业、出境旅游机会、家庭背景等因素,选择更加了解外来文化、更具国际品位的受访者。

(2)由于焦点小组访谈是小样本调查,为保证效度,可通过事先进行的鉴别问卷对受访者进行筛选,以保证后者具有以下性格特征便于研究的进行:积极表达个人主张、喜欢参与集体活动、积极接受新事物,等等。

(3)同一组的访谈对象在教育程度上应趋同。默顿等人指出:"就组织一个有效的焦点小组访谈而言,教育程度的同质性超越了所有其他的因素。"[7]例如,在东方文化中,对学识更渊博的人的尊重是一种社会伦理规范。在这种情况下,将教育程度差异过大的人聚集在一个组内,容易导致受教育程度低的受访者放弃自己的观点。[8]

(4)虽然焦点小组访谈的受访者一般与相关话题有一定联系,但也需根据话题的性质选取或排除一些利益相关方。例如,如果希望访谈结果反映对中国只有大概了解的民众的看法,防止个别人过多地影响其他人的意见表达,就需要避免选择本人或者家庭成员的工作与中国密切相关(因职业原因了解偏多)、大学时以汉语或者中国相关学科为专业的人(因知识背景而容易先入为主)、在中国有较长生活经历的人(容易产生亲切感),等等。相反,如果希望访谈结果能够反映当地政商学界的深刻观点,那么选择标准就要相应有所调整。

(四) 文化差异是访谈中需要重视的因素

焦点小组访谈的组织者在访谈进行中应适时排除干扰因素,观察并记录受访者在讨论中呈现的特征,以备进行后续研究时作为参考。

1. 语言和行为模式差异

文化特性对语言和行为模式不可避免会造成影响,从而影响研究的效度。例如,在东亚文化中,更加注重"听"的能力,即在对方还未直接表达自身立场时,就能很快予以洞察并随机应变,被视为一种很重要的交流技巧。而在北美文化里,"说"的能力更被重视,人们从小接受演讲和辩论的训练,以更出位的表达获取注意。针对这样的文化差异,组织者需要采取不同的策略,在话题的设定、访谈进程的把控、友好交流氛围的营造等方面为讨论创造良好条件,避免受访者因从众、尊上等心理掩盖或扭曲真实想法(如东亚文化受访者),或因过于注重表达形式而使观点具有夸张或表演成分(如北美文化受访者)。

2. 文化符号差异

不同文化背景的受众对同一个文化符号可能有不同的反应。例如,龙年邮票在2012年发行时曾经在海内外引起截然不同的反应。英国《每日电讯报》发表文章指出,"中国龙年邮票惹火烧身:吓了世界一跳"。而邮票设计师陈绍华则在其博客中回应:"作为中国神兽的代表……从威严神力,再到代表中国的自信,一个刚猛而有力,威严而自信的龙形不失为是一个恰当的选择。"⑨类似这样的例子还有很多。

3. 非语言信息

肢体语言、表情语言都属于非语言信息。非语言信息可以独立存在,可以帮助解释语言和其他行为背后的成因,可以反映出语言信息是否真实、是否存在开玩笑的成分,等等。

(五) 访谈结果的呈现

焦点小组访谈结果的呈现需要主持人和其他研究人员共同完成。如前文所述,主持人应负责完成对访谈产生信息的分析,同时,应有多名研究人员参与分析,以减少主持人的个人偏见对研究的影响。上述人员应在分析访谈获取的信息的基础上,得出自身的观察和理解,并提出关于如何更有效促进国际传播的参考建议。

四、结语

国际传播具有跨文化和多学科实践的性质,要揭示其规律,发现其背后的推动和阻碍因素,仅靠个别的研究方法显然是无法胜任的,焦点小组访谈也不例外。但是,在考察、研究受众心理和行为特点的初级阶段,对特定的目标受众群进行研究设计,采集整理研究资料,焦点小组访谈具有明显的价值与意义。

(作者单位:中国国际广播电台总编室)

注释：

① 计野航：《让受众调研成为节目研发的前置条件——英国电视节目研发启示》，《视听纵横》，2015年第5期。

② ［英］汉森·安德斯：《大众传播研究方法》，崔保国等译，新华出版社，2004年，第306页。

③ 李娟、肖叶飞：《美报业跨平台运营内容策略与商业模式》，《青年记者》，2013年第3期。

④ 尹继武：《社会认知与联盟信任形成》，上海人民出版社，2009年，第119页、第103—104页。

⑤ 汤蓓蓓、朱笑宇：《现代性和传统性的融合：谈跨文化语境下中国动画个性的塑造》，《当代电影》，2015年第1期。

⑥ 臧晔：《定性研究焦点小组方法发展历程追溯与探究》，《广告研究（理论版）》，2006年第3期。

⑦ ［美］大卫·莫里森：《寻找方法：焦点小组和大众传播研究的发展》，柯惠新、王宁译，新华出版社，2004年。

⑧ 孙龙：《焦点小组方法在组织研究中的应用》，http：//www.cssn.cn/shx/shx_zhyj/201310/t20131025_579148.shtml。

⑨ 董小红：《我国国际传播受众意识的缺失及对策》，《新闻世界》，2012年第8期。

注意力经济时代传统媒体如何吸引受众

王　君

　　移动网络技术的应用及新的传播方式的产生不仅改变了人们的生活方式,更颠覆了曾经一家独大的传统媒体的信息垄断地位。全球范围内新媒体公司在内容制作和传播方面,借助移动互联网发布平台、大数据分析和云计算技术,同时依靠产品的快速迭代和良好的用户体验,对传统媒体造成了极大冲击。甚至有人预言,失去受众的传统媒体已开始衰落并将在不远的将来走向灭亡。传统媒体正在面临前所未有的危机。如何在激烈的受众注意力争夺战中占有一席之地,成为传统媒体刻不容缓解决的问题。

　　本文将从注意力经济时代受众所呈现出的特点入手,探讨传统媒体在节目内容生产和提升用户体验两方面增强用户黏着度的可行办法。

一、注意力经济时代

　　在我们的日常生活中,同一时间,同一地点,会同时做着多少件事情呢?当我在写这篇论文的时候,一块电脑屏幕被分成了两部分,一边是论文,一边是参考文档。在浏览页面的同时,手上还快速地敲着字。戴着耳机听着音乐,手机上有了推送,还要不时查看一下接收到的各种新资讯。

　　一心多用的情境在注意力经济时代的今天并不陌生,人们原本就三心二意的行为习惯更是被多元化的信息产品分散掉很多注意力。著名的诺贝尔经济学奖得主赫伯特·西蒙曾预言:随着信息的发展,有价值的不是信息,而是注意力。[1]

　　注意力稀缺并不是当今社会的一个产物,这一现象最早出现在 20 世纪 80 年代。1997年美国学者迈克尔·戈德海伯在一篇名为《注意力购买者》的文章中最早提出注意力经济这一概念,他认为,当今社会是一个信息极大丰富甚至泛滥的社会,而互联网的出现,则加快了这一进程,信息非但不是稀缺资源,恰恰相反是极度过剩的。而相对于过剩的信息,只有一种资源是稀缺的,那就是人们的注意力。[2]

　　注意力的显著特点是有限、稀缺、且不能共享。而在信息呈爆炸式增长的今天,信息的丰富势必会导致注意力的贫乏及对信息消费的不足,因此需要在过量的可供消费的信息资源中有效分配注意力。[3]人们经常会在同一时间接收到很多信息,从客观现实来讲,这使得人们很难专注到某一件事情或某一个信息上去,过量的信息供给和提醒让人感到疲劳甚至烦躁。信息非但不再稀缺,反而严重过剩,伴随而来的是人们的注意力成为这个时代的稀缺资源,人类社会已迈入了注意力经济时代。

二、注意力经济时代受众所呈现的特点

注意力经济时代，受众呈现出以下三个特点。

第一，受众的注意力越来越分散。快节奏的都市生活使我们的时间严重碎片化。在这些碎片化的时间里，我们没有特定的事情要做。而便携式的媒体设备恰到好处地利用了这些碎片化的时间，移动网络的无缝覆盖更是让受众无时无刻地处于获取信息的状态。种种这些因素造成受众注意力的严重分散，人们很难甚至也不再愿意花费一个完整的时间去深入了解信息。

第二，传播平台分散，受众黏着度低。新媒体时代的技术发展可以用日新月异来形容，技术的快速发展催生了种类繁多、更迭速度快的媒体传播平台。一方面，广播、电视、报刊等传统媒体致力于借助移动互联网络的渠道，拓宽自身原有的传播平台。另一方面，各媒体的品牌节目、知名创作人员，除了在本媒体渠道传播信息外，还借力入驻新媒体平台，开设相应的社交账号，开发分类别的移动客户端，扩大影响范围。这种"广撒网"的方式虽然拓宽了传统媒体的影响范围，但一定程度上也会造成受众对某一特定平台的黏着度降低。用户很难也不会再依赖于一个特定的渠道或方式去获取信息，而是自主选择什么时间、什么地点、什么途径。以资讯类客户端为例，除《人民日报》、新华社、CCTV等自己推出的新闻发布平台外，新浪、搜狐、腾讯、凤凰、网易等新闻发布客户端，还有今日头条、ZAKER、一点资讯等资讯聚合客户端。据不完全统计，全国资讯类客户端已超过1300个，而部分客户端生命周期平均只有十个月。[③]许多媒体平台还没有被用户广泛知晓，就已经销声匿迹了。

第三，受众群体细分显著。随着社会的进步，无论是物质生活层面，还是精神生活层面上，人们越来越看重寻找与自己相契合的产品。每个人的成长背景、生活环境是不一样的，这也造就了每个人的兴趣爱好、关注点各不相同。受众不再满足于曾经传统媒体一家独大的传播主导地位，而是希望根据自己的需求来选择自己想得到的信息。而信息这一物质的极大丰富也为受众的按需所求提供了可能性及便利条件。然而，曾经的粗线条分类已不能满足人们日益多样化的需求。更加细致的受众群体划分已是注意力经济时代不可阻挡的趋势。

三、注意力经济时代传统媒体如何吸引受众的思考

首先，更需要坚持"内容为王"。信息爆炸时代，越来越多的受众发现每天的生活充斥着各种同质化的"短平快"的消息、简讯。这些看似信息量大，内容丰富的泡沫信息和"标题党"，让大家变得很浮躁，也更容易被误导。即使每天有十几万字的阅读量，也没有让自己长很多知识，甚至让大家的思考能力变得越来越弱。受众厌烦了那些只讲求时效而

不重视内容的媒体产品,反而在消费新闻产品时越来越看中"信息的安全感",即受众不仅希望通过新闻产品中得到信息,还要能从中得到思想。由此我们可以推论出,无论是信息匮乏时代还是信息爆炸时代,媒体吸引用户的第一法宝依旧是内容。甚至可以说,信息爆炸时代,传统媒体更要靠内容来吸引用户注意力。"任何传媒企业的基石必须而且绝对必须是内容。内容就是一切,内容为王!"⑤然而,在信息呈爆炸式增长的今天,传统媒体生产出什么样的内容才能使自己在激烈的受众争夺战中立于不败之地呢?

要做到"内容为王",传统媒体应加强信息资源的挖掘和加工,深耕信息内容,推出有思想、有观点、有态度的深度报道和评论,提升内容的权威性和信息质量的层次。深度报道,又称释义性新闻或分析性报道,区别于一般化笼统地介绍某一新闻事实,此类型报道侧重于对新闻背景的详细交代、事件因果关系的深入探究、相关问题的恰当分析,力求透过纷繁复杂的事物现象和细节对本质性问题进行准确述评。⑥2012年,央视策划了一个有关阿茨海默症的系列深度报道《我的父亲母亲》,通过几个普通的阿尔茨海默症患者家庭的故事,不仅介绍了这一疾病在我国发生的现状、患者的生存状态、患者家属遇到的困难和期盼,还深入剖析了该病的成病原因,并向受众普及了护理注意事项等专业知识。

"内容为王"不仅体现在内容本身需要深耕,更要在内容的表现形式上下一番工夫。有观点有深度的报道不代表晦涩难懂、长篇大论。在很多人的观念里,传统媒体生产出的产品是严肃的,不"接地气",阅读起来是有"门槛"的,是为所谓的"精英""高端人士""专业人士"提供的。这种距离感让许多用户对传统媒体敬而远之。这一现象提醒传统媒体人应该从产品形态层面上进行创新思考,将好的内容以受众喜闻乐见,易于接受的形式展现出来。尤其是当内容过长或者过于深奥的时候,如果配上冗长的文字,就会让读者望而生畏,而将复杂的文字信息配以其他,如图片、图表、视频等,更加一目了然的方式来阐释,即可化繁为简。近两年全国"两会"期间,传统媒体除了推出常规的新闻专题,还结合用户新的阅读习惯,借助新媒体之力,用文字、图片、音频、动画等多种方式推出复合型新闻报道形态。例如,新华社用"新闻+创意"的新面孔来吸引受众,推出沙画新闻、动新闻、萌图新闻等一系列新产品,以适应受众对动态新闻形式的需求,增加了新闻的趣味性。他们推出的《四个全面》说唱动漫 MV,对"四个全面"战略布局的宏大内涵从百姓视角出发,以网民喜闻乐见的方式进行了阐释。MV 融合了舞曲、说唱、合唱等多种音乐形式,用"大白话"式的歌词解读"全面建成小康社会""全面深化改革""全面依法治国""全面从严治党"等相对抽象的概念;而动漫部分,在卡通主基调上加入了拼贴、波普等视觉手法和"快闪""弹幕"等流行元素。

打造视频、直播产品是传统媒体吸引用户眼球的一个新兴且有效的手段。视频直播以其独特的图文并茂的形式给用户以现场感,让受众第一时间第一现场了解新闻现场的动态情况。媒体的直播报道不只是记者通过手机为大家录下现场,而是一个即时的互动过程。直播报道的同时,用户可以边收看边评论,提出自己的观点和想法,而我们前方的记者,也要在直播中对观众的互动第一时间做出反馈。2015年抗战胜利70周年阅兵当天,央视除了在原有的电视平台对阅兵进行直播外,还和视频社区美拍携手,号召网友拍出大家眼中的大阅兵。参与此次互动的网友超过 300 万人次,而网友所拍视频在一天内达到近一个亿的点击量,创下了当时视频直播活动参与人数新纪录。2016 年里约奥运会期间,新华社联合新浪天眼推出《直击里约:巴西足球文化》的移动直播,走进巴西足球荣誉博物馆和科帕卡巴娜海滩的群众健身。2017 年,《人民日报》与微博联手,共同推出全国移动直播平台,旨在借新技术之势传播正能量。截至目前,已有超过 20 家中央级媒体正式入驻新浪直播平台。[7]借助直播这一新型报道手段,传统媒体可以更广泛地吸引受众,再利用自己专业的采编技能对事件进行深度解读,最大限度开发直播内容的价值,让直播内容不流于表面。

综上所述,传统媒体在时效性的争夺上势必会比新兴媒体要略逊一筹,要想获取用户的注意力,就要发挥内容提供者的优势,在深度和广度上为自己赢得一席之地。而随着技术的发展,数据新闻、交互式新闻、新闻可视化、VR 报道、AR 技术的运用更大大地提升了传统媒体生产出的产品。

其次,更需要做到"用户至上"。打开微博,我们会发现,大家的微博主页都是不同的。因为每个人的关注点不一样,微博会根据用户感兴趣的内容来为其设置个人主页。而喜马拉雅、蜻蜓 FM 等新型网络电台的兴起,更是改变了以往广播收听必须在固定的时间放什么听什么的收听模式。互联网时代的新媒体可以让用户想什么时候听,就什么时候听;想听什么,就听什么。这是一个强调受众个性的时代,用户需要的是"私人订制"。

传统媒体吸引受众注意力的第二个法宝是遵从用户至上的理念。用户至上即一切以用户的注意力为导向,收集用户信息、关注用户的体验,注重与用户交流互动,因为只有这样才能满足用户多样化和个性化的需求。[8]一方面,用户代替受众,不仅仅是称谓的改变,更是一种传播与接收方式的改变。另一方面,行业的细分使每一位用户的特性千差万别。只有充分了解用户的个性化需求,才能知道用户真正喜欢什么,也只有这样,才能做出用户喜欢的产品。

"用户至上"首先要做到让用户随时随地唾手可得。顺应时代的发展,传统媒体致力于开发各种终端、各种渠道,使用户可以随时随地方便快捷地获得自己为其所提供的产品。两微一端(微博、微信及移动客户端)已成为现今传统媒体拓宽渠道、扩大传播范围及影响力的"标配"。这种让用户可以随时接触到自己产品的方式,可以大大地增强用户黏度。2014 年,作为传统报业集团新媒体产品的"澎湃新闻"拉开了地方报业集团试水客户端的大幕。2015 年,新华社新版客户端正式上线,并同步推出可穿戴设备版本。用户除了可以随时点击苹果手表来阅读新华社的新闻,新华社手表端还开发了"弹窗"功能,将重要新闻第一时间推送给用户,用户只需抬起手腕便可阅读。据中国社科院新闻与传播研究所发布的《中国新媒体发展报告》数据显示:截止到 2016 年 6 月,传统媒体共开设微博账号 17323 个;泛媒体类公众号超过 250 万个;全国主流媒体客户端达 231 个。[9]

其次,内容的定制化,让每一位用户都能够享受到满足自己胃口的内容大餐。传统媒体一家独大的时代已经过去，评论与反馈也越来越不能完全满足人们表达自己看法的诉求。"市民新闻""参与式报道""公众新闻""博客新闻""草根报道"等新闻形式的出现，使每一个人都可以成为信息内容的生产者和传播者。网易等新闻聚合平台更提出"无跟帖 不新闻"的口号，与用户最大限度地形成互动，增强用户黏性。传统媒体应顺应互联网时代的思维，致力于为用户提供一个开放的平台，并让其参与到新闻制作中去。这里举一个国外媒体的例子，在一些真人秀或访谈类节目中，英国广播公司对从社交媒体中采集的数据进行实时分析，在节目的现场直播中根据观众在社交媒体上的留言和评论来决定节目进行的方向。对于观众喜欢看的主题，制作方就会继续延伸下去；反之，则进行相应的调整。

再次，"用户至上"就是要让用户在消费自己的产品时有一种享受的体验。Facebook在研究其用户的使用偏好时发现，用户在观看视频时，相较于长方形的半屏设计，正方形全屏的观看效果可以给用户更好的收看体验。此外，Facebook根据长期对用户使用习惯的追踪发现，60%以上的用户在收看视频的时候是无法开启声音的。因此，为使用户能够更好地实现随时随地收看视频，字幕是不可缺少的要素，而且字幕只需占屏幕一半的面积。这些在过去被认为无足轻重的小事情，却会让用户感受到媒体的贴心，并越来越青睐于自己的产品。

最后，"用户至上"就是加强与用户的互动与沟通。越来越多的传统媒体重视对用户节目以外时间的利用。众多传统媒体的品牌节目成立听友会、粉丝会、俱乐部等，让听友、剧迷、粉丝有一个交流的平台。组织策划丰富多彩的线下活动，与用户交流节目以外的话题。这种线下活动，让节目创作者了解了传播对象的所思所想，大大地提高了传统媒体与用户的黏合度。

四、结语

注意力经济时代，传统媒体的目标是内容更好看，传播更精准：选取受众关心的事件，深度发掘新闻资源的价值，将有立场、有观点的报道用受众易于接受的表现形式展现给受众，形成自己的新闻品牌。并借助新媒体的力量作为自己传播范围和传播效果的延伸，提升自身媒体价值和影响力，最大限度实现"向最多的（受众）提供最优质、最丰富的内容，满足他们任何时间、地点的任何方式的需求[①]。"注意力经济时代，传统媒体要想吸引和留住用户，既要从节目生产方面入手，生产出有立场、有担当、有朝气的内容，又要从用户需求和接受习惯入手，讲求实效、便捷访问、良性互动，两个方面相辅相成，通过引领而不是迎合用户，才能在注意力经济时代占有一席舆论阵地。

（作者单位：中国国际广播电台总编室）

注释：

① http：//www.36dsj.com/archives/9592.
② http：//wiki.mbalib.com/wiki/％E6％B3％A8％E6％84％8F％E5％8A％9B％E7％BB％8F％E6％B5％8E.
③ 张雷：《媒介革命：西方注意力经济学派研究》，中国社会科学出版社，2009年，第30页。
④ http：//tech.163.com/16/0108/16/BCQP1D7U000915BF.html.
⑤ 张咏华、曾海芳等：《传媒巨轮如何转向，移动互联网时代的国际传媒集团》，南方日报出版社，2014年，第99页。
⑥ 刘亚光、刘万松：《深度报道：扬传统媒体之优长》，http：//media.people.com.cn/n/2013/1216/c372505-23854155.html.
⑦ http：//www.cssn.cn/zt/zt_xkzt/xwcbxzt/wlzb/xzdd/ys/201610/t20161025_3248823_1.shtml.
⑧ 《传统媒体要推进"三转变"》，http：//theory.people.com.cn/n/2015/0528/c40531-27067902.html.
⑨ 《中国新媒体发展报告》（2016）蓝皮书，http：//www.cssn.cn/zk/zk_jsxx/zk_zx/201606/t20160621_3079292.shtml.
⑩ 黄廓、姜飞：《国际主流媒体发展战略研究及其对中国国际传播的启示》，《现代传播》，2013年第2期。

媒体融合环境下国际台普什图语媒体受众互动效果分析及策略研究

陈 重

近年来,移动互联技术飞速发展,以数字化互动式为特点的新媒体改变了人们接收信息的方式,也直接影响了人类传播活动,使得媒体互动性大大加强,受众更多地参与到传播内容的议程设置中,传播主体得以泛化。"互动"不仅是新媒体的核心特征之一,也越来越多地影响着大众传播媒体的传播效果,它被定义为"对一种媒体的潜在能力的度量,这种潜在能力能够使用户对媒介沟通的内容和(或)形式施加影响"[①]。新媒体时代,媒体与受众之间的关系发生了巨大的转变,受众对于媒体的选择更加多元化。

从大众传播的角度来看,受众身份在信源和受传者之间不断转换。这就要求我们的国际传播媒体人转变观念,努力提高媒体传播议程和内容设置的针对性,做好多媒体平台的多元互动。随着国家重建进程的不断深入,阿富汗移动互联网络建设速度加快,3G网络覆盖大中城市,以脸书(Facebook)、推特(Twitter)和微信(Wechat)为代表的社交媒体也改变着阿富汗人的信息接收和传播方式。

目前,中国国际广播电台(以下简称国际台)普什图语媒体已初步形成集调频广播、短波广播、网站和社交媒体等在内的综合传播体系,进入了快速、综合发展阶段,在阿富汗本土影响力不断扩大。与此同时,国际台普什图语传统媒体仍然存在受众互动类节目内容单一、形式传统等问题。虽然新媒体成为普什图语媒体受众互动平台的有益补充,并呈现出快速发展的活跃状态,但尚未与传统媒体形成多媒体融合的受众互动体系。

本文将对国际台普什图语各媒体平台中现有互动类节目和内容进行梳理,对其特点以及传播效果进行分析,从而对国际台普什图语媒体改进受众互动内容、形式,提升海外传播力提出建议。

一、国际台普什图语各媒介受众互动的主要形式及内容

1. 喀布尔、坎大哈合作台及短波

目前,国际台普什图语在阿富汗首都喀布尔和南部重镇坎大哈有两个合作频率,每天播出总时长12小时,包括4小时普什图语节目、8小时英语节目,均采取录播形式。其中有两档普什图语互动类栏目《我们和听众》和《听众热线》。《我们和听众》栏目为周播,每周六播出一期,每期时长20分钟,采用主持人对播形式。节目选取听众来信、网络留言中较好的内容,例如:诗歌、对节目的建议、提出的问题等。《听众热线》栏目,是专

门为调频广播节目制作的一档听众互动栏目,由在喀布尔的海外报道员制作。每周六普什图语节目第一小时和第二小时各播出 35 分钟。该节目形式与一般城市调频广播热线类节目相似。由主持人在节目中提出话题,听众打来电话,对话题发表观点,并点播喜欢的歌曲。话题的设置,一般为文化、风俗、社会类话题,不涉及政治、经济等内容。

国际台普什图语短波广播中听众互动类栏目只有《我们和听众》内容,播出时间与上述调频广播相同。

2. 国际在线普什图文网站

国际在线普什图文网站 http://pushtu.cri.cn/ 于 2003 年 12 月正式上线,固定栏目有新闻、时事评论、图片、中国经济、文化、社会、旅游、体育等,其中新闻、时事评论和图片栏目为每日更新,其余专题类栏目为每周更新。国际在线普什图文网站首页左下角设有受众留言区。受众在网页留言后,由编辑在后台审核操作。上述留言区是该网站唯一的常设受众互动区域。此外,国际台和普什图部不定期举办的知识竞赛也会在该网站首页显著位置显示。

3. 脸书 CRI Pashto 专页

目前,国际台普什图语新媒体主要的互动平台是脸书(Facebook)网站上的国际台普什图语官方专页(CRI Pashto),该专页于 2013 年 4 月 2 日正式推出,主要发布内容包括新闻以及中国文化、旅游、社会、经济信息,发布形式以文字、图片和视频为主。专页推出后受到阿富汗、巴基斯坦以及世界各地普什图语用户的广泛好评,订阅用户数量稳步增加。截至 2016 年 11 月 CRI Pashto 专页订阅用户数已经超过 18 万。CRI Pashto 专页是国际台普什图语媒体中发展最快的媒介形式,也是受众互动性最好的平台。在国际台普什图语新媒体业务发展的初期,新媒体平台传播内容都是基于调频广播和网站内容而来,没有针对新媒体平台专门制作的内容。随着新媒体用户数量的不断增长,该部门逐步意识到了新媒体传播力建设的重要性和影响力。2014 年开始设立新媒体运维岗位,有专人负责发布和更新内容、回复网友留言,从机制上保障新媒体业务发展,形成良性互动。2015 年以来 CRI Pashto 专页订阅用户数实现飞跃。具体数字如下表:

脸书 CRI Pashto 专页订阅用户数增长情况(2015.7—2016.9)	
2015 年第三季度	22214
2015 年第四季度	82814
2016 年第一季度	97186
2016 年第二季度	105266
2016 年第三季度	165874

二、国际台普什图语各媒体受众互动类内容效果分析

1. 广播互动类节目占比少　议程设置薄弱

从听众来信及网民留言反馈来看，广播互动类节目《我们和听众》栏目多年来一直是国际台普什图语广播媒体的明星栏目，从短波广播时代就有众多忠实粉丝，是听众纸质来信中提及最多的栏目。与其他广播节目相比，受众互动类节目传播效果好、收听率高。但目前国际台普什图语调频广播中听众互动类节目《我们和听众》和《听众热线》每周播出时长仅为90分钟，占每周首播节目总播出时长的10.7%，这个比例远低于其他本土广播媒体，不能满足受众互动需求。

此外，国际台普什图语调频广播还存在着议程设置薄弱问题，虽然近年来随着纸质来信的减少和社交媒体的兴起，《我们和听众》栏目中播出的内容，也从以纸质信为主，逐渐调整为以网络留言和新媒体用户留言内容为主，但这些内容较为分散，没有统一的议程设置和话题引导，使节目可听性差，不利于形成忠实的听众群体。而《听众热线》栏目中，虽然主持人会进行话题的议程设置，但由于不是直播节目，受众打进热线电话后，才能知晓互动话题，不能与听众形成"收听＋实时互动"的关系，影响了受众观点的表达和节目播出效果。

2. 网站缺乏互动性平台实用性差

目前国际在线普什图文网站的内容基本为广播内容的集成，除图片新闻外，并没有单独为网站制作的内容，虽然设有一个互动平台——留言板，但由于需要用户实名注册后才能留言，目前处于无留言状态，不能发挥任何互动作用。众所周知，由于常年战乱，阿富汗基础设施建设严重滞后，甚至在首都喀布尔，居民生活供电仍然无法得到保障。因此，以电脑为终端的PC互联网在阿富汗的发展相对落后。然而在信息化时代的大背景下，以手机为终端的新媒体在阿富汗悄然兴起。目前，在阿富汗主要省份和城市均覆盖手机无线网络。据美国权威机构统计，截至2010年有大约1800万阿富汗人使用手机通讯，占总人口的半数以上，集中于喀布尔、坎大哈、赫拉特、楠格哈尔等大城市和主要省份。而国际在线普什图文网站至今还没有开发手机版，受众通过手机打开网页版时，文字显示很小，操作性差，不方便阅读。笔者认为这也是近年来国际在线普什图文网站点击量持续低迷的主要原因之一。

3. 新媒体互动性内容传播效果好　用户参与热情高

互动性是新媒体区别于传统媒体的一大特性。从国际台普什图语新媒体以往的传播经验来看，互动性内容传播效果好，用户参与热情高。举例来说，2013年10月新媒体平台推出了"主持人风采录"视频投票活动。该活动分别发布了9位主持人一分钟的自我展示视频和普什图语部推介视频，通过有奖投票形式，鼓励网民为自己喜欢的主持人点赞和留下评论，以提高网民的参与度。此次活动取得了热烈的反响，10个视频的总到达人次超过

8万多人次，共获得网友的 2931 个赞、671 条评论和 600 次转发。其中一集视频的到达率为 14496 人，平均每集视频的到达率约为 8900 人。专页订阅粉丝数从 735 人飙升至 2518 人，增幅超过 200%。

2016 年 1 月 1 日，国际台新媒体平台推出了一个名为《好消息》的短视频，主持人在视频中邀请脸书用户在评论中留下自己的联系方式，之后国际台普什图语部会选出十名幸运用户，送出由该部出版的普什图语版《生活的智慧》图书。视频一经发布就受到了脸书用户的极大关注，累计覆盖人数超过 237000 人次、38400 次观看、2406 人点赞、972 条评论、813 次分享。观看次数和评论数都创下新高。普什图语部还以此为契机，收集整理了近 300 名用户的有效联系方式，建立了新媒体用户信息库。

三、关于改进普什图语媒体受众互动内容提升海外传播力的建议

1. 各媒体平台充分融合　互动内容多元化

多媒体融合、全媒体发展，不应该是"广播＋网站＋社交媒体"的机械累加，应当是各媒体平台传播内容、形式、机制的充分融合，从而形成传播合力。首先，媒体融合背景下的受众互动应当体现在内容采编播过程中的多媒体联动和内容产品多元化。目前，国际台普什图语在节目策划和制播方面已经开始尝试多媒体联动，但仍未形成固定机制。例如，国际台普什图语部 2015 年 1 月为中阿建交 60 周年制作的特别节目《"将普汉词典留给后人是我的夙愿"——车洪才的普语人生》，节目讲述了车洪才老人历经 36 年编写《普什图语汉语词典》的感人故事。2014 年年底，车洪才老人编写字典的故事在网络走红，主创人员抓住首部普汉词典正式出版的契机，精心开展了策划报道，首先在新媒体平台上征集网友想对车洪才老人提出的问题。收集相关问题后，记者带着这些问题对车洪才老人进行了视频和音频采访。视频采访内容通过脸书专页进行发布，而音频采访内容则通过广播平台播出。脸书专页发布的相关图文报道、视频短片，覆盖人数超过 2 万人，阿驻华大使及 BBC 普什图语部、喀布尔新闻电视台等媒体同行，均关注了该节目并表示了赞赏。该节目文字部分还被收录进 2016 年 2 月出版的《流金岁月——中阿友好人物志》普什图文图书中。这个节目的采编播过程实现了多媒体联动，强化了受众互动在传播内容设置方面的作用，最终形成的产品在多个平台使用，也体现出产品内容的多元化。今后，普什图语媒体应当把类似的节目采编播过程中的多媒体联动机制化，实现真正的媒体融合发展，使互动内容更加多元化。

2. 增强受众意识提升互动效果

受众是传播过程的重要环节，也是传播效果的主体。任何受众互动都应当从受众的角度和需求出发，只有传播内容与受传者需求契合时，传播效果才能最大化。因此，我们的受众互动，需要抓热点、善借力，"投其所好"才能事半功倍。

目前，国际台普什图语新媒体平台图文帖为每日更新，每月更新量为 60 条左右，而

视频帖则为不定期发布，每月更新量仅为1条左右。以更新的数量来看，图文帖远高于视频发布量，但视频所覆盖的人数和带来的主页关注度却远高于图文帖，占据了半壁江山。以2015年发帖覆盖量统计为例，具体数据如下图：

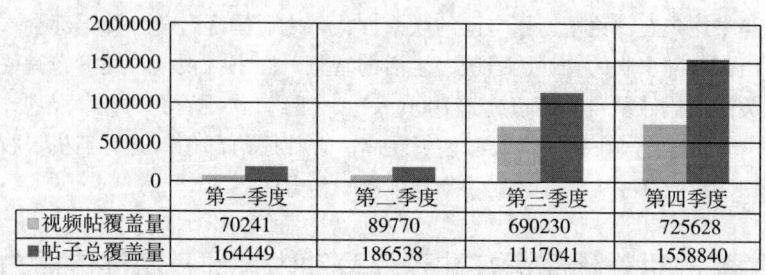

	第一季度	第二季度	第三季度	第四季度
视频帖覆盖量	70241	89770	690230	725628
帖子总覆盖量	164449	186538	1117041	1558840

如上图所示，应当说视频是新媒体环境下，对阿富汗传播的最佳手段。在新媒体技术的支持下，屏性媒介大行其道。随处可见的电视屏、电脑屏、手机屏等让视觉性非语言符号空前的繁盛，悄然地改变了人们对世界认知和审美的理念。而多年战乱使阿富汗文盲率高，视频作为一种更为直观的表达能够为更多阿富汗人接受和喜爱，相比艰涩难懂的文字，视频内容更容易理解。

此外，普什图语新媒体平台推出的《古缇为你念诗》系列视频也是抓热点、巧借力的一个很好的例子。视频中普语部主持人在2015年穆斯林传统节日古尔邦节来临之际，朗诵了一首阿富汗诗歌，以此表达国际台普语部对阿富汗受众的祝福。该视频传播效果非常好，累计覆盖人数超过240000人次、38100次观看、1492人点赞、243人评论、2349次分享，各项数据统计均创CRI Pashto专页历史新高。2016年古尔邦节期间，普什图语部又制作了《古缇为你念诗2016版》，覆盖人数960641，视频观看量282620，独立观看人数236405人，获得7074次分享、862条评论和1.3万个赞，各关键数据远超包括2015年《古缇为你念诗》在内的专页所发布的帖子。《古缇为你念诗》系列视频就是抓住了古尔邦节这个节点和普什图民族热爱诗歌的特点，采用受众最为喜欢的视频形式，这些都契合了受众需求，因此互动效果得以提升。

3. 加强海外合作　丰富互动手段

在全球化背景下，本土化战略被越来越多的国际媒体重视和运用。要扩大媒体的海外影响力和对外传播能力，节目制播本土化是大势所趋。然而，由于阿富汗国家安全形势不稳定等因素的限制，目前国际台普什图语部还没有在阿富汗建立记者站和海外节目制作室，这使得节目制播本土化困难重重。结合多方面因素的考虑，现阶段国际台普什图语媒体节目制播本土化的唯一可行办法就是加强与海外媒体的合作，并借助Skype等新媒体软件强化受众互动。

在传统媒体方面现阶段国际台普什图语部可以通过委托制作的方式即委托境外合作伙伴按照要求设计制作本土化节目播出。目前，普什图语节目每日首播2小时，重播2小时。

如果能够实现调频广播的委托制作，那么通过前后方协作，喀布尔和坎大哈调频台都可以实现4个小时普什图语节目的直播化，在现有节目基础上增加受众互动类节目，例如《听众热线》节目可以从周播改为日播，每天播出一小时，并可以实现"收听＋实时互动"的节目模式。节目的针对性和可听性将大大增强，频率经营价值也将大大提升。

新媒体方面，我们应当通过更为先进的新媒体工具来实现与受众的互动，丰富节目内容。例如，使用Skype软件。Skype是一款网络即时语音沟通工具，具备视频聊天、多人语音会议等多种功能，用户可以通过Skype与其他用户进行免费的高清晰语音及视频对话。BBC世界新闻频道新闻主管安德烈·罗伊（Andrew Roy）曾说："Skype技术真正改变了我们的工作方式，我们可以对无法进入的国家进行直播，以前是需要卫星的，而现在观众用笔记本电脑就可以和我们做直播了。"②而普什图语部也通过Skype软件，进行了与对象国本土媒体合作的有益尝试。例如，2016年斋月期间，阿富汗有部分媒体在西方势力诱导下转发或散布了一些涉华不实报道。在这些不实报道的影响下，偶尔会有听众或网民通过电话或在普语部脸书专页上留言进行询问。普语部积极联络阿富汗喀布尔新闻电视台，通过Skype软件同该电视台共同录制了一期长约50分钟的视频连线节目。采访中普语部记者回答了该台事先征集的受众普遍关心的多个话题，例如，"记者本人如何学习的普什图语，对于阿富汗普什图语的标准化有什么看法，中国有多少穆斯林和清真寺，中国的穆斯林把斋的情况如何"，等等。阿富汗喀布尔新闻台负责人表示，上述访谈是第一次外国人用普什图语直接参与阿富汗电视媒体节目，收视率将创新高。这次视频访谈为中国和阿富汗两国媒体在电视领域的合作提供了一个新模式。应该说，Skype软件已经成为阿富汗媒体普遍使用的受众互动媒体工具，因此国际台普什图语媒体也应该通过该软件丰富我们的受众互动手段。

四、结语

受众互动是媒体提升影响力和传播效果的重要环节，而国际台普什图语媒体的发展也离不开受众的参与，因此我们应当始终重视与受众的互动。不断通过提升受众在传播内容议程设置中的参与度，提升互动类节目内容占比；通过多媒体融合，实现受众互动内容和形式的多元化；通过受众行为和互动类节目特点的研究，提升受众互动效果；通过加强海外媒体合作和丰富互动手段，提升媒体海外传播力。

（作者单位：中国国际广播电台普什图语部）

注释：

① ［意］玛格赫丽塔·帕加尼：《多媒体与互动数字电视——把握数字融合所创造的机

会》，罗晓军等译，人民邮电出版社，2006年，第109页。

②《走进BBC 走近英国传媒，鲁豫有约之GRAET英国行》，2012年9月14日，http://v.ifeng.com/ent/zongyi/201209/2d6311ec-c0c1-41f6-91ed-a4831d9c8545.shtml。

参考文献：

1. [英] 丹尼斯·麦奎尔：《受众分析：第一版》，刘燕南等译．中国人民大学出版社，2006年3月。
2. 王庚年：《国际传播发展战略：第一版》，中国传媒大学出版社，2011年10月。
3. 殷月萍、邹佳力：《新媒体环境下广播受众互动发展之探索》，《新闻传播》，2013年3月，第259—260页。
4. 张思斯：《浅谈BBC世界新闻频道的受众互动模式》，《新闻传播》，2013年12月，第251—252页。
5. 唐世鼎：《提高对外传播有效性的路径探寻》，《对外传播》，2014年10月，第10—12页。

浅议国际传播过程中如何
应对受众既有的"刻板印象"

陈 濛

"刻板印象"（stereotype）一词最早是一个印刷行业术语，指的是印刷铅版，后由美国新闻评论家和作家沃尔特·李普曼应用到大众传播领域。近年来，国际社会对于中国的关注度在提高，而中国自身也在加强关于国家形象的国际传播能力建设。但同期进行的民意调查仍显示，关于中国的刻板印象并没有减少，或者是虽然在一些方面逐渐消解，又在另一些方面涌现。出现这种现象的原因是什么？如何有针对性地调整、优化国际传播策略，在国际上塑造良好的中国形象？对于这些问题的回答，都有赖于对刻板印象的深入思考。

一、刻板印象的特点和国外受众对于中国的刻板印象

按照沃尔特·李普曼的观点，刻板印象是人们对特定的事物所持有的固定化、简单化的观念和印象，它通常伴随着对该事物的价值评价和好恶的感情。在实践中，这种观念、评价和感情往往被人们从个体放大到群体，认为个体特征即群体特征，而忽视个体的不同特点。很明显，刻板印象具有以偏概全、一旦形成就难以改变的特点。

与刻板印象相关的一个概念是形象。形象是人们对被认识对象所持有的认知、信念、态度，等等。形象不是纯客观的存在，是客观对象在主观思维中的投射或者镜像，是经过大脑加工的产物。在形象形成的过程中，那些不符合观察者期待的信息被剔除了。[1] 国家形象之于外国受众也是如此。

中国外文局对外传播研究中心从 2012 年—2015 年已经联合多家权威调查机构进行了四次中国国家形象全球调查。[2] 在此，本文综合报告的相关结果，选取经济、外交、军事、等方面关于中国的刻板印象进行梳理。同时考虑到对中国形象影响较大的主要是负面印象，故忽略正面和中性印象。由于 2012 年调查的设计与其后几年差别较大，在此仅列 2013 年—2015 年的相关数据。

年份	中国产品质量较差或不过关	中国企业走出去造成对当地企业和本土品牌发展的冲击	中国只在与自身利益相关的国际事务中表现积极；承担的国际责任还不够多	认可"中国威胁论"；认为中国军力发展会对别国国土安全造成威胁	中国贫富差距很大
2013	54%	N/A	12%	25%	41%
2014	62%	30%	37%	35%	45%
2015	60%	36%	N/A	N/A	N/A

注：上表中 N/A 代表无数据。

由上表可见，对中国的刻板印象仍然在海外受众中占很大比重。另外，还有研究发现，对于中国国家形象的刻板印象分为两类，一类是受众也不确定为什么产生这样的印象，也找不到具体的事实支撑，但是就是反复形成这样的判断；另一类是有大众传媒、个人旅行等信息来源的，但有的是片面的甚至是不符合中国现实的，然而受访者却在既有中国形象的基础上又对这些信息进行了选择性的接受、忽视或者遗忘。③

二、刻板印象是无法彻底避免的认知现象

在中国的国际传播实践中，"刻板印象"往往被认为是受众客观了解中国的障碍，是造成误解的重要原因。但与此同时，"刻板印象"的产生也有心理、历史、文化、国际关系的基础。研究这些基础，进而有针对性的调整传播策略，有助于在潜移默化中减少此前形成的刻板印象。

虽然由于国际交流的频繁，特别是互联网的发达，国外公众认知中国的客观条件在不断改善，但是客观条件对于认知中国的制约还远远没有达到消失的程度。同时，就"刻板印象"本身而言，也有其难以消除的原因。

（一）刻板印象是难以避免的认知现象

在社会心理学领域，认知理论是目前研究刻板印象的主流理论。它认为，刻板印象是联结某个社会群体与一系列品质及行为特征的抽象的知识结构，具有指导整个群体乃至群体成员的信息加工预期的功能。除了概括性的预期，人们对具体的群体成员（或样例）的知识也会影响对群体及其成员的判断。④

对于他文化受众来说，对于中国形象的认知往往经历了一个"抽象—具体—抽象"的过程。抽象性的知识结构简化了受众的认知过程，节省了时间和精力，便于受众迅速建立起对中国的印象。例如，提到中国的美食就联想到烤鸭、宫保鸡丁，提到中国的古迹，就联想到长城、故宫，等等。这种现象不仅受传播者选择的传播对象影响，也符合由浅入深的认知规律。问题在于，这种迅速建立起的印象可以是正面的，也可以是负面的。而且即

使是正面的，如果僵化不变，也不利于海外受众了解变化中的中国。

与此同时，人具有社会性，人际关系网络对知识的共享、创新等产生直接的影响。在集体主义文化特征的国家的受众中，这一点表现得尤为明显。⑤深受集体主义文化特征影响的民众，一般具有较强的从众或者崇尚权威的心理。近年来，对于一些问题的中外网民争论，原本只是个别的观点不同，但是经由网络空间的迅速传播，影响被不断放大，双方均基于本国的多数者观点与对方"针锋相对"。虽然最后争议平息，但是双方都在心中留下了一些不好的印象。在崇尚权威方面，专家学者的观点在拥有尊师重教传统的国家也有深远的影响力，但专家的分析评判有时候也会有失平衡和客观，对于相关问题缺乏深刻判断力的普通民众往往会因此形成固化的对外观念和思想情感。

即使刨去权威和从众心理的影响，个别的直接接触经历也可能形成刻板印象。比如，来中国旅行、留学、经商等的人如果有不愉快的经历，就很容易给中国贴上"环境不好""公众场合高声喧哗""不遵守秩序"等标签，并通过口耳相传影响自己的亲友。

（二）国际关系是形成刻板印象的客观土壤

实验研究表明，群际竞争往往会激发消极的刻板印象。作为动物性的本能是这样，国家间关系也是这样。从形成机制看，对国家的刻板印象与国际关系密切相关。

国际关系既包括现实的，也包括历史上的。伴随着中国综合国力的增强特别是经济体量的增大，"中国威胁论""中国新殖民主义论"一直没有消减的迹象，其背后，有意识形态的偏见、安全利益的考量，也有作为竞争者的疑虑：中国的迅速发展是否会消耗更多的资源、牺牲脆弱的地球生态环境，是否会"国强必霸"，等等。

调查发现，一国受众对于中国的看法除了受两国关系发展的常态影响之外，也容易受个别事件冲击，以偏概全，使原本建立的良好印象很快滑坡。

（三）符号化的媒介传播是刻板印象的强化剂

学界普遍认为，大众媒介对刻板印象的形成有重要影响，而且负面作用明显多于正面作用。⑥受众对中国的刻板印象很大程度来自当地媒体对中国形象的刻画。西方媒体对中国形象的歪曲是一个重要原因，对这一点学界已有较多讨论，在此就不再赘述。

对一个国家的刻板印象往往会简化成为符号。例如美国鹰、俄罗斯熊，等等。刻板印象和符号化密切相关。从媒介传播本身的需要出发，将传播对象符号化往往是有意为之，以起到强化记忆、延伸联想的作用。因此，符号化本身也是提高传播效率包括国际传播效率的重要途径。然而，符号化也是一把"双刃剑"，在良好的印象中，符号是唤起美好记忆的激发点，在不好的印象中，符号是不断加深恶感的强化剂。

三、我国国际传播中对刻板印象的认识误区

（一）视为障碍，消极回避

有研究发现，多数外国人对中国媒体信任度低的一个原因是中国媒体上负面新闻较

少，缺乏平衡报道。⑦虽然这一状况随着中国媒体国际传播理念的发展有所改进，但仍存在结构性缺陷。具体表现为，在腐败、事故等负面新闻报道中，短消息多，深度报道少；事实性报道多，评论性报道少；直接发布多，传受互动少。而在主动策划的报道选题中，也是以积极、正面的形象推广为主，很少就国际社会对我国的负面评价进行中长期分析研究从而有步骤、有针对性地进行报道。

实际上，本着开放透明的态度，向国际社会展示中国真实的形象，是获得海外受众信任的基本前提。回避本身反而会加深刻板印象。

（二）简单批判，缺乏艺术

及时澄清外媒的不实报道，驳斥不当言论，塑造中国大国形象，这些都是必要的。问题在于技巧。以外交部发言人表态为例，往往简明扼要，直击主题。但如果媒体仅是原文照搬，不是长期关注相关事态的海外受众可能难以理解。特别是简单的语言上的批判往往有力却苍白，不入耳更难以入心。不过，随着我国官方政策发布、解读的程序更加透明、公开，媒体舆论引导水平和技巧更加提高，这一问题正不断获得改善。近年来，我国"一带一路"倡议日益获得全球赞赏；中国坚定捍卫国际法治，南海仲裁闹剧黯然散场等新闻事件的背后，都包含有我国媒体国际舆论引导实力提升所做出的贡献。

（三）传播者本身对传播和受众也存在刻板印象

媒介既是"桥"也是"沟"。虽然对于中国的刻板印象很大程度上是长期掌握国际话语权的西方媒体制造的。但有时海外受众对中国的刻板印象也不乏中国自身因素所造成。例如，在纽约时代广场播放的中国国家形象宣传片，展示了一个个精英的面孔，有不少海外受众提出，从中看到了一个快速发展的大国和这个国家最优秀的一群人。但是他们更感兴趣的是，大多数中国人的生活是怎样的？而这个兴趣点，已经被多个受众调查所证实。再比如，中国媒体对某个城市形象的对外传播，往往是"名片式"的，带有浓厚的美化色彩。与此同时，对于占据大幅中国国土面积的农村，在对外传播中所占的比例却很小。折射在国外的影视作品中，零星的中国形象往往表现为灯红酒绿的香港、上海，因贫困而离乡背井讨生活的农民工，等等。从上述中国外文局等机构所做的调查也能看出，多年来，海外受众对于"中国贫富差距大"这一看法的比例一直居高不下。

四、改变刻板印象的可能途径

虽然刻板印象从心理上难以彻底消除，但是并非铁板一块。国家形象的建构和完善，是国际传播的天然使命。在此就改变国外对中国的刻板印象的可能途径提出几点建议。

（一）完善公共外交手段，发展体验式传播

如前所述，人们对外国的第一联想一般是这个国家的标志性事物。但许多调查显示，中国的文化与社会问题被受访者提及的频率越来越高，说明外部世界对中国的了解程度确实在提高，这为循序渐进地改变海外受众对中国的刻板印象提供了良好的契机，而公共外

交手段的完善是其中关键的一环。

近年来,智库交流、民间团体互访等公共外交形式兴起,对传播中国形象起到了重要作用。建议在此基础上,增加"体验式传播"的比重。以往中方在邀请国外团体来访时,往往会安排体验中国文化、参访中国各地等活动,但是内容往往重合度高,比如品茶、观戏、考察知名企业、游览知名景点,等等,然而这些和中国人的生活关系仍然不够密切。可以多策划一些与中国家庭交流的活动,例如通过 Airbnb(个人房屋短租)、寄宿等方式,近距离观察普通中国人的衣食住行、喜怒哀乐。与此同时,中国设在海外的公共外交机构也是开展体验式传播的窗口,可以基于它们目前已经开展的展览、教授中国文化课程等活动,进一步挖掘对中国的兴趣点,同时通过当地媒体特别是社交媒体平台打开知名度,让更多当地人有机会加深对中国的理解。

(二)挖掘现有印象的形成原因,努力寻找共鸣

虽然刻板印象以负面为主,但是也并非全无可资利用的价值。刻板印象虽然形成后即具有较为稳定的特征,但也非一成不变,而是在文化和身份的互动作用下不断发展变化。作为传播者,在审视"传—受"关系时,应跳出"我"与"他"的视角,而是转换为"我"和"你":相比"他","你"显然更接近、更直接。在这样的关系框架下,传播者可以设身处地为对方考虑:如果我是你,我想"听"些什么;如果你觉得我不好,是不是我什么地方做得不好。

寻找共鸣的关键是心态问题。如果对外界的负面评判时刻抱有"对方出于恶意"的看法,可能就直接堵上了沟通之门。BBC曾经拍摄过一个纪录片《食品公司》,其中涉及49天养成的肉鸡、使用工业原料加工的玉米、大企业垄断市场,等等。可见食品安全问题不光是中国有,世界各地都有。只听得进赞美,容不得批评甚至调侃,是无助于拉近双方的心理距离的。例如,中国产品的质量虽然有所改善,但仍是海外受众诟病较多的问题。与其不断辩驳,不如对中国的质量检验监督体系进行长期的、持续的深度报道。

媒体作为传播中国国家形象重要主体,一方面要秉持"以我为主"的立场,另一方面也应始终留意自身视域的狭隘性,避免认识的绝对化,不断修正传播策略。

(三)创造新的符号或者赋予旧有符号新的内涵

既然符号化传播是与中国具有一定时空距离的受众了解中国的一条捷径,外媒可以用,中国媒体也可以用。如果旧有符号是引起受众不快甚至反感的原因,那么创造新的符号可能在一定程度上引起受众的注意和兴趣,进而形成深刻印象。需要指出的是,这并非媒体一己之力就能完成的,媒体可结合国家重点发展的领域和经济、文化、科技等政策等进行符号创设。当然,符号的形成很多时候是需要长时间的文化积淀作为土壤的,并非一朝一夕之功。而且有些符号从产生到消亡是"快餐式"的,有的则融入民族性的血液中,成为中国在世界上通行的"名片",对于后者尤其需要国家层面的整体规划。

而对于旧有符号,也无需排斥和放弃。传播者应具备历史的眼光,把符号放到历史的长时段中去考量,衡量其在过去的价值,评估其在未来的意义。如前所述,大城市是中国

对外传播的重要对象,也是外媒着笔较多的部分。如何避开老生常谈,在"贫富差距大"的印象之外开辟新的话语空间?历史性的眼光是一个解题的"钥匙"。比如,在韩国电影中,上海是经常出现的中国城市之一。如果简单地认为韩国导演选择上海作为故事发生地,仅仅是因为它是中国最现代化的国际大都市,就失之肤浅。实际上在"一战"后,上海曾经作为韩国临时政府所在地,被韩国人视为"民族独立运动的圣殿"。在韩国2015年票房排名第一的电影《暗杀》中对这段历史就有详细的描绘。从浅层面来看,历史的联结是拉近心理距离的手段;从深层面来说,对于国家间、国民间关系都是促进剂。传播者有必要挖掘更多这样的联结。

(四)从个别群体入手,逐步寻找突破空间

由于时空和文化距离的客观存在,绝对大数的受众对于他国信息的接收速度、数量和知识结构更新始终无法与本国相比,而主观上对于本国信息的需求程度更高也很容易理解。在这样的背景下,克服刻板印象先天地就存在劣势。与其完全没有具体对象地解疑释惑,不如寻找一个个特定的受众群体,进行精准传播。

在传播实践中,外国政要、智库、有代表性的民间人士往往是国际传播的重点,即"影响有影响力的人"。但也应看到,对异国文化具有强烈兴趣的人,每天会花更多的时间了解这个国家和这个国家的人。虽然由于个体差异,可能一开始这种兴趣仅限于个别领域,但不可否认的是,这种兴趣存在拓展性。例如,喜欢一个国家的明星,进而会购进这个明星有关的周边产品,而这种兴趣通过人际传播传导到其亲朋好友,其波纹效应就可能是突破刻板印象的一个契机。对国际传播的对象不应抱有"事小即不为"的成见。

(五)以互动为核心,充分运用多样化传播形式

互动已经是当今"传—受"关系的最核心所在。而社交媒体在互动性上的表现又明显优于传统媒体。当前,中国从事国际传播的媒体已经纷纷通过Facebook等平台开展社交媒体业务,但是互动性的深入程度仍然不足。其深层次原因可能仍在于未能跳出传统媒体作为信息发布者的心态,未能把自身放在和受众对话的层面上。

另外,谈到国家形象的建构,往往是事实性的传播占较大的比重,例如新闻报道、公共外交活动,等等。实际上,将现实与虚构相结合的艺术虽然耗时耗力,但往往却是能发挥一鸣惊人作用的传播形式。例如,电影不仅能描绘当下,还能追述往昔、展望未来(即使添加了假想成分),这种国际性艺术语言已经成为沟通不同文化的符码。许多没有来过中国的人,往往看了某部中国电影或者其中包含中国元素的电影,就形成了对中国的看法。因此,建构国家形象,需要多种形式的共同助力。

总之,在国际传播中,抱有开放包容的心态,构建多元文化的视野,适时转换话语和表达形式,是一条应对受众既有"刻板印象"的新思路。

(作者单位:中国国际广播电台新闻中心)

注释：

① D. J. Boorstein，The Image，A theneum，1981 年。
② 中国外文局对外传播研究中心网站，http：//www.chinacics.org/achievement/。
③ 王晓玲、董向荣：《韩国人心目中的中国形象——基于焦点集团访谈的研究结果》，《当代亚太》，2010 年第 2 期。
④ 王沛：《刻板印象的社会认知研究述论》，《心理科学》，1999 年第 22 卷。
⑤ 朴钟锦：《韩国人对华负面认知与中国对韩公共外交途径》，《当代韩国》，2012 年第 3 期。
⑥ 张晓静：《跨文化传播中媒介刻板印象分析》，《当代传播》，2007 年第 2 期。
⑦ 赵云泽：《中国报刊负面新闻近年的发展变化》，《国际新闻界》，2009 年第 3 期。

数字化背景下传统媒体重塑用户关系策略

胡妹妹

20世纪90年代起,"用户体验"这一名词开始在设计行业被广泛认知。随着人们对媒体产品的消费需求由被动接受逐渐向主动参与转变,媒体行业生态产生了空前的变革。从"以用户为中心的设计"到"用户参与式设计",用户越来越深地融入到媒体产品的设计过程中,美国问答社交网站Quora和中文问答社区"知乎"等完全由用户生产内容构成的媒体产品的诞生和繁荣印证了这一变化。当前,数字化背景下的用户研究、用户体验设计已成为互联网企业的"标配"。在传媒业市场竞争中,面对来自深植"用户至上"基因的新媒体的强劲挑战,传统媒体要顺应数字化趋势,实现转型发展,就必须创新商业模式,重塑用户关系,在打造优质内容的基础上,实现产品与用户的深度融合。

一、传统媒体数字化生存的背景

信息无处不在:手机、电脑、电视、广播、报纸杂志、高楼的霓虹灯牌、街边的广告……全球用户根据习惯和喜好,选择各种各样的终端和载体接收信息,并通过搜索、点击、浏览、下载、支付、社交等行为,生产了海量的用户数据。只有把握这些数据中蕴含的规律,才能在激烈的市场竞争中打造核心竞争力,赢得用户。然而,在与互联网巨头争夺用户的数字"战场"上,传统媒体正面临严峻的挑战。

1. 数据的"孤岛"

飞速进步的科学技术为人们生产和获取信息的渠道增添了无数新的可能性。然而,用户接收资讯渠道的复杂多样,也为经营者获取和处理不同平台的用户数据带来了困难。过去,对传统媒体而言,除测量收听收视率、发行量等可以直接获取的用户数据外,问卷调查是收集用户反馈最易于操作的方式,也在相当长的一段时间内成为媒体经营管理部门收集用户反馈数据的主要方式。然而,无论是街边分发的纸质问卷,还是网站发布的在线调查,都是基于预先设定的调查范围和调查内容,其结果趋于片面性、主观性和模糊性,缺乏精确数据和详细描述的支撑,对产品开发和改进的参考价值有限。同时,由于传统媒体大多缺乏综合分析处理大规模用户数据的能力,而各独立平台的用户数据又由于度量标准不同等诸多因素,无法简单地进行收集、合并和分析计算。各媒体平台的信息互有关联,却无法联通和流转,在信息的海洋中形成了一座座"孤岛"。

2. 互联网的冲击

身处"互联网+"时代,无处不存在、无处不互联的网络正在不断冲击和重塑传统行业中的结构与关系，淘汰无法适应变化的事物。"一切关于新生或毁灭的预言都被证明是错误的，因为通讯技术革命带来的互联网思维，一切旧事物又将变成新事物。"[1]在传媒业，作为"旧事物"的传统媒体也正在感受"新事物"新媒体的强大冲击，这种冲击最深刻地表现在媒体和用户的关系上。与植根于互联网、熟谙用户研究的新媒体相比，传统媒体正在经历"受众"向"用户"的艰难蜕变。要完成重塑、获得新生，实现与新媒体的有机融合，就必须深耕"用户至上"理念，将服务用户的精神贯穿于产品生产的全部环节，满足用户的各类需求。

二、重塑用户关系的定义

面对数字化生存之困，传统媒体纷纷吸取互联网养分，迈出转型步伐。近年来，随着大数据和云计算技术的不断发展更迭，基于云的全球媒体产业链条初具规模，过去一直陷于沉睡的海量用户数据已经具备了被"唤醒"的条件，媒体产品与用户的深度融合正蓄势待发。挖掘用户数据，并据此提供个性化定制服务，提升用户体验，是当前传统媒体重塑用户关系的主要形式。

1. 用户数据的细分与整合

面对一件产品，用户从拿起到放下、从打开到关闭，都时时刻刻地在生产数据。对媒体而言，数据更是了解用户、服务用户的关键所在。借助大数据与云存储技术，媒体可以实现对不同用户群体、不同终端、不同网络的用户数据收集、分类、编码、存储、查询和维护等功能，以实现产品与用户数据的融合交互。上述过程在技术理论上主要体现为用户细分，在行业实践中则以三网融合为代表。

用户细分的概念最早来自于市场学领域，称为市场细分。在产品营销的过程中，之所以需要对用户进行细分，是由于用户需求存在异质性，要满足不同用户群体的需求，必须为他们提供差异化的产品和服务。同时，用户细分也是实现企业资源最佳配置、获得最优经济效益的必然要求。通常而言，地理细分、人口细分、心理细分和行为细分构成用户细分的基本标准。而四大标准之下，还存在多项细分变量。仅人口细分标准下，就涵盖年龄、性别、职业、收入、民族、宗教、教育、家庭人口等多项变量。媒体进行用户细分的过程，主要包括明确产品对象、设定细分变量、收集用户数据、分析用户数据、制定营销策略等。

在媒体进行用户细分的各个步骤中，"数据"作为一条最重要的线索，贯穿了整个过程。飞速进步的科学技术为人们生产和获取信息的渠道提供了无数新的可能性。然而，用户接收资讯渠道的复杂多样，也为媒体经营者获取和处理不同平台的用户数据带来了困难。当前，各国为整合传媒业态，打破行业藩篱，实现业务相互交叉渗透、监管趋向统一，先后出台相关法律和政策，推进广播电视网、电信网与互联网"三网融合"。美、日、英等国纷纷出台《通信法》，我国 2015 年发布《三网融合推广方案》，2016 年中国广电已成为第四大基础电信运营商,正式进军电信业务领域。

种种迹象表明,传媒业、电信业、娱乐业等行业之间的界线日益模糊,数据作为信息的主要表现形式,早已脱离了诞生之初混沌无序的状态,正从高度分化逐步走向有序融合。只有在信息"孤岛"间架起桥梁,并统一各平台数据交换的标准,才能最终实现用户数据的精准细分和有机整合。

2. 用户服务走向智能

产品与服务是媒体与用户之间相互沟通交流的载体,也是传统媒体是否成功融合转型的试金石。实现用户与服务、服务与服务之间的多元融合和相互渗透,要求媒体重构与用户而非受众的关系,将媒体产品的单向生产和传播的过程转变为与用户的双向沟通和多方互动,在明确用户需求的基础上提供相应的服务。

新闻资讯是媒体向用户提供的最初,也是最基本的服务。当前,随着越来越多的新闻资讯类产品加入市场竞争,新闻同质化加剧,用户对传统媒体的依赖性逐渐流失。同时,随着新媒体的迅速崛起,传统媒体在新闻资讯方面的独家优势和权威地位逐渐受到挤压。实践表明,单纯依靠新闻资讯类内容集聚用户已经难以实现,传统媒体必须顺应大数据时代发展趋势,在立足优质新闻内容的基础上,发展数字娱乐及智慧服务。

与开放化、碎片化的新媒体相比,传统媒体拥有更加成熟的内容生产环节和盈利模式。在此基础上,与成熟的内容生产者以及特色IP合作,在新闻业务之外打造丰富多彩的数字娱乐产品,是传统媒体吸引用户关注最为有效的方法之一。以数字娱乐产品"抓住"用户,是传统媒体实现服务融合的第一步。

面对瞬息万变的市场,媒体在成功吸引用户关注后,如何留住用户成为亟待解决的问题。研究表明,从国内互联网应用的发展实践看,顺应全产业信息化、网络化的趋势,通过发展以本地服务为主体的O2O业务,实现用户的聚合,是传统媒体机构融合转型中较为可行的途径。[②]例如,在传统新闻APP中接入政务服务订阅号、本地生活缴费、交通出行、气象环保等便民O2O服务,同时与互联网平台深度合作,引入美食、电影等生活休闲服务;在此基础上,以人工智能为支撑,实现基于大数据和用户画像技术的智能匹配和个性化精准推荐。将新闻资讯、数字娱乐和本地服务整合到产品中,并非要打造无所不能的"超级媒体",而是传统媒体提升服务意识,跳出"台网融合""报网融合"的"套路",实现跨界发展的有益举措。

3. 用户体验有章可循

近年来,是否"对用户友好"逐渐成为大众对消费品,特别是各类媒体产品的评价标准。当我们谈到一件产品对用户是否友好时,实际上是在谈自己的用户体验。对一件产品而言,无论内容多么精彩,都有可能毁于一次失败的用户体验。对注重视听效果的媒体而言更是如此。在新闻产品和服务种类繁多,且趋于同质的市场背景下,能否设计出对用户友好的产品,让用户从使用、爱用,到习惯用,正是用户体验所关注的。

尽管用户体验是一个"感性"的概念,但从行为学、心理学、设计美学等学科角度来看，其过程依然有章可循。2010年3月，国际标准化组织ISO大会发布新一代人机交互设计指导国际标准ISO9241-210：2010[③]，将用户体验定义为"人们对于针对使用或期望使用的产品、系统或者服务的认知和回应"。简单地说，用户体验就是用户对产品"好不好用，用起来是否方便"的直观感受。创建吸引人的、高效的用户体验的方法称为"以用户为中心的设计"。在用户体验设计实践中，Garrett将用户体验设计划分为战略层、范围层、结构层、框架层和表现层[④]，从为什么要开发、开发什么、怎样设计大纲、怎样丰富脉络、如何彰显风格五个角度阐述了如何为用户带来快捷、舒适的使用体验。

美国媒介理论家保罗·莱文森提出"媒介人性化"理论，认为人类发展了媒体，所以媒介越来越像人类，媒介并不是随意的衍化，而是越来越具有人类传播的形态。像人脑一样为用户服务，成为媒体发展的未来趋势和终极目标。虽然钢铁侠无所不能的超级智能管家"贾维斯"目前还只存在于漫画和电影中，但人工智能、人机交互和生物识别等技术的高速发展，以及媒体与用户在数据、服务和体验等方面的不断交互融合，已经让我们看到了"智慧服务"的曙光。

三、如何重塑用户关系

媒体融合正处于新旧发展道路更迭交叉的转折点。面对网络平台和自媒体的强势挑战，传统媒体如何转型发展并无前人经验可循，但能否成功重塑用户关系，打造与用户深度融合的媒体产品，无疑是传统媒体能否经得起互联网考验的试金石。

1. 运用数据分析，掌握用户需求

面对浩瀚的信息海洋，如何高效地对数据进行收集、存储和分析，成为媒体数据化运营中亟待解决的问题。随着机器学习赋予计算机不断自我优化的能力，人工智能研究也取得了重大进展，从在线翻译到仿真机器人，从苹果siri到谷歌AlphaGo，都是近年来人工智能领域产生的革命性产品。因此，将数据库技术与人工智能结合起来，用数据库管理用户数据，并用计算机对数据进行分析，挖掘数据背后的信息，成为数据化运营的必然趋势。

数据库是一个非常形象的概念，它像一个仓库，数据作为货物在其中有组织地储存，并向特定用户开放存储、获取和共享等功能。数据库技术研究如何组织和存储数据，以及如何高效地获取和处理数据。数据库与云计算的结合极大地拓展了数据存储的空间，利用大数据分析技术对其中存储的用户数据进行挖掘，并制定相应的营销策略，是产品开发者在市场竞争中赢得用户的制胜之道。此时，一门新兴学科逐渐进入公众视野。美国数据科学家Fayyad等人于1989年首次提出了数据库知识发现这一概念，意为"通过特定算法，将原始、低层的数据转化为成熟、高级知识的过程。[⑤]"

采取数据挖掘手段处理用户数据，不仅可以实现精细化运营和个性化定制，为产品生产者提供决策参考，也向用户展示了清晰的产品定位，提供能满足不同需求的产品组合，提升用户的使用体验，引导用户主动寻找和选择更喜欢的产品，而用户的行为又产生了新的数据，如此循环，在数据流转的过程中，产品和用户的双向交互和深度融合得以实现。

2. 升级智慧服务，增强用户黏性

2014年德国推出"工业4.0"战略，旨在提高制造业全环节的智慧水平，将供应、销售、流通等环节数据化、智能化，为每个用户定制个性化的产品和服务。"工业4.0"之后，全球制造业展开新一轮的转型竞争，以人工智能、量子计算、清洁能源等前沿技术为代表的第四次工业革命悄然而至。可以预见的是，在新一波工业革命的浪潮中，无论何种技术，都将殊途同归，致力于在万事万物之间建立联系。它建立在互联网的基础之上，并不断向虚拟世界之外延伸扩展，最终实现人与人、人与物、物与物随时随地地联通与协作，这就是物联网。汉字中，通晓事物变化为智，理解事物内涵为慧。通过各类芯片和传感器赋予万事万物智慧的物联网，也为传媒业点燃了"智慧"的火花。

物联网对传媒业的影响，主要体现在对媒体产业链构成要素的全面丰富和提升上。传统媒体转型发展、重塑用户关系的主要途径，是在大数据分析的基础上，以新闻资讯树品牌，以数字娱乐引关注，以本地服务聚用户。依托物联网中"万物互联"的基本属性，再加上虚拟现实VR、增强现实AR等视觉交互技术的蓬勃发展，媒体采集、生产、传播、管理信息的方式由单一方向的链条进化为围绕用户数据的无数相交的圆环，用户深度参与媒体产品生产链条的各个环节，甚至以用户社群等形式，成为产品本身的一部分。用户与产品、用户与用户、产品与产品之间的深刻联系，催生了"粉丝经济""IP经济""品牌效应"等热词。传统媒体只有洞察上述联系，才能在用户中树立信任感和熟悉感，并通过系列产品巩固用户的品牌亲切度，从而在机会稍纵即逝的市场竞争中屹立不倒。

3. 创新商业模式，开发用户价值

哈佛大学法学教授本科勒提出"企鹅与怪兽"理论，认为当代表免费、开放、共享的Linux系统吉祥物企鹅Tux与代表利己主义与强权的怪兽"利维坦"相比时，"人们更倾向于选择合作和协作，以实现组织的共同目标"[⑥]。在植根互联网的"企鹅"文化影响下，企业开始关注"大众生产"，并将重心从"控制人"转向"吸引人"。

强调开放、共享与创新的"企鹅"文化站在社会与经济发展的最前沿，并孕育了众多全新的商业模式，共享经济就是其中最具革命性的探索之一。罗宾·蔡斯将共享经济概括为"产能过剩＋共享平台＋人人参与"[⑧]。共享经济广泛而深刻地影响了众多行业的发展，而传媒业无疑是受到冲击最大的行业之一。2012年，拥有244年历史的《大英百科全书》纸质版正式停刊。由于售价高昂、册数过多，许多传统工具书使读者望而却步，转而投向更加"平易近人"的后起之秀——维基百科。虽然专业性和权威性与《大英百科全书》不可同日而语，但超过3800万词条、295种语言版本[⑨]、用户协作编辑、完全免费、无需注册等特点，足以成就其在全球互联网工具书中的"霸主"地位。

维基百科的异军突起和传统工具书的黯然转型只是共享经济影响传媒业的一个缩影。在这个"人人共享"的时代，用户对于产品不再是单纯的使用者和反馈者，而是更加强调参与感、责任心和互动性，主动融入产品的生产、维护和传播等各个环节。就传统媒体而言，拥抱共享经济，打造"共享型媒体"，吸取维基、知乎、分答等用户生产内容社区的成功经验，激励创作者共享内容，是在产品和用户之间建立信任和联系最为有效的途径。

此外，随着人人共享平台的日益发展，平台之间为了争夺用户，相互竞争难以避免，如果缺乏有效的监管措施，"百花齐放"的良性竞争也可能演变成充满猜疑的"黑暗森林"。对共享型媒体的监管，重在适度与平衡，既要推出有约束力的行业规范，又要给用户和平台足够的发展空间，营造一个和谐发展的市场空间。

（作者单位：中国国际广播电台总编室研究室）

注释：

① 侯继勇：《互联网大冲击：重塑一切传统行业》，2016年3月发表于"百度百家"原创自媒体平台，地址http：//houjiyong.baijia.baidu.com/article/6833。
② 宋建武：《以服务构建用户平台是媒体融合的关键》，《新闻与写作》，2015年第2期。
③ ISO9241-210：2010，英文版全文见https：//www.iso.org/obp/ui/#iso：std：iso：9241：-210：ed-1：v1：en。
④ Jesse James Garrett、范晓燕：《用户体验要素：以用户为中心的产品设计（原书第2版）》，机械工业出版社，2015年。
⑤ Fayyad, U., Piatetsky-Shapiro, G., and Smyth, P. 1996. *From Data Mining to Knowledge Discovery in Databases*. AI Magazine ［On line］. Available at，http：//www.kdnuggets.com/gpspubs/aimag-kdd-overview-1996-Fayyad.pdf.
⑥ 尤查·本科勒、吴悦琳、简学：《企鹅与怪兽：互联时代的合作、共享与创新模式》，浙江人民出版社，2013年。
⑦ 罗宾·蔡斯、王芮等：《共享经济：重构未来商业新模式》，浙江人民出版社，2015年。
⑧ 来自英文维基百科"Wikipedia"词条，数据更新于2017年2月。

他山之石

西方国际广播发展趋势和传播特点

赵 明

近年来,随着国际政治经济形势的变化和信息技术的飞速发展,西方国际广播机构纷纷调整战略,全球视野下的国际广播出现新的发展趋势。

一、西方主要国家的国际广播机构

当前西方主要国家的国际广播机构可分为三个系统:政府系统、民间系统、宗教系统。政府系统中规模和实力较强的有美国之音(VOA)、英国广播公司世界电台(BBC WS)、法国国际广播电台(RFI)、德国之声(DW)、日本广播协会(NHK);民间系统的典型代表是美国政府资助但以民营面貌运行的自由亚洲电台(RFA)、自由欧洲/自由电台(RFE/RL)及对华的希望之声和挪威资助的西藏之声等;宗教系统的国际电台有三家,分别是美国政府资助的环球广播电台、英国政府资助的远东广播协会和西方主要国家共同资助的梵蒂冈电台。

二、西方国际广播呈现的发展趋势

1. 国际广播战略理论日益成熟

国际广播自诞生之日起,就是国际舆论斗争中由政府资助的一种外交工具。为了从法律上确保国际广播得到国家的支持,西方主要国家陆续出台了指导国际广播的法律法规,如《美国国际广播法》、美国《自由亚洲电台法》、美国《国际广播拨款法》、美国《促进自由法案》、《德国之声法》、《英国广播公司世界电台宪章》等。

这些法规对国际广播所必需的人财物等战略资源从法律上给予了保证。根据这些法规精神,西方主要广播机构还制订了具体的战略规划,如《英国广播公司世界电台 2012—2015 年规划》《美国国际广播委员会 2013—2018 年战略计划》等。这些法律法规和战略规划从整体上构成了一个完备清晰的国际广播战略理论,阐述了国际广播的战略背景、战略环境、战略性质、战略资源、战略风险、战略观念、战略意义、战略使命、战略任务、战略目标、战略战术、战略评估等,从理论上回答了当今国际广播的存在价值、性质、对象、未来发展前景和格局。

2. 国际广播政治属性日益强化

当前,国际政治领域里的恐怖主义与反恐怖主义、霸权主义与反霸权主义、世界单极化与多极化的斗争更为激烈。为争取国内外舆论主导权和信息控制权，西方主要国家都进一步强化了国际广播的政治属性，使其更紧密地配合本国的国际政治、经济、外交、军事斗争，为本国国家利益服务。

"9·11"事件后，美国先后提出了一系列涉及国际广播的公共外交政策建议和法案，多次强调国际广播是美国公共外交的核心力量，是确保国家安全、推行美国式"民主自由"价值观的关键步骤。美国对外关系委员会还特别强调，必须通过国际广播等电子传媒抗衡"反美主义""影响国际舆论，改变美国形象，支持美国的全球政策"。英国广播公司世界电台的经费由外交部划拨，它理所当然地要配合英国政府的外交政策，按英国地缘政治的变化需求，以英国利益为落脚点确定目标市场和宣传策略。德国政府要求，德国之声要紧密配合"德国外交政策的目标和对发展中国家的援助项目"，要接受政府特别是外交部对节目的指导方针。

具体到对华广播而言，这种政治属性表现得更为露骨。西方国际广播宣扬它们那一套自我陶醉的民主和自由制度本属当然，但它们还企图对我国进行意识形态渗透和思想颠覆，一遇风吹草动，便极力煽动挑拨教唆造谣蛊惑之能事，不断地在所谓人权、西藏、台湾、宗教、核扩散、经贸等政经问题上和教育、医疗、就业、养老等社会问题上，百般诋毁、丑化和妖魔化中国，猖獗地鼓吹民族分裂，煽动民族仇恨，甚至公开煽动动乱，严重危害了我国的社会安定、民族团结和祖国统一；并在国际上大肆鼓吹"中国威胁论""中国衰败论""遏制中国论"，以挑拨中国同各国特别是周边国家的关系。西方国际广播的这种做法表明，国际广播作为维护国家利益的舆论和外交斗争工具的本质特点正日益强化。

3. 国际广播管理体制日益集中

为应对国际传播领域内日益激烈的竞争和全球经济日益形成一个大市场的变化，各国国际广播管理体制和运作机制也在不断调整。

1999年，美国政府成立国际广播管理委员会，统管所有的对外广播电视。该委员会负责制定美国对外广播电视的发展战略，每年要根据调研情况，对所辖对外传播机构的业绩进行评估，决定"增加或减少广播语种"，设置、调整对外广播电视机构，分配对外广播电视资金，以便"重新安排战略重点和重新分配国际广播资源，有效利用广播资金，创造性地和高效地利用互联网和其他新媒体"，从而实现对广播、电视、网络的一体化领导。

英国广播公司自20世纪90年代以来，进行了四次重大内部机构调整，目标是加强内部管理，提高节目质量，增强整体竞争实力。它以加强新媒体建设、开拓世界市场和扩大财源模式为目标，整合重组了所有对外广播电视资源，将世界电台、电视以及在线业务合并，建立了一个新的集编辑方针、市场营销、受众研究于一体的全球性新闻机构。目前，英国广播公司正在酝酿新一轮改革，继续改组机构，以加强统一管理，进一步规划数字时代发展战略。

通过调整对外广播电视管理机制，各国正在进一步加强对国际广播和其他媒体的集中管理、统一指挥和宏观指导，实行广播、电视、网络的一体化，优化对外传播宣传资源的配置，并充分、合理、科学地予以利用，形成对外宣传合力，从而紧密配合本国政府的全球战略和外交斗争。

4. 国际广播传播手段日益丰富

信息传播技术的飞速发展和广泛应用，使国际广播的形态正在发生革命性的变化。世界主要国际广播媒体都在打造使用包括广播、电视、网络、新媒体等多种传播媒介在内的大平台，形成优势互补。

目前，英国广播公司拥有国际广播、国际电视、互联网、新媒体等多种传播手段。其中，世界电台使用30多种语言对全球广播，其短波信号基本上覆盖全球，其调频广播在全球150个多国家的首都实现落地，全球有2204个合作电台通过调频/调幅转播其节目；国际电视有数十个收益性电视频道；世界电台网站用30多种语言提供视频、音频、文本和图表等节目和信息。在新媒体领域内，它的数字广播和数字电视占据全球最新传播科技的制高点，在手机电视、卫星直播电视等新媒体业务领域都有涉及。其新媒体应用主要包括通过MP3播放器、手机、互动电视和网络传输各种节目内容。

美国之音通过广播、卫星电视和互联网，以40多种语言制作播出节目，还开办有对外电视节目，用英语等20多种语言播出，并利用广播和电视同时联播节目。美国之音已明确将建立"使用多媒体传播的国际广播体系"作为长期发展目标，提出了"利用现代传播技术，促进多媒体发展，重点是电视和互联网"的战略措施。

德国之声拥有广播、电视、互联网、移动新闻等宣传业务，其国际广播用30种语言对外广播，通过有线方式进入了全球2500万个家庭。网站目前有30多种语言上网，国际电视办有2套节目，全球约有2.1亿家庭可以直接接收。此外，德国之声还在发展和跟踪数字广播（DRM和DAB）、IPTV等新媒体业务。

日本广播协会是日本利用新媒体的排头兵，其新媒体业务主要包括：高清晰数字电视、手机与网络电视、个性化电视服务等。

5. 国际广播重点市场逐渐东移

世界政治格局的变化，促使西方国际广播依据本国利益进行战略调整。调整主要表现在重点东移，即一方面继续保持对俄罗斯东欧国家的广播强度，另一方面把广播重点转向中国、朝鲜、伊拉克、伊朗、缅甸、越南等中远东国家。其共同的指导思想是：维系盟友，巩固已有阵地，集中力量对不同社会制度、意识形态和价值观念的国家实行持续的电波攻坚战。

这些调整措施包括：（1）缩减对盟友国家的短波广播规模，以调频、卫星电视和互联网在线广播等高科技传播方式填补空白。如英国广播公司从2001年7月开始削减对北美、澳大利亚、新西兰和太平洋群岛的英语短波广播，代之以中波、调频及在线多媒体传播。（2）停播对它们认为是"已进入民主"国家的语种广播。近些年，美国之音相继停播了捷克语、匈牙利语、立陶宛语、爱沙尼亚语、保加利亚语、罗马尼亚语、斯洛伐克语、亚美尼亚语、克罗地亚语、格鲁吉亚语、希腊语、印地语、马其顿语、俄语、塞尔维亚语、泰语、土耳其语等数十种语言广播。(3) 对中东、中亚和东亚等重点地区，西方仍保持短波广播的强大发射，包括建设和调整海外发射台与转播台，同时大力和快速发展在当地的调频广播。对华广播方面，美国、英国、德国、法国等已在我国周边地区设立几十座转播台和上百个频率，形成了对我国的满月形电波战包围圈，同时利用广播、卫星电视、互联网等新兴传媒，建成了对我国的全方位、立体式包围网。

三、西方国际广播传播特点

1. 瞄准青年听众，目标听众趋向精英化

西方主要国家把听众划分为两类：一是普通听众，二是目标听众。普通听众指那些广泛而众多的青年人；而目标听众是指普通听众中的精英，即那些决策人物和舆论领袖或意见领导者。这些人多活跃在政府、政党、司法与检察、军队与警察、国营与私营经济部门、公共机构、媒体以及教科文和宗教等领域内。把目标瞄准精英是英美等国家从"冷战"和苏东剧变中总结出的经验之一。原因有三：一是在信息多元化的今天，只有精英听众才有收听西方广播的需求。二是目前世界各国的青年人都很务实，而精英们一旦接受美国的自由和民主价值观，较容易成为变革社会，颠覆政权，在全球最大限度地支持美国战略利益的可资利用力量。三是西方国家仍信奉资本主义唯心的精英史观。这种观点认为，世界发展史实际上是一部在地球上建立功业的伟大人物的历史，人民群众不过是一群消极被动的、本身无所作为但较为盲从的人群。

2. 普及广播构成法，新闻操作趋向规范化

广播构成法是西方传播学的最新研究成果。它有一套完整的对宣传对象、宣传时机和宣传方式的研究理论，注重新闻采集、新闻编辑和节目编排，是一个打造得相当精致、伪装得非常巧妙、对听众极具欺骗性的广播策略。广播构成法从贯彻西方国家战略和全球战略服务的新闻意图和符合新闻传播规律两个方面对节目进行了强化处理。其目的就是要使经过强化后的节目既符合西方国家的战略利益又使听众深信不疑。为了做到这一点，广播构成法对如何树立电台新形象、如何针对听众需求选准并排定各类新闻和各种专题节目、如何确定各类不同新闻和节目的播音风格、编配哪些类型的乐曲和歌曲、选用什么样的主持人以及如何开展既需要又合适的听众活动等都进行了研究和设计。经过广播构成法强化过的新闻节目，不仅传播的数量大、品种多、时效快，而且新闻内容特色鲜明、吸引力强，新闻作业规范化趋向更加明显。

3. 推行替代战术，传播内容趋向本土化

西方主要国家国际广播通过替代战术加强了对对象国国内事务的报道。它的主要做法是增设有关对象国的栏目，用当地人力和节目资源，在当地制作节目；聘用对象国公民作为节目主持人、播音员、记者或节目制作人；使用当地语言；将原创节目改为易被当地人所接受的富有民族特色的节目版本或模式等。替代战术的另一大特点是软信息传播，即加

大文化传播的力度，主要表现在增加文化艺术（尤其是音乐）、科技教育、医药健康、语言与宗教、社会风貌与习俗等节目栏目。这样做的好处是使节目更有亲和力，提高与宣传对象的贴近性，一方面可以作为吸引听众收听其新闻的诱饵和建立听众忠诚度的手段，另一方面也可在潜移默化中渗透西方价值观。

在强化本土化广播方面，美英两国下了大力气。就对华而言，美国之音夜班工作在2005年由华盛顿移往中国香港。英国广播公司在2005年春节举办了"全球华人为亲友点歌拜年"春节特别广播节目。同年3月，英国广播公司又举行"我看中国：中国周互动多媒体报道"项目，全方位集中报道，大到中国的崛起对世界其他地区的影响，小到油盐酱醋等生活琐事。2006年3月10日，英国广播公司第一次在我国上海录制了时政辩论节目"问与答"，让嘉宾和场内外观众展开互动。

4. 重视新闻编辑，信息深加工技术趋向成熟化

西方电台把新闻编辑视为一门技巧性非常高的信息深加工学问。它的主要手法是暗示，在称谓上做文章，设立逻辑圈套，对语句进行模糊处理，似乎无心的遗漏和对常识的巧妙应用，偷梁换柱，捕风捉影，以偏概全，含沙射影，以假乱真，以及看上去像是无意识的错误等混淆视听。这些报道具有相当的欺骗性。

英国广播公司在2006年我国首届佛教论坛大会后编发的一条供听众讨论的不足200字新闻，是这种信息深加工技术的典型例子。这则新闻突出论坛的官方性质，说"由中国官方举办的首届世界佛教论坛，4月13日至16日在浙江举行"，至于在浙江什么地方举行则毫不关心；然后在称谓上做文章，刻意强调说这是"信奉无神论的中国共产党执政50多年来的第一次"，暗示此前并没有这种自由。随后说"中国政府指定的班禅罕见露面"，故意歪曲事实，再以一个不具消息来源的"有报道说，达赖喇嘛所选定的男孩被一直软禁"进行造谣，紧接着又来了一个模糊处理手法的"据估计，中国佛教徒大约超过一亿人"，表明中国的佛教徒数量之多。

5. 强化对比式报道，针对对象国主流媒体的反宣传趋向明显

对比性报道是西方电台加强针对性的手法之一，它通过跟踪对象国主流媒体的热点报道，把社会、政治、经济等领域内发生的典型重要新闻事件及其报道和西方国家对等的新闻事件及其媒体报道进行或横或纵的比照，不加评论，让事实讲话，显示两者差异。就对华而言，美国之音曾编发的对比式报道有中外媒体对中美穷人的对比、中美互发人权报告对比、互联网信息自由流动对比、对春晚的反应和报道对比、Google搜索结果对比、《同一首歌》在纽约演出各地报道对比、中美矿难报道对比，等等。这种信息深加工的倾向性十分明显，它所对比的新闻都是经过精心策划、精心挑选的，其作用在于它在科技、经济、文化等大量中立的消息上做到貌似忠实的对比，不直接损害自己的声誉，不使自己陷入尴尬境地。

6. 应用数字技术，传播手段趋向互动化

西方电台近年来以有效覆盖为着眼点，稳步建立了包括短波、中波、调频、卫星广播

与电视、电话在内的传统媒体和包括数字广播、播客技术、WAP 手机等新兴技术在内的多种传播方式并举、多种媒体交叉覆盖的综合型全球性多媒体传播大平台。它把单向传播变成交互式的个人化传播,加强了与目标听众的对话、讨论和实时互动。就对华而言,美国之音中文网站每天向订户免费发送 6 万封电子邮件。自由亚洲电台对中国开办了 7 个免费热线电话节目。英国广播公司大力开发对发展中国家的手机传播服务,在手机上组织听众点播音乐会、举办名目繁多的有奖比赛和新式英语教学节目,还使用播客技术,与听众建立单向传播、特定传播和定制传播渠道。

四、加强我国国际广播实力

纵观国际广播发展趋势,我们应在以下三方面加强我国国际广播的实力。

一是要尽快建立现代国际广播体系,从硬件和软件两个方面加大实施我国国际广播改革和发展的力度,以富有开拓创新的时代精神和浓郁民族特色的中国国际广播,向世界展示中国改革开放以来社会主义中国在各个领域取得的光辉成就,努力形成与我国国际地位相适应的广播宣传格局,为我国的改革开放创造良好的国际舆论环境,以抗衡西方的宣传扩张攻势。

二是必须强化对西方反华广播的抵制措施。对于西方华语广播,我们并不是一概排斥,也不要求任何国家放弃自己的政治信念、价值观念、宗教信仰;相反,我们承认并尊重现存的各种差异乃至分歧,承认并尊重各国对政治、经济制度和社会生活方式的选择,并在此基础上实现共存、共处争取共同繁荣。但是,西方国际广播受制于西方的外交政策,其中对我国的社会安定、民族团结和祖国统一造成危害的内容,必须坚决予以抵制。

三是要借鉴西方广播节目制作中的可取之处,增强我国国际广播竞争力和影响力。为此,需要对它们的调查研究方法、制作管理方式、完备的法律体系、与时代同步的高科技应用、对不同民族文化资源的吸收创新,特别是市场意识、听众意识、调研意识与效率意识进行批判的吸收,取其精华,运用到我国的现代国际广播体系建设中。

(作者单位:中国国际广播电台总编室)

融媒时代美国主流媒体新闻生产研究

陈 枫

在融媒体时代,"传统的新闻报道模式显然已经无法适应传播生态和受众需求的变化。如何从新媒体的传播模式和语态中汲取养分,'反哺'传统媒体并推动其话语创新,成为传媒业界热议的话题。"[1]笔者2015年9月至2016年3月在美国华盛顿特区访学期间,考察了《华尔街日报》、有线新闻网和全国公共广播电台等多家美国主流媒体,研究其如何"打通新媒体和传统媒体两个平台,实现主流(官方)、专家(精英)、网民(公众)三个话语体系之间的有效互动"[2],得出的结论是:借助新兴媒体与传统媒体的融合互动,在突出新兴媒体传播主体性的同时,保留传统业务的基础竞争力,在资源和内容共享的同时尊重媒介特性,创新话语表达方式,是在融媒体时代,主流媒体提高传播力、提升话语权的必由之路。

作为当今唯一的超级大国,美国也是全球新闻传播业最发达的国家。20世纪90年代,美国媒体即迈出了创新的步伐。1992年,《圣何塞信使新闻报》成为全球第一家创办网络版的报纸。1995年,全国广播公司与微软公司开办MSNBC,成为互联网有线电视频道的先驱。随着美国主流媒体进入深度媒介融合的阶段,其在新闻生产方面也积累了一些有益的经验。

一、《华尔街日报》的报网创新

《华尔街日报》是一份在美国海内外同时发行的报纸,1976年在香港发行亚洲版,1983年在布鲁塞尔发行欧洲版。

事实上,从20世纪90年代后期开始,美国主流报纸即开始"触网"。《华尔街日报》于1996年4月推出了网络版。[3]报纸"触网"的好处是显而易见的。首先,它打破了报纸一天只能出一期的局限,开启了"24/7"传播的新时代;其次,它突破了报纸只能进行文字和图片传播的限制,开启了"全媒体"传播的新时代;最后,网络给予了报纸所不具备的即时互动性。

自2009年起,《华尔街日报》不仅成为美国本土发行量最大的报纸[4],而且其网站连续多年付费订阅数量位居全美第一,实现了报纸和网站的双盈利。《华尔街日报》成功的秘诀,关键就在于报网创新。具体表现在:在保证高品质内容的基础上,《华尔街日报》根据各类终端的不同特征对同一则新闻内容进行差异化再创造,各有侧重,互为补充。

第一,报纸和网站遵照读者阅读习惯,实现时间上的延续。报纸主要提供早间服务,网络提供全天候服务。在报纸版面增设导读（In Brief）专栏刊登新闻提要，用图片直观地提示每个栏目的网络版链接，引导读者利用其他时间去网站阅读更完整的内容。网站也会刊登次日报纸深度报道的预告。

第二，报纸和网站实现功能互补。报纸发布独家新闻、分析文章和深度报道，解决"为什么"及"怎么样"等观点问题。网站报道重大突发新闻和提供24小时新闻服务，解决"何时、何地、发生了什么"等事实问题。

第三，网络版除了包含印刷版的所有内容外，还提供报纸上没有的报道和服务，例如依托道·琼斯公司丰富的信息资源，建立强大、专业的数据库服务系统。用户可以在网站的"市场数据中心"获得精细化统计数据服务，内容包括股市、债券、利率及信贷市场、商品及期货、汇市等。

第四，平板电脑版则依据印刷版的版式，从网络版中精选及时更新的内容。前执行总编罗伯特·汤姆森（Robert Tomson）认为，与付费的网络版相比，平板电脑版还原了报纸的"本来面目"，给用户带来阅读报纸的纸般感受。[⑤]

第五，手机客户端与在线资源同步更新。除了提供新闻报道外，客户端还即时提供市场和金融数据，方便商务人士实时、便捷地掌握最新资讯。

除了报网的内容相嵌互推外，《华尔街日报》还十分注重两者风格的统一。比如，著名的"华尔街日报体"在网站文章中既得以延续，又有所创新。网站上的频道与报纸的各版面对应，通过设置相同栏目，加强内容的关联性，如"今日要闻"（What's News）和"每周新闻问答"（Weekly News Quiz）等。

二、CNN 的"电视无处不在"

作为全球传播媒体，美国有线新闻网很早就认识到光做电视是远远不够的，于是提出了"电视无处不在"（TV Everywhere）的战略理念，将屏幕从电视向桌面电脑、平板电脑和智能手机转移。20世纪90年代，CNN率先在美国电视界开始与网络的融合，开发了互联网电视业务。进入21世纪，CNN在一系列重大突发新闻事件中，又与YouTube、脸书等社交媒体平台展开合作，取得了较好的传播效果。

对传统电视媒体而言，开发网站可以充分发挥互联网海量信息存储与交互的特性。1995年8月，CNN就建立了自己的 www.cnn.com，成为美国第一个上网的电视媒体[⑥]，旗下包括新闻、视频、电视、评论等各个频道。2009年，CNN网站进行了改版，提升了网络视频的收看效果。

经过二十年的发展，cnn.com一直稳居美国新闻类网站的前列。目前，CNN主网有美国版、国际版、西班牙语版和阿拉伯语版四个版本。CNN网站上既有传统的文字、图片、音频和视频，更有iReport（互动报道）等特色功能。

依托母体，网络电视无疑是CNN网站的特色与强项。为此，CNN网站专门有一个小组负责与各电视栏目的对接。但是，虽然 CNN 的电视制作实力强大，网站并没有照搬照抄电视内容。cnn.com 有自己的新闻编辑团队，有责编、编辑和专门挑选图片的助理编辑，力求打造与电视不一样的内容。

即使是 cnn.com/tv，作为 CNN 网络电视频道，也不是简单地复制 CNN，而是根据网络环境调整电视节目长度，并且充分发挥网络的互动性，通过征集网友反馈，并将有关内容融入到网络电视的制作、编排和播出中，从而"将 CNN 的内容、制作优势与网络的互动性有机地融合起来"[7]。

除此之外，为适应用户的移动需求，早在 1992 年，CNN 就推出了"CNN Mobile"，专门通过移动设备向世界各地提供新闻及信息服务，开启了 CNN 的线下服务。

此后，CNN 不间断地开发软件产品以适应移动设备更新的需要。2010 年 7 月，CNN 推出适用 iPhone 用户的新闻客户端（国际版）；2010 年 12 月，CNN 推出适用 iPad 用户的新闻客户端（分为美国版和国际版，可相互转换）。现在，CNN 还有专供 Apple Watch 用户的新闻客户端。除客户端外，CNN 还不断在 iTunes 商店发布其他软件产品，如可免费下载实时更新的播客，包括热门日播节目 *Anderson Cooper 360° Daily*（安德森·库珀每日 360 度）等。2012 年 10 月，微软发布了 Windows8 操作系统。次年 1 月，CNN 即在视窗商店（Windows Store）上推出了免费的针对 Windows8 的应用。

CNN 不仅最早创办网站和较早推出客户端，也最早在新闻素材搜集和节目中利用社会化媒体，如推特[8]，并且经常创新话语表达方式。

2007 年 7 月 23 日，CNN 与 YouTube 联手对美国总统大选候选人辩论进行全球直播。观众不仅可以在 YouTube 上观看 CNN 的直播，还可以把他们对候选人的提问拍成视频上传到 YouTube 上，供 CNN 电视节目播放。最终，CNN 选取了其中 38 个视频播出。这种新颖的形式不仅提升了 CNN 的收视率，而且使 YouTube 成为当年美国总统大选报道活动的"明星"。

时隔一年半，2009 年 1 月 20 日奥巴马总统就职典礼，CNN 又在脸书上推出了报道专页，并在专页上嵌入 CNN 直播画面。据 CNN 统计，从当地时间 1 月 20 日 6:00 算起，CNN 流媒体播放次数达到 2130 万次，打破 2008 年 11 月 4 日（美国大选投票日）CNN 流媒体创下的日播放 530 万次的纪录。据脸书统计，在奥巴马就职典礼的高潮阶段，每分钟就有超过 4000 人在脸书和 CNN 合作的报道专页上留言。[9]

2015 年 12 月 15 日，CNN 如法炮制，再次与脸书联手对美国 2016 年总统大选共和党候选人首场辩论进行了联合直播。截至 2015 年 12 月 31 日，脸书账户"CNNInternational"粉丝数为 1054 万。

三、NPR 的广播媒介融合

美国国家公共广播电台（National Public Radio，NPR）既是美国主流电台，也是世界公共广播的代表。NPR 于 1993 年推出了世界广播（NPR World Wide）。目前为 150 多个国家和地区提供卫星广播服务，并且为美国在世界各地的军方电台（Armed Services Radio）提供节目，在德国柏林运营着一家电台。

近几年，NPR 在媒介融合方面也走在了美国广播界的前列，被誉为美国媒介融合最为成功的电台。

一旦有重大新闻发生，NPR 从通讯社、成员台或其他媒体获知后，编辑会首先确认 NPR 总部或者成员台是否有记者在场。如果有，编辑会马上联系记者查证消息源，要求其设法参加新闻发布会。广播节目会与记者进行连线。记者同时还要撰写报道并且传送照片在网站和社交媒体上发布。

对于突发新闻，NPR 往往先通过社交媒体（推特或脸书）对外发布。一方面传播速度快，另一方面社交媒体报道在时间顺序上不会颠来倒去，而且可以不间断报道，包括及时更正信息。更翔实的内容则稍后在网络和广播播发。

海地地震发生于美国东部时间 2010 年 1 月 12 日下午 4 点 53 分。地震发生后，NPR 新闻部门和数字化部门的负责人立即会面研究如何第一时间展开多媒体融合传播。海地虽然离美国比较近，但 NPR 在海地没有记者，并不了解当地的实际情况。于是，编辑就通过多种途径搜集各种信息，包括脸书、推特、博客、谷歌等，还联系了其他新闻媒体、通讯社。当天下午 5:43，即海地地震发生后不到 1 小时，NPR 广播就连线了美国驻海地的大使。5:54，又与另外一个组织连线。3 个小时之后，NPR 从 CNN 拿到了视频，然后挂到网上。

当晚 9:03，NPR 网站上挂出一幅海地地图，用红色部分标注地震受灾比较严重的区域。后来，编辑从 YouTube 上获得更多的视频放在网上。第二天，NPR 派出的记者抵达海地，拿到了第一手资料和图片。海地地震新闻，NPR 各平台在一天之内进行了 10—15 次更新，而通常情况下每条新闻每天只进行 2—3 次更新。

NPR 还十分注重利用网络和社交媒体的互动特性，吸引受众参与内容生产，为受众提供更好的服务。2008 年美国大选时，NPR 事先在脸书上询问粉丝，他们希望 NPR 每隔多长时间更新一次大选的信息，希望听到什么方面的信息，然后根据受众的需求调整报道方案。另外，在大选报道过程中，NPR 不仅需要记者的报道，还需要专家的点评。其实，受众当中就有许多专家。于是，NPR 将报道内容放到脸书上，借此与受众中的专家进行联系，并邀请其中一些人在 NPR 的不同平台上发表评论。

四、美国媒体融合新闻生产的启示

1. 突出新兴媒体的传播主体性

上述美国三家媒体几乎都涵盖了所有形式的新兴媒体产品，并且随时准备根据市场形势和用户需求开发新产品，唯恐落伍，力图占领所有终端以抢占战略制高点。同时，新兴媒体日益呈现出传播主体的地位。

究其根本原因，是传统媒体害怕失去受众。NPR副总裁特平的回答比较有代表性。他说，如果受众都已经在使用移动终端，而我们却不在那儿，那将是灾难性的。[⑩]另一方面，作为传统媒体行业的旗帜，这三家媒体也特别在意在受众心目中的专业性地位。他们认为，拥有各种类型的新兴媒体产品，会让自己显得更专业。

2. 保留传统业务的基础竞争力

虽然部分美国媒体摒弃了传统业务，转战新兴媒体市场，但是主流媒体仍然以传统业务为基础和特色，并且依托母体强大的内容资源和采集能力，兼顾各媒介的不同特性，开拓新兴媒体业务，反哺传统媒体业务，实现新老业务的"合作、共赢、发展"。

就这三家美国媒体来说，其传统业务并没有消亡。相反，传统业务和新兴业务呈现出良好的竞合局面。

一方面，这三家媒体充分利用传统业务积累的强大新闻生产能力和采访资源，为发展新兴媒体奠定坚实的基础，并把传统业务做成媒介融合的基础和特色。如，《华尔街日报》利用多年积累的财经信息资源提供数字服务；CNN把视频做成网站的一大支柱。

NPR认为广播的媒介融合首要做好音频节目，保护广播文化、保护广播特质。广播节目所具有的优质特点，在媒介融合的项目中也要体现出来，使广播新闻的特性得以延伸。NPR调查发现，如果人们在手机上阅读NPR的内容，大概只会读5页；但如果听节目的话，大概会听50页的内容。因此，鼓励受众下载客户端收听NPR的节目，是一种非常有效的传播手段。特平副总裁认为，作为电台网站，音频是其特色。最精彩的新闻都应该以声音的形式出现。文字不足以表达它的精华之处，也不是电台的强项。[⑪]

另一方面，这三家媒体又都充分利用新兴媒体互动、共享、开放的特性，反哺传统业务，实现传统业务和新兴业务的协调发展、齐头并进。《华尔街日报》实现报纸发行量和数字产品订阅数的双赢，就是一个典型的例子。

NPR还专门有一个小组研究使用了社交媒体后受众与NPR关系的变化。研究发现，使用社交媒体后，听众收听节目的时间明显延长；同时，听众认同感明显增强。除传统广播外，受众在其他平台上收听NPR节目的频率也提高了。

正如媒介进化理论所示，传统媒体和新兴媒体，并不是对立的两个概念。二者的融合和一体化发展，绝非"取代与被取代"的关系，而是一个相互促进、共生共荣的过程。

3. 共享的同时尊重媒介特性

这三家美国媒体都强调传统媒体和新兴媒体共享资源和内容，形成一种共享文化。与此同时，又都十分尊重各媒介文化的特质。新兴媒体并没有照搬照抄传统媒体的内容，而是根据自身媒介的特点，进行二次加工，二次制作，甚至新兴媒体上有些内容是传统媒体没有的。同时，在二次加工和制作的过程中，这些媒体十分注重把握新兴媒体的共性：即时性、交互性和移动性；又重视区分不同新兴媒体的特性。如网络的海量传输和视觉化；利用社交媒体与受众保持沟通联络，加强情感纽带；发生重大突发新闻时，又利用社交媒体提供新闻来源和专家观点，与传统媒体互为补充。

社交媒体最大的特点在于它的互动性。通过社交媒体的互动性可以聚合用户，调动用户的参与性，实现用户数量的增长。因此，传统媒体通常把社交媒体作为内容推送和与受众沟通的平台，发布消息和新闻导语，吸引受众关注传统媒体上的内容，并提供新闻线索。

4. 创新话语表达方式

在新闻话语的表达方式方面，NPR 比较重视新闻博客的运用。NPR 网站新闻页上有些分类新闻如科技、健康、文化等主要以新闻博客的形式出现。这些博客不仅有文字和图片，而且有些还带有音频，甚至视频。

与前几年中国媒体比较流行的编辑记者个人开博的做法不同，新闻博客强调的是新闻，只不过采用博客的表现形式。通常由一个团队来完成。比如说，NPR 的科技新闻组，发布在 NPR 网站新闻页科技频道上的新闻主要是以博客的形式出现。如，健康新闻团队和食品新闻团队，分别主要负责"shots"（打针）和"the salt"（盐）两个新闻博客。

通过编辑记者个人博客的形式，用口语化、个性化的表达方式讲述新闻，增强与受众的贴近性，更易为受众接受。

（作者单位：中国国际广播电台英语中心）

注释：

①② 史安斌、刘滢：《打造融通中外的多层次新闻话语体系——从"月球车玉兔"集成报道看新闻传播的模态创新》，《对外传播》，2014 年第 3 期。

③ 2002 年华尔街日报推出中文网络版，2007 年后又陆续推出日文、葡萄牙文和西班牙文等 9 种外文网络版本。

④ 全球总发行量超过千万份。

⑤ 余婷：《iPad 来了，它能否拯救世界报业——从〈华尔街日报〉iPad 版说开去》，《新闻实践》，2010 年第 7 期，第 26 页。

⑥⑨ 刘笑盈、张聪：《CNN 的新媒体战略》，《电视研究》，2011 年第 8 期。

⑦ 李骏：《媒体转型的"CNN 之路"》，《传媒评论》，2014 年第 1 期。

⑧ 肖迪、李杉：《传统媒体的数字化转型：CNN 的网络平台化》，张金海：《中国媒体发展研究报告（2013 年）》，武汉大学出版社，2013 年。

⑩⑪ 摘自笔者 2015 年 12 月 8 日下午在华盛顿 NPR 总部对主管新闻运营的副总裁克里斯托弗·特平（Christopher Turpin）的深度访谈。

浅析日本媒体对华报道的变化及特点

刘 非

2016年3月,日本NHK新闻报道节目Today's Close-up的主持人国谷裕子(58岁)、朝日电视台的台柱主持人古馆伊知郎(61岁)和东京电视台(TBS)首席新闻主持人岸井成格(71岁),纷纷被撤换。这三位节目主持人的风格都是以深刻、犀利的新闻剖析和对政府的批判见长。但是,安倍政权及日本右翼认为这三位新闻主持人是"麻烦人物",因此将他们撤换下来。此前,2015年6月在日本自民党总部召开的会议上,安倍首相的亲信这样说道:"应该惩罚那些不按政府意志进行报道的言论机关。对于这类言论机关有必要让经济界用不刊登广告的方法对他们施压。"

在这样的政治环境下,日本媒体只报道那些日本政府想听到和想看到的内容。举例而言,安倍首相在出访印度、俄罗斯及欧盟时,到处散布"中国威胁论",企图让这些国家对中国保持警惕,但是,印度等国听后作何感想?中国领导人在出访印度、俄罗斯等国时,又和这些国家的领导人商讨了什么?日本媒体基本上都不予报道。这种不正常的报道方式在日本正变得很"正常"。

一、安倍政权与日本媒体

2014年12月16日,也就是在日本众议院选举的两天后,日本《赤旗报》报道称,安倍首相当晚与《读卖新闻》、《朝日新闻》、《每日新闻》、日经、NHK、日本电视台、时事通讯社的媒体高层领导以及评论员在东京西新桥寿司店共进晚餐。此消息一经报道后,立即在日本社会掀起轩然大波,舆论称这是日本媒体的堕落。

其实,在2012年—2014年间,安倍首相频频与日本各大媒体高层共进晚餐,这其中非常明确的一点就是安倍在筛选御用媒体。从共进晚餐的频次来看,与《读卖新闻》的会长渡边恒雄吃饭的次数最多,共计8次,依次为富士电视台7次、《产经新闻》4次、日本电视台4次。此后,这些媒体与安倍政权在修宪路线、开历史倒车、提高消费税、推进TPP磋商等方面在论调上保持了高度的一致。

二、日本媒体对华报道的变化

1. 对华报道方针从"日中友好"转向"国家利益优先"和"普世价值观"

20世纪六七十年代,日本媒体对华报道的方针可以说是以日中友好为主线。当时中日两国还没正式建交，新闻报道是以实现两国关系正常化为最优先目标的。因此，当时两国媒体报道的重点都放在友好方面。对此，时任东京电视台（TBS）北京特派员（即驻京记者）的大越幸夫先生在自己的回忆录《春华秋实》中这样写道："当时第一批派往北京的9家日本媒体的9名驻外记者，时常以促进两国间的相互理解，早日实现日中关系正常化，不让历史车轮倒转为念。"

以钓鱼岛问题为例，在"日中友好"舆论环境的背景下，1979年5月31日，《读卖新闻》发表了《不要以钓鱼岛问题作为引起两国纷争的火种》的社论。社论中写道："关于钓鱼岛领土的所有权问题，在1972年两国关系正常化时，以及去年两国缔结日中和平条约时都作为问题提出来过。在这个问题上，两国政府同意以'不触及'的方式进行处理。也就是说，中日两国政府都主张对钓鱼岛领土的所有权，在承认对其存在现实争论的基础上，对此问题进行保留，等待将来再处理。虽然，两国的共同声明以及条约的文本上没有详细记录这些内容，但是作为政府与政府间的约定是确实存在的。因此，既然是政府间的约定就一定要按照约定好的执行。"

然而到了"国家利益优先"的时代，同样是《读卖新闻》，2013年6月1日却发表了题为《无视历史的诡辩》的社论。社论中写道："日本有必要对中国擅自主张冲绳以及钓鱼岛主权的宣传战加强警戒。……日本是无法接受中国关于钓鱼岛是中国领土的主张的。因此，菅义伟官房长官批评中方的言论是'过于无视历史的发言'也在所难免。"

日本媒体如此报道钓鱼岛问题，显然会在两国间煽起一连串负面的连锁反应。

近年来，日本媒体对华报道的模式从以前的"日中友好模式"向"普世价值观模式"转变。研究国际政治的日本学者鹤木真在自己的研究中这样写道："冷战结束后东亚地区在政治上其实并没有发生实质性的变化。"但是，随着中国综合国力的不断上升和日本经济的持续低迷，随着日中两国对国际和周边影响力的此消彼长，特别是中国超越日本成为世界第二大经济体，日本对华的心态和政策产生了微妙的变化，从而也影响了日本的对华报道和对内涉华报道的政策。再加上两国在历史和东海等问题上摩擦不断，日本对华和涉华报道的负面因素上升，因此，在东亚这个区域，价值观冲突成为日本意识形态宣传的新抓手，且越来越凸显出来。比如，日本推进"价值观外交"，强调"普世价值"。这对承载着"有利于国家利益"使命的日本国际报道，尤其是日媒对华报道的影响是显而易见的。正如樱美林大学教授高井洁司所指出的那样，日本媒体涉华报道的模式从以前的"日中友好模式""开发性模式"向"普世价值观模式"转变。因此，近些年，日本媒体在解说中国发展模式时常用的论调是"开发主义""新权威主义""中国威胁论""中国崩溃论"等。

2. 驻华记者人事体制的重大改变：从以派遣中国问题专家转向以派遣政治记者为主

进入21世纪以来，日本各大报社经营环境恶化，不得不停办其在海外的记者站。但是唯独驻华记者站不但没有缩减，反而人数有所增加。这也说明日本媒体越来越重视涉华报道，但是，外派驻华记者的人事体制有所变化。20世纪90年代，日本媒体很重视驻华记者的汉语能力，但是现在不同了。比起语言能力来，日本媒体更重视外派记者的专业采访能力。因此，现在外派记者多出自政治部和社会部。尤其是近些年，日本媒体派往中国的记者中，来自政治部的人数不断增多。这些政治部记者很多并不了解中国，但与日本政府、外务省有着千丝万缕的联系，非常擅长外事采访，在报道国际问题时基本上都是站在日本政府的立场发声。因此，在对华报道上也难免将日本政府的"价值观外交"等理念植入到报道中，从而形成"普世价值观"的报道模式。

3. 近年来日本媒体在对华报道中不明确提示信息源的社论、评论增多

据分析，近年来日本《读卖新闻》和《朝日新闻》两大报社在发表社论、评论时，常用"据官方消息""据相关人士"等来表明出处。尤其是2002年之后，对中国政治的报道中，这两个表示不明确信息源的词语的使用频率非常高，不标明信息出处的报道也不断增多，特别是报道中国重要的政策转变以及重大人事变动时，不使用明确信息源，"抢先"报道未经官方发布的重大决策（包括所谓"决策过程内幕"），更加以随意臆测与发挥。这种表达方式让受众根本无法判断所谓的"相关人士"到底是什么人，所报道的内容是否真实。在此基础上，围绕报道内容的分析、反应更有随意性。

三、日本媒体对华报道常易跌入的四个陷阱

1. 煽情做法

所谓的煽情做法的报道方式就是各媒体对某个特定的新闻进行炒作，大家一哄而上，人为制造一些热点或气氛，一旦冷下来新闻就变成再也无人问津、无人关心的旧闻。

在日本媒体的对华报道中，最典型的煽情主义报道要算对"毒饺子"事件的报道了。当"毒饺子"事件曝光后，日本媒体齐头并进开始报道从中国进口食品的危险性，这使得当时日本人对进口的中国食品采取了避而远之的态度。"毒饺子"事件后，舆论调查显示，日本人对中国的好感度急剧恶化。

其实，据当时日本的海关检测报告显示，日本进口食品中，来自中国的食品整体上比美国、东南亚国家以及中南美洲国家的食品要安全。"毒饺子"事件，是有人故意将农药掺入饺子里的"食品恐怖事件"，其性质跟在日本国内发生的个别事件是相同的，因此不能因为个别事件就认为从中国进口的所有食品都有问题。但是，当时日本媒体就对"毒饺子"事件进行了煽情性报道。若干年后的今天，日本人似乎都忘记了当年的"毒饺子"事件，日本又开始大量进口中国的冷冻食品，而日本人也若无其事地吃着中国的冷冻食品。

2. 迎合国内民粹思潮

日本对华报道中常常会出现为了迎合日本社会的氛围而设定好特定主题，献媚大众的报道倾向。最突出的例子就是日本媒体经常制作和报道一些能激起日本人优越感的节目。比如，日本媒体经常会去拍摄一些欠发达国家和地区人民的生活，以突显日本人生活的优越。以前，这类节目的拍摄对象常是中国，但是这些年，随着中国人生活变得富足，拍摄

对象也就转移到诸如非洲之类更贫穷的国家。另外，还有一类节目拍摄欧美等发达国家的游客来日本旅游，被日本的自然之美以及优秀文化深深打动的故事。这类节目或许有着让日本人重建自信的一面，但是，如果一味制作这些打动日本人内心的节目仅仅是为了提高收视率的话，只能说日本媒体动机不纯，反倒显得缺乏自信，缺乏变革提高的勇气。

3. 主观偏见

事物通常是复杂的，不应该简单地贴上善恶的标签。因此，如果在报道中非要贴标签，就容易陷入主观和偏见的陷阱，而一旦落入这个陷阱，不论是撰写报道的记者还是电视节目的制作人，就会按照自己一厢情愿的意图来收集信息，编撰故事。因此，凡是符合或有利于自己主观意图的信息就会纳入到故事中，凡是与自己意图相矛盾或有悖于主观意图的信息就会全部被删除。也就是说，报道会变得很片面，不利于主题或者报道方针的事实是不会报道的。这一点，日媒在对南海问题的报道上表现得尤其明显。

这几年中国开始在南海岛礁上进行设施建设。日本认为这是中国用实力改变南海现状的"霸权主义"行为。但真实情况是，位于南海的南沙诸岛大部分被越南、菲律宾及马来西亚占领着。然而，这一事实日本媒体是不会报道的，更无视日本在"二战"期间强占南海岛礁和战后中国依法收复南海诸岛的真实历史。第二次世界大战之后，越南、菲律宾、马来西亚抢先用武力占领了南沙群岛的岛屿，并在岛屿上修建机场。但是日本媒体在报道南海问题时，却把中国丑化成"充满野心的丑恶国家"，而把越南和菲律宾说成是"权益遭到侵犯的可怜的越南和菲律宾"。

4. 狭隘的民族主义

NHK解说员加藤青延认为，作为媒体，总是站在日本政府的立场上，总是把国家利益放在首位的报道方式，是有悖于新闻理念和精神的。他说："这种报道方式让人不禁想起了日本在第二次世界大战期间的战争报道。那时，日本的媒体确实是把国家利益放在首位，并且一字不差、忠实地报道日军大本营发布的消息，但其实是在欺骗大多数日本国民。战后，日本媒体不断学习西方的新闻精神和理念，自觉承担起监督权力的作用和功能，报道角度从高高在上向国民视角转变，报道方针从重视国家利益向注重公益转变，从重视权力意志向倾听弱者声音转变。这样持续不断地努力才赢得了国民的信任。"

然而，如今的日本媒体又变成什么样了呢？我们可以从日本媒体在对钓鱼岛问题进行报道时，修饰钓鱼岛的定语的变化来一窥端倪。最初，日本媒体说钓鱼岛是"日本和中国都主张有领土主权的钓鱼岛"，然后变化成"中国也声称拥有领土主权的日本的钓鱼岛"，现在又变化成"冲绳县的钓鱼岛"。日本媒体完全站在日本政府的立场上来报道钓鱼岛问题，如此被本国的政治和外交方针所左右的话，只会越发激化中日两国间的矛盾和不信任感，起的完全是反作用。

由此可见，日本媒体"民族利益至上""国家利益至上"的观念不仅在战争中十分浓烈，即便在战后也体现得非常明显。尽管日本在政治制度上学习西方，也引入了西方的媒介制度，但由于文化传统的不同，日本的媒体仍然表现出与西方媒体不同的特征。诸葛蔚东在《日本媒体的位置》一文中写道："作为后发国家的新闻传播业，日本的媒体拥有独特的特征，虽然报道、出版和言论的自由已成为一般性的原则，但记者俱乐部制度、论调的统一性以及对政体的依附等属性依然是日本媒体所难以拂拭的印记。"

（作者单位：中国国际广播电台东北亚中亚中心）

参考文献：

1. ［日］山田贤一：《站在历史的角度思考中日媒体的课题——从中日记者交换协定签订50周年研讨会来看》，《放送研究和调查》2015年1月号，NHK放送文化研究所，2015年。

2. ［日］加藤青延：《媒体在构建国际社会信任方面的责任——记者的责任与局限》，早稻田大学现代政治经济研究所，2015年8月。

3. "开发主义"是指国家和民族利益最优先，而不是个人、家族以及地区的利益，同时为实现国家的特定目标通过具体的工业化来刺激经济增长、强化国力，并对人力和物力资源进行集中动员和管理。

BBC、VOA 在泰国的新媒体传播及启示

李晓萍

近年来,国际广播中最传统的短波业务发展进一步萎缩,英国广播公司(BBC)和美国之音(VOA)等老牌国际广播机构都在削减短波广播的语种数量。其中固然有经济形势压力的因素,但更主要的原因是新媒体冲击和受众的新选择深刻影响了传统媒体机构的发展路径。BBC 和 VOA 在亚洲和非洲以及东欧一些地区停止了短波广播频率,改用网络或者新媒体的传播方式吸引年轻一代受众。BBC 认为,作为对外传播的平台,短波国际广播已经失去了以往的影响力,既然早晚都要放弃这个平台,不如早点集中精力去做新媒体。

本文分析这两大媒体机构在泰国的发展路径以及在重大事件中的传播表现。

最近两年,泰国最重大的事件是普密蓬国王逝世,但由于泰国当局严格管束,对这一事件各家媒体都未作发挥。其次引起世界关注的就是 2015 年 8 月泰国四面佛区域的爆炸事件,本文分析在这一重大事件中这两大媒体的报道异同,它们的成功经验可以为中国国际广播电台(以下简称国际台)新媒体对外传播提供借鉴。

一、美国之音在泰国的传播概况

2007 年,美国之音停播了专门针对泰国的泰语短波广播节目,目前主要是通过当地调频台播出泰语资讯和英语教学节目。播出时间是每周一到周五早上 6:00—7:00,早上 8:30—9:00;周末早晨 6:00—6:30。

从频率的布局来看,美国之音在泰国全境主要的府都有合作的调频台进行转播,除了广播节目以外,还有其他报道新闻的渠道,即 www.voathai.com 网站、Facebook、Twitter 和 YouTube。

网站(www.voathai.com)

泰国 VOA 网站主要是信息介绍,新闻内容是美国、亚洲和国际的资讯,涉及经济、社会、健康、科学、教学、娱乐、生活等。

从网站的页面布局看,VOA 将每天的重要新闻置于中心位置,同时配以大图和标题,这使得其相比于传统的广播声音或是单纯文字更抓人眼球。此外,VOA 的泰国网站并不仅仅是将广播直接移植到网站上,多元化媒体的呈现方式也是其重要特点之一。

Facebook(https://www.facebook.com/voathai)

这是 VOA 目前在泰国最主要的传播方式。主要内容也是各种资讯以及健康生活知识等。新闻的选择相对而言更为简练,其呈现新闻的主要方式是"高清大图+标题+全文链

接"。从内容主题来说，Facebook 上的内容选择与 VOA 泰国网站上的大多相同，只是在传播方式上，Facebook 适应了受众用手机和其他终端设备阅读的习惯。截至 2017 年 1 月，泰国 VOA Facebook 关注人数超过 10 万。

Twitter（https：//twitter.com/voa_thai）

VOA 在 Twitter 上的更新频率基本上是每天三条新闻，处于较低频率的更新速度。受众参与度和关注度不高。

YouTube（https：//www.youtube.com/user/VOATHAIservice）

在 YouTube 平台上的更新速度也较慢，基本为一周更新一次。整体而言，新节目不太多。从视频的点阅数量来说，YouTube 平台上的影响力十分有限。

二、英国广播公司在泰国的传播概况

BBC 的泰语广播节目于 2006 年取消，泰语网站也已经不再更新。在全球媒体都进军新媒体领域的大背景下，2014 年 7 月 10 日，BBC 开设了泰语版 Facebook 账户（https：//www.facebook.com/BBCThai）。这是 BBC 在泰国用泰语进行本土传播的唯一渠道。

BBC 称其目标是，向生活在泰国和世界各地的泰国听众提供公正、没有政治倾向性的资讯。由于 BBC 的账户开办于 2014 年 5 月泰国军事政变后，BBC 的很多报道超越了当地媒体能报道的范围，由于其政治倾向，BBC 在泰国面临着一些压力，但这种压力也提升了人们对其的关注度。截至 2017 年 1 月，该账户粉丝人数超过了 175 万。

对 BBC Thai 的传播内容进行文本分析可以发现，按照数量从多到少来看，最重要的是政治新闻，尤其侧重当天最重要的国际政治新闻。其次是一般性的社会新闻。再次是战争、犯罪、文化新闻和一些科普性的内容。由于泰国重大新闻不多，很多情况下，泰国相关内容是比较少的，要靠国际新闻来支撑。BBC Thai 发挥了 BBC 最擅长的国际新闻报道优势，内容不仅有事件报道，还有深度分析，不论新闻和资讯均配上数量不等的图片或视频。

从报道形式看，BBC Thai 的报道符合泰国人的阅读习惯，大都配发图片和简要文字，一些有趣的内容也会同时配发简短、精良的视频。同时，这些文章还链接了提供详细报道的网页，供关注该资讯者深入了解。其总的特色是：图片精美、内容精良、报道有趣有深度。

三、BBC 和 VOA 在泰国传播分析——以 2015 年曼谷爆炸为例

2015 年 8 月曼谷爆炸事件是近两年来泰国引起全球关注的重要新闻，本文以此为例分析这两大国际传媒的报道特色，节选时间范围是 2015 年 8 月 17 日至 20 日。

从数量看，BBC Thai 播出 3 条报道，VOA 播出 5 条；从内容看，BBC Thai 的内容包

括：曼谷发生爆炸；民众悼念爆炸遇难者；宗教界人士为爆炸受害者祈福。VOA 的新媒体中重要内容是：曼谷市中心发生爆炸；爆炸造成的伤亡情况；一个家庭举行葬礼；警方正抓捕嫌疑犯；民众为受害者祈福。

从报道形式看，BBC Thai 的传播全部是新媒体；VOA 的传播也侧重新媒体。从具体的效果来看，BBC 的 3 条报道中，关于宗教界人士祈福的报道受到的关注最多，获得 3103 次点赞、103 次分享和 38 次评论；VOA 的报道中，除了使用曼谷地图、现场图片之外，还播出了一段时长 54 秒的爆炸现场视频。不过，点赞和分享不多，点赞最多的 45 次，最少的只有 2 次，关注度较低。

两家媒体的报道都体现了一定的共性：爆炸事件的后果、进展和当地的反应，但也有一些差异。BBC 的报道在新媒体传播手段的综合运用上更有长处，获得的人际传播和转播效果较佳；VOA 的报道和 BBC 相比，除运用一个视频外，没有特别出彩之处。

在观点的传播和内容的贴近性上，BBC 以及 VOA 在全世界已经享有巨大影响力，这两家媒体机构在这个事件的报道中，都充分注意了贴近性，根据泰国民众和社会对此事件的各种关注点进行报道，抓住了社会的痛点，尤其是在事件发生几天后，立即对僧侣祈福悼亡进行比较全面和充分的报道，这是很符合泰国佛教国家的心理诉求的，赢得的点赞和关注也比较多。

通过文本比较分析，可以看出来，BBC 和 VOA 在泰国的新媒体传播是比较成功的，在以下方面值得中国国际广播电台的海外新媒体传播借鉴学习。

1. 新媒体传播认知和操作能力

从历史沿革和媒体变迁来看，我国媒体与国际媒体在布局新媒体方面存在差距，英美国际传播机构的认知早于我国，并且在实践层面的力度更大。

BBC 在 2002 年就建立起了多媒体传播平台，包括对外广播、对外电视和互联网为一体。2006 年 10 月提出了创意未来六年发展计划，目标是要超越传统网络电视模式，改造成新型传播媒体，根据用户所需提供视听节目和视听信息服务。

BBC 的传播策略是"移动为先"，很多内容将移动平台作为首先考虑的重点，移动平台的内容是模板，可以在其他平台上重新做，BBC 还有自己的多语种客户端。值得一提的是，在网站和手机等媒体上面的内容并不是电视或者广播节目的直接复制，而是重新经过编辑加工，制作成符合该平台用户阅读或欣赏习惯的内容。BBC 网站和 iPlayer 等的内容设置也充分利用了 BBC 受众调查的强项，根据年轻受众的习惯和喜好进行多元化设计。媒体使用受众自己提供的内容，加大了个性、个人化报道的数量，这种方式也拉近了与受众的距离。

从机构设置看，尽管从 2010 年开始，BBC 一直在裁员、压缩机构，但对于数字新闻方面的投入在持续加大，向新闻实验室、iPTV、数据新闻、互动新闻节目、社交和移动传输等投入了 400 万英镑。

美国在中东进行的新媒体变革最佳案例是萨瓦电台（RadioSAWA）。2002 年 3 月，美国政府开通了阿拉伯语的萨瓦广播电台,取代原先的美国之音广播电台阿拉伯语广播。根据尼尔森公司2003年8、9月的调研,萨瓦电台在埃及、约旦、科威特、卡塔尔、阿联酋等国,平均收听率达到31.6%。

对国际台来说,尽管一直在加强网络和新媒体的建设,但从整体来看,在新媒体方面的布局仍然很不足。从人力来看,只有极少数工作人员是专门从事新媒体业务的,至于新媒体的研究人员,几乎没有专职岗位。台内各部门之间共享的新闻信息多数还是传统的媒体形式,各个部门制作的新媒体内容很难在所有媒介平台上完全共享。

从新媒体传播方式和效果来看,不能仅仅是对广播内容进行重新的编排和修改,要适应新媒体平台受众的阅读和欣赏习惯,必须是一种全新的媒体报道方式。要效仿国际同行的强项,做到制作精良、图片精美、编排精细,比如,重要事件的单条报道中,语言简明、凝练,配图讲究,报道角度新颖,制作适合手机播放的小视频,采集可以延伸阅读的长版文章,等等。

在新媒体的应用上,BBC和VOA提供的另一个重要借鉴就是充分利用互动性来拉近与受众的距离。广播和新媒体都有很强的参与性和互动性,应该更多体现出这种互动,让受众充分发言,通过设置一些有趣的话题、主题,与广播节目互动,让他们来主动参与。

可以说,在我们国际化布局的过程中,若能充分利用新媒体传播的各种优势,将能得到事半功倍的效果。

2. 融合报道方式应该更加多元

从BBC在泰国的传播来看,其作为一家国际传播界的老牌机构,在新媒体时代,他们对新的传播手段和技术的研究和使用仍然值得我们学习。在曼谷爆炸事件上,BBC的新媒体内容没有太多明显优势,但其整体传播效果体现了对媒体融合综合手段的运用。BBC Thai的传播内容,图文并茂、音视频兼具,短新闻和深度报道穿插,很好地融合了趣味性和深度。这一方面得益于BBC在全球范围内对受众进行详细调研,在如何恰当传播内容上很有经验;另一方面是他们对泰国的受众和新媒体传播情况进行了细分,根据泰国人喜欢猎奇、轻松的特性,在新媒体传播上,把新媒体的"短""精""快"特点恰当运用,让受众在小小的手机屏幕上快速被图片吸引,而后点击浏览了新闻,那些符合他们喜好的新鲜和好玩的内容又被快速分享,而一些深度的政治分析文章也迎合了中上阶层希望看到一些深度内容的需求。

3. 适当表达立场,积极回应当地社会的诉求

新闻报道要秉承客观独立的宗旨,但是也不意味着没有立场和态度。BBC和VOA在新闻处理方式上很有技巧,把他们的态度和立场隐藏在新闻内容中,也会通过编排方式以及受众互动来体现。他们值得我们学习的一个经验是:在一种看似软处理方式下展现硬态度。

这两大机构在新闻的选择上就体现了一种态度:选择泰国民众最关心的内容,针对社会特点进行回应,不完全报道政府立场和态度。在2015年爆炸事件后,针对祈福悼亡进

行的报道很有新媒体特色,泰国作为佛教国家,一般进行这种活动之后也意味着这个事件短时间内民众的情绪要平息了。在此之后,媒体的报道除了跟踪重大的调查进展,内容也比较少。他们并没有一味去跟踪政府消息,事件如何、怎样调查等,而是从民众情绪出发,去抚慰,收获了好评。

在这一事件的报道中,包括国际台在内的中国媒体更侧重跟踪泰国政府对调查的进展,而忽视这种祈福悼亡的报道,实际上对泰国受众来说,这个报道更有吸引力。

在当下,中泰两国之间经常会有社会新闻爆出,比如,2016年年初的中国游客"抢大虾"及一波三折的中泰铁路进展。这些内容是泰国和中国受众都关心的。如何选择报道内容、进行用受众接受的方式进行传播是需要思考的。

笔者认为,国际台近年来很多报道已经在软的方面下了很大工夫,还可以利用软的特性,插入一些硬性的内容,借此传播中国的价值观念,阐释现代中国的形象。

首先,在一些泰国社会关注的热点事件上更积极发声。比如,2016年3月备受关注的中国游客在泰国"抢大虾"事件,新媒体的报道可以融合传统广播媒体,发挥各自优势,广播邀请合适的嘉宾,探讨中国游客到底是什么形象,事件背后暴露了泰国旅游业本身哪些问题,泰国应该如何看待年均800万来访的中国游客。这些内容也可以精选在新媒体上,这对改善中国人在泰国的形象、树立良好的中国国家形象是有很大帮助的,也能扭转泰国媒体一边倒的声音。

其次,应从更深层的角度来传播中国内容。在中国媒体走出去的过程中,首先是让当地受众在不经意间换个视角了解中国的观点,软性的内容无疑是一个好的方式。但是在软的包装背后,还需要不断加强硬新闻和观点的传播力度。以中泰两国关心的高铁建设为例,可以邀请一些去过中国、乘坐过高铁的泰国明星、游客,来谈谈乘坐中国高铁的感受,这种"中国速度"在泰国是否可以使用,将对泰国旅游业发展和周边地区经济发展有什么帮助。可以邀请泰国受众参与新媒体互动,讲述自己的见闻,晒晒图片和视频。这些内容也可以与泰国媒体合作、共享。

四、总结

本文对比BBC和VOA,主要是为了从国际媒体发展角度来观察、分析,为我国媒体海外本土化传播提供一些经验。总体来看,在对外传播中,传统的媒体方式已经越来越显得不足,而新媒体方式则不论是在传播速度还是影响范围上都更胜一筹。这也是BBC在泰国舍弃了传统广播的原因。从两家国际媒体在泰国的传播内容可以看到,新媒体平台内容都充分延续了传统传播中的强项,BBC的国际新闻快、准、视角独到,VOA的传播更注重文化,传播美国文化和当地文化,进而影响受众的价值观。这是老牌的国际广播媒体延续几十年的成功经验,在新媒体平台上的传播,优势并没有放弃,新媒体为他们提供了更好地传播价值理念的平台。

国际台的海外落地传播和新媒体传播已经取得了很大成绩，下一步如何打造在当地叫得响的品牌，还需要在适合年轻一代受众需求的新媒体方式上下工夫。在人力资源配置、新闻内容共享、传播方式和彰显态度上进行相应的变革。当然，这不仅仅是国际台面临的挑战，也是中国媒体在海外发展必须要面对的课题。

（作者单位：中国国际广播电台新闻中心）

参考文献：

1. 王庚年：《新媒体国际传播研究》，中国国际广播出版社，2012年。
2. 程曼丽：《新媒体战略与"Twitter革命"》，《新闻与写作》，2011年第5期。
3. 史安斌：《未来5—10年我国对外传播面临的挑战与创新策略》，《对外传播》，2012年第9期。
4. 温飚：《BBC世界电台的新改革》，《中国广播电视学刊》，2006年第5期。

BBC豪萨语脸书专页议程设置研究

汪 渝

豪萨语是非洲使用人口最多的语言之一，在非洲西部的尼日利亚、尼日尔等国家和地区总共有超过5000万人口使用这门语言。英国广播公司（BBC）在1957年开办了豪萨语广播。经过多年的发展，到2012年，BBC豪萨语广播的主要对象地区——尼日利亚北部地区凭借其相对较多的受众人数和较长的收听时长，发展成为BBC在海外最大的受众市场。[1]

近年来以脸书（Facebook）推特（Twitter）等为代表的社交媒体蓬勃发展，给广播等传统媒体带来冲击，促使传统媒体向融合媒体转型。BBC也在脸书等社交媒体平台上开设了豪萨语专页，利用其媒体影响力和受众资源，抢占社交媒体上的舆论空间。截至2017年1月20日，BBC豪萨语脸书专页已经累计吸引了1373443名用户点赞，成为其"粉丝"。本文是对BBC豪萨语脸书专页的议程设置所做的专门研究，希望能通过这项研究找到传统媒体通过脸书等社交媒体平台进行国际传播时在议程设置方面应遵循的原则。

一、议程设置理论

议程设置功能，指的是传媒在新闻报道和信息传达活动中，以赋予各种议题不同程度显著性的方式，影响人们对周围世界的大事及其重要性的判断。[2]通过考察传媒的议程设置偏好，可以推断出媒体的价值观和传播策略。议程设置理论奠基人之一唐纳德·肖指出："社会化媒体强调议题时从传统媒体中借鉴背景内容，议程设置理论正在吸纳所有媒体。议程设置不仅停留于老的传统媒体，同样可用于观测新媒体。"[3]因此，通过研究BBC豪萨语脸书专页设置的议题，来了解其传播意图和倾向，并对比用户反馈来调查其议程设置效果是可行的。

二、研究方法

本次研究采用的方法是内容分析法。研究者随机选取一个月的时间段对BBC豪萨语脸书专页发布的帖子进行总体取样，然后提取每条帖子的议题关键词。通过统计关键词在样本中出现的频度，可以推知相应的议题在BBC豪萨语脸书专页的议题设置中的优先程度。然后再根据用户对帖子的反馈情况测量相应的议题在多大程度上受到用户关注。通过比较两方面的统计结果可以判断出BBC豪萨语在脸书平台上的议题设置是否成功。

该研究方法的局限性是，无法区别哪些帖子是 BBC 通过付费给脸书平台来进行推广的，哪些不是。考虑到客观上无法获得 BBC 的推广方案，研究者选择忽略付费推广的影响，仅以用户对不同议题的关注度的调查取得的数据作为参考。

统计共持续一个月时间，从北京时间 2016 年 11 月 19 日凌晨 1：05 始，到 2016 年 12 月 20 日凌晨 1：00 止，共计 31 天。在这段时间内，BBC 豪萨语脸书专页共发布 548 条帖子。这些帖子的内容中既有"尼日利亚总统女儿出嫁""加纳举行大选"这样的地区热点新闻，又有日常新闻；既有图文消息，又有视频节目；既有节目品牌推广，又有互动活动。从样本内容的广泛性来看，其选取是有效的。

样本包括的 548 条帖子涵盖如下议题：经济、政治、女性、社会、趣闻、卫生、文化、宗教、科技、环境、灾害、体育、媒体课堂、安全、节目预告、每日新闻提要、互动活动，等等。其中任意一条帖子可能同时涉及数条主题。另外，如按照帖子内容涉及的地域来考量，则还能列举出"尼日利亚""尼日尔""其他非洲国家""国际""英国"等关键词。此外，在"体育"议题下还可以分出"足球""拳击"两个议题。在足球方面，由于 BBC 豪萨语在脸书上发布的帖子对英国本土的英超赛事格外关注，所以还可以将"英超"作为一个单独的议题条目列出来。

三、对 BBC 豪萨语脸书专页重点议题的考察

通过分析上面列出的这些议题关键词在所有 548 条帖子中出现的频度，可以了解到在抽样时间段里 BBC 豪萨语在其脸书专页上对不同议程分别给予的关注度。经过分析整理数据得到下表。

BBC 豪萨语脸书专页议题关键词出现频次统计表

〔所列关键词为调查样本中重复 2 次以上（含 2 次）的关键词。关键词后对应的数字是该议题在样本中出现的频次，按出现频次的数量大小排序。频次后面的数字是含有相关的议题关键词的帖子的条数在所有样本帖子条数中的占比。〕

帖子	内容主题（关键词）	出现频次	在所有样本中占比
1	政治	192	35.04%
2	国际	166	30.29%
3	体育（包含足球）	162	29.56%
4	足球	140	25.55%
5	尼日利亚	116	21.17%
6	其他非洲国家	104	18.98%
7	英超	75	13.69%

续表

8	安全	48	8.76%
9	新闻提要	36	6.57%
10	经济	35	6.39%
11	女性	31	5.66%
12	互动活动	31	5.66%
13	文化	21	3.83%
14	趣闻	15	2.74%
15	社会	12	2.19%
16	事故灾害	9	1.64%
17	媒体课堂	9	1.64%
18	英国	9	1.64%
19	拳击	9	1.64%
20	卫生	9	1.64%
21	反腐	6	1.09%
22	节目预告	5	0.91%
23	宗教	3	0.55%
24	科技	3	0.55%
25	尼日尔	2	0.36%
26	BBC	2	0.36%

通过上表显示的样本帖子涉及的议程类别、出现的频次和分别在总样本量中的占比，可以推断 BBC 豪萨语在脸书平台上给予哪些议程以较多的关注，以及体现出来的媒体价值观和传播策略。

排名最靠前的两个主题是"政治"和"国际"，这体现出 BBC 作为国际传播机构，即便在脸书这样的社交平台上仍然把国际新闻和政治事务这些硬新闻作为主要议程。值得注意的是体育类的帖子的占比几乎和排在前两位的议题相当，而且其中与足球相关的帖子占绝大多数（86.42%），而这些帖子中与英超联赛相关的又占到 53.57%。这反映出 BBC 重视足球，特别是英国足球赛事的传播策略。

有学者通过专门的研究发现，BBC 早在 20 世纪 30 年代就开始关注足球报道，并在随后的几十年里不断加强相关传播。之所以这样做主要是出于以下几点原因：足球是英国劳工阶层、中产阶级和上流社会共同爱好的运动；足球比赛现场的声音和比赛节奏通过广播用夸张渲染的方法表现出来，显得极具感染力；足球运动起源于英国，在全世界受到欢迎，作为英国的标志和传播"英式风格"的一套价值系统，值得在全世界进行传播和推广；足球是英国与原殖民地人民加强联系的手段。BBC对英国足球的持续关注和传播，一定程度上助推了当前英超足球联赛在全世界的影响力。④通过分析BBC豪萨语脸书平台议程设置，可以看出BBC的这一传播策略在社交媒体平台上得到了延续。

同样出现频次较高的关键词还包括"尼日利亚""其他非洲国家""安全""经济"，这些议题体现出贴近受众需求的议程设计。紧随其后的比较受关注的议题关键词还有"女性"，体现出BBC豪萨语脸书平台吸引女性用户关注的用意。有学者在研究中指出，很多非洲妇女对新媒体平台缺乏兴趣，乃是因为在这些平台上缺少能满足她们需求的内容。⑤因此，BBC豪萨语脸书平台上的内容对"女性"主题的强调，可以视作特意为吸引女性用户而专门设置的议程。

出现频次排名靠前的主题关键词还有"互动活动"。采集到的样本中的"互动活动"类的帖子包含以下内容：

1. BBC年度非洲最佳球员评选活动

这是BBC体育部牵头策划的每年一次的网络投票活动，从1991年开始持续至今。

2. 豪萨女作家创作大赛

豪萨女性在文学创作方面一直比较活跃，她们创作的大量言情小说被称为"卡诺市场文学"。⑥BBC通过"女作家创作大赛"活动征集豪萨女作家的短篇小说作品，从中评选出12名获奖作品。然后由播音员朗读这些作品，制成音频节目，通过脸书平台在一段时间里持续播出。

3. 增加维基百科上的尼日利亚著名女性相关词条的活动

BBC豪萨语通过脸书平台向受众征集他们认为应该在维基百科上增添的尼日利亚著名女性的相关词条，然后由BBC豪萨语员工来负责增添词条。增添词条的过程通过脸书平台进行视频直播。

4. 征集消息源

这是BBC豪萨语应用社交媒体平台进行网络时代新闻生产的尝试，即通过脸书平台联系各地的"社区记者"来获取新闻素材。

5. 节目预告

将广播节目将要涉及的内容提前在脸书平台上进行预告，吸引受众关注。

样本反映出BBC豪萨语脸书平台上的"互动活动"类的帖子占比较高，达到5.66%，而且涉及"体育""女性""征集消息源""节目预告"等多个题材。反映出BBC豪萨语充分发挥社交媒体的互动交流功能，不遗余力地与受众群体进行交流，使其更多参与传播内容的生产过程。

四、对BBC豪萨语脸书专页议题受众关注度的调查

在脸书平台上用户对帖子内容的浏览会在后台留下数据，因此通过考察脸书平台提供的数据，就可以了解到用户对某个帖子的关注度。但由于在本项研究中研究者无法获得BBC豪萨语脸书专页的相关数据报告，因此选择通过统计帖子在社交网络上引起互动、多次传播的情况（直接指标为点赞、评论和转发量⑦）来间接考察用户对不同主题帖子的关注度，即议程和用户的关注程度之间的关系。

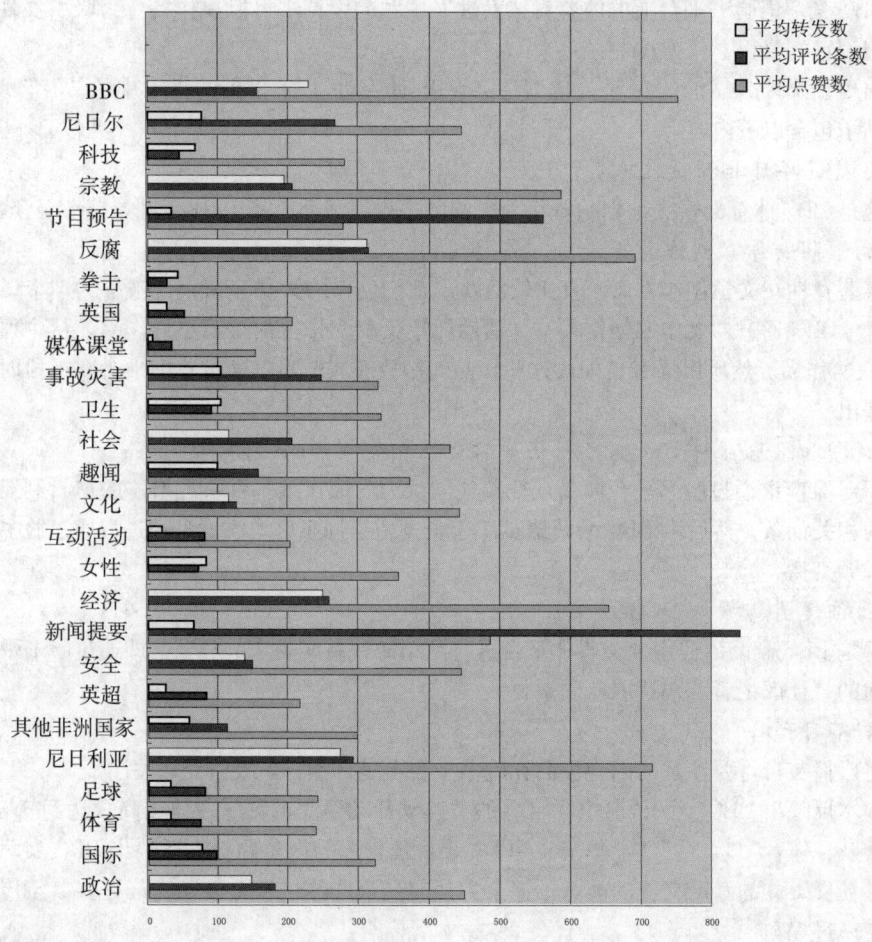

BBC豪萨语部脸书专页议题与"点赞、评论、转发"情况统计图

研究者分别统计每条帖子的点赞（包括"赞""大爱""笑趴""哇""心碎""怒"这

几类）的总数、评论条数和转发次数，再将拥有相同议题关键词的帖子的点赞数、评论条数和转发数分别相加，再除以帖子的条数，得到每一个议题关键词下的帖子的"平均点赞数""平均评论条数""平均转发数"，经过整理得到上图。

如上图所示，平均点赞数排名比较靠前的议题关键词和它们分别获得的点赞数依次是："BBC"（752）、"尼日利亚"（716）、"反腐"（692）、"经济"（654）、"宗教"（587）、"新闻提要"（487）、"政治"（451）、"安全"（446）、"尼日尔"（446）、"文化"（444）、"社会"（431）。

如果按平均评论数来排名，领先的关键词和对应的评论数是："新闻提要"（841）、"节目预告"（563）、"反腐"（314）、"尼日利亚"（293）、"尼日尔"（267）、"经济"（259）、"事故灾害"（248）、"宗教"（206）、"社会"（206）。

如果按平均转发量来排名，比较靠前的关键词和对应的转发量是："反腐"（313）、"尼日利亚"（275）、"经济"（250）、"BBC"（228）、"宗教"（196）、"政治"（147）、"安全"（138）、"社会"（115）、"文化"（115）。

综合以上三项指标，排名最靠前的主题关键词是："尼日利亚""反腐""经济""宗教""社会"等，可见尼日利亚受众最为关注的是和自己生活息息相关的议程，特别是尼日利亚政府的反腐斗争、尼日利亚当前困顿的经济状况这些国内热点话题。而"BBC""新闻提要"这些主题词也能上榜，则显示出 BBC 已经和自己的受众建立了良好的互动关系。关键词"新闻提要"对应的是 BBC 豪萨语脸书专页上每天发布一到两次的当天广播中将播出的重要新闻标题。这样的帖子每天都吸引了大量脸书用户点赞和评论，其原因有可能是 BBC 会专门购买脸书平台的推广服务来推送这些帖子，也可能是因为 BBC 豪萨语受众已经形成了习惯，每天会仪式性地关注 BBC 豪萨语脸书专页发布的当天"新闻提要"，了解一天的要闻，并对自己感兴趣的话题加以评论，寄希望于自己的评论会在随后的广播节目中被主持人读到。或者是两方面的原因兼而有之。

通过比较 BBC 豪萨语在脸书平台上给予不同议程的优先等级和受众对于不同议程的关注度，可以了解到其议程设置的得与失。

五、BBC 豪萨语脸书专页议程设置的得与失

在出现频次比较高的关键词，也即比较受到 BBC 豪萨语部重视的议程当中，有一些同样受到了受众的关注，如"尼日利亚""经济""安全""新闻提要"，对此，我们可以理解为，这些议程设置比较贴近受众需求，因而受到关注，达到了传播预期。

另外有一些关键词出现频次很高，但是却相对不太受到受众的关注，表现为点赞、评论和转发量相对较低。如"政治""国际""体育""足球""英超""其他非洲国家""女性""互动活动"等。可以理解为：

（1）BBC 豪萨语脸书平台受众绝大多数是尼日利亚人，他们对尼日利亚之外的国际事

务相对关注较少;

(2) 一些议程是 BBC 专门设置出来，用来影响对象受众的，如用"足球"相关内容来加强非洲受众和原宗主国在文化上的联系，用"女性"题材内容来吸引女性受众等，而目前受众还在"被培养"过程中，尚不能对相关议题作出特别积极的回应。

此外，还有一些关键词出现频次不高，但是点赞、评论和转发量相对较高，说明这些关键词对应的议程比较有吸引受众的潜力，应当受到更多关注，如"社会""文化""趣闻""反腐""节目预告""宗教""尼日尔"等。这些议题体现出贴近受众生活或富有趣味性的特点。

从具体的案例来看，有一些议题在用户点赞、评论、转发热度方面排名靠前，如《尼日利亚总统布哈里表示女儿的婚礼不会用国库一分钱》《卡诺警方缴获了什叶派武装武器》《伊斯兰银行在尼日利亚继续受到欢迎》等。可以看出这些帖子的内容都和尼日利亚的政治、安全、经济等当地受众最关注的问题相关。而在用户点赞、评论、转发热度方面排名最靠后的帖子，基本上都是和"BBC 年度最佳非洲球员"投票相关的，而且都是视频。这反映出：

(1) 由于 2016 年的"最佳非洲球员"候选人中没有尼日利亚籍球员，所以受众可能对本次投票活动缺乏兴趣；

(2) 打开视频文件消耗流量较大，受众如果觉得对标题不感兴趣，就根本不会打开看。

六、结论和启示

从 BBC 豪萨脸书专页的议程设置和实际取得的效果来看，在通过脸书平台进行国际传播时，一些贴近受众生活的议题，还有一些软性的、有趣的议题，较容易引起受众关注，进而通过评论、转发进行内容延展和多次传播形成真正的公众议程。与此相反，另外一些传播主体努力推广的议题，由于和对象受众的实际生活离得较远，虽然相关的内容得到持续的、高频次的传播，却仍然只能吸引到较少的受众关注。

不过从"受众培养"理论的角度来看，"大众传播通过象征性事物的选择、加工、记录和传达活动，向人们提供关于外部世界及其变化的信息，用以作为社会成员认识、判断和行动的基础"⑧。传播主体通过长期持续地、大量地向受众传播某些议题，仍然可能逐渐地对受众的既有议程产生影响，使其按照传播者的倾向发生转变。因此传播者在设置议程时应注意平衡"用户需求"和"传播需求"，努力做到既能"吸粉"，又能达到传播目标。

(作者单位：中国国际广播电台豪萨语部，中国传媒大学国际传播方向在职研究生在读)

注释：

① 阿布巴卡尔（Abdullahi Tasiu Abubakar）：《英国公共外交：BBC 豪萨语部案例研究》(*British Public Diplomacy：A Case Study of the BBC Hausa Service*)，2014 年。

② 郭庆光：《传播学教程》（第二版），中国人民大学出版社，2011 年，第 194 页。

③ 袁潇：《数字时代中议程设置理论的嬗变与革新——专访议程设置奠基人之一唐纳德·肖教授》，《名家聚焦》，2016 年第 4 期。

④ 威利等（Wyllie, James; Woodward, Kath and Goldblatt, David）：《BBC 国际部转向足球报道》(Tuning in to football on the BBC World Service. Soccer & Society)，《足球与社会》，2011 年第 12（1）期，第 11—20 页。

⑤ 索默璐（Oreoluwa Somolu）：《"讲述我们自己的故事"：非洲妇女为推动社会变革而使用博客》(*Telling Our Own Stories：African Women Blogging for Social Change*)，《性别和发展》(*Gender and Development*)，Vol. 15, No. 3, Media (Nov., 2007), pp. 第 477—489。

⑥《尼日利亚穆斯林女性创作和阅读言情小说　卡诺市场文学可能是她们受到的最好教育》，观察者网，http://www.guancha.cn/Third-World/2016_04_28_358496.shtml。

⑦ 刘滢：《从七家中国媒体实践看海外社交平台媒体传播效果评估》，《中国记者》，2015 年第 7 期。

⑧ 郭庆光：《传播学教程》（第二版），中国人民大学出版社，2011 年，第 206 页。

德国之声本土化战略浅析

陈 艳

德国之声（DW）是德国的国际广播电台，创建于 1953 年 5 月 3 日。作为公法性质对外广播机构，德国之声约 80％的财政资金来自联邦政府预算拨款。该台现雇有来自全球 60 个国家和地区的 3000 多位工作人员，包括固定职员和自由记者（合同制），共同制作广播、电视以及互联网资讯，服务于全球传播。

德国之声总部位于波恩，在首都柏林有一个工作室，每天以 30 种语言播出广播节目或者更新网络新闻资讯，以德语、英语、西班牙语和阿拉伯语播出电视节目。内容方面侧重于报道国际时事，介绍德国时事、文化以及德国和其他国家之间的双边交流。现任台长为彼得·林堡（Peter Limbourg）。

一、德国之声本土化法律框架

随着传播理念和媒体技术的发展，本土化制播渐渐成为德国之声的努力方向。从根本上来说，这也是法律规定对德国之声提出的要求。根据《德国之声法》的规定，德国之声的节目应"让世界了解德国是一个在欧洲不断成长的文化民族和倡导自由的民主法治国家"；同时也应促进不同文化和各国人民之间的理解和交流。此外，它还应体现其他各洲的不同观点。德国之声电台、电视台和互联网网站 DW-World.de 在制作各种节目时须遵循"来自当地，针对当地"的原则。推广德语也是德国之声的使命之一。德国《广播电视法》规定该台的职责是："使国外听众对德国的政治、文化和经济生活有一个全面的了解，同时向他们介绍和解释德国对世界重大问题的态度。"它的节目内容除了新闻时事外，还涉及社会生活各个方面，注重"新闻性和娱乐性、服务性相结合"。

德国之声时任台长埃里克·贝特曼（Erik Betterman）在建台五十周年时说："德国之声始终坚持独立和诚信的原则。因此全世界的受众才会关注我们的节目。我们不仅报道德国发生的事情，还高度关注目标地区的事件。国际传播可以为防御型的外交和安全政策服务，在冲突地区保证信息自由流动。"[①] 德国政府在对德国之声 2010—2013 年任务规划草案的批复中说，中波和短波节目在媒体市场比较成熟的地区已经没有意义了，广播虽然仍有大量听众，但是要通过调频播出才有效果。

二、德国之声本土化策略

德国之声的本土化主要通过内容本土化、人员本土化和管理运营本土化三个方面实现。

1. 内容本土化

作为冷战的产物，德国之声从建台开始就承担了宣传意识形态的任务。不管是对东欧还是东德，传播都以引起受众对西德政治制度的好感为主要目的。东西阵营的对峙导致国际广播的媒体属性萎缩，意识形态属性增强。随着柏林墙倒塌、东欧剧变、苏联解体，冷战结束。德国之声的任务变成了对外介绍德国的政治、文化和经济生活为主，阐述德国对时下重要议题的观点立场。随着传播科技的发展和传播业格局的变迁，照本宣科式的节目内容显然不能够满足受众的需求。传播内容本土化势在必行。修订后的《德国之声法》就要求德国之声的电台、电视台和网站 DW-World.de 在制作各种节目时须遵循"来自当地，针对当地"的原则。这一原则，关系到受众的利益，并且成为维系德国之声与受众关系的纽带。

今天，德国之声的传播主要针对的是接受或者追求多元文化、多角度观察的受众，针对的是社会精英和意见领袖。在传播内容上，德国之声也不再一味地介绍德国，而是更多地探讨对象地区当地的话题。除此之外，环保、气候变化这些"公益"话题也是德国之声的传播重点。按照前任台长贝特曼的说法，德国之声节目中介绍德国的节目量维持最低标准，"只作最必要的介绍"[2]。总体而言，德国之声并不追求报道德国的篇幅。除非必要，不然可以完全不说德国的事情。对某些对德国感兴趣的受众群，德国之声会在有限的范围内提供另外的服务，比如介绍一些有关在德国生活、学习、旅游和工作的信息。

德国之声传播内容的本土化通常通过四种途径实现。

一是通过海外记者站（节目制作室）获得当地第一手资讯。目前德国广播电视联盟（简称德广联）在海外一共有26个记者站（制作室），共派驻人员百余人。[3]但是这并不能满足德国之声30个语种全球传播的需求。德国之声在当地还聘有通讯员。

二是坚持母语传播。比如2007年11月，德国之声对阿富汗广播增加了达利语和普什图语，旨在通过时事报道和深度报道来说明德国在阿富汗重建和民主化进程中所扮演的独特角色。[4]德国之声90%以上的受众都是通过德语之外的语言传播获得的。[5]

三是媒体合作。德国之声与14个非洲和亚洲电台建有合作关系。为了给目标受众量身打造媒体产品，德国之声积极和当地媒体伙伴合作，比如在非洲和阿富汗制作的教育类节目"Learning by Ear"。德国之声和Dijla电台合作，制作了一档名为"Iraq today"（今日伊拉克）的节目。这档节目的目的是影响当地正在兴起的市民社会，并且通过讨论推动民主意识。德国之声也通过这种方式在不稳定的国家和地区说"和平"，在"不自由"的国家聊"民主"。

四是和受众的互动以及市场调查。传播内容和传播手段的选择是建立在市场调研基础上的。市场调查、兴趣分析和媒介使用方式调研的结果决定了德国之声在对象地区的传播内容和方式，以保证有效到达率的最大化。也就是说，德国之声在某一地区采用的传播内容和方式其实是受众的选择。这也是德国之声在全球媒体竞争中的法宝。

2. 人员本土化
（1）本部

目前，德国之声已经发展成了一个多媒体机构。其三大支柱分别为网站（DW-World）、电视（DW-TV）和广播（DW-Radio）。德国之声共提供30个语种的新闻资讯（多个语种的短波广播已关停，只限网上播出），其中德语和英语广播节目全天24小时播出；DW-TV提供德语、英语、西语以及阿拉伯语电视节目；DW-WORLD是多语种、多媒体网站。

德国之声各语言编辑部中有大量外籍员工。如亚洲部中文广播（短波节目已经于2013年1月1日起停播，现在的节目均以互联网为载体）目前大约20人，其中两人来自中国台湾地区，其余人员均来自中国大陆。他们大都是成年之后才迁居德国的，因此无论是否已经入籍基本上都可以视为符合母语传播要求的中国本土人员。多数人拥有在中国国内从事媒体工作的经历，他们熟悉中国的国情、传播条件、技术发展和舆论动态，比如在中国手机用户高速增长时，德国之声中文部适时开通了短信平台。除编辑部人员之外，德国之声中文广播在中国大陆有5—6名当地通讯员，在中国台湾地区有2名。

德国之声前任台长埃里克·贝特曼曾经说过："跨文化交流是德国之声的日常工作。我们致力于促进语言和文化的多样性，而德国之声来自不同国家的工作人员也将对德国社会对多元化的认识产生积极作用。"

（2）海外

和一些国际广播电台不同的是，德国之声自己并没有遍布全球的海外记者站，只有4个长期海外工作室，分别位于布鲁塞尔、莫斯科、华盛顿以及基加利（卢旺达首都）。当然，这并不意味着德国之声闭门造车。德国的公法广电媒体都隶属于德广联。德国之声也是德广联的一员，和其他公法广电媒体一起共用海外记者站（制作室）。德广联目前在海外一共有26个记者站（制作室），共派驻人员百余人。[6]派往海外的记者分别来自德广联旗下不同的公法广电媒体。目前比利时布鲁塞尔和美国华盛顿特区的常驻记者是由德国之声派出的，分别负责欧盟、北美的新闻报道工作。德广联海外记者的发稿各成员媒体可以共享。另外，德广联成员还可以通过订制的方式向海外记者站（制作室）约稿。通常海外记者站（制作室）只有1—2名记者，他们会雇用当地有媒体经验的人作为助手、摄像或者制片人。驻外记者往往并不熟悉驻站国当地语言，很多搜集信息和沟通联络的工作都通过当地聘用的助手来完成。驻外记者更多的是履行把关和管理的职责。通过这样的方式，德国之声就可以获得海外的第一手资讯，实现节目内容的本土化。

3. 管理运营本土化

德国之声开办电视节目（DW-TV）始于1992年。当时几个语种分摊一套节目的不同播出时段，所以这个节目针对的观众可谓是各式各样。观众、政界以及同样担负着推广德国和德语的歌德学院都对这样的节目不满意。为了能办出符合时代要求、符合德国形象的电视节目，同为公法媒体机构的德广联（ARD）、德国电视二台（ZDF）和德国之声在

1998年开始商讨合作事宜。2002年4月8日，三家合作开办的German TV正式在北美播出。在这个合作项目里，ARD和ZDF各提供40%的节目内容，德国之声提供20%。这个频道原则上不以营利为目的。德国政府为这个频道从2002年至2005年的制作播出拨款4000万马克（约合500多万欧元）的费用⑦。当时预计，七年后（2009年4月8日）这个频道的订制用户将达到7万户，频道即可自给自足。

  German TV开播后凭借其高质量的节目获得了一片赞扬声，但是本土化运营却不那么顺利。虽然前方有节目制作室，但是节目总监等更大的团队都在后方。因为预算有限，没有专业的市场团队为German TV进行推广，既难以在受众中提高知名度，也很难说服当地网络运营商获得准入，因而在运营上一时很难突破当地电视网络的限制。电视网络运营商提出了霸王条款，并且试图对节目内容施加影响，这让德国人难以接受，订制用户数量增长缓慢。2004年，German TV迎来了曙光，一是进入了美国最大的时代华纳有线电视网，二是通过美国第二大卫星电视平台Dish Network/Echo Star播出。然而政治家们等不及了。他们等不到German TV运营七年后可以自给自足的那天，决定停止财政支持，于是2005年German TV停播。

  尽管如此，公法广电媒体并没有放弃打造一个德国对外电视台的理想。于是德广联、电视二台和德国之声再次携手，用一个全新的模式重塑DW-TV。和German TV不同的是，合作制作的电视节目还是依托德国之声原有的电视频道，主要使用德语和英语播出。在拉美地区播出时会加入西班牙语节目，在中东地区加入阿拉伯语节目。因为DW-TV已经开播了很多年，而且拥有自己的全球传播网络，所以在运营上要比German TV容易很多。市场和运营的费用可以在德国之声的预算框架内解决，不需要特别筹措。但是正是因为全球播出，节目素材和成品在版权上受到限制，德国国内电视台提供的内容远不能满足需求。而从节目内容的角度出发，全球播出也设置了一定的障碍，尤其是电视电影、侦探片等有虚构情节的内容，在不同文化背景下的传播效果相差甚远，有的甚至和对象国的社会公德相悖。这种问题多发生在伊斯兰国家。于是DW-TV原则上放弃了这一类型的节目。在这个合作模式里，德广联旗下的公法电视台和电视二台都不以营利为目的，免费为DW-TV提供电视节目。德国之声只需要支付给提供者因提供版权信息和供片环节所产生的费用。如果出现部分内容的版权需要向第三方付费，这笔费用由德国之声负担。这些国内的公法电视台各派1名成员加入德国之声的节目委员会，以巩固合作。

三、德国之声本土化的借鉴意义

  同处于全球化的新媒体时代，同属于致力于国际传播的广电媒体，德国之声推进本土化的经验对中国国际广播电台来说是值得借鉴的。本土化，通俗地说就是入乡随俗。只有随了俗，才算真的入了乡。德国之声本土化策略的第一个可借鉴之处就是它的人员本土化。要想做到入乡随俗，节目的内容和形式是关键。而决定内容和形式的恰恰是制作节目的人。只有真正属于本土文化圈的节目制作者才能生产出目标受众喜闻乐见的内容。德国之声大量启用当地雇员的方式值得参考。与此同时，本部人员的本土化培训也同样重要。因为实现了制播平台本土化之后，即使是当地雇员进行内容生产也一定会有本部人员参与到平台和节目管理中。管理人员的本土化能力不足将会大大地制约节目内容的优化。

本土化是一个动态过程。通常一个本土化项目在启动的时候受到的关注最多，而项目启动只是本土化的开始。本土化是一个需要不断完善的过程。其一，参与项目人员的本土化能力需要不断提高。其二，当地受众的媒体使用习惯始终处于不断发展变化之中。因此，对受众媒体使用习惯进行调研并且将其应用于实践，这是一个"永远在路上"的过程。

德国之声在很多国家和地区的本土化都建立在与媒体业界的交流和合作上。因为法律准入和投资性价比的问题，德国之声没有，也不可能在所有地区都依靠自己的能力进行媒体运营。在很多地区的本土化都是依靠与合作伙伴联合制作完成的。联合制作的弊端是内容篇幅受限，但是优势也是明显的，那就是从形式到内容都不易引起受众的反感，更容易为受众所接受。

（作者单位：中国国际广播电台德语部）

注释：

① 德国之声时任台长在该台成立五十周年时的讲话，http：//www.heise.de/newsticker/50-Jahre-Deutsche-Welle-Veraenderungen-stehen-ins-Haus-/meldung/37851。

② 埃里克·贝特曼：《联邦德国的媒体名片——变革中的德国之声》，载于德广联2010年年鉴。

③ 德广联官网，http：//www.ard.de/intern/die-ard/auslandskorrespondenten/-/id=2294600/1c4gcx5/index.html。

④《德国广播2007》，德广联2008年年鉴，第268页。

⑤ 德国之声台长林堡接受《法兰克福汇报》专访，http：//www.faz.net/aktuell/feuilleton/medien/deutsche-welle-intendant-peter-limbourg-im-interview-13329723.html。

⑥ 德广联官网，http：//www.ard.de/intern/die-ard/auslandskorrespondenten/-/id=2294600/1c4gcx5/index.html。

⑦ 2002年1月1日起，作为首批欧元区国家，德国开始使用欧元，德国马克停止发行。同年7月，德国马克正式停止使用。确定拨款时，马克仍流通，故拨款数额以马克计。

从《明镜》涉华报道看德媒中国报道议题的转变

李 茜

　　2017年是中德建交45周年。据德国联邦统计局数据显示，中国2016年首次超过美国和法国，成为德国最重要的贸易合作伙伴。随着两国经济交流日益密切，德国媒体涉华报道在话题和报道风格方面都有所改变。

　　2008年拉萨"3·14"事件和北京奥运会火炬全球传递曾引发中德媒体舆论战，中方对德国媒体涉华报道价值取向提出质疑并表示强烈不满。德国海因里希·伯尔基金会为此组织专家和学者对七家德国主流媒体2008年所有涉华报道进行专题研究，采访相关德媒驻华记者，并于2010年发表《德国媒体的涉华报道》报告。报告在对上述媒体8766篇涉华报道研究后指出了德国主流媒体涉华报道中存在的问题。

　　本文在《德国媒体的涉华报道》报告基础上，通过对德国主流媒体明镜集团旗下《明镜周刊》、"明镜在线"网站和《经理人周刊》2016年发表的涉华文章进行梳理，分析德媒自2008年后在涉华报道的内容和方式究竟发生了哪些改变，希望通过对《明镜》涉华报道案例研究，找到德国媒体和受众偏爱哪些中国话题，因国家利益、意识形态和新闻价值理念不同存在哪些误区，提出我对德语地区塑造国家形象的核心议题。

一、数据收集

　　《明镜周刊》是德国知名新闻周刊之一，每周发行量约110万份。它以批判和讽刺报道见长，对整个欧洲和国际舆论风向都有重要影响力。随着中国对全球政治、经济、军事影响力日益增强，《明镜周刊》把中国长期作为关注、报道的焦点国家，紧贴时事与中德关系，维护德国利益，其本身也成为德媒涉华报道的风向标。

　　本文数据来自德国《明镜》网站（www.spiegel.de）的搜索引擎，范围设定为2016年在"明镜在线"（Spiegel Oline）、《明镜周刊》杂志（Der Spiegel）和《经理人杂志》（Manager Magazin）的所有报道（以下统称为"明镜系"）。本次取样共搜索到"明镜系"在题目和摘要中含有关键字"中国"（China）的稿件共406篇。在阅读全部文章内容后，剔除只在题目或摘要中含有"中国"而内容与中国无太大关联的报道后，剩余366篇。

　　本文将这366篇涉华报道按经济、政治、汽车、体育、自然和人为灾害、中国趣闻、科技、高访、教育和环保进行分类，再依据报道发布时间、主题分布、报道对象和写作风格进行梳理分析。

二、《明镜》涉华报道议题转移与演变

2010年，德国海因里希·伯尔基金会发表《德国媒体的涉华报道》研究报告，对德国七大主流媒体（《法兰克福汇报》、《南德意志报》、《日报》、《明镜》周刊、《焦点》杂志、《时代》周报、德国电视一台）2008年所有涉华报道进行研究分析。报告显示，在上述七家主流媒体所有8766篇涉华报道中，3998篇为深度报道。其中，中国内政事务报道占报道总篇数24.9%，中国经济报道为14.8%、中国文化类报道为9.2%。在中国内政事务报道中，11.2%的报道焦点集中在中国少数民族问题和领土问题，台湾问题为1.7%，中国人权状况为3.9%，中国其他社会问题为1.8%。

到了2016年，《明镜周刊》、"明镜在线"和《经理人周刊》共发布有关中国的深度报道366篇，其中，中国经济类（163篇）和中国政治类（93篇）的报道占据主流，报道频率和数量远高于中国其他领域的话题。其他主要分布在汽车（28篇）、体育（20篇）、自然或人为灾难造成的伤亡事件（12篇）、中国趣闻（12篇）、中国科技（11篇）等议题。与2008年德国主流媒体涉华报道关注点相比，2016年以"明镜系"为代表的德国主流媒体对中国的兴趣点明显转向中国经济、政治话题（见图1）。

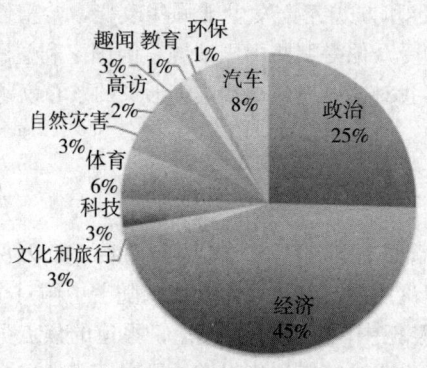

图1 2016年"明镜系"涉华报道内容比重

1. 对2016年"明镜系"涉华经济类报道的分析

"明镜系"2016年共发布163篇涉华经济类报道，大致可概括为五大主题：中国在海外收购公司和技术、中国经济增长减缓和中国股市对德国及欧洲的影响、在华德企发展过程中遇到的困难、欧盟是否承认中国市场经济地位、欧洲对中国过剩产能采取的措施。统计显示，德国媒体对中国经济走向（包括中德汽车领域竞争合作）的关注度高于任何涉华议题，是德媒涉华报道的核心议题（见图2）。

在涉华经济议题报道中，中国企业海外并购成为2016年德媒最关注话题。15年前，当中国企业收购德国的飞机制造商仙童多尼尔（Fairchild-Dornier）、电视机生产商施耐德

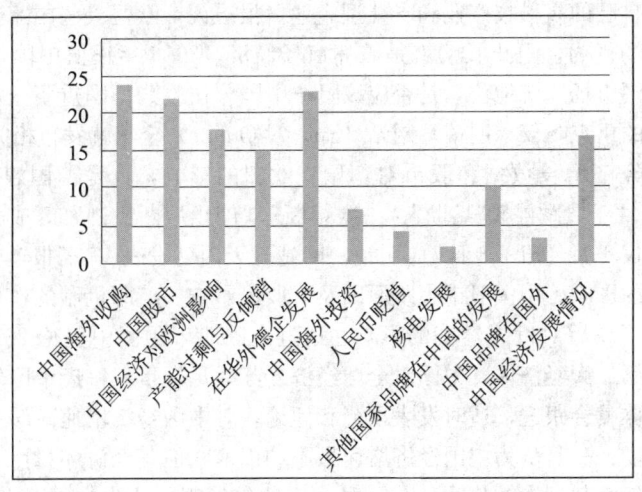

图 2　2016"明镜系"经济类报道话题比重

时，德国人的感受是新鲜，并没有特别重视。但到了全球和欧洲相继发生金融危机、经济危机后（2010/2011 年），德国经济复苏放缓，大批德国中小企业开始破产，这为中国企业海外收购提供了机会。特别是来自中国的大额交易、并购频次越来越多，德国民众对中国企业赴德并购表现出兴趣。2012 年，中国三一重工收购德国普茨迈斯特，引发德国社会广泛关注，这是中国民营企业首次收购在全球重型机械市场拥有领导地位的一家德国大型家族企业，被视为中德并购史上的转折点。据统计，2016 年中国收购约 200 家德国企业、交易额超过 125 亿美元。这一数字导致中国企业海外并购从最初在德国政界和经济界传为佳话，逐渐演变成为德国社会乃至欧洲的忧惧（见图 3）。

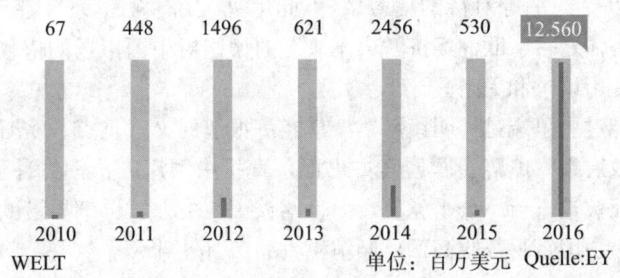

图 3　《世界报》对 2010—2016 年中国公司收购和参与
收购德国公司的统计数据（单位：百万美元）

2016 年 5 月，当中国美的集团宣布有意收购德国机器人制造商库卡（KUKA）时，《明镜》发表《德国政界对库卡被中国收购感到害怕》报道，时任德国副总理兼经济部长加布里尔与欧盟委员古泽·奥廷格纷纷站出来，公开反对美的对库卡的收购，呼吁欧盟国家联合起来保护自己的高科技产业和支柱型企业。报道说，欧盟一些国家专家也提出，公司间的收购为市场行为，阻止收购就是破坏市场经济。2016年正值中国加入WTO满15年，是否承认中国市场经济地位，是否应该阻止中国公司收购德国重要企业，这些争论成为德国媒体报道的重点，仅《明镜》网站（Spiegel Online）全年就发布相关报道25篇。

此外，中国经济增长数据和股市对德国、欧洲的影响，也是德国媒体关注的焦点。2016年中国股市"千股跌停""熔断""二次熔断""停止熔断机制"等成为德国媒体涉华报道的关键词。仅1月4日—8日，《明镜》网站五天内就发表17篇报道，评析中国股市大跌对德国股指的影响、中国股市大跌原因及对股民影响、熔断机制的作用、股票专家解读中国股市两轮下跌后对世界经济的影响、透过中国股市预测中美德2016年股市走向，等等。作为世界第二大经济体，中国对全球经济复苏举足轻重。每逢中国发布重要经济数据前后，德国媒体就会跟进，适时发表预测和评论。对中国经济增速减缓的事实，德国媒体主要持两种态度：一是认为中国经济增速虽不如以前，但其经济体量巨大，相比其他国家，依然对世界经济起到推动作用；另一种观点比较悲观，认为中国经济数据存在问题、统计部门过度美化经济数据、中国经济状况和今后的发展远比中国政府的预期要糟糕。

德国企业在华发展遇到的阻碍，也是德国媒体不定期报道的话题。《明镜》网站2016年共发表23篇相关报道，重点关注三个方面：德国企业在华遭遇到的不公平待遇、德企产品很难进入中国市场，以及中国网络管制影响企业正常运作。尽管德国副总理、由经济部长改任外交部长的加布里尔几乎利用所有机会，不遗余力地呼吁"让德国企业在中国可以享受到中国企业在德国一样的待遇"，但德国媒体在报道用词上略微有所变化。《明镜》在一篇报道中写道："当中国企业在欧洲享受市场开放的时候，德国企业在中国遭遇越来越多的障碍。加布里尔将所有抱怨和批评打包带到中国。"德国《商报》2017年2月在报道2017年G20非正式外长会德中外长会面时写道："加布里尔'请求'王毅让中国给外国公司一个明显可以受到平等对待的信号。"由此可见，在"明镜系"甚至整个德媒眼里，作为世界主要经济体之一、欧洲经济"火车头"的德国对中国市场的依赖，已从开始的不满和控诉渐渐转变为请求和无奈。

中欧钢铁产能过剩争端是"明镜系"涉华经济报道的又一重点。欧盟以钢铁行业协会牵头，媒体和非政府组织助阵，欧盟官方出面，直指中国用廉价钢铁冲击国际钢铁市场，导致欧盟钢铁行业被迫进行不公平竞争，大量钢铁工人失业，详细报道欧洲钢铁行业游行抗议，督促欧盟对中国钢材征收高额反倾销税。2016年上半年，《明镜》用15篇报道集中反映这一争端。

综上所述，经济话题为《明镜》网站2016年涉华报道重点，它们紧扣时局，观点鲜明，对有可能给德国利益造成影响的中国经济现象高度关注。在维护自身利益的报道中，德媒用词犀利、态度强硬，但没有出现侮辱性的词汇。

2. 对2016年"明镜系"涉华政治类报道的分析

2016年，"明镜系"共发布涉华政治类报道共93篇。对中国与他国关系的分析评论在所有涉华政治类报道中占比最大,其中,对中美关系评论分析最多,中国与朝鲜、俄罗斯和菲律宾关系颇受德国媒体关注。此外,"明镜系"还对"南海争端"、人权问题、杭州G20峰会、台湾、香港、军事、宗教、间谍、反腐、西藏等话题进行报道(见图4)。

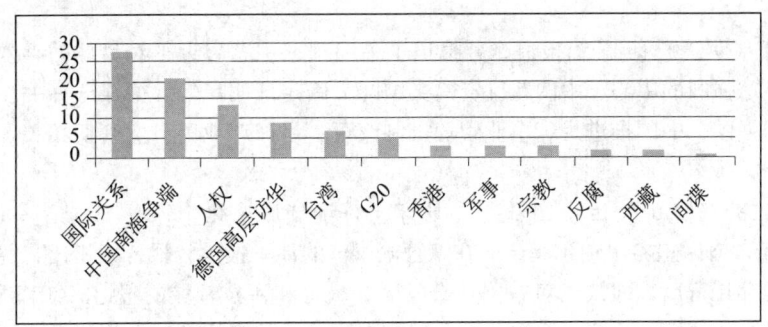

图4　2016年"明镜系"政治类文章比重

与2008年涉华报道相比,2016年德国媒体涉华政治类报道比重有所减少,它们对中国内政的报道热情有所降低,转向更加关注中国与各国关系方面,这从某种角度上意味着,德国媒体开始更加关注中国作为国际政治大国在处理国际关系中的作用与影响力。

在"南海争端"报道上,德国媒体用不少笔墨跟踪报道,但更多的是罗列和引用争端双方发言人或官方媒体的观点。这符合德国媒体对此类事件"不选边站"的客观平衡报道立场。但涉华人权报道始终是德国媒体的"必选动作",除"揭露"事实外,德国记者善于对相关事件和人物进行深度挖掘,特别是利用两国领导人互访之际发报道。此外,两岸关系、内地和香港关系为德国媒体长期关注报道,特别是台湾地区2016年大选后两岸关系,一直是《明镜》涉华报道的侧重点。

3. 2016年德国媒体涉华新话题

2016年,"明镜系"涉华报道除强化经济类和政治类议题外,还呈现出两个特别关注的领域——汽车和足球,全年有关中国汽车行业报道共计28篇,其中新能源汽车占10篇。汽车制造业是德国经济的支柱,中国一直被视为其汽车销售的希望所在。特别是2016年德国大众汽车遭受"排放门事件"后在全球损失惨重,奔驰、宝马和大众在华发展和汽车销售情况,以及他国汽车行业在华市场份额等,都是德国媒体争相报道的重点。

在中国政府加大治霾力度的背景下,面对中国新能源汽车发展走在世界前端这一现象,德国媒体对此充满复杂情绪:一方面认为德国在此领域发展速度偏慢,另一方面呼吁德国传统汽车厂商抓住中国电动汽车市场机遇。《明镜》网站相继发布《特斯拉在奔驰和宝马前占领中国市场》《特斯拉安全问题引关注》《中国电动汽车厂商骗国家补助》《中国为推动电动汽车发展花巨资》等报道。10月31日,《明镜》网站消息称,中国正起草一份草案,要求汽车制造商2018年新能源车至少达到总产量的8%(2019年是10%,2020年是20%)。这一要求的执行对象是所有在华生产汽车或者每年向中国出口超过5万辆整装车的汽车制造厂商。这一消息震惊德国汽车业，因为目前德国新能源汽车的研发和生产还未进入轨道，其新能源车不能享受中国政府的补贴，在价格方面与中国产新能源车没有任何竞争力。这篇报道引发"新能源汽车"成为德国政客每次见到中国领导人时抱怨的话题。

2016年《明镜》有13篇报道充分报道了中国国家主席习近平对足球的喜爱、将中国打造成为足球强国的决心、中国花巨资购买国际大牌足球明星等。德媒这一关注与德国作为世界足球强国、中国推进足球事业管理机制改革、足球产业等自然密切相关，易引起受众关注。

4. 德媒开始更加关注中国社会、教育、科技领域变化

2010年，海因里希·伯尔基金会在《德国媒体的涉华报道》报告中指出，德国媒体涉华报道选题存在盲点，即缺乏对中国社会发展、教育和科技领域的报道。2016年《明镜》涉华报道显示，德媒开始将关注视角更多转向中国社会的多元领域。例如，德国孩子的哭声与中国孩子不同、中国的数学教育强大、科幻小说《三体》成畅销书、武汉建双子大楼、"中国有趣的工作：为新娘挡酒"、中国对大熊猫进行野化训练、中国家长带孩子上课外辅导班、滴滴与优步在中国的市场争夺以及中国在航天领域的新成就等。

三、《明镜》涉华报道对德语地区塑造中国国家形象的启示

从2008年到2016年，随着世界政治、经济格局的急剧变化，德国媒体对中国的关注点有所改变。通过对"明镜系"2016年涉华报道的分析和研究，笔者认为，德国《明镜》涉华报道对于我们面向德语地区塑造中国国家形象有如下启示。

1. 牢牢把握合作共赢这一发展中德关系的引擎，唱响命运共同体重大理念

当今世界，反经济全球化、贸易保护主义、中东难民问题等以及英国"脱欧"、美国特朗普执政等，给全球治理、中德经济均带来很大的不确定因素。近年来，德国媒体始终把涉华报道重点放在中德经济合作上，一方面反映出德国经济与中国经济的紧密联系，另一方面可以看出中德经济合作对彼此乃至全球治理的重大引领作用。为此，在对德语地区的传播中，我们应始终把中德经济合作共赢放在重要话题设置，向中德各界人士全面充分阐释、解读中德合作的深度和广度，充分报道中德在全球治理中的合作共赢，展示中德两个经济大国的利益攸关，传播习近平主席倡导的命运共同体这一重大理念。

2. 加强对德语地区传播议题设置，主动剖析中国经济重大机遇

面临新一轮产业革命和数字经济带来的机遇，德国作为经济强国和成熟经济体，在参与中国创新增长方式、培育新产业新业态新模式以及供给侧结构性改革、振兴实体经济和发展先进制造业等方面，无疑将为中国经济变革带来借鉴和经验，特别是中国政府大力推进"一带一路"建设、设立亚洲基础设施投资银行，这些无疑为中国与德语地区合作带来机遇，增进了共同探讨的话题内容与深度。

3. 充分挖掘中德合作各方资源，客观理性报道双方合作中出现的问题

中德两国一直致力于发展开放型世界经济，在开放中分享机会和利益、实现互利共赢。中德两国企业界、教育界、文化界多年来也一直保持着一种学习和被学习的关系，且这种合作会越来越深。在对德传播中，就需要更加坚持开放、平衡、理性的传播技巧，如实报道双方合作中的成绩、进展和问题，防止"捂盖子"、只谈成绩不谈问题。

4. 加强涉华舆情研判，发挥融媒体传播优势

加强跟踪德语地区主流媒体的报道热点，从中提炼出受众关注度高的议题，及时组织回应式报道。特别是对热点争议话题，应充分发挥社交媒体传播优势，让受众在交互中观察、分析、评判不同观点，形成合理判断，树立对德传播媒体的公信力。

（作者单位：中国国际广播电台德语部）

参考文献：

1. "明镜在线"网站，www.spiegel.de。
2. 卡罗拉·里希特（Carola Richter）、塞巴斯蒂安·格鲍尔（Sebastian Gebauer）：*Die China-Berichterstattung in den deutschenMedien*（《德国媒体涉华报道》），伯尔基金出版，2010年。
3. 《世界报》数据图表库，https://www.welt.de/themen/infografiken/。

德国DAB+数字广播竞争力分析

武诗韵

DAB数字音频广播（Digital Audio Broadcasting）是应用于电台广播的一项数字技术，最早成型于20世纪80年代，2008年推出了升级版本DAB+，与旧有版本不兼容，但在信道数量和声音品质上都有了大幅提高。到2016年年底，德国98%的高速公路都覆盖了数字广播信号，82%的德国人都能在家收听到DAB+数字广播。按照计划，到2020年，数字广播信号将能够覆盖整个德国。本文将探讨面对仍然占主导地位的调频广播和快速发展的网络广播，数字广播未来在德国是否有取代调频广播的可能性。

一、DAB+数字广播的优势

DAB+数字广播可以提供高品质的音频节目，甚至在车上收听都毫无噪音。除了广播节目之外，DAB+设备还能接收文字、图片和声音，听众可以根据这些信息选择他们喜欢的节目，比如交通信息、天气预报或新闻，等等。在遭遇自然灾害或者紧急事故时，无论是在任何地点受众都能接收到信息，而移动网络是无法保证的。通过DAB+设备播放的交通信息遵照TPEG[①]程序播出，而由调频广播播放的陈旧TMC[②]交通系统将被取代。目前为智能汽车开发的导航系统正是以DAB+设备作为传达设施的。数字广播（包括旧有DAB以及DAB+）在同一频率可广播更多电台信道。因此对于广播电台来说，播出成本也更低。诸如传输图片等的额外功能是免费的，数字广播单个节目播出消耗的能量远低于模拟信号的广播，也低于手机移动网络。DAB+播放器还可以实现环绕立体声的传播。

作为网络电台的补充，DAB+在中期内可以替代成本高昂的调频广播。互联网目前还不适合大量的节目传播，预计到2025年这一技术市场才可能成熟。手机移动网络的频率可能要到2030年以后才能使用。移动网络目前的费用要远远高于DAB技术。

二、DAB+在德国的发展状况

1. 德国境内可收听的DAB+节目资源

自2011年8月起，德国开始通过广播电台在全国范围内建立多路复用传输系统"Multiplex"。播出的节目基本上都适用于DAB+设备，还有一部分节目兼顾DAB设备。除私人电台外，德国国家公共广播的三套广播节目，即新闻综合频道、文化频道和科教频道都提供DAB+广播。德国国家级多路复用传输系统上共有12套节目。除了联邦层面，各州也有本地的数字广播电台。每个州情况不一样，最多的地区可以收到60套数字广播节目。

2. 基站建设

德国境内DAB+发射基站的建设速度也非常快。2011年开始的时候只有27个基站，到2016年年底，基站数目已经达到110个。一方面弥补覆盖漏洞；另一方面，在不同环境下的收听效果也得到了极大的改善。目前德国室内数字广播可以覆盖82%的居民，在2015年中只有60%。移动接收端的覆盖率从63%上升到92%。查漏补缺的覆盖重点是德国的高速公路线路，以此加强车载数字广播的推广力度。德国数字广播目前的发展状况已经超出了预期目标：2011年起步，预计六年之后覆盖70%以上的居民，同时覆盖90%以上的高速公路。

3. 德国各种广播渠道收听比例

根据德国媒体分析机构Arbeitsgemeinschaft Media Analyse（AGMA）在2016年6月至7月间的连续8天内，以电脑辅助电话采访（CATI＝Computer Assisted Telephone Interview）的方式，统计出2269名德国人听广播的习惯。这一研究结果可以适用于952.6万14岁以上家里配备了DAB数字广播接收装置的德国人。

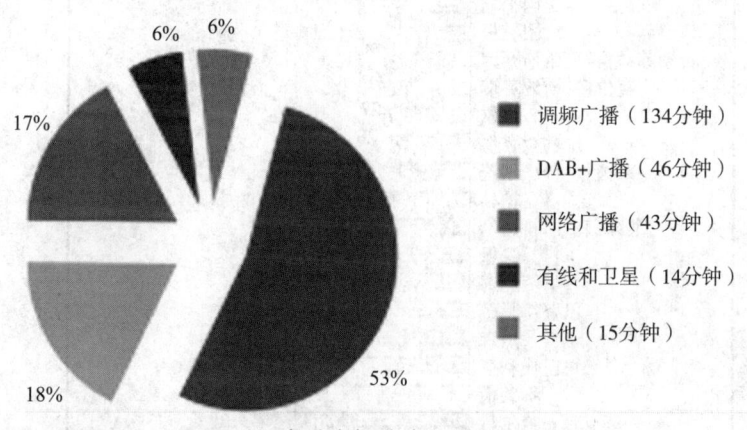

各种广播渠道收听比例

在8天之中，每人每天平均听广播的时长为252分钟，其中使用DAB+数字广播接收器收听的时长为46分钟，占总量的18%，略高于网络广播的17%。用传统收音机听广播的仍然是占比最大的，占53%。这样的比例并不奇怪，因为60%左右的数字广播接收器都配备了传统广播的接收功能。

4. DAB+数字广播收听状况

对比公法电台和私人电台的DAB+数字广播收听状况，德国公共广播联盟数字广播的收听时长大约占四分之一，私人广播电台只有七分之一。德意志广播电台是公法电台当中推行数字广播的主力军，它的节目的收听时长是5分钟，其中DAB+数字广播为2分钟，占40%。

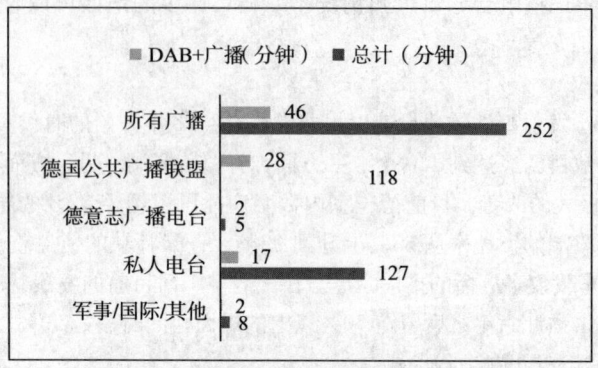

DAB＋数字广播与其他广播收听时长对比

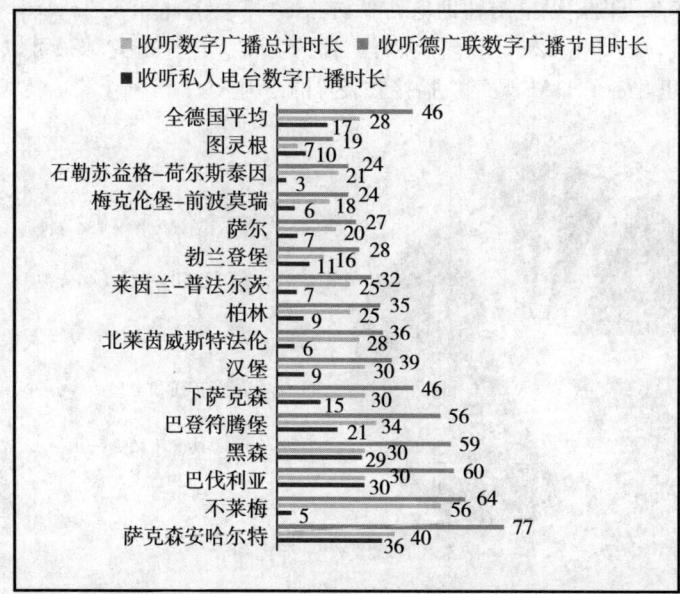

德国各州 DAB＋数字广播收听状况

从德国各联邦州的层面看，公法电台（德广联）数字广播的收听比例并不是占压倒性优势的。在那些私人电台和地方数字广播节目覆盖率都很高的地方，私人电台数字广播的收听比例几乎和公法电台持平。尤其是在巴伐利亚州，使用数字广播接收器收听的私人电台和公法电台的时长达到了1∶1。黑森州和萨克森安哈尔特州也差不多可以达到这一比例，这证明了私人电台在一定的条件下可以具备极强的竞争力。

5. 巴伐利亚州 DAB＋推广成功因素

2016年巴伐利亚的室内 DAB＋设备从55万台增加到了108.8万台，几乎翻了一倍。

车载DAB+设备增长了31%，达到39.2万台。也就是说，10岁以上的巴伐利亚人中有16%至少有一个室内或车载DAB+设备。4.6%的10岁以上的巴伐利亚人每天都会通过DAB+接收设备收听广播。这与当地基站建设覆盖率大幅提升有很大关系。

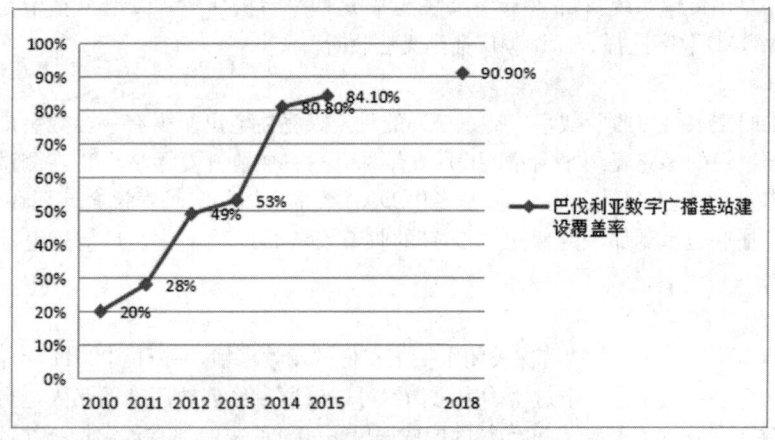

巴伐利亚数字广播基站建设覆盖率

到目前为止，只有巴伐利亚州出台了针对私人电台的融资政策，用于调频广播到DAB广播的转型。具体方法是通过联邦或州政府成立的数字化基金、技术设施公司、网络运营商等以稀释股权的方法提供启动资金，和媒体共同实现转型。数字电视就是通过类似的方法得到普及的，那么数字广播理论上也是可以实现的。

6. 车载DAB设备

对于媒体传播设施更新来说，车载DAB设备的激增具有重要意义。近几年，车载DAB设施由117万台上升到了308万台，增长幅度高达163%，大大高于室内的DAB设备增长率。车载DAB设备在整个DAB市场的比例由30%上升到了37%，同时车载收音设备的市场占有率由4.9%上升到7.5%。每13辆汽车就有一辆配备DAB广播接收器。这些数据显示，汽车工业对于DAB传播技术有着越来越高的认可度，并且逐渐把它作为安全的车载信息标配设备。由于DAB具有在远端无线启动播出设备的功能，很多重要的安全信息需要通过这样的方式传达给驾驶员，未来无人驾驶技术普及之后，DAB将变得极有竞争力。

三、欧洲数字广播发展状况

1987年，以Eureka-147标准为技术基础的DAB数字广播登上历史舞台。虽然这项技术起源于德国，但是目前欧洲邻国的发展速度远远超过了德国。英国、瑞士、丹麦和挪威等国，已经逐步实现从调频广播到数字广播的转变。

英国

英国在数字广播建设方面做出了巨大努力。约56％的家庭拥有数字广播接收设备，全民覆盖率达到96％。英国有三个国家级别多路复用传输系统。此外还有10个区域性和51个本地多路复用传输系统。自2015年5月起，这些平台的所有415套广播节目当中，有111个只供DAB数字广播，而调频广播则无法收听。

丹麦

98％的丹麦人可以收听数字广播。45％的丹麦家庭住宅里至少有一台数字广播接收设备。目前国家级的多路复用平台Multiplex有两个，一个地方复用平台正在测试阶段。一共有29套节目可供选择，其中11套是专供DAB数字广播的。丹麦议会计划在2017年内关闭调频广播联盟，到那个时候至少50％的收音设备必须数字化，目前丹麦的这一比例为28％。

挪威

2017年1月11日，挪威首次关闭了一个省份的调频广播，并且到2017年年底将完成全国的调频广播停运工作，不过明确表示仍然可以保留一系列地区性的私人电台的调频广播节目。数字广播已经覆盖了99.5％的挪威居民，60％的家庭都有数字广播接收设备。目前有一套国家级多路复用传输系统，以及7个区域性的和7个地方多路复用传输系统。挪威全国有108套广播节目，其中15套是专供DAB＋数字广播的。

瑞士

瑞士是最先发展数字广播的国家之一。全国数字广播覆盖率达99.5％，截至2016年4月，49％的家庭安装了DAB＋数字广播接收设备。136个广播电台当中有50个是专供DAB＋的。瑞士有4个国家级的，3个区域性的和2个当地多路复用传输系统。2011年10月底，瑞士政府就下令不再新增调频广播台。在现有的调频广播许可证外，只为DAB＋广播颁发新的广播许可证。瑞士政府为此投入巨资，对调频广播设施进行改造，为数字广播做准备。预计2020年至2024年，调频广播将完全退出瑞士。

四、数字广播面临的挑战

1. 德国车载DAB＋接收器价格虚高

目前德国只有14％的私家车陆续安装了DAB＋接收器。一枚DAB＋芯片只有7欧元，加装天线再加收一点费用，而汽车供应商却要对配备DAB＋的车型额外加收几百欧元，来拉开与普通车型的差价。这一做法严重地阻滞了DAB＋广播在德国的市场推广。英国和北欧诸国都将数字广播接收器作为汽车的基本配置生产和销售。德国联邦参议院目前正在立法层面争取使将来的设备生产商将所有新生产的调频收音设备都安装上DAB＋接收装置，以此作为一项义务。

2. 目前网络广播是DAB＋广播最大的竞争对手

网络广播的增长幅度非常惊人。2016年室内网络广播接收端数目增长了32％，近100

万，达到了 409 万。其中同时能够接收 DAB 广播和网络广播的混合设备有 166 万，占全部网络广播设备的 41%。纯室内 IP 网络广播接收器有 243 万台。此外，车载网络广播接收器有 54 万台，这一项指标在 2016 年首次列入考查范围。网络广播接收器总数达到 464 万台。

  3. DAB+的基站建设和推广需要德国联邦政府和州政府的共同合作

  DAB 所需要的带宽虽然比传统广播要窄，但是仍然无法在两个相邻的传统广播频段缝隙间使用，如果一个地区不叫停传统调频广播，DAB+数字广播就无法推广，而这就要求联邦层面和州政府共同协调。

  4. 私人电台需要安装设施的启动资金

  私人电台在基础设施建设方面有着明显的劣势。虽然数字广播和传统调频广播相比，成本已大幅降低，但是公法电台即时广播阶段的花销可以全部由全民征收的广播电视费负担，而数字广播在即时广播阶段有额外花销，在广告方面却没有额外的收入。对于最初设立的 DAB+数字广播机构来说，随着技术辐射范围的缩小，广告收入并不能完全支付整个支出。所以在推广初期，如果公共基金能够在一定时间段内负担推广费用，将对整个 DAB+广播的发展起到重要推动作用。

五、网络广播的缺陷

  收听网络广播必然要交网络套餐费用，这一点和德国"公法电台必须对所有人不设门槛，并且不收取其他额外费用"的法律相违背。

  通过移动设备不能保证不同地域环境的收听效果。在行车过程中，电话的信号尚且时常中断，借助电信移动信号的网络广播也必然会受到影响。

  用户通过网络收听广播的习惯将会被记录和分析。每个听众都会有相应的 IP 地址，播出方可以根据访问数据对用户进行分析，一定程度上使用户隐私暴露。但地面数字广播的接收是完全匿名的，用户的收听情况不会留下任何痕迹。

  广播媒体需要独立的播放渠道。公法电台收取的是向全民征收的无差别的广播电视费用，不会由于网络运营商的商业模式而改变，而网络广播要依赖电信商，总体上会增加听众和广播公司，特别是通过手机收听时的额外成本。通过流媒体对调频或 DAB+数字广播的节目进行同步播放或部分回放应该是一个补充，而不是替代。

六、结语

  随着地面数字电视广播 DVB-T（Digital Video Broadcasting-Terrestrial）二代技术的涌现，模拟信号的广播不可能在数字广播的洪流中永远独善其身。早在 2009 年 6 月 30 日，德国公法电视系统最后一个模拟信号基站已经被 DVB-T 技术取代，广播媒体虽然进展速度没有那么快，但数字信号取代模拟信号也是必然趋势。

DAB数字广播和网络广播的崛起直接导致了有线广播和卫星广播的衰落。由于移动资费等原因，互联网目前还不适合大量的节目传播。预计到2025年德国的这一技术市场才有可能会成熟。作为网络电台的补充，DAB＋有机会在这个时间段寻求机遇，大面积占领市场。

决定DAB＋广播命运的一方面是立法，另一方面是听众对于更高生活品质的追求。广播作为独立的行业不会将自己的发展受控于网络供应商，必然会在立法层面争取权利，一旦DAB＋未来作为车载标准配置，所有生产的收音机都配备DAB＋接收功能，那么DAB＋取代调频广播的可能性就变得非常大。

近年来，诸多欧洲发达国家在广播的传播方式、基站建设、终端设备生产以及法律条文等方面进行了调整。国际台如果能够及时判断形势，调整部署，占据新兴平台的市场，将会大幅提升国际传播的效率。

（作者单位：中国国际广播电台德语部）

注释：

① TPEG（Transport Protocol Experts Group）交通信息传输协议是欧洲广播联盟（EBU）制定的交通信息传输协议，它具有语言无关、介质无关、多模应用三大特点。

② TMC（Traffic Message Channel）是交通信息频道的简称，是欧洲的辅助GPS导航的功能系统。

参考文献：

1. 德国数字广播局（Digitalradio Büro Deutschland）：《DAB＋——数字地面广播》（DAB＋—das digitale terrestrische Radio），http：//www.digitalradio.de/index.php/de/downloadpage/item/digitalradio-dab-in-deutschland-dossier。

2. 约翰纳斯·科尔斯（Johannes Kors）：《2016年DAB＋数字广播应用的可行性调查结果》（Ergebnisse und Perspektiven der "Pilotstudie DAB＋ Nutzung 2016"），https：//blmplus.de/dab-pilotstudie/。

3. 金莉萍：《数字广播技术及其应用现状与发展》，《有线电视技术》，2013年第9期（总第273期）。

2016年荷兰主流纸媒涉华报道情况分析
——以《电讯报》《新鹿特丹商报》为例

刘诗楠

位于欧洲西北部的荷兰，是亚欧大陆桥的欧洲始发点，也是世界上第一个资本主义国家。作为曾经的海上霸主，荷兰曾经占据中国台湾，也殖民世界很多地方。如今这个最老的资本主义国家依然充满了活力，其经济增长率多年以来一直明显高于欧盟的平均水平，在2015年9月公布的"全球竞争力十强经济体"中荷兰排名第五。荷兰的发达不仅因为其拥有像壳牌集团、飞利浦公司、联合利华一样的优质实体企业，更因为其高度发达的对外贸易。

近年来，随着中国经济的不断增长，综合实力的稳步上升，中荷双边贸易也大幅增长，荷兰连续多年成为中国在欧盟的第二大贸易伙伴和出口市场；中国则一直是荷兰在亚洲最大的贸易伙伴。荷兰媒体越来越将中国视为关注和报道的重点。对于中国的外宣媒体工作者来说，了解荷兰的主流媒体关注哪些与中国有关的议题，如何报道、以什么样的态度进行报道，可以促进传播理念与策略设计，为有针对性地改进中国对荷兰等低地国家的传播作出贡献。

荷兰的报刊发行始于1618年。现共有日报近90种（其中全国性日报8种），综合性和专业性期刊约4000种。主要报刊（按发行量排列）有：《电讯报》（De Telegraaf）、《共同日报》（Algemeen Dagblad）、《人民报》（De Volkskrant）、《新鹿特丹商报》（NRC Handelsblad）、《忠诚报》（Trouw）等。[①]本文选取全荷兰最具影响力的日报《电讯报》和晚报《新鹿特丹商报》进行研究。

《电讯报》是荷兰最大的晨报，创建于1893年1月1日，每日发行量约70万，总部设在阿姆斯特丹，该报隶属于电讯传媒集团（Telegraaf Media Group），在世界报业协会发布的2008年全球报纸发行量中排第86名。

《新鹿特丹商报》是荷兰一份很有影响力的晚报，创建于1970年10月1日，总部位于阿姆斯特丹，报纸内容主要集中在政治、经济、艺术和文学等领域，2009年该报的发行量为24万。

本文以"China"为关键词，对这两份报纸2016年刊登的内容进行检索，因总文章数量过多，故抽样调查每个月第三个星期的星期一和星期二的涉华报道，即2016年1月11日、12日，2016年2月15日、16日……2016年12月12日、13日。在全年被抽样的24天中，《电讯报》和《新鹿特丹商报》涉华报道有效分析样本总数分别为56篇和59篇。笔者对这115篇新闻报道进行了仔细阅读和详细分析，由此得出荷兰主流纸媒涉华报道的特点,并分析原因。

一、关于报道基本数据的分析

1. 报道篇数的统计见图1、图2

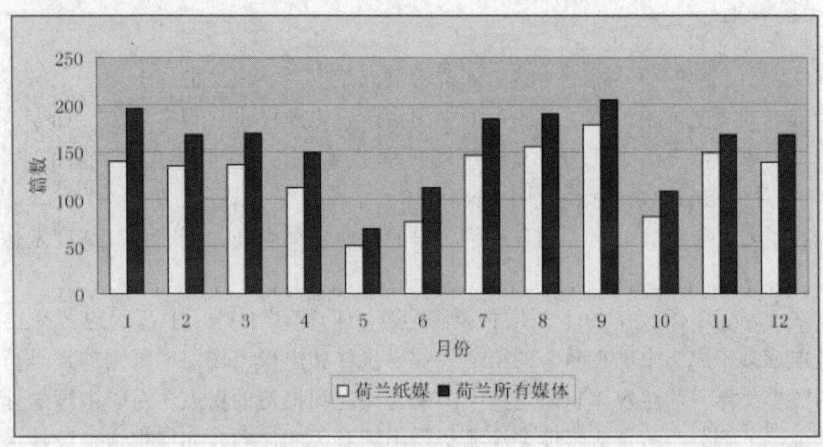

图1 荷兰纸媒和全部媒体2016年每月抽样日涉华报道数量比较

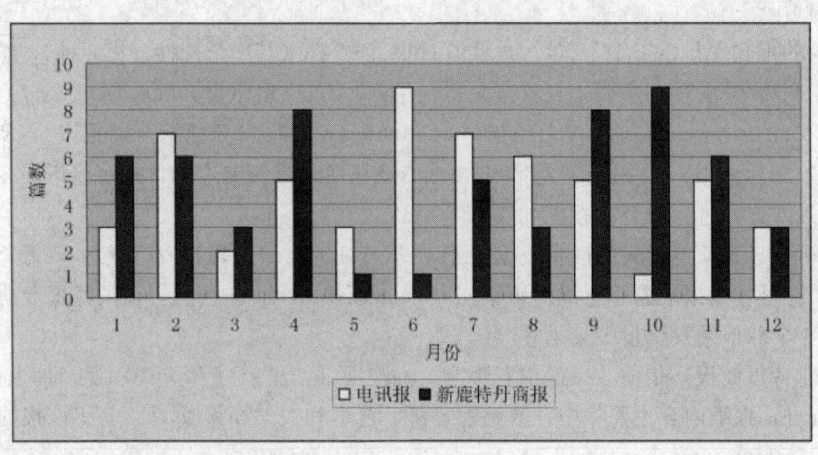

图2 《电讯报》和《新鹿特丹商报》2016年每月抽样日涉华报道数量比较

从图1、图2可知,在包括电视、报纸、杂志等在内的来自荷兰全部媒体的涉华报道中,纸媒占据其中的绝大多数,其每月篇数约占全部媒体总篇数的75%以上;荷兰纸媒对中国的关注度较高,日均涉华报道达62.6篇,《电讯报》和《新鹿特丹商报》虽每月报道篇数变动较大,无特殊规律,但全年涉华报道总量差别不大,就日均涉华报道篇数来说,

《电讯报》约为每日 2.3 篇,《新鹿特丹商报》约为每日 2.5 篇。

2. 对于报道篇幅的统计见表 1

表 1 《电讯报》和《新鹿特丹商报》抽样文章篇幅统计

报纸＼字数	<200	201-400	401-600	601-800	>800
《电讯报》共 56 篇	35.7%	32.1%	19.5%	10.7%	1.8%
《新鹿特丹商报》共 59 篇	28.8%	13.6%	18.6%	10.2%	28.8%

从篇幅上来看,《电讯报》刊登的报道中,67.8% 为 400 字以下的报道,其中多数为消息,而《新鹿特丹商报》则有 58.1% 的报道为 400 字以上的报道,其中 800 字以上的深度报道更是高达 28.8%,其中最长的一篇报道达 1637 字,内容涉及中国钢铁业产能过剩,造成欧洲中小型钢铁企业生存危机。即使是对于相同主题内容的报道,《新鹿特丹商报》也往往要长于《电讯报》的相关报道,可见在涉华报道方面,《电讯报》更偏向篇幅较短的消息类报道,而《新鹿特丹商报》则更为深入。同时,《新鹿特丹商报》与中国联系较为紧密,2014 年 3 月,中国国家主席习近平对荷兰进行国事访问之际,曾在《新鹿特丹商报》发表题为《打开欧洲之门 携手共创繁荣》的署名文章。2016 年 7 月,中国驻荷兰大使吴恩也曾在该报发表题为《越权仲裁闹剧谢幕,谈判正剧何时重演?》的荷兰语署名文章。

二、关于报道内容的分析

新闻报道是一门选择的科学,世界纷繁复杂,不可能也没有必要做到有闻必录、有闻必报,因报道者所代表的集团、阶层的利益、价值观不同,报道的内容、选择的视角也是有差别的。荷兰主流纸媒面对发生在中国的各种事件,选择哪些进行报道,于何时对何事进行了报道,都可以反映出它们在议程设置、新闻选择方面的主观意识和倾向性,而它们关于中国的报道,会直接影响荷兰受众对中国现状,乃至中国国家形象的认识,所以中国媒体应了解荷兰主流媒体涉华报道内容,需要意识到要想获得外国受众更多的信任,需要中国文化理念和价值取向在对象国地区被理解和包容,寻找多样化的渠道,加强自身的传播能力建设。

经过对抽样样本的仔细阅读,现从内容上,对《电讯报》和《新鹿特丹商报》2016 年涉华报道进行分类,一共涉及如下几个主题。

1. 政治

(1) 对中国和其他国家关系的报道:中美间谍案、网络攻击、特朗普挑战"一中政策"、中朝关系等。(2) 对中国内地和香港关系的报道。(3) 南海问题。(4) 官员互访。

2. 经济

(1) 对中国经济现状的关注。(2) 涉及中荷、中欧双边经贸的报道。(3) 欧洲钢铁行业对中国钢铁"倾销"的抗议。(4) 中国比特币交易。

3. 社会文化

(1)《中国好声音》节目和荷兰版权方的纠纷。(2) 对华裔在荷兰的生活进行报道，如华裔姐妹在 YouTube 上教人做中餐成为网红。(3) 历史上荷兰传教士在中国的活动。

4. 体育

(1) 涉及巴西里约奥运会中国队成绩、中国运动员的报道。(2) 涉及中国老板收购荷甲海牙足球俱乐部（ADO Den Haag）的相关报道。(3) 涉及中荷足球培训的相关报道。

5. 其他主题

关注程度依次递减为：环境保护、科技进步、医药卫生、教育事业等。

对抽样文章的主题分析见表 2。

表 2 《电讯报》和《新鹿特丹商报》115 篇抽样文章主题统计

类别 \ 报刊	政治	经济	文化	体育	其他
《电讯报》共 56 篇	8	25	2	21	0
《新鹿特丹商报》共 59 篇	14	18	11	7	9
百分比	19.1%	37.3%	11.3%	24.3%	7.8%

抽样中的一些文章并不是完全围绕中国进行报道，而是将中国作为所报道的主要对象的比较对象，如：在一篇批判欧洲民粹主义的报道中写道："从全球范围来看，荷兰和德国就是一条小鱼，与印度、中国和美国相比，我们什么都不是，最多是个小矮人。"所以我们不能离开欧盟。在此类的比较中，往往将中国和美国、俄罗斯、印度等并列在一起。

从各主题所占的百分比可见，荷兰主流纸媒最为关注的是与中国经济有关的报道，其次是体育和政治主题。在经济方面，可以看出荷兰对中国经济增长速度放缓表现出了极大的担忧，数篇文章都将荷兰阿姆斯特丹 AEX 指数的下跌与对中国经济"崩溃"的担忧联系在一起，同时当中国经济出现利好消息时，荷兰股市也会上涨。荷兰纸媒十分关注两国之间有业务往来的公司的情况，如安邦保险、中国国际航空公司、荷兰 TNT 快递、KLM 航空等，同时也积极报道其他欧洲国家如宜家、戴姆勒、法国空客从中国获得的盈利和订单的情况。可以看出荷兰极其关注中国的经济形势，虽对中国央行干预离岸人民币市场、中国钢铁产能过剩影响欧洲中小钢铁企业的生存等表示不满，但仍在多篇报道中表示希望中国经济保持稳定发展，希望中国加强与荷兰的各项经贸合作。

意料之外的，在全部涉华报道中，体育新闻所占比例高达 24.3%，其中有一部分是奥运会相关报道，另一部分与足球主题相关。众所周知，荷兰是足球传统强国，习近平主席在2014年访问荷兰时就曾表示强调中国足球要从娃娃抓起，并加强国际交流合作。自此，荷兰青少年足球教学体系开始被越来越多的中国中小学校和业余足球俱乐部采用；荷兰教练赴中国执教，中国富豪购买荷甲俱乐部，足球主题已成为荷兰主流媒体涉华报道的新热点。

在涉及政治方面的大多数报道中，如中国与其他国家的关系、南海仲裁案等，荷兰媒体仅单纯对事件的本身进行了报道，几乎完全没有添加任何评论或表态。与笔者2008年留学时期不同，当时北京奥运火炬在欧洲传递，频受反华人士的示威干扰，荷兰语媒体对中国人权问题进行了大量集中的抨击。同时，与英美纸媒（如《纽约时报》《泰晤士报》）在2016年大量报道所谓"人权律师被捕"等不同，在笔者抽取的这115篇报道中，仅有2篇来自《电讯报》的文章进行了类似的涉及政治方面的负面报道。由此可见，目前荷兰主流纸媒已不再把对中国政府的政治抨击作为报道的重点。

三、关于报道态度的分析

1. 关于正面报道、中性报道、负面报道定义的阐述

我们可将报道态度分为正面、中性和负面。所谓正面报道，是指报纸所报道的内容，能够反映中国社会发展中光明的、积极的、健康的内容，有利于中国树立良好的国际形象。读者通过报道，能够对中国产生好的印象。关于中性报道，笔者认为绝对的中性报道是不存在的，新闻报道都是有选择性的，而选择就肯定存在着倾向性。在此所提及的中性报道，是指那些较为客观、全面的报道，即对现状进行如实的报道，不做评价，或不明示编辑记者自己的观点；当引用其他人的观点时，也注重从正反两方面引用，由读者自己做出判断。所谓负面报道，是指报纸所报道的内容，强调事物消极、黑暗的一面，甚至夸张地描述事件的后果，绝对不利于塑造中国的良好形象，甚至给读者产生极其不好的印象。

2. 对抽样文章报道态度的分析见表3

表3 《电讯报》和《新鹿特丹商报》115篇抽样文章报道态度统计

报刊名称 \ 报道态度	正面	中性	负面
《电讯报》共56篇	1	52	3
《新鹿特丹商报》共59篇	1	51	7
百分比	1.7%	89.6%	8.7%

可以看出在涉华报道方面，荷兰主流纸媒的态度基本上为中性，所占比例高达89.6%，这些报道基本上没有来自编辑记者的评价，能够较为客观地反映中国经济、政治、社会现状。在负面报道方面，涉及的内容主要集中在经济、政治、环保、体育方面。

2篇正面报道内容分别为：赞扬荷兰华裔姐妹网络创业；中国经济利好消息，促进荷兰股市增长。

四、原因分析

在对所抽样的115篇来自荷兰主流纸媒的报道进行阅读分析后，可以明确地感受到，2016年荷兰主流纸媒最为关注的涉华报道是经济领域的报道。与一些西方媒体经常对我国进行负面报道不同，荷兰主流纸媒更倾向于客观中立地报道中国，原因可能有如下几点。

1. 荷兰宽容的民族特性

荷兰民性宽容开放，尊重多元文化，是全球第一个同性婚姻合法化、安乐死合法化的国家，对待毒品、性交易和堕胎的法律，也是世界范围内最为自由化的。荷兰移民政策较为宽松，政府致力于"Make a Difference"（与众不同），尊重和理解多元文化。与一些国家积极充当"世界警察"、国际人权状况的"捍卫者"不同，荷兰人普遍认为只要别人没有妨碍到自己的生活和钱包，就不应当干涉别人。因此，荷兰并不会因意识形态、文化背景的不同，就通过各种负面报道，刻意塑造中国的负面形象。

2. 重商主义和实用主义

荷兰连通欧洲内陆和世界各地，自17世纪，通过垄断远洋航运和阿姆斯特丹证券交易所，成为欧洲最富有的地方。近年来，中国经济高速发展，国际竞争力和国家地位显著提高，与一些西方国家将中国的和平崛起视为巨大威胁，通过各种负面报道，甚至虚假新闻歪曲中国在国际上的形象不同，荷兰极其重视与中国在贸易、经济和技术领域的合作，看好中国市场，希望通过与中国的经贸合作，为自己国家带来进一步的发展和财富，因此荷兰主流媒体关注中国经济形势，关注双边经贸活动，积极将中国的经贸等各种信息，以中性的态度，提供给荷兰大众。

3. 中荷关系进入蜜月期

国外主流媒体涉华报道内容的选择以及倾向，深深受到国家间政治经济文化等关系的直接影响，在很大程度上反映了其政府的立场倾向。中荷于1954年11月建立代办级外交关系，2014年3月，习近平主席在荷兰参加中荷经贸论坛并讲话。他表示愿同荷方一道，共促两国关系在中欧关系中一马当先。2015年10月，荷兰王国国王威廉·亚历山大对中国进行国事访问。在经济方面，荷兰曾连续11年保持中国在欧盟第二大贸易伙伴的地位，中国是荷兰在欧盟外第一大贸易伙伴和第二大投资来源国。在人文交流方面，2014年中荷文化交流项目高达149项，中国游客赴荷数量也在连年攀升，在荷留学生人数超过万名。从政治、经贸、人文"三驾马车"齐头并进的良好态势来看，中荷关系已经进入蜜月期。

五、启示

通过对外媒涉华报道情况进行调研，我们可以了解对象国媒体，同时借鉴对我有益的经验。

（1）理性对待外媒针对中国的负面报道，不回避，不能报喜不报忧，坦诚客观地报道存在的问题，充分报道我国在相关方面所作的努力和获得的进展，改变外媒对我媒体报道固有的刻板印象，提高我媒体公信力和话语权。

（2）进行精准定位，加强对象国受众感兴趣的中国内容的报道，淡化政治报道，加强经济、社会、体育、文化方面的报道。加强与对象国主流媒体的合作，利用自身的优势和资源，取长补短，借助当地媒体的声望和传播优势，向受众传播中国。两国媒体可合作打造促进两国经贸合作的媒体平台。

（3）作为传统媒体，要积极探索发展新媒体和社交媒体，充分利用Twitter、Facebook等海外社交媒体平台进行有效的国际传播，加强与对象国受众互动，从而加强自身品牌的推广和宣传。

（作者单位：中国国际广播电台西欧拉美地区广播中心）

注释：

① 百度百科，荷兰，http：//baike.baidu.com/item/%E8%8D%B7%E5%85%B0。

波兰媒体现状浅析

钟 雷

近年来,中国国际广播电台努力构建现代、综合、新型国际传媒集团,大力推进融合发展,深化媒体转型。在做好对外传播工作的同时,我们也应该更加深入地了解对象地区媒体传播的发展情况。伴随着国际政治经济的不断变革、信息技术的飞速发展,波兰的媒体市场也正在发生着深刻的变化。本文将对中东欧国家中转型最具代表性的波兰媒体传播现状和特征进行初步分析与探讨,从而为我们的国际传播事业提供参考与借鉴。

一、波兰媒体市场概况

转轨之前,波兰国内电视台、电台、报刊等主要媒体基本都是国有性质。随着波兰经济社会转型和发展,私有化进程逐步深入,波兰主要传媒市场商业化已基本完善。在电视媒体中,除波兰国家电视台(TVP)由国家控股以外,其他的主流电视台均已成为商业电视频道;广播媒体中,除波兰国家电台(PR)由国家控股以外,其余的市场占有率较高的城市调频电台均为商业电台;报刊等纸质媒体基本全部商业化,多数由波兰本土企业掌控,其中主流报刊市场分别被波兰和欧盟国家资本掌握;网络等新媒体的商业化程度更是几乎达到100%,且其中绝大部分都有欧美外资参与控股。

同时,波兰传媒业亦紧跟世界新媒体发展步伐。随着新媒体技术的普及与应用,波兰本土媒体市场已呈现传统媒体和新媒体并存、新媒体逐步侵吞传统媒体市场份额的发展格局。根据波兰权威统计机构预计,2017年各媒体平台在波兰媒体市场的占有率将达到:电视36%,互联网34%,广播6%,杂志6%,电子游戏、电影、B2B及其他18%。其中显而易见的是互联网的市场占有率已直逼电视媒体,而广播和杂志等老牌传统媒体的市场占有率则大幅下滑。

1. 波兰电视媒体发展现状

波兰本土拥有数百个电视频道,其中18个频道占据了将近90%的市场份额。而其中最大的三家是波兰国家电视台(TVP)、Polsat数字频道和TVN电视集团,它们拥有的频道占据了70%的波兰电视市场份额。TVP由波兰国家控股,Polsat数字频道由波兰私有资本控制,而TVN电视集团在2015年被美国控股。根据尼尔森2016年12月最新抽样调查,波兰本土排名前十位的主要电视频道数据分析见表1。[1]

表1 波兰本土排名前十位的主要电视频道数据分析

排名	电视台名称	收视率	电视台拥有者	主要资金来源
1	Polsat 数字频道	11.34%	Polsat 数字频道	波兰
2	波兰国家电视台第一频道（TVP1）	10.95%	波兰国家电视台	波兰
3	TVN 电视频道	9.62%	ScrippsNetworksInteractive	美国
4	波兰国家电视台第二频道（TVP2）	8.53%	波兰国家电视台	波兰
5	TVN24 频道	4.29%	ScrippsNetworksInteractive	美国
6	TV4 电视 4 台	3.82%	Polsat 数字频道	波兰
7	波兰国家电视台新闻频道（TVPINFO）	3.63%	波兰国家电视台	波兰
8	TVN7 频道	3.49%	ScrippsNetworksInteractive	美国
9	TVPuls 电视频道	3.12%	Puls 电视台	波兰
10	TVPuls2 频道	1.74%	Puls 电视台	波兰

我们可以看到，波兰本土目前收视排名的第一位已经被波兰私有化的商业电视台占据，排名前十位的电视频道占有超过60%的市场份额，但其中由国家资本控股所占的份额仅有23.11%，波兰私有化商业电视频道占有20%，而外资（主要是美国）控股市场占有率已接近20%。

2. 波兰广播媒体发展现状

波兰本土广播媒体多以传统的都市调频电台和网络电台为主。波兰全境拥有都市广播电台约300家，其中首都华沙约有25家。根据 RadioTrack 发布在 Wirtualnemedia.pl 网站上的最新调查结果，2016年11月至2017年1月波兰广播市场将近60%的份额由5家调频电台瓜分，它们的市场占有率等简要情况见表2。②

表2 波兰广播媒体现状

排名	电台名称	市场占有率	电台拥有者	主要资金来源
1	RMF FM 调频电台	24.6%	Bauer 媒体集团	德国

573

2	Radio Zet 调频电台	13.3%	Eurozet 媒体集团	法国
3	波兰国家电台一台	9.1%	波兰国家电台	波兰
4	波兰国家电台三台	8.1%	波兰国家电台	波兰
5	VOX 调频电台	4.2%	ZPR 媒体集团	波兰

从上述数据可以看出，外资已牢牢占据波兰本土广播市场的主要份额，由国家资本控股的电台仍在努力坚守阵地，而波兰私有资本参与的商业电台小而分散，市场影响力相对不足。

3. 波兰纸质媒体发展现状

波兰本土纸质媒体以日报和周刊为主。目前市场绝大部分份额由 19 家主要出版商发行的近 200 种各类纸质刊物占据。这 19 家出版商中的 10 家属于波兰本土公司，但其中只有一家是国有资本控股的。另外 9 家则由外国资本控股，并且外资控制着超过 70% 的波兰纸质媒体市场份额。

同时，随着新媒体技术的快速发展和普遍应用，纸质的日报和周刊发行量逐年下滑，出版商纷纷转向发行网络版或 APP 应用版刊物。根据波兰报刊发行管理协会最新发布的统计数据，2016 年全波兰日报平均发行量同比下降超过 7%，周刊平均发行量则同比下降接近 6%。

2016 年波兰主要日报纸质版发行情况见表 3。③

表 3　2016 年波兰主要日报纸质版发行情况

排名	日报名称	发行量	同比增长率	出版商	主要资金来源
1	"事实"日报	281242	−8.54%	RingierAxelSpringerPolska	德国、瑞士
2	选举报	140662	−11.19%	Agora	波兰
3	快报 SuperExpress	138069	−4.47%	ZPR 媒体集团	波兰
4	共和国报	54096	−3.18%	GremiBusinessCommunication	波兰
5	法制日报	43048	−4.19%	InforBiznes	波兰

2016 年波兰主要周刊纸质版发行情况见表 4。④

表 4　2016 年波兰主要周刊纸质版发行情况

排名	周刊名称	发行量	同比增长率	出版方	主要资金来源
1	周日客周刊	130269	−2.8%	Gość 媒体集团	波兰
2	政治周刊	118419	−0.45%	Polityka	波兰

续表

3	新闻周刊	112112	−6.98%	RingierAxelSpringerPolska	德国、瑞士
4	网络周刊	72649	−4.58%	Fratira	波兰
5	事件周刊	53166	−3.16%	OrlePioro	波兰

从以上统计数据可以看到，波兰本土纸质媒体市场正在全面萎缩。我们再来看一下Gemius/PBI调查机构最新发布的2015、2016年波兰主要报纸网站（表5最左侧为网站名称）用户数（użytkownicy）、访问量（odsłony）、使用时间（średni czas）及网民覆盖率（zasięg）的分析数据（见表5）。⑤

表5　2015、2016年波兰主要报纸网站情况

domena	listopad 2015				listopad 2016			
	użytkownicy	odsłony	średni czas [godz:min:sek]	zasięg	użytkownicy	odsłony	średni czas [godz:min:sek]	zasięg
fakt.pl	5 551 691	162 234 686	0:16:59	22.53%	6 264 556	222 316 063	0:15:09	23.62%
wyborcza.pl	4 377 685	91 329 780	0:21:00	17.77%	6 164 482	63 884 215	0:11:15	23.24%
se.pl	3 443 473	42 727 808	0:05:39	13.98%	5 513 262	32 022 976	0:04:41	20.78%
przegladsportowy.pl	2 227 500	38 660 954	0:14:47	9.04%	3 062 095	25 019 366	0:10:05	11.54%
rp.pl	1 284 926	-	0:09:30	5.21%	2 455 761	21 450 951	0:07:12	9.26%
gazetaprawna.pl	1 526 692	8 115 080	0:04:39	6.20%	2 157 305	7 654 527	0:03:54	8.13%
dziennik.pl	1 229 074	14 493 594	0:07:25	4.99%	1 878 434	13 328 007	0:05:29	7.08%
wyborcza.biz	1 740 793	15 298 375	0:11:08	7.07%	1 631 375	4 691 363	0:02:14	6.15%
polskatimes.pl	592 402	3 808 937	0:02:40	2.40%	761 341	3 026 800	0:02:37	2.87%
forsal.pl	400 143	3 238 430	0:05:39	1.62%	609 717	2 610 087	0:04:10	2.30%
pb.pl	422 685	5 886 020	0:59:32	1.72%	582 520	5 122 563	0:34:00	2.20%
parkiet.com	-	7 287 928			122 072	2 708 540	0:27:54	0.46%

对比两年的数据，可以看出，虽然波兰纸质媒体发行量逐年下滑，但得益于互联网的高速发展，波兰各大报社网上服务的网民覆盖量却在稳步提升，越来越多的网民通过互联网来获取资讯。

4. 波兰互联网、社交媒体、移动媒体发展现状

国际电信联盟最新报告显示，根据互联网速度、网络用户数、家庭电脑普及率等指标编制的ICT发展指数（IDI）排名，2016年波兰以6.65分位列世界第50名；波兰具有较高的互联网普及率，达到68%，活跃的移动宽带使用率达到60.18%。⑥

目前波兰排名前三甲的综合性网站分别为Onet网站、虚拟波兰网和Interia网站。其中只有虚拟波兰网站由波兰本土商业资本控股，另两家为外资控股。根据Gemius/PBI调查机构最新统计，波兰主流商业网站2016年11月排名数据如下（见表6）。⑦

表6　波兰主流商业网站2016年11月排名

排名	网站名称	独立用户数	页面访问量	平均使用时间	网民覆盖率	拥有者	主要资金来源
1	Onet网站(onet.pl)	10753022	467069784	1:12:30	40.54%	RingierAxel Springerpolska	德国、瑞士
2	虚拟波兰网(wp.pl)	9649919	366782564	0:59:02	36.38%	虚拟波兰集团	波兰
3	Interia网站(interia.pl)	5157915	202147516	0:59:28	19.44%	Bauer媒体集团	德国
4	O2网站(o2.pl)	3363762	36090216	2:16:21	12.68%	O2媒体集团	波兰
5	gazeta网站(gazeta.pl)	2419879	115508568	1:28:53	9.12%	Agora媒体集团	波兰

除传统网站外，近年来社交媒体在波兰发展迅猛。根据国际电信联盟2016年年底发布的报告，波兰已成为欧洲第六大智能手机市场，拥有超过1300万用户，15岁以上波兰人中45%拥有智能手机，该值在2011年时还不到12%，预计到2018年波兰智能手机用户有望达2080万。目前，波兰每100位居民的移动电话注册数量达148.71，活跃的移动宽带用户使用率达到60.18%。活跃网民数量超过2700万人，超过2/3波兰人口。其中活跃的社交媒体用户数量超过1300万，使用移动终端登录的活跃社交媒体用户数接近1000万。⑧

社交媒体平台中波兰网民使用最多的分别是Facebook、Google+和YouTube，与此相关的各类统计排名前几位基本都被这些美国产品所霸占。Gemius/PBI调查机构最新数据显示，2017年1月谷歌波兰（google.pl）独立用户数达到2585万，访问量超过82亿，网民覆盖率达94.5%；Facebook在波兰的独立用户数达到2273万，访问量超过56亿，网民覆盖率达83.1%；YouTube波兰的独立用户数也超过2000万，访问量接近13亿，网民覆盖率达到74.4%。⑨

同时，波兰移动社交媒体平台应用也飞速增长。Gemius/PBI统计数据显示，2017年1月，有超过1450万波兰用户通过移动终端下载了GoogleApp，网民覆盖率达到53.2%；YouTube移动App下载量接近1360万，网民覆盖率49.7%；而Messenger移动App则以1092万的用户规模超过了Facebook的961万。⑩

可以看到，波兰互联网、社交、移动等新媒体市场成长迅速，受众群体获取资讯简便快捷、选择丰富，传播到达率大大高于传统媒体。同时，网络新媒体市场竞争激烈，很多领域被外资企业占据市场主导地位。但波兰本土企业也在奋起直追，例如致力于提供综合网络服务的虚拟波兰集团（WirtualnaPolska）总用户数2017年1月已经突破2100万，网民覆盖率超过了77％，成为波兰本土互联网企业的代表。

二、波兰媒体市场相关准入政策简介

近年来波兰无论在欧盟还是国际舞台的地位都与日俱增，与中国的关系也愈加密切。作为"中东欧"16国之中唯一的亚投行创始成员国，波兰亦渴望成为"一带一路"建设的主要合作对象。

然而由于受到西方媒体"过滤"等因素影响，波兰接收到的许多有关中国的信息陈旧、负面且不准确，在波兰媒体市场掌握话语权的一些西方媒体，一直在渲染"中国威胁论"，辱没中国的努力。

为了让波兰民众认识和深刻了解一个真实的中国，让中国的声音真正进入波兰媒体市场的重要性就突显出来。为此，我们应仔细研究波兰媒体市场的相关准入政策，为在波兰更好地传播中国声音做好准备。

据了解，目前波兰在电视、广播和报刊领域开放程度较高，外国公民均可通过收购、并购、入股等方式获得在波兰本土从事以上媒体业务的资格。若是想在波兰本土开办如电视、广播和报纸刊物等传统媒体，则需要波兰公民或取得波兰长期居留身份的自然人或法人首先获得波兰政府颁发的许可证，然后再按照相关法规程序办理。

1. 电视和广播媒体相关准入政策

要想在波兰通过电视和广播播出节目，首先必须获得由国家广播电视委员会颁发的播放许可。如果只是通过网络播出，则只需要在国家广播电视委员会注册登录即可。

播放许可的主体可以是拥有波兰国籍或者永久居留权在波兰的自然人或者是在波兰境内有住所的法人。在法人公司的董事会成员中，必须大部分是具有波兰国籍或者是有永久居留权的人。非欧盟的申请人很难获得许可。如果想要利用非欧盟的外资，那么外资或者是外国人士的持股比例不得超过49％，否则无法获取许可。

需要注意的是，许可证不可转让，只可以由申请者使用。若更换主体还想继续使用该证书，需由国家广播电视委员会再次审核。

因此，像中国国际广播电台这样的国家媒体想要进入波兰媒体市场，最便捷省时的方法就是直接与波兰当地已经获得许可证，有资质从事广播播出业务的媒体机构合作。例如，依托国内具有成熟海外媒体本土化运作实力及经验的媒体公司，通过购买或者租赁的方式，选择在波兰当地拥有良好听众基础及美誉度的电台作为我们的广播节目落地平台，然后借助其平台自身影响力来扩展我们媒体品牌知名度。

2. 报纸和杂志出版相关准入政策——以杂志为例

同获得广播电视节目播出许可类似，拥有波兰国籍或者永久居留权在波兰的自然人或者是在波兰境内有住所的法人都可以注册并出版杂志。

在确定杂志名称、发行方式（周刊、月刊等）、编辑部地址和出版方名称等信息后，需前往地方法院提出书面申请并对杂志进行登记注册，然后获取法院颁发的许可证。在提交申请的同时也要将杂志名称进行商标注册。值得注意的是，根据波兰新闻法第三章第四款，如果法院未能审核申请，则可在递交申请30日后出版杂志。

由于涉及与印刷、发行、缴纳增值税相关的经济活动，在杂志名称进行注册后，需要向国家图书馆申请获取标准国际刊号（ISSN）及条形码，否则不允许杂志通过任何渠道发行。这些手续办完之后就可以正式出版发行杂志了。

目前，中国媒体进入波兰最有借鉴意义的例子就是中波双语杂志《琥珀》在波兰本土的落地项目。这本由中国国际广播电台波兰语部创办的杂志从2014年起实现在波兰航空公司华沙至北京航线班机上发行。

波兰语部在国内前期做好了一系列编辑、排版设计等工作，与波兰境内一家由具有波兰永久居留权的中国人开办的公司进行合作。以对方的名义在波兰法院完成登记注册并取得国际刊号，手续简便、费用低廉。同时，波兰语部与合作方在合同中明确约定各自责任和义务，即由我方在国内负责杂志内容与排版，对方负责在波兰当地的印刷和发行，分工明确高效。《琥珀》杂志成为中国平面媒体进入波兰市场的典型案例。

三、波兰媒体发展趋势分析

作为对波兰传播的最前沿，充分了解对象国媒体传播发展现状，对国际台选择最适当的传播渠道与方法，生产最贴近受众的内容，做好有针对性的报道以及拓展与对方媒体的合作都有很强的借鉴与参考意义。

通过前面对波兰媒体市场现状的初步分析，我们可以看到由于波兰实行的是全面私有化的经济制度，其主要传媒市场的私有化布局已基本完善。无论是电视、广播、报刊等传统媒体，还是新媒体互联网领域，由国家控股的比例很小且多年来一直呈日渐萎缩状态。而且其中主流媒体市场波兰本土商业资本所占份额也不大，很多都被欧盟国家或美国资本掌控。

媒体不掌握在自己手里，那么国家和政府的话语权就不足，进而可能影响到政策的制定和实施，甚至政治经济的发展。自法律与公正党上台执政以后，波兰政府近些年来愈发意识到国家话语权的重要性。从在欧盟经济危机中保持一枝独秀的正增长，到积极加入亚投行参与"一带一路"建设，掌握媒体话语权才能够更好地实施执政纲领，搞好经济建设，履行对选民的承诺。因此，波兰政府从2016年开始对媒体市场展开一系列的改革尝试。

据2016年4月21日波通社报道，执政党法律与公正党授权向众议院提交了新的媒体法的提案。根据提案，波兰电视台TVP、波兰广播电台及波兰通讯社将由现在的商业运作转为国家机构。由6人组成的媒体委员会负责管理该机构，委员由组织团体及艺术协会推荐，经总统及众参议长任命。⑪同时，法律与公正党的议员们也在国内不同场合不断呼吁：应该成立具有国有企业性质的波兰媒体集团公司，这应该是具有战略眼光的决定。

但是，由于波兰私有化制度已相对完善，新闻自由的影响很深，并且西方媒体在波兰的影响力也较大，根据波兰媒体专家分析，尽管波兰政府出台了一系列媒体改革的措施，但在一段时间内还不可能达到对媒体市场话语权的真正掌握。

在媒体市场政策准入方面，由于波兰国家体制和意识形态的特殊性，中国外宣媒体若想进入波兰本土市场，实现本土化运营，并且具有实际的传播影响力，还需进一步研究波兰本土媒体市场准入政策，积极同当地有影响力的媒体和机构合作，增进相互了解，借船出海。

(作者单位：中国国际广播电台波兰语部)

注释：

① http://www.wirtualnemedia.pl/artykul/jaka-ogladalnosc-metro-nowa-tv-zoom-tv-wp-mux-8.

② http://www.wirtualnemedia.pl/artykul/trojka-z-najwiekszym-spadkiem-traci-tez-jedynka-slaby-start-polskie-radio-24.

③ http://www.wirtualnemedia.pl/artykul/sprzedaz-dziennikow-ogolnopolskich-w-2016-roku.

④ http://www.wirtualnemedia.pl/artykul/sprzedaz-tyodnikow-opinii-w-2016-roku-wprost-ostro-w-dol.

⑤ http://static.wirtualnemedia.pl/media/images/2013/images/serwisygazet-listopad20152016.png.

⑥ http://www.itu.int/net4/ITU-D/idi/2016/#idi2016countrycard-tab&POL.

⑦ http://www.wirtualnemedia.pl/artykul/strony-glowne-portali-onet-przed-wp-w-goreo2-pl-i-gazeta-pl-najbardziej-przyciaga-tvn24-pl.

⑧ http://www.itu.int/en/ITU-D/Statistics/Pages/publications/mis2016.aspx.

⑨ http://www.wirtualnemedia.pl/artykul/google-grupa-onet-rasp-przed-wirtualna-polska-badanie-gemius-pbi-2017.

⑩ http://www.wirtualnemedia.pl/artykul/google-grupa-onet-rasp-przed-wirtualna-polska-badanie-gemius-pbi-2017/page：2.

⑪ http://www.mofcom.gov.cn/article/i/jyjl/m/201604/20160401305613.shtml.

试析日本政府如何影响大众媒体的新闻报道

朱曼君

一直以来，日本都自诩奉行西方式新闻自由，宣称新闻媒体在日本享有完全的采访和报道自由，政府不对媒体的报道加以干涉，媒体享有完全的自主策划、采访和报道的权利。然而，在现实中，日本媒体对于政府各项政策，特别是国际政策的"高度配合"却是有目共睹的事实。这种"配合"在安倍晋三 2012 年 12 月第二次出任日本首相后，变得更加紧密和默契。在媒体私营化大背景下，日本政府是如何向媒体施加影响，促使媒体依照政府的意志组织新闻报道的呢？本文尝试从日本特有的"记者俱乐部"制度、《特定秘密保护法》等角度解释日本政府对于大众媒体新闻报道的控制手段。

一、日本特有的"记者俱乐部"制度

日语的"記者クラブ"译成中文就是记者俱乐部，但深究其内涵，这个"俱乐部"却绝不像一般人理解的那样轻松。在日本做记者，如果不隶属于记者俱乐部，可以说寸步难行。

日本记者俱乐部种类繁多，既有中央级的，也有省厅地方级的，还有行业、大公司和社团专属的，比如负责采访报道首相及官邸的是"永田俱乐部"，负责采访报道外务省工作的是"霞关俱乐部"，负责体育报道的有"体育记者报道俱乐部"，经团联有"财界记者俱乐部"，日本银行有"金融记者俱乐部"，东京电力公司有"家庭记者会"，东日本旅客铁路公司有"丸之内记者俱乐部"，自民党有"平河俱乐部"，东京都政府有"有乐俱乐部"……很难统计日本到底有多少记者俱乐部。根据日本记者岩濑答哉在 1995 年所作的一项统计，当时日本销量排名前三的报纸——《读卖新闻》《朝日新闻》《每日新闻》分别加入 475 家、471 家和 456 家记者俱乐部，加盟俱乐部数量和其销量成正比关系。

那么，加入记者俱乐部到底有哪些好处呢？

首先，可以独享信息源。在日本记者俱乐部中受诟病最多的是负责外务省活动报道的"霞关俱乐部"。该俱乐部成员独享外务省官员的记者吹风会，而外国媒体即便拥有外务省审批的"外国记者登陆证"也只能参加英语吹风会，和日语吹风会相比，获取的信息量大幅降低，可以提问官员的级别也大大降低。至于那些未能成为"霞关俱乐部"成员的日本记者，则只能通过其他媒体的报道了解外务省的工作情况，不仅报道时效受到影响，也因为无法了解第一手消息，报道可信性容易受到质疑。

其次，可以更快地得到可靠消息。日本各地警察局的专属俱乐部在社会案件的报道中有明显的优势。很多时候,日本电视台甚至会在警察局方面正式公布逮捕消息前就打出字幕,提示某某名人即将因为某项罪名遭到逮捕。每每此时,电视台方面并不讳言:消息来自警察局俱乐部。而当其他未加入俱乐部的媒体记者赶到即将被逮捕的名人可能出现的地方时,往往发现有利地形已经全部被领先抢跑的大媒体记者占领。此时,未加入警察局俱乐部的记者可能还对案件的背景一知半解,而加入俱乐部的大媒体则已经开始悄悄联系采访案件的关键证人了。社会新闻是日本媒体争夺受众眼球的关键,无法在社会案件报道上抢得先机,往往是小媒体无法和大媒体竞争的关键。

最后,可以更加方便地获得报道相关知识并更加容易接触采访对象。很多记者俱乐部都会定期或不定期地邀请相关专家就特定领域的热点话题开办讲座,或者邀请相关省厅的官员内部吹风。大部分情况下,这种讲座和吹风都与记者俱乐部所属部门接下来的工作安排有紧密联系,记者在获取相关专业知识的同时,也可以和讲座专家取得联系,在接下来的工作中可以快速深入地完成报道。不仅如此,一旦加入了一家记者俱乐部,俱乐部的运营方就会在记者的要求下,为记者介绍采访对象,或者直接帮忙联系采访对象,安排采访时间。

虽然参加记者俱乐部好处很多,但是,并不是所有记者都可以加入其中。一般来讲,申请者需要提供为某家正规媒体工作的证明,或者提交本人以往的新闻作品。此外,还需要有俱乐部的成员或者前成员,也就是日语中所谓的"OB"(通常,是同一家媒体的老同事)介绍入会。一般情况下,还需要定期缴纳一定的会费。当然,加入俱乐部之后,记者必须遵守本俱乐部的成文和不成文的规定。

俱乐部制度被诟病最多的弊端在于,在这种制度下,自由媒体几乎失去生存空间,大媒体与俱乐部主办方结合成为某种共同利益集团,持不同看法的媒体或媒体人,在俱乐部内难以立足,媒体的舆论监督功能丧失殆尽。

一个最典型的例子就是 2014 年春天,因为在政治主张上多处与首相安倍晋三看法相左,《朝日新闻》多次受到安倍首相的点名批评,安倍首相一度宣称不再回答《朝日新闻》记者的提问,并威胁要将《朝日新闻》的记者赶出"永田俱乐部"。在受到来自官邸方面的各种压力之后,《朝日新闻》不得不改变了原本监督政府的报道方针,在修宪、核能源开发等问题上降低了批评政府的调门,而在批评中国、日本和他国领土争端等问题上甚至改变了媒体的原本立场,刻意迎合政府,充当日本政府批评他国的马前卒。据《产经新闻》报道,在 2017 年 2 月,在与美国总统特朗普会面时,安倍首相骄傲地表示:"我打赢了《朝日新闻》。"

另一个很能说明问题的事例是 2011 年东日本大地震后,福岛第一核电站的泄漏事故。作为一个媒体极度发达的国家,在核电站出现泄漏后,尽管东电公司和日本相关省厅的记者都不断向外发出各种抗灾救灾消息,但在核泄漏问题上,所有日本主流媒体集体失声。如果不是美国驻日大使馆及时对外公布核泄漏信息,事故造成的人员损失恐怕将难以估量。即便核泄漏事故已经过去了 6 年,时至今日,几乎所有日本媒体都在称颂中央政府和福岛县政府救灾和后续手段得当，而对于至今仍辐射值大幅超标的灾害中心鲜有提及。

由于记者俱乐部制度的存在，日本政府可以通过对信息源的控制，控制记者的报道数量和立场，同时这种制度和日本社会特有的上下级序列人际关系网相结合，使得政府、媒体和特定行业结成特殊的利益集团，从某种意义上说，一损俱损，一荣俱荣。拥有某个领域专业报道知识的记者，如果不按照政府意图安排报道，将被排挤出特定的记者俱乐部，从此再难在相关领域有所作为。在这样的情况下，媒体不得不依照相关省厅的意志配合报道，使得媒体本应发挥的舆论监督功能流于形式。

二、《特定秘密保护法》斩断政府内部"深喉"

2013年，日本国会通过《特定秘密保护法》，该法于2014年年底正式实施。根据《特定秘密保护法》，日本政府可以在防卫、外交、反间谍和防止恐怖主义四个领域随意判断哪些信息将有害国家安全，并可以任意将这些信息指定为"特定秘密"。一旦被指定为"特定秘密"，这些信息中的大多数将在60年内不得公开，任何透露这些信息的公务员和民间人士都将面临最长10年的刑期。

对此，日本律师协会在《秘密保护法的问题》一文中指出："行政机关一旦将不想让民众知道的情报指定为'特定秘密'，就可以躲过民众的视线。比如民众关心度较高的和普天间基地相关的情况、向海外派遣自卫队等与军事访问有关的问题，都可以归入'防卫问题'。再比如，现在我们深感不安的核电站安全性、放射物质泄漏对健康的影响等，则可以归入'防止恐怖主义'的条款。今后行政机关若根据自身的需要，将这些信息指定为'特定秘密'，则可以不让国民了解详细情况。"

在现实操作中，2016年，日本国会在审议《跨太平洋伙伴关系协定》（TPP）相关法案时，经济产业省以文本内容为"特定秘密"为由，将大约70%的法案内容涂黑，导致最终国会议员的所有讨论都仅仅聚焦谈判过程是否合规、法案内容是否应该公布进行，而对于TPP一旦生效，对日本农业、汽车制造业和其他相关产业可能产生的巨大冲击等实质性议题几乎没有涉及。由于缺少细节，日本媒体虽然对于政府的信息公开不足提出了批评，但却未能对TPP法案本身进行深入讨论。虽然最终随着特朗普总统宣布美国退出TPP，日本国会强行通过的法案沦为实质上的废案，但《特定秘密保护法》对于日本媒体报道的限制作用，在这一法案的讨论过程中凸显。

在《特定秘密保护法》实施后，不止一位日本记者曾向笔者抱怨，此前他们可以通过私下和一些中低层官员接触获得线索，了解政府内部可能存在的丑闻，而在法律生效后，为了避免引起不必要的嫌疑，日本政府各级官员都极力避免和记者单独接触，过去通过和政府官员"喝茶"寻找可能的丑闻线索，已经变得越来越不可能。

三、利用媒体自身的弱点进行牵制

一般认为，除日本放送协会外，日本媒体都属私营媒体，政府无权干涉媒体的人事安排和报道方针。然而，在实际操作中，日本政府却经常巧妙地利用媒体自身的弱点控制媒体舆论。

最明显的一个例子就是《朝日新闻》的"押纸"问题。所谓"押纸"是指虽然印刷了，最终却没有被消费者买走的报纸。众所周知，广告收入是报社的重要经济来源。在向企业报价时，报纸的发行量对于企业方面来说是重要的参考内容。印刷后卖不掉的报纸本来一直都有，但是近年来，由于受到新媒体的冲击，日本报纸的发行量几乎都在快速下降。这种情况下，为了不影响报纸的广告收入，维持一定的印刷量，向广告商隐瞒报纸的真实发行状况几乎成为日本报业的通行做法。

安倍晋三第二次出任日本首相后，加强了专门审计媒体发行数量的日本 ABC 协会的权威和职能，另一方面又在公正交易委员会中设立专门的"押纸"问题调查机构，用以控制媒体。这种机构设计并非出于日本政府所呼吁的压缩媒体发行水分的目的。一个最好的证据就是，被相关委员会再三点名批评的《朝日新闻》，其实并非"押纸"数量最多的报纸。依照多份民间统计数据，与政府观点相近的《读卖新闻》的"押纸"数量其实远高于《朝日新闻》，但是由于其与政府保持了很好的关系，在很多重大问题上都积极配合日本政府的宣传，因此，尽管公正交易委员会在数次记者会上承认《读卖新闻》也存在"押纸"问题，但却没有像对待《朝日新闻》那样，单独点名批评。

另外，根据日本外务省前国际情报局局长孙崎享的著作《战后史的真实样貌》，在"二战"结束后，美国在日本成立了专门的报刊审阅委员会，高薪雇用了大约 5 万名日本高级知识分子，每天对日本发行的各种刊物进行审阅。在这一过程中，美国情报机构也掌握了这些高级知识分子的各种短处。这些人中的大部分后来都成为日本政府高官或进入媒体的管理层。尽管他们中的很多人都已经垂垂老去，但美国政府对他们以及他们的后任者的影响力却没有消退，而这些影响力也随着美日两国政府合作的不断深化，逐渐转移到了日本政府手上。

再以《朝日新闻》为例，在"押纸"问题、高管问题的多重制约之下，过去一年多来，《朝日新闻》已经明显降低了批评政府的调门，在很多问题上甚至主动向政府靠拢，这样的做法虽然备受读者和日本部分知识分子的批评，但却稳定住了《朝日新闻》保持日本发行量第二的大报的地位。随着《朝日新闻》调性的转变，日本政府的各级机构也不再点名批评《朝日新闻》，而在这种"你好，我好，大家好"的氛围中，日本民众却失去了了解不同声音的机会，从加盟 TPP 到解禁集体自卫权，很多事关日本前途命运的大问题，都在未经充分讨论的情况下，就在自民党的主导下草草决定。

四、利用多重手段为政府政策营造"空气"

有人说美国靠法律治国，而日本则是靠"空气"治国。所谓"空气"并非指一般意义上的空气，而是指社会的整体舆论氛围。在一个重视舆论氛围的国度，大众媒体在营造社会舆论方面的重要性不言自明。然而，现实情况是，日本的大众媒体正越来越多地被所谓"空气"引导，而主动放弃了营造舆论氛围的职能。

在安倍晋三第一次出任日本首相期间，日本人对他的评价是"KY"（空気を読めない），翻译成中文大约相当于不了解舆情，或者看不清时局。因此，在第二次出任日本首相后，安倍开始大力主导营造"空气"（舆情）。

在这一过程中，首当其冲的是半国营性质的日本广播协会（NHK）。NHK是日本的公共电视台，以财政拨款和观众缴纳的收看费为收入来源，不播放商业广告。经营委员会是NHK的最高决策机关，12名经营委员由内阁总理经国会同意后任命，NHK会长人选需要获得12名经营委员中9人认可。利用这一制度，安倍政府在2013年年底提前撤换了4名经营委员，并于2014年1月正式提名政治立场与安倍相近的籾井胜人出任NHK会长。籾井上任后，迅速向所有经营委员发出只有签名处是空白的辞职信，并表示将按照自己的意愿重新整顿NHK，任命新的领导班组。在籾井任上，意见与安倍政府相左的NHK "Close-up现代"节目的女主持人国谷裕子不得不选择辞职。

另一方面，目前日本内阁四分之三的成员都是保守政治团体"日本会议"的成员。"日本会议"提出了六大主张，包括修改和平宪法、修改教育基本法、定期对靖国神社进行公务参拜、反对夫妻不同姓法案、为孩子们提供更好的教科书（否定侵略历史的教科书）以及宣传日本会议的主张。从这些主张中不难看出这一组织的保守和严重右倾化特点。然而，在安倍的带领下，不仅日本内阁成员积极加入"日本会议"，很多主流新闻媒体的高级主管、著名记者编辑，也都成为这一组织的成员。当保守言论成为每一家大众媒体的主流言论，配合上新媒体环境下网络右翼的唱和，主张偏向自由派的日本新闻人已经消失殆尽。如东京电视网"NEWS23"的主持人岸井成格、朝日电视台"报道STATION"的主播古馆伊知郎等，都不得不在重压之下告别主播台。

日本新闻界的这一系列人士变动的结果是，新闻舆论一齐向右转，结合日本社会的整体右倾保守化，使得日本社会的深刻自省越来越少，"侵略无罪化""日本亚洲第一"的言论再度甚嚣尘上。

五、结语

四年多来，在安倍政府的持续施压下，日本舆论整体右转已成为既成事实，多年来的所谓"国论二分"的舆论环境不复存在。在不断向右的媒体的鼓吹下，日本社会整体日趋保守。与此同时，在日本政府和媒体的相互配合宣传之下，中国正越来越多地被描绘成"地区局势不稳定因素""日本的潜在敌人"。在这种情况下，日本政府对于大众传媒的影响更加值得我们关注和研究。

(作者单位：中国国际广播电台驻日本记者站)

参考文献：

1. 孙崎享：《战后史的真实样貌》，创元社，2012年。
2. 上杉隆：《记者俱乐部崩毁 和报纸电视台抗争的200天》，小学馆，2010年。
3. 浅野建一：《记者俱乐部解体新书》，现代人文社，2011年。
4. 青木理：《日本会议的真实样貌》，平凡社，2016年。
5. 菅野完：《日本会议之研究》，扶桑社，2016年。

尼泊尔外媒发展状况及传播经验

顾晨曦

位于喜马拉雅山脉南麓的尼泊尔作为与中国一山之隔的近邻，自古以来便与我国保持着良好的关系。国际台自 1975 年 6 月开始用尼泊尔语向尼广播，至今已走过 42 个年头。从最初的广播，到后来的网站和新媒体，影响的受众人数日趋增长。但是除我国以外，在尼泊尔颇有影响力的外媒还有哪些？它们的传播效果又如何？本文旨在通过介绍一些在尼泊尔颇有影响力的主要外媒的成长经历，从中借鉴可学习的模式，让国际台对尼传播在新媒体传播时代能够走在尼泊尔各外媒的前列。

一、尼泊尔主要外媒的发展状况

(一) 印度

1. 印度与尼泊尔

说到尼泊尔就不得不先谈印度。在地理上，除北面外，尼泊尔三面与印度接壤，与在我国和尼泊尔之间横亘着喜马拉雅山脉不同，尼泊尔与印度之间均由高度在 600 至 2200 米不等的高山、河谷和平原组成。

因为地理上的接近性，相对于中国这个"北邻"来说，古往今来尼泊尔和印度之间的交流更为频繁。在经济贸易上，印度是尼泊尔最大的贸易伙伴，占尼泊尔整体对外贸易的三分之二以上。尼泊尔在经济上高度依赖印度。在宗教文化方面，尼泊尔更是深受印度影响，有 85% 以上的国民信仰印度教且奉为国教，因此在社会结构和文化背景上与印度高度相似。

2. 在尼泊尔的主要印度媒体

因为尼泊尔和印度之间的地缘接近性，尼泊尔民众可以很方便地收听、收看到印度的各类节目。在尼泊尔最受欢迎的是印度的各种电视频道，如合家欢卫视（STAR Plus）、索尼电视台（Sony TV）、印度电视台（Zee TV）、生活电视台（Life OK）等，每个电视台下属很多不同的频道，如新闻、娱乐、健康、财经等，其中像色彩卫视[①]（Colors TV）主要以各种宝莱坞剧集为主，各种各样的宝莱坞大片和电视剧在尼泊尔非常受欢迎，有非常广泛的受众基础。

在尼泊尔收听印度的广播节目也非常方便，其中最有名的要数全印广播电台[②]（All India Radio，AIR），该电台历史悠久，1930 年在印度成立。AIR 在全球用 27 种语言进行对外广播，其中也包含中文。但是随着新媒体的冲击，现在已是强弩之末，目前电台的收听人数也是不断下滑。

纸媒方面,《喜马拉雅时报》(*The Himalian Times*)是由印度出资、尼泊尔国际媒体有限公司出版的一份英文报纸,在尼泊尔非常有影响力,是发行量最大的报刊之一。[3] 此外,印度发行量最大的英文报刊《印度时报》(*The Times of India*)、《印度斯坦时报》(*Hindustan Times Daily*)在尼泊尔也有一定的受众,其中《印度斯坦时报》隶属于印度知名的 HT 媒体集团,是该集团的旗舰刊物。同时,因为尼泊尔语和印地语文字同为天城体,在字母上有很强的相似性,所以在尼泊尔有一部分受众可以读懂印地语的报刊,因此,在印度颇有影响力的印地语报刊《旁遮普喀萨丽》(*Punjas Keshari*)[4] 在尼泊尔也有相当的受众基础。

进入 21 世纪,老牌传统媒体纷纷转战新媒体平台,先后推出了网页版、移动客户端,也纷纷在 Facebook、Twitter 等社交媒体平台上开设了主页。其中《喜马拉雅时报》为了迎合受众的阅读习惯也推出了网页版,成为尼泊尔访问量最大的网站之一。

3. 尼泊尔主要印度媒体的新媒体发展状况

随着无线网络的覆盖和移动智能平台的普及,越来越多的传统媒体纷纷登上新媒体的大船,下面以 Facebook 为例,列举上文提及的在尼泊尔颇有影响力的印度电视、广播及平面媒体在 Facebook 平台上的发展状况。

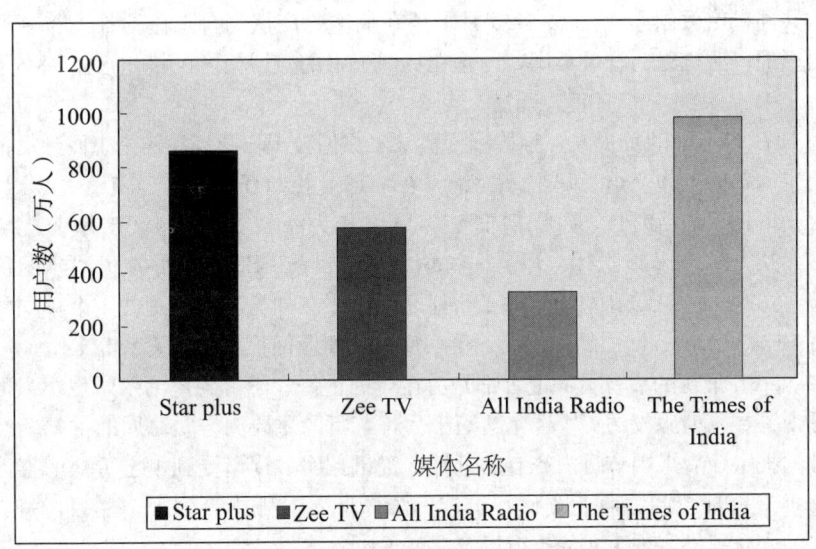

尼泊尔主要印度媒体 Facebook 用户数

在 Facebook 这一平台问世之初,印度媒体便嗅到了新的机会。在网络时代,用户不分国籍、不限区域,全凭内容说话,即便是在现代传播方式中逐渐式微的平面媒体《印度时报》也在新媒体平台焕发了生机,用户数量已突破 900 万人,这也为我们的对外传播提供了新的思路。

（二）英国

1. 英国与尼泊尔

相较于其他欧美国家来说，英国对于尼泊尔来说有一定特殊性，因为两国在历史上有些渊源。1814 年英国东印度公司与尼泊尔签订"塞格里条约"，强迫其割让大片领土给东印度公司，除了商业贸易的垄断之外，东印度公司还强行介入尼泊尔政治事务，使其在内政、外交、对外贸易等方面均受到东印度公司的监管。1846 年一位亲英的拉纳将军在英军的助力下发动政变，自此到 20 世纪 20 年代，拉纳家族一直在尼泊尔政坛占据领导地位。直到 1923 年，英国才承认了尼泊尔的独立地位，并与尼泊尔签订了"永久和平条约"。

在 1813 年至 1816 年英军入侵尼泊尔期间，英国军队曾与廓尔喀人发生过两次小规模的战斗，虽然战斗取得了胜利，但廓尔喀人在战场中冷静果敢、骁勇善战的表现却给英国人留下了深刻的印象。1815 年，英国军队就吸纳了廓尔喀人加入了战斗营，自此廓尔喀人在英军中服役的传统得到延续。直到今天，因为入选廓尔喀营的尼泊尔青年可以获得丰厚的薪水外加英国定居权，大量的尼泊尔青年争先恐后地争夺一个廓尔喀营的参军名额。

2. 在尼泊尔的英国媒体机构

因为这些历史渊源，英国的媒体机构在尼泊尔具有相当的影响力。

首先是历史悠久的 BBC Nepali。BBC Nepali 由尼泊尔人雅德布·科莱尔和盖博伦·阿格尔巴尔共同在伦敦创办。[①] 1969 年 5 月，正在尼泊尔广播电台工作的雅德布·科莱尔准备创办摄影部，后机缘巧合赴英国，与正在英国读书的盖博伦·阿格尔巴尔创办了尼泊尔语广播，于 1969 年 6 月 7 日正式开播。

作为 BBC Nepali 的负责人，雅德布·科莱尔在伦敦工作几年后还是想回到尼泊尔，所以将尼泊尔语部的工作交给了玛尼·拉纳。在玛尼·拉纳任职的 80 年代，BBC Nepali 丰富了节目，增加了节目时长，每周播报 5—6 天。作为一名杰出的新闻工作者，2002 年玛尼·拉纳才从 BBC Nepali 退休。玛尼·拉纳之后，目前 BBC Nepali 在尼泊尔的负责人是帕尼德拉·达哈尔。BBC 在尼泊尔除了广播之外，还在加德满都设有若干个不同的分支机构，负责 BBC Worldwide 的品牌建设、受众反馈、商业回报和公共关系等工作。

BBC Nepali 最初的播音员和记者都是由在英国进修、学习的尼泊尔学生担当的，最初的目标受众是在香港服役的英军廓尔喀籍士兵，节目的主要内容是每周的重要新闻和一些突发事件的报道，后来因节目内容有贴近性、资讯翔实，逐渐受到本土听众的喜爱。目前 BBC Nepali 有每日新闻、商业资讯、访谈、体育世界、科技等数十个栏目，每天播报 2 次，旨在为受众提供客观事实的报道以及深度评论。

BBC Nepali 多年来也一直深受尼泊尔语听众的喜爱，2009 年 1 月一项听众数据调查显示，海内外 BBC Nepali 的听众数量达 250 万，最新的数据显示为 600 万左右。数百万的听众现在不仅通过广播，更可以通过网站来收听节目。此外，BBC Nepali 也在 Facebook、Twitter 上开设了媒体账号，其 Facebook 的用户数目前也已达到 320 万人左右。

除了 BBC Nepali 之外，路透社、《卫报》、英国英军广播电台（BFBS Radio UK）和汤森路透（Thomson Reuters）均在尼泊尔首都加德满都设有记者站或工作室。其中英国英军广播电台（BFBS Radio UK）旨在为在英军廓尔喀营服役的尼泊尔青年提供来自家乡的信息。汤森路透（Thomson Reuters）则是由加拿大汤姆森公司（The Thomson Corporation）与英国路透集团（Reuters Group PLC）合并组成的商务和专业智能信息提供商，成立于2008年4月17日⑥，主要为专业企业、金融机构和消费者提供财经信息服务，如财经新闻等，同时也为媒体市场的专业人员提供智能信息及解决方案。

以上的英国媒体，除了BBC Nepali是用尼泊尔语播报之外，其他的媒体语言皆为英语。

（三）美国

1. 美国与尼泊尔

尼泊尔并非是美国的传统战略要地，美国对尼泊尔的关注，更多是由于在冷战时期美国与苏联在亚洲地区的竞争。冷战期间，美国以与英国相似的意识形态，以经济援助为主要手段，试图影响尼泊尔王国政府，从而削弱苏联对尼泊尔的影响。⑦

随着尼泊尔国内政治局势的逐渐平稳，尼泊尔的民主进程又成为美国重新关注的焦点以及激活两国外交关系的催化剂。

2. 在尼泊尔的主要美国媒体

美国在尼泊尔最主要的新闻媒体可能要算尼泊尔邮报（Nepali post）网站了。尼泊尔邮报网站于2001年8月31日在华盛顿建立⑧，是由居住在华盛顿的一些尼泊尔财经记者创办的，是西方世界第一个通过网络媒介传播的尼泊尔语网站。

网站设立的初衷是为移民到北美和世界各地的尼泊尔人服务，帮助保留尼泊尔人的各种习俗和语言文化。后来网站逐渐成为移居在世界各地的尼泊尔人抒发自己情感，表达自己的思想和政治见解的一个地方。现在网站还多了尼泊尔本地的一些重要资讯以及有一些专栏作者写一些非政治性的见闻。

《泰坦先驱报》（Titan Herald）网站，总部设在纽约，目前有英文版和尼文版。尼文版于2010年1月创立，主要提供美国、加拿大地区及国际新闻资讯，旨在为受众提供独立、纯正、公正和有深度的新闻报道。尼文版着重关注尼泊尔受众感兴趣的国际新闻及与老百姓息息相关的民生新闻等。英文版主要提供纽约和美国全境的一些新闻报道。

尼泊尔受众可以收到HBO、Star TV和CNN的很多电视节目，还可以购买到美国的著名新闻杂志《新闻周刊》（Newsweek）。

除此以外，美联社和世界图片网（World Picture Network）在尼泊尔也设有记者站和工作室。

（四）日本

日本人在尼泊尔的活动历史已逾百年，但这段历史却鲜为国人所知。19世纪末，日本僧人河口慧海在去西藏取经途中访问了尼泊尔，由此拉开了近代日尼关系史的序幕。

20世纪20年代欧美国家开始在喜马拉雅山区展开登山活动，"二战"结束后的日本也于 50 年代加入了这一潮流，开始频繁在喜马拉雅山区开展登山活动。60 年代末期至 70 年代，随着日本经济的腾飞，日本开始向尼泊尔政府提供各种经济和开发援助。90 年代，日本经济高速发展，尼泊尔政局平稳，两国无论是官方还是民间的交流都迎来高潮。目前，尼泊尔政局改头换面，日本经济也进入滞缓期，两国关系也面临着新的局面。

目前日本虽然没有完全针对尼泊尔的媒体，但国内的主要新闻机构如日本放送协会（NHK）、东京广播电视台（TBS）、日本共同社、还有《世界日报》（*The Sekai Nippo Daily*）在尼泊尔都设有记者站或者工作室，尼泊尔受众也能收看到 NHK TV 的电视节目。

（五）其他国家

尼泊尔新闻网（Nepal News）⑨隶属于澳大利亚的 Big News Network 媒体集团，1999 年开始运营，重点关注的是尼泊尔地区的新闻，包括尼泊尔周边和南亚的热点和国际资讯等。

Big News Network 旗下与尼泊尔相关的网站除了尼泊尔新闻网（Nepal News）之外还有尼泊尔全国网（Nepal National），它于 2002 年 9 月开始运营，主要内容为澳大利亚本地、周边区域的新闻资讯和财经、国际新闻、商业合作信息等，两家网站的总部均设在澳大利亚悉尼。

除了以上的一些新闻媒体外，法新社、欧洲新闻摄影局、爱尔兰 West Cork People 网站、加拿大电视转播机构（APTN）、韩国 Newshankuk 网站、韩国 YTN World TV、比利时 The plus Monthly、比利时 Pasar Media 媒体集团、卡塔尔 Aljazeera 新闻网站和亚太电信中心均在尼泊尔设有分支机构。

二、外媒在尼泊尔的发展经验

（一）"走出去"

不管是印度宝莱坞的剧集还是美国 HBO 的大片，在尼泊尔都能找到各自的拥趸，妇女们爱看宝莱坞的歌舞，年轻人爱追 HBO 的美剧，通过便捷的卫星电视和英语教育的普及，尼泊尔老百姓可以收看来自日本、韩国、英国、中国等世界各地的电视剧和电影。

印度的影视剧之所以在尼泊尔广受欢迎，不仅是因为文化、社会、宗教、家庭结构的相似性，更是因为两国语言上的接近性，虽然印地语和尼泊尔语在语法上大不相同，但很多名词却是一样的，加之尼泊尔有一部分族群会说印地语，所以宝莱坞的剧集在尼泊尔有着广泛的市场。

（二）换平台

以 Facebook 为例，2004 年网站上线，短短 12 年，截至 2016 年年底，Facebook 每月的活跃用户数量就达 18 亿。随着网络的覆盖和受众阅读习惯的改变，各大媒体纷纷转战新媒体平台。与传统媒体相比，网络媒体没有地域的限制，对设备的要求也越来越廉价。

从前的传播效果是一点到面，在网络时代，则是一点就可触及全球。

无论是印度的电视、广播、平面媒体，还是老牌的传统媒体BBC，都已经完成了从传统媒体到新媒体的转变，单是在Facebook一个新媒体平台的用户数，都早已突破百万。

三、CRI可以借鉴的传播经验

（一）影视剧"走出去"

上文提及在尼泊尔，印度宝莱坞的歌舞剧、美剧都很受欢迎，但本质上却有"硬伤"，虽然尼泊尔有部分族群可以看懂印地语，接受过良好教育的可以欣赏美剧，但这一部分却是大众中的少部分，有更大一部分受众既不能欣赏宝莱坞剧集，也欣赏不了美剧。他们还是习惯收看尼泊尔语的节目。

2013年，CRI译制的斯瓦希里语版《媳妇的美好时代》在坦桑尼亚国家电视台热播，也由此开启了"走出去"的另一条新路。如果在尼泊尔也能译制一些贴近百姓生活、用尼泊尔语配音的电视剧、电影，结合CRI本身在尼泊尔的良好受众基础，一定能取得很好的传播效果。

（二）新媒体平台之战

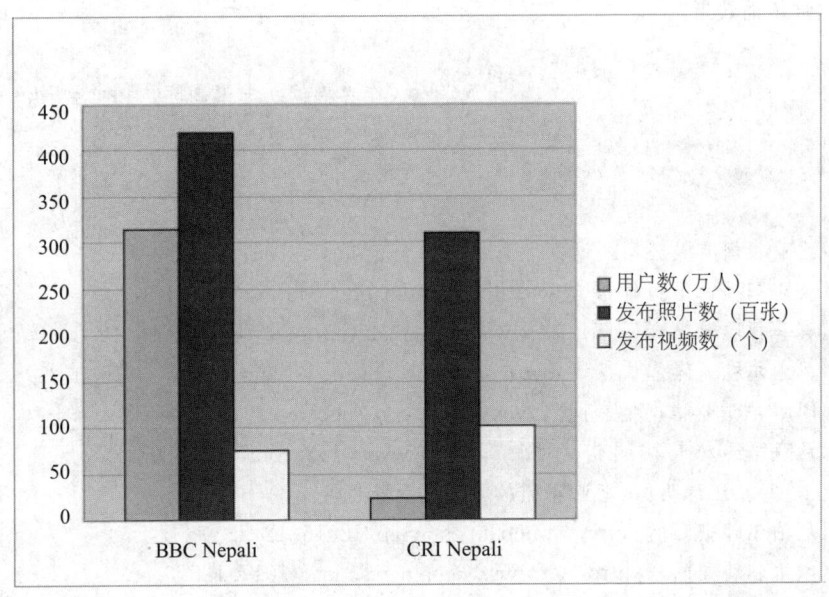

BBC Nepali 与 CRI Nepali Facebook 数据对比

上图为BBC Nepali和CRI Nepali在Facebook上的一些数据对比，最关键的用户数，

BBC Nepali 为 3149440 人，而 CRI Nepali 则只有 237998 人。虽然 BBC Nepali 在 Facebook 上经营的时间比我们长，但因为 BBC 在尼泊尔的影响更为广泛、发帖内容更具贴近性，才造成用户数量的巨大差距。

但另一方面我们也可以看到，由于各种原因，CRI Nepali 的 Facebook 账号于 2014 年才开启，短短两年时间内发布的照片数已经要赶上 BBC Nepali，而视频数量则比之还多出几十个。要知道 Facebook 上吸引用户，视频可是利器。下一步应该再优化内容，多发布更具贴近性的资讯、图片、视频。

（三）利用海外平台优势

在上文中我们看到，虽然很多国家并没有单独针对尼泊尔的媒体，但是均在当地设有媒体的记者站和工作室，这些媒体分支对于海外传播的意义不可小觑。

在人人自媒体的时代，媒体不再局限于办公地点、设备和大量的人员，一个小小的记者站、工作室，就可以代表一个媒体，甚至一个国家在外的形象和影响力。CRI 目前在尼泊尔有与国家汉办合作的孔子课堂，还有整频率调频台 CapitalFM92.4，充分发挥这些当地机构的作用，与本土媒体结合、联动，有望大幅提升对外传播效果。

CRI 在尼泊尔有着良好的受众基础，随着两国关系的日益紧密，两国的民间交流也将踏上一个新台阶。进入网络媒体时代，各外媒在尼泊尔的传播又回到同一条起跑线，CRI 更应在网络时代抓住机遇，充分了解新媒体时代受众的关注热点和了解信息的方式，有针对性地增强传播效果。

（作者单位：中国国际广播电台尼泊尔语部）

注释：

① 《维亚康姆有限公司网站简介》，www.Viacom18.com，2016.3.31。
② 《全印广播的里程碑》，www.allindiaradio.gov.com，2016.12.3。
③ 《喜马拉雅时报官网简介》，www.thehimalayantimes.com，2016.12.3。
④ 《尼泊尔在册媒体信息》，http://www.abyznewslinks.com/，2016.3.31。
⑤ 《BBC 尼泊尔语广播官网》，www.bbc.com/nepali，2017.1.18。
⑥ 《汤森路透发布 2016 诺奖预测》，网易 www.163.com，2016.9.17。
⑦ 王艳芬、汪诗明：《南亚研究》，2009 年第 1 期。
⑧ 《尼泊尔邮报官网》，www.nepalipost.com，2016.12.23。
⑨ 《尼泊尔新闻网》，http://www.nepalnews.net，2017.1.5。

非洲舆论中的中国形象：光与影并存
——以肯尼亚《民族日报》2015年涉华报道为例

郭 聪

近年来，随着中国在非洲重要性的增强，非洲媒体对中国的关注度不断提高。非洲本土媒体涉华报道在相当程度上塑造了非洲普通民众对中国的认知，对中非关系发展发挥了独特的影响力。肯尼亚是非洲重要国家，传媒业较为发达。肯尼亚媒体是如何报道中国的？建构了怎样的中国形象？肯尼亚媒体在影响民众对华态度上发挥着多大的作用？这些影响是积极的还是消极的？本文以肯尼亚《民族日报》涉华报道为例，对肯尼亚主流媒体中的中国国家形象进行分析，并尝试探讨推动非洲媒体客观、准确、公正塑造中国形象的途径。

一、样本与时段的选取

民族媒体集团创办于1959年，经营报纸、电台、电视台及网站等各类媒体，覆盖肯尼亚、坦桑尼亚、乌干达等国。民族媒体集团不仅是肯尼亚第一大媒体集团，在东非、中非地区也颇负盛名。因此，选取民族媒体集团的主报《民族日报》作为本文的研究对象，研究其中的涉华报道，可以从大方向上掌握肯尼亚主流媒体是如何诠释中国人、中国社会的形象的。

本文选取的研究时段是2015年，以"中国"为关键词在《民族日报》的网站检索2015年全年的新闻报道。之所以选择2015年作为研究时段，主要基于以下几个原因：一是2015年对于中肯、中非关系发展有特殊意义。这一年举行的中非合作论坛约翰内斯堡峰会将中非关系提升为全面战略合作伙伴关系，确定了政治、经济、文明、安全和国际事务"五大支柱"，推出"十大合作计划"并提供600亿美元资金支持等务实举措，开启了中非合作共赢、共同发展的新时代。中肯关系进入历史最好时期，两国高层交往、经贸合作、人文交流等不断取得重要进展。这一年，习近平主席和肯雅塔总统在纽约、约翰内斯堡两次会晤，全年双边贸易总额突破60亿美元，连续两年年增20%以上，蒙内铁路、中非联合研究中心等标志性大项目顺利推进，中国对肯非金融类直接投资和承包工程分别跃居全非第一和第四，中国在肯第四所孔子学院成功开办运行。①二是共建"一带一路"愿景与行动文件发布、纪念中国人民抗日战争暨世界反法西斯战争胜利70周年阅兵式举行等2015年中国发生的重大事件引起了国际社会的广泛关注。基于上述原因，本文选取2015年作为研究时段，以期在这一时间段中解读肯尼亚主流媒体中的中国形象。

二、新闻文本的数据统计与概述

依赖网络检索的方式,以 2015 年为限定时段,在《民族日报》的网站检索栏输入"中国",共得出 121 条有效检索结果。根据主题的不同,本文将《民族日报》的涉华报道分为政治、经济、社会、文化、军事、科技六大领域。其中,政治类报道 55 篇、经济类报道 44 篇、社会类报道 15 篇、文化类报道 4 篇、军事类报道 2 篇、科技类报道 1 篇。详见图1。

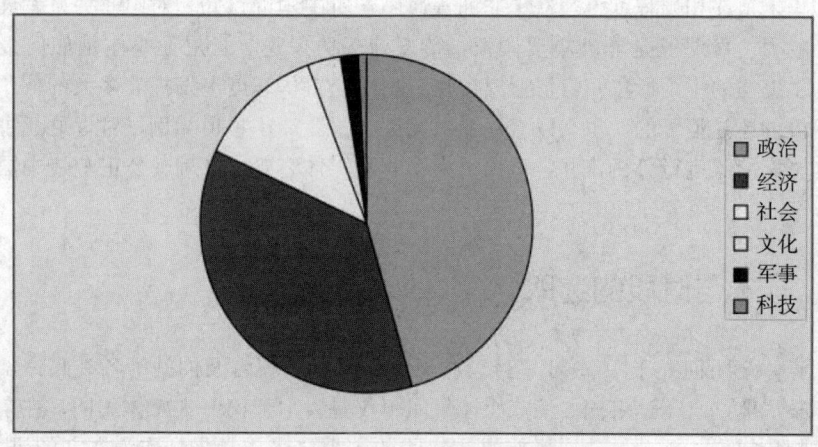

图1 《民族日报》2015年涉华报道按主题分布

在政治类主题中,有关国际关系这一类别的新闻文本数量最多,尤其对中肯关系、中非关系关注度最高。例如,该报对 2015 年 1 月王毅外长访肯、2015 年 12 月的中非合作论坛约翰内斯堡峰会均予以了重点报道。

经济类报道中,有关中国企业在肯尼亚承包工程、中国向肯尼亚贷款的报道最多。此外,由于非洲经济与中国经济的高度相关性,2015 年中国经济运行情况也是报道的关注点。特别值得注意的是,"一带一路"这一中国大力倡导的国际经济合作重大倡议也得到了关注。

在社会类主题中,绝大多数与环保问题相关,非法象牙交易、雾霾是涉华报道的高频词。此外,中国国内发生的公共安全事件,如上海外滩踩踏、东方之星游船翻沉、天津港爆炸、深圳山体滑坡等相继被报道。

文化、军事、科技类报道相对较少,但内容庞杂、涉及面广。例如,中国大学排名金砖国家和新兴经济体大学 200 强首位、中国在吉布提建首个海外海军后勤补给基地、中国抗埃博拉药物治愈英国女兵等,这些报道展现了更加多维、立体的中国形象。

除了上述以报道主题分类的分析方法之外,本文还从报道倾向出发对 121 篇涉华报道进行了研究。从涉华报道的倾向来看，121篇新闻中正面报道有53篇，负面报道有49篇，中立报道有19篇。正面报道主要集中于政治领域，特别对中肯、中非高层交往持积极态度。负面报道较集中于经济领域，中国企业在当地履行社会责任问题、中国商品的质量及中国企业对当地产业的冲击是报道的重点。此外，社会领域的负面报道也较为集中。详见图2。

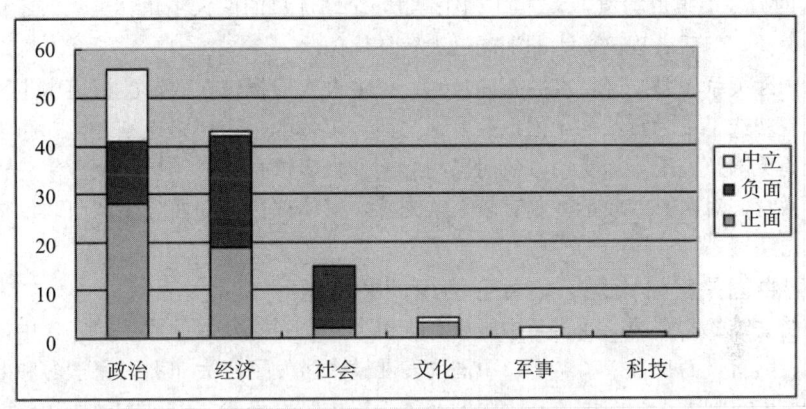

图2 《民族日报》2015年涉华报道按倾向分布

需要指出的是，本文对报道倾向的区分并不单纯以报道主题、事件作为标准，并不是反映困难、问题的就是负面报道，而是从报道的角度是否公正、客观、准确，是否在根本上有利于提升中国国家形象进行分类。例如，本文将报道象牙价格在中国下跌的文章列为正面报道，虽然其反映了中国存在非法象牙交易这一饱受诟病的问题，但介绍了中国2015年采取了系列措施打击非法的象牙贸易，这有利于展现中国在该问题上的进步。

三、中国国家形象的分析与讨论

从建构内容角度对2015年《民族日报》涉华报道作进一步讨论，将其建构的中国国家形象归纳为以下三种。

（一）中国是政治大国，但民主价值观不同

随着中国实力的不断提升，今天的中国正逐步走向世界舞台的中央。中国在国际事务中扮演的角色，是2015年《民族日报》涉华报道的一大重点。在伊朗核问题谈判、巴黎气候变化大会、联合国改革等议题的报道中，都不同程度呈现了中国的立场和作用，勾勒出中国的政治大国形象。

中国作为大国的能力和担当，在有关也门撤侨的报道中得到了体现。《首批肯尼亚公民从战乱的也门撤回》的文章特别写到，中国不仅派出军舰从也门撤出中国公民，还同时协助其他国家的外国公民安全撤离。[②]

作为世界政治大国，中国对非洲的影响力是《民族日报》涉华报道的关注焦点。这从《民族日报》对美国总统奥巴马访肯的报道中可见一斑。2015年7月，奥巴马首次以美国总统身份访问祖籍地肯尼亚，引发当地舆论热潮。《民族日报》从3月预热，直至8月持续刊发报道。值得注意的是，在这被称为美肯关系的"历史性时刻"[③]，中国却屡被提及。例如，2015年6月的一篇报道称，奥巴马的访问不可避免要被放在中美大国竞争的语境下看待。[④] 7月的另一篇报道写道，美国和中国是争夺全球优势的两大主角，虽然前者仍是世界唯一超级大国，但后者现已成为非洲的最大贸易伙伴。[⑤]

除了国际关系议题之外，有关新闻自由、民主人权的报道在政治类报道中也占据了一定比例，且塑造了较为负面的中国形象，这与西方媒体的报道风格逐渐趋近。事实上，肯尼亚曾经是英国殖民地，深受西方政治思潮影响。大多数肯尼亚领导人及青年一代都曾经接受西方教育，对西方的政治体制有较大认同感，媒体往往追随西方步调向政治体制不同的中国发出质疑。

（二）中国是经济大国，但社会治理问题重重

对饱受磨难的非洲国家而言，中国最有吸引力的是经济发展的成功模式，中国的成功不仅预示着财富，而且带来了希望。中国的发展模式激发了广大非洲国家学习和效仿中国的热情。许多非洲人认为本国应从中国的经济腾飞中吸取经验，以供本国所用。大部分非洲人赞赏中国经济发展模式，认为这一模式克服了国家人口众多、资源紧缺的弱点，对广大的非洲国家及发展中国家有着积极的借鉴意义。[⑥]因此，经济领域是非洲媒体关注中国的重点内容，《民族日报》也不例外。"中国是世界上经济增速最快的国家之一""中国是世界第二大经济体"等是《民族日报》报道中国经济的基本语调，塑造了中国作为经济大国的正面形象。

从《民族日报》涉华经济报道的基调看，希望肯尼亚搭乘中国经济快速发展的便车是其重要诉求。2015年，预热已久的"一带一路"倡议进入务实推进阶段，引起了国际社会的广泛关注。《民族日报》在报道"一带一路"时关注肯尼亚可以从中获得的发展机会。报道称，雄心勃勃的"一带一路"计划旨在将全世界63个国家的约45亿人口打造为"命运共同体"，肯尼亚的蒙巴萨和拉穆这两个港口城市被中国政府列为"一带一路"的重要节点。为提升肯尼亚受众的接受度，报道将"一带一路"与郑和下西洋进行类比，因为郑和曾经到达蒙巴萨和马林迪。报道引用肯尼亚驻华大使迈克尔·金扬久伊的话说，"我们可以利用这个重要倡议（带来的机会）""希望让我们的民众看到它的价值"。[⑦]

需要看到的是，经济大国只是《民族日报》呈现的中国形象的一个侧面，对中国环保问题、公共安全事故等社会治理议题的诸多报道在某种程度上削弱了中国经济大国的正面形象。例如，非法象牙交易是非洲国家对中国负面认识的重要原因，是非洲媒体涉华报道的一个敏感点。2015年10月，中国"象牙皇后"杨凤兰因走私价值250万美元的象牙在坦桑尼亚被捕等报道强化了对中国"象牙消费大国"的刻板印象。

2015年中国重大公共安全事故频发，引起了国际舆论的广泛关注。《民族日报》在报道这些事件时没有一手信息，多直接采用西方媒体消息，不仅反复强调中国"糟糕的生产安全记录"，批评中国官方危机处理能力不足，更无一例外指责中国官方"限制信息披露"。反映中国面临的问题、困难并非坏事，但有失客观、包含偏见的报道错误传达了中国的负面形象。

（三）中国是肯尼亚、非洲的重要合作伙伴，但民间认同度尚待提高

中肯关系、中非关系是《民族日报》涉华报道着墨颇多的内容。中肯关系方面，产能合作是报道的关键词之一。例如，以"加深中肯关系纽带"为主题报道习近平主席与肯雅塔总统12月在约翰内斯堡的会晤。报道引用肯雅塔的话表示，肯尼亚欢迎中国对肯尼亚发展议程的支持，特别是在基础设施与工业化方面；感谢中方选择将肯尼亚、埃塞俄比亚、坦桑尼亚作为中非产能合作先行先试示范国家。[8]对1月王毅的访肯之旅，《民族日报》也连发数篇报道，强调其是中国外长时隔5年首次访肯，对中国帮助肯尼亚加快工业化进程充满期待。[9]

此外，中国对肯援助也是中肯关系报道的一大关键词。习近平主席与肯雅塔总统会晤期间，承诺中方资助1000名肯尼亚留学生接受本科教育；中国商务部部长高虎城在内罗毕出席世界贸易组织第十届部长级会议时与肯方签署协议，向肯尼亚提供152.41亿肯先令援助；中国援助肯尼亚1.62亿肯先令用于帮助达达布难民营难民回国；中国进出口银行向中肯共建太阳能电站提供优惠贷款……此类新闻不断见诸报端，强化了中国作为肯尼亚重要捐助国、肯尼亚最大贷款来源国的形象。

中非关系方面，中非合作论坛约翰内斯堡峰会是报道重点。2015年是中非合作论坛成立15周年，也是峰会首次在非洲大陆举行，中方在此次峰会上宣布了推动中非合作的系列新举措。一篇报道引用肯雅塔的话表示，习近平主席在峰会开幕式上宣布的十大合作计划体现了中非关系的互信互利。非洲加深与中国的合作也与非盟《2063年议程》相契合，《2063年议程》旨在建设一个和平、团结和繁荣的非洲。[10]

经贸合作，毋庸置疑是报道中非关系的重点。《民族日报》2015年发表多篇报道讨论新常态下运行的中国经济对非洲经济的影响。有报道认为，自2005年起非洲三分之一的出口增长都依赖中国，中国经济增速放缓将对整个非洲的经济产生影响。文章引用世界货币基金组织的说法称，"中国打喷嚏，非洲就会感冒"。[11]

通过上述报道，"中国是肯尼亚、非洲重要合作伙伴"的形象跃然纸上。但同时必须看到，互利合作、共谋发展的中国形象大多存在于官方的、宏观的叙事之中；当报道切入点落回民间、微观时，中国形象则偏于负面。社会融入、劳工标准、环境保护、违规投标等中国企业在肯尼亚引发的社会问题，是肯尼亚普通民众比较敏感的话题，相关新闻容易成为报道的热点。此外，中国商品质量、中国企业对当地产业形成冲击等问题也是报道关注的重要内容。2015年《民族日报》涉华负面报道就主要集中于上述主题。例如，《民族日报》曾在一个月时间内连发数十篇报道质疑一家中国企业在肯尼亚取得数字电视运营牌照，批评"政府将外国公司的利益置于本国企业之前"。

四、个案分析：关于蒙内铁路的报道

从以上分析可以看出，《民族日报》所呈现的中国形象不是单向度的，往往是正负杂糅的多面形象。这种复杂性在关于蒙内铁路的报道中体现得淋漓尽致。

预计 2018 年完工，造价逾 38 亿美元的蒙内铁路是肯尼亚自 1963 年独立以来国内建设中最大的基建项目。它原计划东起蒙巴萨，西至内罗毕，路线后被延长至旅游景点纳瓦沙。该铁路对实现肯尼亚 2030 年远景规划至关重要。蒙内铁路未来还将把肯尼亚与邻国南苏丹以及乌干达更好连接在一起，成为东非铁路网的重要一环。这一重大项目由中国路桥工程有限责任公司承建，完全采用中国标准、中国技术、中国管理，是 2015 年中肯关系发展的标志性事件。

《民族日报》持续追踪该项目的进展，全年刊发了大量报道。一方面，围绕项目进展情况、项目对中肯关系意义等进行正面报道。例如，5 月，肯尼亚、乌干达、卢旺达、南苏丹等多国交通部长考察蒙内铁路时对其进展表示满意，报道赞赏中国承建方"动员了 150 个工作组以确保项目如期完成"[12]；9 月，肯雅塔总统为蒙内铁路枢纽车站——内罗毕南站工程奠基，报道引用中国承建方的话表示，该车站一旦完工将成为内罗毕的地标性建筑，同时成为"中肯友谊的象征"[13]；蒙内铁路肯尼亚摄影师创意摄影大赛于 10 月启动，40 名摄影师从 1200 名参赛者中脱颖而出，围绕"创新""环境保护""进步与繁荣""商业与贸易""社会责任"五大主题，在项目施工沿线的多个重要工点进行为期 5 天的实地拍摄，将蒙内铁路细节展现在肯尼亚人面前。《民族日报》报道该活动时引用主办方的话说，通过照片讲故事将有助于人们了解蒙内铁路上外国和当地工人，"大多数中国工人一年只能回国一两次"[14]；12 月，肯雅塔总统与习近平主席会晤时谈及蒙内铁路称，超过 25000 名肯尼亚工程师、工人与中国同行共同工作，中国专家还帮助指导 15000 名技术工人和 400 名工程师和高级技术人员。[15]

另一方面，《民族日报》关于蒙内铁路的负面报道也层出不穷。其中，劳工标准是反复被提及的问题。因不满待遇问题，蒙内铁路的肯尼亚工人曾多次罢工，《民族日报》均进行了报道并刊发多篇调查文章批评中国承建方没有给予肯尼亚工人和中国工人同等待遇。工程质量是报道关注的另一问题。因为肯尼亚铁路一贯采用英国标准，肯尼亚工程师对采用中国标准的蒙内铁路从技术安全方面提出了若干质疑，《民族日报》以"铁路结构和工程监理问题引专家对抗，蒙内铁路步履蹒跚"为题进行了倾向负面的报道，称肯尼亚工程师提出的质疑遭到中国承建方"无视"。此外，有关征地补偿、环境保护等问题的负面新闻也与蒙内铁路的报道如影随形。

如何分析这类负面报道背后的根源？首先，这与肯尼亚媒体的新闻理念有关，关注负面新闻是媒体扩大受众和寻找卖点的重要策略；其次，这也是对中肯关系发展过程中所出现问题的反映，是中肯关系不断成长的"烦恼"；此外，还有一个不可忽视的原因是受西方媒体影响。从1995年以来，中非关系的迅速发展给世人留下深刻印象：既给西方以巨大刺激，也给非洲以强烈推动。各种误解与批评应运而生。前殖民宗主国对中非关系的发展非常敏感，一些非洲人和非政府组织也对中国在非洲的发展产生疑惑。[16]"新殖民主义论""掠夺能源论""漠视人权论""破坏环境论"等指责中国对非战略的论调经常出现在西方媒体上。深受西方文化和习惯影响的一些非洲媒体也自觉不自觉地成为这些论调的"传声筒"。有学者研究发现，非洲媒体对中非关系负面报道的内容、风格和倾向和西方媒体趋于接近，民主价值观、社会责任、贸易和投资引发的问题已经成为非洲媒体报道中国和中非关系的固有模式。[17]

五、政策建议

在中非关系进入转型升级再提速的当下，如何进一步改善中国在非洲的舆论环境，提升中国在非洲的形象，发挥媒体在中非关系中的正面建构作用，是值得深思的问题。

第一，应进一步加强我国对非传播能力建设。近年来，新华社、中央电视台、中国国际广播电台等中央媒体大大加强了对非传播投入力度，并取得了可喜的进展。值得注意的是，《民族日报》2015年涉华报道中就有文章直接采用新华社英文消息，这有利于正向传播中国声音。但不可否认的是，与西方媒体相比，我国媒体在非影响力仍然处于弱势。为增强我国在对非传播中的话语权，必须进一步加强我国对非传播能力建设。传播能力建设并非只体现在基础设施、网络建设、落地率等经济性指标上，更体现于传播观念的现代化。精准传播是提升对非传播效果的关键，单一价值、单向度的"撒胡椒面"式的传播必然失败，针对性越强的传播效果越佳。例如，一个传播策略显然不能适用于非洲所有国家，对东非国家和西非国家的传播策略应该根据当地受众习惯而有所区分。此外，在西方价值体系主导的受众的刻板印象里，中国媒体等同于政府官方，等同于强加于人的宣传，极易被非洲受众拒绝。在新的国际传播态势下，我们应建构多元化的对非传播主体，要有政府的声音，也要凸显非官方、民间的声音。

第二，大力推动中非媒体开展形式多样的交流与合作。本文通过分析发现，《民族日报》涉华直接报道少，有关中国国内事件的报道大多直接采用法新社稿件。这种通过第三方了解对方的做法，显然不能全面、客观报道中国，往往会出现误读。为加强中非媒体合作，在政府层面应加强新闻主管部门的对话与磋商；在媒体层面应加强新闻研讨、人员培训、内容互换、联合采制和新媒体领域的合作。

第三，企业以身作则，帮助国家树立良好形象。要提升非洲舆论中的中国形象，不仅要"说得好"，更要"做得好"。做得漂亮，才能为确立正面的国家形象打好基础，为宣传提供素材与依据。有效宣传只能建立在负责任的行动上。[18]鉴于非洲媒体涉华负面报道主要集中于中国企业履行社会责任问题，在非中国企业在构建国家形象中的作用就显得格外重要。在非中国企业不能只考虑经济利益，应履行社会责任、尊重当地法律和风俗习惯，加强在非洲社会的融入。

(作者单位：中国国际广播电台斯瓦希里语部)

注释：

① 驻肯尼亚大使刘显法在"文化中国·四海同春"慰侨演出上的讲话，http：//www.fmprc.gov.cn/web/wjdt_674879/zwbd_674895/t1346113.shtml。

② First group of Kenyans back home from war-torn Yemen，http：//www.nation.co.ke/news/First-group-of-Kenyans-back-home-from-war-torn-Yemen/-/1056/2690500/-/9kqo7uz/-/index.html。

③ Moment of pride as Uhuru plans to host US leader，http：//www.nation.co.ke/news/politics/Barack-Obama-Kenya-Visit-Uhuru-Kenyatta/-/1064/2798294/-/x0ruyjz/-/index.html。

④ Barack Obama tour：Market country as gateway to Africa, Kenya urged，http：//www.nation.co.ke/news/Barack-Obama-Kenya-Visit-Global-Entrepreneurship-Summit/-/1056/2767724/-/qkcoq0/-/index.html。

⑤ West and East jostle to catch Kenya government's eye，http：//www.nation.co.ke/news/West-and-East-jostle-to-catch-Kenya-governments-eye/-/1056/2808688/-/eqa73oz/-/index.html。

⑥ 胡锦山：《中国在非洲形象的变迁和优化》，《对外传播》，2011年第8期。

⑦ China targets Kenya's ports in trade，http：//www.nation.co.ke/news/China-targets-Kenya-ports-in-trade/-/1056/2898150/-/12rgypgz/-/index.html。

⑧ Presidents Kenyatta, Xi meet to cement Kenya-China ties，http：//www.nation.co.ke/news/politics/Presidents-Kenyatta/-/1064/2983536/-/dm2g17/-/index.html。

⑨ China to help Kenya set up industries，http：//www.nation.co.ke/news/China-to-help-Kenya-set-up-industries/-/1056/2585224/-/2v3w1sz/-/index.html。

⑩ Sustained strategic ties with China will boost Africa's development，says Uhuru，http：//www.nation.co.ke/news/Uhuru-China-Africa-partnership/-/1056/2985752/-/4v20h0z/-/index.html。

⑪ Global Africa：The perils of living "Under the Dome"，http：//www.nation.co.ke/news/africa/The-perils-of-living-Under-the-Dome-/-/1066/2906678/-/xhc1v1z/-/index.html。

⑫ Railway on course, say ministers，http：//www.nation.co.ke/news/Railway-on-course-say-ministers/-/1056/2705420/-/hxhcmqz/-/index.html。

⑬ Uhuru breaks the ground for Nairobi new railway hub，http：//www.nation.co.ke/news/Uhuru-breaks-the-ground-for-Nairobi-new-railway-hub/-/1056/2877614/-/4c7a7g/-/index.

html.

⑭ Kenyan photojournalists' work on standard gauge railway to be exhibited in China, http：//www. nation. co. ke/news/SGR-photo-exhibition-China/-/1056/2967652/-/14pnsc2z/-/index. html.

⑮ Presidents Kenyatta，Xi meet to cement Kenya-China ties，http：//www. nation. co. ke/news/politics/Presidents-Kenyatta/-/1064/2983536/-/dm2g17/-/index. html.

⑯ 李安山：《为中国正名：中国的非洲战略与国家形象》，《世界经济与政治》，2008年第4期。

⑰ 周玉渊：《非洲媒体对中非关系的报道：影响与反思》，《国际新闻界》，2012年第11期。

⑱ 李安山：《为中国正名：中国的非洲战略与国家形象》，《世界经济与政治》，2008年第4期。

捷克媒体现状以及中国对捷传播策略

夏婵君

捷克位于欧洲中心，属于中等发达国家，其经济、社会、文化的发展一直处于世界较靠前的位置。近些年来，随着科技的进步、互联网的应用和手机移动端的产生，各种新型的传播方式和手段不断涌现。这对捷克国家媒体的传播方式和传播内容产生了巨大的影响。广播、报纸、电视等传统媒体在互联网、手机移动端等新媒体的冲击下，不断创新和变革其传播内容，提高受众黏着度，同时也吸收新型媒体的传播方式，拓宽自身的传播渠道；新媒体在利用自身技术优势的同时，不断发展符合时代需要的传播内容，出现了新媒体和旧媒体相互融合的发展趋势。

中国国际广播电台（以下简称国际台）是中国对捷克传播的主要媒体。捷克媒体的发展变化对以国际台为代表的中国对捷传播提出了新的要求。为了顺应这一国际广播传媒发展的大趋势，中国对捷克的传播方式需要根据其地区特点和受众偏好进一步调整和发展。下面，我们就结合对捷克媒体现状的调查和总结，对中国对捷传播进行分析。

一、广播电台

捷克统计局 2016 年年底发布的《2016 年捷克统计年鉴》数据显示，2015 年，捷克国有电台播音约 15 万小时，私人电台播音约 65.5 万小时，地方私人电台占大多数，目前除无线广播节目外，还有互联网及新媒体 App 等广播平台。

捷克的主要电台有捷克广播电台（Czech Radio）和布拉格国际广播电台（Radio Prague）。捷克广播电台创立于 1923 年，1991 年捷克斯洛伐克分裂后，从原捷克斯洛伐克广播电台分出，全天 24 小时播出，并用 5 种外语和捷克语进行对外广播；布拉格国际广播电台是捷克的对外广播电台，原为捷克斯洛伐克广播电台，1936 年开播，1990 年 5 月改名为"布拉格国际广播电台"，使用捷克语、德语、英语、法语、西班牙语 5 种语言，每天播音约 20 小时 50 分钟。该台设新闻、国际、国内、对发达国家、对发展中国家编辑部，另有节目寄送部和听众工作部。稿源主要来自捷克通讯社、一些外国通讯社和报刊。

1. 捷克广播电台数量统计与对比分析

据捷克统计局 2016 年年底发布的《2016 年捷克统计年鉴》数据，2011 年至 2015 年这 5 年中，捷克国内广播电台各项数字稳步提升，2015 年共有电台 62 家，无线广播数量达 115 家，其中，国有电台占 18%；全国范围播出无线广播数量 14 家，其中国有 8 家，私有全国范围播出无线广播数量 6 家。其余为地方无线广播。

捷克广播电台统计

项目名称	2011 年	2012 年	2013 年	2014 年	2015 年
广播电台运营商数量（家）	57	59	63	60	62
全国范围播出广播电台运营商	7	7	7	6	6
广播电台无线广播数量（家）	104	101	107	116	115
国有广播电台无线广播数量	15	15	15	21	21
私有广播电台无线广播数量	89	86	92	95	94
全国范围播出无线广播数量（家）	16	16	16	14	14
国有全国范围播出无线广播数量	4	4	4	8	8
私有全国范围播出无线广播数量	12	12	12	6	6
非全国范围播出无线广播数量（家）	88	85	91	102	101
公有非全国范围播出无线广播	11	11	11	13	13
私有非全国范围播出无线广播	77	74	80	89	88
模拟调频 FM 方式播放				100	99
模拟调频 AM 方式播放				2	3
数字 DAB 方式播放				5	6
数字 DVB-T 方式播放				1	1
卫星播放				2	2
海底电缆播放				1	1

从上表可以看出，在过去 5 年中，捷克广播的数量呈稳步上升的态势，并未因新媒体的快速发展而受到影响。由于捷克属于中等发达国家，人均汽车保有量较高，车载广播需求量大，国民受教育程度处于世界较高水平，对信息需求较大，而广播这种传统媒体因其内容来源的广泛与权威，报道的独家与深入，依然有很高的受众黏着度，因此广播目前在捷克得以稳步发展。此外上表显示，2014 和 2015 两年，捷克广播在加强内容的同时，开始越来越多地采用新技术来提高其播放的质量，而广播电台网站和广播手机 App 这两个新媒体的使用，也更加拓宽了广播这种传统媒体的新式传播渠道。新旧媒体的融合有效地促进了广播的发展。

由此可见，广播在中国对捷克的传播当中仍应占有非常重要的位置。由于中国和捷克国情和国民特点的不同，需要根据捷克受众的偏好和收听习惯，调整节目内容，通过学习捷克本土媒体的广播内容，了解捷克受众的偏好，更好地利用捷克专家资源做出更优秀的节目。另外还需提高传播渠道的质量，例如，普通收音机较难接收到中波和短波频率传送的节目，可适当补充当地的调频传送的方式等。此外，由于捷克的经济发展水平较高，互联网和移动手机 App 也是广播节目很好的传播渠道。

2. 捷克广播电台播出时长数据与对比分析

捷克在 2015 年广播电台的播出总时长为：国有电台 151317 小时，私有电台 655099 小时。私有电台远远多于国有。由于经营目的和收入来源的不同，国有和私有电台在节目配比上有一定差异，其中文化类节目占绝大多数比例，国有和私人电台分别占比 65.21% 和 84.9%，排在第二位的是新闻时政类，但此类节目国有和私人占比悬殊极大，分别为 31.9% 和 4.8%；而广告类则相反，分别为 0.6% 和 8.0%。

捷克广播电台节目统计

项目名称	2014 年		2015 年	
	国有电台	私人电台	国有电台	私人电台
总播出时长	157943	647386	151317	655099
文化类节目占比	63.9%	81.6%	65.21%	84.9%
新闻、时政和教育类占比	33.8%	6.5%	31.9%	4.8%
体育类占比	0.2%	0.3%	0.2%	0.3%
广告占比	0.5%	9.8%	0.6%	8.0%
其他占比	1.7%	1.8%	2.1%	2.1%

由于广播的特性是只能用耳朵去感知媒体所要表达的信息，因此需要主持人、现场音、背景乐等各个维度声音共同合作，才能给听众以好的享受，从而提高受众黏着度。因此时政新闻和赛事报道等主要依赖主持人这种单一声音的节目不适合在广播中占大量播出时长。从上表我们发现，相对轻松、声音多元的文化类节目在总播出时长的占比高达 60% 以上，甚至在私有电台高达 80%，是内容制作的重中之重。

此外，捷克是一个具有悠久历史的中欧国家，历史上出过很多著名的作家、诗人、音乐家，其中一些在中国甚至世界也是广为人知。因此捷克国民对文化类节目的需求和审美远高于世界平均水平。而中国是有几千年历史的文明大国，在历史发展中创造了绚烂的中华文化。尤其是近几年，随着中国经济的飞速发展和国际地位的不断提高，中国和捷克无论是在政府间还是民间的各方面交往都朝着越来越密切的方向发展，越来越多的捷克人开始学习中文，通过各种渠道了解中国文化，甚至到中国旅游和经商。然而西方媒体能够讲出的中国文化和中国故事毕竟有限，捷克受众对中国文化的渴求只有我们土生土长的中国媒体才能满足。

国际台作为中国国家级的媒体，拥有广阔的文化资源、优质的传播渠道和可以使用当地语言无障碍交流的高素质媒体工作者，这些资源在对外传播中国文化方面，都是国内和国外其他任何媒体无法企及的。如果我们对捷克的广播类节目选择以符合捷克受众偏好和媒体现状的文化类为重点，从历史文化和当前社会文化两条主线出发，将中国立体地展现给捷克受众，必将收到事半功倍的效果，同时也可大大增加中国媒体在捷克当地的影响力，扩大我们的受众群体。

而对于新闻时政类节目，根据表中的数据，捷克受众的主要信息来源是捷克国有电台。这些国有电台与中国的国有电台一样，拥有遍布世界的记者站和第一手的消息，因此如何在第一时间先于当地媒体报道中国和世界的重大事件，如何在事件报道中体现独特的视角，对于吸引当地受众尤为重要，在这方面，我们还有很多工作要做。

二、电视台

捷克统计局 2016 年年底发布的《2016 年捷克统计年鉴》数据显示，2015 年，捷克国有电视台 144 家，播出频道 341 个，播出总时长约 134 万小时，其中私人电视台播出约 133.4 万小时，占绝大多数。

捷克最主要的电视台是捷克国家电视台，于 1953 年 5 月 1 日开始试播，1954 年正式开播。2014 年捷克电视台全国播出总时长为 137.8 万小时。

1. 捷克电视台数量统计与对比分析

捷克电视台数量于 2011 年达到峰值，2013 年有所回落，此后略有上浮。其中全国范围播出电视台约占总数的 10%，国有电视频道和私有电视频道比例约为 1∶56，整个电视系统以私有为主。

捷克电视台统计

项目名称	2011 年	2013 年	2014 年	2015 年
电视台运营商数量（家）	153	137	135	144
全国范围播出电视台运营商	19	16	15	15
电视频道（家）	384	334	349	341
国有电视频道	4	4	6	6
私有电视频道	380	330	343	335
全国范围播出电视频道（家）	14	24	23	23
国有全国范围播出电视频道	4	4	6	6
私有全国范围播出电视频道	10	20	17	17
非全国范围播出电视频道（家）	370	306	326	318
私有非全国范围播出电视频道	370	306	326	318

续表

陆地播放			34	34
特殊传送系统播放			4	6
卫星播放			25	25
海底电缆播放	98	98	90	98
持执照播放			149	149
点播播放			99	109

从表中给出的电视台运营商数量和电视频道播出数量看，这些数字均是广播电台的3倍左右，虽然2013年后各项指标略有下降，电视依然在捷克是非常重要的主流媒体。随着近年科技的迅速发展，电视传播也越来越多地采用卫星、点播、新媒体等新的传播方式。

中国在电视领域的对外传播从现状来看还不多，主要是译制电影、电视剧和纪录片在海外的播出，在捷克已经播放的一些中国节目有电视剧《西游记》、近年中捷合拍的动画片《鼹鼠与熊猫》等。此外，还有一些海外华人在当地收购私人电视台播出华人节目，外国电视台等媒体也会来中国拍摄一些节目拿回本国播放。随着科技的发展，海外受众也可以通过互联网和手机移动端下载和在线上观看各种中国的电影和电视节目。但是由于中文在世界范围还不够普及，以及其他一些因素的限制，电视虽然是重要的主流媒体，但在中国的对捷传播领域一直无法发挥主力军的作用。

2. 捷克电视台播出时长与对比分析

捷克全国电视台2015年播出时长为：国有电视台44261小时，私有电视台133.4万小时，国有电视台播出时长约占私有电视台的三分之一。由于经营目的和收入来源的差异，国有和私有电视台在节目配比上差异较大，其中国有电视台一直以新闻时政类节目为主，文化类其次；而私有电视台2015年大幅调整了各类节目配比，新闻时政类在2015年逆转超越了文化类节目时长，达到与国有电视台持平的水平，体育类节目则远低于国有电视台，二者分别为19.3%和2.4%；而广告类则相反，国有电视台和私有电视台占比分别为0.5%和4.3%。

捷克电视台节目统计

项目名称	2014年		2015年	
	国有电视台	私有电视台	国有电视台	私有电视台
总播出时长（小时）	38459	1255341	44261	1333866
文化类节目占比	27.2%	45.4%	29.5%	37.8%

续表

新闻、时政和教育类占比	46.2%	35.6%	43.6%	43.5%
体育类占比	21.1%	3.1%	19.3%	2.4%
广告占比	0.6%	5.8%	0.5%	4.3%
其他占比	5.0%	10.1%	7.1%	12.0%

与我国电视节目类型播出时间占比不同，在捷克，即使是私有电视台，也把近50%的播出时间留给新闻时政类节目。对比捷克广播节目中新闻时政类分别在国有电台占约30%播出时长，和在私有电台占约5%，电视在传统媒体中是捷克受众获取新闻时政类信息最主要的来源。其原因为，电视除了声音之外，更能通过文字配合视频画面的方式使受众对传播信息产生最直观的认知，是传统媒体的广播和报刊都无法比拟的。因此电视报道的新闻时事更直观、更具象、也更真实，是这类节目最好的传播渠道。此外，节目播出时长占比是受众对节目类型偏好的一种体现。尤其是以盈利为目的、占捷克电视台98%以上的私有电视台，更是会把吸引受众眼球作为选择播出节目的重要考量，他们的节目时长设置更是代表了受众的需求和偏好。通过电台和电视台的各项数据我们可以得出，最受捷克受众偏爱的节目类型是文化类和新闻时政类。

然而电视在对外传播方面可以发挥的作用十分有限，因此我们在对外传播过程中，需要通过互联网和手机视频App的途径满足捷克受众对新闻时政类信息的需求，以此来弥补广播的不足。

三、报纸杂志

据捷克统计局2016年年底发布的《2016年捷克统计年鉴》数据，2015年捷全国发行各种报纸、杂志5127种，其中日报109种，周报、周刊85种，月刊、半月刊1051种。

捷克国内主要报纸有：《今日青年阵线报》《权利报》《经济报》《人民报》等。另外，捷克通讯社（捷通社）为国家商业性通讯社，在国外有11个分社，与20多个国家的通讯社有业务联系。

从2005年到2015年的10年间，捷克报纸数量在1300—1700种浮动，而杂志数量则从2500种稳步增长到3700种。捷克最大的传媒集团Médea Group表示，他们深度的独家的内容都不在传统媒体以外的网络上发表，受众想要优质内容只有买杂志或看电视，因此捷克的杂志得到很好的保护和发展。

捷克报纸杂志统计

年份	杂志（种）	报纸（种）	其中日报（种）	其中 周报（种）	月报（种）
2002	2667	802	105	218	1545
2003	2813	823	93	231	1558
2004	2462	910	96	213	1302
2005	2534	1301	108	126	1014
2006	2993	1406	116	144	1196
2007	3243	1589	165	149	1344
2008	3436	1511	118	148	1426
2009	3950	1737	126	169	1555
2010	3798	1683	123	108	1063
2011	3603	1662	122	98	992
2012	3576	1522	125	89	987
2013	3647	1381	110	77	1003
2014	3626	1391	110	78	993
2015	3733	1394	109	85	1051

在对外传播方面，可以说中国的报刊对捷克的影响相对其他传播渠道更加微弱。捷克报刊的数量在过去10年中不仅没有被互联网的新传播方式冲击，反而稳步增长，Médea Group集团对于自己深度、独家的内容都不在传统媒体以外的网络上发表，受众想要优质的内容只有买杂志或看电视，从这些方面看，传统媒体在捷克的大众传播领域依然占有举足轻重的地位，互联网和手机移动App等新技术产物只是传统媒体拓宽自身传播渠道的一种手段，它们依托于传统媒体强大的内容团队而生存，"内容"在捷克的传媒领域才是真正的王者。

综上所述，我们在进行对捷克传播时应根据捷克媒体现状重新整合和配置资源，根据不同的传播渠道特性，打造不同类型的节目：优质的广播频率重点配合播出轻松愉快的文化类节目；与时俱进的新闻时政类节目，由于电视渠道的局限性，可以主要选择互联网和手机App等方式传播。此外，还应重点打造国外媒体无法完成的品牌栏目和独家报道。

（作者单位：中国国际广播电台捷克语部）

浅谈如何在对非传播中打破
西方媒体塑造的刻板印象
——从BBC纪录片《中国人来了》说起

王 蕾

《中国人来了》(The Chinese Are Coming)是英国广播公司(BBC)第二电视频道于2011年年初推出的两期纪录片,每集60分钟,分别讲述中国企业和个人在非洲、巴西和美国的投资经营情况及当地人的反应。在以非洲为主题的第一集中,记者兼主持人贾斯汀·罗拉特(Justin Rowlatt)走访了安哥拉、赞比亚、津巴布韦、刚果民主共和国和坦桑尼亚五个非洲国家。本文以此为例,就BBC以偏概全塑造刻板印象,抹黑中国在非洲形象进行分析,并提出我们对非洲地区传播的应对技巧。

一、BBC如何通过《中国人来了》塑造刻板印象

1. 通过议程设置宣扬"中国威胁论"

媒介的议程设置就是传媒人的一种"把关"。[1]它不仅体现了传播者对信息或新闻的选择,还涉及传播视角、传播方向和传播方式上的把关。BBC作为世界最大的新闻广播机构之一,深谙议程设置之道,在制作《中国人来了》时,在报道选题和传播视角的选择上无不体现着服务于"中国威胁论"的宗旨。

面对近三十年来中非关系快速、深入、全面的发展,西方国家给中国戴上了四顶"帽子":一是"中国进入非洲搞新殖民主义",二是"中国掠夺资源",三是"中国使非洲陷入债务危机",四是"中国援助和鼓励非洲暴政"。[2]

在《中国人来了》纪录片中,记者的报道选题都逃不出上述"中国威胁论"所炒作的话题。比如在赞比亚的卢安夏铜矿带,记者通过一对英国白人夫妇之口告诉受众"中国人想要的只有利益,利益导向把他们能从这个国家这个矿山拿走的都拿走了,回馈尽可能地少"。记者搭一辆刚果人的运水泥车到了刚果盛产铜和钴的加丹加省,首先采访了在危机四伏的矿洞里"每天工作11小时、每周工作6天"的山姆威尔,通过旁白告诉受众"估计加丹加90%的矿藏运去了中国,铜只是不断增长的货物中的一种,而中国现在是世界上最大的消费国"。接着本地一位人权运动分子指责中国公司"不管发生事故的工人,不时有工人被虐待"。然后到了刚果忠心矿业公司一个由中国人经营的矿场,在镜头前展现了尽管自己取得了省长和情报机构的许可却不被工厂允许拍摄的场景。记者不能进入津巴布韦,于是采访了两个据说是逃出来的人。他们认为"中国政府一直为穆加贝开脱责任,使

他更加有恃无恐地践踏人权。如果中国政府真正在乎津巴布韦人民的权利……情况会有所不同"。通过这些被刻意筛选出来的选题和音响，记者塑造了符合"中国威胁论"观点的中国形象，而那些有利于树立中国患难与共、无私援助的政治形象，互利合作、共谋发展的经济形象，独立自主、平等友好的外交形象，及和谐友善、包容开放的文化形象的事实和信息则被有意淡化或忽视了。[3]

2. 避重就轻、以偏概全、因果倒置

《中国人来了》在开篇讲述中国在安哥拉的投资活动时，选取了本格拉铁路进行报道。根据网上资料，本格拉铁路全长大约1345公里，西起大西洋港口城市洛比托，途经滨大西洋的本格拉省，中部高原万博省和比耶省，穿过中东部莫希科省，东至与刚果民主共和国接壤的边境城市卢奥，是安哥拉洛比托经济走廊的重要通道。本格拉铁路连通安哥拉与非洲内陆国家刚果（金）、赞比亚和津巴布韦，作为出海通道，为这些国家的矿产品出口到欧洲和美洲市场带来极大便利。[4]同时，该铁路通过连接赞比亚、刚果（金）、莫桑比克等周边国家铁路网，将构建从大西洋直通印度洋的铁路大通道，极大地促进区域经济发展。[5]

但是在BBC的纪录片中，记者首先告诉受众的是"上车我就发现了一个惊喜，看看铁路公司给我们准备的这间无与伦比的车厢，这部分是最早的车厢，英国的车厢，因为这条铁路是英国人建造的……现在中国人在帮忙翻修"。接下来记者走出头等舱来到当地人所在的拥挤的车厢，在得到大家对中国人翻修铁路的赞赏答复后，用旁白告诉受众："安哥拉有着非常丰富的储油量，是中国现在最大的石油供应国，每天运往中国上百万桶石油，因此中国的企业和他们的工人在此泛滥。"

他们没有告诉受众的是，本格拉铁路的建造始于1902年，当时的葡萄牙殖民政府给了英国资本家罗伯特·威廉姆斯（Robert Williams）筑路特许权，铁路建成于1929年，首要目的是把扎伊尔沙巴区（今加丹加省）的矿产出口到欧洲。该铁路线的经济和战略地位使之在殖民时期被频繁蓄意破坏，第一次大规模的破坏活动就来自当时受南非、扎伊尔和美国武装支持的争取安哥拉彻底独立全国联盟。1975年安哥拉陷入内战，本格拉铁路全线关闭，不仅给安哥拉带来灾难，也给依靠这一通道的扎伊尔（今刚果（金））和赞比亚带来巨大经济损失。2002年内战结束后，铁路重建被提上日程，但当时西方各国要么不愿意，要么拒绝提供资金支持，中国成为安哥拉获取重建资金的重要来源，于2004年为铁路重建提供了第一批20亿美元的信用额度，完全用于基础设施项目。[6]中国发放贷款后的数个月内，包括英国巴克莱银行和苏格拉皇家银行在内的几家西方银行联合发放了数额更大的石油抵押贷款，总额为23.5亿美元，2005年年底，共有15家国际银行参与了信贷，包括美国进出口银行，但是，只有中国的贷款登上了新闻头条。[7]

由此不难看出，BBC在本格拉铁路的报道中有意忽略了殖民时期西方的不光彩作用，以殖民者的思维揣度中国投资者的思维，把中国企业和工人的出现归因于中国对石油的需求，把铁路重建给当地人带来的变化轻描淡写为"小商贩在这条线上来回穿梭做点小生意，卖点油、鱼、土豆、木炭，有什么卖什么"，而罔顾安哥拉内战后对基础设施的需求没有得到西方支持的事实，并忽视了铁路重建对促进城镇与农村、内陆与沿海地区商业交流，人员、货物、服务和信息流动，以及带动区域经济发展的作用。

3. 着意体现专业素养，用表面的公正客观掩盖偏见

BBC在其传播中一直倡导"广播电视必须坚持公正、客观、平衡的报道原则"。在《中国人来了》的纪录片中，除了未能入境的津巴布韦，记者在每个国家都进行了大量采访，安哥拉的采访场景包括首都罗安达的港口、某施工现场、本格拉铁路和第二大城市同时也是昔日的殖民地重镇万博；赞比亚的采访场景包括维多利亚瀑布、世界第五大国家公园卡富埃和小象孤儿院、卢萨卡卖鸡市场和卢安夏铜矿带；刚果（金）的采访场景包括加丹加铜钴矿带和刚果忠心矿业公司；坦桑尼亚的采访场景包括坦赞铁路、达累斯萨拉姆车站、坦桑尼亚海滩、达累斯萨拉姆碟子厂和达累斯萨拉姆港口。在采访中，记者着意体现专业素养，以求给受众留下"公正、客观、平衡"的印象。

比如，在赞比亚，记者采访了当地鸡贩雅各·穆伦加，他说由于中国人的竞争，他们丧失了99%的生意。记者就在旁白中补充说：对于鸡贩们来说，中国养鸡农民或许是个威胁，不过竞争降低了购物价格，其他赞比亚人的确受益了。接下来记者指出，有传言说中国人对鸡做了手脚，雅各说是强制喂食，让鸡看起来更大。雅各杀了两只鸡，一只从赞比亚农民那儿来的，一只从中国农民手里买来的，要记者比较味道。记者先是停顿一下引起悬念，"现在我诚实地告诉你们大家，我会实话实说的"，然后在雅各和其朋友们期待的目光中，他说，"赞比亚的鸡尝起来更好"，中国鸡有点硬，赞比亚的鸡嫩很多，引起当地鸡贩一阵欢呼。但是记者马上补充：他不确定这只中国鸡是不是好的那种。

但是，表面的公正客观依然是为塑造刻板印象服务的，无法掩盖其骨子里的偏见。在雅各分别用"又大又好"和"病恹恹的"来形容赞比亚鸡和中国鸡时，记者表示"雅各当然没有歧视的意思"。之前在中国农民潘伟志的鸡场采访时，当记者问为他工作的当地人"你的中国老板好相处吗？"尽管工人回答"为他工作是比较轻松的……我们是一个团队"，记者则表示怀疑"不知他们在老板面前是否讲了真话"。

4. 挑选采访对象，突出刻板印象

美国新闻评论家和作家、传播学史上具有重要影响的学者之一沃尔特·李普曼在1922年写道，"我们所见到的事实，取决于我们所站的位置和眼睛的习惯"。[8]由于持有"中国威胁论"的视角，《中国人来了》的创作人员在挑选采访对象时也失之偏颇。比如尽管BBC摄制组没有被允许进入津巴布韦采访，但如果想了解真实情况，还是可以采访到许多相关人员的，但记者仅仅采访了两个据说是从津巴布韦逃出来的人，并在旁白中妄下论断，"带着不光彩的历史，中国政府不太可能为非洲人民的权利而斗争，而中国政府的非洲盟友中更是包括非洲最差劲的统治者。"以塑造所谓"中国援助和鼓励暴政"的刻板印象。

同样，在赞比亚卢安夏铜矿带和刚果（金）加丹加铜钴矿带的采访中，记者的采访对象包括对英国人统治时期有着美好回忆、曾经在矿场工作的一对白人夫妇；坚持认为迄今

在赞比亚投资了14亿美元，为当地提供了超过6500个工作，帮助曾经关闭的矿山重新开工的中国公司"在这里毫无用处"的一位当地矿工；以及加丹加本地的一名人权活动分子。

当纪录片的创作者把中国在非洲的投资活动简单理解为"攫取石油、矿产资源"时，采访这些对象就不足为怪了。然而事实上，中国在非洲的投资活动还包括服务业、制造业、建筑业、农产品加工业、医药卫生行业等经济领域的方方面面，涉及人力资源发展、技术援助、基础设施建设、信息共享、贸易以及信贷等各方面，产生了多重社会效应，有助于改善贫困和创造就业。2015年，在皮尤研究中心（Pew Research Center）展开的全球态度调查中，有70%的非洲受访者给了中国投资者赞许的评价。[⑨]这与人们从《中国人来了》得到的印象大有不同。

5. 运用对比，操纵受众情感

BBC制作的纪录片《中国人来了》中，不时会出现记者以西方人的视角，在中西、中非之间作出对比，这种对比往往带有挑拨意味，旨在影响和破坏受众对中国的感情。

比如在采访了安哥拉首都罗安达一处有着600名中国工人的施工现场后，记者通过旁白表示，中国人每天挣到的20英镑对当地工人来说是一笔巨大的数目，然而这些钱都会寄回中国。接下来记者在旁白中说道，"油田以及中国的建筑项目使罗安达像一个新兴城市，但当地的失业率依然非常高"。

再如在赞比亚卡富埃国家公园采访时，记者通过与管理员的对话向受众暗示：中国人不乏偷猎者，偷猎之后的象牙也供应中国市场，中国是非洲象濒临灭绝的重要原因。然后记者采访了小象孤儿院，在旁白中总结说：中国政府针对象牙制品交易的措施十分严厉，但象牙制品交易在远东地区仍十分活跃，中国还对其他野生动物制品包括犀角和虎制品有需求，危及其他物种的生存。

又如在赞比亚卢安夏铜矿带，记者告诉受众，这里原来是英国人经营的，现在归中国人了。记者采访了一对白人夫妇，问他们的童年印象，对方答：妙不可言，难以置信。无论你想玩什么，那时都有，不仅是一种设施，是顶级设施。而中国人来了以后，曾经的矿山俱乐部的舞厅被改成了羽毛球场，而且上了锁。

通过这样的对比，中国人抢夺当地人的就业机会、破坏当地野生动物资源、自私自利的形象被刻画出来，而那些有企业社会责任感的中国公司向非洲的卫生、教育、文化项目投入数十亿美元的事实则被忽略了。

二、中国对非洲地区传播中的应对技巧

面对美英媒体运用各种技巧以偏概全塑造中国刻板印象，抹黑中国在非洲形象的做法，中国媒体应该如何应对，实现对非洲地区的有效传播，树立中国在非洲的真实形象呢？

1. 主动向外说明中国

在西强东弱的传播态势下，我们的传播往往偏于应对西方的攻击指责，没有做到主动向外说明中国。事实上，由于中国综合国力的提升和影响力的扩大，外界有迫切了解中国的愿望，如果我们不能主动说明，失去先机，就会给西方舆论以可乘之机。要做到主动向外说明中国，我们需要有契机意识，利用国家领导人出访、"两会"召开、中非合作论坛等重要报道事件等提前做好策划，起到以一当十的作用，树立中国国家形象。

2. 讲述故事真相

为了增加我们报道的可信度，我们必须学会讲述故事真相。这就要求我们抛弃"家丑不可外扬""报喜不报忧"的过时理念，展示给受众一个有优点也有缺点的全面的中国，说中国好的同时也不回避中国面临的问题，以此增强传播的吸引力。比如在对非洲地区传播时，针对非洲人关切的中国企业社会责任、当地工人的劳动条件和待遇问题、野生动物资源保护等，我们既要报道中国做得好的地方，也要承认我们做得不足的地方，这样才能推动我们的企业更好地融入当地社会，这也才是对中国国家形象真正负责的态度。

3. 学会国际表达视角

原国务院新闻办公室主任、中国人民大学新闻学院院长赵启正提出了"中国立场、国际表达""中国故事，国际叙述"的传播模式，寥寥数语，道出了对外传播的真谛。也就是说，我们的对外传播必须站在自己国家的立场上行事表态，必须要用外国受众听得懂的表达来介绍中国的真实故事，进而达到说明中国、让世界正确认识中国的目的。[⑩]要做到这一点，我们就要改变宣传味的语言，学习一些传播技巧，向美英媒体学习，于潜移默化中间接传播自己的思想观点而不是直接塑造国家形象，也就是把新闻还原为故事，"将传播者的立场和政治倾向隐藏在字里行间，通过影射、对比、比较等手段暗示受众'合理想象'或'合理推理'，将受众的思考牵引到宣传者预先设计好的圈子中"，[⑪]从而达到提升自己的国家形象。这也要求我们研究非洲地区的国情和文化特色，学会本土化传播，而不是自说自话。

4. 加强评论力量做好外交政策解读

近年来，欧洲大国显示出有重返前非洲殖民地的倾向，2014年4月2日至3日，始于2000年作为欧盟与非洲国家间最高层次的对话机制的欧盟—非洲峰会在布鲁塞尔举行第四次会议。同年8月4日，为期三天的首届美国—非洲领导人峰会在华盛顿开幕，近50位非洲国家元首受邀参与峰会，讨论非洲经济发展、地区安全等议题，这标志着美国重返非洲。而由日本主导的发起于1993年的非洲发展东京国际会议二十多年来首次在非洲举行，于2016年8月27日至28日在肯尼亚首都内罗毕召开第六次会议，日本首相安倍晋三除了宣布新的对非援助计划，还提出了联合国安理会改革目标、确保连接日非的海洋之路航行自由等政治议题，评论认为日本此举旨在谋求私利，把非洲当成和中国竞争的第二战场。

可以想见，随着欧美日发达国家越来越重视与非洲的关系，他们必然会视中国为其竞争对手，进而想出新的办法挑拨中国与非洲的关系。为此，我们应该加强评论力量，打造一支立场稳、政策熟、业务精、纪律严的评论员队伍,在国际舞台和对非洲地区传播中为我发声,既能向受众解读我们的外交政策,又能分析他国的政治目的,在关键时刻能够进行有针对性的反击,通过驳斥谬论来澄清真相,从而塑造一个良好的中国国家形象。

5. 用好社交媒体平台扩大传播效果

"在国际舆论争夺大战中,快速行动、'先发制人'、不给敌方留有可乘之机和'空白地带'已成为一种有利于国家正面形象形成的铁的规律。"[12]在国际重大突发事件发生时,我们如果不主动播报、抢先播报,就等于自动放弃了阵地,放弃了营造国际舆论的主动权。而一旦导致出现国家负面形象,将长期陷入被动而不易扭转的局面。

在新媒体时代,要想掌握先机,我们必须加强媒介融合,学习新媒体传播规律,用好社交媒体平台,掌握脸书(Facebook)和推特(Twitter)上的发帖技巧和营销规律,打造好媒体品牌,扩大传播效果和影响力。事实上,我国主流外宣媒体脸书和推特账号上来自非洲的粉丝数量要普遍高于来自西方发达国家的粉丝数量,充分用好社交媒体平台,吸引更多非洲受众的关注,将有助于我们加大境外舆论场上的话语权,做好对非洲地区的传播,塑造中国在非洲的真实形象。

(作者单位:中国国际广播电台英语环球广播中心)

注释:

① 赵雅文:《全球化与国际平衡传播》,新华出版社,2007年12月第1版,第72页。

② 高秋福,新华社原副社长、世界问题研究中心名誉主任,新华网"纵论天下"研讨会上发表演讲,2010年1月25日,http://news.xinhuanet.com/world/2010-02/26/content_13029702.htm。

③ 胡锦山:《非洲的中国形象》,人民出版社,2010年6月第1版,第3页。

④ http://portandcorridor.org/wp-content/uploads/2013/03/Lobito-Lusaka-corridor.pdf。

⑤ 严洲:《我国以中国标准建安哥拉最快铁路 连接非洲经济走廊》,http://finance.sina.com.cn/chanjing/cyxw/20140813/145419999740.shtml。

⑥ Angola's Lobito Corridor: From Reconstruction to Development, https://issuu.com/cmi-norway/docs/5120-angolas-lobito-corridor, Angola Brief 2014.4 volume 4 No.5.

⑦ [美]黛博拉·布罗蒂加姆(Deborah Brautigam):《龙的礼物——中国在非洲的真实故事》,沈晓雷、高明秀译,社会科学文献出版社,2012年7月第1版,第259—260页。

⑧ [美]赫伯特·甘斯(Herbert J. Gans):《什么在决定新闻》,石琳、李红涛译,北京大学出版社,2009年9月第1版,第393页。

⑨ 严言:《中国在非洲投资的五大真相》,《国际金融报》,2015年9月7日第03版,

http：//paper.people.com.cn/gjjrb/html/2015-09/07/content_1606787.htm。

⑩ 赵雅文：《全球化与国际平衡传播》，新华出版社，2007年12月第1版，第225页。

⑪ 张昆：《国家形象传播》，复旦大学出版社，2005年11月第1版，第203页。

⑫ 赵雅文：《全球化与国际平衡传播》，新华出版社，2007年12月第1版，第254页。

浅析里约奥运会媒体传播的新趋势

郭 昊

随着科学技术的飞速发展，以互联网电视、智能手机、掌上电脑等为载体的新媒体传播手段已经逐渐成为人们获取资讯的重要渠道。新媒体的发展，对以电视、广播、纸媒等为代表的传统媒体的生存构成了巨大的威胁，这一趋势在2016年里约奥运会上尤为明显。奥运会不仅是四年一次的全球性体育盛会，更是一次全球媒体的大阅兵。在本届奥运会的报道中，无论是新媒体的天马行空，还是传统媒体的推陈出新，都给人们留下了深刻的印象。以2016年里约奥运会媒体传播方式的变化与发展作为研究的切入点，可以帮助我们掌握和了解新时代媒体发展的新规律，为我国传媒事业健康发展提供借鉴与思路。

一、新技术的全面应用

解析里约奥运会媒体传播的新趋势新变化，首先需要说的就是奥运会上那些令人眼花缭乱的新技术的应用。"科技改变生活"，这句话无论是对奥运会的参赛者，还是对于奥运会观赛者同样适用。新技术在奥运赛事报道中的运用，彻底改变了人们的观赛习惯，给广大观众带来了完全不一样的观赛体验。在本届奥运会上，主要有以下三方面的"变革"。

1. VR技术试水奥运会

VR技术在这两年风头正盛，其身临其境的用户体验可以说和体育赛事是"天生一对"。虽然技术本身尚未发展成熟，但VR在奥运会的首次亮相可以说是众望所归。受限于技术障碍，本届奥运会仅仅用VR制作了总时长在85小时的体验类节目，但VR技术所达到的沉浸式的观看体验却赢得了广大观众的一致好评。几乎所有"尝过鲜"的用户都认定，这种新兴的媒体传播技术势必成为未来大型体育赛事报道中不可或缺的一部分。

在里约奥运会上，奥林匹克广播公司积极与主转播商美国NBC公司就VR技术的应用进行了积极磋商合作。最终，双方制作了包括奥林匹克男子篮球赛、体操、沙滩排球、田径、跳水、拳击等在内的多个赛事的精彩集锦和相关比赛花絮和长达85小时的里约奥运会VR视觉体验片，虽然最终未能实现VR赛事直播，但VR技术为受众所提供的逼真的视觉体验效果，还是在很大程度上满足了远在千里之外的人们"看现场"的需求。

在里约奥运会开幕之前，《金融时报》为了预热奥运，特意用VR技术制作了一个名为"隐匿之城"的短片。该视频用VR技术详尽地介绍了奥运会举办地里约热内卢的风土人情、自然风光，对奥运会的预热宣传，起到了很好的效果。据《金融时报》的周末杂志编辑暨"隐匿之城"项目负责人惠特尔介绍："VR技术给关注里约奥运会赛事的观众带来了前所未有的视觉体验,这是一场新的技术革命,它会引领整个媒体的传播方式的变革,我们将会在后期制作更多的 VR 视频,甚至包括电影,创造一场真正的视觉革命"。

但不能忽视,由于 VR 的技术尚处开发阶段,在里约奥运会的媒体传播中也暴露出了一些不足之处。例如,目前 VR 技术还不能实现同步直播,表现形式也只能以录播实现,存在一定时效上的滞后,难以满足观众看直播的需求。此外,VR 作为新生事物,目前普及率较低且售价高昂,其受益人群目前仅占观众的很少一部分,这在很大程度上也制约了 VR 技术在媒体传播中的进一步扩大。

2. "直播元年"改变观赛习惯

新媒体技术的应用在改变着人们的观赛习惯,广大观众可以不再像从前一样在电视机前坐等直播信号,随时随地看比赛成为可能。即便你身在千里之外,可能所掌握的赛事信息甚至会比亲临现场的观众还要多。

里约奥运会被戏称为奥运"直播元年"。随着以智能手机、掌上电脑等为传播载体的网络通讯设备的不断完善,便捷式随身媒体传播成为可能。利用 APP 直播软件,任何人都可以成为一线记者,整个奥运赛场被 360 度无死角展现在观众面前。例如,腾讯通过全权购买央视奥运会的网络直播权,打出"全民直播"的口号,组建了包括运动员、退役冠军、专业网红的百人"直播天团",他们从不同的视角将自己所看到的奥运呈现给广大观众。在里约奥运会开幕式上,腾讯遍布赛场内外的各路"记者"从不同的视角将奥运开幕式的盛况多样地展现在网络直播的平台上,其不同于单一直播信号中规中矩的转播方式,取得了良好的市场反馈。除此之外,网络直播使得受众脱离了传统电视机直播信号的束缚,使随时随地看奥运成为可能。

3. 机器人记者奥运完成"首秀"

一场大型体育赛事想要办好,除了离不开场内竞技的高水平运动员外,场外优秀媒体记者们的深度挖掘也不可或缺。对于奥运会的报道,主力军自然是记者。但由于人力资源有限,加之奥运赛事报道的高强度,即便许多名记在这样大场面中,也很难做到完美,偶尔出现低级失误更是难以避免。但在本届里约奥运会的赛事报道上,我们看到了"生力军"的加入,机器人记者首次参与到了奥运赛事报道中,这些人工智能产品在很大程度上减轻了记者的工作量,节省大量人力资源。更为重要的是,人工智能可以通过它非常人可比的"大脑",以图文并茂的形式精准地报道赛事,并提供海量相关赛事信息,而且极少出现误差。也许你不会想到,你在奥运会期间阅读的某篇令你赞不绝口的赛事报道是出自某个机器人的手笔。

例如,在里约奥运会期间,《华盛顿邮报》启用了名为 Heliograf 的人工智能机器人。从 2016 年 8 月 6 日奥运会开幕,这个人工智能机器人就开始对里约奥运会的赛事进行全程直播,囊括了跳水、举重、射击、橄榄球、自行车等数十个比赛项目,人工智能机器人快速地将各类比赛信息以图片、数字、表格等形式发布在《华盛顿邮报》的网站及其他相关网站上,供广大奥运会赛事爱好者们参考,其时效性与准确性令人叹为观止。人工智能机器人的出色表现不仅体现在其精准的数据分析能力，其长久工作的耐受力更是普通记者无法比拟的。可以说，机器人在为广大观赛者提供大量、及时的数据信息以供参考的同时，还解放了大量劳动力，为身处一线的记者们挖掘更深度的赛场报道提供了可能性。

二、赛事报道的全覆盖

里约奥运会上，除了让人眼花缭乱的新技术的应用外，新闻媒体对于奥运赛事报道的思路也在发生着深刻的变化，奥运报道不再拘泥于赛事本身，报道更加广泛。

1. 更多地关注奥运主办城市本身

以往的奥运会，媒体报道的关注点更多地都在赛场内，关注的是竞技场内的超级明星们，对于奥运主办城市的报道更多的是作为赛事开始前的预热。但随着近年媒体传播理念的革新，如今的媒体对于奥运赛事报道的涉及面更加宽广，除了注重比赛本身，曾经被比赛边缘化的奥运主办城市乃至主办国家的风土人情、自然风光也被放到了重要的位置。

有赖于新技术的应用，里约奥运会对于主办城市的推广更是达到了一个新的高度。例如奥运会开幕之前，《金融时报》便运用VR技术制作了名为"隐匿之城"的里约介绍短片。该视频将里约热内卢这座拥有近500年历史的上帝之城的古老建筑、历史名人、城市发展等方方面面展现在了世人面前，给里约乃至整个巴西做了一次较为全面的宣传。

2. 更注重赛场外专题性报道的发掘

在里约奥运会的赛事报道中，各家媒体愈发重视对里约奥运会专题性报道的发掘。而这种专题性报道的重点也不再拘泥于比赛内容本身，更多地将关注点放到了奥运金牌之外的故事。例如，新浪新媒体实验室在里约奥运会上结合比赛推出名为《陪练的他》的专题报道。报道从人文关怀的视角对于奥运会运动员的幕后英雄进行了专题性的采访报道，尤其聚焦在奥运会冠军背后的陪练人员。通过对这些奥运会冠军幕后人物的采写，让观众充分了解到培养一个奥运会冠军所需要付出的艰辛，引发人们对于这些"幕后英雄"更多的关注。这样的专题性的报道，让人们更加深入地了解到传统媒体传播之下的边缘新闻内容，让人们能感受一届更有温度的奥运会。

三、里约奥运会媒体传播新趋势的影响

新技术的全面应用，传统报道方式的重大变革，不仅改变了人们长期以来所形成的观赛习惯，也冲击着传媒行业的现有格局，更将引领整个行业未来的发展方向。

1. 冲击传统媒体地位

里约奥运会媒体传播的最主要趋势之一就是新媒体的全面应用，以智能手机、掌上电脑、数字电视为主要硬件载体，以各类智能软件为运行依托的媒体传播方式对以纸媒、电视、广播为代表的传统媒体造成了很大的挑战。尽管本届奥运会传统媒体依然占据着较大

份额和数量庞大的用户群，但由于在时效性、交互性上的相对不足，越来越多的用户开始倾向于使用新媒体作为自己了解奥运赛事相关信息的主要手段。与此同时，新旧媒体的同步运作也促使传统媒体不断反思，革新求变。传统媒体在本届奥运会上也确实拿出了不少的创意，例如国内的一些体育频道，从本届奥运会开始已经纷纷向数字化直播的方向发展，还推出了高清比赛直播和实时回看服务。这些都可以说是不断向新媒体同行借鉴与学习的结果，也是顺应时代发展不可避免的趋势，更是传统媒体在新时代背景下不得不进行的"自我进化"。

2. 形成更加多元化的传播体系

在里约奥运会的媒体传播中，我们看到的更多的是一种多元化的媒体传播体系。这个体系犹如一棵参天大树，以奥运赛事播报为主干，不断地向四周伸展，形成了丰富多彩、繁荣昌盛的多元化媒体传播体系，而多元化的媒体传播也已经成为整个媒体传播的主要发展趋势之一。现在的奥运报道是一个综合性的媒体传播信息的过程，虽然播报奥运赛事信息依旧是媒体传播的主要内容，但却不再是全部。如今的奥运赛事报道相比于以往奥运赛事报道所涵盖的范围性更广，人们所了解的不仅仅是与金牌得主相关的故事，金牌背后的志愿者、陪练、观众，甚至是赛事报道的记者都成为赛事报道的鲜活素材。而主办城市、主办国的风土人情、自然风光，这些看似与奥运五环不相关的话题也被囊括进了奥运赛事报道，而且占据了愈发重要的位置。多元化的传播体系让如今的奥运会已经超越了一般性体育赛事本身，成为全球人民的大联欢。

3. 信息传播流畅性促行业再升级

在里约奥运会上，新闻信息传播的流畅性得到了广大观众的一致认可。这一方面得益于新媒体的充分运作，各种关于里约奥运会的新闻信息通过网络便捷的方式传输到世界各地，使得人们能够及时了解和掌握里约奥运会的比赛进程及相关的赛事信息。另一方面，媒体传播信息的流畅性也使得媒体行业在此次里约奥运会中得以再次升级进化。当今，最新、最先进媒体传播技术和理念通过奥运会的平台得以展示交流。以美国为代表的发达国家的先进技术理念更是吸引世界各国媒体同行的眼光，成为人们争相借鉴与学习的对象。这种相互学习，进一步促进了世界各国媒体的共同发展，也对全世界传媒行业的发展起到了很好的促进作用。而在传媒行业，尤其是新媒体群体的带动之下，例如手机、电脑等前沿科技产品也通过赛事的检验不断完成自我进化，以满足受众日益增长的使用需求，科技与人文结合促进多行业共同发展。

综上，可以得出如下结论：

一是新媒体的应用势必成为今后媒体传播发展的新趋势之一。随着科学技术的不断发展，以网络信息技术为依托的新媒体，因其快捷、方便、时效性强等方面的特征，将逐渐成为媒体传播的主流方向。

二是媒体传播更具广泛性与覆盖性。从里约奥运会赛事报道的整体媒体传播中可以看出，新闻信息的播报已经不再拘泥于传统的赛事直播，而是蔓延到与赛事本身相关的方方面面，现在的赛事报道更加注重对赛事周边事物的探索与挖掘，这是多元化媒体传播的发展趋势之一，显示出在当下多元文化背景下媒体传播的盛世景象。

三是媒体传播带动多行业共同发展。在媒体传播，尤其是新媒体传播的带动之下，例如手机、电脑等前沿科技产品，依托着媒体传播的潮流也在不断完成自我进化以满足使用人群不断增长的新诉求。这些都表现出新时代背景下，科技与人文的相互结合，媒体与其他行业的齐头并进。

（作者单位：中国国际广播电台葡萄牙语部）

参考文献：

1. 潘曙雅、戴幼卿：《里约奥运会：国内外媒体的创新报道》，《新闻与写作》，2016年第10期。
2. 楼栋：《新媒体直播在里约奥运会中的创新运用》，《传媒评论》，2016年第8期。
3. 陈滋昂：《浅析里约奥运会中新媒体的运用及优势》，《新闻研究导刊》，2016年第18期。
4. 张燕：《奥运报道的融媒体思考与探索——以2016年里约奥运会报道为例》，《新闻战线》，2016年第16期。
5. 李晓彦：《新媒体语境下里约奥运会的报道及媒介价值取向》，《出版广角》，2017年第22期。
6. 曾静平、王若斯：《奥运赛事网络传播催生出"针孔媒介场"》，《电视研究》，2016年第10期。
7. 岳璐、武俊宏：《中国奥运新闻报道的文化转向——以〈人民日报·奥运特刊〉为例》，《新闻前哨》，2016年第11期。
8. 周知洵：《从里约奥运会看新媒体对社会价值观的作用》，《新闻展现》，2016年第16期。
9. 熊克成：《从里约奥运报道看媒体融合进程》，《新闻与写作》，2016年第10期。
10. 赵湘湘：《央视公布2016里约奥运报道计划融媒体方式成最大亮点》，《中国广告》，2016年第5期。

技术研究

浅谈 IT 运维和运维自动化

田西勇

一、前言

随着信息技术（Information Technology）在各行业的广泛应用，基础的业务系统已经完全离不开 IT 技术的支持，IT 系统的运行维护成为各行各业普遍关注的问题，如何进行有效的 IT 运维管理，已经成为 IT 行业的热点问题。IT 运维工作目前面临的主要问题之一就是从业人员专业素质参差不齐、大部分人从各种培训学校里面出来，没有任何工作经验就在从事运维工作，导致整个行业整体水准偏低。难道 IT 运维对从业人员的要求真的就是这么"简单"吗？

二、关于 IT 运维

IT 运维的目标就是确保所维护的信息系统安全、高效、平稳地运行，这决定了 IT 行业运维工作的内容涉及非常广泛，如：CDN、云平台、虚拟化、网络、存储、安全、数据库、系统等，数据库和系统里有 Unix/Linux、Windows、Oracle、MySQL、MongoDB……想要熟练掌握每一项专业技能，纵然天资聪慧也几乎不可能。因此，要做好 IT 运维工作，需要从 IT 系统层面进行整体的规划和落实。IT 系统通常由软件支撑系统、应用系统、硬件设备以及机房环境和环境等子系统构成，做好 IT 系统的运维工作需要从做好相关子系统的运维入手。

在一些人的眼中 IT 运维就贴着搬运工、维修工、勤杂工（帮开发人员打打杂）、救火队员的标签，日常就是解决一些硬件、系统和程序存在的问题，做大量重复琐碎的事情；在另一些人眼中，运维是"超人"，他们精通一门或者几门编程语言、技术，对不管是测试环境还是生产环境应用的方方面面都了如指掌，甚至能够指出新上线程序的 bug。请不要困惑于人们对 IT 运维工作如此矛盾的认知，因为，这是运维工作的多样性和复杂性给人们留下的印象。每天都很忙，所有事情是工程师手动处理的，每一个问题都需要单独去处理，这看似很能够体现一个运维人员的技术水准，但是这些事务性的工作，并没有真正体现出运维人员的核心价值。运维工作的价值不在于你每天有多忙碌，删除了多少日志、重启了多少次服务、写了多少个脚本，最终体现你能力的还是你所维护业务运营的可用率，运维工程师的价值也是通过投入更少的成本保障业务以更高质量的运行（可用、安全、容量）来体现。那么对于运维工作，我们应该去思考什么是努力的方向和所要达成的目标。

三、运维自动化和对运维工程师的要求

在互联网时代，出现了越来越多的大型、超大型系统，系统模块越来越多，部署在成千上万台服务器当中，在这种情况下，如何减小运维工程师的工作压力，提高效率，避免少出错，让运维工程师的价值得到最大的体现，是我们要思考的问题。当传统的运维方式在这些海量的需求面前显得束手无策时，如何利用我们手头上的资源去解决实际业务发展过程中不断出现和可能出现的问题，让所维护的系统更有效、更高效、更便捷、更稳定、更安全才是运维工程师应该努力的方向。运维自动化的工作方式也就顺应时代的发展而产生了，那么，什么是运维自动化呢？

通用的说法是："运维自动化就是在企业业务越来越复杂、对IT人员要求越来越高的前提下，靠人工已经无法满足运维工作的需求，只能靠自动化技术来解决这一问题。"如果用通俗的说法是："活儿多人少的情况下，运维工作不是靠人力的堆砌去解决复杂的问题，而是靠系统的自动化运维来给运维工程师减负。"

我们应该树立运维自动化是一个整体的、系统的概念，是一个整体的综合管理方式，它不是简单地学会一门程序语言，自己写个脚本或写个程序处理某个问题，这些都是属于一个局部的、非整体的运维范畴，不是运维自动化，就算写出来了也顶多是一些对系统的整体运维工作没有什么太大价值的代码，同样，运维自动化也不是简单地使用某个开源工具或者开发技能。运维自动化的对象是面向业务，面向用户，可能是运维也可能是业务研发过程中的其他环节。

对于IT运维工作，我们应该顺应潮流、知难而进、提升功力，努力向更高目标迈进。无论ITTL（Information Technology Infrastructure Library，信息技术基础架构库）还是ITSM（Information Technology Services Management，信息技术服务管理）或者是我国2012年制定的《信息技术服务 GB/T28827》等规范或标准，这些规范或标准的理念都是为了指引我们如何达到我们的IT运维的目标。

大道至简，殊途同归，各行业对运维工程师从事的工作所提出的要求和方法，最终极的目标是一致的，运维团队是技术团队，需要通过技术体现其价值，应当考虑的是如何把好的技术应用到业务上，给用户带来价值，比如说用户体验提升，成本减少等等，为了达成运维工作的目标，一个合格的运维工程师需要练就多种能力。

1. 基本功是关键

入门是基础，修炼基本功的目的是减小现实和目标之间的差距，降低达成目标的难度，实际工作中，判断系统故障原因、解决并修复系统故障往往最终还是要看你基本功扎实与否。

IT运维工作的基本功是什么呢？个人认为就是做运维工作需要的最基础的知识，就是前述的运维工作的内容的各个知识点的理论，也就是各种培训学校能够教给那些对运维行业感兴趣或者基本功缺失人员的东西。重要吗？非常重要。某项基本技能或者一些基本常识，如果愿意去学也是很容易掌握的。

基本功是入门前的准备工作，基本功练不到家不影响你去学习一门技术，但是越学到后面就会感觉越困难和痛苦。但是，有了一定的功力了，反倒重新回头再练基本功就不太可能了。这就是为什么我们会经常碰到一些人，这些人有可能从业多年，但是很多基础一问三不知，这从日常和运维工程师们交流也可以看出端倪。一方面说明：很多人基本功不扎实，问啥啥都知道一点，但是啥都讲不清楚；另一方面说明：很多人在用人的时候搞不清楚什么是重点，什么是他们需要的，想着最好是被用的人什么都会。

2. 做到内外兼修

做IT运维工作，我们"外在"的功力是一方面，"内功"的修炼也是很重要，外在表现于我们做了什么事情，而内在表现于我们对于所做事情的方法理论和思考的经验总结。

IT运维人员的外在身形是什么呢？我认为，外在身形就是我们所做的具体工作，写个脚本、安装一个软件、排查一个异常等可能都是运维人员外在的表现。

IT运维人员的内在功力是什么呢？我以为，内在功力并不是以上所述的各种基本功，也并不是我们在学校里面学到的计算机理论、程序的算法和运行原理、业务的架构设计等等，抑或沟通、归纳、抽象、经验等，我们看不到，也无法量化，它是一个多方面综合的东西，它能够帮助我们更好地发挥出自身能力。

有些人忽略了内功的修炼，就成为给开发人员打杂的角色，做的也就是安装下软件、排查下异常、写几个脚本，仅此而已。

有些人过于强调理论的重要性，我们身边应该不乏这类人，道理说得头头是道，但是怎么做他们就不关心了或者说他们就不知道了。

我们经常可以看到，所谓的高手绝对是身形和内功都练到位的行家里手。而只是身形好顶多就是所谓的三脚猫功夫，花架子而已，在实际工作中难当重用。

知其然，更要知其所以然。与什么都知道相比，把一个东西搞清楚弄明白更值得去做。

3. 高效的运维工具和标准化流程

IT运维工作中，武器就是我们日常使用的工具。有工具和没有工具，有单一场景的工具还是平台化的工具，差异会更大。使用工具会大大提高工作效率，工具的好坏也因人而异，但往往最顺手的工具就是最好的工具。运维的工具一般只能靠IT运维人员自己不断去搜集和打造，一则大部分开发人员基本上不懂运维，二则开发人员一般没有足够的人力去维护运维工具，毕竟在一个以KPI（Key Performance Indicator，关键绩效指标）为准绳的时代，很难要求开发资源的投入。如果招来新人专门做IT运维开发，就存在第一个问题；如果让懂业务的开发人员去开发相应的工具就会存在第二个问题。最终只能靠IT运维人员自己去学习开发工具,这也就是 devops (Development+Operations,运维开发) 的由来,这也是现在运维的发展趋势。

目前大部分单位,对于 IT 运维人员的人力成本投入方面要比业务开发人员少很多,一般一个 IT 运维人员至少要应对多个业务,处理十几个以上开发人员的需求。如果不是专职做 IT 运维开发的运维人员,开发工具一般限制都比较大,由于投入的资源有限,那么开发工具就尽可能的要求可以多次复用,那么就要求工具的设计足够抽象、实施对象足够标准化,否则开发的工作量和设计的难度就会高出很多个量级了。

因此,在打造实用的工具之前,要求我们的业务流程足够标准,无论是开发环节还是测试、运维环节,任何差异都需要额外的人力成本投入,也会加大处理问题的难度和增加无谓的工作量。你可能需要人工几个小时才能搞定的一件事情,有了工具你可能分分钟就搞定了,而且还不用返工。在足够标准的环境下,就像古代派兵布阵,人就是最标准的环境,一个人和一万个人都是整齐划一的,但有了工具你就可以很高效的结束战斗。打造武器,不能依赖别人,只能靠 IT 运维人员自己去做。

4. 团队协作尤为重要

团队协作就是流程和协同组织,之所以协作非常重要,是因为你不是一个人在战斗。如何造就一个克敌制胜、无往不利的工作团队?

个人能力再强,也强不过一个专业化、流程化、高度协同的团队,可能团队中每个人拉出来都不是很牛,但是加在一起就是一根筷子和一捆筷子的区别了。

IT 运维应该是由意识(研发人员,包括产品、开发、测试、运维)+ 技术(提升效率,打造工具的关键)+流程(工具是流程的固化手段)组成。

想象一下,当业务环境能够在我们的努力下保持干净、一致、极简,同时在流程固化下不断降低人力成本与人为的失误,极大消灭低级问题,真正碰到的问题是值得我们投入精力去付出的,这才能够体现 IT 运维人员的真正价值。碰到问题解决问题,写脚本处理变更需求,解决告警问题,都只是一种低层次的手段,很多事情应该考虑在业务之前,事后需要做的事情就会少很多,这是 IT 运维人员的方向,也是目标之一。

5. 关于流程自动化

当我们具备了上述的条件,自动化运维才能逐步实现,人的意识(认知问题)、工具(技术问题)、流程(组织问题),结合起来,才能无往不利。其中,整个流程中最薄弱的环节是人的因素,高效运维最终的目标就是在运营过程尽可能地减少人为因素的影响。业务程序的质量高低对后期运维工作的表现也有非常大的影响,程序的质量是从程序设计之初、写代码之前就决定了的,一个糟糕的程序设计,就算是再好的程序员估计也写不出什么好结果,一个天生不良的业务,后天的运维工作做得再好也改变不了多灾多难、故障频发的现实,高明的程序架构从业务的立项之际就会考虑业务的运维特性。

运维工作的流程自动化涵盖了从代码的安全扫描到功能测试、部署到线上运营环境、性能和异常监测、故障的自愈、容量和健康状况的反馈、程序的再次修改和业务架构的调整等。所有的环节要尽可能减少人为的介入，只有流程出现异常时才需要人工的干预，产生的经验应该时刻回馈到流程中，当下次碰到同样的问题流程自动化的工具可以依据经验自行处理掉，这也是自动化中故障自愈的一个基础思想。

四、思考

运维自动化是未来运维方式发展的趋势，目前运维向自动化方式发展依然面临很多问题。以后实现了标准化、流程化、自动化，配套的工具都到位了，还要运维人员做些什么？会有哪些变化？假如这些都成为现实，那将是运维行业的巨大进步，那些只能写写脚本、删删日志等工作的低端技术人员将转变成为业务值守型的运维人员，通过自动化的运维系统处理日常的变更、扩容、故障定位等日常事务，那些有研发能力的高水平的工程师才是运维团队核心竞争力，可以投入到运维自动化平台的建设和系统维护中去，只有具备研发能力的运维团队才能真正实现自动化平台的持续优化发展，用自动化运维的方式为用户创造价值，才能体现运维的价值。

任何事物都是在向前发展的，任何行业也都遵循从新兴行业成为主流行业、再从主流行业变为夕阳行业的规律，需要人们去主动调整不断适应外界的各种变化，这些规律都不会以人的意志而转移。流程化和自动化、运维敏捷化、资源精细化、变更精准化都是技术发展的必然趋势，等真正完全实现流程自动化，才能进入更高级的运维体系，到那时，我们观念需要迅速变换到价值驱动、用户驱动的方向上来。有了用户驱动和价值驱动，对运维的效率、质量都会提出更高的要求，反向驱动我们向自动化和平台这条道路前进，实现运维价值和业务运行相互促进的良性循环。

（作者单位：中国国际广播电台采集制作中心）

大数据在广电行业应用探讨

王 晟

　　当前大数据技术开发已经成为一股潮流席卷了各个行业，企业只有运用好大数据技术才能在竞争中处于优势。数据已经成为企业的核心资源，数据采集、管理、分析能力已经成为企业核心竞争力的一部分，在传媒领域尤其如此，传媒领域直接面对用户，如何为每个用户提供喜爱的内容，积累用户，留住用户，利用用户信息产生价值是媒体企业首要考虑的问题，而广电行业作为国家的主流媒体，还肩负着正确引导用户的责任，在竞争激烈的新媒体时代，正确引导必须依靠大数据技术才能完成。本文主要探讨大数据技术在广电行业的应用，第一部分首先简单介绍大数据技术及当前国内的大数据发展现状，第二部分简述新媒体公司的大数据应用案例，第三部分探讨广电行业的大数据应用。

一、大数据技术与国内大数据发展现状

1. 大数据技术

　　大数据是互联网发展到一定阶段的产物，大数据的主要来源是互联网数据，大数据的特征是体量巨大（以 PB 为单位，1PB＝1024TB），类型繁多（非结构的数据为主，如网络日志、视频、图片、地理位置信息等），价值密度低（大段数据中有分析价值的可能只占一小部分），数据来源多，增长速度快（每秒钟都有大量的数据增长）。在统计学上，大数据与以往的区别是，传统的统计学只是分析整体数据量的样本数据，而大数据是处理分析全部数据，分析全部样本数据正是大数据的价值所在，对全部样本进行分析可以发现统计学上难以发现的问题，并且可靠性更高。

　　大数据技术是采集、存储、分析大数据的技术，是一套技术体系的总称，其中包括海量数据存储技术、实时数据处理技术、数据高速传输技术、搜索技术、数据分析技术、大数据可视化技术等。图 1 是一个典型的大数据技术系统构架，大部分大数据技术都采用类似的技术构架模型。

　　图 1 架构中数据源经过 ETL（Extract-Transform-Load，提取—转换—加载）技术提取、转换、加载后进行分布式存储系统进行存储，ETL 负责将分散的、异构数据源中的数据进行转换、集成，最后加载到数据仓库中，为联机分析处理、数据挖掘提供基础的数据支撑工作。

　　ETL 是构建数据仓库的重要的一环，ETL 首先对数据进行清洗：包括对无效的数据进行替换，对数据进行格式规范化，主外键约束。其次对数据进行转换，包括数据的合

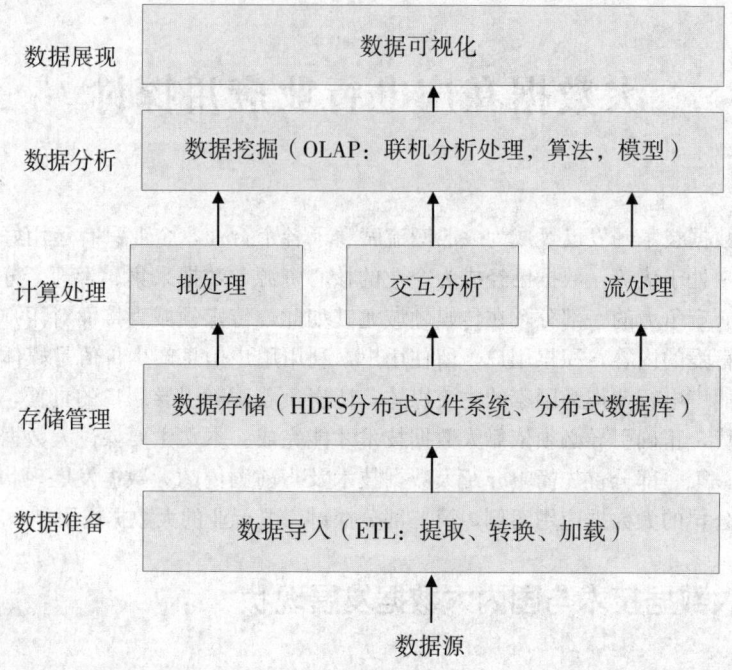

图 1　大数据系统构架图

并,拆分合验证,最后进行数据加载、异常处理和测试工作。

分布式存储系统将结构化数据、非结构化数据、半结构化数据进行分布式存储,分布式存储系统将大量存储服务器通过网络互联,作为一个整体提供存储服务。分布式存储系统需要实现数据管理工作,包括自动容错、自动负载均衡,线性扩展存储能力。同时要保证高性能,高吞吐量,并发读写的过程中保证数据的一致性。

存储数据进行大规模并行计算,目前应用比较广泛的为 Hadoop 的 mapreduce 计算模型和 Apache 的 spark 分布式计算框架,计算框架将大数据任务进行拆分处理,把大任务拆分,分布到多个计算节点完成,并对各节点计算过程进行监控和统一管理,计算节点计算完成后再进行结果汇总完成运算。

数据挖掘是大数据的核心组成部分,其主要工作是对数据进行分类、聚类和回归,数据挖掘需要根据实际的应用情况合理的设计分析模型,选择合适的分析工具,常用决策树、规则推理、甚至神经网络、遗传算法等方法进行处理,并需要通过评估模型对结果进行评估。

数据可视化是运用成熟的工具对数据统计、数据分析成果进行直观展示,便于分析人员迅速理解掌握数据价值。

2. 国内大数据发展现状

2015年，我国信息产业收入达到17.1万亿元，比2010年进入"十二五"前翻了一番。其中软件和信息技术服务业实现软件业务收入4.3万亿元，同比增长15.7%。同时信息消费蓬勃发展，网民数量超过7亿，移动电话用户规模已经突破13亿，均居世界第一。在这种信息化背景下，我国政府部门、互联网企业、大型集团企业积累沉淀了大量的数据资源。我国已成为产生和积累数据量最大、数据类型最丰富的国家之一。

目前我国基于大数据的创新创业日趋活跃，发展迅速，大数据技术、产业与服务成为社会资本投入的热点，并不断改进人们的生活，转变人们的思维方式。在智能分析方面，部分企业积极布局深度学习等人工智能前沿技术，在语音识别、图像理解、文本挖掘等方面抢占技术制高点。在政策环境下，国家对大数据产业给予了充分的肯定和支持。目前大数据已经成为所有行业领域不可缺少的一部分，任何企业想要在行业竞争中处于优势，运用大数据已经是必然，同时运用好大数据已经成为首要问题。2016年，为推动我国大数据产业持续健康发展，工信部编制印发了《大数据产业发展规划（2016—2020年）》（以下简称《规划》）。规划中强调，到2020年，技术先进、应用繁荣、保障有力的大数据产业体系基本形成。大数据相关产品和服务业务收入突破1万亿元，年均复合增长率保持30%左右，加快建设数据强国，为实现制造强国和网络强国提供强大的产业支撑。

二、大数据在新媒体领域的应用

运用好大数据技术是新媒体企业在竞争中取得成功的关键所在，本文在此分别介绍Facebook，今日头条和Netflix及优酷的大数据应用案例。

1. Facebook大数据应用

Facebook利用大数据技术服务用户，并以用户为核心，分析用户数据，以此驱动数据增长，形成了相互促进的用户数据驱动模式。对用户的精准分析满足了用户需求和广告主的需求，实现了生产和消费的精准匹配。Facebook 85%的收入来自企业的广告，只有15%的收入来自个人用户的增值服务。它为个人用户提供的服务主要有时间轴、礼物、活动、上传、市场、状态、标识语言、应用程序、直播频道、业务拓展、向CPO提问、热门话题等，这些服务项目是Facebook吸引并形成海量用户的砝码。有了这些数据，Facebook就可以制定有针对性的广告方案，并针对用户进行有针对性的营销活动，获得更多广告主的青睐，将数据创造出更多的价值。

Facebook每天会采集到500+TB的数据，这些数据实时更新，Facebook每天最主要的数据工作是将采集到的数据进行存储、分类、分析挖掘，发现数据真正的价值。首先将用户评论、上传图片、音乐、视频等非结构化的数据进行瀑布式的分析、归类转换成结构化的数据信息，包括用户身份信息、行为类信息、状态类信息、关系类信息等，数据结构化后进行数据解读，对用户进行"画像"发掘用户的长期爱好和短期需求。由此为用户提供服务，同时匹配广告供给侧，为用户推送最匹配用户需求的广告。由于 Facebook 数据量大，结合强大的数据分析能力，其用户画像能力和广告投放精准能力相比其他社交网站更强，这也是 Facebook 的核心优势所在。

2. Netflix 和优酷大数据应用

Netflix 是全球领先的互联网电视网络公司，拥有来自 50 个国家 6900 万以上的订阅用户，每月电视节目及电影观看时长超过一百亿小时。每天用户在 Netflix 上产生上亿多个行为，用户暂停、回放或者快进时都会产生一个行为，Netflix 的订阅用户每天还会给出近千万个评分及搜索请求，询问剧集播放时间和设备。为了弄懂用户的观剧喜好，Netflix 通过细分创造了至少 7 万种视频"微类型"，来细分已有的视频内容，Netflix 拥有庞大和专业的评级团队对视频内容进行分类和定级。Netflix 积累用户数据，建立用户偏好数据库，通过该数据库可以预测用户对视频分类的喜好，由此根据用户习惯匹配影片类型。如一个影片类型可以根据以下条件确定：

影片类型＝地区＋主题＋形容词元素＋类型片类型＋演员特性＋创作来源＋时间＋故事情节＋内容＋得奖情况＋适宜观看人群等等。

如果影片类型确定后，Netflix 自有的片库没有该类影片，Netflix 可以根据此类标签去自主制作，比如《纸牌屋》的拍摄就是基于上述数据分析制作，并获得了用户高度认可。

在国内视频网站中，优酷也尝试利用用户喜好统计结果进行视频制作。优酷的自制网络剧《泡芙小姐》根据用户的评价来决定剧情走势，甚至其中主人公的性格特征也由用户决定。《泡芙小姐》至今已播出 5 季共 70 集，点击播放次数近 3 亿次，累计粉丝 3000 多万。《泡芙小姐》诞生后培养了大量的忠实粉丝。

3. 今日头条大数据应用

今日头条目前有 6 亿用户，其利用大数据手段实现了每个用户的头条信息均是个性化推送。今日头条数据分析兼顾用户、文章和环境信息。通过数据挖掘以上三类信息将最好的内容到达最适合的受众。

今日头条用户信息包括用户兴趣、职业、年龄、阅读行为等用户特征信息。环境信息包括用户的网络环境信息、用户各时间点浏览场景信息等，文章信息包括文章热度、文章主题词和转载量及实效性和关联性等。今日头条通过两步数据模型分析实现新闻的推送，第一模层型分析数据维度，发掘用户、环境、文章相关联的维度信息。第二层模型根据决策对数据维度特征进行排序，根据排序结果对用户进行有针对性的数据推送。

三、大数据在广电行业应用探讨

目前可以明确的两个事实，一是国家支持大数据产业，国内的大数据产业正在突飞猛进的发展，二是新兴媒体利用大数据实现了用户的积累并受到了广告商的青睐。因此广电媒体要想发展，必须拥抱大数据，大数据是广电媒体转型的驱动性力量，广电媒体必须积累利用好大数据才能实现向全媒体转型。

本文第二部分分别从三个角度介绍了新兴媒体有效利用大数据技术的案例，包括用户分析（Facebook）、内容制作（Netfilx 和优酷）、内容投放（今日头条），下文将着重阐述广电媒体大数据的应用方向。

1. 用户分析

当前互联网公司大部分以扩大用户为最终目的，广电媒体的最终虽不是为了扩大用户，但扩大用户量必须是实现目的唯一途径。任何产业，尤其是媒体产业大数据分析最基础在于用户。当前广电媒体由于广播的局限性，难以获取用户数据，因此广电媒体必须突破自身局限性获取用户，包括利用牌照优势和播控平台分流用户数据，积极建设网络发布平台积累用户数据，与新媒体合作共享数据资源。

在用户分析维度方面，广电媒体可以参照新媒体用户分析方法，但必须同时结合自身实际情况，因为广电媒体的责任在于引导用户而不是迎合用户，但必须先迎合用户，获取用户，才有可能引导用户。因此广电媒体在用户分析方面，除了用户的基本属性和关系属性外，更多要考虑用户倾向。在用户关联方面，既要关联用户喜好，也要兼顾自身宣传策略。

2. 内容制作

广电媒体的责任是引领正确的舆论导向，目前广电媒体在内容制作方面有专业的人才队伍、丰富的经验、海量的媒体素材，且广电媒体在引导舆论导向方面有丰富的经验，但随着时代的发展，用户的口味发生了变化，自主选择性增强，必须制作更加符合群众口味且具有正确舆论导向的节目，由于广电媒体在转型中缺乏这方面的经验，所以必须借助大数据技术帮助媒体制作人更加准确的判断，制作更加有针对性的节目。

广电媒体可以利用大数据技术，统计分析用户属性、页面停留时间、浏览量、评论、观看进度控制情况、用户投票等将用户偏好进行分类总结排序，研究不同用户群体的以此为出发点制作更加有针对性的节目，并可以进行 A/B 测试，通过反馈结果不断提高数据分析的准确性。

例如娱乐类节目制作，可以通过大数据分析判断用户喜爱的节目形式、主持人、参加艺人、节目时长，甚至可以分析舞台灯光效果，以此为基础制作节目，并根据反馈结果不断调整节目制作细节，保证用户的留存量。再比如新闻报道，可以根据用户年龄段分类，选择不同的报道风格叙述同一事实，面对年轻人选择更加轻松愉快的风格进行报道，面对中年人报道形式更加简洁高效，报道内容的制作还可以根据性别、地域甚至工作和收入的不同制作，运用大数据技术以上分析皆可以实现。

3. 节目投放

传统的广电媒体的节目以广播为主，但在新媒体环境下，广电媒体已经逐渐向媒体融合方向转变，因此必须改进传统的广播形式的节目投放方式，以基于用户分类的组播节目投放方式为主，并针对高级用户进行个性化的节目投放。广电媒体在电视广播方面有用户优势，可以充分利用用户资源，且在技术上进行系统升级可以实现针对性节目投放，在互联网上进行节目发布，目前已经有了成熟的技术可以借鉴。针对性的节目发布与投放的关键在于准确，实现准确发布需要利用大数据技术对用户进行细分，投放用户感兴趣的内容，吸引用户，并根据用户品味投放更容易使用户接受的舆论导向内容。

例如，可以通过大数据技术为用户进行"画像"记录用户的性别、年龄、地域、兴趣爱好、浏览记录、性格倾向、消费水平、消费习惯、作息时间等信息，由此为基础为用户匹配最适合用户的节目内容，并给投放内容进行排序，通过显示策略进行排版，当该用户账号登录以后，所呈现给用户的即是经过大数据分析的，为用户精挑细选的个性化内容。

4. 广告营销

Facebook在商业上的成功之处在于精准的广告投放，广告商贡献了Facebook公司85%的收益，原因在于Facebook的广告推荐系统非常强大，根据用户需求和喜欢为用户推送最需要的广告。亚马逊和京东在商品推荐上也充分地利用了大数据分析用户属性、用户浏览和购买商品的行为和时间周期，得出用户消费习惯，预测用户购买行为为用户推送商品。互联网公司正在逐步抢夺广电媒体的广告市场，广电媒体必须改变传统的广告投放方式，才能改变在市场竞争中的劣势地位。

广电媒体可以根据用户画像按用户消费水平、地域、性别和年龄等为不同用户群体推送不同的广告，还可以分析用户关注特定广告时间关联用户需求，也可以通过用户在广电自营的电视购物频道购买记录分析用户消费行为，还可以与电商合作，进行用户对接，让电商通过广电渠道投放针对性的广告内容。而且广电媒体还可以挖掘用户浏览节目内容与用户购买商品之间的相关性，虽然目前没有实践证明，但理论上人的购买行为在满足需求的基础上还和用户的性格有关，而海量用户浏览行为可以一定程度上分析用户性格，因此理论上两者之间存在相关性。比如爱看动漫和游戏节目的用户，可以推送漫画、游戏及周边产品的广告。广电媒体运用大数据分析在广告营销方面大有可为，关键在于大数据的积累和应用，广电媒体必须加快脚步。

综上所述，广电媒体目前面临严峻的竞争局势，在该局势下需要运用大数据技术进行破局，广电媒体应用大数据的方向非常广泛，在节目制作、用户分析、节目发布、广告营销方面均大有可为，且这些方向是一个相互联系的整体，可以相互促进发展。除此之外，大数据技术还可以运用在广电的系统运维，安播保障和监控领域，因此，广电系统必须加大力度发展，运用大数据技术，只有如此才能成功实现媒体转型。

(作者单位：中国国际广播电台播出传送中心播出部)

参考文献：

1. 崔瀚文：《大数据：媒体融合的发展介质》，《新闻研究导刊》，2014年11月第五卷第16期。
2. 史建华：《大数据驱动下的媒体融合4.0时代》，《传媒：MEDIA》，2015年5月（上）。

大数据在广播行业的应用

覃垚

一、概述

随着信息时代的发展，大数据（Big Data）受到广泛关注，图灵奖获得者杰姆·格雷（Jim Gray）提出著名的"新摩尔定律"表明，每18个月全球新增信息量是计算机有史以来全部信息量的总和。在这个信息爆炸的时代所产生的海量数据，以及与之相关的技术被描述和定义为大数据。大数据的诞生是以互联网的发展为基础的，它对人类处理数据的能力带来了极大的挑战，也为人类具有更强的决策力、洞察发现力提供了有效的途径。

广播媒体发展了百余年时间，早在电视媒体兴起时，就曾有言论提出电视行业的兴起将使得广播媒体走向衰败。而事实上，电视媒体和广播媒体得到了共存，并在一定程度上实现了相互促进与发展。如今的互联网时代，广播媒体再次发生了前所未有的变化，这种变化主要表现在广播的互联网化，传统的广播电台以互联网、手机APP为传输介质，使得广播由之前的单向传播模式变为双向模式，也为广播行业应用大数据分析决策提供了可能性。

本文将以介绍大数据和广播互联网化为基础，重点阐述将大数据应用于广播行业的可能性和必要性，最后对大数据应用于广播行业面临的问题和相关案例进行分析探讨，为广播行业在媒体融合的发展提供建议。

二、大数据的意义及发展

1. 大数据的定义和特征

"大数据"是一个比较抽象的概念，维基百科中将大数据定义为：由巨型数据集组成，这些数据集的大小常超出人类在可接受时间下的收集、应用、管理和处理能力。研究机构Gartner给出的定义是：大数据是需要新处理模式才能具有更强的决策力、洞察发现力和流程优化能力来适应海量、高增长率和多样化的信息资产。虽然至今大数据尚未有统一的定义，但从上述定义中很容易能看出"大数据"与传统数据的不同，大数据不仅仅是"海量数据"，还强调了其数据类型具有一定的复杂性。一般来说，大数据具有数据规模大、数据流转快速、数据类型多样和价值密度低四大特征。大数据的四大特征又被称为4V特征，分别为：

容量（Volume）：指巨大的数据量和数据完整性，目前海量的数据集从 TB 级别提升到 PB 级别；

速度（Velocity）：指获得数据的速度；

种类（Variety）：数据类型的多样性，如结构化数据、非结构化数据等；

价值（value）：合理运用大数据，以低成本创造高价值。

牛津大学教授维克托·迈尔—舍恩伯格在其著作《大数据时代》中还提到了大数据的 5V 特点（IBM 提出），除上述四大特征之外，还增加了 Veracity（真实性）：数据的质量。

大数据的处理方法有很多，一般的处理流程可以概括为四步，即采集、导入和预处理、统计和分析，最后是数据挖掘。

2. 大数据的研究与发展现状

大数据的研究和应用受到国内外政府、学术界和工业界的普遍关注，已然成为当今时代全世界讨论的热点话题。早在 1980 年，著名的未来学家阿尔文·托夫勒在《第三次浪潮》中，将"大数据"歌颂为"第三次浪潮的华彩乐章"。2012 年 3 月美国奥巴马政府在白宫网站发布了《大数据研究和发展倡议》，并宣布投资 2 亿美元启动了"大数据研究和发展计划"，同年 7 月，联合国在纽约发布了名为《大数据促发展：挑战与机遇》的大数据政务白皮书，将全球大数据的研究和发展推向了前所未有的高潮。此外，日本发布的"新 ICT 计划"，也提出需要构造大量丰富的数据基础，重点关注大数据研究和应用。

近年来，我国也积极开展了对大数据的研究。2012 年 5 月，香山科学会议组织了以"大数据科学与工程——一门新兴交叉学科"为主题的学术研讨会，来自国内外不同领域的 43 位专家就大数据的理论与工程技术研究、应用方向等问题进行了深入讨论；同年 6 月，中国计算机学会青年计算机科技论坛（CCF YOCSEF）也举办了名为"大数据时代，智谋未来"学术报告研讨会，就大数据时代的数据挖掘、大数据安全及大数据平台开发等进行了全面探讨。在 2015 年 CCTV 的"据说过年"节目中就利用大数据来观察 2015 年春节迁徙的各种现象，真正是刮起了一阵"大数据"的旋风，让许多普通老百姓看到了大数据走进了我们的生活。继央视关于"大数据"的节目后，经李克强总理签批，2015 年 8 月国务院印发《促进大数据发展行动纲要》；同年 10 月，党的十八届五中全会中提出，"实施国家大数据战略"。可见，大数据已经提升为国家的战略，正有力地推进国家治理体系和治理能力现代化，日益成为政府治理的"幕僚高参"。

对于广播行业而言，广播网络化解决了传统广播难以采集数据，无法深入的分析挖掘数据的难题，而传统广播与新媒体融合的重点就是必须抓住机会，构建广播大数据平台，在互联网时代，通过对数据的分析挖掘，提高广播行业的运营能力。

三、广播行业互联网化发展

随着互联网的不断普及，互联网逐渐成为人类生活的必需品，以网络化信息传递的方式得到了用户的青睐,广播与互联网的融合成为了必然。从2009年12月中国网络电视台的开播为起始,到后来各省级网络广播电台陆续开播,网络广播从节目制作到传输都实现了数字化、网络化,具备的及时性、全面性、互动性等特征,使得信息的获取更为便捷,内容形式更加丰富,且能为用户提供更加个性化的服务,很大程度上弥补了传统广播的不足。

近年来,移动通信和互联网作为当今世界发展最快的两大业务,它们的结合——移动互联网的发展更是迅速改变了人类的生活形式,以智能手机终端上网为例,在中国互联网络信息中心(CNNIC)于2017年1月发布的《第39次中国互联网络发展状况统计报告》中指出,截至2016年12月,我国手机网民规模达6.95亿,较2015年底增加7550万人。网民中使用手机上网人群的占比由2015年的90.1%提升至95.1%,网民手机上网的比例不断提高。与此同时,随着智能手机、平板电脑、车载智能终端等移动智能终端的不断普及,广播应该尽快与移动智能终端结合,这将为广播带来庞大的用户群,而基于云计算、大数据等技术的后台服务,也为广播用户数据分析提供了强大的处理能力。

根据全国广播听众收听行为调查,广播移动收听趋势明显,在移动环境下收听广播的比例明显提高。而移动互联网具备的"移动、便捷、双向交互、个性化"等特征,也非常符合目前移动收听人群的需求,因此,广播行业与移动互联网融合发展成为必然趋势。

四、大数据应用于广播行业的必要性

众多新兴媒体已经高度重视对大数据的分析,大数据在全媒体收视调查、基于用户喜好定制、精准个人广告投放等方面为新媒体的发展提供了决策支持,这可以为其提供按需生产的内容、适销对路的产品,大大地提高了新媒体的商业模式和运营方式,获得更多的盈利。其中,最为经典的案例是视频网站Netfilx利用大数据分析制作的《纸牌屋》带来了不菲的收益。

广播作为传统的四大媒体之一,对大数据的应用却相对迟缓,大数据给广播行业带来了新的课题,也带来了更多的机遇。广播行业拥有丰富的数据来源,如果对这些数据进行有效的组织,就能够实现对用户行为的分析,深入理解用户行为,用以准确预测用户的行为。在此基础上,根据对用户行为的分析有针对性地制作节目和精准营销,可以更好地满足用户的收听需求,增加用户的收听黏性,从而提高运营效果,增加收听率。总的来说,大数据技术的广泛应用可以颠覆性的影响广播节目策划与制作、广播收听检测、听众流失分析、广告精准投放等各个环节,推动广播行业的重大变革。

五、大数据应用于广播行业的探讨

1. 大数据应用于广播行业面临的问题

第一,将大数据应用于广播行业,需要在广播电台之间实现内容资源的互通和用户数据的共享。在互联网领域，共享与合作是发展的基石，而广电行业长期以省市为单位，形成各自打拼的局面。从宏观上来说，广电管理部门应该积极倡导各广播电视台的内容资源共享，实现互联互通，打通壁垒。尤其对用户数据资源，必须在行业内开源共享，才能通过掌握用户的个性需求和变化，实现精细服务，获取更大的经济效益和社会效益；同时，通过全网用户的舆情监测，及时应对，作为政府的喉舌进行有效的舆论引导。

2015年10月，由"国网公司"和"北京歌华有线"牵头，联合全国30多家省市有线电视网络公司，在北京成立了"中国广电大数据联盟"，该联盟将共同搭建广电大数据平台，以全国超过4000万双向数字电视用户的收视数据为基础，实现数据的流通与共享，打造大数据产品体系，建立覆盖全国的全媒体与全样本收视数据运营公司。

第二，将大数据应用于广播行业，需要打破传统广播媒体单向传播的运营理念，建立新媒体互联互动的运营思想。现行的广播电台基本上都是单向粗放式的传播，互动性较低，对于用户的反馈也较少，缺乏对用户数据的采集和分析，难以为用户提供个性化的服务。我们可以借鉴电商行业的用户推荐分析的方法，如果某用户经常点击观看体育节目，就向他推送相关的体育资讯和其他体育节目，甚至可以针对性地为他推荐体育用品，实现广告的精准投放，让用户有更好的体验，提升对用户的吸引力和黏着度。

广播节目还是必须以内容为王，逐步将管理方式由以节目为核心转变成以用户为核心，在内容已经海量甚至泛滥的今天，我们必须将关注的焦点转移到个性化服务上，节目的制作需要更具有针对性，尽量满足受众"碎片化"收听需求，实现分众化、小众化的节目服务。

2. 大数据应用于广播行业的案例

（1）节目制作预测性分析

大数据的核心的功能就是预测，预测是通过大量的数据建立数据分析模型，挖掘数据之间的相关性，也就是放弃对因果关系的渴求，转而关注相关关系。可以说，大数据分析只需要知道"是什么"，而不需要知道"为什么"，这无疑是颠覆了人类的思维惯性。

在广播节目的制作中，预测分析也有其重要的作用。比如在频率的改版、节目的调改过程中，如何选择合适的时间、合适的内容，如何对节目的受众进行定位分析，对于广播制作人来说都是一个巨大的挑战。其中，不可预测性是最让他们迷茫的，很多时候他们只能凭借经验、直觉作为唯一指标来指导整改，得到的效果却往往不尽如人意，收听率越整越低，占有率越调越小。然而，在广播大数据的指导下，依托广播互联网化采集的用户数据，可以通过对不同类型的节目受众收听指标的分析，及时了解用户的动态需求，应用分类、聚类等数据挖掘算法，量化受众的收听指标，对用户进行分群，选择合适的频率节目编排，达到资源的有效利用。

（2）用户收听行为分析

对于传统广播而言，普及率非常高，受众几乎涵盖了所有人群，但受到技术的限制，实际是无法真正了解受众的需求，只能通过第三方的统计公司的抽样数据，目前主要通过问卷调查、填写日志卡等方式获得，这种方法不仅耗费较大的人力和物力，而且由于抽样方法、问卷设计的不同可能会导致最终的统计结果有较大的出入，无法做到精准与量化分析，直接影响了分析结果的真实性。

而在大数据时代，尤其传统广播可以通过移动互联网智能终端收听后，受众的行为可以自动被终端采集，形成一个海量的受众行为数据库，其中往往包括用户的 ID、操作系统、收听的栏目、收听的时间、甚至收听的地理位置等数据，通过对受众的信息和行为数据的分析、整理，可以完成来自全网真实数据的收听率曲线、节目栏目收听曲线等一系列有价值的数据报告，帮助决策者加深对用户需求的认识和理解，从而挖掘并满足用户真实的需求，改善和提升受众体验。通过对这些数据的深入挖掘分析，还能实现精准广告投放，听众流失分析等决策分析中，提高广播媒体的运营能力。与此同时，这些数据还可以作为节目绩效考评，人力绩效考评的重要参考。可以预见，当广播行业拥有海量而真实的数据，通过科学的数据挖掘分析，将为广播的发展插上腾飞的翅膀。

六、结束语

在互联网时代，广播行业与新媒体融合发展是大势所趋，有统计说，大数据的预测和决策精度可以达到 85% 以上，也就是说，大数据使得成功的预测不再是随机的，而是建立在大量的数据和科学的分析方法之上。因此，我们作为广播人必须解放思维，敢于创新，努力在大数据的科学指导下，探索属于我们广播行业的大数据之路。

(作者单位：中国国际广播电台播出传送中心)

参考文献：

1. 张欣奇：《关于新媒体时代广播技术的发展从广播网络化到网络化广播的探讨》，《电脑指数与技术》，2014 年 11 月。
2. 李建生、丰云兵：《构建广电大数据平台——网络广播电视台的发展思路》，《Contemporary TV》，2013 年 5 月。
3. 魏亦军：《广播的"大数据"生存》，《科技传播》，2014 年 9 月。
4. 赵军：《传统广播与移动互联网融合发展思路》，全国互联网与音视频广播发展研讨会，2013 年。
5. 陈猛、王鑫、杨靖：《广电大数据平台建设设想的研究》，《河南科技》，2014 年 9 月。
6. 中国互联网络信息中心：《第 39 次中国互联网络发展状况统计报告》，2017 年 1 月。

信息安全等级保护制度及在广电行业的应用

陈 芳

关键信息基础设施和重要信息系统与国计民生息息相关，由于其具有国家战略资源的特殊属性，势必关乎国家安全。正是基于保障国民经济的顺利发展和社会和平稳定，维护国家网络空间主权的需要，我国实行网络安全等级保护制度。文章对等级保护基本制度的政策制定、法规要求、标准建设等方面进行了综合阐述，并对该制度在广播电视行业的应用情况进行了介绍，以期对行业内技术从业人员提供借鉴经验。

1. 引言

实行信息安全等级保护制度是当今各个国家保护重要信息系统、关键信息基础设施的通行做法。随着网络和信息化技术的发展，网络与信息系统在国家建设中基础性作用和全局性作用日益彰显，也越来越关乎国计民生，关乎国家安全。网站篡改、数据泄露、网络攻击等重大安全事件的发生，将网络与信息安全问题提升至前所未有的高度。如何从战略角度科学统筹信息系统发展建设与网络安全建设协调一致，成为信息化发展的重要课题。

在研究国外同类安全保障体系的基础上，我国根据自身发展特点，确立了相应的网络安全等级保护制度，旨在综合提高国家网络与信息化建设能力，促进信息产业健康发展。经过多年来的摸索与推进，我国网络安全等级保护制度政策法规框架与技术标准体系日臻完备，等级保护制度的开展也已由局部省市试点到全国范围广泛铺开。

2. 信息安全等级保护制度

随着网络技术的发展，社会上分散的信息资源愈来愈融为有机整体，在军事、科研、教育、商业等诸多领域发挥着重大作用。我国高度重视这一现象，成立了以习近平总书记为组长的网络安全与信息化领导小组，全面主导网络安全相关工作，随后网络安全称谓多有采用，但等级保护制度发展理念并未改变，两种说法均被业内广泛提及。

2.1 政策制度框架

早在1994年，时任国家总理李鹏就签署了政府最高行政命令——《中华人民共和国计算机信息系统安全保护条例》（以下简称《条例》），第一次明确提出信息处理的人机系统要引入安全保护，其中安全保护要分级实行。《条例》虽然发布，但当时配套操作规范尚不具备，但这已是我国等级保护制度的政策雏形。而在2016年11月7日，十二届全国人大常委会第二十四次会议表决通过的《中华人民共和国网络安全法》中，第二十一条则将"国家实行网络安全等级保护制度"专门列出。时隔22年，这一制度从国务院行政条例上升至人大常委会批准的法律，表明了国家对其发展的重视程度。期间，出台了一系列相关行政规章加固了等级保护制度的政策骨骼框架。

2003年7月，国家信息化领导小组召开会议，温家宝总理作为组长主持审议了《关于加强信息安全保障工作的意见》（以下简称《意见》），奠定了等保制度推进史上的重要地位。《意见》整理后，由中办发文，成为我国第一部在网络安全战略规划方面具有顶层设计思想的文件。它丰富了等级保护制度的内容，明确指出了发展与安全的关系，可以说，十余年来我国信息安全的主要工作都是在该份文件的基础上进行部署，但在法规效力级别上，它仍属于部门规范性文件。

3年后，《2006—2020年国家信息化发展战略》（以下简称《战略》）由中办、国办印发，这份文件不仅对我国未来十五年信息化总体建设指明了方向，还对等保制度的内涵进行了阐述，尤其点出安全保护成本与风险评估之间的关系。《战略》中平衡安全资源配置的思想，将等级概念引向深入，基于此，制定与国情相适应的等级标准和评估办法才能有的放矢，避免信息系统过保护或是欠保护。

此后，由公安部主导、保密机构和政府部门共同制定了一系列文件和规范，作为政策保障，完善等级保护制度。一类是宏观类指导，诸如"实施意见"和"管理办法"，从总体架构上对等级保护工作开展进行指导，多在内容、流程、要求、职责方面给出总体描述。另一类是操作类指导："关于定级的通知"作为等级保护工作第一项任务的实施规章，就定级范围、内容、要求进行了规范，"备案细则"则是配合定级工作的贯彻，严格规范了等保备案的管理环节，实现了备案工作的制度化建设；"风险评估通知"和"建设整改意见"相关文件是用于指导信息系统安全建设和整改工作，对风险评估办法和项目验收条件或整改实现目标等内容予以明示；"测评报告模板"和"开展测评通知"文件精神则是对等保建设整改工作的深入，通过开展测评体系建设，规范了对测评机构的申请条件、业务受理范围和能力审核，得以实现对建设整改工作的客观一致性评价；"检查工作规范"和"专项监督通知"则是对公安机关行使监督检查职能工作的具体描述，明确了相关执法检查内容与流程。

综上所述，概括了我国实行信息系统等级保护制度的政策体系架构。不难看出，从宏观战略到微观指导，我国等级保护制度政策法规日趋成熟，等级保护工作从初露端倪到如火如荼地开展，侧面反映出我国由网络大国向网络强国迈进的步伐。

2.2 标准体系

迄今为止，等级保护方面已出台七十余部国家标准和行业标准，从基础、设计、建设、运行、技术和管理制度等多方面提出了统一要求和意见。

首先是基础要求类标准。奠定《计算机信息系统安全保护等级划分准则》（GB17859）为国家强制性标准的地位，在其基础上开展其他相关标准的制定工作。有了明确的划分准则做指导，产品类技术标准应运而生，其中包括操作系统、数据库、网络、网关、服务器、入侵检测、交换机等产品；除了限定性的产品，在信息系统的通用安全、物理安全、基础网络安全方面相关技术标准陆续出台；此外还有信息系统安全管理、安全工程管理、安全事件管理等管理系列标准也相继颁布。这些标准共同构建了等级保护工作的基础性准，为具体事务性工作开展提供了依据。

关于安全要求类标准。以《信息系统安全等级保护基本要求》(GB/T22239)和相关基本要求的行业细则为主要代表。这类标准给出了等级保护安全建设整改任务的基本目标，它的制定在上述基础要求类标准架构之上，提出了一级到五级之间的系统保护能力要求，并对信息安全、服务保证、通用安全保护及管理等方面做了进一步明确。

关于保障级别类标准。以《信息系统安全等级保护定级指南》(GB/T22240)和相关行业定级细则为主要代表。这类标准规定了定级对象、定级方法、定级流程和定级变更，从原理、要素和关系等方面深入阐明了定级指导思想。

关于方法指导类标准。以《信息系统安全等级保护实施指南》和《信息系统等级保护安全设计技术要求》等标准为主要代表。这类标准给出了工程项目在建设整改环节实现达标的方法和途径，明确了项目在等保生命周期中关于定级、规划、设计、实施、管理阶段的具体做法。

关于现状分析类标准。以《信息系统安全等级保护测评要求》和《信息系统安全等级保护测评过程指南》等标准为主要代表。这类标准提出了对测评机构的工作要求和方法。前者对测评原则、测评内容、单元测评和整体测评的内容进行了阐述；后者则对测评风险、准备活动、方案编制、现场活动、分析报告等环节予以具体指导。

上述标准族构成了我国信息系统等级保护标准体系架构。由自主保护到专控保护级别的各个系统在建设、整改、测评、检查等阶段使用相应的标准，应用主体覆盖系统建设单位、系统运营使用单位、系统等级评估单位和行政职能监管单位。

3. 广电行业等级保护工作

随着网络安全等级保护制度由点到面的在全国范围推行，广电行业也加紧了步伐。一方面是国内大环境的需要，另一方面也是由于网络和信息化技术渗透至节目采、编、制、播、存领域，是融媒体自身发展与建设的内在要求。

3.1 行业标准建设

国家新闻出版广电总局科技司先后颁布了三份行业标准文件，分别是《广播电视相关信息系统安全等级保护定级指南》(GD/J 037-2011)、《广播电视相关信息系统安全等级保护基本要求》(GD/J 038-2011)和《广播电视相关信息系统安全等级保护测评要求》(GD/J 044-2012)。这三份行业标准文件脱胎于国家标准，在使用范围上，具有行业特殊性，适用于广电行业制作、播出、传输、覆盖等生产业务相关信息系统。同国家标准五个等级相比，广电行标调整为四个等级，兼顾了《广播电视安全播出管理规定》的要求，提高了物理环境要求和管理要求，譬如用新闻制播系统、播出系统这样具体系统名称取代关键系统这样的称谓。行业标准在满足相应等级符合国家标准的基础上，依旧对播出系统进行重点保障，将信息安全与播出安全管理目标协调一致。

3.2 测评机构建立

国家新闻出版广电总局（以下简称总局）广播电视信息安全测评中心［编号：（国）—

007]是广电行业唯一一家具有信息安全等级保护测评资质的单位,并且是中关村信息安全测评联盟成员单位。该测评中心承担广播电视播出、传输、覆盖网的测试,并开展行业内信息系统和互联网站的等级保护测评、风险评估事宜。由于既熟悉国家信息安全政策标准体系,又了解广电采编、制播、传输业务,是业内单位开展信息安全等级测评的不二首选。

3.3 定级备案工作

为贯彻落实国家的要求,总局科技司出台了开展等级保护工作的相关文件,广电系统各单位等保定级工作全面铺开。同期,为配合好广电行业系统定级备案工作,公安部也向全国公安系统网络安全部门下发了通知,要求掌握广电行业标准、完善工作机制、指导、监督、检查各级广电部门完成系统定级备案工作。

以此为契机,各单位对辖区信息系统开展全面摸底调查工作。根据生产业务流程进行梳理,确定系统运行维护范围和边界,为后续确权确责打好基础。在确定定级对象问题上,一度存在许多争议。以重要设备作为定级对象?以业务应用作为定级对象?还是以安全管理责任限定系统作为定级对象?都似乎存在理由。经走访调研,兼顾相关标准,从便于管理的角度出发,建议一般以明确责任管理范围的系统作为一个定级对象,承载底层数据传输作用的基础网络作为一个定级对象,重要业务集成系统作为一个定级对象。

系统定级是等级保护工作的首要任务,万事开头难,走出这一步,等保工作得以全面推进。二级以上信息系统向所在地公安机关办理备案手续成为定级工作完结标志。

3.4 安全建设整改实施

信息系统定级、备案工作完成后,安全建设整改工作开始实施。可根据等级测评,对照行业标准的基本要求,分析系统安全状况,梳理系统薄弱环节和安全隐患,提出安全建设整改需求,制定针对性整改方案。从相关单位的具体运作来看,系统安全建设整改一般分为两类:一类是既有系统,另一类是新建系统。随着等级保护制度的推进,新建系统项目建设已被要求安全符合等保规定才可验收,因此在立项阶段,资金规划、设计都已对安全建设有了部署,定级、测评、整改、备案工作可按部就班。对于既有系统的安全整改,主要存在问题还是在于资金落实不到位。一般建议各单位根据实际预算、工程建设规模、难易程度、建设周期和重点急需解决问题等方面调整建设整改方案,制定出近期目标和长远规划,争取最小成本解决重大隐患。

除了采取技术措施建设,加强管理体系建设也是安全整改的一项重要内容。以中国国际广播电台为例,管理体系建设主要从两方面开展:一是组织机构建设;二是管理制度建设。台里在安全播出与技术管理委员会的基础上组建了网络与信息安全领导小组,以主管技术工作副台长挂帅,全面指挥、协调、部署网络与信息安全工作。技术管理办公室作为工作常设机构,行使日常管理之职能,组织落实领导小组网络安全方针政策和决策部署,制定本单位技术发展规划,统筹推进重大技术工程项目建设,协调处理各类网络安全事件,监督检查各部门网络安全规章制度落实情况。经过阶段性的整改,国际台相关安全制度逐步捋顺,《网络安全处置和应急管理办法》《国际在线中文网和外文网应急预案》《风险评估和审核管理办法》《运行维护和监控管理规定》《数据备份和恢复管理规定》《信息系统变更管理规定》《账号口令权限安全管理规定》等数十份规章制度已全面修订,并逐层逐级签署网络与信息安全责任承诺书,将责任分解落到实处。

3.5 监督自查长效机制

等级保护制度是网络安全与信息化建设工作的重要保障手段。初始定级阶段一旦完成,整改和自查将伴随整个系统生命运行周期,不断循环往复。目前,广电行业每年都会有信息安全检查的硬性要求,通过公安机关和上级主管部门的检查,督促系统使用运营单位完善安全建设整改。不论是自我检查还是监督检查,都将在未来一段时间长期开展。

4. 结语

网络安全等级保护制度是我国一项基本国策。该项制度成长经历已从逐步摸索阶段发展到成熟阶段,广泛适用于国民经济各个领域。随着科学技术的发展,智能化、网络化设备在广电行业的应用,广播电视信息安全同样面临威胁与挑战。深入开展等级保护制度,是建设完善网络安全保障体系的有力抓手。通过标准化、制度化、流程化的等级保护工作推进,便于我国快速实现由网络大国向网络强国的格局转变,切实维护我国网络空间主权,维护国家安全。

(作者单位:中国国际广播电台技术管理办公室)

参考文献:

1. 左晓栋:《由〈国家信息化发展战略纲要〉看我国网络安全顶层设计》,《网络空间研究》,2016(4):10—13。

2. 张瑞芝:《广播电视业务信息系统信息安全等级保护工作的实施》,《广播与电视技术》,2014(41):6—10。

数字音频广播信源编码技术发展趋势分析

毛矛

  随着计算机与网络技术的飞速发展,数字广播技术已经体现出众多优势,必将进一步完善我国广播网络。数字化广播中的关键是数字音频编码技术,以有限的数据传输尽可能高质量的实现音频广播。数字音频编码技术的进步,实现了多通道、高分辨率、高采样率、小数据量传输音频信号的可能性,本文第一部分概述数字音频广播信源编码,第二部分简介几种新的数字音频编码技术,第三部分介绍未来数字音频编码趋势。

一、数字音频广播信源编码概述

  音频数字化过程包括采样和量化,编码过程是将采样和量化后的数据进行处理,主要包括压缩编码和非压缩编码,在计算机应用到音频领域之前,主要采用压缩编码技术,CD和DAT是存储数字音频的主要载体,采样编码过程运用线性脉冲编码调制技术(Pulse Code Modulation,PCM)。随着网络化的发展,要考虑音频的网络化,即保证音频质量又要使数据量减少,对编码有了更高的要求,于是产生压缩编码技术,一些新的数字音频存储形式出现,包括文件和流媒体,常见的压缩编码技术包括 MPEG、DTS、DolbyDigital 等。压缩编码分为有损压缩和无损压缩。有损编码压缩比高,但减少了音频数据中的信息量;无损编码压缩比相对较低,但保存了完整的音频数据信息量。

  1. 非压缩编码

  PCM 为脉冲编码调制,通过脉冲信号驱动进行音频采样,以很小的时间间隔将时域上连续的模拟音频信号抽样为离散的样本信号;量化过程对样本信号进行数字表达,量化的精度直接决定了音频信号的信息量和数据量,编码过程将量化结果编码为二进制码输出。

  人耳的听音频率为 20Hz-20kHz,低于该频率或高于该频率的音频信号都不宜被人耳察觉,根据奈奎斯特采样定理,采样频率必须大于最高频率的 2 倍才能保证被采样音频的完整性。因此采样频率必须大于 40kHz,目前广泛采用的采样频率为 44.1kHz 和 48kHz。量化过程分为线性量化和非线性量化,线性量化过程将整个样本均匀量化,量化间隔相等。量化间隔用常用的为 16bit、20bit、24bit,如果采用 16bit 的量化间隔,则样本精度即为 2 的 16 次方,即 65536,表示一个音频采样样本幅度可以分为 65536 个间隔进行表达。编码即是量化间隔的二进制表达过程,常用的编码方式有自然二进制码,格雷码,和折叠二进制码,脉冲编码调制采用格雷码进行编码。

  非压缩编码数字音频数据量比较大,以 CD 数字音频为例,采用 44.1kHz 的采样频率、双声道，16bit 编码，则码率为 44.1×16×2＝1.41Mbit/s，广播电台播出系统一般采用 AES3 接口，采样率为 48kHz，20bit 编码，更高质量的音频有采用 96kHz 采样率。

2. 压缩编码

非压缩编码技术虽然完整的保存了音频的信息量，但是数据量较大，不适合网络化传输，且要实现 5.1 声道的数字音频传输需要更大的数据量，带宽成本较大。因此需要对编码进行压缩，压缩编码技术主要是根据人耳的听觉特性和统计学设计，可以有效地降低音频的数据量。压缩编码分为无损压缩编码和有损压缩编码。

(1) 无损压缩编码

无损压缩编码主要基于香农信息理论以及音频信号在时间域的相关性原理。典型的算法为差分编码和霍夫曼编码。一方面通过差分编码去除音频信号时域相关信息，减少冗余编码数据量；另一方面通过霍夫曼编码降低出现频率很高的信号所需的编码数据。从而实现音频信源的无损压缩编码。

(2) 有损压缩编码

有损压缩编码根据人耳的听觉特性设计，将人耳不能感受到的音频数据过滤掉，即不分配量化比特，这样既不影响人耳直观的听音感受又有效地实现了数据压缩。人耳听觉特性属于心理声学范畴，虽然人耳听音分辨率高，动态范围大，但是人耳的听觉与声音的频率和时间连续性密切相关，当在一个频率上出现一个较强音时，这个频率附近的较次音就会被这个强音遮蔽，不容易被人耳查询，这就是频率掩蔽效应。当一个短时内连续出现两个声音时，前出现的较强音会掩盖后出现的较次音，这就是时域掩蔽效应。有损压缩编码就是综合利用人耳的听阈门限，频域和时域掩蔽效应，结合实际音频时域、频域特性，将人耳不易察觉的冗余信息过滤掉（即只对人耳可以查询的音频信息进行编码），实现有效的数据压缩。

二、数字音频广播信源编码新技术

随着数字信号处理技术的迅速发展，出现了许多新的数字音频广播信源编码技术，以压缩音频数据量、节省带宽，适应不同的数字广播需求。

1. 感觉音频编码

感觉编码的算法核心是对输入信号和最小听觉门限进行比较，丢弃门限以下的信号，因为人耳无法感觉这些音频信号。这样可以把量化噪声置于绝对门限之下，使量化噪声不可闻。任何低比特的编码系统均以降低比特率为目的，比特率是采样率与声道数和字长的乘积。在不改变声道数的前提下，降低采样率会使高频带宽相应地降低；因此，降低字长是有效的压缩方法，但统一的降低字长是不可取的，因为字长每降低 1bit，会使音频信号的动态范围减少 6dB，因此会增加量化噪声。所以必须采用一定的方法，有选择的减少每个采样的字长表示，以达到压缩码率的目的。感觉编码运用心理声学模型实现上述目的，感觉编码器分析输入音频信号的幅度和频率,结合心理学模型,移除音频信号中不相关和统计上冗余信息,这部分信息的损失是不可闻的,因此不会在听觉上感觉出音质的劣化。感觉编码在时域和频域对音频进行分析,频域分析以人耳的心理学特征为基础,将音频信号通过滤波器组分为多个频带,近似模拟人耳的临界频带响应,对每个子带的采样点进行分析,对比心里声学模型,确定子带的遮蔽门限,并尽量使量化噪声被子带内的音频信号遮蔽,以此减少比特分配数,各采样点根据音频信号和噪声的可闻度动态地进行量化编码,解码器端通过合成滤波器组将各个子带信号加总,重建宽带信号。

目前大部分编码技术均以感觉编码算法为基础,应用比较广泛的有 MPEG-1 层 3,即 MP3 编码技术,该编码技术将音频信号分为 32 个子带,经过 MDCT 变换后结合心理学模型进行动态量化,然后通过霍夫曼编码进一步压缩,MP3 可以支持 128-112kbps 的码率,压缩率为 12:1-10:1,支持立体声声道。AAC 高级编码技术也基于感觉编码技术,其压缩率更高,可达 18:1,支持 8kHz-96kHz 的采样率、8bit-32bit 的采样精度,并可产生 48kbit/s-576kbit/s 的比特率,并支持不同的声道配置,最多可提供 48 个声道。

2. 谱带重构技术

音频信号的高频分量一般不易被人查询,但编码中又需要较多的比特分配,因此在编码过程中一般对高频部分进行特殊处理。谱带重构技术就是基于这一原则设计,在编码过程中滤除高频分量,对低频信息进行编码,这样减少了被编码信号的绝对带宽;同时为了保证音频信息的完整性,对被滤除的高频分量进行判别,编码部分有效的高频信息,与编码比特流通过复用器复用。在解码过程中,解码器根据高频信息重构高频分量与低频解码分量合并,产生完整的音频信号。使用该技术,减少了编码音频的绝对带宽,可以在给定的码率或给定音频质量等级下有效的实现高压缩比,缺点是在中、低码率条件下,音频高频部分有一定的缺失。

3. 双耳线索编码

传统的立体声编码的数码率取决于音频声道的数量,如果这些声道独立地进行压缩,那么数码率正比于信道数量。MPEG-2AAC 采用 M/S 和强度立体声编码技术,虽然很大程度上改善了编码的数码率,但最终的数据仍然明显地高于对应的单声道信号。因此,利用传统的编码技术,立体声编码必须在数码率、音频带宽和声道数量之间折中考虑,这样不利于广播系统对音频质量日益增加的要求。

目前,双耳线索编码(BCC)可很好地解决这个问题,主要利用声音场音频信号空间域多分量的相关性实现压缩编码。BCC 基于空间心里声学,利用分量间的相关性进行编码,大大减少了比特分配,虽然不能实现透明的解码音频质量。但可在接近单声道信号的数码率下,获得高音频质量;大大地降低数码率,改善音频信道传输性能,并保持部分立体声特性,在数字广播中具有较广阔的应用场景。

4. 联合编码

音频信号具有典型的非平稳性,每一个时刻从低频到高频能量分布均不相同。在广播节目中，有语言类节目，有新闻类节目，有音乐类节目，这些节目对音频质量的要求是不一致的，因此可以在编码过程中，针对节目特点进行比特分配。传统的编码方法是对所有节目进行一致编码，为了达到节省带宽并合理保证听觉质量的目的，可以采用信道联合编码，编码器根据节目的不同特点，判断量化比特，对相对复杂的节目进行高量化，分配更多的比特；对复杂度地的节目，进行低量化，分配更少的比特，这样可以充分利用带宽并保证节目质量。

三、数字音频广播信源编码技术发展趋势分析

数字音频广播信源编码的目的主要是对音频进行压缩，研究尽量在不影响直观听感和不使音质劣化的情况下降低数据量，减少码率。要针对广播的特点，综合考虑广播带宽限制和听众的听觉感受。一个立体声的 DAB 广播如果用 PCM 格式的编码需要大约 2 MHz 的带宽，因此必须进行编码压缩降低带宽，且广播音频的播出链路上可能会经过多次数据压缩编码、解码阶段，这会放大音质的失真和噪声。因此必须采用合适的编码技术，目前使用 MPEG 系列算法使用子带和变换编码提供数据压缩。我国采用国际通用的 MPEG-2 视频、音频数码率压缩标准。

在数字音频广播应用中，人们关注最多的是压缩技术，同时还需要考量音频质量，目前的编码技术已经实现了在编码时对音频信号的大量精简，并保证了音频质量。但是在数字广播系统中，传输信道复杂，信号容易产生多径衰落和失真，同时要考虑干扰问题，因此需要根据信道的特性选用编码技术，根据信源编码定理可以得出：在失真保持一定的条件下，独立分布的信源输出存在最小比特描述。通过分析数字音频广播信源编码新技术，我们可以总结得出数字音频广播信源编码技术发展趋势如下：

（1）基于听觉特征的可控有损压缩编码

更深入的研究人耳听觉的仿生特征，对影响音频主观质量的信号分量进行定量评估，实现可控的有损压缩编码，目前在该领域已经有了比较多的技术方法，但是人的听觉特性和编码后的听感评估研究方面还有很大的研究空间。

（2）多声道自适应速率均衡编码

该技术重点在于分析和实时调整编码压缩比，针对广播业务特征，对多声道音频进行自适应速率可调编码，综合优化整个广播网络业务的传输质量。需要综合研究广播业务特征和信道特征，结合数字广播数据业务合理的利用信道带宽，达到资源高效利用并使收益最大化的目的。

（3）基于多域信号重构的压缩编码

在多个变换域上研究音频信号分量之间的相关性，根据相关性信息消除信号分量冗余，进一步提高音频信号编码的压缩比。

随数字广播技术优势不断体现，数字音频编码技术在我国数字广播系统中将扮演越来

越重要的角色。数字音频编码的核心目标是以有限的数据传输尽可能高质量的音频;同时,还应针对数字广播业务的特点,为多通道、高质量的音频广播提供便利。新编码技术的广泛应用为我们指出了未来的技术发展趋势,并进一步促进我国广播事业的快速发展。

(作者单位:中国国际广播电台播出传送中心)

参考文献:

1. 傅东锋、张曙光:《广播电视常用音频数字编码技术》,《西部广播电视》,2002年第10期,32—35页。

2. 章之俭:《数字编码压缩与卫星广播技术》,《广播电视信息》,1996年第3卷第9期,10—11页。

3. 焦慧颖、安建平、卜祥元:《数字广播音频编码中的频带复制技术(SBR)》,《中国有线电视》,2005年第5期,425—427页。

4. 李宣鹏、胡云龙、吴镇扬:《数字音频广播中的音频编码新技术》,《西部广播电视》,2005年第8期,5—7页。

5. 池秀清:《信源编码技术在广播电视信号数字化中的应用》,《山西电子技术》,2010年第3期,79—81页。

论数字电视模式的新变化

关汉喆

数字时代的来临使传统电视正在发生一系列重大改变,这些变化对传统电视的制作方式、运转方式、传播方式、营销方式和收看方式造成了深远影响。过去的 30 多年里,电视机从模拟和标清逐渐演变为数字化和高清的多媒体个性平台,能够提供几百套节目,能够融合各种音视频内容,同时具有越来越强的交互能力。这些变化的根源在于媒体组织结构的变化,在于数字电视新技术的发展,带来了电视技术模式的更新、管理结构的调整、节目形式的变化以及收看模式的改变。这些变化之大,使得人们甚至难以确知 10 年后电视将会变成什么模样。

一、数字电视全球发展的新模式

数字电视广播,其信号流程包括制作(编辑)、信号处理、广播(传输)和接收(显示)几个过程。用于数字节目制作的手段主要有:数字摄像机和数字照相机、计算机、数字编辑机、数字字幕机;用于数字信号处理的手段有:数字信号处理技术(DSP)、压缩、解压、缩放等技术;用于传输的手段有:地面广播传输、有线电视(或光缆)传输、卫星广播(DSS)及宽带综合业务网(ISDN)、DVD 等;用于接受显示的手段有:阴极射线管显示器(CRT)、液晶显示器、等离子体显示器、投影显示(包括前投、背投)等。

视频编码就是通过特定的压缩技术,将某个视频格式的文件转换成另一种视频格式文件的方式。视频信号由连续图像组成,相邻图像有很多相关性,或者说有大量的冗余信息,找出这些相关性就可减少信息量。视频压缩技术就是将数据中的冗余信息去掉。与视频编解码相同,音频编解码主要功能是完成声音信息的压缩。声音信号数字化后,信息量比模拟传输状态大得多,因而数字电视的声音也不能像模拟电视的声音那样直接传输,同样也是要多一道压缩编码工序。

音频视频编码方案有很多,在电视行业主要是采用 MPEG 系列标准,特别是在 HDTV 视频压缩编解码标准方面,美国、欧洲、日本没有分歧,都采用了 MPEG-2 标准。AVS(Audio Video coding Standard,音视频编码标准)是《信息技术先进音视频编码》系列标准的简称,是中国支持制订的新一代编码标准,压缩效率比 MPEG-2 增加了一倍以上,能够使用更小的带宽传输同样的内容。AVS 已经成为国际上三大视频编码标准之一。

数字电视的复用系统是 HDTV 的关键部分之一。从发送端的信息的流向来看,它将视频、音频、辅助数据等编码器送来的数据比特流,经处理复合成单路串行的比特流,送给信道编码及调制。接收端与此过程正好相反。模拟电视系统不存在复用器。在数字电视中，复用器把音频、视频、辅助数据的码流通过一个打包器打包（这是通俗的说法，其实是数据分组），然后再复合成单路。网络通信的数据都是按一定格式打包传输的。HDTV数据的打包将使其具备了可扩展性、分级性、交互性的基础。

付费电视是电视发展的一个方向。复用器可对打包的节目信息进行加扰，使其随机化，接收机具有密钥才能解扰。在HDTV复用传输标准方面，美国、欧洲、日本也没有分歧，都采用了MPEG-2标准。美国已有了MPEG-2解复用的专用芯片。我国恐怕也会采用MPEG-2作为复用传输的标准。

HDTV数据包长度是188个字节，正好是ATM信元的整数倍。今后以光纤为传输介质，以ATM为信息传输模式的宽带综合业务数字网极有可能成为未来"信息高速公路"的主体设施。可用4个ATM信元完整地传送一个HDTV传送包，因而可达到HDTV与ATM的方便接口。

数字电视信道编解码及调制解调的目的是通过纠错编码、网格编码、均衡等技术提高信号的抗干扰能力，通过调制把传输信号放在载波或脉冲串上，为发射做好准备。我们所说的各国数字电视的制式，标准不能统一，主要是指各国在该方面的不同，具体包括纠错、均衡等技术的不同，带宽的不同，尤其是调制方式的不同。正交振幅调制（QAM）：调制效率高，要求传送途径的信噪比高，适合有线电视电缆传输。

美国地面电视广播迄今仍占其电视业务的一半以上，因此，美国在发展高清晰度电视时首先考虑的是如何通过地面广播网进行传播，并提出了以数字高清晰度电视为基础的标准——ATSC。美国HDTV地面广播频道的带宽为6MHZ，调制采用8VSB。预计美国的卫星广播电视会采用QPSK调制，电缆电视会采用QAM或VSB调制。

从1995年起，欧洲陆续发布了数字电视地面广播（DVB-T）、数字电视卫星广播（DVB-S）、数字电视有线广播（DVB-C）的标准。欧洲数字电视首先考虑的是卫星信道，采用QPSK调制。欧洲地面广播数字电视采用COFDM调制，8M带宽。欧洲电缆数字电视采用QAM调制。

日本数字电视首先考虑的是卫星信道，采用QPSK调制。并在1999年发布了数字电视的标准——ISDB。

二、数字电视点播新模式

电视回看和点播技术为数字电视节目开辟了新途径。高质量的视频效果，加之额外的附加信息，使得电视回看和点播技术获得了很高的市场认同，成为电视行业发行首选。从表面上看，电视回看和点播技术只不过是电视节目的拷贝而已，但其中附加的各种信息却为观众带来了全新的感受。因此，通过电视回看技术观看电视节目和故事片与通过影院或录像带有着本质的区别。它的独特之处经过媒体业的开发，已经从单纯的回看功能演变为具有推销的功能。

根据不同的功能需求和应用场景，主要有三种 VOD 系统：NVOD，TVOD，IVOD。

NVOD（Near-Video-On-Demand），可称其为就近式点播电视。这种点播电视的方式是：多个视频流依次间隔一定的时间启动发送同样的内容。比如，十二个视频流每隔十分钟启动一个发送同样的两小时的电视节目。如果用户想看这个电视节目可能需要等待，但最长不会超过十分钟，他们会选择距他们最近的某个时间起点进行收看。在这种方式下，一个视频流可能为许多用户共享。

TVOD（True Video-On-Demand），称其为真实点播电视，它真正支持即点即放。当用户提出请求时，视频服务器将会立即传送用户所要的视频内容。若有另一个用户提出同样的需求，视频服务器就会立即为他再启动另一个传输同样内容的视频流。不过，一旦视频流开始播放，就要连续不断的播放下去，直到结束。这种方式下，每个视频流转为某个用户服务。

IVOD（Interactive Video-On-Demand），称为交互式点播电视。它比前两种方式有很大程度上的改进。它不仅可以支持即点即放，而且还可以让用户对视频流进行交互式的控制。这时，用户就像操作传统的录像机一样，实现节目的播放、暂停、倒回、快进和自动搜索等。

只有使用相应的终端设备，用户才能与某种服务或服务提供者进行联系和互操作。在 VOD 系统中，需要电视机和机顶盒（Set-top Box），在一些特殊系统中，可能还需要一台配有大容量硬盘的计算机以存储来自视频服务器的影视文件。客户端系统中，除了涉及相应的硬件设备，还需要配备相关的软件。例如，为了满足用户的多媒体交互需求，必须对客户端系统的界面加以改造。此外，在进行连续媒体播放时，媒体流的缓冲管理、声频与视频数据的同步、网络中断与演播中断的协调等问题都需要进行充分的考虑。

可见 VOD 服务虽然很诱人，但其实现技术却不是一根"易啃的骨头"。不过随着网络技术、计算机技术、存储技术等的飞速发展，广大用户充分享受 VOD 乐趣的日子已经不远了。到那时，点播用户只要操作遥控器，轻轻一按，就可心想事成的收看和欣赏自己喜爱的节目，并可随时调整放映的进度、快慢等。VOD 的出现使得电视机变成了一种可以随机获取信息的媒体，更像是一本书或是一张报纸，可以浏览，可以调整，不再局限于某一时间、日期和固定节目的限制。

虽然，VOD 的最初出现是为了更好地满足用户对自主收看视频节目的需求，但是随着 VOD 技术的不断进步，其广泛的应用对大众文化和商业运作模式都将产生强烈的影响。VOD 不仅可以为终端用户提供多样化的媒体信息流，来扩大人们的信息渠道，丰富人们的精神生活；而且在医院、宾馆、飞机等场所的娱乐，公司的职员培训、远距离市场调查、公司的广告业务等领域将逐渐充斥着 VOD 技术的全新应用。

P2P（Peer-to-Peer）点播技术的数字电视技术的发展。peer 在英语里有"（地位、能力等）同等者""同事""伙伴"等意义。这样一来，P2P 也就可以理解为"伙伴对伙伴"

的意思，或称为对等联网。目前人们认为其在加强网络上人的交流、文件交换、分布计算等方面大有前途。P2P 还是 point to point 点对点下载的意思，它是下载术语，意思是在你自己下载的同时，自己的电脑还要继续做主机上传，这种下载方式，人越多速度越快，但缺点是对你的硬盘损伤比较大（在写的同时还要读），还有就是对你内存占用较多，影响整机速度。德国互联网调研机构 ipoque 称，P2P 已经彻底统治了当今的互联网，其中 50%—90% 的总流量都来自 P2P 程序。在 P2P 程序里，BitTorrent 已经超过 eDonkey（含 eMule），占了 P2P 流量的 50%—70%，而后者根据地区不同份额为 5%—50%，不过在某些地方，eDonkey 仍是 P2P 首选。

三、数字电视产品的设计策略

VOD（Video on Demand）是视频点播技术的简称，也称为交互式电视点播系统，意即根据用户的需要播放相应的视频节目，从根本上改变了用户过去被动式看电视的不足。当您打开电视，您可以不看广告，不为某个节目赶时间，随时直接点播希望收看的内容，就好像播放刚刚放进自己家里录像机或 VCD 机中的一部新片子，但是您又不需要购买录像带或者 VCD 盘，也不需要录像机或者 VCD 机。这就是信息技术带给您的梦想，它通过多媒体网络将视频节目按照个人的意愿送到千家万户。

数字电视获市场的主要原因是在这些爱好者当中，有相当一部分同时是互联网用户。因此，网站成为对这些消费者进行引导并获知消费习惯，进而对产业界形成反馈的最佳途径。从某种意义上说，这些同时是互联网用户的消费者，是数字电视产品最忠实的购买者。数字电视制片人和视频工作室的相关人士常常认真阅读网络信息，并积极参与网络上的各种讨论，试图真正了解并尽力满足这一群体的热切需求。

四、数字电视的未来模式

目前，国际上对于数字电视（DTV）的精确定义是：将活动图像、声音和数据，通过数字技术进行压缩、编码、传输、存储，实时发送、广播，供观众接收、播放的视听系统。也就是说，这是一个从节目的采集、制作到节目传输，以及到用户终端的接收全部实现数字化的系统。与模拟电视相比，数字电视拥有如下在模拟电视系统中无法实现的优越性：1. 更有效地利用各类频道资源，在传统一路模拟电视的通道内可以传输 6—8 套标准清晰度数字电视节目或 1 套高清晰度电视节目。2. 容易开展各种综合业务和交互式业务，容易加密、加扰，有利于开展信息安全、收费业务。如全球范围内正方兴未艾的随选视讯 Video on Demand 等交互电视业务；3. 提高图像和声音的接收质量，其中高清晰度电视（HDTV）的显示屏可达到 32 英寸以上，能给人们以极强的视觉与听觉享受，真正实现家庭影院的梦想。4. 数字电视和因特网是相辅相成的，数字电视完全可以作为因特网的终端显示器，从而将各家各户与因特网连接在一起，加快了社会信息化的进程。数字电视网络还是相对低廉的宽带资源，它在一个模拟电视的频道内可传送38Mbps—52Mbps数据。同时，SDTV、HDTV与模拟电视相比在音质、数据服务、交互业务上都具有无可比拟的优势。模拟信号的传输会受到各种因素的干扰。对数字电视而言，模拟电视中的噪声、交调、互调等干扰都不会显现出来，不会对图像和声音产生直接的干扰，得到的几乎是完美无损伤的图像和声音。由于数字电视采用和DVD同样的编码方式，因此，通过机顶盒，有线电视数字用户可以收看到清晰度达到DVD质量的电视节目。

（作者单位：中国国际广播电台影视译制中心）

迎接数字音频网络的新时代
——浅谈 AOIP 技术在广播系统的应用

陈凤生

一、引言

传输音频信号的音频接口有模拟方式和数字两种方式。专业音频设备之间交换数字音频信号的标准为 AES3（AES/EBU）或 AES10（MADI）。AES10 是 AES3 的延伸，是多声道的音频接口标准。随着 TCP/IP 互联网络的快速发展，TCP/IP 网络所体现出的广泛的应用性和极高的性价比，促使业界积极探索利用 IP 网来实现专业数字音频信号的传输。目前，新的通讯系统（如移动通信）、数据采集监控系统、电讯传输系统建立在 IP 网络之上已成为一种趋势。如果实时音频的传输能够基于现有的 TCP/IP 网络，系统架构将变得更为简单，现有的布线系统也可以重用而降低布线的成本和复杂性，同时 IP 网络的交换特性也将克服传统数字音频只能依靠点对点传输的局限性，实现数字音频信号传输更加自由的交换和灵活的路由选择。

CobraNet（CobraNet 是综合硬件、软件和通信协议为一体的网络音频实时传输技术）的出现提供了一个过渡性的解决方案，虽然其也采用网线和交换设备，但其传输协议是工作在链路层以下，并不提供对 IP 网络的支持，导致我们不得不为它建立一个单独的、封闭式的网络，同时它的传输容量、时延等也受到很大的限制。直到 AOIP 的出现，这个问题得到了彻底解决，它提供了利用 IP 网络来无损传输实时音频的解决方案。作为声频领域具有权威性的国际工程协会——AES（Audio Engineering Society）制定了基于 IP 网络的高质量音频实时流的传输标准《AES standard for audio applications of networks High-performance streaming audio-over-IP interoperability》（AES67-2013），并在 2013 年 9 月正式颁布，此后升级到 AES67-2015，这标志着 AOIP（Audio over IP）成为专业音频传输主要技术之一。

面对 AOIP 技术的快速发展，为满足高性能媒体网络支持以低延迟（小于 10ms）传输专业质量的音频信号（采用线性 PCM 编码，采样率不低于 44.1kHz，量化精度不低于 16 位），并适用于现场扩声的要求，国家新闻出版广电总局正式颁布实施《广播电台融合媒体平台建设技术白皮书》（2015 版）和源于 AES67-2015 版的《高质量音频流在 IP 网络上的互操作规范》，这将对广播电视、专业音响、安防、汽车电子等众多领域产生深层次的改变和影响，帮助传统的广播电视媒体向融媒体转变。AOIP 对未来广播音频制作播出系统将带来的历史性的机遇和巨大的推动力。

二、AOIP 技术分析

1. 以太网/IP 网实时音频传输需要解决的几个问题

时钟同步在音频系统中起着至关重要的作用，一个音频系统通常会由众多的设备构成，而时钟是保证这些设备同步及协同工作的基础条件，所有的设备必须以相同的时间码为基准，从相同的时间点开始进行工作（如传输、录制和播放），如果时钟出现问题就会导致信号质量严重降低，如产生噪声，甚至导致系统无法正常工作。

TCP/IP 协议的初始目标是用于计算机的互联互通。1983 年 TCP/IP 被 ARPAnet 采用，成了后来的互联网快速发展的基础。基于 IPv4 协议的局域网的底层网络可以有多种，但最常用的是以太网（IEEE802.3）为载体。IEEE802.3 规定了包括物理层、电信号和介质访问层等协议标准，是当前应用最广的局域网技术，它很大程度上取代了其他局域网标准。由于以太网络使用 CSMA/CD（载波监听多路访问及冲突检测）技术而不是以时钟同步技术为基础，而 IP 包经过不同的网络路由时延通常也会不同，这可能会产生 IP 包先发后到等问题。因此，时钟同步和低延时是数字专业音频领域首要解决的问题，图 1 描述了这个过程：

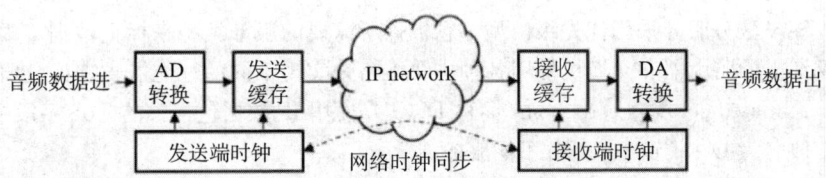

图 1 以太网/IP 网传递媒体时钟示意图

如图 1 模拟的音频信号在发送端和接收端，分别要进行模/数（A/D）和数/模转换（D/A），数据转换采样时钟信号决定着这个设备中的采样频率，通常为 48K。通常，许多音频设备内部都可以自行产生时钟信号，但是如果在一个系统中出现了不同的时钟信号，也就非常容易产生系统的采样频率的不一致而出现问题。比如，虽然都标称为 48K，其实接收与发送端是两个不同步的时钟，这两个不同步的时钟会导致缓存区间隙性的上溢或下溢，在音质上表现为"爆音"。

因此，如果要在 IP 网络上传输高质量的音频流就必须解决网络两边发送端时钟和接收端时钟同步问题，传统 NTP 协议只能实现 ms 级别的时间同步，这个无法满足高质量的音频制作传输需求。为解决工业自动化系统的精确时间要求，IEEE1588 的标准应运而生，IEEE1588 的全称是"网络测量和控制系统的精密时钟同步协议标准"，相对应的国家标准就是《网络测量和控制系统的精确时钟同步协议 GB/T 25931—2010》，其基本功能是使分布式网络内的其他时钟与网内最精确时钟保持同步。它提出了一种精确时间协议 PTP（Precision Time Protocol 简称 PTP），利用最佳主时钟算法 BMC（Best Master Clock Algorithm 简称 BMC），对采用以太网或其他采用多播技术的分布式总线系统接入的终端设备中的时钟进行亚微秒级同步，主时钟通过网络周期性地交换包含时间戳的信息包，从时钟收到信息包后，进行时钟偏移测量和延迟测量，利用偏移量来修正本地时钟。这样音频端设备只要能够从 IEEE1588 取出内部时钟，而无需对 IP 网络做任何修改。

完成以太网/IP 网无损实时音频传输的第二个条件是网络服务质量（Quality of Service 简称 QoS）的保证。QoS 提供了针对不同用户或者不同数据流采用不同的优先级以保证数据流的性能达到一定水准的一种控制机制。QoS 的关键指标主要包括：传输的带宽、可用性、时延、时延变化（包括抖动和漂移）和丢包率。

QoS 有三种服务模型：（1）尽力而为服务模型（Best-Effort service）；（2）综合服务模型（Integrated service，简称 Int-Serv）；（3）区分服务模型（Differentiated service，简称 Diff-Serv）。

Best-Effort 服务模型是尽最大的可能性来发送报文，但对延时、可靠性等性能不提供任何保证，传统的互联网就是采用这种模型。

Int-Serv 综合服务模型使用资源预留协议（Resource Reservation Protocol 简称 RSVP），RSVP 运行在从源端到目的端的每个设备上，为数据传送保留网络信道或路径。Inter-Serv 模型对设备的要求很高，扩展性不好。

Diff-Serv 区分服务采用优先级模型。它根据所需要的服务类型来标记数据。根据这些标记，网络上的路由器和交换机使用各种排队策略来实现不同的性能需求。区分服务代码点（Differentiated services code point 简称 DSCP）使用 IP 数据包报头的 ToS 字段中的前 6 位（现在改名为 DS 字节）来区分不同服务。

为解决音频数据的可靠传输，AOIP 的解决方案是通过对数据包划分不同优先级，提供不同服务质量来实现的，利用 DSCP 的 QoS 分类标准，将每个基准时钟的数据报头设定为最高优先级，音频数据设定为第二高优先级，更低的优先级为控制信号和其他信号所使用，通过不同优先级的设定来保证音频流信号的传输和服务质量（图 2）。目前千兆以太网和万兆以太网已经广泛应用，加上 QoS 管控，实时传输高质量的音频数据流已不成问题。

图 2　网络 QoS 示意图

2. AOIP 技术及 AES67-2015 标准

所谓 AOIP（Audio over IP），是指利用 IP 网络传输高保真的音频，这里高保真的音频是指至少44.1K采样、量化16位以上的高于等于CD音质的音频。而VoIP（Voice over IP）则是电话、语音通信等低码流音频信号的标准。

AOIP的第二个特点是基于现有的IP网络技术，并且要求延时小于10毫秒。通过对Dante、RAVENNA、Q-LAN、WheatNetIP等不同厂家的AOIP技术分析，我们不难发现其共同点是：（1）都采用了IEEE1588作为媒体时钟的同步源；（2）使用现有的IP协议，如传输层使用UDP/RTP，QoS使用DiffServ等。

2011年AES的技术发展趋势报告指出：

AES代号为SC-02-12-H的标准化工作组，在2010年12月启动了一个叫X192的项目，该项目目的是在现有技术的基础上定义一个可互通的方案，以实现不同厂商AOIP设备之间互联互通，2013年9月标准正式颁布，取名为AES67-2013，此后升级为AES67-2015。

AES67-2015的全称是"AES standard for audio applications of networks-High-performance streaming audio-over-IP interoperability"，即"可互通的高保真AOIP音频流应用互操作标准"，该标准包含了10个部分，包括了媒体时钟的同步、编码、传输、发现与连接管理等规范标准。

截至目前，Dante、RAVENNA、Q-LAN、WheatNetIP和LiveWire＋全都宣布支持AES67标准。

AES67-2015定义了AOIP技术标准，解决了同样采用AOIP技术的不同厂商产品之间音频流的互联互通问题，但是并没有解决不同厂商产品之间互相发现和互相控制问题。因此，AES组织及时推出了AES70-2015标准，其全称是："AES standard for audio applications of networks-Open Control Architecture"，该标准为专业媒体网络定义了一个可量化的控制协议架构，只进行控制和监测，不定义任何传输流标准，有利于利用IP网络对数字音频设备进行统一监测和运行管理，AES70源自OCA联盟。

3. 关于Dante

AOIP技术是一个已经成熟并且历经实践检验的技术，主流厂商基于AOIP技术的产品已经有超过5年的推广期，可选产品也比较多，目前只面临一个协议统一的问题，AES67的颁布正是为了解决这个问题。AOIP能运行在现有局域网络而不用作任何修改。我们选择一种技术或产品，必须符合AES67标准，否则将无法与主流厂商设备互联互通。

Audinate公司是主流厂商设备的代表，其旗下的Dante是目前成熟度、市场占有率最高的产品之一，一百多家音频公司选择Dante作为网络音频传输标准，其中不乏著名的音频设备公司如Harman、NTP、YAMAHA、DHD、Soundcraft、SSL、FITCAN、JETSEN等。Dante拥有标准完整的软硬件解决方案，具有包括2012伦敦奥运会在内的大量成功应用经验，同时拥有良好的兼容和互联特性实现与不同厂家产品的互联互通，并可以在同一网管平台上进行管理。

Dante的主要特点还包括：

（1）多通道和低时延。千兆网实测通道数（48K/24bit）超过 400 个，单跳时延最短 168.8 微秒；

（2）自动配置功能。利用 Zeroconf 协议进行设备的自动查找和配置，而不用手动配置 IP 地址；

（3）支持多种网络节点通信方式，包括单播和组播，能有效优化网路流量；

（4）通道冗余。能够同时提供主、备冗余通道；

（5）支持虚拟声卡。能够提供 PC 和 MAC 端虚拟声卡，直接由本地网卡传输实时音频流；

（6）配置本地化。所有配置均可保存在本地，并可自动加载。

三、AOIP 技术在广播制播系统的应用前景

1. 传输载体同质化带来的变革

传统的广播中心的音频设备种类比较多，既有网络化设备也有非网络化设备，所使用的连接电缆的种类也是各色各样。就音频电缆，广义上分有电信号与光信号两大类，按传输方式分有平衡与非平衡，按接口分更是有 RCA（莲花头），XLR（卡农头），AES/EBUTSJACKS（俗称大三），TS JACKS（俗称大二），SPEAKON（音箱插头），PHONIX（凤凰插头）、BNC（Q9）等等；而计算机网络则使用 5 类、6 类线以及各种光纤等，多种复杂的线路种类增加了广播中心的布线系统的建设成本和管理复杂度。

由于 AOIP 直接使用 IP 网络来传输实时音频信号，而不必像 CobraNet 那样设置独立专网，这使得音频网和计算机网可以实现深度的融合，也使布线系统变得更为简洁、灵活，管理自然变为更简单、更方便。

目前主流数字调音台几乎都具备了 AOIP 接口，接口规模从 8×8 通道到 64×64 通道不等，一方面可以把调音台不同的输出母线捆绑送往总控进行处理和监测，或作为主输出的备份，另一方面还可以通过网络将转播信号群由总控以组播方式直接广播到直播调音台供选择使用；所有这些用 1 主 1 备两根电缆就能搞定，除了音频信号外，设备运行状态、机房温湿度状态、视频监控流及各工作站网络数据等，也都可以一起包含在这对电缆中传输。

随着 IT 技术的发展，虚拟声卡技术可以用在没有声卡的机器上实现声音播放等功能。AOIP 对虚拟声卡的支持，可以方便地实现网络音频实时流的录制，也可以将音频文件播放成实时流后直接送至计算机网络，省去了多个模/数、数/模转换环节，既减少了音频损耗，也节省了硬件成本的费用，更有利于数据和资源的共享，必将大大促进媒体融合。由于虚拟声卡支持 WDM（Wavelength Division Multiplexing，波分复用）和 ASIO（Audio Stream Input Output）驱动，能兼容运行所有立体声和多轨制播软件，这项技术的典型应用是直接用来作为网络慢录工作站或网络代播工作站。

有人担心 AOIP 网络与计算机网络合在一起是否会发生相互干扰或因拥塞而阻断数据，其实这个担心是多余的：一方面，我们现在建设的网络都已经是千兆以上的网络，所有这些服务加在一起，相对负载其实并不算高；另一方面，我们有 QoS 机制来保障时间敏感性数据流的优先通行，另外还有主备网络的冗余来消除设备层面及路由层面带来的隐患；当然，对播出链路信号，我们也还可以用传统的 AES3 或模拟链路做异构备份处理。

2. 组建新一代的监测调度管理体系

深度 IP 化的设备有着易被管理的特性，透过局域网，整个系统的设备将被统一的网管平台所识别和调度。在以往系统中，大量传统设备因不具备可用的管理接口而置身于智能系统之外，有的即便安装了类似 SNMP（Simple Network Management Protocol，简单网络管理协议）这样的网络管理协议和接口，能获取的信息仍非常有限，大量的音频数据流一开始就被简化成电平表再用于事故分析，原因就是无法直接将音频数据完整地送去运算分析，因此也必然存在着伪监测的风险。

新一代总控管理系统的核心特征之一就是基于内容的监测，实现方式是通过对主备信号进行收集，利用计算机系统进行内容级的比对分析，这与传统的电平分析监控是个质的飞跃。内容级的对比分析主要是通过 AOIP 网络，将不同节点的音频信号汇聚到一起，进行内容相关性、延时量、噪声、频响、削波等真实信息的深度分析。

随着网络技术和数字化音频技术的快速发展，基于以太网技术的网络矩阵产品的日臻成熟，已经可以通过控制协议来改变音频流在 AOIP 网络中的流向，同时也可以利用组播功能实现音频流在传输节点的复制，从而实现网络音频流的分配和切换，这些功能类似于传统意义上的矩阵，所以我们称它为网络矩阵，所不同的是网络矩阵是弥散在整个网络中的无中心设备群，不会因为个别节点的故障导致灾难性的全线中断，随着控制机制的完善，其安全性远大于必须将信号汇于同一机柜的传统矩阵，而在现阶段，我们经常通过设计成传统矩阵和网络矩阵互为备份来强化大系统的安全性。

随着 AOIP 技术发展与应用，一个完全数字化、网络化的总控监测管理体系将随之建立，而这个总控监测管理体系将具有更加完善和强大的功能，主要特点如下：

（1）设备的网络化管理：利用成熟的网管技术对通过 IP 网络接入的设备进行智能化管理，包括设备的发现、配置和远程管理；

（2）路由的精确化管理：通过获取系统链路实时状况，实现对网络路由的统一分析调度，实现备份管理、定时切换和应急切换；

（3）监测的智能化管理：完全数字化、网络化的内容制作、传输和播出，使得基于内容的故障监测成为可能；

（4）监听的自动化管理：总控的主要工作就是正确、安全传输高质量的信号，AOIP 使得全网全节点的无损监听成为可能，它可以真实反映信号的原始质量。而信号的数字化和网络化，也使得监听的自动化成为现实，通过 IP 网络进行监测控制和数据收集的监测设备，可以及时地捕捉到信号质量的变化，采取对应措施，保证高质量的播出。

3. 迎接数字音频云平台

云计算模型对各行各业的信息化系统的影响是巨大而深刻。对于音频网络系统也不例外。新的云计算平台必将把传统的音频广播平台和新媒体平台融合一体，把智能调度、个性化定制、系统运维、内容交易、运营统计、广告服务、大数据分析、智能接收终端等全部纳入云架构下，形成一个完整的融媒体业务平台。音频工作站、数字调音台、音频编解码器、媒资库和播发平台都通过 IP 网络联成一体，实现资源共享、资源的随时组合、拆分和调度，形成一个无所不包、无处不在的"音频云"。

因为调音台、工作站等音频设备具备了 AOIP 接口，而随着计算能力的增强，它们的功能会越来越综合，区别会越来越小，这是实现云计算中资源的虚拟化、池化、资源的自动编排的基础。

云服务形式提供了高弹性、高可用、低成本、广覆盖、快接入的云音频解决方案。在音频云平台中，可实现音频信号源快捷接入，用户的随时收听，而不必关心音频处理单元实际物理位置，所有的音频设备都能通过 IP 网络实现互联互通，这对实现系统资源的有效整合、提高系统的可靠性、减少系统复杂度，都将具有革命性意义。

四、结束语

网络化给音频界带来深刻的变化，使其融入新的信息化浪潮中。如今，以太网以简单、价格低廉及性能优越的特性，在计算机网络中占据了主导性的地位。而基于以太网的 AOIP 使得最先进的 MCU 和 DSP 的处理能力与网络传输和交换技术直接挂钩，必将给传统的音频系统带来深刻和彻底的变革。我们相信：从传统的模拟设备、到数字化系统、再到网络化平台是音频技术发展的必由之路，AES67＋AES70 的技术架构将成为广播电台播控技术的主流发展方向。

（作者单位：中国国际广播电台采集制作中心）

参考文献：

1. Audio Engineering Society. AES standard for audio applications of networks High-performance streaming audio-over-IP interoperability. New York：Audio Engineering Society，Inc. 2015.
2. ITU. IEEE802.3，2017 年 1 月 10 日，http：//baike.baidu.com/item/IEEE802.3.
3. 孙昌凤：《AoIP 技术对电台技术架构的影响》,《视听界（广播电视技术）》，2015 年 8 月 10 日。
4. 百度百科，IEEE 1588，2016 年 12 月 11 日，http：//baike.baidu.com/item/IEEE%201588。

5. 国家质量监督检验检疫总局/国家标准化委员会，网络测量和控制系统的精确时钟同步协议，GB/T 25931—2010/IEC 61588：2009 年。

6. The Internet Engineering Task Force (IETF). Policy Quality of Service (QoS) Information Model (RFC3644)，2003 年 11 月。

7. 国家新闻出版广电总局，《高质量音频流在 IP 网络上的互操作规范征求意见稿》，2016 年 11 月。

8. Audinate 公司，Dante 技术文档，https：//www.audinate.com/resources/technical-documentation? lang＝zh-hans。

结合国际台外文网改版浅谈
响应式网站的设计与制作

马文伦

一、引言

近些年随着 3G/4G 的普及以及移动设备的快速发展，用户使用移动设备浏览网页逐渐成为主流趋势。不同的设备导致浏览器内核、屏幕尺寸、分辨率，甚至连显示方向都不一样，如何让网页更好地适应各种终端设备，是每一家网站面临的新挑战。移动互联出现之初业界传统的做法是，针对桌面端、移动端等不同设备单独开发不同版本的站点，这样做费时费力，不但会使制作维护成本倍增，还会造成网站风格不统一、推广难度增大、管理混乱等诸多问题。而且随着设备屏幕尺寸越来越多样化，为每一款终端设备单独设计开发网站不再现实。为了解决这些问题，响应式网站的理念横空出世，提倡只编写一套代码，完美兼容各种设备，此概念一经出现立刻成为当下最流行、最有效的新型网站解决方案。本文将介绍响应式网站技术特点，并以国际台外文网站的响应式改版为例，探讨响应式网站的具体应用模式。

二、实现响应式网站关键技术

响应式网站是基于 HTML5 和 CSS3 标准，由多种先进的前端设计制作技术整合而成的一套现代网站开发解决方案。目前全世界使用最多的响应式开发框架是源于 Twitter 发布的 Bootstrap 框架，凭借着简单高效的开发特性，详尽的使用文档，丰富的组件以及多样化的应用模式，Bootstrap 在公布后立刻得到了广泛的关注与支持，成为响应式开发的先行者与业界标杆。国际台外文网站的响应式开发工作也是借鉴并使用了 Bootstrap v3.0 中大量优秀的理念。其中最主要的技术包括：栅格化流式布局、响应式图片、自适应文字、媒体查询等。

1. 流式布局

流式布局指页面里所有区域的位置都是浮动的，不是固定不变的。随着屏幕尺寸的变化，每个流式区域可以根据设计方案自动浮动到正确位置，使用户体验保持最佳。如一个整体结构是左右两栏的页面，在大屏幕的 PC 端显示为左右两部分水平呈现，而在小屏幕手机终端，则变为 1 栏的样式，右边栏自动下移至左边页面的下面。流式布局的好处就是如果屏幕宽度太小，放不下两个元素，后面的元素会自动滚到前面元素的下方，而不会在水平方向上溢出，避免了水平滚动条的出现。

(1) 栅格系统实现流式布局

为了更好地实现流式布局，一般会采用页面栅格化的方法。栅格系统以规则的网格阵列来创建网页版面布局与内容信息。在 Bootstrap 框架下，采用 12 列栅格系统，即将整页分为 12 列，通过指定特定 class 类的数字，就能设置栏目宽度。通过使用 4 种不同的类选择器前缀，作为栅格选项，对应不同分辨率的设备。如表 1 所示：

表 1　Bootstrap 中四种栅格分类

	超小屏幕 手机 （<768px）	小屏幕 平板 （>=768px）	中等屏幕 桌面显示器 （≥992px）	大屏幕 大桌面显示器 （≥1200px）
.container 最大宽度	None（自动）	750px	970px	1170px
类选择器前缀	.col-xs-	.col-sm-	col-md-	.col-lg-

(2) 栅格系统基础实例代码

Bootstrap 规定，.container 是最外侧布局的容器类，根据不同分辨率阈值，按照表 1 的最大宽度进行媒体查询。在 .container 容器内，用 .row（行）在水平方向上创建一组 column（列）。具体代码如下：

```
<div class="container">
    <div class="row">
        <div class="col-xs-12 col-sm-6 col-md-3">3</div>
        <div class="col-xs-12 col-sm-6 col-md-3">3</div>
        <div class="col-xs-12 col-sm-6 col-md-3">3</div>
        <div class="col-xs-12 col-sm-6 col-md-3">3</div>
    </div>
</div>
```

上面代码的页面展现，在电脑大屏幕上看（浏览器视图区大于 992px）为 4 列横向平铺。如下图：

3	3	3	3

逐步缩小浏览器视图尺寸，当显示尺寸介于 768px 至 992px 之间时，页面效果如下图：

3	3
3	3

进一步缩小浏览器，当显示尺寸小于 786px 时显示为 4 行竖直方向排列。页面效果如下图：

3
3
3
3

可见基本的响应式布局已经形成，在不同的视图大小下，浏览器根据表 1 规定的不同栅格种类，选择使用特定的类前缀，从而展现出不同效果，实现响应式。

(3) 栅格系统的优点

栅格系统的运用能大大提高网页的规范性，在栅格系统下，页面中所有组件的尺寸都是有规律的。可以让整个网站中每一个页面的布局保持一致，增加页面的相似度，提升网站统一度。对于设计师们来说，灵活地运用栅格系统，能做出很多优秀和独特的设计，并且保证其设计图可以与制作开发人员完美交接，最终页面在不同设备之下将完整还原设计图。在如此高效、统一、规范的系统下进行工作，对于大型网站的开发和维护来说，可以节约很多成本，掌握好栅格化的思想是实现响应式的重点。

2. 媒体查询

媒体查询是 CSS3 规范中，针对响应式网页的核心技术，可以让 CSS 样式表更加精确作用于不同的媒体或同一媒体的不同条件。

(1) 最常用的媒体查询：浏览器宽度查询

媒体查询功能主要依赖于 min-width 和 max-width 这两个属性，用以判断浏览器实际宽度，基本写法是：

@media (min-width: 768px){
    .container{
        width: 750px;

```
        }
    }
    @media (min-width: 992px) {
        .container {
            width: 970px;
        }
    }
    @media (min-width: 1200px) {
        .container {
            width: 1170px;
        }
    }
```

上述代码意为，当浏览器最小宽度 min-width 为 768px 的时候，既浏览器宽度 >= 768px 时，类名为 .container 的容器宽度设置为 750px；浏览器最小宽为 992px 的时候，.container 容器的宽度设置为 970px；浏览器最小宽为 1200px 的时候，.container 容器的宽度设置为 1170px。由此可见栅格系统的代码化实现，实际上就是使用了媒体查询这一技术手段。除了单独使用 min-width 和 max-width 这两个属性，媒体查询还有组合式的写法：

```
    @media (min-width: 768px) and (max-width: 991px) {
        //css 代码
    }
```

这句代码的意思就是浏览器宽度在 768px 与 990px 之间的时候，页面加载的样式。组合式媒体查询，可以让程序员更好地控制页面在特殊分辨率下的表现。

（2）其他媒体查询

媒体查询还可以用于检测获取设备屏幕宽度（device-width）和设备的手持方向（orientation），除此之外，还有画面宽高比（aspect-ratio），每种颜色的位数（color），颜色索引表（color-index）和设备分辨率（resolution）等等。

3. 响应式图片、响应式视频、自适应文字

实现了网站的响应式布局，下一个问题是如何解决网页内容根据屏幕大小自动响应，如图片、视频、文字等。

（1）响应式图片

Bootstrap 框架针对响应式图片，已经预设了非常方便的解决方法。查看 Bootstrap 文档，找到类名为 .img-responsive 的类，它就是专门处理响应式图片问题的。.img-responsive 类的源代码是：

```
    .img-responsive {
        display: inline-block;
```

```
height: auto;
max-width: 100%;
}
```

分析源码可知,.img-responsive 首先将图片设置成内联-块级元素,然后通过对图片设置 max-width:100% 和 height:auto 两个属性,使图片根据父级元素宽度按比例缩放,以实现响应式图片。

具体用法发非常简单,只需为图片元素加上此类名即可。代码如下:

`<img class="img-responsive" src="..." />`

有一点需要注意的是,源图片尺寸需要比其显示尺寸更大以保证渲染效果,否则图片会因过度拉伸而变得模糊。

(2) 响应式视频

同响应式图片一样,Bootstrap 也为视频元素的响应式预设了解决方案:.embed-responsive 类,查阅文档可知其使用方法:

```
<!-- 16:9 aspect ratio -->
    <div class="embed-responsive embed-responsive-16by9">
        <video src="..."></video>
    </div>
<!-- 4:3 aspect ratio -->
    <div class="embed-responsive embed-responsive-4by3">
        <video src="..."></video>
    </div>
```

Bootstrap 预设 16:9 和 4:3 两种常用的视频比例格式,分别对应 .embed-responsive-16by9 和 .embed-responsive-4by3 两个类。可以根据源视频大小选择使用。

(3) 自适应文字

传统 pc 端页面,开发者习惯用"px"(像素)作为定义文字大小的单位。px 是针对屏幕分辨率而言的,大小是精确且固定的。但是我们希望文字也是响应式的,这样就必须使用"em"作为文字单位。

em 的大小是针对父级元素而定的,并不是一个固定值,在网页中可以实现文字的自适应缩放,所以在响应式布局中使用 em 更合适。em 与 px 的转化遵循以下公式:

$$1 \div 父元素字号(font-size) \times 需要转换的像素值 = em 值$$

众所周知浏览器的默认字体大小为 16px,在没有重新定义默认字体大小的情况下 1em=16px,根据公式计算,网页设计中常用字号转化如下:

表 2　常用字号的 px 与 em 转化表

Pixels	EMs	Percent	Points
6px	0.375em	37.5%	5pt
7px	0.438em	43.8%	5pt
8px	0.5em	50%	6pt
9px	0.563em	56.3%	7pt
10px	0.625em	62.5%	8pt
11px	0.688em	68.8%	8pt
12px	0.75em	75%	9pt
13px	0.813em	81.3%	10pt
14px	0.875em	87.5%	11pt
15px	0.938em	93.8%	11pt
16px	1em	100%	12pt
17px	1.063em	106.3%	13pt
18px	1.125em	112.5%	14pt
19px	1.188em	118.8%	14pt
20px	1.25em	125%	15pt
21px	1.313em	131.3%	16pt
22px	1.375em	137.5%	17pt
23px	1.438em	143.8%	17pt
24px	1.5em	150%	18pt

三、响应式网站在国际台的应用

1. 分析现有问题，升级龙讯 CMS 系统

目前国际台外文网站所使用的稿件发布系统是龙讯 CMS 发稿系统（以下简称龙讯），是一套早期开发的老旧发稿系统，由龙讯生成的页面不符合现代网页编码规范要求，也无法支持 HTML5 规范下的新标准和新功能。所以要在国际台推广响应式网站，对落后的龙

讯系统进行编码升级是必不可少的。

（1）改写龙讯生成页编码

龙讯生成的页面结构是由＜table＞＜tr＞＜td＞等表格元素标签组成的，属于早期 HTML1.0 时代的常用页面结构体系。而响应式布局是基于 HTML5＋CSS3 编码结构的。所以需要将龙讯生成页的编码规则变为 HTML5 推荐的＜div＞＜ul＞＜li＞等元素组成的标签体系，方便栅格化流式布局的实现。

（2）去除龙讯生成编码里的过时标签元素与属性

龙讯中存在大量已经被 W3C 组织（国际万维网互联，制定 HTML 语言规范的组织）明确淘汰的标签和元素属性，如：align、valign、图片的 name 属性、＜b＞标签、＜i＞标签、＜center＞标签、＜font＞标签等，这些过时的标签与属性会影响响应式网站的开发，需要从后台程序中删除。

（3）改变龙讯的内联引用模式

龙讯对于 CSS、Javascript 等外部文件的默认引用方式是内联式的，根据 HTML5 规范要求，引用文件应该采用外联的方法，尽量体现出页面结构、样式、功能分离。严格按照：HTML 页面只是负责页面结构布局，CSS 文件来控制页面表现样式，Javascript 文件实现功能和交互体验来分类。为 CSS 与 Javascript 建立独立文件并通过外联方式引入。

（4）为龙讯增加对 HTML5 新增特性的支持

响应式网站基于 HTML5 规范，为了网站在移动端和多媒体功能上有更好的表现，需要使用大量 HTML5 的新功能。对老旧的龙讯升级使其支持 HTML5 新特性，如对＜video＞＜audio＞等多媒体标签的支持，这样编辑签发页面中的多媒体相关代码就完全符合 HTML5 要求，有很好的移动端兼容性，可以更好地对它们进行响应式控制。

2. 响应式页面设计与开发理念的变革

（1）设计理念的变革

不同于国际台语言类网站只面向传统 PC 端的设计风格，响应式是一种移动优先的设计理念。在页面的整体布局和细节设计上，都要优先考虑其在小屏幕手机端的表现。所以大多数优秀的响应式网站都采用扁平化（Flat）的设计风格，页面布局尽量简单，结构鲜明。颜色干净整洁，减少不必要的繁杂背景图的使用，偏向于纯色背景。弱化边界效果，减少栏目块之间边界线使用，栏目之间应该成平稳过渡状态，而不是通过边框硬生生的分割。页面中使用的栏目标题头、按钮、装饰等细节元素，样式也都尽量统一，去除冗余、厚重、复杂的装饰效果，特别是去除立体浮雕、3D、阴影、羽化、渐变等效果，使所用元素与整体页面浑然一体，干净利落，内容突出。页面采用扁平化设计，使得结构上易于响应式控制，内容上更为醒目鲜明，符合手机用户的操作习惯。而且弱化复杂的装饰性效果，减少页面复杂程度，可以有效地降低移动端的流量负担，提高页面加载速度，增强用户体验。

（2）开发制作的变革

和设计理念上移动优先一样，响应式网站在开发制作环节，也是应该优先考虑移动端需求。移动设备有屏幕小，手指代替鼠标准确性差，手机处理能力较低，浏览页面的流量消费高等实际问题影响用户体验。所以在制作页面时，应更加注意切割图片的大小控制、页面的样式处理、代码的合理性、SEO优化等等方面。

图片方面，在扁平化风格下，页面整体以简单整洁的纯色为主，多运用CSS代替背景图，尽量减少切片图使用，控制页面文件大小。

代码方面，要严格按照W3C关于HTML5的编码规范来书写代码，按照移动优先且兼容性高的方法声明网页文档属性。页面布局规范简洁明确，减少<div>层的套用。还要注意页面中html、css、js文件的分离。且为了不影响页面主体结构加载速度，js文件要尽量在页面最下方引用。基于以上规范，国际台采用的响应式页面标准写法如下：

```
<!DOCTYPE HTML>
<html>
<head>
    <meta charset="utf-8">
    <meta http-equiv="X-UA-Compatible" content="IE=edge">
    <meta name="viewport" content="width=device-width, initial-scale=1">
    <title>China Radio International</title>
    <link href="/css/bootstrap.min.css" rel="stylesheet">
    <link rel="stylesheet" href="/css/global.css">
    <meta name="robots" content="all">
    <meta name="keywords" content="china,radio,international">
    <meta name="description" content="china radio international">
    <!-- HTML5 shim and Respond.js for IE8 support of HTML5 elements and media queries -->
    <!-- WARNING: Respond.js doesn't work if you view the page via file:// -->
    <!--[if lt IE 9]>
        <script src="/js/html5shiv.min.js"></script>
        <script src="/js/respond.min.js"></script>
    <![endif]-->
</head>

<body>
<div class="container">
    <!--
    <div class="row">
        html代码....
    </div>
    -->
</div>
<script src="/html5/js/jquery.1.11.2.min.js"></script>
<script src="/html5/js/bootstrap.min.js"></script>
</body>
</html>
```

代码分析，其中：

<! DOCTYPE html>是HTML5的标准声明模式。

<meta charset="utf-8">为字符集编码。因为国际台多语种报道的特殊性，常常涉及多语种网页。声明字符集编码为utf-8，保证页面文字正常显示。

<meta http-equiv="X-UA-Compatible" content="IE=edge">是IE兼容设置，通知IE浏览器采用最新模式解析页面。

<meta name="viewport" content="width=device-width, initial-scale=1">width=device-width：表示页面宽度是设备屏幕的宽度，确保在不同屏幕分辨率下页面正常展现。initial-scale=1：表示页面默认初始状态按1：1展现，不会被缩放，保证小屏幕设备上，页面展现正常。

在<!--[if lt IE 9]>...<![endif]-->中加载 html5shiv 与 respond 两个 js 文件,可以确保在 IE9 以下的老版本浏览器中使用 HTML5 新标签和支持媒体查询技术,使响应式页面向下兼容老旧浏览器。

最后登录 Bootstrap 官网,下载并正确加载 bootstrap.min.css、jquery.1.11.2.min.js、bootstrap.min.js 三个文件,以便使用 Bootstrap 框架提供的功能。

(3) 稿件签发

对龙讯的升级本着尽量不改变编辑的工作习惯为原则,保持绝大部分签发稿件工作与之前一样。对于编辑来说,只有图片的签发方式有所改变,其他内容签发方式与以往相同。

在龙讯中不再设置图片宽高的具体像素值,而是改为签发正确比例的大图,页面会读取图片原始大小,并根据浏览器宽度自动缩放。在实际操作中,根据国际台网站用图习惯,将图片分为新闻稿件图片和 Banner 图片两种。再将两类图片按比例各分成 3 种模式。编辑需要保证所用原始图片符合相应比例(如表 3、表 4 所示),即可完美实现图片响应式。

表 3　新闻稿件类图片比例

图片比例	16∶9	4∶3	5∶1
推荐大小(px)	768*432	768*576	768*768

表 4　banner 类图片比例

图片比例	10∶1	8∶1	5∶1
推荐大小(px)	1200*120	1200*150	1200*240

四、总结与展望

响应式网站作为移动互联时代最热门的新技术,其面对移动、兼容多种设备、风格统一、规范完整、易于管理、便于传播等特点正符合国际台这样大型国际媒体的需求,也成为近年来国际台网站发展的一个重点。

通过深入学习研究如 Bootstrap 这样优秀的响应式开发框架,和反复实践总结,国际台在不到两年的时间里,完成了对龙讯系统的改造升级,先后进行了世界语、阿尔巴尼亚语、希腊语、土耳其语等多个站点的响应式改版,并制定出一套适合国际台多语种网站体系的响应式开发制作规范。

响应式的概念很年轻,但其发展非常迅速,业界对响应式研究的热情也越发高涨,相关的新技术不断涌来。现在国际台的响应式网站建设仍在进行中,虽然时间不长,但通过流量分析和用户调查问卷显示,目前成功改版为响应式的几个外文网站,移动端的访问量有了明显提高,用户体验方面也得到网友的好评。相信国际台不会停止创新的步伐,继续使用先进的网站开发理念,坚持技术驱动,探索面向国际化的媒体传播新道路,走在国际传播事业的最前沿。

(作者单位:中国国际广播电台采集制作中心)

参考文献:

1. Bootstrap 中文网 http://www.bootcss.com/。

2. 曾瑶:《让您的页面随"机"应变——浅谈响应式 Web 设计方法》,《中国传媒科技》,2015年。

3. 邢希、田兴彦、王世运:《响应式 Web 设计方法的研究》,《琼州学院学报》,2013年。

网站前端优化研究

秦 磊

近年来互联网快速的发展，商业应用层出不穷，业务逻辑不断复杂，对用户体验的要求也不断提升，随之而来的是应用技术和开发语言的日新月异，开发者永不停息地学习新技术。同样，在网站性能方面，我们一直在跟时间赛跑，社交网站和微博成为大众的主流应用，带来了更加快速、实时的信息传递，更多的网站意识到开放的重要性，数据访问和计算无处不在，每秒数以万次的数据传递和读写正在我们身边进行。图片、JavaScript 交互脚本和 CSS 样式表等大量被使用，网站流量越来越大，网页组件也越来越多，这就使得网站的响应速度变慢。如何解决这些问题以增加用户满意度，本文将从前端技术进行分析和研究给出相应的优化建议。

一、减少 HTTP 请求数量

80%的用户响应时间被花费在前端，而这其中的绝大多数时间是用于下载页面中的图片、样式表、脚本这些组件。减少这些组件的数量就可以减少展示页面所需的请求数，而这是提高网页响应速度的关键。

朴素的页面设计当然是减少组件的一种途径，但有没有能兼顾丰富的页面内容和快速的响应速度的方法呢？下面就是一些不错的技巧，能在提供丰富的页面展现的同时，减少 HTTP 请求数量，合并文件，通过把所有脚本置于一个脚本文件里或者把所有样式表放于一个样式表文件中，从而减少 HTTP 请求的数量。当不同页面需要应用不同的脚本或样式时，合并这些文件会是一个很大的挑战，不过在发布网站时进行这种合并，将是提高网站响应速度的重要一步。

下面做一个示例，在一个导航栏上有五幅图片，单击一个图片会打开与之相关的页面，这可以通过五个分开的超链接、使用五个分开的图片来实现。

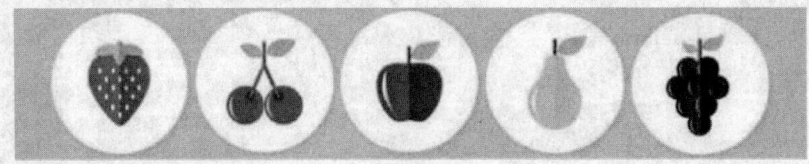

代码如下：
<div style="background-color:#01C0F6; width:646px; height:120px;">

```
<center>
<a href = "Strawberry.html" ><img src = "Strawberry.jpg" ></a>
<a href = "Cherry.html" ><img src = "Cherry.jpg" ></a>
<a href = "apple.html" ><img src = "apple.jpg" ></a>
<a href = "pear.html" ><img src = "pear.jpg" ></a>
<a href = "Grape.html" ><img src = "Grape.jpg" ></a>
</center>
</div>
```

这五个按钮分别使用了五张图片，那么，五张图片就意味着你的页面又多了五个HTTP请求，它将大大降低页面的呈现效率。然而，如果使用一个图片地图则可以更有效率，因为五个HTTP请求被减少为只有一个HTTP请求。响应时间将会降低，因为减少了HTTP开销。

图片地图（图像热点）：它将用户的点击映射到一个操作，而无需向后端Web服务器发送任何请求。

代码如下：

```
<div style = "background-color: #01C0F6; width: 646px; height: 120px;" >
<img src = "map.jpg" width = "646" height = "120" border = "0" usemap = "#Map" />
<map name = "Map" id = "Map" >
    <area shape = "rect" coords = "28, 1, 146, 120" href = "Strawberry.html" />
    <area shape = "rect" coords = "148, 1, 264, 120" href = "Cherry.html" />
    <area shape = "rect" coords = "265, 1, 383, 120" href = "apple.html" />
    <area shape = "rect" coords = "385, 1, 502, 120" href = "pear.html" />
    <area shape = "rect" coords = "503, 1, 619, 120" href = "Grape.html" />
</map>
</div>
```

使用chrome浏览器获取地图的时间比获取为每个超链接使用分离图片导航条的时间快56%（354ms：799ms）。这是因为地图图片减少了四个HTTP请求。

二、把样式表放在顶部

通过实践发现把样式表挪到文档的头部可以让页面的加载显得更快。因为把样式表放在头部可以让页面逐步呈现。关心网站性能的前端工程师通常希望页面能够逐步加载；即希望浏览器能够把已经获得的内容尽快展现。这对于内容很多的页面以及网络连接较慢的用户尤为重要。当浏览器逐步加载页面时，头部、导航条、顶部的logo等等这些都可以作为对正在等待页面的用户的可视反馈，而这会从整体上提高用户体验。

把样式表放在文档的最后，会导致包括 IE 在内的大部分浏览器不进行逐步呈现。浏览器为了避免当样式改变时重绘元素而中止呈现，用户会十分无聊的看到一个空白的页面。

Html 规范明确规定样式表应该被包含在页面的 HEAD 中："和 A 不同，LINK 只能在文档的 HEAD 部位出现，但它可以出现多次。"空白的屏幕或者由于没有应用样式而引起的内容的闪现都不值得去尝试。最好的方法是遵循 HTML 规范，把样式表放在文档的 HEAD 部位。

下面做一下测试：

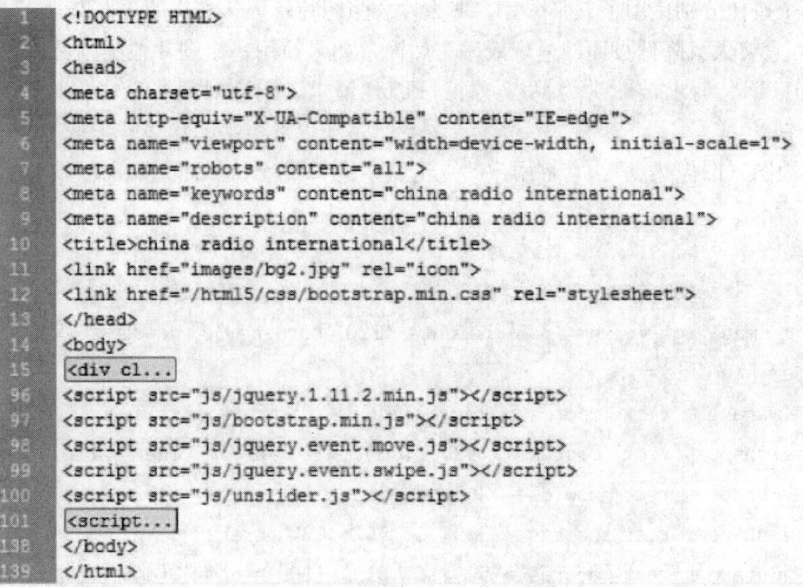

顶部一个 css 文件，底部非常多的 js 文件。bootstrap.min.css 的作用是将图片自适应屏幕。使用 chrome 控制台来看一下这个页面需要多少时间。

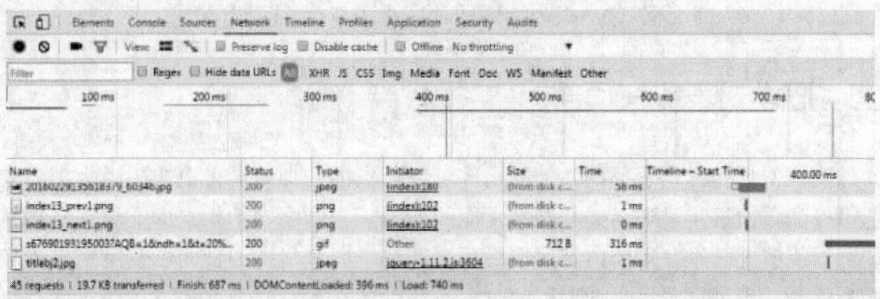

在 740ms 时顶部一个样式文件和图片已经加载完毕,下面把样式表移到底部再测试一下。

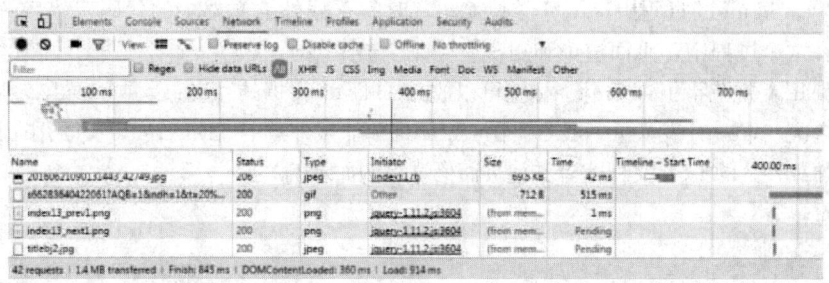

这次需要 914ms 才加载完毕。

通过以上示例可以看出 css 放在顶部,页面渲染的就快一些。放在尾部,就要等待所有 css,js 加载完成以后才能进行渲染。

三、把脚本放在底部

无论当前 JavaScript 代码是内嵌还是在外链文件中,页面的下载和渲染都必须停下来等待脚本执行完成。JavaScript 执行过程耗时越久,浏览器等待响应用户输入的时间就越长。浏览器在下载和执行脚本时出现阻塞的原因在于,脚本可能会改变页面或 JavaScript 的命名空间,它们对后面页面内容造成影响。一个典型的例子就是在页面中使用 document.write()。例如示例 1

<html>
<head>
 <title>Source Example</title>
</head>
<body>
 <p>
 <script type="text/javascript">
  document.write("Today is " + (new Date()).toDateString());
 </script>
 </p>
</body>
</html>

示例 1 JavaScript 代码内嵌示例

当浏览器遇到<script>标签时,当前 HTML 页面无从获知 JavaScript 是否会向<p>

标签添加内容，或引入其他元素，或甚至移除该标签。因此，这时浏览器会停止处理页面，先执行 JavaScript 代码，然后再继续解析和渲染页面。同样的情况也发生在使用 src 属性加载 JavaScript 的过程中，浏览器必须先花时间下载外链文件中的代码，然后解析并执行它。在这个过程中，页面渲染和用户交互完全被阻塞了。

HTML 4 规范指出＜script＞标签可以放在 HTML 文档的＜head＞或＜body＞中，并允许出现多次。Web 开发人员一般习惯在＜head＞中加载外链的 JavaScript，接着用＜link＞标签用来加载外链的 CSS 文件或者其他页面信息。例如示例 2：

```
<html>
<head>
    <title>Source Example</title>
    <script type = "text/javascript" src = "script1.js" ></script>
    <script type = "text/javascript" src = "script2.js" ></script>
    <script type = "text/javascript" src = "script3.js" ></script>
    <link rel = "stylesheet" type = "text/css" href = "styles.css" >
</head>
<body>
    <p>Hello world! </p>
</body>
</html>
```

示例 2　低效率脚本位置示例

然而这种常规的做法却隐藏着严重的性能问题。在清单 2 的示例中，当浏览器解析到＜script＞标签（第 4 行）时，浏览器会停止解析其后的内容，而优先下载脚本文件，并执行其中的代码，这意味着，其后的 styles.css 样式文件和＜body＞标签都无法被加载，由于＜body＞标签无法被加载，那么页面自然就无法渲染了。因此在该 JavaScript 代码完全执行完之前，页面都是一片空白。图 1 描述了页面加载过程中脚本和样式文件的下载过程。

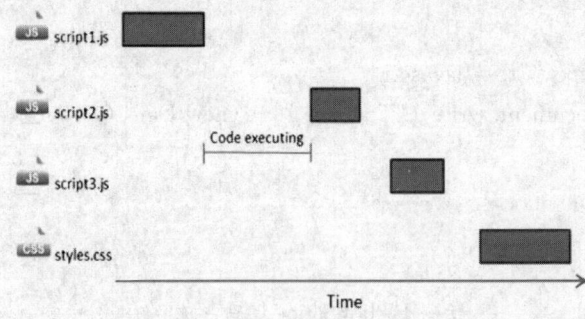

图 1　JavaScript 文件的加载和执行阻塞其他文件的下载

由此可以发现一个现象：第一个 JavaScript 文件开始下载，与此同时阻塞了页面其他文件的下载。此外，从 script1.js 下载完成到 script2.js 开始下载前存在一个延时，这段时间正好是 script1.js 文件的执行过程。每个文件必须等到前一个文件下载并执行完成才会开始下载。在这些文件逐个下载过程中，用户看到的是一片空白的页面。

从 IE 8、Firefox 3.5、Safari 4 和 Chrome 2 开始都允许并行下载 JavaScript 文件。这是个好消息，因为<script>标签在下载外部资源时不会阻塞其他<script>标签。遗憾的是，JavaScript 下载过程仍然会阻塞其他资源的下载，比如样式文件和图片。尽管脚本的下载过程不会互相影响，但页面仍然必须等待所有 JavaScript 代码下载并执行完成才能继续。因此，尽管最新的浏览器通过允许并行下载提高了性能，但问题尚未完全解决，脚本阻塞仍然是一个问题。

由于脚本会阻塞页面其他资源的下载，因此推荐将所有<script>标签尽可能放到<body>标签的底部，以尽量减少对整个页面下载的影响。例如示例 3：

```
<html>
<head>
    <title>Source Example</title>
    <link rel="stylesheet" type="text/css" href="styles.css">
</head>
<body>
    <p>Hello world! </p>

    <!-- Example of efficient script positioning -->
    <script type="text/javascript" src="script1.js"></script>
    <script type="text/javascript" src="script2.js"></script>
    <script type="text/javascript" src="script3.js"></script>
</body>
</html>
```

示例 3 推荐的代码放置位置示例

这段代码展示了在 HTML 文档中放置<script>标签的推荐位置。尽管脚本下载会阻塞另一个脚本，但是页面的大部分内容都已经下载完成并显示给了用户，因此页面下载不会显得太慢。这是优化 JavaScript 的首要规则：将脚本放在底部。

四、Javascript 代码优化

1. DOM

（1）HTML Collection（HTML 收集器，返回的是一个数组内容信息）

在脚本中 document.images、document.forms、getElementsByTagName 返回的都是 HTMLCollection 类型的集合，在平时使用的时候大多将它作为数组来使用，因为它有 length 属性，也可以使用索引访问每一个元素。不过在访问性能上则比数组要差很多，原因是这个集合并不是一个静态的结果，它表示的仅仅是一个特定的查询，每次访问该集合时都会重新执行这个查询从而更新查询结果。所谓的"访问集合"包括读取集合的 length 属性、访问集合中的元素。

因此，当需要遍历 HTML Collection 的时候，尽量将它转为数组后再访问，以提高性能。即使不转换为数组，也请尽可能少的访问它，例如在遍历的时候可以将 length 属性、成员保存到局部变量后再使用局部变量。

（2）Reflow & Repaint

除了上面一点之外，DOM 操作还需要考虑浏览器的 Reflow 和 Repaint，因为这些都是需要消耗资源的。

2. 慎用 with

with（obj）{p=1}；代码块的行为实际上是修改了代码块中的执行环境，将 obj 放在了其作用域链的最前端，在 with 代码块中访问非局部变量是都是先从 obj 上开始查找，如果没有再依次按作用域链向上查找，因此使用 with 相当于增加了作用域链长度。而每次查找作用域链都是要消耗时间的，过长的作用域链会导致查找性能下降。

因此，除非能够肯定在 with 代码中只访问 obj 中的属性，否则慎用 with，替代的可以使用局部变量缓存需要访问的属性。

3. 避免使用 eval 和 Function

每次 eval 或 Function 构造函数作用于字符串表示的源代码时，脚本引擎都需要将源代码转换成可执行代码。这是很消耗资源的操作——通常比简单的函数调用慢 100 倍以上。

eval 函数效率特别低，由于事先无法知晓传给 eval 的字符串中的内容，eval 在其上下文中解释要处理的代码，也就是说编译器无法优化上下文，因此只能有浏览器在运行时解释代码。这对性能影响很大。

Function 构造函数比 eval 略好，因为使用此代码不会影响周围代码；但其速度仍很慢。

此外，使用 eval 和 Function 也不利于 Javascript 压缩工具执行压缩。

4. 字符串拼接

在 Javascript 中使用"+"号来拼接字符串效率是比较低的，因为每次运行都会开辟新的内存并生成新的字符串变量，然后将拼接结果赋值给新变量。与之相比更为高效的做法是使用数组的 join 方法，即将需要拼接的字符串放在数组中最后调用其 join 方法得到结果。不过由于使用数组也有一定的开销，因此当需要拼接的字符串较多的时候可以考虑用此方法。

五、使用外部的 JavaScript 和 CSS

CSS 全称级联样式表（Cascading Style Sheets），在实际应用中，一般有以下三种级联方式。

(1) 外联式。外联式样式表中，CSS 代码作为文件单独存放，如以 style.css 文件包含所有样式。在 html 中的外部级联采用 <link> 标记或者 @import 语句来引入。

(2) 内联式。使用 <style> 标记将样式定义为内部块对象。内联 CSS 可以有效减少 HTTP 请求，提升页面性能，缓解服务器压力。由于浏览器加载完 CSS 才能渲染页面，因此能防止 CSS 文件无法读取而造成页面裸奔的现象。

(3) 嵌入式。即把代码直接添加于所修饰的标记元素。这样做虽然更为直观，但很大程度上加大了页面体积，不符合结构与表现分离的设计思想。

总体而言，外联和内联各有优点，可综合实际情况选择适合的级联方式。

外联优点：CSS 在同一个文件中，当页面需要修改的时候只需要修改一个文件即可，方便维护。

缺点：HTTP 请求多，浏览器要加载完 CSS 才能渲染页面，因此影响页面的性能。

内置优点：内联 CSS 可以有效减少 HTTP 请求，提升页面性能，缓解服务器压力。由于浏览器加载完 CSS 才能渲染页面，因此能防止 CSS 文件无法读取而造成页面裸奔的现象。

缺点：每次修改 CSS 的时候需要修改多个页面。

Javascrip 内联和外置的区别其实也差不多。

JavaScript 文件外部加载的好处：统一定义 JavaScript 代码，方便查看，方便维护。使代码更安全，可以压缩，加密单个 JavaScript 文件。浏览器可以缓存 JavaScript 文件，减少宽带使用（当多个页面同时使用一个 JavaScript 文件的时候，通常只需下载一次）。

JavaScript 文件外部加载的注意事项：不要把 JavaScript 分为多个文件，多个文件会增加服务器的负担，增加服务器的 HTTP 请求。一个 JavaScript 文件也会增大 HTTP 请求。

六、缩小 JavaScript 和 CSS

缩小是指从代码中删除不必要的字母，减少文件体积从而提高加载速度。缩减代码时需要移除所有的注释，以及不需要的空白（空格，新行和 tab）。这样处理 JavaScript 之后，会由于下载文件的体积被减少而提高响应的性能。代码混淆是另一个可用于源代码的优化方案。它比压缩更为复杂，而且在混淆的过程中更容易产生 Bug。纵观 U.S. 的前十大网站，压缩获得了 21% 的体积减小而代码混淆达到了 25%。虽然代码混淆的压缩程度更高，但压缩 JavaScript 的风险更小。

不仅仅要压缩外部的脚本和样式表，内敛的＜script＞和＜style＞部分也可以而且应当被压缩。即使你 gzip 了你的脚本和样式，压缩它们仍然能减少 5% 以上的体积。编写 CSS 时，我们应注意通过一些细节来控制 CSS 文件的大小，比如：全局样式、继承样式、缩写样式、空格、注释等；同时也可以通过在线工具对 CSS 文件进行压缩，来减少 CSS 文件的大小。

随着 JavaScript 和 CSS 的应用和体积的增加，压缩你的代码获得的收益也会越来越多。

七、总结

通过以上叙述你会发现，原来优化网站方法有很多，等待着工作者去实践验证。中国互联网正在不断地成长，用户规模也在不断地扩大，相信越来越多的网站会根据性能这项最基本的用户体验决定其自身的生存能力。前文提供的技术解决方案，正是在这个发展趋势中的一个基础，拥有它并加以实践，开发工作者和用户都会更加享受这一切！为了页面一秒响应的境界，开发工作者面临更多的挑战。

（作者单位：中国国际广播电台采集制作中心）

参考文献：

1. 李蓉蓉、邱林润：《前端开发技术与 web 性能优化探讨》，《数字通信世界》，2015 年第 6 期。
2. 李响：《web 前端研究及优化》，《科技展望》，2016 年第 26 期。

环球广播卫星传输覆盖系统带宽调整工程的实施

尤 苗

随着国际台落地调频台、海外工作室的逐年增多,全球传播力和媒体影响力越来越大,技术平台作为信号传输保障的重要支撑,也在随着事业发展的不断需求而跟进。环球广播卫星传输覆盖系统就承载着国际台到全球的音频信号传输业务,为海外节目制作室、海外地区记者总站和海外落地调频台提供节目。2016年12月,对系统成功实施了带宽调整,作为团队一员亲身经历了此次工程,收获了很多。

一、系统介绍

环球广播卫星传输覆盖系统主要由三大部分构成,分别是地面传输、卫星上行(租用服务)和卫星接收。

1. 卫星接收:由分布在全球的卫星接收站组成。
2. 卫星上行:租用国际卫星公司的4颗卫星,分别是国际19号卫星,传输20路单声道和20路立体声节目,带宽9.6M,主要覆盖东欧、东亚、东南亚、大洋洲;国际20号卫星,传输20路单声道和20路立体声节目,带宽9.5M,主要覆盖亚洲、欧洲的大部分地区和除西非外的非洲地区;国际21号卫星,传输10路单声道和20路立体声节目,带宽4.8M,主要覆盖北美中南部、中美、南美;国际14号卫星,传输5路立体声节目,带宽1.4M,主要覆盖非洲西北部。

除此以外,还租用了3个国内外卫星上行站,分别承担向国际19、国际20卫星的节目传送以及向国际21卫星、国际14卫星上转发节目。综上所述,国际台租用3个卫星上行站、4颗卫星上的转发器,通过直接覆盖和接力覆盖的方式,实现节目的全球传输覆盖。

3. 地面传输:地面传输又分编码复用系统、传输系统、告警监测三部分,完全由我台负责运营维护,也是此次带宽调整工程的工作区域所在。

(1) 编码复用系统

对于单声道广播节目,需要先经过合路器将两路数字音频节目信号合路为一个双声道的音频基带信号,并以立体声的形式为编码器提供输入源(立体声节目直接作为信号源);随后编码器对数字音频信号进行编码压缩,输出ASI码流到切换器,对每组编码器输出的码流进行交叉保护切换,之后复用器将每个编码器经切换器输出的ASI码流进行再复用,形成TS传输流信号;信号传到码流切换器,对最终的TS传输流进行主、备保护切换。

(2) 传输系统

TS 流首先经过适配器，由 ASI 信号转换为 DS3 信号，送入 SDH 光端机；光端机有 2 个输出端口，一个把信号通过地面光缆送到卫星地面站，另一个把信号送到微波机房，以微波形式发射到卫星地面站，与光通路互为备份；卫星地面站先将接收到的信号逆向处理，解复用出 ASI 信号到码流切换器，对每组编码器输出的码流信号进行交叉保护切换，再通过调制器、功分器、上变频器、功放处理后，由天线发射到国际 19、国际 20 卫星。

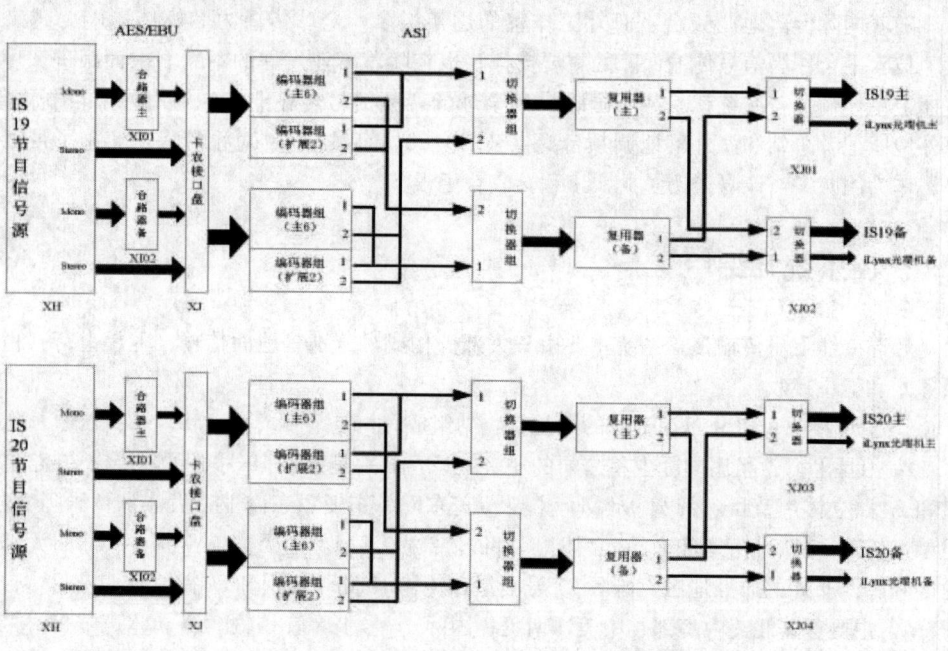

环球广播卫星传输覆盖系统图（国际台部分）

(3) 告警监测

为了保证编码复用系统的运行安全可靠，系统配备独立的码流信号监测、告警系统，是独立于编码复用系统外的附属运行安全保障系统。系统配置主、备两套网管软件，可根据使用者的需求选用主备网管的工作方式，对网管设置、状态、历史记录等数据实现自动同步或人工同步。网管还可根据系统运行需求，对系统中每个设备进行参数配置、运行状态的监控和查询，可对设备的状态和故障进行报警，并能针对故障进行自动切换，以保障节目传输能够安全、可靠的运行。

系统通过在编码复用系统中各设备层节点进行信号取样，实现对整体系统的无缝监控，既可对编码器、复用器输出的各节点和系统主备路输出的码流进行信号动态监测，又可对卫星下行信号进行传输覆盖检测。其中哈雷网管系统对台内所有编码器复用器进行监测监控；切换器网管系统对台内和卫星地面站端所有切换机箱进行监测监控；适配器网管对台内和卫星地面站端所有适配器进行监测监控；SDH 网管对台内和卫星地面站端所有光端机、微波机进行监测监控；蓝拓扑监测对台内系统各个节点的传输流进行监测监控。

二、工程实施

系统的建设容量是 40 路单声道和 40 路立体声，共 80 路节目。实际使用情况表明，除国际 14 卫星外，其余三颗卫星租用带宽冗余度较高，为了合理使用经费，在保证国际台现阶段实际使用及未来发展需要的前提下，建议调整租用卫星转发器带宽，并提出建议方案：将国际 19 卫星转发器带宽由 9.6M 减至 4.8M，可传输 20 路单声道和 20 路立体声共 40 路节目；国际 20 卫星转发器带宽由 9.5M 减至 4.8M，可传输 20 路单声道和 20 路立体声共 40 路节目；国际 21 卫星转发器带宽由 4.8M 减至 2.4M，可传输 10 路单声道和 10 路立体声共 20 路节目；国际 14 卫星转发器带宽维持 1.4M，可传输 5 路立体声节目。合计租用带宽 13.4M，具备 50 路单声道和 55 路立体声的传输能力；与目前使用通路比较，还具备 15 路单声道和 20 路立体声的扩展传输能力。工程完成后，租用上述卫星带宽及卫星信号接收并转发服务的费用，每年可节省人民币约 400 多万元。

工程于 2016 年初正式拉开帷幕，3 月底确认采取何种优化方案；6 月底根据方案制定实施计划，并论证、比较计划可行性；9 月底前，国际台与卫星地面站完成《带宽调整总体方案》和《参数调整方案》；12 月上旬，完成卫星切换，工程实施完毕。工程主要涉及前端音频编码复用及传输系统调整、卫星上行系统调整、卫星带宽调整系统和用户接收调整等四部分调整工作。

由于国际 19、国际 20 卫星的转发器资源均紧缺，缩减卫星转发器租用带宽时无法提供并发期，导致切换工作是与日常播出同步进行的，任何一个环节存在问题、任何一个操作出现失误都会导致国际 19、国际 20 两颗卫星上少则一半节目、多则全部节目的丢失，风险很高，所以从制定工程方案之日起，"安全第一"和"万无一失"就是每个人心中的准绳；当有一种以上的方案同时出现时，哪种方案操作步骤最简洁、对系统影响最小、逻辑最清晰，往往最后就会成为被敲定的方案。

方案主要包括三个阶段，分别是本地复用器配置阶段，适配器参数调整和节目表写入阶段，节目流切换阶段。

1. 本地复用器配置阶段。

（1）任何一次系统调整之前，备份现有运行状态参数都是最重要的准备工作。主要备份网管信息和数据库，可在之后的调整过程中出现意外情况、并且短时间内无法解决时及时恢复到调整前的状态，将播出风险降到最低、影响降到最小。

（2）实现在空置板卡上传输原有节目流，需要将冗余输出端口与原有输出配置之间建立新的连接，并用镜像复制的方式将输出节目流拓展到另外 3 个端口，分别用来传输、测试、监听。

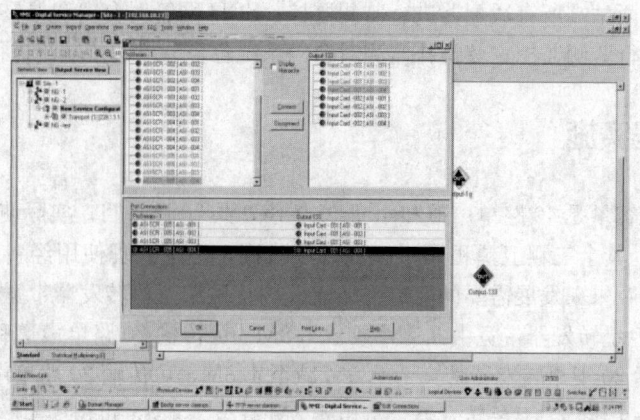

配置新节目流

（3）新板卡测试完成后，将播出节目流迁移到该板卡上，并进行对端测试。此步骤除了实现原有节目流的迁移和正常传输之后，一方面测试了新板卡的性能，另一方面也为之后的板卡参数配置的更改积累了技术参考和使用经验。

（4）在原有板卡上建立新节目流（带宽缩减后），同样采取镜像复制的方式，将全部4个输出端口统一配置，以备后两个阶段使用。

2. 适配器参数调整和节目表写入阶段。

（1）修改用于返送回传信号的4台适配器的设置，将接收模式改为发送模式，配置新的带宽参数，写入新节目表并下发到对应适配器，并将带宽缩减后的节目流接入，实现传输。

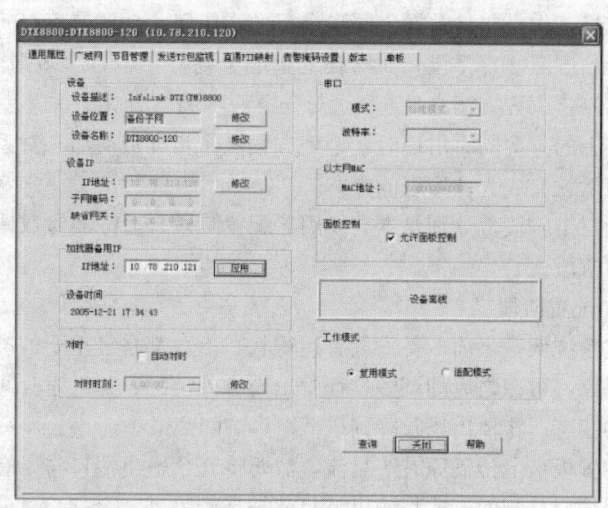

修改适配器的设置

（2）技术人员前往卫星地面站进行信号接收、解码和检测，在实践层面验证整体方案的可行性。从中能够得到两点认识：首先，经过本地复用器板卡以及两端适配器的重新配置，带宽缩减后的节目流传输是成功的；其次，相较于复用器，适配器的配置和新节目表写入是一个复杂的过程，涉及很多参数的设置和方案的比对，需要计划出足够的时间、人力来安排施工和稳定性测试。

3. 节目流切换阶段（以国际20卫星切换方案为例）。

（1）将SDH链路中传输国际20卫星节目流的接收端切换器强制为主路输出，通知卫星地面站使用主传输通路传输的国际20的节目流作为上行信号，备路信号停止使用。

（2）将调整后的新国际20卫星节目流，送入SDH备传输链路。

（3）在台内设置SDH备传输链路传输参数进行新节目流传输，在卫星地面站接收并检测新节目流完整性，对新码流传输链路持续监测。

（4）派人前往卫星地面站，协调双方工作。

（5）通知卫星地面站切换开始，启用备传输通路传输的新国际20卫星节目流作为信号源，调制卫星信号上行至国际20卫星。

（6）将传输国际20卫星节目流的SDH传输链路接收端切换器强制为备输出，卫星地面站使用新卫星参数，将新国际20卫星节目流调制卫星信号上行至国际20卫星。

（7）在国际台本地使用卫星接收机接收卫星信号，用于检测切换是否成功。

（8）确认成功后，开始进行主系统的节目流重组及SDH系统主路传输参数的设置，在卫星地面站接收并检测主路节目流完整性，并与备节目流比对。

（9）检查信源、主复用器输出、备复用器输出、卫星接收信号的一致性，检查主、备适配器输出一致性。

（10）确认无误后，将接收端切换器的强制状态解除，转为自动状态，通知卫星地面站使用主路节目流作为上行信号源，系统恢复正常。

三、工程心得

此次带宽调整工程在领导的全程指挥、与卫星地面站技术人员的密切配合、资深工程师的细心操作之下顺利完工。回想起来，策划设计近一年，集中实施近一个月，人人竭尽全力、并肩作战，把经验和才智发挥到极限，期间不乏有汗水、有争论、有紧张、有心惊肉跳，也正是在一次次的激烈交锋中诞生了最优方案，在一轮轮如履薄冰的操作过程中收获了成功和宝贵的经验。

1. 牢记系统结构：既对整体框架了然于心，又对具体接线方式和参数设置胸有成竹，才能在制订方案时科学有效，在操作过程中准确无误，并在意外发生时能够快速查明原因、妥善解决。

2. 准备工作要充分细致：工欲善其事，必先利其器，在正式施工之前，流程、系统图、应急预案、工具都要到位，才能在操作过程中有条不紊、沉着应对。除此之外，还需要与兄弟单位和兄弟部门密切配合，做好方案交流和流程演练，尽量减少实际操作中的沟通成本。

3. 严谨细心，监督到位：操作过程要细心、沉着、果断，严格遵守双人操作，互相监督，谨防疏漏，杜绝低级错误。

4. 测试要到位：操作结束并不等于完工，测试阶段才是考验工程效果的关键环节。而且测试不能一蹴而就、点到为止，要花足够的时间甚至用轮岗值班的方式保障系统时刻处于监听监测状态，有问题第一时间发现、第一时间解决，只有系统在新环境下持续平稳运行了足够长的时间，才能算是整个工程画上了圆满的句号。

5. 排查隐患：保障安全播出最重要的环节是事前预防，把事故扼杀在萌芽中，把隐患消灭在摇篮里。在工程中发现，我们使用的适配器和光端机已经超过维保期，同型号的产品也已更新换代，无法购买，一旦设备或板卡发生故障，既没有厂家维修，又没有备机备件可供更换，这是很大的隐患。针对这一问题，团队专门调研考察，提出用 ASI 光端机替换的冷备份解决方案。

6. 冗余设备的重要性：系统需要一定程度的冗余，一方面便于日后的业务拓展，另一方面有利于故障设备的及时更换。此次带宽调整能够顺利实施，也得益于复用器有 1 块备用输出板卡，适配器有 1 台备用设备，在切换过程中都起到了重要的信号过渡和模拟操作的作用；倘若没有这些备机备件，此次带宽调整工程的难度和风险都会大大提升。

（作者单位：中国国际广播电台播出传送中心）

互联网 UI 设计与国际台传播工作的关系与应用

胡心宇

一、引言

中国国际广播电台是中国向全世界广播的国家广播电台，国际台拥有报纸、广播、电视、网络和新媒体传播手段，包含了从第一媒体到第五媒体的全部形态。随着智能移动时代的到来，传播的手段和途径已必不可少的需要与互联网发生充分的交集。

2011 年 1 月 18 日，中国国际广播电视网络台（CIBN）正式成立，它是中国国际广播电台适应当代网络、数字媒体技术发展趋势，实现无疆界、跨媒体综合传播作出的重大选择。本人于采集制作中心，为国际台各个语言部设计互联网页面 6 年的时间，在这段时间中结合互联网设计与国际台的实际情况总结了相关的经验。本文主要讨论的内容是通过对比互联网 UI（User Interface 用户界面，简称 UI）设计流程与国际台实际互联网传播工作，梳理一条既满足互联网需求又符合国际台特点的流程模式，为国际台日后的页面开发、设计提供一定的参考依据。

二、国际台网页设计流程梳理

国际台各个语言部通过互联网传播页面设计的形式主要有：大型活动专题页设计、网站改版（包括手机页面）设计两大类别。下面分别讲述一下这两类页面各自的特点和开发流程。

大型活动专题页：这是国际台通过国际在线网站传播的最常用的形式。国内、国外当有大型活动或者专题活动时，往往会通过采集制作中心制作部的协助完成页面设计，并由语言部后期签发，最终呈现给受众。

首先根据不同的活动需要，语言部提出相应的设计需求，包括页面要展示的层级关系、栏目数量、具体栏目的呈现形式，这些内容在语言部内部需要有大致的方向，也可以找到相应的参考页面作为设计依据。

接下来，带着需求来到制作部门与设计师和程序员进行设计沟通，过程中设计师会与语言部编辑初步讨论设计风格走向、颜色倾向等视觉呈现的内容，程序员会与语言部编辑初步沟通设计需求的可实现性。沟通过程中将根据龙讯系统后台的实际情况最终与语言部确定页面的结构以及大致设计方向。

敲定好设计需求后,设计师开始着手设计工作。视具体页面的复杂程度不同,设计师一般会通过三天至一周的工作将页面设计初稿完成,此时将设计好的初稿提交给语言部编辑,供语言部讨论分析下一步工作。此时提交的初稿为.jpg格式的图片,不具有实际交互功能,仅供预览使用。

语言部拿到设计初稿以后,会根据设计稿以及最初的设计需求进行考量和评估,最终将修改意见批复给设计师。

设计师拿到修改意见后,根据实际情况进行修改调整,调整后将设计稿再次返给语言部。设计稿的修改反复过程视实际情况而定,过程会反复若干次。理想状态是1到2次完成设计稿的定稿。

定稿后,设计师将设计工程文件转给程序员,程序员根据设计稿进行切图、编码等工作,将设计稿制作成可以签发的网页,并将最终的页面地址发给语言部使用。语言部收到地址后,进行后台签发工作,完成上线(详见图1)。

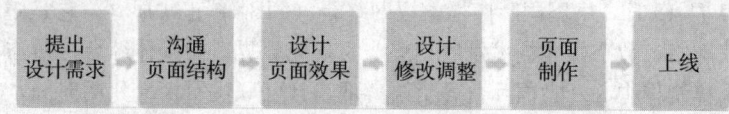

图1　中国国际广播电台网页设计制作流程

网站改版:国际台各个语言部在国际在线有各自语言的专属网站,网站一般包括十个左右子频道,各个子频道会根据不同需求设置各自的栏目。这样的网站多数情况下经历三到五年的时间,会面临全面改版,原因是从视觉上要符合当代潮流,从功能上要贴近最新的需求。

传统改版包含PC端网站改版和手机端网站改版,2016年以后最新改版的做法是H5页面自适应改版,改版兼顾了PC网页、手机页面和其他移动设备的页面。网站改版过程与专题页设计相类似,具体的流程如下:

首先由语言部提出相应的设计需求,包括首页的大致页面结构、确定频道页个数以及各个频道的大致页面结构、确定内容页的页面结构、确定更多页的页面结构,这些内容在语言部内部需要有大致的方向,也可以找到相应的参考页面作为设计依据。

接下来,带着需求来到制作部门与设计师和程序员进行设计沟通,过程中双方初步讨论设计风格走向、颜色倾向等视觉呈现的内容以及设计需求的可实现性。沟通过程中会根据龙讯系统后台的实际情况最终与语言部确定页面的结构以及大致设计方向。

确定好设计需求后,设计师开始着手设计初稿,一般情况下设计首页的样式效果。此时将设计好的首页初稿效果提交给语言部编辑,供语言部讨论分析下一步工作。此时提交的初稿为.jpg格式的图片,不具有实际交互功能,仅供预览使用。

语言部拿到设计初稿以后,会根据设计稿以及最初的设计需求进行考量和评估,最终将修改意见批复给设计师。

设计师拿到修改意见后,根据实际情况进行修改调整,调整后将设计稿再次返给语言部。设计稿的修改反复过程视实际情况而定,过程会反复若干次。理想状态是 1 到 2 次完成设计稿的定稿。

定稿后,设计师会继续完成改版内容的所有页面,包括各个频道页、内容页、更多页。页面数量一般在 10—15 个左右不等。

设计好所有页面以后,设计师将所有页面效果打包再次发给编辑部门审核,最终确认好设计效果后,通知设计师定稿。定稿后,设计师将设计工程文件转给程序员,程序员根据设计稿进行切图、编码等工作,将设计稿制作成可以签发的网页,并将最终的页面地址发给语言部使用。语言部收到地址后,进行后台签发工作,完成上线(详见图 2)。

图 2　中国国际广播电台网站页面改版流程

三、互联网 UI 设计开发流程

UI 的字面意思是 User Interface,实际上包含的是用户、界面以及用户和界面之间的交互关系。这里包含了感性层面的图形设计、理性层面的交互设计、用户研究。我们平常通俗理解的网站设计、APP 设计的开发都绕不开 UI 设计。

UI 设计开发流程目前在国内各个互联网公司并没有严格意义上的"标准",但是大致的设计开发方向是一致的,根据不同的公司发展情况会有不同的取舍。在此我简单列举的开发流程属于比较接近国际台业务发展的方向。

在阐述互联网 UI 设计开发流程之前需要额外提示的是,下文中会提到包括视觉设计师、交互设计师、产品经理等称工作人员,根据项目的难易程度或者不同的公司规模,会出现专人专职或者一人兼数职的情况。

下面是 UI 设计开发的大致流程:

第一,要确定需求,也就是产品的定位,目标,服务对象等最基础的方向把握。多数情况是由公司高层或产品经理来直接确定。

第二,要进行初步的用户研究与分析,针对目标使用对象的特征、习惯、心理、需求等提出可用性建议。这部分需要整个工作团队配合完成。

第三,架构设计,确定整个页面的结构层次、流程、布局等基础结构。

第四,交互设计阶段,需要设计软件具体操作流程、树状结构,用流程线框图的形式把页面结构搭建完成。这部分主要是交互设计师的工作。

第五,视觉化设计阶段,将交互设计的线框图视觉化,设计成可视觉化的图片或其他形式,此阶段确定这个界面的色调、风格、图标等信息的视觉效果。

第六,制作阶段,技术人员把设计稿转变成可实现实际功能的页面,我们熟知的程序员就在这个阶段开展主要工作。

第七，测试阶段，此时需要全体工作人员对页面进行各个方面的测试并提出修改意见，包括界面测试、用户动作测试、行业标准测试等等。

第八，上线并收集反馈，任何开发都不是一次完成的，都需要不断的迭代更新，上线后收集用户的反馈以便于再新版本更新时得到优化。

以上就是UI设计开发的大致过程，这是一个循环过程，不论设计网站、开发app或者其他页面都会大致遵循以上流程（详见图3）。

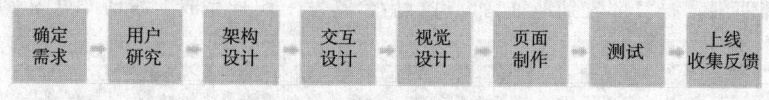

图3 互联网UI设计开发流程

四、互联网开发流程与国际台网页设计流程比较与应用

综上观察互联网的开发流程与国际台网页设计流程还是有很多相同之处的，我们可以类比两者的关系，分析异同，取长补短，更好的应用在国际台对外互联网传播中。

第一，互联网UI开发流程中确定需求、目标、定位的部分，相当于各个语言部最初策划活动的阶段，语言部领导、编辑以及相关人员会根据活动实际情况来确定页面设计的大致方向。

第二，关于用户研究与分析，也是各个语言部的专业工作，编辑会对对象国的情况以及国际台的自身需求了如指掌，因此这部分工作也不难迁移。

第三，关于架构设计、交互设计这两部分内容是目前相比较于传统互联网公司，我们需要提高的部分。根据目前国际台的网站业务，暂时需要架构设计的项目非常少，多数情况下，可以直接进行交互设计，也就是直接制作页面结构，此时传统互联网公司需要使用线框图来完成，甚至有很多是专业软件工程师背景的从业人员来完成此部分工作，但这部分资源是我们欠缺的。目前在国际台内部常用的方式是编辑人员用word编辑一个大致的表格，与采集制作中心制作部的设计师沟通协调，这个过程中我们积累了很多经验并了解到存在的问题，最主要的问题是，由于是非互联网专业人员，对于表格的表达非常欠缺，由于制作部的工作人员不了解各个语言部以及地区的实际情况，而无法代替完成这部分工作，因此就出现了比较大的缺陷。在此我试举一个简单的例子，来让大家了解一个基本合格的表格需要表达些什么样的内容（详见图4）。

技术研究

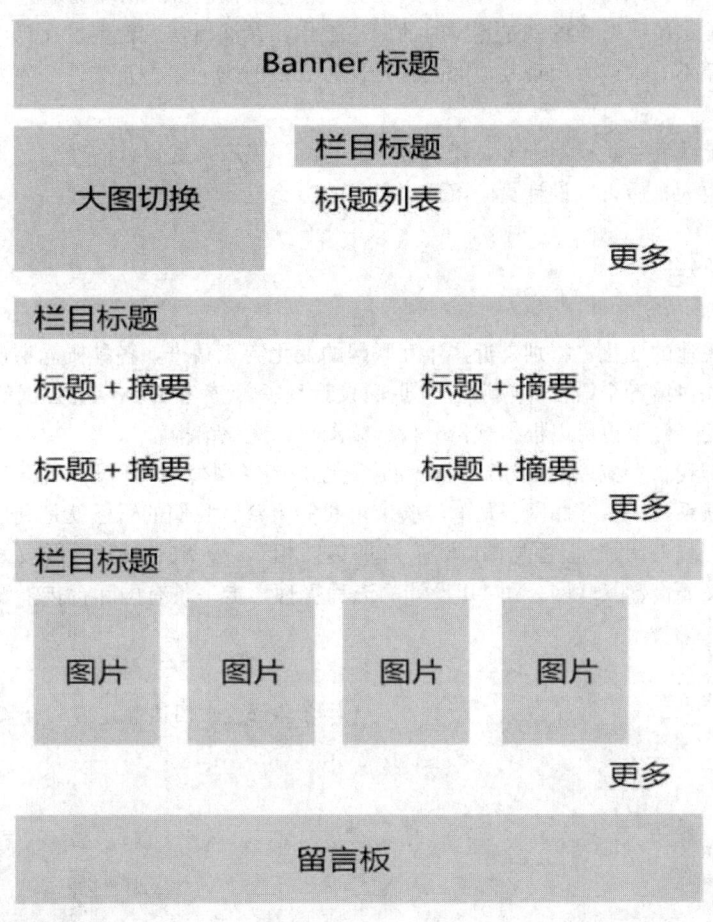

图4 简单的页面表格

以上就是一个简单的页面的表格表达，复杂的页面就是在这个基础上增加内容，但基本形式不变，表达的工具可以是 word、图片，甚至是手写的图示均可，不管是何种表达形式，一定要思路清晰地表达出每个模块的结构。

第四，关于视觉化设计阶段，这部分工作需要制作部的设计师来完成，需要值得提醒的是，沟通时间成本，设计一个页面效果，提交回语言部审核，返回修改意见，设计师修改再次提交，这样的过程时间可长可短，短的一两天即可完成，如果沟通不顺畅也会出现一两个月没有结果的情况，因此需要把握好这个环节，减少无效沟通，在确认设计方案的时候要准确、肯定，切忌没有迟迟不做决定，或者已经开始页面制作阶段了，要返工修改设计，这样会对整个流程有非常大的影响，时间成本巨大。

第五，关于制作阶段，值得注意的是制作的时间弹性很小，因此在整个流程开始之前就要预留好严格的制作时间，具体工作时间要与程序员根据实际情况确定。

第六，测试阶段对应的就是签发时的调整工作，在编辑从后台签发文件的时候会出现与最初设计稿不一致或者出现其他的问题，此时要及时沟通，检查文件、签发方法等是否正确。

第七，上线后收集反馈部分，建议各个参与部门吸取每次设计的经验教训以及用户的反馈，这样也为日后再次设计页面留下了宝贵的经验。

五、总结

时代在飞速的变化，特别是近些年互联网的变化突飞猛进，各种概念层出不穷，我希望通过这次探讨给各个语言部今后开发页面设计留一个参考资料，新尝试的同事可以借鉴，有经验的老同事也可以根据这份分析继续深化，优化结构。

以上就是我个人梳理的国际台网页设计流程和互联网公司 UI 设计的开发流程，二者有着很大的联系，一些互联网公司的经验值得我们借鉴，我们的目标就是利用好这两者关系，将互联网的 UI 设计流程与国际台实际的传播相结合，取长补短，既要发挥国际台特有的优势，又要借鉴互联网公司 UI 设计的流程管理，走一条有国际台传播特色的设计开发思路。

（作者单位：中国国际广播电台采集制作中心）

技术研究

媒体云的基础设施
——虚拟化平台技术分析

郭 磊

一、绪论

随着时代的发展，云服务和云应用已经深入到了人们工作和生活的方方面面，我们无时无刻不在享受着基于云的各种应用给我们带来的快捷和便利。不同的行业也都有着适合自身业务需要和行业特点的云平台，比如金融云、政府云、媒体云等等各式各样的基于不同行业属性的云服务类型。本人作为广电行业的技术人员，有幸参与到中国国际广播电台新大楼工艺系统建设中来，对于媒体云的建设，前期进行了大量的研究，并且针对媒体云最为基础的组成部分—虚拟化平台，进行了大量的实践工作。

虚拟化平台之于媒体云，就像公路与建筑之于一个城市，所以我把其称为媒体云的基础设施，这些基础设施主要包括计算、存储、网络以及管理这些资源的虚拟化软件。当然，不同的行业云都会有适合自身的虚拟化平台，本文重点分析适合广电媒体云的虚拟化平台。

二、媒体云虚拟化平台

虚拟化平台顾名思义是指采用虚拟化技术实现对于各种IT硬件资源实现抽象化管理的应用平台，在媒体云领域，媒体业务的特点决定了该虚拟化平台不同于一般虚拟化的技术特色，如针对广电内容制作的GPU（Graphics Processing Unit 图形处理器）虚拟化技术、针对高端视频制作的大文件高并发虚拟网络传输技术和针对海量媒资素材检索和读取的内存虚拟化技术等等。下文将针对媒体云虚拟化平台的特点，从计算资源、存储资源和网络资源几个方面分析虚拟化平台的具体技术实现方式。

1. 计算资源虚拟化技术

计算资源的虚拟化是以物理服务器为载体，配合映像和实例等虚拟化元素，实现计算资源的快速部署与交付。适合媒体云的物理服务器，目前大多采用标准的X86服务器，或者根据场景需要加装GPU卡，实现GPU计算功能。标准的X86服务器种类包括机架式和刀片式：

(1) 机架式：

标准机架式服务器，典型的是 2U 或 4U 的型号，支持 2 到 4 个 CPU 插座，8 到 16 个内存插槽，2 到 8 个 PCI-E 或 PCI-X 插槽，8 到 24 个硬盘托架，以及通过增加网卡和 HBA 插槽提供可扩展性。此外，机架式服务器还要兼容通用的操作系统和虚拟化软件，并且还要支持 1 到 2 块 GPU 卡的使用。

(2) 刀片式：

随着对服务器密度、节能、空间需求的不断提高，以及设备集中管理、集中调度、安全访问、快速部署和安全外延的需要，刀片式工作站越来越被广电媒体行业看重。在选择刀片服务器时，除了考虑和机架式服务器相同的要素之外，还需要考虑刀片式架构中的每个刀片所包含 CPU 数量及最大内存支持度，每个刀片主机服务器用于支持一定数量的刀片客户机所需的计算、网络和存储吞吐能力，是需要考虑的另一个重点，以保证刀箱上运行的每个服务器都能够得到足够的底层支撑。

有了物理载体，下一步就是部署适合的虚拟化软件，建立虚拟计算资源池。提到建立虚拟计算资源池，首先要建立两个概念，其一是映像，其二是实例。映像作为一个计算资源的基础单元，包含了操作系统与软件的预配置信息、硬件计算资源能力的预配置信息等内容。作为一种机器模板，包括了多种版本及架构的 Linux、Windows 等操作系统，定义为"系统映像"。实例可以理解为虚拟服务器，映像为启动实例，也就是虚拟服务器提供了所需的信息，启动的实例作为一个运行的计算资源，以虚拟服务器的形式运行存在，定义为"主机实例"，基于一个映像，可以批量创建任意数量的主机实例。主机实例作为虚拟计算资源池的基础运行单元，可以通过提供不同的实例类型，以便用户可以选择需要的 CPU、内存、GPU、存储容量和网络带宽来运行不同种类的业务应用服务。

根据虚拟计算资源承载的业务类型，我们可以定义三种类型的计算资源池，分为"通用计算资源池""虚拟桌面基础架构计算资源池""GPU（图形处理）计算资源池"，根据媒体自身的需求将相应的应用软件预配置到映像中，定义好预配置映像模板，批量快捷的创建启动实例，实现计算资源的虚拟化。下文将分别介绍这三类虚拟计算资源池。

● 通用计算资源池

通用计算资源池提供适度的通用基准计算能力，能够根据计算负载的需要实现性能的满足，根据实例的计算能力定义，根据业务系统的计算需求，可以按需选择不同的实例类型。主要包括：

(1) 标准实例适用类型

标准实例用于不经常或不持续使用完整的中央处理器和内存等计算资源，但偶尔需要突增性能的计算负载，适用于通用的计算负载，例如 Web 应用型服务器、小型的数据库系统等。

(2) 高吞吐实例适用类型

高吞吐实例用于可以向应用程序提供每秒上万次的，低延迟性随机读写操作（IOPS），适用于非结构化（NoSQL）数据库（例如 MongoDB）、集群化数据库系统（例如 Mysql Cluster）。

（3）高存储高密度读写实例适用类型

该种类型主要用于可以提供非常高的连续读取和写入性能，适用于最新的某些并行文件系统，目前我们还未有实际的运行环境，但是在未来的大数据处理领域应用将非常广泛。

（4）高内存性能实例适用类型

高内存性能实例旨在用于高内存性能和高可持续带宽，适用于提供内存分析计算，高缓存应用场景的应用程序。

● 虚拟桌面基础架构计算资源池（VDI）

VDI（Virtual Desktop Infrastructure 虚拟桌面架构）计算资源池主要面向桌面终端，提供可定制的安全快速用户访问接口，实现物理终端的一机多能，简化接入侧网络架构，将以往客户机的计算量集中到后台计算资源池进行处理。

VDI 虚拟桌面需要针对流动办公人员的快速接入访问，根据业务系统的变化，可以进行大规模的资源配置修改、批量变更。在媒体制作领域，VDI 虚拟机可根据 VDI 主机实例工作负载类型，分为通用虚拟桌和专业图形处理桌面。

通用桌面虚拟化，只需要 CPU 和内存等常用标准计算资源即可实现虚拟桌面，可支持 OA（办公自动化）办公使用及文稿编辑等。

在专业图形处理方面，需要在标准的常用计算资源池中，额外的添加专有的 GPU 虚拟技术，可支持图形处理和视音频处理等应用程序。

● GPU（图形处理）计算资源池

在需要很高的并行图形处理能力时，使用 GPU 计算资源池是广电媒体行业必不可少的一个重要特性，通过 GPU 实例可以访问具有一定特有处理能力的视频内存的专有 GPU。

通过 GPU 实例，我们可以利用统一计算设备架构（CUDA）的并行计算框架，从而实现视音频渲染打包、3D 绘制应用加速等功能，以及可以将这些实例用于图形应用程序、视音频非线性剪辑应用程序、多媒体的流式处理程序、3D 应用流式处理和其他的视频和图形工作负载。

GPU 实例虚拟机，如在物理硬件平台上运行一样，根据使用者提交启动实例的需求，每个 GPU 实例中提供对一个或多个分散 GPU 的专用访问，每个物理硬件平台上的 GPU 可以交付给一个 GPU 虚拟主机实例或多个分散的 GPU 虚拟主机实例。GPU 虚拟实例可以通过 VMware 和 Citrix 两种虚拟化技术来实现 GPU 计算资源池的交付。

以上就是几种目前主要的计算资源池类型及相应的实例应用场景，在实例管理方面，默认的实例并发启动数量与启动数量总值，在一定范围内需进行限制，防止无限制无节制的实例启动引发失控的状况发生，需要在一定的范围内进行把控，如果使用者需要一定数量以上的主机实例，出于安全性考虑，则可以使用 IaaS（Infrastructure as a Service 基础架构即服务）管理平台的申请流程，请求更多的实例并发启动与创建许可，IaaS管理平台可以根据申请，快速的响应与分配对应的实例资源。

计算系统可通过虚拟化技术实现全台计算资源的整合，统一提供按需的弹性计算资源。IaaS私有云通常包含虚拟化平台和统一管理平台两个部分，虚拟化平台部署在大量的物理服务器计算资源上，实现计算资源一虚多用的业务需求；而虚拟化统一管理平台在IaaS管理平台组件内部，对虚拟化平台所在的服务器计算资源进行统一调度和部署。

虚拟化平台主要提供虚拟主机的区域划分、资源隔离、实例封装和实例迁移几个重要的关键功能。区域划分即在单一物理服务器上可同时运行多个虚拟实例主机；资源隔离即在同一服务器上的虚拟机之间可以进行相互的隔离；实例封装即整个虚拟实例主机都保存在文件或者块存储中，而且可以通过移动和复制这些文件与块存储的方式来移动和复制该虚拟实例主机；实例迁移即运行中的虚拟实例主机可实现动态迁移到不同物理主机的虚拟平台上。

计算资源使用者可以配置和管理正在运行的实例，运行实例的相关信息数据，作为一组关于实例主机运行参数的字段，写入实例主机内部的文件，并提供给用户，用户对文件做一定处理后即可获得实例元数据值，定义为"实例元数据"。

资源使用者自定义的数据，用户在创建主机时可以通过上传一些自定义的参数或者脚本，来对实例主机做一些定制化的策略配置或完成特定的实例启动时关联的环境变量注入等特殊任务，定义为"用户数据"。

无论是"实例元数据"，还是"用户数据"的参数格式，IaaS平台都应当能够提供统一的格式和标准的参数列表，这一点对于计算虚拟化平台的实用性和可扩展性至关重要。

2. 存储资源虚拟化技术

在媒体云平台中，包含了初始化的默认存储设备空间的"主机实例"，被定义为"实例存储"。在主机实例容量需求递增的情况下，媒体云平台需要能够提供块级的外部原始存储设备，独立于任何已有的实例，可以被连接到任意运行中的主机实例上，为主机提供持久化的块级存储，可以动态挂载，可以动态卸载并转接挂载至其他主机实例，定义为被虚拟化的"数据存储"。

媒体云平台提供可选规格的数据存储："容量型数据存储"和"性能型数据存储"。性能型数据存储的性能可以满足对读写要求较高的应用，例如在线数据库等业务，容量型数据存储可以满足于对容量要求较高的应用，例如媒体文件缓存等业务。在"数据存储"基础之上，云平台可以对"主机实例"进行主机实例的快照、"数据存储"的备份，被定义为"备份"。"备份"用于在块级别设备进行"数据存储"和"实例存储"的备份与恢复，以及对正在运行的主机做在线备份，备份有多个备份链，每条备份链包括一个全量备份点以及多个增量备份点，可从任意一个备份点恢复数据。

● 实例存储

"实例存储"可以访问连接到物理主机上的磁盘存储，这种磁盘数据存储类型定义成

"实例存储"。实例存储可为实例主机提供临时性的块级存储，实例存储卷上的数据仅与实例主机关联在一起，并且在实例主机的生命周期内保留，实例主机的停止或终止，则实例存储卷上的任何数据随之被销毁。

- 数据存储

"数据存储"是持久化的块级存储，可以挂载到运行的实例主机上，可以将多个数据存储连接到一个实例。可以将实例存储从实例中断开，并将其连接到另一个实例。

- 性能型数据存储

性能型数据存储适用于对读写要求较高的应用。

- 容量型数据存储

容量型数据存储可以满足于对容量要求较高的应用。

在云平台内部，除了使用虚拟化平台对物理服务器计算资源进行整合以外，还需要对存储资源进行集中处理，在数据级别进行资源整合，统一提供按需的弹性存储资源。存储系统整合后，可以通过专业的软件平台为虚拟计算资源池提供共享数据存储服务，共享存储资源支撑平台根据业务类型分为两种架构方式："分布式存储"和"分布式文件系统"，根据不同的存储系统技术分类，适配不同的业务系统对于存储的要求。

- 分布式存储

分布式存储将原有单一磁盘阵列中的存储资源分散到大量的服务器节点中，通过软件算法进行数据并行读写调度，并提供基于块的元数据冗余，分布式存储在云平台中与虚拟计算资源池配合使用，最终以"实例存储"的形式交付给虚拟存储资源池。

- 分布式文件系统

分布式文件系统主要用于异构兼容，可以有效地对分散存储资源进行调度，使用存储传输手段为共享存储系统提供数据存储服务，根据业务类型，IP SAN（以太网共享存储）针对数据规模较小，吞吐量要求较低的场景使用，FC SAN（存域网共享存储）则针对大数据规模或高吞吐要求的场景使用（如数据库等）。分布式文件系统包含了一层数据逻辑，能够直接提供完整的文件系统供读写使用，用于适配并交付给不同的业务系统，提供"数据存储"服务。

3. 网络资源虚拟化技术

在虚拟化网络资源池中，我们可以根据不同的网络类型，划分以下五类网络类型。

接入网络：物理服务器到接入层网络设备；

后端网络：物理服务器到存储设备；

前端网络：接入层网络设备到核心层网络设备；

互连网络：多物理数据中心之间互连；

边缘网络：数据中心与外部网络互连。

- 接入网络

接入网络主要用于连接物理服务器与接入层网络设备，由于在虚拟化平台中需要对于大量虚拟化技术提供支撑，也就对接入网络提出了新的挑战，从传统的物理服务器间流量传输压力，变化为如何更好地承载虚拟机之间的流量负载。

在技术思路层面考虑，可以采用两种方式应对这些变化：

一个是由虚拟化软件厂商主导，将流量处理工作都交由物理服务器的虚拟交换机（vSwitch）完成，同一物理服务器内部虚拟机交互流量由 vSwitch 本地转发，不同物理服务器的虚拟机通信时，通过隧道技术在 vSwitch 之间建立通信隧道来完成，无需关心中间物理网络的连接方式，此类方案代表厂商更加依靠软件层面的解决方案。

另一个方式由网络硬件厂商主导，将网络流量处理仍然交给网络设备完成，服务器内部不对虚拟机的流量进行细分控制，由接入层网络设备在连接服务器的物理接口下建立对应虚拟机的虚拟接口，从而达到精细化流量控制的目的，此类方案的代表厂商更加依靠硬件设备的解决方案。

● 前端网络

对于规模较大的虚拟化平台，前端网络通常选择采用三层架构设计，接入层设备采用一定的服务器接入比例，但所有服务器都使用双上行到两台接入层设备实现冗余，采用常见接入层到核心层网络结构对应规模示例如下：

使用传统二层设计，网络节点规模在 50 以下，服务器资源需要小于 1000 台。

使用三层设计，网络节点规模可以支持 200 左右，服务器资源达到 4000 台。

使用大二层设计，网络节点规模理论上可以达到 500 以上，对应服务器资源规模能够支持到 10000 台。

实际部署时考虑到带宽和管理等其他因素，对应支持的服务器资源规模建议更少一些。

为支持无限大的网络与计算资源规模，需考虑 SDN（软件定义网络）技术，原理上将控制层面与转发层面分离，网络节点只处理转发任务，所有的路径计算与管理都由独立的控制器设备完成。

● 后端网络

后端网络主要用于连接服务器资源与存储资源。要求针对不同类型的存储资源，支持多种类型的存储访问协议，尽量从整体结构上简化网络设计并降低投资，同时能够兼容任意外设存储类型。由于分布式存储的各个存储节点间存在大量频繁的数据交互，对网络带宽要求较高，在实际使用环境中建议采用万兆以太网进行组网。

● 互连网络

通常情况，一个成熟的媒体云平台中会部署多处数据中心节点，以支持不同数据中心的物理位置整合。互连网络需要考虑各个节点的地理距离、通信需求，选择满足要求的网络技术进行搭建，数据中心互连边缘的网络设备需要考虑配套的网络技术支撑。

● 边缘网络

边缘网络用于媒体云平台最终用户的接入访问，根据不同业务系统的用户角色，接入方式有所区别。对于媒体内部用户，需要规划好不同业务系统与边缘网络之间的接入。随着目前媒体内部业务外延的需要，互联网也成为媒体云必不可少的接入方式，需要考虑到媒体云的安全性，因此必须使用一些隧道技术对通过互联网接入的用户进行识别与身份认证。

三、总结

综上所述，作为媒体云的基础设施，虚拟化平台技术主要包含了计算、存储和网络这三大组成部分，这些技术最初全部来源于通用IT领域。随着广电媒体行业对于云计算平台的需求越来越迫切，这些技术在媒体云的设计和建设过程中也同步进行着调整和适配，虚拟化平台技术的发展加快了媒体行业步入云时代的步伐，使得我们的内容采集、制作和发布等各个业务环节更加适应互联网时代媒体融合的要求。广电媒体行业所特有的新的业务需求和应用模式，也不断对虚拟化平台技术提出了新的技术需求，推动了全新技术架构的不断演进。两者互相促进，不断发展，必将不断扩展媒体云的应用深度和广度，最终助力互联网时代媒体融合的发展。

(作者单位：中国国际广播电台建管办工艺技术部)

云计算网络安全技术研究

王 亢

自从 2006 年 Google 首次提出"云计算"的概念，在短短十年间，云计算在传统的 IT 业界掀起了一场不可逆转的技术革命，推动 IT 领域迅速规模化、集约化和专业化，并且深刻改变了人们工作和生活的方式。我们日常使用的工作软件、智能手机、家用电器，甚至连汽车飞机等大型交通工具都已经与云计算产生密切关联，因此，云计算安全的重要性也日益凸显。云计算安全是一个庞大的课题，许多具体问题在专业领域上尚未达成广泛的共识，本文仅对其中网络安全的内容进行重点研究和探讨。

一、云计算

1. 云计算概述

从不同角度对云计算的定义有很多，但总体上都描述了云计算具备的以下几点特征：

（1）基于虚拟化技术。虚拟化技术与云计算是不可分割的，虚拟化技术能够抽象计算资源，把 IT 资源从物理设备中抽取出来，摆脱物理设备的限制，实现自由的组合与分配，以此保证云计算服务的灵活调配。

（2）瘦客户端。计算机初期的应用形式以大型机为主，是一种"重服务端，轻客户端"的模式，计算任务基本在服务端完成，客户端仅提供操作指令。后来随着 X86 技术的发展，客户端计算机的处理能力逐步提升，承担的计算量也越来越大，呈现出"轻服务端，重客户端"的趋势。然而云计算出现以后，可以说又将趋势逆转回了"重服务端，轻客户端"的模式，大量的计算都在云端处理，对客户端的处理能力的要求逐渐降低。当然，这种轻重的比较只是相对的，此时无论服务端还是客户端的处理能力都已经大大超越以往。

（3）弹性提供服务。"云计算"可以看作是一个巨大的资源池，能够灵活实现"按需服务"，用户可以按照自身随时变化的需要使用，好比我们使用电和自来水，用多用少，什么时候用，用多长时间，这一切都是自由灵活的，并且可以非常方便地接入云计算服务，就像打开电灯和开启自来水龙头一样简单。

根据以上特点，云计算提供的服务可以分为三个层面，分别是基础设施即服务（Infrastructure as a Service 简称 IaaS）、平台即服务（Platform as a Service 简称 PaaS）和软件即服务（Software-as-a-service 简称 SaaS）。基础设施即服务（IaaS）主要提供虚拟机、虚拟化网络、虚拟化存储和虚拟化安全等服务；平台即服务（PaaS）主要提供基于云计算的中间件服务，如数据库、病毒库、发布服务、转码服务等等；软件即服务（SaaS）则是提供直接面向最终用户的云计算服务，如邮件、地图、社交媒体、音视频应用等等。

未来的云计算在全球范围最终会发展成为包含云基础设施、云基础软件、云技术平台和云应用服务的巨型IT系统。

2. 云计算安全主要面临的问题

云计算给我们带来诸多便利的同时也带来了很多问题，尤其以安全问题最为迫切。一方面，在快速的发展过程中云计算尚未形成自身一套规范的安全体系，另一方面，传统的安全体系并不能完全适用于云计算。

在我国，被广泛遵循的信息安全等级保护体系对于传统IT架构来说已经比较成熟，但在云计算架构中并不能完全适用。如图1所示，将现行的信息安全等级保护的体系套用在云计算的三层服务结构中，就会发现一些空白，比如信息安全等级保护体系中并没有对虚拟化安全做出的规定。

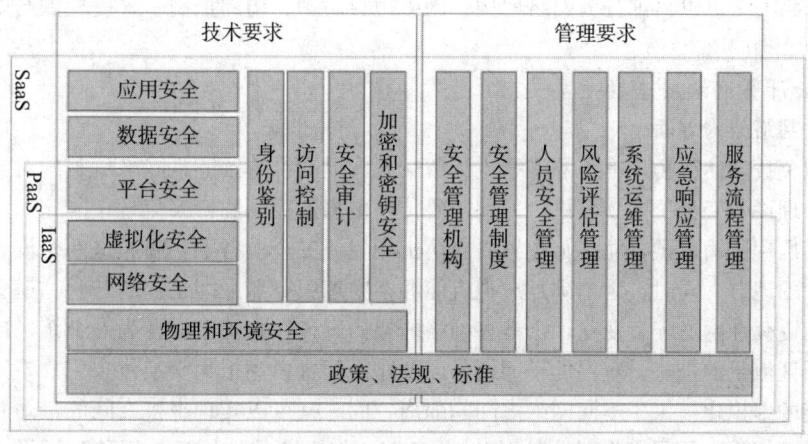

图1 云计算安全测评框架示意图

总体来说，云计算安全面临的问题主要来自五个方面：

（1）物理安全。传统IT模式中，用户的数据一般保存在自己的数据中心或者第三方的托管机房，可以在物理空间上直接对设备进行管理。而云服务商的数据中心可能分布在世界各地，距离远，数量多，如遇到光缆中断、地震或者战争的情况，很难保证系统和设备的物理安全。

（2）网络安全。在云计算模式下，不同安全级别的数据可能运行在同一台服务器上，物理上并未隔离，突破了传统IT系统的网络分界。此外，因为在云计算模式下，所有系统都运行在一张物理网络中，一旦网络设备出现问题或者被入侵攻破，将会威胁到所有系统的安全。

（3）主机安全。在虚拟化的环境中，虽然各个虚拟机之间是隔离的，但所有虚拟机都运行在同一个 IaaS 平台上，如果提供云基础设备服务的 IaaS 层受到恶意攻击，将会导致所有虚拟机无法正常工作，后果不堪设想。

（4）应用安全。应用系统是直接承载用户应用的，直接关系到用户信息的安全和保密，用户将应用系统部署在租用的云计算平台上，并由云平台进行托管，在授权访问、隐私保护、用户身份认证和内容安全等方面存在较大风险。

（5）数据安全。在云计算模式中，用户数据的备份和存储需要依靠云计算平台具体实现，在客户端仅仅发出指令，可靠性方面完全依靠云计算平台，因此数据安全也面临较大风险。

二、云计算网络安全

在云计算安全涉及的众多领域里，网络安全是最受重视也是相对成熟的一个部分，云计算的网络安全可以再细分为网络架构、网络边界防护、访问控制、入侵检测与防护、安全审计等。

1. 云计算网络安全的主要内容

（1）网络架构方面。

虚拟化技术使得物理链路的网络流量负载大大提高，单条链路网络负载的对象由原来单一的物理设备变为了多个虚机，另外还要传输更多的控制和协议流量，因此云计算网络非常容易出现传输瓶颈，尤其是在核心交换机和主要安全设备上，因为这两个设备是所有流量汇集的地方。同时，为了满足虚拟机能够在物理服务器之间迅速的迁移，避免由之而来的路由震荡和网络配置变化，云计算网络的架构应该在物理上设计为一个统一的大二层结构，保证流量的带宽，三层的子网划分以及路由配置由虚拟化交换机来完成，这样通过三层功能的虚拟化提供了不同网络之间的隔离，同时又可以实现虚机之间的最短物理路径传输，并且有效降低网络物理设备 CPU 的负载，将更多的计算任务迁移到云平台管理服务器上。由于云平台管理服务器本身也支持虚拟化，理论上可以无限扩展，因此可以提供强大的计算能力，最终实现物理网络的交换能力最大化，保证了云计算在网络层面的效率和可靠性。

（2）网络边界防护。

云计算网络的边界防护分为物理和逻辑两个层面，在物理网络边界可以使用传统的安全设备，如安全网关、防火墙等；而在虚拟网络边界可以使用云管理平台提供的虚拟安全网关，但是虚拟安全网关的可靠性有时并不能达到系统隔离的要求。在这种情况下，可以使采用 VPC（Virtual Private Cloud），即"虚拟私有云"或称"专有网络"的方式，通过隧道技术对虚拟子网进行隔离。从技术上讲，这种方式已经可以达到物理网络隔离的安全要求，本文"二-2"将对 VPC 技术进行具体的探讨。

(3)访问控制。

由于云计算平台数据相对分散，角色分类复杂，物理资源被不同用户使用的特点，出现了许多新的黑客攻击方式，如简单能耗分析攻击、差分功耗分析攻击、故障注入攻击等，使用传统的访问控制手段已经不能有效解决云计算IT架构中这些新的问题。目前针对云计算的访问控制方法主要有云计算的访问控制模型、基于ABE密码体制的访问控制，以及多租户虚拟化访问控制。

其中云计算访问控制模型的技术主要包括基于任务模型的云计算访问控制、基于属性模型的云计算访问控制、基于UCON模型的云计算访问控制和基于BLP模型的云计算访问控制；基于ABE密码体制的访问控制的技术主要包括ABE细粒度访问控制、用户属性撤销、ABE多授权中心等；多租户虚拟化访问控制的技术主要包括通过对多租户的隔离实现访问控制、多租户与RBAC模型相结合的访问控制和通过hypervisor实现虚拟化访问控制等。本文"二-2"将对云计算访问控制模型中基于UCON模型的云计算访问控制进行具体的探讨。

(4)入侵检测与防护。

云计算面临的外部安全风险主要包括拒绝服务攻击、中间人攻击、网络嗅探、端口扫描、SQL注入以及DDOS攻击等。由于云计算模式下虚拟主机和虚拟存储都是分布式的，因此云计算的入侵检测与防护也要面向分布式的结构。首先根据虚拟化网络的逻辑子网划分不同的检测单元，在每个检测单元里建立一个检测代理，通常部署在属于该子网的一台虚拟主机上，这样检测代理就算发生虚机迁移也能始终获取该子网的安全信息。然后建立一台中央控制器，使之能够与各个检测代理进行通信，并有效管理检测行为，及时将所有安全信息集中起来进行统一的分析和处理。

2. 关键技术

(1) VPC（Virtual Private Cloud 虚拟私有云）。

虚拟私有云在逻辑上与同属于一个云平台的其他网络是隔离的，每一个VPC网络都可以看作是一个独立的私有网络，可以设置独立的私有IP地址范围、自由创建子网、配置路由表等。虚拟私有云是为了使用户一方面能够在公有云上拥有云计算本身具备种种便利，另一方面也能实现不同用户私有区域的隔离，保护用户自身数据的安全和保密。通常使用隧道ID的方法来实现不同VPC互相之间以及与公有云的隔离，具体的实现方式是用每一个隧道ID对应一个虚拟化网络，也就是对应一个VPC，通过隧道封装技术对一个VPC内部虚拟化网络的所有IP报文进行封装，使所有的数据包带有唯一的隧道ID标识，当这些数据包在物理网络上传输的时候，因为隧道ID不同各个VPC的数据包相当于身处不同的路由平面，从而使得不同的隧道之间不能进行通信，也就保证了不同VPC之间不能进行通信，实现的VPC之间的隔离。

由于加密和封装的数据包只是在传输和存储过程中为密文，而在内存储器和CPU中则是明文显示的，为了防止用户数据被云服务提供商或者其他用户在此处窃取，VPC还需要对所有云服务商服务器的 CPU 寄存器和内存储器做一种非加密方式的保护，这一点对用户数据的安全是非常重要的。

此外，VPC 中的实例还可以关联一个或者多个事先定义的安全组，安全组可以作为该实例的虚拟防火墙，通过制定不同的规则对进出流量分别进行控制。在安全组中也可以定义访问控制列表，根据具体需要针对不同的 IP 地址制定不同的策略，实现精细化控制。最后，通过在 VPC 及其子网或单独的网络接口创建流日志，对传入和传出实例的已接受的 IP 流量和已拒绝的 IP 流量进行实时监控。

（2）基于 UCON 模型的云计算访问控制。

传统的访问控制模型都是基于访问主体已知的前提下，对主体的角色、权限、标记等预先做出定义，然后通过这些已知的访问控制列表对主体在系统中的行文进行控制，然而，在云计算的环境中，访问行为的主体并不能被事先确定。另外，在传统访问控制模型中，权限一旦做出定义，便只有管理用户才能进行修改，这在用户数量较少的环境中可以人为实现，然而在云计算中，面对海量的用户数量不可能只靠管理员去改变随时需要调整的访问控制权限，云计算需要根据用户行为规则随时智能调整每个用户的权限。这就好比购物网站对用户的分级，系统能够通过消费金额等指标参数自动识别给购买力比较强的用户，并且调整他们在系统中的服务等级，以便于更有针对性的实施销售策略，这样的操作非常频繁，而且要求非常准确，所以只能够交给云平台根据用户的行为自动去判断。此外，云计算架构还对访问控制提出了更多的需求，比如控制对云服务的访问，要求以访问主体所属的动态服务级别为基础、控制对用户数据的私有访问、用户配置信息和访问控制策略更加精细化、更加准确和灵活的用户识别方式以及可追溯的海量用户行为审计等。

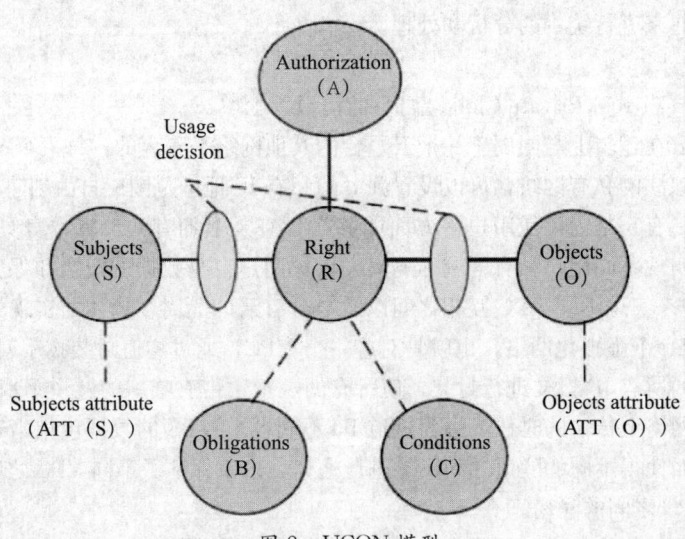

图 2 UCON 模型

基于UCON（usage control下一代访问控制模型，简称UCON）模型的云计算访问控制可以有效解决这些问题。UCON模型在传统访问控制原有主体（Subject）、客体（Object）和权限（Rights）三个基本要素的基础上，又引入了三个新的要素，即：授权（Authorization）、义务（Obligations）和条件（Conditions），如图2所示，这样就使访问控制增加了"连续性"和"可变性"。

其中，授权（Authorization）是在主体发起访问或客体被访问之前所必须满足的请求集，有基于权利和基于义务两种授权方式，基于权利的授权用于检查主体是否有权在数据对象上执行操作，基于义务的授权用于检查主体是否同意获得权利之后必须完成的义务；义务（Obligations）是主体在获取和使用权利之后必须执行的强制性要求，该行为必须发生在主体行使权力过程之前或过程之中；条件（Conditions）用于检查系统在允许对数字对象行使权限之前的授权程序，评估当权硬件环境和系统权限是否能够满足当前的任务请求，是关键的决策性要素。

云计算网络安全随着云计算的广泛应用而迅速发展，已经基本能够满足一般性的安全要求。然而，由于云计算巨大的规模和极高的复杂度，云计算安全技术还需要进一步发展，而且在技术之外，真正实现云计算安全还需要在标准制定、监管方式和法律法规等诸多方面持续的研究和探索。

（作者单位：中国国际广播电台建设管理办公室）

参考文献：

1. 王于丁：《云计算访问控制技术研究综述》，《软件学报》，2015，26（5）：1129—1130。
2. 冯登国：《云计算安全研究》，《软件学报》，2011，22（1）：71—72。
3. 关志涛：《面向云存储的基于属性加密的多授权中心访问控制方案》，《通信学报》，2015（6）。
4. 刘晓莉：《浅谈云安全之等级保护测评》，《计算机时代》，2016（11）：36—37。
5. 林闯、苏文博、孟坤、刘渠、刘卫东：《云计算安全：架构、机制与模型评价》，《计算机学报》，2013（9）：1775—1776。
6. 陈军：《云安全研究进展及技术解决方案发展趋势》，《技术广角》，2011（6）：51—52。
7. 姚冬梅：《基于UCON的云计算访问控制模型研究》，南京大学，2012年5月。
8. 朱君礼：《基于UCON的云计算访问控制的研究与应用》，北京邮电大学，2012年12月。

广电云计算平台相关信息安全防护

耿 羽

当前广播电视网所涉及的业务量愈加庞大，不仅内部自有的网络规模随着信息整合设备多，更有越来越多的单位、机构选择以云的方式来进行海量数据的存储与传输。如今世界各地黑客攻击手段越来越先进、多变，攻击密度也越来越大，信息安全隐患愈加凸显，而这使得位于各数据中心间网络边界的安全防护尤为重要。本文从广播电台云计算平台的选择与相关网络防护策略、方法入手进行了阐述。

一、前言

对于三网融合发展需求下产业集群形式的大型广电系统传媒集团，随着铺设的业务范围逐渐增多，业务能力支撑的需求也在逐渐增强。这其中，互联网技术的保障是服务、支撑业务发展的基石。在新媒体技术处理手段愈加复杂、信息存储愈加庞大的现阶段，如何存放海量数据与高效、安全的传输这些数据就成了重要的技术工作方向。

现今的广电网络在新媒体技术的发展推动下，信息储存与传播的载体、资源计算方式已更加多元化。以数据存储为例，这些需要长期存储的音视频信息主营业务资料需要消耗庞大的资源，本地化广电系统已经难以存放如此大量的数据。因此多数需要存储、处理大量数据资料的行业选择将这些数据资料采取合作、租用等方式布设在各种云计算平台上。在媒体转型的大趋势下，选择合适的云计算平台部署广电网络系统并保证本地与云端之间的数据管理与传输安全是极为重要的。

二、云计算平台的选择

1. 云计算的部署模型

根据美国国家标准与技术研究院的定义，云计算当前主要有四种部署模型，分别是公有云、私有云、混合云与社区云，其中前三种为主流部署方式。

公有云是指用户通过互联网直接访问、使用云供应商提供的云服务，用户按需付费使用云服务且自身并不拥有云计算资源。云计算的主要形态便是公有云。公有云具有价格低廉、机动性可扩展、方便易用、海量存储等优点，但安全性稍有欠缺。

私有云是指为指定用户定制搭建的，仅供该用户使用的专有云计算资源。私有云具有数据安全、服务质量高、可控性强等优点，但耗资巨大、不易维护。

对于广电网络系统来说，使用混合云更加适合。混合云是多种云计算模式的混合体，一些较为重要的内部数据可以私有化存储使用，而其他需要快捷高效处理的数据则可以利用公有云的计算资源提高计算能力。各个云计算平台的可伸缩性都是在一定范围内受限的。需要多方面考量所选择的云计算平台的可扩展性，为日后的平台升级做打算。

私有云
安全性高
兼容性好
可定制化

混合云
平衡性能
兼顾优点

公有云
成本低廉
扩展性强
海量存储

三种云计算平台的关系

2. 云计算的服务模式

(1) 三种主流服务模式

云计算当前主要有三种服务模式，分别为基础设施即服务（Infrastructure as a Service 简称 IaaS）、平台即服务（Platform as a Service 简称 PaaS）、软件即服务（Software as a Service 简称 SaaS）。基础设施即服务（IaaS）是用户获取基础设施等硬件资源的服务。平台即服务（PaaS）是软件即服务（SaaS）的过渡层，可以理解为是面向软件开发人员提供开发平台的中间层服务。软件即服务（SaaS）直接向软件使用者提供现成的 web 软件，拿来即用无需自行开发。

	基础设施即服务	平台即服务	软件即服务
	（IaaS）	（PaaS）	（SaaS）
用户需自行管理的层次	应用	应用	应用
	数据	数据	数据
供应商提供服务的层次	运行	运行	运行
	中间件	中间件	中间件
	操作系统	操作系统	操作系统
	虚拟化	虚拟化	虚拟化
	服务器	服务器	服务器
	存储	存储	存储
	网络	网络	网络

云计算三种服务模式提供的服务

(2) 其他服务模式

除了美国国家标准与技术研究院定义的三种服务模型外，随着技术的发展，目前又出现后端即服务（Backend as a Service 简称 BaaS）、通讯即服务（Communications as a Service 简称 CaaS）、物联网即服务（Machine as a Service 简称 MaaS）等更多类型的服务模式在发展过程中。

服务模式的选择各有所长，并不一定哪种比哪种更好。广电网络云计算平台应结合自身所需，采用不同的多供应商、多服务模式按照系统需求异构化综合使用，以避免系统架构设计与底层支撑设备过于同质化，造成不必要的信息安全隐患。除此之外，也要考虑异构化使用后平台的融合性与易用性。

三、信息安全威胁

国家质量技术监督局发布的《计算机信息安全保护等级划分准则》中要求，广播电视部门的计算机信息系统应建立在第四级安全保护基础上，即结构化保护级。

要求所有的用户都强制使用访问控制并考虑隐蔽通道。系统中可信计算机必须结构化为关键保护元素和非关键保护元素，明确定义接口，能通过检验与测试。加强身份鉴别，区分人员身份与使用策略。提高抗渗透能力。

1. 安全威胁的来源

目前，广电网络所面临的信息安全威胁主要来源于设备威胁与人为威胁。

(1) 设备威胁：我们使用计算机、服务器、交换机等网络设备作为数据交换的依托时，就已经面临着一定程度的安全威胁。所有的软硬件设备都不可避免的会出现各种类型的安全漏洞，完全安全无漏洞的软硬件是不存在的。

(2) 人为威胁：人为威胁分为两种情况，一种是主动威胁，即黑客攻击、商业间谍窃取等手段。另一种是被动威胁，如管理员误操作，用户误删等。事实上，人为威胁才是安全威胁的最主要来源。

根据"木桶理论"，在平台系统各方面安全性能达到一定高度时，人员行为管理将成为信息安全壁垒最容易攻破的环节。因此，提高人员的安全防护意识，增加信息安全防护技能培训，是保护数据资产安全、业务系统平稳运行的重要保障。

目前，在人员安全防护意识灌输上还面临着诸多挑战：

信息安全防护意识培训难以覆盖到全部使用人员，即使覆盖足够全面也因与本职工作不相关而使得部分员工配合度较低，最终成果难以评估；由于信息安全防护涉及许多技术相关知识，普通工作人员难于理解，因此在培训过程中要将专业的信息安全知识转述成多数员工能理解的内容，其表现形式要能激发员工的学习兴趣；要合理安排员工的碎片时间，以解决员工因工作时间、地点不集中，学习时间很难统一问题。只有坚持对员工进行长期不懈的安全防护教育，才能减少信息安全漏洞。

2. 云计算平台安全威胁

云计算平台面临最常见的安全威胁来源于与数据安全相关的威胁。其中，主要涉及了数据的丢失、泄露与劫持。有时一定程度上，为防止数据丢失而做的备份行为将造成数据泄露风险的增加；对于云计算平台的不熟悉也会造成一些 API 危险、端口开放等问题。

DDoS（Distributed denial of service attack 分布式拒绝服务攻击）是从云计算平台发展之前就久存的互联网安全威胁。若云计算平台面临 DDoS 威胁而无法解决时，破坏面就不仅仅是某一个企业自家系统而是整个部署在云供应商上的所有用户，这将极大的耗费动态流量用户的带宽费用。

3. 安全策略的制定

有效的制定安全策略是项目得以正常运转的基础。信息安全策略制定的目的是为了减少系统运转的风险，确定合乎法律法规，保证数据交换的保密性和完整性。在行业安全需求下，广电网络制定安全策略时在确定计算机信息安全保护等级后，还需要风险评估与机制复审，并且在实施过程中不断的调整安全方向，解决安全问题。安全策略制定过程如图所示。

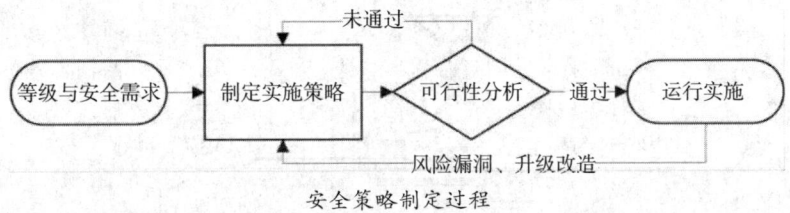

安全策略制定过程

设置严密的人员管理机制，以如堡垒机等多种技术手段增强不同来源使用者的身份识别能力；对不同使用者的访问控制权限加以区分；对用户的高访问控制权限行为进行安全授权审计。在制定安全策略时，最主要的防护策略制定应侧重于网络边界安全防护与数据、传输安全防护。

四、网络边界安全防护

根据国家广播电影电视总局令第 62 号——《广播电视安全播出管理规定》中广播中心实施细则内关于信息安全管理的相关规定。信息系统应结合自身实际情况的要求采取相应的安保措施，组合并且多重、异构地使用网络安全设备以增强网络的安全防护能力。在边界区域的数据交换领域，目前较为流行的隔离交换技术有网闸、防火墙、多功能安全网关、DMZ、私有协议、数据加密等。广电网络云计算平台启用后，应彻底隔离互联网端用户对内网的直接访问。

边界防火墙位于网络出口区域，汇聚了内外网的交换数据，是整体网络的重要节点。因此对其工作能力的要求非常高，需要能够实现负载均衡、入侵检测、入侵防御、防病毒、VPN远程接入、网络流量分析等功能，以有效监控网络运行状态，提高整体网络的防病毒、防攻击能力，提高整体网络的稳定和交换性能。为了安全起见，为防止系统的单一性，与边界防火墙相连的内网与云数据中心防火墙最好来自不同厂商的不同产品。

除传统的DMZ（隔离区）区域外，云计算平台也需要在云内设立DMZ区域。结合广电系统应用的安全等级需求提供相应的访问资源。结合云平台自身优势，0day收录漏洞集合并更新防御系统，通过大数据收集并动态分析全网信息结果，做到动态感知威胁的能力。

对于网络中所有的关键节点，都要保证双保障结构，如主备、双机热备或堆叠等。接入网络的所有设备与使用网络设备人员都需要作准入控制策略，通过堡垒机等身份识别产品识别不同来源的用户并相应地根据用户的实际使用权限来分级设置访问控制。动态捕捉活动用户行为，进行安全审计与资源监控。按周期提供安全分析报告。

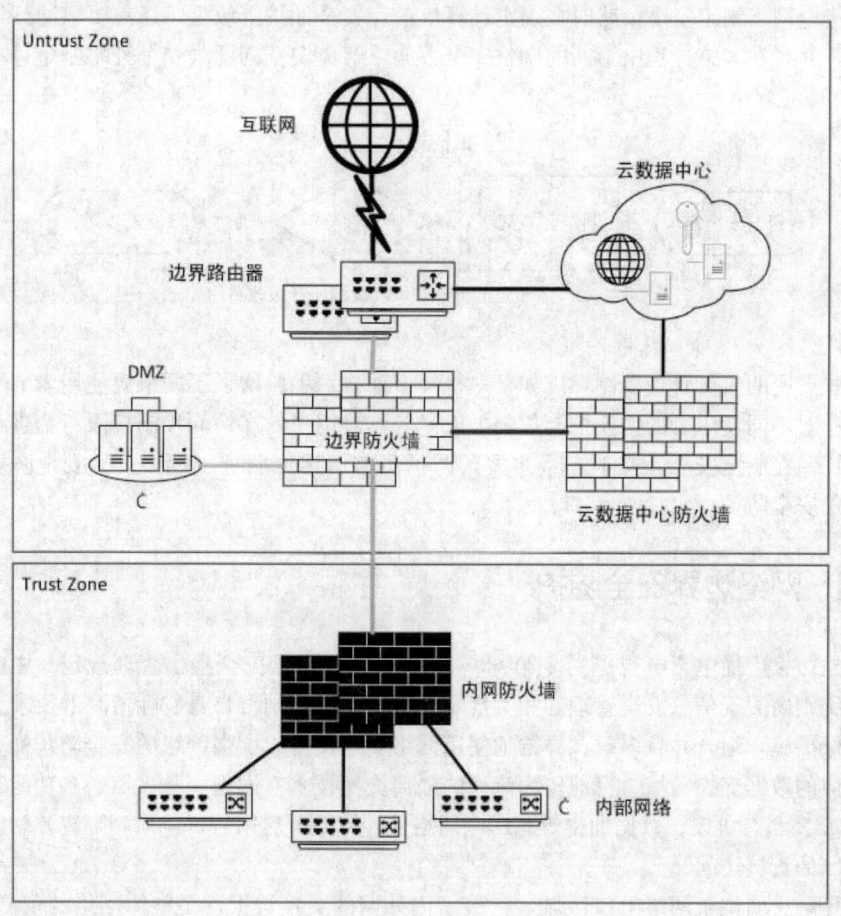

边界网络防护规划简图

五、数据与传输安全防护

在广电网络系统中，各种类型的媒体资源都是以不同形式进行的海量数据存储，海量数据或者称大数据的存储与相关的数据处理是媒体发展所需的技术基础。因此，保护这些数据的安全就是保护自身资源优势。

数据在通讯过程中面临着信息窃取、通讯中断、内容篡改与伪造等方面的威胁。

1. 数据安全防护

数据的安全防护主要涉及两点，即保证数据的保密性与完整性。

保密性保证了数据信息只供授权方使用，而拒绝其他用户访问的性质。可以有效地保证广电网络的信息安全。常用的保密技术有：信道保护技术、数据加密技术、物理防护等。不仅对于静态存放的数据需要进行保密性操作，对正在迁移与操作过程中的数据更需要保护。

完整性保证了非授权用户禁止改动数据原有特性，重要数据能够容灾恢复，使得数据正确的存放于传输。在广电网络中，各种信息安全威胁均会造成数据完整性的缺失。完整性保护是数据安全防护中最为重要的环节。常用的完整性保护技术有：安全协议、数据完整性校验、数据加密技术、数字签名技术、数字证书等。

2. 传输安全防护

对于广电系统的云计算平台来说，高速、稳定、跨地区的数据传输能力是对业务能力的保障。对于云平台供应商来说，混合云的公共资源与私有资源之间的数据传输安全，不仅涉及用户的数据安全，更是对其自身业务能力的考验，是极为重要的。

在向云端进行数据传输之前，要充分熟悉网络架构整体情况，制定好安全策略并多方评估该策略的可行性，以确保安全传输，应对突发状况。

（1）由于云平台与本地数据中心数据来往互通，而设备环境并不一致，因此需要建立双边统一的安全防护机制并充分测试，划分好安全区域，使整个系统可用性强、容灾性高。当云平台供应商较多时，问题会复杂得多，需要小心谨慎的制定传输与防护策略。

（2）重要数据需要备份。特别是因云平台底层 IaaS 资源并不受用户实际掌控，极有可能带来直接或间接的损失。如机房遭受地震、火灾等灾害，或被同一云平台提供商的租户发起内部攻击。

（3）入侵检测策略中，需识别出双向的正常流量与恶意流量。并非所有进入通道中的流量一定安全，要保证好隐私与安全之间的平衡关系。

（4）定期检查系统，确保带宽利用率等基础网络需求，做好漏洞防范、补丁升级等工作。

（5）数据分类分级，在使用初期先用重要程度较低的数据进行传输，再逐步提高重要等级。平台运行过程中定时定期验证数据完整性，检查系统可能存在的安全漏洞。

（6）建立私有高速通道，确保在数据传输安全的基础上提高传输速度、稳定性。组合VPN使用，有效隔离安全数据的传输。

（7）注意内部人员管理，严格访问控制，设置技术人员的管理权限，保留操作过程相关日志。

六、总结

对于广电网络体系，面对日新月异的信息技术发展趋势，我们除了要努力追赶技术进步的脚步，还要不断自我超越并创造新技术。由于技术发展的迅速使得我们在面对新兴系统模式时没有太多的经验借鉴，只能不断摸索前行。不管是如今发展大方向下的云计算平台迁移，还是未来畅想下的真正意义上的物联网，在新架构部署的过程中我们还将面临着可以预见或完全未知的技术难点与安全威胁。因此，为广电网络提供与时俱进的安全防护与保障任重道远。

（作者单位：中国国际广播电台采集制作中心）

参考文献：

1. NIST Special Publication 800-145，The NIST Definition of Cloud Computing。
2. GB 17859-1999，计算机信息系统安全保护等级划分准则。
3. 国家广播电影电视总局：《广播电视安全播出管理规定》，国家新闻出版广电总局科技司，2014年。
4. 谢希仁：《计算机网络》（第5版），电子工业出版社，2010年。

广电机房配电监测系统的改造思路与案例浅析

樊 硕

一、引言

在广播电视机房的管理工作中,电力安全一直被高度重视。在行业内电力安全管理人员、技术人员多年总结和积累的基础上,广电机房上级供电系统的配置原则在业内已得到明确并形成规范。随着技术服务理念的不断深化,近年来,机房电力安全保障的关注点从机房上级供电系统逐步深入到机房内部配电系统;电力安全管理的工作内容也从变压器、不间断电源等供电设备的运行状况延伸到用电负荷近端电源的可靠性、稳定性。为此,配电监测系统越来越受到重视,日益成为保障广电机房安全的重要智能管理系统之一。

二、广电机房配电监测技术简述

机房配电监控系统主要实现对机房配电系统、负载用电情况的管理与监控,需要具备数据采集、数据处理、图形监控、动态报表、能量分配、数据库处理、界面管理、功能报警等功能。其中:数据采集是通过系统设备实现对状态量及模拟量等信息的实时收集;数据处理是对数据采集的信息进行分析、处理及保护;图形监控是以图形化的形式,对系统、设备等运行状态及各种测量数据进行区别展示;动态报表主要是生成各种数据报表;能量分配主要负责实时监控回路测量值,显示设备开关状态,并对各种开关进行操作;数据库处理是将设备所获取的历史数据及实时数据进行统计分析,并做必要维护;界面管理是将低压配电监控系统控制与管理权限进行规定。

1. 配电监测系统基本架构

配电监测系统大多采用逐级汇接的三级结构,分为物理层、网络层、应用层三层架构。其中,物理层包括各类仪表、传感器、互感器等信号采集器件;网络层包括各类数据接口、转换器、智能网关等,用于实现各类信号的汇集、互联、互通;应用层包括监测主机和近程、远程应用终端设备,用于完成数据监测、分析、评估和指令输入、数据调取、图形展示等人机交互功能。如图1所示:

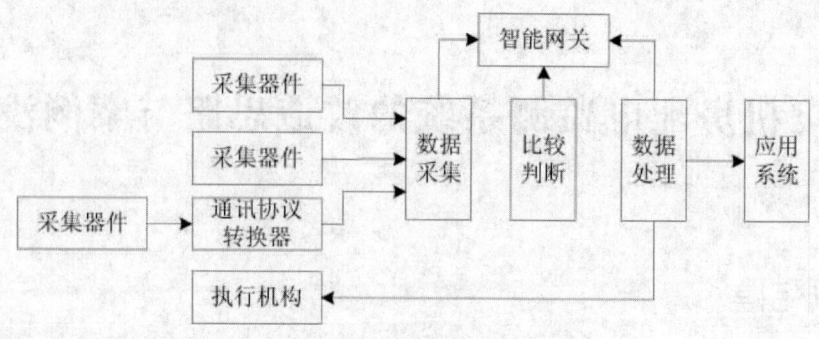

图 1 监测系统基本体系架构示意图

2. 采用的关键技术

（1）Modbus 通讯协议

Modbus 协议是全球第一个真正用于工业现场的总线协议。Modbus 协议是 OSI 模型第 7 层上的应用层报文传输协议，其帧格式简单紧凑、易于应用开发并且完全免费开放，支持 RS-232、RS-485 等多种电气接口和光纤、线缆以及无线等多种传输介质，在各行各业均得到广泛应用，同样也是各类监测系统经常采用的通讯协议之一。

Modbus 协议一般遵循主/从（Master/Slave）方式进行通讯，在一个通讯区域内设定唯一一台通讯主机（主节点），同区域内的其他通讯终端作为从机（从节点），采用查询、应答的方式进行通信，即：主机向从机发送信息，从机接收主机指令后予以响应、执行查询指令并返送结果信息；从机在未收到主机指令时无任何数据通信。Modbus 协议设定了"ASCII 模式"和"RTU 模式"两种传输方式：前者适用于小数据量通信业务，后者用于适用于大数据量的二进制通信业务。因此，在配电监测系统的数据传输方式一般采用 Modbus-RTU 模式。

（2）数据库系统

数据库技术是数据管理的技术，目前各种计算机应用系统和信息系统绝大多数是以数据库为核心。数据库是 IT 系统中按照数据结构来组织、存储和管理数据的数据集合，其数据按照一定的数据模型描述、组织和存储，具有较小的冗余度、较高的数据独立性和可扩展性。

配电监测系统要进行断路器状态、电源质量等项目的在线监测、分析诊断工作时，需要依靠数据库才能有效地处理、利用大量的实时数据和历史数据。这些数据可分为基本数据、临时数据、历史数据三种。基本数据是指系统中保持不变或变化较为缓慢的数据；临时数据是指软件运行中的过程数据；历史数据是根据配电管理的具体策略所保留的运行数据或参考数据。历史数据对于配电系统的分析、诊断以及趋势预测极为重要。

（3）数据传输（组网）结构

目前常见两种监测系统组网结构是：客户机和服务器结构（Client/Server Structs，C/

S）和浏览器/服务器结构（Browser/Server，B/S）：C/S结构在采用通用（标准）数据库的基础上根据监测系统的数据业务需求增设"中间数据库"，作为通用（标准）数据库、应用系统和数据采集端之间的缓冲区。在这个缓冲区的数据推送作用下，数据分发速度达到毫秒级，有效保证了数据实时性与系统效率。B/S结构同样是在C/S结构基础上发展形成的三层模式（3-Tier）的应用系统结构。B/S结构优势在于部署和维护方便，系统易扩展，尤其适合数据规模较大或运算量较大的应用系统。

3. 常用技术标准与规范

配电监测系统所含的设备、器件应符合以下国际电工委员会（International Electrotechnical Commission，IEC）、中国国家标准（GB）和国际单位制符号（SI）的相关标准及规范，例如：GB50062-92《电力装置的继电保护和自动装置设计规范》、DL/T587-96《微机继电保护装置运行管理规程》、GB/J63-93《电力装置的电测量仪表装置设计规范》、GB/T13729《远动终端通用技术条件》、DL/T630《交流采样远动终端通用技术条件》等。

三、案例分析与初步方案

1. 配电状况与改造需求分析

某机房内低压配电系统采用低压配电柜（列头柜）为IT服务器、存储阵列等开关电源类的用电负荷供电。由于末端网络设备大都为小功率单相负荷，因此配电柜内出线回路开关均为施奈德C65N/1P、C65N/3P系列微型断路器。所有出线回路均未安装电流互感器和监控仪表，无法实现遥测、遥信状态等数据实时在线监测，因此需要配置智能化的配电监测系统，以提高供用电安全系数和运行管理水平。

监测系统主要功能需求：

- 动力设施主要管理动力设备和环境的基础信息采集。
- 在线监测主要是对机房电能参数的实时数据显示。
- 在线分析主要是对设备类事件、电能质量类事件、环境类事件的分析，同时对数据中心的整体能耗综合评价等级。
- 在线评估主要是对电能质量、动力设备进行评估，评估标准可以选择国标也可以用户自己定义相关参数，评估完成后可以打印或导出报表。
- 系统应具有良好的人机交互水平和良好的规模扩展与功能扩展能力。

2. 系统改造方案

（1）总体方案

由于配电监测改造工程必须在机房持续运行的条件下实施，因此制定了"在原配电柜与用电负荷之间，增设监测仪表柜；进而将监测信号接入智能配电监测系统"的改造方案，主要内容如下：

- 增设监测仪表柜：对机房原有配电柜不做改动，在配电柜临近位置加装测控仪表柜。测控仪表柜内配置电流互感器、状态触点扩展继电器、智能测控单元模块、接线端子、熔断器等电器元件。测控仪表柜中电流互感器以及一次（主）回路接线端子数量与受监测的配电柜内出线回路数量相等并且一一相对应。

● 逐路切改机房配电柜出线回路：将配电柜内所有出线电缆负载端防水插头拆除后，移至测控仪表柜内，穿过仪表柜内与该出线回路编号相对应的电流互感器后，接入接线端子上端。再敷设一路电缆，一端接入仪表柜内该接线端子下端，另一端制作防水插头后接入原负载端。这样通过测控仪表柜内电流互感器以及智能测控单元就可采集到出线回路负载电流等遥测量数据，通过利用测控仪表柜内一次（主）回路接线端子上的电压信号，经过状态继电器扩展辅助触点，从而实现智能测控单元对该路出线断路器的状态监测。智能测控单元模块将所有出线回路的电流遥测量、断路器状态遥信量等数据通过 RS485 通讯总线上传至网络通讯层通讯管理机，再经过通讯管理机将数据处理、打包、转换后，上传至监控管理平台，实现对用电负荷设备的电流、状态监测。

（2）主要工作内容

仪表柜及监测仪表安装配线、通讯总线敷设、通讯网络机柜的安装、网络交换机、通讯管理机等网络设备的安装调试、监控主机安装、计算机监控软件编程、通讯管理软件编程以及软硬件系统整体调试。

（3）系统基本运行要求及参考指标

● 运行环境要求：环境温度范围为 $-5℃$ 至 $40℃$；$25℃$ 时，日相对湿度平均值不大于 95%；污秽等级≥户内 II 级；供电电压 AC 220V（380V）±10%；频率 50Hz±10%；系统型式 TN-S；接地电阻≤4 欧姆。

● 系统内部电气指标：监测系统内部控制、保护、信号回路电压在其 80% 至 110% 的浮动范围内，均应保持准确可靠；监测系统内部各类电气、电子器件均应具有在高次谐波电压畸变率不大于 8% 的情况下保持正常运行的适应性。

● 机房采集层设备及网络设备的抗扰性宜符合的试验等级要求，如表 1 所示：

表 1　配电监测系统抗扰等级参考要求

序号	抗扰内容	参考标准及等级	
1	静电放电	符合 GB/T17626-4-2	4 级
2	辐射电磁场	符合 GB/T17626-4-3	3 级（IT 系统 4 级）
3	快速瞬变	符合 GB/T17626-4-4	4 级
4	冲击（浪涌）	符合 GB/T17626-4-5	3 级
5	电磁感应的传导	符合 GB/T17626-4-6	3 级
6	工频电磁场	符合 GB/T17626-4-8	5 级
7	脉冲电磁场	符合 GB/T17626-4-9	5 级

续表

8	阻尼振荡磁场	符合 GB/T17626-4-10	5级
9	振荡波	符合 GB/T17626-4-12	2级（信号端口）

● 监测精确性指标要求，如表2所示：

表2 配电监测系统精确度参考要求

序号	指标名称或内容	参考标准及等级
1	模拟量测量精度（电压、电流）	不低于0.2级
2	模拟量测量综合误差（电压、电流）	≤1.0%
3	有功电能测量精度	不低于0.5级
4	电网频率测量误差	≤0.01 Hz
5	站内事件顺序记录（sequence of event，SOE）	分辨率≤2ms
6	遥测信息响应时间	≤0.5s
7	遥信变化响应时间	≤2s
8	遥测显示（及画面）延迟时间	≤2s
9	遥测合格率	≥98%
10	遥信年正确动作率	≥99%
11	系统可用率	≥99.9%
12	平均故障间隔时间（Mean Time Between Failure，MTBF）	≥20000h
13	测控装置对时精度	≤1ms
14	模数转换分辨率	≥14位

（4）系统基本架构及配置

鉴于本案例中机房总面积约1000平方米，机房配电系统属于中等规模，因此配电监测系统设计采用更便于用户管理的客户机/服务器（Client/Server）方式，参照成熟的三级体系架构划分为数据采集、通讯管理（智能网关）、监测应用三层，系统拓扑示意图如图2所示：

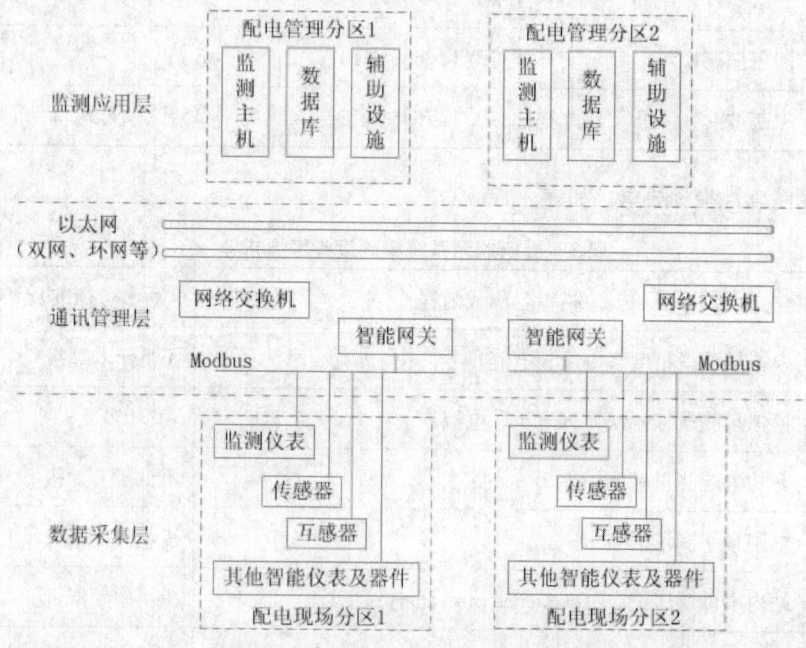

图 2　配电监测系统拓扑示意图（案例）

● 硬件配置方面

数据采集层设备包括机房监测仪表柜、仪表柜内配置与各配电柜对应数量的电流互感器、配置智能监控单元模块、状态触点扩展继电器以及电缆主回路（一次）进、出线接线端子、二次接线端子等辅助材料，并完成互感器、继电器以及智能测控单元模块之间的二次配线。每台测控仪表柜根据出线回路的数量与 6 台配电柜分别对应配套。

通讯管理层设备包括：各区域通讯管理层的通讯管理机、网络交换机、网关、光纤收发器等网络通信处理设备、与其他自动化系统实现数据通讯的以太网接口。通讯管理层完成机房采集层和监测应用层之间的网络连接、转换和数据、命令的交换，将现场实时数据和事件信息经网络上传到监测应用层，支持各种标准通讯规约。通过以太网交换机可实现与其他自动化系统的网络通信，达到信息资源共享。通讯介质根据现场情况选择 RVVP（2 * 0.75mm2）屏蔽双绞线、100M 六类线及光纤等。

监测应用层设备主要由电力监控软件、服务器、监控工作站、报警设备、模拟屏等组成，主要任务是将供配电系统信息实时存入数据库，通过友好的人机界面和强大的数据处理能力实现配电系统的集中监测、控制和管理。

● 软件方面

系统的软件部分由系统软件、支持软件和应用软件组成。系统软件采用多进程、多任务 Microsoft Windows 系列操作系统；支持软件为网络通讯组态软件及其他支持软件；应用软件指配电安全监测系统软件集合，主要包含图形编辑软件、通讯管理软件、事件记录查询软件、故障录波数据采集及分析软件、负荷管理及电量统计分析软件、运行报表编辑及查询软件、各类变配电运行管理软件。

(5) 系统主要监测内容,如表3所示：

表3 机房配电主要监测参数(低压)

序号	监测对象	参数
1	0.4kV 进线断路器(三相)	电压值(U)、电流值(I)、频率(f)、功率因数(cosφ)、有功功率(P)、无功功率(Q)
2		电流和电压谐波失真(Total Harmonic Distortion,THD)
3		电压和电流2次至31次谐波
4		分合闸状态
5	220V 出线断路器(单相)	电压值(U)、电流值(I)、频率(f)、功率因数(cosφ)、有功功率(P)、无功功率(Q)
6		分合闸状态

3. 拓展性要求及规划

(1) 监测范围扩展功能：检测系统应具有灵活的范围扩展功能，将来进行系统扩展(如：配电系统扩建、改造等)时，保持原有监控主机上的监控界面不变，只需配置相应的硬件，增加新的监控界面和监控计算机站点即可实现系统扩展。

(2) 其他自动化系统和智能设备通信：监控系统能够与办公自动化管理网(MIS)、楼宇自控系统(BAS)、智能消防控制系统及变配电系统内的其他智能设备和自动装置通信。

(3) 电能质量监测功能拓展：电力系统中存在着大量非线性、冲击性和波动性负荷，比如大功率的变频设备和整流设备、网络通讯设备等，这些负荷造成了电网发生波形畸变(谐波)、电压波动、闪变、三相不平衡、非对称性，使得电网电能质量的严重降低。由于电能质量降低会造成诸多危害；因此配电监测系统应具有监测重要负荷电源侧进线端电能质量的拓展空间，即：在重要负荷电源侧主断路器处加装电能质量综合监测装置。电能质量监控装置是符合最新的电能质量标准和电能质量监测设备通用技术要求，集电能累计、波形采样、谐波分析、合格率统计、闪变监测、不平衡度测量、事件记录、波形记录、电压暂态监测捕捉等多功能为一体。

四、结束语

随着信息技术的发展，各类广播电视机房经历了从最初单一功能的专业技术机房发展到具有规范架构及标准（GB 50174-2008《电子信息机房设计规范》、TIA 941《数据中心通信设施标准》）的数据中心，此后，为了支持虚拟化等云计算应用系统而进一步形成了"物理基础设施服务（Facility as a service，FaaS）"的理念与建设、评估标准。配电系统作为数据中心基础设施体系中的核心模块，其智能化管理程度是 FaaS 评估中的关键指标。本文所提的配电监测系统旨在提升广电行业中大量传统信息机房的配电安全管理力度，日后这些传统机房实施"云升级"改造时，配电监测系统将纳入整体的机房基础设施管理体系中为技术运行、管理人员开展业务提供不可或缺的助力。

（作者单位：中国国际广播电台技术管理办公室）

参考文献：

1. 严冬、龙国强、王平、陈俊生：《基于 Modbus 协议的配电室环境监测系统设计》，《四川大学学报》（自然科学版），2015 年 5 月。
2. 吕意欢：《浅谈低压配电监控系统的研制》，《科技创新与应用》，2013 年 9 月。
3. 苗晓春：《通信机房动力与环境集中监控系统设计与优化》，上海交通大学硕士学位论文，2013 年 12 月。
4. 孙志文：《数据中心动力环境监控系统的研究与设计》，燕山大学工程硕士学位论文，2014 年 5 月。

国际台对内直播机房系统升级改造

李春雷

一、背景

中国国际广播电台是国家级广播电台，是世界最具影响力的传媒之一，70多年的发展，国际台形成了自己的优势品牌。

国际台对内调频广播建设是其树形象、打品牌的重要手段之一。随着国际台传播能力的增强，对内调频广播的影响力日趋增大，为满足编播部门对技术系统越来越高的直播需求，需对直播机房进行升级改造。

作为国家广播宣传媒体，安全播出是生命，技术系统是实现宣传任务的重要保障，先进的技术设备、安全可靠的系统，加上科学规范的管理，是确保安全播出的基本条件。对调音台等核心设备硬件更新和软件升级有助于提高广播节目的安全优质播出，提高工作效率。

国际台现有的对内频率（环球资讯、轻松调频、劲曲调频）直播机房调音台及周边设备使用时间已经超过10年，设备老化严重，各项音频指标明显下降，无法达到原有水平，而且台里所储备的备件也即将使用完毕，为此，对国际台3个直播频率调音台及周边设备改造已迫在眉睫。

国际台有多年技术工程建设经验，与其合作的音视频专业设备供货商和相关的系统集成公司都有很强的专业音频系统工程技术和施工经验。人员基础良好、业务经验丰富。国际台参与本项目的相关人员熟悉机房数字化相关技术，有从事机房升级改造的经验，具备较强的工作能力和丰富的业务经验，因此，本项目的建设具有坚实的工作基础和人员基础。

因此，台里决定对环球资讯直播机房（OA21）、轻松调频直播机房（OA24）和劲曲调频直播机房（OA23）三套对内调频直播机房进行技术系统升级改造。

二、建设目标

1. 总体目标

项目建设的总体目标是实现对现有三套直播频率直播机房工艺系统中的主要设备的更新，完成三个直播机房的硬件系统集成，并对轻松调频播出软件系统进行升级改造，实现与主控音频播出链路的连接，实现直播机房安全稳定的播出运行。在直播机房切换过程中确保节目安全播出。

2. 分期目标

第一阶段：安装调试中转直播机房；

第二阶段：完成劲曲调频直播机房（OA23）工艺系统中主要设备更新更换，在直播机房切换过程中确保节目安全播出；

第三阶段：完成环球资讯直播机房（OA21）工艺系统中主要设备更新更换，在直播机房切换过程中确保节目安全播出；

第四阶段：完成轻松调频直播机房（OA24）工艺系统中主要设备更新更换，播出软件系统升级改造，在直播机房切换过程中确保节目安全播出。

三、项目执行情况

第一阶段：安装调试中转机房

2015年12月11日起，对1420-1&2录制机房进行改造，重新设计，搭建成一套完整的直播机房，集成直播调音台及周边设备，布设线缆、调试音频系统和配置相应播出环境，到主控的线路路由进行确认，并把中转机房接入主控播出系统，智能告警系统。配置新购置主备播出站、播出服务器、分频机和切换器，完成按照现有播出软件系统安装播出软件，同步数据库文件，并接入直播系统；保证中转机房网络环境满足三套调频播出传送条件；同步试运行中转直播机房，保证其录播节目24小时不间断播出，期间由主控值班人员注意监听监看播出状态，并对相关使用人员进行培训。

第二阶段：劲曲调频机房搬迁改造

2016年5月10日至17日，完成劲曲调频搬迁改造。5月10日0时起，耗费3小时将OA23劲曲调频到1420-1&2中转直播机房；10日至16日，对原直播机房进行系统更新改造，重新铺设线路，为后续发展扩展预留出发展通路，并配置FM88.7北京、上海、广州分频新购置主备播出站、播出服务器，完成按照现有播出软件系统安装播出软件，同步数据库文件，并接入直播系统，利用周末时间进行系统联调与系统测试，确保新搭建系统安全稳定；同步试运行OA23直播机房，保证其录播节目24小时不间断播出，期间由主控值班人员注意监听监看播出状态，并对相关人员进行培训；5月17日0时起，利用6小时完成了劲曲调频整体回迁工作。整个过程中，安全播出工作没有受到任何影响，做到了无缝零秒切换。

第三阶段：环球资讯机房搬迁改造

2016年6月28日至7月5日，完成环球资讯搬迁改造。直播搬迁工作于6月28日0时起，顺利将环球资讯搬迁至十四楼中转机房，整个切换过程中播出正常；6月28日至7月4日，对4层直播机房进行了系统更新，并利用周末时间对系统进行了联调与测试，确保新建系统安全稳定，配置新购置主备播出站、播出服务器，完成按照新采购播出软件系统安装播出软件，同步数据库文件，并接入直播系统；同步试运行 OA21 直播机房，保证其录播 24 小时不间断播出，期间由主控值班人员注意监听监看播出状态，并对相关人员进行培训；7 月 5 日 0 时起，完成了环球资讯整体回迁工作，整个过程中，安全播出工作没有受到任何影响，做到了无缝零秒切换。

第四阶段：轻松调频机房搬迁改造

2016 年 11 月 8 日至 11 月 15 日，完成轻松调频搬迁改造。搬迁改造前在 14 层中转机房搭建一套与新系统相似的直播系统，用于播出中转和培训；重点培训新直播软件的使用，以保障在不影响播出的情况下完成系统升级工作；11 月 8 日 0 时开始，将轻松调频的播出节目整体迁移至 14 层临时中转机房，进行为期一周的中转播出，整个切换过程中播出正常。11 月 8 日至 11 月 14 日，对 4 层直播机房进行了系统更新，并利用周末时间对系统进行了联调与测试，确保新建系统安全稳定，配置新购置主备播出站、播出服务器，完成按照新采购播出软件系统安装播出软件，同步数据库文件，并接入直播系统；同步试运行 OA24 直播机房，保证其录播节目 24 小时不间断播出，期间由主控值班人员注意监听监看播出状态，并对频率内相关人员进行培训；11 月 15 日 0 时起，完成了轻松调频整体回迁工作，整个过程中，安全播出工作没有受到任何影响，做到了无缝零秒切换。

四、业务应用及成效

劲曲调频、环球资讯、轻松调频三套直播系统升级改造工作，包括：直播调音台及周边设备系统数字化升级改造，直播软件系统升级改造，在升级改造过程中，本着保障安全播出，服务编播人员的工作原则，完成了直播软硬件系统的设计、人员培训、系统搭建和切换测试工作。详细介绍各系统升级改造具体细节及效果如下：

1. 直播调音台及周边设备系统升级改造

直播调音台及周边系统的升级改造工作的顺利完成，使直播系统的运行更加稳定，提高了编播人员的工作效率，并为编播人员营造了更舒适的工作环境。

在调音台方面将原有老旧的 Stduio2000 调音台更换为最新型的 DHD 52RX 数字调音台，将调音台通路由 18 路扩展为 24 路。新型的调音台支持更多通路，运行稳定，操作简便，功能强大，即增强了安全播出能力，又满足了编播人员灵活多变的直播节目需求。比如，在直播录播切换方面，利用新调音台多通路、节目输入源多路分配灵活的特性，创新性地实现了仅通过推拉调音台推子即可实现调音台的直播录播切换，省去通过调整调音台输出母线的操作，既简化了切换流程，又在一定程度上避免了安全播出隐患的发生。三套直播机房直播控制桌的设计由编播人员根据平时的直播习惯自主设计、定制，与直播控制桌生产厂商协商，定制直播控制桌。实际应用证明由编播人员自主选择、定制的直播控制桌更加符合编播人员的使用需求，更能给编播人员营造一个舒适的直播环境。直播调音台周边设备系统改造方面,在保证安全播出的基础上,尽全力满足各编播人员的技术需求。例如,环球资讯频率节目形式多样,特别对新闻的实时性要求较强,为了方便直播,要求多个显示器同时显示,针对此种情况为其更新了显示器机架,合理的对多个显示器进行布局,更好地支持了编播人员的直播过程;针对轻松调频节目视频直播的要求,部署了视频直播路由,满足了编播人员的视频直播需求,丰富了节目播出形式。劲曲调频频率作为音乐节目播出,对音质有较高的要求,针对此种情况,为其更新两个高质量话筒,并重新调试了音频处理器,提高了音乐节目的播出质量。

2. 直播软件系统升级改造

轻松调频直播软件系统的升级,是从用户需求出发,结合国际台技术系统实际,为其定制开发了音频采集和制作的统一管理平台,并升级了音频直播播出子系统。软件升级后,梳理了系统原有的歌曲库结构,改变了原有音乐节目的手动编排方式,实现了音乐节目的智能策略编排,提高了节目制作的工作效率。

结合轻松调频编播人员的需求,定制开发音频节目采集和制作平台,实现节目资源的汇聚,编播人员不必再借助传统的FTP软件进行制作网和直播网之间数据传输,并且编播人员在新的直播制作系统可根据用户权限访问直接访问制作网节目资源或直播网节目资源,提高了工作效率。新的软件系统对音频节目制播全流程进行了有效监控,可监控采集、制作、上单和播出各流程环节,检测和过滤静音、反相、过载和左右声道不平衡的相关音频等,并可提供监控日志和相关业务统计报表;此外,还实现了主备播出站播出数据和操作完全同步,提高了系统的可靠性,有效保障了安全播出。同时新的播出子系统主播单播出方式更便捷,CART单播放方式更多样化,界面也更加友好,使得导播操作更方便。因此新播出软件升级以后获得了编播人员的一致好评,他们表示相比以前的软件,新的软件使用更加方便,简化了节目制作和上单流程,节目制作、播出功能更加丰富,同时在直播过程中,软件运行更加稳定、安全。

3. 系统改造、切换及人员培训

三套直播机房系统的升级改造始终以安全播出为第一原则,播出传送中心播出部的同志们不辞辛苦,勇于担当,在搬迁改造期间,不分昼夜,利用周末加班调试,在不影响播出的情况下,顺利完了三个直播频率机房技术系统的改造与切换任务。

三套直播频率均是24小时全时段播出频率,在改造过程中不能影响节目的正常播出,同时还要保障改造后编播人员快速熟悉新系统,以保障播出安全。针对这种情况,搬迁改造前期,需要反复与编播人员沟通,了解技术需求,进行了详细的系统设计。在14层搭建了与新系统近似的播出中转系统,用于播出中转和培训。根据语言部的实际应用和系统本身特点设计培训方案和考核计划,对使用三个直播频率机房设备的编播人员进行了系统的培训和考核,保障编播人员熟悉系统使用。为了保障安全播出,所有直播频率机房技术系统的播出切换工作均在周二凌晨发射机检修时段进行,播出切换至中转机房后,所有系统施工和试运行工作均在一周内完成,于次周周二凌晨将节目切换回新系统进行播出,在施工期间和新系统投入使用后一周内，安排专职人员对使用新系统的编播人员提供技术支持，主控重点监控该频率直播情况，保障直播安全。通过周密计划和努力工作，三个直播频率机房技术系统的升级改造工作均安全顺利完成。

综上所述，三套对内直播频率机房技术系统升级改造的顺利完成，极大地丰富了直播节目的制作方式，使编播人员直播节目制作和播出工作更加便捷，增强了国际台直播频率安全播出能力。

（作者单位：中国国际广播电台播出传送中心）

语音识别技术在国际台的应用构想

刘 蕾

一、引言

中国国际广播电台目前使用 65 种语言向全世界传播，每天累计播出节目 3000 多小时。广播不同于电视和网络，是没有画面的，依赖于声音作为唯一的传播媒介，而语音识别技术能够让机器设备对声音做出辨识，这样以声音作为连接，语音识别和广播就变得密不可分了。国际台语种丰富，日均播出节目时长长，仅依赖人工处理声音费时费力。特别是随着语音识别技术的发展与普及，各大公司的语音识别产品层出不穷，在国际台使用语音识别技术来处理声音越来越迫切了。

二、语音识别技术的发展

语音识别技术，也叫作自动语音识别，是一种让机器识别人类的语音，将语音转变为相应文本的高级技术。

20 世纪 50 年代，语音技术研究工作拉开序幕，世界上第一个实验系统诞生，能够识别 10 个英文数字的发音，是由贝尔研究所的戴维斯 Davis 等人研究成功的。

20 世纪 60 年代，随着计算机技术的发展，基于计算机端的第一个语音识别系统由英国的德内斯 Denes 等人探索得出。

20 世纪 70 年代以后，进行语音识别研究的人员越来越多、规模越来越大，也取得了一定的突破，特别是在小词汇量、孤立词的识别方面。

早期语音识别所采用的技术大多是依据模板匹配的传统技术，20 世纪 80 年代，开始出现了依据统计模型尤其是隐马尔可夫模型 HMM（Hidden Markov model）的技术，其方向由小词汇量变为大词汇量，由孤立词变为连续语音。除此之外，还引入了神经网络技术来拓展语音识别技术的思路。

20 世纪 90 年代以后，在语音识别技术的理论方面没有新突破与新发展，但是语音识别技术却开始从实验室走向生活，逐渐开始在各个领域的应用上崭露头角。

近期，语音识别技术渗透进生活中的各个方面。语音导航、智能家电、车载音响的语音控制、语音对话机器人等层出不穷。法院也开始应用语音识别来进行智能庭审，医生也通过"医语通"来解放双手。在未来，随着物联网的快速发展，语音识别必将成为最重要的人机交互模式。

三、语音识别技术

本文中不讨论复杂的基于统计模型和引入神经网络技术的语音识别系统，只介绍最基础的技术，具体应用时可以根据实际情况来调整，基础的语音识别系统如图1。语音识别系统主要包括特征提取、声学模型、模式匹配和语义理解四个模块，下面简要介绍一下这四个模块：

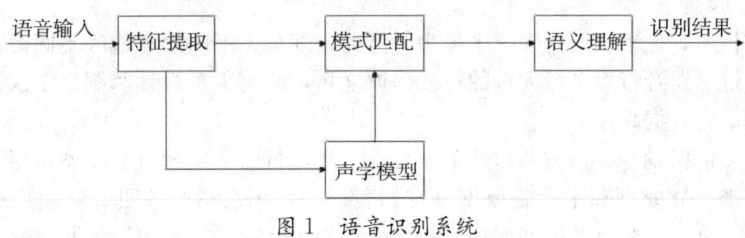

图1 语音识别系统

1. 特征提取

从连续的语音输入中提取语音的声学特征，以供后续进行训练。一些典型的声学特征包括：线性预测系数 LPC（Linear prediction coefficients）、倒谱系数 CEP（Cepstral）、梅尔 Mel（Mel-frequency cepstrum）倒谱系数 MFCC（Mel frequency cepstrum components）、感知线性预测 PLP（Perceptual linear predictive）等。其中，MFCC 和 PLP 被广泛使用。

（1）线性预测系数 LPC：与 LPC 参数模型差不多的声学特征还有线谱对 LSP（Line spectrum pairs）、反射系数等。线性预测分析是以人类的发声原理为基点，通过比对人声道的生理模型和全极点数字滤波器的形式发现是完全匹配的，因此系统可以采用这种形式用前若干时刻信号的线性组合来估计 n 时刻的信号。线性预测系数 LPC 通过使系统估计的值和实际语音的采样值之间的均方差达到最小 LMS（Least mean square），即可得到。协方差法、自相关法（德宾法）、格型法等都可以用做 LPC 的计算方法。这一声学特征之所以能够广泛使用是因为计算上能够快速有效完成。

（2）倒谱系数 CEP：通过将语音信号做离散傅立叶变换 DFT（Discrete fourier transform），由于其变换后不是一个线性关系，因此需要在变换后取对数，再求反变换 IDFT（Inverse discrete fourier transform）就可以得到倒谱系数。对 LPC 做倒谱（LPC-CEP），获得了滤波器的线性预测系数之后，可以很容易的通过一个递推公式来得到。倒谱域可以更好地对语音进行一些操作。

（3）梅尔 Mel 倒谱系数 MFCC：具有一定带宽的噪声对一个单频率的纯音具有一定的掩蔽效应。当带宽很大时人耳是听不到纯音的，当带宽从大逐渐减小到某一个值时，人耳开始能够听见纯音了，再继续减小带宽，人耳会听得越来越清晰。这个刚好能够使人耳听见的值就是临界带宽。要对临界带宽进行度量,就衍生出梅尔 Mel 刻度。相比于 LPC 这种通过对人的发声原理研究得到声学特征的,MFCC 是通过 FFT(Fast fourier transformation)将时域信号转化到频域,利用人耳临界带宽的特性,通过将依照 Mel 刻度分布的三角滤波器组和它的对数能量谱做卷积运算,然后再通过将各个滤波器的输出做离散余弦 DCT(Discrete cosine transform)变换,取得前 n 个系数。

(4)感知线性预测 PLP:与 MFCC 类似,感知线性预测 PLP 也是通过人的听觉感知来得到的声学特征。PLP 依旧是采用自相关法计算得到 LPC 参数的,但是在计算的过程中是按照听觉特性对数能量谱做 DCT 变换来完成的。

2. 声学模型

也是模板库,是语音识别系统中最为关键的一部分。不同国家地区不同语言的发音特点不同,通过对发音特点进行大量的特征提取之后,研究人员设计和制作了汉语、英语等各类语言的语音数据库。

声学模型根据发音特点按照识别单元大小分类,目前常用的声学模型包括三种分别为音素模型、半音节模型和字发音模型。例如我们的母语汉语,按照音素模型分类分为辅音、单元音、复元音和复鼻尾音四种,数量分别为 22 个、13 个、13 个和 16 个。按照音节模型分为声母和韵母两类,数量分别为 22 个和 38 个,38 个韵母中还包括了零声母。汉语包括轻音字在内一共有 412 个音节。音节字是汉语一个字的音,共有 1282 个有调音节字。根据具体情况来选取不同的模型。

3. 模式匹配

模式匹配的过程就是将未知语音和模板库进行比较,计算未知语音的特征序列与已知模板库中模板的距离,选择距离小的发音模板。

4. 语义理解

语义理解也是不可或缺的一步,以汉语为例,同样的发音可以是不同语义的词汇,要根据语义、语境、语法来分析,然后产生识别结果。

四、语音识别在国际台的应用构想

语音识别技术可以应用于国际台的很多地方。首先,在节目制作阶段需要许多音频素材,语音识别技术可以用来构建音频检索系统。其次,制作完音频节目之后,需要对内容进行把关,语音识别技术可以用作构建节目审听系统,对上传到播出站的音频内容进行审核。再次,在节目播出时,可以在移动端的播出平台对播出内容配以字幕,吸引更多的听众。最后,在节目播出之后,可以利用语音识别技术对播出的广告进行统计。可见,在国际台的各个环节,只要技术成熟、设计合理,都可以利用语音识别技术完成一定的工作,提高工作效率。下面,将简要阐述语音识别技术在国际台各个应用环节的具体实现构想。

1. 音频检索系统

对于音频类内容,后期的检索依赖于前期的编目,由于资源数量巨大人工编目费时费力，效率低下，因此非常有必要利用计算机来完成。基于语音识别技术的音频检索系统，多用于音频制作平台，能够对海量视音频资源进行处理，做好编目工作，还能完成音频内容的检索。该系统主要包括四大模块，分别为预处理、语音识别、索引建立和检索播放，如图2。

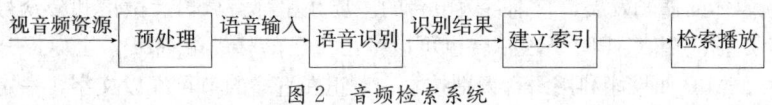

图 2　音频检索系统

（1）预处理模块：由于视音频资源分为视频类与音频类，因此，对视频类资源需要进行预处理，从视频中分离出伴音信号，然后对音频资源或者处理好的伴音信号进行处理，包括去除噪声的影响和非特定人的影响，处理之后的信号能更好地提取声音特征，从而进行之后的处理。

（2）语音识别模块：语音识别模块主要由特征提取、声学模型、模式匹配等部分构成。其主要任务是从输入信号中提取特征，供声学模型处理，处理后进行模式匹配，输出识别结果。

（3）索引建立模块：预先设定一些词语作为有限词表，对语音识别的结果进行分词，分成众多词语后，在有限词表中进行查找，生成音频的主题，建立标签。

（4）检索播放模块：能够点击播放检索出的视音频。

2. 节目审听系统

对于广播电视来说，安全播出工作重于泰山。广播节目分为直播节目和录播节目，直播节目中遇突发情况例如电话连线时出现敏感词汇，这时由主持人或者导播进行应急处置，而针对录播节目中出现的禁忌词汇或敏感话题，在上传节目时传统的逐字逐句审听的方式非常耗时耗力，尤其是国际台语言种类多、日累计播出节目时长长，大量的播出节目为录播节目，审听的工作量非常大，目前的软件只是对音频技术指标进行检测，并没有对内容进行把控。通过语音识别技术能够将录播节目音频转化为文字，将一些政治上的敏感词汇和一些不法言论设为模板库，进行内容上的审听，具体实现方式如图3。

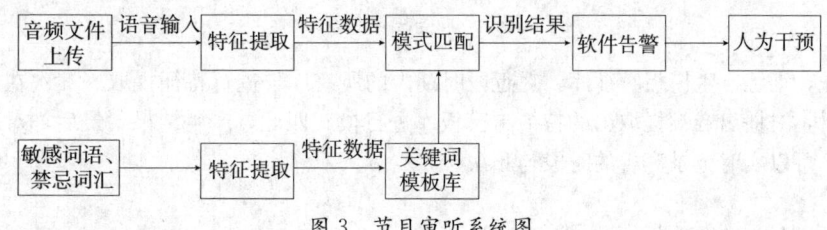

图 3　节目审听系统图

在音频文件上传到播出站的时候，对音频文件进行特征提取，提取出特征序列之后与模板库进行比对。模板库是我们提前根据敏感词语和禁忌词汇设置的。比对之后若达到一定标准则进行告警提示,提示之后上传节目的人员将进行人为干预,若告警正确则重新修改文件,若产生误告,则确认继续上传。这种方式将改变传统的逐字逐句审听的方式,大幅提高审听效率。

3. 网络广播应用

随着新媒体的蓬勃发展,目前各大电台的主要频率都有微博、微信和公众号,很多还推出了网络广播应用(APP)。国际台也可以推出自己的移动端 APP,全面提升媒体传播力和影响力。APP 如果能利用语音识别技术,对正在直播的节目配以文字,一定会吸引更多的听众。

(1)对于外语类节目,充分发挥国际台的外语优势。目前国际台使用 65 种语言向全世界传播,语言之广泛是别的传播机构达不到的。对于想学好一门外语尤其是小语言的听众来说,如果能在收听节目时显示字幕,其实是帮助学习语言的一种很好地方式,也能够借此吸引更多的听众。

(2)对于音乐类节目,更好地推广歌曲。语音识别技术可以运用于类似 FM91.5、FM88.7 等时常播放歌曲的频率,使得听众在欣赏歌曲的同时,同步看到歌曲的歌词。

(3)对于新闻类节目,第一时间了解新闻资讯。在播出新闻节目时,可以通过语音识别产生一个新闻资讯列表,作为 APP 的推送,帮助用户第一时间掌握新鲜资讯。

4. 广告统计系统

目前的广告播出情况仅由人工来进行统计,工作效率低,易产生错误。利用语音识别技术来完成,可以大大提高效率,尤其是相当长一段时间内播放的广告相对固定。具体系统如图 4。

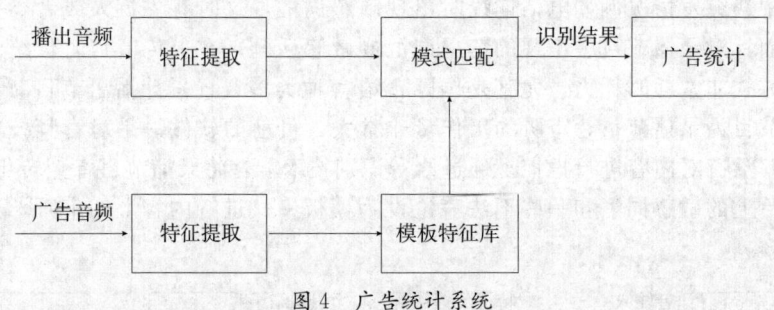

图 4　广告统计系统

首先,训练产生模板特征库,对近段时期内的所有广告进行特征提取。其次在进行广告统计时,对播出音频提取出的特征与模板库进行模式匹配,产生结果。最后,对结果进行统计,可以实时记录广告的时段与频次。

五、小结

当前语音识别技术发展迅速,很多公司已经推出了非常成熟的技术与产品,基本上能够达到实际应用要求,这就为国际台能更好地使用这项技术开展相应的应用提供了技术支撑。但是,在利用这项技术的同时,还需要注意以下几点:

(1) 正确认识语音识别技术在各项工作中能够发挥的作用,看清利弊,扬长避短。由于实际广播节目环境各异、种类多样,目前的语音识别技术还存在许多问题与不足,在广播节目中取得的效果也将不尽相同。根据目前的经验,新闻类节目的识别率要比谈话类节目的识别率高出很多。应当尽量先应用在识别率高的方面。

(2) 并不是所有语种的语音识别技术都发展成熟,有些语言尚不能达到一定标准,更不要谈完全不依靠人工,因此对于不同的语种还要根据现有技术的成熟程度来选择是否采用语音识别技术。

(3) 要不断加强模板库建设,语音模板库在语音识别技术中起着举足轻重的作用,要加强各种系统在语音识别过程中不断地对音频资源的特征进行整理和统计,进一步使得系统能够达到自适应,从而使系统达到一个良性循环。

(4) 在使用语音识别技术时要谨慎,因为安全播出始终摆在首位。语音识别应该与现有系统相结合,而不是完全替代现有系统。

语音识别技术正逐步应用于广播电视行业,需要在应用中不断总结经验教训,不断促进广电行业的技术进步。相信在不久的将来,随着语音识别技术的不断深入发展和应用,国际台可以更好地运用此项技术来增强媒体影响力。

(作者单位:中国国际广播电台播出传送中心)

参考文献:

1. 谭保华、熊健民、刘幺和:《语音识别技术概述》,《郧阳师范高等专科学校学报》,2004年12月。

2. 陈立伟、赵春晖、孙玲、姜海丽:《一种语音信号线性预测系数的求解新方法》,《应用科技》,2005年8月。

3. 吕丹桔、B. Hoffmeister:《汉语语音声学特征复合的研究》,《云南大学学报(自然科学版)》,2010年。

阀控式密封铅酸蓄电池运行管理技术

张 钧

一、引言

在信息时代，信息技术（Information Technology，IT）就像一座宽广无垠的舞台承载着人类社会的各种行为活动，而不间断电源（Uninterruptible Power Supply，UPS）则无疑是支撑这座舞台的核心支柱之一。由于 UPS 系统的整流、逆变技术在 2010 年左右已进入了技术成熟应用阶段，因此最近几年 UPS 领域的技术研究主要关注于 UPS 蓄电池方面。

目前，阀控式密封铅酸蓄电池（Valve Regulated Lead Acid Battery，VRLA）凭借成熟可靠的充放电原理、不断改进而日益"环保"的生产制造技术、多年积累形成的有效运行管理方案、持续创新的电池监测管理技术，牢牢占据着大容量 UPS 系统的主流市场。

二、VRLA 电池基本原理及类型

1. VRLA 电池基本原理

阀控式密封铅酸蓄电池主要由正极板（PbO2）、负极板（Pb）、电解液（H2SO4）、外壳容器及相关配件等组成，其化学反应原理如图 1 所示：

$$\text{正极板化学反应为 } PbO_2 + 3H^+ + HSO_4^- + 2e \underset{充电}{\overset{放电}{\rightleftharpoons}} PbSO_4 + 2H_2O$$

$$\text{负极板化学反应为 } Pb + HSO_4^- \underset{充电}{\overset{放电}{\rightleftharpoons}} PbSO_4 + 2e + H^+$$

图 1　VRLA 电池充放电原理示意图

由图 1 可见，阀控式密封铅酸蓄电池放电过程中会在正负极板生成固态的硫酸铅结晶；在充电过程中由于正极生成氢离子的速度较快，进而导致电解液酸性升高加速极板消耗（腐蚀）以及电池内部压力增加。因此，阀控式密封铅酸蓄电池在运行管理中需要科学合理地开展日常检查、检测及维护工作，避免电池出现极板硫化（硫酸铅附着极板导致电池容量下降）、外壳变形缺损、电解液漏液等问题，从而保证蓄电池组具备足量的电能储备及放电能力，有效发挥后备电源的应有作用。

2. VRLA 电池基本类型

由于所有的铅酸蓄电池都是基于同样的化学反应原理，因此 VRLA 电池电解液和正负极板也与老式开口型电池铅酸蓄电池基本相同，而二者最主要的区别则在于：VRLA 电池采取了有效的电解液密封技术从而从根本上解决了开口型蓄电池固有的水分蒸发及分解、酸雾等问题。由此，电气行业内一般根据电解液密封技术可将 VRLA 电池分为"胶体式"和"贫液式"两类：胶体式 VRLA 电池最初源自德国，用二氧化硅胶体作凝固剂对电解液进行凝胶（GEL）处理使其吸附在胶体内；贫液式 VRLA 电池最初源自日本，采用吸附式玻璃纤维（AGM，Absorbent Glass Mat）制成孔率较高的隔板，使电解液吸附在极板和隔膜中。这两种技术均实现了电解液的有效约束，保证了电解液物理化学特性的长时间稳定，再结合蓄电池壳体密封、阀控滤酸等结构技术，从根本上消除了铅酸蓄电池电解液维护难点，大幅提高铅酸蓄电池的运行可靠性与安全性，使得 VRLA 电池占据市场主流。

目前，各 VRLA 蓄电池生产厂商均以产生 2.1V 左右电动势的一套配件封装为一个电池单体，此后将 3 个或者 6 个电池串联后封装在一个外壳（一般为 ABS 工程塑料材质）内即成为 6V、12V 两类蓄电池。

三、VRLA 电池运行管理

VRLA 电池的运行管理重点在于：通过日常检查和定期测试，发现其出现热失控、电解液渗漏、容量不足、电池端电压不均匀等现象。

1．"预防并杜绝热失控"是 VRLA 电池最关键的运行管理目标

热失控是铅酸电池在充电末期时电流比较大，电解液温度升高，氢氧过电位均降低；气体的生成和析出使气体复合通道增多，用于分解水的分解电流同步增大；二者均促使水分解加快。高温高压气体生成的速率大于安全阀排气速度和气体复合速度之和，使电池内部温度迅速升高，从而导致电流和温度均升高且互相促进的现象。热失控会导致电极迅速腐蚀、电解液失水、渗漏等问题，可能会引起电池熔毁甚至火灾风险。

2．"通过检测、调整，保持整组电池的均衡性"是 VRLA 电池最重要的运行管理内容

由于蓄电池在生产、流通、运行过程中的种种客观因素，导致每一只单体电池之间不可避免地存在"不一致性"，这种差异主要体现在电池单体的容量及电压方面。当多只蓄电池单体串联组成蓄电池组作为 UPS 系统的储能设施时，若无法解决电池组的整体均衡问题，则将引起蓄电池快速劣化甚至导致安全事故。

近年来，蓄电池组的均衡性管理已成为国内外专家重点研究的问题之一，进而提出了多种蓄电池自均衡策略以及智能化充电管理电路，特别是在人工智能技术的推广应用下，基于不同神经网络模型的蓄电池组智能诊断与优化方案不断推陈出新，呈现出良好而广阔的开发利用前景。

3．"采用合理的检测方法判断电池状况"是 VRLA 电池最主要的运行管理手段

在蓄电池运行管理的实际工作中，为了决策采取何种管理策略以及制订具体的维护方案，首先需要通过检测了解掌握蓄电池的实际状况，因此蓄电池检测工作不容忽视。

（1）内阻检测

蓄电池内阻检测是在实际工作中较为常用的定性检测判断方法，由于蓄电池内阻与其电池荷电状态（即：SOC，State of charge；以下简称"荷电量"）之间呈现非线性的动量变化关系，即：蓄电池放电的最初阶段，随荷电量的下降其内阻无明显变化；当放电量达到其容量的50%后继续放电，则随荷电量下降内阻变化幅度逐渐增大；当放电量达到其容量的60%后，则内阻随荷电量下降而变化明显，因此测量内阻值的目的是推测蓄电池的大致荷电量与其放电曲线，从而定性地推断蓄电池的大致性能。

内阻检测可采取直流、交流两种方法：

➢直流检测是在蓄电池两极间接入试验负载，在蓄电池直流放电过程中测量蓄电池两极间的压降和电流，从而计算得到内阻值。需要注意的是，由于蓄电池内阻较小以及内阻与压降、电流的非线性关系，因此在采用直流检测法时需要控制好记取数值的时间区域，才能使测量结果更接近实际情况。

➢交流检测是在蓄电池两极施加一个交流试验电压并接入电流表，根据已知的试验电压和测定的电流值计算阻值。蓄电池具有比较明显的电容特性，其电抗数值与试验电压信号的频率相关，根据经验建议试验电压的频率可选取30至50赫兹的较低频段。

（2）容量检测

"核对性放电"是目前进行VRLA电池组容量检测时经实践验证有效的最常用的方法，该方法具有易于操作、数据准确、结论可靠的优点，其主要过程是：采用恒定的电流或者功率对待测蓄电池组进行放电操作。在电池放电启动时同步开始巡回检测组内各只蓄电池的放电电压，至某只电池达到终止电压时即停止放电。此后，按照记录下来的放电时间、放电电流（或功率）估算出整组蓄电池的容量。由于恒功率检测法的放电电流较大并且检测数据与负载率存在一定的关联性，因此恒电流检测法在实际中应用广泛，并且基本实现了智能化、产业化，目前市场中的智能化蓄电池容量检测系统普遍采用恒电流检测原理：在放电期间通过动态调整试验负载保持电流恒定；能够实现UPS系统正常运行条件下的实时在线检测；能够灵活调整各项试验参数、自动计算、生成检测结果。

4. VRLA电池日常维护注意事项

（1）机房环境

VRLA电池需要稳定的温度环境，一般保持在18℃—26℃左右。研究表明，VRLA电池在25℃的环境下可获得较长的寿命：当温度低于25℃后，负极硫酸盐化程度增加导致容量降低。在15℃时，大约降容至25℃时的90%；当温度超过25℃后，每升高10℃电池寿命约降低50%；另外，环境温度的波动也会导致电池组均衡性劣化。因此，建议将蓄电池环境温度维持在22℃—25℃之间，同时温度波动控制在3℃以内。

另外，虽然VRLA蓄电池对机房洁净度要求不高，但仍应每日清洁；夏季高湿天气应注意机房湿度控制。

(2) 日常巡检

巡查重点是蓄电池壳体是否出现鼓胀；接线极柱是否存在酸迹，螺栓连接是否紧固无松动等。为保证工作安全，在进行电池巡查、维护时必须做好绝缘防护。

(3) 维护检测

最重要、有效的维护手段是定期对蓄电池进行适度放电（浅放电）以起到内部活化作用，一般认为以每个季度或每半年进行一次放电维护为宜，每次大约放出蓄电池组荷电容量的 15%—25% 即可；而判断蓄电池组整体性能的荷电容量测试（深度放电）则建议每一年或每两年进行一次，大约放出蓄电池组荷电容量的 80% 从而确认蓄电池组后备供电时间。

四、蓄电池智能化监测管理系统

由于 VRLA 蓄电池运行维护具有一定的技术复杂性并且工作量较大，因此人工维护往往无法保证工作效果。以往经验显示，虽然 VRLA 蓄电池设计寿命为 10 年，标称的使用寿命大多为 8 年，但在运行中蓄电池往往 2 年后就进入不稳定期，实际寿命只有 4 至 6 年。造成上述情况的主要原因是人工维护经常滞后于蓄电池维护需求，主要反映在：技术人员无法实时了解蓄电池的动态运行数据，"落后"电池无法及时发现；在蓄电池人工检测过程中，技术人员只能在有限时间段内定时记录电压等试验数据，数据的离散程度过高，无法正确反映电池放电趋势，导致分析结论存在较大偏差；人工维护所能记录的历史数据十分有限，在数据分析中所处理的数据量偏低，无法实现大数据的统计分析。

为了实现大容量 VRLA 蓄电池的有效维护，势必需要基于 VRLA 蓄电池动态数据和性能进行趋势分析，由此促成了蓄电池智能化监测管理系统的迅速发展与推广应用。

1. 监测管理系统的主要任务

在运行的 VRLA 蓄电池组中，随着运行时间的延长必然出现不同蓄电池老化速度不同的现象。当整组电池中出现了个别老化程度明显超出其他的"落后"电池时，如果不予处理，则组内大多数电池会因充电程度长期无法达到饱和而加速老化。特别是当"落后"电池容量下降到额定容量的 80% 时，该电池将进入急速老化期，进而带动整组电池加速降容，大幅缩短蓄电池组运行寿命。

为了避免这一问题，蓄电池智能化监测管理的主要任务，一是监测判断整组电池中各单体电池的容量，利用浮充电压对电量相对不足的电池进行持续充电，最终使得各只电池的物理化学特性趋于一致；二是在整组电池中找出"落后"者，目前多数蓄电池监测管理系统采用"压降比对判断方法"，即：在放电状态下对蓄电池组的各单体电池的端电压进行巡检，找出端电压下降最快的一只，将其确认为落后电池，再利用核对放电仪器，对该节电池进行核对放电，检测其容量，即代表该组电池的容量。这种方法的主要优点是原理可靠、操作简单，对 UPS 供电系统运行基本不存在风险干扰；同时数据采集、处理简便，能够符合在线检测的技术要求。

2. 智能化监测管理系统的基本架构

蓄电池监测管理系统的基本架构如图2所示：

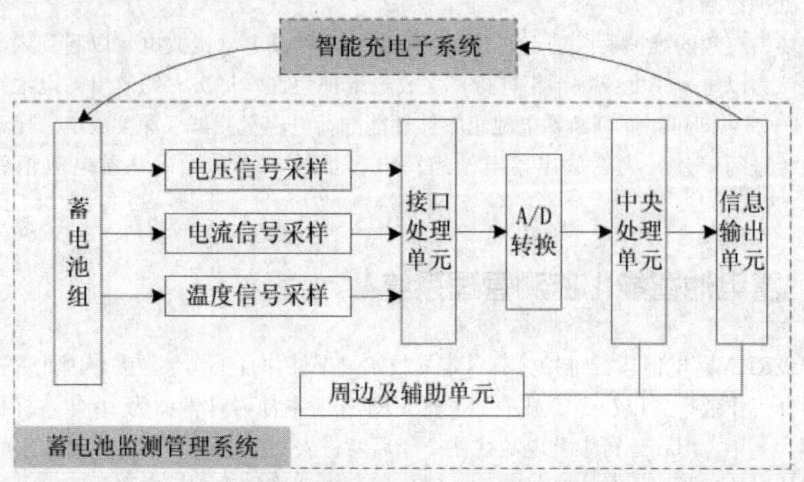

图2　蓄电池监测管理系统基本架构示意图

（1）监测管理系统一般需要采集蓄电池的电压、电流、温度信号，其中，电流采样大多采用电流互感器（Current transformer，CT）、温度采样通过温度传感器实现，而电压采样则经常利用由继电器搭建的精简采样电路完成。

（2）接口处理单元的功能是将三种采样信号汇集、预处理后经模拟/数字转换器（A/D转换器）传送至中央处理单元。

（3）中央处理单元是整个监测管理系统最重要的子系统，其核心部件一般采用单片机、可编程逻辑控制器（Programmable Logic Controller，PLC）等器件，经编程实现逻辑分析、判断功能。

（4）信息输出单元将中央处理器的处理结果输出监测管理系统，输出信号通过RS485等标准接口一般送至智能充电子系统控制蓄电池智能充电。

（5）周边及辅助单元主要包括：抗干扰电路、键盘、显示、语音提示等部件以及信息存储、日志、报表等功能单元。

五、小结

大容量UPS配备的VRLA蓄电池组是整个UPS系统能否具备"不间断电源"功能的主要组成部分。无论从采购成本、运维成本的经济角度，还是从生产工艺、运维工作量以及运行风险的技术角度来看，VRLA蓄电池都超过UPS机组在整个系统中所占据的比重。

因此，如何建立起一套科学有效的维护管理方法，是数据中心供配电维护人员所关心的核心问题。

为了做好 VRLA 蓄电池组的运行管理工作，首先应根据 VRLA 蓄电池技术原理与现代检测技术，制定检测与维护的解决方案；建立起短周期检测（日检、周检、月检）与长周期检测（季检、年检）相结合的运行维护制度；合理配置智能化的蓄电池在线检测系统（或设施），做到不仅可以检测电池的性能，寻找容量指标落后的电池单体；而且能够即时掌握 VRLA 蓄电池的动态性能，实现故障、隐患的早期预报功能。同时，在线检测系统还应具备并相应的技术数据整理、分析及趋势预测等智能化功能。

（作者单位：中国国际广播电台后勤服务中心）

参考文献：

1. 宁倩慧、刘莉、郭冰陶：《铅酸蓄电池剩余电量预测方法研究》，《电子科学技术》，2015 年 9 月。

2. 武明铭、蔡耀广：《阀控式铅酸蓄电池在电网中的测试维护技术分析》，《通讯世界》，2015 年 6 月。

3. 刘春时：《UPS 电源蓄电池组均衡充电系统研究》，大连理工大学硕士学位论文，2011 年 12 月。

4. 陈卓：《阀控式铅酸蓄电池在线监测系统的设计与实现》，电子科技大学专业学位硕士学位论文，2013 年 3 月。

网络边界安全与防护

王 铮

一、网络的发展及网络边界的定义

网络诞生于1969年的美国，随着网络之间的不断连接，逐渐形成了越来越庞大的网络，并通过通用标准协议的管理，形成了逻辑上巨大的全球性网络，即internet。20世纪末互联网的发展开始加速，给大众一个巨大的未来幻想，随后网络泡沫的破裂使一切归于现实，互联网从此开始真正慢慢的影响并进入我们的生活与工作。随着近十多年的发展，网络及网络为基础的应用系统逐渐成为我们工作中不可缺少的部分，例如我们的邮件系统、OA系统、文稿系统、协作办公系统、网盘、云存储等等，一天中的大部分工作都是在电脑上基于网络完成的。

随着网络安全逐渐被大家重视，不同安全程度的网络互联，就不可避免的产生网络边界。例如公司内部的局域网与互联网之间就会产生网络边界，防止来自网络边界外部的入侵就要建立可靠的安全防护措施，部署安全防护设备，增加网络监控等。

网络的联通性，导致面临的网络安全问题是多样的且不可避免的，一般来说我们常见的网络边界安全问题有如下几个方面：

1. 网络攻击

网络攻击分为主动攻击与被动攻击，从目前的情况来说，被动攻击比主动攻击的数量更多。笔者亲历过多次网络攻击，遇到过多个被动的攻击事件，攻击者通过脚本自动在全网扫描，地址从0.0.0.0至255.255.255.255，一旦攻击成功会自动把病毒脚本注入，引起被攻击IP设备出现异常，但是攻击者发现的可入侵的IP设备过多，会出现无法全部处理的情况，表现在某些单位网络出现不稳定的情况，周期性故障，但是未引起网络瘫痪，这就是攻击者没有进一步攻击的表现，原因就是可攻击设备太多，无暇顾及。

2. 特定黑客攻击

特定黑客攻击危害比较大，此类攻击目标明确，主要特征是会针对攻击目标进行全方位漏洞扫描，以便发现可以攻击的端口或者漏洞，一旦侵入网络就会篡改数据、更改配置、开放更多危险端口，进而更加破坏入侵网络，直到造成整体网络的瘫痪。这种攻击是主动的、有目的的、甚至是有组织的行为，一般是有利益在后面驱动，危害巨大。

3. 网络病毒和木马入侵

在互联网开始流行的时候，网络病毒是比较大的威胁，随着大家对病毒的重视，目前网络病毒引起的网络故障已经大为减少,网络病毒渐渐沦为黑客入侵后的进一步危害网络的手段。木马的危害类似于网络病毒。

二、边界防护安全的理念

网络是由很多的局域网组成的,我们从最基本的局域网单元入手,局域网的工作主要有两个,第一是维护网内的数据交换与数据流动;第二是维护网间的数据交换与数据流通。所以,局域网的威胁来自内部与外部两个区域,内部威胁指内部用户或者终端造成的不合规的网络行为、操作甚至恶意的破坏等,也包括内部网络应用系统的故障对局域网造成的影响。外部区域威胁主要是入侵、攻击等。

对于边界防护的问题,首先要明白任何的入侵或者攻击都是遵循 TCP/IP 协议的规则,如何设定对某些攻击类 TCP/IP 包的自动处理;如何针对某些入侵的 TCP/IP 包进行阻断和丢弃;如何保证正常的流量与数据包通过,都是边界防护的重点。

网络边界除了攻击和入侵类连接和数据包外,大部分连接和流量属于正常合规的网络流量,如何从这些正常流量或者连接中把不正常的流量发现并去除是很困难的。就好比沙子混入米中,我们经常碰到的问题是把部分正常的数据包丢弃或者阻断了。举例说明:为保证局域网内流量协议占比正常,我们一般会通过流量协议控制设备来管理和分配网内的流量协议占比,规定某类协议的比例不能大于一定值,一旦某个 IP 的某类协议超出阈值,即被认定为非法或不合规的流量被阻断或限制。这种常见的配置经常会阻断或限制正常的流量,本质在于没有分清正常流量与非正常流量,只能笼统的定制策略一刀切。

作为网络边界的安全建设,我们必须要有明确的思路,在容易被攻击的网络节点设置不同层面的安全关卡,或者部署流量清洗和分析设备,在特定区域架设监控系统,对进入局域网内部的可以连接进行持续追踪,网络审计等等。

三、边界防护技术

网络安全问题伴随着网络的成长历程,从简单的路由器、交换机到现在的防火墙、DDOS 防火墙、WEB 应用防火墙、IDP、IDS 等等,网络边界上攻击与防御的战争就没有停歇过,随着网络入侵技术的发展,边界防护技术也在同步的进步中,下面就介绍几种边界防护技术。

1. 防火墙技术

防火墙技术是最常见的边界防护技术,最初的出现是有限制的连接不同的网络,随着防火墙技术的发展,它逐渐替代了部分路由器的功能,防火墙技术最早出现的网络边界防护技术。如图1所示。

防火墙的安全设计原理来自于包过滤与应用代理技术,通过不同的接口连接两个网

图1 防火墙应用示意图

络,防火墙通过接口制定网络区域,通过区域的策略配置限制网络流量是否通行。例如我们允许外网通过 ftp 协议传输数据至内网,只需要在防火墙上开放内网针对外网目的地址的 ftp 允许策略即可,这样除了 ftp 协议以外,其他协议的任意数据包都不能在内网和外网中传输。

随着防火墙技术的发展,DDOS 防火墙和 WEB 应用防火墙也应运而生,它们都是属于针对各类攻击的定制防火墙,在某些防护方面有得天独厚的优势。防火墙技术的缺陷在于策略设定都是三层的,达不到七层的水平,这样就给攻击流量提供了可乘之机,攻击流量大可以通过伪装增加包头的方式,通过防火墙的限制,达到入侵内网的目的。

2. 多功能安全网关技术

随着网络攻击及病毒攻击的猖獗,防火墙技术开始进行改进,我们知道最初的防火墙是所有连接都经过 CPU 计算转发,但是在处理大流量同质化数据包时,耗费了巨大的 CPU 资源,所以后续出现了 ASIC 芯片,通过既定的策略把大量同质化数据包进行批处理转发,提高防火墙效率,比较常见的如处理大流量的视频数据转发包等。后续通过 ASIC 芯片的原理,产生了 IPS(入侵防御系统)、IDS(入侵检测系统)和防 DDOS 防火墙类的产品,类似于防火墙部分功能的产品。后续随着防火墙的处理能力的提高,渐渐的 IDS 和 IPS 类的功能可以连同防火墙功能在一台设备上实现,这就形成了新的产品—多功能安全网关,即 UTM 设备。

由于防火墙就是部署在网络边界的设备,所有内网的连接和数据都要经过防火墙,所以把原本需要串联在一起的多个设备的功能综合到一起,组成了 UTM,提高了效率。UTM 设备可以增加防病毒功能、防 DDOS 攻击、入侵检测、入侵防御等。最新的一代 UTM 设备甚至可以实现七层的流量控制及数据分析功能,处理能力及性能异常强大。

UTM 设备的缺陷同样无可避免,由于 IDS、IPS 等设备的策略需要更新,以应对网络入侵及病毒的发展,有明显的延后效应,近几年横行网络的 ODAY 攻击就是瞄准了 UTM 类的缺陷设计的。例如某类设备或者系统出现新的漏洞,网络攻击者就会通过该漏洞第一时间攻击内部网络,由于 UTM 的病毒库和防御特征库没有最新的策略,攻击就会长驱直入,肆意破坏内网,UTM 只能放任而无所作为。

3. 网闸技术

网闸的发展源于防火墙技术的延伸,防火墙对网络边界过往的连接和数据包进行审查和过滤,但是连接和数据包时是连续的,不中断的。如果通过一个缓冲区,把数据一段段的搬入再搬出,这种思路就改变了防火墙的原理,形成了一类新的设备,即网闸。网闸相对于防火墙,突出特点即在于网络连接和数据包传输是被中断的。

网闸搬运数据的功能我们称之为摆渡。由于网闸的诞生源于防火墙技术,所以在摆渡数据的时候,通过对数据的分析与限制,同样可以达到过滤的作用。举例说明,比如我在网络边界处通过 ftp 协议传输数据,在网闸上配置只允许 ftp 协议的数据包通过,这时通过网闸的流量就会屏蔽掉除 tcp21 端口以外的所有数据包,同时通过摆渡的功能,一段一段的通过网络边界区域,如下图 2 所示。

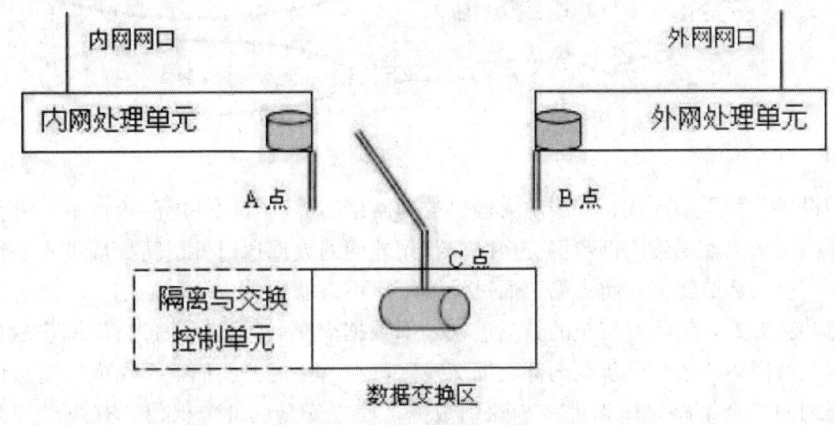

图 2　网闸工作(数据摆渡)原理

由于网闸技术与防火墙技术的区别仅仅在于数据的搬运,也是通过对数据的协议及端口进行限制和传输,并未有任何创新的方面可言,所以网闸技术受到了很多人的质疑,认为其使用价值远远小于设计理念,仅仅是两个搬运数据的防火墙的组合。网闸技术的最大意义是开启了我们的心智,比如说网闸首先提出了不持续连接的概念,所有通过网闸的网络连接都是中断的,这在互联网互联互通的大环境下,确实可以说是标新立异;数据缓冲区的概念,即搬入与搬出数据的临时性区域,虽然现在无法对缓冲区内的数据做太多的操作,但是随着芯片技术发展,未来可以对搬运的数据进行七层的过滤与分析,达到真正的细致筛查和排除,消除可能引起的网络故障隐患与攻击,是可以实现的。

4. 数据交换网技术

数据交换网络,简单来说是通过组网的方式形成一种特殊的,为安全交换数据而设计的网络,这种网络的变化是多样的,但是目的是明确的,那就是使数据安全的通过网络边界。不论是防火墙或者网闸,因为对实时性、交换效率、交换性能等考虑,都无法对数据或连接做到细致入微的检查,所以如果以牺牲部分效率的代价来换取数据或连接的安全,从某种程度上来说是可行的,特别对网络安全要求高的单位而言,可以消除最大的隐患。

网闸技术的诞生提出了数据缓冲区的概念,在数据缓冲的过程中来加入些设备或者方法，使缓冲的数据被筛选、被过滤，如下图3所示。

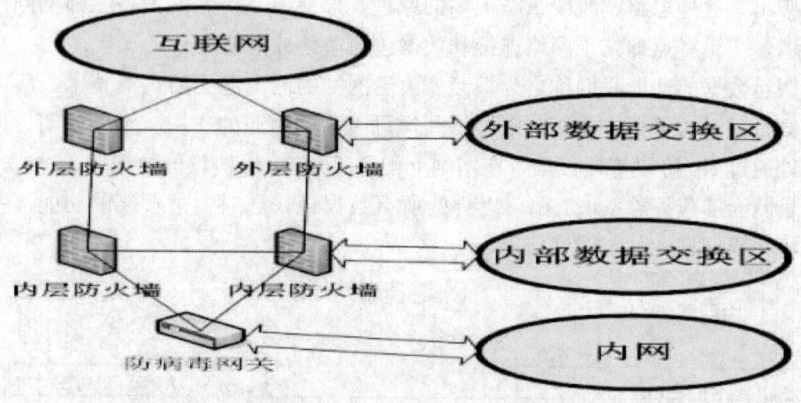

图3　数据交换网技术示意图

我们设立了两层防火墙，外层防火墙以上为网络边界，其中外层防火墙下连外部数据交换区，内层防火墙下连内部数据交换区。首先外网的数据通过外层防火墙进入外部数据交换区，在这一环节我们在防火墙上通过设置策略可过滤数据中可疑的部分，筛选攻击性质的连接并丢弃掉，使相对安全的数据进入外部数据交换区；然后通过自动同步软件，把外部数据交换区内的数据同步至内部数据交换区，在这一环节我们需要在内层防火墙上设置更加详细的安全策略，用来进一步甄别数据，使之安全的部分保留，有隐患的部分丢弃；最后阶段，经过两次检查筛选过的数据留在了内部数据交换区，内网用户可以取用，取用的时候会经过防病毒网关，通过实时的更新病毒库，将对数据进行最后一步的防病毒排查，可疑的病毒文件被删除，剩下的安全文件得以顺利进入内网区域。

数据交换网技术可以说是目前阶段，所有安全手段的集合，集合体通过整合各种技术，比其他边界安全技术有显著的优势，总结来说有以下几个方面：

（1）综合了使用多种安全设备，多重筛查并形成多重立体式安全检测。

（2）充分发挥数据缓冲区的优势，双重缓冲，增加不同类型的设备，针对每次缓冲交换的特点有针对性地监控和过滤数据。

（3）大幅提高安全性能。由于多重缓冲的原因，网络协议连接是中断的，使黑客的攻击受限，只能通过数据包中的病毒或木马程序入侵内网，经过防病毒和木马设备的筛查后，几乎不能有效攻击内网。

数据交换网的设计和部署是非常复杂的，同时带来组网成本上的提高不是一般单位可以承受，目前来看，对网络安全要求高的行业，例如银行、广电、政府涉密机关等等，实用数据交换网较多。

5. 非TCP/IP协议传输

目前出现了一类使用非TCP/IP协议传输数据的方法，值得我们研究与学习。例如常见的 USB 传输方式，在网络边界处部署两台数据交换服务器，服务器之间通过 USB 方式传输，目前的 USB3.0 规范能够达到的最大传输带宽为 5.0Gbps，比网络传输的效率高很多。这种技术并不能有效消除数据中的病毒与木马，但是由于采用了非 TCP/IP 协议，对网络中的常见攻击免疫。这类方式的意义在于提供了全新的网络边界安全的发展方向，因为采用的非 TCP/IP 协议部分是由网络维护者自己定义的，外人无法知晓，当然无法设计和进入。目前这类方式方法没有大面积使用。

四、总结

"魔高一尺，道高一丈"，在互联网安全中，网络边界区域是两者长期博弈的主战场。随着网络攻击的日渐猖獗，多样化攻击成为主要特征，同时，网络安全技术也在不断的进步，并且越来越演变成全方位立体防护。网络的魅力在于互联互通，如何在不影响互联互通的前提下更多的完善网络安全，需要我们继续在工作中实践和研究。

(作者单位：中国国际广播电台采集制作中心)

谈媒体 APP 应用的安全管理

丁 健

　　随着智能手机等移动终端的普及，移动新媒体业务得以快速发展，越来越多的媒体推出了各类移动应用 APP，实现新闻、资讯等音视图文信息在移动网络中的推送。虽然新媒体 APP 与传统广播电视的技术系统完全不同，但是却面临着安全管理的相同课题，包括发布内容的安全和系统运行的安全。本文重点讨论基于安卓系统的 APP 安全管理。

一、安卓系统的安全机制

　　安卓系统包括应用安全层、应用程序框架、系统运行库层和 LINUX 内核层。其中，LINUX 内核系统非常安全稳定，它采用基于用户权限的安全模型，并且对各个进程及其内存地址空间进行保护，不同的应用不仅具有私有的文件系统区域，而且在非授权的情况下独享私有数据。按照权限高低区分，LINUX 系统有超级用户、系统用户、普通用户共三层。虽然 LINUX 系统是多用户多进程系统，但是用户之间、进程之间都是以用户权限管理和内存管理控制的方式进行相互隔离保护。安卓的每一个应用被赋予一个独立的用户标识 UID，以独立用户、独立进程的方式进行管理，不同应用之间互相访问操作将会被系统应用沙盒管理方式所限制，从而实现了内核级的安全。

　　另外，安卓系统还为各类 APP 提供了加密 API、SSL、HTTPS 等高层协议。HTTPS 是在 HTTP 的基础上添加 SSL 安全协议，自动对数据进行了压缩加密，有利于防监听和劫持，提高数据传输的安全性，同时也避免服务器被假冒，这对于信息公开的资讯类服务确保传播的内容安全十分重要。为了提供良好的 APP 开发使用环境，安卓系统提供安全的进程间通信和受保护的 API 访问，并且采用应用签名和验证的方式对 APP 开发者及其应用和更新升级进行管理。尽管如此，安卓系统仍和许多操作系统一样，也在不断地修补发现的各种安全漏洞，但是如果移动设备制造商不及时修补系统漏洞，就会给恶意攻击者可乘之机。

　　APP 的接口基本采用的是 RESTFUL 架构，即客户端带身份验证信息向服务器发出交互请求，用户通过密码登录成功后获得服务器返回的 TOKEN 并保存在本地，后续即通过 TOKEN 验证与服务器建立数据交互，如果 TOKEN 过期，就需要客户端重新获取有效的 TOKEN 验证信息。在登录接口被劫持或者在网络层明文传输的情况下，用户密码或 TOKEN 易被窃取，用户数据将会受到威胁。

二、恶意软件注入风险防范

作为一个开放的平台，安卓为广大开发者和用户提供了便利，但同时因为其第三方应用商店安全审核机制不够严格，造成安卓恶意程序泛滥。常见的安卓恶意软件注入方式有：重新包装、更新、旁路下载。恶意开发者通过下载一些流行应用，进行反编译，封装一些恶意负载，然后编译打包，发布到应用商店或网站上，这一方式占绝大多数。不过这种注入方式比较容易通过包验证、静态扫描等方式进行检查确认；更新攻击则是包装一个更新组件，运行该应用其实就是更新，由于是在恶意的更新组件运行时下载恶意负载，而并非是直接封装在编译的应用代码中，所以这一方式无法通过静态扫描的方式进行检查；旁路下载是通过某种方式引诱用户下载。恶意软件常常通过监听系广播事件触发和运行恶意负载，实现远程控制、权限升级、窃取个人信息和吸费等目的。攻击者会利用安卓系统的漏洞设计出有针对性的代码，来获取更高的系统权限。虽然恶意软件通常会将自身的URL地址保存起来，但是往往会进行加密隐藏，而且URL服务器通常在企业云中，所以无法通过检查URL地址或静态扫描来区分恶意软件。如果APP开发者经验不足，程序存在严重的逻辑漏洞或者不规范代码，就容易被黑客利用，进行攻击或重新包装。

在客户端加强防护，首先要使用混淆器来保护APP代码不被反编译、破解和逆向分析，比如DexGuard，或者是安卓开发工具包附带的ProGuard。通过混淆器处理后的程序代码，原有的方法名和变量名等标识符都会发生明显的变化，这样就可以使得恶意攻击者难以理解程序代码如何工作。实际上，只在标识符上进行混淆是远远不够的，混淆器需要从数据、布局、控制和预防四个方面进行保护，具体包括打乱标识符，插入无关代码，扩大循环条件，插入和克隆方法，循环变换，重新排序，分离变量，把静态数据转为程序数据，重构一个类，分离、合并或拆叠数组，添加别名形参、变量依赖或者伪造的数据依赖等等。虽然混淆之后的应用代码无法被反编译，但是攻击者还是可以利用反汇编工具得到程序代码并尝试破解，只不过其难度增大。

三、APP数据安全管理

要确保APP运行安全，核心在于数据的安全，因此在APP软件开发阶段就要从程序调用数据接口、数据传输和处理等方面强化安全措施。HTTPS是解决数据传输的安全问题，而在程序调用方面，则需要服务器通过安全验证等方式确认接收到的程序调用请求是经过授权的安全请求。此外，不同模块的数据接口应当具有统一的协议标准，对接口描述、其中各个数据类型等细项进行明确的规定并且严格执行，这样才能保证APP的安全稳定运行。

在数据处理方面，关键要在业务层做好逻辑处理设计，提高数据处理的效率和规范性。通过进程保护等方式，避免 APP 因为被恶意程序调试而出现被劫持的情况；通过进程检测等手段，防止 APP 被注入恶意模块和劫持。对于开发工具本身的漏洞，也应当予以足够的重视，及时更新升级相关补丁，以减少所开发 APP 中存在的隐患。软件开发不可能一蹴而就，需要反复测试检查漏洞，严把软件测试关，在 APP 正式发布之前进行程序代码静态分析和渗透测试，避免出现泄露资源、非法访问等问题，提前发现并且修复存在的漏洞。常见的漏洞主要集中在身份和数据的验证、权限管理、数据加密、敏感数据的处理记录和访问等方面。

安卓系统终端设备上的数据库管理也是安全防范的重要环节。为了提高获取数据的速度，大量数据被安卓的数据库缓存在终端本地，不同的应用有各自的数据库文件夹，但是其安全性不高，数据库备份命令就可以在其中找到用户隐藏的信息。所以必须保护数据库免受攻击和非授权访问，同时为了确保敏感信息的安全保存，要采用加密的方式保存数据，并且应当采用各种方法隐藏密钥。

此外，如果在 APP 的开发中使用到第三方应用，就必须控制由此引入的风险，在信任的同时进行必要的核查验证，对其权限进行控制，尤其是涉及修改设置等重要和敏感的权限问题。

对于新闻媒体类 APP 而言，内容信息是需要公开发布的，除了对付费或定制服务的各类注册用户进行身份验证之外，核心安全问题是要确保发布的内容安全。在用户访问控制方面，关键在于验证用户访问到正确的服务器地址，而非恶意假冒的服务器。

四、APP 服务器管理

APP 安全管理不仅要做好客户端的管理，更为重要的是在服务器端做好各项防护工作。

APP 应用的后台一般采用的是 PC 端服务器与移动端后台业务高度耦合的方式，若要保证用户端的良好体验，做到响应快速、数据流畅，APP 后台服务器在负载均衡、数据库和存储的部署方面应当能够承受大量数据访问和处理的压力。安卓客户端与服务器端的通信方式采用的 JSON 是一种轻量级的数据交换格式，它利于机器生成解析，虽然它是完全独立于编程语言的文本格式，但是也必须要禁止手动拼接而采用库输出，同时在非法请求和第三方调用方面确保安全。

多数 APP 是通过 RESTful Web Service 实现后台服务器的通信，由于其程序调用接口在不同的平台和 Web 服务器上都是统一的，也就造成它易于被入侵。无论是采用 SOAP 还是 REST 方式实现 Web 服务，为了加强其安全性，都应当遵循在开放 Web 应用安全方面的工业标准 OWASP。在验证管理方面强化安全措施，包括服务器的 SSL 证书验证，通过服务器数据库验证用户信息，乃至验证不会因为解析一个恶意的 XML 文件造成服务器内存耗尽；为了限制跨站脚本攻击，对外的 Web 服务响应都不应该带有任何脚本，避免输入框被输入任何脚本；使用病毒扫描器扫描附件和大的字符串；为了限制拒绝服务攻击，对SOAP或REST的消息响应尽可能小；对于用户输入的数据必须进行验证和过滤，否则很容易受到SQL注入攻击；对于频繁发出登录请求的IP地址，Web服务器应当能够阻止其访问。为了防范DDOS攻击，还需要监测网络流量异常的情况，以及服务器资源被耗尽的情况。在发生DDOS攻击时，还应采取流量清洗、过滤地址等应对措施。为了减少被攻击的可能，服务器还应当关闭不必要的端口，但无论怎样加强防御，Web服务器还是要对外开放和接受外部访问数据，被攻击的风险时刻存在，因此需要及时主动发现漏洞并且予以弥补，包括操作系统自身的漏洞补丁和应用程序的漏洞补丁。为防止服务器错误地响应非法客户端发出的调用程序请求，还必须在服务器端对调用程序接口的密钥进行保护，通过密钥附加一次性随机数的方式识别恶意攻击者，以阻止重放攻击。

如今越来越多的移动应用后台被放在了云端，开放Web应用安全方面的工业标准OWASP也明确了云端面临的主要安全风险应对，包括云数据存储的访问控制、容灾备份、数据隔离，客户端与云端的数据加密传输，不同云服务商之间的用户联合验证，以及基础平台的安全补丁。

与互联网站的安全防护一样，APP服务器的安全防护也要依赖于部署防火墙系统，增加恶意代码检测设备和入侵检测设备，保护系统和数据的安全，阻止非法的网络探测和攻击行为。其中，防火墙系统应当不仅能够抵御网络层的攻击，也能够抵御应用层的攻击。恶意代码检测设备对用户及系统的活动进行监视、分析，识别已知攻击的活动模式，对异常行为模式进行统计分析并报警，对重要系统和数据的完整性进行评估，对操作系统进行审计跟踪管理，识别用户违反安全策略的行为。入侵检测设备根据已知的安全策略，识别网络攻击和可疑的网络行为，发现攻击并报警，同时会记录入侵的完整过程，生成完整的网络审计日志。

在日常运行管理方面，除了保证服务器设备的物理环境安全之外，对于技术运维人员来说，很重要的工作内容就是加强对后台服务器的监控。在对外响应服务受影响之前，应当通过对服务器状态的实时内部监控，及时发现并排除存在的隐患风险，同时也掌握相应的管理统计数据，为优化系统提供参考和指导。在日常运维工作中，技术人员要建立并执行完善的运维制度，在安全方面重点强化对各类密码的管理、权限的管理以及APP版本升级更新的维护管理。

目前，我国已出台《移动互联网应用程序信息服务管理规定》，对使用APP的行为明确了严格的规范和要求，而对于媒体的APP应用而言，在做好内容审核监管、保护终端用户权益的同时，更需要从技术方面加强自身安全防范。总之，APP应用的安全管理也是信息安全管理的范畴，它需要从技术系统架构设计、日常运行管理的各个方面考虑，在丰富媒体传播手段的同时，做到有效地管控APP应用，才能真正服务于新闻媒体和广大受众。

(作者单位：中国国际广播电台技术管理办公室)

参考文献：

1. 杜贝：《安卓系统安全与攻防》，机械工业出版社，2014年。
2. 兰巨龙：《信息网络安全与防护技术》，人民邮电出版社，2014年。
3. 诺兰.G：《构建安全的Android App》，人民邮电出版社，2016年。
4. 陈彦文：《Android应用的安全框架与现状》，《信息网络安全》，2016年增刊。
5. 《广播电视相关信息系统安全等级保护基本要求》，国家广电总局，2011年。

广播音频信号相位反相浅析

于钦飞

在广播工作中，偶尔会出现播出音频信号相位反相的现象，信号相位反相会影响节目的播出质量，严重时会造成停播，而且信号相位反相产生时不宜察觉，因此在安播工作中要重点关注。本文第一部分介绍音频信号相位反相的原理，第二部分探讨在广播工作中可能产生信号相位反相的几种情况和造成的影响，第三部分分析如何对信号相位反相进行监控及对信号相位反相进行应急，消除信号相位反相的方法。

一、立体声信号及相位反相原理

声音信号相位反相是针对于立体声音频的一种特有现象，要了解信号相位反相的原理，需要先了解立体声的拾音过程和放音过程，在此基础上理解信号相位反相的成因就比较清晰。

1. 立体声原理

相位反相只针对于立体声信号，因此要理解相位反相的原理必须先要了解立体声的工作原理。立体声信号分为左右两个声道，左右声道在录音、重放音的过程中相互独立，不相互干扰，但两个声道信号又有声学上的关联，即双声道立体声信号。立体声信号给人的直观感受是收听更有空间感、层次感和临场感。双耳理论认为，由于人的双耳之间有一定的距离（约17cm），若一点声源偏离听音人前方主轴方向，达到两耳的声音就会产生差别，听觉系统可根据这些差别对声源进行定位，这些双耳间的收音差别包括：时间差、强度差、相位差、音色差。立体声信号一定是双声道或多声道构成的，但是双声道信号不一定是立体声信号，立体声信号拾音过程需要遵循声音的双耳效应。立体声信号在拾音时，需要利用两个传声器，根据声音的传播原理采用合适距离和位置进行拾音，使拾音信号存在时间差或强度差等"差"信号；在放音时，在合理的调整两个扬声器位置，利用双耳理论，使听音人能够在听音活动中感受到声音方位的变化，再现声音的方位信息。

2. 相位反相原理

从物理学角度分析，声音是以震荡的形式传播的，即声波。在电声领域，音频信号转换为电信号在音频线缆中传播，无论是模拟信号还是数字信号，在抽象层面，其信号的本质特征不变，即幅度和相位及周期属性。图1是一个正弦波的时域图像。

图1中相位即反映该交流信号任一时刻状态的物理量。在音频信号中，如图所示，音频相位反映了音频信号各时刻的振动状态。对于立体声音频信号，存在左右两个声道，即

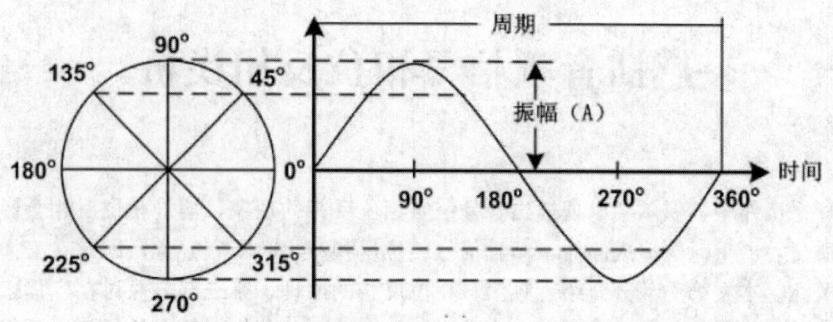

图1 正弦波图像

左和右两路音频信号,其中左右两个声道之间存在的相位差别用相位差来描述,当相位差达到180度时,这种状态称为左右声道反相。即左声道振动致波峰时,右声道振动致波谷,两个声道振动方向完全相反,如下图2所示。

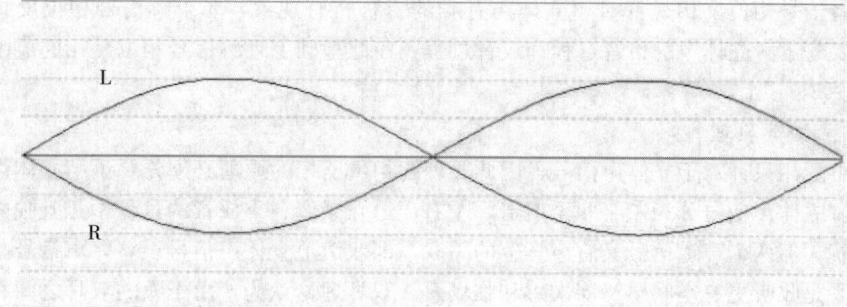

图2 反相图像

由于左右声道声音存在180度的相位差,致使重放立体声音乐时的声音无法定位。立体声理论告诉人们,立体声的声音定位在很大程度上是依靠左右声道之间的相位差来完成的,当左右声道之间存在180度的相位差时,听音者会感觉到立体声像跑到了两音箱的外侧,声源的位置飘忽不定、模糊且混乱、立体声所特有的临场感、空间感和包围感效果遭到破坏,听觉效果是立体声感丢失,声音发干。这是因为音箱在播放立体声音频时,纸盆的振动方向应该大致相同,同步的向外或箱内振动,如果振动方向完全相反,其产生的声波振动方向也必然完全相反,两个振动相反的声波互相叠加,声场中的声音能量相互抵消,将严重的影响收听音质,导致重放声音的音量降低、声音的力度变差、不清晰、低音浑浊等现象。具体听觉感受是中音略感不足,声音明亮度欠佳。相位严重反相是输出吱吱声,甚至完全听不到播放声音。

二、相位反相在广播中的成因和影响

相位的失真对声场、定位等主观听音评价产生不容忽视的影响，因此相位失真对主观听音评价的影响越来越被人们所重视。在广播领域，保证音频节目录制质量是广播电台对节目录制的最基本要求，因此，必须从系统集成和节目制作等各个方面、各个环节，将信号相位反相的隐患消除，以下介绍几种常见的信号反相原因及其对节目播出造成的影响。

1. 信号相位反相在广播中的成因

理论上，在广播播出节目录制机房和直播机房，大部分主持人均是应用一个拾音器进行拾音，在音频信号输出时，两个声道输出的是完全镜像的音频信号，即同步的振动幅度及相位完全相同的音频信号。在这种情况下，音频放音时，因为两只音箱馈入相同的信号，即强度差为0，时间差为0，此时只感觉一个声音，且来自两只音箱的对称线上。所以在机房录制的音频和进行直播的音频，只要系统集成正确，理论上不可能出现反相的现象。在广播工作中出现的音频信号相位反相主要有以下几种成因：

（1）外出采访和现场收录中的反相音频

外出采访拾音时，或收录现场扩音音源时，如果多支话筒同时使用，话筒的位置摆放不正确，就会拾取反相音频。首先是话筒摆放的距离问题，如在两个话筒进行拾音时，如果两个话筒距离音源的距离不同，则就会造成每个音频的拾音延时，相对于近处的话筒，远处的话筒就会有延时。同时如果多支话筒之间距离过近拾音时，会造成信号重叠，对此问题的解决方法就是应用三比一原则：使用多个话筒时，话筒到话筒的距离应该至少是声源到话筒距离的3倍。例如，当在声乐团体中使用独立的话筒时，如果演唱者的话筒离他有1英尺，那邻近的话筒就应该距离第一个话筒至少3英尺。同时，话筒的摆放角度不正确也会造成相位反相，同相位的2支动圈话筒，将其呈180°相对进行拾音会明显感受到声压偏低，甚至无信号输出。

（2）线路连接或焊接错误造成的反相

线路连接问题主要存在于模拟音频线路，一般广播电台中应用标准的卡侬平衡接口时，音频线路3芯顺序为1地，2正，3负，立体声音频用两路音频线缆进行传输，如果有一路音频线路负与正焊接错误，则会产生反相问题。同样，在不正确的有线话筒的线缆中也会出现反相。音箱输入相位接错（通常是指"＋""－"极接反），或者音频输入线路焊接错误，音频信号从功放输出后，假若一对音箱有一只接反相，那么这对音箱的单元会产生交流相位差，音频信号相互抵消，播出时的低频信号非常明显偏弱，声音变硬变干，中高频会来回飘，影响整个制作系统的输出效果。因此广播系统中必须保证节目源至最后传输一级所有线路焊接正确，所有设备级联正确，这是保证广播播出质量的基础。

（3）来自音频混合和网络音频素材下载中的反相

在进行音乐类节目混合制作时，为了追求一些特殊效果，可能会人为进行音频反相操作,这个过程中如果操作错误,并且不注意监听确认,就有可能出现反相问题。在调音台多轨混合输入中,如果有一轨输入音频反相,会影响整体的混合效果。同时,一些网络下载的音频素材,或者是因为录制本身的原因或者是经过多次格式转换的原因,部分音频存在反相的问题,混入节目中就有可能造成反相问题。因此在节目制作过程中,一定要注意观看相位表,注意监听,杜绝信号相位反相情况的发生。

2. 信号相位反相在广播节目中的影响

信号相位反相问题本身会影响节目的播出质量,目前立体声调频广播中,如果广播信号出现相位反相问题,用立体声收音机收听,会产生收听声音飘忽不定,模糊混乱、噪声大,音源小的劣播播出效果;如果是线路焊接错误导致的反相问题,在录制过程中用一个麦克风拾音,左右声道传输完全镜像的音频,其中有一路反相,会导致左右声道在播放时振动完全相反,能量抵消,造成停播。反相问题造成劣播的风险更加严重,目前的广播告警系统多以电平监测为基础,如果反相音频在监测门限之上,告警系统难以及时判断反相问题,会导致劣播情况长期发生,而且监测出反相问题后,应急人员也难以处理,如果是录播节目,大部分应急人员会选择用补音乐替代相位反相音频信号,这本身已经影响了安全播出。

三、信号相位反相的监控及应急

1. 信号相位反相问题的监控

目前大部分广播电台的调音台均配有相位表,在节目制作和直播过程中,编播人员需要注意监听监看。如果出现问题可以通过监看调音台相位表发现,当相位表的数值持续向左飘动出现-1时,表明节目输出存在信号相位反相问题,需要及时处理。同时节目编播人员要注意实时监听制作的节目音频信号,如果出现审听音频信号飘忽不定,模糊偏小等情况,可以怀疑是信号相位反相问题。

对于数字音频信号,在软件处理上,可以通过左右声道的符号位来判断相位反相问题。AES3数字音频信号,每个音频数据包中都包含有符号位,如果左右声道数字音频信号的符号位持续相反,则可通过此判定为信号相位反相现象。目前的音频编辑软件和音频监控软件可以以此为基础判断信号相位反相情况,音频编辑软件中如果相位表持续向左飘动,则可通过此判定为信号相位反相。在主控机房监控过程中,如果告警系统产生相位反相告警,且节目彩条监控的相位指示表持续向负值飘动,则可判定为信号相位反相。同时主控和语录机房、直播机房的监听音箱需要配置立体声音箱,如果为单声道音箱,无法监听到信号相位反相问题。

2. 信号相位反相问题的监控和处理

在节目直播和录制过程中,如果发现信号反相问题,可以通过调节调音台来消除问题,大部分调音台每个输入通道均设有相位转换开关,并且新式的数字调音台可以监控每个通道相位,在节目直播和录制过程中,如果监听过程中出现声像飘忽不定的状态,可以监看总输出相位表,逐级检查每个输入通道的相位表,将反相输入通道相位转换,消除反相现象,并密切监听监看。

目前相位转换功能已经成为数字音频编辑软件的基本功能。在数字音频的录播和直播节目素材上传过程中,节目制作系统应具备自动监测相位反相功能,当发现反相存在后,可以将反相的音频信号剪辑出来,通过专业的音频编辑软件进行相位转换,转换后接入剪辑位置即可。

在节目播出过程中,遇到信号相位反相问题比较难以解决,需要进行复杂的应急流程,本文总结国际台在安播过程中遇到音频信号相位反相问题的处理经验,介绍在播出中遇到信号相位反相问题的处理流程。在数字播出系统中,当告警系统告警信号相位反相问题后,先监听确认,确认问题后,将反相播出信号送入 DA 转换器,将 DA 转换后的左或右声道音频信号送入 AD 转换器,将 AD 转换器设置成立体声输出,将 AD 输出送入相应的播出通路。这样实际上 AD 转换器播出的是完全镜像的两个单声道信号,听者的直观感受是声像在听者的正前方。这样应急的最后输出的虽然不是真正的立体声信号,但是不影响听者的直观感受,而且在播出信号相位反相结束后,有较大的恢复应急空间。在模拟播出系统中,如果出现信号相位反相问题,可以将反相通道音频信号送入应急直播间,将调音台相位转换开关开启,将应急直播间的输出音频信号送入相应的播出通道,这样应急最后输出的仍然是立体声信号,但是要在应急直播间实时监听应急,在相位反相音频信号播完、节目信号转成正相后,立刻关闭相位转换开关。

综上所述,声音的相位失真对收听者的主观听音评价会产生不容忽视的影响,而且在广播工作中相对难以发现,因此要在节目制作、播出、传输环节重视音频信号相位反相问题,采取正确、规范的流程进行音频素材的采集和音频节目的制作,进行系统级联时要严格按照标准的施工工艺进行,并仔细确认系统正确,在信号相位反相问题产生后,要运用正确的技术手段,及时的消除音频信号相位反相,保障安全播出。

(作者单位:中国国际广播电台播出传送中心)

参考文献:

1. 戴国栋、樊波:《一款音频信号反相检测及修正电路的设计》,《电声技术》,2010年第 34 卷 12 期。

2. 于宗桥、艾少平:《数字音频工作站节目质量监控系统开发》,《广播与电视技术》,2012 年第 1 期。

其他

论构建现代综合新型国际传媒体系的人才战略

邹妍艳

一、顺应形势，把握任务——国际台人才战略的提出背景

（一）顺应时代发展和国际舆论斗争的新形势

社会形态的演进和科学技术的发展，使人的因素越来越成为创造社会财富的决定因素。世界各国尤其是发达国家，都把吸引和培养优秀人才作为重要的国家战略，把人才资源作为综合国力竞争的核心资源。党中央全面分析时代发展大势，提出"人才强国"战略，并强调树立科学的人才观，为我国把握新世纪实现新发展奠定了重要的思想和理论基础。

媒体始终站在时代前进的潮头，世界各大媒体纷纷将人才战略置于发展战略的核心位置，千方百计地吸引和培养优秀人才。应当看到，国际舆论形势"西强我弱"的总体态势没有改变，敌对势力对我国进行"西化""分化"的图谋没有改变。国际台是中央重要的外宣媒体和舆论阵地，要做到不断增强对国际舆论的影响力，赢得舆论斗争的主动权，人才工作是各项工作的重中之重。

（二）把握构建现代国际广播体系战略安排的新任务

中央领导同志一直关心国际台的发展。2004年初，李长春同志全面把握外宣工作的新形势新任务，提出了国际台"构建现代国际广播体系"的战略发展新要求。此后，中央和总局领导同志又就此作出了一系列重要指示。国际台认真领会指示精神，从对外宣传的实际出发，逐步形成了构建"现代综合新型国际传媒体系"的基本认识。在构建现代综合新型国际传媒体系进程中，应当制定什么样的人才战略，怎样实施这些战略，是国际台面临的重要课题。

（三）构建现代综合新型国际传媒体系的人才战略

根据新形势和新任务，国际台人才工作树立"以人为本，人才强台，人才立台，人才兴台"的工作理念，与时俱进，体现时代要求，服务全台总体发展战略，努力完成好吸引优秀人才、用好关键人才、开发现有人才三项基本任务，在人才管理上实现人适其事、事得其人、人尽其才、事竟其功，为构建现代综合新型国际传媒体系的战略目标提供可靠的人才保证，在人才状况上呈现总量适当、结构合理、充满活力、优秀人才不断涌现的良好局面，在个体层次上培养专业化、职业化、信息敏感化人才，打造复合型、创新型、协作型人才。

二、分析现状，厘清问题——国际台人才战略的现实基础

（一）基本状况

1. 人员构成多样化

国际台人才的构成呈多样化态势。从人才类型上看，既有宣传和技术人才，又有管理和经营人才。这仅是笼统的划分，细分下去更为复杂。比如宣传人才既包括对外外宣人才，也包括对内外宣人才；既包括无线广播和在线广播人才，也包括电视、报刊、新媒体人才；既包括翻译、编辑和播音人才，也包括采访、制作和主持人才。再比如管理人才，既包括职能管理部门人员，也包括其他部门的管理人员等。人才类型的多样化及交互共融，是由国际台事业的系统化、多元化发展格局决定的，也是人才构成多样化的基本表现。

从人才身份上看，既有领导干部，又有一般职工。由于广播外宣人才相对集中的特点，我们的干部主要是内部培养和产生的。再加上干部年轻化的趋势，就形成了在一定的时间跨度内，领导与被领导的相对关系和相互转化局面。

从文化背景和思想观念上看，包含国内人才和外籍人员，也包括老一代对外广播工作者和年轻的大学毕业生。对外广播的小语种人才需求与供给之间的矛盾造成了人才断档的客观现实，如何让大家在观念互动中团结协作又各得其所，也是我们工作中的不小挑战。

从工作关系上看，既有编内员工，又有聘用人员。其中聘用人员又包括台聘人员和编外聘用人员。这些都是我们的人才，是构建现代综合新型国际传媒体系的重要力量。

2. 管理方式综合化

国际台人才的构成情况，涉及的是静态的存在问题，人才管理同时存在动态组织管理问题。国际台人才管理方式的基本特点，是品位管理与职位管理相结合。品位管理主要是根据级别和资历安排岗位、确定待遇，级随人走；职位管理是根据岗位性质、轻重难易和任职条件确定岗位人选，待遇固定于岗位，同工同酬，根据在职人员满足岗位要求、胜任岗位工作的情况晋级升职。

通过品位管理，我们培养了一批工作适应性强、综合能力强的"通才"干部，实现了队伍整体的相对稳定和局部的相对流动；但是也出现了干部专业化程度不高、少数优秀人才发展受到限制的情况。通过职位管理，我们加强了人才管理的专业化和规范化，培养和发现了优秀人才，增进了分配公平；但是也出现了管理活动因难度太大而执行不力和流于形式的问题。这两种管理方式各有特点又互为补充。

《中共中央、国务院关于进一步加强人才工作的决定》指出，要坚持把能力建设作为人才资源开发的主题，建立以能力和业绩为导向的人才评价机制，以推行聘用制和岗位管理制度为重点，深化事业单位人事制度改革。国际台认真贯彻中央精神，通过反复论证和部分试点，2008年起在全台推行了岗位管理制度，进行岗位设置和绩效管理改革，实行档

案岗位和实际岗位的"双岗位设置",实现身份管理向岗位管理转变。将按工作年限、职称等资历定岗转变为按实际业务能力定岗,个别优秀人才打破资历因素适当高定,同时,将津贴制转变为绩效制,在绩效分配上向特色人才、核心人才、有突出贡献的各类人才倾斜。

(二) 主要问题

1. 总量不足,人才流失大,人才队伍年轻化

20世纪50、60年代,随着大批海外归侨的加盟,国际台外语人才济济,各语种都拥有业界高端人才。从20世纪80年代开始,国家对外开放力度不断加大,社会对外语人才的需求倍增,国际台高端外语人才流失数量也直线上升,同时,国内其他外宣媒体的不断发展和外企的高薪聘用都给国际台的人才储备造成巨大压力。再加上退休高峰期的到来,国际台人才队伍日趋年轻化,35岁以下员工约占一半左右。许多非通用语员工全为清一色的80后,人才队伍出现巨大断层。

2. 结构不当,再培训需求高,成长周期长

人才结构问题包括多个方面,如年龄、性别等,但是人才的素质能力结构是最基本、最重要的人才结构问题。

按照素质能力,国际台人才可以划分为低、中、高三个层次。所谓较低层次,并不是对人本身的贬低,也不是对人整体上的否定,而是针对有些同志因年龄、教育等原因不再适合到更重要的岗位工作、劳动的创造性和实际贡献相对于其他人有所减少,以及有些同志业务尚未完全熟悉、能力尚未完全开发或者尚未安排到合适岗位上的客观状况而言的。所谓较高层次,是指所在领域的稀缺人才,能够为事业发展做出突出贡献和发挥主要作用。中间层次是指介于两者之间的人才。

国际台合理的人才结构,应当是"中间大,两头小"。目前的人才结构状况是,能力一般的人员沉淀较多、新进人员有待培养,中间层次远未达到合理规模,较高层次人才匮乏严重。国际传播所需的高素质、复合型的人才面临成长周期长,培养成本高等巨大压力。

3. 流动不畅,人才队伍同质化,品牌人才少

从整体上看,国际台人与岗位相对固定,除了因职务调整、机构调整等引起的自然流动之外,有意识、有目的的人才流动还不充分。尤其是职能管理岗位,在岗干部多年不动,对管理理念和知识的更新、管理手段和视野的拓宽,都产生了不好的影响。究其原因,主要是推进人才流动的自觉意识还不够强,保障人才流动的有效机制还不完善。

此外,国际台的职工来源相对集中在北京外国语大学、中国传媒大学等院校,人才队伍同质化问题突出,高端人才和复合型人才缺口较大在社会上和业界都缺乏品牌人物。

三、抓住主线，破解难题——国际台人才战略的实施思路

（一）把握人才工作主要矛盾

马克思主义主张从事物的主要矛盾出发分析和解决问题。当前，国际台人才工作的主要矛盾是历史继承与事业发展之间的矛盾，也就是事业的纵向深入和横向拓展带来的对人才队伍数量和质量的更高需求，与相对滞后的人才状况和人才供给之间的矛盾。

这个矛盾决定了当前人才问题的方方面面，指引着解决问题的基本方向。这个矛盾也是事业发展中的矛盾，应当以发展的眼光看待它，用发展的办法解决它。

国际台的人才工作，着力实现人才战略的发展目标，解决人才状况与构建现代综合新型国际传媒体系战略安排的匹配问题。

（二）树立人才工作正确观念

1. 科学人才观

这是做好人才工作的首要前提。《中共中央、国务院关于进一步加强人才工作的决定》提出要树立科学的人才观，并概括了人才的新内涵，提出了人才的新标准。国际台按照中央精神予以贯彻落实。只要具有一定知识和能力，能够进行创造性劳动，并且为国际台事业发展做出贡献的人，都是国际台的人才。坚持德才兼备原则，把品德、知识、能力和业绩作为衡量人才的主要标准，不唯学历、职称、资历和身份。

2. 分类管理观

这是从国际台实际出发，做好人才工作的基本原则。国际台人才队伍最大的特点就是多样化，不同人才有不同的成长规律和发展规律。人才工作要从客观规律出发，分门别类地制定管理规则，因人而异地调动人才积极性，促进人才的专业化发展。建立多元化的考核和评价途径，使不同的人才在不同维度得到认可、最大化地体现价值，避免因评价标准过于单一、笼统而埋没和否定人才。设立多元化的激励和晋升途径，淡化行政色彩，使不同的人才通过多种渠道脱颖而出，最大化地实现价值，避免因领导岗位相对较少而造成人才拥挤和恶性竞争。同时，关键岗位和重要岗位要采取特殊管理办法，与其他岗位适当拉开差距，充分肯定和尊重高层次人才的价值，激励和调动其他人员的竞争意识。

3. 合理流动观

这是体现以人为本，实现人的全面发展的重要途径。通过人才流动，激发人的潜能，使人找到自己的最佳位置，实现人的才能与岗位需要的最大契合，保持人才队伍的整体活力。推进人才的自由、合理流动，实现人才资源的最优配置。在纵向上打破资历、专业等界限，真正做到能上能下。在横向上推行定期交流和竞聘上岗，充分发掘人才潜力。

4. 人人平等观

这是维护和谐、保证士气的基本前提。要按照科学人才观的要求，充分认识人才的相对性、多样性、层次性和发展性，鼓励人人都作贡献，人人都能成才。推动形成人人价值

受尊重的集体氛围，人人贡献最大化的生动局面。保障个人之间的机会平等，搭建充分施展才华、充分参与竞争的平台。

（三）完善人才工作主要机制

制度建设更具有根本性、全局性、稳定性和长期性。实施构建现代国际广播体系的人才战略，落脚点在工作机制。人才工作机制的制定完善过程中贯彻了这样两个原则：一是秉承传统，老机制要赋予新内容；二是新事新办，新机制要实现新突破。

1. 立足人才现状 健全人才培养机制

如何破解国际台人才队伍建设面临的难题，培养符合现代国际传播和媒体融合发展需要的人才，是国际台人事工作的核心。近年来，我们以人才工作统领干部人事工作，大力实施人才兴台战略，创新人才工作模式，取得了初步成效。

2007年以来，国际台先后实施了"学术首席""四个一批""双百"人才队伍建设工程，为专业人才成长搭建事业平台。目前，国际台已形成以学术首席为塔尖、"四个一批"为塔身，"双百"为塔基的人才培养体系。

"学术首席"代表国际台在采、编、播、译领域最高专业水准的人才，目前全台共有学术首席18位；"四个一批"人才培养工程为重点培养40岁以下的优秀青年骨干，着力造就四大专业门类的核心人才，先后有200余人列入培养对象；"双百"人才基础工程为一百名非通用语业务骨干赴境外高校或媒体进修对象国语言文化，一百名国际媒体经营管理、新媒体研发应用、海外事业发展等专门人才。

在国际台的人才培养机制下，涌现出大批优秀人才，并产生了大批高质量的人才成果。但随着国际台国际传播事业的发展，有些人才队伍的培养方向已不能完全满足事业发展的需要，亟须尽快调整培养方向，完善人才队伍的退出机制。

2. 按照媒体特点设置业务岗位，进一步探索岗位管理机制

国际台从语种多、节目类型复杂的特点出发，设立了子媒体岗位首席、节目制作人及新业务岗位。

子媒体岗位首席指在条件相对成熟的子媒体设立首席岗位，如首席主播、首席记者、首席评论员等，以实际能力和业绩为评聘依据。这些首席在子媒体负责人领导下，全权负责相应类型节目的制作、播出等。目前全台已聘任38位子媒体岗位首席。

节目制作人是根据不同节目形态、栏目或传播平台需求，设立节目制作人，承担组织节目生产、建设节目品牌、财务管理等职责，同时赋予其人员聘用、考核奖惩、经费使用、绩效分配等权限。节目制作人通过竞聘产生，目前全台共聘任节目制作人87人。

新媒体岗位是按照国际传媒需求和特点，设置新媒体、海外调频台、海外孔子课堂等若干新业务岗位序列，每个序列下又设置若干子序列等。

同时，为发挥优秀人才的核心作用，国际台根据不同的业务岗位，设置突出业务技能绩效。

岗位管理机制的实施，进一步拓宽了专业技术人才发展通道，各类优秀人才脱颖而

出，以往千军万马晋升行政管理独木桥的情况得以改变，去行政化已逐步成为全台的共识。

3. 拓宽人才引进机制

拓宽人才引进机制的重点，是加大人才引进力度，着力引进关键人才。国际台主要有四个人才"入口"，一是大学生接收，二是台外选调，三是编外聘用，四是博士后引进。

大学生是国际台比较稳定的人才来源，接收机制相对规范和成熟。台外选调和编外聘用渠道，开辟了国内国外两个市场，重点引进优秀管理人才、精英媒体人才、高端技术人才和资深经营人才。此外，近年来国际台继续在引进高层次人才上下工夫。2013年，国际台获批成立博士后科研工作站，并引进5名博士后入站工作，进一步提高了国际台的研究能力。

人才一直都是市场稀缺资源，吸引和留住他们的首要条件，就是实现人才市场价值。这就要求我们打破传统的用工观念，跳出既有的分配体系，按照市场标准为高层次人才提供物质和精神条件。一体两翼，二元互补，将人才引进的常规办法与特殊办法相结合，这也是国际台贯彻中央关于事业单位人事制度改革精神的新探索。

4. 改进人才培训机制

国际台一直以来重视人才培训机制。近年来积极拓展境外培训渠道，已在芬兰、澳大利亚、土耳其等举办海外节目制作培训班和海外媒体运营培训班，并选派多名语言部门业务骨干赴境外媒体进行2—6个月不等的短期业务培训。同时开展系列专项培训。针对国际台媒体业务转型，重点加强视频、网络、多媒体等业务培训，培训人次共计千余人。

人才培训机制从个体上加强人才专业化，在整体上促进了人才结构合理化。随着国际台的事业发展需要，培训机制也需进一步提升，逐步形成法制化、规范化、系统化和专业化的人才培训模式。如针对全台战略发展、部门建设、个人发展三个层次进行需求分析，研究制定切合实际的长期、中期和短期培训计划。适应人才分类管理的要求，选取有针对性的培训内容，重点提高人才的学习能力、实践能力和创新能力。对外开展培训合作。建立科学的评估标准，对培训规划、培训实施、培训成果进行全程检查和评价等。

5. 加强人才考核机制

加强人才考核机制的重点，是引导和激励人才。考核是知人的重要手段，是关系到能否实现"事得其人""人适其事"的重要问题。国际台的业务考核管理办法，对工作的规范和提高起到了显著作用。但是，对于人才考核还不够科学和系统。基于岗位管理基础上的人才考核机制，需要由人事部门统一规划、其他部门配合执行。要确立公平公开、分职分类、体现差别、定期考核与不定期考核相结合、定性与定量相结合、考核与奖惩相结合的人才考核原则。按照分类管理原则，结合岗位管理的实践，就不同岗位分别建立品德、知识、能力、业绩相结合的综合考核标准体系。综合运用领导评价、群众评议、要素评定、知识技能测验等合理科学的考核手段。

6. 完善人才激励机制

完善人才激励机制的重点，是建立以分配机制为核心的多元激励体系。多元化的激励方式，是由多样化的人才结构决定的，人才的个性和需求不同，激励方式也就不同。多元化的激励方式，也是解决因激励途径过于单一而造成不良竞争、零和博弈的有效办法。

晋升职务是最根本的激励，但是这种方式不具有普遍性。从实际情况看，最核心、起作用最普遍的激励方式仍是分配激励，也就是薪资激励。我们在推进岗位管理过程中建立了岗位津贴制度，根据"效率优先、兼顾公平"的原则，实行竞争上岗、按岗定酬、按考核定酬的分配办法，将工资收入与岗位职责、工作业绩、实际贡献挂钩。我们的分配理念，逐渐由按劳取酬向按绩取酬、按能取酬转变；我们的分配重点，逐渐向关键岗位和优秀人才倾斜。岗位津贴制度的推行，充分贯彻了岗位管理的内在精神，也成为重要的人才考核机制之一。

以合理的待遇增加取代因晋升职务获得的物质和精神满足，不失为一种可行的办法。与分配激励相配合的，还有其他激励方式。比如改善工作环境，公派学习考察，脱产培训以及给予表彰的精神激励等等。这些多元化的激励方式，充分体现了以人为本的理念和分类管理的精神，也使既定的投入能够产生最大的激励效益。

（作者单位：中国国际广播电台人力资源管理中心）

中国国际广播电台学会创建与发展初探

肖红旗

2017年3月3日,中国国际广播电台学会(以下简称国际广播学会)迎来成立30周年。30年在历史的长河中不过是短短的一瞬,甚至相对于1941年12月3日创建的中国人民对外广播事业来说,也不算长,但无论是在蹒跚起步的初创阶段、艰辛探索的成长时代,还是在创新发展的新时期,它都始终充分发挥学术理论研究、节目创新创优、学刊编辑出版、行业交流沟通等方面职能,努力为国际传播中心工作服务。

在这样一个时间点上,作为正工作在国际广播学会事业一线的我来说,尝试以此文来梳理国际广播学会走过的不平凡的历程、它的职能作用与特点,并就进一步做好国际广播学会工作谈些思考,既是以此向前辈致敬,又是当代国际广播学会工作者义不容辞的使命与责任。

一、国际广播学会的创建及其背景

国际广播学会创建于1987年3月3日,至今已30年,它的创建是中国国际广播史上具有重大意义的大事。它的创建过程,有着深厚的基础、迫切的需要和积极的推动等历史背景,可谓水到渠成,应运而生。

(一)国际广播学会的创建

国际广播学会正式成立于1987年3月3日,广播电影电视部副部长马庆雄到会并受艾知生部长委托,代表部党组表示祝贺;中国广播电视学会副会长金照到会祝贺;国际台代理台长刘习良主持会议,转达中广学会吴冷西会长的祝贺和希望,并代表国际台分党组致辞;国际广播学会顾问丁一岚、张纪明、邹晓青、魏琳与来自全台各部门的一百多位理事参加会议。会议选举国际台副台长胡耀亭为会长,黄阿玲、邵昌耀、吴志成为副会长,秘书长由吴志成兼任。

会上,胡耀亭会长就学会年内工作和学术活动等作了部署;四位会员代表先后发言,表达了将支持学会活动,积极参与学术研究,共同把对外广播学术理论研究提高到新水平的愿望。

(二)国际广播学会创建的背景

国际广播学会的创建,主要基于以下三个背景,一是有基础,二是有需求,三是有推动,可谓是水到渠成。

首先,国际广播学会的创建,有深厚的调查研究工作基础。1956年,研究室就开始油印出版《国外广播资料》。根据学会成立时的统计,从 1959 年起,研究室以开展对国外广播电视事业调查研究为中心,共出版了 399 期《广播电视参考资料》,约 1500 万字。台内部刊物《研究与实践》从 1983 年 9 月起,以总结、探讨我国国际广播工作经验为中心,共出版 39 期,发表研究文章 483 篇,约计 200 万字。国内新闻部自 1983 年编辑出版《对外广播通讯》,主要是面向驻地方记者站,出版 18 期,约 54 万字。国际新闻部从 1982 年 2 月编辑出版面向驻外记者站的《驻外记者工作通讯》,已经编印 60 期,约 36 万字。这些刊物的创办与编辑出版,打造了学术理论研究阵地,激发了学术理论研究积极性,营造了全台浓厚的学术理论研究氛围,发现、培养和锻炼了一批学术理论研究人才,为学会的创建奠定了坚实的基础。

其次,国际广播学会的创建,有迫切的现实需求。经过 40 多年的探索与实践,国际广播事业取得很大成绩,积累了丰富的经验,也经历了曲折,迫切需要进行系统深入的研究、探讨和总结,并提升到理论的高度,以更好地指导和推动实践。同时,外国国际广播发展的经验,也迫切需要进行系统的研究借鉴。而要适应这种迫切需求,之前的学术理论研究体制机制和能力水平难以完成,需要进行转型升级,从个人的分散研究转变为个人和群体相结合的有组织的研究,从对某些领域的零散课题的研究转变为全面的有系统的研究,从对个别问题局部问题的研究转变为兼顾个别问题、局部问题和整体问题、战略问题的多层次的研究,从以总结经验为主的研究转变为把总结经验和预测未来结合的有计划的研究。[1]现实的需求呼唤国际广播学会的创建。

最后,国际广播学会的创建,有积极的推动因素。宏观的推动因素是改革开放初期学术类社团组织的蓬勃发展。在 20 世纪 80 年代,全国每年成立的学术类民间组织的总数几乎都在 300 家以上,这个过程在 80 年代中后期达到高潮。[2]中观的推动因素是中国广播电视学会的成立。中广学会是我国广播电视行业成立的第一家专门学术理论研究社会团体,它在成立之时就提出了推动中央三台和广播学会成立自己的学会,能以比较大的独立性开展自己的工作。[3]微观的推动因素是国际台分党组十分重视学会工作,将成立学会列入 1987 年工作重点,并从领导班子和研究人员配备、理论研究课题等六个方面做了积极准备。

二、国际广播学会的发展历程及其阶段性特点

纵观国际广播学会的发展历程,可以说它是起步于改革开放风起云涌的时代,成长于对外广播事业快速发展的兴旺年代,成熟于现代国际广播体系大胆探索时期,目前正处于服务全面建成现代综合新型国际传媒集团的征程上。

(一)起步阶段(1987 年 3 月—1995 年 4 月)

这一时期以 1987 年 3 月学会成立为开端,到 1995 年 4 月第二届理事会召开前,是学会工作的起步阶段,这一阶段的突出特点是"探索创建"。

首先是提出了"第一版"的国际广播学会的任务。胡耀亭同志在学会成立大会的讲话

中，对学会的任务做了阐述："学会的任务就是，坚持四项基本原则，以马列主义、毛泽东思想为指导，组织会员开展国际广播的学术研究，努力提高对外广播工作者的素质，提高对外广播节目质量，促进中国对外广播学的建设和发展。"④

其次是创建了国际广播学会的组织架构。第一届理事会由顾问、会长、副会长、秘书长和副秘书长，常务理事会，理事会四个部分组成。其中理事99人，常务理事6人，会长1人，副会长3人，秘书长1人，副秘书长2人，学会领导工作由常务理事会主持，日常工作由秘书长主持。此外，学会还建立了编辑、记者、翻译、播音、听众工作、技术、管理、外事8个研究小组。

再次是探索并逐步形成了学会基本职能。这一时期学会工作形成了五大基本职能架构：组织理论研讨、开展节目评奖、编辑出版学刊、编辑出版图书和专著，以及行业联络工作，而这五项职能也基本延续至今。理论研讨方面，这一时期共举办综合性理论研讨会两届，共130多人参加，共收到论文150篇；共举办专题研讨会4次。节目评奖方面，对外广播的节目评奖工作始于1982年，开始由台总编室主持，1987年学会成立后改由学会负责。⑤其间，共举办台内节目评奖9次，共评出获奖节目720件，推荐节目获中国新闻奖及中国广播奖等国家级政府奖144件。学刊编辑出版方面，1983年9月，国际台即创办了对外广播理论内部刊物——《研究与实践》。1987年3月学会成立后，该刊更名为《国际广播》，成为学会的会刊。图书和专著出版方面，编辑出版《优秀作品选》七本，理论研究成果汇集类书籍五本，纪念建台40周年（按1947年9月11日英语广播开播时间计算）丛书4本，国外对外广播情况及其他著作3本。会务工作方面，对外主要是与中广学会的联络与沟通，对内于1987年4月21日创办了《学会通讯》，为不定期工作刊物，反映学会和各研究小组所开展的活动，至1998年年底共编辑刊印35期。

（二）成长阶段（1995年4月—2002年1月）

这一阶段从1995年4月第二届理事会第一次会议召开，到2002年1月换届会之前，是第二届理事会工作期间。这一时期的特点是"稳中有进"。"稳"体现在组织架构已经稳定，已有职能任务开展起来愈加得心应手，"进"体现在组织力量进一步壮大，职能任务有新的突破和开拓。通过积极而又成效的努力，学会工作已"深深融于宣传业务之中，已成为对外广播事业重要组成部分。"⑥

首先，组织架构建设"稳中有进"。新一届理事会延续了顾问、会长、副会长、秘书长和副秘书长，常务理事会，理事会四个部分组成的组织架构，同时新增设了名誉会长。此外，理事组成人员由99人增加到192人，常务理事组成人员由6人增加到10人，力量进一步壮大，为进一步开展学会工作奠定了更厚实的组织基础。

其次，职能任务行使"稳中有进"。学术理论研究方面，把理论研究和业务研究作为中心工作来抓，紧密围绕台中心工作，采取大型综合性研讨与小型专题性研讨相结合、理论研究与经验总结相结合的形式进行，收到良好效果。特别是1998至2001年，根据中广学会和台的要求，学会创办并成功举办了四次"中国彩虹奖"对外广播奖颁奖研讨会，为推进全国广播外宣届节目质量提高搭建了精品展示、创优指导、经验互鉴的良好平台。

学刊编辑出版方面，这期间《国际广播》学刊共出刊63期，发表文章1500余篇，近500万字。与此同时，制定了《国际广播》编辑工作程序与原则，编辑工作进一步规范化；经过努力，由双月刊改为月刊，扩大了这一学术理论研究阵地。

节目评奖评优方面，这一时期除了继续做好承办台年度优秀广播节目评选、向全国广电系统和新闻系统推荐台参评作品等原有职能工作外，还具体承接了协办"中国彩虹奖"这一全国性对外广播政府奖评选的新任务，在中广学会指导下，制定了奖项设置方案和评选办法并进行了四次成功实践，有力服务了全国广播大外宣格局的建设与发展。

联系沟通行业方面，在继续以分会这一角色积极参与中广学会各项活动的基础上，积极申请加入中广学会有关专业研究委员会，为全台从业人员争取更多参与行业活动、展示对外广播工作者风采的平台和机会。如1996年加入了"主持人节目研究会"，1997年起加强了与播音学研委会的联系与合作，积极参加期刊研委会活动等。

论著图书出版方面，这期间，学会承担和出版图书17部，其中有关优秀广播节目汇编类图书10部，有关国际广播论文汇编类图书4部，人物业绩和回忆文章类图书3部。特别是配合台庆55周年和60周年纪念活动，参与、承担了总共18卷本《国际广播丛书》的编辑工作，为台历史留存做出了努力与贡献。

（三）成熟阶段（2002年1月—2010年）

这一阶段从2002年1月第三届理事会第一次会议召开，到2010年1月换届会之前，是第三届理事会工作期间。这一时期的突出特点是"改革发展"。

首先是在领导体制方面进行了改革，学会领导力量方面进一步强化。本届理事改变了学会创建以来的做法，会长改由台长担任，常务副会长改由分管宣传工作的副台长担任，常务理事由第二届时的10人增加到31人，进一步强化了学会的领导力量。

其次是学刊建设跃上新台阶。为了适应探索对外广播事业改革发展、探索建立现代国际广播体系的需要，经过努力，《国际广播》更名为《国际广播影视》，并正式办理了公开发行的刊号，成为公开出版物，这是学刊建设发展史上的一个里程碑。

再次是评奖工作进一步规范。2005年，国际台以台发通知的形式，对全台节目评奖工作进行了整合和规范，并对奖项子项构成、参评范围、评委构成、获奖比例、评选时间等做出明确详细规定。奖项子项的设置既与台实际需要相适应，又与国际台参与中国记协、广电总局等主办的全国性奖项评选工作的选拔相结合。相关子项设置、评选标准、评选项目等也与全国性评奖相匹配。该通知的出台和下发，使国际台节目评奖工作有据可依，整个评奖工作更加规范化、权威化、制度化和专业化，为进一步发挥评奖的导向和示范作用奠定了坚实的制度基础。

复次是服务业务建设关口前移。2002年1月至5月学会与台人事部门共同举办4期"三个教育"暨新闻业务培训班；2005年11月举办了国际台新闻采访业务培训班；2005年7月、8月，为了落实中央领导有关要重视新媒体发展的重要指示精神，学会组织了

"新媒体发展知识"系列讲座;2007年5月,组织了"全面了解党的方针政策,做好十七大对外宣传报道"专题讲座,等等。积极与队伍建设主管部门合作举办培训班及讲座,实现了服务业务建设关口前移,延伸学会服务台业务建设的链条,取得了良好的效果。

最后,这期间学术理论研究、节目创优评奖、行业联络沟通、论著及图书编辑出版等职能工作都取得了良好成绩。

(四)转型融合(2010年8月至今)

这一阶段从2010年8月第四届理事会第一次会议召开至今,是第四届理事会工作期间。这一时期基于扎实推进现代综合新型国际传媒集团建设的需要,学会工作的突出特点是"转型融合"。

首先是组织定位转型。这一届理事会明确提出,在国际台,学会不是一个管理机构,而应定位于一个高品位、高水平的学术组织。要配合国家的国际传播战略,进一步加强学会作为学术组织的功能和作用。[⑦]同时,提出了四个方面的明确要求:开展学术活动;评判节目质量;引导内容生产;组织业务培训。

其次是学术理论研究内容转型。这一时期,围绕实践的发展,以《国际广播影视》《国际传播论文集》为主要阵地,学会的学术理论研究工作也努力从广播、现代国际广播体系研究向国际传播研究转型;从传统单一媒体研究向综合媒体研究,再向现代综合新型媒体集团研究转型。

再次是节目质量评判对接媒体融合。随着新的媒体形式不断涌现,国际台综合媒体的打造,特别是中央《关于推动传统媒体和新兴媒体融合发展的指导意见》的出台,学会在评奖工作中积极对接媒体融合。从过去单纯评广播节目,到评在线广播节目,到推选网络视听节目,再到试评"两微一端"节目,学会努力在节目质量评判工作中适应媒体融合大势,积极探索,大胆尝试。

最后是推动不同行业组织融合发力。2013年,学会秘书处同时也成为中广联合会广播外宣委员会的秘书处。三年间两个组织互相助力,实现了共同发展。例如,借助台学会与中广联合会(包括其前身中广学会、中广协会)将近30年不间断的联络沟通关系,委员会对中广联合会的运作规律及其要求有了基本同样深厚的认识,委员会与联合会职能部门之间实现了无缝对接,委员会对其他分支机构的工作内容借鉴有了畅通的渠道,委员会与会员台之间的联系也得到了来自学会系统有益的助推。再比如,借助委员会开展的论文评选等活动,学会举办的《国际广播影视》刊物稿件来源得到了有益的补充,等等。

三、推进国际广播学会发展的建议

通过回顾学会走过的道路,梳理它创建发展的过程,笔者认为,国际广播学会之所以能够不断向前发展,取得令人瞩目的成绩,主要是它始终做到了"四个坚持"为核心内容的办会原则,即始终坚持台分党组的正确领导,使学会工作始终在正确的方向上前进;始终坚持围绕国际传播中心工作发挥职能作用，深深植根于国际传播实践热土，使学会工作始终保有生机与活力；始终坚持在继承基础上的创新发展，既有坚守有创新，既不断巩固存量、做足存量，又大力拓展增量，确保学会工作能够不断继往开来，不断推进；始终有一群学会工作者敬业奉献，默默坚守，推动学会建设与发展不断迈上新台阶。笔者认为，这些可以说是国际广播学会30年发展的基本经验，也是推动学会工作不断前行所必须始终坚持的。

关于进一步推进学会建设与发展，笔者提出如下几点建议。

第一，加强制度建设，提升依规办会水平。

推动制定出台《中国国际广播电台国际奖参评作品产生办法（暂行）》《中国国际广播电台全国性新闻奖参评作品产生办法（暂行）》《中国国际广播电台部委奖行业奖参评作品产生办法（暂行）》等文件，以及与文件相配套更新完善评奖工作专家库，将近年来评奖工作比较成型、相对固定、较受认可、较有成效的程序和做法成文化、制度化，使国际台参评作品产生从此做到有据可依、照章办事，推动评奖工作的规范化程度迈上一个新台阶。

第二，创新方式手段，推进学会工作现代化。

充分运用现代信息网络技术手段，推动在台官网上开设"学会在线"专栏，发布工作信息、推广创优成果、展开良性互动。重视评奖材料数字化，完善无纸化评选，压缩纸质参评材料，减轻参评者负担，增加报送积极性，减少资源浪费；完善电子化听评，采取电子材料评委分头审听审看、背靠背提名入围作品，学会汇总提名推荐情况，评委集体评议直接讨论、实名投票评出结果这一电子化评选新方式，推动审听审看更充分、提名意见更真实、评议意见更集中、投票过程更顺畅，工作效率更高效，评选结果更权威。

第三，强化研讨交流，推动评奖成果互鉴。

推动"全国性新闻评奖获奖作品研讨""台主办奖项获奖作品研讨"等交流活动常态化，组织全台各编播中心相关负责人、获奖作品主创人员代表、来自编播一线的编辑记者代表参加。通过通报获奖情况、获奖代表分享作品创作心得、高校教授作辅导讲座等形式，加强对获奖作品的点评、展示、推介，以及创优理论辅导，更好地发挥评奖的引导、标杆、借鉴、激励作用。

第四，总结实践经验，探索适合国际台特点网络作品评选办法。

当前，基于互联网和移动互联网平台的新的媒体形态不断涌现，通过评奖做好这类作品的评估，对于推动新媒体内容建设健康发展有所裨益。正是基于这种考虑，这两年学会大力加强了这方面的探索和实践。例如，2015年，在2014年度优秀在线广播作品奖中，增设了微信报道类、微博报道类和新闻客户端报道类这三类针对"两微一端"作品的奖项，这种探索还是实行的传统网络作品和移动网络作品分开的办法。2016年，"优秀在线广播作品奖"更名为"优秀网络作品奖"，采取更加融合的办法，明确无论是以互联网为第一平台发布的作品，还是基于移动互联网平台（包括社交平台、移动客户端、微博、微信等）为第一发布平台的作品，根据其作品体裁（消息、评论等）进入相应类别评选。上述两种评选办法都有不尽完善的地方。媒体融合是个新生事物，做好媒体融合生态下网络作品评选，需要学习借鉴吸收国内外、体制内外方方面面的有益经验，与国际台特点实际紧密结合，不断探索推进。

（作者单位：中国国际广播电台总编室）

注释：

① 刘习良：《国际广播学会的成立是一件可喜可贺的大事》，《研究与实践》，1987 年第 3、4 期。

② 王名：《中国民间组织 30 年》，社会科学文献出版社，2008 年。

③ 《中国广播电视学会会长吴冷西同志的祝贺和希望》，《研究与实践》，1987 年第 3、4 期。

④ 胡耀亭：《为建设和发展具有社会主义中国特色的国际广播学而奋斗》，《研究与实践》，1987 年第 3、4 期。

⑤ 《中国国际广播电台台志》。

⑥ 丛英民：《国际台学会第二届理事会工作报告》，《国际广播》，2002 年第 2 期。

⑦ 王庚年：《尽职尽责　把学会工作做好》，《国际广播影视》，2010 年第 9 期。

国际台驻海外机构非传媒业务规范管理初探

高 芳

牢牢把握建设现代、综合、新型国际传媒机构的战略目标，国际台已经实践了十年有余。十年间，不论是受众规模、传播效果还是媒体影响力，国际台都取得了长足的进步。这其中，国际台驻海外机构作为对外传播的一支重要力量，功不可没。国际台驻海外机构也从最初单一的驻海外记者站，逐步发展为以驻海外记者站为基础，海外节目制作室并行，海外地区总站区域管理的系列布局。各类驻外机构在不同的业务方面，服从服务于全台的事业发展。

在驻海外机构蓬勃发展的同时，其职能和业务范围也悄然发生了改变，运营和管理面临着新的挑战，概括而言，有以下几个方面的特点。

第一，驻海外机构的职能和业务范围不断扩大，非传媒业务量大为增加。这里的非传媒业务，主要指需要由驻海外机构承担或参与处理的，除新闻报道业务外的财税、人员聘用、对外合作和纠纷处理等关乎驻海外机构本身或国际台利益的业务。

第二，驻海外机构非传媒业务的专业难度不断提升，需要投入一定的人力物力。非传媒业务往往涉及法律、财税、人力资源等专业领域，有的还综合涉及前述多个领域，若想取得较好的管理效果，需要专业人员的参与和协助。

第三，驻海外机构日益增加的职能和业务量同现有人员编制状况不相匹配。从1980年国际台设立首个驻海外机构驻东京记者站开始，三十多年来驻海外机构的编制数额几乎没有任何增加，而承担的职能却一增再增。业务量与人员配置数量间的矛盾突出。

在上述情况下，驻海外机构非传媒业务涌现的问题近年来呈上升趋势，而且，问题一旦出现，由于跨国、业务交替等原因，处理起来往往旷日持久，成本高昂。有些虽然暂时获得一定程度的解决，但不时再发的风险长期存在。长此以往，不仅可能给国际台造成经济、法律、声誉上的损失，还必将影响驻海外机构的传媒主业务的顺利推进，这一情况必须引起高度重视。

为较好地解决这些问题，在客观调研的基础上注重经验总结，参照相关专业领域的成功经验，加强驻海外机构非传媒业务的规范管理，势在必行。

一、法律事务方面

（一）驻海外机构人员聘用管理

随着国际台海外业务规模的不断扩大，对派驻海外人员的需求也与日俱增，虽然近几年国际台通过创新管理方式，采用远程实时交流、定期网络会议沟通等形式密切了前后方的联系，在管理效果上也有所增强，但相对于日益增长的多维度业务，增加派驻人员的需求依然旺盛。采取本部派驻或驻在国聘用等方式解决人力短缺的做法不可避免，对境内外人力资源加强有针对性的管理提上议事日程。

由于境内外劳工法律制度的差异性较大，建议根据劳动者国籍，以及雇用合同实际履行地的不同分类管理。从目前国际台的实践看，主要存在三种模式：A. 与国际台签订劳动合同的中国国籍人员派驻某对象国持公务护照工作；B. 与国际台驻海外机构签订劳动合同的非中国国籍人员在对象国持工作签证工作；C. 其他解决短期人力问题的较为灵活的派驻方式。A类雇用关系主要受中国劳动法律法规调整，重点应当处理好劳动者在境内外薪酬和其他待遇的差别问题，并做好赴任前与回国后薪酬待遇的衔接，同时兼顾提早回国或中途发生意外情况时处理预案的设计。B类雇用关系主要受对象国劳工法律的调整。从世界劳动立法的综合状况看，除不发达、欠发达国家外，世界发达国家或曾经的英联邦成员国家的劳工法律普遍严于中国。因此，该类人员的首次聘用最好在对象国专业律师的指导下进行，以后再根据聘用情况的不同做相应调整。坚决杜绝不签合同即聘用或变相逃避雇主法定职责的行为。C类人员虽然在实践中数量不多，但因涉及公职人员出国管理规定等法规、政策问题，所以法律关系复杂。需要综合规划国内事业编制关系、国外劳工法律关系等多重行政和劳动法律关系，才能尽量将风险降低。

（二）驻海外机构纠纷处理

在主体地位上，除极个别在驻在国已经注册为非营利性机构的情形外，国际台驻海外机构都属于国际台在海外的分支机构，不具有独立法人地位。因此，驻海外机构纠纷处理的结果，将直接影响国际台本部的利益，需要依法谨慎及时处理对待。

驻海外机构处理涉外纠纷，需要特别注意如下几个方面。

（1）及时与国际台本部沟通信息。驻海外机构人员新闻报道业务繁忙，工作时间不规律，对相关专业领域的了解不足且敏感性不够，容易造成与本部沟通的延误，而跨国带来的时差、法律查明复杂等因素，需要管理者投入更多的时间决定纠纷处理的方案。因此，驻外人员务必在知晓纠纷发生后第一时间向国际台本部报告，特别是在收到带有抗辩或证据提交时限的法律文书时，尽早报告就显得尤为重要。

（2）在事发后尽早、尽可能全面了解事情的综合情况。做好基础事实和基本法律规定的收集工作。境外与国际台本部相距遥远，纠纷又往往涉及驻在国法律法规甚至多国法律法规，事实情况和法律规定掌握得详尽与否，直接影响问题处理的质量。派驻人员是距离现场最近的人，做好基础事实和基本法律规定的收集工作责任重大。

（3）遇有专业问题及时咨询专业可靠人士，不草率作出具有法律效力的认可或承诺。通常，派驻人员较一般人更熟悉和了解驻在国国情和社会生活基本情况，但这一优势并不足以应对境外纠纷的处理，寻求相关领域专业人员的帮助才是最可靠的途径。利用平时积累的人脉资源获得一些突发事件的初步咨询帮助当然是便捷的，但在采取正式的应对行动前，聘请有书面契约关系的有偿专业顾问，才能为事情的妥善解决提供更完备的保证。

（4）规范提取处理纠纷所需的证据材料。涉外纠纷的处理往往旷日持久，头绪繁多，多轮前后方沟通协调、文件材料提取司空见惯。书面阐明所需证据材料的准确名称、证明目的、提供形式以及特殊要求，对于保持证据链的清晰连贯，提高工作效率均十分重要。

近一段时期，也发生过一些因派驻人员本身履职或非履职行为导致的纠纷未及时处理而可能给国际台造成不利影响的情况，例如交通事故久拖未处理、移动通信设备欠费等等。这类事项虽非因驻海外机构本身引起，但由于驻在国普遍持保护本国利益的态度，处理不当或久拖不决，个人行为的后果也会由国际台驻海外机构承担。因此，此类纠纷的处理，可以参照驻海外机构纠纷处理的要求来解决，参照程度由驻海外机构负责人视情况严重程度掌握，同时，将依处理进度向国际台本部做好报备。

（三）驻海外机构对外合作管理

借力媒介融合开展多领域、多层级域外合作，是逐步增强国际台国际传播能力的有效手段，在这一进程中，驻海外机构承担了先遣队、排头兵的角色。敏锐察觉到有利于国际台业务开展的合作契机，并及时跟进，乃至直接推动达成合作，是近年来国际台驻海外机构惯常的任务内容之一。一项务实的、富有前景的成功合作，与客观、详尽的可行性研究报告密不可分。包括但不限于合作对象发展历史、发展现状、资质资信评价、同类合作开展情况等在内的目标合作对象尽职调查报告，以及具体合作模式，计划推进进度与合作成果预期评估等内容，都是可行性研究报告中不可或缺的部分。所有不够理想的合作各有各的问题，但一个共同点在于，往往是因为一份三言两语、寥寥数段或语境宏大的简单请示报告，错失了知己知彼的机会。

二、财务管理方面

涉外财务管理专业性极强，国际台作为中央级外宣单位已经积累了丰富的经验，对于日常资金使用的管理，笔者不再赘述，仅以与法律事务有交叉的固定资产管理、税务管理为例，提出对于规范管理的建议。

（一）固定资产管理

1. 海外房产管理

历史的原因，国际台现有驻海外机构使用的房产权属大致分为三种情况：登记在国际台名下、登记在时任记者个人名下以及以国际台名义租用。登记在个人名下、由国际台出资购买的房产，存在国有资产流失的风险。近年来，国际台财务和法务部门针对此种情况进行了系列调研，并采取了补充公证手续、针对有条件回收的房产制定回收措施并逐步推进等，对防止国有资产流失，加强此类海外房产的国有资产属性起到了一定作用，但距离零风险尚有差距。为解决此问题，现阶段国际台海外房产管理宜分类实施。登记在国际台名下的房产，侧重房产的日常管理和维护，促进国有资产保值增值；登记在个人名下的房产，依据各国法律制度积极调研，不断寻求更有利于财产安全且成本合理的管理方式，不排除出售后另租、另买的安排；租用的房产涉及房主、代理机构（如果有）、政府管理部门和国际台多个主体的法律关系，作为承租人，国际台应当依据驻在国法律法规履行法定与约定义务，同时建议注意积累与租房成本相关的各项数据，作为成本核算的基础数据，为驻海外机构财务管理、其他合作等提供参考。

2. 其他固定资产管理

其他固定资产管理主要集中在家具、设备的管理。随着新媒体的兴起与普及，新兴电子设备的使用日益广泛，固定资产的管理也应当适应这些电子产品的特性，用足、用好资产。此外，细碎的固定资产在统计和管理时耗时耗力，管理部门宜在减轻负担、提高效率方面多做思考，如将申报表格由填写式改为勾选式，在全面普查后的一段时间内只申报有变化的部分等。

（二）税务管理

税务问题在近年来的驻海外机构管理中层出不穷。由于税收属国家主权，关乎主权国家直接、根本的利益，因此各国对税务的管理都是相当严格的。依法纳税是驻海外机构及机构派驻人员的基本原则。应当严格禁止任何变相逃避税收的做法，更不能"自作聪明"地推卸必须履行的法定义务。例如，雇主对海外雇员所得税的代扣代缴义务，不能因雇员承诺自行缴纳、实际未自行缴纳而免除。由于历史原因产生的一些不规范做法，虽然表面上是为业务开展迫不得已，但如果被稽查属实，溯及既往，会造成国际台在经济和声誉上的巨大损失。由此，管理部门应当会同驻海外机构，抓紧调研，争取早日降低或从根源上化解风险。

驻海外机构非传媒业务的规范管理，其实质是加强驻海外机构内部风险控制的行为。由于派驻人员多为外语或新闻专业，在诸如法律、财务、税务等方面的专业知识十分有限，因此，若想达成规范管理的目标，需要在明确要求的同时，尽可能便利派驻人员操作完成各项管理工作，强化培训并完善监督检查和评价职能。

第一，便利规范管理。考虑到驻海外机构工作人员专业的特点，要较为理想地实现非传媒业务管理目标，就必须在便利驻外人员进行规范处理上下工夫。表格化管理，是目前实践中效果较好的一种方法。例如，纠纷发生后第一时间向国际台本部报告，由专业人员事先设计好表格，指明需要了解并填报的相关项目，替代大而化之的电话记录单模式，不仅有利于信息沟通的全面、准确，更为驻外人员明晰处理要点提供指导，为纠纷的妥善处理奠定基础。再如驻外机构的固定资产定期填报工作，国际台内管理部门可以根据此前掌握的信息数据，制作成具有勾选项的表格，减轻驻外人员的工作负担，也在一定程度上避免填报错误的发生。当然，任何便利规范的措施和设计都必须建立在准确掌握实际情况的基础上，否则不仅不能达到简化工作流程、减少工作量的效果，还可能增加沟通成本，造成混乱。解决这个问题比较好的方法，是先从相对简单的事务入手，实践成熟后再逐步推开。在某一件具体事情上，也可以先试行，然后根据试行的效果不断调整，直至达到规范、明晰、便捷的目的。

第二，强化培训。规范的要求，简单便捷的书面资料，是帮助管理者和被管理者科学、规范完成管理工作的有效方法。强化培训，能最大限度地将管理要求入心、入脑，从而顺利地实现管理目标。国际台有十余年驻外人员培训的传统，但培训内容多限于对象国国情、国际形势、中国国家发展规划等有关新闻传播业务的内容，对于非传媒业务的培训少之又少，此前还有中断的情形，十分不利于驻海外机构的健康运行。建议分专业、分层次增加培训力度，通过案例教学和模拟实践增强实际操作能力，全面提升拟派驻人员的综合知识储备。

第三，加强监督检查，适度引入奖惩机制。任何制度的完善都必然经历持续不断的调整过程。没有惩罚措施的制度最终只能束之高阁。驻海外机构非传媒业务虽然多为机构运转的保障性业务，但管理不善的后果足以使传媒主业无法正常开展。针对制度实施情况进行定期和不定期的多层面的监督和检查，对于加速完善制度，指导制度实施，保证实施质量将发挥事半功倍的作用。监督检查的方式也可灵活多样，简单便捷的月财务报表、短期出访团组的例行任务中都可以适当加入监督检查的内容。国际台人力资源管理部门和驻海外机构业务管理部门，应当会同财务、法律和纪律检查部门，定期对驻海外机构非传媒业务风险的控制情况进行评估、评价，表彰先进，总结经验，使此类业务的管理日臻完善，助力国际台事业发展。

（作者单位：中国国际广播电台台办公室法规处）

新形势下规范国际台外事出访管理工作探讨

王 枫

　　2014年11月29日，习近平总书记在中央外事工作会议上强调，要维护发展机遇和发展空间，通过广泛开展经贸技术互利合作，努力形成深度交融的互利合作网络。要在坚持不结盟原则的前提下广交朋友，形成遍布全球的伙伴关系网络。要提升我国软实力，讲好中国故事，做好对外宣传。习近平总书记的重要讲话将我国媒体的对外传播职能提到了政治高度。国际传播是国际台主业，海外项目多、传播平台多、合作渠道多，国际台外事部门在配合我国外交事业大局中也发挥着不可或缺的作用。新形势下，作为国际台扩大对外开放的窗口和前沿部门，外事部门不仅要为"请进来"做好服务，更需要为"走出去"牵线搭桥，因此如何规范国际台外事出访管理工作成为迫在眉睫的课题。

一、加强计划管理

1. 严格制定出访计划——因事定人，确有其事

　　先由国际台各中心（室）确定下一年度的工作重点、区域重点、对外交流与合作计划，并严格根据工作任务制定出访计划。在接到外事部门关于申报年度因公临时出国计划通知后，国际台各中心（室）在指定时间内将因公出国（境）计划报送至外事部门。外事部门严格执行限量管理规定，在审核审批环节严格把关，紧密结合对象国传播实际，做到"不符合外事程序的项目不批，无实际任务的项目不批"，科学合理设计出访项目，确保每个项目都有内容、有目标、有实效。本着"强化预算约束、优化经费结构、厉行勤俭节约、讲求务实高效"的原则，会同有关部门组成评审小组对各中心申报的因公出国（境）计划进行分类、统筹和评审。同时，结合上年度出访成果的落实情况和各中心的实际国际传播任务制定并上报年度出访计划。保证全台计划突出为国际传播服务，明确组团单位和派出单位的责任，坚持"谁派出，谁负责"的原则。有条不紊地推进年度出访计划，确保重点项目优先执行，同时要留有余地，根据国家外宣大局需要，组织安排好临时配合性项目。

　　计划内容做到"六定"：定项目、定出访地、定任务、定时间、定人数、定预算。计划标准要做到密切配合国家总体外交和对外工作，围绕国际台重点工作，坚持因事定人，确有其事。不得因人找事，不得安排照顾性、无实质内容的一般性出访和考察性出访；切实压缩出国培训规模，出国参加会议等活动要有必要性和针对性，不得逢请必到；不得赴国外出席无实质内容的庆典、仪式或内部慰问等活动；同一中心（室）的中心级负责人原

则上不得同团出访,也不得同时或 6 个月内分别率团出访同一国家或地区。

2. 合理安排出访行程——未雨绸缪,优化布局

执行出访任务要讲规矩、讲程序,全面了解外事纪律、出访要求和有关注意事项,严格遵守有关的外事和财务规定。国家相关文件对出访团组人数、国别和在外停留天数都有严格的规定和控制。

出访团组人员构成须坚持少而精的原则,符合任务需要。针对外事出访规定在人数上的限制,为实现外事出访任务执行效率最大化,应严格按照出访实际任务,安排出访人数、参团人选及分工任务,实现参团人员人尽其用,各司其职;树立"一盘棋"观念。多中心、多部门分角度、分重点、分层次协同执行出访任务,实现多中心"合下一盘好棋"。实现同一次出访,同一个国家,多个任务协同执行,最大化外事出访实效。

依据外事出访管理规定,围绕目标地区的国际传播目标,科学、巧妙地安排出访时间,设计出访航线。针对外事出访规定在时间上的限制,参团人员安排出访行程时应避开对象国法定节假日(如圣诞节、开斋节等)、政局动荡等不稳定因素,最大可能延长执行出访任务的有效办公时间;安排住宿,应选择方便邀请方安排访问活动或人员培训的地点,最大限度减少交通原因造成的时间浪费;严格根据出访安排,尽可能选择同一大洲或同一区域的邻近国家或航线方便的国家,以节省飞行时间;选乘直达航班或者路程时间较短的路线,首选直达航班,不以任何理由绕道而行,或以过境名义变相增加出访时间。

针对外事出访国家数的限制,安排出访行程时应严格根据出访任务,分重点、分主次选择出访国家。

二、规范审批流程

1. 优化访前审批流程,建立联动审批系统

制定审批流程,将"谁审批谁负责,谁派出谁负责,谁是团长谁负责"的原则落实到流程中。树立大局观念,体现合作精神,统筹安排好跨部门组团出访,最大限度兼顾不同部门的业务需求。建立联动审批系统,明确联动审批系统的所有参与者和执行者,包括台办公室、人事部门、外事部门、财务管理部门、组团各中心等,以上部门在出访申请审批的过程中,各司其职,在不同阶段接入审核,并给出各自的审批意见。同时,建立长效评估监察机制,保证审批流程主线清晰,流程可追溯。

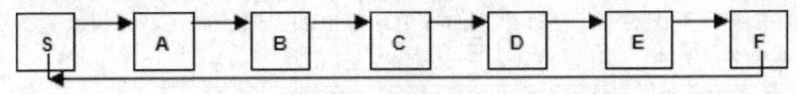

图 1 访前联动审批流程图

访前联动审批的工作流程设计如图 1 所示,一个审核流程实际上是由众多有关联的活动节点构成的有向图,每个节点表示不同中心(室)的审核活动。其中"S"表示起点,

表示组团各中心（室）启动出访项目。每一次出访任务的执行须由组团中心提前40个工作日将出访任务、日程安排及邀请函以中心（室）函件的形式报"A"外事部门进行审核；审核通过后由外事部门报"B"台办公室请示台领导审批；审批通过后由"C"人事部门对出访人员进行政治资格审查；政审通过后由"D"财务管理部门审核预算；预算审核通过后由"E"外事部门将出访成员姓名、单位和职称，出访国家、任务、日程安排、往返航线、邀请信、邀请单位情况介绍、经费来源和预算等进行公示，公示时间为5个工作日；公示期满且零投诉的前提下，开始办理向上级单位"F"报批手续及护照签证办理手续。同时，"F"也表示终点活动，审核批复后，反馈至"S"，组团单位即开始执行出访任务。

考虑到联合审批环节涉及部门较多，审批周期长，因此在安排出访审批流程时，也需尽可能地实行同步并行审核，这也需要依据不同出访活动的自身特性，予以灵活调整。优化后的联动审批工作流程设计如图2所示。其中"S"组团中心启动出访项目；经"B"台办公室审批活动后；C1人事部门的政审环节、C2外事部门公示环节和C3财务管理部门预算审批环节可以实行同步审核，"S"到"E"由原来的五步简化至三步，可有效地简化工作流程、提高工作效率、节省工作成本。

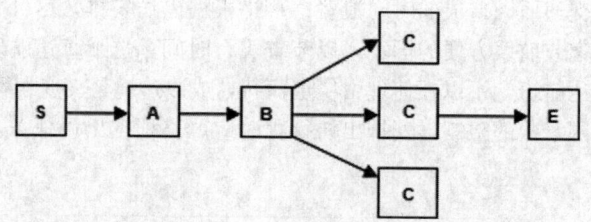

图2　优化后的联动审批流程图

2. 制定外事管理规定，推广"大外事"理念

根据国家相关外事新规定新要求，以及《中国共产党纪律处分条例》等要求，配合全台及中心的重点工作，制定并不断完善《中国国际广播电台外事工作管理规定》。在国际台因公出国（境）机票预订流程、出访团组办理流程、团组宣传推介品执行流程、外事手续办理注意事项、出访注意事项及外事礼仪基本知识、外事纪律、保密知识及外事礼仪基本知识等管理规定等方面不断完善，并推广至全台；坚持"外事无小事"，反复强调外事纪律，从外事纪律、保密纪律、安全教育等方面对因公出国（境）人员提出更高的要求。这些规定、流程的拟定，将进一步规范国际台外事公务管理秩序，有效节省办公成本，减少报批急件，提高工作效率，使外事工作各个环节更加严谨、周密，并极大地方便全台职工有关涉外事务的办理。

3. 加强外事队伍建设，人人都是出访专办员

建立常态化、多样化的外事工作及护照签证业务培训机制，打造专业外事人员队伍，设立外事A、B角。寓管理于服务，进一步提高专业化水平。

三、严守出访纪律

1. 严守外事纪律，遵守当地法律法规

出访团组严格实行团长负责制、请示报告制度和集体行动原则，出访期间严守外事纪律和组织纪律。杜绝有损国格、人格的行为；团组成员未经批准，不得擅离集体住地外出活动，不得在外留宿；遵守保密规定，严格执行保密法规，严禁携带机密文件或涉密材料包括涉密计算机和移动存储介质出境；禁止在公共场所谈论内部问题或商量工作；不得使用普通电话或移动电话谈论涉密问题。

2. 加强行前教育，制定行前手册

高度重视因公出国（境）团组行前教育工作，执行出访任务前，由外事部门领导组织所有参团成员召开行前教育会，针对外事纪律、出访管理规定、安全知识、保密意识以及突发事件应对常识等，对参团人员开展行前教育；执行行前教育确认书制度。行前教育后，团长及所有成员需签署《因公临时出国（境）行前教育确认书》，确认已认真接受行前教育，并仔细阅读《中国国际广播电台外事工作管理规定》，承诺将严格遵守外事纪律，按计划和行程执行团组出访任务，并交外事部门备案；制定详尽的行前手册。团组出访前，需制定翔实全面的行前手册，包含全体成员基本信息及联系方式、出访国家情况介绍、出访国家媒体合作情况、注意事项和集合信息等，确保每个团员人手一册。

3. 注重礼节，入乡随俗

天下难事必作于易，天下大事必作于细。在外事活动中，每个工作人员都是代表国际台执行公务，一言一行均代表着国家、国际台及个人形象，要熟练掌握国际交往常识和社交礼节，时刻注意内外有别、注重细节和礼节。

入乡问俗、求同存异。出访前必须充分地了解与交往对象相关的习俗，遵守求同存异的原则。外事交往涉及不同的国家、民族，由于不同的历史、文化、宗教等因素，各有其特殊的风俗习惯和礼节，均应予以重视，对其与我国之间的差异性，只要对方的所作所为不危及生命安全，不触犯法律，不损害国格、人格，在原则上都不必予以干涉和纠正，即互相给予必要的尊重。

诚信守时、热情适度。严格遵守时间，按照日程安排准时参加外事活动。特别需要提到的是，出访团组在境外期间热情要适度，收受礼品应严格按照有关规定执行。原则上不对外赠送礼品，确有必要赠送的应当事先报经外事部门审批同意，按照厉行节俭的原则，选择具有民族特色的纪念品、传统手工艺品和实用物品，朴素大方、不求奢华。

掌握禁忌，增信释疑。尊重所访国家的风俗习惯和宗教信仰。同外国友人交往时，最好不要问及其宗教信仰，更不要讨论和非议；对他人的信仰与习俗不要指手画脚，也不要对人家的做法随便模仿；在合法范围内，不要干涉其有关宗教信仰的仪式礼节。

四、完善访后管理

1. 加强访后检查

严格执行出访后证件收缴、出访报告及出访成果落实督办表提交等要求。出国或赴港、澳执行任务时，应保存好因公出国（境）证件，不得遗失、损坏或转借他人，任务完成回国或回内地后，应于3个工作日内主动将因公出国（境）证件交回外事部门。外事部门工作人员会在出访团组归国1周后进行第一次催缴护照，逾期1个月未递交因公出国（境）证件，将通报并停止此人下一年度出访任务。

因公出国（境）任务执行完毕后，应在归国后1个月内完成出访报告。未按时完成出访团组的，需写书面检查，由各出访团组人员所在中心（室）提出处理意见，交由外事部门报台领导，并备案存档。暂停该团组人员下一年度因公出国（境）任务。

2. 共享出访报告

出访报告内容应包括出访总体情况、访问取得成果、发现的问题和建议以及下一步工作方向及任务安排等方面。出访报告完成后，局级（含副局级）以上团组出访报告由团长签发报外事部门，外事部门报台领导审核并由台长签发报上级单位审阅；普通团组出访报告由团长签发报外事部门，外事部门根据任务情况报台领导审阅。出访报告获阅复后，外事部门将登录内网进行公示，自觉接受群众监督。按年度将出访报告汇编成册，实现资源共享，并作为下年度出访计划的实践根据和出访执行任务圆满与否的评判标准。切实把"带着任务走，带着成果回"的要求落到实处。

3. 创新档案管理

按年度整理出访任务相关批件，并递交档案室进行存档。同时，建立因公出国电子档案系统，归档内容应包括：上级单位任务批件、台内批复、出访前公示、出访预算申请、出访报告等，便于查阅。

4. 出访成果跟踪

代表团完成出访不代表完成任务，外事部门要对代表团出访期间发现的问题进行总结，对完成的任务逐个进行跟踪追办。既要有总结，也要有思考和提炼。要根据出访中发现的对外传播实际问题，督促相关执行机构制定具体实施方案，落实出访成果。外事部门要对全台出访情况及时总结，分类梳理，提出有针对性的意见，不断提升外事出访工作的质量和水平，使出访计划制定、任务执行、效果跟踪和问题解决形成一个优质循环。

综上所论，如何提升国际台外事出访实效是一个长期的、须不断透过实践总结论证的课题。国际台外事工作应始终围绕"抓住机遇、做好服务、搭建平台、保障成果"的原则，充分发挥各职能编播部门优势，强化统筹外事资源，创新外事管理模式，打造外事服务品牌，精心筹办好每一次外事活动，为扎实推进现代综合新型国际传媒集团建设提供外事服务保障。

(作者单位：中国国际广播电台国际合作交流中心)

参考文献：

1. 康卫华：《新形势下中央企业因公出国（境）管理探讨》，《经营管理者》，2016年10月上。
2. 王庚年：《顺应时代要求，走融合发展道路——中国国际广播电台媒体融合实践》，《中国广播电视学刊》，2015年第11期。
3. 王娟：《新常态下因公临时出国（境）长效管理探讨》，《南京财经大学学报》，2015年第4期。
4. 陈晓玲：《浅谈因公临时出国（境）的管理》，《企业改革与管理》，2014年2月下。
5. 张磊：《外事工作要服务科学，发展跨越式发展大局》，《湖北日报》，2012年10月27日第001版。
6. 张松江：《因公出国团组出访程序及签证问题的应对》，《经营谋略》，2007年7月上。
7. 安梅、吴旦、姚训：《与时俱进，不断开拓，努力做好因公出国管理工作》，《中国高校师资研究》，2003年4月。

中国国际广播电台的培训实践及思考

张晓羽

党的十八大以来，以习近平同志为核心的党中央对做好新闻舆论工作作出了一系列重要指示。作为新闻舆论工作的重要组成部分，国际传播是知识密集型和科技密集型行业，要实现它的全面、协调、可持续发展，需要一支适应国际传播事业的优秀复合人才队伍的支撑。[①]世界主要广播媒体在组建结构合理的人才队伍方面，大多形成了完善、长效的员工培训机制。作为国家主流外宣媒体，国际台在加强国际传播能力建设方面承担着重要的使命和责任。[②]提升国际传播能力建设离不开对国际传播人才的培养，优秀的国际传播人才是加强国际传播能力建设的重要保障。鉴于国际台人才队伍的构成特点和传媒技术加速融合的趋势，有必要强化对国际传播人才队伍的全方位培训。本文尝试通过对国际台培训实践的分析，提出新形势下如何更好地推进国际台人才培训的建议，以期对国际传播人才队伍建设有所裨益。

一、做好国际传播人才培训工作的必要性

有计划、有组织地开展培训工作，是贯彻落实党对新闻舆论工作指导思想的必然要求，是完善员工知识结构、建设高素质国际传播人才队伍的重要保障，是帮助员工适应媒体融合时代发展新要求的重要手段，是一项非常必要的基础性建设工程。

首先，它是贯彻落实习近平总书记关于做好新闻舆论工作系列重要指示的必然要求。十八大以来，习近平总书记指出："要精心做好对外宣传工作，创新对外宣传方式，着力打造融通中外的新概念新范畴新表述，讲好中国故事，传播好中国声音。""随着形势发展，党的新闻舆论工作必须创新理念、内容、体裁、形式、方法、手段、业态、体制、机制，增强针对性和实效性。要适应分众化、差异化传播趋势，加快构建舆论引导新格局。要推动融合发展，主动借助新媒体传播优势。要抓住时机、把握节奏、讲究策略，从时度效着力，体现时度效要求。"他还提出，要坚持正确政治方向，做政治坚定的新闻工作者；要坚持正确舆论导向，做引领时代的新闻工作者；要坚持正确新闻志向，做业务精湛的新闻工作者；要坚持正确工作取向，做作风优良的新闻工作者等等。习近平总书记对做好新时期新闻舆论工作指明了方向，提出了要求，而要做到理解重要精神并切实贯彻落实，最终还需要落实人才队伍的素质和能力的提高。

其次，它是完善员工知识结构，做大高素质过硬国际传播人才队伍的重要保障。国际传播对人员素质的要求非常高，真正能够胜任的必须是具备很强政治素质和业务能力的人

才。其中，政治素质包含通晓党的指导思想，以及路线方针政策；领会中央领导同志讲话和中央文件精神、具有高度的政治敏锐性和强烈的爱国主义精神，以及具备良好的新闻职业道德素养等。业务素质是指国际传播人才要具有广博的知识和技能、掌握国际传播规律、熟悉国际传播业务、了解对象国情况、精通一到两门外语，并且具备较强的适应能力和学习能力等。而要做到这些，做好系统性、时效性、针对性强的职业培训至关重要。

目前，国际台拥有大量高素质的多语种外语人才，通过多年的业务实践，他们熟悉对外宣传业务、善于学习世界各国在国际传播领域的先进经验。从2007年开始，国际台推出的系列人才工程，也已经培养了大量中坚力量。然而，国际台仍然存在着人才知识结构不合理的问题，有的业务部门新员工占到部门员工总数的一半以上，且大多数都是来自外语专业，没有受过系统的新闻传播学教育，缺少新闻领域的实践经验和理论知识。为了让各部门的员工尽快适应业务发展的需要，对他们进行全方位的培训就显得尤为重要。

最后，它是帮助员工更新知识适应国际传播媒体融合新时代挑战的重要手段。在这个媒介大发展，手机媒体、互联网媒体、新闻客户端等各类新兴媒体层出不穷的时代，包括国际台在内的世界各国媒体都面临着前所未有的挑战和机遇。目前，国际台已经逐步实现了由单一媒体向综合媒体转变、由对外广播向国际传播转变、由本土媒体向跨国媒体转变，拥有广播、视频、平面媒体、新媒体、影视译制和产业六大集群。业务范围的扩大和产业集群的发展，都对员工的业务素质提出了更高的要求。做好媒体融合，还要进一步深化观念融合、品牌融合、平台融合、用户融合、机制融合、资本融合的融合发展思路和举措，而新的思路、新的举措、新的技能不会凭空产生，需要学习和实践，而这当中，培训应当发挥应有的作用。

二、国际台的培训实践及其特征

为了培养优秀的国际传播人才，提升国际传播能力，近年来，国际台已经建立了相对完善的、长效的全员培训机制，经常邀请专家学者对员工进行培训，目前已开展了多角度、多层次的培训工作。下文就以单一年度的培训工作为例，从培训方式、培训层面和培训内容三个方面进行简要梳理。

首先，培训方式灵活多样。国际台采用多种方式全面开展员工培训。按照培训的地域划分，包括国内培训和境外培训；按照是否为面对面培训，包括实地培训和网络培训；按照培训时限划分，包括常规培训和短期轮训。其中，以国内培训和实地培训为主，常规培训和短期轮训则根据培训主题及其覆盖人数灵活确定。

国内培训是培训工作的主要内容，一般是在国际台的培训基地进行，参训人员在开课时间到培训基地参与脱产培训。该类培训的课程安排节奏适中，培训周期根据培训内容确定，一般不会超过一年时间，每周上课的时间通常为一个或半个工作日。境外培训也是长期开展的培训工作之一，根据不同的培训项目，境外培训的培训周期和培训国家选择均有所不同。其与国内培训最大的不同是，境外培训人数相对较少，多是推荐具有丰富实践经验的部门负责人或骨干编辑、记者参加。此外，除通过国家留学基金委渠道申请的访问学者项目最多可达一年外，其他境外培训的时间相对较短，培训节奏较快。

实地培训即有确定的老师为参训学员在指定的地点以面对面的方式授课，其占教育培训工作总量的绝大多数。这类培训最大的优点是，学员可以在授课现场与老师互动，就不明白或感兴趣的问题及时向老师请教或与老师讨论，使得培训效果达到最佳。网络培训一般是就学习党和国家有关方针政策，或国家领导人的讲话精神而开展的一种线上形式的培训。这类培训最大的特点是参训学员覆盖范围大，一般会涵盖全台的在职员工或在职党员。而且，网络培训的灵活性较强，参训员工可以结合自己的工作情况，妥善安排学习时间，能够充分保证学习的时间和质量，确保通过培训获得较大收获。

常规培训是相对于短期轮训而言的，两者在培训时限上有所不同。其中，属于常规培训的培训项目基本上是每年度仅举办一期或两期，该类培训持续的时间较长，但是所覆盖的参训成员数量较少，若员工因为工作原因无法报名参加其感兴趣的培训班，那么就要等待参加较长时间之后举办的下一期此类培训班。短期轮训则是在集中的时间内连续举办几期，上一期培训班结束后会紧接着开办下一期，每期培训班的周期不长，其培训主题相同，授课师资和授课内容大体上也保持一致。这类培训能够确保各部门的员工根据自己的工作情况灵活确定所参与培训班的期次，避免一些员工因为工作原因无法参加其感兴趣或对其开展业务工作具有较大帮助的培训课程。

其次，培训层次明晰立体。国际台员工培训按照组织培训主体的不同可划分为三个层次，其中，台人力资源管理中心教育培训处组织的面向全台员工展开的培训工作属于国际台层面的培训，除此之外还有国家新闻出版广电总局或中宣部等更高层面的培训，以及台内各个中心开展的覆盖范围较小、培训内容针对性较强的中心层面的培训。

台级层次的培训是国际台培训工作的主体部分和重中之重。为了适应国际传播业务发展的需求，教育培训处每年年初在征求各中心意见的基础上，根据中心培训需求科学、合理地制定整个年度的培训计划。凡是符合培训班报名要求的员工都可以报名参加相应培训班，一般是通过"中心推荐、自愿报名"的方式确定各个培训班的参训成员名单。教育培训处会根据培训主题以及各中心的需求设置培训班的课程并确定授课教师，以充分确保课程设置和师资力量能够使培训班取得实效。

国家新闻出版广电总局或中宣部等上级主管单位开展的更高层面的培训，一般会分配给国际台一定数量的名额，由国际台负责推荐符合参加培训班要求的员工参加。该层面的培训对参训成员的政治素养和业务能力等要求都相对较高，培训周期相对较长，参训成员来自于与宣传工作相关的各个机关单位。通过培训，国际台参训成员可与其他相关单位的参训成员就如何做好宣传、国际传播等方面的工作进行交流，有助于其拓宽思路，提升工作能力。

中心层面的培训是各个中心根据其自身的特征对员工进行的更为细致的培训。这类培训的表现形式较为多样,例如,有些中心会通过举办业务工作总结会、讲座会、研讨会、新闻业务培训、与对象国的媒体机构对口交流、优秀广播节目赏析等活动,以及开展"传帮带"(即由老同志给新同志进行业务培训的工作)和轮岗等多种方式,开展对员工的培训工作,帮助他们提高思想认识水平和业务能力。此外,人力资源中心有时也会联合中心共同举办相关的培训班。该类培训班的培训内容较为具体,参训成员的覆盖范围多限于中心内部的成员。

再次,培训内容丰富求实。国际台根据做好国际传播工作的实际需求,全面开展了多类主题的员工培训。举其要者有:新入台员工培训班、驻外记者资格培训班、国际评论员后备人才培训班、国际新闻基础培训班和媒体融合业务培训班等等。

新入台员工培训班是以当年度国际台接收的高校毕业生为培训对象,培训由多项内容组成,包括台领导动员和台内参观、人事和总编室领导介绍国际台基本情况和宣传业务基本情况、纪律训练、团队建设和拓展训练、新闻职业道德与素养培训、网络技术与安全播出培训以及在技术中心、新闻中心的轮岗实习等。基本的培训工作结束一段时期后,会对新入台员工进行考核,然后将他们分配到具体中心及岗位上。

驻外记者资格培训班是国际台的一项特色培训,其对扩充国际台驻海外人才储备、提升拟驻外人员政治、业务素质,适应国际台海外业务发展的需要具有重要意义。自举办以来,参加了该培训班的多数学员都已经从事过驻外记者工作。该培训的课程一般包括综合素质、国际报道与节目制作、新媒体业务、驻外必备素养等模块。培训结束后,还会组织学员进行总结和统一考核,考核结果是选派驻外记者的必备条件。

国际评论员后备人才培训班是为了贯彻落实习总书记"2·19"讲话精神,围绕中宣部国际新闻评论员队伍建设要求开办的,对发挥国际台学术首席的专业优势和支持国际台后备人才成长具有重要意义。该培训班旨在通过集中培训和课外实践结合,以讲座与作品点评相结合的方式,培养能够胜任国际新闻评论工作的中青年业务骨干。培训结束后,学员提交评论作品,其中成绩优秀的学员可被优先推荐为国际台的人才培养对象。

三、关于国际台下一步开展培训工作的思考

中国的对外传播能否在国际社会发挥最大的效力,关键取决于对外传播工作者的综合素质。[3]通过从培训方式、培训层面和培训内容三个维度对国际台培训工作的简要梳理,可以看出国际台致力于在提高员工综合素质方面科学、合理地开展培训工作。然而,国际台对员工的培训工作仍存在不足之处,需要在总结以往培训经验、教训的基础上结合工作实际和国际传播实操更加规范化和系统化。为此,笔者提出两个方面的粗浅建议。

第一,逐步健全国际台的培训跟踪与反馈机制。以新入台员工培训为例,目前世界主要媒体都会对新进员工进行专门培训,培训时间一般都不会少于一个月。国际台对新入台员工的考核是以考试和提交实践作业的方式进行,2016年新入台员工在参加考试之外还被

安排了拍摄与其培训内容相关的小视频的作业。但是，对于员工制作的小视频则缺乏反馈。在这方面，日本NHK提倡新员工边工作边学习，在入台后经过一段时间的工作，带上自己的"作品"参加共同学习班，学习班新员工之间可以相互观摩作品，提意见、建议等。国际台今后也可借鉴这种培训跟踪与反馈机制，即在某一个培训班结束之时，给参与培训的员工布置一定的任务，对于任务的考核方式是通过全体培训学员共同讨论和相互提建议的方式进行，让员工在参与培训并将其学到的内容用于实践之后，再重新审视自己是否真正消化了培训内容并有针对性的学习和提高，而非在培训期间为参训员工布置任务并进行即时反馈。

第二，加快提升国际台业务培训的专业化。以国际评论员后备人才培训班为例，该培训班每周脱产培训半天，共12周，由国际台国际时事首席评论员牵头举办，培训师资由在新闻评论和国际问题研究领域具有多年丰富经验的人员组成。该培训班的主要特色类似于一些媒体机构所采取的外包培训方式，即由在某个领域具有丰富经验和人脉的个人或组织负责某个主题的培训班，由该个人或组织全权负责该培训班的课程设置、时间安排、培训师资等所有事项。鉴于负责该主题的个人或组织在某个领域具有丰富经验和人脉，其课程设置会更加符合实际工作需求并具有较强的针对性，而且借助其广泛的人脉资源能充实培训的师资力量，从而增强培训效果。今后国际台的员工培训工作可以借鉴该思路，使用一定的绩效激励措施，采取外包的方式先在单位内部选取合适的人选全权负责某一个主题的培训工作，然后视培训效果再决定是否将该培训方式加以推广。

（作者单位：中国国际广播电台人力资源管理中心）

注释：

① 王庚年：《国际传播：探索与构建》，中国国际广播出版社，2009年，第208页。
② 高世军：《亲历一个黄金阶段》，《国际传播》（中国国际广播电台建台75周年暨国际传播10年实践纪念专辑），第126页。
③ 段鹏：《国家形象建构中的传播策略》，中国传媒大学出版社，2007年，第132页。

参考文献：

程瑶、吴妙丽：《专题调查：新媒体时代的传媒业培训需求》，《传媒评论》，2014年第5期。

事业单位绩效工资改革的路径选择

黄光顺

在事业单位发展中,收入分配矛盾较为突出,这个问题影响着事业单位本身的发展。2006年是1949年后的第四次事业单位工资制度改革,至今已经10年多时间,在事业单位中逐步形成了较为合理的收入分配激励机制。这对发挥事业单位员工的积极性、促进各项事业发展,起到了积极的作用。

2006年事业单位工资制度改革是分步推进的,已经完成了基本工资制度改革。现阶段在推进绩效工资部分改革,这是完善事业单位工资制度改革的关键一步,在一定程度上影响到这次工资制度改革所期望达到的效果。实施事业单位绩效工资是必然趋势,本文以中国国际广播电台(以下简称国际台)为例,尝试对事业单位实施绩效工资改革进行分析,并提出建议。

一、实施绩效工资改革的必要性分析

首先,事业单位绩效工资的合理分配会产生极大的激励作用。事业单位实行岗位绩效工资制度。岗位绩效工资由岗位工资、薪级工资、绩效工资和津贴补贴四部分组成,其中岗位工资和薪级工资为基本工资。岗位工资是根据事业单位岗位设置要求,不同的岗位对应不同的岗位工资。由于岗位工资现阶段还主要是跟职务或职称挂钩,职务职称调整了,岗位工资才会调整,这个部分是比较固定的。而薪级工资的晋升主要是根据年度考核结果,考核合格及以上的,每年晋升一级薪级工资。薪级工资按年度增长,但是其级差比较小,每年增长的幅度较低,激励作用也不明显。在事业单位的现行工资体系中,绩效工资是比较活的部分,各个单位在国家的宏观调控下,可以结合单位自身情况,制定符合单位自身情况的分配办法来进行分配。所以,绩效工资的激励作用是相当大的,好的绩效工资的分配办法能产生大的激励效果。

其次,绩效工资改革是事业单位改革的基础性工作。事业单位改革是一项系统工程。国家决定大力推进事业单位工资制度改革,设计和实施绩效工资制度,是为了解决目前工资制度中存在的一些突出矛盾,克服收入差距过大和分配不公的问题,以绩效来定薪酬,提高事业单位的效率,提高服务水平。推行绩效工资制度,贯彻实行"按劳分配,多劳多得"的分配原则,打破"大锅饭",打破平均主义,按岗定薪,岗变薪变,使绩效工资向高绩效岗位倾斜,促进职工间的良性竞争,快速成长。使事业单位根据自身的经济效益好坏来自行调节,工资的杠杆作用就能更好地发挥,使职工的收入分类更趋于合理化。俗话说"兵马未动粮草先行",实施绩效工资改革,将是促进事业单位其他改革顺利推进的一项基础性工作,必要性和重要性不言而喻。

二、绩效工资发挥激励作用的机制分析

根据国家的部署,事业单位绩效工资分为基础性绩效工资和奖励性绩效工资两部分。其中,基础性绩效工资主要体现地区经济发展水平、物价水平、岗位职责等,在绩效工资中所占比重原则上可相对大一些;奖励性绩效工资主要体现工作量和实际贡献等,根据绩效考核结果发放,采取灵活多样的分配方式和方法。①

一般要求,基础性绩效工资占绩效工资总量比例要大一些,比如60%左右。这里涉及一个基数,即基础性绩效工资基数。有些单位采用下面这个公式来计算:

基础性绩效工资基数=绩效工资总量×60%(占绩效工资的比例,不同单位有所不同)/12个月/职工岗位系数总计。②再根据不同的岗位,乘以不同的系数,就是每个岗位的基础性绩效工资。这个部分基本是固定到个人的。

也就是说,在绩效工资中,基础性绩效工资这个部分是相对固定的,奖励性绩效工资这个部分是可以灵活分配的,各单位可以自主设计分配办法,让它发挥最大激励作用。

在设计奖励性绩效工资分配办法时,主要考虑工作量和实际贡献等因素。坚持向重点岗位、高绩效岗位倾斜,适当拉开这些岗位和一般岗位的档次,使这些岗位的工资收入高于一般岗位,发挥绩效工资的激励导向功能。参照基础性绩效工资岗位系数的计算办法,奖励性绩效工资基数=绩效工资总量×40%(占绩效工资的比例,不同单位有所不同)/12个月/职工岗位系数总计。再根据不同的岗位,乘以不同的系数,就是每个岗位的奖励性绩效工资。

奖励性绩效工资分配办法如果设计合理,事业单位中各类人员各层级的工资收入水平会呈现比较合理的递增趋势。既有正常的增资机制,为员工提供了较好的晋升空间;又有对优秀人才的奖励性绩效,有利于优秀人才培养和成长。此外,事业单位工作人员分为管理人员、专业技术人员和工勤技能人员,大多数事业单位中,管理人员和专业技术人员之间收入存在较大的差距,专业技术人员的工资要高于管理人员、工勤技能人员的工资。通过绩效工资的合理分配,使管理人员和专业技术人员对应层级间能缩小收入水平差距,这有利于不同类别人员的流动,有利于专业技术人员队伍的发展壮大。

三、实施绩效工资的难点分析

虽然实施绩效工资有诸多好处,但是绩效工资实施起来,却也有诸多的难点。

首先是绩效"考核"之难。事业单位进行"绩效工资"改革,要弄清楚事业单位中所谓的"绩效"是什么,绩效包括哪些。社会上的企业,它们的"绩效"很清楚,由于企业

的目标是实现自身利润的最大化,所以对它们来说,能赚取的利润越多,绩效也就越大。但是,在事业单位中,"绩效"的内涵、标准就不同,甚至有时是截然不同的。事业单位中有一大部分是服务于社会公益目的非营利性的公益组织,它们的目标是为人民服务,追求的是社会公益价值,而非去追求利润最大化。比如国际台是全额拨款单位,它的目的是让世界了解中国,中国了解世界,做中国和世界相互了解的桥梁,而不是为了利润的最大化。

由于事业单位自身追求的目标不一样,没有一个统一的考核标准,所以对事业单位绩效考核也就比较困难。在实际工作中,有的绩效考核由于缺少相应的目标和效果标准,只是为了考核而考核,这样的考核方式有时不过是走走过场;有的绩效考核没有科学的指标;有的绩效考核评估主体单一,主观随意性较大。

其次是绩效工资"激励"之难。现实中,有些单位采取将绩效工资总额的较大比例,比如60%,把这部分的绩效工资固定到人,基本不变。绩效工资中剩下的40%灵活使用,拉开收入档次,用来激励职工。这样的做法,尽管绩效工资中的大头都落实到了个人,还是有人不愿意。他们不会去反思自己工作的问题,而是认为自己的工资被别人侵占了,自己的权利受到了侵害。所以,这样的分配方式,对这些人没有大的激励作用,甚至有反作用。另外,绩效工资总量占工资总量的比例不高,由于绩效工资总量的60%固定到人,仅剩下40%再去做灵活分配,这个灵活分配的绩效的量是很低的。在总量少的情况下,绩效工资的方案设计得再好,落实做得再好,效果还是有限的。

四、实施绩效工资的路径建议

经验告诉我们,任何一项成功的改革,都是容易被群众接受,而且受群众欢迎的。所以,建议在设计方案时,遵守工资规律,化繁为简,坚持问题导向,针对上述绩效工资实施的难点,制定一个通俗易懂、易被职工接受的绩效工资方案。

(一)针对绩效"考核"的难点采取的对策

1. 进行科学合理的岗位设置

岗位设置是2006年工资制度改革的首要环节,是绩效工资改革的重要前提。绩效工资的实施是建立在合理设置岗位、确定岗位总量、岗位结构比例和等级基础上的。

对现有岗位进行科学的岗位分析和评价,衡量各个岗位的价值。要科学认定各岗位的岗位职责,制定岗位说明书,岗位的设定应做到既无重叠又不遗漏。要明确各个岗位上岗的资格条件和工作要求,主要以实际工作能力作为上岗条件,实行竞聘上岗。一个单位绩效的完成要大家共同努力,既分工又合作,才能达到最大值,所以在岗位设置中,不仅要明确各个岗位的职责,还要清楚岗位跟岗位之间彼此的关系。在岗位设置的基础上,解决绩效"考核"的难点,建立起一套合理的绩效工资分配办法,将绩效工资真正落到实处,有效激励各类职工。在国际台,这一步的工作基本已经完成,为实施绩效工资改革打下了良好的基础。

2. 制定客观公正的绩效考核办法

要根据岗位职责特点，建立起客观公正的绩效考核体系。对职工进行绩效考核，既是对职工劳动付出的一种反馈，同时也是分配绩效工资的重要依据。

目前，由于有些工作很难量化，以及各方面的因素影响，大部分事业单位缺少行之有效的岗位绩效考核办法。可以根据 SMART 的五个原则，根据政府对事业单位总绩效目标的要求，结合自身行业的情况，制定任务分解书，有单位总的发展目标，有总的工作安排，明确各个部门要负责的具体事务，各个部门再将具体事务分解到具体的岗位。这样层层分解，把工作落实在具体的岗位上，有利于落实，也便于对岗位的考核。明确绩效考核的程序以及绩效考核的主体与对象。建立健全各个岗位的绩效指标的权重、评估等级等，便于考核。

为了保证绩效工资考核的公平公正，可以考虑组织专门的人员，比如建立绩效考核小组，对绩效考核、工资发放等事宜进行监督，确保绩效工资实施的公正性。

另外，探讨绩效考核和其他考核如年终考核、干部届满考核的关系，有些考核内容一样的项目，可以多次利用，避免重复劳动。

（二）针对绩效"激励"的难点采取的对策

1. 设计适应行业特点的绩效工资结构

首先，深入认识国家对绩效工资的相关宏观规定。国家对绩效工资是进行总量调控和政策指导，根据各个单位工作量等因素的不同，核定各个事业单位的绩效工资总量，而对各个单位具体采取怎样的分配办法来分配绩效工资没有统一的要求。各个事业单位结合自身情况，自主设计绩效工资分配办法。也就是说，各个单位的绩效工资项目是可以不同的。各个单位在设计绩效工资包括哪些项目时，可以根据单位性质的不同，设置相应的项目。比如国际台是外宣单位，有很多驻外的职工，为了激发他们的积极性，对驻外工作的职工，可以设置一些专项的绩效工资项目，以资鼓励。

其次，管好和搞活绩效工资的分配。人才是最大的生产力，人才竞争激烈。要创新绩效工资的调控方法和手段，应该充分考虑人才市场的竞争，突出向重点岗位倾斜，保持这些岗位的工资水平对外具有一定的竞争力，以吸引和留住高端人才。在拉开不同岗位工资档次的同时，在单位内部，也应避免出现相近岗位之间绩效工资差距过大的问题。也就是说，对外，重点岗位的工资水平具有竞争力；内部，大部分相近岗位的绩效要相近。要注重工资的长期激励作用。长期性质的报酬才能激励职工行为的长期化，稳定职工队伍。

编制内外职工的绩效工资要实现同工同酬。这是个共性的问题。随着事业的发展，现在编制外的职工越来越多，有些单位甚至编制外职工多于编制内职工，编制外职工的积极性同样重要。实施绩效工资主要目的是调动单位全部职工的积极性，发挥全部职工的创造力，实现单位绩效的最大化。因此在发放绩效工资时应根据岗位来管理，岗变薪变。主要看完成业绩的大小，淡化职工的身份，编制内外人员实现同工同酬，最大限度地发挥绩效工资的作用。

此外,还要注重薪酬发放的技巧。比如缩短常规性奖励的间隔,保持激励的及时性,让职工有稳定的预期,有助于激励的效果;另外,增加不定期的奖励,也会让职工有意外的惊喜,会有不错的激励效果。

2. 绩效工资结构透明化

要坚持公平公正是薪酬设计的指导原则。绩效工资的分配,关系到每个职工的切身利益,每个职工高度关注。在制定绩效工资分配办法时,要把公平公正作为指导原则,让职工都有同等的机会,让职工公平竞争。这会让职工心情舒畅,专注于自身能力的提升,有利于事业的发展。反之,一个不公平公正的绩效工资分配办法,会鼓励投机取巧,可能造成劣者上、能者下的局面,阻碍事业的发展。

增加绩效工资的透明化,能有效调动职工的积极性,提高工作效率。在实际中,职工不仅关心自己工资的绝对量,同时也会进行横向比较,关心自己与其他同事工资的差别。职工在进行这个横向比较时,其主观因素占很大的比重。当别的职工收入比自己高的时候,如果这个工资结构不透明,他不了解为什么别人收入多的原因,主观上,他就会认为这个工资系统不公正。他认为别的职工工作一般,收入却高于自己,自己受到了不公正的对待。因此,单位应通过公正透明的工资制度,来引导职工正确判断本单位工资体系的公平性。

事业单位绩效工资改革是一个系统工程,涉及多个方面,需要多个配套制度的建立和完善,应循序渐进。既要考虑绩效工资改革全过程的各个环节和重点部分,还要关注办法实施的可操作性,保证绩效工资改革的完整性,取得最大的激励效果,为事业单位其他改革提供保障。

(作者单位:中国国际广播电台人力资源管理中心)

注释:

① 《关于深化事业单位工作人员收入分配制度改革的意见》(中发 [2011] 5号)。
② 倪一平:《浅析当前事业单位薪酬体系激励作用的发挥》,《人力资源管理》,2014年第5期。

广电媒体行业绩效审计初探

郭红淼

广电媒体行业在最近几年发生了巨大而深刻的变革，传统的业务模式已经不能适应时代的发展要求，全媒体融合发展已经是大势所趋。伴随着媒体业务的转型，广电媒体行业内部的人力资源、资金财务及审计监督等职能的转型也势在必行。其中，财务资金的使用与审计作为广电媒体管理工作的重要组成部分，其效果的优劣对广电媒体行业未来的发展影响深远，而绩效审计通过对财政资金使用情况的微观审计和效果分析，能够直接体现资金的使用情况和效果，找出问题，防微杜渐，调整和优化财务支出结构，合理配置资源。

一、广电媒体行业开展绩效审计的必要性

随着市场经济的不断发展，我国不断加大绩效审计的力度。国家审计署在《2003—2007年五年审计工作规划》中明确提出，"效益审计是审计工作水平的发展方向，是现代审计的主流"[1]。为了规范和加强预算绩效管理，提高预算执行水平，合理配置资源，优化支出结构，规范预算资金分配，提高财政资金的使用效益，强化支出责任，2015年国家新闻出版广电总局施行了《广播影视预算支出绩效评价管理暂行办法》。

1. 绩效审计是促进广电媒体行业科学健康发展的需要。科学健康发展，就是要保持广电媒体行业全面、协调、持续、高效发展，不能止步于表面的欣欣向荣。人为的失误和机制的不健全致使广电媒体行业经济安全运行存在着一定的风险。在这种情况下，审计工作不仅需要从合规合法角度着手，还需要坚持问题导向，进一步深入。而绩效审计能够对存在的问题加以综合分析，探知问题本质，为广电媒体行业的科学健康发展保驾护航。

2. 广电媒体行业业务规模、运行模式、内外风险、成本费用等方面的复杂性呼唤绩效审计的实施。随着全媒体时代的来临，广电媒体行业的快速发展，各类业务活动的控制目标、预算管理、流程控制、成本核算等方面千差万别，在这种情况下，对相关支出的效果评价难以实施，而实施绩效审计，审计人员提供专业的评价意见，能够让这些问题迎刃而解。

3. 开展绩效审计是广电媒体行业确保资金运行安全，提高行政效能的需要。实施绩效审计可以在传统审计工作的基础上抓住重点，着力关注资金的使用效果，建立合理的投入与产出效益之间的评价指标体系，提升行政效能。同步推进廉政风险防控和体制机制的创新，通过对资金使用的绩效评价，客观反映投资主体在项目决策、组织管理、项目绩效、可持续发展等方面的情况，由此可以确保预算支出的成本效益，带动产业发展，提升公众

满意度。

4. 开展绩效审计工作是广电媒体行业接受公众监督的基本要求，广电媒体行业的收入除了广告、媒体经营收入外，仍然接受国家财政拨款，这就需要对这部分资金提供安全性的保障，对财政支出的绩效进行经常性的监督和检查，有利于实现财政资金使用的安全、完整、高效。

二、目前广电媒体行业开展绩效审计存在的困难

绩效审计已成为广电媒体行业审计工作的必然选择，但广电媒体行业开展绩效审计还存在一定的难度，仍处于尝试摸索阶段，在具体工作实践中仍然会遇到矛盾和困难，基层审计部门开展绩效审计仍存在不少难点。

1. 传统观念影响着绩效审计的开展。广电媒体行业传统审计多以真实合规审计为主，认为只有生产性的企业才会产生经济效益，广电媒体行业资源投入的经济效益产出有限，广电媒体行业实施绩效审计的主动性不强。但事实是，绩效审计可以优化工作中的薄弱环节，通过对经济活动金使用的效率性、效果性以及经济性（3E）进行评价，能够提高资金使用的效率效果，保障资源利用的安全。

2. 绩效审计的法律法规保障体系不健全。广电媒体行业绩效审计的实施离不开法律的支持，现阶段我国关于绩效审计的法律法规相关条款不够细化，可操作性不强，加大了绩效审计工作开展的难度。一方面，审计人员由于缺乏相关的标准和准则，绩效审计缺乏相关依据，不利于绩效审计工作正确开展；另一方面，被审计单位对绩效审计认识不全，相应审计工作的成果接受度低。

3. 广电媒体行业绩效审计的方式方法单一。审计人员多沿用传统审计手段，揭示的问题浮于表面，审计结论的深度和广度不够，没有充分发挥绩效审计的优势。科学合理的审计方法，需要冲破固有的观念壁垒，综合运用定量以及定性分析等审计方法，找出业务活动中的风险点和异常点，揭示可能存在的问题，综合衡量组织活动或项目的经济效益和社会效益。

4. 广电媒体行业自身条件同时制约着绩效审计的发展。一方面，基层审计人员不足，人才结构、知识结构失衡。绩效审计所涉及的范围面广，材料取证面多，审计工作成本大，对审计人员的素质要求比较高，而现有审计人员掌握的多是传统审计技能，在管理学、经济学、行政学、法律、工程等方面知识缺乏，不能达到绩效审计工作的要求。另一方面，广电媒体行业全面实施绩效审计的条件仍不成熟。因为文化产业的特殊性，现阶段广电媒体行业成本具有不确定性，标准具有不可复制性，比如演职人员劳务费缺乏统一的市场指导，不同单位、不同频道、不同时段都会有所区别，评价体系不完整、评价指标单一，人为因素多于客观规律等问题都使广电媒体行业的绩效审计很难开展。

5. 绩效审计缺乏具有统一性、针对性的指标评价标准。广电媒体行业因艺术产品缺乏

标准化、投入产出没有关联配比、预算的合理性难以判断等，导致项目间的可比性差、标准难以制定，致使绩效审计的评价指标参差不齐，影响了绩效审计评价的客观公正性和权威性。在审计实践中，审计人员如何选择适当的指标评价标准存在很大的困难，不可避免地出现评价范围过宽或过窄，加大了审计评价的风险。

6. 绩效审计成果的应用有待进一步转化和利用。绩效审计的最终目的就是将结果运用到单位的管理工作中，然而实际工作中，绩效审计评价结果存在着利用程度不高的问题。由于绩效审计结果的共享机制仍未有效建立，单位部门之间工作的协调关系和具体的工作程序仍然没有明确和落实到位，致使相关部门之间未能实现有效的信息资源共享，绩效审计结果被应用面较窄。

三、加强广电系统绩效审计途径建议

1. 转变对绩效审计的认识，重视绩效审计工作。现代社会处于不断发展变化之中，审计工作需要跟随社会时代发展，不断更新观念，充分认识到绩效审计的必要性和重要意义。在实际工作中，行业和单位都要自上而下加大力度开展绩效审计重要性和必要性的宣传，将其融入到每一个从业者的脑海，为开展绩效审计凝聚共识，营造良好氛围。

2. 制定完善可行的绩效审计制度。审计工作从来都是在制度完备、有章可依的前提下进行的，这也是审计的基本原则，只有制度完善可行，审计人员才能大展拳脚，名正言顺地进行绩效审计工作。为此，首先要建立健全绩效审计规章制度，对绩效审计的范围与重点、方法与程序、评价与应用等加以总结规范，增强审计工作的规范化，增加审计结果的准确性。其次，对于一些标准成本不确定、非常规性项目可以增加一些补充条款，使绩效审计工作更加灵活。

3. 科学开展绩效审计工作。综合运用审计方法，实施具体分析，选用科学的方式、方法进行绩效审计工作，以期把握事物的本质及其规律，以达到理想的绩效审计效果。在预算编制、执行、结果审计阶段，综合使用环境因素影响审计法、历史数据和部门行业对比审计法、追踪资金流向审计法、审前征集审计线索法、假设问题存在求证法等多种方法，追本溯源，确定预算支出执行中的风险点和异常点，揭示问题，对预算支出的经济效益进行评价。同时，可以借鉴其他行业的成熟经验，或者国际上相同领域的先进方法，在实践工作中不断完善，不断总结。

4. 内外兼修提升审计能力。对内提高审计人员绩效审计的审计技能，对外借助外部力量提升审计效果。绩效审计所审计的内容涉及各个专业领域，所用到的审计方法和手段较为多样，需要由知识结构比较全面、工作经验比较丰富的审计人才来完成。为保证绩效审计工作高质量地完成，需要对现有的审计人员不断加强教育投入，倡导现有人员提升经济学、法律、财会与工程等各方面的知识储备。同时，审计人员也要善于在工作实践中不断总结，最终让自身成长为广电媒体领域绩效审计的专家。此外，借助外力，外聘专家和专业人才是一条捷径，可以暂时解决内部人才不足的问题。

5. 推动建立绩效审计的指标评价标准。《广播影视预算支出绩效评价管理暂行办法》不仅规定了绩效审计工作的内容和方法，而且规定了涵盖哪些内容，如何开展，对广播影视预算支出绩效评价具有指导性的意义。而在此基础上，广电媒体行业可以根据行业特点，建立一套科学量化的绩效评价标准。标准内容需要兼顾社会效益和经济效益两个方面，对预算支出的社会效益、政治效益、经济性、效率性进行综合评价，按照定量指标与定性指标相结合、财务与非财务指标相结合原则制定评价标准，用统一标准体系将绩效审计评价结果量化表示，从而在一定程度上避免审计结论和审计评价的模糊性、随意性，进而提高审计质量。

6. 选好媒体行业资金绩效审计的突破口。要选择与单位发展息息相关、职工关注的项目开展绩效审计。在一般性审计工作的基础上，及时发现资金在立项、实施、监管和验收过程中影响最终效益的问题。通过绩效审计可以弥补基层内部审计部门因日常审计工作繁琐、审计任务重和人手不足带来的缺失，从重大项目入手，积累绩效审计工作的经验，为常规化的内部绩效审计打好基础。

7. 落实绩效审计结果，提升绩效审计作用。绩效审计成果的利用离不开领导的支持和重视，只有盘活绩效审计结果的利用，才能充分发挥绩效审计的优势和作用。绩效审计评价结果可以作为下一年度项目扶持资金额度的申请依据，强化评价结果在部门预算安排中的应用。结合评价结果，对评价项目的绩效情况、完成程度以及存在的问题与建议加以综合分析，建立评价结果在部门预算安排中的激励与约束机制，逐步发挥绩效评价工作的应有作用。作为编报和核定下年度预算的重要依据，对绩效评价差的，在安排下年度预算时给予扣除，不断优化资源配置，提高支出效益。

随着广电媒体行业变革的不断深入，对预算支出产生的经济和社会效益评价的重视程度不断增加，绩效审计已成为行业改革发展的必然选择。而如何使绩效审计工作更好地发挥作用，需要我们以认真地工作状态和严谨的科学态度不断探索，加大对绩效审计的理论和实践研究，从而提高审计工作质量。

(作者单位：中国国际广播电台审计处)

注释：

① 国家审计署：《2003—2007年五年审计工作规划》，2003年。

参考文献：

1. 李秀萍：《经济效益审计研究》，《时代金融》，2011年第10期。

2. 余颖：《企业经济效益审计探讨》，《现代商业》，2013年第32期。

3. 秦国和：《论企业内部经济效益审计的必要性》，《金融经济》，2005年第2期。

4. 李四能：《构建中国特色绩效审计模式研究》，《宏观经济研究》，2011年第11期。

5. 解秀玉：《我国绩效审计现状及发展对策研究》，《财会通讯》，2008年第9期。

6. 李涛：《我国商业银行开展绩效审计的探讨》，《中小企业管理与科技》，2011年第10期。

7. 黄志勇：《基于财务指标的企业绩效审计评价指标体系研究》，《审计月刊》，2010年第5期。

8. 林绥：《人民银行开展内部绩效审计初探》，《福建金融》，2006年第5期。

9. 温志鹏：《行政事业单位的绩效审计探析》，《中国外资》，2011年第11期。

媒体融合发展中国际台出版事业内部控制框架与运行研究

李佳绮

随着改革的不断深入,如何对不同特性的企业、项目进行有效的内部控制,保证在投入资金约束下提高资源输出的效率和效果,已成为内部控制研究的重要课题。在广电行业,广播影视等文化产业本身的复杂性、特殊性决定了其业务活动的目标、风险、活动规模、表现形式、运行模式等诸多方面与其他行业有所不同,而这些不同进而导致了对业务实施的控制目标、预算管理、流程控制、效果评价等方面的差异,从而使广电行业单位内部控制框架具有更鲜明的行业特点和具体要求。出版事业是国际台国际传播事业的重要组成部分,本文立足国际传播融合发展实际,通过对具有典型广电行业特点的 A 出版单位内部控制情况进行研究,并类比审计课题研究项目《电视节目大型活动控制与审计》中涉及的理论基础和构建的预算管理应用框架,尝试提出适应媒体融合发展形势下国际台出版事业内部控制框架及运行机制。

一、媒体融合发展对国际台出版事业内部控制提出新要求

党的十八大以来,以习近平同志为核心的党中央高度重视传统媒体和新兴媒体融合发展,2014 年 8 月 18 日中央全面深改领导小组第四次会议审议通过了《关于推动传统媒体和新兴媒体融合发展的指导意见》。媒体融合发展必须改变生产关系,实现物理叠加向化学反应的转变,在积极推进媒体融合发展的同时,构建适应媒体融合发展需求的内部控制制度是新闻出版行业面临的重要任务。随着媒体融合的发展,形式和手段不断丰富,传统的广播、电视、出版之间的藩篱被逐渐打破,通过互联网实现了互联互通。在这种形势下,每个媒体都是一个综合了各种新闻出版手段的现代综合新型媒体,它的内部控制制度也应随之调整和改变,国际台出版事业也需如此。

二、广电行业出版事业内部控制流程分析

对于出版社来说,图书出版种类、发行数量、纸张印刷、成本管理、利润评价等都属于内部控制范畴。本文根据广电行业 A 出版社图书出版、发行的特点和所了解的情况,综合查阅相关资料,对广电出版行业出版事业的内部控制现状加以总结。以流程为基础,A 出版社内部控制框架分为:前期策划阶段、预算制定及筹备阶段、编辑制作阶段、排版印

刷阶段、库存管理销售阶段和成本核算评价阶段六个阶段。

1. 前期策划阶段

前期策划是由发起人进行选题策划，提出图书出版意愿和设想并进行可行性论证。该阶段主要包括的环节有：前期调研，由编辑实施策划、填写申报单，报编辑部主任审批，编辑部主任填写意见，由总编、社长召开选题论证会，形成讨论意见，对选题是否符合市场需求、是否符合正确舆论导向进行甄别。最后汇总各方意见，确定选题通过与否。

2. 预算制定及筹备阶段

该阶段是选题批准至制作前的阶段，包括任务派定、确定选题的直接负责人并制定详细的人员配置方案、成本预算方案、法务方案，与选题出版读物的作者、印厂等签订相关合同。

3. 编辑制作阶段

这一阶段是出版社的核心业务阶段。在上一阶段形成的任务方案基础上，作者提供稿件，先由社长和编辑部主任进行整体审核，接着编辑人员进行一审、二审、三审后签发定稿。

4. 排版印刷阶段

排版印刷是出版图书的后期制作阶段。主要包括以下活动：（1）设计、排版，即图书定稿按照相应规格进行排版和设计。（2）送交印厂印刷样书，将样书登记后送达相关责任人审核。（3）样书审核通过后，进行大批量定额印刷，将成品图书送交库房。

5. 库存管理销售阶段

库存管理销售是图书成品的营销推广阶段，图书成品入库登记后，出版社的销售部门将进行一系列产品营销和推广活动。在库存管理方面，出版社实行出入库四联单管理制度。出入库的相关记录凭证分别在库房、发行部、财务处以及收货商处留存备查。发行部通过与库房数据连接，使库存数据得到共享。

6. 成本核算评价阶段

成本核算评价阶段是图书售出后的评价阶段。主要活动包括：核算产品成本，将费用进行记录、汇总、审核，并测算盈利状况。

具体如图1所示。

三、广电行业出版事业内部控制与电视节目大型活动控制的对比分析

基于出版社的内部控制流程，对比"电视节目大型活动"的控制程序和方法，可以发现二者在内部控制过程中既存在诸多相似的特性和问题，也存在不同。在《电视节目大型活动控制与审计》中，课题的研究者为我们提供了很好的理论和经验总结，并为我们日常内部控制审计实施过程提供了切实可行的操作方法和新的视野。因此，本文通过对比出版

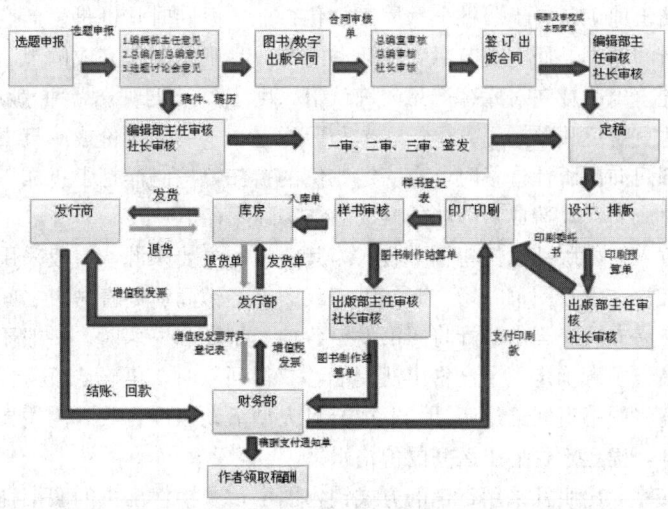

图 1 图书出版社内控流程

社和电视节目大型活动内控流程所面临问题的异同点,并在此基础上构建出适应媒体融合发展的国际台出版事业内部控制框架,下面对两者所涉及内部控制面临问题的相同点和不同之处进行对比分析。

1. 相同点

首先,在前期策划和筹备方面,出版社和电视节目大型活动共同存在着以下问题:(1)项目策划、推广等环节的审核受到相关人员专业胜任能力的限制,较难做出合理判断,发挥作用有限;(2)每个选题、项目的独立性较强,开支具有不确定性,可比性较差。

其次,在预算控制方面,电视节目大型活动和出版社的项目实施过程中由于当事人角色不同,关注的角度也不同,使得项目参与各方缺乏统一目标;项目质量要求与成本压缩存在矛盾;监督与被监督者之间的信息严重不对称,业务部门对预算支出的相关信息具有绝对的主动权;而财务部门由于缺乏相关的知识和经验难以掌握业务部门的准确信息,同时不同项目、策划方案之间的成本缺乏可比性,从而导致预算审核过程缺乏标准,只能流于形式,无法实施精细化预算管理,在预算执行过程中也无法形成统一严格的有效控制,预算的临时调整普遍存在。

再次,在成本核算方面,两者的收入与成本都无法形成有效的配比,单纯的成本控制难以规定投入产出标准,预算的合理性难以判断、支出的合理性难以判断,仅能控制支出的真实性。

最后,在效果评价上,两者都难以找到恰当的评价指标,缺乏较为客观统一系统的评价标准,效率性、效果性、经济性等评价标准的具体使用存在很多困难。

2. 不同点

（1）库存品价值确认。出版社虽然属于文化行业，但同时它也是生产企业，它的产成品即是装订成册的图书。而电视节目大型活动的产成品则是制作完成的节目或活动，不存在库存品的问题。出版社在对库存产品的确认上，由于尚未实现分品种/版/次进行成本归集与核算，无法直观反映单品图书生产成本与码洋（一本书的定价或一批书的总定价，俗称码洋。发行部门向出版社进货时，有一定比例的折扣，按码洋打了折扣以后的金额，俗称实洋）间的对应关系，造成财务账的产成品与实际库存不一致。

（2）销售收入。出版社以销售图书收入为其收入的主要来源，一般采用赊销的方式进行销售，即出版社在发行图书时，与新华书店或图书经销商、零售书店之间一般都采用先发书后付款的交易方式。当出版社将图书发给各地经销商和书店时，一般不确认收入，而是采用发出商品记录。确定图书已售出从而能够获得回款时，再确认收入，如果图书滞销或积压，经销商将图书退回给出版社。电视节目大型活动以广告收入为主要经济来源，多以收视率为依据，确定广告播出区间的价格水平。

（3）成本核算。出版社采用寄销的方式销售图书，未销售出去的图书往往要退回出版社，因此在成本核算时往往要考虑这部分书款，销售出去的图书要背负未售出部分的成本；并且，一些图书品种不止印刷一次，热销品种图书会有多次印刷，然而后续印刷由于不涉及编辑费用也会导致图书的单位成本降低，这样导致同一本书的单位成本不一致，因而出版社尚未实现分品种/版/次的成本归集与核算。笔者在调研过程中发现，A 出版社依据行业经验结转销售收入的 60% 作为成本，经测算，这一比率虽然准确，但无法对单一书目进行成本核算，因此在财务数据上还是不能实现成本核算的真实、完整性。电视节目大型活动以外部支出计算成本，对于内部设备、场地使用、人员工资等不计入成本，属于非完全成本计算方法。

四、媒体融合发展下国际台出版事业内部控制应用框架的构建

在电视节目大型活动控制研究中，课题研究者提出了一种全新的预算管理控制机制，将事前计划、事中控制、事后反馈按照一定的逻辑关系整合在一起，集预测、决策、计划、控制、分析、考核于一体，形成一种整体的内部控制应用框架，具体如图2所示。

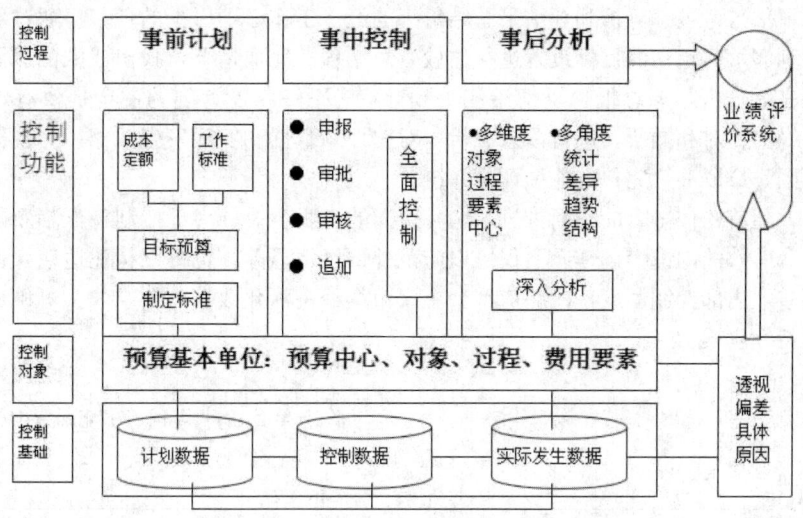

图 2 电视节目大型活动预算控制应用框架

基于电视节目大型活动所提出的预算控制应用框架，同时结合 A 出版社自身的内部控制问题，本文尝试提出适合媒体融合发展的国际台出版事业内部控制应用框架。

(1) 事前的规划与预测。在前期策划及预算筹备阶段，在满足社会效益需要的前提下，有效的数据和信息可以使负责人员能够清楚地知道如何制定出版规划、投资规划及项目管理的可行性。负责人员根据工作计划、财务成本、市场需求，利用会计、统计、数学等方法，预测并详细讨论图书的定价、产品结构、收入、成本、利润，为出版社领导的决策提供数据参考。在社领导决定该项目后，把各项配额指标分配到各部门，做好事先准备工作。同时根据生产目标，编制收入、成本、成本计划和预算，确定目标利润。[①]

(2) 事中的督促、管理与控制。在编辑制作、印刷及库存管理阶段等具体操作过程中，必须严格按照定额、预算、会计制度、会计准则进行控制，增加收入，确保项目顺利完成。在这个过程中，首先要使本单位的经济活动得到连续、系统的反映和监督，这就要求在财务管理部门做的会计核算的基础上，采用特殊的方法，结合实际情况，建立一个完整的会计制度，为之提供不同的信息和数据。在会计核算的同时，要严格执行金融法规，并制定部门预算支出标准，在严格的监督和控制成本的基础上印刷，以保证预算的顺利实施。其次，在加大对成本的监控的同时，要注重对收益的管理和对资金的控制。要注重销售价格，收回应收账款，避免全社创造的财富变成坏账。为使销售人员尽快完成销售任务，要随时与其沟通，负责解决销售计划。经常向领导负责人提供图书清单，汇报各类图书的销售情况，时刻注意市场动态，及时调整出版计划，避免大量积压图书，充分利用资金流。如遇当期资金生产任务的安排所需资金缺口较大时，要及时向社负责人沟通，重新规划出版计划。有关负责人员应积极设法筹措资金，以保证按原计划生产顺利进行。这一切都将决定出版社能否以最优的消耗产生最大的利益。[②]

(3) 评估与考核。分析和评估是总结每年的经济工作必不可少的环节。通过年终结算的成本和利润，与年初的目标设置进行比较，总结任务完成情况，找出成败的原因，并对各种数据进行分析，汇总报告反馈给相关领导，为下一年度计划的制定提供有力数据参考。通过纵向比对和调研，进行深入分析，对比计划数据和实际发生数据，透视偏差产生的具体原因，形成一个完整的业绩评价系统。[3]

　　总之，随着媒体融合的不断推进，国际传播的出版事业的内部控制将面临新的形势和挑战。一套有效的内部控制体系不仅可以防范外部经济风险，也可以构建适应媒体融合发展的出版事业内部控制制度，既顺应社会主义市场经济深化改革的要求，又可确保这项事业健康可持续发展。

（作者单位：中国国际广播电台纪检监察）

注释：

[1][2][3]扈红杰：《出版社财务工作的任务与作用》，《出版科学》，1997年11月15日。

关于"中华云"工程建设的认识和理解

俞海燕

新年伊始，王庚年台长在2017年工作报告中提到"媒体融合首先要融合于品牌，要以'中华云'品牌承接和统领我台多语种、多媒体融合发展，实现媒体融合工程"[①]。将"中华云"的建设提到了媒体融合的核心地位，科学地、提纲挈领地提出"中华云"建设的目标、步骤及注意事项。节目档案管理从传统的手工管理到数字化管理，是媒资管理中一个不可或缺的子系统，其工作理念及工作环节高度依附于"中华云"系统。王庚年台长在工作报告中指出统筹推进"中华云"项目，搭建科学完整的云平台架构。工程坚持技术建设服务品牌打造，把主要资金资源集中于品牌产品；坚持整合资源，充分利用台内现有资源和社会资源，避免重复建设；坚持建设与使用相结合，建设部门、管理部门、使用部门同期介入，尽快发挥工程效益。[②]本文从节目档案管理的角度谈谈对这部分讲话的几点认识和理解。

一、统筹推进"中华云"项目，搭建科学完整的云平台架构[③]

"中华云"以媒体融合发展和国家外宣战略需求为指引，通过建设"云""网"结合的"中华云"技术平台、多语种全媒体融合发展的特色品牌媒体产品、全球用户和舆情数据库及分析系统，为实现国际台"现代综合新型传媒集团"的战略目标提供先期支持。[④]我们知道媒体资产管理系统理念是2000年以后由美国的IBM引入中国的，媒体资产管理系统，英文简称为MAM（Media Asset Management），是一套基于现代数字信息技术的数字媒体资产储存、发布和管理的全面解决方案。当时作为一种新兴媒体机构内部的信息资源整合利用模式，中央及各省级电台、电视台纷纷建立本单位的媒资管理系统，其核心技术在于海量信息的数字化存储、编目、检索和共享模式。

媒体资产发展到今天，随着技术水平进步和管理手段发展，经历了从媒体资产的"内容管理模式"到"内容共享的生产模式"再到"资产管理模式"的过程。

（1）内容管理模式：媒资的基本形态，对视频、音频及其他相关文字资料进行整理并分类归档，便于对资料的保存和再利用。

（2）内容共享的生产模式：媒资管理系统以核心子系统身份融入到全台网络系统，实现共享的采、编、制、播、存、管的一体化和全程文件化模式。

（3）资产管理模式：媒资既是内部的内容管理、生产制作、播出平台，也是对外的信息发布、节目运营平台，通过围绕媒体资源安排节目生产、播出、交换等，实现以需求为中心的经营战略。

不同阶段的媒资系统主要体现在工作重心的不同，其系统构架也有区别，"中华云"在本质上还是属于媒体资产管理系统，属于媒体资产的第三种模式，第三种模式重点是出口多样化（全媒体），并且具有双向互动性（全球用户和舆情数据库及分析系统），并能进行节目资源的交换、买卖，实现节目的资产化管理。报告中所说的"科学完整"是指具有完整的资产管理模式，在系统建设中要符合第三种模式，并具有这种模式的基本功能。

二、工程坚持技术建设服务品牌打造，把主要资金资源集中于品牌产品[5]

媒资管理的不同阶段，其重点或资金的侧重点几乎没有太大的改变，节目资料、节目档案是各播出机构的最重要的媒体资产，在新媒体快速发展、全媒体时代的今天，无论"观众为王"还是"内容为王"，内容都是基础。媒资系统经历了三个阶段，在认识上经历了一场是"内容管理"还是"资产管理"的讨论，媒资系统的复杂性，也使得媒体人对系统的认识常常存在误区，认识的偏差使得许多媒体人对媒资管理的侧重点，或者说资金的着力点有些模糊的认识。

1. 对媒资管理系统主要功能认识上的偏差

媒资是一个比较复杂与功能全面的系统工程，而早期一些广电媒体最早上了播出网、制作网等系统，基于此，他们往往将制作网与播出网看作重点，同时往往不能把制作网、新闻网中的数据存储（二级存储）和媒体资产管理系统区别开来，混为一谈。所有节目制作过程中的节目资料在没有变成播出的节目（完成片）时，它只实现了节目的初步整合，是媒体资产管理系统的一部分而不是全部，不能以简单的二级存储系统来替代媒体资产管理系统。二者的主要区别在于二级存储的节目资料没有经过分类、编目、整理，而媒资系统中节目资料是播出后的节目（完成片），并依据部颁标准《广播电视节目资料分类法》进行分类，依据部颁标准《广播电视音像资料编目规范》进行编目。

2009年国家广播电影电视总局确定了社科研究项目"广播电视节目档案资料管理与开发利用研究"科研课题，课题编辑汇集了《广播电视节目档案资料管理情况材料汇编》，材料汇编中有广播电台关于数字化播出和节目资料数字化管理的调查表，如表1、表2所示。[6]

表1　关于各单位是否已采用数字化方式播出的调研结果

广播电台

是否采用数字化方式播出	样本量	百分比（%）
全部	23	74.2
部分	7	22.6

续表

未采用	1	3.2
总计	31	100

表2 关于各单位现存的广播电视节目资料是否实现数字化管理的调研结果

广播电台

是否实现数字化管理	样本量	百分比（%）
全部实现	9	29.0
部分实现	14	45.2
否	8	25.8
总计	31	100

调查表很明确地显示了在媒体数字化的进程中早期播出数字化远远大于节目资料管理的数字化的情况。

2. 单纯从技术与设备角度考虑媒资

2003年，国家广播电影电视总局副局长张海涛在全国广播影视局长会议上提出全面推进广播影视的数字化，2003年被称为广播影视数字年，2003年以来，国内大的电台电视台基本上很快实现了设备的数字化，因此业内人士习惯于用设备的数字化程度来作为衡量系统的主要指标。事实上，媒体资产管理系统不是单纯的设备的投资，而是通过建立系统将媒体的历史节目资料、正在生产过程中的节目资料、所有外购的节目资料、其他媒体资料以及散落在编导和制作人员手中的节目素材等各种媒体资源，进行有效的编目，整合形成更大的媒体资产，并通过数字频道、网络电视、演播室、直播节目、互动节目、流媒体播放、节目交易等各种形式，实现媒体资产的再利用，实现全媒体融合发展。

不少单位单纯从技术与设备角度考虑媒资，普遍由技术部门提出建设和营运方案，在设计前期易忽视对用户意见的搜集与整理，或不能很好地体现用户的需求。媒资能否建好且实用，绝非技术部门一家闭门造车就行，特别是前期若忽视对使用者意见的搜集与整理，就可能因与用户等沟通不够而出现一些应有功能的遗漏或缺失。

3. 缺乏对全台大媒资管理系统中的核心子系统的定位

"内容为王"是数字化进程中媒体人一直的共识，在未来媒体竞争中，谁掌握的媒体资源更多，运用得更好，谁将更能在媒体市场上占有主动位置。除了行业内的竞争外，还将面临其他行业挑战，甚至国际著名品牌的竞争，面临更加动态的市场环境和复杂的国际分工格局。这就更加需要有先进的数字化管理手段将各种大量的、原始的节目资料以一种市场化、品牌化的方式整合起来，形成强大的可被利用的媒体资源。

本单位的节目档案是媒体资源中最为重要和独特的资源之一，2013年国家广播电影电视总局与国家档案局联合发布规范性文件《广播电视节目档案管理规定》，该规范性文件的第十条明确了节目档案的归档范围，节目档案归档的范围也从一个侧面体现了节目档案的重要性与独特性。

第十条节目材料的归档范围是：

(1) 本播出机构制作、播出的具有保存价值的节目及相关材料；

(2) 本播出机构与其他机构联合制作的具有保存价值的节目及相关材料；

(3) 本播出机构采编、制作节目过程中直接产生的具有保存价值的音视频素材；

(4) 本播出机构重要频率、频道播出的完整记录；

(5) 其他与播出节目，自制、自拍节目和合作制作节目相关的具有保存价值的材料。[7]

这5条归档范围的共性是：本播出机构制作，具有保存价值。节目、素材、节目档案的重要性和独特性由此可见一斑。

完整地认识媒资系统，厘清认识的误区，才能正确理解工作报告中所说的"工程坚持技术建设服务品牌打造，把主要资金资源集中于品牌产品"。

三、坚持建设与使用相结合，建设部门、管理部门、使用部门同期介入[8]

《广播电视节目档案管理规定》是广电系统节目档案管理工作的指导性文件，对节目档案工作的机构、管理理念、工作流程及开发利用都有明确而具体的规定和要求。在此，笔者通过解读行业规范性文件的相关章节，谈谈节目档案管理部门在实际工作中如何同期介入。

2011年总局办公厅对原广电部与国家档案局联合颁布的《广播电视宣传档案、资料管理办法》进行了修订，形成了《广播电视节目档案管理规定》（以下简称《规定》）。笔者参与了该《规定》的起草，在该《规定》发布后参与了《规定》的解释和讲解工作。该《规定》共七章，分别为总则、管理机构及职责、归档与收集、保存与管理、开发与利用、奖励与处罚、附则。在修订工作中，尤其在专业性较强的第三章归档与收集、第四章保存与管理中，起草人员充分意识到因管理手段的数字化给节目档案工作带来管理理念及管理方法的巨大变化，感受到数字化技术与节目档案管理前所未有的融合和不可分割。

(1) 第十一条：播出机构应当根据本规定制定本机构节目材料归档与收集工作实施细则，明确节目制作、播出、技术等部门及节目档案工作机构各自的归档、收集职责。[9]

本条明确节目资料归档收集工作不是一个部门的事，牵涉到制作、播出、技术和节目档案部门。体现在：①节目档案管理部门要协助技术人员建立节目档案管理系统；在归档与收集工作实施细则中，应明确技术维护部门在建设制播系统和媒体资产管理系统时，要通盘规划，在节目形成阶段需要实现的节目档案管理功能纳入制播系统和媒体资产管理系统之中，与各流程实现"无缝"连接。②技术维护部门要有专人负责数字节目档案的安全，保证归档过程中数字节目档案的数据内容完整真实、数据格式标准通用。

(2) 第十七条：节目档案工作机构应当按照统一分类标准对节目档案进行分类，并按照节目档案不同的保存价值，实行分级编目。[⑩]

本条例明确指出在分类与编目应遵循的原则，根据这一原则，最终实现节目档案工作的标准化。节目档案整理在分类时依据部颁标准《广播电视节目资料分类法》、在编目时依据部颁标准《广播电视音像资料编目规范》。

以中央人民广播电台少儿节目"小喇叭"为例。[⑪]

原题：2012年9月11日《小喇叭》21（星期二）节目播出

1. 开心话题：小朋友爱科学，爱观察
2. 博士爷爷：男人为什么长胡子，女人却不长？1分40秒
3. 嘀哩鸟曲库：《盲人摸象》2分12秒《找朋友》2分13秒
4. 抱抱熊故事屋：《一封信》5分30秒《小朋友，上学啦》【系列故事　第九集】——《在学校里遇见熟悉的人》5分9秒【开始曲——1分】【欢快音乐——压混】

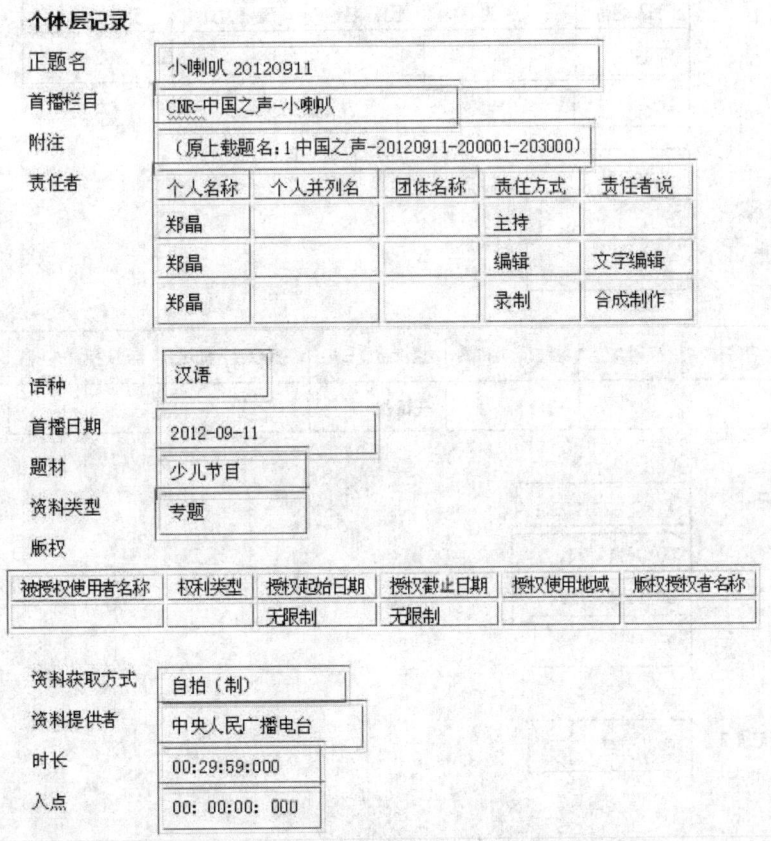

现场声	无
声道格式	双声道

分析层记录 1

正题名	一封信
其他题名信息	抱抱熊故事时间
	配乐童话
关键词	癞蛤蟆青蛙故事
广电分类法	J1433 儿童文学

责任者	个人名称	个人并列名称	团体名称	责任方式	责任者说明
	郑品			演播	

语种	汉语
体裁	儿童文学
切分类型	文学

版权

被授权使用者名称	权利类型	授权起始日期	授权截止日期	授权使用地域	版权授权者名
		无限制	无限制		

组成部分	小喇叭20120911
时长	00:06:12:981
入点	00:10:43:718
现场声	无

分析层记录 2 | 少儿节目 |

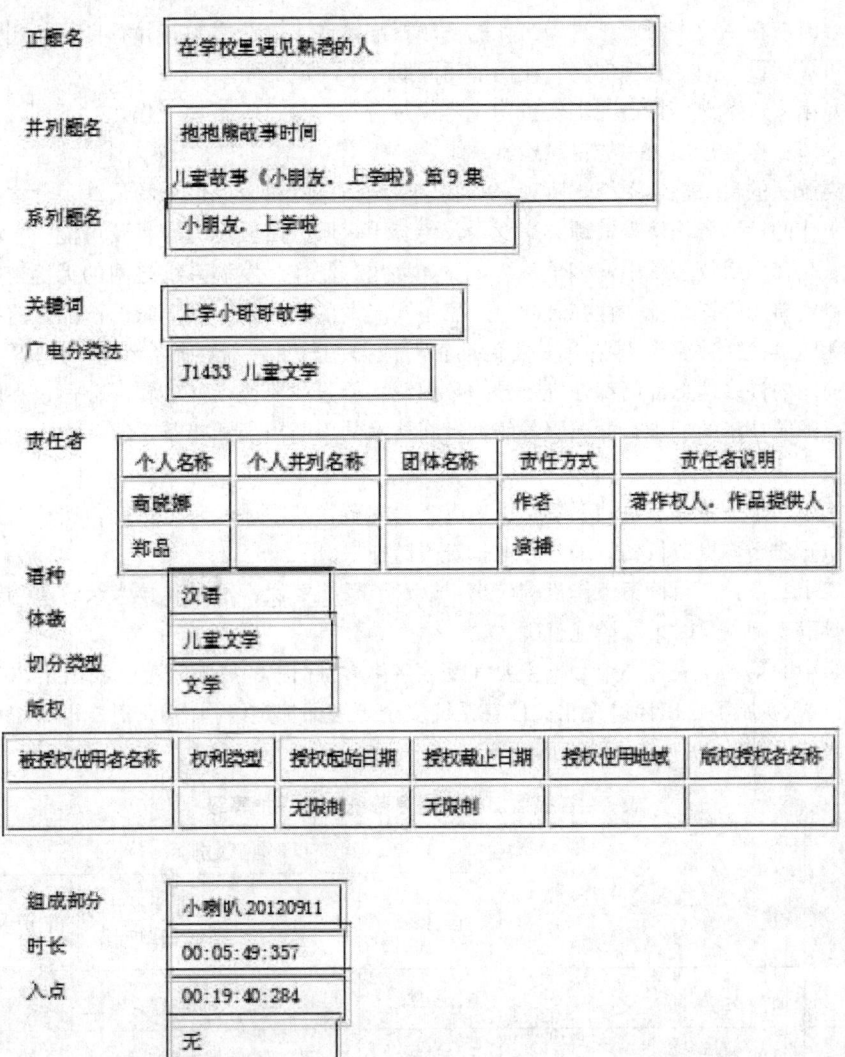

现场声音频以声音为主,一般设定三个编目层次,①集合层记录:揭示一组资源所属系列的共同属性,为成套或成系列的资源编制的记录。②个体层记录:为单个具有独立标识的数字资源文件编制的记录。③分析层记录:以个体层中析出的信息为单位编制的记录。示例中央人民广播电台某天小喇叭节目的编目只有一个体层,二个分析层,在实际的编目工作中最多的编目可达到在一个集合层下有所需(不限)的个体层记录;在每个个体层的记录下可有所需的(不限)分析层的记录。

节目档案管理具有如此的专业性与复杂性。作为媒资管理系统的一个部分,在系统构建时系统要满足分类、编目的需要,对分类、编目的层级构建,上下属性要有基本的了解，必要时应在系统中对属于这项工作的部颁标准镶嵌于系统之中，并有良好的用户使用体验，可见建设部门、管理部门、使用部门同期介入的重要性。

(3) 第十八条 节目档案工作机构应当通过分类、编目等整理工作，对不同载体、不同形式的节目档案建立统一的目录检索系统。⑫

建立统一的目录检索系统，实现资源共享，是信息资料服务追求的最终目标之一，信息服务工作的计算机化使得资源共享变得较传统手工服务阶段更为容易及可能。它的两个含义：一是在大媒资系统中许多子系统，比如播出、制作、发稿系统之间的无缝链接；二是在节目资料子媒资系统中存在着同一厂家不同时期的产品及不同厂家的产品，这些产品之间的无缝链接。数字资源整合需要借助相对成熟的软件系统，整合系统的选择至关重要，目前国内许多信息部门都在进行异构数据统一检索的研究，许多软件公司也在开发类似软件，随着技术的进步，面向服务的大批新技术的不断出现和普及，统一检索的前景非常广阔。

(4) 第二十一条：节目档案工作机构应当建立节目档案风险防范机制，实行节目档案有效备份，对于珍贵节目档案采取异地备份等措施。

第二十二条：节目档案工作机构应当定期对节目档案保管情况和技术系统应用情况进行检查，发现问题及时采取措施解决。⑬

规定中的第二十一、二十二条主要涉及数字化节目档案的风险防范。我国于2011年5月31日颁布实施了《广播电视相关信息系统安全等级保护定级指南》，对广电系统中信息安全等级有详细的规定，如表3所示。⑭

表3 各级播出相关信息系统安全保护等级

序号	信息系统分类	级别			
		国家级	省级	省会城市计划单列市	地市及以下
1	播出系统	第四级	第三级	第三级	第三级
2	新闻制播系统	第三级	第三级	第三级	第二级
3	业务支撑系统	第二级	第二级	第二级	第二级
4	媒资系统	第二级	第二级	第二级	第二级
5	综合制作系统	第二级	第二级	第二级	第二级
6	生产管理系统	第二级	第二级	第二级	第二级

表 4　国家级媒体播出系统和媒资系统数据安全防护要求

系统名称		国家级媒体播出系统	国家级媒体媒资系统
系统安全保护等级		第四级	第二级
数据安全与备份要求	1	应能够对重要信息进行本地备份和恢复，完全数据备份至少每周一次，增量备份或差分备份至少每天一次，备份介质应在数据执行所在场地外存放	应能够对重要业务信息进行备份和恢复
	2	应建立异地灾难备份中心，配备灾难恢复所需的通信线路、网络设备和数据处理设备，提供业务应用的及时切换	
	3	应能够对重要信息进行异地备份，利用通信网络将关键数据定时批量传送至备用场地	
	4	应提供数据存储系统的硬件冗余，保证系统的高可用性	

数字化管理后，因数字化信息具有转换性、载体不确定性、信息易流失性等特征，决定了保全信息安全的重要性和可能性。

数字化的资料依据风险成因标准：归纳为两大类，一是数字档案自身因素造成的风险，二是外部系统带来的风险。其中数字档案所依赖的软硬件系统以及外部环境的不安全给数字化档案带来了载体安全风险、病毒风险、淘汰风险等等，因此在系统建设时对系统自身带来的风险应有充分的考量，包括：

①建立具有网络安全功能的媒资系统，建立安全防护体系，如物理隔绝、防火墙、身份认证、权限分配、入侵检测、数据加密、安全评估等系统。

②质量检查与评估，对媒资系统中各工作子系统进行定期检查与评估。

③风险预测，对系统工作全程进行风险评估，预测潜在风险与可能的后果，发现问题及时采取措施解决。

在风险管理中要做到持续性，长期性风险管理机制不可能在短时期内一蹴而就，更不可能"一劳永逸"，因此在构建和完善风险管理机制时需配合长期运行机制；坚持科学性，风险防范离不开技术的研发与更新，需要凭借技术的力量在时间和空间上双管齐下，创造性的技术开发投入是大势所趋。

信息资源工作的网络化，使得节目档案这项工作与技术的融合达到从未有过的高度，同理"中华云"的建设也充分说明了媒体工作与网络技术的高度融合，对于承载着实现国际台"现代综合新型传媒集团"战略目标的"中华云"工程，需各部门共同努力，相互配合，分步骤、分阶段逐步进行。各建设部门、使用部门、管理部门对系统的认识和理解是

"中华云"系统顺利完成的基础。

(作者单位：中国国际广播电台总编室)

注释：

①②③⑤⑧《国际台2017年工作报告》。
④《中国国际广播电台新型全媒体融合平台建设项目"中华云"可行性研究报告》。
⑥《广播电视节目档案资料管理情况材料汇编》。
⑦⑨⑩⑫⑬《广播电视节目档案管理规定》。
⑪《中央人民广播电台音频资料编目样例》。
⑭《广播电视相关信息系统安全等级保护定级指南》。

参考文献：

1. 刘家真：《标准化与数字信息的长期存取》，《图书馆杂志》，2001年第9期。
2. 崔屹平：《以科学发展观指导媒体资产管理创新——中国广播电视音像资料馆的发展历程》，《视听界》，2011年第1期。
3. 王亚：《论媒体资产管理系统在广播电台内容产业发展中的应用》，《中国广播》，2007年第8期。
4. 张增琦：《媒体资产管理在中国》，《市场观察·媒介》，2006年第3期。
5. 宋培义：《数字媒体资产管理》，中国广播电视出版社，2009年。
6. 吴丰军：《媒资管理的变革：从节目资料到内容资产》，《声屏世界》，2008年第7期。
7. 于婷婷：《新时期我国广电媒体资产管理实践与探索》，《新闻大学》，2011年第4期。
8. 郭家义：《数字信息资源长期保存系统的标准体系研究》，《现代图书情报技术》，2006年第4期。
9. 刘家真：《电子文件管理导论》，武汉大学出版社，1999年。

从涉津巴布韦的假新闻
看网络谣言的成因、危害和对策

刘 畅

  记者在津巴布韦驻站期间，总有国内朋友发来一些关于津巴布韦的耸人听闻的报道，向记者求证其真实性。而记者每次求证时，总会发现这些惊世骇俗的报道往往是网络上流传的虚假新闻。记者在撰文驳斥这些虚假新闻的同时也在思考，是什么原因导致涉津巴布韦的虚假新闻频繁产生和广为传播？而这些网络谣言又造成了哪些危害？此外，除了津巴布韦，关于非洲其他国家报道的网络谣言也屡屡发生。因此，本文以关于津巴布韦的虚假新闻为例子，尝试分析关于非洲的网络谣言的成因、危害以及应对措施。

一、选取样本的原因和范围

  1. 津巴布韦的地区重要性强
  津巴布韦是中国传统的全天候友好的非洲国家，中国连续多年是津巴布韦最大的投资国。津巴布韦总统穆加贝是毛泽东思想的拥趸者，在遭到西方制裁和打压之后，最近十几年一直奉行向东看政策，曾在多个国际重要场合力挺中国。
  按照津巴布韦和中国的关系紧密程度，津巴布韦理应受到中国媒体的善待。但事实上，网络上关于津巴布韦的虚假新闻时不时出现，关于非洲的网络谣言中，关于津巴布韦的新闻占据很大比例。因此，本文选取津巴布韦作为非洲国家的样本。
  2. 取样时间
  选取2016年1月1日至12月31日一年之内，网络上出现的关于津巴布韦重大虚假新闻报道作为样本。该时间段内，关于津巴布韦的每一起重大虚假新闻都掀起了轩然大波，因此有研究和探讨的意义。

二、关于津巴布韦的网络谣言的类型

  1. 编造不实报道，挑拨中津关系
  2016年4月1日，《津巴布韦拟对中资企业雁过拔毛》《这个国家，正准备抢劫中国人》《津巴布韦政府下死命令没收中国企业资产》《津巴布韦为何背弃老朋友？》等虚假新闻在网络上广为传播，津巴布韦的本土化政策被夸大与曲解。
  这些文章的标题用耸人听闻的语言渲染情绪，以不合常理的表述吸引眼球，以期达到一种戏剧化的冲突效果。而从文章内容来看，它们都对津本土化政策的条款进行了恶意篡改，将不同行业区别对待说成是一刀切，将提交方案的最后期限改为完成本土化的期限，将本土化的对象从所有外资企业变为针对中国企业。进而，这些文章还不忘别有用心地借题发挥，挑拨中津关系。

2. 编译虚假新闻，娱乐大众

8月26日，《津巴布韦总统逮捕奥运会运动员》的消息在网络上成为热门新闻，讲的是因为津巴布韦参加奥运会的运动员们没有得奖牌，津巴布韦总统穆加贝在盛怒之下下令，当他们抵达哈拉雷机场时将他们全部逮捕。

这篇报道最初是在尼日利亚一家网站上刊登，被台湾的"中央新闻社"翻译成中文，随后被一些网络媒体不加甄别地转载出来。调查发现，这样一则耸人听闻的新闻来源不是津巴布韦的任何一家媒体，而是尼日利亚一家网站。而这则尼日利亚的虚假新闻出来以后，对津巴布韦存在强烈偏见的西方媒体没有一家采用，反倒是国内的一些网络媒体纷纷编译转发。

3. 篡改部分信息，污蔑中国形象

2016年12月底，网络上又爆出一条耸人听闻的新闻：《为偿还军火津巴布韦向中国运送大象》。

据《泰晤士报》报道，津巴布韦总统夫人格雷丝·穆加贝向中国运送了一批包括35头大象在内的野生动物，此举是为了"还债"。而这笔债是格雷丝为刚果民主共和国从中国购买军装时欠下的。《泰晤士报》的信息源来自一位环保人士，消息可靠程度尚未可知。一些网络媒体在编译这则和中国有关的新闻时，不仅不向买卖双方求证，反而把"军装"擅自改成了"军火"，将一桩正常的动物买卖变了味道。谣言越转载越走样，最后以中国外交部与津巴布韦国家公园和野生动物管理局出面发言才逐渐平息。

其实，津巴布韦因为大象数量超过承受能力，且缺乏维护资金，已经多次向中国、阿联酋、法国等国家出售大象，津巴布韦环境部部长还亲自去中国野生动物园参观过大象的生活环境，很是满意。一些自媒体认为，出售大象已经不能成为吸引眼球的卖点，故又添加了军火的因素。如果新闻将重点放在野生动物的保护上，尚有一定合理性，但不加求证地引用西方媒体的观点，而且添油加醋夸大事实，这就不得不让人怀疑编译者的用心了。

4. 篡改原文细节，刻意为中国"添彩"

2015年12月底至2016年，一则关于《2016年起人民币成为津巴布韦法定流通货币》的假新闻在国内掀起了轩然大波。文章表示，"日前，津巴布韦央行与中国人民银行达成协议，自2016年年初起，人民币将和美元一样在津巴布韦作为流通货币使用。"这条消息迅速在各大网站上传播。

但实际情况怎样呢？津财政部部长齐纳马萨发表声明的原文是："津巴布韦储备银行已开始与中国人民银行接触，就扩大人民币在津巴布韦使用范围事宜进行磋商。2016年，津方愿意为人民币在津更广泛地流通做出更大努力。"

这则新闻有两个关键性的错误。其一，齐纳马萨只是说开始和中国人民银行接触，新媒体就偷梁换柱成了"津巴布韦央行与中国人民银行达成协议"。其二，人民币作为津巴布韦的法定货币是一则旧闻。早在2014年，津巴布韦理论上的法定货币就有美元、英镑、人民币等9种之多。而且，人民币只是在法律上是津巴布韦的法定支付货币，从来没有流通过，短期内也不具备流通的基础。

三、涉津巴布韦网络谣言泛滥的原因

由于传统媒体从业人员素质较高，把关制度较严，关于津巴布韦的虚假新闻并不多见。但随着新媒体的蓬勃发展，关于津巴布韦的虚假新闻在新媒体、自媒体上开始出现。

新媒体是相对于传统媒体发展起来的新的媒体形态，包括社交媒体、微博、微信、移动终端等等，向用户提供信息和娱乐服务的传播形态和媒体形态。新媒体的广泛使用，使人人都是记者，"人人都是麦克风"，也导致虚假新闻频频出现。[1]

1. 为追求娱乐制造虚假新闻

林晖在《市场经济与新闻娱乐化》中，把新闻娱乐化定义为："最突出的表现是软新闻的流行，即减少严肃新闻的比例，将名人趣事、日常事件以及带煽情性、刺激性的犯罪新闻、暴力事件、灾害事件、体育新闻、花边新闻等软性内容作为新闻的重点；其次是在内容和形式上都尽力使硬性新闻软化，竭力从严肃的政治、经济新闻中挖掘其娱乐价值，并在表现技巧上强调故事性和情节性，一味片面追求趣味性和吸引力，强化事件的戏剧悬念或煽情、刺激的方面，走新闻故事化、新闻文学化道路。"[2]而新闻过度娱乐化的结果则是对新闻真实性的损失。无论是媒体从业者还是读者都把注意力放在娱乐效果上，而很少对真实性进行考究和追问。

《津巴布韦总统逮捕奥运会运动员》的新闻就是典型的制造娱乐效果的虚假新闻。只因当时巴西奥运会刚刚结束，发布这样一则新闻一是借奥运热度吸引点击率，二是以有违常识的素材勾起人们的猎奇心理，三是借此机会批判一下中国的足球队和体育制度，娱乐与讽刺意味浓厚。甚至有网站在明知道是虚假新闻后也照登不误。有的网络媒体将这则假新闻当引子，以此引出国内受众对中国足球运动员奖惩措施的评价。由此可见，一些网络媒体并不在意国际新闻的真假，在他们看来，能制造话题、能达到娱乐效果就是成功。

2. 为求点击率制造虚假新闻

从关于津巴布韦虚假新闻的刊载渠道来看，以新媒体居多，而传统媒体较少。这和新媒体的传播途径有很大关系。新闻网站依赖于转载率和搜索引擎，博客、微博则依赖于粉丝的积累。如果说新闻网站和传统媒体的官方博客、微博尚有其雄厚的机构背景，而这两年兴起的微信客户端则以自媒体居多，完全依赖于点击率，若没有观众阅读和分享，一个私人的公众微信号根本无法存活。这也就是为什么一条虚假新闻传播到手机媒体之后，造假程度会不断升级。

在海量的信息中，能够吸引受众进行点击和转载的新闻，一般分为两种：一种是有实用价值的，一种是能够宣泄情绪的。关于津巴布韦的新闻因为和中国受众贴近性不强，所以一些新媒体往往采用情绪的宣泄来吸引眼球。网络谣言中使用"没收""死命令""抢劫"等感情色彩强烈的字眼就是为了激起受众愤怒的情绪，从而达到令其点击和转载的目的。

3. 为迎合受众心理制造虚假新闻

在新媒体时代，新媒体比以往任何时候都更强调受众的中心地位，受众对于媒体的参与度也更高，积极性更强，从而成为媒体服务的主体。媒体筛选新闻的宗旨从"想让受众知道什么"变成了"受众想知道什么"，进而一味迎合受众心理，甚至无中生有、夸大其词、张冠李戴以追求新闻的轰动性和关注度，从而导致虚假新闻的泛滥。[3]

《2016年人民币将成为津巴布韦法定流通货币》的假新闻出现之前的2015年11月30日，国际货币基金组织宣布将人民币纳入特别提款权货币篮子。当时，一些新媒体将这一事件评为人民币国际化的里程碑事件，媒体上中国人的民族自信心和自豪感陡然增强。因此，在津财政部长齐纳马萨表示"2016年，津方愿意为人民币在津更广泛地流通做出更大努力"之后，一些新媒体一厢情愿地将其解读为人民币在津巴布韦迈出了国际化的重要一步，对国民期盼人民币国际化的热切心态曲意迎合。

4. 中国受众对津巴布韦了解甚少，给假新闻生存的土壤

津巴布韦由于近十几年经济衰退，在中国受众中的认知度普遍不高，因此一些国内新媒体的从业人员不愿意认真研究该国政策方针，也不担心因为虚假新闻而损失媒体的公信力。津巴布韦发生恶性通货膨胀是2008年左右的事情，2009年已经废除本国货币而改用美元，但至今一些新媒体还认为津巴布韦人依旧使用着印着十几个零的成捆钞票，还有些新媒体依旧把津巴布韦当作世界最贫穷的国家，说津巴布韦人均GDP只有1美元。在新媒体戴着有色眼镜将津巴布韦贴上贫穷、非正常国家的标签后，人们再看到反常识的新闻也常常不会深究其真实性。

5. 从业人员素质参差不齐，盲目编译和恶意攻击皆有

新媒体兴起后，新闻从业者队伍越来越倾向于年轻化，一些新媒体从业人员没有经过正规训练，新闻素养不强，职业道德淡漠。

目前，由于国内的新媒体在津巴布韦并没有记者站，所发稿件大部分编译自西方媒体。殊不知这一做法本身就有极大风险。2002年之后，津巴布韦遭到欧盟和美国的全面制裁，西方媒体报道津巴布韦的新闻时就鲜有新闻公正性可言。而另一方面，穆加贝在被西方制裁以后大力倡导的向东看政策以及与中国的合作日益密切，也招致西方国家的嫉妒和不满，因此西方媒体在批判津巴布韦时，也会想方设法地捎上与之有密切关系的中国。

由于西方媒体所发的津巴布韦新闻本身就缺乏客观公正，一些国内新媒体在编译时不加甄别地一味照翻，又不向当事国和当事国的主流媒体求证，甚至遇到有损于中国形象的

不实报道也一并翻译过来,有意无意充当了西方媒体的传声筒。

还有一些网络媒体中的自媒体拥有西方或者反政府集团的背景,它们借用虚假的恶性新闻丑化中国的老朋友,目的是通过攻击中国政府的对非政策,达到攻击中国政府的目的。《为偿还军火津巴布韦向中国运送大象》就是这一类的虚假新闻。

四、涉津巴布韦网络谣言的危害

虚假的国际新闻比国内新闻危害更深,具体到津巴布韦这种与中国有着传统友好和现实紧密利益的非洲国家,危害不容小觑。

1. 伤害两国民众感情,影响两国邦交

国之交在于民相亲,民相亲在于心相通。而中国民众对津巴布韦的了解往往通过包括新媒体在内的国内中文媒体。诸如《津巴布韦政府下死命令没收中国企业资产》的虚假新闻一方面会造成在津中国企业和华人的恐慌,另一方面会造成国内受众对津巴布韦的误解。而国内受众往往会把这种误解反应在社交网站、身边津巴布韦人乃至与非洲人的交往之中。目前在中国读博士的津巴布韦大学孔子学院的学生就对记者表示,每次有关于津巴布韦的谣言出现时,就会有同学因此质问他,他对此感到很气愤。

如果虚假新闻更为严重,激起国内民众抗议或者津巴布韦政府抗议,则有可能引发外交事件。

2. 影响两国正常经贸往来

目前,中国是津巴布韦第四大贸易伙伴和第一大投资来源国。中津之间的经贸往来是对双方都互惠互利的事情。而关于津巴布韦政策的谣言却很可能吓退潜在的投资者,影响中国投资商的投资信心,从而给中津双方都带来损失。

3. 损害中国的国家形象

一直以来,一些国内民众对中国政府的对非政策还停留在单方面援助的层面,不了解中非合作是互惠互利、互有需求的关系。而一些利用虚假新闻攻击中国的对非政策,其实是想给中国国家形象抹黑。

五、对于网络谣言的应对措施

关于津巴布韦的网络谣言影响中津两国正常关系,破坏民众感情,损害两国形象,制造恐慌气氛,必须严肃处理,尽力杜绝此类假新闻再次发生。

1. 对发布虚假新闻的机构和个人加强法制监管

目前,网络谣言之所以屡禁不止,主要还是因为惩罚措施太轻,最多是删除文章。但记者以为,鉴于这类虚假新闻影响恶劣,应该建立一套应对国际虚假新闻的及时追责和惩罚机制,严重者可以处以罚款、取消新闻发布权、追究法律责任等惩罚措施。

2. 中国国际广播电台等主流媒体加强对津巴布韦的报道，利用新媒体引导舆论走向

目前，中国国际广播电台、新华社、中央电视台都在津巴布韦设有记者站，派驻记者常年坚守。每当这些关于津巴布韦的虚假新闻爆出之后，这些中央媒体总是要在第一时间调查真相，戳穿谣言，还新闻以本来面目。

这些主流媒体虽为传统媒体，但近年来也在积极发展新媒体事业。比如中国国际广播电台，在发现虚假新闻之后，除了会在传统的广播媒体发声之外，也会利用其网站国际在线、微信公众号"CRI行走非洲"、"第一资讯"、"环球锐评"、新浪微博"环球资讯广播"、客户端"环球资讯＋"等新媒体平台迅速刊登辟谣文章，利用新媒体传播速度快、覆盖面广的特点将真实消息发布出去，达到平息谣言、安抚人心的目的。最近一年关于津巴布韦的虚假新闻出现后，国际台驻津巴布韦记者撰写的《津巴布韦本土化的真相：既非洪水猛兽，更非针对中国人》《津巴布韦总统穆加贝下令逮捕运动员系假新闻，无论输赢他们都是英雄》《中国从津巴布韦进口了大象，但它们真的不是来还债的》等稿件都第一时间在国际台新媒体刊登，澄清事实真相，为关心此新闻的受众答疑解惑，维护了中国政府的声誉和中津友好的大局，获得中国外交部的表扬和国内受众的广泛好评。

此外，在做好辟谣报道的同时，主流媒体也应该加强报道力量，多多报道关于津巴布韦方面以及中津交往的新闻，加深国内受众对津巴布韦的了解，从而使之对有关的网络谣言有更多的甄别能力。

（作者单位：中国国际广播电台新闻中心）

注释：

① 王林丽：《论新媒体时代虚假新闻的特点、成因及防范措施——以马航MH370失联事件为例》，《现代试听》，2015年第7期。
② 林晖：《市场经济与新闻娱乐化》，《新闻与传播研究》，2001年第3期。
③ 叶柯霖、胡业方：《论新媒体环境下虚假新闻产生的原因及其负功能——从受众心理的角度》，《吉林工程技术师范学院学报》，第30卷第7期。

图书在版编目（CIP）数据

国际传播论文集：第18辑/胡邦胜主编. —北京：中国国际广播出版社，2017.7
ISBN 978-7-5078-3952-4

Ⅰ.①国… Ⅱ.①胡… Ⅲ.①传播学－文集 Ⅳ.①G206-53

中国版本图书馆CIP数据核字（2017）第178737号

国际传播论文集（第十八辑）

主　　编	胡邦胜
责任编辑	郭　广
版式设计	国广设计室
责任校对	徐秀英

出版发行	中国国际广播出版社〔010-83139469　010-83139489（传真）〕
社　　址	北京市西城区天宁寺前街2号北院A座一层
	邮编：100055
网　　址	www.chirp.com.cn
经　　销	新华书店
印　　刷	环球东方（北京）印务有限公司
开　　本	710×1000　1/16
字　　数	1000千字
印　　张	52
版　　次	2017年7月 北京第一版
印　　次	2017年7月 第一次印刷
定　　价	128.00元

欢迎关注本社新浪官方微博
官方网站 www.chirp.cn

版权所有
盗版必究